SERPENT RISING:
THE KUNDALINI COMPENDIUM

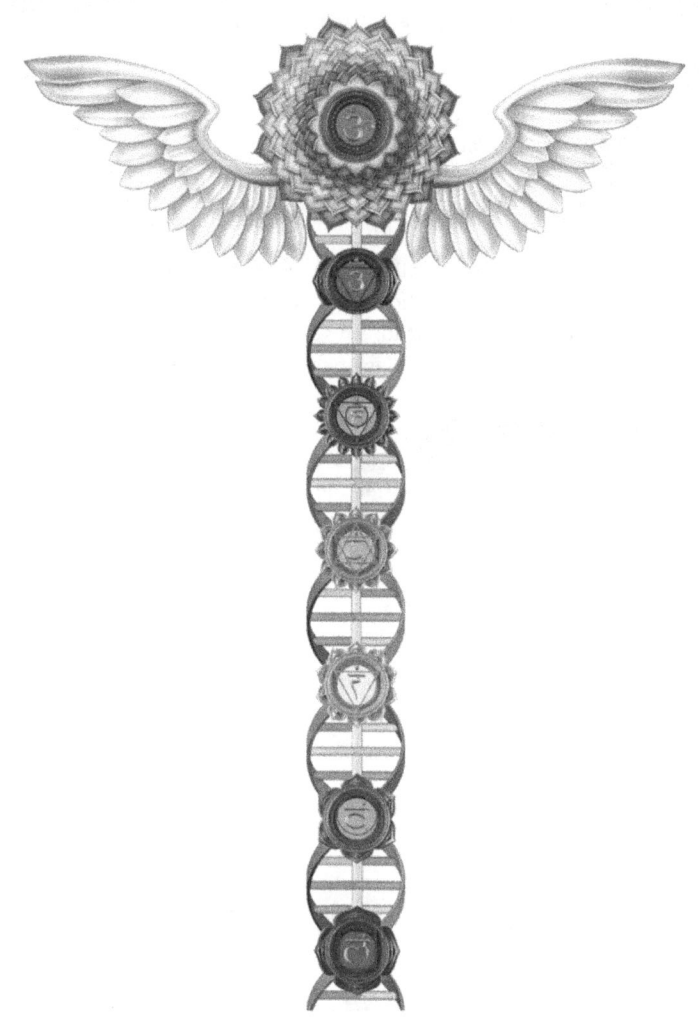

O CORPO DE TRABALHO MAIS ABRANGENTE DO MUNDO
SOBRE O POTENCIAL ENERGÉTICO HUMANO

NEVEN PAAR

TRADUZIDO POR DIOGO NORO

Serpent Rising: The Kundalini Compendium
Copyright © 2022 Por Neven Paar. Todos os direitos reservados.

Nenhuma parte deste livro pode ser reproduzida sob qualquer forma ou por qualquer meio eletrónico ou mecânico, incluindo sistemas de armazenamento e recuperação de informação, sem autorização por escrito do autor. A única exceção é por um revisor, que pode citar pequenos excertos numa crítica.

Desenho da capa por Neven e Emily Paar
Ilustrações de Neven Paar
Traduzido para Português por Diogo Noro

Impresso no Canadá
Primeira Impressão: Dezembro 2022
Por Winged Shoes Publishing

ISBN— 978-1-7770608-6-2

Aviso: Todo o material encontrado neste trabalho é fornecido apenas para sua informação e não pode ser interpretado como conselho ou instrução médica profissional. Nenhuma ação ou inação deve ser tomada apenas com base no conteúdo desta informação; em vez disso, os leitores devem consultar profissionais de saúde adequados sobre qualquer assunto relacionado com a sua saúde e bem-estar. Embora o autor e a editora tenham feito todos os esforços para assegurar que a informação contida neste livro estava correta no momento da impressão, o autor e a editora não assumem e, por este meio, declaram que não se responsabilizam perante qualquer parte por qualquer perda, dano ou perturbação causados por erros ou omissões, quer tais erros ou omissões resultem de negligência, acidente, ou qualquer outra causa.

Dedico este trabalho ao Iniciado da Kundalini. Que este livro vos guie no vosso caminho de despertar e espero que a minha jornada de 17 anos de Autodescoberta com a energia da Kundalini vos tenha sido útil, como pretendido.

-Neven Paar

Outros livros de Neven Paar

The Magus: Kundalini and the Golden Dawn

www.nevenpaar.com

Winged Shoes Publishing
Toronto, Ontario

Lista de Figuras:

Figura 1: Ascenção da Kundalini e os Chakras 25
Figura 2: Os Três Nadis Após o Despertar da Kundalini 29
Figura 3: O Universo Dentro da Cabeça 31
Figura 4: A Árvore da Vida/Sete Chakras/Kundalini 35
Figura 5: O Circuito Completo da Kundalini 46
Figura 6: O Cérebro Cheio de Luz 52
Figura 7: Os Setenta e Dois Mil Nadis 55
Figura 8: O Ovo Cósmico 61
Figura 9: Os Cinco Elementos e os Sete Chakras 69
Figura 10: O Pentagrama 71
Figura 11: Os Quatro Mundos e o Tetragrammaton (YHVH) 73
Figura 12: O Pentagrammaton (YHShinVH) 74
Figura 13: A Árvore da Vida Sephiroth e os Três Nadis 78
Figura 14: Os Planos Cósmicos Internos 86
Figura 15: Os Nadis Ida e Pingala e o Chakra Ajna 95
Figura 16: O Campo Eletromagnético da Terra 101
Figura 17: A Aura Humana 102
Figura 18: Entrada e Saída de Stress da Aura 106
Figura 19: Progressão Ascendente das Cores Áuricas dos Chakras 108
Figura 20: Anatomia da Aura 110
Figura 21: Problemas Energéticos na Aura 113
Figura 22: O Campo Toroidal da Kundalini 117
Figura 23: Os Sete Chakras e os Plexos Nervosos 126
Figura 24: Expansão Cerebral e Correspondência dos Chakras 129
Figura 25: Halo à Volta da Cabeça 133
Figura 26: Os Chakras Menores da Cabeça (Coroa) 134
Figura 27: Os Chakras dos Pés 137
Figura 28: Os Chakras das Mãos 139
Figura 29: Geração e Transmissão de Energia de Cura (Palmas) 140
Figura 30: Energia de Cura das Mãos 142
Figura 31: Localização dos Olhos Psíquicos 144
Figura 32: Os Chakras Transpessoais 147
Figura 33: O Chakra Hara (Umbigo) 150
Figura 34: O Chakra Causal/Bindu 153
Figura 35: Os Chakras Transpessoais Acima da Coroa 156
Figura 36: Cubo de Metatron e a Merkaba 160
Figura 37: Orientação de Tetraedros em Homens e Mulheres 161
Figura 38: A Merkaba: Veículo de Luz (em Homens) 162
Figura 39: Despertar da Kundalini e a Otimização da Merkaba 164
Figura 40: As Glândulas Endócrinas no Corpo 175

Figura 41: Os Principais Centros Cerebrais 180
Figura 42: O Sistema Límbico 185
Figura 43: A Formação Reticular 187
Figura 44: As Partes do Cérebro 190
Figura 45: Os Sistemas Nervosos Central e Periférico 194
Figura 46: O Nervo Vago 199
Figura 47: Os Doze Pares de Nervos Cranianos 203
Figura 48: A Medula Espinhal (Secção Transversal) 206
Figura 49: LCR e os Ventrículos Cerebrais (Vista Lateral) 207
Figura 50: Os Ventrículos Cerebrais (Vista Frontal) 208
Figura 51: Cone Medular e Filamento Termina 210
Figura 52: O Sacro e o Cóccix 211
Figura 53: A Kundalini Desenrolada 213
Figura 54: O Plexo Sacral 214
Figura 55: Os Nervos Ciáticos e os Canais de Energia nas Pernas 215
Figura 56: Kundalini/Caduceu de Hermes/Dupla Hélice do DNA 218
Figura 57: O Campo Eletromagnético do Coração 220
Figura 58: O Coração Humano e o Sistema Circulatório 222
Figura 59: O Centro do Chakra do Coração 230
Figura 60: Despertar da Kundalini e o CEM do Coração 233
Figura 61: Os Sete Chakras Masculinos e Femininos 237
Figura 62: Posições dos Chakras com os Sete Planetas Antigos 248
Figura 63: Evolução Espiritual 255
Figura 64: Formatos e Formações de Cristais 260
Figura 65: Colocação de Pedras Preciosas nos Chakras 273
Figura 66: Amplificação de um Cristal com Lascas de Quartzo Transparente 274
Figura 67: Envio de Energia de Cura através das Mãos 275
Figura 68: Otimização da Rotação dos Chakras com Varinhas de Cristal 276
Figura 69: Garfos de Afinação dos Sete Chakras e Alma Estelar 280
Figura 70: Garfos de Afinação do Espectro Harmónico 281
Figura 71: Colocação dos Garfos de Afinação na Cura dos Chakras 283
Figura 72: Utilização de Garfos de Afinação em Si 284
Figura 73: Trabalhar com Dois Garfos de Afinação em Simultâneo 285
Figura 74: Frequências do Sagrado Solfejo e as Camadas da Aura 287
Figura 75: Frequências do Sagrado Solfejo e os Chakras 288
Figura 76: Garfos de Afinação do Sagrado Solfejo 291
Figura 77: Colocação dos Garfos de Afinação nas Orelhas 292
Figura 78: Óleos Essenciais e um Difusor 296
Figura 79: Aromaterapia e o Sistema Límbico 297
Figura 80: Os Cinco Tattvas Maiores 302
Figura 81: Os Vinte e Cinco Tattvas Elementares Inferiores 305
Figura 82: Os Tattvas e os Chakras 308

Figura 83: Os Cartões de Tattva do Autor 312
Figura 84: Os Oito Membros do Ioga 324
Figura 85: Os Cinco Koshas 327
Figura 86: Os Três Asanas de Meditação 334
Figura 87: Asanas Principiantes (Parte I) 340
Figura 88: Asanas Principiantes (Parte II) 341
Figura 89: Asanas Principiantes (Parte III) 342
Figura 90: Asanas Intermédias (Parte I) 343
Figura 91: Asanas Intermédias (Parte II) 344
Figura 92: Asanas Avançadas (Parte I) 345
Figura 93: Asanas Avançadas (Parte II) 346
Figura 94: Shavasana 348
Figura 95: Respiração Abdominal/Diafragmática 349
Figura 96: Respiração Ioga (Respiração em Três Partes) 352
Figura 97: Respiração Alternada de Narinas 355
Figura 98: Ujjayi Pranayama (Posição da Glote) 358
Figura 99: Respiração Zumbido de Abelha 359
Figura 100: Sheetali Pranayama 361
Figura 101: Sheetkari Pranayama 362
Figura 102: Moorcha Pranayama (1# Método) 364
Figura 103: Moorcha Pranayama (2# Método) 365
Figura 104: Os Três Granthis 368
Figura 105: Os Dedos e os Cinco Elementos 373
Figura 106: Jnana Mudra 375
Figura 107: Chin Mudra 376
Figura 108: Hridaya Mudra 377
Figura 109: Shunya Mudra 378
Figura 110: Anjali Mudra 380
Figura 111: Yoni Mudra 381
Figura 112: Bhairava Mudra 382
Figura 113: Lotus Mudra 383
Figura 114: Shiva Linga Mudra 384
Figura 115: Kundalini Mudra 385
Figura 116: Shambhavi Mudra 386
Figura 117: Nasikagra Drishti 388
Figura 118: Shanmukhi Mudra 390
Figura 119: Viparita Karani 392
Figura 120: Pashinee Mudra 393
Figura 121: Tadagi Mudra 394
Figura 122: Manduki Mudra 395
Figura 123: Ponto de Contração Mula Bandha 398
Figura 124: Bandha Uddiyana em Pé 400

Figura 125: Uddiyana Bandha Sentado (Com Jalandhara Bandha) 401
Figura 126: Jiva Bandha 403
Figura 127: Maha Mudra.. 405
Figura 128: Pontos de Contração dos Mudras Vajroli, Sahajoli, e Ashwini.............. 407
Figura 129: Os Cinco Prana Vayus 411
Figura 130: Mudras das Mãos para os Cinco Prana Vayus....................................... 414
Figura 131: Redirecionando o Fluxo de Prana, Apana, e Samana............................ 416
Figura 132: Maha Bandha: Aplicação das Três Bandas 418
Figura 133: O Brahmarandhra... 420
Figura 134: Camadas da Sushumna Nadi e o Ovo Cósmico 422
Figura 135: Chakra Lalana (Talu) e o Bindu Visarga.. 425
Figura 136: Khechari Mudra Básico 426
Figura 137: Khechari Mudra Avançado 427
Figura 138: Contagem de Missangas num Colar Mala 433
Figura 139: A Deusa Saraswati 440
Figura 140: Bija Mantras das Pétalas dos Chakras.. 442
Figura 141: Mudras/Mantras dos Sete Chakras 445
Figura 142: Meditação de Visualização 450
Figura 143: Meditação Chama da Vela (Trataka) 454
Figura 144: Posicionamento da Vela 455
Figura 145: Mudras das Mãos para os Cinco Elementos... 459
Figura 146: Os Cinco Elementos e os Três Doshas 461
Figura 147: Os Três Doshas e Zonas Corporais... 463
Figura 148: O Mapa Astral Védico do Autor 469
Figura 149: Senhor Ganesha e os Ashta Siddhis 484
Figura 150: Anjo da Guarda (O Eu Superior)... 500
Figura 151: Projeção do Sonho Lúcido... 507
Figura 152: A Antena Cerebral Humana.. 512
Figura 153: Lotus do Chakra Sahasrara.. 541
Figura 154: Fluxo da Kundalini através de Sushumna 542
Figura 155: O Chakra do Coração e Unicidade.. 556
Figura 156: Voar como o Super-Homem num Sonho Lúcido 563
Figura 157: Encontros Imediatos do Quinto Grau.. 570
Figura 158: Shiva e Shakti num Abraço Amoroso 576
Figura 159: Excitação Sexual em Homens 586
Figura 160: Tornar-se um Guerreiro Espiritual.. 601
Figura 161: Folha de Canábis e as suas Mágicas Correspondências 624
Figura 162: Os Principais Centros de Energia da Cabeça 639
Figura 163: As Meditações Kundalini 642
Figura 164: Otimização do Potencial Energético Humano.. 665

Lista de Tabelas:

TABELA 1: Os Doze Chakras e as Suas Correspondências 293
TABELA 2: Óleos Essenciais Para os Sete Chakras 300
TABELA 3: Correspondências dos Tattva 316
TABELA 4: Constituição Aiurvédica (Três Doshas) 466
TABELA 5: Diretrizes Alimentares Para os Três Doshas 473
TABELA 6: Os Sete Planetas Antigos e as Suas Correspondências 668
TABELA 7: Os Doze Signos do Zodíaco e as Suas Correspondências 669

SERPENT RISING: THE KUNDALINI COMPENDIUM
Por Neven Paar

Conteúdos:

VIAGEM DO AUTOR PARA ESCREVER ESTE LIVRO 1
    A Voz Divina 1
    Evolução Espiritual e Poder Pessoal 4
    O Despertar da Kundalini 7
    Mágico do Amanhecer Dourado 9
    Segunda Kundalini em Ascensão 11
    Expressões Criativas 13
    Encontrar o Meu Propósito 15
    Um Homem em Missão 16

PARTE I: O DESPERTAR DA KUNDALINI 21
INTRODUÇÃO À KUNDALINI 22
    Processo de Despertar da Kundalini 25
    Ativar o Corpo de Luz 27
    Presentes Espirituais e Atualizações dos Sentidos 29

A ÁRVORE DA VIDA E OS CHAKRAS 33
    Purificação dos Chakras 36

PRÁTICAS DE CURA ESPIRITUAL 39
A TRANSFORMAÇÃO DA KUNDALINI 44
    Ativação de Bindu 45
    Erradicação da Memória 48
    Metamorfose Completa 50
    Luz e Vibração Dentro da Cabeça 51

TIPOS DE DESPERTAR DA KUNDALINI 53
    Despertares Parciais e Permanentes da Kundalini 54
    Ver a Luz em Todas as Coisas 56

FATORES DE DESPERTAR DA KUNDALINI 59
    Conclusão do Processo de Despertar da Kundalini 60
    Alinhamento Com o Corpo Espiritual 63
    O Seu Novo Lamborghini Veneno 64

PARTE II: O MICROCOSMO E O MACROCOSMO 67
OS CINCO ELEMENTOS 68
    O Pentagrama 70
    Os Quatro Mundos e o Pentagrammaton 72
    Os Elementos na Natureza 75
    O Elemento Espiritual 76
    O Elemento Fogo 80
    O Elemento Água 81
    O Elemento Ar 82
    O Elemento Terra 83

OS PLANOS CÓSMICOS 85
    Os Cinco Planos Cósmicos 88
    Os Planos Divinos 91

Variação na Sequência das Camadas Áuricas 92
IDA, PINGALA, E OS ELEMENTOS 94

Hemisférios Cerebrais Esquerdo e Direito 96
Curtos-Circuitos da Nadi 97

PARTE III: O SISTEMA DE ENERGIA SUBTIL 99
A AURA-CAMPO DE ENERGIA TOROIDAL 100

A Aura Humana 101
Características da Aura 103
Anatomia da Aura (Áreas de Cor) 107
Problemas Energéticos na Aura 111
A Aura e as Vibrações 114
Kundalini e a Aura 116

OS SETE CHAKRAS PRINCIPAIS 118

Sete Chakras e o Sistema Nervoso 124
Purificação dos Chakras 127
Expansão do Cérebro 129
Fenómenos de Expansão da Consciência 130

OS CHAKRAS MENORES 133

Os Chakras da Cabeça 133
Os Chakras dos Pés 136
Os Chakras das Mãos 137
Cura Com as Mãos 140
Infusão de Energia Espiritual 141
Os Olhos Psíquicos 143

OS CHAKRAS TRANSPESSOAIS 146

Chakra Estrela da Terra 148
Chakra Hara (Umbigo) 149
Chakra Causal (Bindu) 152
Chakra da Alma Estelar 154
Portal Estelar 155
A Linha Hara 157
A Quinta Dimensão 158
A Merkaba-Veículo de luz 159
O Regresso ao Jardim do Éden 164
O Evento Flash Solar 165

PARTE IV: ANATOMIA E FISIOLOGIA DA KUNDALINI 169
DESENVOLVENDO O OLHO DA MENTE 170
OS SETE CHAKRAS E AS GLÂNDULAS ENDÓCRINAS 173

Cura dos Chakras e as Glândulas Endócrinas 177

DESPERTAr ESPIRITUAL E ANATOMIA DO CÉREBRO 179

A Glândula Pituitária 179
A Glândula Pineal 180
A Glândula Pineal e a Espiritualidade 181
O Tálamo 183
A Formação Reticular 186
Partes do Cérebro 190

O SISTEMA NERVOSO 193

Sistema Nervoso Forte/Fraco 195

Ioga e o Sistema Nervoso 197
Despertar da Kundalini e o Sistema Nervoso 198
Função do Nervo Vago 198
O Nervo Vago e a Kundalini 201
Os Doze Pares de Nervos Cranianos 202

LÍQUIDO CEFALORRAQUIDIANO (LCR) 205

Ventrículos Cerebrais 207
LCR e o Despertar da Kundalini 209

MULADHARA E KUNDALINI 211

O Sacro e o Cóccix 211
Plexo Sacral e o Nervo Ciático 213
Juntar Tudo 216

O PODER DO CORAÇÃO 219

Ligação Coração-Cérebro 221
Coerência Corporal 222
O Coração e as Vibrações 223
O Coração e as Relações 224
Comportamento Humano e Causa e Efeito 226
Abertura do Chakra do Coração 228
Kundalini e Expansões do Coração 232

PARTE V: MODALIDADES DE CURA DOS SETE CHAKRAS 235
CHAKRAS MASCULINOS E FEMININOS 236

Características de Género dos Chakras 239
Equilibrar os Chakras 240

ASTROLOGIA E OS SETE CHAKRAS 242

Astrologia Ocidental vs. Astrologia Védica 243
Os Sete Planetas Antigos 245

CURA E EVOLUÇÃO ESPIRITUAL 254
PEDRAS PRECIOSAS (CRISTAIS) 256

Formações Cristalinas e Formatos 258
Vinte e Quatro Tipos Importantes de Pedras Preciosas 261
Pedras Preciosas de Limpeza 270
Programação das Pedras Preciosas 270
Cura dos Chakras Com Pedras Preciosas 272

GARFOS DE AFINAÇÃO 277

Tipos de Garfo de Afinação e Utilização 278
Conjuntos de Garfos de Afinação de Chakras 279
Cura dos Chakras Através de Garfos de Afinação 280
Garfos Afinados do Sagrado Solfejo 286

AROMATERAPIA 294

Utilização de Óleos Essenciais 295
Como Funcionam os Óleos Essenciais 297
Óleos Essenciais Para os Sete Chakras 298

O TATTVAS 301

O Processo de Criação 302
O Sistema dos Trinta Tattvas 303
Os Cinco Tattvas Maiores 305

Perscutar Tattvas 311
PARTE VI: A CIÊNCIA DO IOGA (COM AIURVEDA) 319
O OBJETIVO DO IOGA 320

   Tipos de Ioga 321

OS CINCO KOSHAS 326

   Os Corpos Subtis no Oriente e no Ocidente 328

ASANA 332

   Os Três Asanas de Meditação 333
   Hatha Ioga vs. Vinyasa Ioga 336
   Preparação Para a Prática de Asana 337
   Dicas Para Praticar Asanas 338
   Asanas Principiantes 340
   Asanas Intermédias 343
   Asanas Avançadas 345

PRANAYAMA 347

   Exercícios de Pranayama 348

OS TRÊS GRANTHIS 367
MUDRA 371

   Hasta (Mudras das Mãos) 372
   Mana (Mudras da Cabeça) 385
   Kaya (Mudras de Postura) 391
   BANDHA (MUDRAS "FECHADURA") 396
   Adhara (Mudras do Períneo) 406

OS CINCO PRANA VAYUS 410

   Prana e Apana 415
   Despertar a Kundalini 417

SUSHUMNA E BRAHMARANDHRA 419
CHAKRA LALANA E NÉCTAR AMRITA 424

   Khechari Mudra e as Suas Variações 426

MANTRA 430

   O Número Sagrado 108 431
   Meditação Japa 432
   Mantras de Meditação 434

BIJA MANTRAS E MUDRAS DOS SETE CHAKRAS 441
MEDITAÇÃO (DHYANA) 446

   Prática de Ioga e Meditação 447
   Três Métodos de Meditação 448
   Passos de Meditação 450
   Meditação Chama da Vela (Trataka) 452

IOGA E OS CINCO ELEMENTOS 456

   Ativação e Equilíbrio dos Elementos 457

AIURVEDA 460

   Os Três Doshas 462
   Como Determinar o Seu Rácio de Doshas 467
   Dieta Aiurvédica 471

Práticas de Ioga Para Equilibrar os Doshas 477
PODERES PSÍQUICOS SIDDHIS 482

    Os Oito Siddhis Maiores 483

PARTE VII: APÓS O DESPERTAR DA KUNDALINI 495
SINTOMAS E FENÓMENOS APÓS O DESPERTAR DA KUNDALINI 496

    Anjo da Guarda (O Eu Superior) 499
    Estado de Ser Após o Despertar 502
    Chakras, Corpos Subtis, e Sonhos 504
    Sonhos Lúcidos 506
    Desenvolver e Expandir a luz astral 507
    O Universo Holográfico 509
    Mais Presentes a Revelar 510
    Kriyas e Eventos Sincronizados 512

A NECESSIDADE DE ALQUIMIA ESPIRITUAL 514

    Desafios na Sua Vida Pessoal 516
    Alinhamento Com o Corpo de Luz 518

ALTERAÇÕES CORPORAIS E DIETA 521

    Desenvolver Alergias 522
    Os Nutrientes Essenciais Para a Transformação 523
    Exercício Físico e Doença 524

A NECESSIDADE DE DISCRIÇÃO 526

    A Loucura da Medicação de Prescrição 529

CRIATIVIDADE E SAÚDE MENTAL 532

    Kundalini e Saúde Mental 534
    Reforçar a Força de Vontade 536
    Kundalini e Criatividade 537

SAHASRARA E O DOMÍNIO DA MENTE 540

    Introvertido vs. Extrovertido 543
    Emoções vs. Razão 544

KUNDALINI E TRANSFORMAÇÃO ALIMENTAR 546

    Sublimação/Transformação de Alimentos 549
    Pensamentos em "Tempo Real" 551

EMPATIA E TELEPATIA 553
ÉTICA E MORAIS 555
PARTE VIII: KUNDALINI E SONHOS LÚCIDOS 559
O MUNDO DOS SONHOS LÚCIDOS 560

    Despertar Num Sonho 562
    Desenvolver Habilidades Nos Seus Sonhos 563
    Energia Cármica Em Estados de Sonho 564
    Binah e o Plano Astral 565
    Paralisia do Sono 566
    Como Induzir Um Sonho Lúcido 568
    Experiencias Fora do Mundo Em Sonhos Lúcidos 569

PARTE IX: KUNDALINI-AMOR, SEXUALIDADE, E FORÇA DE VONTADE 573
AMOR E RELAÇÕES 574

    As Quatro Formas de Amor 575

Amor Romântico 577
Amor de Amigos 578
Amor Familiar 580

KUNDALINI E ENERGIA SEXUAL 583

Despertar Sexual e Estar "Horny" 585
Relações Sexuais 587
Reter a Sua Energia Sexual 588
Anseios Sexuais 591

ATRAÇÃO SEXUAL 593

Os Dois Primeiros Minutos do Encontro 594
A Psicologia da Atração 595
A Importância das Crenças Internas 596

TORNAR-SE UM GUERREIRO ESPIRITUAL 599

Lidar com Energias Positivas e Negativas 600
Construindo a Sua Força de Vontade 602
Para Mudar o Seu Humor, Mude o Seu Estado 603

O PODER DO AMOR 605

O Amor e o Princípio da Polaridade 606
O Ego e o Eu Superior 607

SER UM COCRIADOR DA SUA REALIDADE 609

Manifestar o Seu Destino 611
Trabalho e Vida Escolar 613
Inspiração e Música 615

PARTE X: CONTROLO DE DANOS DA KUNDALINI 617
KUNDALINI E CURTOS-CIRCUITOS 618
KUNDALINI E DROGAS RECREATIVAS 622

Canábis e as Suas Propriedades 623
Kundalini e Uso de Canábis 625
Tipos e Estirpes de Canábis 628
Métodos de Utilização da Canábis 630
Concentrados de Canábis e Comestíveis 631
Substâncias Controladas e Curtos-Circuitos 633

PARTE XI: MEDITAÇÕES KUNDALINI 637
RESOLUÇÃO DE PROBLEMAS DO SISTEMA 638
PARTE XII: ACONSELHAMENTO KUNDALINI 649
DICAS GERAIS 650
PERGUNTAS COMUNS 654
EPILOGUE 663
APÊNDICE 667
QUADROS COMPLEMENTARES 668
GLOSSÁRIO DE TERMOS SELECCIONADOS 671
BIBLIOGRAFIA 680

VIAGEM DO AUTOR PARA ESCREVER ESTE LIVRO

A VOZ DIVINA

Toda a minha vida, fui assombrado por uma voz que nunca ouvi. Mas a minha mãe ouviu-a. E de alguma forma, devo-lhe a minha vida. Ela só a ouviu uma vez. E porque ela ouviu, eu ainda estou aqui. Mas mesmo antes dessa voz se ter dado a conhecer a ela, fui atormentado por diferentes demónios.

Como pode ver, desde o momento em que nasci, estava gravemente doente. Tive uma febre alta contínua, não conseguia manter a comida no estômago, e não conseguia dormir. Era como se alguma força externa invisível não quisesse que eu sobrevivesse. Por isso, sempre que melhorei, acabei onde comecei, o hospital.

O que quer que estivesse a tentar matar-me, depressa descobriu que eu era um bebé teimoso que não queria desistir. Ninguém sabia o que estava errado comigo, e nada do que os médicos estavam a fazer estava a ajudar. Finalmente, ficaram tão intrigados com a minha misteriosa doença que convidaram estudantes de medicina para me verem e esperançosamente encontrarem respostas.

A minha mãe, Gordana, estava ao meu lado e rezava diariamente pela minha recuperação. Ela não era uma mulher religiosa, mas acreditava que a sua dor lhe permitia contactar alguma força Divina superior e pedir a sua ajuda. Afinal de contas, ela era a minha guardiã, a minha protetora. Depois, após três anos de ter entrado e saído do hospital quase diariamente e ter colocado a minha família no Inferno, recuperei milagrosamente. O que quer que a minha mãe tenha rezado, deve ter respondido.

Se foi alguma força de outro mundo que me quisesse afastar deste mundo, falhou. Em vez disso, havia um poder oposto que queria que eu sobrevivesse. E assim, cresci com uma bênção que me protegeu de tempos difíceis. Senti que talvez tivesse um propósito neste mundo, apesar de ter levado muitos anos para o encontrar verdadeiramente. Mas antes de o encontrar, haveria outra provação que teria de superar.

Foi na primavera de 1992, num país à beira da guerra, a Jugoslávia. Tínhamos acabado de deixar o abrigo anti bomba no edifício depois de uma noite a ouvir tiros ao fundo, exaustos. Embora as tensões crescessem entre fações opostas, a maioria das pessoas acreditava que as coisas iriam acabar em breve e que a vida voltaria ao normal. Não havia muitas pessoas dispostas a deixar tudo para trás sem a certeza de que uma guerra iria começar.

Eram 5:00 da manhã, e a minha irmã Nikol e eu fomos direto para a cama, tal como o meu pai, Zoran. A minha mãe deitou-se ao lado dela e pôs a cabeça no travesseiro, emocional e mentalmente desgastada. Ela olhou para o relógio ao seu lado, observando a agulha a mover-se para o seu centro, contemplando a situação difícil em que estávamos e o que o futuro tinha para a nossa família.

O que aconteceu a seguir iria mudar tudo e criar um ramo diferente na linha do tempo das nossas vidas. Este acontecimento único não só nos levaria de um continente para o outro, como seria um precursor de uma viagem Espiritual monumental para mim - uma viagem que me moldaria a um mensageiro de Deus - o Criador.

De repente, uma voz masculina autorizada começou a falar com ela ao ouvido direito. Não era o meu pai, uma vez que estava a dormir profundamente no seu lado esquerdo, roncando levemente como costuma fazer. A voz falava num tom calmo, mas comandante, anunciando as coisas que estavam por vir para o povo da Bósnia-Herzegovina. Dizia que uma guerra irromperia de fato na minha cidade natal. O lixo encheria as ruas, a comida e a água seriam escassas, e não haveria calor e eletricidade. Esta Voz Divina disse que precisava de deixar a cidade com a minha irmã e comigo imediatamente. Essa era a sua missão.

Ela recuperou a consciência, mas algo tinha mudado nela. A sua mente ia uma milha por minuto como se ainda estivesse em algum transe. O que acabou de acontecer? A sua experiência deixou-a tanto chocada como mistificada. Acima de tudo, ela estava assustada. E ela sabia que este sentimento de medo não iria embora até que ela fizesse algo a esse respeito.

Ela ainda não acordou o meu pai. Em vez disso, ela tentou recolher os seus pensamentos. Enquanto o fazia, começou a preparar os nossos passaportes e outros documentos de viagem. Depois, contra toda a lógica, deixou o quarto e começou a fazer uma mala para todos nós. Ela sabia no seu coração o que tinha de fazer, e nada que alguém dissesse poderia impedi-la.

Depois de uma mala ter sido vagamente embalada, ela fez um café e bebeu-o ao lado da janela da sala de estar, tremendo. Depois, carregada de emoção, olhou para fora, para o parque infantil adjacente ao nosso edifício, contemplando a força que teria de exibir nos dias seguintes para cumprir a sua missão e salvar os seus filhos.

De repente, duas mãos estavam sobre os seus ombros, sacudindo-a. "Gordana, Gordana, consegues ouvir-me? Diz qualquer coisa! A minha mãe deve ter parecido uma mulher possuída. Então, finalmente, ela voltou-se para o meu pai e voltou à realidade. "Temos de deixar a cidade", gritou ela. "Agora!"

O resto desse dia não foi fácil para a minha mãe, uma vez que ninguém acreditou na sua história. Sendo um homem muito lógico, o meu pai tentou racionalizar a sua experiência e pensou que se tratava de um truque da imaginação. Afinal, era uma história extraordinária para acreditar que tinha acontecido a uma família comum como a nossa. No entanto, ela sabia o que ouvia, e por muito firme que fosse, não havia como impedi-la. Ela tinha de garantir a segurança dos seus filhos e levar-nos para fora da cidade imediatamente.

E assim, fez as nossas malas e comprou-nos bilhetes de avião para que pudéssemos voar no dia seguinte. Infelizmente, o meu pai não sentiu o mesmo sentimento de urgência que a minha mãe, e ainda estava à espera de alguns documentos essenciais antes de uma grande expedição de viagem, pelo que planeou ficar para trás e encontrar-se connosco dentro de algumas semanas.

No dia seguinte, chegámos ao aeroporto por volta do meio-dia. Mesmo antes de o embarque ter começado, o impensável aconteceu. O tiroteio começou no aeroporto de todos os lados. Se o país estava à beira da guerra, este era o precipício. Os disparos ocorriam normalmente durante a noite, pelo que isto era diferente. As pessoas no aeroporto começaram a entrar em pânico, ajoelhando-se cada vez que ouviam um tiro enquanto outras estavam deitadas de barriga para baixo. Era o caos. Isto continuou durante as quatro horas seguintes. Parecia que já não íamos poder deixar a cidade.

Finalmente, o tiroteio parou brevemente o tempo suficiente para embarcarmos no avião. O nosso avião de passageiros de tamanho médio ficou tão cheio de gente que não havia lugares suficientes para todos, que muitos ficaram de pé, incluindo nós. Parecia que todas as pessoas no aeroporto tinham reservado de novo os seus bilhetes para entrar no nosso avião.

Assim que o avião descolou, olhei para fora pela janela da minha cidade natal à medida que ficava cada vez mais pequeno, sem saber que esta seria a última vez que o via durante muitos anos. Durante a viagem de avião, lembro-me da minha mãe segurando tanto a minha irmã como eu com lágrimas nos olhos. Ela completou a sua missão, mas isto foi apenas o início da nossa árdua viagem, e ela sabia-o. Assim que aterrámos no país vizinho da Sérvia, soubemos que o nosso avião era o último avião que deixou a cidade. Depois de fugirmos no momento certo, o aeroporto foi oficialmente encerrado.

A guerra começou na Bósnia nesse dia e durou três longos anos. Sarajevo, a minha cidade natal, estava sitiada. Quando nos despedimos do meu pai no aeroporto, não fazíamos ideia de que seria a última vez que nos veríamos durante muito tempo. Oh, como desejei que ele viesse connosco, mas o destino jogou a sua mão por todos nós nesse dia.

A guerra era religiosa, com conotações políticas, razões pelas quais não entrarei neste momento. Quanto à história que estou prestes a contar-vos, tudo o que a Voz Divina disse que aconteceria, de fato aconteceu. Uma Intervenção Divina salvou as nossas vidas - cuja razão era desconhecida para mim na altura.

À medida que os dias passavam, a minha mãe desejava que a Voz Divina regressasse para a orientar. Cumpriu a tarefa de garantir a segurança dos seus filhos contra o perigo imediato, mas à medida que a guerra começou a alargar-se, foi difícil saber para onde devemos ir a seguir para evitar o caos que se desencadeou no meu país. E assim, saltámos de uma cidade e de um país para outro, orbitando a Bósnia e Herzegovina, esperando pacientemente que o meu pai tivesse a oportunidade de partir e de se juntar a nós.

As linhas da frente da guerra estavam na minha vizinhança. Muitas pessoas morreram na minha cidade natal, especialmente perto de onde eu vivia. Foi horrível ouvir falar das atrocidades que aconteceram às pessoas que viviam em Sarajevo. O vizinho lutou contra o vizinho; não se podia sair de casa por medo de ser abatido a tiro por franco-atiradores. Quando as pessoas ficaram sem comida e água e tiveram de deixar as suas casas para se reabastecerem, despediram-se dos seus entes queridos, sem saberem se iriam regressar. Recebemos esta informação em primeira mão do meu pai, que infelizmente teve de suportar tudo isto.

No final da guerra, a minha mãe perdeu tanto os seus pais como o irmão. No entanto, ela fez o que a Voz Divina disse, então porque é que o seu povo não foi poupado? Quando descobri que a minha família e amigos pereciam na guerra, fiquei triste e confuso. Porque é que fomos salvos, e outros não foram? Comecei a questionar a minha mãe quando ela me falou sobre a Voz Divina. Por alguma razão, eu era o único que acreditava nela. A maioria das pessoas pensou que tivemos sorte em sair no último segundo, mas eu sabia que havia mais do que isso. É como se a informação que ela me deu ativasse algo dentro de mim, mas levaria muitos anos até que a próxima peça do puzzle se desvendasse.

Só quando tive um despertar da Kundalini em 2004 é que pensei que talvez tivesse algo a ver com esta Intervenção Divina, considerando que se tratava de uma experiência Espiritual tão rara e monumental. Talvez estivéssemos salvos para que eu experimentasse tudo o que fiz após o despertar da Kundalini, e dezassete anos mais tarde estaria a escrever estas mesmas palavras a si, o leitor. Talvez a minha mensagem seja vital para as pessoas do mundo nos dias de hoje.

EVOLUÇÃO ESPIRITUAL E PODER PESSOAL

Após dois longos anos de vida no Inferno, o meu pai veio juntar-se a nós na Croácia. Pouco depois, nós os quatro viemos para Toronto, Canadá, como refugiados de guerra e começámos as nossas vidas aqui na América do Norte. Os meus pais prometeram-me que o Canadá seria um novo começo e que eu poderia ser tudo o que quisesse e ser livre para perseguir quaisquer sonhos que tivesse. Logo percebi que a maior vocação ou perseguição de que mais gostava era de ser feliz. A melhor maneira de honrar todas as pessoas que não conseguiram no meu país foi ser feliz e levar uma boa vida, uma vez que não conseguiam.

À medida que a minha adolescência passou, reparei que era diferente. Para um, nenhum dos meus amigos sentia emoções tão fortes como eu as sentia. Onde eles tinham paixões, eu tinha obsessões esmagadoras. Eu era um extremista por natureza. Não bastava apenas permitir que a vida me atirasse coisas à minha maneira; eu perseguia ativamente as coisas que me faziam feliz e levava-as para casa.

Outras pessoas estavam à procura de uma moca rápida, mas eu queria ficar lá para sempre. Não havia qualquer sensação de voltar à Terra depois de se ter provado o que mais havia lá fora. Uma vez abraçada a transcendência do verdadeiro amor, como poderia alguma vez regressar?

Parte de mim sabia que não podia ser assim tão fácil, que podia tomar um comprimido, fumar uma erva e de repente estar no Céu. E, no entanto, era; num segundo estás a sentir-te normal, e no outro estás num estado completamente diferente. Mas não era suficiente ficar pedrado nos fins-de-semana; eu queria viver nesse estado para sempre. Eu queria alcançar um estado permanente de felicidade.

A minha primeira busca para encontrar isso foi através do amor. O problema é que não se tem o controlo total, uma vez que se trata de uma parceria. Portanto, mesmo que eu sentisse pura energia de amor e devoção a essa pessoa, se ela não o sentisse da mesma maneira, então não era real. Era como um truque de magia sem público. E assim, eu sabia que havia mais para mim, mas não percebi bem o que isso poderia ser.

Só nos meus anos de liceu é que comecei a ligar-me ao Espírito e a aprender sobre Deus - o Criador, durante a minha primeira relação a longo prazo. Este sentimento de estar apaixonado abriu-me Espiritualmente pela primeira vez, e eu tornei-me um buscador da Luz. Aprender sobre a realidade invisível do Espírito é algo a que eu estava predisposta desde cedo, uma vez que muitas das minhas filosofias sobre a vida apenas surgiram naturalmente.

Estava sempre concentrado no prazer e na busca da felicidade, por isso fiquei noivo do meu primeiro amor pensando que podia contornar todas as provações e tribulações da vida. No entanto, o Universo tinha outros planos para mim. Uma vez que a minha relação terminou catastroficamente, encontrava-me numa encruzilhada na minha vida. Em vez de me deter na minha perda e de estar deprimido, decidi usar o impulso que ganhei ao aprender sobre o Espírito e continuar a minha viagem.

Recolhi tudo o que me lembrava dela e coloquei-o num saco do lixo preto. Depois, numa floresta próxima, queimei tudo no fogo abrasador para simbolizar um novo começo na minha vida. Enquanto observava o fumo a subir e os artefactos a transformarem-se em cinzas, senti os Deuses a olharem para mim e finalmente a dizerem: "O rapaz está pronto agora".

Eu tinha ido para a Universidade de Arquitetura durante o dia, como os meus pais desejavam de mim. Quando as minhas aulas terminaram e a noite o definiu, continuei os meus estudos de outras formas. Através dos livros que estava a ler e a pôr em prática essas aulas, comecei a reconstruir-me e a aperfeiçoar-me. Percebi que ainda podia ter mulheres na minha vida e experimentar que o amor é recíproco, mas sem o mesmo tipo de apego que antes. Da mesma forma, estava desapegado da pessoa em que me estava a tornar para me refazer constantemente em algo melhor. E assim, diariamente, verto a minha pele como uma serpente. Como uma fênix que se levanta das cinzas renovada. Quanto mais conhecimento e sabedoria eu interiorizava impedia-me de ser um escravo das minhas esmagadoras emoções.

Depois de experimentar o amor, o passo seguinte foi desenvolver o meu poder pessoal, pelo que aprendi sobre a atração entre homens e mulheres. Comecei a aprender a manifestar qualquer realidade que desejasse e apercebi-me de que era possível, uma vez integrados os conhecimentos adequados. Fui um cientista da mente ao testar os limites do potencial humano em muitas áreas. Procurei dominar a minha mente quando soube do seu poder para moldar aquilo a que chamamos "realidade". Percebi que posso explorar todo o potencial da mente quando posso aceder ao "Agora", o momento presente. Tornei-me obcecado em dominar esta habilidade, uma vez que ela trouxe a verdadeira excitação e alegria de estar vivo.

Certas áreas da minha vida tornaram-se um caos. Não é que eu quisesse tudo, mas persegui tudo. Transformei a mesma intensidade que tinha para procurar o amor na busca do conhecimento Espiritual. Imbuí cada livro com a mesma paixão e devoção com que fiz o meu ex-noivo, pelo que me enchi diariamente de conhecimento e sabedoria. Não parecia haver limites para o quanto eu podia aprender. E percebi que um homem podia passar uma vida inteira a ler cada livro sem pôr em prática o que aprendeu.

Foi então que *o Kybalion* chegou às minhas mãos. O manual para a própria vida. Foi a primeira vez que me apaixonei verdadeiramente de novo. Eu sabia que precisava de me dedicar a este livro e integrar cada frase na minha mente e coração para extrair a sua Eterna sabedoria. Esta foi a segunda intervenção divina na minha vida e o precursor e catalisador de um despertar da Kundalini que eu deveria ter nesse mesmo ano.

O Kybalion é um livro ocultista hermético que discute as Leis Universais, referidas como os Princípios da Criação. (Note-se que os termos em itálico são definidos com mais pormenor no Glossário que se encontra no verso do livro.) *O Kybalion* concentra a maior parte dos seus ensinamentos no poder da mente e afirma que "Tudo é Mente, o Universo é Mental". Diz que vivemos no "Sonho de Deus" e que tudo é energia "pensada", incluindo o Mundo Físico. Esta energia do pensamento é o próprio Espírito de que falam os textos religiosos e Espirituais. A diferença entre o pensamento de Deus e o do homem é apenas uma questão de grau ou frequência de vibração. O nosso poder da mente e capacidade de pensar é o que molda a nossa realidade.

Trabalhei diariamente com as Leis e Princípios do *Kybalion*, e isso estava a transformar-me de forma convincente a partir do interior. Tinha a maior confiança nos Princípios do *Kybalion* e estava tão fascinado por este livro que o levava comigo para onde quer que fosse. Estava a ser remodelado diariamente por tudo o que estava a aprender e a experimentar. Juntamente com o crescimento da sabedoria, concentrei-me em transformar-me num homem atraente e poderoso. Melhorei a minha vida de namoro a um grau inimaginável, utilizando os Princípios do *Kybalion*.

O Verão de 2004 foi o culminar de tudo o que eu estava a experimentar e a aprender, e obtive um nível de poder pessoal na minha vida com o qual apenas sonhava antes. A minha vida era um filme, e eu era a estrela principal. Tinha-me transformado num Místico, um "Feiticeiro da Mente". A minha viagem Espiritual estava numa trajetória ascendente, e eu senti que era apenas uma questão de tempo até que algo extraordinário acontecesse.

O DESPERTAR DA KUNDALINI

Em Outubro de 2004, após ter lido *The Kybalion* mais de vinte vezes, tive algumas novas epifanias sobre os Princípios da Criação. Em primeiro lugar, temos um duplo Espiritual, uma réplica dentro de nós feita de puro Espírito, que ocupa o mesmo espaço e tempo, mas a nossa consciência não está sintonizada com ele. Em segundo lugar, o nosso poder de imaginação e capacidade de pensar as coisas na existência é muito mais potente do que lhe damos crédito. Como Deus, o Criador, nos imaginou, podemos imaginar e experimentar as nossas imagens como reais, se apenas optarmos por acreditar no que vemos. Testar estes dois novos entendimentos naquela noite durante uma meditação, que inconscientemente era uma forma de prática sexual tântrica, resultou num despertar muito intenso da Kundalini.

Um poderoso fluxo de energia ergueu a minha coluna vertebral, soprando os Chakras simultaneamente no caminho para cima. Entrou na minha cabeça e no meu cérebro e envolveu todo o meu Ser com Luz. Furou o Olho da minha Mente, expandindo-o exponencialmente antes de subir à Coroa e resultando num fogo líquido derramado sobre o meu corpo, despertando o que mais tarde aprendi são os Setenta e Dois Mil Nadis ou canais energéticos. Esta experiência foi acoplada por um poderoso som vibratório que ouvi no interior, que no seu auge soou como um motor de avião a jato na descolagem.

O clímax era eu a abrir os olhos enquanto era "eletrocutado" por esta energia do interior e a ver a sala em que eu estava como um Holograma, e as minhas mãos feitas de pura Luz dourada. Esta visão mudou para sempre a minha forma de ver a realidade. A minha primeira Experiência Fora do Corpo (OBE) seguiu-se a esta, onde vi o início da Luz Branca quando a minha consciência estava a ser sugada para fora do meu corpo.

Toda esta experiência deixou-me mistificado e confuso. O que acabou de me acontecer? Demorei dois meses de pesquisa obsessiva para descobrir o que era, e desde então, a minha vida nunca mais foi a mesma. Após o meu despertar Kundalini, fui despertado para uma realidade que nunca soube que existia - a Quarta Dimensão da Vibração ou Energia. Era o material de um filme de Hollywood sobre Misticismo e Espiritualidade. Senti-me como se tivesse acabado de ganhar a lotaria - uma que era desconhecida até para as pessoas existirem.

As experiências transcendentais tornaram-se um modo de vida padrão à medida que me transformava diariamente na mente, corpo e alma. Logo se tornou evidente que a minha consciência se tinha expandido à medida que comecei a perceber a realidade à minha volta a partir de uma fonte muito mais elevada. Comecei a ver o mundo à minha volta da perspetiva de Deus como se estivesse nas nuvens e a olhar para tudo como se estivesse a olhar para um modelo arquitetónico. Agora percebia Luz em todas as coisas, o que me deu tudo o que olhava para uma transformação digital. Com o tempo, desenvolvi a capacidade de ver os campos de energia das pessoas (Auras) e intuitivamente sentir a sua energia dentro de mim. Esta experiência deu-me capacidades telepáticas e empáticas que foram um dom e uma maldição ao mesmo tempo.

O mundo dos meus sonhos também se abriu a uma realidade totalmente nova. Comecei a ter Experiências Fora-do-Corpo à noite, onde voei em estranhas, mas belas terras e exibi poderes que fazem lembrar super-heróis no cinema. Eu próprio senti que me tinha tornado um super-herói desde que ninguém que eu conhecesse ou tivesse ouvido falar, além de Gopi Krishna (de quem li na altura), descreveu este novo mundo em que fui projetado. Era o mesmo mundo em que eu vivia antes, mas melhorado dentro de mim pela energia da Luz trazida pela Kundalini. Esta Luz remodelou o meu antigo Eu e transformou-me em algo novo, melhor, mais avançado.

Aceitei o apelo do Divino para aprender tudo e qualquer coisa sobre Espiritualidade, religião, filosofia, psicologia, e outros tópicos sobre Deus - o Criador e o destino da humanidade. Fiquei obcecado em desenvolver-me numa presença messiânica, pois sentia que era a minha vocação. Como algumas outras pessoas fazem na minha posição, nunca procurei ser o "Um", uma vez que sabia desde o início que todos nós somos o "Um". Todos nós somos Seres de Luz e temos o potencial para despertar a Kundalini e transcender este mundo material.

Eu sabia que a minha vocação era ser um mensageiro de Deus - o Criador - e a minha mensagem era a Kundalini. Tornei-me um crente de que o objetivo da Intervenção Divina, que salvou a minha irmã e a mim em 1992, era exatamente por esta razão. Como tal, alinhei-me completamente com *Hermes Trismegisto*, considerando que grande parte da minha viagem Espiritual estava relacionada com os seus ensinamentos.

Hermes é também o Deus mensageiro nos panteões gregos e romanos, o intermediário entre os Deuses e os homens. A varinha única que ele carrega em todas as suas representações pictóricas, o Caduceu, simboliza a própria energia da Kundalini.

Apesar de ter começado a viver uma existência extraterrestre, estava muitas vezes a sofrer episódios intensos de medo e ansiedade, tendo em conta que todos os meus Chakras foram totalmente ativados após o despertar da Kundalini. Senti-me abençoado por ter tido o despertar, mas como muitas vezes tive de lidar com um medo e uma ansiedade incríveis, também me senti como uma desgraça. Além disso, soube que outras pessoas que também sofreram um despertar completo da Kundalini, tais como a minha, também estavam a experimentar isto. Infelizmente, esta espada de dois gumes foi algo com que todos nós tivemos de aprender a viver e a suportar. Contudo, eu não queria aceitar isso. Se há vontade, há uma maneira, pensei eu. Cada problema tem uma solução. *O Kybalion* ensinou-me isso. Por isso, decidi ajudar-me a todo o custo e comecei a procurar várias formas de o fazer.

Tentei muitas práticas espirituais diferentes dentro de um ano após o despertar da Kundalini, desde o Ioga à meditação transcendental, passando pelas Pedras Preciosas (Cristais) e mais além. Para vos mostrar como estava desesperado, até me juntei a

Cientologia durante um mês e pratiquei o seu método para me tornar um "claro". Mas, infelizmente, nada parecia funcionar para mim. Eu ainda tinha medo e ansiedade presentes no meu coração que me debilitava diariamente e uma vibração alta nos meus ouvidos que era muito desconfortável, mantendo-me acordado toda a noite. Quase tinha perdido a esperança até que o meu Eu Superior me levou à porta de uma antiga escola de mistérios – *Amanhecer Dourado*. Consequentemente, a *Magia Cerimonial*, que eles praticavam, parecia ser a solução possível para o meu problema.

MÁGICO DO AMANHECER DOURADO

Juntei-me à Ordem Esotérica do Amanhecer Dourado no Verão de 2005 para ajudar nas questões emocionais e mentais que me atormentavam. A Magia Cerimonial envolve a utilização de exercícios rituais para invocar energia para a Aura. Mergulhei profundamente no sistema Hermético do Amanhecer Dourado logo desde o início. À medida que avançava nos diferentes graus ou níveis, trabalhava com energias Elementares, que correspondem aos Chakras.

Existem Cinco Elementos da Terra, Água, Ar, Fogo e Espírito relacionados com os Sete Chakras. Os primeiros quatro Chakras correspondem aos Elementos Terra, Água, Fogo e Ar, enquanto os últimos três Chakras superiores pertencem ao Elemento Espírito. As energias Elementais correspondem a diferentes partes da psique, tais como emoções, pensamentos, razão, força de vontade, imaginação, memória, intuição, etc. Trabalhar com os Elementos permitiu-me afinar essas partes de mim mesmo, o que foi necessário para integrar a consciência recentemente expandida.

As energias que eu invocava através da Magia Cerimonial tornaram-se a própria "ferramenta" que eu procurava para despertar a Kundalini. Permitiram-me limpar a minha Aura e Chakras da negatividade que me atormentava. Além disso, invocar os Elementos através da Magia Cerimonial permitiu-me verter a minha energia cármica mais rapidamente, pois removeu todo o medo e ansiedade de dentro de mim. Não só isso, mas também me permitiu desenvolver diferentes partes do Eu e realizar todo o meu potencial.

Portanto, a Magia Cerimonial é uma poderosa "ferramenta" para combater a energia cármica e purificar o antigo Eu, o Ego cuja utilização permite que a vontade superior do Espírito prevaleça sobre a consciência. O que impediu a experiência da energia Espiritual recentemente despertada foi a minha memória de quem eu era, cujo fundamento é a minha perceção dos acontecimentos passados. O Ego processa a realidade em termos dualistas, alguns eventos aceites como bons e outros como maus, deixando-nos acorrentados a uma roda Cármica perpétua, que está continuamente em movimento.

As más memórias são encerradas dentro do Eu e geram apego ao Ego através da dor emocional e do medo. Podemos aceder à carga emocional das memórias invocando os Elementos através da Magia Cerimonial, trazendo-os à superfície a partir do subconsciente para os "derramar" através da integração e evolução. Como resultado, a energia potencial armazenada nos Chakras sob a forma de Karma liberta de volta para o Universo, restaurando o seu estado inicial de pureza.

Depois de ver os efeitos positivos que teve em mim num curto espaço de tempo, apaixonei-me pelo sistema do Amanhecer Dourado. Tinha até construído um Templo pessoal em minha casa, onde praticava Magia diariamente. Juntamente com o processo de *Alquimia Espiritual que* estava a passar com os Elementos, também aprendi sobre muitos tópicos esotéricos no Amanhecer Dourado, incluindo a Qabalah, Árvore da Vida, *Tarot*, Astrologia, *Hermetismo*, e muito mais.

Desenvolvi-me como mestre de rituais ao praticar a arte da Magia Cerimonial diariamente durante pouco mais de cinco anos. Durante este tempo, fui iniciado em todos os graus de Ordem Externa do Amanhecer Dourado, que correspondem aos Quatro Elementos. Posteriormente, continuei a minha viagem Mágica por conta própria enquanto trabalhava com exercícios rituais de nível Adepto correspondentes ao Elemento Espiritual e mais além.

À medida que me movia na minha casa, o meu primeiro Templo transformou-se num espaço de vida partilhado, permitindo-me construir um segundo Templo, mais elaborado, para comemorar o meu caminho solitário como Mágico. Consequentemente, esta mudança ocorreu quando o Templo comunal de Toronto se desmoronou, deixando muitos companheiros do Amanhecer Dourado sem casa. O Divino pediu-me para lhes abrir a minha casa e usar os meus conhecimentos avançados e experiência ritual para os orientar. E assim, pela primeira vez, o aluno tornou-se o professor.

Fui mentor de um grupo de até uma dúzia de ex-membros do Amanhecer Dourado que me visitavam semanalmente para ensinamentos e rituais de grupo que eu conduzia. Também conheci novos amigos na rua que eram buscadores da Luz, que procuravam os meus ensinamentos do Amanhecer Dourado. Alguns deles eram indivíduos despertados pela Kundalini que precisavam de ajuda, como eu fiz há alguns anos, quando eu estava a apalpar no escuro para obter respostas.

Quando a minha viagem no Amahecer Dourado chegou ao auge, pratiquei outras disciplinas espirituais que envolviam a invocação/evocação de Deuses e Deusas, nomeadamente dos panteões Hindus e Voodoo. O meu objetivo era experimentar as suas energias através da realização dos seus exercícios rituais e compará-las com o que tinha aprendido através da Magia Cerimonial.

Também me juntei à *Maçonaria* por causa das suas raízes herméticas, e dentro de dois anos, atingi o grau mais elevado de Mestre Maçon no Blue Lodge. Fui um cientista da arte do ritual de Magia cujo laboratório é o mundo invisível da energia e procurei encontrar pontos comuns nas diferentes tradições espirituais e religiões.

Através do meu trabalho e das semelhanças nos nossos caminhos, alinhei a minha vibração com um membro anterior da Ordem Hermética do Amanhecer Dourado, o infame *Aleister Crowley*. Ele contactava-me frequentemente em sonhos para me transmitir ensinamentos crípticos no seu estilo de falar shakespeariano.

Pratiquei *Magia Sexual* com a orientação de Crowley durante mais de um ano e usei a *Magia de Enoque* e os *Trinta "Aethyrs"* para "atravessar o Abismo". Atravessar o Abismo é um processo que implica elevar a sua consciência para além do Plano Mental da dualidade, onde o medo e a dor se manifestam, para o plano Espiritual da Unidade. Uma vez feito isto, integrei plenamente com a energia amorosa incondicional no Plano Espiritual e a minha consciência permanentemente alinhada com o meu Corpo Espiritual.

Esta realização Espiritual permitiu-me transcender completamente o medo e a ansiedade, que me atormentavam desde o despertar da Kundalini. Os meus pensamentos já não tinham qualquer poder emocional sobre mim, e eu venci o meu Karma negativo. E assim, a minha jornada com o ritual de Magia acabou, permitindo-me concentrar apenas na minha energia Kundalini a partir daquele momento em diante.

SEGUNDA KUNDALINI EM ASCENSÃO

No início de 2010, seis anos após o meu despertar inicial da Kundalini, tive outra Kundalini intensa a subir. Em lado nenhum foi tão poderosa como a primeira subida desde que foi uma ativação única na vida. No entanto, para minha surpresa, a energia da Kundalini subiu pela minha coluna vertebral até à minha Coroa e expandiu ainda mais a minha consciência.

Acredito que o trabalho árduo que eu tinha feito com Magia e o fato de já não estar a invocar energia externa na minha Aura estimulou a minha Kundalini a reativar e remover quaisquer bloqueios que eu tivesse após o despertar inicial. Talvez eu não tenha acordado todas as pétalas do Sahasrara Chakra durante o despertar inicial da Kundalini e esta segunda subida serviu para abrir completamente a Coroa do Lótus. Ao fazê-lo, completei o circuito da energia da Kundalini e abri um novo e essencial Chakra na parte superior da nuca chamado Bindu.

No início, estava a sofrer um fogo muito intenso dentro de mim, que era mais insuportável do que nunca. A ingestão de alimentos tornou-se um problema desde que tornou o fogo mais forte, por isso perdi vinte libras no primeiro mês após a segunda subida. No entanto, percebi um sentido de consciência ainda maior, e as minhas capacidades psíquicas foram aumentadas. O mais importante é que agora comecei a funcionar apenas por intuição e estava num estado constante de inspiração que é impossível de descrever. A palavra "épico", atirada ao acaso atualmente, é a que utilizo para descrever melhor o que senti e sinto até hoje.

Juntamente com esta inspiração constante, comecei a sentir-me fora do meu corpo na minha vida acordada, e coisas estranhas começaram a ocorrer. Senti um entorpecimento em todo o meu corpo físico, que se tornou uma parte permanente da minha vida. Quando aplico um saco de gelo na minha pele, não consigo sentir o frio, mas sinto-me completamente entorpecido. O mesmo se aplica a qualquer outra parte do meu corpo físico. É como se a Kundalini desse ao meu corpo uma injeção permanente de novocaína, um agente adormecedor.

Um sentimento transcendente permeou o meu coração, e o fogo, que no início estava a arder, arrefeceu para se tornar energia calmante e amorosa. Comecei a ter experiências místicas cada vez que punha uma canção de que gostava, pois, a minha consciência perder-se-ia em poucos segundos de lhe dar atenção. Apaixonei-me por música épica de cinema e senti-me como se estivesse a tocar só para mim, uma vez que cada ação que executava agora se sentia glorioso.

Atingi o ápice desta experiência de despertar da Kundalini, e à medida que trazia Prana para o meu sistema através da alimentação, a minha consciência continuaria a expandir-se. Quanto mais comia, melhor me sentia. Consegui alguma ajuda da medicina naturopática, especialmente do Complexo de Vitamina B, Zinco, Selénio, Gaba, 5-HTP, e até da planta Saw Palmetto, que funcionou bem para transformar a energia do fogo. O medo e a ansiedade presentes imediatamente após a segunda subida, quando os meus nervos estavam em excesso, desapareceram. Foi lavado pelo Prana que eu estava a acumular através da comida e dos suplementos que tomava. Ganhei de volta o peso que perdi ao viver agora neste estado de inspiração perpétua 24/7, o que é impossível de descrever de uma forma que lhe dê o crédito que merece.

O meu novo estado de Ser tornou-se uma Experiência Fora-do-Corpo permanente dentro de um curto período. Comecei a perceber-me de fora de mim como uma "Testemunha Silenciosa" de qualquer ação que o meu corpo físico estivesse a realizar. A minha mente tornou-se clara e imóvel, e é quando ouço os pensamentos dentro da minha cabeça, vou para dentro e já não me consigo ver de fora. Caso contrário, posso ver as minhas expressões faciais como se a minha essência estivesse a pairar mesmo acima e à minha frente, permitindo-me ter total controlo sobre qual a energia que coloco no mundo exterior através da animação do meu corpo físico.

Como estou fora de mim, sinto completo arrebatamento e unidade com todas as coisas que existem. Percebo agora o mundo inteiro como uma imaculada simulação digital; um Holograma, ilusão (Maiá). Consigo ouvir uma vibração constante dentro da minha cabeça como se estivesse ligado a uma tomada elétrica, e o meu sistema energético está a gerar uma quantidade substancial de bioeletricidade.

Este novo estado em que eu estava iniciou um processo de perda de memória, onde perdi completamente o contato com o Ego e percebi velhas memórias no Olho da Mente, que me vieram ao acaso ao longo do dia. Este processo parecia interminável, e estava sempre a ocorrer. Eu estava num inspirado estado de Ser, funcionando totalmente por intuição e estando presente no "Agora". Pude perceber os meus pensamentos como padrões de onda no Olho da minha Mente à medida que me sintonizava muito com o som. Logo percebi que o som é o mais metafísico dos cinco sentidos. Pude ver as imagens de pensamento por detrás do som na maioria das coisas que ouvi, o que era e ainda é muito transcendental.

Embora eu não me associe a nenhuma religião, acredito que cada Sagrada Escritura contém algum núcleo de verdade. Como tal, encontrei muitas referências entre o processo de despertar da Kundalini e os ensinamentos de Jesus Cristo. Portanto, acredito que o meu novo estado de Ser é o *Reino dos Céus* e a "Glória de Todo o Mundo" de que ele falou. Compreendi que, como muitos outros Sábios e Adeptos da História, Jesus teve um despertar da Kundalini que lhe permitiu alcançar este elevado estado de consciência superior e depois partilhar as suas experiências e ensinamentos com outros para se tornar desperto também.

EXPRESSÕES CRIATIVAS

Com este novo estado de ser, a minha criatividade expandiu-se mil vezes, e senti a vocação de me expressar criativamente através de diferentes artes. Assim, comecei a pintar, considerando que a pintura tem sido uma grande parte da minha vida desde a infância. Pela primeira vez, senti um chamamento para começar a pintar de forma abstrata e permitir que a minha nova criatividade guiasse a minha mão.

Pintei muitas obras ao longo dos dois anos seguintes. Nunca me preocupei em planear o tema da minha pintura, mas deixei-o vir naturalmente. O meu objetivo era estar sempre em estado de expressão, e o meu processo consistia em aplicar automaticamente cores diferentes até ver imagens fracas na tela. Depois concentrava-me nelas e trazia-as mais para fora.

Muitas vezes dei por mim a pintar paisagens diversas, que creio serem lugares reais na Terra. A minha consciência projetava-se nestas paisagens e experimentava-as tão reais como eu estava imerso no processo de pintura. Depois de terminar a minha sessão, este processo de pintura continuaria no meu Olho da Mente quando fechava os meus olhos. Continuaria durante cerca de uma hora em automático, fazendo-me acreditar que estava a canalizar algumas imagens e formas a partir de fora de mim.

Senti-me atraído pela música, por isso comecei a cantar numa banda cerca de um ano após a segunda subida. Também comecei a escrever letras/poesia inspirado pela Kundalini que se movia sem esforço dentro de mim. Descobri que vinha naturalmente a expressar-me através da música e das palavras, e como estava tão sintonizado com o som agora, o tempo voava quando eu estava "a improvisar" com os amigos.

Também dei uma oportunidade à comédia e à voz, uma vez que me vi capaz de imitar os sotaques culturais, imitando a sua vibração de consciência. Contudo, depressa se tornou evidente que estas expressões criativas eram a tentativa da minha Alma de encontrar a derradeira forma de comunicar o meu novo estado de Ser. Como tal, pus de lado as artes visuais, a música e a comédia para prosseguir a escrita. Sabia que o meu destino não era apenas tornar-se uma encarnação da Luz, mas também o seu emissário.

Comecei a escrever artigos para boletins espirituais e blogues online sobre a Kundalini e o potencial energético humano. Além disso, dei palestras em programas de rádio online sobre o poder da Magia Cerimonial como a chave para a purificação diária dos Chakras e elevando a consciência para além do medo e ansiedade experimentados pela Kundalini despertou indivíduos. Estava agora a sair como Adepto nos Mistérios Ocidentais e na Kundalini. O meu papel como professor sobre estes temas solidificou-se cada vez mais com o passar do tempo.

No entanto, antes de poder tomar plenamente as rédeas com a minha direção Espiritual, tive outro teste a superar, que se apresentou como uma oportunidade sedutora única na vida. Tendo deixado a prática diária de Magia durante alguns anos por esta altura, o Adepto Chefe do Amanhecer Dourado puxou-me de volta oferecendo-me para liderar o meu próprio Templo oficial aqui em Toronto. Ele estava ciente do trabalho árduo que eu realizei dentro da Ordem, tendo principalmente organizado e orientado um grupo de estudantes do Amanhecer Dourado sem um lar Espiritual, uma vez que o Templo de Toronto se desfez. A cenoura pendurada perante mim era o título de Grande Imperador do Canadá dentro da Ordem, o que significava que eu devia supervisionar todos os Templos ou santuários Esotéricos do Amanhecer Dourado existentes no Canadá.

No início, salvei a ideia e saudei a oportunidade de braços abertos. Podem censurar-me? Cada aspirante a Mágico Cerimonial sonha um dia liderar o seu próprio Templo e supervisionar os assuntos de todos os Templos em todo o país. Pense no poder e na fama dessa posição. Milhares de pessoas venerar-me-iam. Os homens iriam querer ser eu enquanto as mulheres iriam querer estar comigo. Assim, o meu Ego pensou nas possibilidades e gostou delas. Isto é tudo o que eu sempre quis, não é?

E assim, prossegui este empreendimento durante algum tempo. Organizei as poucas pessoas em Toronto e comecei a orientá-las. Novos potenciais membros começaram a chamar-me, e encontrei-me com alguns para lhes fazer uma petição para se juntarem ao grupo. Fiz isto durante cerca de seis meses, construindo lentamente o santuário, que acabaria por se tornar um Templo de pleno direito. No entanto, quanto mais me envolvia neste empreendimento, mais reparava que o meu coração não estava nele. E dia após dia, isto tornou-se cada vez mais um problema para mim.

No que diz respeito à viagem Espiritual, nunca se tratou de poder, fama, mulheres, ou qualquer dessas coisas para mim. Tratava-se de encontrar o meu propósito e de o perseguir até ao fim. Afinal, nunca optei pelo despertar da Kundalini; foi determinado para mim por algum poder superior. Desde o início da minha viagem com a Magia Cerimonial, eu sabia que o Amanhecer Dourado era sempre um meio para um fim e não o fim em si mesmo.

O meu objetivo final, propósito e último apelo era ser um líder no campo da ciência Kundalini, e não na Ordem do Amanhecer Dourado. E, no meu coração, eu sabia disso. Agora que tive a segunda subida e alcancei o auge do processo de transformação, sabia que tinha de continuar sem ser perturbado por influências externas. Tinha de me concentrar apenas na energia da Kundalini e deixá-la falar comigo e guiar-me para o meu objetivo final. Por isso, optei por continuar. Continuar a descobrir. Continuar a escrever no meu tempo livre e deixar que o meu verdadeiro propósito se solidifique com o tempo.

ENCONTRAR O MEU PROPÓSITO

Passaram-se três anos, durante os quais passei por muitas mudanças e desenvolvimentos na minha vida pessoal. Fiquei noivo pela segunda vez, o que pode ter sido o meu maior desafio até hoje desde que me forçou a retirar todos os meus desejos temporais e a sacrificá-los no altar da retidão para integrar este nível superior de consciência. A minha natureza ética e moral foi reforçada e, com o passar do tempo, aprendi a funcionar, defendendo virtudes mais elevadas em vez de desejos pessoais. A minha perseverança em superar estes desafios e assumir o domínio sobre o meu Ego levou-me a um nível mais elevado onde falei e caminhei também.

Após o meu segundo noivado ter terminado, procurei durante um ano até me mudar para uma casa em Exbury St. Um nome apropriado, uma vez que era aqui que devia enterrar o meu antigo Eu para sempre, permitindo-me finalmente encontrar o meu propósito. Durante este tempo, deixei de consumir marijuana - a minha amante de longa data, mas uma enorme distração. Depois da marijuana, a bebida e os cigarros pararam completamente, tal como o meu desejo de festejar. Estes sacrifícios prepararam o palco para algo extraordinário, mas tudo o que eu precisava era de um catalisador para me empurrar através da porta - o meu pai.

Era Outubro de 2016, precisamente doze anos após o despertar da Kundalini. Um número adequado, doze, representou a conclusão de um grande ciclo na minha vida. Nessa altura escrevi cerca de uma dúzia de artigos para boletins espirituais e blogues online, mas era apenas um passatempo, algo que fiz no meu tempo livre. Contudo, imprimi o meu último artigo pela primeira vez e levei-o ao meu pai para obter a sua opinião, sem saber que a sua reação ao mesmo estava prestes a mudar a minha vida. Sabe, o meu pai é um tipo muito difícil de impressionar se for apenas uma pessoa normal, mas se for eu, o seu filho desordeiro, é quase impossível. Até esse momento.

Ele olhou para ele e pousou-o, a rir, dizendo-me para não brincar com ele. No início, fiquei confuso com a sua reação, mas depois percebeu que pensava que eu o tinha copiado de algum lado e colocado o meu nome nele. Tive de o convencer, durante cinco minutos seguidos, que tinha escrito o artigo. Quando finalmente o convenci, a sua compostura mudou; ele ficou sério e disse-me que eu tinha um dom especial. Ele perguntou-me porque é que estou a perder o meu tempo com amigos e relações românticas que parecem nunca resultar e porque é que não sou inteiramente dedicado à escrita. As suas palavras impactaram-me a um nível profundo. É como se algo tivesse clicado dentro de mim; alguma roda girava e ativava um poder dentro de mim que nunca mais se desligava.

Entusiasmado por finalmente o ter impressionado, acordei às seis da manhã do dia seguinte e comecei a escrever. Tal como no meu processo criativo de pintura e poesia, não planeei o que escrever; apenas escrevi. Deixei o Espírito guiar as minhas mãos enquanto datilografava no computador durante horas. E no dia seguinte, fiz a mesma coisa. E no dia seguinte, e no seguinte. Meses passaram comigo a escrever quase todos os dias. Alguns dias tirava férias desde que fazia malabarismos com o meu trabalho diário que começava às dez, mas depois escrevia o fim-de-semana inteiro para compensar o que perdi nessa semana. Era isto? Será que finalmente encontrei o meu propósito? Será esta a razão pela qual a minha família foi salva de estar presa numa guerra sem sentido há cerca de trinta anos? Foi por isso que tive o despertar da Kundalini, algo que nunca pedi, mas que abracei todos estes anos?

Tenho trabalhado com os meus pais na sua empresa de desenho arquitetónico desde 2004; consequentemente, no mesmo ano em que tive o despertar. No entanto, após o primeiro ano da minha escrita obsessiva, os meus pais reconheceram a minha paixão e permitiram-me começar a trabalhar à tarde, permitindo-me nunca mais perder uma manhã de escrita. A minha intenção original era escrever um livro. Mas à medida que a informação crescia ao longo dos três anos seguintes, o único livro transformou-se em quatro corpos de trabalho, cada um com temas concisos, mas interrelacionados, todos centrados em torno do tema da Kundalini.

A base do livro que está a ler neste momento foi-me canalizada pelo meu Eu Superior durante esses três primeiros anos de escrita, tal como a maior parte de *The Magus: Kundalini and the Golden Dawn* e o *Man of Light*, a minha autobiografia. O quarto corpo de trabalho lida com as minhas viagens pelo mundo, que também começaram de forma sincronizada quando comecei este processo de escrita. Este livro, intitulado *Cosmic Star-Child*, fala sobre civilizações antigas e a sua ligação não só à energia Kundalini mas também aos Extraterrestres.

Escrever livros tornou-se a melhor forma de canalizar informação pertinente dos reinos Divinos e deixar um registo permanente. E assim, aceitei o meu papel de Escriba dos Deuses. Consequentemente, este é o título do Deus egípcio Toth, que é o equivalente de Hermes. Tudo fazia agora todo o sentido. Ao descobrir o meu propósito e ao persegui-lo todos os dias, encontrei também uma forma de integrar a minha paixão pela arte nos meus livros. E assim, acabei com o meu tempo livre para escrever de manhã e fazer desenhos à noite. Assim, encontrei uma forma de usar a arte para transmitir as mensagens espirituais nos meus livros e melhorá-los, o que se tornou parte integrante do meu trabalho diário.

UM HOMEM EM MISSÃO

Embora tenham sido necessários muitos anos de limpeza Espiritual e de contenção dos meus desejos inferiores, descartei o meu antigo Eu. O meu propósito recentemente descoberto, que persigo todos os dias, deu-me uma base para construir uma nova vida em redor. Depois de testemunhar muitos anos de provações e tribulações, Deus, o Criador, viu que eu era um homem mudado, um novo homem em quem se pode confiar para cumprir esta santíssima tarefa e informar o mundo da existência e potencial da energia da Kundalini.

Foi então, no início de 2019, que o Universo enviou um parceiro de vida à minha maneira, Emily. Depois de um noivado épico em Teotihuacan, México, "A Cidade dos Deuses", casámo-nos no ano seguinte. A terceira vez é o encanto, como eles dizem, mas no meu caso, eu precisava de me encontrar a mim própria e ao meu propósito antes de poder finalmente assentar. E Emily complementa a minha viagem Espiritual de uma forma que nenhuma mulher anterior na minha vida tinha antes. Tê-la na minha vida inspira-me e dá-me o impulso necessário para manter a minha missão de terminar os meus livros a todo o custo.

Sabe, eu poderia ter continuado a viver a vida de um playboy, uma estrela de rock, e até liderar uma ordem oculta. Mas todas estas opções eram limitadas, e eu queria ser sem limites. Por isso, em vez disso, escolhi o caminho inseguro, imperdoável e humilde de ser um autor. Decidi enveredar pelo caminho não pavimentado e pavimentar eu próprio o caminho. Na verdade, fiz isto por si. Para que vos possa ajudar a acordar da mesma forma que fui acordado e dar-vos as chaves da vida e da morte. O Reino dos Céus é para todos nós e não apenas para alguns.

Tendo nascido um rafeiro religioso, sei porque fui salvo dessa guerra. Não nasci para prosperar na divisão, o Mundo da Dualidade em que vivemos; nasci para ensinar aos outros a unidade. O conceito de reconciliar opostos foi-me incorporado desde o nascimento e o meu nome, Neven Paar, é uma prova disso mesmo. Embora reconheça o meu primeiro nome representando os Cinco Elementos, os dois Elementos masculinos ativos reconciliados pelo Espírito (o V simbólico) com os dois Elementos femininos, passivos, o meu apelido significa "par" em alemão, no que diz respeito à dualidade.

Como veem, sou descendente da linhagem da família Von Paar que foi Contabilista no Império Austro-Húngaro há centenas de anos. No entanto, o meu reino é agora de natureza Espiritual, o Reino dos Céus, e de que todo o ser humano tem conhecimento, e não apenas os poucos escolhidos. Tendo experimentado um despertar da Kundalini e sabendo que cada humano tem este mecanismo dentro de si, vejo-nos a todos como Crianças da Luz, os Reis e Rainhas do domínio Espiritual. Alguns, como eu, são realizados, enquanto outros ainda se encontram num estado de potencial. Independentemente disso, todos podem libertar este poder dentro de si e inflamar o seu Ser com a Luz interior, estabelecendo assim o seu Reino Espiritual na Terra.

Este, creio eu, é o meu propósito neste Planeta. Unir as pessoas através das minhas experiências e ensinamentos e fazê-las ver para além da sua religião e raça; permitir que outros saibam que somos todos iguais. Somos todos iguais, com a mesma estrutura e características, e as nossas diferenças físicas não alteram de forma alguma a nossa constituição. Temos o mesmo Pai e a mesma Mãe e estamos unidos através da energia do amor como irmãos e irmãs.

Por esta razão, trabalho tanto como trabalho diariamente com uma intensidade implacável. Não sei porque me sinto compelido a cumprir esta missão, nem vejo o objetivo final, mas sei que vivo o meu propósito. Estou a honrar a Voz Divina que salvou a vida da minha família há quase trinta anos e todas aquelas pessoas que morreram no meu país devido à ignorância e à escuridão que pode ultrapassar os corações e mentes das pessoas.

Embora tenha lançado as bases para este livro mais cedo, continuei a trabalhar nele durante a pandemia de Covid, que começou em Dezembro de 2019, logo quando o meu primeiro livro saiu. Cerca de 30% deste livro é conhecimento que adquiri na minha viagem de 17 anos com a Kundalini, enquanto os outros 70% se baseiam em pesquisa e contemplação rigorosa e diária. Portanto, algumas partes da ciência invisível do sistema energético humano que aqui estou a apresentar são um trabalho em progresso que certamente irei atualizar durante muitos anos.

Durante este projeto de dois anos, acrescentei pelo menos 100 novos livros à minha já enorme biblioteca doméstica para assegurar a exposição mais abrangente de cada assunto, sem atalhos. Por isso, dizer que derramei o meu coração e Alma neste livro é um eufemismo. E, por muito que seja uma viagem de aprendizagem para si, leitor, foi também uma viagem e tanto para mim.

Quero agradecer o amor da minha vida, da minha esposa e musa Emily, não só por fazer a arte da capa para o *Serpent Rising*, mas também por ser o meu modelo e por aturar os meus incansáveis pedidos de sessões fotográficas improvisadas. Quero também agradecer a Daniel Bakov, meu consultor criativo e editor do *Man of Light*, que me ajudou a encontrar as palavras certas para me apresentar de uma forma digna e épica. Um obrigado também aos meus colegas "Kundalinis", Michael "Omdevaji" Perring e Joel Chico. Michael deu-me muitos conhecimentos sobre o vasto e intrincado tema do Tantra e Ioga, enquanto Joel e eu comparámos notas sobre o papel que a canábis pode desempenhar no processo de despertar da Kundalini. E por último, um agradecimento muito gracioso à minha irmã e aos meus pais por me terem dado o maior presente de todos, o de uma família amorosa e solidária que nunca me deixou a desejar ou a precisar de mais.

Para terminar, obrigado, caro leitor, por ter decidido juntar-se a mim nesta viagem enquanto examino a energia da Kundalini, a sua ciência em evolução, e o quadro filosófico por detrás do seu funcionamento. Estou confiante que irá beneficiar grandemente dos meus conhecimentos e experiência e que este livro irá responder a muitas das questões que possa ter. Como tal, a vossa Evolução Espiritual será promovida, que é o objetivo de todo o meu trabalho. Aceder às imagens a cores do *Serpent Rising: The Kundalini Compendium*, visite www.nevenpaar.com e siga o link do livro na navegação principal. A senha de acesso à página é: Awakentheserpent

Fiat Lux,
Neven Paar

"Um homem será acusado de destruir o templo e
religiões alteradas pela fantasia. Ele irá prejudicar as rochas
e não os vivos. Orelhas cheias de discursos ornamentados".

"...Ele voará através do céu, das chuvas e da neve,
E golpeia todos com a sua vara".
Aparecerá na Ásia, em casa, na Europa.
Aquele que é emitido pelo grande Hermes"...

"...Na véspera de outra desolação quando o pervertido
a igreja está no topo da sua dignidade mais elevada e sublime...
procederá uma nascerá de um ramo longo e estéril,
que livrará os povos do mundo de um manso e
escravidão voluntária e colocá-los sob a proteção de Marte. "
"...A chama de uma seita espalhar-se-á pelo mundo inteiro..."

-Nostradamus

PARTE I: O DESPERTAR DA KUNDALINI

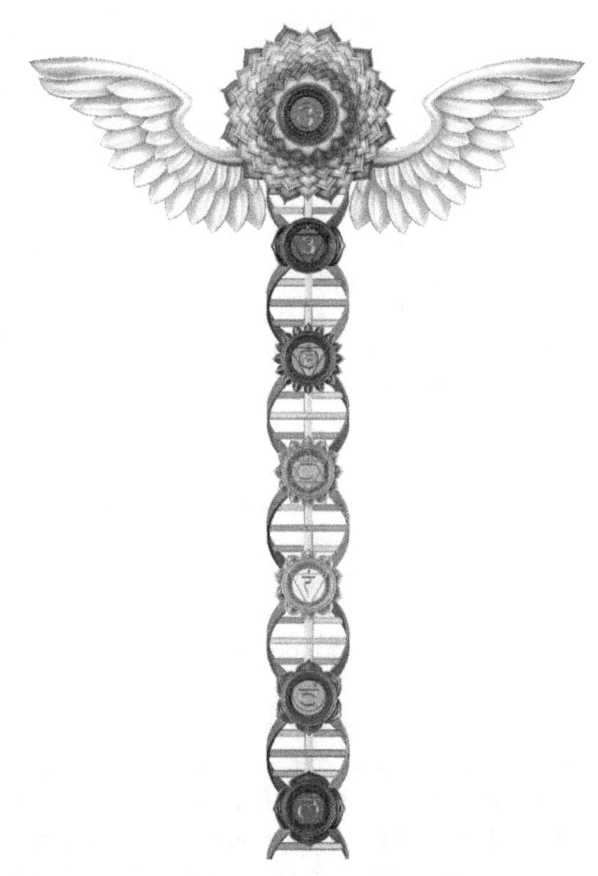

INTRODUÇÃO À KUNDALINI

A Kundalini é o maior segredo conhecido pelo homem, no entanto poucas pessoas compreendem o que ela realmente é. A maioria das pessoas pensa que é um tipo de Ioga em vez de ser o objetivo de todo o Ioga. Algumas pessoas atrevem-se mesmo a dizer que é um tipo de massa. Independentemente disso, pela minha experiência de falar com pessoas aleatórias sobre o assunto, estranhos, mesmo aqueles que afirmam ter lido muitos livros sobre a Kundalini e saber do que se trata, só sabem cerca de 30% da história. E eu estou a ser generoso com esse número. Este livro, no entanto, vai mudar tudo isso.

Afirmei dentro da capa que o *Serpent Rising* é o " O Corpo de Trabalho Mais Abrangente do Mundo Sobre o Potencial Energético Humano", e estava a falar a sério. Não era o Ego a falar. Creio que esta afirmação é um fato. E penso que, quando terminar de ler este livro, já estará de acordo. Tenha em mente que o *Serpent Rising: The Kundalini Compendium* é a Parte I da série. Já estou bem encaminhado na Parte II, que examina civilizações e tradições antigas e o papel que a Kundalini desempenhou nos seus sistemas de Evolução Espiritual. Além disso, o meu livro anterior, *The Magus: Kundalini and the Golden Dawn*, embora não seja uma parte direta da série, contém uma pletora de informação sobre a Kundalini, de uma perspetiva dos Mistérios Ocidentais, incluindo a Qabalah e a Árvore da Vida, cujo conhecimento é essencial para a compreensão dos ensinamentos da sabedoria.

O conhecimento da Kundalini existe desde tempos imemoráveis. Estou a falar da profunda compreensão do potencial último da Kundalini por parte de pessoas que percorreram todo o caminho do seu despertar Espiritual. Os Antigos esconderam os segredos da Kundalini no simbolismo das suas tradições misteriosas, geralmente transmitidas através da arte e da escultura. Este conhecimento era mantido principalmente escondido, reservado a poucos escolhidos e velado do profano, tal como o método Antigo de transmitir os mistérios esotéricos. O professor ensinava o aluno da boca ao ouvido. Esta informação só foi escrita recentemente, e mesmo assim, era necessário ter sido iniciado numa escola de mistérios para obter os verdadeiros segredos.

Com o passar do tempo, os indivíduos vieram com alegações de que algo extraordinário lhes tinha acontecido - Deus tocou-lhes, disseram eles. Estas pessoas únicas despertaram a Kundalini, geralmente por acidente, pelo que utilizaram a linguagem mais familiar para explicar este evento metafísico. Muitas vezes seriam considerados como místicos, ou mesmo profetas, exibindo poderes sobrenaturais que surpreendiam as massas. Nas suas tentativas de descrever a sua experiência, referiam-se à Kundalini por muitos nomes -

"Força do Dragão", o "Poder da Serpente", o "Fogo Sagrado", e outras variações destes *Arquétipos*.

Mas à medida que o tempo foi passando e que mais pessoas foram despertando, isso criou mais confusão do que clareza em relação a este assunto. E a resposta a isto é simples. Nunca houve uma obra de referência suficientemente poderosa que unificasse todas as tradições, filosofias e religiões dos Antigos a respeito da Kundalini. As escolas de Ioga e Tantra, que possuem as chaves mais completas sobre a Kundalini e o processo do seu despertar, são apenas uma peça do puzzle, embora a maior desde que a ciência da Kundalini teve origem nelas.

Isto leva-me ao porquê de ter escrito este livro. Escrevi-o em parte por necessidade e em parte por desejo pessoal. Queria dar à humanidade as chaves para compreender este assunto tão enigmático e elusivo. *Serpent Rising: The Kundalini Compendium* apresenta uma abordagem científica à Kundalini que inclui o estudo da sua estrutura energética e muito mais, utilizando uma linguagem simplificada que é compreensível para a pessoa comum - uma linguagem que une as escolas de pensamento orientais e ocidentais no que diz respeito à Espiritualidade.

Ao escrever este livro, o meu Eu Superior levou-me a pesquisar um assunto a outro, evitando todos os atalhos ao ligar os pontos e ao criar o trabalho que tem nas suas mãos. No final, embora o meu nome esteja em *Serpent Rising*, esta obra transcende-me enquanto pessoa. Fui meramente um canal para o meu Eu Espiritual canalizar este conhecimento para mim. Quando terminar a sua leitura, compreenderá tudo o que precisa em relação ao tema da Kundalini. E foi por isso que demorei tanto tempo a fazer isto. Para o equipar com os conhecimentos necessários para informar os outros sobre a Kundalini, para que o mundo inteiro possa conhecer o seu poder e potencial último, e para que possamos coletivamente evoluir Espiritualmente.

Como vê, a Kundalini é o tópico esotérico mais crítico do mundo. Quando se trata de evolução Espiritual, a sua exploração é da maior importância. Um despertar da Kundalini permite realizar todo o seu potencial Espiritual. Há muitos componentes no sistema energético, que discutirei em grande detalhe neste livro, incluindo como a Kundalini tem impacto em cada parte. O processo de despertar da Kundalini desenrola-se sistematicamente ao longo do tempo, envolvendo um período necessário e frequentemente desafiante de purificação intensa que pode ser bastante meticuloso. Para além do próprio processo de despertar e purificação, um desafio mais significativo consiste em aprender a viver e operar diariamente com a energia da Kundalini e controlá-la em vez de ser controlada por ela, uma vez que pode ser muito volátil.

Discutirei os muitos aspetos diferentes de como a transformação da Kundalini se desdobra e afeta a vida das pessoas no rescaldo e esclarecerei muitos dos mal-entendidos comuns sobre a Kundalini e o próprio processo de despertar. Os meus dezassete anos de experiência de viver com uma Kundalini desperta são inestimáveis para alguém no meio da sua viagem e está à procura de orientação.

Em seguida, partilharei informações valiosas sobre os diferentes tipos de despertares da Kundalini e o processo de transfiguração, e a sua linha temporal geral. Há desafios comuns ao longo do caminho que irei discutir, bem como dicas e discernimento sobre a resolução de problemas do circuito da Kundalini quando as coisas parecem "avariar-se". Esta última secção inclui práticas e meditações eficazes na área da cabeça ou em torno dela para "dar o pontapé de saída" ou realinhar os canais Ida e Pingala necessários para que o motor funcione sem problemas. Não encontrará esta informação crucial em qualquer outro lugar. Desde o meu despertar, tenho sido o cientista e o laboratório num só. Como tal, a minha criatividade, coragem, e persistência levaram-me a encontrar soluções não convencionais para os muitos desafios com que tenho sido confrontado ao longo do caminho. E foram muitos.

Há uma miríade de outros tópicos sobre a Kundalini que irei abordar para aprofundar os vossos conhecimentos sobre o assunto e para esclarecer e conciliar os muitos e diferentes pontos de vista que possam ter. Desde a forma como a anatomia humana está envolvida no processo de despertar da Kundalini até às várias práticas de cura Espiritual e um estudo profundo da ciência e prática do Ioga com componentes da Aiurveda. Tentei cobrir todos os assuntos que acreditava serem relevantes para o seu conhecimento, o que lhe dá uma visão da Kundalini e de como curar os seus Chakras depois de ter tido o despertar. O meu desejo de ser o melhor naquilo que faço, o Michael Jordan da ciência da Kundalini, se quiser, impele-me todos os dias a expandir os meus conhecimentos à medida que continuo a desenvolver-me como a maior autoridade sobre este assunto. Considerem-na a missão da minha vida, à qual dedico todo o meu tempo.

Como nota final, uma vez que este é um livro bastante grande, não quero que se sinta intimidado pelo seu tamanho, pensando que precisa de ler tudo sequencialmente. As secções Ioga e Práticas de Cura Espiritual, por exemplo, podem ser guardadas para último, se desejar ler especificamente sobre a Kundalini e o processo de despertar e transformação. Depois, quando estiver pronto para mergulhar no trabalho com os exercícios para curar os seus Chakras e equilibrar as suas energias interiores, terá todas as ferramentas para o fazer.

O caminho do iniciado da Kundalini é o caminho do guerreiro Espiritual. Um guerreiro precisa do equipamento, treino e discernimento adequados para ter sucesso. Com estes ensinamentos, pretendo equipá-lo, o iniciado, com a necessária compreensão do potencial energético humano para que possa alcançar o sucesso na jornada de evolução da sua Alma. Embora o caminho de despertar e transformação da Kundalini seja difícil, é também gratificante para além da medida. Vamos começar.

PROCESSO DE DESPERTAR DA KUNDALINI

A Kundalini é energia evolutiva na base da coluna vertebral (na região do cóccix) que se diz ser enrolada três vezes e meia no seu estado de potencial em humanos não despertos. A palavra "Kundalini" é de origem oriental, nomeadamente Ioga e Tantra. Em Sânscrito, Kundalini significa "cobra enrolada".

Uma vez acordada, a Kundalini sobe a coluna vertebral através dos três Nadis principais, até ao topo da cabeça. O termo "Nadi" é uma palavra sânscrita que se traduz como "tubo", "canal", ou "fluxo". Em termos simples, Nadis são canais que transportam energia no corpo.

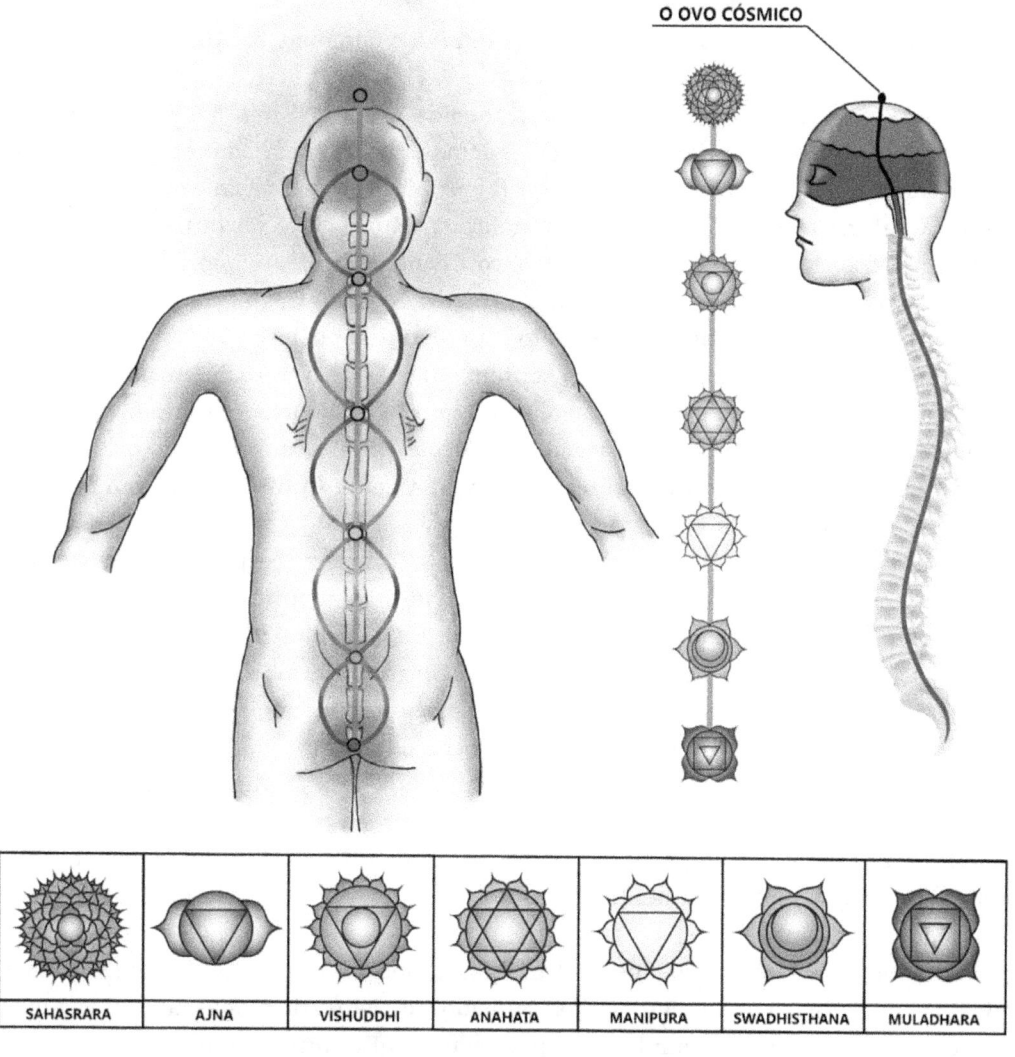

Figura 1: Ascenção da Kundalini e os Chakras

Na medicina chinesa, os Nadis são conhecidos como Meridianos. A principal diferença entre os dois sistemas é que os Nadis não são definidos nos membros, apenas na cabeça e no tronco central, ao contrário dos Meridianos. Em *Serpent Rising*, vamos cingir-nos à ciência e filosofia Ioga dos Nadis e Chakras, juntamente com o modelo dos Chakras Transpessoais e muitas das minhas descobertas sobre os centros energéticos e o fluxo de energia do Corpo de Luz.

O Nadi central chama-se Sushumna. É essencialmente o tubo oco da coluna vertebral. A entrelaçamento em torno de Sushumna são dois Nadis auxiliares, ou suplementares, Ida e Pingala. Ida é o feminino, Nadi Lunar, que regula o frio no corpo, enquanto Pingala é o masculino, Nadi Solar, que controla o calor no corpo. Estes dois Nadis representam os princípios masculinos e femininos contidos em todas as coisas do Universo. Em Sânscrito, os canais Ida e Pingala são frequentemente referidos como o Chandra (Lua) e Surya (Sol) Nadis.

Durante um despertar da Kundalini, à medida que a energia sobe simultaneamente através dos três Nadis principais, abre sistematicamente os Chakras desde a raiz da coluna vertebral até ao centro do cérebro (Figura 1). Ida e Pingala encontram-se nestes pontos Chakras e terminam em Ajna Chakra. A Kundalini continuará a subir para o centro, no topo da cabeça, quebrando o "Ovo Cósmico", que ativa totalmente o Corpo de Luz - o Corpo Holográfico. Na filosofia tântrica, o Ovo Cósmico relaciona-se com o Brahmarandhra. (Mais sobre este assunto num capítulo posterior).

O Ovo Cósmico é um recipiente que contém o néctar de Ambrosia. Assim que a energia da Kundalini o perfura na sua ascensão, este Ambrosia é libertado, infundindo os Setenta e Dois Mil Nadis, que se refere à ativação do Corpo de Luz. Esta parte do processo parece que alguém lhe partiu um ovo sobre a cabeça e a gema (Ambrosia) derrama-se até aos seus pés, cobrindo e envolvendo todo o seu corpo.

Embora a ativação do Corpo de Luz pareça como se o corpo físico estivesse a ser carregado eletricamente, o Ambrosia libertado só está a funcionar a um nível subtil. Contudo, a pessoa que experimenta este evento sente-se como uma bateria humana a ser carregada e infinitamente expandida por uma corrente de bioeletricidade. Por exemplo, cada indivíduo com quem falei que tenha tido esta experiência descreve o sentimento intensamente "eletrocutado" pela energia da Kundalini.

Ao ativar o Corpo de Luz, todos os Corpos Subtis tornam-se ativados, incluindo o Corpo Espiritual e o Corpo Divino. Existem, de facto, numerosos Corpos Subtis dentro do Corpo de Luz. No entanto, após um despertar completo da Kundalini, é essencial alinhar a consciência individual unicamente com o Corpo Espiritual, uma vez que este transcende a dualidade da mente.

Na minha experiência de despertar Kundalini, uma vez que os Setenta e Dois Mil Nadis estavam em processo de ser carregados e ativados, eu saltei da cama e abri os meus olhos. O que vi a seguir mudou a minha vida para sempre. Em primeiro lugar, testemunhei em primeira mão que o Corpo de Luz não é uma ideia ou um conceito, mas uma coisa real e tangível. Quando olhei para as minhas mãos, vi-as feitas de pura Luz dourada, bela de contemplar e perfeita em todos os sentidos. Depois, ao olhar à volta do meu quarto, vi o projeto holográfico do mundo em que vivemos. O quarto tinha o que descrevo como uma remodelação digital com paredes transparentes, semelhantes a vapor e objetos que pareciam estar suspensos em pleno ar. As cores eram mais nítidas, mais profundas e mais refletivas. Para esclarecer, o que vi não foi uma visão do Olho da Mente dentro da minha cabeça, mas vi isto com os meus próprios dois olhos físicos.

Como vê, há uma componente do mundo que é transparente e feita de energia pura, ocupando o mesmo Tempo e Espaço que o Mundo Físico, apenas num grau diferente de vibração - uma mais próxima do Espírito. O despertar da Kundalini e a ativação do Corpo de Luz é um processo pelo qual a consciência se torna capaz de perceber e experimentar esta realidade. Outro nome para esta realidade é a Quarta Dimensão - a Dimensão da Vibração ou da energia. Uma vez que todas as coisas existentes são mantidas em movimento vibratório, esta dimensão é o reino onde cada objeto, pensamento, ou emoção tem uma essência quantificável. Pode ser percebida pelo Olho da Mente e pela faculdade intuitiva de um ser humano.

Uma vez concluída a ativação do Corpo de Luz, a experiência não termina aí. Em vez disso, a energia da Kundalini continua a subir. O passo seguinte no processo de despertar é a energia que deixa o corpo por completo, através da Coroa, levando consigo a consciência individual. Esta experiência resulta na unificação momentânea da consciência individual com a Consciência Cósmica, o princípio da Quinta Luz Branca Dimensional - a fonte da Divindade. Uma vez que esta experiência transcendental ocorre, a consciência individual volta a entrar no corpo físico, tendo visto a visão da verdadeira natureza da realidade. Assim, o humano torna-se Um com Deus por um breve momento, apenas para voltar a descer e contar a sua história.

Alternativamente, se o indivíduo acordado se torna temeroso de unir o seu Ser à Luz Branca, a energia da Kundalini subsidia e desce de volta ao Chakra da Raiz, Muladhara. Afinal, é comum que as pessoas que experimentam um despertar espontâneo da Kundalini se tornem temerosas durante o processo de ativação. Isto faz-lhes sentir que estão a sofrer uma morte física devido à intensidade da energia sentida no corpo e da consciência a ser libertada dela.

ATIVAR O CORPO DE LUZ

O objetivo da energia Kundalini é ativar o Corpo de Luz e os Corpos Subtis correspondentes. Quando isto ocorre, toda a Árvore da Vida é despertada dentro do indivíduo, e todos os Planos Cósmicos tornam-se disponíveis como estados de consciência. Uma vez que o Corpo de Luz é o veículo da Alma, uma vez totalmente ativado, a Alma é permanentemente libertada do corpo físico. Assim, ao longo do tempo, a Alma deve alinhar-se com o Corpo Espiritual do Plano Espiritual, onde a Alma e o Espírito se tornam um só.

De todos os Corpos Subtis, o Corpo Espiritual é o mais importante, uma vez que, uma vez que a sua consciência se alinha com ele, a sua Alma eleva a dor e o sofrimento do passado. Uma pessoa que consegue alcançar tal façanha ergue-se permanentemente acima da sua Roda do Karma. O Karma ainda está operacional, uma vez que nunca se pode escapar aos seus efeitos. Mesmo assim, já não são emocionalmente afetados pela energia do medo que a mente experimenta devido a viver num mundo de Dualidade.

O Corpo de Luz é o próximo veículo de consciência no processo de evolução humana, uma vez que permite perceber e experimentar plenamente os Planos Cósmicos interiores. Contudo, o Corpo Espiritual é a bainha ou camada transcendental com a qual estamos a tentar alinhar-nos para sermos o nosso veículo de consciência enquanto vivemos na realidade acordada do mundo material. É o Corpo Causal do Sistema Oriental - Anandamaya Kosha. Está inextricavelmente ligado ao Corpo de Luz como a sua mais alta expressão que a nossa consciência pode encarnar num momento em que vivemos na carne. Contudo, existe ainda uma bainha mais elevada, o Corpo Divino, embora não possamos sustentar a sua experiência durante um período prolongado da nossa vida acordada, a menos que estejamos em profunda meditação.

O Corpo de Luz é o veículo de consciência para a Alma quando entra nos Planos Internos durante a meditação e o sono. Os Planos Interiores são experimentados através do Olho da Mente (Ajna Chakra), um dos três Chakras Espirituais preocupados com a intuição e a clarividência. As experiências mais proeminentes dos Planos Interiores ocorrem durante os Sonhos Lúcidos, permitindo-lhe estar consciente quando sonha e controlar o conteúdo dos seus sonhos. Também lhe permite explorar os Planos Cósmicos interiores durante os estados de sonho e ter incríveis experiências de Alma que não se podem duplicar na vida real. O Sonho Lúcido permite-lhe basicamente experimentar tudo o que alguma vez desejou, sem as consequências. É um dos dons espirituais mais significativos recebidos na viagem de despertar da Kundalini e que discutirei em mais pormenor mais adiante no livro.

Uma vez concluída a ativação, a energia Kundalini torna-se uma parte permanente da existência do indivíduo desperto, sinalizando uma nova forma de funcionamento e de experimentar o mundo. A Kundalini, com o tempo, torna-se um circuito energético auto-sustentável (Figura 2) alimentado por alimentos e água que cresce e se fortalece, expandindo diariamente a consciência individual. E como a consciência acordada normal se alinha lentamente com o Corpo Espiritual, que é um processo que pode levar muitos anos, o indivíduo desperto estará a viver na mesma realidade que todos os outros, mas experimentando-a de forma totalmente diferente. Esta experiência de vida é um verdadeiro presente do Divino.

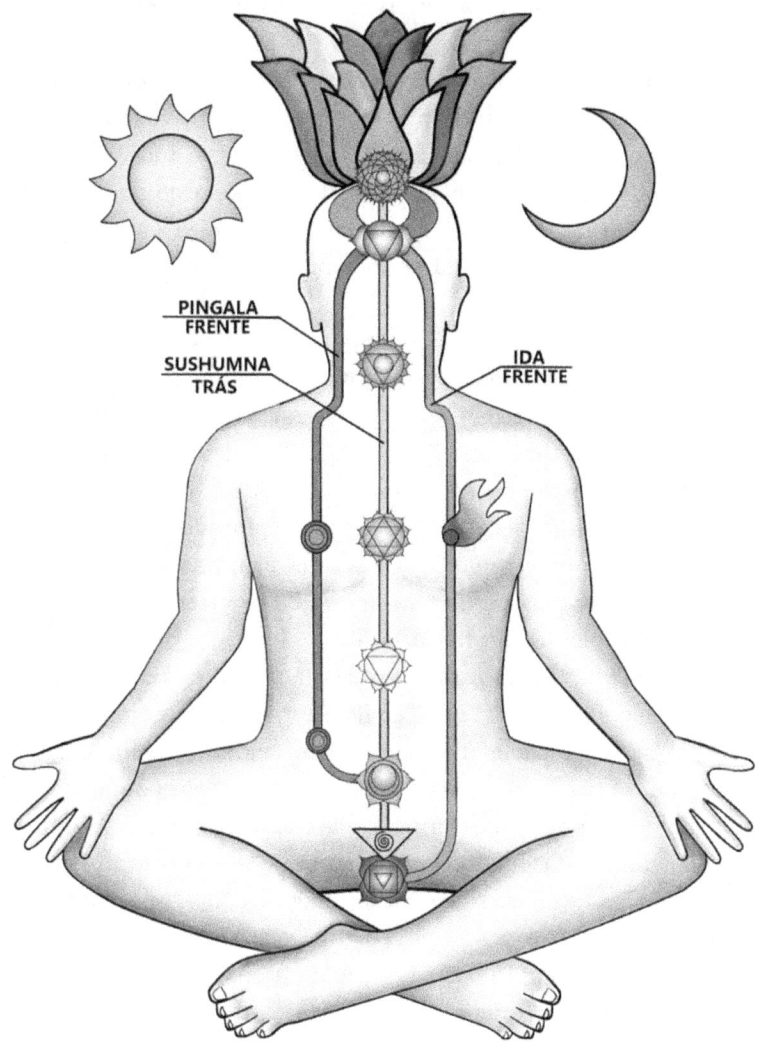

Figura 2: Os Três Nadis Após o Despertar da Kundalini

PRESENTES ESPIRITUAIS E ATUALIZAÇÕES DOS SENTIDOS

Após o despertar, cada pedaço de alimento transforma-se em Prana (Força da Vida) que alimenta o circuito Kundalini e expande a consciência, dando origem a muitos tipos de experiências transcendentais e ao amanhecer de novas capacidades psíquicas. Assim, o indivíduo desperto começa agora a funcionar a um novo nível de experiência de vida, dentro da Dimensão da Vibração ou energia. Nesta nova dimensão, desenvolvem uma capacidade de sentir o mundo à sua volta como uma essência quantificável.

Com o tempo, esta capacidade recentemente desenvolvida de sentir o mundo através da energia torna-se a forma dominante de navegar através da vida, causando um desrespeito pela mente racional e pensante. Finalmente, o indivíduo desperto começa a experimentar o mundo inteiramente através da intuição como um modo primário de funcionamento, uma vez que está em contato direto com a Luz Interior e a Verdade. A ilusão desaparece à medida que a sua consciência se alinha com o Corpo Espiritual ao longo do tempo.

À medida que a ilusão (Maiá) desaparece, o Ego dissipa-se também, uma vez que pertence ao reino da mente racional e pensante. O seu impulso torna-se cada vez menos ativo até que o indivíduo desperto possa funcionar plenamente na intuição através da Quarta Dimensão da Vibração, ou energia. Ao fazê-lo, eles tornam-se sintonizados com o dom mais precioso que o Divino deu à humanidade, que é o momento presente, o "Agora", um "presente" de Deus. No "Agora", eles são explorados num campo de todas as possibilidades, permitindo-lhes remodelar as suas próprias vidas para maximizar o seu potencial mais elevado. Pessoas verdadeiramente bem-sucedidas e felizes têm todas uma coisa em comum - todos eles vivem no "Agora".

As capacidades preceptivas do indivíduo desperto, os cinco sentidos da visão, olfato, som, paladar e tato, são atualizados através da energia da Kundalini. O cheiro e a audição à distância tornam-se uma parte diária das suas vidas. Podem provar algo e senti-lo apenas observando essa coisa com os seus olhos. Através do poder da sua mente, podem sentir a energia dos objetos à sua frente e usar todos os seus sentidos interiores. Isto porque o Ajna Chakra está agora permanentemente aberto através do qual estas experiências transcendentais ocorrem. A realidade é agora percebida a um nível muito mais elevado do que nunca.

Guardei o sentido da visão para o fim porque a atualização recebida é a mais espantosa da minha experiência. Assim que a Luz interior é despertada através da energia da Kundalini, ela transforma tudo o que se vê e percebe visualmente, dando-lhe uma remodelação completa. Além disso, o mundo exterior aparece como se estivesse dentro da sua cabeça, sendo projetado num ecrã de cinema diante dos seus olhos (Figura 3). Gosto de usar a analogia da progressão da tecnologia dos jogos de vídeo para explicar este fenómeno visual, uma vez que é o único ponto de referência com o qual me posso identificar.

Se alguma vez jogou a primeira geração de jogos de vídeo (como fiz desde que cresci nos anos 90), lembra-se como o mundo dos jogos foi drasticamente melhorado à medida que passávamos da PlayStation 2 para a consola PlayStation 3? Os gráficos tornaram-se mais nítidos, mais nítidos, mais refinados. Agora imagine o que aconteceria se passasse diretamente da PlayStation 2 para a consola Playstation 5 enquanto jogava o mesmo jogo. As personagens e os ambientes do seu jogo são os mesmos, mas a transformação digital radical dá vida ao jogo de uma forma totalmente nova.

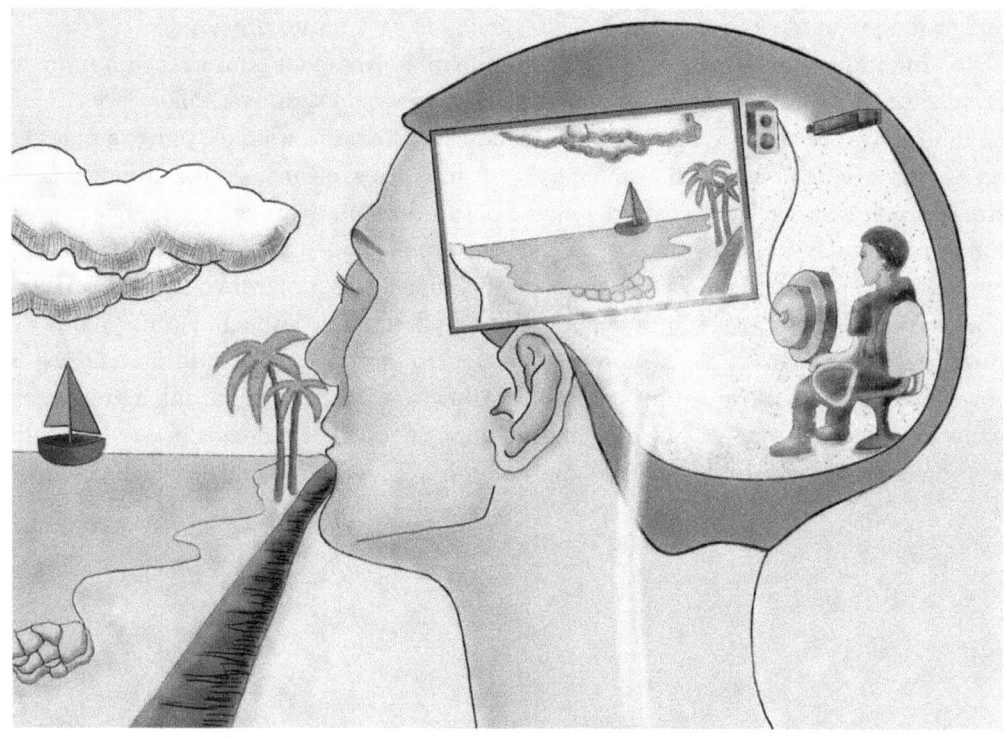

Figura 3: O Universo Dentro da Cabeça

Contudo, especificar esta atualização da perceção visual é menos comum nos indivíduos despertados pela Kundalini, mas é o fator "uau" mais significativo que experimentei no meu processo de despertar. Como tal, o meu relato serve como uma prova da sua realidade. De facto, é tão raro que das dezenas de indivíduos despertados da Kundalini com quem falei sobre as suas "atualizações", apenas um ou dois tinham esta em particular.

Mas também não encontrei ninguém que tenha testemunhado a natureza holográfica da realidade com os seus próprios dois olhos. Creio que o meu sentido de visão melhorado é uma versão sustentada desta mesma realidade. Curiosamente, a teoria do Universo Holográfico não é um conceito novo, mas é apoiada por astrofísicos proeminentes nos tempos modernos. Alguns levaram esta ideia mais longe, afirmando que podemos até viver numa simulação por computador. Elon Musk, o Tony Stark (Homem de Ferro) da vida real do século 21, um génio da nossa era moderna, disse uma vez que, como a tecnologia está a progredir, há uma hipótese em mil milhões de hipóteses de NÃO estarmos a viver numa simulação por computador neste momento.

Embora não possa dizer com certeza se estamos a viver numa simulação por computador, o mundo tem uma planta holográfica impercetível para a maioria das pessoas, que eu melhor descreveria como consciência pura. Se esta consciência pura é um Holograma projetado é incerto, mas a possibilidade está muito presente.

No entanto, o que sei de fato é que o mundo que vivo agora aparece como uma versão digitalizada do mundo em que vivi antes, mas com gráficos mais aperfeiçoados. Testemunhar o centro de uma grande cidade como Toronto à noite, por exemplo, com a sua sinalização LED, luzes brilhantes, e cores cintilantes, é como entrar num jogo de vídeo futurista maravilhoso - uma experiência de cortar a respiração até aos dias de hoje.

As duas palavras que melhor descrevem como vejo agora o mundo externo são "Interestelar" e "Intergaláctico", uma vez que estas palavras inspiram a ideia de que o nosso Planeta é apenas um entre muitos com vida na vastidão do espaço. Há inúmeros outros mundos que iremos explorar em devido tempo e tornar o contato com os Seres inimaginável para nós. No entanto, devemos primeiro tirar a nossa bainha material através do mecanismo da Kundalini que o nosso Criador colocou dentro de nós para ver a realidade escondida, a natureza holográfica e experimentar a nossa verdadeira essência como Seres de Luz.

A ÁRVORE DA VIDA E OS CHAKRAS

No meu primeiro livro, *The Magus: Kundalini and the Golden Dawn*, discuto longamente a Tradição do Mistério Ocidental e a sua relação com o sistema Espiritual Oriental. Neste livro, no entanto, uma vez que o nosso tema principal é a Kundalini (um termo oriental), adotarei a abordagem inversa, mantendo-me principalmente agarrado aos sistemas Ioga e Tântrico, referindo o Qabalah e a Árvore da Vida em alguns casos.

A Árvore da Vida, o principal componente da Qabalah, é a planta da existência. É o mapa do nosso Sistema Solar e da psique humana. A Árvore da Vida consiste em dez Sephiroth (Esfera), representando estados de consciência que os humanos partilham diariamente e que dão origem a faculdades interiores tais como intuição, memória, força de vontade, imaginação, emoção, desejo, lógica e razão, e pensamento. Os praticantes da Qabalah dizem que tudo na natureza pode ser categorizado na Árvore da Vida, uma vez que todas as coisas se relacionam de alguma forma com o nosso Sistema Solar e as suas energias.

O sistema da Qabalah depende da energia dos números, símbolos e letras (hebraico). Os dez Sephiroth estão ligados por vinte e dois caminhos, correspondendo aos vinte e dois *Arcanos Maiores* do Tarot e às vinte e duas *Letras Hebraicas*. Estes, por sua vez, correspondem aos Cinco Elementos, Doze Zodíacos, e Sete Planetas Antigos. Como tal, a Árvore da Vida engloba a totalidade das energias Universais, incluindo as Constelações, que impactam a vida na Terra.

A Qabalah com a qual tenho uma vasta experiência é Hermética, razão pela qual é soletrada com um "Q.". O hermetismo é o estudo do nosso Sistema Solar e das energias Universais que compõem o que somos. Além disso, existe uma Cabala Judaica (com um K) e uma Cabala Cristã (com um C) - todos os três sistemas têm, contudo, a mesma base, uma vez que utilizam a Árvore da Vida como o seu glifo central. Consulte o "Glossário de Termos Selecionados" no Apêndice para uma descrição detalhada de cada um dos termos Sephiroth da Árvore da Vida e outros termos relevantes dos Mistérios Ocidentais indefinidos no corpo principal do texto.

Os Chakras tiveram a sua origem na Índia Antiga. Foram mencionados pela primeira vez nos Vedas Hindus (1500-1200 AC), um grande corpo de textos sagrados contendo conhecimentos Espirituais. Os Chakras fazem parte de um complexo sistema energético que descreve diferentes aspetos ou partes da Aura humana (campo energético). O conhecimento dos Chakras só recentemente foi trazido para o mundo ocidental, com o crescimento da popularidade do Ioga e como parte das filosofias da Nova Era em geral.

Os seres humanos têm Chakras Maiores, bem como Chakras Menores. No entanto, os Sete Chakras Maiores são os principais que essencialmente alimentam a Aura. Os Chakras Menores estão ligados aos Chakras Maiores e não funcionam de forma independente, mas trabalham para desempenhar as suas funções. Neste livro, vou cobrir os Chakras Maior e Menor e os Chakras Transpessoais.

Chakra é uma palavra sânscrita para "roda giratória" ou "vortex". O termo "Chakra" é utilizado para descrever os centros de energia invisíveis ao longo da coluna vertebral e dentro da cabeça. Estes centros de energia são compostos por energia fluida multicolorida que encontramos na Aura. Os Chakras alimentam a Aura e regulam o sistema nervoso, as glândulas endócrinas e os órgãos principais. São estações centrais de energia que governam todo o ser humano; mente, corpo e Alma.

Os Chakras gerem e distribuem a energia vital pelos nossos vários Corpos Subtis, que são veículos de consciência para os múltiplos Planos Cósmicos de existência em que participamos. Os Chakras são condutores de energia, e cada Chakra tem propriedades diferentes, que alimentam e expressam o nosso Eu interior. Eles são responsáveis pelo trabalho dos nossos pensamentos, emoções, força de vontade, intuição, memória, e outros componentes que compõem o que somos.

É essencial compreender que os Chakras não são físicos; em vez disso, estão localizados no Corpo de Luz. Representam forças provenientes dos Corpos Subtis que se manifestam num padrão circulante em sete áreas principais do Corpo de Luz. Os Chakras são frequentemente descritos como tendo a forma de flores em plena floração. Cada flor Chakra tem um número específico de pétalas que criam vórtices de energia em forma de roda que irradiam para fora, em ângulos horizontais retos, enquanto o Chakra superior e inferior (Sahasrara e Muladhara) se projetam verticalmente. Para aumentar ainda mais a sua aparência floral, cada Chakra tem também um canal semelhante a um caule que se projeta no interior e se liga à medula espinal e ao tronco cerebral.

Os Chakras podem rodar no sentido horário ou anti-horário, dependendo do Género do Chakra e se este está a dar ou a receber energia. O ritmo de rotação de um Chakra determina a qualidade da sua função. Se o giro for rápido, eles são bem sintonizados, canalizando mais energia Ligeira. Se a sua centrifugação for lenta e estagnada, estão desafinados, o que significa que canalizam menos energia de Luz. Em geral, as pessoas cujos Chakras estão desafinados estão mais alinhados com o seu Ego do que com a sua Alma. Para alinhar com a Alma e expressar as suas propriedades, é necessário ter Chakras bem afinados, uma vez que a expressão da Alma depende inteiramente de quanta Luz é canalizada através dos Chakras.

Uma vez que a Kundalini tenha subido ao topo da cabeça para ser permanentemente localizada no cérebro, a Árvore da Vida inteira torna-se totalmente ativada. A Sephiroth mais alta chama-se *Kether*, a Coroa, no topo da Árvore da Vida. Kether corresponde ao sétimo Chakra, Sahasrara. Ambos são chamados de "Coroa", relativamente à sua colocação no topo da cabeça. Kether relaciona-se com a Luz Branca Espiritual que está subjacente a toda a existência física.

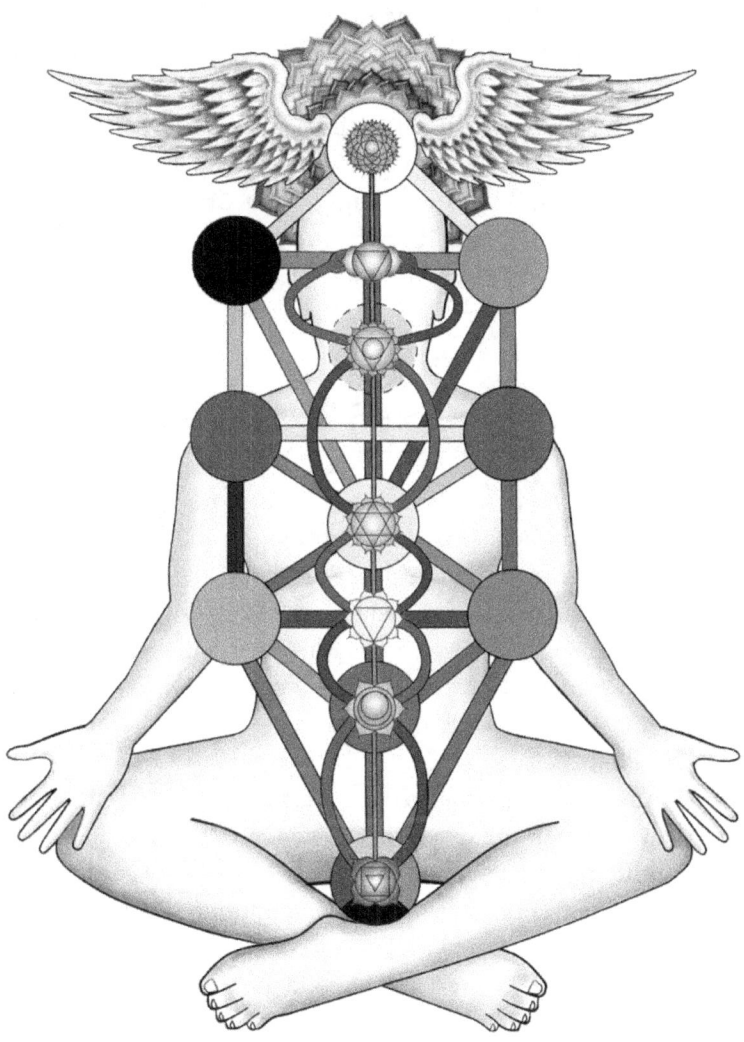

Figura 4: A Árvore da Vida/Sete Chakras/Kundalini

Em contrapartida, a Sephiroth mais baixa chama-se *Malkuth*, o Planeta Terra, como a décima Sephiroth na Árvore da Vida - diretamente oposta a Kether. No sistema de Chakras, Malkuth relaciona-se com o primeiro Chakra, Muladhara, e com o Elemento Terra. Estes dois conjuntos de Sephiroth e Chakras têm correspondência e relações diretas, embora Malkuth seja colocado aos pés enquanto Muladhara é colocado na região da virilha. O resto da Árvore da Vida Sephiroth e Chakras também correspondem, embora se deva ter experiência direta com ambos os sistemas para ver como se relacionam. Assim, não é tão simples como unificar as Esferas opostas na Árvore da Vida para obter os sete Chakras, embora este método funcione matematicamente.

Após um despertar completo da Kundalini, os Chakras (e o Sephiroth da Árvore da Vida) tornam-se permanentemente infundidos de energia de Luz, ativando os seus estados de consciência dentro do indivíduo (Figura 4). Os Chakras tornam-se como as lâmpadas, que emitem Luz respetiva ao seu estado de limpeza, pureza e sintonia. Por exemplo, se houver muito Karma num determinado Chakra, este emite uma Luz fraca em vez de uma brilhante. É o dever solene que tem para com o seu Criador limpar os seus Chakras e remover a negatividade de cada um deles para que possam brilhar com brilho, permitindo-lhe alinhar a sua consciência com a sua Alma.

PURIFICAÇÃO DOS CHAKRAS

Karma é uma palavra sânscrita para "ação", "obra" ou "ato" que faz parte do Direito Universal. Implica que cada ação é o efeito de uma ou mais ações anteriores e causará uma ou mais ações futuras. Assim, o Karma é cíclico, e afeta-nos a todos. Uma vez que a realidade se move em ciclos como uma roda giratória, a Roda do Karma representa uma boa ou má energia cármica na nossa vida que se manifestará no futuro, quer como bênçãos, quer como questões que precisam de ser resolvidas. O nosso comportamento na vida determina se temos um bom ou mau Karma e esse comportamento é expresso através dos Chakras.

Cada Chakra é uma fonte de poder para a forma como o seu carácter e personalidade se expressam no mundo interior e exterior. O carácter é inerente a si, pois é a essência de quem você é, enquanto a personalidade muda com o tempo. O carácter é as suas crenças e expressões mais elevadas e éticas da sua Alma, enquanto a personalidade lida mais com as expressões do Ego e os seus gostos e aversões. Cada Chakra é um reservatório de poder para diferentes partes do seu carácter e personalidade, desde a forma como pensa, ao que sente, ao que o move e mais além.

Quando se tem energia cármica num Chakra, parte do Eu transporta energia negativa, que terá de ser trabalhada. Portanto, todos os Chakras precisam de ser limpos e otimizados para que os seus pensamentos, emoções, e ações possam vir de um lugar de amor. Se estão imbuídos de energia amorosa, estão a iluminar o Chakra dessa expressão do Ego. Portanto, se são egoístas, temerosos, cobiçosos, zangados, arrogantes, gananciosos, presunçosos, etc., então isso significa que precisam de trabalhar nessas partes do Eu e transformá-las nos seus opostos amorosos e positivos. Significa que é preciso superar o Karma daqueles Chakras que exprimem este comportamento.

A energia cármica presente num Chakra pode ser uma experiência muito desafiante. Torna a vida muito desconfortável, impedindo-o de funcionar tão bem quanto deveria, ou quer funcionar. Para os indivíduos despertados pela Kundalini, aqueles que não estão preparados para a experiência como eu estava, a energia cármica nos Chakras pode trazer o medo e a ansiedade debilitantes.

Um despertar completo localiza permanentemente a energia Kundalini no cérebro, unindo as mentes conscientes e subconscientes. Se houver energia negativa dormente presente nos Chakras, ela inundará a consciência sob a forma de pensamentos e emoções desagradáveis. Já não se pode esconder dos seus Demónios (emissores de pensamentos negativos) depois da Kundalini entrar no cérebro, resultando num ressurgimento de pontos de vista, crenças e atitudes nocivas em relação à vida que terão de ser ultrapassadas. Por conseguinte, é preciso purgar a energia do medo do seu sistema, que começa com a limpeza dos Chakras.

Através da purificação dos Chakras, alteras as tuas crenças sobre ti e sobre o mundo. Afinal de contas, se quiseres experimentar a Luz Divina dentro de ti, é necessária uma transformação completa do seu carácter e personalidade. Tens de te tornar um Ser Espiritual cuja consciência é mais elevada em vibração do que antes. Não há forma de contornar isto. E para o conseguir, o vosso Ego tem de morrer e renascer. Este é o conceito último de Renascimento aludido por muitas religiões, novas e antigas. Contudo, é mais do que uma ideia para as pessoas despertadas pela Kundalini - é a única realidade de que necessitam para se preocuparem até que o processo esteja completo.

Os indivíduos despertados pela Kundalini têm de aprender quem são no fundo, o bom e o mau, e aceitar e amar a si próprios. E uma vez lá dentro, podem contornar o Ego e entrar em contato com o seu verdadeiro Eu, o Eu Superior do Espírito. Mas para o fazer, têm de construir virtudes, remover vícios, e adaptar comportamentos morais e éticos nas suas vidas, se quiserem ultrapassar o medo e a ansiedade que está a dificultar a sua própria existência.

Assim, o dom da Kundalini pode ser visto como uma maldição no início, se tivesse um despertar espontâneo e se não estivesse preparado para lidar com o Karma. Contudo, não há atalho para o Iluminismo, e uma vez que o génio esteja fora da garrafa, não há como voltar a colocá-lo lá dentro. A Kundalini acelera rapidamente a sua viagem de Evolução Espiritual, mas para elevar a vibração da sua consciência, tem de superar a energia negativa armazenada dentro de cada Chakra. É um processo sistemático, começando pelo Chakra mais baixo, Muladhara, e terminando com Sahasrara na Coroa. Como o Ego está presente no corpo físico, que é a parte mais densa de si, precisa de começar aí e começar a descascar camadas da sua consciência, cada uma das quais é menos densa do que a que veio antes. Quando chega à camada final, encontrou a sua *Pedra Filosofal*, a Quintessência, e alcançou o Eu Superior do Plano Espiritual.

O processo rumo ao Iluminismo é aludido pela história da crucificação de Jesus Cristo. Uma vez morto na cruz, em vez de ser imediatamente ressuscitado (Iluminado), teve de passar três dias no Submundo, o reino Demoníaco, para se tornar o Rei do Inferno antes de se tornar o Rei do Céu. Portanto, aqui está uma metáfora para Jesus ter de dominar os seus Demónios, uma vez que eles barraram o caminho para o Iluminismo. E fê-lo enfrentando-os sem medo no seu coração, o que lhe permitiu assumir a maestria sobre eles.

Assim, quando se aproxima dos seus demónios interiores com coragem em vez de medo, retira-se-lhes automaticamente o combustível, uma vez que se alimentam da energia do medo; é o seu sustento. Depois podeis dominá-los e devolver-lhes as asas, metaforicamente falando. Assim, todos os Demónios são essencialmente *Anjos* sem mestre. Todos eles podem ser usados para o bem se a mente for forte e o indivíduo aprender a empunhar os seus poderes. Pois para maximizar a nossa força de vontade, temos de dominar o nosso lado negro. De facto, antes de alcançarmos o Céu, o Reino Espiritual, este é um pré-requisito. Que aqueles que têm ouvidos de compreensão ouçam este grande mistério da Vida, Morte e Ressurreição. Tem sido sugerido em muitas tradições Espirituais Antigas antes do advento do Cristianismo.

PRÁTICAS DE CURA ESPIRITUAL

A viagem em direção ao Renascimento Espiritual está repleta de provações e tribulações mentais e emocionais que muitas vezes podem ser cansativas. Independentemente disso, para se elevar na consciência, é preciso superar as energias negativas armazenadas nos Chakras e "iluminá-los" antes de experimentar a beleza inefável do Chakra da Coroa, Sahasrara. Limpar os Chakras é inevitável e se optou por trabalhar com eles através de uma prática de cura Espiritual ou permitir que a Kundalini purifique sistematicamente cada Chakra ao longo do tempo, depende totalmente de si.

As práticas de cura Espiritual incluem, mas não estão limitadas a Magia Cerimonial, Pedras Preciosas (Cristais), Garfos de Afinação, Aromaterapia, Tattvas, e práticas de Ioga e Tantra como Asana, Pranayama, Mudra, Mantra e meditação (Dhyana). Como alguém que experimentou a maioria das práticas de cura Espiritual, descobri que a Magia Cerimonial isola melhor cada Chakra e permite ultrapassar a energia cármica em cada um e afinar o Chakra. O meu primeiro livro, *The Magus: Kundalini and the Golden Dawn*, é todo um curso de estudo para os aspirantes a Mágicos, e dá-lhe todos os exercícios rituais de que necessita para trabalhar com os seus Chakras.

Enquanto a Magia Cerimonial é uma prática Espiritual ocidental, o Ioga e o Tantra são práticas orientais. Contudo, tanto no Oriente como no Ocidente, as pessoas praticam Cura de Cristal, Cura de Som com Garfos Afinadores, e Aromaterapia. Embora inicialmente uma técnica Espiritual Oriental utilizada no sistema de Ioga, os Tattvas encontraram o seu caminho para as Escolas de Mistérios Ocidentais devido à sua potência para se ligarem aos Cinco Elementos, o fator unificador entre o sistema de Chakras Oriental e o sistema da Qabalah Ocidental.

Uma vez que o objetivo deste livro não é apenas dar respostas relativas à Kundalini mas também oferecer métodos alternativos de cura da Aura e dos Chakras com o objetivo de Evolução Espiritual, dediquei a totalidade da Parte V e da Parte VI às práticas acima mencionadas. Passarei brevemente por algumas delas para vos dar uma impressão geral. É claro que existem outros métodos de trabalho com os Chakras, e menciono apenas os principais com os quais tenho uma vasta experiência. No final, o que escolherem para trabalhar é convosco.

Pedras Preciosas (Cristais)

A utilização de Pedras Preciosas, também chamadas Pedras Naturais, ou Cristais, é uma poderosa prática Espiritual que existe há milhares de anos e é hoje amplamente utilizada pelos curandeiros de energia. Encontramos provas do uso de Pedras Preciosas para a cura Espiritual, manipulação de energia e proteção em praticamente todas as culturas e tradições ancestrais. Por exemplo, os Antigos incorporaram Pedras Preciosas em joias, cosméticos, estátuas decorativas e talismãs como prova da sua poderosa capacidade de curar questões mentais, emocionais e físicas, protegendo-as ao mesmo tempo de forças adversas.

Cada uma das centenas de pedras preciosas existentes tem um amplo espectro de propriedades curativas. Podemos utilizar Pedras Preciosas para visar os centros de energia correspondentes no Corpo de Luz para remover bloqueios e aumentar o fluxo de energia nestas zonas. Ao afinar e otimizar os Chakras através da Cura de Cristais, os Corpos Subtis correspondentes, incluindo o corpo físico, rejuvenescem também Como Acima, Assim Abaixo.

Para compreender verdadeiramente como uma pedra preciosa afeta uma a nível físico, emocional, mental e Espiritual, é necessário ter alguma experiência pessoal com cada pedra. Afinal, cada pedra preciosa relaciona-se com um Chakra ou Chakras, mas também com diferentes Elementos, Planetas, e energias Zodiacais. Portanto, o uso de Pedras Preciosas é uma prática viável para trabalhar o seu Microcosmo, a sua Aura, e uma prática que pode equilibrar as suas energias e curá-lo em todos os níveis, se se dedicar a ele. Incluí uma lista de correspondências de Pedras Preciosas neste trabalho, incluindo técnicas que pode utilizar para trabalhar com elas.

Garfos de Afinação

A utilização de Garfos de Afinação em Terapia de Som é um campo relativamente novo, embora tenha crescido em popularidade devido à sua eficácia terapêutica. Baseia-se no princípio de que tudo no Universo está num estado de vibração, incluindo os nossos pensamentos, emoções, e corpo físico.

Quando o praticante ataca um Garfo de Afinação numa sessão de cura, criam uma onda sonora cuja vibração viaja profundamente para a Aura do paciente, acedendo às vias de energia do seu Corpo de Luz (Nadis) e afetando a consciência. Há muitas utilizações para os Garfos de Afinação, incluindo a cura do sistema energético subtil, ajustando os ciclos naturais do corpo, equilibrando o sistema nervoso, relaxando os músculos, e promovendo um bom sono.

Os garfos de afinação mais populares no mercado são os que correspondem aos Chakras Maiores. Uma vez que cada Chakra vibra a uma frequência específica quando saudável, um Garfo de Afinação pode ser calibrado para ressoar a essa mesma frequência. Quando colocado sobre ou próximo do Chakra, a vibração do Garfo Afinador envia uma onda sonora que afina o Chakra correspondente, devolvendo-o ao seu estado vibratório ótimo. O processo de permitir que dois corpos oscilantes se sincronizem um com o outro quando estão próximos um do outro chama-se "arrastamento".

Aromaterapia

Aromaterapia é uma medicina holística que também existe há milhares de anos, que remonta ao tempo da Antiga Suméria. Utiliza compostos extraídos de plantas que capturam a fragrância ou a essência da planta - a sua essência. Os extratos de plantas mais frequentemente utilizados nos óleos "essenciais" da Aromaterapia são geralmente inalados através de vários meios e métodos, embora também os possamos utilizar topicamente.

Quando inalados pelo nariz, os óleos essenciais têm impacto no Sistema Límbico, a parte do cérebro que desempenha um papel nas emoções, comportamentos e memórias. Além disso, o Sistema Límbico produz hormonas que ajudam a regular a respiração, o ritmo cardíaco, a respiração, e a pressão sanguínea. Por esta razão, muitos óleos essenciais têm um efeito calmante no sistema nervoso, tornando-os benéficos como precursores da meditação, da Terapia do Garfo de Afinação, das práticas tântricas e iogues, e de outras modalidades de cura Espiritual que requerem relaxamento. Pelo contrário, alguns óleos essenciais têm um efeito energizante e edificante e são grandes impulsionadores de energia quando se sentem lentos e exaustos.

Cada fragrância de óleo essencial tem vibrações específicas com propriedades curativas que impactam positivamente a nossa consciência. A sua utilização pode remover bloqueios energéticos na Aura ao mesmo tempo que realinha os corpos subtis e recalibra os Chakras. Além disso, os óleos essenciais são excelentes companheiros das pedras preciosas e de outras ferramentas de invocação de energia. São geralmente seguros e fáceis de usar e fornecem um método diferente, mas potente para curar a mente, o corpo e a Alma.

Tattvas

Trabalhar com o Tattvas é uma prática oriental que existe há mais de dois mil e quinhentos anos. A própria palavra "Tattva" é uma palavra sânscrita que significa "essência", "princípio" ou "elemento". Tattvas representam os Quatro Elementos da Terra, Água, Ar, Fogo, e o quinto Elemento do Espírito. Existem cinco Tattvas primários, cada um dos quais tem cinco Sub Tattvas, perfazendo um total de trinta.

Os Tattvas são melhor vistos como "janelas" para os Planos Cósmicos, correspondendo às energias Chakras. Como tal, eles podem ajudar-nos a trabalhar com os Chakras e a energia cármica neles contida. Eles não geram nenhuma energia em e de si mesmos, como pedras preciosas e garfos de afinação, mas são úteis para neutralizar nos Planos Cósmicos interiores e trabalhar nos Chakras correspondentes. Na minha experiência, trabalhar com os Tattvas vai de mãos dadas com a utilização dos rituais de Magia Cerimonial dos Elementos, uma vez que o tipo de energia com que cada um lida é praticamente o mesmo.

O trabalho do Tattva é semelhante ao da Magia Cerimonial, uma vez que isola cada Chakra, mas a energia invocada é menos potente. Alguns podem preferir o método Tattvas, no entanto, uma vez que permite trabalhar com os Subelementos de forma segura e eficiente. Além disso, o Tattvas pode ser utilizado em conjunto com outras práticas espirituais apresentadas neste trabalho, especialmente a Aromaterapia.

Ioga e Tantra

Os sistemas Espirituais Orientais de Ioga e Tantra contêm muitos exercícios que podem ser praticados individualmente ou em uníssono com outros componentes dos dois sistemas. Embora o Ioga e o Tantra partilhem as mesmas práticas, as suas filosofias diferem. Enquanto o Ioga aplica técnicas Espirituais ao esforço de alcançar objetivos e realizações particulares (tais como Auto-Realização ou Iluminação), o Tantra concentra-se em utilizar os mesmos métodos para se libertar de todos os desejos, trazendo inevitavelmente o mesmo resultado que o Ioga. Assim, o Tantra pode ser visto como uma abordagem ao Ioga. Originou-se como uma tradição doméstica que se concentrava em abraçar o mundo material, mundano, em vez de o transcender, como é o objetivo do Ioga.

Asana é a prática de posturas de Ioga em pé ou sentado. Há muitos benefícios em executar asanas, incluindo tonificar o corpo físico, desenvolver flexibilidade e força, equilibrar e harmonizar as nossas energias interiores, abrir os Chakras, remover bloqueios nos Nadis, e aterrar-nos com a Terra. A prática dos asanas também tem um efeito calmante na mente, tornando-a uma excelente ferramenta para combater a ansiedade e a depressão, enquanto impulsiona os químicos "felizes" do cérebro. Os asanas são praticados em conjunto com exercícios de respiração (Pranayama) e meditação (Dhyana). Os asanas de meditação, contudo, são um pré-requisito para a maioria das práticas Ioga, incluindo Mudras e Mantras.

Pranayama é a prática de Ioga de respiração controlada para o corpo, introduzindo Prana. Podemos praticá-la independentemente ou como precursor da meditação e de todos os exercícios de invocação de energia. Por exemplo, o exercício "Respiração Quádrupla" do *The Magus* é uma técnica Pranayama adaptada que funciona bem com os exercícios rituais da Tradição Misteriosa Ocidental. Da mesma forma, Pranayama desempenha um papel crucial no desempenho de Asanas, Mudras e Mantras, uma vez que a respiração é a chave para controlar a mente e o corpo. Os exercícios de Pranayama neste livro são utilizados para vários fins, incluindo equilibrar as energias feminina e masculina, acalmar o sistema nervoso, neutralizar a energia negativa, e preparar a mente para elevar e manipular a energia.

Os mudras são gestos simbólicos, ritualísticos ou poses que geralmente envolvem apenas as mãos e os dedos, embora também possam envolver todo o corpo. Permitem-nos manipular energias no nosso corpo (Microcosmo) e invocar poderes superiores no Universo (Macrocosmo). Os Mudras ligam-nos às forças arquetípicas e elevam a vibração da nossa consciência. Este livro apresenta Mudras para despertar e afinar os Chakras, equilibrar os Elementos, invocar a paz de espírito, e mesmo aproveitar Prana para despertar a Kundalini (Bandhas- Mudras Desbloqueadores). Pode usar Mudras com exercícios de meditação, Mantras, Pranayamas, e Asanas, especialmente Asanas de meditação.

Os Mantras Sânscritos invocam/evocam a energia, sintonizando-nos com certos poderes em nós próprios e no nosso Sistema Solar. Muitas vezes envolvem a invocação de deuses e deusas hindus ou budistas, de alguma forma ou aspeto dos seus poderes. Este poderoso método de induzir energia na Aura tem sido utilizado há milhares de anos por devotos dos sistemas Espirituais Orientais. Os mantras geralmente transportam a energia cármica dos sistemas respetivos para as tradições ou religiões específicas de onde são originários. Eles andam de mãos dadas com técnicas Pranayama, exercícios de meditação, e outras práticas Ioga. Por exemplo, uma vez que a energia invocada através dos Mantras abrange normalmente mais do que um Chakra, podemos combinar a sua utilização (especialmente os Mantras de Bija) com os Mudras de Mão para isolar e curar eficazmente os Chakras individuais.

E finalmente, a meditação, ou Dhyana, é uma das disciplinas mais amplamente praticadas para concentrar a mente que encontramos tanto no sistema Espiritual Oriental como no Ocidental. Por exemplo, em *The Magus*, a "Meditação dos Olhos da Mente" é um precursor das invocações energéticas porque nos acalma efetivamente, facilitando um *estado alfa* da atividade das ondas cerebrais, e preparando a mente para invocações/evocações rituais. As técnicas de meditação envolvem a visualização de um objeto interior, a concentração num objeto exterior, ou o emprego de Mantras para ajudar a focalizar a mente. A meditação destina-se a silenciar o Ego e esvaziar a mente, trazendo cura a todos os Chakras. Aumenta o nosso poder de consciência, tornando-nos presentes aqui e agora e permitindo-nos explorar o campo do potencial puro. A meditação é utilizada lado a lado com o controlo da respiração (Pranayama).

***

Descobri que a Kundalini despertou indivíduos que escolhem permitir que a Kundalini trabalhe com Chakras individuais naturalmente são muitas vezes deixados à mercê desta energia que por vezes pode ser muito dura. A dor e a ansiedade podem ser tão elevadas que alguns perderam o controlo total sobre as suas vidas e contemplaram o suicídio. Encontrar uma prática Espiritual para curar os Chakras permite-lhe um nível significativo de controlo sobre este processo, que pode ser muito edificante e dar-lhe a confiança e a força para avançar na sua viagem. O processo de despertar da Kundalini é um esforço vitalício. Portanto, é essencial permanecer inspirado como está a acontecer para tirar o máximo partido dele e ter o tempo mais confortável à medida que evolui Espiritualmente.

A TRANSFORMAÇÃO DA KUNDALINI

É imperativo discutir como o funcionamento dos Chakras se liga ao cérebro, considerando que a expansão da consciência, que é o objetivo principal do despertar da Kundalini, ocorre dentro da cabeça. Ao acordar os Sete Chakras e ao elevar a Kundalini até à Coroa, abrem-se novas vias de energia dentro do cérebro, que parece que a sua cabeça se torna oca no interior. O cérebro passa por um processo de remodelação, expandindo a sua capacidade de 10%, que o ser humano médio utiliza, para os 100% completos. Áreas dormente do cérebro tornam-se desbloqueadas, o que nos permite receber uma enorme quantidade de informação externa de uma só vez e processá-la. Pense nisto como um processo de expansão da potência do cérebro.

Uma vez que o Ovo Cósmico abra, ativando o Corpo de Luz, leva algum tempo para que Prana/Luz infunda os Nadis e alimente o novo sistema energético. Este processo é conseguido através do processo de transformação dos alimentos em energia da Luz através do sistema digestivo. Uma vez que não existe uma palavra definida para este processo, vou utilizar "sublimar", uma vez que implica uma coisa que muda a sua forma, mas não a sua essência. E uma vez que todas as coisas são feitas de Espírito e Luz, incluindo os alimentos que comemos, a sublimação refere-se à sua transformação de um estado sólido para um estado subtil que infunde e potencia as vias de energia no Corpo de Luz. Este fenómeno é responsável não só pela expansão da consciência, mas também pela indução de estados transcendentais.

No entanto, não poderá sintonizar completamente o Corpo Espiritual (um dos Corpos Subtis do Corpo Leve) antes de ter trabalhado completamente os quatro Chakras inferiores e ter integrado e dominado os Elementos da Terra, Água, Fogo e Ar dentro da sua psique. Uma vez que, para o fazer, deve ir para além do Abismo, para o reino da Não-dualidade. Assim, durante o longo processo de transformação da Kundalini, a sua consciência começa lentamente a sintonizar-se com *Chokmah* e *Binah*, a segunda e terceira Esferas mais altas (Sephiroth) na Árvore da Vida que correspondem às funções internas da sabedoria e da compreensão.

Neste livro, vou apresentar-vos certos Arquétipos da Qabalah e relacioná-los com a Árvore da Vida. Embora esta obra se mantenha por si só, muitas das ideias aqui apresentadas continuam e expandem os conhecimentos apresentados em *The Magus*. Afinal, a sua descrição da energia da Kundalini relaciona-se com a Tradição do Mistério Ocidental, enquanto a *Serpent Rising* se prende com o sistema Oriental. Ao apresentar-vos continuamente novas ideias e conceitos, pretendo construir a vossa memória e capacidade de aprendizagem para que o vosso Eu Superior possa assumir e continuar a ensinar-vos através da Gnose - a comunicação direta com as energias superiores. Antes que isto ocorra, contudo, é necessário ter uma compreensão profunda do processo Kundalini e conciliar quaisquer pontos de vista divergentes sobre este assunto.

ATIVAÇÃO DE BINDU

Uma vez que a Luz no corpo tenha sido construída com ingestão alimentar, que pode demorar três a quatro meses após um evento de despertar Kundalini completo, sentirá uma válvula de libertação a ser formada na parte superior da nuca, que é o Chakra Bindu (Figura 5). A sua localização é exatamente onde os Brahmins cultivam o seu tufo de cabelo. Bindu é um termo Sânscrito que significa "ponto" ou "sinal", e é o ponto de acesso de libertação para a consciência individual - a porta de entrada para "Shoonya", o estado de vazio ou de nada. No entanto, para Bindu ser desbloqueado, é necessário ter despertado completamente o Lótus das Mil Pétalas do Sahasrara, e a Kundalini deve residir agora permanentemente no cérebro. Além disso, uma quantidade suficiente de limpeza dos Chakras deve estar completa se o despertar for espontâneo e não estiver preparado para o Karma.

O nome mais comum do Bindu é Bindu Visarga que significa "a queda da gota" em Sânscrito, em referência ao néctar Amrita que o Tantra Ioga diz que descarrega do Bindu. O néctar Amrita, frequentemente chamado "Nectar da Imortalidade", segrega do Sahasrara, mas entra no corpo através do Bindu. O Amrita e Ambrosia são a mesma coisa e referem-se ao "alimento dos Deuses", o "Elixir da Vida" de que se ouve falar frequentemente em diferentes tradições Espirituais. Este néctar alimenta o Corpo de Luz e diz-se que prolonga a vida, proporciona sustento e desempenha um papel fundamental na experiência da transcendência após um despertar completo e sustentado da Kundalini.

No Tantra, o Bindu simboliza o Senhor Shiva, a Fonte da Criação. Devido à sua propriedade intrínseca de refletir pensamentos da Consciência Cósmica, este Chakra é frequentemente referido como o Chakra da Lua. O Bindu é considerado um dos Chakras Transpessoais, pelo que não é mencionado na maioria dos livros sobre Ioga. No modelo do Chakra Transpessoal, o Bindu é chamado o Chakra Causal. Ao examinar várias escolas de pensamento Espiritual, descobri que a localização dos Chakras e as suas propriedades e características são idênticas.

O Bindu Chakra desempenha uma função crucial no processo de transformação da Kundalini. Este Chakra é o próximo a despertar depois do Sahasrara. Serve de portal ou canal de energia para os dois Chakras Transpessoais superiores, a Alma Estelar e o Portal Estelar. Após um despertar completo do Kundalini, o Prana/Luz começa a canalizar através do recém-ativado Corpo de Luz. Com o tempo, a consciência é naturalmente puxada em direção ao Bindu Chakra, desbloqueando-o no processo. Simultaneamente, abre-se o Sétimo Olho, cujo canal auxiliar é crucial para sustentar o circuito da Kundalini e criar um estado mental transcendental. (Mais sobre o Sétimo Olho mais tarde.) Uma das funções do Bindu é regular a energia da Luz e distribuí-la por todo o Corpo de Luz. Atua como um transformador e condutor de energia. À medida que esta energia da Luz aumenta, a sua consciência expande-se.

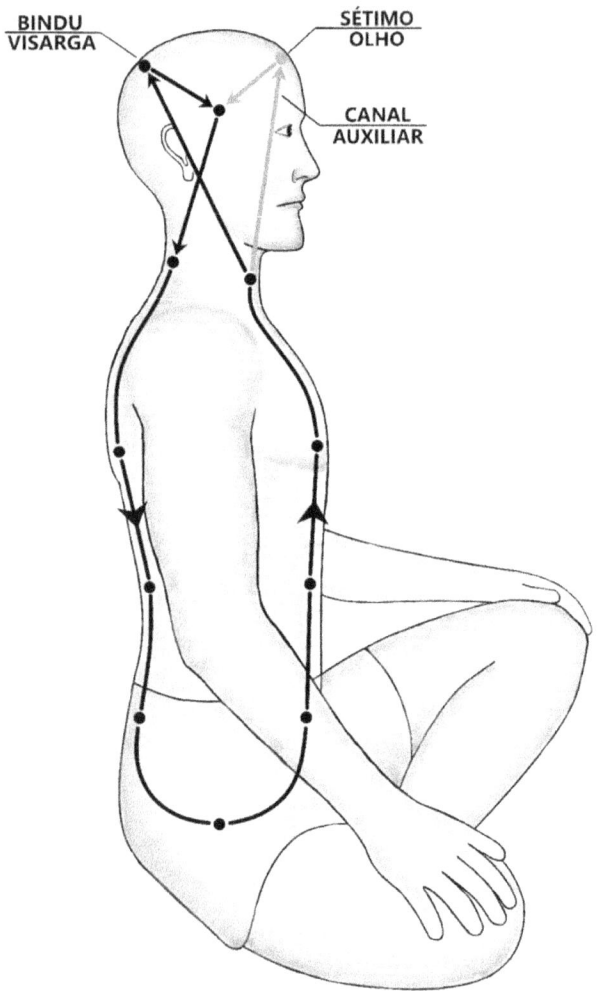

Figura 5: O Circuito Completo da Kundalini

Uma vez que Bindu esteja totalmente aberto, a sua consciência tem acesso direto ao reino da Não-dualidade, o Reino Espiritual. Esta experiência é acompanhada por uma sensação de completo arrebatamento Espiritual no seu Chakra do Coração. Começa-se a sentir intuitivamente o que Jesus Cristo quis dizer quando discutiu a Glória de Deus ou o Reino dos Céus e a beleza deste reino Mágico que é o direito de nascimento de todos os seres humanos. O Bindu é a nossa porta de entrada na Consciência Cósmica. Uma vez aberto, um constante sentimento de inspiração entra na sua vida. Começa-se a sentir que se está a viver no Planeta Terra, mas emocionalmente está-se no Céu.

Quando Bindu se desbloqueia no Corpo de Luz, encoraja os Sushumna, Ida, e Pingala Nadis a maximizar a sua capacidade de canalizar energia. A Luz Kundalini flui agora através destes canais sem obstáculos, com mais velocidade do que nunca, alimentada pelo Bindu. A energia da luz alimenta os Chakras na Aura, permitindo a sintonia com qualquer dos Planos ou Reinos Cósmicos interiores da existência. Estes incluem os Planos Físico, Astral Inferior e Superior, Mental Inferior e Superior, Espiritual, e Divino. Os Planos abaixo dos Planos Divinos correspondem aos Sete Chakras.

O Bindu é a válvula de libertação da energia de Luz sublimada para canalizar, que, quando acordada, completa o circuito Kundalini. Unifica os pensamentos e as emoções, permitindo-nos experimentar a transcendência completa na consciência. A sua ativação eleva a vibração da nossa consciência, alinhando-nos com o Corpo Espiritual. O Bindu serve como um buraco negro para a consciência individual. Ao entrar nele, unimo-nos com a Consciência Cósmica e tornamo-nos Um com o Universo.

Através do Bindu, a sua consciência pode facilmente sair do seu corpo quando se torna absorvida em qualquer forma de meditação. Uma vez que isto ocorre, começa-se a canalizar pensamentos a partir da Consciência Cósmica. É o reino do Plano Espiritual, uma vez que todos os pensamentos e sentimentos são reconciliados no "Lago de Fogo" que se encontra dentro dele. Este fogo ativa o conceito de "Glória de Deus" como uma emoção tangível sentida no Chakra do Coração e no coração físico. A Figura 5 ilustra o movimento da Luz, que é a energia da Kundalini no seu estado mais sublimado.

Na religião hindu e no jainismo, é costume usar um bindi, um ponto colorido no centro da testa. Implica a ligação entre o Olho da Mente (Ajna Chakra) e o Bindu Chakra. Em essência, chegamos ao Bindu Chakra através do Ajna, como é o caso do Sahasrara Chakra. Contudo, como mencionado, não podemos aceder ao Bindu a menos que o Sahasrara esteja totalmente aberto, uma vez que um alinhamento num implica um alinhamento no outro. Os hindus chamam ao Bindu um "ponto de criação", onde todas as coisas são mantidas juntas pela Unidade. Descrevem então o Bindu como "o símbolo sagrado do Cosmos no seu estado não manifestado".

ERRADICAÇÃO DA MEMÓRIA

Depois do Bindu acordado alinha a sua consciência com o Plano Espiritual, o próximo fenómeno no processo de transformação da Kundalini é a transmissão de memórias aleatórias antes do Olho da sua Mente. Esta ocorrência resulta da relação íntima do Bindu com o Ajna Chakra e a Glândula Pineal. Uma vez que a mente se silencia no Plano Espiritual, dá origem a velhas memórias que ressurgem por um breve momento, uma após a outra, como ondas num oceano infinito de consciência. Estas memórias podem ser recentes, embora sejam geralmente de uma época mais antiga, remontando até à sua infância.

O Eu usa o Olho da Mente para experimentar estas memórias passadas que o Bindu produz. Para ser exato, o Bindu "pesca-os" a partir do Chakra Causal, um dos três Chakras Transpessoais acima da cabeça e um que tem uma ligação íntima com o Bindu. A quinta energia dimensional do amor influencia o Bindu para libertar velhas memórias, removendo assim a carga emocional que os liga aos seus Chakras.

E à medida que estas memórias fluem pela sua consciência, a psique está a ser libertada, uma memória de cada vez.

A componente visual de ver estas memórias aleatórias piscar perante si uma a uma é acompanhada por uma sensação intuitiva de como as memórias se sentiam à medida que esses acontecimentos aconteciam. Assim, de certa forma, pode-se reviver estas experiências de novo. No entanto, desta vez, o seu Eu está num estado neutro, o que significa que já não está psicologicamente afetado ou emocionalmente ligado de forma alguma a estas ocorrências. Está agora a operar a partir do reino da Não-dualidade, o que significa que o Ego e a mente são contornados.

Ao descartar velhos pensamentos e emoções através do Bindu, pode sentir-se muitas vezes como se estivesse a perder o juízo porque o seu Ego percebe que o seu domínio sobre a consciência está a enfraquecer. No entanto, este processo de erradicação da memória é normal e pode muitas vezes continuar por muito tempo. Afinal de contas, o Ego levou muitos anos a desenvolver-se, e com cada memória, tornou-se mais forte. Agora o processo está a inverter-se, uma vez que se está a voltar ao seu estado original e inocente antes do Ego começar a desenvolver-se.

Agora, não se pode abolir completamente o Ego enquanto se vive no corpo físico, uma vez que serve o propósito de proteger o corpo de danos imediatos. Jesus Cristo, um dos mais extraordinários homens santos a viver neste Planeta, viveu com um Ego toda a sua vida, guiando-o e comandando-o. A sua segunda última frase na cruz foi: "Meu Deus, meu Deus, porque me abandonaste? " (Mateus 27,46) Esta afirmação veio do seu Ego, que veio em consciência nos últimos momentos da vida de Jesus para pedir ajuda a Deus sabendo que o corpo físico está prestes a perecer. Esta afirmação foi seguida por: "Está acabado". Esta foi a última coisa que o seu Eu Superior disse antes de morrer. Aqui está um exemplo perfeito da dicotomia entre o Ego e o Eu Superior e como cada um pode assumir a consciência em qualquer momento, dependendo das circunstâncias e independentemente de como estamos Espiritualmente evoluídos.

Portanto, como vê, não se pode destruir o Ego nesta vida. No entanto, pode remover as suas garras para que a Alma possa tomar o lugar do condutor e ser a sua força orientadora na vida, incluindo a tomada de decisões diárias. E uma vez que já não é assolado pelo medo ao sintonizar com o Plano Espiritual, o Ego já não tem nada com que o subornar. Uma grande parte do funcionamento do Ego inclui a forma como reage à energia do medo e aos cenários fictícios, mas assustadores que a mente cria, que o Ego procura impedir de acontecer. Outra parte significativa do modus operandi do Ego está a seduzi-lo com pensamentos e desejos de cuidar apenas dos prazeres do corpo e das suas próprias necessidades e desejos. No entanto, uma vez que já não está ligado ao seu corpo e reconhece a unicidade de toda a existência, o Ego tem pouco poder sobre si também a este respeito.

A experiência do despertar da Kundalini levar-vos-á da Terra para o Céu numa única década, na maioria dos casos. À medida que estes processos subtis acontecem, tentar racionalizar o que lhe está a acontecer é fútil. A mesma faculdade que está a usar para racionalizar as coisas está a ser erradicada pelo Fogo da Kundalini para lhe permitir começar a operar inteiramente por intuição. A memória parece dissipar-se através deste processo, tal como o impulso para racionalizar e explicar tudo o que lhe está a acontecer através da lógica e da razão. Assim, as noções de "deixar ir" e "ir com o fluxo" fazem parte do processo de transformação da Kundalini. Ao questionar demasiado o processo com o seu Ego, estará a impedir o fluxo da Kundalini, a longo prazo, fazendo com que a sua transformação demore mais tempo do que deveria.

Pense na analogia do que acontece quando se aplica fogo à água na realidade física - obtém-se vapor ou vapor. O Elemento Fogo é a energia Kundalini despertada, enquanto a sua memória pertence ao Elemento Água cuja essência é a consciência pura. Expressando-se fisicamente como o conteúdo de água do seu corpo, o Elemento Água compreende mais de 60% do seu Eu Físico. O vapor é a porcaria, ou componentes nocivos do seu Elemento de Água, as memórias de quem era ou pensava que era quando estes acontecimentos passados ocorreram. Contudo, estas memórias não são mais do que ilusões ligadas ao seu Karma, turvando a sua essência e impedindo que a Luz interior brilhe para o mundo. Com o passar do tempo, e o Fogo de Kundalini continua a agir sobre os diferentes Chakras, purificando-os no processo, estas velhas memórias tornam-se extintas de si. Esta erradicação do Ego é também um processo de purificação da Alma. Passado algum tempo, começará a ver ondas e padrões energéticos no Olho da sua Mente como imagens visuais resultantes das impressões que o seu ambiente lhe causa. Para lá chegar, porém, muitas memórias pessoais têm de ser purificadas. Poderá até ver memórias de vidas passadas, uma vez que este processo de purificação não está ligado apenas a esta vida. Lembre-se de que a Alma, que estamos a tentar purificar e exaltar aqui, já existe há muitas vidas.

À medida que a consciência se retira cada vez mais para dentro do Bindu, começa-se a perder a consciência do seu corpo físico a ponto de ficar entorpecido com as sensações do mundo exterior. A um nível mais elevado de Evolução Espiritual, a sua consciência deixa o seu corpo inteiramente, acompanhado por uma sensação de que o corpo físico está a ser injetado com novocaína, um poderoso analgésico e agente adormecedor. Atinge um ponto em que, se aplicasse um saco de gelo sobre a pele, não sentiria o frio, mas apenas uma sensação de entorpecimento. São libertados níveis elevados de histamina para realizar este fenómeno. Uma vez abertos os principais centros cerebrais, são libertados níveis mais elevados de dopamina e serotonina, contribuindo para um estado emocional e uma força de vontade super-humana.

Este processo de expansão da consciência é interminável. Começa-se a viver nesta realidade continuamente à medida que o Bindu se alimenta cada vez mais da energia da Luz trazida através da ingestão de alimentos. À medida que os nutrientes são absorvidos pelo corpo, a Luz Kundalini que circula dentro do seu Nadis cresce em tamanho e velocidade de movimento, expandindo perpetuamente a sua consciência incessantemente.

METAMORFOSE COMPLETA

Começa-se a experimentar diferentes sensações físicas através do processo de transformação da Kundalini. A primeira manifestação física destas mudanças energéticas é a sensação de formigas a rastejar sobre a pele. Algumas pessoas experimentam as suas partes do corpo a serem aniquiladas à medida que os Setenta e Dois Mil Nadis, ou canais energéticos estão a ser infundidos por Prana. Pode desenvolver-se uma sensibilidade ao ar à sua volta, tornando-o suscetível a apanhar uma constipação ou gripe. Descobri que este fenómeno depende de se o Elemento Ar é dominante na sua Carta de Natal. Lembre-se de se manter quente para evitar ficar doente se começar a sentir o ar frio na sua pele de uma nova forma. Pode também começar a desenvolver alergias à medida que o seu olfato se acentua. Começará a sentir odores particulares como se o objeto ou pessoa estivesse à sua frente, embora, na realidade, possam estar a quilómetros de distância.

Todos os processos que descrevi até agora estão interligados. Juntos, ativam e desenvolvem os poderes do Corpo de Luz para que a consciência possa gradualmente alinhar-se à sua vibração e experimentar a Consciência Cósmica. O Corpo de Luz é como uma árvore cujos ramos (Nadis) alcançam a superfície da pele a partir do interior. O seu centro está no Chakra do Coração, Anahata, a área central do corpo onde múltiplos Nadis se cruzam. Estes ramos servem como recetores que utilizam o ar à sua volta como um meio ou conduto de comunicação. São antenas que se ligam com os mundos invisíveis, os Planos Cósmicos que mencionei anteriormente.

Um maior crescimento desta árvore energética ocorre através da alimentação do corpo físico com os nutrientes, vitaminas e minerais corretos. A proteína é essencial, uma vez que ajuda a construir o Corpo de Luz. A vitamina C também é crítica, uma vez que ajuda a regular as glândulas suprarrenais, que se esgotam com o processo de despertar da

Kundalini. O medo coloca uma tensão sobre as suprarrenais, e à medida que se experimenta um colapso catatónico, a *Noite Negra da Alma*, o medo torna-se grandemente amplificado. Portanto, é vital beber sumo de laranja ou outros sumos de fruta que contenham vitamina C para evitar que as glândulas suprarrenais sejam danificadas permanentemente.

O processo de transformação da Kundalini é um choque tão grande para o Ego como a sua morte. Como resultado, pode haver uma tremenda quantidade de negatividade que emerge do seu subconsciente. Se tivesse um despertar completo e permanente da Kundalini, este processo começa de imediato, pois é a ativação total do Corpo de Luz pela quebra do Ovo Cósmico que gera o início de uma vida completamente nova. No início, a sua nova vida é confrontada com muitos desafios únicos à medida que tenta dar sentido ao processo. Ter a orientação adequada é útil, uma vez que lhe permite "deixar passar" da tentativa de controlar o processo e permitir que as coisas lhe aconteçam naturalmente.

LUZ E VIBRAÇÃO DENTRO DA CABEÇA

Depois de um despertar completo da Kundalini, para além da energia da Luz estar agora presente dentro do seu cérebro a todo o momento (Figura 6), também irá experimentar um zumbido, um som vibratório. Este som é ouvido porque a energia da Kundalini está permanentemente localizada na sua cabeça, o que significa que já não se move para cima e para baixo da sua coluna vertebral, nem cai para Muladhara. Assim, o que muitas vezes soa como o zumbido de um enxame de abelhas também pode ser descrito como o som de uma corrente elétrica ou radiação.

O som vibratório pode melhor ser ouvido no interior quando o clamor do mundo exterior se acalma. Também notará que se torna mais elevado no tom quando traz comida para o corpo, uma vez que a sua corrente de energia aumenta. O som varia desde o seu estado neutro que soa como o zumbido de um enxame de abelhas, até um som mais agressivo, como um motor a jato, embora não tão pronunciado. Quando se torna mais dinâmico ou mais elevado, isto indica uma atividade mais vigorosa da Kundalini no Corpo de Luz.

Algumas pessoas acordadas manifestaram preocupação com este som vibratório permanente nas suas cabeças, dizendo que tornou as suas vidas bastante desconfortáveis. O meu conselho é aprender a viver com ele em vez de o combater ou esperar que desapareça porque não o faz. É uma parte permanente da sua vida agora, pois é o som da energia da Kundalini dentro de si. Contudo, uma vez que se distanciar do Ego e se alinhar mais com a sua Alma, aceitará o som vibratório como parte do processo e poderá até aprender a desfrutar da sua presença.

Descobri que a utilização de tampões para os ouvidos quando vou dormir permite-me usar o som para acalmar e acalmar a minha mente, permitindo-me adormecer mais rapidamente. Levou muitos anos, no entanto, para aprender a largar e apreciar este som, mas saber que é uma parte natural do processo e não uma entidade estrangeira maliciosa na vossa Aura é metade da batalha.

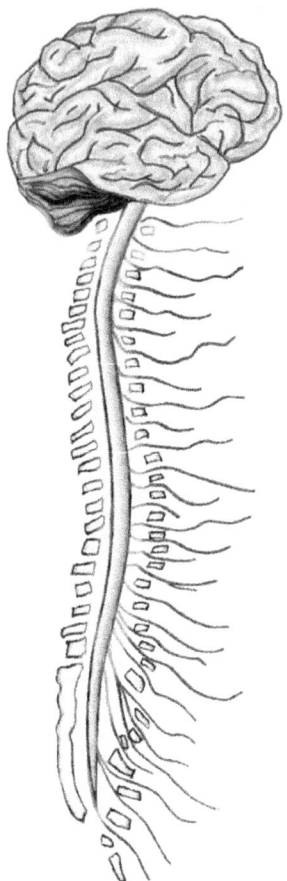

Figura 6: O Cérebro Cheio de Luz

Estas duas manifestações, a Luz dentro da cabeça e o zumbido constante nos ouvidos, marcam um despertar permanente. Lembre-se que o Ovo Cósmico precisa de ter sido aberto pela ascensão inicial da Kundalini e os Setenta e Dois Mil Nadis do Corpo de Luz ativados através do seu néctar de Ambrosia. Se este evento não tiver ocorrido, então a ativação total da Kundalini não aconteceu. Pode estar a lidar com uma ascensão parcial em Chakras individuais, o mais comum dos quais é uma ascensão no Chakra do Coração Anahata.

TIPOS DE DESPERTAR DA KUNDALINI

Um despertar da Kundalini pode ocorrer de muitas formas diferentes e por várias razões. A mais comum é um despertar espontâneo através do uso de drogas recreativas ou depois de ter sofrido traumas graves na sua vida. Com o trauma, um despertar da Kundalini ocorre como mecanismo de defesa quando a Alma está farta da dor que está a ser causada no corpo. A Alma sequestra a consciência o tempo suficiente para induzir o relaxamento no corpo. Esta rendição total, acompanhada por uma onda de emoções positivas, pode despertar a energia da Kundalini, e tem despertado para muitas pessoas.

Um método menos comum de despertar a Kundalini é através de uma transmissão conhecida como Shaktipat de uma pessoa que tenha tido esta experiência por si própria. A Kundalini também pode ser estimulada pelo estudo de livros religiosos e espirituais e pela compreensão de algumas verdades profundas sobre a natureza do Universo e de Deus - o Criador. Simplificando, para que a Kundalini possa ser despertada, algo tem de a desencadear. Um gatilho pode ser ou um pensamento ou uma emoção, sua ou de outra pessoa. Shaktipat ocorre devido ao poder do pensamento de um mestre desperto e à sua capacidade de transmitir esse pensamento ao seu subconsciente.

Depois há despertares da Kundalini que ocorrem como resultado da prática Espiritual direta destinada a despertar esta energia. Pode acontecer através de práticas Ioga, meditação, exercícios rituais de várias tradições, sexo tântrico, e outros métodos Espirituais destinados unicamente a despertar a Kundalini. Estes casos são hoje menos proeminentes no mundo, e a maioria das pessoas que encontrei despertaram a Kundalini espontaneamente e não através de práticas diretas com intenção consciente. O desempenho de práticas de cura Espiritual, como as que irei apresentar mais tarde neste livro, pode elevar a vibração da sua consciência por tempo suficiente para que a Kundalini desperte. No entanto, isto conta novamente como um despertar não planeado e espontâneo.

Algumas pessoas deixam as suas sociedades modernas e de ritmo acelerado e vão para Templos e Ashrams e vivem em reclusão durante muitos anos, numa tentativa de despertar a Kundalini. Muitos passam uma dúzia de anos ou mais meditando e fazendo práticas Espirituais para despertar este poder, sem sucesso. É minha convicção pessoal que, se se pretende despertar a Kundalini nesta vida, por muito que se tente ou não se tente, isso irá acontecer-lhe. Essencialmente, este processo não exigirá o seu esforço, mas os acontecimentos da vida apresentar-se-ão de tal forma que despertarão este poder. No entanto, conhecer o poder e o potencial da energia da Kundalini, especialmente para as pessoas que lêem sobre este assunto pela primeira vez, pode desenvolver o desejo da Alma que pode ser o catalisador para pôr este evento em movimento.

DESPERTARES PARCIAIS E PERMANENTES DA KUNDALINI

Há dois tipos de despertar da Kundalini - permanente e parcial. A diferença entre os dois precisa de ser corretamente compreendida para se saber onde se encontra no seu processo de Evolução Espiritual, para que se possa saber o que fazer para progredir mais.

Num despertar permanente, a energia da Kundalini sobe da base da coluna vertebral (Muladhara Chakra), passando por Sushumna e entrando no cérebro até chegar ao topo da cabeça (Sahasrara). Ao longo do seu caminho encontram-se os Três Granthis, os "nós" psíquicos que obstruem o fluxo da Kundalini. Cada um deles precisa de ser trespassado sistematicamente para que ocorra um despertar completo. Uma vez que faz parte da ciência e filosofia do Ioga e do Tantra, discutirei os Três Granthis em pormenor na secção dedicada às suas práticas.

Se a Kundalini acordada se erguer com força suficiente, quebrará o Ovo Cósmico no topo da cabeça. Assim que o Ovo Cósmico se parte, uma substância líquida semelhante ao néctar, a Ambrosia, verte-se sobre o corpo para baixo a partir do topo da cabeça, revigorando os Setenta e Dois Mil Nadis do Corpo de Luz (Figura 7). Isto constitui um despertar "permanente", uma vez que a Kundalini nunca desce de novo para Muladhara. Em vez disso, permanece no centro do cérebro para o resto da sua vida.

No entanto, num despertar parcial, a Kundalini nunca se eleva ao centro do cérebro ou pelo menos não gera energia suficiente para desatar os Três Granthis e elevar-se até ao topo da cabeça para abrir o Ovo Cósmico. Em vez disso, a energia da Kundalini cai de novo para Muladhara apenas para repetir o processo de subida no futuro. A Kundalini quer subir até ao topo da cabeça, e continuará a tentar fazê-lo até desatar todos os Três Granthis e atingir este objetivo.

Portanto, num despertar gradual ou "parcial", a Kundalini sobe normalmente para um determinado Chakra no seu movimento sistemático ascendente. Faz isto para abrir esse Chakra específico para que se possa trabalhar gradualmente para purificar a energia cármica armazenada no seu interior. Neste caso, não haverá uma inundação de negatividade uma vez que a Árvore da Vida inteira não é aberta, apenas certas Esferas ou Sephiroth da Árvore da Vida. Por conseguinte, este despertar gradual ou parcial é uma forma mais confortável de evoluir Espiritualmente. No entanto, não há nenhuma garantia de que a Kundalini alguma vez atinja o topo da cabeça nesta vida.

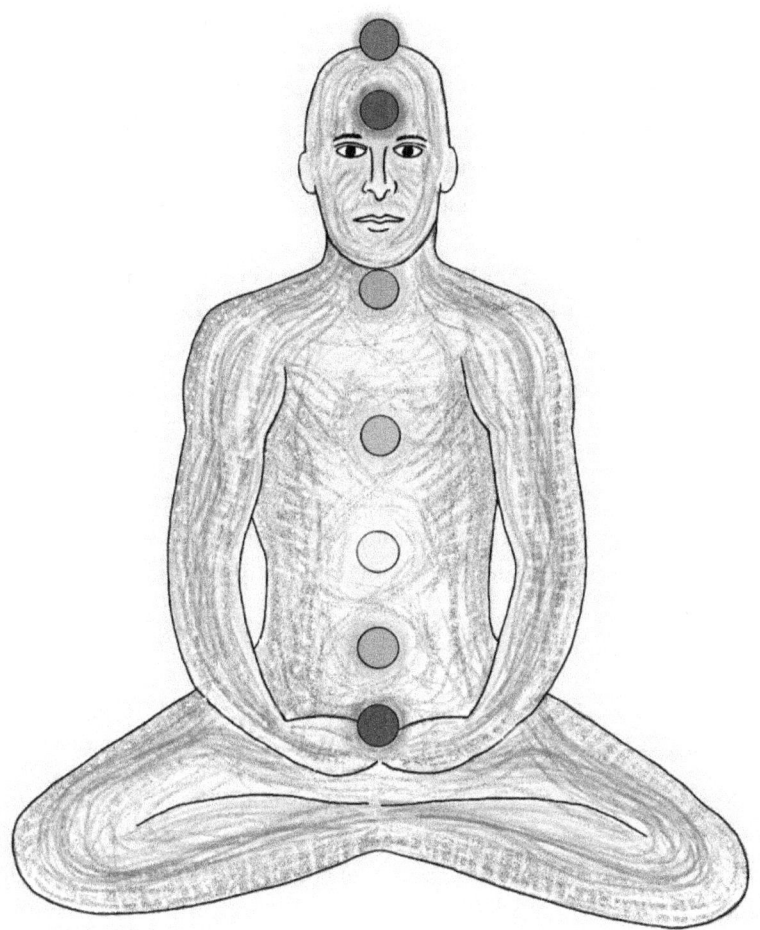

Figura 7: Os Setenta e Dois Mil Nadis

Lembre-se sempre que não podemos escolher a forma como despertamos a Kundalini. Quem me dera poder dizer-vos que um método funciona 100% do tempo ou mesmo 10%, mas estaria a mentir. Portanto, quem vos disser que descobriu uma técnica que funciona sempre está a enganar-se a si próprio e aos outros, intencionalmente ou não. A minha convicção pessoal é que não se pode escolher com o Ego para ter esta experiência nesta vida, mas que ela deve ser uma decisão da Alma.

É até possível que optemos por ter esta experiência antes de encarnarmos neste Planeta nesta vida, pois é uma mudança tão radical em relação à realidade média e quotidiana que os indivíduos não acordados vivem. Como tal, os poderes superiores devem ser envolvidos no processo de fazer acontecer um despertar da Kundalini. Contudo, o permanente despertar da Kundalini destina-se a todos, seja nesta vida ou noutras vidas. Como disse, saber o que procurar e preparar-se para esta experiência é o primeiro passo - também, ir para além das estruturas sociais limitadas que mantêm a nossa consciência ligada à realidade material.

Se, depois de ler este livro, ainda preferir gastar o seu tempo e energia a tentar enriquecer em vez de trabalhar para se aprofundar Espiritualmente, então um despertar Kundalini pode não se destinar a si nesta vida. Pode ainda haver lições necessárias a aprender para ver que nada é tão importante como ter esta experiência.

Os hindus chamam-lhe o processo de Shakti (a Kundalini) que se eleva para cima para se encontrar com Shiva (Consciência Cósmica), onde consumam o seu Casamento Divino e se tornem Um. Assim que se unem em êxtase, Shiva desce ao Chakra do Coração para produzir o ato contínuo de renovação dentro da consciência do iniciado da Kundalini. Enquanto neste estado perpétuo e regenerativo, libertamo-nos da carga do pecado à medida que nos perdemos dentro de nós próprios. Tornas-te novamente como uma criança inocente, olhando para o mundo com olhos novos e frescos, de um momento para o outro.

Esta experiência é o que significa realmente estar no "Agora", no momento presente. O Agora é o campo do potencial puro e ilimitado de consciência que pode ser experimentado quando se liberta da escravidão ao mundo material.

VER A LUZ EM TODAS AS COISAS

Quando a energia finalmente chegar ao topo da cabeça e partir o Ovo Cósmico, desenvolverá uma extraordinária experiência mundial. À medida que a Luz se acumula dentro de si, ela transpõe-se para tudo o que vê com os seus olhos físicos, dando um brilho cintilante e prateado ou brilho a tudo o que percebe no mundo material. Quando desfoco a minha visão e fico a olhar para um objeto durante cerca de dez segundos, esta mesma Luz desmaterializará esse objeto mesmo diante dos meus olhos.

Da mesma forma que alguém pode ver o mundo com LSD ou cogumelos mágicos, eu vejo-o sem qualquer droga. Tornou-se uma parte permanente da minha vida depois de desenvolver naturalmente a capacidade de perceber esta realidade holográfica, o plano de Energia Pura ou "duplo" do mundo material. Existe aqui e agora, mas como os nossos corpos e cérebros são compostos de Matéria, não podemos perceber para além dela sem transformar completamente a nossa consciência.

O planeta Terra destina-se a ser experimentado com uma Kundalini desperta porque o fato é que o mundo material está vivo e é Energia Pura. Lembro-me como eu via as coisas antes desta transformação, e posso dizer com segurança que este é o Planeta Terra 2.0. É quase como se me fosse dado um auricular de realidade virtual permanente para usar 24/7. Era a isto que eu me referia quando disse que a realidade exterior se torna "digital".

Com um despertar completo da Kundalini, começa-se também a sentir a essência de tudo o que se percebe no seu Chakra do Coração, Anahata. Uma vez alcançada, esta nova experiência da realidade é uma mudança transcendental permanente na forma como se experimenta o mundo à sua volta. Uma vez que acontece, nunca mais se pode desligá-lo.

Como mencionei anteriormente, porém, nem todos veem Luz em todas as coisas depois de um despertar completo da Kundalini. A maioria não vê. A primeira pessoa que corroborou esta experiência para mim não foi alguém com quem falei pessoalmente, mas um autor de renome sobre o tema da Kundalini, Gopi Krishna. Gopi falou sobre este fenómeno nos seus livros, nomeadamente *Vivendo com a Kundalini*, que captou a essência deste dom. O livro pintou um retrato sólido do processo de despertar da Kundalini e das suas manifestações e dons, incluindo esta nova lente visual que se desenvolve.

Este fenómeno ocorreu em mim cinco meses após o despertar inicial da Kundalini em 2004 e ainda hoje está comigo. No entanto, esta atualização visual não é o único presente variado nos indivíduos despertados da Kundalini. No entanto, é a mais crucial, na minha opinião, uma vez que altera drasticamente a sua perceção da realidade e permite-lhe ver a natureza holográfica do mundo, o seu projeto digital, com os seus próprios olhos.

Tive até momentos de meditação profunda quando o mundo exterior apareceu como uma projeção de ecrã de cinema 2D, cuja superfície era feita de Luz dourada. Mas a estranheza não acabou aí. Consegui "perscrutar" dentro desta visão e ver Universos paralelos que existem aqui e agora, mas que são impercetíveis à visão humana normal. (Perscrutar é um processo de olhar para objetos físicos usando o Olho da Mente).

Experimentei esta visão como um arrebatamento completo que despertou a minha consciência. Surgiu-me como uma onda, e eu tornei-me pura consciência a abraçá-la. Estas visões de mundo paralelas transportaram-me frequentemente para os tempos medievais por alguma razão, apenas a uma escala muito menor do que o nosso mundo atual. Fez-me compreender que os mundos paralelos existem aqui e agora dentro do raio de Luz 2D que vem do Sol. Uma vez que pude alterar a minha vibração interior, pude vê-los com os meus próprios olhos.

Imagine ter esta capacidade e ser lembrado a cada momento em que o mundo em que vive é feito de pura energia. Torna muito fácil dissociar-se do Ego e dar prioridade à vida Espiritual, o que eu fiz e nunca olhei para trás.

Devido à intensidade e à força da energia da Kundalini à medida que subia através da minha coluna vertebral durante o processo de despertar, ela explodiu exponencialmente o olho da minha mente antes de subir ao topo da cabeça. Este acontecimento ocorreu porque estava a realizar um exercício de visualização mental utilizando o Olho da Mente durante o processo de despertar. Gopi estava a fazer o mesmo que o recontado nos seus livros. Ao concentrar a atenção no túnel do Olho da Mente, a nossa porta para os Planos Cósmicos interiores, a Kundalini entra nela ao subir, expandindo a sua circunferência antes de subir para o Sahasrara. O túnel do Olho da Mente tem a forma de um donut, servindo como um ecrã mental em que as imagens visuais brincam quando se experimentam visões.

É possível que se não se implementar um exercício de visualização que chame a atenção para a cabeça da flor do Ajna Chakra (entre as sobrancelhas), a Kundalini não ative totalmente o seu poder. Neste caso, a Kundalini chega mesmo ao Sahasrara e pode mesmo abrir o Ovo Cósmico, mas o potencial total do Ajna Chakra não é despertado. Esta é uma opção. A outra opção é que o Ajna abre, mas não com intensidade suficiente para provocar esta mudança radical na perceção visual.

Claro, estas são as minhas teorias, mas baseadas na lógica e na razão, uma vez que muitas pessoas que relatam ter tido o golpe do Ovo Cósmico aberto e a sensação de terem sido "eletrocutadas" não veem Luz em todas as coisas depois. Seja como for, que se saiba que existem vários despertares e experiências Kundalini, e nem todos são iguais.

FATORES DE DESPERTAR DA KUNDALINI

Ao tentar despertar diretamente a energia da Kundalini, muitos fatores devem estar a trabalhar em conjunto ao mesmo tempo para serem bem-sucedidos. Para um, se estiver a tentar despertá-la através da meditação da mente, a vibração da sua força de vontade deve ser substancialmente mais elevada do que a sua tagarelice mental para que possa induzir ao silêncio. Assim, é improvável que desperte a Kundalini com este método, a menos que o tenha feito durante muito tempo e seja proficiente no mesmo.

Uma abordagem mais simples é a utilização de uma meditação visual. Deverá manter uma imagem de um objeto simbólico (como uma flor de lótus ou uma estátua de Deus ou de Deusa) no Olho da sua Mente durante um período prolongado. Ao manter uma imagem constante e firme na sua mente, a sua força de vontade começa a vibrar a uma intensidade vigorosa, puxando a sua consciência para dentro. Se conseguir segurar esta imagem enquanto negligencia os pensamentos aleatórios que entram na sua cabeça, terá algum nível de experiência Espiritual e talvez até desperte a energia da Kundalini na base da sua coluna vertebral. No mínimo, entrará no portal Olhos da Mente para experimentar o Mundo Astral, o que pode ser uma experiência estimulante se nunca o tiver feito antes.

Agora, se a imagem que tem na sua mente tem uma componente sexual, é possível agitar a Kundalini em atividade na base da coluna vertebral. A energia sexual é essencial a este respeito, uma vez que qualquer tipo de excitação sexual, quando projetada para dentro, pode ativar a Kundalini. Tinha ouvido falar de muitos casos de despertar espontâneo que ocorreram após o indivíduo ter experimentado um nível de excitação sexual superior ao normal, mantendo ao mesmo tempo uma mente pura e silenciosa.

Uma ativação da Kundalini pode ocorrer quando a energia sexual é sublimada e canalizada para o cérebro no clímax, em vez de ser libertada externamente através da ejaculação. Uma meditação de visualização durante a atividade sexual foca a energia para dentro, em direção ao Olho da Mente no cérebro. Pode fazer com que a Kundalini desperte e levante a coluna vertebral, abrindo sistematicamente todos os Chakras inferiores até entrar no cérebro. No entanto, para assegurar que ele se eleva com força suficiente, é crucial estar a realizar algum tipo de exercício de visualização para puxar a Kundalini para dentro do cérebro, onde pode subir até ao topo da cabeça e completar o processo.

A chave para este processo é gerar energia sexual bruta com mente e coração puros, estimulando assim Muladhara e Swadhisthana Chakras em atividade. Quando feito corretamente, sentirá no seu abdómen sensações que são simultaneamente eufóricas e extasiantes. Todo o seu corpo começará a tremer e a tremer, e poderá até ter arrepios de como estas sensações são agradáveis.

A energia sexual tem de se construir sobre si mesma e ficar mais forte apenas com o poder dos seus pensamentos. A maioria das pessoas desconhece que a excitação sexual pode crescer exponencialmente, e nem sempre tem de resultar num orgasmo externo. Ao tentar despertar a Kundalini, a chave é canalizar a energia sexual para dentro usando a sua força de vontade e imaginação em vez de a expulsar através dos seus genitais.

Durante o meu despertar Kundalini, estava a segurar na minha mente uma imagem de uma mulher bela e erótica, na qual me concentrei tão intensamente que projetei no portal do Olho da Mente e pude experimentá-la como real. No entanto, o que gerou a força intensa com que a Kundalini despertou foi a acumulação de energia sexual enquanto eu fazia amor com ela na minha mente. Esta energia sexual amplificou-se e cresceu em poder até que experimentei o meu primeiro orgasmo interno. No entanto, a experiência não terminou aí. Seguiu-se-lhe outro orgasmo interno, e mais múltiplo, tudo em sucessão, com intensidade e velocidade crescentes. A minha zona genital sentiu-se como uma locomotiva a acelerar e a construir impulso com cada volta das suas rodas.

Um sentimento de excitação sexual no meu abdómen cresceu exponencialmente em sincronia com os orgasmos internos. Vieram em ondas contínuas e apressadas durante cerca de quinze a vinte segundos. Depois, no seu auge, quando parecia que o meu cérebro e corpo não aguentavam mais êxtase, a Kundalini despertou na base da coluna vertebral. Parecia uma esfera de energia do tamanho de uma bola de golfe que apareceu do nada.

CONCLUSÃO DO PROCESSO DE DESPERTAR DA KUNDALINI

Assim que a Kundalini desperta, ela viaja naturalmente para cima através da coluna vertebral. No entanto, se acordar espontaneamente a Kundalini, sem uma prática meditativa, provavelmente não chegará a Ajna Chakra. Como mencionei, para se erguer com força, que é necessária para alcançar Ajna Chakra dentro do cérebro, é essencial manter conscientemente uma imagem na sua mente com força de vontade e imaginação. Note-se que os despertares espontâneos da Kundalini que ocorrem a partir do uso de drogas alucinógenas podem ser poderosos, pois envolvem uma mudança na perceção que estimula o Olho da Mente.

Um despertar completo requer que a Kundalini suba ao cérebro através de Sushumna, o canal do meio, acompanhada por Ida e Pingala, que se fundem num único fluxo de energia no Ajna Chakra. Uma vez unidas às suas energias masculinas e femininas, elas unem-se ao Sushumna como Um para se elevarem ao Sahasrara e soprarem o Ovo Cósmico (Figura 8) que detém o potencial do seu Corpo de Luz, o seu Eu Cósmico.

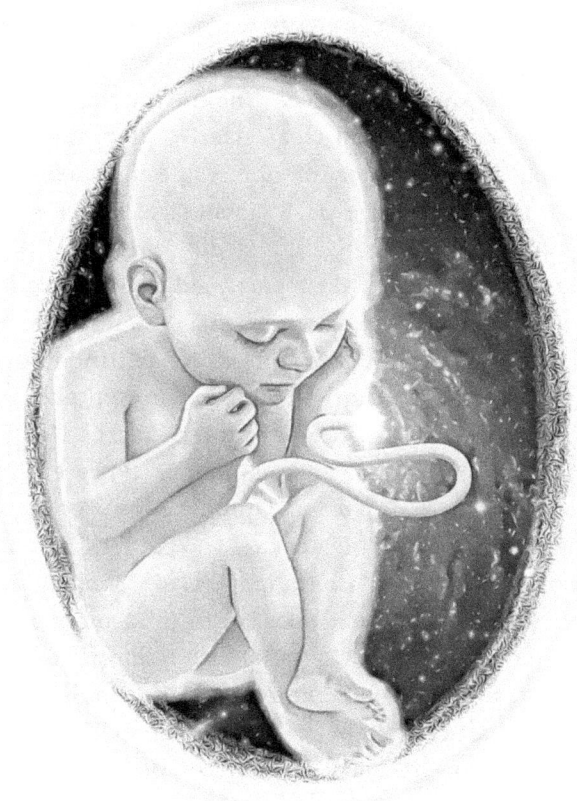

Figura 8: O Ovo Cósmico

O Sahasrara pode potencialmente ser aberto apenas com o Sushumna. Contudo, se Ida e Pingala não juntarem forças na Ajna, poderá haver problemas debilitantes no sistema energético que podem causar estragos nos seus pensamentos e emoções. Tal é o exemplo da ascensão inicial de Gopi Krishna, onde despertou Pingala e Sushumna mas não Ida. O seu sistema nervoso estava em completa desordem após o despertar, uma vez que não tinha a energia refrescante de Ida presente, o que causou uma ansiedade contínua sem fim. Depois de quase perder toda a esperança, ele tentou uma meditação de visualização numa tentativa desesperada de despertar Ida. Porque Ida representa o princípio feminino, a essência do Elemento Água que é a fonte de energia de todas as imagens visuais, Gopi finalmente conseguiu despertar Ida, que subiu para Ajna para completar o processo de despertar da Kundalini.

É essencial compreender que o Sushumna Nadi acompanha sempre Ida ou Pingala ou ambos simultaneamente, o que é a opção desejada. Ida, Pingala, ou ambos não podem subir a um Chakra sem a presença de Sushumna Nadi, uma vez que o Sushumna Nadi transporta a energia da Kundalini. Ida e Pingala canalizam as energias feminina e masculina, mas a Kundalini sobe a coluna vertebral, que é a Sushumna Nadi.

Antes da Kundalini poder entrar no cérebro, deve trespassar Vishuddhi, o Chakra Laríngeo. Vishuddhi é mais avançado que o Chakra inferior, uma vez que é o primeiro Chakra do Elemento Espiritual. Para o trespassar, é preciso ter evoluído para além da energia cármica principal dos Elementos inferiores, que correspondem aos quatro Chakras inferiores. (Mais sobre a ligação entre os Elementos e Chakras e Nadis, num capítulo posterior).

Se despertou a Kundalini através de meios meditativos, aconselho-o a continuar a realizar a sua meditação em vez de apenas deixar ir quando sentir a Kundalini a subir. Fazê-lo é a chave para reunir força suficiente para a Kundalini perfurar o Vishuddhi Chakra na sua ascensão e depois entrar no cérebro para tentar completar o processo.

Para acordar o Lótus de Mil Pétalas do Sahasrara, os três Nadis de Sushumna, Ida, e Pingala têm de se unificar num fluxo de energia no meio do cérebro no Terceiro Ventrículo antes de subir para o topo, centro da cabeça. Quando o lótus começa a abrir-se como uma flor em flor, o Ovo Cósmico no topo da cabeça é trespassado pela Kundalini. Contudo, o Lótus não tem de abrir completamente para que o Ovo Cósmico se parta. Se a Kundalini se ergue com força suficiente, o Ovo Cósmico parte-se logo após o Sahasrara começar a abrir. Então, o néctar de Ambrosia do Ovo Cósmico é libertado, que se derrama sobre o corpo de cima para baixo, ativando os Setenta e Dois Mil Nadis do Corpo de Luz.

Portanto, ter um despertar completo da Kundalini requer algum esforço consciente da sua parte para completar o processo. A maioria dos despertares espontâneos são levantamentos parciais da Kundalini. O meu caso é uma daquelas raras situações em que a Kundalini despertou com uma força incrível, mas apenas porque estava inconscientemente a realizar uma meditação sexual tântrica com uma componente de visualização sexual. Porque tive um despertar tão intenso da Kundalini aparentemente por acidente, sempre me considerei abençoado e obrigado a partilhar com o mundo tudo o que aprendi e experimentei.

É crucial compreender o processo de despertar da Kundalini e memorizar a sua mecânica. Há muitos pontos de vista diferentes sobre este tema das pessoas que viveram este evento. Contudo, descobri que uma pequena percentagem dessas pessoas completou o processo e elevou a Kundalini ao Sahasrara. E ainda menos ainda abriu o Ovo Cósmico e ativou o Corpo de Luz. Depois há aqueles que ativaram o Corpo de Luz, mas não relatam ter visto a Luz em todas as coisas com os seus olhos físicos, o que me diz que não tiveram uma ativação completa do Ajna Chakra. Como veem, há muitas experiências variadas deste mesmo processo Universal.

Posso, em geral, verificar que tipo de Kundalini despertava alguém ao ouvir as suas experiências e ao comparar relatórios. Geralmente, os que não completaram o despertar da Kundalini carecem do conhecimento da parte final do processo. Por exemplo, a maioria das pessoas sabe que a Kundalini desperta os Chakras e procura expandir a consciência. Contudo, na minha experiência, a maioria das pessoas desconhece a existência do Ovo Cósmico, a ativação do Corpo de Luz (que resulta na sensação de ser eletrocutado), e especialmente a remodelação do cérebro para perceber um nível mais elevado de realidade através de um Ajna Chakra expandido.

Ao memorizar todo o processo de despertar da Kundalini, está a dar à sua mente um roteiro de como este evento pode ocorrer para si. Partilhar esta informação é um método para o ajudar a despertar a Kundalini pessoalmente e a completar o processo.

ALINHAMENTO COM O CORPO ESPIRITUAL

Embora pareça que a ativação da Kundalini está a acontecer no corpo físico, ela está a ter lugar no Corpo de Luz. Como discuti no *The Magus*, todos nascemos com o Corpo de Luz, indissociavelmente ligados ao nosso corpo físico. No entanto, precisamos de ativar totalmente os seus poderes nesta vida para otimizar o nosso sistema energético, o que só pode ser conseguido despertando a Kundalini e elevando-a até à Coroa.

Quando a Kundalini começa a elevar-se, despertando os Chakras, a sua consciência reconhece a existência do Corpo de Luz, permitindo-lhe encarnar os diferentes Corpos Subtis que correspondem aos Chakras que despertou. A ativação total do Corpo de Luz é um dos principais objetivos do despertar da Kundalini. Os Setenta e Dois Mil Nadis servem para fazer do Corpo de Luz uma antena para as vibrações do mundo exterior. Estas vibrações são recebidas através do mais alto dos Corpos Subtis, o Corpo Espiritual. A sua consciência sintoniza-a gradualmente depois de ter libertado a energia cármica dos Quatro Chakras inferiores. Para o conseguir, deve encarnar sistematicamente os Corpos Subtis que correspondem a esses Chakras.

Quando a sua consciência se sintonizar com os Chakras Espirituais, os três mais elevados, alinhar-se-á inteiramente com o Corpo Espiritual, que se torna o seu novo veículo. Quando isto ocorrer, descartará antigos modos de funcionamento e de funcionamento apenas por intuição. Estar neste estado não significa que não sentirá nada emocionalmente ou que não será capaz de usar a lógica. Significa apenas que a intuição se tornará o seu modo primário de funcionamento.

Perceberá o mundo à sua volta através da experiência energética direta, uma vez que o seu Ser será elevado ao Primeiro Mundo de Atziluth, representando o Plano Espiritual no Qabalah. (Mais sobre isto no próximo capítulo.) Atziluth é onde existem os pensamentos de Deus, os Arquétipos que dão à humanidade um modelo com o qual trabalhar, unindo a nossa realidade. Uma vez que a Criação é um processo sistemático, a sua experiência consciente dos acontecimentos da vida filtra-se para baixo nos três Mundos inferiores (existem Quatro Mundos na Qabalah no total) que evoluem para fora do Primeiro Mundo.

Ao alinhar a sua consciência com o Corpo Espiritual, os pensamentos e as emoções deixarão de ter o mesmo impacto na sua mente e corpo porque são expressões dos Planos Inferiores. E uma vez que está agora elevado a um Plano acima deles, consegue superar os seus efeitos nocivos. É claro que ainda terá pensamentos e emoções negativas, uma vez que o seu Ego está para sempre ligado ao corpo físico, mas irá contornar os seus efeitos energéticos. Em vez disso, a sua Alma interpretará as emoções negativas como lições de aprendizagem, em vez de permitir que elas tomem conta da sua consciência e a pesem. Em resultado disso, o que experimentar será fugaz e no momento. Também será capaz de usar a lógica e a razão e pensar intelectualmente, sem se ligar ao Ego e associar-se a ele como antes.

A quebra do Ovo Cósmico após a Kundalini alcançar a Coroa significa o despertar completo e permanente. Dentro deste contexto, permanente significa que a energia não cai para Muladhara, o Chakra da Raiz. Em vez disso, permanece no cérebro. Simbolicamente, a Kundalini Shakti e a sua consorte Shiva, a Consciência Cósmica, terão unido num Matrimónio Espiritual. Este é o ponto de vista oriental do despertar da Kundalini.

Do ponto de vista da Tradição Misteriosa Ocidental, terá recebido as asas do Caduceu de Hermes ao completar o processo de despertar da Kundalini. Tornar-se-á um protótipo do Deus Hermes, que é chamado Mercúrio pelos Romanos. Isto significa que terá herdado o seu capacete alado e os seus sapatos alados. Simbolicamente, isto significa que terá a sua cabeça no céu (Céu) e os seus pés no chão (Terra). A sua consciência estará sempre em modo "voo", e terá uma altura natural, quase como se estivesse a deslizar através do Espaço e do Tempo. Estas sensações são o que se sente ao ter a consciência expandida.

Uma vez concluído o processo de despertar da Kundalini, ao longo do tempo, desenvolverá uma ligação com o seu Anjo da Guarda (AG), que se tornará o seu guia e professor na vida. Assim, ter-se-á tornado um Deus-humano cuja consciência transcendental continuará a viver no passado desta vida e na próxima.

O SEU NOVO LAMBORGHINI VENENO

A ativação da Ajna é essencial para se ter a experiência completa da Kundalini. Já descrevi alguns dos dons associados a este fenómeno. Outros dons incluem a capacidade de se ver de fora de si mesmo e de viver numa Experiência Fora-do-Corpo permanente. No entanto, esta última é mais uma manifestação do Sahasrara Chakra desperto. Ao ver-se a si próprio e ao mundo à sua volta de uma perspetiva superior, aperceber-se-á de que a Consciência Cósmica não é apenas um conceito ou uma ideia, mas uma coisa real, de fato.

Espero ter feito um bom trabalho ao introduzir a Kundalini, o processo de despertar, e alguns dos dons espirituais mais incríveis que se desdobram. Embora, ao usar palavras para descrever a experiência transcendental da realidade após um despertar completo da Kundalini, sinto que estou a limitar o quão extraordinária ela realmente é. Como diz

Morpheus no filme "The Matrix", "Ninguém pode ser informado sobre o que é a Matriz. É preciso ver com os seus próprios olhos". Da mesma forma, é preciso experimentar isto por si próprio para compreender o quadro geral. Mas por agora, as minhas palavras terão de ser suficientes.

Um despertar Kundalini transforma o mero humano num semideus, um super-herói dos tempos modernos, numa única vida. Só que os seus novos poderes não são geralmente algo que se possa provar aos outros, mas vive e encarna a verdade daquilo em que se torna. Com o tempo, através do seu conhecimento alargado e dos seus feitos amáveis para com a humanidade, poderá ser reconhecido como um Ser de Luz e seu emissário. Mas para lá chegar, muitos anos terão de passar, e muitos desafios terão de ser superados.

A chave desta introdução à Kundalini é que embora existam várias formas de despertar esta energia, o processo será sempre o mesmo. No entanto, sem uma compreensão adequada do processo, é como ser dotado de um Lamborghini Veneno, um carro desportivo de 4,5 milhões de dólares, mas sem receber o seu manual de instruções nem ter qualquer experiência de condução. A minha tentativa em *Serpent Rising: The Kundalini Compendium* é escrever o manual para esta invisível ciência da energia Kundalini, o melhor que posso. E uma vez que tenha as instruções e os planos, quero dar-lhe uma ideia de como conduzir o seu novo Lamborghini. Para ser preciso, se o seu veículo de consciência atual pode ser comparado a um Ford Focus antigo, então este veículo atualizado é uma nave espacial Intergaláctica. Portanto, mais uma vez, digo Lamborghini para que as pessoas se possam relacionar.

Estou grato ao Universo por ter tido o despertar da Kundalini, como qualquer pessoa na minha posição faria. Também acredito que a sorte não teve nada a ver com isso, e a minha Alma escolheu isto para mim antes mesmo de eu nascer. Não é uma coincidência que me tenham sido dadas competências e capacidades específicas nesta vida que me serviriam nesta viagem Espiritual. Devido à minha natureza obsessiva e à necessidade de encontrar as ferramentas espirituais para me ajudar desde cedo, desenvolvi uma compreensão excecional da Kundalini ao longo dos anos. A minha experiência e investigação sobre este tema são sem precedentes. A minha viagem levou-me a assumir o papel de mensageiro do povo sobre a existência da energia da Kundalini e o potencial da Magia Cerimonial na ajuda ao processo de transformação Espiritual.

O meu trabalho visa servir o meu Criador e cumprir a minha missão de transmitir conhecimentos a outros que andam no mesmo sapato que eu andava há muitos anos quando andava à procura de respostas no escuro. Somos todos guerreiros em treino neste caminho de Evolução Espiritual, e o nosso propósito é evoluir e coletivamente elevar a consciência da Terra. Ao partilhar o que sei, pretendo transmitir-lhe as ferramentas de que necessitará se e quando o seu novo Lamborghini se avariar e precisar de orientação.

E para aquelas alturas em que outros se dirigem a si para obter orientação, saberá como ajudá-los também porque foi ajudado. E para aqueles de vós que ainda não receberam o vosso novo Lamborghini, agora aprenderão sobre ele, como funciona e conduz, e saberão o que procurar conscientemente. Como diz o velho ditado: "Procurai, e encontrareis". Batei, e a porta abrir-se-á para vós". Mas se não souberdes o que procurar ou em que porta bater, o Universo não saberá como vos ajudar. O conhecimento é o poder mais significativo do Universo.

***

Isto completa a introdução à Kundalini e o processo de despertar em geral. Agora quero seguir para outros assuntos pertinentes para lhe dar uma visão interna de como funciona o seu sistema energético; os seus componentes, mecânica, e como interage com o corpo físico. Esta próxima parte do livro é dedicada à ciência da energia da Kundalini. Inclui o capítulo crítico sobre anatomia humana descrevendo as mudanças que ocorrem no corpo físico durante e após um despertar da Kundalini.

PARTE II:
O MICROCOSMO E O MACROCOSMO

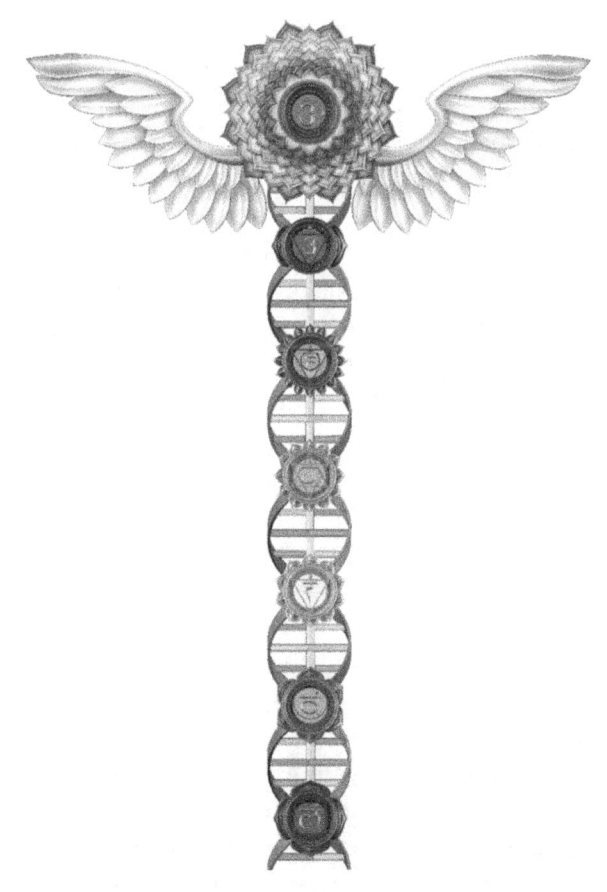

OS CINCO ELEMENTOS

Elementos clássicos referem-se à Terra, Água, Ar, Fogo, e Espírito. As culturas antigas como a Grécia, Egipto, Pérsia, Tibete, Índia e Japão consideravam os Elementos Clássicos como os blocos de construção do Universo. Utilizavam o conceito de Elementos para explicar a complexidade e natureza da Criação manifestada em termos mais simples. As suas listas dos Elementos e sequência de manifestação variavam ligeiramente, mas tinham os mesmos significados. O Elemento Espírito era permutável com "Aethyr", Éter, Vazio, Akasha, e Espaço, dependendo da tradição. (Note-se que "Aethyr" ou Éter é apenas a ortografia latina para Éter).

O sistema chinês Wu Xing é ligeiramente diferente, uma vez que descreve vários tipos de energia em estado de constante fluxo e interação entre si, referidos como as "Cinco Fases" dos fenómenos naturais. As Cinco Fases de Wu Xing são: Madeira, Fogo, Água, Metal e Terra. Os Elementos chineses são vistos como sempre em mudança e em movimento, enquanto os Elementos Clássicos são separados uns dos outros, apesar de serem partes de um todo.

Os Antigos postularam que o Universo exterior (Macrocosmo), incluindo a composição energética de cada ser humano (Microcosmo), é constituído pelos Cinco Elementos. Os Cinco Elementos correspondem aos Sete Chakras (Figura 9). Compreendem a nossa Aura e os Planos Cósmicos e Corpos Subtis dos quais a nossa consciência participa.

Os primeiros quatro Chakras correspondem com Terra, Água, Fogo e Ar, enquanto os três Chakras superiores correspondem com Espírito. Os Chakras, por sua vez, comparam-se com os Sephiroth da Árvore da Vida na Tradição Misteriosa do Faroeste. A sua correspondência é complexa e não tão aparente como muitos professores Espirituais acreditam, mas a relação existe. Para uma exposição completa sobre o Sephiroth e os Cinco Elementos, consulte *The Magus: Kundalini and the Golden Dawn*.

Compreender como os Elementos funcionam é um pré-requisito essencial para as práticas Ioga Avançadas, muitas das quais são apresentadas neste livro. No sistema Espiritual Oriental, os Cinco Elementos correspondem aos Tattvas, que também serão explorados em *Serpent Rising*.

Os Cinco Elementos são a base do Ioga e Aiurveda (Sânscrito para "conhecimento da vida"), que é a medicina holística tradicional indiana desenvolvida por volta da mesma época que o Ioga (aproximadamente 3000 AC). A Aiurveda baseia-se nas três constituições, ou Doshas-Vata, Pitta, e Kapha. Vata é a energia do movimento (Ar e Espírito), Pitta é a energia da digestão e do metabolismo (Fogo e Água), e Kapha é a energia que forma a estrutura do corpo (Terra e Água). Cada pessoa tem um equilíbrio único dos Elementos no seu interior e, portanto, um Dosha único. O domínio elementar encontrado na Carta de Nascimento da Astrologia Ocidental de uma pessoa, especialmente de acordo com os seus Signos Sol, Lua e Ascendente, determina frequentemente o seu Dosha. Contudo, deve-se analisar a sua Carta de Nascimento da Astrologia Védica para se obter um diagnóstico correto, como é feito tradicionalmente na Aiurveda. (Mais sobre a Aiurveda e os Três Doshas na secção de Ioga).

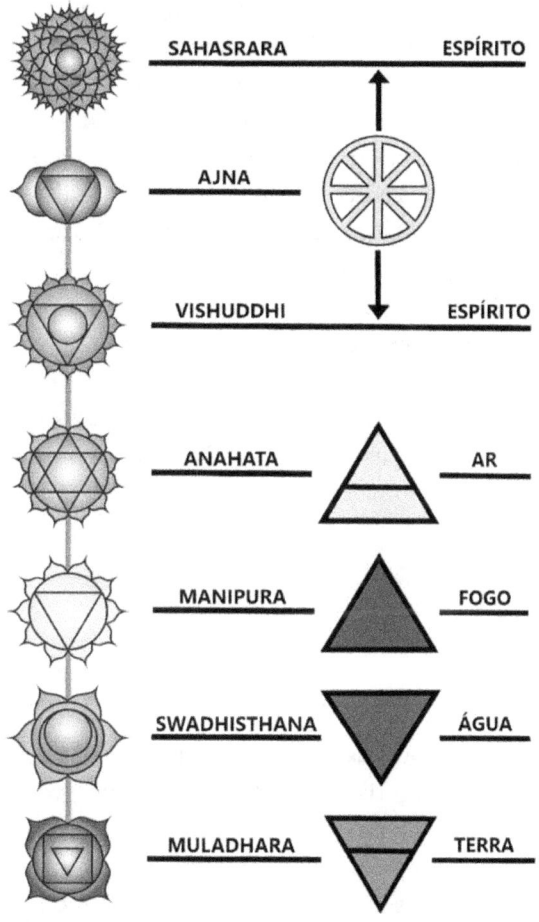

Figura 9: Os Cinco Elementos e os Sete Chakras

Os Cinco Elementos também se relacionam com os cinco sentidos: O Espírito, ou "Aethyr", é o meio através do qual o som é transmitido; assim, o Elemento Espírito corresponde aos ouvidos e à audição. O Elemento Fogo está relacionado com os olhos e o sentido da visão, uma vez que o fogo manifesta Luz, calor, e cor. O Elemento Ar relaciona-se com o nariz e o sentido do olfato, enquanto o Elemento Água relaciona-se com a língua, o órgão do gosto. E finalmente, o Elemento Terra está associado à pele e ao sentido do tato. Esta informação é essencial ao explorar as práticas de Cura Espiritual, uma vez que a aplicação de cada um requer a utilização de um ou mais sentidos para impactar a consciência.

Ao purificar e equilibrar os Elementos dentro de nós próprios, alcançamos e mantemos uma boa saúde e elevamos a vibração da nossa consciência. Todas as práticas Espirituais visam essencialmente este objetivo. Quer realizemos um Programa de Alquimia Espiritual Cerimonial (tal como apresentado no *The Magus*) ou realizemos práticas Ioga regularmente, o objetivo é sempre a Evolução Espiritual.

A Qabalah hermética e a ciência e filosofia do Ioga afirmam que o Microcosmo é o reflexo direto do Macrocosmo, e vice-versa - Como Acima, Assim Abaixo. No *Kybalion*, este conceito é chamado o Princípio da Correspondência, uma Lei Universal ou verdade subjacente a toda a existência. Todas as tradições espirituais são construídas em torno desta Lei, e todas elas contêm algum elemento Solar ou Lunar para elas, representativo dos Princípios Masculino e Feminino da Criação.

A um nível básico, o Princípio da Correspondência implica que o Microcosmo, a Aura humana (a nossa composição energética), encontra o seu reflexo no Macrocosmo - o Universo e, mais particularmente, o nosso Sistema Solar. (Este conceito também funciona ao contrário.) Todos nós transportamos energias planetárias e zodiacais dentro de nós. Equilibrá-las e elevar a consciência é a "Grande Obra" do Alquimista, referindo-se à nossa busca eterna de unir a nossa consciência com a Consciência Cósmica do Criador - é a nossa busca do Iluminismo.

O PENTAGRAMA

O símbolo do Pentagrama, ou "Estrela de 5 pontas", existe desde o tempo da Antiga Babilónia e da Grécia. No Esoterismo ocidental, o Pentagrama vertical (Figura 10) é chamado de "Estrela do Microcosmo". Quando o Pentagrama está inscrito num círculo, é chamado Pentagrama, utilizado principalmente por praticantes da Wicca. De acordo com Pitágoras, cinco é o número do ser humano. Cada um dos cinco pontos do Pentagrama representa um dos Cinco Elementos da Terra, Ar, Água, Fogo e Espírito, como simbolizados pelas pernas, braços e cabeça.

As associações mágicas do Pentagrama fazem dele um símbolo ritualístico potente utilizado para invocar o poder dos Cinco Elementos, nomeadamente na Magia Cerimonial e Bruxaria. É também utilizado como um símbolo religioso pelas fés Neopagãs Modernas e pelos Maçons Livres. Quando o Pentagrama é orientado na vertical, ele representa o Espírito que preside aos Quatro Elementos e é, portanto, um símbolo de Luz, amor, e do

Eu Superior. O Pentagrama vertical atrai as forças angélicas enquanto serve para proteger das demoníacas. Como tal, é usado em Magia Branca (Luz).

Figura 10: O Pentagrama

Curiosamente, o Pentagrama erguido era um símbolo cristão muito antes do Neopaganismo moderno o adotar. Representava as cinco feridas de Jesus Cristo na Cruz dos Quatro Elementos e o autossacrifício diário necessário para alcançar o Pentagrama erguido, simbolicamente, que faz com que o Elemento Espiritual desça até aos Quatro Elementos e transforme completamente a consciência.

Quando o Pentagrama está invertido, tem associações mágicas opostas. Um Pentagrama invertido representa os Quatro Elementos que comandam o Espírito, simbolizando a escuridão e o domínio do Ego. Este símbolo convida as energias demoníacas, repelindo as angélicas, tornando-o um símbolo adequado para as práticas da Magia Negra (as Artes Negras), que usa poderes sobrenaturais para fins malignos e egoístas.

Os Satanistas usam o Pentagrama invertido como símbolo da sua fé. Referem-se a este símbolo como o "Sigilo de Baphomet" - o Deus cabeça de cabra associado à dualidade, ao materialismo e ao Eu Carnal. Muitos Satanistas são ateus que não acreditam na vida após a morte e só valorizam esta vida. Por isso, argumentam que o Pentagrama invertido não é um símbolo do mal, mas um símbolo que os alinha com os tipos de energias que os ajudarão a alcançar os seus objetivos na vida. Contudo, se acredita que esta vida é apenas uma numa cadeia contínua de vidas que a sua Alma imortal experimenta, alinhar-se com forças obscuras para satisfazer os desejos do seu Ego é catastrófico para a sua Evolução Espiritual.

OS QUATRO MUNDOS E O PENTAGRAMMATON

Embora esta seja uma versão condensada de duas lições significativas do *The Magus: Kundalini and the Golden Dawn*, vale a pena mencionar novamente, uma vez que resume todo o processo de despertar da Kundalini e o seu propósito a partir de uma perspetiva oculta. Em *The Torah* (*Velho Testamento*), o nome de Deus é Jeová, cujo nome esotérico é o Tetragrammaton (YHVH), que significa "quatro letras" em hebraico. (Tenha em mente que os hebreus lêem e escrevem da direita para a esquerda.) As quatro letras hebraicas significam os Quatro Elementos-Yod (Fogo), Heh (Água), Vav (Ar), Final Heh (Terra). Os Quatro Elementos encontram-se nos quatro Chakras mais baixos, enquanto o Quinto Elemento, Espírito, representa os três Chakras mais altos. Como se pode ver, no Tetragrammaton, o Elemento Espírito está ausente. Há uma razão para tal.

As quatro letras do Tetragrammaton também representam os Quatro Mundos do Qabalah - o modelo da Qabalah da Criação e manifestação do Universo (Figura 11). Os Quatro Mundos da Qabalah constituem a totalidade da Árvore da Vida: Yod (Fogo) representa Atziluth, o Mundo Arquetípico, Heh (Água) representa Briah, o Mundo Criativo, Vav (Ar) é Yetzirah, o Mundo da Formação, e Heh (Terra) final é Assiah, o Mundo Físico. Os Quatro Mundos estão diretamente relacionados com os Planos Cósmicos. No entanto, no quadro da Qabalah, o Mundo do Fogo Primal (Atziluth) representa o Plano Espiritual, enquanto os outros três Elementos se relacionam com os Planos Mental, Astral, e Físico, respetivamente.

Notará que as correspondências dos Planos Cósmicos omitem o Elemento Espiritual do modelo dos Quatro Mundos; a Qabalah ensina que perdemos a ligação com o Elemento Espiritual após a Queda do Jardim do Éden. Como tal, é algo que temos de obter nesta vida. No entanto, o método para alcançar este feito é dado no mistério do "Pentagrammaton".

Figura 11: Os Quatro Mundos e o Tetragrammaton (YHVH)

O Pentagrammaton (YHShinVH), que significa "cinco letras", implica a integração da simbólica letra hebraica Shin (Figura 12), referida como a "Chama Tridimensional da Alma". "Shin contém três pinceladas que se assemelham visualmente aos três principais Nadis de Ida, Pingala, e Sushumna que se elevam ao longo da espinha durante um despertar da Kundalini. Os Nadis, por sua vez, correspondem com as duas cobras entrelaçadas em torno do bastão central do Caduceu de Hermes.

Quando colocado no meio do Tetragrammaton, Shin reconcilia as energias opostas masculina (Fogo e Ar) e feminina (Água e Terra) dentro do Eu. Representa a carta de Tarot de Julgamento cujo caminho da Árvore da Vida é chamado de "Espírito do Fogo Primordial". "Esta carta alude ao despertar do Espírito Santo e à sua integração dentro do Eu. O Fogo da Consagração Shin queima as impurezas ao longo do tempo, uma alusão ao longo processo de purificação do Fogo Kundalini, uma vez despertado.

O Pentagrammaton é também a chave oculta dos mistérios cristãos, uma vez que representa o nome de Jesus Cristo, segundo os ocultistas da Renascença. O nome inglês de Jesus é derivado do latim clássico "Iesus", baseado na forma grega do nome hebraico

Yahshuah (Yeshua), geralmente traduzido como Joshua. Yahshuah, contudo, é soletrado YHShinVH, que é o Pentagrammaton. O Pentagrammaton também nos liga às cinco feridas de Jesus e ao Reino do Céu que alcançamos em consciência quando nos sacrificamos a nós próprios, os nossos Egos, e integramos o Elemento Espiritual.

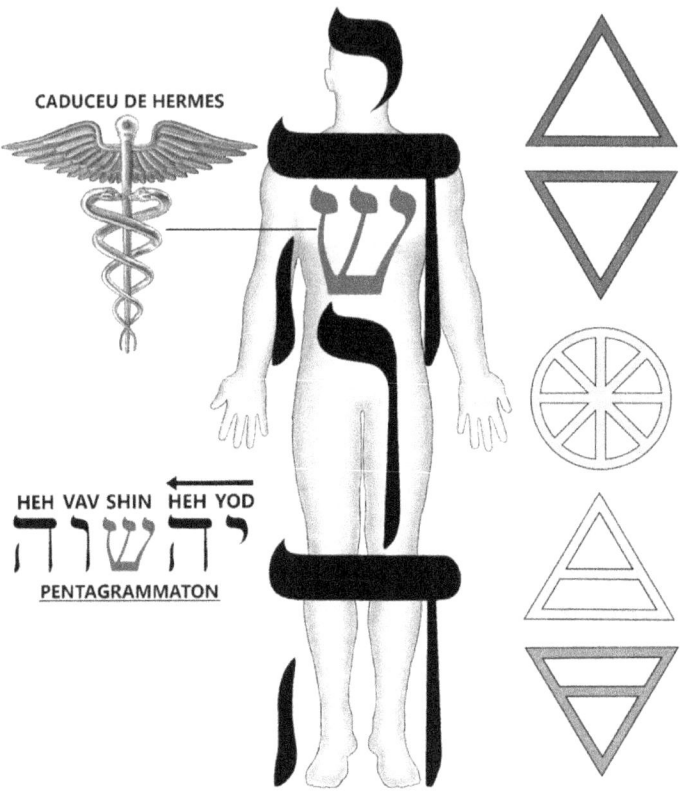

Figura 12: O Pentagrammaton (YHShinVH)

Assim vedes, Jesus Cristo foi o protótipo do processo de despertar da Kundalini; ele representa Deus - o Amor Divino do Criador e a consciência expandida que nos permite participar dos Reinos Espiritual e Divino. Enquanto no *Antigo Testamento*, a humanidade estava num estado caído Espiritualmente, na *Bíblia Sagrada (O Novo Testamento)*, Jesus trouxe o Espírito Santo ao mundo para que todos os que acreditam nele e seguem o seu exemplo possam tornar-se Ressuscitados ou Renascidos Espiritualmente e alcançar a vida Eterna.

O Renascimento Espiritual só pode ser verdadeiramente alcançado quando encarnamos os ensinamentos de Jesus, cujo fundamento é o amor incondicional sendo a força guia nas nossas vidas. Não é preciso ser cristão para apreciar o valor Espiritual de tal mentalidade. Encontramos exemplos históricos transculturais de Iogues, Santos, Adeptos, Sábios, e outros que se tornaram Iluminados através da humildade, piedade, e conduta ética para com os seus semelhantes. Isto inclui pessoas como Mahatma Gandhi, Madre Teresa, Martin Luther King Jr., o Dalai Lama, Swami Vivekananda, e outros.

É um fato que se te dedicares apenas a cultivar pensamentos e ações amorosas, o medo deixar-te-á completamente, permitindo que o impulso do teu Ego caia, o que te preparará para um despertar da Kundalini. Pessoas odiosas, egoístas e desonestas nunca poderão despertar a energia da Kundalini, independentemente do método que usem e do quanto se esforcem por tentar. A Alma deve estar pronta para tal experiência, que só podemos alcançar se nos tornarmos amorosos, honestos, e justos.

Quer seja cristão, muçulmano, judeu ou budista, isso não importa; o processo de salvação é universal. Portanto, em vez de esperar que alguma *Deidade* o salve de acordo com qualquer escritura religiosa em que acredita, deve ser o nosso próprio Messias (Salvador), assumindo o papel de Jesus, metaforicamente falando. Todos vós sois Deuses e Deusas por direito de nascimento, mas necessitais de despertar e elevar a Kundalini até à Coroa, infundindo assim a Luz Divina nos vossos Chakras para otimizar o vosso potencial energético.

OS ELEMENTOS NA NATUREZA

Tudo o que vê diante dos seus olhos consiste em energia Espiritual. Assim, o Elemento Espiritual é denominado "Espaço" na tradição Ioga e Tântrica oriental - a ideia de espaço físico estar à nossa volta e estender-se infinitamente em todas as direções. O Espírito vibra com a mais alta frequência de vibração; por conseguinte, é invisível aos sentidos. Ele interpenetra toda a matéria física como a energia de base que a compreende toda.

Durante a criação do Universo, a alta vibração do Elemento Espírito começou a abrandar, manifestando-se sequencialmente como os quatro Elementos primários do Fogo, Água, Ar, e Terra. Todas as coisas criadas retiveram a energia do Espírito no seu estado de potencial significando que o Espírito se encontra dentro de todas as coisas existentes, tal como os outros Quatro Elementos. Para além do Plano Físico da Matéria, que é visível aos sentidos e representa um aspeto do Elemento Terra, os outros Elementos são invisíveis, mas podem ser acedidos através da consciência.

Os quatro Elementos primários são divisões da natureza e a energia fundacional de tudo no Universo. No entanto, os Quatro Elementos não são tecnicamente quatro, mas três; uma vez que o quarto Elemento da Terra é a composição dos três Elementos fundacionais na sua forma mais densa. Portanto, Terra e Espírito são semelhantes em muitos aspetos, mas existem em extremos opostos da escala vibratória. Os três Elementos fundamentais são Água, Ar, e Fogo.

O Planeta Terra representa o aspeto bruto do Elemento Terra. Na Qabalah, referimo-nos à nossa existência física no Planeta Terra como Malkuth (o Reino), que inclui a terra sobre a qual caminhamos. Através de Malkuth e dos nossos sentidos corpóreos, podemos experimentar a manifestação física dos outros três Elementos: os oceanos, mares, rios, e lagos (Água), ar contendo oxigénio (Ar), e finalmente, o Sol (Fogo) como a nossa fonte primária de Luz e calor.

Cada um dos Cinco Elementos representa um estado de Matéria. Por exemplo, a Terra constitui todos os sólidos (incluindo alimentos), a Água é todos os líquidos, o Ar é todas as substâncias gasosas, e o Fogo relaciona-se com a combustão ou chama, que tem o poder de transformar os estados da Matéria. Por exemplo, a água pode transformar-se em gás (vapor) através da aplicação do fogo, que se transforma novamente em água, e depois em gelo (sólido) se o fogo/calor for retirado durante tempo suficiente.

Necessitamos de todos os Elementos para sobreviver. O Sol é a nossa fonte de calor; sem ele, congelaríamos. A água e os alimentos dão sustento ao nosso corpo; sem eles, morreríamos numa questão de dias (água) ou semanas (alimentos). A respiração (ar) é a prova de vida, e sem oxigénio, não poderíamos sobreviver por mais do que alguns minutos. Finalmente, temos o Espírito, ou Espaço, o Vazio representando escuridão, vazio e vastidão, que serve de base para todas as experiências Espirituais.

Muitos sistemas Antigos consideram os Quatro Elementos como Reinos e Reinos interiores aos quais podemos aceder através de práticas Espirituais, alguns dos quais são explorados neste livro. Compreenda que está a trabalhar com os Cinco Elementos sempre que trabalha com os Sete Chakras Maiores. O Elemento Espiritual é o único que corresponde a mais de um Chakra, uma vez que o seu alcance é maior do que os outros Quatro Elementos. Como tal, só podemos explorar o Elemento Espiritual através de múltiplos Chakras.

O ELEMENTO ESPIRITUAL

O Espírito é a *Matéria-Prima*, a Primeira Substância e a Fonte de todas as coisas existentes. Não é tecnicamente um Elemento em si mesmo, mas é a composição da soma dos Quatro Elementos - é o bloco de construção, o meio, a cola que os mantém todos juntos. Como mencionado, uma vez que todas as coisas no Universo vieram do Espírito, todas as coisas irão eventualmente reabsorver-se de volta ao Espírito, no devido tempo. Por esta razão, procuramos evoluir Espiritualmente e reunir-nos com a mente do nosso Criador - é um desejo inato dentro de nós para o fazer.

A palavra inglesa "Spirit" vem da palavra latina "spiritus", que significa "respiração". Esta correlação entre as duas palavras diz-nos que existe uma correspondência com a energia do Espírito e o ato de respirar o ar contendo oxigénio que nos rodeia, uma manifestação física do Elemento Ar.

Todos os seres vivos que respiram para sustentar as suas vidas requerem este processo contínuo de trazer o Espírito para os seus corpos. Assim, a respiração é uma prova de vida. Por esta razão, as técnicas de respiração (chamadas Pranayama no Ioga) são essenciais em todas as disciplinas Espirituais. Além disso, a respiração controlada facilita a meditação, o que eleva a vibração da nossa consciência para experimentar Planos Cósmicos mais elevados.

"Aethyr" é outro nome para Espírito nas tradições ancestrais e na física moderna. O "Aethyr" representa o meio ou substância sem forma e invisível que permeia o Cosmos. No *Magus*, o "Aethyr" é uma sucessão de trinta Mundos Internos através dos quais podemos explorar os Elementos dentro de nós próprios.

O Elemento Espírito/Éter/Espaço é atribuído ao Chakra Laríngeo (Vishuddhi), ao Chakra do Olho da Mente (Ajna), e ao Chakra da Coroa (Sahasrara). Os três Chakras Espirituais são expressivos do Plano Espiritual. Na Qabalah, o Elemento Espiritual representa as Supernas - as Esferas de Kether, Chokmah e Binah, que se encontram no topo da Árvore da Vida. O Elemento Espiritual também inclui a parte superior da Esfera de *Daath*, a décima primeira Esfera invisível, correspondendo diretamente com o Chakra Garganta. (Consulte a Figura 13 como referência para o Sephiroth da Árvore da Vida e a sua relação com os Chakras e três Kundalini Nadis.)

Daath é chamado o "Abismo" no Qabalah como ponto de separação entre a dualidade dos sete Sephiroth inferiores e a Não-dualidade das Supernas. A única dualidade que existe ao nível das Supernas é Chokmah - o Pai e Binah - a Mãe. Chokmah e Binah são as fontes de toda a dualidade no Universo, como os componentes de Força e Forma, Alma (Fogo) e Consciência (Água). Estes dois Sephiroth são a fonte dos Elementos Primordiais do Fogo e da Água, embora a nível do Espírito (Fogo do Espírito e Água do Espírito). Kether é a Luz Branca que contém estes dois aspetos duplos, que é também a fonte dos Elementos do Ar (Ar do Espírito).

As três Esferas de Kether, Chokmah, e Binah funcionam como um todo. Chokmah recebe a sua energia arquetípica de Kether, e Binah transforma essas ideias arquetípicas em Forma. O equivalente cristão das Supernas é a Trindade - o Pai, o Filho, e o Espírito Santo (ou Espírito). O conceito da Trindade está na raiz de todas as tradições Espirituais, embora sob nomes diferentes. Por exemplo, no hinduísmo, o Trimurti (Sânscrito para "três formas de Trindade") representa a Tripla Deidade da Divindade Suprema - a expressão cósmica da Criação (Ar), manutenção (Água), e destruição (Fogo). Mais uma vez, vemos os três Elementos fundacionais em ação, embora numa sequência diferente. O ar está sempre no topo da pirâmide, embora a Água e o Fogo possam ser permutáveis.

Daath corresponde com o Chakra Laríngeo, Vishuddhi. Como Daath representa conhecimento e a finalidade da nossa caixa de voz (laringe) é gerar a vibração (tom e volume) nas nossas hastes vocais, a comunicação verbal expressa através da linguagem liga-nos ao Criador.

O *Livro do Génesis* diz: "No princípio era a Palavra, e a Palavra era Deus, e a Palavra estava com Deus" (João 1:1). Portanto, o Verbo é a nossa ligação a Deus. Como tal, a prática de Mantras envolvendo o uso de Palavras de Poder e vibrando a nossa caixa de voz num tom profundo é uma forma de nos ligarmos aos nossos poderes dados por Deus e de sintonizarmos a nossa consciência com os Reinos Superiores. Sendo o Espírito o fator unificador dos outros Quatro Elementos, o Chakra Laríngeo, Vishuddhi, representa a síntese dos Quatro Elementos em Espírito, expressa através da comunicação.

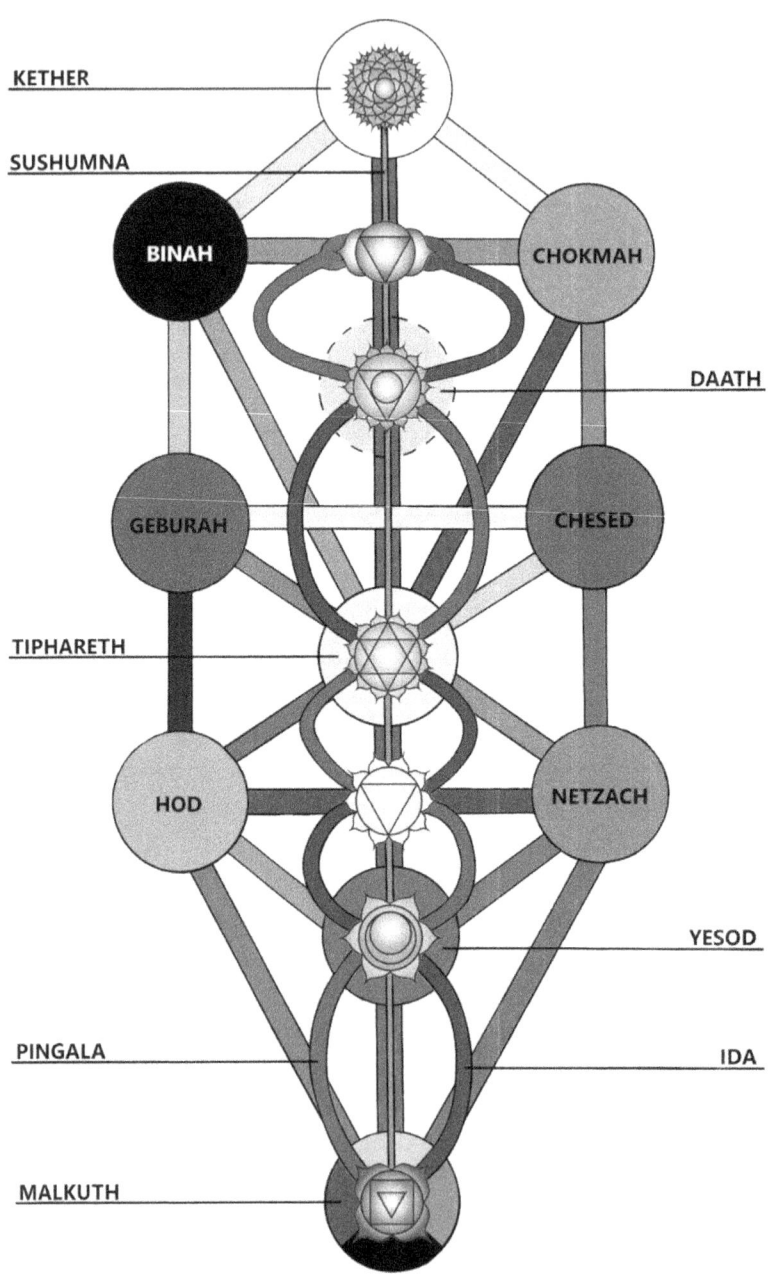

Figura 13: A Árvore da Vida Sephiroth e os Três Nadis

O sexto Chakra, Ajna, está preocupado com a visão psíquica (clarividência) - a capacidade de ver imagens visuais no plano Astral, a um nível interior. Estas mensagens são frequentemente projetadas de mundos Divinos e Espirituais e dão-nos o dom do pré-conhecimento, a capacidade de prever os acontecimentos antes que estes aconteçam. Uma vez que o dom psíquico de Ajna é visões interiores, chama-se o Terceiro Olho, ou Olho da Mente. (Mais sobre a importância do Ajna Chakra e do seu portal de visão mais tarde). A Ajna está diretamente ligada a Chokmah e Binah uma vez que, através deste Chakra, temos acesso a ambas as Esferas.

Ajna Chakra é a sede da intuição, a nossa mais alta faculdade interior de perceção. A intuição permite-nos ler diretamente a energia que nos rodeia em vez de usarmos o nosso intelecto ou as nossas emoções. Dá-nos uma sensação de conhecimento, embora não revele precisamente como sabemos o que sabemos. A intuição também nos permite aceder à orientação interior dos Mundos Divinos, uma vez que nos liga ao nosso Santo Anjo da Guarda, que reside na Esfera de Chokmah. Ajna permite-nos cortar através da ilusão, aceder a verdades mais profundas, e ver para além da mente e das palavras. Permite-nos experimentar a energia arquetípica por detrás das imagens.

O sétimo Chakra é o Chakra da Coroa, Sahasrara, no topo da cabeça. É o mais alto dos Chakras Maiores e o seu culminar. O Sahasrara é a fonte da energia Espiritual e da Grande Luz Branca, que jorra para os Chakras inferiores, dando-lhes assim poder. O ponto inicial do nosso Eu Transpessoal expressa-se através dos nossos Chakras Transpessoais acima da cabeça e abaixo dos pés. Sahasrara é a nossa ligação com a Fonte Divina de toda a Criação e a mais alta expressão do Elemento Espiritual - representa a unidade e a reconciliação dos opostos, uma vez que é o Chakra da Unidade.

Na Qabalah, Sahasrara Chakra corresponde a Kether - "a Coroa" como o início dos Três Véus da Existência Negativa, também chamados *Ain Soph Aur*. Sahasrara é o ponto de encontro entre o Finito e o Infinito - está para além do Tempo e do Espaço como é Eterno, o que significa que sempre existiu e continuará a existir até ao fim dos tempos.

Embora os três primeiros Chakras sejam do Elemento Espiritual, apenas o Sahasrara é Não-Dual. Ajna é o veículo da nossa mente para alcançar a Coroa, enquanto Vishuddhi se liga à energia do Espírito através da Palavra falada. A consciência do ego alcança tão alto como Vishuddhi, embora se perca inteiramente em Ajna devido à ligação de Ajna com o Sahasrara. Abaixo de Ajna, experimentamos o medo e o sofrimento, enquanto acima dele, transcendemos o Ego. Através da transcendência, temos acesso a estados de êxtase que acompanham a experiência Espiritual, o que é incompreensível para a pessoa comum que ocupa principalmente a sua mente com os desejos do Ego.

O ELEMENTO FOGO

O Elemento Fogo purifica e transforma todas as coisas que já não são úteis para o nosso corpo, mente e Alma. Todas as coisas novas saem do Fogo, uma vez que as coisas velhas são consumidas por ele - O Fogo é um poderoso purificador, uma vez que queima impurezas.

O Elemento Fogo é o Princípio Masculino e a energia do Pai (Chokmah) - a Alma. Em Alquimia, a Alma e o Elemento de Fogo referem-se ao *Enxofre*, um dos três Princípios na natureza. O fogo representa Força e vontade, e é o mais próximo dos três Elementos fundacionais do Espírito. A parte ativa do Eu depende do Elemento Fogo - representa a mente consciente e vitalidade, confiança, criatividade, e coragem.

O Elemento Fogo é o terceiro Chakra, Manipura, localizado no Plexo Solar. Devido à sua localização e tipo de energia, está relacionado com os processos digestivos e metabólicos do corpo. O Elemento Fogo representa a combustão dentro do Mundo da Matéria, manifestando tanto calor como luz. Provoca transmutação, regeneração, e crescimento através da aplicação de calor.

A correspondência na Qabalah do Elemento Fogo é a *Geburah* Sephiroth, cuja atribuição planetária é Marte. O Fogo de Geburah é um de força de vontade e de condução. O Elemento Fogo é também expresso através de *Netzach* como desejo e paixão, que são alimentados pelo Elemento Fogo. O desejo é muitas vezes instintivo e involuntário, tal como o desejo sexual ou sensual. Por outro lado, a paixão envolve geralmente a criatividade e é algo sobre o qual temos controlo.

O Elemento Fogo também estimula e fortalece a inteligência; por isso, também se expressa através do *Hod* Sephiroth como a força da mente (fortaleza) face às emoções flutuantes. A inteligência e a razão são a força motriz da força de vontade nos níveis inferiores, enquanto a Alma é a força motriz nos níveis superiores.

Manipura é expressiva do Plano Mental Superior, logo abaixo do Plano Espiritual. Tem contato direto com o Elemento Espiritual e os Supernos. Quando a energia do Espírito desce à Manipura, a força de vontade é exaltada à medida que se torna motivada pelo amor incondicional.

O fogo é dinamismo e motivação, a causa por detrás do efeito. O fogo é a força de vontade concentrada que alimenta o pensamento por detrás de cada ação conscientemente induzida - requer o seu oposto (Água) como um barómetro e um impulso para a ação. Uma pessoa usa a sua força de vontade ou por amor próprio ou por amor incondicional por toda a humanidade. Portanto, Elementos de Fogo e Água existem como uma dualidade em relação um ao outro, seja no corpo ou na mente.

As pessoas cujo elemento de fogo está inativo têm baixo poder pessoal e nenhum controlo real sobre as suas vidas. Outras pessoas pensam por elas, e falta-lhes a energia bruta para manifestar os seus desejos de vida. Em contraste, as pessoas com abundância do Elemento Fogo têm o poder necessário para manifestar os seus sonhos. Estão confiantes e atraem os desejos da sua Alma, incluindo a escolha dos seus parceiros românticos e não se contentam com o que quer que lhes venha a acontecer.

A manifestação requer a aplicação do Elemento Fogo, que é filtrado através do Elemento Terra. Há uma ação e uma reação de marcha atrás, que ocorre continuamente entre o Elemento Fogo e o Elemento Terra, quando a sua Alma é a sua força orientadora. Inversamente, quando o seu Ego é a força guia, a força de vontade é desviada, e o seu Elemento Terra retira a sua energia primária das emoções involuntárias do Elemento Água.

O Elemento Ar é necessário para alimentar tanto o Fogo como a Água, e os seus pensamentos podem servir a sua Alma ou o seu Ego. O seu livre-arbítrio determina quem está a escolher para servir, uma vez que não pode atender simultaneamente a sua Alma e o seu Ego.

O Elemento Fogo, tal como o Elemento Espírito, expressa-se através dos outros três Elementos. É o mais elevado dos Quatro Elementos no seu âmbito e exige a nossa maior atenção.

O ELEMENTO ÁGUA

O Elemento Água é o Feminino, Princípio Mãe; o Yin para o Yang do Elemento Fogo. Assim, o Elemento Água relaciona-se com a Forma e consciência, tal como o Elemento Fogo se relaciona com a Força e Alma. Estes dois existem numa relação simbiótica um com o outro. Na Alquimia, o Elemento Água relaciona-se com o Princípio de *Mercúrio.*

Como a energia fluida da consciência, o Elemento Água também se relaciona com a Sephiroth Binah, o Astral, ou o plano invisível de todos os corpos sólidos do Universo. A nível interno, humano, o Elemento Água compreende os nossos sentimentos e emoções. É a parte passiva e recetiva do Eu - o subconsciente. A água (H_2O) é constituída pelas moléculas de hidrogénio e oxigénio que sustentam fisicamente a vida material. Toda a vida aquática também depende do oxigénio na água para respirar.

O Elemento Água é o segundo Chakra, Swadhisthana (Sacral), localizado entre o umbigo e a parte inferior do abdómen. O Swadhisthana é expressivo do Plano Astral Superior (Emocional). As emoções preocupam-se principalmente com as expressões de amor na vida de uma pessoa, incluindo o amor Próprio e o amor aos outros. A correspondência na Qabalah do Elemento Água é com *Chesed,* cuja atribuição planetária é Júpiter. Chesed é a expressão de amor incondicional, misericórdia e altruísmo, todas as quais são as expressões mais elevadas do Elemento Água.

Uma vez que está relacionado com as emoções, o Elemento Água engloba outros Sephiroth na Árvore da Vida, o mesmo que o Elemento Ar (pensamentos). Uma vez que a Esfera de Netzach é a forma de emoções mais baixas e instintivas, como a luxúria e o amor romântico, o Elemento Água exprime-se também através desta Esfera. Netzach corresponde ao Planeta Vénus e ao desejo, que é sentido como uma emoção temperada pelo Elemento Fogo.

O Elemento Água também alimenta a mente lógica e racional de Hod, uma vez que Hod e Netzach trabalham em complemento um do outro. Hod corresponde a Mercúrio, e, portanto, neste aspeto do Elemento Água, funciona em combinação com o Elemento Ar e pensamentos.

O Elemento Água está também relacionado com a energia e instintos sexuais encontrados na Lua, correspondendo com a Esfera de *Yesod*. Como se pode ver, o Elemento Água engloba múltiplos Sephiroth médios e baixos da Árvore da Vida, assim como os Elementos Ar e Fogo.

A lição humana global do Chakra da Água é aprender a amar sem apego através da Alma. Deve transformar as suas emoções amorosas inferiores em emoções superiores, permitindo que a sua Alma lidere a consciência em vez do Ego.

O ELEMENTO AR

O Elemento Ar é a descendência dos Elementos Fogo e Água como a próxima fase de manifestação. Como descendência, o Elemento Ar representa a energia do Filho. Para a humanidade, o Ar está associado ao intelecto e à mente lógica. O pensamento e os pensamentos, tal como o ar que nos rodeia, são rápidos, rápidos a mudar, e sem Forma.

Como o Elemento Fogo está relacionado com a ação, o Ar está associado à comunicação. Tal como o Elemento Fogo, o Ar é de uma qualidade masculina, representando atividade e energia, mas a um nível interior, mental. O ar suporta toda a vida através do ato de respirar o ar que contém oxigénio à nossa volta. Dentro da realidade física, o Elemento Ar compõe a atmosfera da Terra como uma mistura de gases.

O Elemento Ar corresponde ao quarto Chakra, Anahata (Coração), localizado entre os dois peitos no centro do peito. Anahata é também o Chakra central no modelo dos Sete Chakras Maiores, separando os três Chakras do Elemento Espiritual acima, com os três Chakras Elementares inferiores abaixo. No modelo dos Planos Cósmicos, Anahata é expressivo do Plano Mental Inferior, que separa o Elemento Água abaixo e o Elemento Fogo acima. Como tal, o Elemento Ar interage mais psiquicamente com estes dois Elementos.

Na Qabalah, o Elemento Ar corresponde à Esfera de *Tiphareth* (cuja atribuição planetária é o Sol) e a Esfera de Yesod (que é atribuída à Lua). Como parte dos Supernais, o Elemento Ar é atribuído a Kether como a energia criativa.

Tiphareth é a nossa fonte de imaginação, que requer um ser num constante ato de criação, uma expressão do Elemento Ar. Tiphareth é o centro da Árvore da Vida, uma vez que recebe todas as outras energias Sephiroth, exceto Malkuth - a Terra. A Malkuth é alcançada através de Yesod - a Lua. O Elemento Ar tem uma natureza dupla. Pode ser enganador como a Lua, ou expressivo da verdade, como o Sol. A verdade é recebida e percebida através da intuição.

Como o Chakra do Elemento Terra (Muladhara) é sobre estabilidade, o Chakra do Elemento Ar (Anahata) é sobre o seu pensamento oposto. Uma vez que os pensamentos são constituídos por uma substância etérea, eles pertencem à mente. Todos os seres vivos utilizam os pensamentos para navegar na sua realidade, uma vez que o pensamento dá vida aos Elementos Fogo e Água dentro da psique. O Fogo representa a força de vontade, enquanto a Água representa a emoção e o amor. Mas não se pode ter nenhum deles sem Ar, uma vez que o pensamento os alimenta a ambos. Antes de se poder realizar qualquer coisa neste mundo, é preciso ter pensado primeiro em fazer essa coisa. Assim, o pensamento está na raiz de toda a Criação, seja para os seres humanos ou para outros animais.

O ar também se correlaciona diretamente com o Elemento de Espírito/Éter e os Supernos. O Elemento Ar é o equilibrador de todas as coisas mentais, emocionais, e Espirituais. Como tal, está diretamente ligado a Kether, a fonte da energia do Espírito.

Os hermetistas argumentaram que embora os animais tenham sentimentos e imaginação, só os humanos têm lógica e razão, a que se referiam como "Nous". Nous é uma faculdade da mente que é o elemento constitutivo da inteligência, alimentada pelo Elemento Ar. Na Qabalah, a Esfera de Hod está diretamente ligada ao intelecto. No entanto, no caso do Hod, o Ar é temperado pelo Elemento Água.

O ar está também ligado ao Elemento de Fogo e ao pensamento ou impulso emocional. Assim, o Ar está diretamente correlacionado com as emoções e desejos de Netzach-. Uma mente que funciona bem significa que o indivíduo está bem equilibrado no Elemento do Ar.

O ELEMENTO TERRA

O Elemento Terra representa o Mundo Tridimensional, a expressão material da energia Universal. Durante o processo de Criação, o Elemento Terra manifestou-se quando o Espírito atingiu o ponto mais baixo de densidade e frequência de vibração. Como tal, ele representa todos os sólidos que têm massa e ocupam espaço, um termo a que chamamos "Matéria". A Terra é a síntese dos Elementos Fogo, Água e Ar na sua forma mais densa e o recipiente desses Elementos no Plano Físico. Na Alquimia, o Elemento Terra relaciona-se com o Princípio do *Sal* na natureza.

A Terra representa movimento e ação; necessitamos da energia da Terra para realizar qualquer atividade física. A um nível energético, o Elemento Terra representa a terra e a estabilidade. Uma dose adequada de energia terrestre é necessária para manifestar o que está nas nossas mentes e corações; caso contrário, a nossa energia mental e emocional permanece nos Planos Cósmicos internos.

Dentro da realidade física, a Terra é os compostos orgânicos e inorgânicos do nosso Planeta. Representa o crescimento, a fertilidade e a regeneração relativamente a Gaia, Planeta Terra, a Mãe que nutre os nossos corpos. Os termos "Mãe" e "Matéria" soam da mesma forma e partilham significados semelhantes. Da mesma forma, os Elementos Água e Terra têm uma estreita relação como únicos Elementos passivos e recetivos. A Terra é a expressão material do Mundo Astral, representada pelo Elemento Água.

O Elemento Terra é Muladhara, o Chakra da Raiz, corresponde na Qabalah à Esfera de Malkuth. Muladhara é expressivo do Plano Astral Inferior, que está inextricavelmente ligado ao Plano Físico como o elo. Portanto, Muladhara é o primeiro Chakra cuja localização (entre a espinha caudal e o períneo) é a mais próxima da Terra Física.

A expressão do Elemento Terra na nossa psique está sempre relacionada com a nossa ligação ao mundo material. Alguns dos aspetos mais mundanos do Elemento Terra incluem ter um emprego e ser proprietário de uma casa e de um carro. Tudo e qualquer coisa relacionada com dinheiro e propriedade de bens materiais é uma expressão do Elemento Terra. Demasiado do Elemento Terra resulta em ser demasiado materialista e ganancioso, o que retira energia Espiritual a alguém.

A Terra é o oposto do Espírito - como o Espírito utiliza a energia do Fogo, da Água e do Ar a um nível superior, a Terra utiliza esses três Elementos a um nível mais baixo e mais denso. A energia da Terra procura fornecer-nos as coisas de que precisamos para tornar a nossa existência material, física feliz e satisfeita.

No entanto, como diz o axioma hermético, "O que está Acima é como o que está Abaixo"- Kether está em Malkuth, e Malkuth está em Kether. Deus está em tudo o que vemos à nossa frente e dentro de nós - a energia Espiritual interpenetra toda a existência. Portanto, o Elemento Terra está diretamente ligado ao Espírito, uma vez que o Espírito encarna a Terra. O Espírito exige que o Elemento Terra seja capaz de manifestar a realidade no Mundo da Matéria. Quando o Espírito se manifesta através da Alma, o resultado é frutuoso, enquanto quando funciona através do Ego, o resultado produz Karma negativo.

O Elemento Terra centra-se na satisfação das nossas necessidades fisiológicas básicas vitais para a nossa sobrevivência, tais como abrigo e a necessidade de ar, água, comida e sono. O exercício físico também é essencial, tal como a qualidade dos alimentos e da água que trazemos para o nosso corpo. O Elemento Terra também trata da procriação e do nosso desejo de relações sexuais. A energia do Elemento Terra acalma a nossa mente e oferece-nos o combustível para enfrentar as nossas atividades físicas diárias, cujo objetivo é manter-nos a avançar na nossa existência terrena.

OS PLANOS CÓSMICOS

O processo de transformação da Kundalini começa como um fogo vulcânico ardente, que queima a escória e a impureza nos diferentes Corpos Subtis do Eu. Cada Chakra tem um Corpo Subtil correspondente, no qual o Corpo de Luz recentemente ativado se molda, uma vez que a Luz é uma substância elástica. A sua consciência encarna então estes diferentes Corpos Subtis para experimentar os seus correspondentes Planos Cósmicos de existência ou manifestação. A vossa Alma experimenta os Planos Cósmicos através da mente, uma vez que ela é o mediador entre o Espírito e a Matéria. Atua como um recetor que pode sintonizar estes diferentes Planos Cósmicos.

É essencial compreender o conceito de Alma, o que ela é e como é diferente do Espírito. A Alma é a centelha individual de Luz que todos nós carregamos dentro de nós. Os Anciãos dizem que a Alma vem do Sol. Por este motivo, chamam ao Sol "Sol", que é a origem da palavra "Alma". Um despertar Kundalini liberta a Alma do corpo físico para viajar nestes Planos Cósmicos interiores de existência. A Alma é a parte mais elevada da expressão de quem se é como uma centelha Divina do Sol. Se a Alma é particular apenas a este Sistema Solar é deixada para debate. Em teoria, uma vez que todas as Estrelas canalizam a energia da Luz, a Alma pode ser aquela que pode viajar de um Sistema Solar para outro e manifestar-se num corpo orgânico num Planeta diferente.

O Espírito é a essência mais elevada da energia Divina e é a planta de todas as coisas existentes. O Espírito é o "material de pensamento" da Mente Divina ou Cósmica, que projeta o Universo conhecido. Portanto, o Espírito é a substância animadora de todas as coisas, e é Universal, enquanto a Alma é individual e particular para cada ser humano. A Alma é um Fogo enquanto o Espírito está acima dos Quatro Elementos do Fogo, Água, Ar e Terra como a sua síntese-consciência. O médium da consciência é a mente e o cérebro, enquanto o médium da Alma é o coração. O Espírito é aquele em que tanto a Alma como a mente têm a sua existência.

Pode ser algo complexo compreender verdadeiramente estas distinções, principalmente porque a palavra Espírito e Alma são atiradas ao acaso na nossa sociedade sem uma definição clara do que cada um significa e como são diferentes. A maioria das pessoas parece geralmente pensar que são a mesma coisa. Os Antigos fizeram o seu melhor para definir tanto Alma como Espírito, mas como a pessoa média dos dias e idades atuais se encontra num nível inferior de evolução Espiritual, a compreensão coletiva ainda não existe. Portanto, espero que esta definição muito básica de cada um ajude a compreender melhor a diferença.

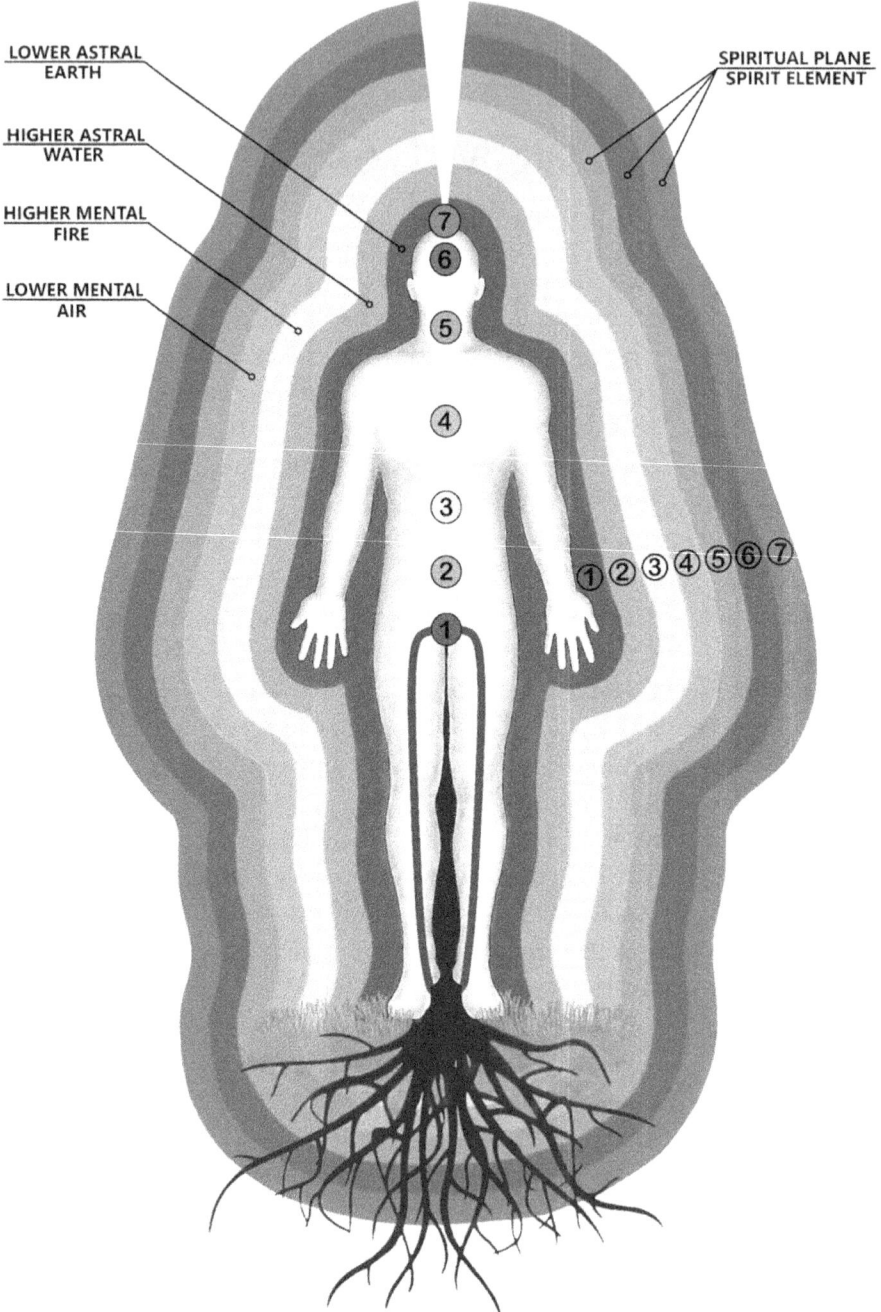

Figura 14: Os Planos Cósmicos Internos

À medida que avança no processo de transformação da Kundalini, a sua Alma entrará gradualmente nos diferentes Planos Cósmicos da existência de forma sistemática e integrará essas experiências na sua psique. Pode também induzir estados mentais particulares através de técnicas rituais de Magia Cerimonial, que invocam um dos Cinco Elementos da Terra, Ar, Água, Fogo e Espírito, bem como os Subelementos de cada um. Estes exercícios rituais permitir-lhe-ão aceder diretamente aos Planos Cósmicos, uma vez que os Cinco Elementos correspondem aos Chakras. Consulte *The Magus: Kundalini and the Golden Dawn* para estas técnicas rituais.

Os Planos Cósmicos de existência ocupam o mesmo espaço e tempo, mas existem em graus variáveis de vibração. A vibração mais baixa e mais densa será o Mundo Físico da Matéria que vivemos no nosso dia-a-dia. Uma vez aumentada a vibração, entramos nos diferentes Planos da existência (Astrais), através da mente. Quanto maior for a taxa ou frequência de vibração, maior será o Plano. A matéria está na mais baixa frequência, enquanto o Espírito vibra a uma frequência tão alta que está praticamente em repouso e invisível para os sentidos.

Os Planos Cósmicos existem dentro da Aura em camadas (Figura 14), o mesmo que as camadas de uma cebola sobrepostas uma sobre a outra. As camadas mais altas interpenetram e impactam as mais baixas. A imagem da Figura 14 é um esquema que mostra a sequência das camadas relativas aos Chakras. No entanto, não é uma representação exata da própria Aura. Na Aura humana, cada uma das suas camadas principais dos Chakras está mais próxima uma da outra, sobreposta por quatro camadas mais extensas relacionadas com os Chakras Transpessoais. Como tal, onze camadas primárias compõem a Aura. (Para mais informações sobre a Aura, ver o discurso intitulado "A Aura-Campo de Energia Toroidal". ")

Tenha também em mente que a Aura é dinâmica na sua expressão e está num estado constante de fluxo e refluxo à medida que expressa a consciência individual. Em cada momento, cores diferentes rodopiam e rodopiam dentro da Aura, de acordo com o conteúdo em que a mente e o coração se concentram e experimentam.

Os Planos Cósmicos existem todos sequencialmente, emanando da Luz Branca, que se encontra no Sahasrara, o Chakra da Coroa. O processo de manifestação do Divino filtra para baixo nestes diferentes Planos, e um Plano afeta outro - existe uma relação simbiótica entre eles. Como o processo de manifestação filtra para baixo, uma vez alcançado o Plano Físico, ele sobe de novo até à Luz Branca, afetando sistematicamente cada Plano. O processo de manifestação é então o fluxo contínuo para trás e para a frente de todo este processo, tempos infinitos num momento finito, exemplificado no axioma hermético de "O que está Acima é como o que está Abaixo".

À medida que se realizam ações no Mundo Físico, causa-se impacto nestes Planos Internos, formando assim o Karma. A energia cármica é a soma total das suas ações e a expressão da sua qualidade. Se as vossas ações não forem executadas em nome de Deus - o Divino, que trabalha através da energia do amor incondicional, então elas terão consequências cármicas. Como tal, o Karma negativo ficará alojado dentro de um dos

Planos de manifestação, para que aprendam as lições desse Plano e sintonizem corretamente as vossas ações, otimizando os vossos Chakras no processo.

Ao experimentar estes Planos Cósmicos, pode aprender sobre partes de si próprio que necessitam de trabalho. E pode trabalhar nessas partes do Eu, experimentando estes Planos Cósmicos. Por exemplo, por vezes, entidades Demoníacas alojam-se num ou mais dos Planos Cósmicos, e é preciso encontrar estes Demónios e "matá-los". Muitas vezes, esta ação é visualmente percebida numa visão ou num sonho à medida que se infunde um Demónio com Luz Branca, desarmando-os. Contudo, enfrentá-los com coragem é geralmente suficiente para os transformar e remover a energia do medo do Plano Cósmico em que eles habitam. Por sua vez, o Chakra correspondente será afinado, permitindo que mais energia de Luz brilhe através dele.

Quando se trabalha com energia cármica, trabalha-se principalmente com medo, uma vez que o medo é o combustível de todas as energias demoníacas. O propósito e o objetivo ou todos os Demónios são assustá-lo de alguma forma. Uma vez que o medo é quantificável, ao trabalhar com energia cármica, está-se a retirar o medo da Aura, pouco a pouco, até que tudo desapareça. No entanto, este processo leva muitos anos e requer que sejas forte na mente e no coração. Tens de te tornar resiliente e teimoso para ter sucesso se quiseres vencer os teus demónios. Quando todo o medo for tirado de ti, os Demónios já não te podem assustar, e terás finalmente o comando final sobre eles. Este processo é a essência da obtenção do verdadeiro poder pessoal.

OS CINCO PLANOS CÓSMICOS

Plano Físico e Plano Astral Inferior (Elemento Terra)

A sua viagem em direção à transcendência começa no Plano Físico, correspondendo com Muladhara, o Chakra Base e o Elemento Terra. Muladhara é o mais baixo dos Chakras, representando o Plano mais denso da existência, o Mundo da Matéria. Este Chakra também afeta o Plano Astral Inferior, o plano energético de todas as coisas existentes. Existe uma correspondência com o Plano Físico e o Plano Astral Inferior, uma vez que ambos participam do Elemento Terra e do Chakra Muladhara. O Corpo Subtil correspondente a este Planeta Interior é o Corpo Astral Inferior. O Corpo Físico é o corpo que utilizamos para experimentar o mundo da Matéria. Esta relação é óbvia.

Um ser humano está inextricavelmente ligado à Terra através da força da gravidade. A um nível energético, estamos ligados à Terra através dos Chakras do Pé e dos canais de energia nas pernas que se ligam ao Muladhara Chakra. Esta ligação permite-nos ligar à Terra o nosso sistema Chakra enquanto o Nervo Ciático liga o nosso sistema nervoso e corpos físicos à Terra. O sistema energético humano é como uma árvore com raízes profundas na Terra. A Terra alimenta-nos através desta comunicação bidirecional, que apoia e sustenta a nossa consciência.

Avião Astral Superior (Elemento de Água)

À medida que se sobe nos Planos, o próximo na sequência é o Plano Astral Superior. É frequentemente referido como o Plano Emocional, relacionado com as emoções mais baixas e instintivas - as nossas ações no Mundo Físico são uma resposta emocional involuntária e ilícita. O Plano Astral Superior está associado à sexualidade, ao medo, e ao Ego uma vez que se relaciona diretamente com a mente subconsciente. Corresponde ao Elemento Água e ao Swadhisthana, o Chakra Sacral. O Corpo Sutil particular a este Plano é o Corpo Astral Superior.

Depois de um despertar completo da Kundalini, uma vez que as mentes conscientes e subconscientes estão ligadas, o caos emocional domina a psique durante bastante tempo. Enfrentar o seu Eu Sombra pode ser uma coisa assustadora, especialmente se não estiver preparado para uma tal experiência. Por muito desafiante que seja, a energia cármica do Elemento Água precisa de ser superada para que possa avançar na sua jornada de Ascensão Espiritual. A energia do medo pode demorar mais tempo a purificar-se, dependendo do nível da sua Evolução Espiritual. Com coragem e determinação, contudo, pode ser alcançada, resultando na sintonia do Swadhisthana Chakra, permitindo à consciência elevar-se acima do seu nível e entrar no Plano acima dele.

Avião Mental Inferior (Elemento Ar)

Uma vez terminada a integração das lições do Elemento Água, o seguinte Plano Interior a tratar é o Plano Mental Inferior, correspondendo ao Elemento Ar e Anahata, o Chakra do Coração. Este Plano relaciona-se com os seus pensamentos e pensamento racional, bem como com a imaginação. As emoções afetam os pensamentos e vice-versa. Devido à sua ligação com o Elemento Espírito, Anahata trata de emoções mais elevadas, tais como a compaixão e o amor incondicional. Como tal, pode encontrar testes da Alma relativos a essas energias. O Corpo Sutil particular a este Plano Interior é o Corpo Mental Inferior.

Uma vez que tenha entrado no Plano Mental e a sua consciência esteja a vibrar ao seu nível, começará a ter Sonhos Lúcidos. Uma vez que Anahata está diretamente ligada ao Elemento Espírito em Vishuddhi (o Chakra acima dele), a sua consciência pode saltar do seu corpo físico através do Chakra Sahasrara e incorporar o seu Corpo de Luz se tiver recebido uma ativação total através do despertar da Kundalini. Devido à sua maior densidade, o Plano Mental é o ponto de contato para que o Corpo de Luz entre num Sonho Lúcido. Uma vez encarnado, irá projetar-se num dos Planos Cósmicos mais elevados. Dependendo da experiência do Sonho Lúcido que está a ter, ou é o Plano Espiritual ou o Divino. Os Sonhos Lúcidos começam a ocorrer uma vez que a sua consciência está em Anahata, uma vez que o influxo do Elemento Ar é o que lhe permite projetar-se para fora do Sahasrara.

Num Sonho Lúcido, estará plenamente consciente. Vai experimentar o sonho como real, uma vez que o Corpo de Luz é um veículo de consciência, semelhante ao corpo físico, apenas a um nível de densidade mais baixo. Os Sonhos Lúcidos são geralmente caracterizados pela liberdade absoluta de experimentar tudo o que desejar enquanto estiver no estado de sonho. Assim que a sua consciência é projetada a partir do Sahasrara Chakra, um Sonho Lúcido torna-se uma Experiência Fora-do-Corpo completa. (Discutirei mais detalhadamente o Sonho Lúcido na segunda metade do livro, uma vez que é um dos presentes mais significativos recebidos após o despertar da Kundalini).

Avião Mental Superior (Elemento de Fogo)
O próximo Plano que terá de trabalhar é o Plano Mental Superior, correspondente ao Elemento Fogo, e o Terceiro Chakra, Manipura (Chakra Plexo Solar). Manipura relaciona-se com a sua força de vontade, crenças, motivação, e com o seu impulso na vida. É onde reside a sua Alma, que filtra através da mente consciente. As suas crenças são formadas através de ações e pensamentos habituais. Esta ligação com a Alma no Plano Mental dá origem ao Sonho Lúcido, uma vez que o Corpo de Luz é o veículo da Alma. Tenham em mente que tanto o Elemento Fogo como o Elemento Ar estão ligados ao Elemento Espírito, e assim o Plano Mental é o ponto de contato para alcançar os Reinos Cósmicos superiores.

Muitas das nossas crenças arraigadas impedem-nos de explorar o nosso potencial mais elevado como seres humanos espirituais. Superar as crenças negativas e limitadoras é primordial para viver o tipo de vida que se quer viver. As crenças também, por sua vez, afetam os seus sonhos e objetivos. O propósito de experimentar estes Planos é purificar o Karma negativo armazenado em cada Chakra. Uma vez purificado, a sua consciência eleva naturalmente acima de um Chakra para aprender mais lições de Alma num Chakra acima dele. O Corpo Subtil correspondente a este Plano é o Corpo Mental Superior.

Plano Espiritual (Elemento Espiritual)
Uma vez que tenha ultrapassado os Planos Inferiores de existência relacionados com os Quatro Elementos, a energia da Kundalini sublimar-se-á e transformar-se-á num fogo líquido, muito mais agradável, calmante. A sua qualidade é do Elemento Espiritual, e uma vez que esta transformação ocorra, torna-se o seu "modus operandi" para o resto da sua vida. Esta energia Espiritual eleva a vossa consciência nos três Chakras mais altos de Vishuddhi (Chakra Laríngeo), Ajna (Chakra do Olho da Mente), e Sahasrara (Chakra da Coroa). Corresponde ao Plano Espiritual de existência experimentado através do Sahasrara Chakra e do Bindu Chakra. Tem sido referido como o Mercúrio Filosófico dos Alquimistas e a Pedra Filosofal.

O Corpo Subtil correspondente ao Plano Espiritual é o Corpo Espiritual. Este Corpo Espiritual é o próximo veículo de consciência com o qual o Corpo de Luz recentemente ativado trabalha para se alinhar permanentemente. Enquanto em estados de sonho, o Corpo de Luz molda-se no Corpo Espiritual para viajar no Plano Espiritual.

O Plano Espiritual é muitas vezes referido como o "Aethyr", e existem muitas referências ao plano Etérico, sendo o "mapa" de todas as formas de Matéria. É sinónimo da planta Astral já mencionada. As pessoas carecem frequentemente da linguagem para explicar esta ciência invisível muito particular, pelo que a referência a estes termos implica a planta energética básica que todos nós temos. Não se confunda se não conseguir perceber facilmente como tudo funciona, mas esteja aberto à aprendizagem, e com o tempo, à medida que se expuser mais a esta realidade invisível, a sua compreensão irá aumentar.

É essencial compreender que a energia da Kundalini nunca é estática; está sempre a mudar na sua expressão, função e estado. Esta constante transformação da energia da Kundalini permite-lhe entrar naturalmente nestes diferentes Planos, a menos que opte por fazê-lo intencionalmente através de técnicas de invocação ritual.

Tenha em mente que, até agora, estou a descrever o processo de ascensão nos Planos Internos através da consciência. À medida que a vibração da sua consciência aumenta, experimenta Planos cada vez mais altos até alcançar o Plano Espiritual. A vossa consciência pode alcançar tão alto como os Planos Divinos, embora a sua experiência ocorra normalmente durante os Sonhos Lúcidos. O processo de manifestação real é um ciclo contínuo de filtragem do Espírito para a Matéria e de volta para cima. Este processo é instantâneo, incessante e constante, e todos os Planos situados entre os dois são afetados.

OS PLANOS DIVINOS

Os Planos Divinos da existência referem-se aos Chakras Transpessoais acima do Sahasrara; os mais baixos geralmente relacionam-se com o Chakra da Alma Estelar enquanto os mais altos se relacionam com o Portal Estelar. Teoricamente, existem Planos Divinos de consciência sem limites. Qualquer tentativa de explicar o seu número real é inútil, uma vez que a consciência humana pode alcançar tão alto como a Mente de Deus, que é Multidimensional. Aqueles que tentam definir os Planos Divinos erram no seu julgamento dos mesmos, uma vez que as suas experiências não podem ser categorizadas com qualquer grau de continuidade.

Não entrarei em demasiados detalhes sobre os Planos Divinos, uma vez que o objetivo deste trabalho é centrar-me principalmente nos Sete Chakras, uma vez que os desafios iniciais após o despertar da Kundalini residem no domínio e purificação dos mesmos. Experimentar a alta energia vibracional dos Planos Divinos em estados de sonho ou visões acordadas é uma experiência transcendental que não pode ser colocada em palavras, uma vez que fazê-lo é limitar a experiência e trazê-la para este reino de dualidade.

Os Planos Divinos são Não-Duais e inefáveis, pois são o ponto de contato entre o Desconhecido e o Conhecido. A informação dos Planos Divinos é filtrada através do Chakra Causal/Bindu no Sahasrara, a Coroa, permitindo que outros Seres do Mundo façam contato com a sua consciência. Sempre que tem uma experiência "fora deste mundo" nos seus sonhos e está a visitar reinos nunca vistos ou experimentados, está a trabalhar com os Chakras acima do Sahasrara e a "surfar" num dos Planos Divinos.

A experiência dos Planos Divinos é diferente para todos. No *The Magus*, tentei explicar algumas das minhas experiências com estas fontes de energia, mas acredito ter limitado essas experiências incríveis ao fazê-lo. Se despertou a Kundalini e está a experimentar sonhos incríveis, por vezes lúcidos, vai invariavelmente contactar os Planos Divinos da existência.

Verá paisagens nunca vistas, belas para contemplar. Sentir-se-á como se estivesse num Planeta diferente noutro Sistema Solar, e na realidade, poderá estar. Uma vez a sua consciência libertada do corpo físico, poderá elevá-la através de uma ideia ou pensamento inspirador. É invulgar experimentar os Planos Divinos durante o dia, a menos que esteja em meditação, mas uma vez que abra esta porta, poderá visitá-la à noite.

Uma vez que tenha feito contato com os Planos Divinos na sua consciência, poderá sentir a sua presença intuitivamente, mas à noite poderá usar o seu Corpo de Luz para entrar e experimentá-los. Um puxão para cima ocorre na sua consciência, e quando entra no Estado Alfa durante o sono, pode abrigar-se oficialmente nos Planos Divinos com o seu Corpo de Luz. Se sentir que está fisicamente neste mundo, mas a sua mente está noutro Planeta, ou noutra Dimensão superior, então é provável que esteja a experimentar os Planos Divinos.

VARIAÇÃO NA SEQUÊNCIA DAS CAMADAS ÁURICAS

Notará que a sequência de evolução Espiritual através dos Elementos segue a sucessão das camadas áuricas relativas aos Chakras, exceto que em vez de progredir para o Fogo depois de ultrapassar o Elemento Água, experimentei que se atinge o Elemento Ar em vez disso. Assim, há um salto gradual para uma camada superior antes de voltar para uma camada inferior. Isso, ou a sequência das camadas na Aura, não segue a ordem dos Chakras.

Suponhamos que seguimos o sistema da Árvore da Vida da Qabalah de Evolução Espiritual em direção à Divindade (Luz Branca de Kether). Uma vez que nos elevamos acima do Plano Físico da Terra, a consciência experimenta os outros três Elementos em duas sequências separadas antes de alcançar o Plano Espiritual. Depois de deixar Malkuth, a Terra, o indivíduo atinge Yesod (ar inferior), seguido de Hod (água inferior) e depois Netzach (fogo inferior). Depois sobem para Tiphareth (ar mais alto), seguido de Geburah (fogo mais alto) e finalmente Chesed (água mais alta). Depois estão à porta do Espírito e do Plano Espiritual, representados por Daath na Árvore da Vida. E mesmo dentro do Plano Espiritual, a primeira Sephiroth, Binah, é atribuída ao Elemento Água, enquanto a segunda Sephiroth, Chokmah, está relacionada com o Fogo. Binah e Chokmah são consideradas as fontes primárias dos Elementos Água e Fogo, na Qabalah. Kether, a mais alta Sephiroth, corresponde ao Elemento Ar e é também considerada a sua fonte mais elevada.

O Elemento Ar na Árvore da Vida é considerado o reconciliador entre os Elementos Fogo e Água. Por esta razão, encontra-se estritamente no *Pilar do Meio* da Árvore da Vida, também chamado Pilar do Equilíbrio. Por outro lado, os dois Elementos da Água e do Fogo trocam entre si nos Pilares opostos da Árvore da Vida, o *Pilar da Gravidade* e o *Pilar da Misericórdia*. Assim, na minha experiência de ascensão em consciência e de Evolução Espiritual, não experimentei os Chakras sequencialmente. Acredito que este processo é Universal. Portanto, ou o sistema da Qabalah é correto, ou o sistema de Chakras é, mas não ambos, uma vez que são diferentes. Mais tarde, falarei mais sobre este assunto quando descrever e discutir o conceito oriental de Koshas.

IDA, PINGALA, E OS ELEMENTOS

O correto fluxo de energia através de Ida e Pingala é de suma importância para o bom funcionamento do circuito Kundalini. Os bloqueios em qualquer um destes Nadis impedirão a energia de funcionar como deveria. Se houver bloqueios, sofrerão graves problemas mentais e emocionais uma vez que Ida e Pingala regulam os Chakras e a consciência. Ida e Pingala são alimentados por pensamentos e emoções, que são influenciados pelos quatro Chakras abaixo de Vishuddhi (Chakra Laríngeo) e pelos Elementos da Terra, Água, Ar e Fogo.

Neste capítulo, vou discutir como os Cinco Elementos afetam o fluxo de Ida e Pingala. Através das práticas espirituais apresentadas neste livro ou dos exercícios rituais de Magia Cerimonial apresentados no *The Magus*, poderá sintonizar os seus Chakras. Ao fazê-lo, permite que as correntes de energia em Ida e Pingala fluam corretamente, aliviando quaisquer dificuldades mentais e emocionais que possa estar a sentir. Como descrito em *The Magus*, os Trinta Epiteliais de Enoque influenciam diretamente Ida e Pingala, uma vez que utilizam a energia sexual combinada com a energia Elemental para trabalhar em um ou em ambos os canais ao mesmo tempo. Descobri que esta operação ritual é a melhor em sintonizar ambos os canais Kundalini e ajudá-los a alcançar o seu estado mais ótimo.

O Elemento Terra representa estabilidade e é assinalado pelo Chakra da Raiz, que está entre o ânus e os genitais. Este Chakra é vital, pois é necessário ter energia a fluir através dele corretamente para alimentar o sistema Kundalini. O Elemento Terra dá-lhe os meios para corrigir este Chakra e sintonizá-lo corretamente. Como mencionado, as linhas de energia dos Chakras do Pé atravessam as pernas até ao Chakra da Terra, Muladhara. Estas linhas precisam de ser totalmente ativadas e otimizadas após a Kundalini ter despertado. O seu fluxo adequado permite que o Chakra Terrestre funcione na sua capacidade máxima. O seu fluxo também alimenta os Ida e Pingala Nadis, que começam em Muladhara mas recebem as suas energias masculinas e femininas dos canais de energia primária nas pernas.

Trabalhar com o Elemento Terra permite aterrar, maximizando o fluxo de energia nas pernas. O Elemento Água e as emoções influenciam o fluxo de Ida (feminino), enquanto o Elemento Fogo influencia o fluxo de Pingala (masculino). O Elemento Ar anima os canais Ida e Pingala, uma vez que dá vida aos Elementos Água e Fogo. A sua colocação é no Chakra do Coração, Anahata, que contém a maior confluência de Nadis menores no corpo.

Anahata regula todos os Chakras, bem como os Elementos do corpo. Além disso, o Chakra do Coração liga-se aos Chakras da Mão, que canalizam a energia do amor curativo, e servem como recetores para ler a energia à sua volta. Uma vez estabelecido o fluxo correto entre os Chakras da Mão e o Chakra do Coração em indivíduos totalmente despertados pela Kundalini; resulta na sensação ainda mais leve no corpo físico e na dissociação mental com ele. A energia do Espírito precisa de permear todo o corpo físico, o Corpo de Luz, para libertar completamente a consciência do reino físico.

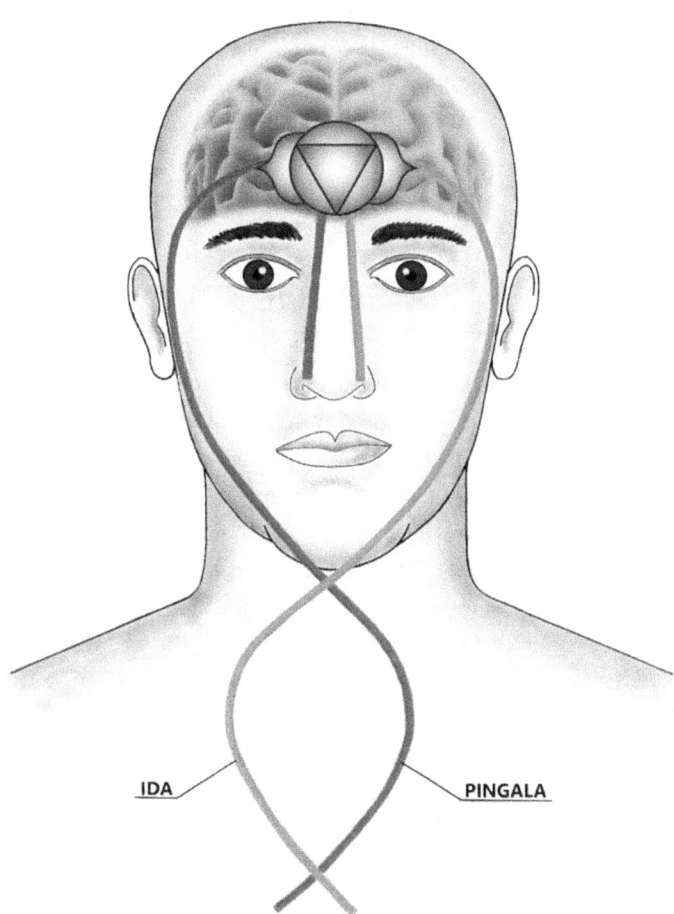

Figura 15: Os Nadis Ida e Pingala e o Chakra Ajna

Ao trabalhar com o Elemento Ar, está a trabalhar com o estímulo tanto do Ida como do Pingala Nadis. Quando os dois Nadis se cruzam em cada um dos pontos Chakras durante um despertar da Kundalini, terminam em Ajna Chakra (Figura 15) no meio do cérebro, no centro de Tálamo. O portal do Ajna Chakra é o 3º Olho entre e acima das sobrancelhas e um centímetro dentro da cabeça. Se os dois canais não estiverem a atravessar corretamente, ou se houver um bloqueio no movimento de qualquer um deles no centro do Olho da Mente, todo o sistema Kundalini é desequilibrado, afetando a sua função. Muitas vezes, isto resulta em pensamentos obsessivos ou problemas mentais semelhantes aos dos pacientes esquizofrénicos ou bipolares.

Os problemas de saúde mental dos indivíduos resultam de um fluxo impróprio de Ida e Pingala e de desequilíbrios nos Chakras. No entanto, não podemos provar isto com os instrumentos científicos de medição dos dias de hoje. Após dezassete anos de observação dos meus processos mentais e dos altos e baixos nos meus pensamentos e emoções, cheguei a esta conclusão. Acredito que estas questões são universais, uma vez que Ida e Pingala são ativas em todas as pessoas, uma vez que regulam a consciência. No entanto, no Kundalini despertado por completo, o seu fluxo é otimizado desde que os Três Granthis são desbloqueados, permitindo que Prana sublimada alimente continuamente o sistema, induzindo o estado transcendental.

HEMISFÉRIOS CEREBRAIS ESQUERDO E DIREITO

Na Qabalah, as duas faculdades interiores mais elevadas de um ser humano são a Sabedoria e a Compreensão; ambas recebidas através da intuição. Estes dois aspetos do Eu existem em dualidade um com o outro, pois não se pode ter um sem o outro. Ambos estão relacionados com o Elemento Espiritual, uma vez que representam a parte Superna do Eu, que nunca nasceu e nunca irá morrer. Na Árvore da Vida, são as Esferas Chokmah (Sabedoria) e Binah (Compreensão). Elas também se relacionam com a expressão última dos componentes masculinos e femininos do Eu, encontrados dentro do cérebro como os hemisférios cerebrais esquerdo e direito.

O hemisfério cerebral esquerdo é influenciado pelo Chiah (encontrado na Esfera de Chokmah). Na Qabalah, o Chiah é a nossa Verdadeira Vontade. É a parte masculina, projetiva do Eu, pertencente ao Elemento Fogo. O nosso Santo Anjo da Guarda e a parte de nós está continuamente a alimentar-nos para nos aproximarmos da Divindade. O Chiah é alimentado pelo Pingala Nadi, que também está associado ao hemisfério cerebral esquerdo no Tantra Ioga. Está relacionado com o pensamento analítico, lógica, razão, ciência e matemática, raciocínio, e capacidades de escrita. O Chiah é fundamentalmente arquetípico, o que significa que está, em certa medida, fora da nossa capacidade de o compreender plenamente. Podemos usar o lado esquerdo do nosso cérebro, mas não podemos compreender porque sabemos o que sabemos nem a fonte desse conhecimento.

O Lesser Neschamah encontra-se dentro da Esfera de Binah. É feminino e receptivo, pertencente ao Elemento Água. O Lesser Neschamah serve como a nossa intuição psíquica. É a maior aspiração do Eu e o nosso mais profundo anseio ou estado de consciência mais elevado. Afinal de contas, o nosso poder intuitivo liga-nos diretamente ao Divino. A Ida Nadi dá poder ao Menor Neschamah. Influencia as funções do hemisfério cerebral direito, tais como a compreensão, as emoções, a criatividade, a imaginação, o discernimento, o pensamento holístico, e a consciência da música e das formas de arte em geral.

CURTOS-CIRCUITOS DA NADI

Ao longo da sua viagem de transformação Kundalini, pode encontrar uma época em que Ida ou Pingala estão em curto-circuito, o que significa que cessam a sua função por enquanto. É crucial compreender que uma vez que tenha aberto o seu circuito Kundalini, este permanecerá ativo para o resto da sua vida, e os curto-circuitos e bloqueios são colisões temporárias na estrada. Com os curto-circuitos, terá de reconstruir os canais Ida ou Pingala (o que tiver caído) através da ingestão de alimentos, o que ocorre naturalmente ao longo do tempo. Neste momento, a sua Alma poderá ser induzida pela sua Alma a comer mais do que regularmente para o conseguir, uma vez que a sua Alma reconhecerá o que precisa de fazer para resolver o problema.

Os curto-circuitos são questões universais, e muitas pessoas com a Kundalini despertada têm relatado que isto lhes está a acontecer. Se a Ida tem curto-circuito, é geralmente o resultado de um evento temível na sua vida que causa uma carga emocional tão negativa que sobrecarrega o canal com bioeletricidade negativa. Os curtos-circuitos Pingala são menos comuns e são geralmente o resultado de alguém ou algo tomar conta da sua vida e fazer o seu pensamento por si durante um período prolongado. Se isto acontecer, o canal Pingala, cujo objetivo é canalizar a força de vontade, cessará a sua função.

Ambos os canais podem ser reconstruídos ao longo do tempo com a ingestão de alimentos e a realização de mudanças na sua vida que podem afetar negativamente o seu funcionamento. A forma como conduz a sua vida afeta invariavelmente todo o sistema Kundalini e como funcionam os Chakras, incluindo os canais Ida, Pingala, e Sushumna.

Sushumna exige que os centros cerebrais estejam abertos e o Bindu a funcionar corretamente, mas também exige que a ligação à Coroa esteja bem estabelecida. Se Ida ou Pingala, ou ambos, cessarem a sua função e ficarem em curto-circuito, pode resultar no Sushumna também não funcionar corretamente, especialmente ao nível superior do cérebro. É impossível parar completamente o fluxo de Sushumna, uma vez que é o nosso meio para experimentar a consciência expandida, que, quando desperta, nunca pode ser aniquilada. Os canais auxiliares de Ida e Pingala, que regulam a consciência, podem ser temperados, mas não a consciência superior propriamente dita.

Discutirei mais detalhadamente os curto-circuitos da Kundalini na "Parte X: Controlo de Danos da Kundalini" e apresentarei meditações na secção seguinte que poderá utilizar para reconstruir e realinhar os canais na cabeça em vez de esperar que aconteça naturalmente.

PARTE III: O SISTEMA DE ENERGIA SUBTIL

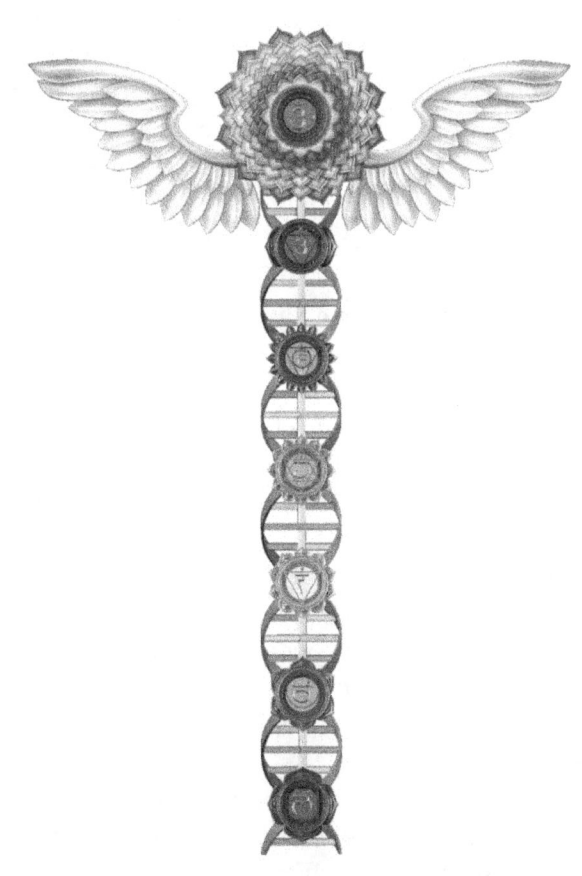

A AURA-CAMPO DE ENERGIA TOROIDAL

Um campo eletromagnético é uma combinação de energias elétricas e magnéticas. Os campos eletromagnéticos são campos primários que geram e sustentam a vida. A Aura é um campo eletromagnético de energia que existe em torno de cada coisa viva e não viva no Universo. Tem forma toroidal, uma vez que o toro é a forma preferida que o Universo utiliza para criar Matéria a partir da energia.

O toro consiste de um eixo central e vórtices em cada extremidade que circulam energia. Numa secção transversal, o toro assemelha-se a um donut dinâmico com um buraco no meio que é infinitamente pequeno. A maioria das dinâmicas de toro contém aspetos masculinos e femininos, onde a energia sobe em uma e desce na outra.

O campo de energia toroidal é um sistema auto-sustentável que circula energia continuamente. O símbolo do infinito é uma antiga representação 2D do campo toroidal, uma vez que carrega propriedades semelhantes de ser contínuo e autoequilibrado. Representa também a Fonte de toda a Criação. A Fonte criou todos os toros existentes e está ligada a eles de forma inextricável.

Todos os seres humanos e animais que vivem no Planeta Terra, incluindo o próprio Planeta (Figura 16), têm a sua própria Aura. O mesmo se aplica a outros Planetas e mesmo Galáxias. Todas as Auras do Universo são influenciadas umas pelas outras e alimentam-se umas das outras. Afinal de contas, estamos todos interligados. Os muitos ecossistemas diferentes dentro da atmosfera terrestre, tais como a vida vegetal e animal, oceanos, e mesmo amebas e organismos unicelulares, estão interligados energeticamente. Através de uma troca dinâmica de energia, o sistema toroidal universal liga cada célula e átomo através do nosso corpo físico e consciência.

O toro é afetado pelo movimento contínuo da energia Universal ou Prana. A sua atividade é semelhante à forma como uma onda flutua com o movimento da água. Prana está em todo o lado à nossa volta - está continuamente a fluir para dentro e para fora das nossas Auras. Enquanto o nosso Sol existir, também a Luz e o Prana, que dão vida a todos os seres vivos do nosso Sistema Solar.

Um dos principais objetivos da Aura é a troca e processamento de sinais de comunicação. A Aura dos organismos biológicos vivos flutua continuamente dependendo da contribuição que recebe do Eu, do ambiente, ou de outros seres vivos. Embora os objetos não vivos e inanimados tenham uma Aura, a sua não muda muito através da interação com outros seres vivos ou não vivos. A Aura das coisas não vivas é frequentemente referida como o Etérico, ou corpo energético. Essencialmente, o corpo energético de qualquer coisa é a sua Aura, que é o produto do movimento contínuo de um toro.

Figura 16: O Campo Eletromagnético da Terra

A AURA HUMANA

A Aura ajuda-nos a interagir com o mundo à nossa volta e a transmitir informação para o nosso corpo físico. Estende-se à volta do corpo físico, mas também flui através dele. O corpo físico é a projeção holográfica da consciência individual alimentada pela Aura.

Já descrevi as camadas Aura no ser humano, que correspondem aos Sete Chakras Maiores e aos Planos Cósmicos da existência. Cada uma das camadas da Aura tem a sua frequência de vibração e contém diferentes formas de informação. As quatro seguintes camadas da Aura estão relacionadas com os Chakras Transpessoais da Estrela da Terra, do Chakra Causal, da Alma Estelar, e do Portal Estelar. Eles emanam sequencialmente para além das primeiras sete camadas áuricas.

A camada Áurica do Chakra Estrela da Terra projeta-se primeiro após a camada do Chakra Sahasrara, que serve para aterrar todo o sistema Chakras à medida que se liga ao Corpo Etérico do Plano Astral Inferior. Depois é a camada Áurica do Chakra Causal, que liga os Planos Espiritual e Divino. Depois temos a camada Áurica da Alma Estelar, que nos permite aceder aos Planos Divinos inferiores, seguida da camada do Portal Estelar, representando os planos superiores. Finalmente, Hara Chakra, uma parte do modelo dos Chakras Transpessoais, não tem a sua própria camada Áurica, mas em vez disso interpenetra vários aspetos da Aura, uma vez que é o nosso principal centro para receber Prana. Cada uma das onze camadas áuricas tem um fluxo toroidal que é aninhado para criar a forma de um ovo energético gigante (Figura 17).

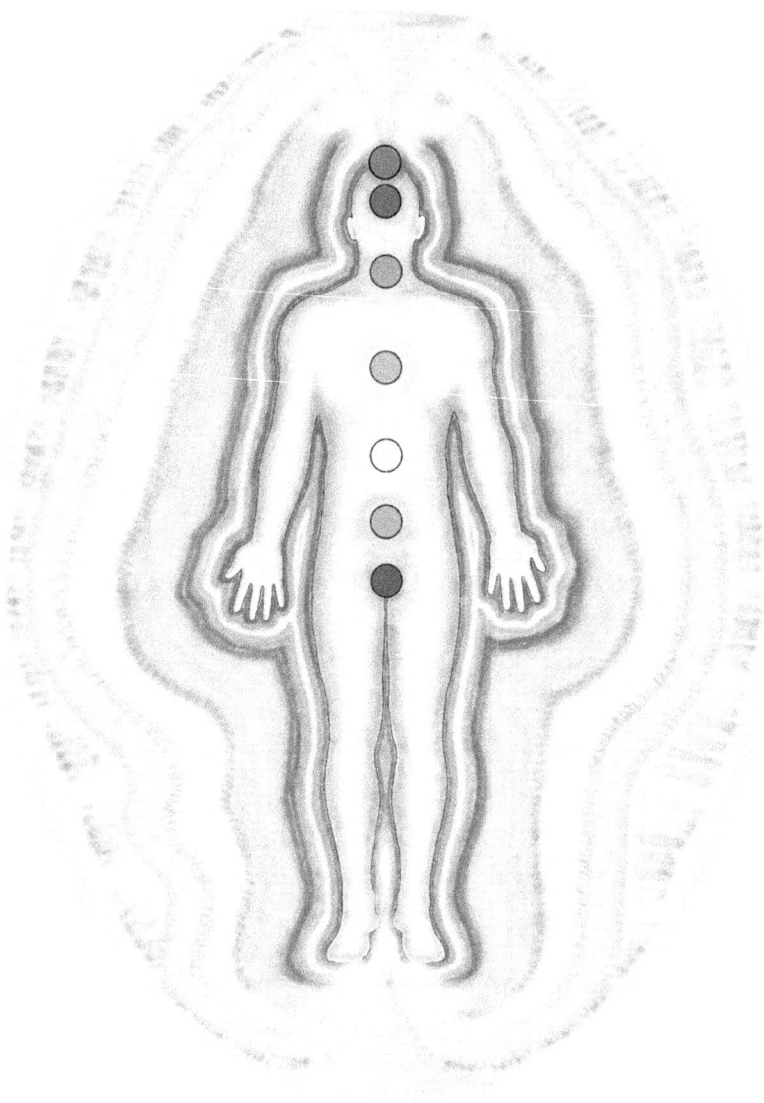

Figura 17: A Aura Humana

Com a inclusão das camadas acima mencionadas, é criado o corpo principal da Aura. Além disso, outros campos subtis afetam a nossa bioenergia e ligam-nos uns aos outros, outros seres vivos, a Terra, e o Universo como um todo. Estes incluem campos elétricos e magnéticos que não são detetados no espectro eletromagnético, que nos afetam física e psiquicamente. Depois há som e outras forças eletromagnéticas que nos afetam, tais como luz infravermelha, micro-ondas, ondas de rádio, luz ultravioleta, raios X, raios Gama, para citar algumas.

Cada célula do corpo e cada pensamento e emoção gera um campo energético. Como tal, existem centenas, se não milhares, de campos de energia subtis, alguns dos quais ainda não foram descobertos. Os cientistas estão a descobrir regularmente novos campos de energia, o que contribui ainda mais para a nossa compreensão da interconectividade de toda a existência.

No ser humano, o eixo do toro vai desde a coroa da cabeça até à zona da virilha, abrangendo os Chakras Maior e Transpessoal, e estendendo-se até aos pés. A energia flui através de um vórtice ao longo do eixo e para fora do segundo vórtice, onde envolve a sua circunferência e passa de novo através do vórtice original. À medida que o toro gira em torno do seu eixo vertical, o anel em si gira também em torno do seu eixo circular. As partículas de energia que entram no nosso toro seguem um caminho em espiral.

O centro do toro é o coração, que tem o seu próprio campo eletromagnético que se estende mais para fora do corpo do que o campo áurico. Quando as pessoas estão próximas umas das outras, uma troca de energia eletromagnética é produzida pelo coração, que é registada pelas ondas cerebrais. (Ver capítulo "O Poder do Coração" para mais informações sobre este assunto).

O coração aloja a Alma. O torus é essencialmente a estrutura da Alma para se expressar no Mundo da Matéria. Permite que a Alma estabeleça contato com outras Almas existentes. Como filosoficamente, a Alma se expressa através da mente, a mente escolheu o torus como a forma mais ideal na natureza para manifestar o corpo físico. Através da mente, os desejos da Alma são comunicados ao corpo físico. O corpo não pode existir sem a mente. Quando o corpo físico perece, a mente também o faz, o que erradica o torus. Por outro lado, a Alma nunca pode ser extinta, e continua a sua jornada de vida após a morte física.

CARACTERÍSTICAS DA AURA

A fotografia Aura é uma tecnologia relativamente nova (desde os anos 70) que utiliza um sistema de imagem de biofeedback para registar e exibir a energia eletromagnética de uma pessoa. As máquinas de leitura da Aura tiram geralmente leituras da mão através de um sensor, que regista as energias interiores e fornece uma imagem colorida do estado atual da Aura.

O dispositivo de biofeedback de leitura Aura com que trabalho é o AuraFit, criado por Bettina Bernoth. Integra tecnologia de ponta para exibir a Aura em "tempo real" usando uma pulseira "inteligente" em vez de um sensor manual. Obtive os instantâneos da minha Aura tal como apresentados neste livro com o sistema AuraFit. (Para ver a gama completa de cores nestas imagens Aura, que é ideal para aprofundar a sua compreensão do assunto, visite o meu website). Como resultado da tecnologia de leitura Aura como a AuraFit e outras, podemos determinar o tamanho da Aura, as suas cores dominantes, e a saúde dos Chakras em qualquer momento.

Quando olhamos para o campo energético de um indivíduo, vemos a energia colorida a fluir no interior da Aura. O tipo e a qualidade da energia dentro de si dependem daquilo em que a sua consciência está a concentrar a sua atenção. Pode mudar de um momento para o outro, uma vez que a Aura está continuamente a flutuar em relação às expressões de consciência. Os pensamentos e emoções em que pensamos e experimentamos utilizam os seus correspondentes Chakras nesses momentos no tempo. Quando um Chakra individual está a ser expresso dentro da Aura, a sua respetiva camada será dominante, incluindo a sua cor correspondente.

As cores áuricas estão continuamente a mudar e a mudar em relação ao que a consciência foca e quais as camadas envolvidas. Contudo, cada pessoa tem uma cor de base na sua Aura, refletindo a sua personalidade e disposição. A cor fundacional da pessoa dá-nos uma ideia da sua disposição geral e estado emocional, influenciada pelas suas crenças, valores e comportamentos. O nível da progressão Espiritual de uma pessoa também afeta a gama de cores dentro da qual uma pessoa vibra.

Tamanho da Aura

Através da tecnologia de leitura Aura e validada por clarividentes, determinámos que a circunferência de uma Aura saudável com Chakras a funcionar bem se estende, em média, até dois metros à volta de uma pessoa. Se houver bloqueios ou estagnação da energia da Luz nos Chakras, esta irá enfraquecer a Aura, o que reduzirá o seu tamanho de circunferência. As Auras insalubres podem encolher até aos três pés e até mesmo até mesmo fora da pele da pessoa.

O tamanho da Aura varia e flutua da mesma forma que as suas cores. Por exemplo, se uma pessoa é contemplativa ou deseja solidão e descanso, estará concentrada para dentro e manterá as suas energias para si própria, o que encolhe a Aura. Pelo contrário, se o indivíduo desejar uma ligação com os outros e aventura, será extrovertido, o que expandirá a Aura. Em geral, concentrando-se para o exterior e partilhando a sua energia de amor com os outros, a Aura cresce ao mesmo tempo que é introvertida e concentrando-se no amor-próprio encolhe a Aura.

A Aura é como um organismo vivo, respirador no sentido em que se expande ou contrai, dependendo se somos introvertidos ou extrovertidos e do tipo de energias que estamos a expressar. Por exemplo, se uma pessoa estiver cansada e esgotada da sua energia vital, a sua Aura encolherá, enquanto se estiver energizada e tiver muita vitalidade, terá uma Aura mais expansiva. O stress também tem impacto no tamanho da Aura, uma vez que a faz contrair enquanto a consciência está a experimentar tensão.

A respiração também afeta o tamanho da nossa Aura; pessoas que respiram do abdómen alimentam continuamente os seus Sete Chakras com Prana, mantendo o sistema energético equilibrado, expandindo assim a Aura. Aqueles que apenas respiram através do peito mantêm os seus Chakras do meio para cima ativados enquanto os seus Chakras inferiores permanecem relativamente inutilizados. Estas pessoas terão Auras mais pequenas e precisam de alterar os seus padrões respiratórios para equilibrar os seus Chakras e otimizar o seu tamanho de Aura.

A dimensão geral do campo áurico do indivíduo depende também da sua localização no processo de Evolução Espiritual e da quantidade de energia luminosa que integraram na sua Aura. As pessoas com vibrações mais elevadas têm geralmente Auras maiores, enquanto as pessoas com vibrações mais baixas têm Auras mais pequenas. As pessoas com Auras maiores têm capacidades mais poderosas para alcançar os seus objetivos e sonhos, enquanto as pessoas com Auras mais pequenas têm um tempo mais desafiante para manifestar a vida que desejam.

A Kundalini despertou os indivíduos que integraram a energia da Luz nos Chakras têm Auras cuja circunferência ultrapassa largamente os dois metros. Tem sido relatado que indivíduos completamente Iluminados, Adeptos, Sábios, e Iogues realizados, têm Auras radiantes cuja Luz pode encher uma sala inteira e causar uma impressão em todos na sua vizinhança.

Se alguém está a ser extrovertido, otimista, e empenhado em partilhar energia amorosa, no entanto a sua circunferência Aura ainda está bem abaixo dos dois metros, isso é uma indicação de que pode haver doença no corpo físico. De acordo com o Princípio Hermético da Correspondência, a qualidade da energia na Aura irá manifestar-se como essa mesma qualidade física, e vice-versa.

Se alguém passar por mudanças psicológicas e mesmo físicas significativas, isso irá aparecer na sua Aura. Por exemplo, pessoas que são demasiado espaçosas e necessitam de aterramento, manifestarão uma abundância de energia na sua área da cabeça e uma energia mínima em torno dos seus pés. Para uma ligação equilibrada entre mente, corpo e Alma, as energias devem ser distribuídas uniformemente nas áreas da cabeça (mente), pés (corpo) e coração (Alma).

Forma da Aura e Intensidade da Cor

Quando se olha para a Aura de uma pessoa em tempo real, vários fatores estão em jogo que refletem o aspeto da Aura, desde o seu tamanho e forma até à intensidade da cor. Em primeiro lugar, a Aura deve ter a forma de um ovo e ser simétrica, refletindo o fluxo de energia toroidal do indivíduo. A forma do ovo da Aura deve ter uma superfície lisa na sua casca exterior quando se encontra num estado neutro. Uma casca exterior felpuda indica uma falta de limites pessoais. Se a Aura tiver buracos, rasgos, ou lágrimas, dá-lhe um aspeto pontiagudo, indicando problemas energéticos leves a graves. A energia estagnada irá aparecer como alguns detritos ou manchas de cor escura na concha exterior.

As cores brilhantes e radiantes na Aura refletem aspetos positivos e harmoniosos dos Chakras correspondentes, enquanto as cores escuras refletem aspetos negativos e discordantes. Por esta razão, cada cor na Aura pode ser mais clara ou mais escura.

Todas as áreas da Aura devem irradiar a mesma intensidade e luminosidade. As áreas de cor que não estão distribuídas igualmente em ambos os lados da Aura em termos de intensidade de cor indicam um desequilíbrio Chakras.

A energia equilibrada mostra cores estacionárias e mais brilhantes, enquanto as energias desequilibradas se manifestam como cores mais escuras. O vermelho, por exemplo, representa a energia bruta da ação, que é um atributo positivo do Muladhara Chakra, enquanto o vermelho-escuro representa a ansiedade e o stress.

Quando o indivíduo está a sofrer de stress físico, mental ou emocional, uma cor vermelho-escura aparecerá no lado esquerdo do corpo. Se o stress persistir, o vermelho-escuro entrará nas áreas do coração, garganta e cabeça, envolvendo as primeiras camadas da Aura mais próximas do corpo.

Quando o indivíduo muda o seu foco para longe do que lhe estava a dar ansiedade, por sua própria vontade ou através de alguma influência externa, a tensão deixará a psique e o corpo, seguida da cor vermelho-escura a sair da Aura. No entanto, se o stress persistir, continuará a preencher o resto das camadas áuricas e a permear toda a Aura até ser resolvido (Figura 18).

Figura 18: Entrada e Saída de Stress da Aura

Qualquer que seja a cor que esteja a substituir o vermelho-escuro na Aura é frequentemente vista no lado esquerdo do corpo (lado direito da imagem da Aura) antes de permear as áreas do coração, garganta, e cabeça. Depois fluirá para as primeiras camadas da Aura, seguidas pelo resto das camadas, se o que quer que a consciência esteja a focar for suficientemente poderoso. A nova energia irá então estabilizar-se dentro da Aura até ocorrer uma mudança na consciência.

Suponhamos que estamos a olhar para esta experiência em tempo real com um dispositivo de leitura Aura. Nesse caso, parece uma onda de nova energia que varre para a área do coração, projetando-se para fora até substituir totalmente todas as manchas vermelhas-escuras dentro da Aura. Os últimos vestígios do vermelho profundo são por vezes vistos no lado direito antes de desaparecerem por completo.

Quando um pensamento ou emoção domina o campo energético, parece que a Aura inspira, enquanto quando ocorre uma mudança interior, a Aura inspira, expulsando assim a cor correspondente do sistema.

As cores que entram na Aura são sempre o resultado da intenção e da atenção em relação aos pensamentos e emoções em que a consciência se concentra. Podemos mudá-las a qualquer momento com a aplicação da força de vontade. O que pensa ou dá atenção determina a sua realidade, e podemos ver a sua manifestação na Aura.

A figura 19 mostra uma progressão das cores áuricas de um estado stressante para um estado meditativo pacífico e equilibrado. A primeira figura mostra um vermelho profundo que preenche toda a Aura, que é substituída por um vermelho mais calmo na figura seguinte, seguida de uma clareira completa na terceira figura de um exercício de atenção aplicada.

A mente tranquila eleva progressivamente a vibração da consciência através dos Chakras. Depois do laranja, manifesta o amarelo na Aura, seguida do verde, azul, índigo, violeta, e lavanda, em sequência.

A cor branca final representa o estado de espírito de cada um, quando estão claros de todos os pensamentos, positivos e negativos, representando a ligação mais substancial com Sahasrara - a Luz Branca Divina. Uma Aura branca traz felicidade Divina que podemos sentir no Chakra do Coração.

ANATOMIA DA AURA (ÁREAS DE COR)

Acima da Cabeça

A cor acima do Sahasrara Chakra representa a sua consciência e o momento presente. Portanto, está relacionada com os seus pensamentos e com o que está atualmente na sua mente. Os seus pensamentos são projetados a partir do Plano Mental e são mais mutáveis do que as emoções. Como tal, a cor acima da cabeça é a mais rápida a mudar.

Se uma faixa de cor se estende como um arco através da parte superior da Aura, indica as suas esperanças, objetivos e aspirações (Figura 20). A cor da banda indica-nos que tipo de aspirações ou objetivos o indivíduo tem na sua mente. Por exemplo, se a banda for índigo ou violeta, indica que as ambições atuais da pessoa são Espirituais. Uma banda azul mostra as aspirações da pessoa de se preocupar com a expressão criativa. Por outro lado, uma banda vermelha indica mais objetivos monetários preocupados em aumentar a qualidade da vida terrena.

Figura 19: Progressão Ascendente das Cores Áuricas dos Chakras

Em Torno do Coração

A cor em torno da zona do seu coração é expressiva do seu estado de espírito e disposição geral. Esta cor está relacionada com o Plano Astral, que inclui as duas primeiras camadas mais próximas do corpo. Estas duas camadas envolvem o corpo físico, esticando-se à volta da cabeça e envolvendo os pés.

Uma vez que o que sentimos é mais substancial e menos mutável do que aquilo em que pensamos, a área do coração é expressiva da nossa personalidade central. Representa o Chakra que mais utilizamos ao longo do dia. É comum vermos a mesma cor acima da cabeça e à volta do coração e do corpo, uma vez que muitas vezes pensamos em coisas que estão de acordo com o que sentimos.

A cor da área do coração é a sua base; é a cor dominante na sua Aura representando o Eu neste momento. À medida que as suas crenças e opiniões gerais sobre a vida mudam, o mesmo acontece com a sua cor central. Se o indivíduo sofre um acontecimento que muda a sua vida, há frequentemente uma mudança radical na sua cor central.

A sua cor central muda ao longo do dia para refletir as mudanças nas suas emoções, mas geralmente regressa ao seu estado neutro. Como tal, a melhor maneira de obter a sua cor central é monitorizar a Aura por um período mais curto. Tirar uma única fotografia de uma Aura com um dispositivo de leitura da Aura é insuficiente para obter a cor do núcleo.

Outro fator com impacto na nossa cor central é a forma como utilizamos bem o nosso Laríngeo Chakra, o nosso centro de comunicação. Quando nos expressamos intensamente verbalmente ou através da linguagem corporal, o Laríngeo Chakra tende a tornar-se iluminado, o que ilumina a área da garganta, iluminando a nossa cor central. Assim, falar a sua verdade e expressar-se é crucial para ter uma Aura saudável e desobstruída, com energia de fluxo livre e cores brilhantes.

Lado Esquerdo do Corpo

O lado esquerdo do corpo representa a energia feminina, passiva, recetiva, Yin, que está a ser impressionada pela imaginação. A cor presente no lado esquerdo mostra-nos a energia que entra em nós, cultivada por nós ou projetada por outra pessoa ou mesmo por estímulos ambientais. Como tal, esta energia de cor representa o futuro se a absorvermos e aceitarmos e permitirmos que ela se apodere da nossa consciência.

Se a nossa disposição atual for mais poderosa do que a energia que nos está a impressionar, ela permanecerá em breve no lado esquerdo e deixará a Aura por completo. No entanto, se abraçarmos esta energia, ela irá verter para a área do coração e espalhar-se para fora, tornando-se a cor dominante na nossa Aura que ultrapassou os nossos pensamentos e emoções. No entanto, como mencionado, a menos que a nova energia que entrou no nosso centro seja semelhante à nossa disposição geral, ela desaparecerá da Aura pouco depois para ser substituída pela nossa cor central.

Se a energia do lado esquerdo estiver a ser projetada em nós por uma pessoa com quem estamos em contato, seja numa sessão de cura ou através de comunicação verbal, é comum ver a mesma cor que a dominante na sua Aura. Lembre-se de que a nossa imaginação deve ser sempre alimentada pela força de vontade, seja a nossa (pois é ótima) ou a de outra pessoa.

Em muitas leituras da Aura, a cor vermelho-escuro virá para o lado esquerdo se uma pessoa estiver a ser ativada emocional ou mentalmente. Ficará lá por alguns momentos enquanto a consciência a processa. Se o sistema nervoso do indivíduo for suficientemente forte, ele irá ultrapassá-lo, e o vermelho-escuro irá verter para fora da Aura. Se permitirem que ele assuma mentalmente ou emocionalmente, ou ambos, o vermelho-escuro permeará a Aura e assumirá como a cor dominante, o que significa que o stress se apoderou totalmente da consciência.

Se a cor do lado esquerdo for a mesma em toda a Aura, a energia é sentida muito fortemente, uma vez que o indivíduo é congruente com os seus pensamentos, emoções, e ações. Se a cor do lado esquerdo for a mesma que a cor do lado direito, o indivíduo executa o que está a pensar, mesmo que não o esteja a sentir. Para que possamos sentir tangivelmente qualquer energia, ela tem de assumir como a cor de base e permear a área do coração e as primeiras camadas da Aura.

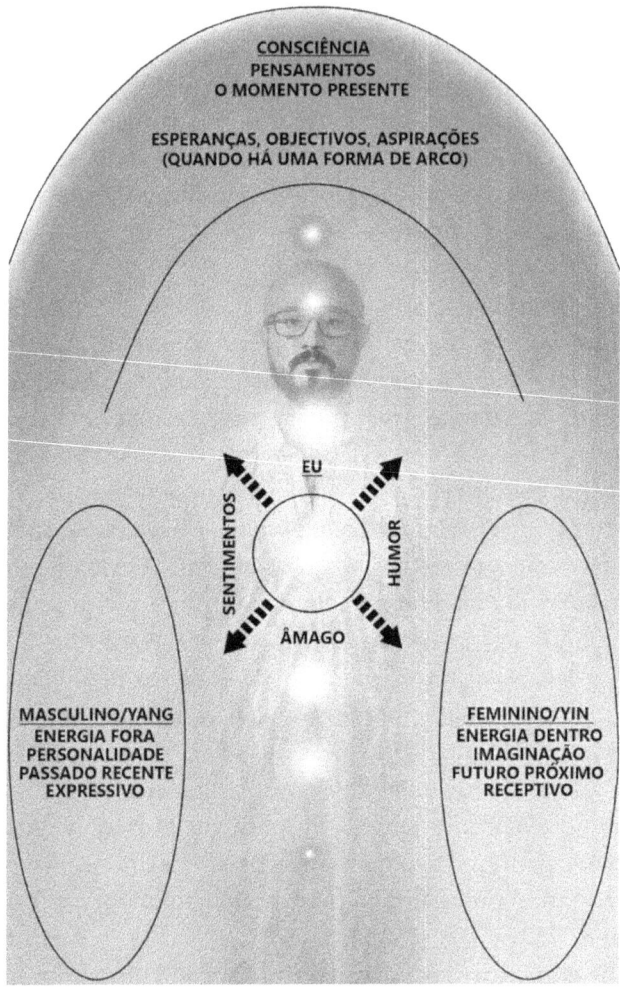

Figura 20: Anatomia da Aura

Lado Direito do Corpo

O lado direito do corpo representa a energia masculina, ativa, projetiva, Yang. Retrata a energia recente que passou por nós e que está agora a ser libertada e expressa. É a energia da ação que é um subproduto do que estamos a pensar e a sentir. Uma vez que é a energia que estamos a colocar no mundo, ela representa a forma como outras pessoas nos percebem - a nossa personalidade.

Quando expressamos algo, estamos a causar uma impressão no Planeta Físico e a construir memórias. Cada ato que realizamos tem significado, pois ou nos liberta ou nos prende ainda mais à nossa Roda do Karma. Temos de nos certificar de que as energias que estamos a projetar no mundo material não são escuras e lamacentas, pois são expressivas das qualidades negativas dos Chakras.

Como a cor do lado direito representa o Eu consciente no ato de expressão, a cor do lado esquerdo representa o subconsciente. Como tal, os lados esquerdo e direito da Aura mostram o nosso Eu introvertido e extrovertido. Se formos naturalmente muito sociais e extrovertidos, então a cor do lado direito mudará e mudará frequentemente à medida que nos exprimimos no mundo. No entanto, se formos mais introvertidos e passarmos muito tempo a pensar e a contemplar as nossas emoções, então teremos mais mudanças de energia do lado esquerdo, com muito pouco ou nenhum movimento do lado direito.

Por exemplo, um escritor que passa tempo a pensar e a contemplar ideias terá mudanças consistentes de cor e de energia no seu lado esquerdo. Inversamente, um cantor que se apresente num concerto estará num ato de expressão contínua, pelo que as cores do seu lado direito estarão a mudar e a mudar em relação às emoções que estão a expressar através das suas canções. Terão pouco ou nenhum tempo para entrar e tornar-se introspetivos para causar conscientemente uma impressão na sua imaginação. Contudo, as cores que entram no seu lado esquerdo corresponderão às energias que lhes estão a ser projetadas pelos seus fãs presentes.

PROBLEMAS ENERGÉTICOS NA AURA

Os problemas energéticos dentro da Aura manifestam-se como buracos, rasgos, ou energia estagnada (Figura 21). Os furos na Aura podem ser encontrados no invólucro exterior e parecem aspiradores de energia de drenagem; representam graves perdas de energia e vulnerabilidade a influências negativas. Os furos da Aura podem criar rapidamente um desequilíbrio no sistema energético ao libertarem energia e permitirem a entrada de energias indesejadas do exterior.

Os buracos da aura manifestam-se quando os indivíduos passam demasiado tempo a sonhar acordado e não estão presentes nos seus corpos. Qualquer atividade que promova a ausência de mente e não lidar com as suas emoções à medida que estas acontecem pode potencialmente fazer buracos na Aura. A substância e o abuso do álcool são notórios para fazer buracos na Aura, tal como o é fumar cigarros no dia-a-dia.

Uma Aura altamente porosa é como uma esponja energética. Ser demasiado sensível aos estímulos ambientais cria confusão sobre a sua própria identidade ao longo do tempo. Simplificando, torna-se difícil determinar quais são os seus pensamentos e emoções e quais são os das outras pessoas. Os indivíduos com buracos na sua Aura recorrem frequentemente a pessoas - agradáveis para se sentirem seguros num ambiente. Quando despoletadas ou confrontadas, em vez de lidarem com a situação, estas pessoas medrosas tendem a abandonar conscientemente os seus corpos para evitar experimentar as emoções negativas.

Todos precisamos de enfrentar a realidade de frente para crescer mentalmente, emocionalmente e Espiritualmente. Ao evitar lidar com a realidade tal como ela acontece, a autoconfiança e a autoestima são significativamente afetadas ao longo do tempo, criando mais problemas energéticos.

Os rasgões na concha exterior da Aura são sinais de traumas físicos e psicológicos passados que parecem lágrimas num pedaço de tecido liso. Os rasgões permitem uma vulnerabilidade psíquica e perda de energia, semelhantes aos buracos na Aura, mas menos intensos. Os rasgões da Aura indicam um historial de abuso, seja físico, sexual, mental ou emocional. Por outro lado, o comportamento habitual nocivo de uma pessoa cria buracos na Aura, embora evitar lidar com a realidade indique questões subconscientes profundamente enraizadas.

Uma pessoa que está profundamente ferida sente-se constantemente ameaçada por outros. São reativos e estão sempre prontos para o conflito. Muitas vezes, ferem inadvertidamente outras pessoas, mesmo quando estão apenas a tentar ajudá-las. Estes indivíduos devem diagnosticar a fonte da sua dor e tratá-la através de terapia ou práticas de cura Espiritual. Fazê-lo irá ajudá-los a recuperar o seu sentido de identidade, reparando os rasgões e buracos na sua Aura.

A energia estagnada na Aura manifesta-se de várias formas. As partículas de detritos representam a energia estagnada, sem fundamento, que se manifesta na Aura ou ao longo do Corpo de Luz. Os detritos energéticos consistem em partículas estáticas e sujas que estão geralmente dispersas numa área e resultam em pensamentos e emoções dispersas.

Outro exemplo de energia estagnada são as manchas de cor escura ao longo da casca exterior da Aura que parecem poças de água espessas e lamacentas. Quando a energia estagnada se acumula durante um período mais prolongado, torna-se mais densa e transforma-se em lamas energéticas - borrões espessos de óleo que têm uma aparência escura.

A energia estagnada é causada quando o indivíduo se agarra a pensamentos ou emoções durante demasiado tempo sem os exprimir. Com o tempo, pode transformar-se em bolsas densas ou pesadas de energia que se apoiam em partes da Aura, tornando a mente lenta. As manchas de cor são normalmente encontradas na mesma área e envolvem um ou mais dos Chakras correspondentes (dependendo da cor). As nuvens de energia no interior da Aura são frequentemente sentidas como stress que se esconde no fundo do subconsciente.

As manchas negras na Aura são como resíduos psíquicos que nos separam do momento presente. Ao não nos deixarmos expressar o que pensamos e sentimos, tiramos a nossa capacidade de estabelecer fortes ligações com as pessoas. Em vez de confiarmos na verdade e nos fatos para orientar a nossa realidade, tendemos a viver a vida através de associações e suposições, uma vez que nos falta a coragem de sermos mais expressivos. Não nos amarmos o suficiente enfraquece o Laríngeo Chakra, que está normalmente associado à energia estagnada na Aura. Pessoas com muitas manchas negras na Aura tendem a viver em reclusão, uma vez que se sentem mais seguras de estar isoladas dos outros.

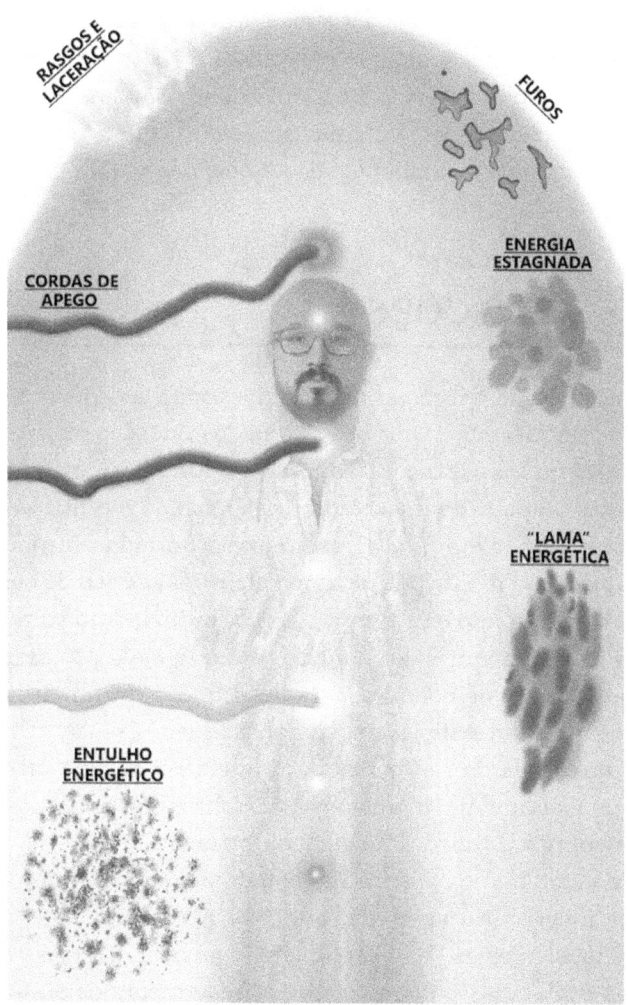

Figura 21: Problemas Energéticos na Aura

Finalmente, os anexos insalubres manifestam-se como cabos de energia que ligam duas pessoas através de um ou mais dos seus Sete Chakras. Interações que contêm constantemente medo intenso, raiva, ou alguma outra emoção negativa implicam a existência de um cordão (ou cordas) de ligação. Os cordões de ligação encontram-se frequentemente em relações pouco saudáveis entre membros da família. São muitas vezes o resultado de culpa ou outras emoções não resolvidas que ligam psiquicamente duas pessoas.

Os cabos de fixação também podem ser criados através de uma memória traumática partilhada entre amigos ou estranhos. Dois exemplos comuns onde cordões energéticos podem estar presentes são as relações dependentes e sadomasoquistas.

Os laços espirituais são a versão oposta dos cordões de ligação negativos. Representam apegos positivos entre duas pessoas, que canalizam a energia amorosa e curativa de uma para a outra. Os laços espirituais são frequentemente partilhados entre uma pessoa e o seu animal de estimação, especialmente com cães que canalizam elevada energia vibracional para os seus donos e estão ligados a eles nesta vida.

A AURA E AS VIBRAÇÕES

O Princípio hermético da Vibração afirma que todas as coisas no Universo vibram a uma determinada frequência. Uma vez que os nossos corpos são constituídos principalmente por água, as vibrações sonoras no ambiente estão continuamente a ser induzidas em nós, afetando diretamente o que pensamos e o que sentimos. Por sua vez, estes estados vibratórios afetam o nosso campo toroidal áurico e reforçam-no ou enfraquecem-no. Tenha em mente que o campo eletromagnético do coração de uma pessoa funciona em concertação com o seu campo Áurico, induzindo-o com energia emocional.

O som é o mais transcendental dos sentidos e o que mais nos sintoniza com os Planos Cósmicos superiores. A música sonora agradável que tem um ritmo harmónico afeta a nossa Aura, provocando um estado emocional positivo. Coloca-nos em contato com as nossas Almas, curando-nos. Por outro lado, a música com tons discordantes cria ondas sonoras que fazem exatamente o oposto. Pode fazer-nos sentir ansiosos e agitados, induzindo assim a energia do medo. No caso da primeira, a nossa Aura expande-se, uma vez que a música de som agradável cria um estado emocional amoroso que faz os nossos corações vibrar de alegria. No segundo, a nossa Aura contrai-se para nos proteger e proteger das vibrações nocivas. Por exemplo, a música moderna de hip-hop utiliza a máquina de bateria 808, cujas batidas de baixa frequência nos sintonizam no Chakra da Raiz, Muladhara. A sua vibração densa mantém a nossa consciência ligada ao plano material, induzindo frequentemente irritação e agressividade.

Somos fortemente afetados pela energia eletromagnética libertada por dispositivos tecnológicos nas nossas casas, apesar de a maioria de nós não ter conhecimento deste fato. Computadores, telemóveis, tablets, e especialmente routers WiFi interferem com o fluxo natural do nosso campo toroidal e podem causar distúrbios. Por este motivo, não é raro que pessoas sensíveis desliguem energeticamente os seus telemóveis ou desliguem os seus routers WiFi quando vão dormir. Alguns vão até ao ponto de desligar todos os dispositivos tecnológicos das tomadas elétricas para neutralizar a energia eletromagnética presente à sua volta.

A base de todas as energias vibratórias superiores é o amor. Em contraste, todas as energias vibratórias mais baixas são baseadas no medo. A regra geral a ter em mente é que as energias positivas e amorosas fazem a Aura expandir-se, enquanto as energias negativas, baseadas no medo, fazem-na contrair-se. A contração da Aura ocorre para salvaguardar as energias da pessoa, enquanto a expansão ocorre para permitir a entrada de mais energias externas positivas.

Somos naturalmente atraídos por pessoas amorosas, pacíficas e calmas, uma vez que estas afetam a nossa Aura positivamente. Quantas vezes já ouviu o ditado: "Esta pessoa tem uma Aura simpática sobre eles". Aqui está implícito que o indivíduo tem uma abundância de energia de Luz, que partilha prontamente com os outros. Inversamente, pessoas pessimistas, hostis, zangadas e geralmente caóticas estão a desafiar a sua presença, uma vez que afetam negativamente a nossa Aura. Por conseguinte, tentamos naturalmente ficar longe destas pessoas, a menos que elas tragam para fora algo dentro de nós que desejemos curar em nós próprios.

É propício à saúde do nosso campo áurico passar frequentemente tempo fora e no solo com a Terra. Quer tenha sido exposto a frequências eletromagnéticas ou precise de limpar a cabeça após um encontro com uma pessoa negativa, ajuda a dar um passeio, especialmente na natureza. A maioria das pessoas que são atraídas a dar um passeio depois de terem sido expostas a energia negativa não têm consciência de que as energias terrestres ajudam a libertar a negatividade da Aura, facilitando a ligação à terra. A Alma sequestra a consciência o tempo suficiente para o levar a dar um passeio para se expor aos elementos da natureza, permitindo-lhe reiniciar e neutralizar as suas energias.

Andar descalço na natureza num dia de sol é a melhor e mais rápida forma de se aterrar com a Terra. O Sol alimenta as nossas energias áuricas, enquanto o toro se alinha com a Terra. Tratar o corpo físico afeta diretamente as nossas energias Chakras, e vice-versa - Como Acima, Assim Abaixo. Através de aterramento e exercício físico, eliminamos a energia negativa do corpo e desintoxicamos enquanto aliviamos a tensão física e otimizamos o fluxo do nosso Nadis. Por sua vez, a nossa vitalidade aumenta, e a nossa Aura fortalece-se.

Entre *The Magus* e *Serpent Rising*, cobri práticas espirituais poderosas tais como Magia Cerimonial, Terapia de Cristais, Terapia de Garfos Afinados, Aromaterapia, e outras. Todas estas práticas visam curar e equilibrar os Chakras, otimizar a Aura, e evoluir Espiritualmente. Claro que ajuda a combinar estas práticas com Ioga, exercício físico, ou qualquer outro método que trabalhe diretamente no corpo físico e o fundamento. Quando o corpo é saudável, a mente também o é, e vice-versa.

KUNDALINI E A AURA

O seu campo toroidal é uma bateria autónoma alimentada por Prana, que requer alimentos e água para combustível. Uma vez que a Kundalini "perfure" Sahasrara Chakra e abra o Lótus de Mil Pétalas, a consciência une-se à Consciência Cósmica, expandindo e otimizando o seu campo de energia toroidal.

À medida que os Chakras se tornam limpos e purificados ao longo do tempo pelo Fogo da Kundalini, a energia da Luz permeia ainda mais a Aura, alimentando e otimizando os Chakras. Como tal, o campo Áurico fortalece-se uma vez que a quantidade de energia de Luz que uma pessoa canaliza influencia diretamente a forma como a Aura se magnetiza. Por sua vez, o corpo físico atinge o seu estado mais ótimo, saudável, e a vitalidade global aumenta.

Durante a transformação da Kundalini, os Chakras das Mãos e dos Pés abrem-se, permitindo ao Espírito descer e permear os cantos mais profundos do Eu. Além disso, o fluxo de energia dos dedos das mãos e dos pés fortalece o toro e amplifica ainda mais a velocidade da energia que circula dentro dele (Figura 22).

Também se abrem outros canais de energia que facilitam a otimização do toro. Todo o processo de despertar da Kundalini e a transformação que se segue foi concebido para permitir ao indivíduo alcançar o seu potencial mais elevado como ser humano Espiritual, o que se reflete na expansão da sua bioenergia que compreende o campo áurico.

Não é coincidência que uma pessoa acordada pela Kundalini pareça única para os outros. Uma vez que estamos todos interligados, quando os nossos campos energéticos interagem, podemos perceber intuição quando o campo energético de alguém é mais proeminente do que o habitual. Portanto, uma pessoa com um campo de energia melhorado é naturalmente atraente para todos os que entram em contato com ele.

Uma vez que o centro do toro é o coração, as pessoas que vivem do coração, em vez da cabeça, têm naturalmente campos de energia toroidal mais poderosos. São mais magnetizados e elétricos, o que significa que canalizam naturalmente mais energia de Luz do que alguém que vive apenas através do intelecto.

As pessoas que vivem do coração amam-se a si próprias e aos outros, uma vez que estão em contato com as suas Almas. Lembre-se, a Alma vive através do coração, enquanto o Ego vive através da mente. Uma pessoa que vive através do seu coração está em contato com a sua capacidade intuitiva. Sentem as energias à sua volta em vez de se relacionarem com o seu ambiente através do intelecto.

Ao contornar a mente e o Ego, ganha-se contato com o momento presente, o Agora, que é o campo da infinita possibilidade. Estar no Agora e viver através do coração e da Alma expande o seu campo energético, maximizando o seu potencial Espiritual.

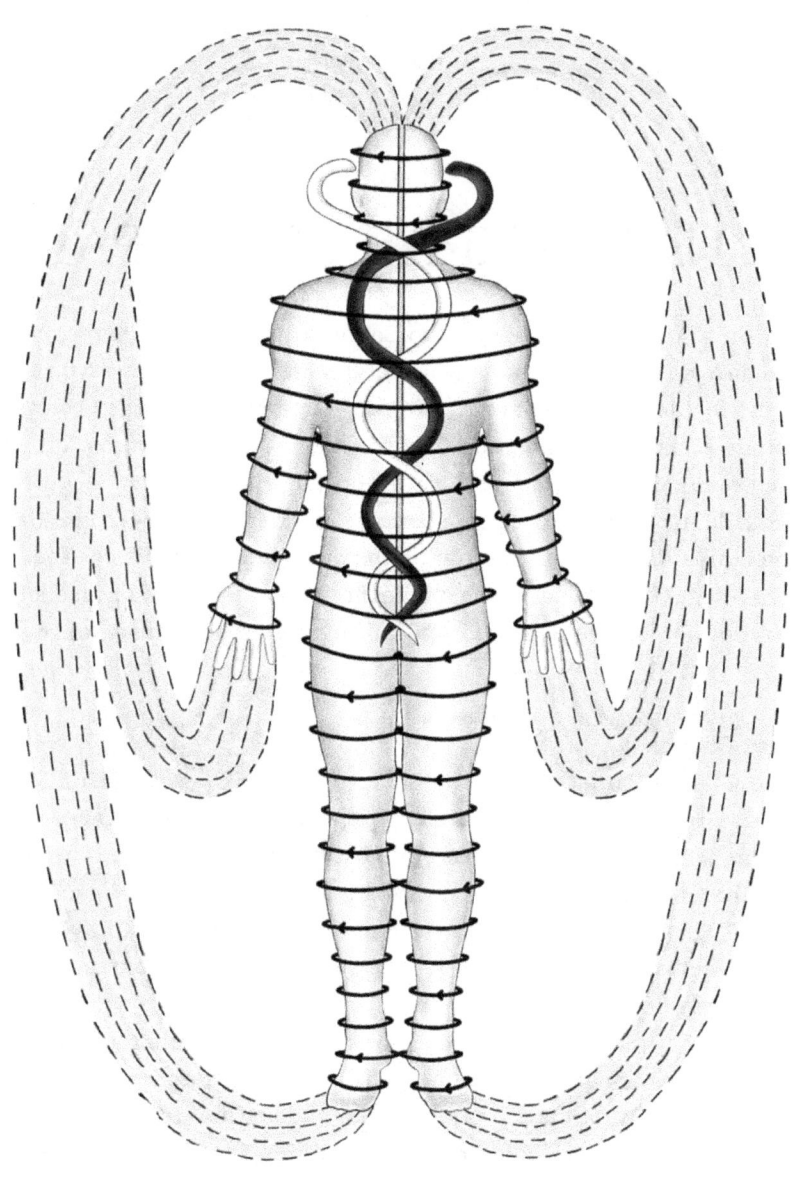

Figura 22: O Campo Toroidal da Kundalini

OS SETE CHAKRAS PRINCIPAIS

Se despertou a Kundalini e a elevou ao Sahasrara, os Sete Chakras, correspondentes com a Árvore da Vida completa, estão agora totalmente ativados dentro de si. Cada Chakra é expresso através de diferentes partes da psique e afeta as funções corporais. Podemos decompor ainda mais as energias dos Chakras nos Cinco Elementos, uma vez que cada um deles corresponde à Terra, Água, Fogo, Ar ou Espírito.

Os Chakras dentro do Corpo de Luz e os correspondentes Elementos e Planos Cósmicos de existência ocupam o mesmo espaço e tempo que o seu corpo físico. Todos eles existem dentro da sua Aura e formam camadas da mesma, que estão, na sua essência, interligados e interpenetrados. Quanto mais alto for o Chakra ou Elemento, mais longe se projeta para fora.

Muladhara Chakra

O primeiro Chakra, Muladhara, situa-se entre o cóccix (osso da cauda) e o períneo. É o mais baixo dos Sete Chakras Maiores e está relacionado com o Elemento Terra e Planeta Saturno, o mais lento dos Sete Planetas Antigos, relacionado com o Karma e os Ciclos do Tempo. Muladhara é o centro da nossa energia física e da nossa ligação à terra. O seu modus operandi é a segurança e sobrevivência do corpo físico. Uma vez que Muladhara está relacionado com o Mundo da Matéria, a sua energia está relacionada com a expressão física - todas as atividades físicas requerem a energia da Terra.

A Kundalini está enroscada na base da coluna vertebral, e está inextricavelmente ligada ao Planeta Terra através das linhas energéticas das nossas pernas, que se ligam aos nossos Chakras do Pé. Muladhara é também chamado o Chakra da Raiz, Base, ou Chakra da Terra porque é a fundação como o mais baixo dos Sete Chakras Maiores. A energia deste Chakra é mais densa, vibrando na mais baixa frequência de todos os Chakras. No axioma hermético de "O que está Acima é como o que está Abaixo, Muladhara lida com o aspeto da manifestação - em Baixo.

Muladhara tem quatro pétalas, ou vórtices, e tem a cor vermelha. Os alimentos que correspondem ao Muladhara Chakra são vegetais de raiz, carne vermelha, frutos vermelhos, pimenta, pimenta-de-caiena e pimentão. Os desafios neste Chakra relacionam-se com as coisas que adquirimos na nossa vida material e a sua qualidade. Por exemplo, será que temos o trabalho certo, casa, veículo para transporte, parceiro de vida, amigos, ou falta de estabilidade e segurança nestas áreas?

Um Chakra de Raiz aberto e ativo torna-nos confiantes, estáveis e fundamentados. Têm um tempo fácil para manifestar a vida que desejam e são equilibrados emocional e mentalmente. Um Chakra de Raiz hiperativo torna uma pessoa materialista e gananciosa. Por outro lado, um Chakra de Raiz sub ativo torna-nos excessivamente temerosos e ansiosos. Por falta de estabilidade emocional e mental, é aparentemente impossível manifestar algo de valor na sua vida.

Swadhisthana Chakra

O segundo Chakra, Swadhisthana, está localizado no abdómen inferior e está relacionado com o Elemento da Água e o Planeta Júpiter, o Planeta benevolente da misericórdia e da justiça. O Swadhisthana lida com emoções, sentimentos e instintos projetados através da mente subconsciente. Estando relacionado com o subconsciente, o Swadhisthana é a fonte de energia do medo que influencia significativamente quem nos tornamos na vida.

O Swadhisthana é chamado de Chakra Sacral ou Spleen Chakra. A um nível humano básico, o Chakra Sacral afeta a nossa expressão sexual, as interações sociais, e como estamos confortáveis connosco próprios e com os outros. O Chakra Sacral é o aspeto da personalidade da consciência do Eu-Ego que é formada ao longo do tempo. O Ego é temperado pelo medo, uma vez que evita todas as atividades que fazem o corpo e a mente sentirem-se mal enquanto abraçam tudo o que o faz sentir-se bem. O Ego preocupa-se principalmente em procurar o prazer, independentemente de como as suas ações irão afetar outras pessoas.

A Swadhisthana tem seis pétalas e é da cor laranja. Os alimentos que correspondem ao Swadhisthana Chakra são frutas e vegetais de cor laranja, ovos, tofu, produtos de soja, manteiga de amendoim, nozes, sementes, mel, e baunilha. Os desafios no Swadhisthana são encontrados no tipo de emoções que carregamos dentro de nós próprios. Será que sentimos muito medo, e será que o medo nos impede de manifestar os desejos da nossa Alma? Será que temos alegria na nossa vida, ou a vida é suave e aborrecida? Será que temos problemas com a intimidade, e somos sexualmente expressivos? Sentimo-nos confortáveis com quem somos, ou escondemo-nos do mundo?

Quando o Swadhisthana está aberto e ativo, um está em contato com as suas emoções e é sincero com os outros, permitindo-lhes formar relações saudáveis. Sentem-se confortáveis com a intimidade e são expressivos dos seus desejos interiores. Um Chakra Sacral equilibrado aumenta a criatividade e permite-lhe acompanhar o fluxo da vida sem estar demasiado apegado. Permite-lhe sentir felicidade e alegria em atividades pequenas e quotidianas.

Se o seu Sacral Chakra estiver bloqueado ou sub ativo, fica emocionalmente fechado aos outros, retirando-se naturalmente e indo para dentro. Neste estado, uma pessoa torna-se introvertida e excessivamente insegura com o seu Ego e as suas inseguranças. Em contraste, um Chakra Sacral hiperativo torna-o excessivamente emocional, ligado a outras pessoas, e demasiado sexual, resultando em promiscuidade.

Manipura Chakra

O terceiro Chakra, Manipura, está localizado no Plexo Solar, acima do umbigo. O seu outro nome é o Chakra do Plexo Solar. Manipura corresponde ao Elemento Fogo, e ao Planeta Marte, daí que seja a fonte da nossa força de vontade. A nossa motivação, impulso, vitalidade, e nível de criatividade são todos governados pela Manipura. Além disso, este Chakra é o responsável pela nossa confiança, autoestima e capacidade de sermos assertivos na vida.

Manipura governa a digestão que nos permite transformar a alimentação em energia valiosa para o corpo e a mente. Manipura trabalha com os Chakras acima e abaixo dele, uma vez que é o "Sede da Alma". A Alma governa o nosso carácter, enquanto o Ego governa a nossa personalidade. A Alma requer inteligência, clareza mental, e a harmonização da vontade com lógica, razão, e imaginação. Como tal, Manipura tira energia do Chakra do Ar acima dele, Anahata. O Fogo de Manipura também ativa o impulso criativo, o que requer as emoções do Swadhisthana para a sua expressão.

Manipura tem dez pétalas e é da cor amarela. Os alimentos que correspondem ao Manipura Chakra são frutos e vegetais amarelos e dourados, produtos lácteos, hidratos de carbono complexos e grãos, mostarda, curcuma, cominho, e gengibre. Os desafios encontrados neste Chakra estão relacionados com a forma como utilizamos a nossa força de vontade. Estamos encarregues das nossas próprias vidas, ou são outras pessoas? Estamos motivados e motivados para atingir os nossos objetivos, ou será que nos falta nesta área? Será que exprimimos os nossos desejos mais íntimos, ou será que estamos demasiado presos às nossas emoções? Saberemos nós como exigir rigor quando outros nos enganam, ou seremos nós um capacho para outros usarem?

Quando a Manipura está aberta e ativa, exercemos o domínio nas nossas vidas e sentimo-nos no controlo. Reforçámos o nosso poder pessoal e estamos a manifestar os objetivos da nossa vida. Manipura trabalha com o Chakra da Terra, Muladhara, para realizar estas tarefas.

Se o Manipura é sub ativo, tendemos a ser passivos, indecisos, e tímidos. Se for hiperativo, tornamo-nos dominantes e excessivamente severos. Demasiada energia de fogo pode resultar em tirania e opressão sobre outras pessoas. A força de vontade precisa de emoções para o equilíbrio, que são fornecidas pela Swadhisthana. Se o Chakra de Água não equilibrar o nosso Chakra de Fogo, podemos tornar-nos excessivamente agressivos para conseguirmos o que queremos e hostis. A força de vontade precisa de amor para o guiar; caso contrário, a nossa ação contém consequências cármicas. Como tal, Manipura confia em Anahata para a orientação.

Anahata Chakra

O quarto Chakra, Anahata, está localizado entre os dois seios no centro do peito. Também conhecido como Chakra do Coração, Anahata corresponde ao Elemento Ar e ao Planeta Vénus. Anahata é o nosso centro de amor que lida com compaixão, afeto, altruísmo, bondade, e inspiração. Estimula a nossa imaginação, os pensamentos, bem como as fantasias. O desafio de Anahata é ultrapassar os Karmas dos três Chakras inferiores para que se possa sintonizar com a energia do amor incondicional.

Anahata é o nosso centro Espiritual, uma vez que recebe a energia dos três Chakras superiores. É o centro onde sentimos a unidade com todas as coisas através do poder de ligação do amor. Como tal, Anahata é o centro da consciência de grupo.

Anahata está ligada aos nossos Palm Chakras, que nos permitem sentir a energia à nossa volta como uma essência quantificável e curar outros. A cura prática requer que canalizemos a energia do amor de Anahata através dos nossos Palm Chakras e que a projetemos em áreas que necessitam de cura. A energia do amor é o derradeiro curador da mente, corpo e Alma.

Em Anahata, compreendemos o trabalho e o objetivo da nossa vida. Uma vez que se pensa na essência do Elemento Ar, Anahata alimenta tanto os Elementos Fogo como os Elementos Água e dá-lhes vida. Se este Chakra estiver inativo, voltamo-nos para o egoísmo e a satisfação do Ego.

Anahata tem doze pétalas, e a sua cor é verde. Os alimentos que correspondem com Anahata Chakra são a grande variedade de frutas, vegetais e ervas verdes, e verduras de folhas. Os desafios neste Chakra estão relacionados com a clareza de pensamento. Será que estamos demasiado absorvidos pela fantasia e pelo pensamento ilusório, ou será que os nossos pensamentos se baseiam na verdade? Estaremos a usar a nossa imaginação para nos ajudar a alcançar os nossos objetivos? Serão os nossos pensamentos de natureza superior no sentido de ajudar os outros ou de qualidade inferior, em que o nosso foco é apenas o de cuidar de nós próprios?

Quando Anahata é aberta e ativa, somos compassivos e amigáveis com os outros, permitindo-nos ter relações harmoniosas. Temos uma compreensão da nossa natureza Espiritual que nos torna virtuosos e éticos nas nossas palavras e ações. Como tal, tornamo-nos clementes, amáveis e caridosos. Essencialmente, o nosso comportamento torna-se motivado pelo amor incondicional em oposição ao amor-próprio.

Quando Anahata está sub ativo, tendemos a ser emocionalmente frios e distantes. Ficamos demasiado enraizados nos Chakras inferiores, o que nos torna Egotistas em vez de exaltarmos a nossa natureza Espiritual. Tendemos para nós próprios e para as nossas necessidades e desejos sem nos preocuparmos com as outras pessoas. Se este Chakra é excessivamente ativo, por outro lado, sufocamos os outros com amor, muitas vezes por razões egoístas.

Vishuddhi Chakra

O quinto Chakra, Vishuddhi, está localizado no centro do pescoço; daí que se chame o Chakra Garganta. Vishuddhi é do Elemento do Espírito ("Aethyr"); funciona em conjunto com os dois Chakras seguintes acima e os Chakras abaixo dele. Vishuddhi está relacionado com a expressão verbal, subtil, e escrita dos pensamentos de cada um. Corresponde ao Planeta Mercúrio, que rege a comunicação e a velocidade do pensamento. Vishuddhi gera a vibração da palavra falada a um nível enérgico e físico.

Vishuddhi também controla o discernimento e o intelecto. Tem dezasseis pétalas, e a sua cor é azul. Vishuddhi Chakra rege todos os líquidos que trazemos para o corpo. Os alimentos que correspondem a este Chakra incluem frutas e vegetais de cor azul, sal, salva, e hortelã-pimenta. Os desafios em Vishuddhi relacionam-se com o fato de expressarmos o que nos vai na mente e com a forma como comunicamos com os outros. Será que falamos demais, ou será que o que dizemos tem substância? Quando falamos, projetamos poder com as nossas cordas vocais, ou saímos mansos e tímidos?

Quando Vishuddhi está aberto e ativo, falamos a nossa verdade aos outros de forma criativa. Somos Expressivos e usamos as palavras como âncoras para transmitir a nossa realidade aos outros. Não só somos grandes faladores como também ouvintes, uma vez que a comunicação funciona nos dois sentidos.

Quando Vishuddhi está sub ativo, tendemos a ser silenciosos e introvertidos em geral. Falta-nos confiança em falar a nossa verdade, que pode surgir das questões do Solar Plexo Chakra. Se não transmitirmos a nossa verdade por nos sentirmos indignos, podemos ter problemas em Anahata. Falar a nossa verdade interior alinha-nos com o Divino enquanto mentir alinha-nos com entidades inferiores e demoníacas.

Quando Vishuddhi é demasiado ativo, temos tendência a falar demais, o que turva a nossa capacidade de ouvir outras pessoas. Esta situação ocorre normalmente devido ao desejo do Ego de dominar os outros devido a um Manipura Chakra desequilibrado. Se nos tornarmos tagarelas e não tivermos substância no nosso discurso, outras pessoas geralmente distanciam-se de nós. Portanto, é essencial ter um Chakra Garganta equilibrado se desejamos prosperar na vida e ter relações significativas.

Ajna Chakra

O sexto Chakra, Ajna, está localizado no centro do cérebro, no Terceiro Ventrículo. (Mais sobre o Terceiro Ventrículo num capítulo posterior.) O seu ponto de acesso mais imediato está ligeiramente acima do centro das sobrancelhas. Ajna é frequentemente referido como o Chakra do Olho da Mente, o Terceiro Olho, ou o Chakra da Sobrancelha. Está relacionado com o Elemento do Espírito ou "Aethyr".

Ajna corresponde com a Lua. Embora a Lua seja classificada como um satélite enquanto o Sol é a nossa Estrela central, o povo Antigo incluiu ambos como parte do seu quadro dos Sete Planetas Antigos, referindo-se a eles como Planetas. A Lua é o nosso centro de clarividência e intuição. Dá-nos uma visão do Desconhecido porque recebe informação dos Reinos Superiores acima, através do Sahasrara, o Chakra da Coroa. Ajna é o nosso centro psíquico. Dá-nos sabedoria e compreensão relativamente aos mistérios do Universo. Obtemos este conhecimento através da Gnose, a nossa capacidade de canalizar diretamente a informação das energias Divinas. Este sexto Chakra dá-nos o sexto sentido do conhecimento para além do Eu.

Ajna é o Chakra essencial no que diz respeito aos Mundos Espiritual e Astral. Como tal, é o centro do sonho. Através deste Chakra, alcançamos a Coroa/Sahasrara e saímos dos nossos corpos físicos para viajar para diferentes dimensões do Tempo e do Espaço.

Estas viagens do Sonho Lúcido ocorrem nos Mundos Interiores ou Planos - utilizamos o nosso Corpo Ligeiro como veículo.

Ajna tem duas pétalas e é a cor índigo. Os alimentos que correspondem ao Ajna Chakra são frutas e vegetais de cor índigo ou azul-escuro, vinho tinto, cafeína, chocolate, zimbro e alfazema. Os desafios neste Chakra estão relacionados com o fato de recebermos informação mais elevada do Sahasrara ou o nosso Olho da Mente está fechado? Passamos demasiado tempo na nossa cabeça, concentrando-nos no nosso intelecto para nos guiar ou estamos em contato com a nossa intuição? Os nossos sonhos são vívidos e cheios de vida, ou baços e sem problemas?

Quando o Ajna Chakra é aberto e ativo, temos uma boa intuição que serve como nossa força orientadora na vida. Quando a nossa intuição é forte, também o é a nossa fé, uma vez que podemos perceber a realidade para além da Terceira Dimensão. Uma forte intuição está normalmente ligada a ser um ser humano Espiritual conscientemente consciente.

Quando a Ajna está inativa, temos tendência a perder o contato com a realidade Espiritual. Como tal, começamos a confiar demasiado no nosso intelecto e no Ego para nos guiar na vida. A confusão instala-se sobre a nossa verdadeira essência, fazendo-nos procurar respostas existenciais de pessoas de autoridade.

Quando a Ajna é demasiado ativa, temos tendência a viver num mundo de fantasia. Perdemos o contato com a realidade de quem somos e podemos até experimentar psicose. Alguém que usa drogas alucinógenas com demasiada frequência irá invariavelmente sobre-estimular o seu Ajna Chakra.

Sahasrara Chakra

O sétimo Chakra, Sahasrara, está localizado no topo, no centro da cabeça. Como tal, é também conhecido como o Chakra da Coroa. Sahasrara é a nossa fonte de Iluminação, Unicidade, verdade e sabedoria e compreensão Espiritual. Ele corresponde ao Sol, a Estrela do nosso Sistema Solar. O Chakra da Coroa é o Chakra mais alto do Elemento Espiritual/Etérico, e serve como porta de entrada para os Planos Divinos representados pelos Chakras Transpessoais acima da cabeça.

Sahasrara é o mais elevado da consciência humana e o último na compreensão e conhecimento do Universo. Tradicionalmente, este centro é descrito como uma roda com mil (incontáveis) pétalas ou vórtices. Quando todas as pétalas estão abertas, o indivíduo obtém uma ligação permanente à Consciência Cósmica, alcançando a transcendência.

Como Sahasrara é a fonte de tudo, é também a fonte de todas as potências e da sua totalidade. A cor do Sahasrara é branca, uma vez que o branco é a fonte de todas as cores. A sua outra cor é a violeta como primeira cor no espectro da Luz Branca, e uma que se segue ao índigo. Os alimentos que correspondem ao Sahasrara são brancos, violeta, e cor de lavanda. Além disso, água purificada, ar fresco e luz solar alinham-nos com a energia do Sahasrara, bem como jejum, desintoxicação, e técnicas de respiração e meditação.

A Luz Branca entra no Corpo de Luz através do Sahasrara, e dependendo de quanto Karma existe nos Chakras inferiores, esta Luz fica mais fraca. Portanto, quanto mais escurece o Chakras abaixo do Sahasrara, mais o Ego está presente, e quanto menor o Eu Superior.

A fonte do Eu Superior é Sahasrara. Despertar a Kundalini e elevá-la até Sahasrara permitir-lhe-á ganhar uma ligação direta com o seu Eu Superior. Uma vez alcançado, o Eu Superior torna-se o seu próprio mestre e professor para o resto da sua vida. Nunca mais haverá necessidade de um professor exterior, uma vez que será o professor e aluno de um só. O desafio, porém, é purificar os Chakras para que possa ser facilmente guiado e ensinado pelo seu Eu Superior.

Um centro aberto e ativo do Sahasrara transmite-nos a compreensão de que somos seres espirituais que vivem uma existência humana e não o contrário. Abraçar a nossa Espiritualidade permite-nos reconhecer que a realidade física é apenas uma ilusão. A nossa essência é Alma e consciência, que são Eternas e não podem ser aniquiladas. Os Espirituais não consideram a morte física como o fim, mas apenas o início de algo novo e diferente. Uma visão Espiritual do mundo cria uma espécie de desapego de levar esta realidade demasiado a sério, o que traz alegria e felicidade que acompanha as pessoas que abraçaram a energia Espiritual dentro delas.

Se estiver fechado à realidade Espiritual das coisas, o seu centro Sahasrara está muito provavelmente inativo. Tende apenas ao corpo físico, o que vos faz alinhar com o Ego e as suas necessidades e desejos. Abraçar o Ego enquanto se nega a Alma atrai entidades mais baixas e demoníacas para se alimentarem da nossa energia. A consciência torna-se desviada e permanece assim até reconhecermos que não estamos separados do mundo e que existe uma realidade Espiritual que está subjacente a tudo.

Por outro lado, um Sahasrara excessivamente ativo pode resultar em ignorar as necessidades corporais e em demasiada intelectualização. Se a Luz apenas derrama nos Chakras mais altos, não há fundamento, e o indivíduo torna-se muito cerebral. Lembre-se, este mundo é uma ilusão, mas que precisamos de respeitar, uma vez que o nosso corpo físico é o nosso veículo para manifestar a realidade que desejamos. O equilíbrio da mente, do corpo e da alma é a chave do Iluminismo, não descartando um aspeto por outro.

SETE CHAKRAS E O SISTEMA NERVOSO

O canal Sushumna transporta a energia da Kundalini através da medula espinal e para o cérebro. A medula espinal e o cérebro constituem o Sistema Nervoso Central (SNC). Emanando da medula espinal são nervos que se estendem para fora como os ramos de uma árvore, onde o Sushumna atua como o tronco central. Estas fibras nervosas constituem o Sistema Nervoso Simpático (SNS) e o Sistema Nervoso Parassimpático (SNP), que fazem parte do Sistema Nervoso Autónomo (SNA).

O Sistema Nervoso Autónomo funciona principalmente inconscientemente e regula processos essenciais como a respiração, a digestão e o bater do coração. Por exemplo, durante um despertar Espiritual, o coração começa a correr, envolvendo assim o Sistema Nervoso Autónomo, que é regulado pelas redes emocionais no cérebro.

O Sistema Nervoso Simpático e o Sistema Nervoso Parassimpático fazem coisas opostas na maioria dos casos - o Sistema Nervoso Simpático prepara o corpo para a ação e atividade enquanto o Sistema Nervoso Parassimpático permite que o corpo relaxe. O Sistema Nervoso Autónomo é responsável por criar um equilíbrio saudável entre os dois, promovendo uma mente calma e pacífica.

As áreas onde o Sistema Nervoso Simpático e o Sistema Nervoso Parassimpático se encontram estão centradas em torno dos principais órgãos corporais e glândulas endócrinas. Referidas como "Plexos", estas áreas de convergência nas cavidades do corpo formam o agrupamento mais vital de células nervosas. Os Plexos ligam os órgãos importantes do corpo à medula espinal. Estas são também as áreas onde os Chakras Maiores se localizam na parte frontal do corpo.

Os Chakras Maiores interagem com o corpo físico através do sistema nervoso e das glândulas e órgãos endócrinos. Cada Chakra está associado a funções corporais particulares, controladas pelo seu plexo e pelas glândulas endócrinas e órgãos a ele relacionados.

No centro de cada um dos Chakras Maiores encontra-se um canal semelhante a um caule (Figura 23). Cada canal estende-se em direção à medula espinal e funde-se com ela - o Sushumna alimenta cada um dos Chakras Maiores, fornecendo-lhes a sua energia vital. Os caules dos Chakras Maiores curvam-se para baixo perto do Plexo Faríngeo (Garganta), Plexos Cardíaco e Pulmonar (Coração), Plexos Esplénico e Celíaco (Solar), Plexos Pélvico (Sacro) e Plexos Coccígeo e Sacro (Raiz). Acima do Plexo Carotídeo (3º Olho), o talo Chakras dobra-se para cima, enquanto para o Sahasrara Chakra, eleva-se até ao topo da cabeça através do Córtex Cerebral.

O plexo faríngeo "inerva" (fornece órgãos ou outras partes do corpo com nervos) o nosso paladar e cordas vocais. Uma vez que Vishuddhi (Garganta) Chakra governa a comunicação e a expressão, não é de admirar que a garganta e o interior da boca sejam alimentados por ele. O seu canal Chakras estende-se desde a medula espinal entre a segunda e terceira vértebras cervicais (C2-3) até ao centro da garganta.

O Plexo Pulmonar está em continuidade com o Plexo Cardíaco, localizado acima da aorta do coração, cerca de meio do peito. O Plexo Cardíaco inerva o coração, o órgão associado à nossa capacidade de amor e compaixão e a nossa ligação com todas as coisas vivas e não vivas. Todos estes são atributos do Chakra de Anahata (Coração) que o alimenta. O canal de Anahata em forma de caule Chakra estende-se desde a medula espinal entre a sétima vértebra cervical e a primeira vértebra torácica (C7-T1) até ao centro do tórax.

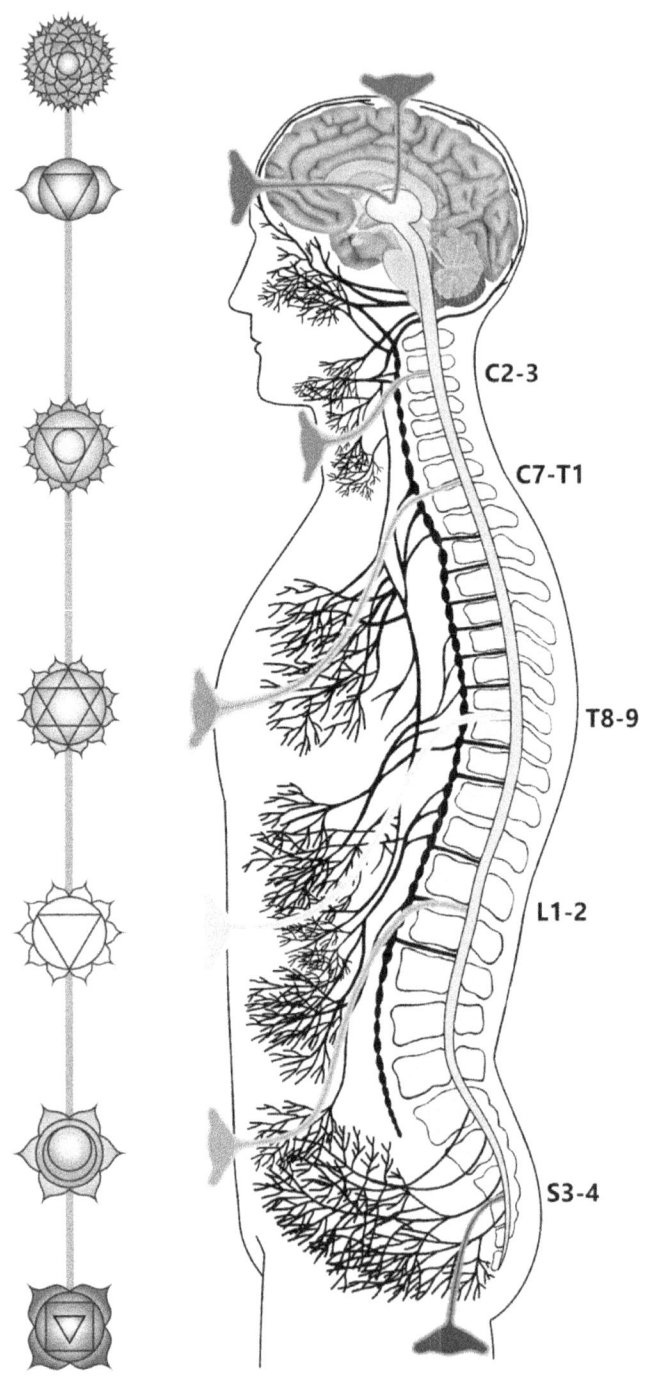

Figura 23: Os Sete Chakras e os Plexos Nervosos

Ramos do Plexo Celíaco e do Nervo Vago formam o Plexo Celíaco. (Mais sobre a importância do Nervo Vago num capítulo posterior.) Conhecido como Plexo Solar nos círculos científicos e espirituais, o Plexo Celíaco está localizado na base das costelas perto do estômago. Os seus nervos interiores privam o pâncreas, vesícula biliar, intestinos superiores, fígado e estômago. Manipura (Plexo Solar) Chakra governa a nossa força de vontade, vitalidade, e digestão, alimentada pelos órgãos acima mencionados. O seu canal Chakra estende-se desde a medula espinal entre a oitava e a nona vértebras torácicas (T8-9) até ao centro da parte superior do abdómen.

O Plexo Pélvico rege as funções eliminativas e reprodutivas e consiste nos Plexos Hipogástricos superior e inferior. O Plexo Hipogástrico superior inerva os ovários nas mulheres e os testículos nos homens. A sua localização é no abdómen inferior, e correlaciona-se com o Swadhisthana (Sacral) Chakra, que está associado à reprodução e fertilidade.

O Plexo Hipogástrico inferior é uma continuação do superior, localizado logo abaixo dele na região pélvica inferior. Inerva o útero e o colo do útero nas mulheres e a próstata nos homens. Está também ligado ao reto e à bexiga. O canal tipo haste Chakras de Swadhisthana estende-se desde a medula espinal entre a primeira e segunda vértebras lombares (L1-2) até ao centro do abdómen inferior.

O Plexo Coccígeo consiste no nervo coccígeo e no quinto nervo sacral, inervando a pele na região do cóccix (cóccix). O Plexo Sacral é uma rede de nervos que emergem das vértebras lombares e sacrais inferiores e fornecem controlo motor e recebem informação sensorial da maior parte da pélvis e das pernas. O maior nervo do Plexo Sacral é o Nervo Ciático que inerva a coxa, a perna inferior e o pé.

O canal tipo caule do Muladhara Chakra estende-se desde o sacro entre a terceira e quarta vértebras sacrais (S3-4), e desce até à área entre o períneo e o cóccix. O Chakra da Raiz aponta para baixo, em direção à Terra, pois está encarregue de aterrar o nosso sistema Chakras. Os canais de energia nas pernas são a nossa ligação energética com o Chakra Estrela da Terra, abaixo dos nossos pés. Também alimentam os Ida e Pingala Nadis, que começam em Muladhara, mas passam as suas correntes femininas e masculinas através de cada um dos canais de energia das pernas.

PURIFICAÇÃO DOS CHAKRAS

Após um despertar completo e permanente da Kundalini, uma vez que o Corpo de Luz tenha sido construído através da ingestão de alimentos, o passo seguinte é sintonizar a sua consciência com o seu aspeto mais elevado, o Corpo Espiritual. Esta parte é um desafio porque terá de purificar primeiro os seus Chakras inferiores, o que permitirá que a sua consciência se eleve naturalmente. A sua consciência será sobrecarregada pela energia cármica nos Chakras inferiores até que o faça. Este processo de Ascensão Espiritual é sistemático a este respeito.

As energias mais baixas e mais densas devem ser ultrapassadas antes que as energias vibracionais mais elevadas possam permear o Eu. A energia Cármica negativa do medo é a parte que mantém a maioria de nós a vibrar a uma frequência mais baixa. Uma vez que a energia do medo liga o Ego aos Quatro Elementos inferiores, estes Elementos devem ser purificados e consagrados para permitir que a sua consciência se eleve e funcione a partir dos três Chakras-Vishuddhi Espirituais superiores, Ajna e Sahasrara.

Uma vez construído o seu Corpo de Luz, terá experiências ocasionais destes estados entusiásticos em certos momentos em que perde de vista o seu Ego. No entanto, uma vez que tem de remover as garras do Ego para integrar plenamente o Corpo Espiritual e absorver a sua consciência nele, os Quatro Chakras Elementais abaixo dos Chakras Espirituais devem ser trabalhados. Não há outra forma, e não se pode tomar atalhos neste processo. Pode levar muitos anos, e na maioria dos casos leva, mas tem de ser realizado.

Em *The Magus: Kundalini and the Golden Dawn*, ofereço exercícios rituais Magia Cerimonial para trabalhar nos quatro Chakras mais baixos de Muladhara, Swadhisthana, Manipura e Anahata. Quem precisar de trabalhar nos seus Chakras achará este trabalho inestimável na sua jornada em direção à Ascensão Espiritual. *O Magus* concentra-se em trabalhar com todos os Chakras e purificá-los através de exercícios rituais particulares que invocam as energias Elementais da Terra, Água, Fogo, Ar, incluindo o Espírito.

Uma vez quebradas as partes do Eu Inferior através do trabalho com os Quatro Elementos, terá afinado os aspectos correspondentes da sua psique. O passo seguinte é reintegrar essas partes do Eu através do Elemento Espiritual. Estas técnicas de invocação ritual servem como instrumentos poderosos para sintonizar os Sete Chakras e elevar a sua consciência de modo a canalizar a quantidade máxima de energia de Luz para a sua Aura.

O objetivo do trabalho ritual com Magia Cerimonial é ganhar uma ligação eterna com o seu Santo Anjo da Guarda, que é outro termo para o Eu Superior. É a parte de vós que é de Deus - o Divino. Ao limpar e purificar os seus Chakras, alinha-se com o seu Eu Superior e distancia-se do seu Eu Inferior - o Ego.

O despertar completo da Kundalini (quer tenha acontecido de uma só vez ou gradualmente) e a localização permanente da energia Kundalini no cérebro é considerado o estado mais elevado possível de despertar Espiritual. Não há outra forma de despertar Espiritual ou iniciação que seja maior ou mais elevada no seu alcance. Mas o despertar da Kundalini é apenas o início da sua viagem em direção à Iluminação. O passo seguinte é purificar os vossos Chakras e elevar a vibração da vossa consciência. E para o fazer com sucesso num período mais curto, necessitará de alguma forma de prática Espiritual para o ajudar na sua viagem.

EXPANSÃO DO CÉREBRO

Os seis Chakras, Muladhara, Swadhisthana, Manipura, Anahata, Vishuddhi, e Ajna, têm contrapartidas diferentes nas respetivas áreas do cérebro (Figura 24). Isto significa que quando um Chakra é inteiramente aberto através de um despertar Kundalini, a parte do cérebro associada a esse Chakra torna-se permanentemente ativada. A ativação do cérebro é necessária para facilitar a expansão da consciência. Além disso, à medida que diferentes áreas do cérebro se abrem, este começa a sentir-se transparente e sem peso, como se estivesse a perder o contato com a Matéria que o compreende. À medida que o efeito da Matéria cai na sua consciência, o seu cérebro torna-se uma antena para receber vibrações do Universo exterior através do Chakra da Coroa, Sahasrara, mesmo acima dele.

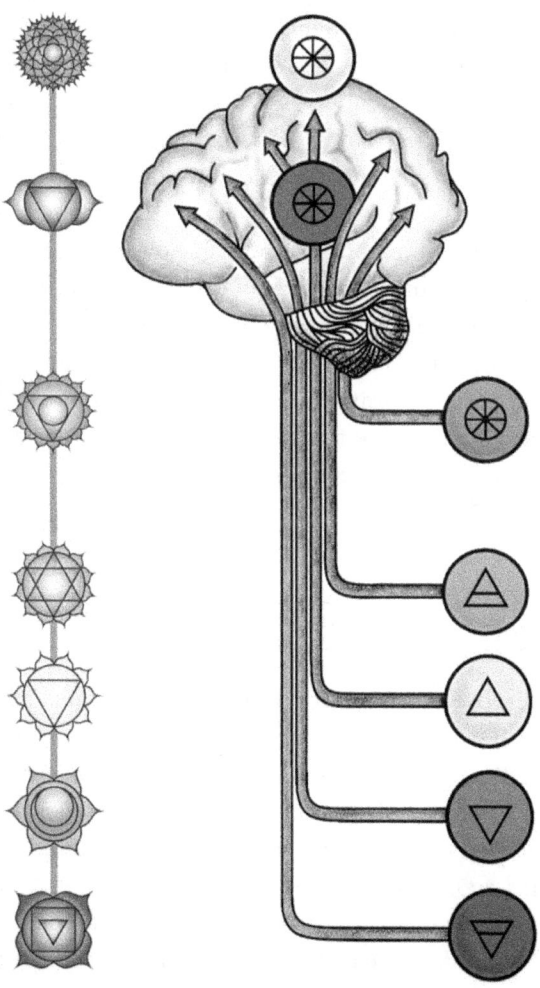

Figura 24: Expansão Cerebral e Correspondência dos Chakras

À medida que este efeito de entorpecimento ocorre no cérebro, começa-se a sentir uma ligação à Consciência Cósmica. A Luz dentro da sua cabeça é sentida como uma essência quantificável. A sua Luz interior está ligada à Grande Luz Branca que é a base de toda a existência e é a essência da Consciência Cósmica. É através desta ligação que os vossos poderes psíquicos se desenvolvem.

À medida que o seu Corpo de Luz otimiza com o tempo, pequenas bolsas de energia em diferentes áreas do cérebro abrem-se, as quais se sentirão como uma substância líquida que se está a mover através do seu cérebro. Esta substância é a energia líquida do Espírito, que ativa e ilumina diferentes áreas do seu cérebro. À medida que traz comida para o seu sistema, ela transforma-se em energia Luz, que se torna uma substância líquida na área do seu cérebro. Como tal, sentirá a sua consciência e o seu cérebro a expandir-se diariamente. Este processo é semelhante ao de uma planta que recebe os seus nutrientes do solo e se desenvolve e cresce ao longo do tempo. O seu crescimento e desenvolvimento dependem inteiramente dos nutrientes que recebe do solo. Por vezes há muita pressão em diferentes partes do cérebro e da cabeça à medida que este processo de desenvolvimento ocorre, resultando em dores de cabeça. Se isto acontecer, é um sinal de que não está a trazer alimentos nutritivos suficientes para o seu sistema ou que não está a comer com frequência suficiente.

Tenha em mente que o que estou a descrever só acontece se tiver tido um despertar permanente da Kundalini, o que significa que esta energia subiu para o seu cérebro e reside lá permanentemente agora. Assim que isto ocorre, o cérebro começa a ser remodelado por esta nova Luz que o permeia. E, como mencionado, isto também será acompanhado por um som vibratório ouvido dentro da sua cabeça, cujo nível de intensidade depende da comida que traz para o seu corpo. Isto porque agora é como uma bateria de energia de Luz Divina, que é bioelétrica.

FENÓMENOS DE EXPANSÃO DA CONSCIÊNCIA

À medida que o cérebro se expande, outro sentido se desenvolve - a consciência da Testemunha Silenciosa, o guardião do momento-momento da realidade. A Testemunha Silenciosa é a parte do Eu que se destaca na consciência e observa as ações do corpo físico como uma testemunha imparcial do mesmo. Pode ler a energia criada pela linguagem corporal como uma essência quantificável e mantê-lo informado sobre o que está a colocar no mundo com as suas ações, como um supercomputador.

A Testemunha Silenciosa desenvolve-se à medida que a energia da Kundalini expande o cérebro. Esta nova capacidade de perceção da realidade resulta num completo desapego do Ego, uma vez que se experimenta radicalmente diferente do que antes do despertar da Kundalini. Creio que um dos principais propósitos da transformação da Kundalini é exaltar o observador silencioso no seu interior, o Verdadeiro Eu, e permitir-lhe sair do corpo físico através do circuito ativado da Kundalini e pairar sobre si, registando os seus movimentos.

O observador silencioso, ou Testemunha Silenciosa, é a parte de vós que é Espírito, que é Deus. É a parte de vós que é a consciência pura e indiferenciada que faz parte da Consciência Cósmica. Na realidade, somos todos Um e a parte de nós que fica de lado e observa silenciosamente as nossas ações é a mesma para todos; é Deus. Mas com um despertar da Kundalini, há uma distinção incrível entre essa parte de vós e o vosso Ego. Ficais mais sintonizados com o aspeto de observador silencioso do vosso ser do que com o Ego, uma vez que ele vos permite controlar a vossa realidade e manifestar os vossos desejos.

A Testemunha Silenciosa vigia e incita-o a passar o seu dia e a realizar as suas tarefas diárias, quase como um realizador que dirige o filme da personagem principal - você. A sua noção ou conceito de Eu utiliza o corpo físico para realizar o propósito desejado da Testemunha Silenciosa.

Quando desenvolvi este sentido, comecei a ver fora de mim, e o mundo à minha volta começou a parecer um jogo de vídeo, tendo-me a mim como personagem principal. Este fenómeno é contínuo e continuará a estar presente para o resto da minha vida. Permite-me ver as minhas expressões faciais e a energia que elas evocam nos outros, e com base nesta perceção, posso ter um controlo completo sobre o tipo de vibrações que coloco no Universo. Como tal, tenho um elevado grau de controlo sobre o que os outros sentem na minha presença, uma vez que estou a navegar as suas emoções com a minha linguagem corporal e a energia que expulso. Como estou neste estado, sou geralmente neutro com os meus sentimentos onde nada me deixa excessivamente excitado ou em baixo, mas estou num estado de espírito tranquilo e equilibrado.

Ao estar neste estado de espírito elevado, sinto uma forte ligação com o som, onde tudo o que ouço causa uma impressão na minha consciência. Demorou algum tempo a habituar-me, e tive de reaprender a concentrar-me quando me estou a concentrar em fazer algo importante para não ser influenciado pelos sons vindos do meu ambiente. Tive também de implementar tampões auditivos no início do meu processo de transformação da Kundalini, uma vez que era difícil induzir o sono devido a esta poderosa ligação ao som. Aprendi a ir para dentro quando necessário, em vez de permitir que a minha consciência se projetasse para fora, como é o meu estado natural agora.

Com o passar dos anos, a minha consciência continuou a expandir-se, tal como a minha capacidade de ver mais de fora de mim. Chegou a um ponto em que pude projetar-me no alto das nuvens e olhar para baixo para o mundo abaixo de mim do ponto de vista dos olhos dos pássaros. Para ser claro, só deixo o meu corpo físico em Espírito. Uma vez que a minha consciência se expandiu e agora não tem limites ou barreiras em termos de tamanho, posso voltar a minha atenção para tudo o que vejo à minha frente, por muito longe que esteja, e ligar-me a ela através do meu Espírito. Nesse momento, a minha consciência abobadará para fora do meu corpo físico e projetar-se-á para esse ponto ou local. Ao fazê-lo, altos níveis de histamina irão libertar-se no meu corpo, entorpecendo-o temporariamente e permitindo que a minha consciência saia do meu corpo.

Mesmo quando a minha consciência está fora do meu corpo físico, ainda tenho controlo total sobre ela, e posso deixar o estado transcendental em que me encontro a qualquer momento. É uma experiência mística projetar a minha consciência de tal forma, uma vez que sinto um sentimento de unidade com tudo o que vejo à minha frente. Juntamente com ver a Luz em tudo o que vejo, este é o presente favorito que recebi do Divino depois de despertar a energia da Kundalini.

OS CHAKRAS MENORES

OS CHAKRAS DA CABEÇA

A cabeça contém Chakras Menores que estão separados dos Sete Chakras Maiores. Devido à localização destes Chakras Menores, eles criam um padrão semelhante a uma coroa na cabeça. Não é por acaso que as representações de figuras espirituais usam frequentemente coroas nas suas cabeças em muitas tradições. Por exemplo, no Cristianismo, Jesus Cristo é frequentemente representado usando uma coroa que alude a ele ser um Rei dos Céus. Como ele disse, todos nós podemos ser Reis e Rainhas do Céu; ou seja, todos nós podemos usar esta metafórica coroa uma vez que a alcancemos através da evolução Espiritual. A coroa também representa a realização do Chakra da Coroa, Sahasrara, o Chakra Maior e a nossa ligação com a Luz Divina.

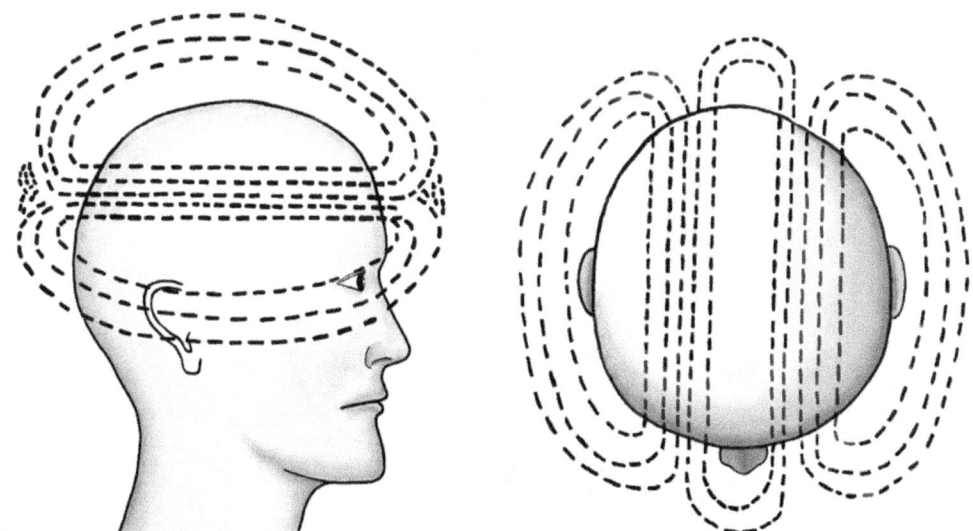

Figura 25: Halo à Volta da Cabeça

A coroa simbólica representa os Chakras acordados na cabeça e, portanto, a expansão da consciência. A auréola em torno da cabeça de Jesus, dos Santos, e outras figuras espirituais significativas, significa que a coroa Espiritual foi ativada - o Sahasrara Chakra está totalmente aberto, e a consciência individual foi expandida. A luz dentro, sobre e à volta da cabeça representa alguém que é Iluminado (Figura 25). O próprio termo "Iluminado" tem origem neste processo de Luz que se manifesta e permeia a área à volta da cabeça.

No diagrama abaixo (Figura 26), o Chakra 1 é conhecido como o Sétimo Olho. É um Chakra menor importante na cabeça que, juntamente com o Bindu (Chakra 6), trabalha para alimentar o circuito da Kundalini dentro do Corpo de Luz. Estes dois Chakras transportam a energia que liga o Eu à Eternidade e à Não-dualidade, permitindo ao indivíduo desperto sentir o arrebatamento do Reino Espiritual e a ligação com o Divino. Além disso, como o Reino Espiritual é o ponto de contato para o Reino Divino acima dele, não é raro ter experiências de outro mundo quando os Chakras 1 e 6 estão ativos e a funcionar na sua capacidade máxima.

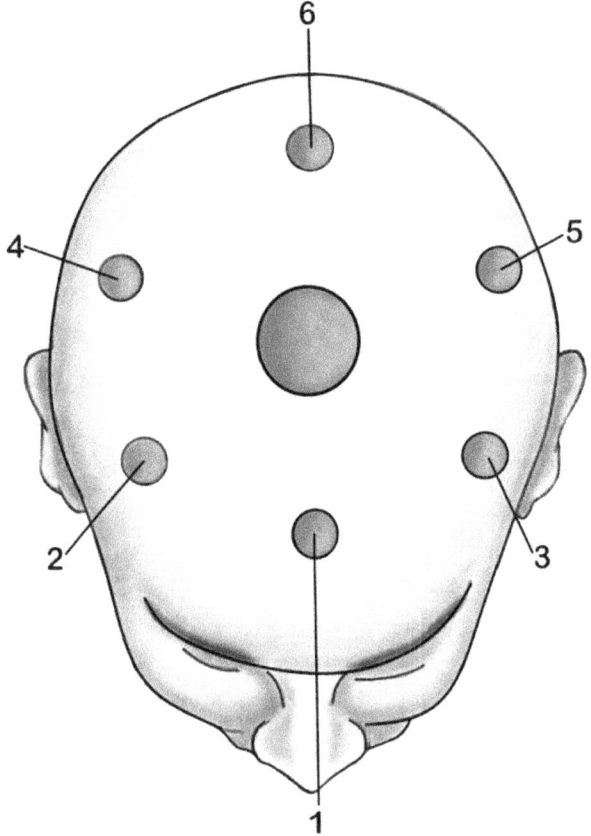

Figura 26: Os Chakras Menores da Cabeça (Coroa)

O Bindu é comparado com o "Vazio", ou o Abismo. Na Qabalah, o Abismo é a Décima Primeira Esfera da Morte na Árvore da Vida, representando a morte - a morte do Ego. Ao entrar no Vazio, o Eu encontra o seu Eu Verdadeiro ou Espiritual, e a dualidade da mente deixa de existir. O Vazio do Bindu é a nossa entrada no Plano Espiritual da Unidade. O Bindu é como um "Lago de Fogo", que une todos os opostos e purifica todas as impurezas. A mente experimenta a dualidade de pensamentos e ideias, e através desta dualidade, a dor da separação é criada. No Bindu Chakra, todos os pensamentos ou ideias duais são reconciliados pelos seus opostos. Este processo permite-nos contornar a mente e experimentar a pureza e unicidade do reino Espiritual. Este mecanismo energético foi deixado em nós pelo nosso Criador. Marca a fase seguinte da nossa Evolução Espiritual e o nosso regresso ao Jardim do Éden.

O Chakra 3 no diagrama está diretamente ligado ao Ida, o canal feminino no corpo, enquanto o Chakra 2 está ligado ao Pingala, o canal masculino. Quando o Chakra 2 é completamente aberto, começa-se a sentir uma ligação com o lado direito do corpo, através do qual flui o canal Pingala. Com o tempo, o Coração Espiritual desperta, que se sente como uma bolsa esférica de energia através da qual Pingala atravessa. A sua localização é à direita do coração físico. Contém uma chama suave, uma vez que o Pingala Nadi está relacionado com o Elemento Fogo da Alma. Como o coração físico regula a circulação do sangue no corpo físico, o Coração Espiritual governa o fluxo de Prana no Corpo de Luz. O Coração Espiritual é transcendental, e regula pensamentos e emoções que são de uma qualidade Não-dual.

O Chakra 3, quando totalmente aberto, formará a ligação ao lado esquerdo do corpo e a sensação de abertura e expansão no coração físico. Uma sensação de tranquilidade nas suas emoções caracteriza-a, que pertence ao Elemento Água. Ter um coração aberto torna-o mais sensível e recetor das vibrações do mundo exterior. Para além disso, aumenta a sua capacidade de empatia.

Os Chakras 4 e 5 são os próximos a abrir durante a sublimação/transformação da Luz, ou Prana no corpo. Eles dão uma ligação mais forte ao Bindu (Chakra 6) e permitem que a consciência do indivíduo saia do corpo físico quando em meditação. Ter estes dois Chakras totalmente abertos permite ao indivíduo plenamente desperto Kundalini ser absorvido em tudo o que vê com os seus olhos físicos quando lhe dá a sua atenção. Estes dois Chakras ajudam a consciência individual a alcançar a Unicidade.

Pode saber que os seis Chakras Menores na cabeça estão a abrir-se e a alinhar-se quando sente uma substância líquida a mover-se através do seu cérebro em padrões semelhantes aos de uma cobra. Infunde os canais que se ligam a cada um dos seis Chakras Menores da cabeça. Este fenómeno é caracterizado por uma sensação agradável e tranquila no seu cérebro, à medida que ocorre.

Pode saber que Bindu está a alinhar e a abrir mais uma vez que os Chakras 4 e 5 estão a abrir. Consequentemente, uma vez que os Chakras 2 e 3 estão a abrir, ocorre um alinhamento no Sétimo Olho (Chakra 1). Uma trindade de Chakras trabalha em conjunto enquanto a outra trindade também trabalha em conjunto. Por esta razão, os Adeptos dos

Mistérios Ocidentais usam frequentemente um kippah na cabeça, contendo uma imagem do Hexagrama, ou Estrela de David, como os Hebreus lhe chamam. Os triângulos para cima e para baixo do hexagrama representam as duas trindades dos Chakras menores na cabeça.

OS CHAKRAS DOS PÉS

Juntamente com os Sete Chakras Maiores que atravessam verticalmente o corpo, temos uma teia de centros de energia auxiliar, ou Chakras Menores nos pés e nas mãos, que fornecem um amplo espectro de afluxo de energia ao nosso sistema. Infelizmente, os Chakras Menores nos pés e nas mãos são frequentemente ignorados e negligenciados pelos professores Espirituais, apesar de desempenharem um papel crucial no quadro energético do nosso corpo.

Cada dedo do pé, incluindo o meio do pé e o calcanhar, é governado por um dos Chakras Maiores (Figura 27). O dedo grande do pé corresponde com Manipura, o dedo indicador com Anahata, o dedo médio com Vishuddhi, o quarto dedo do pé com Ajna, o dedo pequeno com Swadhisthana, o meio da sola com Sahasrara, e o dorso do calcanhar com Muladhara.

Uma das funções dos dedos dos pés é descarregar o excesso de energia que foi acumulado nos Chakras Maiores através das nossas atividades regulares e diárias e das funções corporais. Este excesso de energia é libertado e transmitido para a Terra, facilitando o aterramento da nossa consciência. Quando os Chakras Menores nos pés funcionam bem e estão em harmonia com os Chakras Maiores, há uma constante ligação e fluxo de comunicação entre as redes energéticas da Terra e as nossas energias.

Pela sua localização e ligação com a Terra, os Chakras-Pés também servem para canalizar a energia do Chakra Transpessoal Estrela da Terra (abaixo dos pés) e transmiti-la para os Chakras Maiores através dos canais de energia nas pernas. Neste caso, os Chakras-Pés servem como condutas ou conectores de energia que permitem à Estrela Terrestre estar em comunicação direta não só com o Chakra Muladhara, mas também com os outros Chakras Maiores.

Os Chakras Pé também ajudam a facilitar o equilíbrio e a assimilação da energia Kundalini que vem da Terra através das suas correntes magnéticas. Funcionam como transformadores de energia, regulando a quantidade e intensidade da energia que vem da Terra para o Corpo de Luz.

O Chakra "Linguado" está localizado no meio do pé e está relacionado com o Sahasrara, a Coroa. O Chakra "Solo" é o Chakra mais importante dos Chakras do Pé. Se examinarmos a sua estrutura, podemos ver que os seus seis pontos secundários refletem diretamente os Chakras Menores na cabeça, relacionados com o Sahasrara.

A relação entre o Chakra Único e o Sahasrara é mais bem descrita pelo axioma de "O que está Acima é como o que está Abaixo". Estes dois conjuntos de Chakras permitem ao iniciado ter os seus pés na Terra e a sua cabeça no Céu simultaneamente. Curiosamente, os pés simbolizam a dualidade do Mundo da Matéria, enquanto a cabeça representa a singularidade do Reino Espiritual.

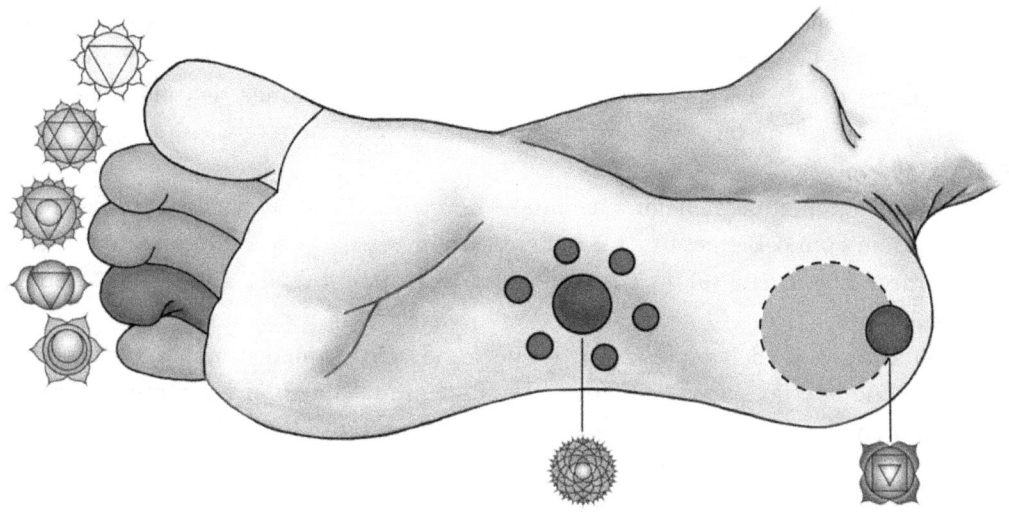

Figura 27: Os Chakras dos Pés

Outro Chakra do Pé importante é o Chakra do Calcanhar, relacionado com Muladhara. Este Chakra Menor ajuda-nos a sentirmo-nos de castigo, uma vez que os nossos calcanhares são os primeiros que tocam a Terra cada vez que damos um passo. O Chakra do calcanhar está diretamente ligado a Muladhara através dos canais de energia nas pernas. Os canais de energia primários nas pernas alimentam o Ida feminino e masculino e o Pingala Nadis que começam em Muladhara. Nos homens, Ida e Pingala são energizados pelos testículos, enquanto nas mulheres, pelos ovários. Numerosos outros Nadis correm ao lado dos canais de energia primária nas pernas, ligando os dedos dos pés a outros Chakras Maiores.

OS CHAKRAS DAS MÃOS

Os Sete Chakras Maiores encontram a sua correspondência nos pés, mas também nas mãos (Figura 28). O polegar corresponde com Manipura, o dedo indicador com Anahata, o dedo médio com Vishuddhi, o anelar com Muladhara, o dedo pequeno com Swadhisthana, o meio da palma da mão com Sahasrara, e o ponto do pulso com Ajna Chakra.

Os Chakras são perfeitamente equilibrados na mão, uma vez que o anel e os dedinhos são de qualidade feminina enquanto o polegar e o dedo indicador são masculinos. Além disso, uma linha central vai do ponto do pulso ao meio da palma e até ao dedo médio, correspondendo ao Elemento Espiritual, o que concilia os princípios opostos do género.

Os chakras de mão são essenciais para curar e receber informação enérgica do Universo. As nossas mãos permitem-nos interagir com o mundo, tanto a nível físico como energético. Os dedos servem como sensores enquanto as palmas das mãos servem para canalizar a energia de cura. A sua mão dominante envia energia enquanto a mão não dominante a recebe.

Enquanto os pés se relacionam com o Elemento Terra e o corpo físico, as mãos correspondem com o Elemento Ar e a mente, uma vez que estão literalmente suspensos no ar perante nós. Como tal, os Chakras das Mãos afetam muito a informação que entra na nossa mente.

Por esta razão, a sociedade adotou o aperto de mão como a principal saudação entre as pessoas. Ao apertar a mão de alguém, as suas palmas das mãos tocam-se, permitindo-lhe intuir quem é como pessoa, uma vez que faz contato direto com a sua energia.

O meio da palma contém um Chakra Menor essencial, que está relacionado com o Sahasrara, a Coroa. De resto chamado "Chakra da Palma", é o mais importante dos nossos Chakras de Mão, uma vez que é utilizado para fins curativos. Notará que o Chakra da Palma espelha o Chakra Solitário, que reflete os Chakras Menores no topo da cabeça. Todos os três conjuntos de Chakras correspondem ao Sahasrara e ao Elemento Espiritual. A sua função é crucial no processo de transformação da Kundalini, uma vez que infundem a energia do Espírito no corpo.

Os Chakras da Mão estão ligados ao Laríngeo Chakra, Vishuddhi, através dos canais de energia nos braços. Portanto, para abrir completamente os Chakras da Mão e maximizar as suas capacidades funcionais, é necessário despertar o Chakra Laríngeo, pois é o primeiro Chakra do Elemento Espiritual. O Elemento Espiritual também inclui os dois Chakras acima de Vishuddhi, Ajna e Sahasrara.

A energia de cura é gerada em Anahata, que é enviada através dos Palm Chakras via Vishuddhi (Figura 29). O Chakra Laríngeo é utilizado para intuir as impressões energéticas à sua volta devido à sua ligação com o Ajna Chakra, o centro psíquico, que tem um ponto de energia correspondente na área do pulso. Estas impressões são frequentemente recebidas através dos Chakras de Mão, que podemos utilizar como sensores de energia apenas através da intenção.

A sensibilização e ativação dos Chakras de Mão pode fazer uma diferença significativa na qualidade da sua vida. A pessoa média tem os Chakras Menores nas mãos abertos até certo ponto, o que significa que a energia curativa está continuamente a fluir para dentro e para fora deles. Apenas as pessoas que estão inteiramente viradas para o mal estarão completamente fechadas à energia de cura até poderem reabrir os seus corações ao amor e à bondade novamente. Depois há as pessoas que ultrapassaram as massas no que diz respeito à evolução Espiritual. Estas pessoas têm os seus Chakras do Coração e Garganta totalmente abertos. A sua consciência é muito superior no grau de vibração, o que significa que os seus Chakras de Mão estão a funcionar de forma ótima e a enviar e receber energia curativa.

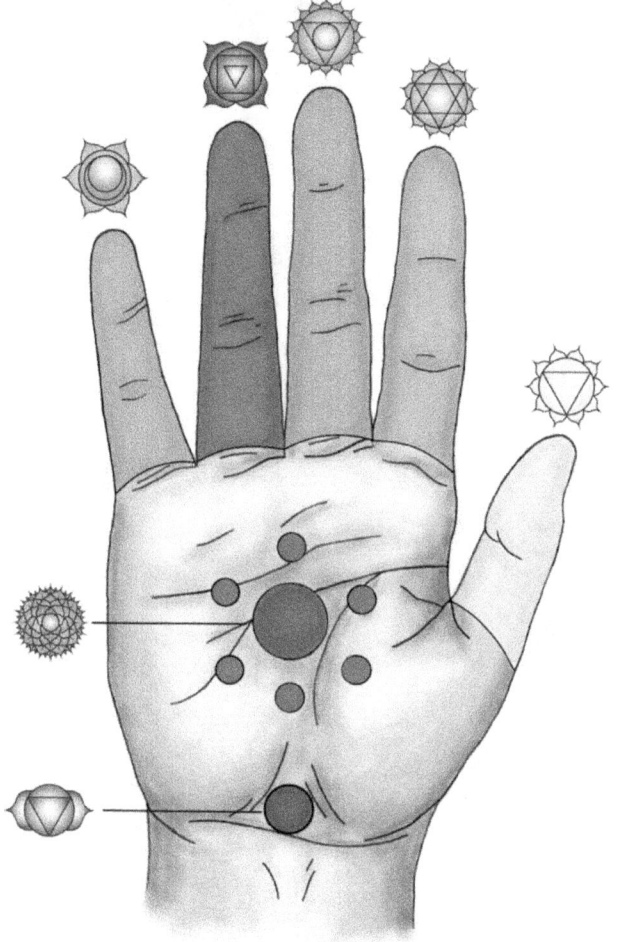

Figura 28: Os Chakras das Mãos

Uma pessoa totalmente desperta Kundalini terá todos os seus Chakras abertos, incluindo os Chakras das Mãos e dos Pés. Eles serão curandeiros naturais, empáticos e telepatas. Grande parte da informação exterior chega através das mãos. O mero ato de tocar num objeto resultará em receber conhecimento energético sobre esse objeto. Quando os Chakras de Mão estão totalmente abertos, as pontas dos dedos tornam-se extrassensíveis à receção de informação e ao seu envio para o corpo para avaliação.

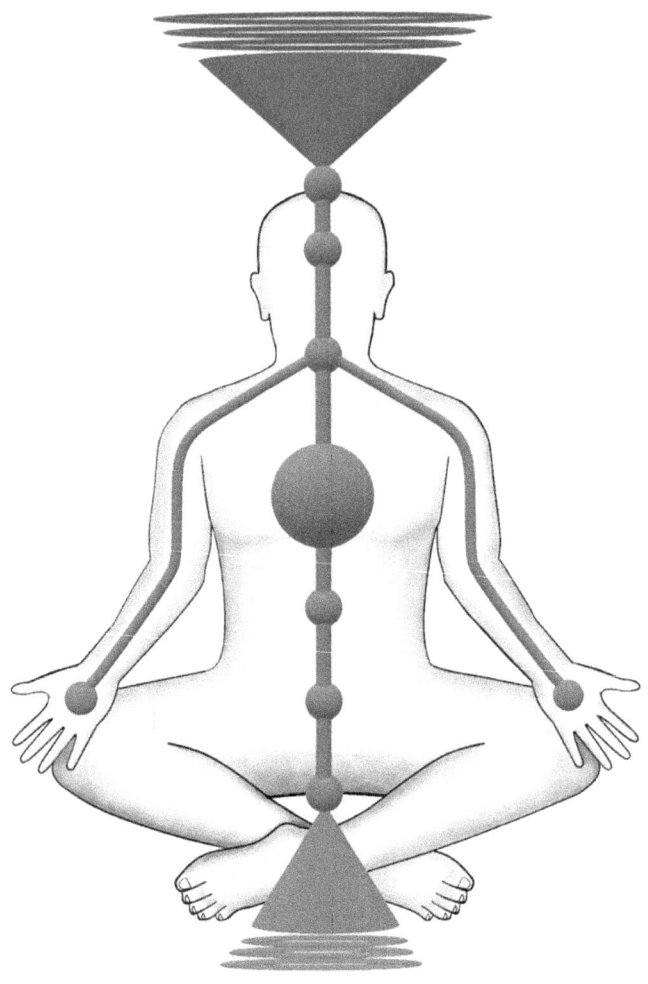

Figura 29: Geração e Transmissão de Energia de Cura (Palmas)

CURA COM AS MÃOS

Os Chakras de Mão podem ser utilizados para receber energia, mas também para a enviar; tudo depende da sua intenção. Quando está a receber energia, a ponta dos dedos está envolvida, enquanto quando a envia, fá-lo principalmente através dos Chakras de Palma (Figura 30).

A utilização mais comum para a função de receção nos Chakras de Mão é digitalizar a Aura de um indivíduo e procurar "pontos quentes" e outras informações que o possam ajudar a intuir o estado da sua energia global. Os Chakras de Mão podem ser usados voluntariamente como sensores que o informam de como é a energia no seu ambiente.

Pode usar a função de envio dos Chakras de Mão para canalizar energia de cura para alguém, limpar a sala de energia estagnada, carregar um Cristal ou outro objeto, ou mesmo abençoar ou oferecer proteção a um indivíduo ou grupo de pessoas. Também pode usar a sua energia para se curar a si próprio e aos seus Chakras, embora isto possa ser drenante. Ajuda a curar-se a si próprio usando uma pedra preciosa, por exemplo.

Embora seja crucial saber como construir o seu chi no seu Hara Chakra (mais sobre isto no capítulo seguinte sobre Chakras Transpessoais), é muito mais eficaz para o trabalho de cura aprender a trazer a energia Espiritual e permitir que ela flua através de si. Enquanto vier de um lugar mental de amor incondicional (uma característica do Anahata Chakra), só a sua intenção deve ser suficiente para chamar a energia Espiritual e canalizá-la através dos seus Chakras de Mão para fins de cura.

É essencial permanecer neutro em relação a resultados específicos da sua sessão de cura e não impor a sua vontade. Durante a maior parte da sessão de cura, está apenas a transformar-se num canal, um condutor de energia Espiritual. Portanto, só deve envolver a sua Vontade Superior ao mover-se e remover bloqueios de energia. Para o fazer, pode pentear a área da Aura que contém energia negativa ou empurrar essa energia negativa para fora com a energia curativa dos seus Chakras da Palma. Neste último, pode intensificar a magnitude da energia curativa canalizada através dos seus Chakras da Palma, empregando a sua força de vontade e atenção concentrada.

INFUSÃO DE ENERGIA ESPIRITUAL

O objetivo do processo de purificação da Kundalini é fazer do seu corpo um recipiente para o Espírito. É claro que nada acontece ao seu corpo físico durante este processo, embora pareça que acontece à sua consciência. A Kundalini permite que a sua consciência se eleve tão alto como o Corpo Espiritual e se alinhe com a sua vibração purgando os Chakras.

O corpo deve ser infundido pela energia do Espírito levada a cabo pelos Chakras do Linguado e da Palma. Estes Chakras Menores tornam-se totalmente ativados quando a Kundalini chega ao Sahasrara no processo de despertar. Normalmente leva algum tempo até que a consciência se prepare para a infusão do Espírito, uma vez que os Chakras requerem uma limpeza. Uma vez pronta, porém, a energia do Espírito sobe para o corpo através dos Chakras da Sola e da Palma. Esta experiência parece uma rajada de vento que penetrou nos membros e os fez sentir-se transparentes. Esta respiração Divina pode então permear inteiramente o tronco, permitindo à consciência individual sentir-se sem peso no corpo, especialmente nos braços e pernas. Sente-se como se o corpo físico se tivesse tornado oco desde o interior até ao experiente.

Quando o Espírito entra no corpo, o indivíduo começa a experimentar o entorpecimento geral do corpo inteiro. Mais uma vez leva algum tempo para que esta parte da transformação da Kundalini se manifeste. Como mencionei anteriormente, foi no sétimo ano do despertar que isto se realizou para mim. Parecia que o corpo físico tinha recebido uma injeção permanente de Novocaína, um agente adormecedor.

A sensação de dormência ocorre para que a consciência possa perder a sua ligação com o corpo físico, facilitando a sua total localização dentro do Corpo de Luz. Ao perder a consciência do corpo físico, a Alma é finalmente libertada dos seus grilhões. A consciência individual é unida à Consciência Cósmica, acabando com a dor da divisão entre os dois.

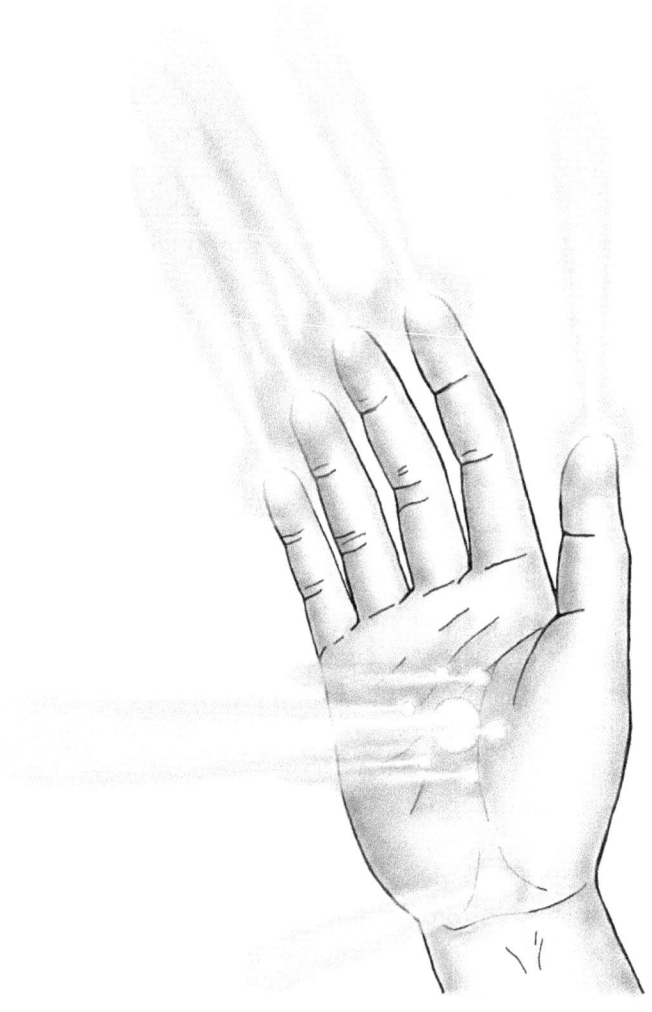

Figura 30: Energia de Cura das Mãos

OS OLHOS PSÍQUICOS

Para além dos dois olhos físicos, há cinco olhos espirituais adicionais nas nossas cabeças (Figura 31) que nos dão uma consciência expandida quando a nossa consciência é elevada. Além disso, os dois olhos físicos têm funções para além das capacidades de ver comuns que vale a pena mencionar. O olho direito é utilizado principalmente para ver as formas dos objetos; ajuda na perceção dos detalhes. O olho esquerdo relaciona-se com o nosso Eu emocional. Dá-nos uma sensação da relação entre os objetos através da sua cor e textura.

O Terceiro Olho, ou Olho da Mente, está localizado ligeiramente acima e entre as sobrancelhas. Serve como um portal energético que nos permite intuir a forma energética dos objetos na nossa Terceira Dimensão. O Terceiro Olho dá-nos uma visão do Desconhecido como a nossa janela para o Mundo Astral. A localização real do Ajna Chakra, no entanto, é no centro do cérebro, na área do Terceiro Ventrículo, como será discutido num capítulo posterior. Os olhos psíquicos descritos abaixo têm funções auxiliares para o Olho da Mente. Servem como portais energéticos, cada um com poderes específicos que, quando despertados, nos dão uma consciência e compreensão expandidas, uma vez que são componentes distintos do Ajna Chakra como um todo.

O Quarto Olho está mesmo acima do Terceiro Olho, e permite-nos compreender as relações entre as pessoas ao mesmo tempo que promove a crença no Criador. É o sentido superior do que o olho físico esquerdo percebe, pois permite-nos compreender a Fonte da Criação. O Quarto Olho é o construtor da fé.

O Quinto Olho está mesmo no meio da testa, e ajuda na nossa compreensão das verdades e ideais universais. Através dele, recebemos conceitos sobre o funcionamento das Leis Universais que regem a realidade. Permite-nos ver o quadro mais amplo da vida e o nosso lugar dentro dela. O Quinto Olho ativa a mente superior e o nosso pensamento criativo. Permite-nos também ver as nossas vidas passadas.

O Sexto Olho está mesmo acima do Quinto Olho, e a sua função é dar-nos uma verdadeira visão interior e a compreensão do propósito da nossa Alma. O Sétimo Olho está mesmo onde está a linha do cabelo, no lado oposto do Bindu. Ele ajuda a compreender a totalidade e a finalidade do Universo como um todo. Podemos comunicar com Seres Angélicos a partir do Plano Divino da existência através dele.

O Sétimo Olho é primordial no processo de transformação da Kundalini, pois atua como o ponto de saída da Kundalini, o mesmo que o Bindu. O Sétimo Olho e o Bindu atuam como funis para o circuito da Kundalini quando totalmente ativo e integrado. Se houver um bloqueio no Sétimo Olho, o circuito Kundalini torna-se inativo, e perde-se o contato com o Bindu e com os Planos Espiritual e Divino da existência.

É crucial compreender que todos os olhos psíquicos se desenvolvem ao longo do tempo quando se submetem a uma transformação da Kundalini após um despertar completo. Quando todos eles são criados e a consciência ganha a capacidade de utilizar as suas funções, o Quinto Olho torna-se o "centro de comando" da consciência, em vez do Terceiro Olho, uma vez que é o meio dos cinco olhos psíquicos e pode receber impressões de cada um deles.

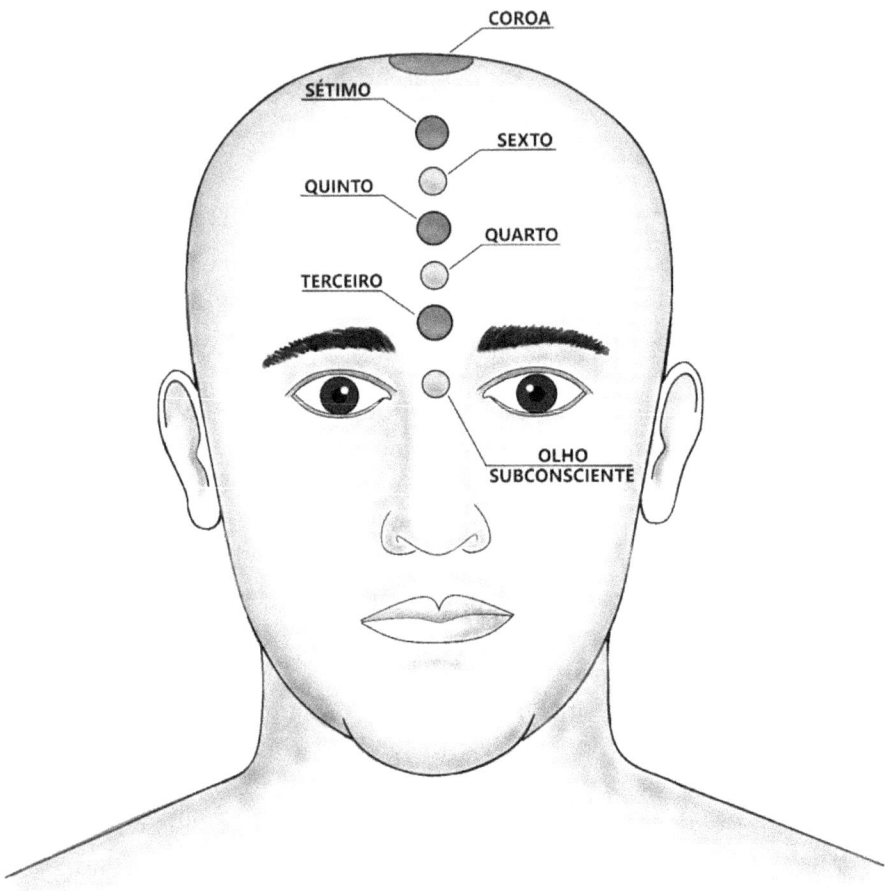

Figura 31: Localização dos Olhos Psíquicos

Existe outro centro psíquico chamado "Olho Subconsciente", e fica mesmo entre os dois olhos físicos, na ponte do nariz. A mente subconsciente é o centro da nossa vida primitiva e básica e dos nossos sentimentos ao nível do instinto. A sua função é a sobrevivência; assim, relaciona-se com as necessidades da vida, tais como comida, água e abrigo. O medo também desempenha um papel crucial na sobrevivência à medida que aprendemos a evitar as coisas que nos podem magoar, quer física quer emocionalmente. A mente subconsciente torna-se um armazém de todas as coisas que nos causaram dor ao longo do tempo, contendo a energia do medo que nos limita na vida.

Uma vez que a Kundalini entrou no cérebro e furou o Ajna Chakra, o Olho Subconsciente é totalmente despertado. Desde que um despertar completo da Kundalini faz a ponte entre as mentes conscientes e subconscientes, toda a energia negativa armazenada no subconsciente é libertada para ser tratada e transformada. Como tal, o Olho Subconsciente permite-nos ver tudo o que antes nos era escondido psiquicamente.

O Olho Subconsciente permite-nos ver o funcionamento da mente subconsciente para nos tornarmos Cocriadores mais eficientes com o nosso Criador. Uma vez superada a energia negativa armazenada na mente subconsciente, podemos utilizar este centro psíquico para moldar os nossos pensamentos, tornando-nos mestres das nossas realidades. Contudo, o Olho Subconsciente é apenas uma janela, ou portal para a mente subconsciente, cuja localização se encontra na parte de trás da cabeça. Em contraste, a parte consciente da mente está na parte da frente da cabeça.

OS CHAKRAS TRANSPESSOAIS

De acordo com muitas escolas de pensamento Espiritual, para além dos Chakras Maior e Menor, existem também os Chakras Transpessoais. Estes são Chakras fora do Corpo Leve a que o ser humano está ligado energeticamente. Transpessoal significa que transcendem os reinos da personalidade encarnada. Além disso, na ciência Chakras, eles acrescentam a segunda peça crucial do puzzle, ao lado dos Chakras Maior e Menor, na compreensão da nossa composição energética.

O principal objetivo dos Chakras Transpessoais é ligar o corpo físico e os Chakras Maior e Menor a outras pessoas, Seres Etéreos e outras fontes de energias Divinas e superiores. A maioria das escolas de pensamento Espiritual dizem que existem cinco Chakras Transpessoais, embora este número possa variar. É também comum ver muitos sistemas Chakras usarem apenas os dois Chakras Transpessoais opostos, da Alma Estelar e da Estrela da Terra.

Os Chakras Transpessoais existem ao longo da Linha Hara, que é uma coluna enérgica que contém os sete Chakras primários. Quando estendemos esta coluna energética para cima e para baixo, passando pelos sete Chakras primários, encontramos vários Chakras Transpessoais acima do Sahasrara e um abaixo de Muladhara chamado Chakra Estrela da Terra (Figura 32).

Os Chakras Transpessoais contêm as chaves para o desenvolvimento Espiritual e compreensão da dinâmica da Criação. Através dos Chakras acima do Sahasrara, podemos conectar-nos com as vibrações mais subtis do Cosmos. No *Magus*, referi-me a estes estados vibratórios superiores de consciência como os Planos Divinos da existência.

Em termos da Árvore da Vida da Qabalah, os Chakras Transpessoais à volta e acima da área da cabeça fazem parte da Sephiroth de Kether e não dentro dos Três Véus da Existência Negativa (Ain Soph Aur). E como Kether é a Luz Branca, estes Chakras Transpessoais lidam com a forma como esta Luz se filtra no Corpo de Luz e nos sete centros dos Chakras Maiores.

A menos que os seus Sete Chakras Maiores estejam adequadamente equilibrados e a sua vibração seja aumentada, desencorajo-o vivamente de tentar trabalhar com os três Chakras Transpessoais mais altos. Tentar utilizar estas potentes fontes de energia antes de se transformar numa conduta adequada será inútil, uma vez que não conseguirá aceder à sua energia. Como tal, poupe trabalhar com estes Chakras mais altos, por uma vez que se tenha desenvolvido suficientemente Espiritualmente. O único Chakra Transpessoal com o qual pode trabalhar em segurança é a Estrela da Terra, uma vez que este Chakra está relacionado com a ligação à terra.

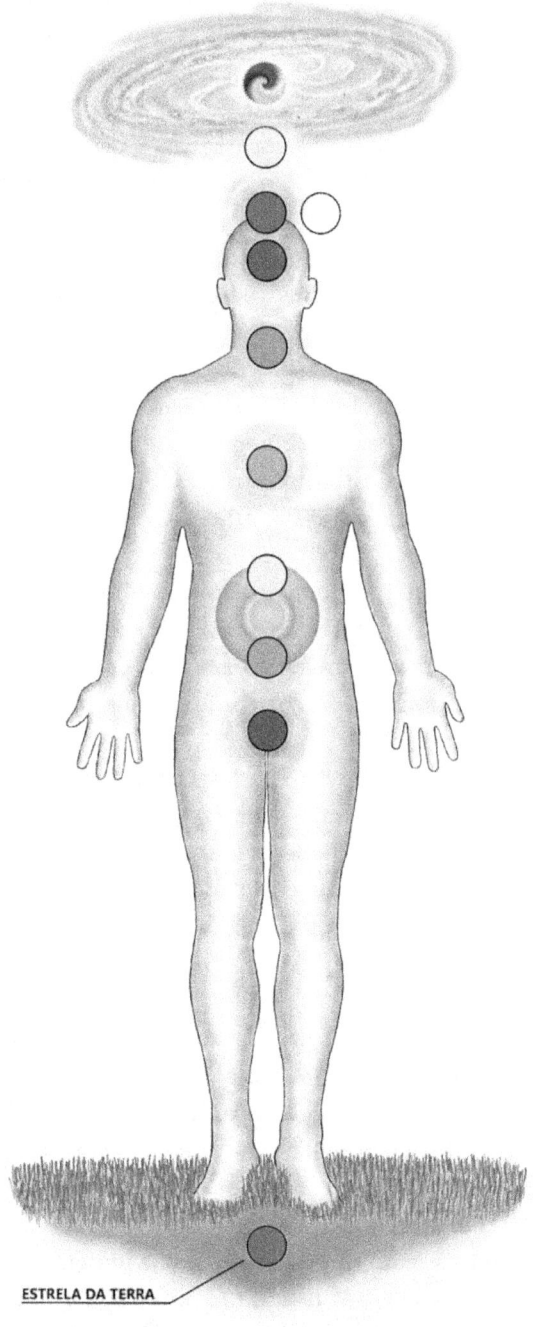

Figura 32: Os Chakras Transpessoais

CHAKRA ESTRELA DA TERRA

O Chakra Estrela da Terra, Vasundhara (Sânscrito para "Filha da Terra"), está aproximadamente seis polegadas abaixo dos pés. Caso contrário, chamado "Super Raiz", este Chakra assiste na ligação à terra e liga-nos ao Planeta Terra, uma vez que faz contato direto com o solo. A Estrela da Terra funciona como uma ponte entre a nossa consciência e a consciência coletiva do Planeta Terra. Assim, este Chakra lida com a consciência da natureza. Os Chakras do Pé são o meio de comunicação entre os Chakras Maiores e a Estrela da Terra.

A Estrela da Terra também nos permite a ligação com as energias terrestres mais densas do nosso Planeta. A energia terrestre/térmica sobe pelos canais energéticos das pernas através dos Chakras do Pé até chegar ao Chakra da Raiz, Muladhara. O Muladhara Chakra é a base do nosso sistema Chakras, a sua raiz - a forma como este Chakra recebeu o seu nome. Muladhara e a Estrela da Terra têm uma relação direta - ambos estão relacionados com o Elemento da Terra e servem para canalizar a sua energia. Na Qabalah, a sua função corresponde à Sephiroth Malkuth, colocada diretamente aos pés. Contudo, a Estrela da Terra representa o aspeto Espiritual da Terra, vibrando na Quarta Dimensão de Vibração ou Energia.

A Estrela da Terra é essencial para nos ancorar ao Plano Físico da existência. Uma das funções da Estrela Terrestre é enraizar as partes pessoais e transpessoais da Alma no núcleo magnético do Planeta Terra através do seu campo eletromagnético. Uma vez que o sistema energético do ser humano pode ser comparado a uma árvore, a Estrela Terrestre serve como as suas raízes.

A Estrela da Terra permite-nos ficar de castigo apesar de todas as atividades do dia-a-dia que não nos envolvem. Ter uma ligação sólida com este Chakra permite-nos permanecer firmes no propósito da nossa vida e não nos deixarmos influenciar pelos pensamentos e emoções de outras pessoas à nossa volta. Estas energias externas são libertadas da nossa Aura quando a nossa ligação com a nossa Estrela da Terra é forte. Como tal, a nossa relação com a nossa Estrela Terrestre dá à nossa Alma segurança para que ela se expresse e o seu propósito.

A Estrela da Terra tem a sua própria camada Áurica que se estende para além da camada do Chakra Sahasrara. Serve como uma planta etérica ligando as camadas áuricas entre as camadas áuricas ao nosso Corpo Astral Inferior (Corpo Etérico), o primeiro Corpo Subtil para além do Plano Físico. Devido à sua colocação abaixo dos pés, este Chakra fundamenta os Corpos Subtis e todo o sistema Chakras, incluindo os Chakras Transpessoais acima do Sahasrara.

A Estrela da Terra também está diretamente envolvida em estimular a Kundalini para a atividade devido à sua relação com Muladhara. Sem a sua ajuda, o processo de despertar seria impossível uma vez que a consciência humana está inextricavelmente ligada à consciência da Terra. As mudanças na consciência da Terra afetam a consciência humana a nível coletivo e pessoal.

Para que um despertar Kundalini ocorra, temos de criar uma poderosa corrente de energia no Muladhara Chakra. A criação desta energia começa na Estrela da Terra, uma vez que estes dois Chakras do Elemento Terra trabalham juntos. Por outras palavras, a energia em Muladhara é gerada a partir do Chakra da Estrela da Terra. A Estrela Terrestre atua como uma bateria para Muladhara; envia para ela energias planetárias através das correntes positivas e negativas representadas pelos dois canais de energia nas pernas.

A nossa história de vida é registada dentro da matriz da nossa Estrela da Terra. Este Chakra é responsável pelo nosso desenvolvimento pessoal no plano material e pelos caminhos que seguimos para avançar na vida. Abrange toda a nossa história ancestral e padrões de ADN. Este Chakra é também o recordista de todas as encarnações de vidas passadas e das lições cármicas aprendidas.

A Estrela da Terra liga-nos a toda a humanidade a um nível terrestre. Quando equilibrado, este Chakra permite-nos sentir uma profunda ligação com os nossos poderes interiores inerentes e trabalhar por uma causa maior. O objetivo final da Estrela da Terra é promover a consciência coletiva do nosso Planeta e do Universo do qual fazemos parte. Uma Estrela Terrestre equilibrada também nos permite sentirmo-nos fundados, protegidos, e seguros à medida que a nossa ligação Divina com a Mãe Terra (Gaia) é fortalecida.

Uma estrela terrestre desequilibrada cria instabilidade mental e emocional na vida. Ao estarmos infundados com a Mãe Terra, perdemos o contato com a nossa Espiritualidade, fazendo-nos perder o nosso sentido de propósito ao longo do tempo. A nível físico, uma Estrela Terra desequilibrada pode causar problemas com as pernas, joelhos, tornozelos e ancas, uma vez que estas partes do nosso corpo nos imobilizam com a Mãe Terra.

A cor da Estrela da Terra é preta, castanha, ou magenta (quando ativada). As pedras preciosas atribuídas a este Chakra são Quartzo Fumado, Ónix, Obsidiana Preta, e Magnetite (Magneto).

CHAKRA HARA (UMBIGO)

Hara é uma palavra japonesa que significa "mar de energia". O seu nome é apropriado uma vez que Hara Chakra atua como uma porta de entrada para o Plano Astral. Através deste Plano, é possível aceder a todos os Planos Cósmicos interiores. Como tal, Hara Chakra é o nosso acesso ao oceano infinito de energia no Universo. Não é necessário um Chakra, mas está numa liga própria devido ao seu tamanho e alcance. No entanto, Hara faz parte do modelo dos Chakras Transpessoais em muitos sistemas de Chakras da Nova Era. A sua localização é entre Swadhisthana e Manipura, no umbigo (Figura 33), cerca de dois centímetros para dentro.

À volta da Hara está uma bola de energia etérica, do tamanho de uma bola de futebol, chamada "Dantian," ou "Tan Tien". A energia do Dantian é chi, qi, mana, Prana, que é a energia da Vida. Esta bola de energia interage com os órgãos próximos envolvidos no processamento de alimentos, uma vez que os alimentos ingeridos se transformam em energia de Vida, cuja essência é a energia da Luz. Esta energia é preenchida a partir da Hara, pois é esse o seu centro. Assim que a Energia da Luz é gerada no Dantian através do Hara Chakra, ela é então distribuída por todo o corpo.

Hara Chakra tem uma relação direta com o Swadhisthana, uma vez que atua como um portal para o Plano Astral e um gerador de energia vital. A distinção entre os dois é que a função do Swadhisthana é gerar energia sexual (juntamente com Muladhara), enquanto Hara gera energia de Vida. Na realidade, porém, os dois trabalham juntos como uma bateria, tal como Muladhara trabalha com o Chakra da Estrela da Terra. Na Árvore da Vida, a função de Hara e Swadhisthana Chakras corresponde com o Sephiroth Yesod.

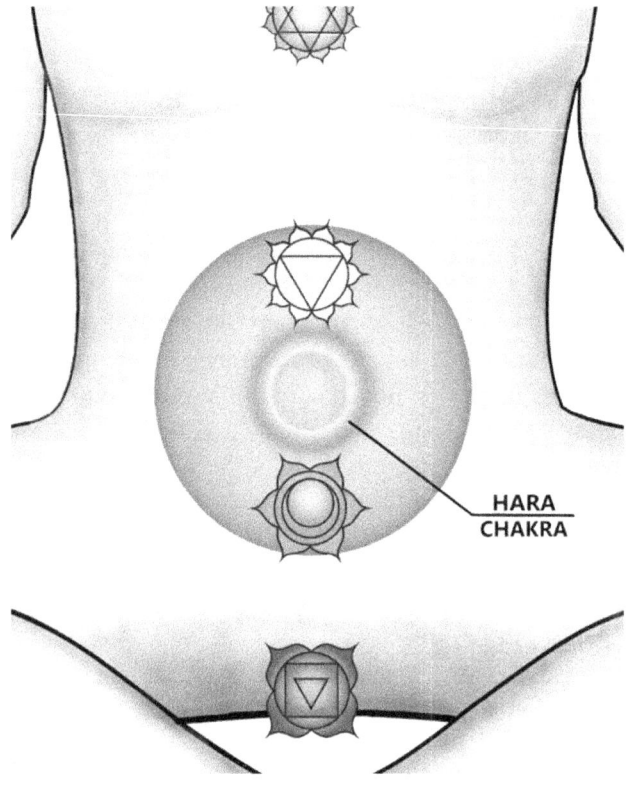

Figura 33: O Chakra Hara (Umbigo)

Hara Chakra dá-nos sustento e força, o que depende do fato de Muladhara e a Estrela da Terra estarem suficientemente fundamentados. A nossa fonte de poder está na Hara e na nossa capacidade de regeneração. Enquanto a Estrela da Terra e os Chakras

Muladhara estão a elaborar as energias da Terra, a Hara utiliza a energia sexual do Swadhisthana para alimentar a vontade. Para o conseguir, utiliza a energia bruta de Fogo de Manipura, que se encontra diretamente acima dela. A Manipura está diretamente envolvida no processo de transformação dos alimentos ingeridos em energia de Luz. Muitas tradições espirituais reconhecem a existência do Hara Chakra, mas não conseguem distinguir se está relacionado com o Swadhisthana ou Manipura, ou ambos - como é o caso.

A eficiência do Hara Chakra também depende da forma como a Estrela da Terra e o Chakra da Raiz estão bem fundamentados. Estes dois Chakras atraem as energias da Terra, enquanto o Hara utiliza essa energia, juntamente com a energia dos Chakras Swadhisthana e Manipura, para alimentar todo o sistema energético. O Hara Chakra é essencialmente o nosso núcleo e alicerce. A sua cor é âmbar, pois é uma mistura do amarelo do Manipura e laranja do Swadhisthana.

Embora o Swadhisthana seja frequentemente referido como o Chakra do Umbigo nas tradições espirituais, Hara é o verdadeiro Chakra do Umbigo devido à sua colocação e função. Como feto, fomos todos alimentados através do umbigo enquanto os nossos Corpos Subtis estavam a ser formados. Uma vez que nascemos e o cordão umbilical foi cortado, fomos cortados da fonte de energia Etérica. Como tal, deixámos de desenhar energia através da Hara. Através do condicionamento e da formação do Ego, perdemos de vista este portal e começámos a canalizar energia para as nossas cabeças a partir de um pensamento exagerado. Para remediar isto, devemos concentrar-nos no nosso núcleo e atrair energia através do nosso Hara Chakra, o que irá expandir o nosso Dantian.

Hara e o Dantian (Tan Tien) são frequentemente referidos em Qigong, Tai Chi e outras artes marciais. Todas as disciplinas de artes marciais que tentam trabalhar com energia percebem o poder do centro Hara e da construção do Dantian, que consideram o centro de gravidade. Mas para o fazer, é preciso ter uma ligação firme com o seu Corpo Etérico; caso contrário, serão incapazes de canalizar as suas energias interiores. Em muitos destes sistemas de artes marciais, o Hara é apenas um dos Dantians, referido como o Dantian Inferior. O Dantian Médio está na zona do coração (Anahata), enquanto o Dantian Superior está na zona da cabeça, ao nível do Ajna Chakra. Esta quebra de três centros energéticos principais no corpo humano permite aos artistas marciais utilizar da melhor forma o fluxo natural das suas energias para otimizar o seu poder de luta.

Hara Chakra deve estar aberto e o Dantian (Inferior) cheio de energia para se ter boa saúde e uma abundância de vitalidade. Se a Hara for fechada ou inativa, pode causar muitos vícios, especialmente na alimentação. Comer em excesso é uma tentativa de se sentir cheio apesar de ter a Hara bloqueada e o Dantian vazio. A prática do sexo tântrico é uma forma de abrir a Hara e tomar consciência do seu Dantian. O Sexo Tântrico concentra a energia no abdómen, incorporando o uso da nossa energia sexual, bem como a nossa força de vontade, envolvendo assim tanto Swadhisthana como os Chakras Manipura.

CHAKRA CAUSAL (BINDU)

O Bindu serve de porta de entrada para o Chakra Causal, que fica a cerca de dois a três centímetros da parte superior da nuca, uma vez projetada uma linha reta a partir do Tálamo (Figura 34). Depois, alinha-se com o Sahasrara Chakra, que se encontra diretamente à sua frente. O Chakra Causal é um dos três Chakras Celestiais Transpessoais em torno da área da cabeça, incluindo o da Alma Estelar e do Portal Estelar.

O Bindu na parte de cima do crânio (do interior) funciona como uma porta para o Chakra Causal. O Bindu é a porta, enquanto o Chakra Causal é a casa. Mas não se pode ter a porta sem a casa, nem a casa sem a porta - os dois vão juntos. Por esta razão, as características do Bindu Chakra espelham as do Chakra Causal no modelo dos Chakras Transpessoais.

O Chakra Causal está preocupado em erradicar o Ego e em transformar a personalidade. Dá-nos a noção da continuidade da vida para além da morte física. Somos Seres Eternos de Luz que continuarão a viver para além desta existência física momentânea. Este Chakra serve para silenciar o Ego e tornar a mente imóvel, permitindo que o indivíduo explore o Plano Espiritual e os Planos Divinos.

O Chakra Causal é um ponto de entrada nos Planos Divinos, que pode ser experimentado através dos Chakras da Alma Estelar e do Portal Estelar que se encontram acima do Chakra da Coroa. O Chakra Causal também auxilia nas ativações superiores dos Chakras Espirituais (Coroa, Olho da Mente e Garganta), que facilitam a exploração do Plano Espiritual.

Uma vez que o Chakra Causal/Bindu é referido como o Chakra da Lua, ele é feminino em qualidade. Quando desperto, as qualidades femininas de amor, compaixão, criatividade, e intuição são acentuadas no indivíduo. Este Chakra absorve e irradia a Luz Lunar, iluminando assim os pensamentos que recebemos diretamente da Consciência Cósmica.

Através do Chakra Causal, recebemos informações dos Planos Divinos e do Plano Espiritual Superior; informações que só podem ser acedidas quando estamos desligados do nosso Ego e personalidade. Como tal, uma das principais propriedades deste Chakra é que nos permite explorar a sabedoria superior e os mistérios do Cosmos.

O Chakra Causal vibra na Quarta Dimensão, a Dimensão da Vibração ou da Energia. Recebe as energias dos dois Chakras da Quinta Dimensão acima da cabeça (Alma Estelar e Portal Estelar) e filtra-as para a Aura. O Chakra Causal/Bindu é a nossa ligação com esses dois Chakras de maior frequência, uma vez que nos permite aceitar as dosagens graduais de Luz Branca que os Planos Divinos emitem.

Seres Espirituais superiores dos Reinos Divinos podem comunicar-nos através do Chakra Causal. À medida que a informação chega através deste Chakra, ela é trazida para os Chakras inferiores, onde podemos aceder a ela através dos Corpos Subtis respetivos a esses Planos particulares.

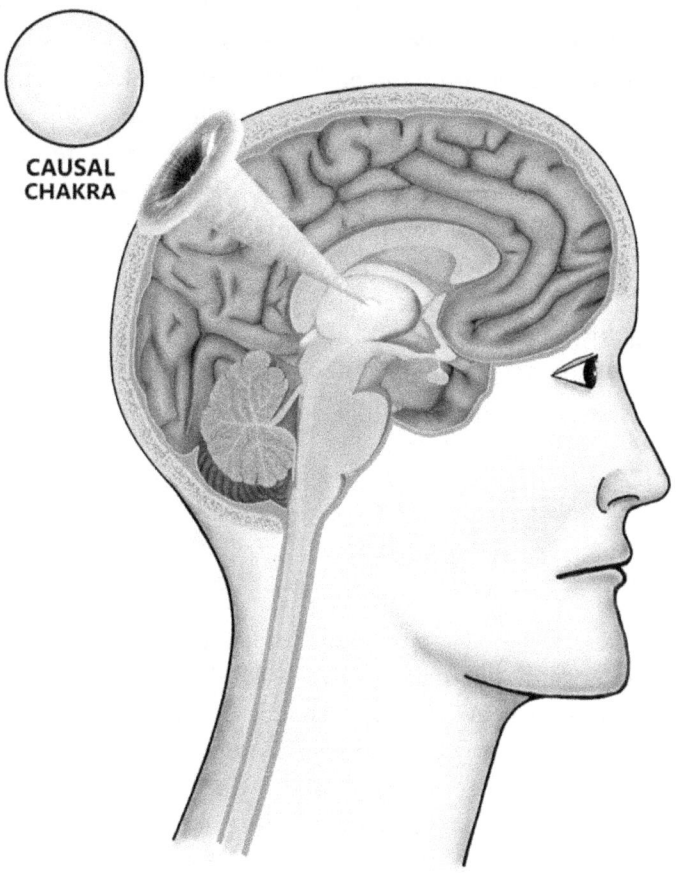

Figura 34: O Chakra Causal/Bindu

O Chakra Causal desempenha o papel mais crucial no processo de despertar da Kundalini, pois a sua abertura resulta numa maior clareza da comunicação psíquica e telepática. Permite que o indivíduo "leia" a energia à sua volta através da sua capacidade intuitiva. O Chakra Causal/Bindu trabalha com o Ajna Chakra para realizar esta proeza. O indivíduo utiliza os vários portais do Olho da Mente para "ver" a informação que está a ser canalizada para o Chakra Causal a partir da Consciência Cósmica.

O Chakra Causal/Bindu abre naturalmente e permanece aberto como parte do processo de transformação da Kundalini. Quando este Chakra é desbloqueado, e a mente e o Ego são silenciados, o nosso Deus-Seu Superior pode comunicar-nos diretamente. Esta comunicação é um processo imediato que não requer qualquer esforço consciente. O indivíduo fica absorvido em meditação de um momento acordado para o outro e torna-se uma encarnação viva da unidade de toda a existência. Contudo, esta experiência só acontece quando a Kundalini foi despertada e elevada a Sahasrara Chakra.

Embora se possa aceder às energias do Chakra Causal/Bindu através de diferentes práticas Espirituais (como o uso de Pedras Preciosass), a única forma de o abrir e manter permanentemente aberto é através de um despertar Kundalini. Como mencionado, os dois pontos de saída da Kundalini são o Bindu e o centro do Sétimo Olho. Quando o sistema Kundalini está ativo no Corpo de Luz após o despertar, o Bindu regula a energia da Luz que circula dentro dele, alimentando os Setenta e Dois Mil Nadis ou canais de energia. À medida que estes canais são infundidos com a energia da Luz, a consciência expande-se. O Bindu abre-se ainda mais, permitindo ao indivíduo racionalizar mais informação do Plano Espiritual e dos Planos Divinos acima.

O Chakra Causal/Bindu é branco, sugerindo uma ligação profunda e íntima com o Elemento Espiritual e a Lua. As pedras preciosas atribuídas a este Chakra são Pedra da Lua, Quartzo Anjo Aura, Celestite, Cianite, e Herderite.

CHAKRA DA ALMA ESTELAR

O Chakra da Alma Estelar, Vyapini (Sânscrito para "All-Pervading"), está localizado cerca de seis polegadas acima do topo da cabeça, alinhado diretamente com o Chakra da Coroa abaixo dele (Figura 35). A cor deste Chakra é branco-ouro. A Alma Estelar serve como a nossa ligação com as energias Cósmicas do nosso Sistema Solar, enquanto o Portal Estelar serve como a nossa ligação com a Galáxia da Via Láctea como um todo. A Alma Estelar também modera a energia vibracional muito elevada do Portal Estelar e irradia-a para baixo (através do Chakra Causal) para os Sete Chakras Maiores dentro do Corpo de Luz. Como tal, somos capazes de assimilar estas energias galácticas na nossa existência física.

O Chakra da Alma Estelar é da Quinta Frequência Dimensional, representando a energia do amor, verdade, compaixão, paz, e sabedoria e consciência Espiritual. Corresponde ao Plano Divino mais baixo da existência. De acordo com os ensinamentos da Ascensão, a Terra e a humanidade estão em processo de mudança para um nível totalmente novo de realidade, que é a Quinta Dimensão.

Só podemos experimentar as energias cósmicas da Quinta Dimensão através da unidade da consciência individual com a Consciência Cósmica. Quando se alcança esta ligação, eles ganham acesso aos registos "Akashicos", um banco de memória dentro da Consciência Cósmica que contém todos os eventos humanos, pensamentos, emoções e intenções do passado, presente e futuro. Como tal, torna-se um clarividente, psíquico ou vidente. Portanto, parte do processo de transformação da Kundalini está a ativar totalmente o Bindu/Causal Chakra, que nos liga à Alma Estelar e ao Portal Estelar, permitindo-nos tornarmo-nos um com a Consciência Cósmica.

O Chakra da Alma Estelar é onde nos ligamos ao nosso Deus - Eu Superior. Contudo, esta ligação é integrada através do Chakra Causal/Bindu e dos Chakras Espirituais

(Vishuddhi, Ajna, e Sahasrara). Estes Chakras servem para fundamentar a experiência de ligação com o nosso Eu Superior. Como a Alma Estelar representa a Divindade em todas as suas formas, ela participa de amor incondicional, abnegação Espiritual e compaixão, e unidade em todas as coisas. É a origem da nossa busca pela Ascensão e Iluminação.

Como o Chakra Causal/Bindu é referido como o Chakra da Lua, a Alma Estelar seria o nosso Chakra do Sol, uma vez que é a origem das nossas Almas. Tem uma ligação íntima com a Estrela do nosso Sistema Solar (o Sol) e o Chakra Manipura, a Sede da Alma e o Sol do Corpo Leve. Daí, onde a Alma Estelar obtém o aspeto dourado da sua cor, que é uma vibração mais elevada da cor amarela do Manipura.

Uma vez que a Alma Estelar corresponde ao Plano Divino, ela está acima da energia cármica uma vez que o Karma pertence aos Planos Inferiores da existência. A Alma Estelar regula o Karma da Alma, no entanto, dando as necessárias lições de vida através do Chakra Manipura e do Elemento de Fogo. Estas energias cármicas acumularam-se ao longo de muitas vidas, e impedem-nos de manifestar os nossos desejos. Portanto, ao desenvolvermos a nossa força de vontade, iluminamos o Manipura Chakra e ganhamos uma ligação mais forte com a nossa Alma Estelar.

A Alma Estelar trabalha com o Portal Estelar, permitindo-nos ver a ligação cósmica entre nós e o Universo em que vivemos. Quando a Alma Estelar está em alinhamento com os Chakras abaixo, sentimos um forte sentido de propósito e um gosto pela vida. A Alma Estelar é a nossa verdadeira vontade de vida e a ponte entre a nossa essência impessoal e a realidade pessoal e física.

Para evitar ser espaçado e sem fundamento, é necessário ativar a Estrela da Terra antes de trabalhar com a Alma Estelar. Aqueles que passam demasiado tempo a trabalhar nos seus Chakras Transpessoais mais altos, ignorando a Estrela Terrestre, serão demasiado espaçosos e etéreos. A Alma Estelar e a Estrela Terrestre funcionam em conjunto para realizar o trabalho da Estrela central do nosso Sistema Solar - o Sol. As pedras preciosas atribuídas à Alma Estelar são Selenite, Cianite, Quartzo Nirvana, e Danburite.

PORTAL ESTELAR

O Chakra do Portal Estelar, Vyomanga (Sânscrito para "Ser Celestial"), está cerca de doze polegadas acima do topo da cabeça, diretamente acima da Alma Estelar e da Coroa (Figura 35). A cor deste Chakra é ouro puro ou arco-íris (quando ativado). O Portal Estelar, como o seu nome indica, é uma porta ou portal para as Estrelas da Galáxia da Via Láctea. Simplificando, é o Chakra da Consciência Cósmica.

O Portal Estelar é o mais alto em vibração de todos os Chakras Transpessoais. É o mais elevado de todos os Chakras da Quinta Dimensão e a nossa ligação final com a fonte de toda a Criação. O Portal Estelar corresponde aos Planos Divinos mais elevados da existência.

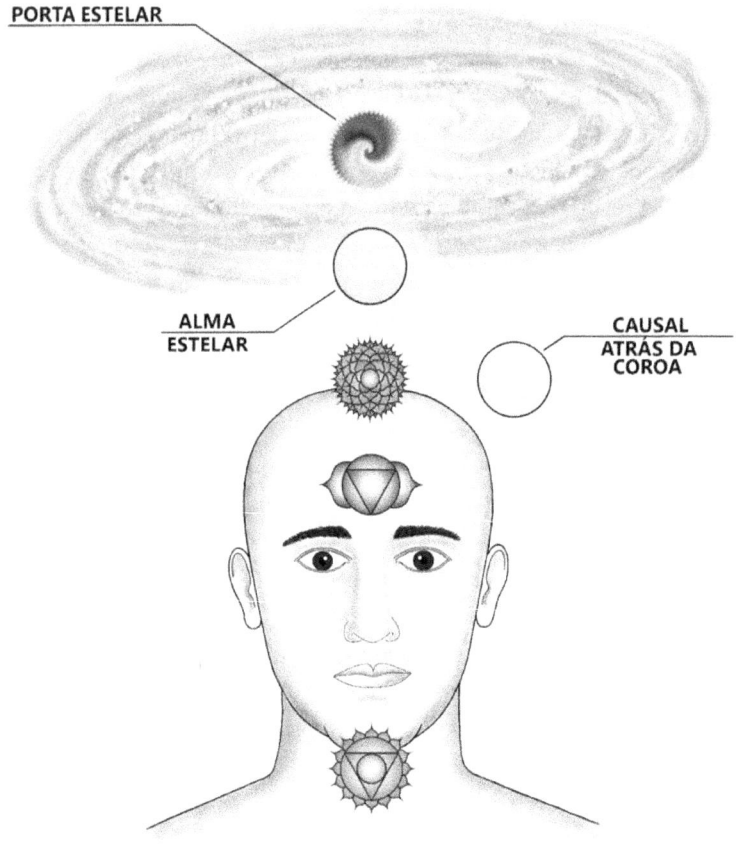

Figura 35: Os Chakras Transpessoais Acima da Coroa

A Quinta Dimensão representa a Unidade consciente com o Criador (Cabeça de Deus). A Alma Estelar dá-nos a compreensão de que temos Almas Eternas, que têm origem na Estrela central (o Sol) do nosso Sistema Solar. Contudo, o Portal Estelar dá-nos a compreensão de que as nossas Almas Eternas são originárias da mesma fonte que outras Almas de outros Sistemas Solares da nossa Galáxia da Via Láctea. Assim, o Portal Estelar representa o nível mais alto da Quinta Dimensão, que é Unidade com todas as Centelhas de Luz na Galáxia.

A Quinta Dimensão é a própria fonte da Luz Branca que todos nós participamos. Não só nos une com os Seres terrestres, mas também com os Seres extraterrestres. Não importa de que Sistema Solar se é, somos todos Um, uma vez que o nosso Criador é o mesmo, assim como o Holograma Cósmico em que todos participamos. Como tal, a Quinta Dimensão relaciona-se com a paz e harmonia suprema entre todas as coisas e a energia de amor Divino que liga tudo.

O Portal Estelar é um barómetro Espiritual que modera a intensidade da Luz Branca que se derrama sobre a nossa Aura. A Alma Estelar é o filtro através do qual a Luz é medida, enquanto a Estrela da Terra fundamenta esta Luz e a nossa consciência na consciência do Planeta Terra.

O Portal Estelar é a ligação Interstelar da humanidade, que é intemporal. Por ser intemporal, contém todas as nossas experiências de todas as nossas vidas passadas. Assim, sempre que se lembra de uma vida passada, liga-se com o Chakra do Portão Estelar.

O Portal Estelar é o ápice da experiência de transformação da Kundalini e o mais alto estado de consciência alcançável pelos seres humanos. Este Chakra emite as mais altas energias vibracionais sobre as quais as virtudes humanas são construídas. A iluminação só é alcançável quando o indivíduo se liga completamente ao Chakra do Portão Estelar. As pedras preciosas atribuídas ao Portal Estelar são Moldavite, Calcite Raio Estelar, Azeztulite, e Selenite.

A LINHA HARA

A Linha Hara é uma importante conduta de energia que liga a coluna de Chakras Transpessoais. É um canal que permite que a energia da Luz passe do Portal Estelar para a Alma Estelar, para o Chakra Causal, até ao Chakra Hara e se ligue com a Estrela da Terra abaixo dos pés. Esta energia passa pela parte central do corpo humano, ao longo do canal de Sushumna, onde se encontram os Sete Chakras Maiores.

A Linha Hara visa trazer Luz para os Sete Chakras Maiores através do Chakra Causal e para o Sahasrara. Esta Luz é então distribuída pelos seis Chakras Maiores inferiores. Finalmente, o Chakra Hara recolhe esta Luz e envia-a através do períneo (Muladhara Chakra) para a Estrela da Terra, ligando assim os Chakras Maiores e os Chakras Transpessoais. A Linha Hara também dirige o fluxo de energia nos Chakras Maiores. Uma vez que cada um dos nossos Sete Chakras Maiores absorve e distribui energia aos Chakras acima e abaixo, a Linha Hara serve como um eixo invisível que subtilmente dirige e distribui o fluxo dessa energia.

O Hara Chakra serve como centro da conduta de energia da Linha Hara, uma vez que é o recipiente da energia da Vida (Prana, chi, qi, mana). A Linha Hara é totalmente ativada e revigorada quando a Kundalini é despertada e elevada ao Chakra da Coroa. A Kundalini serve como a força que liga os Chakras Transpessoais com os Chakras Maiores. Esta ligação é então ancorada à Mãe Terra (Gaia) através da Estrela da Terra.

Uma vez que a Linha Hara está preocupada em canalizar a energia da Luz para os Chakras Maiores e depois distribuí-la, ela é a essência da nossa Divindade. Esta energia da Luz é guiada pelo Chakra da Alma Estelar, a nossa essência Divina. A Alma utiliza o eixo da Linha Hara como uma autoestrada, subindo e descendo a energia da Luz de um

Chakra para o Próximo. A Alma Estelar serve como centro de comando (controlo) para realizar esta tarefa.

Quando os Chakras Transpessoais e os Sete Chakras Maiores são adequadamente equilibrados, ocorre um fenómeno alquímico onde todos os Chakras são unificados e fundidos como um só. Esta ocorrência a um nível energético representa o ponto mais alto do Iluminismo. Para que esta experiência ocorra, tanto a Alma Estelar como a Estrela da Terra devem ser ativadas e trabalhar em conjunto. Estes dois Chakras Transpessoais funcionam como os polos negativos e positivos de uma bateria, onde a energia da Luz é salpicada para trás e para a frente entre eles.

A QUINTA DIMENSÃO

A maioria das religiões e tradições espirituais concorda que a Quinta Dimensão é o reino mais alto que uma Alma pode alcançar e a fronteira final da consciência humana. A Quinta Dimensão é a dimensão da Luz Branca que está subjacente a toda a Criação manifestada. É a "Mente de Deus", também chamada Consciência Cósmica. O nosso Universo manifestado existe dentro desta Luz Branca, que é ilimitada, intemporal e Eterna.

A Luz Branca é a Primeira Mente, enquanto o Universo manifestado é a Segunda Mente. Na realidade, os dois são Um, pois as Formas na Segunda Mente dependem da Força projetada a partir da Primeira Mente para lhes dar vida. A Luz Branca é a Kether Sephiroth na Árvore da Vida, que depende de Chokmah (Força) e Binah (Forma) para que a Criação se manifeste. Estes dois Sephiroth manifestam Alma e consciência no Universo.

A Luz Branca é a Fonte do amor, da verdade e da sabedoria. Encarnamos neste Planeta como Seres luminosos de Luz, mas com o tempo, à medida que o nosso Ego se desenvolve, perdemos o contato com a nossa Alma e os nossos poderes Espirituais. À medida que a nossa consciência evolui, torna-se imperativo que voltemos a entrar em contato com as nossas Almas, para que possamos erguer-nos Espiritualmente novamente e realizar todo o nosso potencial. Despertar a Kundalini é o nosso método para alcançar a Realização Espiritual. O nosso Criador deixou em nós o gatilho da Kundalini por desígnio. A maioria das pessoas desconhece este fato, e é por isso que pessoas como eu servem como mensageiros da existência e potencial da energia Kundalini.

Um despertar Kundalini completo ativa os Sete Chakras Maiores, cada um dos quais ressoa com a vibração de uma das cores do arco-íris. Encontramos estas cores do arco-íris quando brilhamos a Luz Branca através de um prisma. Temos vermelho, laranja, amarelo, verde, azul, índigo, e violeta, em sequência.

Quando a Kundalini sobe através da coluna vertebral e entra no cérebro, procura alcançar o Chakra da Coroa e partir o Ovo Cósmico. Ao fazê-lo, ativa os Setenta e Dois Mil Nadis do Corpo de Luz, despertando assim todo o seu potencial latente. À medida que todas as pétalas do Sahasrara se abrem com a Kundalini para cima, a consciência individual é expandida até ao Nível Cósmico. Uma vez que Sahasrara é a porta de entrada para os Chakras Transpessoais superiores, o indivíduo desperto também ganha acesso aos seus poderes ao longo do tempo.

Um despertar Kundalini completo começa o processo de transformação Espiritual, que se destina a alinhar a nossa consciência com os dois Chakras da Quinta Dimensão acima da cabeça, a Alma Estelar e o Portal Estelar. Quando temos acesso a estes Chakras, elevamo-nos acima da dor física, do medo, e da dualidade em geral. Começamos a funcionar plenamente por intuição e vivemos no momento presente, o Agora. Uma vez ultrapassada a mente, o Ego é conquistado, uma vez que existe apenas dentro da mente.

Através de uma transformação da Kundalini, a dor da separação é superada, uma vez que experimentamos a Unidade de toda a Criação, participando na Quinta Dimensão. Todas as nossas ações são baseadas no amor e na verdade, o que constrói sabedoria ao longo do tempo. Temos acesso a um conhecimento ilimitado dos mistérios da Criação, recebido através da Gnose.

Com a ativação total do nosso Corpo de Luz, ganhamos a Imortalidade. Compreendemos que vamos morrer fisicamente, sim, uma vez que não podemos evitar isto, mas sabemos internamente que esta vida é uma de muitas, uma vez que as nossas Almas nunca poderão ser aniquiladas.

A MERKABA-VEÍCULO DE LUZ

A palavra "Merkaba" é derivada do Antigo Egipto. Refere-se ao veículo de luz de um indivíduo que permite viagens Interdimensionais e Interplanetárias. "Mer" refere-se a dois campos contra rotantes de Luz girando no mesmo espaço, enquanto "Ka" se refere ao Espírito individual e "Ba" ao corpo físico. Os dois Tetraedros opostos dentro um do outro representam os dois polos, ou aspectos da Criação, Espírito e Matéria, em completo equilíbrio.

O Merkaba tem também um lugar de destaque no misticismo judeu. Em hebraico, a palavra "Merkabah" (Merkavah ou Merkava) significa "carruagem", e refere-se à carruagem divina de Deus descrita pelo profeta Ezequiel numa das suas visões (*Antigo Testamento*). As visões de Ezequiel fazem lembrar as visitas de seres de outras dimensões ou de outro mundo descritas através de metáforas que contêm imagens simbólicas.

Na sua visão, Ezequiel descreve um veículo Divino que tinha "rodas dentro de rodas", que brilhavam como "diamantes ao sol" e giravam uns em torno dos outros como um giroscópio. Místicos judeus e pessoas espirituais interpretam a visão de Ezequiel como uma referência ao seu veículo interdimensional de Luz - o Merkaba. É um fato conhecido nos círculos Espirituais que os Mestres Ascendentes e Seres para além dos nossos reinos e dimensões se manifestam na nossa realidade através do seu Merkaba.

O Merkaba é uma representação geométrica do toro otimizado, o "donut dinâmico", que inclui o campo Áurico e o Campo Eletromagnético do coração. Como mencionado, o toro tem um eixo central com um polo norte e sul que circula a energia de forma espiralada. Após um despertar completo da Kundalini, a energia começa a circular dentro do toro a uma velocidade superior, afetando a taxa de centrifugação da Merkaba.

O Merkaba torna-se totalmente ativado à medida que o toro se torna otimizado, permitindo viajar através da consciência. O Cubo de Metatron é um símbolo que contém todas as formas geométricas sagradas conhecidas no Universo. Atribuído ao Metatron Arcanjo, o representante do Elemento Espiritual, o Cubo de Metatron serve de metáfora para o Universo manifestado e para a harmonia e interligação de todas as coisas. Entre a miríade de formas geométricas que podemos encontrar no Cubo de Metatron está o Merkaba, visto ao longo do plano vertical de cima ou de baixo (Figura 36).

Figura 36: Cubo de Metatron e a Merkaba

Quando vistos de lado, ao longo do plano horizontal, os dois tetraedros da Merkaba cruzam-se ao longo do meio e apontam em direções opostas - um aponta para cima e o outro para baixo. O tetraedro que aponta para cima no Merkaba é o princípio do Sol masculino, relacionado com os Elementos Fogo e Ar e energia elétrica. O Tetraedro apontado para baixo é o princípio da Terra feminino, correspondendo aos Elementos Água e Terra e à energia magnética. Juntos, os dois Tetraedros interligados em oposto criam a "Estrela Tetraedro", um objeto de oito pontas que é uma extensão tridimensional do Hexagrama, a Estrela de David.

O Tetraedro Sol gira no sentido dos ponteiros do relógio enquanto o Tetraedro Terra gira no sentido contrário ao dos ponteiros do relógio. Nos homens, uma vez que a energia masculina é dominante, o Tetraedro Sol é orientado para a frente do corpo, enquanto o Tetraedro Terra é orientado para trás. Nas fêmeas, a orientação é intercambiada, e o Tetraedro terrestre está virado para a frente (Figura 37).

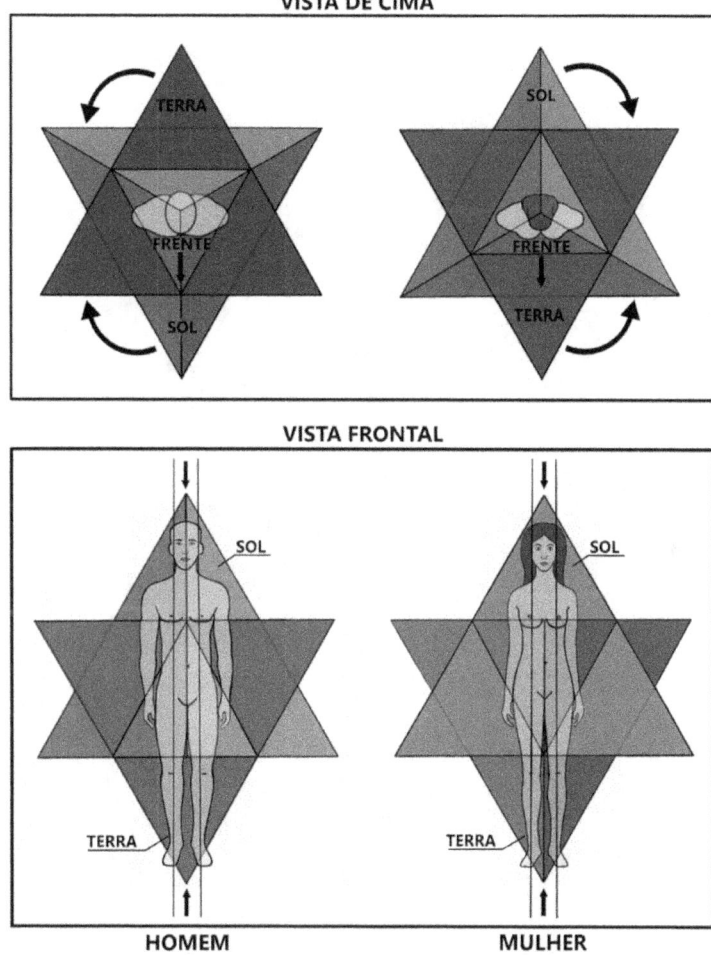

Figura 37: Orientação de Tetraedros em Homens e Mulheres

O Tetraedro do Sol é alimentado pelo Chakra da Alma Estelar, seis polegadas acima da cabeça no seu ápice. Inversamente, o Tetraedro da Terra invertido é alimentado pelo

Chakra Estrela da Terra, situado a seis polegadas abaixo dos pés. O Chakra Estrela da Terra é o ápice do Tetraedro da Terra invertido. A energia da luz salta entre a Alma Estelar e a Estrela da Terra, ao longo da linha Hara, alimentando os dois Tetraedros da Merkaba e fazendo-os girar em direções opostas.

Quando o Merkaba é otimizado, o campo de Luz gerado em torno da sua forma esférica giratória pode esticar-se de 50-60 pés de diâmetro em proporção à altura de alguém. Se se olhasse para um Merkaba de rotação rápida com instrumentos apropriados, ver-se-ia uma forma em forma de pires à volta da pessoa que se expande horizontalmente. Não é o Merkaba em si que é tão grande, mas a Luz que emite que cria a sua forma estendida, difundindo-se ao longo do plano horizontal.

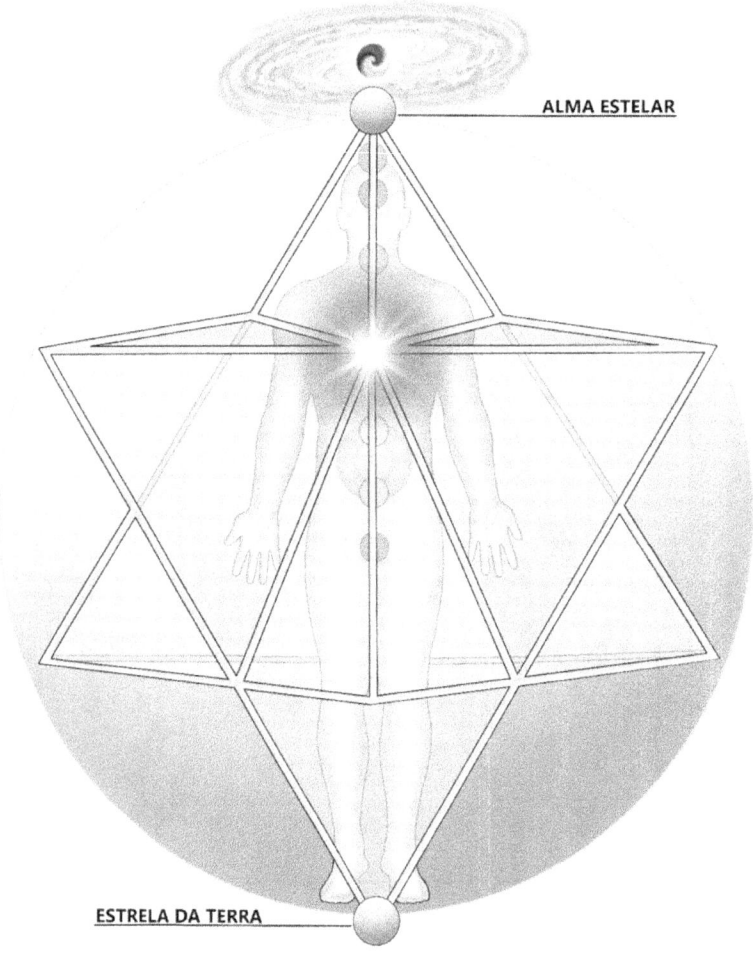

Figura 38: A Merkaba: Veículo de Luz (em Homens)

O centro do sistema Chakras encontra-se no Chakra do Coração, Anahata; os dois tetraedros contra rotantes da Merkaba estão suspensos ao seu nível (Figura 38). A Luz que emana do Chakra do Coração faz girar os tetraedros da Merkaba. Por esta razão, existe uma correlação entre a ativação dos Merkaba e o Ser ressonante com a energia do amor incondicional. Por outras palavras, quanto mais amor carrega no seu coração, o seu Merkaba gira mais depressa.

As pessoas que amam incondicionalmente têm capacidades criativas melhoradas, incluindo capacidades psíquicas como a transposição do seu Espírito para objetos e outras pessoas. O seu Merkaba de rotação rápida permite-lhes transcender as barreiras do seu corpo físico através da sua imaginação.

O Chakra do Coração é o centro do nosso Ser que recebe energia de Luz da Alma Estelar e a distribui aos Chakras inferiores antes de a ligar à Terra. Os nossos corações físicos e etéricos fazem interface com o mundo que nos rodeia como recetores de energias. Como descreverei na próxima secção sobre Kundalini e anatomia, o coração trabalha em conjunto com o cérebro para guiar a nossa realidade.

Quando a Kundalini é despertada, viaja para cima através do canal de Sushumna. Em contraste, Ida e Pingala viajam ao longo da coluna vertebral de forma espiral, um em frente ao outro, assemelhando-se à dupla Hélice de ADN da molécula. Quando a Kundalini atinge o topo da cabeça no Sahasrara, expande este centro exponencialmente, permitindo que a energia da Luz da Alma Estelar seja derramada no nosso sistema Chakras abaixo. À medida que cada um dos Chakras se infunde com a Luz, o campo de energia toroidal torna-se otimizado, ativando o potencial latente da Merkaba.

Um despertar completo da Kundalini energiza o Corpo de Luz, maximizando a capacidade da Merkaba (Figura 39). Quando a Luz é infundida na Aura, os tetraedros contra rotantes da Merkaba começam a girar mais rapidamente, formando uma Esfera de Luz em torno do corpo físico. A Alma, que também é esférica, tem agora um veículo que suporta a sua forma, com o qual pode deixar o corpo físico a viajar dentro de outras dimensões de Espaço/Tempo. Ver orbes de Luz é um fenómeno Espiritual comum de olhar para as Merkabas de Seres que giram para além da Terceira Dimensão e que querem interagir com os seres humanos através da consciência.

Uma das principais funções da Merkaba é permitir ao indivíduo explorar os significados e camadas mais profundas da vida no Universo. Ao otimizar a sua função Merkaba, torna-se um Quinto Ser Dimensional de Luz que pode utilizar os Chakras Transpessoais superiores em seu benefício.

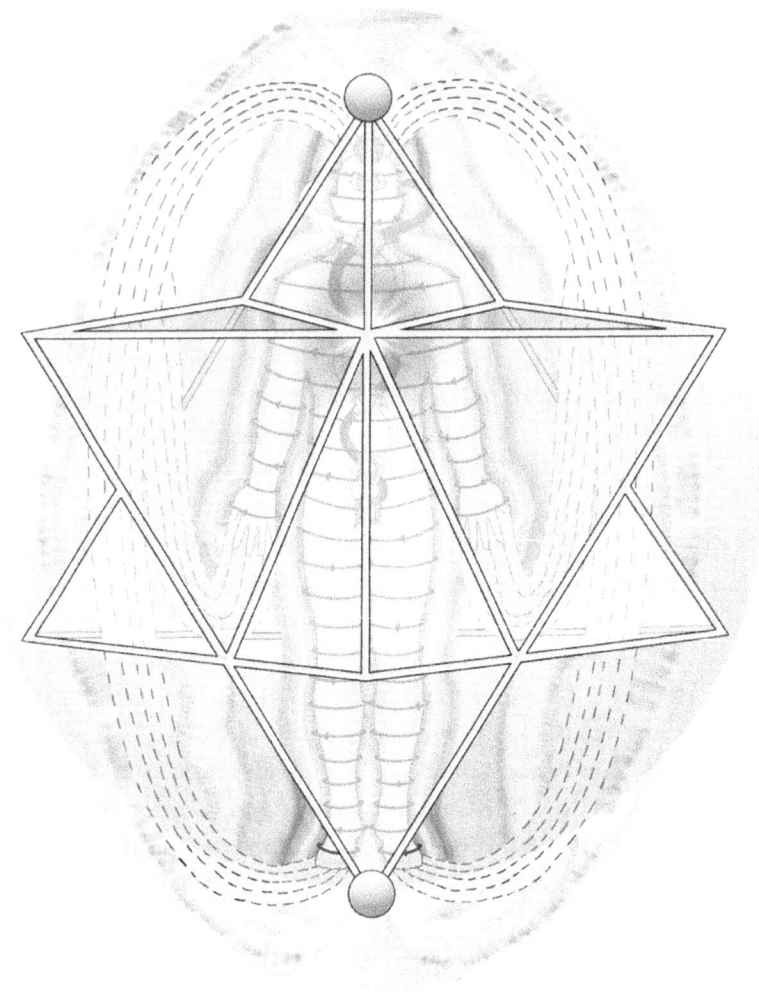

Figura 39: Despertar da Kundalini e a Otimização da Merkaba

O REGRESSO AO JARDIM DO ÉDEN

A forma de toro assemelha-se a uma maçã, que é uma correlação interessante que nos traz de volta ao Jardim do Éden a partir da história do *Antigo Testamento* e da aquisição de conhecimento pela humanidade. A serpente maliciosa é aquela que foi contra Deus - a Criadora ao tentar Eva a fazer a única coisa que ela e Adão lhe disseram para não fazer - comer da Árvore do Conhecimento do Bem e do Mal.

A serpente disse que se Adão e Eva desobedecerem a Deus, tornar-se-ão "como os Deuses e conhecerão a dualidade" (Génesis 3:4-5). O conhecimento é recebido através da experiência de vida no Mundo da Matéria, construída sobre a dualidade da Luz e das Trevas, do bem e do mal.

Adão e Eva comendo a maçã proibida da Árvore do Conhecimento do Bem e do Mal pode ser visto como uma referência à humanidade obtendo um campo de energia toroidal, o que permite à nossa consciência experimentar o Mundo da Matéria. Ao materializar-se na Terceira Dimensão, a nossa consciência ficou gravada na Matéria, fazendo-nos perder o contato com o Plano Espiritual, o nosso direito de nascimento inerente.

O Jardim do Éden é uma representação metafórica do Plano Espiritual, a fonte da nossa inocência primordial. Como mencionado anteriormente, tudo o que tem uma forma no Mundo da Matéria tem um campo de energia toroidal à sua volta. O campo de energia toroidal suporta a existência da Matéria na Terceira Dimensão do Espaço/Tempo.

O toro é composto pelos Chakras Maior e Transpessoais que formam o nosso Mundo Interior e nos dão as funções cognitivas para aprender com a experiência e crescer no intelecto. Permite-nos também contemplar a Criação de Deus e os mistérios do Universo através dos Planos Cósmicos interiores e dimensões correspondentes aos Chakras.

Depois de serem expulsos do Jardim do Éden pelo seu ato de desobediência, Deus, o Criador, disse que Adão e Eva só poderiam regressar ao Jardim se "comessem o fruto da Árvore da Vida", o que lhes daria vida Eterna. Como explorado no meu livro anterior, comer o fruto da Árvore da Vida refere-se a despertar a energia da Kundalini e progredir para cima através dos Chakras para alcançar a Iluminação Espiritual. Consequentemente, a serpente, símbolo da energia da Kundalini, está também envolvida no processo de "regresso a casa". Ele é encontrado na causa, mas também no efeito.

Ao despertar toda a Árvore da Vida dentro de si através do Poder da Serpente, a Kundalini, você integra a Luz dentro do seu Ser. Ao fazê-lo, otimiza a velocidade de rotação dos tetraedros contra-rotantes da sua Merkaba, que proporcionam um veículo para a sua Alma viajar noutras dimensões do Espaço/Tempo. Mais importante, porém, ao unificar as energias positivas e negativas dentro de si próprio, recupera a entrada no Jardim do Éden e torna-se Imortal e Eterno, como os Deuses.

O EVENTO FLASH SOLAR

Muitas histórias de Ascensão das tradições e escrituras religiosas antigas dizem que chegará um tempo em que a Terra, juntamente com todos os seus habitantes, se transformará num Corpo de Luz da Quinta Dimensão. Dizem que o nosso Planeta terá uma mudança física que transfigurará o seu corpo material denso num Corpo de Luz. Algumas pessoas acreditam que a Terra se tornará uma Estrela, mas eu não penso assim. Em vez disso, penso que a Terra manterá as suas propriedades, que só serão melhoradas à medida que a vibração da sua consciência aumentar. E, claro, com esta mudança na consciência da Terra, a consciência humana será afetada.

Após muitos anos de investigação e um poderoso sonho profético no início de 2019, concluí que um evento de Ascensão irá ocorrer no nosso futuro próximo. Será um momento real no tempo em que algo significativo acontecerá a um nível Cósmico. De acordo com a tradição e profecia Maia, deveria ter acontecido em 2012. No entanto, muitos dos cósmicos infiltrados que reclamam contato com os Extraterrestres investidos na nossa Evolução Espiritual acreditam que a humanidade não estava pronta nessa altura, e o evento foi adiado. Portanto, se eu tivesse de prever um ano real, diria entre 2022-2025, mas depende realmente de como a humanidade estará preparada.

O Sol será a força ativadora por detrás deste grandioso evento, que conduzirá a humanidade à tão esperada Idade de Ouro. O Sol realizará um tipo de ativação a partir de dentro, o que mudará a frequência da sua Luz. Num momento, à medida que a ativação ocorrer, o Sol emitirá um clarão, que poderá ser catastrófico para a superfície da Terra, uma vez que derrubará a nossa rede eletromagnética e provocará incêndios florestais maciços. Independentemente das suas ramificações físicas, este evento causará uma mudança significativa na consciência da Terra, resultando no despertar maciço da Kundalini para toda a humanidade.

Quando a nossa sociedade se estabilizar após este evento, uma nova forma de vida começará para todos nós. O mal será erradicado em grande escala, pois o bem prevalecerá. De ter passado por um despertar da Kundalini, posso afirmar com segurança que, uma vez que se experimente, já não se tem a escolha, mas sim de se virar para a Luz. E, tal como vós, a escuridão dentro de vós arde através do fogo transformador da Kundalini.

Acredito que algumas pessoas que têm sido tão más durante toda a sua vida, os assassinos e violadores reincidentes, por exemplo, serão totalmente consumidos por este fogo e não sobreviverão fisicamente. A súbita mudança de consciência será demasiado para eles se integrarem, e ao tentarem apegar-se aos seus maus caminhos, o fogo devorará os seus corações. Por outro lado, a maioria das pessoas que apenas mergulharam na escuridão, mas não permitiram que ela assumisse o controlo total sobre as suas Almas, serão purificadas pelo Fogo Sagrado da Kundalini.

Embora a minha crença possa parecer cristã, compreender que Jesus Cristo era um indivíduo despertado pela Kundalini, um protótipo da experiência que outros pretendiam imitar. Outras figuras religiosas centrais como Moisés do Judaísmo e o Buda do Budismo também foram despertadas pela Kundalini. Contudo, devido à minha ascendência e educação, alinhei-me com Jesus Cristo e os seus ensinamentos, mas estudei ambos de uma perspetiva esotérica, não religiosa. Por esta razão, menciono frequentemente os ensinamentos de Jesus.

No entanto, não confunda a minha agenda e pense que estou a promover o cristianismo ou o catolicismo. Pelo contrário, acredito que todas as figuras centrais das religiões têm uma natureza esotérica que revela a essência dos seus ensinamentos reais antes de serem poluídas por visões dogmáticas das suas respetivas religiões. Estes são os ensinamentos que sempre me interessaram, uma vez que cada um deles contém algum núcleo de verdade da nossa existência.

A profecia da Segunda Vinda de Jesus é uma metáfora para um tempo no futuro em que a humanidade integrará a sua Consciência Cristo como a sua e se tornará como ele era, um Ser de Luz. A Segunda Vinda de Jesus enquadra-se nas profecias dos Anciãos que falam da Ascensão humana coletiva. Isso não significa que Jesus reaparecerá na forma física, quer tenha ou não existido, o que é um debate deixado para outro tempo.

A palavra "Cristo" é baseada na tradução grega de "Messias". Como tal, a Jesus de Nazaré foi dada o título de "Cristo" para denotar a sua divindade. A Consciência de Cristo representa um estado de consciência da nossa verdadeira natureza, como Filhos e Filhas de Deus - o Criador. Neste estado, a integração do Espírito na Matéria e o equilíbrio entre os dois está implícita, experimentada através de um influxo de energia amorosa através do Chakra do Coração expandido.

A Consciência de Cristo é semelhante à Consciência Cósmica, a Quinta Dimensão, que é o destino último da raça humana. E à medida que a humanidade aprende a funcionar ao nível da Quinta Dimensão, o amor, a verdade, e a sabedoria serão a nossa força orientadora. Não exigiremos governos e outras estruturas de controlo, mas seremos guiados pela Luz recentemente despertada dentro de nós. Em vez de países lutando uns com os outros, unificaremos e concentraremos as nossas energias na exploração do espaço à medida que nos tornarmos verdadeiros seres intergalácticos.

PARTE IV: ANATOMIA E FISIOLOGIA DA KUNDALINI

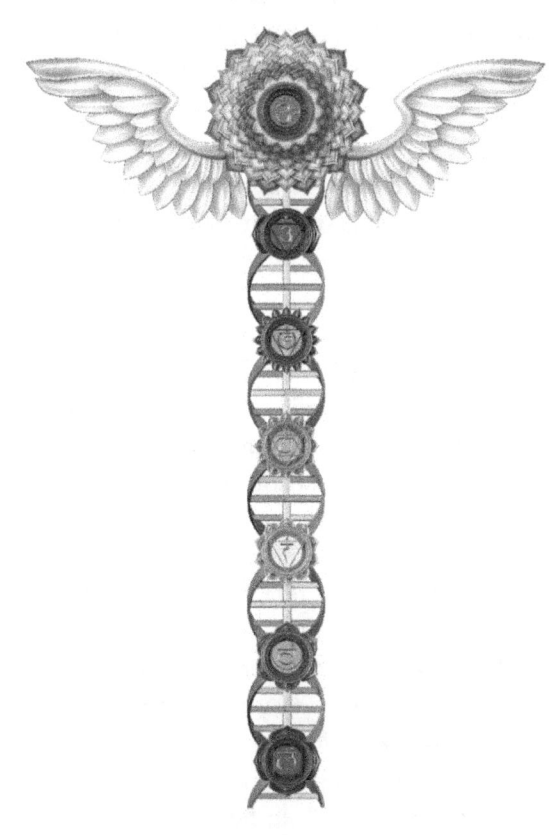

DESENVOLVENDO O OLHO DA MENTE

O Olho da Mente ou Terceiro Olho é um portal energético ou "porta de entrada" dentro do cérebro que proporciona uma perceção para além da visão comum. É um olho ou janela invisível para os Planos Cósmicos interiores e estados superiores de consciência. O Olho da Mente está frequentemente associado à clarividência, à capacidade de ver visões, observar Auras, ao pré-conhecimento, e mesmo de ter Experiências Fora-do-Corpo. Os indivíduos que afirmam ter a capacidade de utilizar o seu Olho da Mente são conhecidos como "videntes". Despertar ou ativar o Olho da sua Mente vai de mãos dadas com a Evolução Espiritual e o caminho para a Iluminação.

Como descrito em *The Magus*, O Olho da Mente situa-se entre as sobrancelhas, imediatamente acima do nível dos olhos, a cerca de 1/5 do caminho para a linha do cabelo. Apresenta um pequeno portal circular, cuja localização é de um centímetro dentro da cabeça quando se olha para cima neste ponto com os olhos fechados. Uma atração magnética ocorre quando nos concentramos nele, o que nos coloca num estado calmo e meditativo. Mantendo a nossa atenção no portal do Olho da Mente, o Ego torna-se silencioso, e começamos a receber visões e imagens que passam por esta área como se estivéssemos num ecrã de cinema.

Embora o portal do Olho da Mente esteja localizado ligeiramente acima do centro das sobrancelhas, a localização real do Ajna Chakra está no Terceiro Ventrículo do cérebro. Ajna não é um único Chakra, mas um arranjo de centros de energia no cérebro e ao longo da testa. O Ajna Chakra é frequentemente chamado o Olho da Mente ou Terceiro Olho, embora estes últimos termos insinuem o portal do Ajna, enquanto a localização real do Chakra está no centro do cérebro.

Ajna é mais bem descrito como o projetor de filmes, enquanto o ecrã de cinema é o Olho da Mente. Portanto, o nome "Terceiro Olho" tem uma associação com o Terceiro Ventrículo de Ajna, mas também a sua localização; entre os dois olhos físicos, no centro do cérebro. Além disso, o Terceiro Olho dá-nos a capacidade de perceber a nossa realidade psiquicamente, com a nossa mente, contornando assim a visão física comum; por isso, é chamado o Olho da Mente.

Embora algumas tradições ancestrais afirmem que Ajna Chakra é o Tálamo, a minha investigação levou-me a descobrir que o Tálamo, Hipotálamo, e as Glândulas Pineal e

Pituitária contribuem todos para o funcionamento da Ajna. Estes quatro quadros primários endócrinos e neurológicos do cérebro trabalham em sincronia uns com os outros.

O Terceiro Ventrículo está cheio de Fluido Cerebrospinal (CSF), que atua como o meio de transporte de informação de uma parte do cérebro para a outra. O sacro bombeia o LCR pela medula espinal e para dentro do cérebro. O sacro é também responsável pelo despertar da Kundalini, que se encontra enroscada no cóccix. A corrente bioelétrica da Kundalini carrega pela coluna vertebral e para o cérebro através do LCR como meio. Mais adiante, nesta secção, descreverei com mais pormenor o papel do QCA e do sacro.

A tradição hindu fala amplamente da ligação entre o Olho da Mente e o Sahasrara, a Coroa, também chamada de Lótus das Mil Pétalas. O primeiro é o recetor das energias experimentadas e projetadas a partir do segundo. Na Qabalah, Kether (a Luz Branca) só pode ser experimentada quando Chokmah (Força) projeta o seu poder omnipotente em Binah (Forma). Binah serve como recetor feminino, o componente "Eu" do Eu que recebe o seu impulso do projetor masculino, o "Eu". Como Binah se relaciona com intuição e compreensão, Chokmah é a Força de Todo o Conhecimento que se projeta nele para nos dar sabedoria. O funcionamento de Chokmah e Binah constitui a operação de Ajna Chakra, enquanto Kether corresponde a Sahasrara. Os três Supernos Sephiroth trabalham juntos e não podem ser subtraídos um do outro.

No sistema do Tantra Ioga, o Olho da Mente está associado ao som "Om". O som "Om" é o som primordial do Universo, que se refere ao Atman (Alma) e Brahman (Espírito) como Um. Contudo, quando pronunciado corretamente, soa mais como "Aum", cujas três letras incorporam a energia Divina de Shakti e as suas três características principais de criação, preservação e libertação. Afinal, Ajna Chakra é de natureza feminina, e é por isso que se relaciona com a Lua.

O Taoísmo ensina que, praticando os exercícios de treino da Mente, se pode sintonizar com a vibração correta do Universo e ganhar uma base sólida sobre a qual se pode alcançar níveis de meditação mais avançados. Eles ensinam que o portal do Olho da Mente se expande até ao meio da testa quando o centro do Quinto Olho se abre. É um dos centros de energia primária do corpo, formando parte do meridiano principal, que separa os hemisférios esquerdo e direito do corpo e do cérebro.

Ajna Chakra é o armazém lunar de Prana, enquanto Manipura é o depósito solar de Prana. Ajna Chakra é feminino e nutritivo, e o seu modo primário de funcionamento é servir como recetor de energias vibratórias mais elevadas projetadas a partir do Sahasrara. Ajna, tal como Vishuddhi, é sattvic, ou seja, contém as qualidades de positividade, verdade, bondade, serenidade, serenidade, tranquilidade, virtude, inteligência e equilíbrio. As qualidades sátvicas atraem o indivíduo para Dharma (que significa "Lei e Ordem Cósmica" no budismo) e Jnana (conhecimento).

Como a Ajna tem duas pétalas, indica o número de grandes Nadis que terminam neste Chakra. Ajna tem o menor número de Nadis, mas os dois mais importantes, Ida e Pingala.

Sushumna está excluído, uma vez que é o canal de energia médio que alimenta o Sistema Nervoso Central e sustenta todos os Chakras.

Ida é o canal lunar que alimenta o hemisfério cerebral direito e o Sistema Nervoso Parassimpático (PNS). Pingala é o canal Solar que alimenta o hemisfério cerebral esquerdo e o Sistema Nervoso Simpático (SNS). O SNP inibe o corpo de trabalhar em excesso e restaura-o a um estado calmo e composto - todas as qualidades do Elemento Água provocadas pelo arrefecimento Ida Nadi. O SNS prepara o corpo para a atividade e prepara-o para uma resposta de "luta ou voo" quando um perigo potencial é reconhecido. O SNS é característico do Elemento Fogo e do calor, induzido pelo Pingala Nadi.

OS SETE CHAKRAS E AS GLÂNDULAS ENDÓCRINAS

Cada um dos Chakras Maiores é emparelhado com uma glândula(s) endócrina(s), e eles governam as suas funções (Figura 40). Em muitos casos, os Chakras individuais também afetam os órgãos que rodeiam essas glândulas. O sistema endócrino é parte do mecanismo de controlo primário do corpo. Compreende várias glândulas sem ducto que produzem hormonas, que servem como mensageiros químicos do corpo que atuam em diferentes operações e processos corporais. Estes incluem função cognitiva e humor, desenvolvimento e crescimento, manutenção da temperatura do corpo, metabolismo dos alimentos, função sexual, etc.

O sistema endócrino funciona para ajustar os níveis hormonais no corpo. As hormonas são secretadas diretamente na corrente sanguínea e são transportadas para órgãos e tecidos para estimular ou inibir os seus processos. O equilíbrio hormonal é um processo delicado, e uma ligeira falta ou excesso de hormonas pode levar a estados de doença no corpo. Se alguém experimentar alguma doença física, isso significa que existem problemas quer com as glândulas endócrinas, os Chakras que as governam, quer com ambos. Nunca esquecer que todas as manifestações físicas resultam de mudanças energéticas nos Planos Internos - "O que está Acima é como o que está Abaixo". Este Princípio ou Lei Hermética é Universal e está sempre em funcionamento.

Muladhara/Glândulas Adrenais

O Chakra da Raiz, Muladhara, rege as Glândulas Adrenais, que estão situadas no topo dos rins e ajudam na função deste Chakra para sua preservação. As Adrenais produzem as hormonas adrenalina e cortisol que suportam o nosso mecanismo de sobrevivência, estimulando a resposta de "luta ou fuga" quando somos confrontados com uma situação de stress. Além disso, as Adrenais também produzem outras hormonas que ajudam a regular o nosso metabolismo, sistema imunitário, pressão arterial, e outras funções essenciais da vida.

Uma vez que o Chakra da Raiz lida com o aterramento, rege o apoio do corpo físico, incluindo as costas, ancas, pés, coluna vertebral e pernas. Também regula o reto e a glândula prostática (nos homens). Um Muladhara Chakra desequilibrado pode levar a problemas como ciática, dores no joelho, artrite, obstipação, e problemas de próstata para os homens.

Swadhisthana/Glândulas Reprodutivas

O Chakra Sacral, Swadhisthana, rege as Glândulas Reprodutivas, incluindo os testículos nos homens e os ovários nas mulheres. As Glândulas Reprodutivas regulam o nosso impulso sexual e apoiam o nosso desenvolvimento sexual. Os ovários produzem óvulos enquanto os testículos produzem esperma, sendo ambos essenciais para a procriação. Além disso, os ovários produzem as hormonas femininas estrogénio e progesterona, que são responsáveis por ajudar no desenvolvimento dos seios na puberdade, regular o ciclo menstrual, e apoiar uma gravidez. Os testículos produzem a hormona masculina testosterona, que é responsável por ajudar os homens a crescer pelos faciais e corporais na puberdade e por estimular o crescimento do pénis durante a excitação sexual.

O Swathisthana Chakra também rege os outros órgãos sexuais, intestinos, bexiga, próstata, intestino inferior, e rins. Como tal, os problemas com estes órgãos e o seu desempenho estão ligados a um Chakra Sacral desequilibrado ou inativo. Note-se que em muitos sistemas espirituais, as correspondências são invertidas - o Chakra Muladhara governa as Glândulas Reprodutivas, enquanto o Chakra Swadhisthana governa as Glândulas Adrenais. Argumentos credíveis podem ser feitos para qualquer dos casos. Os ovários e as Glândulas Adrenais estão ligados nas mulheres. Se o ciclo menstrual de uma mulher for afetado, pode ser um sinal de fadiga das suprarrenais.

Manipura/Pâncreas

O Plexo Solar Chakra, Manipura, rege o Pâncreas, que regula o sistema digestivo. Os órgãos e partes do corpo regidos pelo Manipura incluem o fígado, a vesícula biliar, a espinha dorsal, a parte superior das costas, o intestino superior e o estômago. O Pâncreas está localizado atrás do estômago, na parte superior do abdómen. Produz enzimas que decompõem açúcares, gorduras e amidos para ajudar à digestão. Produz também hormonas que ajudam a regular o nível de glicose (açúcares) no sangue. A diabetes é um sinal de um mau funcionamento do pâncreas resultante de um Manipura Chakra desequilibrado. Quando o Manipura é híper estimulado, pode ocorrer excesso de glicose no sangue, o que causa diabetes. Quando o Manipura é sub estimulado, pode ocorrer hipoglicémia (baixa glicemia), bem como úlceras estomacais. Um Chakra Manipura desequilibrado pode também levar a problemas digestivos e da vesícula biliar.

Anahata/Timo

Anahata Chakra governa a Glândula do Timo enquanto regula o sistema imunitário. A Glândula do Timo está localizada na parte superior do esterno do peito e diante do coração. O Timo é crucial para manter o nosso sistema imunitário a funcionar corretamente. A sua função é produzir glóbulos brancos (linfócitos T) que servem como sistema de defesa do corpo contra vírus, bactérias e células cancerígenas. Além disso, os glóbulos brancos combatem infeções e destroem as células anormais.

Anahata Chakra também regula a função do coração, pulmões, e circulação sanguínea. Também conhecido como o Chakra "Coração", Anahata está associado à cura Espiritual e física. É considerado o centro do nosso ser uma vez que produz energia amorosa que cura a todos os níveis, mente, corpo e Alma. Sentimentos de compaixão e amor incondicional são expressos através do Chakra do Coração. Por outro lado, o nosso Chakra do Coração enfraquece quando nos envolvemos em emoções negativas, tais como raiva, ódio, ciúme e tristeza, que afetam a Glândula do Timo, baixando a capacidade do sistema imunitário para combater doenças. Um Chakra do Coração desequilibrado pode levar a tensão arterial elevada, má circulação sanguínea, dificuldades respiratórias e respiratórias, problemas cardíacos, e uma diminuição do sistema imunitário.

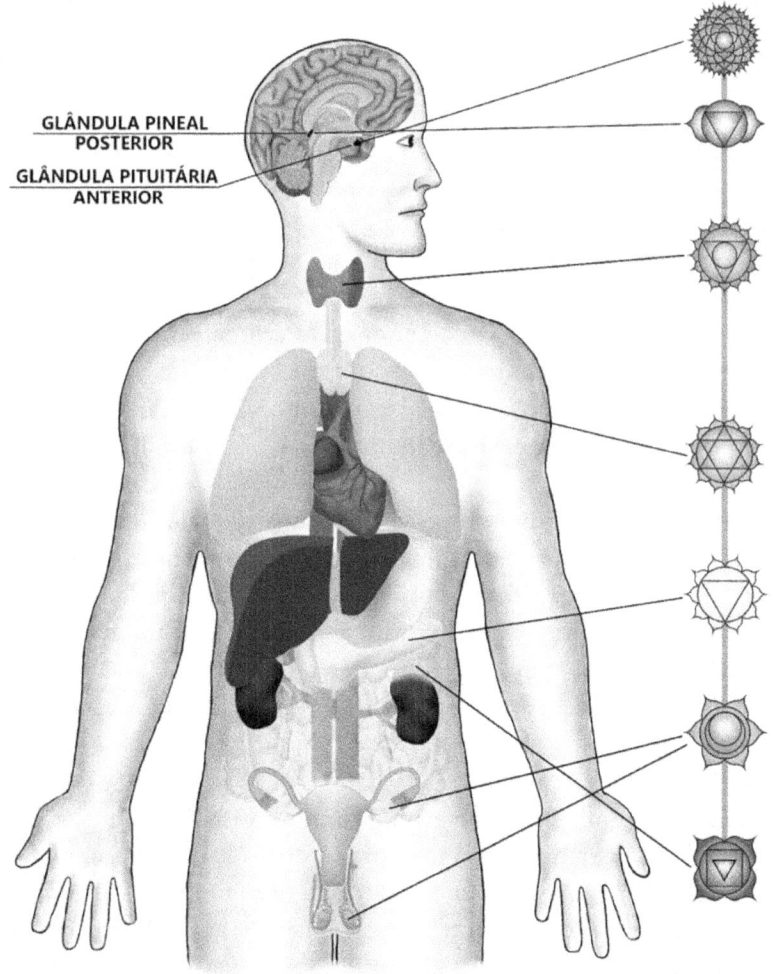

Figura 40: As Glândulas Endócrinas no Corpo

Vishuddhi/Tiroide

O Chakra Laríngeo, Vishuddhi, governa a Glândula da Tiroide, localizada na base do pescoço. A Tiroide liberta hormonas que controlam o metabolismo, o ritmo a que o corpo converte os alimentos em energia utilizável. Estas hormonas também regulam a temperatura corporal, função respiratória, frequência cardíaca, níveis de colesterol, processos de digestão, tónus muscular e ciclos menstruais nas mulheres. Como tal, a Glândula Tiroide é uma das glândulas essenciais do corpo.

Uma disfunção na Glândula Tiroide causa problemas significativos tais como fadiga debilitante, músculos fracos, ganho ou perda de peso, perda de memória e ciclos menstruais irregulares (nas mulheres). A função do Chakra Laríngeo também controla as cordas vocais, tubos bronquiais, e todas as áreas da boca, incluindo a língua e o esófago. Um Chakra Laríngeo desequilibrado pode levar a dores de garganta ou laringite, dores na mandíbula, problemas pulmonares, dor ou rigidez no pescoço, e problemas nas cordas vocais.

Ajna/Glândula Pineal

O Chakra do Olho da Mente, Ajna, governa a Glândula Pineal, que regula os ciclos biológicos. Para além de libertar a melatonina hormonal, responsável por nos tornar sonolentos, a Glândula Pineal também segrega a serotonina, o químico "feliz" do corpo.

A localização da Glândula Pineal é posterior (nas costas) do cérebro, diretamente atrás do Tálamo e ligeiramente acima do nível dos olhos. A Glândula Pineal é do tamanho de um grão de arroz (5-8mm) em humanos e tem a forma de pinheiro (daí o seu nome). Ela governa e inibe a função da Glândula Pituitária. Estas duas glândulas trabalham em parceria uma com a outra para alcançar o equilíbrio geral do corpo. Criar um equilíbrio saudável entre as Glândulas Pineal e Pituitária ajuda a facilitar a abertura do Ajna Chakra - o Terceiro Olho.

Ajna é o nosso centro psíquico, uma vez que nos dá visão interior. As perturbações mentais e emocionais tais como insónia, bipolar, esquizofrenia, transtorno de personalidade, e depressão resultam de um Ajna Chakra desequilibrado e da sobre ou sub estimulação da Glândula Pineal. A Ajna também controla a função da medula espinal, tronco cerebral, centros de dor e nervos. Portanto, um Ajna Chakra desequilibrado também pode ser responsável por crises epiléticas e outras perturbações neurológicas.

Sahasrara/Hipófise

O Chakra da Coroa, Sahasrara, governa a Glândula Pituitária e produz hormonas que controlam o resto do sistema endócrino. Como tal, A Pituitária é chamada a "Glândula Mestre" do corpo. "É ligeiramente maior que uma ervilha e está alojada dentro de uma cavidade óssea, mesmo atrás da ponte do seu nariz. É anterior (na frente) do cérebro e está ligada ao Hipotálamos por um talo fino. A Pituitária liga-se ao Sistema Nervoso Central através do Hipotálamos. Os órgãos regulados pelo Sahasrara incluem os olhos e o cérebro.

Questões tais como dores de cabeça, visão e alguns problemas neurológicos estão associados a um Chakra Sahasrara desequilibrado. Note-se que em alguns sistemas espirituais, a Glândula Pineal está associada ao Sahasrara, enquanto a Glândula Pituitária se relaciona com a Ajna. Uma vez que a Glândula Pineal está na parte de trás do cérebro, está relacionada com o subconsciente, a Lua, e o Elemento Água (feminino), que estão associados ao Ajna Chakra. A Pituitária está na frente do cérebro, que se relaciona com o Eu consciente, o Sol, e o Elemento de Fogo (masculino). Por conseguinte, acredito que estas são as correspondências corretas da Pituitária e das Glândulas Pineal. (Mais sobre as Glândulas Pineal e Pituitária e as suas várias funções num capítulo posterior.)

***

Uma vez que cada um dos Chakras está relacionado com um dos Planos Subtis, a energia negativa nesses Planos irá manifestar-se como perturbações nas glândulas e órgãos correspondentes. Todos os sintomas físicos são manifestações da qualidade das energias dos Chakras. Uma vez que os Chakras são centros energéticos que influenciam o nosso Ser a muitos níveis, precisamos de os manter em equilíbrio se quisermos ser saudáveis na mente, corpo e Alma.

As aflições físicas podem ocorrer sempre que um dos nossos centros de energia é preenchido com energia negativa ou é bloqueado. A afinação do chakra é então de importância crucial para o nosso bem-estar físico. O meu primeiro livro, *The Magus*, centra-se no trabalho energético através do Magia Cerimonial, o método ocidental de cura dos Chakras. Em *Serpent Rising*, estou a concentrar-me em técnicas orientais como Ioga, Tattvas, Mantras enquanto implemento práticas da Nova Era tais como Pedras Preciosas (Cristais), Aromaterapia, e Garfos de Afinação.

É essencial compreender que a energia negativa num Chakra é sentida ao nível desse Chakra específico e de outros Chakras ligados à sua função. Afinal de contas, os nossos pensamentos afetam as nossas emoções e vice-versa. E estes, por sua vez, afetam a nossa força de vontade, imaginação, nível de inspiração, etc.

CURA DOS CHAKRAS E AS GLÂNDULAS ENDÓCRINAS

As glândulas endócrinas são pontos de referência úteis para a cura dos Chakras, uma vez que representam a ligação entre a energia dos Chakras e as funções físicas e fisiológicas do corpo. O sistema nervoso e os seus múltiplos nexos estão também associados a glândulas e órgãos. Por conseguinte, o conhecimento do sistema nervoso e das suas partes é crucial, uma vez que pode ajudar nas sessões de cura. Por esta razão, incluí um capítulo sobre o assunto neste livro. Relaxar e equilibrar o sistema nervoso permite uma cura mais eficaz para uma glândula ou região específica do corpo.

Existem vários métodos para otimizar a função dos Chakras. Um desses métodos, ao qual toda uma secção deste trabalho é dedicada, é a prática oriental do Ioga. O Ioga é composto por posturas (Asana), técnicas respiratórias (Pranayama), cânticos (Mantra), meditação (Dhyana), bem como a realização de gestos físicos específicos para manipulação de energia (Mudras). Alguns destes gestos envolvem o corpo inteiro, enquanto outros envolvem apenas as mãos. Para além de equilibrar o sistema energético, o Ioga é uma excelente forma de exercício físico que o deixará sentir e com ótimo aspeto.

A dieta é também uma componente essencial na prática do Ioga. Afinal de contas, é o que come. O corpo físico necessita de certos nutrientes ao longo do dia para funcionar e funcionar ao seu nível mais ótimo. Ao apoiar a boa saúde através da dieta e do exercício, os Chakras tornam-se curados a um nível subtil. Por sua vez, os nossos pensamentos, emoções, e bem-estar Espiritual geral são positivamente afetados. Além disso, ao trabalhar num Chakra, outros Chakras são afetados uma vez que todo o sistema é interdependente dos seus vários componentes.

DESPERTAR ESPIRITUAL E ANATOMIA DO CÉREBRO

A GLÂNDULA PITUITÁRIA

As duas glândulas que regulam a função glandular e biológica global do corpo são a Glândula Pituitária e a Glândula Pineal. Estas são as duas glândulas mais essenciais do corpo humano. Elas orquestram e controlam todo o sistema endócrino.

A função primária da glândula pituitária é regular a química corporal. Tal como a Glândula Pineal expressa a sua natureza dupla controlando os ciclos dia/noite, a natureza dupla da Glândula Pituitária é expressa nos dois lóbulos em que é composta (Figura 41). O Lóbulo Frontal (anterior) é responsável por 80% do peso da Glândula Pituitária e é o lóbulo dominante.

Várias tradições antigas afirmam que o lobo anterior está associado à mente intelectual, à lógica e à razão. Em contraste, o lóbulo posterior (posterior) relaciona-se com a mente emocional e a imaginação.

Como mencionado, a Glândula Pituitária controla a atividade da maioria das outras glândulas secretoras de hormonas, incluindo a Tiroide, as Adrenais, os ovários e os testículos. Segrega as hormonas dos lobos anterior e posterior, cujo objetivo é transportar mensagens de uma célula para outra através da nossa corrente sanguínea. Devido ao seu imenso papel nas nossas vidas, foi dito que a remoção da Glândula Pituitária do cérebro causará a morte física em três dias.

O Hipotálamos está situado imediatamente acima da Glândula Pituitária e está ligado a ela. Diretamente à sua frente está o Quiasma Ótico que transmite informação visual dos Nervos Óticos para o Lóbulo Occipital na parte de trás do cérebro.

O Hipotálamos governa a Glândula Pituitária enviando mensagens ou sinais. Estes sinais regulam a produção e libertação de hormonas adicionais da Hipófise, que, por sua vez, enviam mensagens para outras glândulas ou órgãos do corpo. O Hipotálamos é um tipo de centro de comunicação para a Glândula Pituitária.

O Hipotálamos trabalha com a Medula Oblonga. A Medula e o Hipotálamo controlam os processos involuntários e autonómicos no corpo, tais como a regulação do ritmo cardíaco, da respiração e da temperatura corporal. Além disso, a Medula é essencial na transmissão de impulsos nervosos entre a medula espinal e os centros cerebrais superiores. É essencialmente a porta de entrada entre a medula espinal e o cérebro.

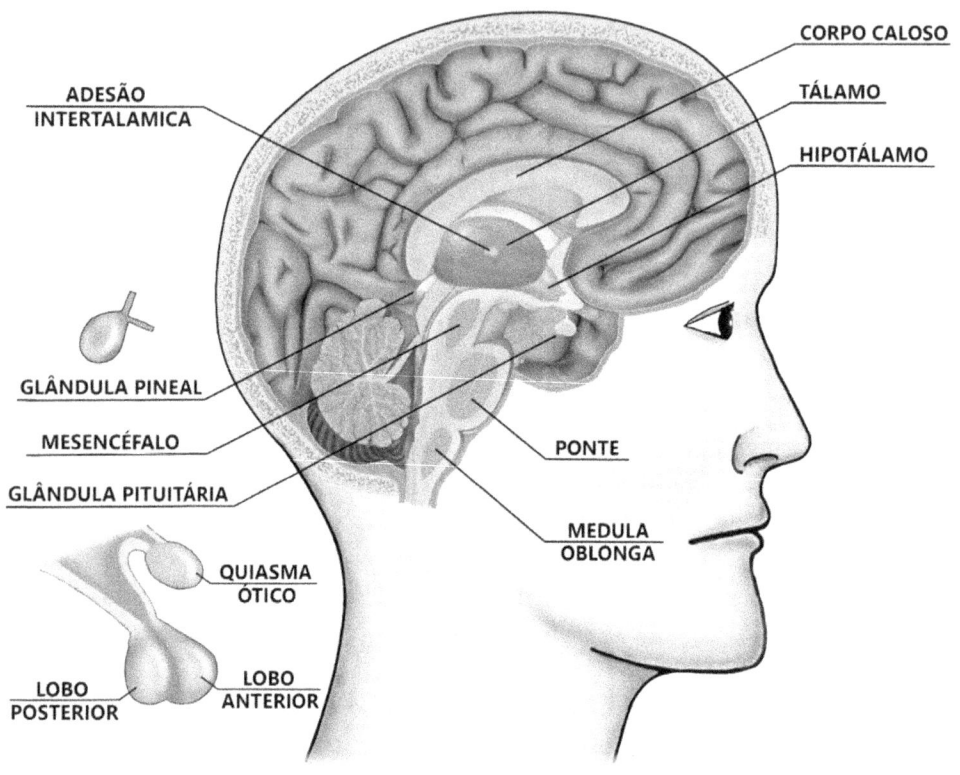

Figura 41: Os Principais Centros Cerebrais

A GLÂNDULA PINEAL

O Pineal Gland encontra-se no centro geométrico, no fundo do cérebro. Produz a serotonina hormonal e a sua derivada melatonina, essencial para a nossa função e bem-estar. A serotonina é um químico e neurotransmissor que controla o nosso humor, comportamento social, apetite e digestão, memória, e desejo e função sexual. A serotonina contribui para o nosso nível de felicidade e bem-estar mental e emocional - baixos níveis de serotonina têm sido associados à depressão, ansiedade e outros distúrbios mentais e emocionais. Com algumas destas questões, os médicos geralmente prescrevem medicamentos antidepressivos (SSRI), que são concebidos para aumentar os níveis de serotonina no cérebro.

Durante o dia, em resposta à luz solar recebida pelos olhos, a Glândula Pineal segrega e armazena uma grande quantidade de serotonina. Quando a noite chega e a escuridão se instala, a Glândula Pineal começa a converter a serotonina armazenada em melatonina hormonal, que é libertada no cérebro e no sangue, induzindo a sonolência durante toda a noite. A melatonina é a única hormona sintetizada pela Glândula Pineal, e afeta os nossos padrões de despertar/sono e as funções das estações do ano. Como tal, é frequentemente referida como a "hormona da escuridão".

Por volta do Solstício de Verão (o dia mais longo do ano), as pessoas experimentam mais luz solar e são mais felizes e alegres uma vez que a sua Glândula Pineal segrega a maior quantidade de serotonina. Pelo contrário, por volta da época do Solstício de Inverno (o dia mais escuro do ano), existe a menor quantidade de luz solar, o que significa que a Glândula Pineal recebe a menor quantidade de serotonina, levando ao "blues de Inverno", a época do mundo em que as pessoas estão mais em baixo e deprimidas.

O "Estado Hipnagógico", também chamado "Estado de Trance" ou "Estado Alfa", é produzido quando a consciência se encontra num ponto entre estar acordada e adormecida. A pessoa está consciente e inconsciente ao mesmo tempo, mas alerta. A atividade cerebral abranda, mas não o suficiente para o pôr a dormir. O objetivo final da meditação é alcançar este estado, uma vez que o Olho da Mente é utilizado durante o mesmo, resultando na capacidade de ver visões e ter experiências místicas. O Estado Alfa também é conhecido por induzir Sonhos Lúcidos se alguém o alcançar durante um ciclo de sono.

Os Antigos usavam prontamente o estado Hipnagógico para contactar o Mundo Espiritual e receber mensagens do Divino. Podemos alcançá-lo com práticas e métodos Espirituais mas também através do uso de certas drogas.

O DMT (dimetiltriptamina) é também produzido a partir da Glândula Pineal através de vias semelhantes à melatonina. Muitas vezes denominada "Molécula do Espírito", o DMT está espalhado por todo o reino vegetal, mas também há vestígios dela nos mamíferos.

O DMT contendo plantas como a ayahuasca são normalmente utilizados em rituais xamânicos. A sua utilização pode produzir experiências poderosas, místicas, psicadélicas e de quase-morte. A DMT é uma hipótese a ser libertada ao nascimento, morte e sonhos vívidos. O DMT é encontrado no sangue, urina, fezes, pulmões, e rins nos humanos. Os seus traços mais elevados, no entanto, encontram-se no Fluido Cerebrospinal.

A GLÂNDULA PINEAL E A ESPIRITUALIDADE

A palavra "Pineal" deriva da palavra latina "pinealis", referindo-se a uma pinha, a forma da glândula. Tradições antigas retratavam amplamente a Glândula Pineal na sua arte e escultura. No entanto, o seu significado e papel foram velados a partir do profano através da simbologia, como o foi a maioria dos conhecimentos esotéricos transmitidos ao longo dos tempos. Examinando os símbolos dos Antigos associados à Glândula Pineal (sobretudo a pinha), podemos ter uma melhor ideia do seu papel Espiritual nas nossas vidas.

O interesse na Glândula Pineal pode ser atribuído à China Antiga durante o reinado do Imperador Amarelo, Huangdi, o mais antigo dos cinco imperadores chineses lendários. Nas Escrituras Hindus Antigas, *Os Vedas*, a Glândula Pineal era um dos sete pontos Chakras, supostamente ligado ao Sahasrara, a Coroa. Este ponto de vista evoluiu com o tempo à medida que outros iogues e sábios começaram a relacionar a Glândula Pineal com Ajna Chakra. Como mencionado, dependendo da escola de pensamento, as correspondências de Ajna e Sahasrara com as Glândulas Pineal e Pituitária são intercambiáveis. Portanto, tenha isto em mente ao ler sobre a anatomia do cérebro e os Chakras.

Os antigos filósofos e cientistas gregos talvez tenham tido o impacto mais significativo na nossa compreensão da função Espiritual da Glândula Pineal. A sua viagem de descoberta começou com debates filosóficos e teológicos sobre a Sede da Alma, em referência à área do corpo de onde a Alma opera. Referiram-se a este conceito como "Phren", a palavra grega antiga para o local do pensamento ou da contemplação.

Há mais de 2000 anos, Platão e Aristóteles escreveram sobre a Alma e concordaram que a Alma operava a partir do coração, mas não residia dentro do corpo. Destacaram os três tipos de Alma, a nutritiva, sensata e racional, e concluíram que o coração era o seu centro de controlo. Hipócrates refutou esta afirmação e acreditou que a Alma residia no corpo e operava a partir do cérebro, não do coração, uma vez que o cérebro está preocupado com a lógica, a razão e os sentimentos.

Depois veio o médico grego Herófilo, considerado por muitos como o pai da anatomia. Foi o primeiro cientista a descobrir a Glândula Pineal no cérebro, uma vez que foi o primeiro a realizar sistematicamente dissecações científicas de cadáveres humanos. Foi também o primeiro a descrever os ventrículos cerebrais e acreditava que eles eram o "Sede da Mente". Além disso, concluiu que a Glândula Pineal regula o fluxo de "Pneuma" psíquico, uma palavra grega antiga para "respiração", através destes ventrículos cerebrais.

Pneuma também se refere ao Espírito e à Alma de uma perspetiva teológica e religiosa. É uma substância Etérea sob a forma de ar que flui dos pulmões e do coração para o cérebro. O Pneuma é necessário para o funcionamento sistémico dos órgãos vitais. Além disso, é o material que sustenta a consciência do corpo, referida como o "primeiro instrumento da Alma". Herófilo acreditava que a Glândula Pineal regulava os seus pensamentos e memórias sob a forma de Pneuma psíquico.

Galeno, o filósofo e médico grego, refutou Herófilo e disse que a Glândula Pineal é simplesmente uma glândula que regula o fluxo sanguíneo e nada mais. Em vez disso, ele defendeu que o Cerebelo vermis controlava o Pneuma psíquico nos ventrículos cerebrais. Uma vez que Galeno foi a autoridade médica suprema até ao século XVII, as suas opiniões e crenças sobre a natureza da Glândula Pineal permaneceram relativamente incontestadas até que René Descartes, o matemático e filósofo francês, começou a examinar estes assuntos.

Descartes concluiu que a Glândula Pineal era o meio entre a Alma e o corpo e a fonte de todo o pensamento. Ele refutou Galeno e disse que como a Glândula Pineal era a única estrutura no cérebro que não estava duplicada, era a Sede da Alma. A sua posição defendia que, uma vez que o vermis do Cerebelo tem duas metades, não podia ser um candidato adequado para esta tarefa. Descartes acreditava que a Alma estava para além da dualidade e tinha de ter uma única contraparte simbólica da sua função.

Descartes pensou que a mente podia estar separada do corpo, mas que podia tomar conta dos instintos animais através da Glândula Pineal. A Alma controla a mente, que, por sua vez, governa o sistema de ações realizadas pelo corpo através da Glândula dos Pinheiros. Descartes acreditava que a Glândula Pineal era a Alma em forma física. Uma vez que a comunidade científica respeitava amplamente Descartes, a maioria não ousava desafiar as suas opiniões, pelo que a ideia de que a Glândula Pineal era a Sede da Alma permaneceu intacta durante os três séculos seguintes.

Nos últimos anos, os cientistas determinaram que a Glândula Pineal é um órgão endócrino intimamente ligado à perceção que o corpo tem da Luz. No entanto, a sua função Espiritual ainda é deixada ao debate, embora a maioria dos estudiosos ainda concorde que ela desempenha um papel significativo.

Em *The Magus*, referi-me à Sede da Alma como estando em Manipura, o Chakra do Plexo Solar, como a fonte de energia da Alma. Manipura é a fonte da nossa força de vontade - a expressão máxima da Alma. Além disso, a Alma necessita de Prana para a existência, que recebe através da digestão de alimentos (relacionada com a Manipura) e da respiração/oxigenação (relacionada com Anahata). Como tal, a Alma está situada (sentada) no nosso centro solar, a Esfera de Tiphareth, localizada entre Manipura e Anahata Chakras.

Por outro lado, a Glândula Pineal pode muito bem ser a ligação física da Alma com o corpo. No entanto, a minha pesquisa e intuição levaram-me a concluir que a dinâmica entre as Glândulas Pineal e Hipófise e o Tálamo e Hipotálamo regula a consciência e a Espiritualidade e não uma glândula ou centro cerebral em particular.

O TÁLAMO

O Tálamo está no centro do cérebro, sentado no topo do tronco cerebral, entre o Córtex Cerebral e o Cérebro Médio, com vastas ligações nervosas a ambos que permitem trocas de informação em forma de centro. O Tálamo é o nosso sistema de controlo central, o centro de comando da consciência que regula o sono, a vigilância e a cognição. O seu nome deriva do grego, que significa "câmara interior".

O Tálamo atua como uma estação de retransmissão que filtra a informação entre o cérebro e o corpo. Recebe vibrações (dados) do mundo exterior através de todos os recetores sensoriais (exceto olfativos) e transmite-as a diferentes partes do cérebro. O Tálamo afeta o movimento voluntário ao comunicar sinais motores ao Córtex Cerebral. Também transmite informações relativas à excitação e à dor física.

Juntamente com o Hipotálamo, a Amígdala e o Hipocampo, o Tálamo faz parte do Sistema Límbico (Figura 42) que regula as emoções e a memória. O Sistema Límbico rege as funções autonómicas e endócrinas, que lidam com respostas a estímulos emocionais, tais como "luta ou fuga". O Sistema Límbico é frequentemente referido como o "Cérebro Reptiliano", uma vez que rege as nossas respostas comportamentais e motivações de sobrevivência. O nosso olfato condiciona diretamente o Sistema Límbico; os odores são recebidos através dos Bolbos Olfativos que registam a entrada neural detetada pelas células nas cavidades nasais.

Curiosamente, o Tálamo não parece distinguir entre o que está fora e o que está dentro de nós. Dá significado emocional a tudo o que absorvemos através dos sentidos, incluindo os nossos conceitos de Espiritualidade e Deus - o Criador. Em essência, o Tálamo é a nossa interface com a realidade que nos rodeia. Medeia-nos a nossa impressão daquilo que aceitamos como real.

O Tálamo tem dois lóbulos, conhecidos como os "Corpos Talâmicos", que parecem uma versão mais pequena dos dois hemisférios cerebrais. São também comparáveis a dois pequenos ovos unidos entre si. Aplicando o Princípio Hermético de Correspondência (Como Acima, Assim Abaixo), encontramos um reflexo dos Corpos Talâmicos nos testículos de um macho e nos ovários da fêmea, que são também duplos e em forma de ovo. Enquanto o Tálamo contribui para criar a nossa realidade mental (o Acima), os testículos e ovários são encarregues de gerar os nossos descendentes no Plano da Terra (Abaixo). Como tal, a forma do ovo relaciona-se com a criação em todos os níveis da realidade.

Em 70-80% dos cérebros humanos, os dois lóbulos talâmicos estão ligados por uma banda achatada de tecido chamada Massa Intermédia ou Adesão Intertalâmica (Figura 41). Este tecido contém células e fibras nervosas. Em redor da Massa Intermédia, os dois corpos Talâmicos são separados pelo Terceiro Ventrículo, que bombeia continuamente Fluido Cerebrospinal para esta área do cérebro.

O tálamo é o núcleo do nosso cérebro, o meio de comunicação entre as diferentes partes do neocórtex. Os investigadores e neurologistas acreditam que o Tálamo é o centro da nossa consciência. De acordo com estudos científicos, se o Tálamo for danificado, irá derrubar a consciência, conduzindo a um coma permanente.

Muitas tradições ancestrais, incluindo os egípcios, consideravam o Tálamo como o centro do Terceiro Olho. À medida que a Kundalini sobe a coluna vertebral (Sushumna), atinge o Tálamo no topo do tronco cerebral. Segundo o Ioga e o Tantra, o Ida e o Pingala Nadis encontram-se no Terceiro Olho e unificam-se. A sua unificação representa a abertura completa do Terceiro Olho. O Caduceu de Hermes representa este mesmo conceito, nomeadamente as duas cabeças de cobra viradas uma para a outra na parte superior do bastão. O Caduceu é o símbolo Universal da humanidade, representando o processo de despertar da energia Kundalini. No entanto, a maioria das pessoas não conhece o profundo significado esotérico por detrás deste símbolo e apenas o associa à medicina.

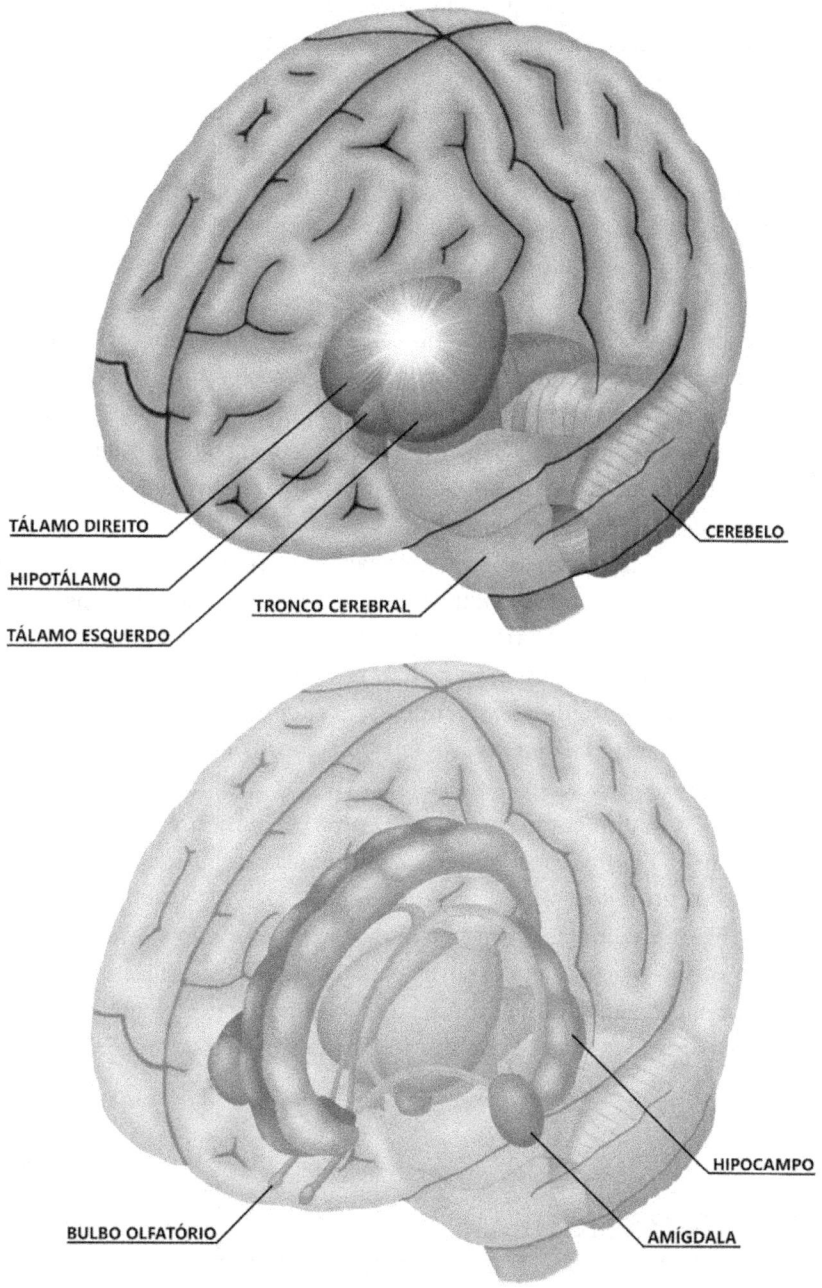

Figura 42: O Sistema Límbico

Nas tradições iogues, a área central do cérebro onde se encontra o Tálamo desempenha um papel essencial no despertar Espiritual. Os enormes feixes nervosos que emergem da coluna e do tronco cerebral passam através do Tálamo antes de serem distribuídos através do Corpo Caloso. O Corpo Caloso (Figura 41) é um grande feixe de fibras nervosas em forma de C sob o Córtex Cerebral que liga os hemisférios cerebral esquerdo e direito. As fibras nervosas aí contidas ramificam-se para cima ao longo do neocórtex até atingirem o topo da cabeça. Os milhões de neurónios ao longo da coroa da cabeça correlacionam-se com o Sahasrara Chakra e a sua designação como o Lótus das Mil Pétalas.

Junto ao Tálamo estão as Glândulas Pituitária e Pineal e o Hipotálamo, que desempenham um papel central nas práticas de meditação e despertar Espiritual. Durante a meditação, a Luz de Sahasrara é atraída para o centro do cérebro, resultando numa mudança substancial e permanente na perceção de Si e do mundo. O Tálamo é essencialmente o nosso centro de transformação Espiritual e de expansão da consciência.

Uma vez que o Tálamo concentra a nossa atenção, está envolvido no processo de filtragem dos numerosos impulsos que fluem para o nosso cérebro em qualquer momento. Atua como uma válvula que dá prioridade às mensagens vibratórias que o nosso cérebro recebe do mundo exterior. Por esta razão, quando uma pessoa é submetida a um despertar da Kundalini, o seu Tálamo torna-se otimizado para que mais informação possa ser recebida e processada de uma só vez.

A transfiguração do Tálamo resulta na receção e vivência de uma versão mais elevada da realidade através de sentidos melhorados. Como tal, poderes psíquicos como a clarividência, a clarividência e a clarividência tornam-se uma parte da vida quotidiana. À medida que o Tálamo se torna otimizado, o ADN latente é ativado dentro do Eu, resultando na transformação permanente da consciência a nível celular.

O Tálamo é também a porta de entrada entre as partes consciente e subconsciente do Eu, um filtro que mantém as nossas energias cármicas à distância. Quando uma pessoa sofre um despertar Kundalini completo e a Luz entra permanentemente no cérebro, forma-se uma ponte entre a mente consciente e a subconsciente, permitindo que as nossas energias negativas, reprimidas, fluam para a consciência. Em vez de servir como filtro, o Tálamo já não funciona como tal. Em vez disso, a sua função entra em hiperatividade, permitindo que a nossa consciência experimente todas as energias dentro de nós de uma só vez. Parte da razão deste fenómeno é abrir completamente a nossa consciência para que possamos purificar as nossas energias cármicas através do Fogo Kundalini e evoluir Espiritualmente.

A FORMAÇÃO RETICULAR

A Formação Reticular (Figura 43) é uma rede intrincada de neurónios e fibras nervosas que se estende desde a medula espinal até ao tronco cerebral inferior, através do Cérebro

Médio e do Tálamo, dividindo-se em múltiplas radiações para diferentes partes do Córtex Cerebral. A Formação Reticular é um conduto para transmitir informação das várias vias sensoriais e transmiti-las a partes do cérebro através do Tálamo. O seu outro nome é Sistema de Ativação Reticular, ou RAS, para abreviar.

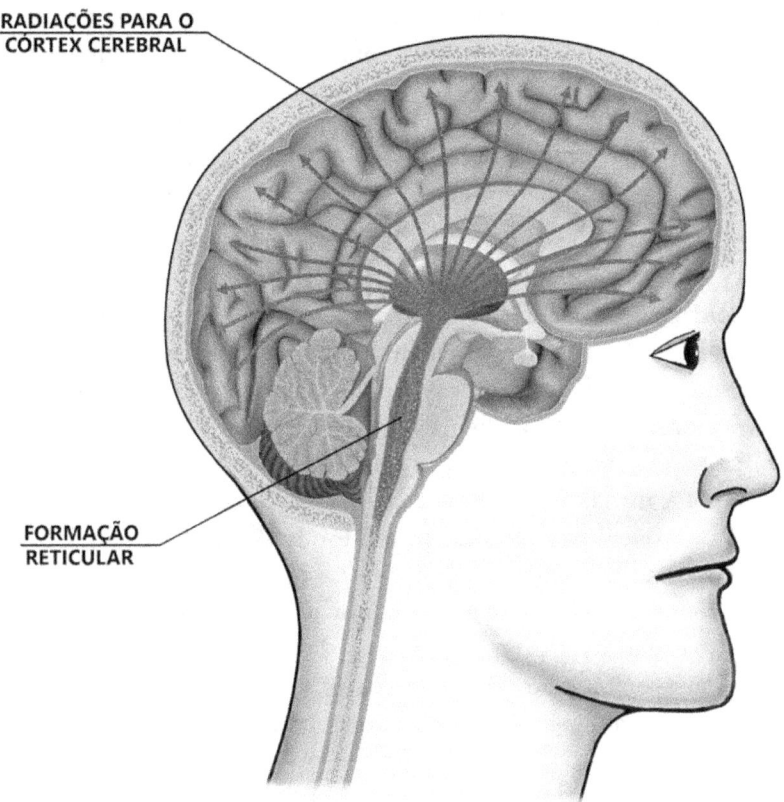

Figura 43: A Formação Reticular

A Formação Reticular é fundamental para a existência da consciência, uma vez que medeia toda a nossa atividade consciente. Como o Tálamo é a nossa caixa de controlo central, o Sistema Reticulado é a cablagem que liga essa caixa ao tronco cerebral abaixo e ao Córtex Cerebral acima. Ele está envolvido em muitos estados de consciência que envolvem o Tálamo.

A Formação Reticular permite ao Tálamo, Hipotálamo, e Córtex Cerebral controlar quais os sinais sensoriais que chegam ao Cérebro (parte mais alta do cérebro) e chegam à nossa atenção consciente. Como tal, é o mecanismo de focalização das nossas mentes.

A Formação Reticular está também envolvida na maioria das atividades do Sistema Nervoso Central. As sensações de dor, por exemplo, devem passar através da Formação

Reticular antes de chegarem ao cérebro. Além disso, o Sistema Nervoso Autónomo, que trata de comportamentos automatizados tais como respiração, bater o coração, e excitação, é também regulado pela Formação Reticular.

A meditação altera a nossa consciência para permitir às regiões cerebrais superiores controlar os impulsos sensoriais e os estímulos ambientais. Durante a meditação, o Hipotálamo e a Formação Reticular tornam-se parcialmente inibidos, explicando alguns dos efeitos fisiológicos da meditação, tais como diminuições da pressão sanguínea e da taxa respiratória.

Quando podemos suspender a função da Formação Reticular e parar o fluxo de informação sensorial distrativa e irrelevante, o cérebro começa a emitir ondas Alfa, resultando num estado de espírito calmo e relaxado. Como tal, a superação dos efeitos da Formação Reticular está associada à consciencialização e atenção.

A Formação Reticular dirige as nossas impressões de vida e as suas atividades, o que resulta em Autoidentificação com essas impressões. O Eu ancora-se às sensações do corpo físico, sejam boas ou más, e a nossa consciência cai ao nível do Ego. Com o tempo, a consciência torna-se desviada pelo Ego. Ao alinharmo-nos com ela, perdemos o contato com a Alma no extremo oposto do espectro.

Após um despertar completo da Kundalini, à medida que a tensão da bioeletricidade aumenta, o Tálamo torna-se otimizado, e a Formação Reticular fica permanentemente desengatada. Esta experiência resulta em sentir o brilho do Corpo de Luz através de todas as células do corpo ao mesmo tempo em vez de ter momentos ou encontros Espirituais individuais. Ao contornar a mente e o Ego, o indivíduo começa a operar através do coração, o que lhe permite experimentar mais substancialmente o campo de energia à sua volta.

O crânio senta-se no topo do Atlas, a primeira vértebra cervical (C1). O Atlas é também o nome de um Titã da mitologia grega que sustenta os céus celestes ou o céu. As imagens visuais do Atlas retratam-no como segurando o Planeta Terra sobre os seus ombros. Vemos aqui uma ligação entre o crânio e o cérebro, o mundo, e os Céus. O Atlas cervical sustenta a cabeça, que contém o cérebro que regula o nosso conceito de realidade. O nosso cérebro é também o elo de ligação com os Céus, ou Deus - o Criador, popularmente retratado pelo artista Michelangelo num quadro afresco chamado "A Criação de Adão", que faz parte do teto da Capela Sistina.

O primeiro agrupamento de neurónios na Formação Reticular começa na área entre a Medula Oblonga e o topo da medula espinhal, representada pelo Atlas. Esta área é o ponto primário de entrada de Prana no corpo para os indivíduos despertados pela Kundalini. A maior concentração da Força Vital é armazenada no Sahasrara, o nosso centro de Luz Branca, o principal reservatório de Prana, naquelas pessoas cuja consciência é expandida. A energia do Prana flui para baixo a partir do Sahasrara para os importantes centros cerebrais, alimentando-os assim. Posteriormente, desloca-se pela coluna vertebral para o sistema nervoso, seguido pelos órgãos e músculos. Como tal, o corpo torna-se nutrido pela energia da Luz. Por esta razão, os indivíduos Espiritualmente despertos não necessitam de uma elevada quantidade de Prana dos alimentos e do Sol, como os não despertados - obtêm tudo o que precisam do Sahasrara Chakra.

Consequentemente, esta mesma área onde a Formação Reticular começa é onde se encontra um crucial e misterioso Chakra escondido, chamado Lalana ou Talu Chakra. A Kundalini deve furar o Lalana Chakra na sua ascensão antes de entrar no cérebro. Depois, com a ativação total do Lalana Chakra, a Kundalini pode alcançar Ajna no centro do cérebro, seguida por Sahasrara no topo da cabeça.

Lalana é o quadro de distribuição principal que controla a entrada, armazenamento e distribuição de Prana. A força vital deve passar pela Lalana antes de alcançar os cinco Chakras abaixo dela, passando Prana para os principais órgãos e glândulas endócrinas através do Sistema Nervoso Periférico (SNP). Em comparação com a Lalana, os Chakras inferiores são apenas pequenos centros de distribuição da Força Vital. A Lalana liga-se ao Hara Chakra no umbigo, representando o local onde o Eu ancorou pela primeira vez no corpo físico aquando da sua conceção.

Lalana é esotericamente chamada a "Boca de Deus" ou o "Cálice Dourado" como o nosso Chakra da Ascensão - relaciona-se com a "Chama Tripla da Alma" (Letra Hebraica Shin). Uma vez perfurada Lalana, a Kundalini continua a elevar-se em direção ao centro do cérebro, onde os três canais de Ida, Pingala, e Sushumna se unificam numa única fonte de energia. A sua unificação resulta na fusão energética das Glândulas Pineal e Pituitária e das Glândulas Tálamo e Hipotálamo. O efeito da Formação Reticular na consciência desliga-se assim que o indivíduo começa a operar a partir da Fonte de energia presente no centro do seu cérebro.

Quando Ajna e Sahasrara Chakras estão totalmente abertos, a consciência expande-se até ao nível Cósmico, resultando numa experiência permanente da realidade Espiritual. Depois de o Corpo de Luz estar totalmente ativado, ocorre uma renovação do cérebro com o tempo, despertando o seu potencial latente. O indivíduo transformado torna-se um recetor de Sabedoria Cósmica à medida que a sua inteligência é expandida. Uma vez alinhado com estas vibrações mais elevadas, o indivíduo dissocia-se gradualmente do corpo físico, o que diminui o domínio do Ego sobre a consciência.

Uma vez que a Formação Reticular é desligada, o Eu pode superar o Ego muito mais facilmente, uma vez que a consciência é naturalmente elevada a um nível mais elevado. A dor física é um dos fatores críticos que alinham o Ego com o corpo físico. Após um despertar completo da Kundalini, a ligação consciente com a dor física é cortada permanentemente. Como descrevi anteriormente este fenómeno, ainda se pode sentir dor uma vez que é impossível superá-la completamente enquanto se vive no corpo físico. Em vez disso, desenvolvem a capacidade de se dissociarem conscientemente da experiência da energia negativa da dor, elevando-se a um Plano Cósmico substancialmente superior ao Plano Físico onde a dor está a ocorrer.

PARTES DO CÉREBRO

O cérebro está dividido em três partes principais: o Telencéfalo, Cerebelo, e o Tronco Cerebral. Já discuti o Tronco Cerebral, que inclui o Mesencéfalo, Ponte, e Medula Oblonga. O Mesencéfalo é contínuo com o Diencéfalo, o nosso "Cérebro do meio", que consiste no Tálamo, Hipotálamo, Glândula Pituitária (porção posterior) e Glândula Pineal. O Diencéfalo encerra o Terceiro Ventrículo.

O Telencéfalo é a maior parte do cérebro e compreende os hemisférios cerebrais direito e esquerdo, unidos pelo Corpo Caloso. A metade direita do cérebro controla o lado esquerdo do corpo, enquanto a metade esquerda controla o lado direito. Cada hemisfério contém quatro lóbulos na sua superfície externa: Lóbulos Frontal, Parietal, Temporal e Occipital (Figura 44). A camada externa do cérebro chama-se Córtex Cerebral, que forma a matéria cinzenta do cérebro, enquanto a camada interna é a matéria branca.

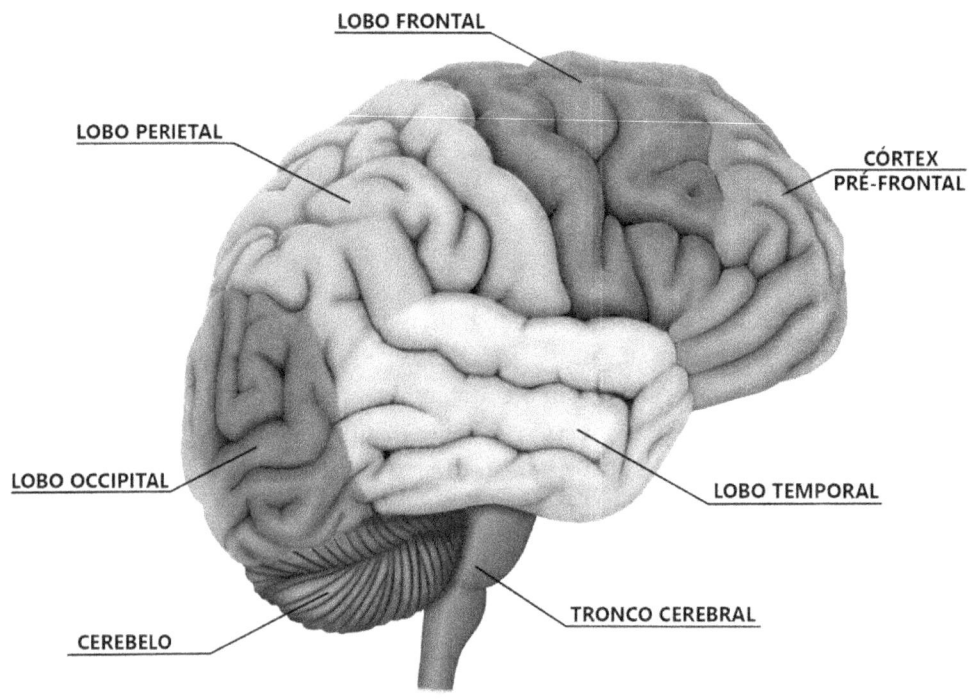

Figura 44: As Partes do Cérebro

Cada um dos quatro lóbulos está associado a um conjunto de funções. Por exemplo, o Lóbulo Frontal está na secção frontal do cérebro. O Córtex Pré-frontal é o Córtex Cerebral que cobre a parte frontal do Lóbulo Frontal. O Lóbulo Frontal preocupa-se com funções cognitivas mais elevadas, tais como memória, expressão emocional, mudanças de humor, linguagem e fala, criatividade, imaginação, controlo de impulsos, interação social e comportamentos, raciocínio e resolução de problemas, atenção e concentração, organização e planeamento, motivação, e expressão sexual.

O Lóbulo Frontal é também responsável pela função motora primária e coordenação do movimento. É o lóbulo mais proeminente do cérebro e é mais frequentemente utilizado diariamente pelo Eu. Uma vez que está à frente da cabeça, diretamente atrás da testa, o Lóbulo Frontal é a região mais comum dos traumatismos cerebrais com os piores efeitos secundários potenciais porque afeta as suas capacidades cognitivas e a sua função motora. Além disso, os danos no Lóbulo Frontal podem desencadear uma reação em cadeia que pode afetar negativamente outras áreas cerebrais.

O Lóbulo Parietal está localizado perto do centro do cérebro, atrás do Lóbulo Frontal. Esta área cerebral é a área sensorial primária onde os impulsos da pele relacionados com a temperatura, dor e tato são processados e interpretados. O Lóbulo Parietal esquerdo preocupa-se em manusear símbolos, letras e números e interpretar a informação arquetípica. O Lóbulo Parietal direito é encarregue de interpretar a distância espacial em imagens.

O Lóbulo Parietal preocupa-se com toda a informação espacial, permitindo-nos julgar tamanho, distância e formas. Proporciona-nos uma consciência do Eu e de outras pessoas no espaço que nos é apresentado. Curiosamente, os neurocientistas determinaram que uma pessoa experimenta uma maior atividade no Córtex Parietal durante uma experiência Espiritual. A fronteira entre o Eu e os objetos e as pessoas à nossa volta é quebrada, uma vez que a maioria das experiências Espirituais envolve algum elemento "fora do corpo". Como o indivíduo experimenta um sentido de unidade com o seu ambiente, transcende o seu ambiente físico.

O Lóbulo Temporal fica atrás das orelhas e dos templos da cabeça. Ele contém o córtex auditivo primário, que se ocupa do processamento do som e da memória codificadora. Também desempenha um papel essencial no processamento de emoções, linguagem, e alguns aspetos da perceção visual. O Lóbulo Temporal consiste em estruturas vitais para a memória consciente relacionada com fatos e acontecimentos. Comunica com o Hipocampo e é modulado pela Amígdala.

O Lóbulo Occipital está localizado na parte posterior do cérebro superior. Contém o Córtex Visual Primário, uma região do cérebro que recebe a entrada dos olhos. O Lóbulo Occipital trata geralmente da interpretação da distância, cores, perceção de profundidade, reconhecimento de objetos e rosto, movimentos, e informação de memória.

O Cerebelo está na parte de trás da cabeça, e controla a coordenação da atividade muscular. Ajuda-nos a manter a postura, o equilíbrio e o equilíbrio, coordenando o timing e a força dos diferentes grupos musculares para produzir movimentos corporais fluidos. O Cerebelo também coordena os movimentos dos olhos, assim como a fala.

O fundador da psicanálise, Sigmund Freud, associou o Cerebelo com o inconsciente pessoal, a parte reprimida do Eu que está escondida da mente consciente. Embora Freud tenha cunhado o termo mente "inconsciente", ele trocou-o frequentemente com a mente "subconsciente", sendo a primeira uma camada mais profunda da segunda. Isto alinha-se com os ensinamentos da sabedoria antiga que associam a mente subconsciente com a parte de trás da cabeça e da Lua. No entanto, o âmbito da mente subconsciente envolve a maioria das partes do cérebro, incluindo o Sistema Límbico. Excluem-se o Córtex Pré-frontal, que representa a mente consciente e o Sol.

Com um despertar completo da Kundalini, à medida que a energia sobe através da medula espinal, grandes quantidades de energia de alta octanagem atingem o cérebro. Esta energia flui da Formação Reticular para o Tálamo e para o Córtex Cerebral, despertando partes inativas e adormecidas do cérebro, especialmente no Lóbulo Frontal. Depois, o cérebro inteiro começa a pulsar como uma unidade coesa, gerando ondas cerebrais coerentes e de alta amplitude dentro de todas as bandas de frequência. Este processo de aumento da potência cerebral está associado à expansão da consciência quando o Kundalini perfura o Sahasrara Chakra.

A banda Alfa de frequência atinge a amplitude máxima no Lóbulo Occipital, criando mudanças na perceção do mundo que nos rodeia. Coisas que costumavam aparecer de uma forma, transformam-se diante dos seus próprios olhos quando o potencial do Lóbulo Occipital é maximizado, combinado com o influxo de Luz Astral na cabeça.

O aumento da atividade cerebral unifica as mentes conscientes e subconscientes, representadas alquimicamente como as energias do Sol e da Lua conjugadas no Sagrado Matrimónio. O Cerebelo é também afetado pelo aumento da atividade do cérebro à medida que o indivíduo ganha acesso a sentimentos reprimidos, pensamentos, desejos e memórias ocultas para ser integrado e transformado.

Grandes quantidades de atividade elétrica ocorrem nas bandas de frequência Beta e Gama no Lóbulo Frontal, maximizando o potencial do córtex pré-frontal e outras partes essenciais. Como resultado, o indivíduo despertado pela Kundalini desenvolve a capacidade de controlar os seus pensamentos, emoções e comportamento, permitindo-lhe dominar a sua realidade. Além disso, as suas capacidades cognitivas, incluindo imaginação, criatividade, inteligência, comunicação, pensamento crítico, e o poder de concentração, são todas vastamente reforçadas, permitindo-lhes tornar-se os poderosos e eficientes Cocriadores com o Criador que estão destinados a ser.

O SISTEMA NERVOSO

O sistema nervoso é constituído por todas as células nervosas que uma pessoa tem no seu corpo. Utilizamos o nosso sistema nervoso para comunicar com o mundo exterior e controlar os vários mecanismos do nosso corpo. O sistema nervoso assimila a informação através dos sentidos e processa-a, provocando assim reações no corpo. Trabalha em conjunto com o sistema endócrino para responder aos acontecimentos da vida.

O sistema nervoso liga o cérebro a todos os outros órgãos, tecidos e partes do corpo. Contém biliões de células nervosas chamadas neurónios. O próprio cérebro tem 100 biliões de neurónios que atuam como mensageiros de informação. Estes neurónios usam sinais químicos e impulsos elétricos para transmitir informação entre diferentes partes do cérebro, assim como o cérebro e o resto do sistema nervoso.

O sistema nervoso é constituído por duas partes com três divisões distintas. Em primeiro lugar e mais importante, temos o Sistema Nervoso Central (SNC), que controla a sensação e as funções motoras. O Sistema Nervoso Central inclui o cérebro, doze pares de nervos cranianos, a medula espinal, e trinta e um pares de nervos espinais. Todos os nervos do Sistema Nervoso Central estão contidos em segurança dentro do crânio e do canal espinal.

Dois tipos de nervos servem o cérebro: nervos motores (eferentes), que executam respostas a estímulos, e nervos sensoriais (aferentes), que transmitem informação sensorial e dados do corpo para o Sistema Nervoso Central. Os nervos espinhais servem ambas as funções; por isso são chamados nervos "mistos". Os nervos espinais são ligados à medula espinal através de gânglios que atuam como estações de retransmissão para o Sistema Nervoso Central.

A cabeça e o cérebro servem como órgãos da Alma e do Eu Superior. Uma vez que está no topo do corpo, a cabeça está mais próxima dos Céus acima. O cérebro permite-nos experimentar o mundo que nos rodeia através dos cinco sentidos da visão, tato, paladar, olfato e som. Permite-nos também experimentar a realidade através do sexto sentido do psiquismo, recebido através do Olho da Mente.

O Sistema Nervoso Periférico (SNP) liga os nervos que emanam do Sistema Nervoso Central aos membros e órgãos. Todos os nervos fora do cérebro e coluna vertebral fazem parte do Sistema Nervoso Periférico (Figura 45). O Sistema Nervoso Periférico é ainda subdividido em três subsistemas separados: Sistema Nervoso Somático (SNS), Sistema Nervoso Entérico (ENS), e Sistema Nervoso Autonómico (ENA).

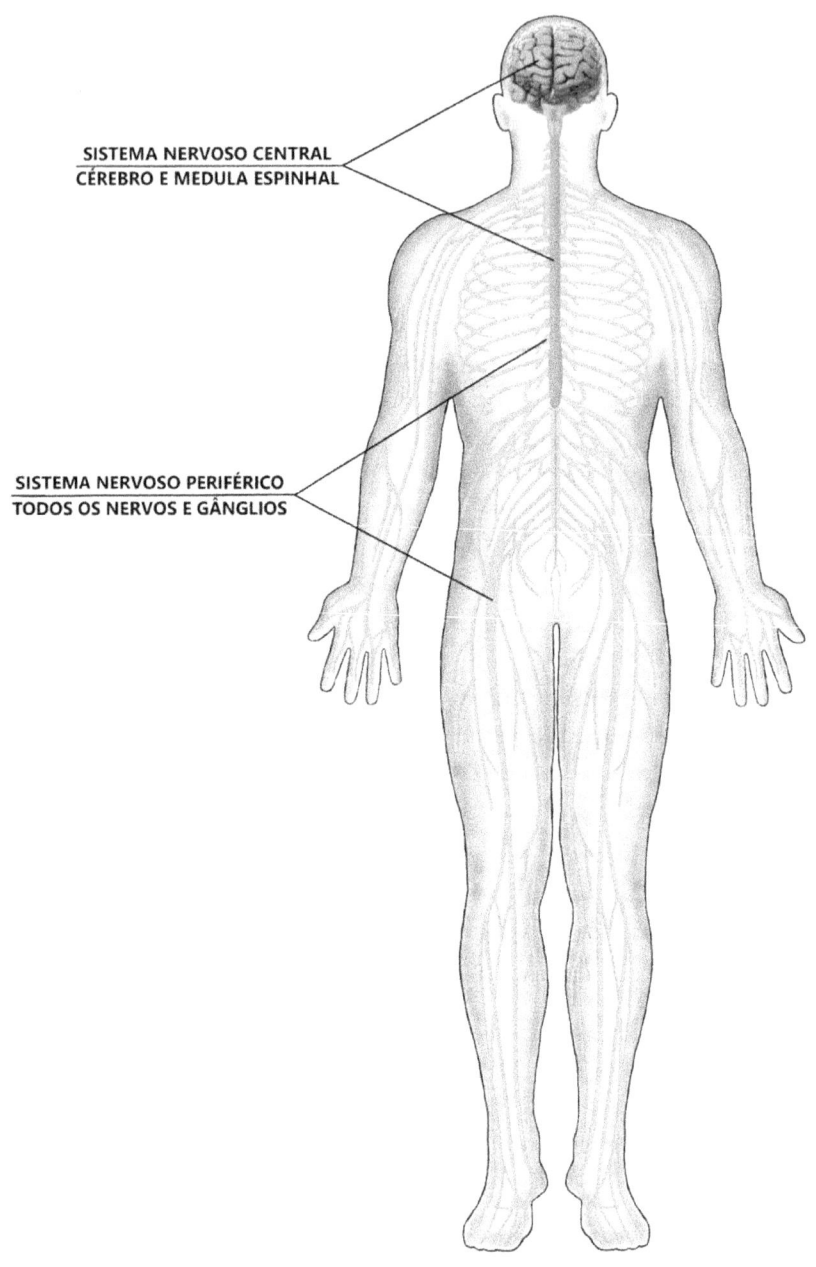

Figura 45: Os Sistemas Nervosos Central e Periférico

O Sistema Nervoso Somático é o sistema nervoso voluntário cujos nervos sensoriais e motores atuam como um meio de transmissão de impulsos entre o Sistema Nervoso Central e o sistema muscular. O Sistema Nervoso Somático controla tudo sobre o nosso corpo físico, que podemos influenciar conscientemente. O Sistema Nervoso Entérico atua involuntariamente, e funciona para controlar o sistema gastrointestinal. É um sistema nervoso autónomo que regula a motilidade intestinal no processo de digestão.

O Sistema Nervoso Autónomo é também um sistema involuntário que atua na sua maioria inconscientemente. Regula o nosso ritmo cardíaco, respiração, metabolismo, digestão, excitação sexual, micção e dilatação/constrição das pupilas. Tanto o Sistema Nervoso Autónomo como o Sistema Nervoso Entérico estão sempre ativos, quer estejamos acordados ou a dormir. O sistema nervoso involuntário reage rapidamente às mudanças no corpo, permitindo-lhe adaptar-se, alterando os seus processos reguladores.

O Sistema Nervoso Autónomo é controlado pelo Hipotálamo e pode ser decomposto no Sistema Nervoso Simpático (SNS) e no Sistema Nervoso Parassimpático (PNS). O Sistema Nervoso Simpático e o Sistema Nervoso Parassimpático normalmente fazem coisas opostas no corpo. O Sistema Nervoso Simpático é alimentado pela energia masculina (Yang) do corpo, enquanto o Sistema Nervoso Parassimpático é alimentado pela energia feminina (Yin).

O Sistema Nervoso Simpático prepara o corpo para a atividade mental e (ou) física. É ativado em situações de emergência (luta ou voo) para criar energia utilizável. Aumenta o ritmo cardíaco, dilata as pupilas, abre as vias respiratórias para respirar mais facilmente, aumenta o fornecimento de sangue aos músculos, e inibe a digestão e a excitação sexual. O Sistema Nervoso Parassimpático, por outro lado, é passivo. É ativado quando o corpo e a mente se encontram num estado relaxado. O Sistema Nervoso Parassimpático baixa o ritmo cardíaco, constringe as pupilas, estimula a digestão e a urinação, desencadeia vários processos metabólicos, e promove a excitação sexual.

SISTEMA NERVOSO FORTE/FRACO

O stress e a ansiedade são problemas comuns na sociedade atual de ritmo acelerado. Portanto, as pessoas falam frequentemente da importância de ter um sistema nervoso forte quando se enfrenta a adversidade na vida. Uma pessoa com um sistema nervoso robusto e resiliente enfrenta a realidade de frente, o bom e o mau. Em contraste, alguém com um sistema nervoso fraco fica facilmente intimidado e protege-se da realidade para evitar a negatividade.

Como Cocriador com o Criador, não se pode controlar o que vem no seu caminho a 100% porque há sempre fatores externos que nem as mentes mais agudas conseguem pensar, mas pode-se escolher através do Livre-Arbítrio se se permite enfrentar tudo o que vem no seu caminho. Essa escolha depende muitas vezes da forma como lida com a energia do medo, que ou fortalece ou enfraquece o seu sistema nervoso ao longo do tempo.

Pense no sistema nervoso como um recipiente. As pessoas com sistemas nervosos fracos têm pequenos recipientes, uma vez que existe um limite para a ansiedade, stress, ou dor física que podem suportar. As pessoas com sistemas nervosos fortes têm recipientes substancialmente maiores e podem lidar com o que quer que lhes apareça no caminho. Sofrem e processam eventos adversos muito mais rapidamente e não são abaladas no seu equilíbrio. As pessoas com sistemas nervosos robustos têm a atitude de enfrentar o medo e a adversidade, por mais assustadoras que as coisas possam aparecer à superfície. O resultado é tornar-se um mestre manifestante da sua realidade e maximizar o seu potencial pessoal. As pessoas com sistemas nervosos fortes vivem os seus sonhos e tiram o máximo partido da vida.

A força do seu sistema nervoso depende de quão bem utiliza a sua força de vontade e de quanto consegue ultrapassar as suas emoções. As emoções são fluidas; flutuam de positivas para negativas em todos os momentos. Por vezes leva tempo para que as coisas se tornem negativas, mas inevitavelmente o fazem, e eventualmente, voltam a ser positivas novamente.

O Princípio do Ritmo (do *The Kybalion*) afirma que o pêndulo do ritmo manifesta o seu balanço entre todos os opostos encontrados na natureza, incluindo as emoções e os pensamentos. Portanto, nada permanece estático, e todas as coisas estão constantemente a sofrer um processo de mudança e transformação de um estado para outro. Como tal, este Princípio está sempre em jogo. Não o pode ultrapassar a menos que aprenda a vibrar a sua força de vontade de forma tão forte que se eleve acima do Plano Astral de onde o balanço emocional está a ocorrer e para o Plano Mental.

Outra chave para um sistema nervoso robusto é aprender a relaxar o corpo e a mente quando se lida com uma situação stressante. O stress e a ansiedade ativam imediatamente o Sistema Nervoso Simpático, o que o coloca no modo de sobrevivência - aplicando técnicas de atenção e respiração quando sob pressão e não deixando as emoções dominarem, desligará o SNS e ligará o Sistema Nervoso Parassimpático. Como tal, mesmo quando se lida com uma situação adversa, pode ficar calmo, calmo e recolhido, o que irá melhorar as suas capacidades de resolução de problemas e produzir o melhor resultado em qualquer situação.

Deixar que as emoções sejam a força guia na sua vida trará sempre caos e desespero, enquanto se se sintonizar com a sua força de vontade e deixar que ela o guie, triunfará na vida. As emoções são duplas e vazias de lógica e de razão. Na Árvore da Vida, elas pertencem à Esfera de Netzach, enquanto a lógica e a razão correspondem ao seu oposto, Hod. As emoções são naturalmente opostas à lógica e à razão até que se aprenda a utilizar o seu Sephiroth superior. Ao implementar a força de vontade (Geburah) e a imaginação (Tiphareth), temperada pela memória (Chesed), pode elevar-se na consciência e controlar a sua realidade muito mais eficientemente do que sendo um escravo das suas emoções.

Para subir ainda mais alto na Árvore da Vida, é necessário ultrapassar completamente a dualidade, o que significa que a sua consciência precisa de estar sintonizada com a intuição. A intuição pertence a Ajna Chakra, que é alimentada por Binah (Compreensão) e Chokmah (Sabedoria). Para funcionar plenamente através da intuição, é necessário ou ter tido um despertar permanente da Kundalini ou ter dominado a meditação e ganho a capacidade de ressoar à vontade com o Plano Espiritual. Como mencionado, um despertar da Kundalini irá naturalmente sintonizá-lo com o Plano Espiritual ao longo do tempo. Assim, é a experiência desejada para todos os que conhecem o poder transformador da Kundalini.

IOGA E O SISTEMA NERVOSO

Os Sistemas Nervosos Simpáticos e Parassimpáticos mudam de um para outro muitas vezes ao longo do dia, especialmente em pessoas cujas emoções dominam as suas vidas. Assim, para que uma pessoa seja equilibrada na mente, corpo e alma, precisa de ter um Sistema Nervoso Autónomo equilibrado. Quando uma metade do Sistema Nervoso Autónomo é excessivamente dominante, causa problemas para a outra metade.

As pessoas propensas ao stress, por exemplo, utilizam o Sistema Nervoso Simpático mais do que é saudável para a mente e o corpo, o que causa um prejuízo ao Sistema Nervoso Parassimpático ao longo do tempo. Como tal, a pessoa está sempre tensa e sob pressão mental, incapaz de relaxar e de estar em paz.

O stress psicológico também afeta o sistema imunitário, pelo que a qualidade do nosso Sistema Nervoso Autónomo faz a diferença na nossa tendência para a doença. Doenças degenerativas crónicas, tais como doenças cardíacas, tensão arterial elevada, úlceras, gastrite, insónia, e esgotamento das suprarrenais resultam de um Sistema Nervoso Autónomo desequilibrado.

A forma como gerimos as duas metades complementares do Sistema Nervoso Autónomo depende da dieta e da nutrição, mas também do estilo de vida e dos hábitos de vida. Temos de aprender a equilibrar atividade e descanso, sono e vigília, e os nossos pensamentos e emoções.

O ioga ajuda a regular e reforçar o Sistema Nervoso Autónomo pelo seu efeito sobre o Hipotálamo. O Ioga é muito eficiente em ajudar o corpo e a mente a relaxar através de exercícios respiratórios (Pranayama) e meditação. A respiração é uma interface entre o Sistema Nervoso Central e o Sistema Nervoso Autónomo. Através da prática de Pranayama, é possível aprender a controlar as suas funções autonómicas. Ao controlar os pulmões, ganhamos o controlo do coração. As posturas iogues (Asanas) visam equilibrar as energias masculina e feminina dentro de si próprio, o que promove um sistema nervoso saudável e robusto.

Anulom Vrilom (Respiração Alternada de Narinas), por exemplo, funciona diretamente no Sistema Nervoso Simpático ou Sistema Nervoso Parassimpático, dependendo da narina por onde está a respirar. Quando se respira através da narina direita, o metabolismo aumenta, e a mente torna-se focalizada externamente. Quando se respira através da narina esquerda, o metabolismo abranda, e a mente vira-se para dentro, o que aumenta a concentração.

DESPERTAR DA KUNDALINI E O SISTEMA NERVOSO

Um impulso nervoso é um fenómeno elétrico, tal como um relâmpago. Assim, quando há uma abundância de bioeletricidade no corpo após um despertar completo da Kundalini, ele coloca todo o sistema nervoso em excesso. Uma transformação completa ocorre ao longo do tempo à medida que o sistema nervoso se aumenta a si próprio, construindo novos circuitos diariamente para se ajustar às mudanças internas.

Em primeiro lugar, como a Luz Kundalini ativa e revigora todos os nervos latentes, o Sistema Nervoso Central começa a funcionar na sua capacidade máxima. Níveis de atividade mais elevados são mostrados no cérebro, uma vez que este trabalha de forma extra árdua para registar os impulsos de vibração provenientes do Sistema Nervoso Periférico e Autónomo hiperativo. Para além de se ajustar à consciência expandida, o cérebro deve também trabalhar para construir novas vias neurais para acomodar esta expansão bioenergética e sincronizar-se com o resto do sistema nervoso.

As fases iniciais da reconstrução do seu sistema nervoso estão a tributar a mente e o corpo. Uma vez que todo o processo é novo para a consciência, o corpo entra em modo de "luta ou fuga" para se proteger contra potenciais danos. Como tal, o Sistema Nervoso Simpático domina, por enquanto, enquanto a energia do medo está presente. Como muitos Kundalini despertados sabem em primeira mão, a exaustão adrenal do stress é comum nestas fases iniciais.

Contudo, nas últimas fases do processo de reconstrução, uma vez construídos os novos caminhos neuronais, a mente torna-se mais tolerante ao processo, permitindo-lhe relaxar. Como resultado, o Sistema Nervoso Simpático desliga-se, e o Sistema Nervoso Parassimpático assume o seu lugar. O Nervo Vago também desempenha um papel durante este processo, uma vez que contribui para trazer coerência ao corpo. Embora possa levar muitos anos a completar a transformação em geral, o resultado será um sistema nervoso substancialmente mais forte que permite navegar em situações potencialmente stressantes de uma forma sem precedentes.

FUNÇÃO DO NERVO VAGO

Os Doze nervos cranianos vêm aos pares e ajudam a ligar o cérebro a outras áreas do corpo tais como a cabeça, pescoço e tronco. O Nervo Vago (Figura 46) é o mais longo dos Nervos Cranianos (décimo nervo), pois vai do tronco cerebral a uma parte do cólon. Tem tanto funções motoras como sensoriais.

A palavra "Vago" significa "vaguear" em latim, o que é apropriado uma vez que se trata de um feixe de fibras motoras e sensoriais em forma de serpentina, que liga principalmente o tronco cerebral ao coração, pulmões e intestino. O intestino é o sistema digestivo (trato gastrointestinal) que consiste na boca, esôfago, estômago, fígado, intestino delgado, intestino grosso, e reto (ânus).

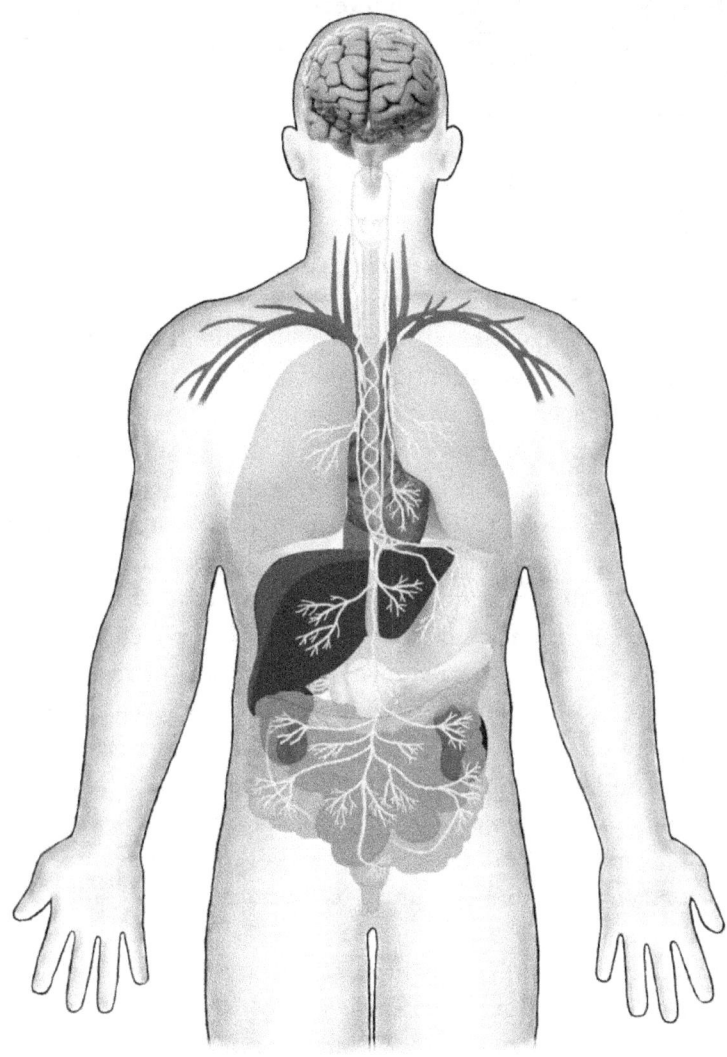

Figura 46: O Nervo Vago

O Nervo Vago também se ramifica para interagir com o fígado, baço, vesícula biliar, ureter, útero, pescoço, orelhas, língua, e rins - as suas fibras nervosas inervam todos os órgãos internos. Embora o cérebro comunique com os órgãos do corpo através do Nervo Vago, 80% da informação é dirigida dos órgãos para o cérebro. De todos os órgãos do corpo, o estômago utiliza o Nervo Vago para comunicar com o cérebro - envia-lhe sinais relacionados com a saciedade (fome), saciedade (plenitude), e metabolismo energético.

O processamento e gestão das emoções ocorrem através do Nervo Vago entre o coração, o cérebro e o intestino. O Sistema Nervoso Entérico tem um sistema de neurónios em forma de malha que governa a função do intestino e comunica com o cérebro através do Nervo Vago. Quando se ouve alguém dizer que tem uma "sensação instintiva" sobre algo, esta sensação de conhecimento é um verdadeiro sinal nervoso no intestino. Por esta razão, temos uma poderosa reação instintiva a estados mentais e emocionais intensos. O Sistema Nervoso Entérico é frequentemente referido como o nosso "segundo cérebro" centrado na nossa área do Plexo Solar, e o Nervo Vago é frequentemente chamado o "eixo do cérebro do intestino".

O Nervo Vago ativa o Sistema Nervoso Parassimpático, que controla as funções "repouso e digestão" inconscientes do corpo. O Nervo Vago serve para acalmar o corpo depois de comer, para que possamos processar os alimentos mais facilmente. Uma das suas principais funções, porém, é atuar como o botão "reset" que contraria o nosso sistema automático de alarme interno, a resposta "luta ou voo" do Sistema Nervoso Simpático.

O neurotransmissor que o nervo Vago usa para comunicar com o corpo, a acetilcolina, é responsável por sentimentos de calma, paz, relaxamento, e funções de aprendizagem e memória. As pessoas cujo Nervo Vago está sub ativo são atormentadas pela ansiedade crónica e têm uma fraca capacidade de aprendizagem e recordação da memória. É crucial que estas pessoas estimulem o Nervo Vago, quer naturalmente, quer com um dispositivo elétrico artificial. Fazê-lo pode levar a benefícios positivos para a saúde, incluindo a superação do stress e depressão e a redução da inflamação causada pela dor emocional.

O tom vagal é medido através do seguimento do ritmo cardíaco ao lado do ritmo respiratório. Quando inspiramos, o nosso ritmo cardíaco acelera, enquanto quando expiramos, o nosso ritmo cardíaco abranda. As pessoas com tonalidades vagais elevadas têm um período mais prolongado entre a sua inalação e a expiração, o que significa que o seu corpo pode relaxar mais rapidamente após um evento stressante.

Um elevado tom Vagal melhora a função de muitos dos sistemas do corpo - reduz o risco de AVC ao baixar a pressão arterial, ajuda na digestão e na regulação do açúcar no sangue, e melhora o humor geral e a resistência ao stress. O baixo tónus vagal, por outro lado, faz o oposto do corpo - está associado a condições cardiovasculares, diabetes, défice cognitivo, ansiedade crónica, e depressão. O baixo tónus vagal também torna o corpo mais suscetível a doenças autoimunes resultantes de estados inflamatórios elevados.

Nervo Vago é conhecido por promover amor, compaixão, confiança, altruísmo e gratidão, tudo isto contribui para a nossa felicidade geral na vida. Um dos métodos mais eficazes e naturais de estimular o Nervo Vago e melhorar o tom Vagal é através da técnica Pranayama de Respiração Diafragmática. Quando se respira lenta e ritmicamente através do abdómen, o diafragma abre-se, permitindo a entrada de mais oxigénio no corpo. Como resultado, o Sistema Nervoso Parassimpático é ativado, acalmando a mente.

A respiração diafragmática engloba todo o sistema nervoso e os Sete Chakras Maiores, permitindo-nos fundamentar as nossas energias em vez de as deixar correr freneticamente na zona do peito, causando stress e ansiedade desnecessários. (Para uma descrição completa da técnica de Respiração Diafragmática e dos seus benefícios, recorrer a "Exercícios Pranayama" na secção de Ioga.)

Uma vez que o Nervo Vago está ligado às cordas vocais, cantar, cantarolar e cantar está também associado à melhoria do tom Vagal. A comunicação oral é benéfica, e as pessoas que falam muito são geralmente de boa disposição. A comunicação com os outros promove emoções positivas e traz proximidade social, o que melhora o tom Vagal.

A investigação demonstrou que o Ioga aumenta o tom Vagal, reduz o stress e melhora a recuperação de traumas emocionais e mentais. Pranayama e meditação ativam o Sistema Nervoso Parassimpático e acalmam a mente, estimulando o Nervo Vago. Asanas (posturas de Ioga) equilibram as partes masculina e feminina do Eu, criando harmonia no corpo e promovendo a atenção. Outras técnicas Ioga também têm tremendos benefícios para a saúde física e Espiritual. Por esta razão, dediquei uma secção inteira à ciência, filosofia, e prática do Ioga.

O NERVO VAGO E A KUNDALINI

Existem semelhanças interessantes entre o Nervo Vago e a Kundalini, que vale a pena examinar. Depois de ver as correspondências, será evidente que o Nervo Vago complementa o processo de despertar da Kundalini e pode mesmo ser uma representação física da própria Kundalini.

Em primeiro lugar, o nervo Vago vai desde a área do cólon (Muladhara) até ao cérebro (Sahasrara). Em contraste, a Kundalini encontra-se enrolada na base da coluna vertebral em Muladhara, mesmo ao lado do ânus. Uma vez acordada, sobe para o centro do cérebro e finalmente para o topo da cabeça para completar o processo.

As pessoas referem-se ao Nervo Vago como um só, mas na realidade, são dois nervos que funcionam como um só. Aqui vemos uma correlação com os Ida e Pingala Nadis, as serpentes duplas que, quando equilibradas, funcionam como um só canal (Sushumna).

O Nervo Vago interage diretamente com todos os órgãos e glândulas do corpo. O seu papel é recolher informação dos órgãos e glândulas e transportá-la para o cérebro para exame. Da mesma forma, a Kundalini liga-se aos órgãos e glândulas do corpo e comunica o seu estado ao cérebro através do sistema nervoso.

A Kundalini move-se através da medula espinal, enquanto o Nervo Vago corre mais centralmente através do corpo. Quando ativamos a Kundalini, todos os órgãos e glândulas começam a trabalhar em sincronia uns com os outros, trazendo coerência ao corpo. O Nervo Vago também, quando estimulado, cria um efeito unificador nos órgãos e glândulas onde estes começam a funcionar em harmonia uns com os outros.

Uma vez que o Nervo Vago se liga ao sistema digestivo, a deficiência no Nervo Vago resultará em problemas de estômago. Em contraste, o centro de energia da Kundalini encontra-se em Manipura, e quando não é ativado ou a sua energia é bloqueada, surgirão problemas digestivos e estomacais.

O coração e o cérebro estão intimamente ligados, e comunicam muito através do Nervo Vago. O Chakra do Coração está também em comunicação direta com os dois Chakras mais altos do cérebro, Ajna e Sahasrara. No sistema Kundalini, o Chakra do Coração é o centro do Eu, a parte de nós que assimila e harmoniza as energias dos outros Chakras. A nível físico, o coração é o gerador de energia eletromagnética mais poderoso do corpo e a nossa interface primária com o nosso ambiente (Ver capítulo "Poder do Coração" para mais detalhes sobre este tópico).

O tema da Kundalini é originário do Oriente e faz parte das práticas Ioga e Tântricas. Tanto o Ioga como o Tantra envolvem Pranayama, Asanas, meditação, e outras técnicas, que envolvem a resposta do Nervo Vago para relaxar o corpo e acalmar a mente. Muitos Iogues reconhecem o papel e o poder do Nervo Vago no corpo e na mente e consideram-no a contraparte anatómica do Sushumna Nadi. Como tal, o Nervo Vago exige a nossa maior atenção.

OS DOZE PARES DE NERVOS CRANIANOS

Os Doze Pares de Nervos Cranianos (Figura 47) ligam o cérebro a diferentes partes da cabeça, pescoço e tronco. Como tal, eles transmitem informação entre o cérebro e as partes do corpo, especialmente de e para as regiões da cabeça e do pescoço. Estes Nervos Cranianos governam a visão, o olfato, a audição, o movimento dos olhos, a sensação no rosto, o equilíbrio e a deglutição. As funções dos Doze Pares dos Nervos Cranianos são sensoriais, motoras ou ambas. Os nervos sensoriais preocupam-se em ver, ouvir, cheirar, provar e tocar. Por outro lado, os nervos motores ajudam a controlar os movimentos nas regiões da cabeça e do pescoço.

Cada um dos Doze Pares de Nervos Cranianos tem numerais romanos correspondentes entre I e XII com base na sua localização da frente para trás. Incluem o Nervo Olfativo (I), Nervo Ótico (II), Nervo Oculomotor (III), Nervo Troclear (IV), Nervo Trigémeo (V), Nervo Abducente (VI), Nervo Facial (VII), Nervo Vestíbulo-coclear (VIII), Nervo Glossofaríngeo (IX), Nervo Vago (X), Nervo Acessório Espinhal (XI), e Nervo Hipoglosso (XII). O Nervo Olfativo e o Nervo Ótico emergem do Cérebro enquanto os dez pares restantes emergem do tronco cerebral.

O Nervo Olfativo transmite informação ao cérebro relativamente ao sentido de olfato do indivíduo, enquanto o Nervo Ótico retransmite informação visual. O Nervo Oculomotor, o Nervo Troclear e o Nervo Rapto preocupam-se com os movimentos oculares. O Nervo Trigémeo governa a sensação e a função motora no rosto e na boca. O Nervo Facial controla os músculos de expressão facial e transmite as sensações gustativas da língua. O Nervo Vestibulococlear transmite som e equilíbrio desde o ouvido interno até ao cérebro. O Nervo

Glossofaríngeo está preocupado com a sensação gustativa recebida da parte da língua e da área da garganta. O Nervo Vago tem muitas funções, que eu já descrevi. O Nervo Acessório Espinhal controla os músculos do ombro e pescoço. E finalmente, o Nervo Hipoglosso controla os movimentos da língua relativamente à fala e à deglutição dos alimentos.

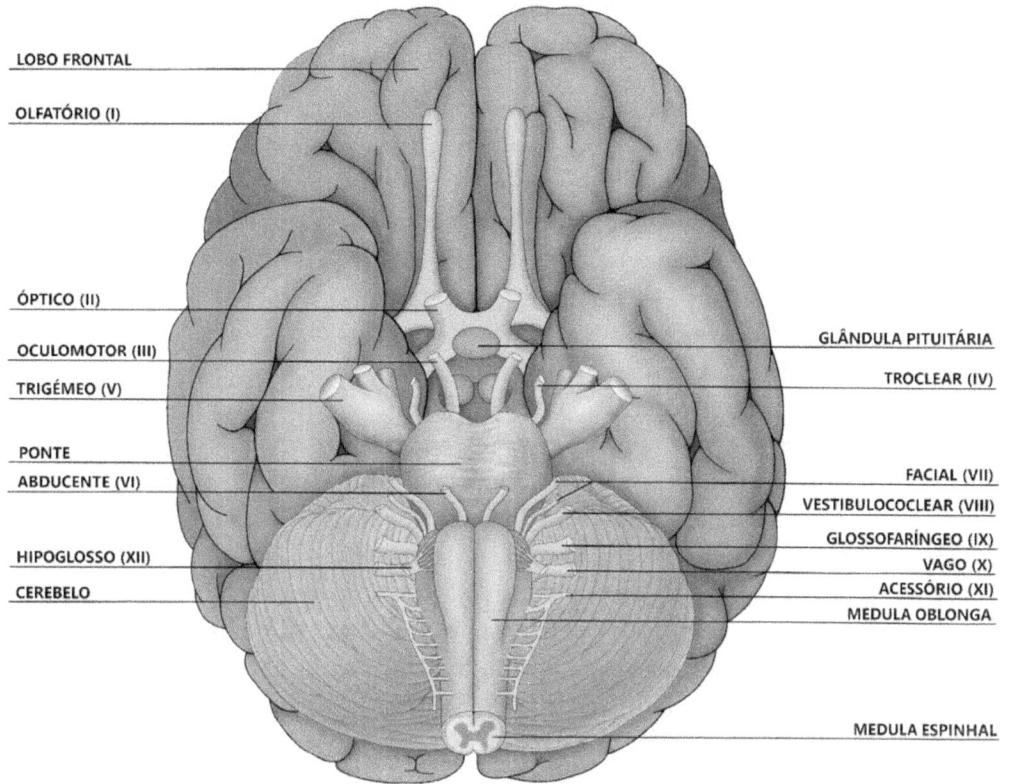

Figura 47: Os Doze Pares de Nervos Cranianos

Os Doze Pares de Nervos Cranianos correspondem às Doze Constelações Zodiacais. Como tal, eles exemplificam o Princípio hermético de "O que está Acima é como o que está Abaixo". Existem doze "pares", uma vez que vivemos num mundo de Dualidade onde existem dois de tudo. O Mundo da Dualidade, o mundo material, reflete a Unidade do Mundo Espiritual, que alimenta as Doze Constelações Zodiacais (agrupamentos de Estrelas) ao emitir a sua Luz Branca através delas.

Tenha em mente que o Sol do nosso Sistema Solar é apenas uma dessas Estrelas, e só na Via Láctea existem milhões de Estrelas, com os seus próprios Sistemas Solares. Os Antigos nomearam as que vemos no nosso céu noturno, de acordo com as formas e imagens dos seus agrupamentos, dando-nos a banda dos Doze Zodíacos.

Consequentemente, as Doze Constelações Zodiacais refletem-se nos Doze Pares de Nervos Cranianos, seja uma grande coincidência ou parte de um mistério maior. Este plano mestre tem muito a ver com a nossa Evolução Espiritual e a otimização do nosso poder pessoal.

Os nervos cranianos informam a mente humana (Abaixo) de tudo o que acontece no Universo manifestado de que fazem parte (Acima). Eles são responsáveis pela forma como interagimos e interpretamos a realidade material. Como nossa interface com o mundo exterior, os Doze Pares de Nervos Cranianos ajudam a definir a nossa realidade. Eles permitem-nos receber informação externa e expressar as nossas respostas a esta informação através da linguagem corporal, incluindo expressões faciais e movimentos oculares.

Os nervos cranianos afetam a forma como os outros nos percebem, afetando as nossas respostas corporais aos estímulos exteriores. Como 93% da nossa comunicação não é verbal, os Nervos Cranianos são encarregues de expressar as nossas energias interiores, embora a maior parte desta comunicação ocorra a um nível subconsciente.

Quando uma pessoa se submete a um despertar completo da Kundalini e otimiza os seus Chakras, ganha total controlo sobre as suas vibrações e sobre os sinais que emite para o Universo através da sua linguagem corporal. À medida que a Testemunha Silenciosa do seu Eu desperta, permite que o indivíduo desperto se veja a si próprio a partir da terceira pessoa. Creio que este dom do despertar está ligado à expansão do raio do portal interior do Olho da Mente, permitindo ao indivíduo deixar o seu corpo à vontade e observar os processos do seu corpo, incluindo gestos faciais e movimentos oculares que revelam o seu estado interno. Ao obter o controlo consciente sobre os Doze Pares dos Nervos Cranianos, que de outra forma seriam funções involuntárias, o indivíduo está bem encaminhado para o seu autodomínio.

LÍQUIDO CEFALORRAQUIDIANO (LCR)

O Fluido Cerebrospinal (LCR para abreviar) é uma substância líquida clara que banha os espaços dentro e à volta da medula espinal, bem como o tronco encefálico e o cérebro. Desempenha um papel crucial na manutenção da consciência, coordenando toda a atividade física, e facilitando o processo de despertar da Kundalini.

Existem cerca de 100-150 ml de CSF no corpo adulto normal (em média), que é cerca de dois terços de uma chávena. O próprio corpo produz aproximadamente 450-600 ml de licor por dia. O LCR é produzido continuamente, e todo ele é substituído a cada seis a oito horas.

As cavidades no cérebro são reservatórias de fluidos chamados "ventrículos", que criam o LCR. Os ventrículos cerebrais servem de passagens ou canais para a consciência. Quando estas passagens são obstruídas ou bloqueadas, ocorre a perda de consciência. O ventrículo cerebral mais significativo é o Terceiro Ventrículo que engloba a área central do cérebro, contendo as Glândulas Pineal e Pituitária e o Tálamo e o Hipotálamo. O LCR também banha o exterior do cérebro, proporcionando flutuabilidade e absorção de choques.

Depois de servir o cérebro e o tronco cerebral, o QCA viaja para baixo através do canal central da medula espinal, bem como para fora dele (Figura 48). O canal central é um espaço oco que é preenchido por um LCR que desce até à coluna vertebral. Embora a medula espinal termine entre a primeira e a segunda vértebras lombares (L1-2), mesmo acima da zona da cintura, o LCR desce através do sacro. Uma vez atingido o fundo da coluna vertebral, o LCR é absorvido pela corrente sanguínea.

O Sistema Nervoso Central está contido no cérebro e na medula espinal. Está sempre submerso no QCA. Serve como meio através do qual o cérebro comunica com o Sistema Nervoso Central. O circuito real é a matéria branca e cinzenta (forma de borboleta) que compõe a medula espinal. Assim que o Sistema Nervoso Central integra a informação do cérebro, envia-a para diferentes partes do corpo.

O QCA está contido dentro dos espaços subaracnoides do cérebro e da medula espinal. O cérebro e a medula espinal estão protegidos por três membranas (meninges): pia-máter, espaço aracnoide e dura-máter. O espaço subaracnoideu é o tecido conjuntivo entre a pia-máter e o espaço aracnoideu. Tem uma aparência semelhante à da teia de aranha e serve de amortecedor para o Sistema Nervoso Central, a medula espinal, e o cérebro. Mais importante ainda, serve como canal para o QCA.

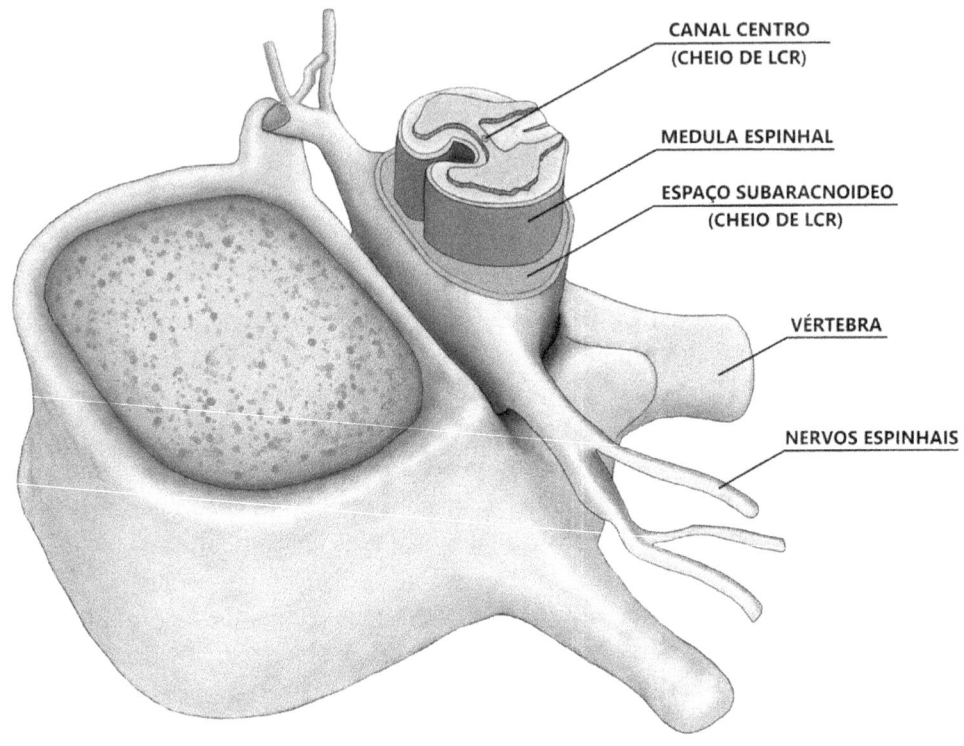

Figura 48: A Medula Espinhal (Secção Transversal)

O CSF pode transmitir Luz, vibrações, movimento e moléculas. Transporta nutrientes e hormonas para todo o sistema nervoso e cérebro. O LCR serve para proteger tanto eles como a medula espinal. Também elimina todos os resíduos destas três partes do corpo. A um nível mais fundamental, o LCR regula os ritmos circadianos e o apetite.

O QCA é essencial para manter o corpo físico vibrante, saudável e equilibrado. Além disso, facilita o movimento de fluxo livre da coluna vertebral e da cabeça, proporcionando mobilidade.

O QCA fornece fatores essenciais de crescimento e sobrevivência ao cérebro, desde a fase embrionária até à idade adulta. É fundamental para a multiplicação, crescimento, migração, diferenciação e sobrevivência global das células estaminais.

VENTRÍCULOS CEREBRAIS

O Terceiro Ventrículo (Figura 49) é uma estrutura perfeitamente central que contém a Glândula Pituitária na extremidade dianteira e a Glândula Pineal na extremidade traseira. No meio dela estão o Tálamo e o Hipotálamo. É o ponto de ligação entre a parte superior racional do cérebro e as funções baseadas na sobrevivência da parte inferior do cérebro.

Os Antigos reverenciaram o espaço entre o Terceiro Ventrículo desde tempos imemoriais devido às suas qualidades Espirituais. Os taoistas chamavam-lhe o "Palácio de Cristal", enquanto os Hindus se referiam a ele como a "Caverna de Brahma". "O Terceiro Ventrículo é essencialmente o fundamento da ligação mente-corpo-espírito. Sentimentos profundos de felicidade, paz e unidade com a Fonte têm origem no Terceiro Ventrículo, que serve como nosso portal para o conhecimento Universal.

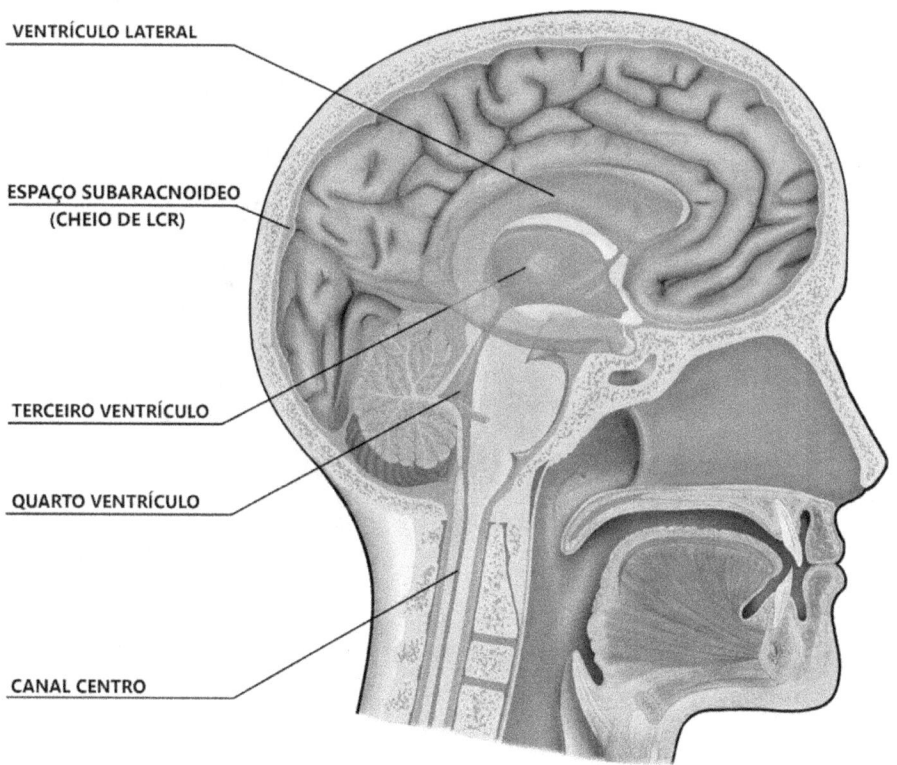

Figura 49: LCR e os Ventrículos Cerebrais (Vista Lateral)

A caverna do Terceiro Ventrículo é o espaço que nos dá uma consciência unificada da nossa verdadeira essência. Muitas pessoas acreditam que o fluido do QCA no cérebro transmite a energia do Espírito uma vez ativadas as Glândulas Pineal e Pituitária e o Tálamo. Como tal, o Terceiro Ventrículo permite a transformação da consciência.

O Ventrículo Lateral contém dois chifres (Figura 50) que fazem contato com o Lóbulo Frontal, o Lóbulo Parietal, o Lóbulo Occipital, e o Lóbulo Temporal. O chifre posterior faz contato com as áreas visuais do cérebro.

O Quarto Ventrículo faz contato com o Cerebelo, Ponte e Medula. Está situado entre o Terceiro Ventrículo e o canal central dentro do tronco cerebral e da medula espinal. O QCA produzido e (ou) fluindo para o Quarto Ventrículo existe no espaço subaracnoideu na base do crânio, onde o canal central entra no tronco cerebral.

O CSF serve como veículo de transmissão de informação ao cérebro. Absorve, armazena, e transmite vibrações do mundo exterior a diferentes recetores cerebrais. Por esta razão, todas as áreas de controlo do cérebro, incluindo a medula espinal (Sistema Nervoso Central), estão sempre submersas no LCR.

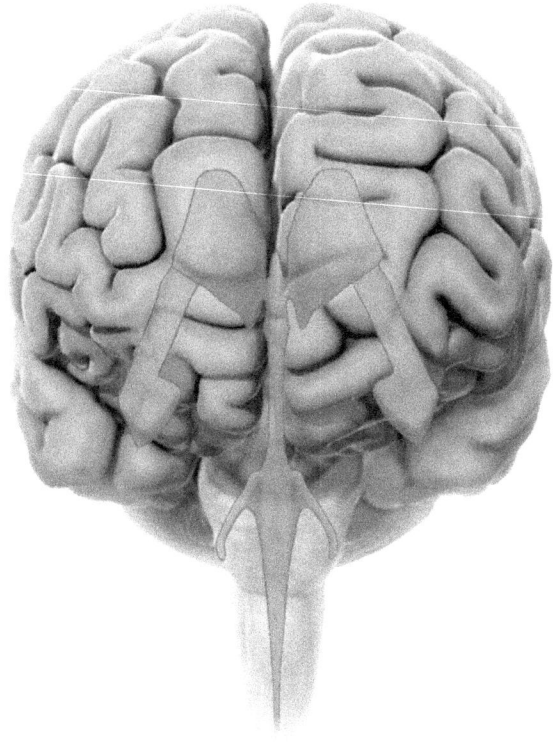

Figura 50: Os Ventrículos Cerebrais (Vista Frontal)

LCR E O DESPERTAR DA KUNDALINI

Os três Nadis de Ida, Pingala, e Sushumna encontram-se no Terceiro Ventrículo, este espaço radiante cheio de CSF no meio das nossas cabeças. Assim que a Kundalini e os Nadis ativados entram na área do Terceiro Ventrículo, as Glândulas Pineal e Pituitária tornam-se eletrificadas através do CSF como o meio. O despertar da Kundalini e a ativação Chakras acontecem a um nível etérico subtil, enquanto o LCR eletrificado revigora o sistema nervoso e ativa o potencial latente nos principais centros cerebrais.

Uma vez que as Glândulas Pineal e Pituitária representam os componentes feminino e masculino do Eu, as emoções e a razão, a sua ativação simultânea representa a unificação dos hemisférios cerebrais direito e esquerdo. Como tal, o Tálamo começa a funcionar a um nível superior, facilitando a abertura e otimização do Ajna Chakra.

Sushumna funciona através do QCA na medula espinal. No ponto em que a medula espinal termina entre a primeira e segunda vértebras lombares (L1-2), chamado Conus Medullaris, começa e termina no cóccix um delicado filamento chamado Filum Terminale (Figura 51). Tem aproximadamente 20cm de comprimento e não tem tecido nervoso. Um dos propósitos do Filum Terminale é transportar o FTC para o fundo da coluna vertebral.

Os cientistas acreditam que outra pequena fibra percorre o canal central da medula espinal que é feita de proteína condensada do LCR. Esta fibra serve como um filamento que se acende quando carregado eletricamente. Uma vez que um dos objetivos do LCR é transportar energias de Luz, ela serve como conduto através do qual a Kundalini desperta percorre a coluna vertebral e entra no cérebro.

O Sushumna começa no cóccix e corre pelo Filum Terminale até chegar ao Conus Medullaris. Continua através da fibra no canal central, passando pelo Quarto Ventrículo, e termina na área do Terceiro Ventrículo, nomeadamente o Tálamo e o Hipotálamo que a ele se liga. O QCA recebe carga elétrica por energia Kundalini despertada, que sobe pela medula espinal, ativando sistematicamente os Chakras Maiores até chegar aos centros cerebrais superiores. O QCA é a chave para as alterações anatómicas que ocorrem no cérebro aquando de um despertar da Kundalini. O sistema nervoso também se transforma através do revigoramento dos nervos espinais. Os órgãos são afetados por esta infusão de energia da Luz, o que explica porque tantos indivíduos acordados da Kundalini relatam alterações anatómicas nas suas entranhas.

Quando a Kundalini entra no cérebro através do canal Sushumna, ela termina no Tálamo, energizando-o. Simultaneamente, o Ida e o Pingala Nadis energizam as Glândulas Pineal e Pituitária. Uma vez que Ida e Pingala terminam nas Glândulas Pineal e Pituitária, a sua ativação cria um efeito magnético que projeta uma corrente vibratória de energia em direção ao Tálamo. A unificação destas potências masculina (Yang) e feminina (Yin) no Tálamo permite uma abertura total do Ajna Chakra, seguido pelo Sahasrara no topo da cabeça.

Quando a Kundalini chega à Coroa, a componente "Eu Sou" do Eu, o Eu Superior, desperta na nossa consciência. O potencial do Tálamo é maximizado, fazendo deste centro cerebral uma antena perfeita para as vibrações exteriores. A consciência expande-se ao nível Cósmico, e em vez de absorver apenas 10% dos estímulos do ambiente, pode agora experimentar os 100% completos.

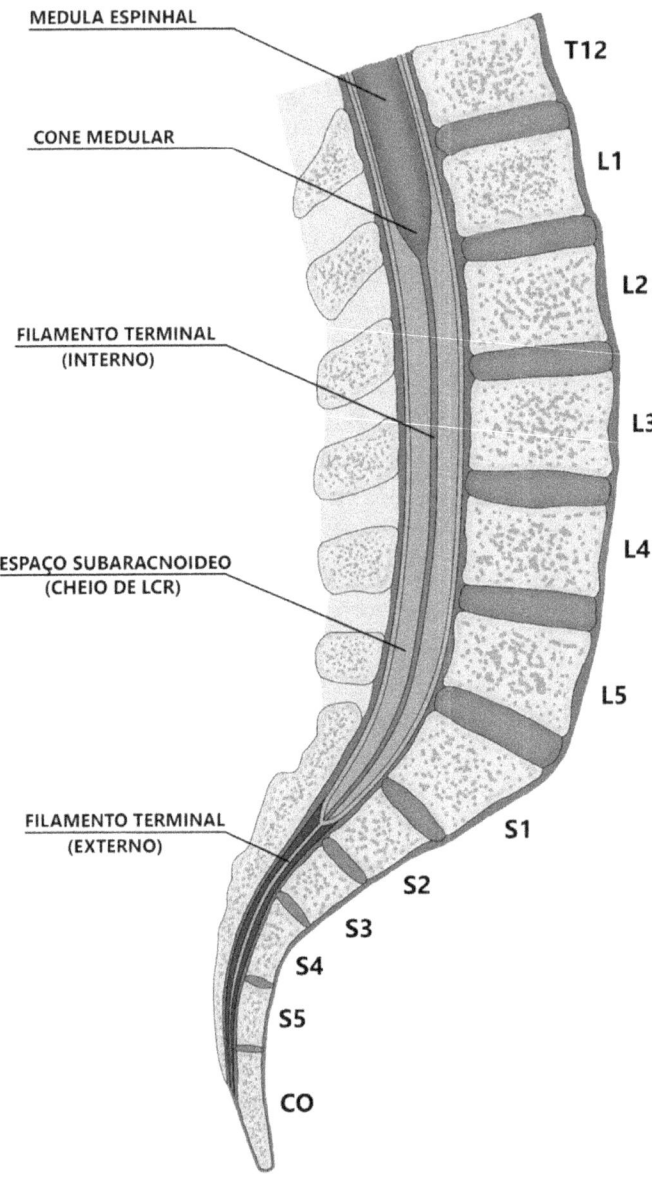

Figura 51: Cone Medular e Filamento Termina

MULADHARA E KUNDALINI

O SACRO E O CÓCCIX

O sacro e o cóccix (Figura 52) desempenham um papel significativo no processo de despertar da Kundalini. O sacro, ou espinha sacral, contém cinco vértebras fundidas. É um grande osso triangular entre os ossos da anca e a última vértebra lombar (L5). Em latim, a palavra "sacrum" significa "sagrado". Os romanos chamavam a este osso "os sacrum", enquanto os gregos o chamavam "hieron osteon", o significado de ambos serem "osso sagrado".

Curiosamente, a palavra "hieron" em grego também se traduz como "Templo". O sacro foi considerado sagrado, porque dentro da sua concavidade óssea estavam os ovários e o útero nas fêmeas. Os Anciãos acreditavam que os órgãos reprodutores femininos eram divinos, pois o útero é a origem da Criação.

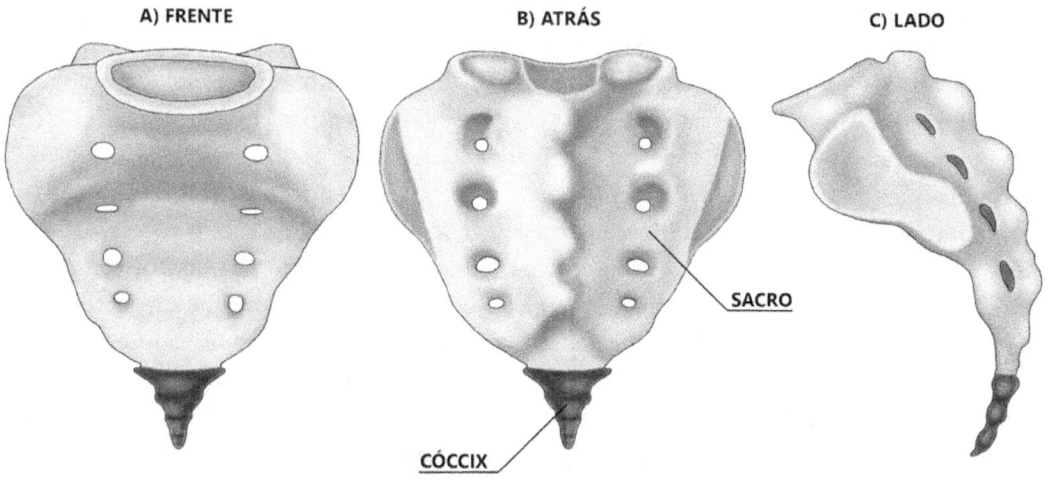

Figura 52: O Sacro e o Cóccix

O sacro é o nosso Santo Templo, uma vez que abriga e protege os órgãos genitais, os plexos e os centros de energia inferior subtis, todos eles envolvidos na ativação do processo de despertar da Kundalini. O sacro é também responsável por bombear o QCA para cima, para dentro do cérebro. Este fluido sustenta a consciência e desempenha um papel crucial na ativação dos centros superiores do cérebro aquando do despertar Espiritual.

Na tradição egípcia, o sacro era sagrado para Osíris, o Deus do Submundo. Os egípcios acreditavam que a espinha dorsal de Osíris, referida como o Pilar Djed, representava a energia Kundalini cujo processo de despertar começou no sacro. O cóccix (cóccix da cauda) é outro pequeno osso triangular ligado ao fundo do sacro.

Como mencionado, no seu estado de potencial, a Kundalini é enrolada três vezes e meia no cóccix. O Muladhara Chakra, a fonte Chakra da energia da Kundalini, está localizado entre o cóccix e o períneo. Quando a energia da Kundalini é libertada, viaja através do tubo oco da medula espinal como uma cobra (Figura 53), acompanhada por um som sibilante que uma cobra faz quando está em movimento ou prestes a atacar.

Coincidentemente, o cóccix é composto por três a cinco vértebras coccígeas fundidas ou ossos espinhais. O cóccix é o remanescente de uma cauda vestigial a um nível físico. No contexto da evolução humana, acredita-se que todos os humanos tiveram uma cauda em algum momento, como a maioria dos mamíferos fazem hoje em dia.

A palavra "cóccix" tem origem no grego "cuco", uma vez que o próprio osso tem a forma de um bico de cuco. Curiosamente, o cuco é um pássaro conhecido pelo seu som que traz mudanças na vida de uma pessoa. O seu chamamento é simbólico de um novo destino ou acontecimento que se desdobra na vida de alguém. Lembre-se que o Caduceu de Hermes, simbólico do processo de despertar da Kundalini, teve origem na Grécia - os gregos estavam bem cientes do potencial Espiritual do cóccix, uma vez que sabiam que este albergava a energia transformadora da Kundalini.

Na tradição egípcia, o Deus da Sabedoria, Thoth (Tehuti), tem uma cabeça de ave Ibis com um longo bico cuja forma se assemelha ao cóccix. Toth é o homólogo egípcio do Hermes grego e Mercúrio romano. Estes três Deuses têm atributos e correspondências quase idênticas, e todos os três estão associados à energia e ao processo de despertar da Kundalini.

No *Corão* (também soletrado Alcorão), o Profeta Maomé afirmou que o cóccix nunca se decompõe, e é o osso do qual os humanos serão ressuscitados no Dia do Juízo Final. Os Hebreus tinham a mesma ideia, mas em vez do cóccix, acreditavam que era o sacro que era indestrutível e que era o núcleo da ressurreição do corpo humano. Eles referiam-se ao sacro como o osso "Luz" (Aramaico para "noz"). O sacro tem um padrão de covinhas, que, juntamente com a sua forma geral, se assemelha à casca da amêndoa. Em *O Zohar*, o livro dos ensinamentos esotéricos e místicos judeus, a Luz é o osso na espinha que aparece como a cabeça de uma cobra. Dado que tanto o cóccix como o sacro têm uma forma triangular, alguns rabinos acreditam que é o sacro que é sagrado, enquanto outros acreditam que é o cóccix.

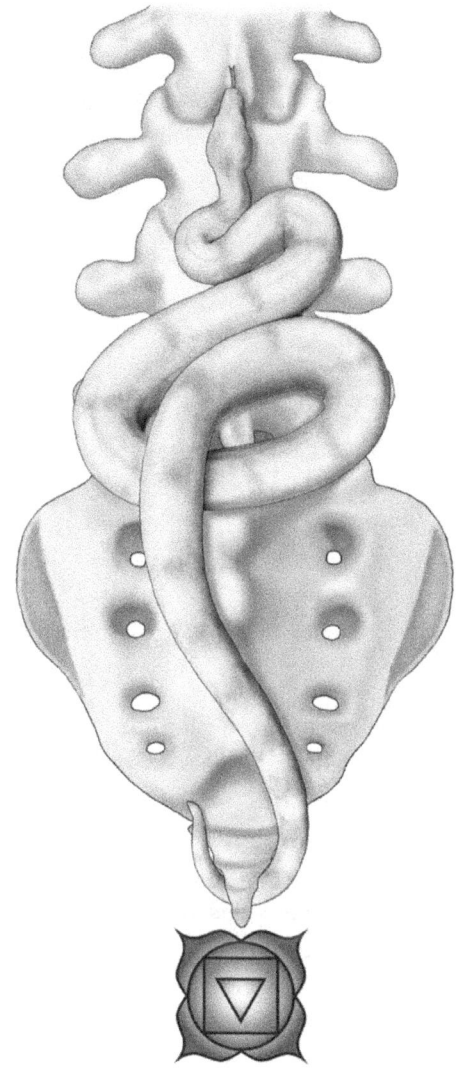

Figura 53: A Kundalini Desenrolada

PLEXO SACRAL E O NERVO CIÁTICO

Outros dois fatores essenciais no processo de despertar da Kundalini são o Plexo Sacral e o Nervo Ciático (Figura 54). O plexo sacral é um plexo nervoso que emerge das vértebras lombares inferiores e das vértebras sacrais (L4-S4). Fornece nervos motores e sensoriais para a coxa posterior, a pélvis, e a maior parte da perna e pé inferiores.

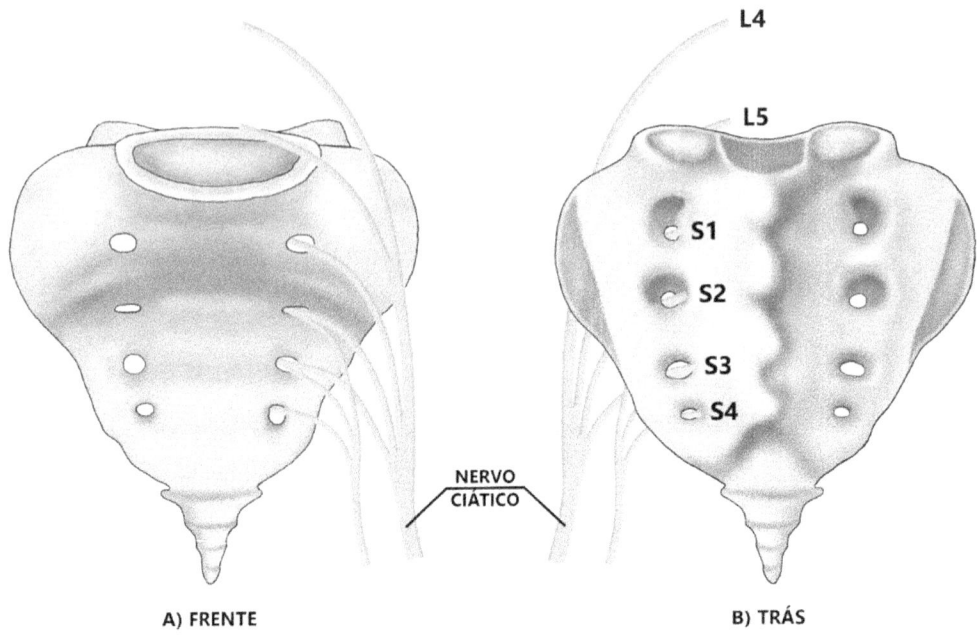

Figura 54: O Plexo Sacral

Por baixo do Plexo Sacral encontra-se o Muladhara Chakra, localizado entre o cóccix e o períneo. A cabeça da flor de Muladhara projeta-se para baixo em direção à Terra e situa-se perto do Plexo Coccígeo. O caule Chakras de Muladhara, porém, tem origem entre a terceira e quarta vértebras sacrais (S3-4), uma parte do Plexo Sacral.

O Plexo Pélvico está localizado na região abdominal, mesmo em frente do Plexo Sacral. O Plexo Pélvico inerva os órgãos associados aos Swadhisthana e Muladhara Chakras, nomeadamente os nossos órgãos sexuais.

Existe uma ligação entre os Elementos Terra e Água e o Planeta Terra abaixo dos nossos pés. Não é uma coincidência que os nossos dois Chakras Maiores mais baixos, Muladhara e Swadhisthana, se relacionem com os dois únicos Elementos passivos preocupados em receber energia. Como Muladhara é um recetáculo da energia terrestre gerada pela Estrela da Terra abaixo dos nossos pés, o Swadhisthana é o nosso contentor emocional, o Chakra da mente subconsciente e dos instintos.

O Swadhisthana representa as emoções, incluindo a nossa energia sexual, que alimenta a criatividade. A energia sexual, quando virada para dentro, está provado que tem um efeito transformador na consciência. Na minha experiência pessoal, estava a gerar uma tremenda quantidade de energia sexual através de uma prática sexual tântrica inadvertida que estava a realizar, o que levou a orgasmos internos contínuos que culminaram num despertar completo da Kundalini.

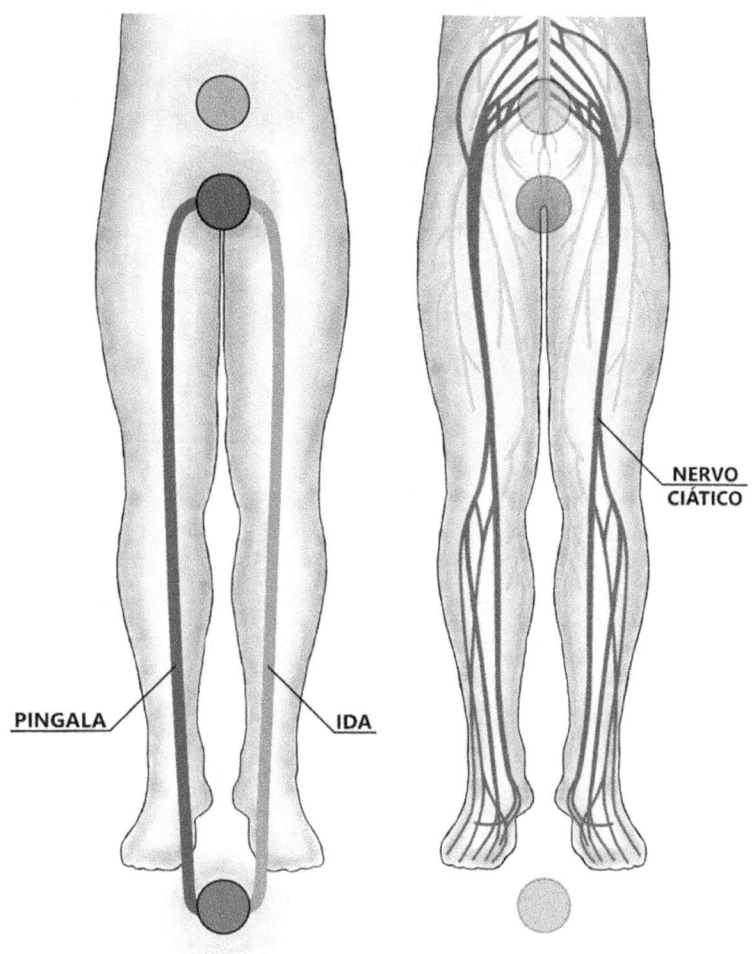

Figura 55: Os Nervos Ciáticos e os Canais de Energia nas Pernas

O Nervo Ciático é o maior nervo periférico do corpo humano formado pela união de cinco raízes nervosas do Plexo Sacral. Tem 2cm de diâmetro e percorre a coxa e a perna, até à sola. O Nervo Ciático funciona como uma raiz para o sistema nervoso, aterrando-nos ao Planeta Terra. Como há duas pernas, dois nervos ciáticos correm através delas. O Nervo Ciático divide-se em dois ramos principais na zona do joelho (nervo tibial e nervo peronial comum).

Como o Nervo Vago é uma representação física da energia Kundalini, os Nervos Ciáticos são um equivalente biológico dos canais de energia das pernas que nos ligam à Estrela da Terra através dos Chakras do Pé (Figura 55). Embora os Ida e Pingala Nadis comecem em Muladhara, a sua fonte de energia provém das duas correntes de energia nas pernas, a negativa e a positiva.

A Ida é atribuída ao lado esquerdo do corpo, e recebe a sua corrente de energia negativa da perna esquerda, enquanto Pingala corre pelo lado direito do corpo, obtendo a sua corrente de energia positiva da perna direita. As duas pernas transportam as energias feminina e masculina da Estrela da Terra para Muladhara, fornecendo assim a todo o sistema Chakras estas forças duplas. Como mencionado, a Estrela Terrestre funciona como uma bateria para Muladhara - os canais de energia nas pernas servem como as correntes negativas e positivas que transmitem as energias terrestres a partir do nosso Planeta.

JUNTAR TUDO

Para estimular a Kundalini à atividade e despertá-la do seu sono, devemos criar uma poderosa corrente de energia em Muladhara, que envolve muitos fatores a trabalhar em conjunto. A estimulação de Ida e Pingala Nadis começa na Estrela da Terra, a raiz do nosso sistema energético global, representada pela Linha Hara. Quando a Estrela Terrestre se torna energizada, através da meditação ou outras práticas, projeta uma corrente energética através dos canais de energia nas pernas através dos Chakras do calcanhar. Simultaneamente, o Nervo Ciático é estimulado, energizando a área do Plexo Sacral onde começa o caule Chakras de Muladhara.

Como descreverei em mais pormenor na secção da Ciência do Ioga, devemos estimular tanto o Chakra Muladhara como o Swadhisthana para despertar a Kundalini. O caule do Chakra Swadhisthana começa entre a primeira e a segunda vértebra lombar (L1-2), correspondendo ao local onde termina a medula espinal e começa o Filum Terminale. O processo de despertar da Kundalini tem muito a ver com a energização do QCA, que começa no Filum Terminale e percorre a medula espinal até chegar ao Terceiro Ventrículo e ao Tálamo central e Hipotálamo. Ao energizar o Terceiro Ventrículo, os lóbulos cerebrais circundantes também se tornam estimulados. Todo o processo de expansão cérebro-potência envolve o Terceiro Ventrículo e o QCA eletrificado.

Despertar a Kundalini em Muladhara envolve os Cinco Prana Vayus, os cinco movimentos ou funções de Prana, a Força da Vida. Quando três destes Prana Vayus mudam a sua força direcional para se encontrarem em Hara Chakra, ocorre uma ativação que envolve a geração de calor no centro do Umbigo. Este calor imenso é acompanhado por uma sensação de êxtase no abdómen, semelhante a uma excitação sexual intensificada, que depois eletrifica o Sushumna Nadi, fazendo-o acender como uma lâmpada. Assim que o Sushumna se acende, a Kundalini é despertada na base da coluna vertebral. (Vou explicar esta parte do processo com mais detalhe no capítulo "Os Cinco Prana Vayus").

Na minha experiência, a Kundalini despertada manifestou-se como uma bola de energia luminosa, emanando um campo elétrico do tamanho de uma bola de golfe. Quando despertou, criou pressão no fundo da coluna, que não era física, mas que podia ser sentida independentemente do seu nível subtil. A bola de Luz Kundalini viaja para cima através do QCA na medula espinhal. Simultaneamente, a Estrela da Terra gera uma tremenda energia, que é transmitida para o Muladhara Chakra através dos canais de energia das pernas, energizando assim os Ida e Pingala Nadis.

A nível físico, os testículos (homens), ovários (mulheres) e as suprarrenais estão envolvidos no processo de despertar da Kundalini, uma vez que geram a energia sexual necessária para alimentar Ida e Pingala e fazê-los subir. Ida corresponde ao testículo e ovário esquerdos, enquanto Pingala se relaciona com o direito. Assim que a Kundalini começa a elevar-se através de Sushumna, Ida e Pingala, alimentados pela energia sexual, elevam-se num movimento ondulante, adjacente à medula espinal, cruzando-se em cada um dos Chakras ao longo da coluna vertebral.

À medida que a bola de energia de Luz Kundalini atinge sistematicamente cada uma das ramificações dos Chakras, combina com as equilibradas correntes femininas e masculinas de Ida e Pingala, eletrificando e enviando um feixe de energia de Luz através de cada um dos caules das "flores". Assim que cada caule dos Chakras é infundido com energia de Luz, as "flores" dos Chakras na frente do corpo começam a girar mais rapidamente, despertando totalmente cada Chakra e otimizando o seu fluxo.

Depois de penetrar Brahma e Vishnu Granthis e acordar os primeiros cinco Chakras, a energia Kundalini entra no centro do cérebro, terminando no Tálamo, que se ilumina a partir do interior. Em contrapartida, a Ida eletrificada e a Pingala Nadis terminam nas Glândulas Pineal e Pituitária. Uma vez totalmente ativadas, as Glândulas Pineal e Pituitária ficam magnetizadas e projetam uma corrente elétrica unificadora no Tálamo central como uma única fonte de Luz. À medida que o Tálamo recebe as energias de Ida e Pingala, ilumina-se mais do que nunca através das Glândulas Pineal e Pituitária, à medida que os três principais Nadis se tornam integrados.

A unificação dos Sushumna, Ida, e Pingala Nadis no Tálamo envia uma corrente de energia luminosa através do caule Chakras de Ajna até atingir a sua cabeça floral que se encontra no centro das sobrancelhas (ligeiramente acima). Se a corrente de energia de Luz que está a ser projetada a partir do Tálamo for suficientemente poderosa, irá expandir o portal do Olho da Mente da Ajna. Eu comparei esta parte do processo ao portal circular da Ajna que cresce do tamanho de um donut a um pneu de carro. No entanto, como mencionei, esta parte do processo não era Universal, o que significa que só acontece aos indivíduos que geram uma quantidade excecional de energia de Luz no centro do seu cérebro, como aconteceu comigo.

A fase seguinte do processo de despertar da Kundalini envolve a corrente de Luz unificada de Ida, Pingala, e Sushumna Nadis subindo através do córtex cerebral até ao topo, centro da cabeça. Ao longo do caminho, Rudra Granthi é perfurada, o que é necessário para o despertar do Sahasrara uma vez que este é o nó final que liga a consciência à dualidade. (Mais sobre os Granthis e o seu papel no processo de despertar da Kundalini no capítulo "Os Três Granthis").

Se a corrente Kundalini for suficientemente potente uma vez atingido o topo da cabeça, o Ovo Cósmico abre-se, resultando no fenómeno da "eletrocussão", que envolve a infusão de energia de Luz nos Setenta e Dois Mil Nadis. Esta experiência representa a ativação total do Corpo de Luz. O próximo e último passo do processo de despertar da Kundalini é a abertura total do Lótus das Mil Pétalas do Sahasrara, otimizando o próprio campo de energia toroidal e unificando a sua consciência com a Consciência Cósmica. (Figura 56 é uma representação simbólica do processo de despertar da Kundalini e a sua associação com o Caduceu de Hermes e a Dupla Hélice do ADN.)

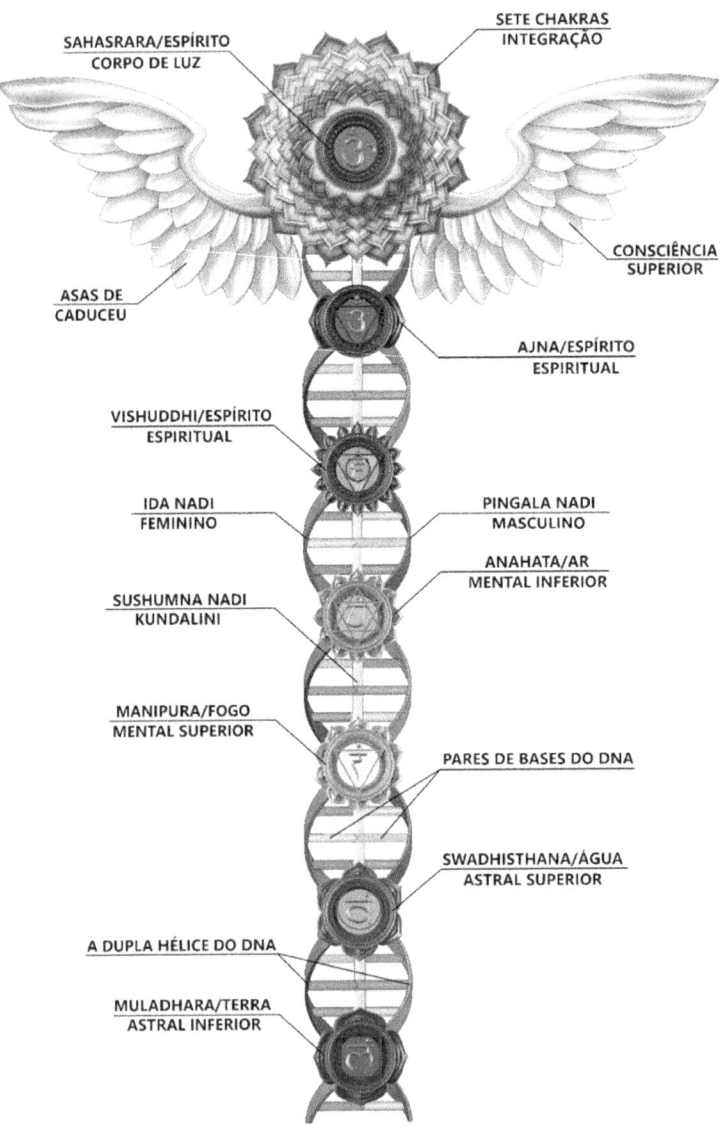

Figura 56: Kundalini/ Caduceu de Hermes/ Dupla Hélice do DNA

O PODER DO CORAÇÃO

O Instituto de Matemática do Coração tem vindo a realizar pesquisas nas últimas duas décadas sobre o poder do coração humano. Eles determinaram que o coração é o gerador de energia eletromagnética mais poderoso do corpo humano. O seu campo elétrico é cerca de 60 vezes maior em amplitude do que o do cérebro. O campo magnético do coração, por outro lado, é 5000 vezes maior em força do que o campo gerado pelo cérebro.

O Campo Eletromagnético (CEM) do coração tem forma toroidal (Figura 57), e envolve todas as células do corpo humano. O nosso CEM do coração estende-se em todas as direções e afeta diretamente as ondas cerebrais de outras pessoas que estão a menos de oito a dez pés (em média) de onde nós estamos. As pessoas mais distantes (até 15 pés) também são afetadas, mas de forma mais subtil. O CEM do coração, tal como o campo áurico, flutua em tamanho ao longo do plano horizontal, expandindo-se e contraindo-se como um organismo vivo e respirador.

Uma vez que as descobertas da HearthMath sobre o poder do coração são relativamente novas, muitos investigadores têm sugerido que o coração EMF e o campo áurico são a mesma coisa uma vez que ambos têm forma toroidal, e ambos são expressivos das nossas energias eletromagnéticas. A minha convicção, formada através de extensa investigação e orientação Divina, é que são campos eletromagnéticos dois separados, mas interligados.

O campo áurico é um composto das diferentes energias subtis que expressam os Chakras Maior e Transpessoal, que vibram a várias frequências eletromagnéticas. O campo Áurico também contém outros campos subtis que nos ligam a outros seres vivos, o Planeta Terra e o Universo. Uma vez que o campo Áurico se estende até cerca de 1,5 a 1,80 m e o coração do CEM é substancialmente maior, estamos claramente a falar de duas coisas diferentes.

Acredito que o campo áurico se situa dentro do coração EMF, e são duas partes de um todo. O propósito do CEM do coração é registar as vibrações do ambiente e enviá-las para o cérebro e para o resto do corpo. Como resultado, os Planos Cósmicos internos são afetados, influenciando as energias Chakras. Os Chakras, por sua vez, suscitam certas respostas na consciência com base nas suas correspondentes faculdades interiores. Por esta razão, o coração EMF afeta-nos a todos os níveis, Espiritual, mental, emocional e físico. Atua como nossa interface com o ambiente, enviando informação para o campo Áurico, que alimenta a consciência.

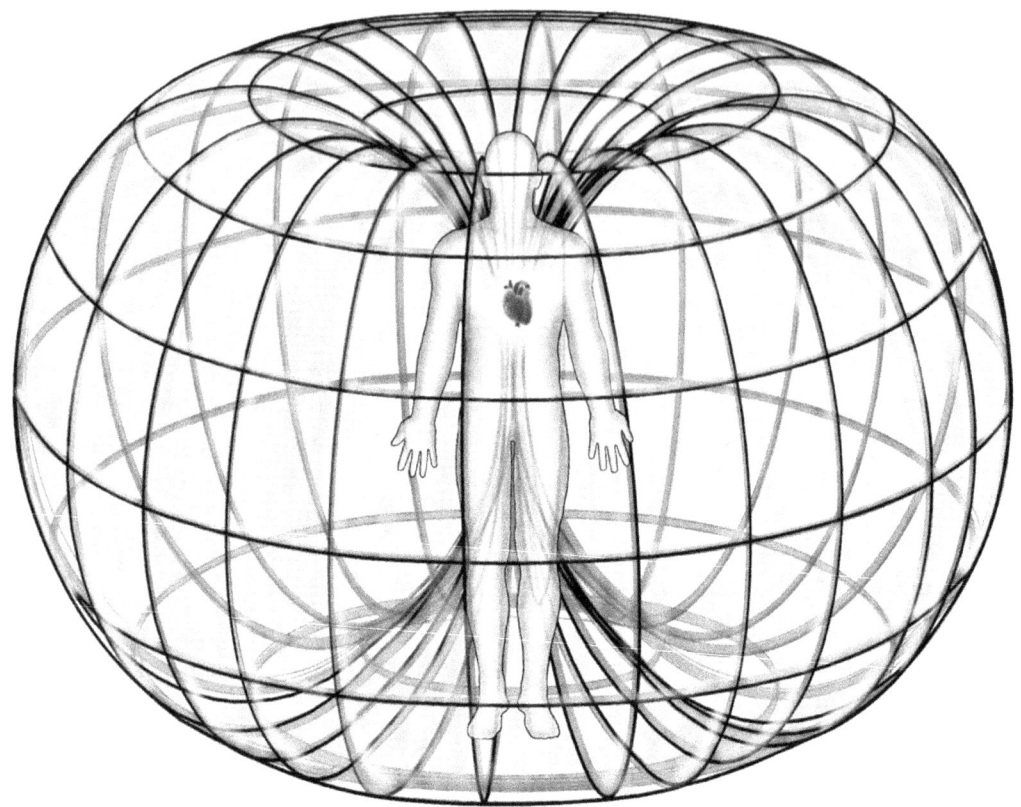

Figura 57: O Campo Eletromagnético do Coração

O CEM do coração está relacionado com o Chakra do Coração, que corresponde ao Elemento Ar e ao Plano Mental Inferior. Devido à sua colocação, o CEM do coração atua como intermediário entre os Planos Cósmico Superior e Inferior. Vibrações subtis do ambiente são captadas e transmitidas para os Planos Mental e Espiritual Superior acima e para os Planos Astral e Físico abaixo.

O Chakra do Coração é o quarto Chakra Maior posicionado entre os três Chakras superiores do Elemento Espiritual e os três Chakras inferiores (Fogo, Água e Terra). O Elemento Ar é esotericamente conhecido como intermediário entre o Espírito e a Matéria, em comparação com a forma como a atmosfera contendo ar separa os Céus acima e a Terra abaixo. O ar relaciona-se com a respiração e o oxigénio, sustentando toda a vida. Não podemos sobreviver por mais do que alguns minutos sem o ato de respirar, pois é essencial para a nossa sobrevivência. Desta forma, o coração EMF serve a Alma e a Mente, os entrelaçados do Espírito e da Matéria.

LIGAÇÃO CORAÇÃO-CÉREBRO

No desenvolvimento fetal, o coração é o primeiro órgão que forma - começa a bater antes mesmo de o cérebro se desenvolver. O coração é a parte central do Eu, a fundação sobre a qual o resto do corpo é criado no útero. Os neurocardiologistas determinaram que o coração contém muitos componentes semelhantes ao cérebro, permitindo um diálogo dinâmico, contínuo e bidirecional.

Aproximadamente 60-65% das células do coração são células neurais, muito parecidas com as do cérebro. Estes 40 000 neurónios estão agrupados em grupos da mesma forma que os grupos neurais do cérebro e contêm os mesmos gânglios, neurotransmissores, proteínas, e células de suporte. O "cérebro-coração", como é comummente chamado, permite ao coração agir independentemente do cérebro craniano. Ao processar emocionalmente os acontecimentos da vida, o coração desenvolve a capacidade de decisão e a memória. Ao longo do tempo, o coração desenvolve a sua própria inteligência emocional que nos ajuda a guiar na vida.

O coração e o cérebro comunicam neurologicamente (através do sistema nervoso) e energeticamente (através dos seus campos eletromagnéticos). Também comunicam através de hormonas, e de ondas de pulso (biofisicamente). As energias vibratórias que fluem continuamente entre o coração e o cérebro ajudam no processamento de eventos e respostas emocionais, experiência sensorial, raciocínio e memória.

O coração é a nossa principal interface com o mundo à nossa volta que trabalha em uníssono com o tálamo e o cérebro. O cérebro e o coração relacionam-se com a Mente e a Alma, que são parceiros na manutenção e governo da consciência. Como o cérebro contém os ventrículos que canalizam a energia do Espírito e a consciência, o coração também tem passagens subtis que realizam o mesmo. Se houver uma perturbação no fluxo harmonioso da comunicação do Espírito e da consciência entre o cérebro e o coração, pode resultar na perda da consciência.

O nosso coração EMF recebe continuamente sinais do ambiente, mas a maior parte dessa informação nunca chega à mente consciente. Em vez disso, os dados são armazenados no subconsciente. A mente subconsciente está associada a 90% da atividade neural do cérebro e tem um impacto substancial no nosso comportamento mais do que a mente consciente. Por esta razão, a maioria das nossas respostas instintivas, tais como expressões da linguagem corporal, são automáticas sem que estejamos conscientemente conscientes de as termos iniciado.

A mente consciente utiliza o córtex pré-frontal do cérebro para processar informação. Pode processar e gerir apenas 40 impulsos nervosos por segundo. Em comparação, a mente subconsciente que opera a partir da parte de trás do cérebro pode processar 40 milhões de impulsos nervosos por segundo - o processador da mente subconsciente é 1 milhão de vezes mais potente do que o da mente consciente.

Após um despertar completo da Kundalini, quando a Luz interior entra no centro do cérebro e aí se localiza permanentemente, as mentes conscientes e subconscientes tornam-se uma só, resultando numa atualização permanente do seu CPU. Como tal, o indivíduo ganha pleno acesso a toda a informação lida pelo seu coração CEM, o que aumenta a sua consciência, otimizando as suas capacidades de decisão.

COERÊNCIA CORPORAL

O coração humano é um músculo oco, do tamanho de um punho, que bate a 72 batimentos por minuto e é o centro do sistema circulatório (Figura 58). O coração está localizado no centro da cabeça e do tronco, no centro do peito (ligeiramente deslocado para a esquerda), permitindo a melhor ligação a cada órgão que alimenta o corpo.

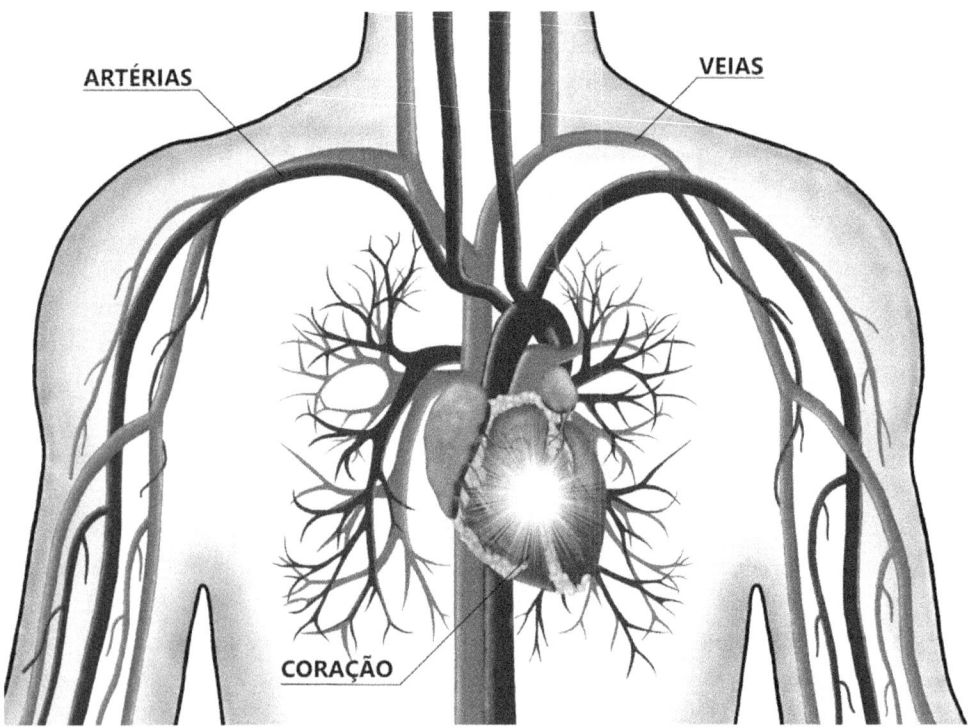

Figura 58: O Coração Humano e o Sistema Circulatório

O sistema circulatório é constituído por vasos sanguíneos (artérias) que transportam o sangue de e para o coração. O lado direito do coração recebe sangue pobre em oxigénio das veias e bombeia-o para os pulmões, onde recolhe o oxigénio e descarta o dióxido de carbono. O lado esquerdo do coração recebe o sangue rico em oxigénio e bombeia-o através das artérias para o resto do corpo, incluindo o cérebro. De todos os órgãos, o cérebro é um dos mais significativos consumidores de sangue rico em oxigénio, e um abastecimento craniano insuficiente pode causar uma fadiga cerebral significativa.

O coração tem uma influência significativa sobre o corpo físico a nível celular. Não só o coração bombeia oxigénio e nutrientes para cada célula do corpo através do sistema circulatório, mas também produz hormonas que têm impacto na função fisiológica do corpo e do cérebro. Como mencionado, uma das formas de comunicação entre o coração e o cérebro é hormonal, e isto porque o coração serve como uma glândula endócrina.

Através de frequências eletromagnéticas e libertações químicas, o nosso coração entra no ritmo do cérebro, juntamente com os vários sistemas do corpo (respiratório, imunitário, digestivo, circulatório, endócrino, etc.). A coerência corporal é alcançada quando é criada uma interação harmoniosa e equilibrada em todos os sistemas do corpo.

Se experimentarmos emoções positivas e amorosas, a coerência corporal ocorre, retardando as ondas cerebrais e equilibrando os Sistemas Nervosos Parassimpático e Simpático. O nosso batimento cardíaco abranda e torna-se suave e equilibrado. As nossas mentes tornam-se claras, permitindo-nos sintonizar com a Luz interior das nossas Almas. Como tal, a nossa criatividade, imaginação, intuição e inspiração tornam-se maiores, permitindo-nos explorar o nosso potencial mais íntimo como seres humanos Espirituais.

Inversamente, se sentirmos emoções negativas e temerosas, o nosso corpo cai fora de harmonia e o stress e a ansiedade instalam-se. As nossas ondas cerebrais aceleram, tornando-nos mais alerta. O batimento cardíaco também acelera, e muitas vezes experimentamos contrações rítmicas resultantes do processamento da negatividade da nossa mente. O nosso Sistema Nervoso Simpático sobrepõe-se ao Parassimpático, e perdemos o contato com as nossas Almas, o que corta a nossa ligação à inspiração e criatividade. A nossa capacidade de pensar torna-se toldada pelo estado negativo em que nos encontramos, e confiamos no nosso Ego para racionalizar a nossa existência.

Respirar através do estômago, expandindo o diafragma (Respiração Diafragmática) é talvez a forma mais útil de neutralizar a energia negativa e acalmar o interior. Esta técnica de respiração Ioga (Pranayama) permite recuperar o controlo sobre os seus ritmos corporais e alcançar novamente a coerência corporal. A Respiração Diafragmática é um pré-requisito para a meditação, que é outro método para elevar a vibração da consciência que otimiza a saúde do corpo.

O CORAÇÃO E AS VIBRAÇÕES

De acordo com o Princípio Hermético de Vibração, todas as coisas no Universo (incluindo organismos vivos, pensamentos, emoções, etc.) estão num estado de movimento vibratório a um nível subatómico. A física quântica afirma agora também o que os Anciãos têm vindo a dizer há milhares de anos. Não só a matéria é constituída por energias vibratórias, mas a vibração é a base de toda a comunicação no Universo, seja oralmente ou através de níveis mais subtis - estamos todos continuamente a induzir-nos uns aos outros através das nossas vibrações.

As ressonâncias magnéticas da Terra vibram com a mesma frequência que os nossos ritmos cardíacos e ondas cerebrais - "O que está Acima é como o que está Abaixo". Todos os organismos vivos emitem energias vibratórias únicas enquanto o coração é o recetor que "lê" os campos de energia à nossa volta. Os nossos CEM do coração recebem constantemente sinais vibratórios do ambiente, o que permite que as nossas células interajam com o mundo exterior. A análise científica revela que o coração, e não o cérebro, inicia a primeira resposta à informação recebida do exterior. Por esta razão, ouvem-se frequentemente as pessoas dizerem: "Gosto das vibrações desta pessoa", relacionadas com a sua impressão de que foram recebidas através do coração.

Curiosamente, com a pletora de estímulos presentes em qualquer momento, o coração regista principalmente informação que ressoa com as vibrações interiores. Este fenómeno é uma manifestação da Lei da Atração que afirma que pensamentos e emoções positivas ou negativas trazem experiências positivas ou negativas na vida de uma pessoa. Por outras palavras, experienciamos aquilo em que as nossas mentes e corações se concentram.

Por exemplo, uma pessoa que ocupa as suas mentes e corações com pensamentos e sentimentos de amor irá sintonizar-se com a informação do ambiente que diz respeito à energia do amor. O seu coração EMF irá concentrar-se e amplificar todos os sinais do ambiente relacionados com o amor. Alguém que só pensa no medo e experimenta emoções temerosas terá acesso a dados ambientais relacionados com o medo. E mesmo que estejamos a pensar em não pensar em algo, concentramo-nos nessa coisa independentemente, o que se manifesta nas nossas mentes e corações. Assim, registamos e ouvimos continuamente o que estamos programados para ouvir.

O coração de cada pessoa tem um padrão de ondas eletromagnéticas tão único como a sua impressão digital. Não só contém dados sobre o estado atual do corpo como também tem memórias codificadas armazenadas dentro das duas redes distintas de nervos do coração. É possível encontrar provas do fenómeno da memória do coração nos recetores de transplantes cardíacos. É comum que alguém que recebeu o coração de outra pessoa desenvolva mudanças na sua personalidade, gostos, aversões e preferências, provocadas por velhas memórias armazenadas no coração.

O CORAÇÃO E AS RELAÇÕES

Ao encontrarmos alguém, passamos por uma sincronização do coração-cérebro com essa pessoa. O nosso estado mental e emocional induz imediatamente a outra pessoa, uma vez que esta lê psiquicamente as nossas intenções a um nível energético. Por exemplo, quando viermos de um lugar de amor, verdade e respeito, então o coração de outra pessoa abrir-se-á naturalmente para nós, e ela retribuirá as nossas boas intenções. Se viermos de um lugar do Ego, e as nossas intenções não forem puras, como quando estamos a tentar manipular alguém para obter ganhos egoístas, então a outra pessoa irá naturalmente defender-se. Os seus corações permanecerão fechados para nós, e em vez disso, os seus cérebros tomarão o controlo para tentar racionalizar a situação.

Se estamos sob stress e agitados, repelimos naturalmente outras pessoas à nossa volta enquanto as atraímos quando estamos calmos e em paz. As pessoas são atraídas à positividade porque sabemos intuitivamente que estamos continuamente a comunicar telepaticamente e a induzir-nos uns aos outros com os nossos pensamentos e emoções. Este conhecimento é algo com que nascemos, ainda que possamos não o reconhecer com os nossos Egos.

Considerando o poder eletromagnético do coração e o impacto que a energia amorosa e positiva tem nas pessoas que encontramos, não é de admirar que desejemos naturalmente ser sociais e criar laços com os outros. Alimentamos e curamos uns aos outros quando os nossos corações estão abertos e quando as nossas intenções são boas. Só com boas intenções, podemos penetrar através da barreira do Ego e da personalidade e alcançar a Alma de outro ser humano. Inversamente, quando as nossas intenções são egoístas, provocamo-nos uns aos outros emocionalmente e podemos causar danos a um nível profundo. Neste último caso, o Ego toma o controlo, e não há troca de energias de cura da Alma.

Quando se está em conflito com alguém, a melhor maneira de resolver as suas divergências é falar do coração a essa pessoa, que mais frequentemente retribuirá esta ação. A verdade tem uma forma de eliminar todos os obstáculos, uma vez que neutraliza toda a energia negativa para que se possa chegar ao "coração da questão", como diz o ditado. Quando há uma abertura no coração entre duas pessoas, não só as diferenças se resolvem, como o laço amoroso entre elas se torna mais forte. Por esta razão, viver do coração e ser honesto em todos os momentos permite nunca ter arrependimentos e viver com a consciência limpa.

Isolar-se dos outros e carecer de contato humano a nível físico e emocional é doloroso e muitas vezes entorpecido se passar demasiado tempo. Precisamos de ligações humanas, incluindo amizades e intimidade, para nos ajudar no nosso caminho de Evolução Espiritual. As relações românticas são as mais curativas, especialmente se envolvem sexo, uma vez que o sexo é o ato físico de unificação que cria o laço mais poderoso quando um coração aberto e intenções amorosas são aplicados.

COMPORTAMENTO HUMANO E CAUSA E EFEITO

Como descrevi no *The Magus,* se quiseres desenvolver um verdadeiro poder pessoal, tens de estar familiarizado com os teus Demónios para que possas usar as suas energias produtivamente quando a situação o exigir. Por exemplo, quando alguém está a tentar manipular-te, irás reconhecer a sua intenção, em vez de seres cego a ela, e poderás exigir uma reação igual e oposta para neutralizar a Lei do Karma.

Quando falo de Demónios, refiro-me à energia negativa e de medo que não é da Luz em si, mas que pode promover a agenda da Luz. Embora o que estou a dizer possa parecer contraintuitivo (já que muitos de vós foram ensinados que as energias demoníacas são más), não o é. A energia negativa não é algo de que se deva fugir, mas sim procurar domar dentro de si. Através da aplicação do Livre-Arbítrio, pode facilmente utilizar energia negativa para obter um resultado positivo. Fazendo-o, dá asas aos seus Demónios, metaforicamente falando.

Estar familiarizado com as suas energias Demoníacas permite-lhe perceber quando é atacado energeticamente por outros, pesar o tipo de ataque, e mobilizar as suas forças interiores para se tornar um delito. Lembre-se, temos de punir todo o mal; caso contrário, tornamo-nos cúmplices do mal. A Lei do Karma exige que estejamos vigilantes e fortes quando confrontados com qualquer energia adversária e severidade exata quando esta nos é exigida. Ao fazê-lo, ensinamos subtilmente os outros a comportarem-se corretamente, de acordo com as Leis Universais. Cada um de nós tem um dever sagrado para com o nosso Criador de nos tratarmos uns aos outros com amor e respeito e de nos protegermos uns aos outros de todo o mal.

Se fugirmos das energias negativas, não conseguimos construir o nosso poder pessoal, o que retira as nossas capacidades dadas por Deus ao longo do tempo. Cada vez que não punimos o mal por medo do confronto, esse medo aumenta dentro de nós, separando-nos cada vez mais da Luz nas nossas Almas. E uma vez que a Lei do Karma é cíclica, continuamos a enfrentar os mesmos desafios, uma e outra vez, até o conseguirmos acertar.

A Lei "Olho por Olho" de Moisés do *The Torah (O Antigo Testamento)* contém o princípio subjacente de que a punição deve enquadrar-se no crime. Está de acordo com a Terceira Lei de Causa e Efeito de Newton, baseada na muito anterior Lei Hermética de Causa e Efeito, "Para cada ação (Força) na natureza, há uma reação igual e oposta". Causa e Efeito é o fundamento da Lei do Karma, e implica essencialmente que o que se põe para fora no Universo, voltará a receber.

"Colhes o que semeias", como diz o ditado - se fizeres coisas más, coisas más acontecer-te-ão, enquanto se fizeres coisas boas, então coisas boas acontecer-te-ão. De uma perspetiva de relações humanas, se fores positivo e amoroso para com as outras pessoas, obterás isso de volta delas, enquanto se fores egoísta e mau, outros te retribuirão o favor. Somos todos intrinsecamente incumbidos de expressar a Lei de Causa e Efeito e de ser o efeito das causas alheias.

Uma máxima semelhante com a mesma energia subjacente veio de Jesus, que disse: "Vives pela espada, morres pela espada", o que significa que a qualidade da tua vida e as escolhas que fazes determinarão o teu rumo de vida. A um nível ainda mais profundo, o ditado de Jesus implica que atrais o tipo de vida que corresponde à qualidade do teu coração. Se demonstrares coragem, força e fortaleza, podes viver à altura do teu potencial como ser humano Espiritual. Ao passo que, se viver com medo, nunca ficará satisfeito com a qualidade da sua vida e continuamente arranjará desculpas e sentir-se-á vitimizado. E a melhor maneira de refrear a energia do medo é enfrentá-la, em vez de fugir dela. Por conseguinte, precisamos de nos tornar cocriadores responsáveis com o nosso Criador e integrar tanto os poderes angélicos como demoníacos dentro de nós e dominá-los.

A frase de Jesus "Dar a Outra Face" do Sermão da Montanha (Novo Testamento) refere-se a responder a ferimentos sem vingança ou permitir mais danos. A um nível mais subtil, refere-se a perdoar as transgressões dos outros e a não se defender, uma vez que "Deus irá lidar com isso". Esta frase tornou-se a espinha dorsal de como a Igreja Cristã ensinou os seus seguidores a comportarem-se. Em retrospetiva, porém, a Igreja implementou-a por razões políticas.

Tornou-se claro que a Igreja Cristã doutrinou os seus seguidores para ter poder e controlo sobre eles, sem ter quaisquer repercussões nas suas más ações em grande parte da Idade das Trevas e mais além. A Igreja cobrou impostos ao seu povo imoralmente e oprimiu-os enquanto queimava aqueles que desafiavam as suas leis. Mantiveram o povo emudecido enquanto travavam guerras religiosas e destruíam áreas pagãs para os converter ao cristianismo com força.

A frase "Dar a Outra Face", incorretamente usada pela Igreja Cristã como Lei Universal, cria pessoas fracas e tímidas que são "capacetes" para outros usarem, uma vez que lhes é ensinado a nunca defenderem a sua honra e a punirem o mal que lhes é feito. Deixa todas as ações nas mãos de Deus - o Criador, com a esperança de que a justiça chegue naturalmente e que não precisamos de tomar parte em exigir justiça.

A Igreja Cristã ensinou aos seus seguidores que Jesus é o Salvador, enquanto os ensinamentos originais de Jesus eram que cada um de nós é o nosso próprio Salvador. Por outras palavras, somos Cocriadores conscientes com o Criador e temos a responsabilidade de manifestar a Criação usando os nossos poderes dados por Deus e respeitando a Lei de Causa e Efeito. A má interpretação da Igreja foi mais uma vez por razões políticas para tirar o poder pessoal ao povo e fazer-se a si própria a única força governante.

De acordo com os ensinamentos da Qabalah, deve-se sempre manter um equilíbrio adequado entre a Misericórdia e a Severidade. A Misericórdia desequilibrada produz fraqueza de espírito enquanto a Severidade desequilibrada cria tirania e opressão. Embora tenha sido erroneamente retratado como sendo apenas um Pilar da Misericórdia, Jesus exigiu a Severidade quando necessário. Nunca esqueçamos que quando ele entrou no Templo em Jerusalém e viu comerciantes e cambistas a usá-lo para lucro financeiro, ele virou as suas mesas num acesso de raiva para fazer passar o seu ponto de vista de que o Templo é um lugar sagrado.

A Lei "Dar a Outra Face" de Jesus pode ser usada eficazmente, como nos foi mostrado por Mahatma Gandhi, que usou a não-violência para expulsar os britânicos hostis da Índia. A ideia por trás da Lei de Jesus é que a energia negativa, quando projetada, ricocheteia se a outra pessoa se tornar neutra, aplicando a energia do amor e perdoando a transgressão como ela está a acontecer. Uma destina-se a tornar-se um produto da sua própria negatividade, se outras pessoas neutralizarem energeticamente o seu tratamento imoral.

Qabalah A Lei de Jesus pode obter o efeito desejado se a pessoa que a aplica for um Ser altamente evoluído Espiritualmente como Jesus e Gandhi, que não se tornam emocionalmente desencadeados quando alguém os desrespeita. Contudo, isto é uma impossibilidade para a pessoa comum, uma vez que as suas emoções são instintivas, e a sua consciência experimenta a dualidade. Por conseguinte, a pessoa comum deve sempre equilibrar Misericórdia com Gravidade e aplicar cada força quando necessário. Ao punir o mal, mantemos a integridade da Luz no mundo, que promove a Evolução Espiritual de toda a Humanidade. Somos todos juízes, curandeiros e professores uns dos outros, e isto porque estamos todos interligados ao nível mais profundo através do poder eletromagnético dos nossos corações.

ABERTURA DO CHAKRA DO CORAÇÃO

Ao longo da história antiga, místicos, sábios, iogues, adeptos, e humanos Espiritualmente avançados, consideravam o coração físico o centro da Alma. A nossa Alma é a nossa Luz guia interior, que está ligada à estrela ardente do nosso Sistema Solar, o Sol. Embora o Elemento Fogo corresponda ao Chakra do Plexo Solar, a interação entre Manipura e os Chakras de Anahata inicia a consciência Solar. Na h, a consciência Solar é representada pelo Tiphareth Sephiroth, cuja localização é entre os Chakras do Coração e do Plexo Solar, uma vez que partilha correspondências com ambos.

O coração físico corresponde ao Chakra do Coração, Anahata, localizado no meio do peito. O Chakra do Coração é o nosso centro de paz interior, amor incondicional, compaixão, verdade, harmonia, e sabedoria. É o nosso centro de energia de cura que pode ser aplicado externamente através de práticas de cura práticas como o Reiki e a Cura de Ruach. A energia de cura é aproveitada no Chakra do Coração, mas é enviada através do Chakra Laríngeo, que se liga aos canais de energia nos braços que irradiam para os Chakras da Palma.

O Chakra do Coração é o nosso centro Espiritual através do qual podemos aceder a energias vibracionais mais elevadas. Uma vez que o Chakra do Coração está entre os Chakras Espirituais superiores e os Chakras Elementais inferiores, o amplo espectro destas energias vibracionais superiores torna-se totalmente disponível para nós quando os nossos centros Chakras inferiores e superiores são totalmente ativados, purificados e equilibrados. Por exemplo, se os centros mais altos ainda estiverem relativamente fechados, menos Luz irá verter para os Chakras inferiores do Sahasrara, impedindo-os de funcionar ao seu nível ótimo. Como resultado, terá acesso ao amor incondicional, por exemplo, mas não será capaz de o sentir aos níveis mais profundos do seu Ser.

O Chakra do Coração é o centro dos Sete Chakras Maiores, que harmoniza as nossas energias masculinas e femininas. É o nosso primeiro Chakra da Não-dualidade através do qual podemos experimentar a Testemunha Silenciosa dentro de nós que é o nosso Eu Superior, ou Santo Anjo da Guarda. O Santo Anjo da Guarda reside em Sahasrara mas pode ser experimentado através do Chakra do Coração se Vishuddhi e Ajna estiverem abertos.

Embora Manipura (Elemento Fogo) seja a Sede da Alma, a menos que Anahata (Elemento Ar) seja despertada, a Alma só pode experimentar energias vibracionais mais baixas do Swadhisthana (Elemento Água) e Muladhara (Elemento Terra). Como tal, a Alma torna-se demasiado enraizada na Matéria, diminuindo a sua Luz e permitindo que o Ego assuma o controlo. Quando Anahata é despertada, a Alma obtém acesso ao Elemento Espiritual, permitindo-lhe sofrer uma transformação Espiritual se os centros superiores do Chakras estiverem abertos.

Se transpormos o modelo dos Chakras Transpessoais e os Sete Chakras Maiores, podemos ver que o Chakra do Coração é o centro de todo o sistema Chakras. A nossa fonte de energia cósmica é o Portal Estelar, que está relacionada com a galáxia da Via Láctea que contém o nosso Sistema Solar entre dezenas de milhares de milhões de outros Sistemas Solares. A Via Láctea Galáxia é uma galáxia espiral, tal como mais de dois terços de todas as galáxias observadas no Universo.

A energia cósmica emana da espiral do Portal Estelar (Figura 59), abrangendo a Estrela da Terra e a Alma Estelar antes de atingir os Chakras Maiores. Todo o nosso sistema Chakras reflete a nossa energia Fonte, que é o Portal Estelar e a Galáxia da Via Láctea. Exploramos esta energia da Quinta Fonte Dimensional através do Chakra do Coração, no centro da espiral.

Quando o nosso Chakra do Coração está aberto, recordamos a nossa Divindade, que é profundamente inerente. Também reconhecemos a Divindade em todos os seres vivos à nossa volta, incluindo outros seres humanos, animais e plantas, e desenvolvemos a consciência da unidade. Cada ser vivo tem uma Alma, uma célula individual no corpo de um Ser Cósmico tremendo que se expressa através do nosso Sistema Solar, tendo o Sol como centro. Na Qabalah, referimo-nos a este Grande Ser como *Adam Kadmon*, semelhante à Consciência Cósmica. Adam Kadmon é a soma de todas as Almas manifestadas na Terra como a Consciência superior que nos une.

Com um Chakra do Coração aberto, percebemos que a nossa existência atual faz parte de uma cadeia interminável de vidas uma vez que as nossas Almas são Eternas e continuarão a viver para além da morte física. Já vivemos muitas vidas diferentes antes e continuaremos a viver assim que o nosso corpo físico perecer. Nascemos com este conhecimento, que nos permite reintegrar a fé como parte da nossa existência quando reativada. E quando se tem fé e amor, subjugam imediatamente o medo, uma vez que o medo é a ausência de fé e amor.

Figura 59: O Centro do Chakra do Coração

Relações saudáveis e equilibradas exigem que estejamos abertos uns com os outros. Um Chakra de Coração aberto torna-nos generosos e bondosos em palavras e atos, uma vez que somos seres humanos Espirituais no nosso âmago. Ao experimentar a energia do Espírito através do Chakra do Coração, desenvolvemos uma genuína compreensão das dificuldades dos outros, permitindo-nos tornarmo-nos misericordiosos e perdoadores. Inversamente, um Chakra do Coração aberto dá-nos a coragem de exigir severidade quando a situação o exige, um termo a que chamamos "amor duro". "Se vemos alguém envolver-se em atividades imorais, tirando-o do caminho Espiritual, queremos naturalmente ajudá-los, o que exige que usemos de misericórdia ou severidade, dependendo da situação.

Ao tornarmo-nos Espirituais, trazemos alegria e felicidade às nossas vidas. Aprendemos também a amar e a aceitar-nos a nós próprios, o bom e o mau, o que é o primeiro passo para a transformação pessoal. Se nos escondemos de quem somos, perdemos o nosso sentido de identidade, o que nos faz perder o contato com as nossas Almas. Como tal, identificamo-nos com o Ego e operamos unicamente através da sua consciência de baixo nível.

O Ego representa a parte de nós que está separada do mundo. Falta-lhe empatia e envolve-se em vícios, enquanto a Alma é virtuosa, uma vez que faz parte da Unidade de toda a existência. Ao abrir o Chakra do Coração, recuperamos a nossa ligação com o estado de Unidade, ativando a cura no seu interior. Como tal, todos os traumas pessoais, incluindo abandono, rejeição, traição, abuso físico e emocional, começam a ser purgados para integrar a consciência Espiritual nos nossos corações.

Ao curar as nossas energias interiores, também curamos problemas com o corpo físico, uma vez que as doenças são uma manifestação de bloqueios energéticos Chakras. Podemos enviar conscientemente energia de cura do Chakra do Coração para qualquer parte do corpo para curar quaisquer desequilíbrios. Quando estamos a experimentar problemas físicos, é um sinal de que os nossos corações não estão suficientemente abertos; ou não nos amamos o suficiente ou não somos suficientemente amorosos para com as outras pessoas. Em vez de nos concentrarmos na doença ou enfermidade, precisamos de nos concentrar na canalização da energia amorosa e de nos tornarmos um farol da Luz no mundo.

A abertura do Chakra do Coração permite-nos mostrar paciência e não esperar recompensas imediatas pelas nossas ações. A paciência é um sinal de que a fé entrou nas nossas vidas, e estamos a seguir um caminho mais elevado. A integridade, a ética e uma bússola moral tornam-se a nossa força orientadora em vez de sermos guiados pelo Ego e os seus desejos. Quando os nossos corações nos conduzem, percorremos o caminho da Luz com a nossa verdade interior como o nosso maior aliado. A sabedoria interior é despertada, afastando-nos da mera lógica e da razão para racionalizar a nossa existência. Em vez disso, vemos o grande quadro: o nosso propósito último na Terra é evoluir Espiritualmente e sintonizar as nossas vibrações com a Consciência Cósmica de Deus, o Criador.

KUNDALINI E EXPANSÕES DO CORAÇÃO

Quando a Kundalini sopra, abre o Chakra do Coração na sua ascensão, maximiza o seu coração EMF, que parece que o Eu se expandiu em todas as direções. O efeito imediato é um aumento do sentido de perceção e um despertar do som de silêncio não amortecido.

O som interior de silêncio é uma quietude subjacente em comparação com o ruído branco, um som de zumbido constante. É o som do nada, o Vazio do Espaço, que é calmante e relaxante quando nos sintonizamos nele. Sintonizamos o som do silêncio quando estamos profundamente em meditação, embora, com um Chakra do Coração a despertar, este se torne mais acessível.

Como mencionado, o Chakra do Coração é o primeiro Chakra da Não-dualidade - quando a Kundalini entra nele, tornamo-nos acordados para o momento presente, o Agora. Esta experiência tira-nos imediatamente das nossas cabeças e leva-nos ao coração. Desenvolvemos um maior sentido de consciência, que é bastante transcendental no início, mas algo a que nos habituamos com o passar do tempo.

Se a Kundalini subir para o Chakra do Coração, mas não mais alto, cairá de novo para Muladhara apenas para subir de novo no futuro até perfurar os Chakras mais altos e completar o processo de despertar. Uma vez que um despertar Kundalini completo ocorra, e a energia tenha penetrado no Sahasrara, o campo toroidal da pessoa é maximizado, resultando na expansão da consciência e na remodelação completa da mente, corpo e Alma. Uma vez que o coração e o cérebro são parceiros no governo e manutenção da consciência, segue-se uma transformação em ambos.

Já falei sobre o processo de ativação do cérebro-poder quando a Kundalini se ergue permanentemente para a sua área central. O cérebro sente-se como se se abrisse a partir do seu interior, despertando partes latentes do mesmo. Um processo completo de atualização ocorre no nosso CPU à medida que os principais centros cerebrais começam a funcionar a um nível superior. A sensação de transparência e ausência de peso acompanha este processo, que parece que a cabeça se expandiu em todas as direções.

As expansões do coração ocorrem uma vez que o êxtase intenso e o amor entram no coração. Normalmente não é um processo imediato, uma vez que os Chakras inferiores têm primeiro de ser limpos. Se se experimentar um despertar espontâneo da Kundalini, o fogo interior irá purgar naturalmente os Chakras inferiores com o tempo, permitindo que a energia Espiritual desça até ao coração.

As expansões cardíacas relaxam os músculos e o sistema nervoso, o que pode causar uma sensação de náuseas no poço do estômago e fraqueza nos braços e pernas. O coração EMF pode sentir-se tão grande, uma vez que o conceito de Consciência Cósmica já não é uma ideia, mas uma parte permanente da realidade. A Alma sente-se como se já não estivesse no corpo, mas presente em todo o lado. Desenvolve-se uma maior consciência e presença do ambiente em que se encontra. No momento em que colocam a sua atenção sobre um objeto externo, tornam-se absorvidos nele e podem ler a sua energia psiquicamente. Este fenómeno resulta da expansão exponencial dos campos eletromagnéticos do coração, permitindo-lhe receber um grau substancialmente maior de informação do ambiente.

O aumento dos CEM do coração provoca uma transfiguração no corpo, ativando o próprio ADN latente. Com o tempo, uma vez que o corpo se ajustou às mudanças internas que ocorrem na consciência, o CEM do coração estabiliza-se, mas está agora permanentemente a funcionar a um nível mais elevado (Figura 60).

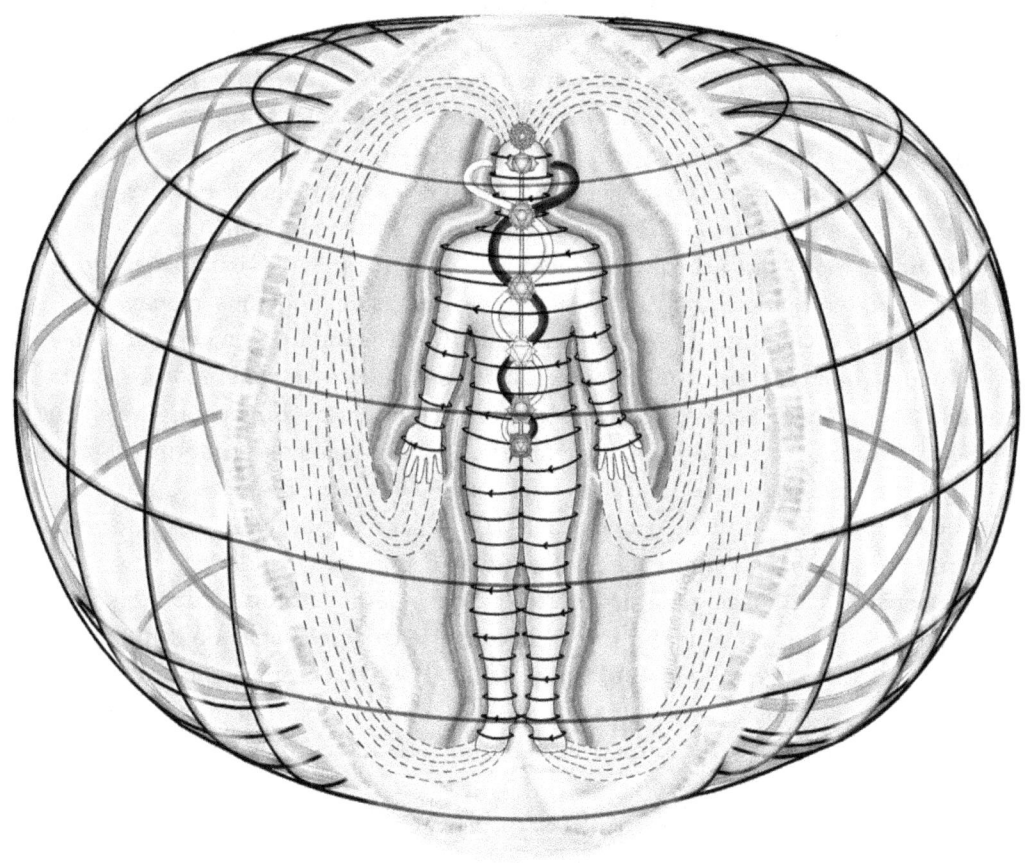

Figura 60: Despertar da Kundalini e o CEM do Coração

O ritmo cardíaco torna-se mais poderoso à medida que o corpo e o cérebro processam mais informação e trabalham ao longo do tempo para apoiar a consciência recentemente expandida. Durante as expansões e atualizações do coração e do cérebro, ajuda a ligar o campo eletromagnético à terra com o campo energético da Terra. Estar dentro de casa pode ser prejudicial uma vez que nos afasta da natureza e dos raios do Sol, que aumentam a nossa vitalidade e a capacidade de cura do corpo. Andar descalço na natureza sob o céu aberto, deitado na relva, e estar ao lado de um corpo de água são todos benéficos para prevenir a fadiga física e apoiar um processo de transformação suave.

Uma nutrição adequada é crucial, uma vez que se deve incorporar frutas e vegetais nas suas dietas para os alinhar com as energias do Planeta. Além disso, tudo o que é natural e orgânico deve ser abraçado, enquanto o que não o é deve ser evitado.

Os estimulantes como o álcool e as drogas causarão um desequilíbrio no sistema nervoso e devem ser evitados. A ingestão de café também deve ser moderada, mesmo que uma chávena por dia possa ajudar na moagem.

A Glândula do Timo desempenha um papel significativo no despertar do Chakra do Coração e nas expansões do coração. Como mencionado, a Glândula do Timo faz parte do nosso sistema linfático e situa-se entre o coração e o esterno. Quando o Chakra do Coração se abre, o nosso sistema imunitário é impulsionado, otimizando a capacidade de combate às doenças do nosso corpo. O corpo já não precisa de gastar reservas de energia extra para se curar, mas pode usar essa energia para purificar o sistema Espiritual.

A Glândula do Timo acorda significativamente durante as expansões do coração, causando frequentemente uma imensa pressão no peito. Podemos aliviar esta pressão apenas tocando a Glândula do Timo ritmicamente. À medida que o coração experimenta um influxo de energia Espiritual, o relaxamento e a euforia varrem o corpo, muitas vezes entrando em ondas onduladas. A pressão arterial tende a baixar nestes casos, enquanto os níveis de histamina e serotonina aumentam. Esta situação assinala um momento para rompermos com a vida quotidiana e tendermos para nós próprios e para as nossas necessidades. Esperar um desempenho a 100% será impossível; portanto, em vez de combater o processo, é melhor aceitá-lo e ajustar-se em conformidade.

As expansões cardíacas geralmente vêm em fases e podem durar semanas, por vezes meses. Podem ocorrer uma vez durante o processo de transformação da Kundalini, embora seja mais comum que apareçam múltiplas vezes. A fase de equilíbrio do corpo segue-se às expansões do coração. O sistema nervoso equilibra-se aumentando os níveis de adrenalina, dopamina e serotonina e aumentando o ritmo cardíaco, a pressão arterial e a glicose sanguínea.

O que quer que esteja a acontecer ao seu corpo, e não importa onde esteja no processo de transformação Espiritual, lembre-se sempre que é melhor render-se a ele. Estar relaxado na mente, corpo e Alma durante este processo é um imperativo, uma vez que é inútil racionalizá-lo ou controlá-lo. A rendição completa e absoluta ajudar-nos-á a alcançar a linha de chegada no menor tempo possível e facilitará o percurso mais suave.

PARTE V: MODALIDADES DE CURA DOS SETE CHAKRAS

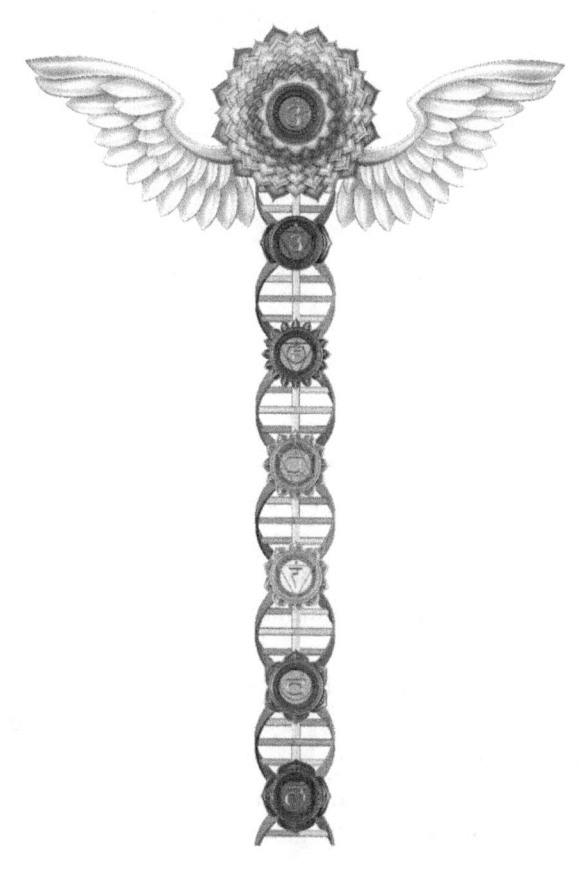

CHAKRAS MASCULINOS E FEMININOS

O Princípio de Género do *Kybalion* afirma: "O género está em tudo; tudo tem os seus Princípios Masculino e Feminino, o Género manifesta-se em todos os Planos". Este Princípio implica que cada ser humano tem uma dinâmica de dupla energia, um componente masculino e feminino - expressa através dos seus Sete Chakras Maiores.

Cada um dos Chakras Maiores está associado à energia masculina ou feminina, representando a qualidade da sua essência. As energias masculinas (Yang) representam energia ativa, projetiva, enquanto as energias femininas (Yin) representam energia passiva e recetiva. Estas energias binárias são uma manifestação de Shiva e Shakti, a Fonte Divina dos Princípios Masculino e Feminino. Em termos científicos, a energia masculina é composta por protões, enquanto a energia feminina é composta por eletrões.

Da mesma forma, como todos os Seres do Universo têm uma componente masculina e feminina (independentemente do sexo da sua Alma), o mesmo acontece com os Chakras. Por outras palavras, um Chakra nunca é totalmente masculino ou feminino, mas contém aspetos de ambos. No entanto, cada um dos Sete Chakras é dominante num dos sexos, uma vez que exprimem um polo positivo ou negativo. Os dois polos de género definem a natureza e função do Chakra, que são invertidos no sistema Chakras das Almas masculina e feminina. Estou a distinguir entre Alma e corpo de género, uma vez que não é invulgar uma Alma feminina nascer num corpo masculino na nossa sociedade moderna, e vice-versa.

A Figura 61 é um esquema que descreve o sistema dos Sete Chakras e as suas várias partes e funções. Uma coluna central de energia no interior do corpo canaliza a Luz e irradia-a de um lado para o outro entre Sahasrara e Muladhara. O Sahasrara projeta-se para cima em direção à Alma Estelar, enquanto Muladhara projeta-se para baixo em direção à Estrela da Terra.

Cada Chakra entre Sahasrara e Muladhara tem uma porção de frente e de trás que se projeta para o exterior. Quando o Chakra está a funcionar bem, ele lança mais para fora, enquanto quando a sua energia está estagnada, a sua projeção atinge uma distância mais curta. O Chakra termina de girar quando está bloqueado, e a sua projeção está mais próxima do corpo. Utilizar o esquema da Figura 61 como referência para os métodos de

Cura Espiritual nesta secção, nomeadamente trabalho energético com Varinhas de Cristal e Garfos de Afinação.

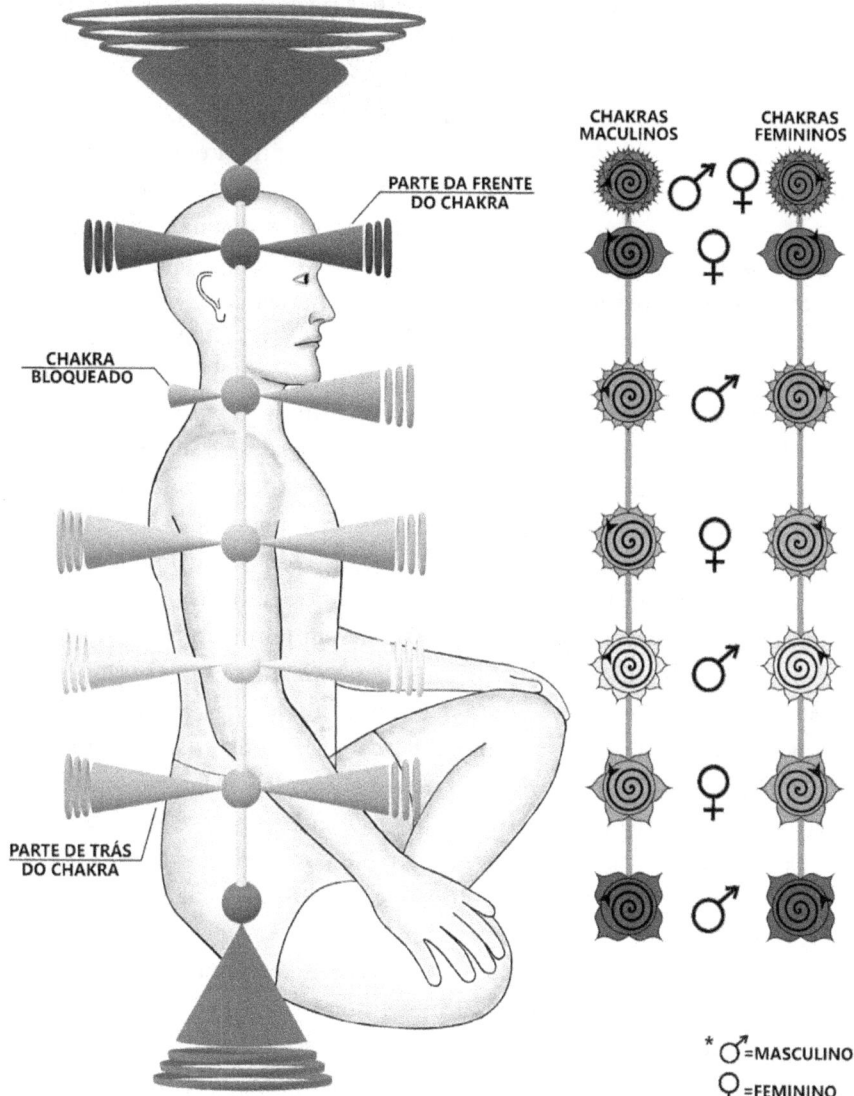

Figura 61: Os Sete Chakras Masculinos e Femininos

Uma vez que cada Chakra é uma roda de energia rotativa, pode rodar no sentido horário ou anti-horário, em espiral para fora, num ângulo de noventa graus em relação ao corpo. A direção em que um Chakra gira é algo inerente a nós desde o nascimento. A origem da rotação oposta dos Chakras masculinos e femininos começa no Sahasrara, alternando à medida que vamos descendo pelos Chakras. Como tal, cada um de nós é ou positivo ou negativo, energia masculina ou feminina dominante. Os machos residem mais nos seus Primeiro, Terceiro e Quinto Chakras, nos quais são dominantes, enquanto as fêmeas operam a partir do seu Segundo, Quarto e Sexto Chakras.

Tenha em mente, no entanto, que a direção da rotação dos nossos Chakras macho e fêmea não é fixa. Qualquer Chakra pode estar no ato de projetar ou de receber, o que afeta a sua direção de centrifugação. Os Chakras são como engrenagens numa máquina em que cada roda se relaciona com qualquer outra roda. Trabalham em conjunto como peças de um motor ou de um relógio, onde cada peça de máquina afeta todos os outros componentes, e tudo deve estar em sincronia para que o dispositivo funcione. Da mesma forma, cada Chakra deve girar suavemente e a uma velocidade semelhante à de qualquer outro Chakra para dar coerência a todo o sistema energético.

O desafio para homens e mulheres é equilibrar os seus Chakras, trabalhando com os seus Chakras não dominantes. Podemos alcançar o equilíbrio dos Chakras através de métodos de Cura Espiritual, mas também por nos apaixonarmos. Quando duas pessoas de polaridades opostas da Alma se apaixonam, as suas energias complementares permitem-lhes alcançar a unificação nas suas polaridades masculina e feminina, dando origem a um estado de consciência mais elevado. Apaixonar-se é altamente benéfico para a própria Evolução Espiritual, o que explica porque é tão procurado na nossa sociedade.

Quer um Chakra seja de qualidade masculina ou feminina, o seu poder é otimizado quando passa mais tempo a rodar no sentido dos ponteiros do relógio. Como se pode ver na Figura 61, o Chakra é dominante quando a rotação é no sentido dos ponteiros do relógio. A energia está a projetar-se para o exterior numa rotação no sentido dos ponteiros do relógio, permitindo que a Luz interior flua através do sistema Chakras de forma mais eficiente. A Luz interior é essencialmente o que alimenta o Chakra - quanto mais Luz se transporta, mais poderosos serão os seus Chakras. Inversamente, quando um Chakra está a receber energia, gira no sentido contrário ao dos ponteiros do relógio. Neste caso, a sua potência não é totalmente utilizada, uma vez que está a retirar energia do ambiente em vez de utilizar a sua própria fonte de energia.

Para que os Chakras se mantenham saudáveis e equilibrados, nunca se deve passar muito tempo a puxar energia do exterior, uma vez que as energias estrangeiras desconhecidas podem facilmente bloquear um Chakra, especialmente se tiverem uma baixa frequência vibracional. Um Chakra bloqueado causa estagnação no fluxo de energia da Aura e pode mesmo causar doenças físicas ao longo do tempo. Pelo contrário, a projeção constante de energia para o exterior sem gastar o tempo necessário de aterramento e autorreflexão pode esgotar a quantidade de Prana vital da Aura, esgotando a mente, o corpo e a Alma.

No caso de um despertar completo da Kundalini, porém, quando o indivíduo estabeleceu uma ligação permanente com o Sahasrara, canalizam um maior grau de energia luminosa para os seus seis Chakras otimizados abaixo, permitindo-lhes ser um curandeiro natural para os outros. Os indivíduos são naturalmente atraídos por pessoas despertadas pela Kundalini - um está a ser curado simplesmente por estar na sua presença.

Numa nota lateral, para manter relações saudáveis, deve haver sempre um dar e receber com igual energia. Devemos sentir-nos rejuvenescidos, passando tempo com os outros em vez de nos sentirmos esgotados. As pessoas que tomam demasiada energia sem devolver nada (quer o façam conscientemente ou não) são denominadas "vampiros da energia". O conceito de vampirismo surgiu deste tipo de troca de energia egoísta entre pessoas; se estamos abertos a tirar energia de amor aos outros, devemos estar abertos a dar-lhes também a nossa energia de amor.

CARACTERÍSTICAS DE GÉNERO DOS CHAKRAS

Como fonte da energia bruta de fisicalidade e ação, Muladhara, o Chakra da Raiz, é de natureza masculina (positiva), girando no sentido dos ponteiros do relógio nos machos e no sentido contrário ao dos ponteiros do relógio nas fêmeas. Para as fêmeas, Muladhara está no modo de receção; para os machos, no entanto, está no ato de dar energia. Por esta razão, os machos são geralmente o sexo mais dominante envolvido em atividades físicas como o trabalho manual e os desportos de competição.

Swadhisthana, o Chakra Sacral, a fonte das emoções, é de natureza feminina (negativa); gira no sentido contrário ao dos ponteiros do relógio nos homens e no sentido dos ponteiros do relógio nas mulheres. O Swadhisthana está no modo recetivo para os machos e no modo projetivo para as fêmeas. Como o Swadhisthana é mais dominante nas fêmeas, não é de admirar que elas sejam geralmente as mais emotivas dos dois sexos.

Como fonte de força de vontade, Manipura, o Plexo Solar Chakra, é da energia masculina (positiva), girando no sentido dos ponteiros do relógio nos homens e no sentido contrário no sentido dos ponteiros do relógio nas mulheres. O Manipura está no modo de receção para as mulheres, enquanto dá energia para os homens. O domínio da Manipura nos homens levou a uma obsessão pelo poder e controlo, tal como demonstrado historicamente na história das guerras que os homens têm travado uns com os outros. Numa nota positiva, a energia guerreira masculina tornou-os no protetor e fornecedor do agregado familiar desde tempos imemoriais.

A fonte da compaixão e do amor, Anahata, o Chakra do Coração, é feminina (negativa) na natureza, e gira no sentido anti-horário nos homens e no sentido horário nas mulheres. Anahata está no ato de receber para os homens e no modo de projetar para as mulheres. As fêmeas estão associadas à alimentação e ao cuidado. Elas podem acompanhar o fluxo da vida em vez de controlar todas as facetas da sua existência. Uma vez que as fêmeas dominam os Chakras do Coração e Sacro, a intimidade é muito mais acessível para elas do que os machos. A maioria das fêmeas são geralmente o coração das suas relações românticas, enquanto os machos lutam com os seus sentimentos.

Vishuddhi, o Laríngeo Chakra, o centro da expressão, é da energia masculina (positiva); gira no sentido horário nos homens e no sentido anti-horário nas mulheres. Uma vez que os homens são dominantes no Laríngeo Chakra, não é raro que estejam mais alinhados com o objetivo e a expressão do que as mulheres, que tendem a ser mais introvertidas.

Sendo o centro da intuição, Ajna, o Olho da Mente, é feminino (negativo) na natureza, girando no sentido anti-horário nos homens e no sentido horário nas mulheres. Nos homens, Ajna está no ato de receber, enquanto nas mulheres, está no modo de dar. Como tal, sabe-se que as mulheres têm sentidos psíquicos mais elevados do que os homens. Ao longo da história, não é de admirar que as mulheres fossem as vidente e oráculos, uma vez que eram um melhor canal para as energias dos Planos Superiores.

O Sahasrara é neutro em termos de género, uma vez que é a fonte da Luz Divina. Os polos positivos e negativos fundem-se numa energia unificada, fazendo do Sahasrara o único Chakra Maior que é Não-Dual. Nos machos, este Chakra gira no sentido dos ponteiros do relógio, enquanto nas fêmeas, gira no sentido contrário ao dos ponteiros do relógio. Sahasrara é a fonte das energias Masculina Divina e Feminina Divina. Para ambos os sexos, Sahasrara está no ato de dar a energia da Luz Divina e de a projetar nos Chakras abaixo.

Os papéis e designações entre os géneros acima mencionados não são de forma alguma fixos, nem determinam os pontos fortes e fracos de um ser humano. Muitos indivíduos masculinos e femininos otimizaram os Chakras nos quais não são naturalmente dominantes e prosperam em áreas que são menos comuns para pessoas do seu género. O livre arbítrio supera todas as disposições energéticas e condicionantes sociais; com foco e determinação, os seres humanos podem desenvolver-se em tudo o que quiserem ser.

EQUILIBRAR OS CHAKRAS

Quando se trata de Cura Espiritual, ajuda a saber em que Chakras somos naturalmente dominantes. Podemos desenvolver os nossos Chakras não dominantes e alcançar um maior equilíbrio no nosso sistema energético global, tendo este conhecimento. Afinal de contas, a chave para maximizar o nosso potencial é equilibrar as energias masculina e feminina dentro do nosso corpo. Tendo isso em mente, ao trabalhar com os Chakras através de práticas de Cura Espiritual, as fêmeas devem concentrar-se nos Chakras masculinos, estranhos (Primeiro, Terceiro, Quinto), enquanto os machos devem concentrar-se nos Chakras femininos, mesmo nos Chakras (Segundo, Quarto, Sexto).

Quando um Chakra é hiperativo (em excesso de energia) ou se um Chakra é sub ativo e deficiente em energia, podemos aplicar os princípios masculinos e femininos para trazer esse Chakra ao equilíbrio. Por exemplo, uma vez que o Chakra Swadhisthana tem energia feminina, um desequilíbrio neste Chakra significa que ou se tem uma quantidade excessiva de energia feminina ou se é deficiente em energia masculina. Se o indivíduo se sentir excessivamente emocional, precisa de aplicar a energia masculina no seu Chakra Sacral para obter equilíbrio. Se forem frios e desinteressados e estiverem fora de contato com as suas emoções, devem utilizar a energia feminina.

Uma vez que o Manipura Chakra tem uma qualidade masculina, se o indivíduo sente um excesso de energia que o deixa agitado e irritado, é um sinal de que o Chakra é excessivamente ativo e precisa de energia feminina aplicada para o equilibrar. Inversamente, se o indivíduo estiver fora de contato com a sua força de vontade, precisa de utilizar a energia masculina para restabelecer o seu equilíbrio.

Quer seja masculino ou feminino, cada Chakra gira no sentido dos ponteiros do relógio quando está hiperativo e anti-horário quando está sub ativo. Portanto, para otimizar um Chakra, temos de encontrar o equilíbrio correto entre as suas funções projetivas e recetivas. Contudo, como mencionado, para que o indivíduo canalize a sua Luz interior, os Chakras devem estar a projetar mais energia do que a receber. Fazê-lo reforçará a ligação com a Alma.

ASTROLOGIA E OS SETE CHAKRAS

A astrologia é uma ciência antiga que examina os movimentos e as posições relativas dos corpos celestes (Planetas) no nosso Sistema Solar. A astrologia estava no centro de todas as ciências, filosofia, medicina, e Magia para os nossos antepassados. Segundo eles, o Universo exterior (Macrocosmo) refletia-se na experiência humana (Microcosmo) - "O que está Acima é como o que está Abaixo". Eles acreditavam que ao estudar as Constelações Estelares e os Planetas, podiam adivinhar os assuntos humanos, curar o corpo, e até mesmo prever eventos aqui na Terra.

Os astrólogos acreditam que cada ser humano é influenciado pelos planetas e pelos signos do Zodíaco em que se encontravam quando nasceram. Eles chamam ao projeto destas influências energéticas o nosso Horóscopo, ou Mapa do Nascimento. O nosso Horóscopo dá-nos um mapa das energias que compõem o nosso Eu global. Ao nascer, as energias zodiacais ficam presas na nossa Aura, alimentando os Chakras e influenciando os nossos desejos, aspirações, motivações, gostos e aversões, e tendências comportamentais. As Estrelas fornecem-nos as lições cármicas de que precisamos para evoluir Espiritualmente nesta vida.

A essência da Astrologia reside na compreensão do significado dos Planetas, uma vez que eles governam os Sinais do Zodíaco e as Doze Casas. Por outras palavras, as forças das Constelações Estelares manifestam-se através dos Planetas. Cada ser humano é constituído por diferentes combinações e graus das energias dos Planetas. Os Sete Planetas Antigos funcionam como estações de retransmissão para a receção e transmissão de energias estelares. Elas correspondem aos Sete Chakras, enquanto os Doze Signos do Zodíaco representam os aspetos masculino e feminino, dia (Solar) e noite (Lunar) dos Sete Planetas Antigos (Figura 62). Portanto, medindo o nosso Mapa do Nascimento, podemos determinar as características dos nossos Chakras que moldam o nosso carácter e personalidade.

A Carta de Nascimento é um instantâneo no tempo, um esboço de quem somos e de quem nos podemos tornar. Ao examinar o Mapa do Nascimento, é necessário prestar especial atenção aos Sinais do Sol, da Lua e do Ascendente. Estes três sinais dão-nos uma visão extraordinária do nosso foco Chakras na vida, das forças em que podemos construir, e das fraquezas e limitações que podemos melhorar e ultrapassar para evoluir Espiritualmente.

A decomposição elementar de um indivíduo no seu mapa astral também determina quanta energia masculina ou feminina encarna, o que tem impacto na sua psicologia. No entanto, a sua aparência física é afetada pelo seu Ascendente e pelos Planetas que caem na Primeira Casa. Por exemplo, se alguém tiver Júpiter na sua Primeira Casa, o indivíduo pode lutar com o aumento de peso, enquanto se tiver Marte, o seu corpo físico será tonificado e musculado. Estas associações têm muito a ver com os Chakras governantes dos Planetas, que serão explorados em detalhe neste capítulo.

ASTROLOGIA OCIDENTAL VS. ASTROLOGIA VÉDICA

Desde o advento da Astrologia, que é tão antiga como a própria humanidade, muitos sistemas astrológicos foram inventados para estudar e adivinhar as Estrelas. No entanto, os dois mais notáveis que resistiram ao teste do tempo são a Astrologia Ocidental e a Astrologia Védica.

A astrologia Védica, hindu, ou indiana, também chamada "Jyotish Shastra" ("Ciência da Luz" em Sânscrito), é diferente e mais complexa do que a astrologia ocidental. A Astrologia Védica está enraizada nos Vedas e tem pelo menos 5000 anos de idade. Utiliza o Zodíaco Sideral, que se baseia na posição das Constelações Estelares no céu noturno que servem de pano de fundo para os Planetas em movimento. Culturas antigas como os egípcios, persas e maias utilizavam o sistema Sideral para prever com precisão os eventos futuros.

Em contraste, a Astrologia Ocidental é baseada no Zodíaco Tropical, que é geocêntrico; segue a orientação da Terra para o Sol, onde os Sinais do Zodíaco são colocados sobre o eclíptico. A Astrologia Ocidental está alinhada com as mudanças das estações; o Carneiro é o primeiro Zodíaco desde que coincide com o primeiro dia de Primavera no Equinócio Vernal (Primavera), à medida que o Sol atravessa o equador celestial indo para norte. Assim, Carneiro começa o ano Solar, enquanto Peixes o termina ano sim, ano não. A maior parte do mundo moderno adotou o calendário Tropical ou Solar para contar o tempo devido à sua consistência em corresponder às mudanças das estações.

Portanto, a Astrologia Ocidental avalia o nascimento de uma pessoa usando os alinhamentos das Estrelas e Planetas da perspetiva da Terra, em vez de no espaço como na Astrologia Védica. A Astrologia Ocidental teve a sua origem na Grécia Antiga com Ptolomeu há aproximadamente 2000 anos. No entanto, era uma continuação das tradições helenísticas e babilónicas.

Uma vez que a Terra vacila e inclina-se a cerca de 23,5 graus do equador, causa um desvio de 1 grau a cada 72 anos, a que nos referimos como a "precessão dos equinócios". Isto significa que o Equinócio Vernal chega 20 minutos mais cedo a cada ano e um dia mais cedo a cada 72 anos. Embora a Astrologia Védica seja responsável por esta variação, a Astrologia Ocidental não o faz. Assim, enquanto a Astrologia Védica é móvel e dá resultados basicamente em "tempo real" da configuração das Constelações Estelares, a Astrologia Ocidental é fixa e não é responsável por estas alterações no céu noturno.

Mas é aqui que as coisas se complicam. Embora os dois sistemas estivessem alinhados no advento do Zodíaco Tropical há cerca de 2000 anos, as datas para os Sinais Solares mudaram ao longo dos anos na Astrologia Védica, enquanto na Astrologia Ocidental, permaneceram as mesmas. Assim, por exemplo, atualmente, Carneiro começa a 13 de Abril (este número varia) no Zodíaco Sideral, enquanto no Zodíaco Tropical, Carneiro mantém a sua chegada a 21 de Março.

Portanto, embora os Doze Sinais Zodiacais partilhem as mesmas características e traços, uma vez que as suas datas diferem, poderá obter uma leitura completamente diferente no seu Mapa Biológico. Além disso, embora não seja uma parte oficial de qualquer dos sistemas, uma vez que a sua Constelação toca no eclíptico, Ofiúco o "Portador da Serpente" foi por vezes sugerido como o décimo terceiro signo do Zodíaco na Astrologia Sideral. Cai entre Escorpião e Sagitário de 29 de Novembro a 18 de Dezembro.

Outra diferença essencial entre os dois sistemas é que a Astrologia Ocidental utiliza os três planetas exteriores do nosso Sistema Solar, Úrano, Neptuno, e Plutão, como parte do quadro planetário. Em contraste, a Astrologia Védica (espelhando a Alquimia Antiga e a Qabalah Hermética) centra-se apenas nos Sete Planetas Antigos. Contudo, inclui os Nodos Norte e Sul da Lua (Rahu e Ketu), para um total de nove corpos celestes (Divindades), chamados "Navagrahas" (Sânscrito para "Nove Planetas"). De acordo com as crenças hindus, os Navagrahas influenciam a humanidade coletiva e individualmente. Por conseguinte, não é invulgar ver os hindus adorarem os Navagrahas nas suas casas para superar adversidades ou infortúnios decorrentes de Karmas passados.

A Astrologia Ocidental enfatiza a posição do Sol num Sinal Solar específico. Ao mesmo tempo, a Astrologia Védica enfatiza a posição da Lua e do Ascendente (Lagna em Sânscrito). Além disso, inclui os "Nakshatras" (Mansões Lunares), que é único a este sistema. Além disso, as Doze Casas fazem parte da Carta de Nascimento da Astrologia Védica, enquanto são secundárias na Astrologia Ocidental. O sistema solar da Astrologia Ocidental é indiscutivelmente melhor na avaliação da personalidade e características de uma pessoa e das influências planetárias no comportamento e perceções. Em contraste, o sistema Lunar de Astrologia Védica é melhor a dar uma visão do seu destino e destino devido à sua precisão na previsão do futuro. Por outras palavras, o astrólogo ocidental é mais um psicólogo, enquanto o astrólogo védico é mais um vidente ou um adivinho.

Como nota final sobre este tema, tendo estudado Astrologia Ocidental toda a minha vida, posso atestar a sua validade e precisão no que diz respeito aos meus traços e características de personalidade e outras pessoas com quem me deparei. Além disso, como o Hermetismo é a principal influência em todo o meu trabalho, reconheço a importância da Luz do Sol e dos seus efeitos na vida na Terra e na nossa natureza Espiritual interior e dou-lhe precedência sobre todas as coisas. Por esta razão, a atribuição sazonal dos Sinais

Zodiacais sempre fez sentido para mim uma vez que a sua colocação refletia a vida metafórica, a morte, e o renascimento do Sol do ponto de vista da Terra.

O meu interesse pela Astrologia tem sido sempre uma forma de psicologia transpessoal em vez de prever eventos futuros na minha vida. Como tal, a Astrologia Ocidental tem sido de grande benefício para mim. Contudo, se o seu interesse na Astrologia for principalmente como uma forma de adivinhação, achará a Astrologia Veda mais benéfica. Dito isto, penso que nenhum dos dois sistemas tem as respostas finais. Portanto, para compreender completamente a Astrologia, deve familiarizar-se com ambos os sistemas, o que muitos astrólogos sinceros fazem.

OS SETE PLANETAS ANTIGOS

Os Sete Chakras Maiores correspondem com os Sete Planetas Antigos da seguinte forma: Muladhara relaciona-se com Saturno, Swadhisthana com Júpiter, Manipura com Marte, Anahata com Vénus, Vishuddhi com Mercúrio, Ajna com a Lua, e Sahasrara com o Sol (Figura 62).

Ao colocar os Planetas nas suas posições Chakras, obtemos uma sequência quase exata da sua ordem no nosso Sistema Solar. A única variação é a Lua, colocada em segundo lugar após o Sol em vez de estar entre Vénus e Marte, ao lado da Terra.

Na Árvore da Qabalah da Vida, a Lua é a primeira Sephiroth (Yesod) que encontramos quando vamos para dentro. Uma vez que reflete a Luz do Sol, corresponde a pensamentos visuais projetados através do Olhar da Mente - a nossa porta ou portal para os Planos ou Reinos Cósmicos interiores. A Lua representa o Plano Astral, refletindo a realidade Espiritual que o Sol gera no outro extremo do espectro.

Na simbologia alquímica, a Lua e o Sol foram sempre retratados juntos como representantes das energias Universal feminina e masculina. A interação das energias do Sol e da Lua encontra-se na base de toda a Criação como Alma e consciência - os Elementos Fogo e Água.

Consequentemente, a colocação dos Sete Planetas Antigos na árvore Chakras quase reflete a sua disposição na Árvore da Vida da Qabalah, embora em sentido inverso. Se substituirmos o Planeta Terra no lugar do Sol, temos a Lua a seguir, seguida de Mercúrio, Vénus, Marte, Júpiter e Saturno.

Como mencionado anteriormente, a Luz do Sol é a origem das nossas Almas. A associação entre a Terra e o Sol implica que a realidade Espiritual se reflete na realidade material e vice-versa. Os dois são apenas aspetos opostos do Um.

Se o Sol representa a Alma, então os Planetas são os poderes superiores da Alma que se manifestam através dos seus Chakras associados. Eles são os vários componentes do Eu interior e a fonte de todas as virtudes, morais e éticas que compõem o nosso carácter. Como se afirma no *Magus*, através da nossa ligação com os Planetas e os seus ciclos à volta do Sol, somos um "Microcosmo perfeito do Macrocosmo - um Mini Sistema Solar que reflete o grande Sistema Solar em que temos a nossa existência física".

Como cada um dos Sete Planetas Antigos corresponde a um dos Sete Chakras, cada Chakra mostra a natureza do seu Planeta dominante. Esta associação é útil para saber ao examinar o nosso Horóscopo ou Carta de Nascimento. Uma vez que a vida é contínua, o posicionamento dos Planetas reflete os poderes necessários para superar a nossa energia cármica de vidas anteriores.

Dependendo de qual Signo do Zodíaco um Planeta foi alinhado com o momento em que um indivíduo nasceu, alguns Planetas são maléficos, enquanto outros são benignos no seu Mapa Astral. Isto deve-se à relação entre os Planetas e os governantes dos Signos do Zodíaco em que se encontram. Os planetas são fortes em sinais dos seus amigos, enquanto são neutros em sinais neutros. Pelo contrário, são fracos nos Sinais dos seus inimigos. Como tal, as radiações planetárias e cósmicas podem ter um impacto positivo ou negativo nos seus Chakras associados no Corpo de Luz. Se algum dos nossos Planetas for fraco na nossa Carta de Nascimento, o seu correspondente Chakra também será fraco. Quando os Chakras são fracos e (ou) bloqueados, são causados problemas de saúde relacionados com esse Chakra.

Numa nota final, a maioria dos astrólogos ocidentais incluem os planetas exteriores nos seus modelos de Horóscopo. Equacionam Plutão ao lado feminino do Chakra de Marte (Escorpião), Neptuno ao lado feminino do Chakra de Júpiter (Peixes), e Úrano ao lado masculino do Chakra de Saturno (Aquário).

Os Nodos Norte e Sul da Lua também são frequentemente incluídos. São chamados Caput e Cauda Draconis em latim - a Cabeça e Cauda do Dragão. Em geral, o Nodo Norte relaciona-se com o nosso destino e destino nesta vida, enquanto o Nodo Sul relaciona-se com o Karma que trazemos para esta encarnação de vidas passadas.

Segue-se a descrição dos poderes planetários em relação aos seus Chakras associados. Para uma exposição mais completa sobre as correspondências planetárias e zodiacais da Astrologia Ocidental, consultar *The Magus*. Os conhecimentos astrológicos aqui apresentados complementam a informação sobre o mesmo assunto no meu livro anterior.

Saturno/Muladhara

Saturno (Shani em Sânscrito) é o Planeta de movimento mais lento do nosso Sistema Solar, razão pela qual está associado a lições de vida que se relacionam com a passagem do tempo. É o Planeta do autocontrolo, responsabilidade, diligência e disciplina, tudo isto dá estrutura às nossas vidas. A sua energia é de base, tal como o Elemento Terra que representa. Saturno representa o Muladhara Chakra masculino.

Saturno permite-nos ver a verdade da matéria e alinhar com ela. Como tal, está muito preocupado com a integridade. A energia de Saturno afeta a nossa capacidade de manifestar os sonhos e objetivos da nossa vida, inspirando-nos a enfrentar o mundo de frente. Também afeta os nossos limites e restrições, permitindo-nos viver dentro das restrições da sociedade de uma forma saudável, mas produtiva.

Saturno contém uma qualidade de Ar; estimula a intuição e um profundo conhecimento de uma realidade superior que reina sobre o Universo. Afinal de contas, é o Planeta da Fé e do Karma. Uma forte influência da energia Saturniana permite-nos dar prioridade à nossa Evolução Espiritual sobre os ganhos materiais.

Em termos do corpo, Saturno governa todas as coisas relacionadas com a nossa estrutura física, incluindo o sistema esquelético, dentes, cartilagem, glândulas, cabelo e pele. Muito pouca energia Saturniana em Muladhara irá tornar-nos infundados e incapazes de nos sustentarmos a nós próprios. A falta de disciplina e ambição pode tornar-nos inertes e internamente conflituosos, impedindo-nos de alcançar os objetivos que estabelecemos para nós próprios. Por outro lado, demasiada Saturno e uma pessoa pode tornar-se demasiado ambiciosa, egoísta, inflexível e pessimista.

Saturno tem uma relação amigável com Mercúrio e Vénus numa Carta de Nascimento ao mesmo tempo que é inimigo de Marte e neutro de Júpiter. Além disso, governa os dois sinais firmes e de confiança no Zodíaco, Aquário (Kumbha em Sânscrito) e Capricórnio (Makara em Sânscrito). Aquário representa a energia masculina de Saturno, enquanto Capricórnio representa a sua energia feminina. Enquanto Aquário está preocupado com a expressão da força conservadora na vida, Capricórnio está envolvido na sua estabilização.

Se um destes dois sinais for proeminente na sua Carta de Nascimento, principalmente se forem encontrados como o seu Sinal do Sol, Sinal da Lua, ou Sinal Nascente (Ascendente), deve prestar atenção ao Muladhara Chakra. Aquário e Capricórnio recebem frequentemente demasiada ou pouca energia de Saturno e requerem trabalho Espiritual em Muladhara para o equilibrar.

Júpiter/Swadhisthana

O Planeta Júpiter (Brihaspati ou Guru em Sânscrito) é um Planeta expansivo e abundante que traz boa sorte, abundância e sucesso. Está relacionado com o Elemento Água e representa as qualidades superiores da consciência cuja energia base é o amor incondicional. Júpiter corresponde com o Swadhisthana Chakra feminino.

A energia benevolente de Júpiter inspira autoconfiança, otimismo, cooperação com outros, e o impulso protetor. A energia jupiteriana constrói virtudes que moldam o nosso carácter e se ligam aos nossos Eus Superiores. Dá-nos um forte sentido de moralidade e ética e permite-nos crescer na sociedade e ser uma mais-valia para os outros. Júpiter instila um sentido de compaixão, misericórdia e generosidade dentro de nós, tornando-nos justos e honrados nas nossas palavras e ações. Sorte, felicidade, e boa saúde são todos os aspetos de Júpiter. Ele governa o crescimento do corpo físico, incluindo o desenvolvimento celular e a preservação dos tecidos moles.

Júpiter é o professor que nos dá sabedoria interior e nos inspira a desenvolver uma perspetiva filosófica na vida. A sua energia positiva torna-nos amigáveis, alegres, e geralmente bem apreciados pelos outros. Permite-nos ver o positivo em todas as situações, o que nos dá sucesso nos empreendimentos comerciais.

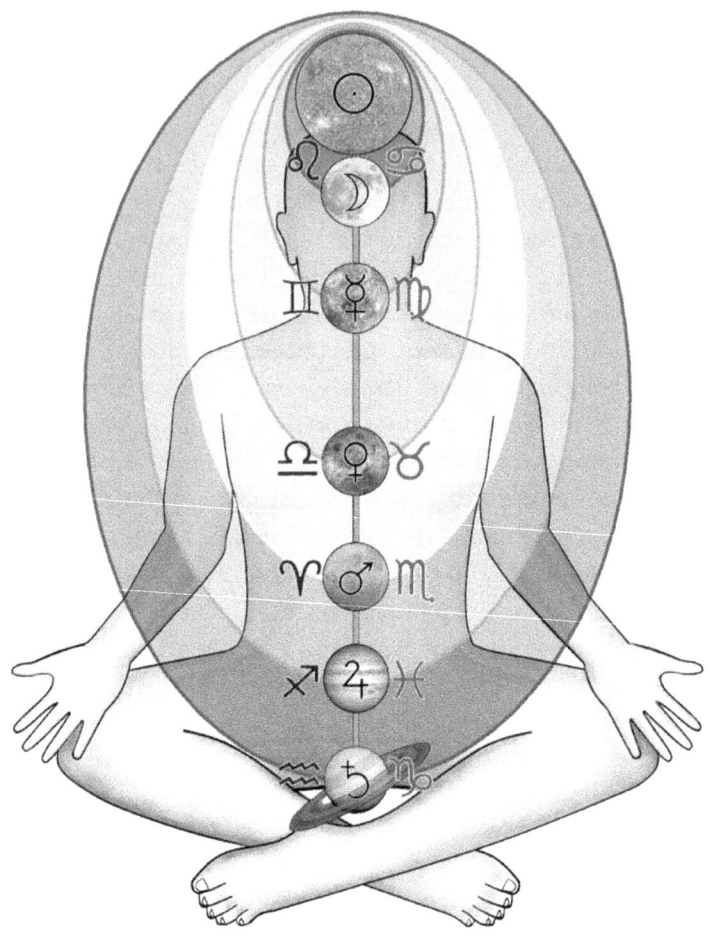

Figura 62: Posições dos Chakras com os Sete Planetas Antigos

Se a Swadhisthana é deficiente em energia jupiteriana, a supressão das emoções e da sexualidade segue-se, afetando negativamente a criatividade, a autoconfiança, e o sentido de identidade pessoal. Muito pouca energia jupiteriana pode tornar-nos pessimistas, desonestos, tímidos, tímidos, e geralmente azarados na vida. Inversamente, demasiado Júpiter pode tornar-nos cegamente otimistas, extravagantes e preguiçosos. A desvantagem de as coisas virem demasiado fáceis na vida é que não podemos desenvolver força de carácter.

Numa Carta de Nascimento, Júpiter é amigo do Sol, da Lua e de Marte, enquanto inimigo de Mercúrio e de Vénus e neutro de Saturno. Além disso, Júpiter governa Sagitário (Dhanus em Sânscrito) e Peixes (Mina em Sânscrito), ambos sinais altamente morais. Sagitário representa a energia masculina de Júpiter, enquanto Peixes representa a sua energia feminina. Enquanto Sagitário manifesta a energia criativa na vida, Peixes exprime-a. As pessoas que têm um destes dois sinais na sua Carta de Nascimento devem prestar atenção ao Swadhisthana Chakra e ao seu funcionamento. Se forem desequilibrados no seu consumo de energia jupiteriana, podem necessitar de trabalho Espiritual para otimizar este Chakra.

Marte/Manipura

O Planeta Marte (Mangals, Angaraka, ou Kuja em Sânscrito) é o combustível da força de vontade que inicia a ação e a mudança. Representa o Elemento Fogo, correspondendo com o Manipura Chakra masculino. Marte é o Planeta da energia física que governa o impulso sexual. É a fonte do nosso poder pessoal que fornece força e coragem à mente, corpo e Alma.

Marte é excitante e dinâmico; dá-nos fortaleza mental e torna-nos competitivos com outros seres humanos. Além disso, por ser o Elemento Fogo, permite-nos construir crenças fortes que ajudam a encontrar o propósito da nossa vida e o impulso para o levar a cabo.

Marte também nos dá entusiasmo, paixão, e a capacidade de assumir desafios na vida e vencê-los através da determinação e persistência. Facilita o crescimento interior e a mudança necessária para continuar a evoluir. A energia marciana está fortemente concentrada na transformação interior, uma vez que o Elemento Fogo consome o velho para dar lugar ao novo.

Como Planeta Vermelho, Marte governa os glóbulos vermelhos e a oxidação no corpo. Se Manipura recebe demasiada energia marciana, os indivíduos podem tornar-se destrutivos para si próprios e para os outros. Como tal, podem transformar-se em raiva, raiva, tirania, opressão e mesmo violência. Portanto, Júpiter deve sempre equilibrar Marte - o Ego deve ser controlado pela Alma e as suas aspirações mais elevadas. Pelo contrário, muito pouca energia Marcial resulta em ser intimidado, apreensivo, cobarde, duvidoso, excessivamente mutável nas crenças pessoais, desprovido de paixão e de vontade, e geralmente indiferente aos resultados da vida.

Numa Carta de Nascimento, Marte tem uma relação amigável com o Sol, Lua e Júpiter, ao mesmo tempo que é inimigo de Mercúrio e neutro de Vénus e Saturno. Para além disso, os dois sinais muito ambiciosos e movidos pela ação, Carneiro (Mesha em Sânscrito) e Escorpião (Vrishchika em Sânscrito), são governados por Marte. Carneiro representa a energia masculina de Marte, enquanto Escorpião representa a sua energia feminina. Enquanto Carneiro governa a nossa projeção de vitalidade, Escorpião afeta a sua preservação. Se um destes dois sinais é proeminente na sua Carta de Nascimento, deve dar atenção ao Manipura Chakra e verificar o seu nível de funcionamento. Para otimizar o Manipura, necessitará de um raio equilibrado de energia marciana.

Vénus/Anahata

O Planeta Vénus (Shukra em Sânscrito) é o Planeta do amor, do desejo, e do prazer. Vénus é um Planeta alegre e benigno que traz sorte nas amizades e nas relações românticas. Governa sobre a nossa capacidade de aceitar e expressar afecto e desfrutar da beleza. A sua energia dá-nos magnetismo sexual, uma vez que rege as artes sedutoras. Uma vez que o amor afeta o nosso nível de inspiração e imaginação, Vénus alimenta o pensamento abstrato e de cérebro direito. Governa expressões artísticas como música, artes visuais, dança, drama e poesia.

Vénus relaciona-se com o Anahata Chakra feminino e o Elemento Ar, que rege os nossos pensamentos. Os desejos são ou o subproduto de pensamentos vibracionais inferiores do Ego ou de pensamentos vibracionais superiores da Alma. Vénus tem uma afinidade com o Elemento Fogo; o desejo pode facilmente transformar-se em paixão que alimenta a criatividade. Também tem uma afinidade com o Elemento Água, uma vez que o amor é uma emoção poderosa. Lembre-se, o Ar alimenta tanto os Elementos Fogo como Água e dá-lhes vida.

Uma vez que Anahata é a ponte entre os três Chakras Elementais inferiores e os três Chakras Espirituais superiores, Vénus ensina-nos a amar sem apego para transcender a nossa individualidade e fundir-se com o Espírito cuja essência é o Amor Divino. A energia veneziana permite-nos limpar os apegos emocionais ao dinheiro, sexo, e poder criados pelos três Chakras inferiores. Fazê-lo facilita a exploração das qualidades expansivas do Elemento Espírito que podemos experimentar através dos três Chakras superiores, dando-nos níveis de compreensão mais profundos.

Vénus é um Planeta táctil, pelo que rege os órgãos sensoriais do corpo. Uma baixa dose de energia veneziana no Anahata Chakra resulta em relações pouco saudáveis, apego extremo às coisas mundanas, autoindulgência, e bloqueios criativos. Uma deficiência em energia veneziana cria o medo de não ser amado, tornando-nos inseguros.

Quando os Chakras superiores são utilizados, o indivíduo pode amar incondicionalmente. No entanto, quando os Chakras inferiores são dominantes, o amor transforma-se em luxúria que pode ser destrutiva para a Alma se não for equilibrada por Mercúrio e os seus poderes de raciocínio.

Numa Carta de Nascimento, Vénus é amiga de Mercúrio e Saturno, sendo inimiga do Sol e da Lua e neutra de Marte e Júpiter. Além disso, os dois sinais sociais e de prazer, Balança (Tula em Sânscrito) e Touro (Vrishabha em Sânscrito) são governados por Vénus. Balança representa a energia masculina de Vénus, enquanto Touro representa a sua energia feminina. Enquanto Balança representa a nossa capacidade de expressar emoções, Touro governa a nossa recetividade emocional. Se algum destes dois sinais for influente na sua Carta de Nascimento, esteja atento ao Anahata Chakra para garantir que está a receber um raio equilibrado de energia veneziana.

Mercúrio/Vishuddhi

Mercúrio (Buda em Sânscrito) é o Planeta da lógica, da razão e da comunicação, correspondendo ao Vishuddhi Chakra masculino e ao Elemento Espiritual. Uma vez que está relacionado com processos de pensamento, Mercúrio tem afinidade com o Elemento Ar; a sua designação correta seria Ar de Espírito. Mercúrio também governa as viagens e o desejo de experimentar novos ambientes.

Como Mercúrio governa a inteligência, influencia a forma como uma pessoa pensa e as características da sua mente. O mercúrio tempera Vénus e dá estrutura a pensamentos e ideias criativas. Ambos os hemisférios do cérebro são afetados por Mercúrio, embora este seja dominante no hemisfério esquerdo que lida com o pensamento linear através da lógica e da razão.

O mercúrio rege o cérebro, os nervos e o sistema respiratório. Uma vez que governa a comunicação verbal e não verbal, como a linguagem corporal, Mercúrio afeta a nossa capacidade de expressar os nossos pensamentos. Uma forte influência de Mercúrio dá-nos boa memória e excelentes capacidades de falar e escrever. Torna-nos em cativantes contadores de histórias e espertos e astutos negociadores. Uma vez que governa a voz, dá-nos o poder de falar e atuar em público.

Mercúrio reflete como vemos, ouvimos, compreendemos e assimilamos a informação. Muito pouca energia Mercurial torna Vishuddhi inativo, fechando-nos à subtil informação intuitiva que nos é transmitida pelos Chakras superiores. As pessoas com pouca energia Mercurial perdem a capacidade de expressar a sua verdade interior, fazendo-as perder o contato com a realidade e viver na ilusão.

Uma deficiência em energia Mercurial resulta frequentemente em tomadas de decisão erradas, uma vez que temos de pensar inteligentemente antes de agir. Além disso, se não equilibrarmos as nossas emoções com a lógica e a razão, pode surgir um comportamento neurótico. A nossa capacidade de planear as coisas na nossa mente afeta o quão bem podemos manifestar os nossos objetivos e sonhos e se os nossos resultados serão frutuosos.

Pelo contrário, demasiado Mercúrio pode tornar os indivíduos sarcásticos, argumentativos, manipuladores, e excessivamente críticos de si próprios e dos outros. Mentiras e enganos indicam um Mercúrio desequilibrado, que bloqueia Vishuddhi Chakra enquanto fala a verdade, otimizando-o.

Mercúrio tem uma relação amigável com o Sol e Vénus na Astrologia enquanto inimigo da Lua e neutro de Marte, Júpiter, e Saturno. Além disso, Mercúrio governa os dois sinais altamente comunicativos de Gêmeos (Mithuna em Sânscrito) e Virgem (Kanya em Sânscrito). Gêmeos representa a energia masculina de Mercúrio, enquanto Virgem representa a sua energia feminina. Enquanto Gêmeos está envolvido na expressão de ideias, Virgem governa a nossa tomada de impressões. Preste atenção ao Vishuddhi Chakra se tiver algum destes dois sinais na sua Carta de Nascimento. Indica a utilização da energia Mercurial e a necessidade de equilíbrio deste Chakra.

A Lua/Ajna

O Planeta da Lua (Chandra em Sânscrito) é o Planeta dos instintos, ilusões e emoções involuntárias projetadas pelo subconsciente. É altamente influente nas capacidades mentais superiores, tais como introspeção, contemplação, autoexame e intuição, porque reflete pensamentos e emoções profundas. A Lua afeta as nossas percepções da realidade, uma vez que tudo o que absorvemos deve passar pela mente subconsciente. A sua influência afeta os cinco sentidos da visão, da audição, do paladar, do olfato e do tato.

A Lua corresponde com o Ajna Chakra feminino e o Elemento Espiritual. No entanto, está afiliada ao Elemento Água - a sua designação correta seria Água de Espírito. Ajna tem uma ligação íntima com o Swadhisthana, pois ambos desempenham as funções da mente subconsciente que controlam as emoções voluntárias e involuntárias.

A Lua governa a noite como o Sol governa o dia. Rege os sonhos, dando clareza às imagens visuais. Como tal, tem também impacto na nossa imaginação e pensamento criativo. A Lua é nutridora com uma forte influência no crescimento, fertilidade, e conceção. É altamente mutável; num momento, podemos ser frios e distantes enquanto estamos sob o controlo da Lua, e no momento seguinte tornamo-nos intensamente apaixonados.

No Horóscopo, o Sinal da Lua reflete o nosso Eu interior, emocional e é o segundo em importância apenas para o Sinal do Sol. Como o Sol é expressivo do nosso carácter, a Lua expressa a nossa personalidade. Uma vez que regula o refluxo e fluxo de todos os corpos de água, a Lua rege todos os fluidos corporais e afeta as flutuações das emoções.

A Lua é o nosso núcleo interior que experimenta reações emocionais aos estímulos ambientais. Uma vez que representa o subconsciente, a Lua é a parte da nossa personalidade que podemos achar perturbadora sobre nós próprios. Dá origem a fantasias e devaneios estranhos, muitas vezes imorais, e provoca reações instintivas como ódio e ciúme. Por outro lado, a Lua também afeta o nosso apelo à espontaneidade e desejo de prazeres sensuais. Como dois planetas femininos, a Lua e Vénus têm uma afinidade.

Se o Ajna Chakra do indivíduo é deficiente em energia lunar, os seus pensamentos visuais tornam-se obscuros e pouco claros, impactando negativamente a imaginação, criatividade, e nível de inspiração. Um Ajna Chakra de baixa energia corta a ligação com a intuição e as emoções profundas, permitindo que o medo e a ansiedade assumam o seu lugar. O indivíduo já não tem orientação interior, o que o torna incapaz de aprender com as experiências da vida, trazendo uma sensação geral de desespero e depressão. A baixa energia lunar no Ajna Chakra também tem um impacto negativo nos sonhos, à medida que estes se tornam monótonos, desfocados e, de resto, obscuros. Um método eficiente de receber energia lunar é passar tempo no exterior, numa lua cheia.

Em Astrologia, a Lua é amigável com o Sol e Mercúrio enquanto neutra com Vénus, Marte, Júpiter, e Saturno. Não tem inimigos. A Lua governa o sinal intuitivo e sensível, o cancro (Kataka em Sânscrito), que é de uma qualidade energética feminina. Se o Cancro é proeminente no seu mapa astral, preste atenção ao Ajna Chakra e ao seu funcionamento. Pode exigir o equilíbrio do raio da energia lunar através de práticas de Cura Espiritual.

O Sol/Sahasrara

O Planeta do Sol (Surya em Sânscrito) é o Planeta da imaginação, da inspiração, da Espiritualidade e da transcendência. O Sol é a fonte de Prana que dá vida, Luz e calor a todos os seres vivos do nosso Sistema Solar. Todas as Almas no nosso Sistema Solar emanam do Sol e dependem do Sol para o seu sustento.

O Sol corresponde com o Chakra Sahasrara Não Manual e o Elemento Espiritual. Como o Sol é a fonte de Luz para o nosso Sistema Solar, Sahasrara é a nossa fonte de Luz Chakras. A Luz Branca é a nossa fonte de Unicidade, verdade, e sabedoria Universal. Ela representa a mente consciente, tal como a Lua representa o subconsciente.

O Sol não só gera Luz como também calor. Assim, está afiliado ao Elemento Fogo; a sua denominação correta é Fogo de Espírito, implicando que embora esteja para além da dualidade, tem uma propensão para o princípio projetivo, masculino.

A energia do amor gera um calor calmo e estável, cuja essência é a Luz Branca. Portanto, quando usamos o termo "Consciência Cósmica", referimo-nos à Consciência Solar como a fonte de amor, Luz, vida, e felicidade Divina do nosso Sistema Solar.

O Sol é a expressão fundamental da identidade do indivíduo - o I. Como tal, é a influência mais crítica no nosso Horóscopo. Ele representa quem somos e a essência da nossa Alma. Portanto, o Signo do Sol é a nossa energia fundacional que influencia o nosso carácter e as nossas mais elevadas aspirações.

O Sol dá uma excelente capacidade de liderança. Governa o coração, regulando o nosso sistema circulatório. O Sol também nos dá vitalidade, harmonia e equilíbrio, uma vez que equilibra todas as energias opostas do corpo. Se formos deficientes na energia do Sol, experimentamos bloqueios no Sahasrara, afetando negativamente todo o nosso sistema Chakras. Os baixos níveis de energia da Luz no sistema Chakras atrasam a rotação dos Chakras, manifestando questões mentais, emocionais e físicas.

A forma ideal de receber energia solar é passar tempo no exterior num dia de sol e permitir que os raios do Sol alimentem os seus Chakras, alimentando a sua Aura com Prana. O Sol é a fonte da bateria do nosso sistema de energia; sem ele, pereceríamos. Um despertar completo da Kundalini otimiza o Sahasrara Chakra, maximizando a nossa ligação com o Sol, permitindo-nos aceder a todo o potencial do nosso Sinal Solar.

No Zodíaco, o Sol tem uma relação amigável com a Lua, Marte, e Júpiter, enquanto inimigos com Vénus e Saturno e neutros com Mercúrio. O Sol rege o signo de autoridade, Leão (Simha em Sânscrito), cuja energia de base é de qualidade masculina. O cancro e Leão, os signos da Lua e do Sol, representam a polaridade básica da mente em termos de emoções e razão, o Eu subconsciente e consciente. Repare se tem Leão na sua Carta de Nascimento e como a energia solar está a afetar o Sahasrara Chakra. Poderá necessitar de Cura Espiritual para equilibrar a sua corrente Solar e otimizar este Chakra essencial.

CURA E EVOLUÇÃO ESPIRITUAL

Ao entrarmos na Era de Aquário, a Evolução Espiritual (Figura 63) tornou-se da maior importância para a humanidade. Desde o advento da Internet e da livre partilha de informação, a nossa consciência coletiva evoluiu para compreender que Deus não está fora de nós, mas sim dentro de nós. Como resultado, as questões existenciais relacionadas com o nosso propósito na vida e como alcançar a felicidade real e duradoura prevaleceram sobre a nossa busca pela acumulação de riqueza material.

As principais religiões do mundo tornaram-se desatualizadas, como todas as religiões fazem após algum tempo. Já não têm as respostas para a nova geração de humanos, e muitas procuram métodos e técnicas espirituais alternativas para se ligarem a Deus, o Criador. Independentemente da religião em que nascem, as pessoas tornaram-se abertas a experimentar novas e antigas práticas de cura Espiritual, desde que essas práticas forneçam os resultados que procuram.

Caindo no título de "modalidades de cura", estas técnicas terapêuticas alternativas visam equilibrar a mente, o corpo, a Alma de uma forma integradora, promovendo ao mesmo tempo a Evolução Espiritual. Por conseguinte, são muito apelativas para as pessoas espirituais e para aqueles que procuram métodos alternativos para tratar questões tanto a nível energético como corporal.

Embora todos tenhamos a mesma base energética, temos inclinações diferentes. Alguns de nós somos atraídos por certas práticas de cura Espiritual ao mesmo tempo que são repulsos por outros. A nossa energia Ancestral tem muito a ver com esta propensão, tal como o nosso condicionamento ambiental. Por esta razão, o meu objetivo nos últimos quatro anos tem sido apresentar as melhores modalidades de cura Espiritual Ocidental e Oriental em *Serpent Rising* e *The Magus*. Queria dar às pessoas opções e dar-lhes as instruções mais práticas na aplicação destas práticas Espirituais na sua vida quotidiana.

Antes de cobrir a ciência e filosofia do Ioga, quero concentrar-me noutras práticas Espirituais que recalibram os Chakras Maiores. Ao curar os Chakras a um nível profundo, otimiza-se o seu fluxo energético, maximizando a quantidade de energia de Luz que a Aura pode conter. Quanto mais Luz estiver presente, maior será a vibração da consciência, melhorando a qualidade da mente, do corpo e da Alma e promovendo a sua Evolução Espiritual.

As quatro modalidades de cura que focarei nesta secção são Pedras Preciosas (Cristais), Garfos de Afinação, Aromaterapia, e Tattvas. Estas são as modalidades de cura que achei mais atrativas para trabalhar e aprender sobre a minha viagem Espiritual e as que tiveram o impacto mais significativo em mim. Outros métodos de cura incluem, mas não estão limitados ao Reiki, Acupunctura, Qigong, Tai Chi, Reflexologia, Biofeedback, Cura Ruach, Regressão de Vidas Passadas, Hipnose, Meditação Transcendental, e Programação Neurolinguística.

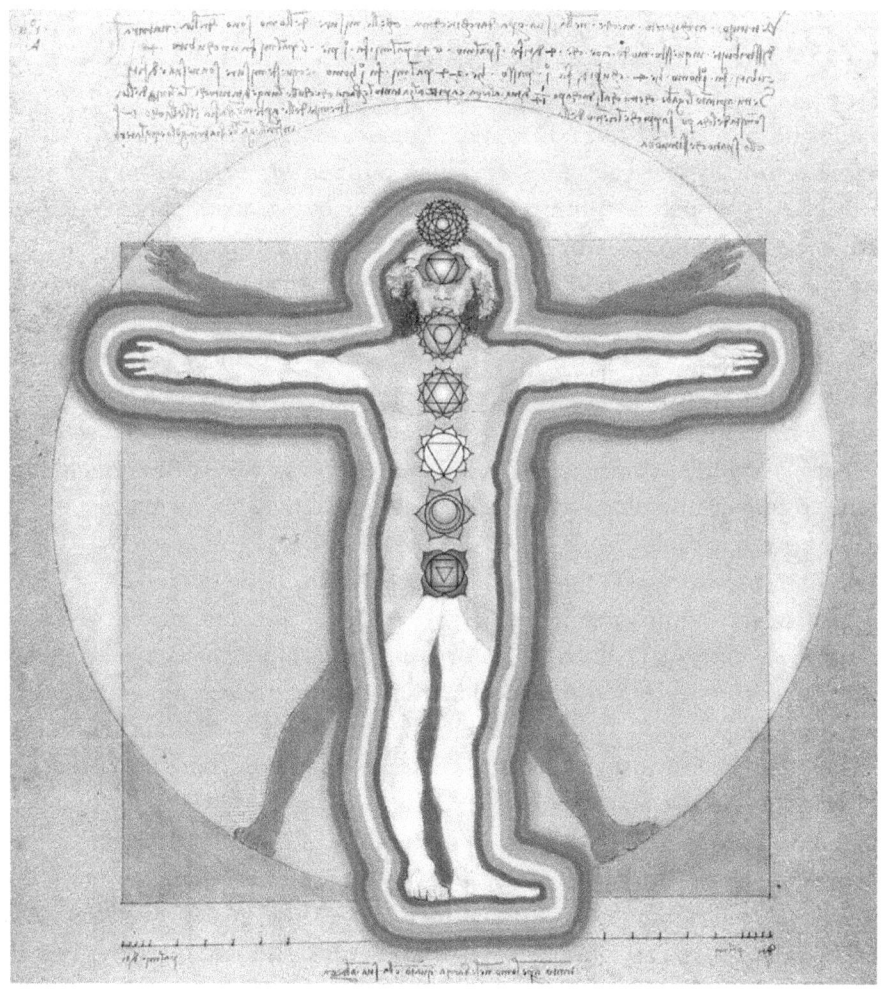

Figura 63: Evolução Espiritual

PEDRAS PRECIOSAS (CRISTAIS)

Formadas no coração da Terra durante Séculos, as Pedras Preciosas (Cristais) carregam concentrações intensas de energia. O seu uso terapêutico data de há aproximadamente 5000 anos; antigos textos chineses sobre medicina tradicional mencionam Pedras Preciosas, assim como textos Aiurvédicos da Índia. Encontramos provas do uso de Pedras Preciosas que remontam a antes da história ter sido escrita - mesmo *a Bíblia Sagrada* tem mais de 200 referências a Pedras Preciosas e às suas propriedades curativas e protetoras.

Muitas civilizações e tradições antigas, incluindo os Olmecas da Mesoamérica e os egípcios, utilizavam pedras preciosas nos seus locais sagrados, onde encontrámos provas de geração e manipulação de energia. A prática de usar pedras preciosas para curar a mente, o corpo e a alma e proteger a Aura das influências energéticas negativas continua atualmente, uma vez que ainda estão a ser usadas como uma forma de cura alternativa por praticantes Espirituais.

Uma pedra preciosa ou semipreciosa produzida pela natureza, encontrada em formações rochosas. São os registos de DNA da Terra que contêm o desenvolvimento da Terra ao longo de milhões de anos. A maioria das pedras preciosas são cristais minerais - pedras semipreciosas que ocorrem mais amplamente na natureza do que as pedras preciosas. Para esclarecer, as pedras preciosas (Rubi, Safira, Diamante e Esmeralda) são consideradas Pedras Preciosas, mas não Cristais, enquanto todos os Cristais existentes podem ser referidos como Pedras Preciosas. Além disso, há certos materiais ocasionalmente orgânicos que não são minerais (Âmbar, Jato, Coral, e Pérola) mas também são considerados Pedras Preciosas. Devido à sua raridade, cor e composição, as pedras preciosas são muito mais caras no mercado do que as pedras semipreciosas.

"Cura de Cristais" é o termo usado na comunidade Espiritual para o uso terapêutico de Cristais - as pedras preciosas semipreciosas. Muitos Cristais têm as suas moléculas dispostas de tal forma que criam um padrão geométrico de alguma forma, tornando-os grandes geradores de energia e condutores para utilização em sessões de cura. Uma sessão de cura pode ter efeitos positivos que duram dias, incluindo uma maior consciência, paz interior e calma, maior intuição, empatia, capacidades intelectuais, e um sentido de amor e aceitação para si próprio e para os outros.

As pedras preciosas são geralmente fáceis de usar, o que as torna bastante atrativas para principiantes no campo da cura Espiritual. No entanto, é necessária uma compreensão correta das correspondências de cada pedra para se tirar o máximo partido delas, uma vez que muitas pedras preciosas se relacionam com múltiplos Chakras. Por esta razão, não é raro ver autores sobre este assunto apresentarem relações inconsistentes entre as Pedras Preciosas e os Chakras.

Como mencionado, existem centenas de pedras preciosas, e cada uma delas tem a sua vibração única e propriedades energéticas específicas determinadas pela sua cor e outros fatores. Ao aprender sobre as variedades de Pedras Preciosas e a sua aplicação, pode aproveitar todo o seu potencial curativo. A medicina energética das pedras preciosas utiliza a força de cura inerente ao corpo para nutrir e curar as energias na Aura. Quando colocada sobre o corpo, a vibração do Cristal induz o Corpo Astral Inferior (Corpo Etérico) - o Corpo Subtil mais baixo e mais denso depois do Corpo Físico e aquele que nos liga aos Corpos Subtis mais altos dos Elementos de Água, Fogo, Ar e Espírito.

O Corpo Físico e o Corpo Astral Inferior relacionam-se com o Elemento Terra - o ponto de contato para as energias Cristalinas entrarem na nossa Aura. Extraídos das profundezas do nosso Planeta, todos os Cristais têm uma componente terrestre, mesmo que as suas propriedades estejam relacionadas com outros Elementos. Por esta razão, o trabalho dos Cristais é muito eficaz no tratamento de doenças associadas ao corpo físico. No entanto, embora possamos utilizar Cristais e outras pedras para curar problemas mentais, perturbações emocionais, ou doenças agudas, o seu objetivo final é ajudar-nos a atingir o nosso potencial mais elevado como seres humanos Espirituais.

À medida que os nossos Chakras vibram a uma frequência específica, torna-nos naturalmente recetivos às vibrações das Pedras Preciosas, uma vez que podemos alinhar as nossas vibrações com as deles. As pedras preciosas têm o mais potente efeito vibratório quando colocadas diretamente sobre o corpo em áreas que correspondem aos Chakras Maiores. A energia emitida pelas Pedras Preciosas afeta diretamente o Chakra, removendo assim quaisquer bloqueios ou estagnações no seu interior. Assim, os Chakras recuperam o seu funcionamento ótimo, o que, por sua vez, facilita o livre fluxo de energia nos Nadis. Em essência, é assim que funciona a prática da Cura de Cristais.

O uso de pedras preciosas não começa nem termina com a Cura Espiritual. Podemos também incorporar pedras preciosas para aumentar o poder de outras modalidades de cura energética e até mesmo ajudar-nos a manifestar um desejo ou objetivo. Por exemplo, se quiser um impulso energético enquanto medita, basta segurar uma Pedra Gema na sua mão com propriedades correspondentes que está a tentar induzir na sua Aura. Ou, se desejar atrair amor romântico ou quiser um novo emprego ou carreira, pode conceber um ritual onde infundir a sua intenção numa Pedra Gémea com propriedades que lhe possam atrair essas coisas. De facto, uma vez que se relacionam com o Elemento Terra, os Cristais são ferramentas poderosas para ajudar à sua manifestação.

As pedras preciosas são essencialmente como pilhas com propriedades diferentes que podemos utilizar de várias maneiras. Outro exemplo da sua utilização é acrescentar proteção a uma sala ou infundir nela energia positiva, tornando-a num espaço sagrado. Para elevar a vibração de uma área, colocar pedras preciosas com propriedades específicas em certas partes da sala, especialmente nos cantos ou em frente de uma janela onde entra a Luz. No entanto, tenha cuidado com o Quartzo Claro em frente a uma janela, uma vez que este focaliza os raios do Sol e pode provocar um incêndio.

A colocação de várias pedras preciosas em torno de um espaço cria um padrão energético em forma de grelha que as liga, irradiando energia para trás e para a frente para fornecer os efeitos desejados e influenciar qualquer pessoa que entre neste espaço. Esta utilização de Pedras Preciosas existe desde tempos imemoriais, razão pela qual as encontramos estrategicamente colocadas em muitos locais dos Antigos de várias culturas e tradições.

Embora as Pedras Preciosas tenham muitos usos, nesta secção, concentrar-nos-emos principalmente na Cura de Chakras e na utilização de Cristais para ajudar no processo de Evolução Espiritual. Lembre-se que ao curar a energia a um nível profundo, o seu estado mental, emocional e físico melhora e a sua capacidade de manifestar a vida que deseja.

FORMAÇÕES CRISTALINAS E FORMATOS

Os cristais podem ser encontrados em muitas formas e formas com muitas formações naturais tais como Geoides, Aglomerações, Cristais de Forma Livre, e outros que os humanos extraíram e cortaram em formas específicas (Figura 64). Os geoides são formações rochosas arredondadas que expõem um belo interior cristalino, uma vez quebrados ao meio. Os Aglomerados, contudo, são grupos de Cristais extraídos de Geoides. Cada Cluster é especial e único, não fazendo com que dois Aglomerados sejam iguais.

Tanto os Geoides como os Aglomerados têm energias vibracionais poderosas, uma vez que contêm muitos pontos de Cristal combinados. Ao contrário dos Aglomerados, porém, os Geoides têm todas as suas terminações localizadas no interior. Ambas as variedades também vêm em diferentes formas e tamanhos e são frequentemente utilizadas na decoração devido ao seu apelo visual. Os Aglomerados são mais frequentemente utilizados durante as sessões de cura para amplificar e focalizar as suas energias naturais.

Os Cristais de Forma Livre, ou Cristais "Ásperos", como são chamados, são pedaços de pedra semipreciosa de forma irregular e não polida. Foram cortados e esculpidos em vez de polidos para mostrar a beleza natural de cada Cristal. Os Cristais de Forma Livre de corte mais pequeno podem ser utilizados em sessões de cura. Em contraste, os maiores são mais frequentemente utilizados para adicionar energia positiva e protetora a um espaço ou simplesmente como elementos decorativos.

As pedras tombadas são a forma padrão do Cristal cortado e polido no mercado, com formas que variam em tamanho e forma. Geralmente, porém, estão no lado mais pequeno, até uma polegada de diâmetro, tornando-as úteis para a Cura de Cristais, uma vez que podem ser colocadas diretamente sobre o corpo para gerar e manipular energia.

A seguir, temos Cristais que são esculpidos e polidos em diferentes formas geométricas e simbólicas. Este costume existe há milhares de anos dentro de várias tradições e culturas dos Antigos. Uma vez que todas as formas geométricas dirigem a energia de diferentes maneiras, ao esculpir um Cristal numa forma, alteramos a sua produção energética e melhoramos propriedades específicas, permitindo-nos trabalhar com a pedra de mais maneiras. Algumas das formas de Cristal mais amplamente produzidas são os Pontos de Cristal, Varinhas, Corações, Esferas, Ovos, Pirâmides, e Cacos. Outras formas de cristais menos comuns incluem varas e lajes, para citar algumas.

Os Cristais Ponteiro (Torres) são geralmente pedras maiores que terminam num ponto, gerando energia mais direccionada. São frequentemente de seis ou oito lados e têm a forma de Varinhas de Cristal, mas maiores. Os Pontos de Cristal ocorrem naturalmente em muitos tipos de Cluster, incluindo Ametista, Quartzo Claro, e Citrina. São normalmente cortados na base para ficarem de pé e procurados por curandeiros energéticos, uma vez que transportam mais energia natural. Pedaços maiores de Cristais Rugosos também podem ser cortados até ao ponto de dirigir a energia. Estes são menos caros que as Torres, tornando-os mais desejáveis aos curandeiros de energia.

As Varinhas de Cristal vêm numa variedade de formas, tamanhos e tipos. Tal como os Pontos de Cristal, as Varinhas são cortadas até um ponto para ajudar a amplificar e direcionar a energia de um Cristal. Algumas Varinhas são duplamente terminadas com um ponto em cada extremidade do Cristal. Em contraste, as Varinhas de Massagem são totalmente arredondadas e suaves em cada extremidade. As Varinhas de Cristal são tipicamente usadas para curar diferentes partes da Aura. Podemos também usá-las para otimizar o giro de um Chakra, como será dado numa técnica de Cura do Chakra no final deste capítulo.

Os Corações de Cristal são pedras em forma de coração que vêm em vários tamanhos. Geralmente, têm propriedades relacionadas com o Chakra do Coração, tais como o Quartzo Rosa, Malaquita, e Aventurina Verde. Emitem energia de uma forma amorosa e suave, dando-nos uma sensação de paz e harmonia. Os Corações de Cristal lembram-nos simbolicamente para nos equilibrarmos e centrarmos, sintonizando o Chakra Anahata e permitindo que a nossa Alma nos guie na vida. Quando usado numa sessão de cura, o Coração de Cristal torna-se o foco central, uma vez que serve para infundir o Espírito nos Elementos inferiores, provocando uma completa transformação da mente, corpo e Alma.

Uma Esfera de Cristal é um objeto tridimensional, estando cada ponto da sua superfície à mesma distância do centro. As esferas são reflexivas, emanando energia para o exterior em direções iguais, tornando-as numa ferramenta perfeita para perscutar, também chamada de "Fixar Cristais". "O objetivo do escrutínio é receber downloads divinos ou visões de coisas que acontecerão no futuro ou obter informações sobre algo que acontece agora mesmo e que desconhecemos conscientemente.

Os Ovos de Cristal são semelhantes às Esferas de Cristal uma vez que emitem energia de todos os lados, mas com um ponto focal no topo. Os Ovos de Cristal contêm uma componente simbólica que se relaciona com a transformação e renovação pessoal. Ajudam-nos a sintonizar a nossa energia feminina, o nosso lado recetivo e passivo do Ser ligado ao Elemento Água. Os Ovos de Cristal são conhecidos por nos sintonizar na nossa mente subconsciente, onde a transfiguração Espiritual começa a ter lugar pela primeira vez.

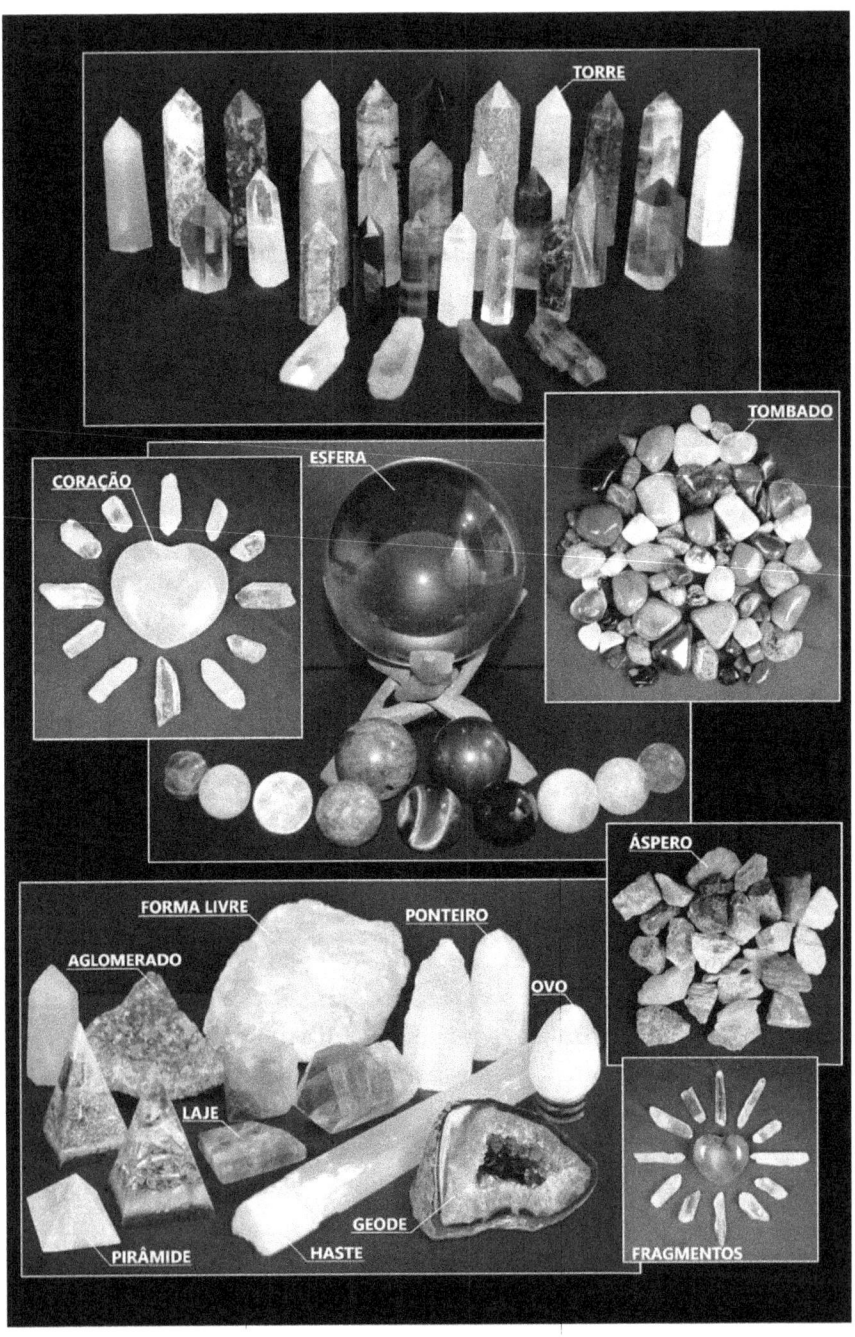

Figura 64: Formatos e Formações de Cristais

As Pirâmides de Cristal são figuras tridimensionais com uma base plana e quatro lados que se encontram num ponto. Elas extraem energia da Terra e projetam-na para cima através do ponto terminal. Podem ser feitas de um tipo de Cristal individual ou de uma combinação de diferentes Cristais, tais como nas Pirâmides Orgonite que são frequentemente utilizadas para absorver e proteger da radiação eletromagnética.

Os Cacos de Cristal são pedaços menores de Cristal em bruto, mais frequentemente utilizados para adicionar energia a outras pedras durante as sessões de cura. Os três tipos mais comuns de Cacos de Cristal são Quartzo Claro, Ametista, e Quartzo Rosa. As hastes de Cristal (Palitos) são peças de Cristal não polidas e cristalizadas cortadas em forma de bastão que variam em tamanho. Uma vez que a Selenite é bastante frágil e difícil de moldar por máquinas, é normalmente vendida nesta forma. E finalmente, as placas de Cristal são cortadas e polidas em fatias de Cristal com lados rugosos que preservam o aspeto natural da pedra. Os tamanhos maiores são geralmente utilizados na decoração, enquanto os mais pequenos (até 2" de diâmetro) podem ser utilizados para efeitos de cura.

VINTE E QUATRO TIPOS IMPORTANTES DE PEDRAS PRECIOSAS

Âmbar

Esta pedra é criada por resina fossilizada de árvores antigas; vem em vários tons de amarelo, dourado e castanho. O âmbar tem propriedades do Elemento Fogo, tornando-o um poderoso curandeiro e purificador do corpo, mente e Espírito. Renova o sistema nervoso ao mesmo tempo que equilibra as nossas energias interiores. Também absorve energia negativa enquanto nos liga à terra e nos liga à sabedoria antiga. O âmbar está associado ao Manipura Chakra e ao Planeta do Sol. Está relacionada com os Sinais do Touro e do Zodíaco Leão. A âmbar ajuda-nos a superar a depressão, enquanto estimula o intelecto e promove a autoconfiança, o altruísmo, a autoconfiança, a tomada de decisões, e a paz interior. Esta pedra dá-nos também a coragem de estabelecer fronteiras saudáveis nas nossas relações, enquanto nos protege das pessoas que drenam a nossa energia.

Ametista

Uma pedra púrpura transparente que aumenta a consciência Espiritual ao desbloquear um nível de consciência superior. Vibrando numa frequência elevada, a Ametista tem propriedades de Elemento Espiritual que criam um anel de proteção em torno da Aura, bloqueando frequências e energias mais baixas. A Ametista também ajuda na meditação ao mesmo tempo que aumenta a intuição, a orientação interior e a sabedoria. Aumenta as nossas capacidades psíquicas ao estimular os Chakras do Terceiro Olho e da Coroa. Além disso, a Ametista promove o equilíbrio emocional e mental, eliminando a negatividade e a confusão. É conhecida por afastar pesadelos e encorajar sonhos positivos. Ametista está relacionada com os Sinais Astrológicos de Aquário e Peixes com afinidade com os Planetas Úrano e Neptuno e os Elementos Ar e Água.

Água-Marinha

Esta pedra verde-azul transparente a opaca tem energias calmantes que reduzem o stress enquanto acalma a mente e traz a consciência Espiritual. Conecta-nos com os poderes da Água e do Ar, uma vez que está associada ao Planeta Júpiter enquanto tem afinidade com Úrano e Neptuno. A Água-Marinha é conhecida por aumentar o poder cerebral e o intelecto. Relacionada diretamente com Vishuddhi Chakra, esta pedra melhora as nossas capacidades de comunicação, ao mesmo tempo que nos dá a coragem de expressar a nossa verdade interior. Acalma os nossos medos e aumenta a nossa sensibilidade às energias do nosso ambiente. A água-marinha aguça a nossa intuição ao mesmo tempo que elimina os bloqueios criativos. Ajuda-nos a construir tolerância e responsabilidade ao mesmo tempo que melhora as nossas capacidades de resolução de problemas. Esta pedra alinha os Chakras ao mesmo tempo que protege a Aura de energias negativas. Limpa a consciência de pensamentos emocionalmente carregados, promovendo harmonia e equilíbrio, tornando-a uma excelente ferramenta para a meditação. Água-marinha relaciona-se com os Sinais do Zodíaco: Gêmeos, Escorpião e Peixes.

Obsidiana Negra

Esta pedra negra escura refletora vem da lava fundida que arrefeceu tão rapidamente que não teve tempo para se cristalizar. Relacionada com o Elemento Terra, esta pedra tem um efeito de aterramento e calmante na mente e nas emoções, ajudando-nos a permanecer centrados e concentrados na tarefa em mãos. A sua cor negra atrai o utilizador para dentro do vazio do espaço, onde se encontra a nossa verdade interior. Como tal, esta pedra que melhora a verdade tem qualidades refletoras que expõem os bloqueios, fraquezas e falhas de cada um. Atua como um espelho para a Alma que nos dá vitalidade para encontrar o propósito da nossa vida. As propriedades energéticas da Obsidiana Negra mantêm os pensamentos negativos à distância, promovendo uma perspetiva positiva sobre a vida. Podemos também usá-lo para desviar as energias negativas dos outros e remover influências espirituais indesejadas. Esta pedra relaciona-se com o Chakra Estrela da Terra e o Planeta Terra, com uma afinidade com Plutão e o Elemento Fogo. A sua energia é também característica do Signo do Escorpião Zodíaco.

Heliotrópio

Esta pedra verde-escura a preta com manchas vermelhas semelhantes a sangue ajuda a remover bloqueios energéticos da Aura enquanto aumenta a vitalidade, motivação, coragem, criatividade, resistência, resistência, e energia geral. Associada ao Planeta Marte e ao Elemento Fogo, a Pedra de Sangue purifica e limpa os três Chakras Elementares inferiores enquanto equilibra o Chakra do Coração. Tem propriedades de base, reduzindo o stress, a irritabilidade, a impaciência e a agressão, permitindo-nos viver no momento presente. Também nos protege da energia ambiental nociva, tais como frequências eletromagnéticas disruptivas. Além disso, esta pedra é excelente para melhorar a circulação sanguínea e equilibrar as hormonas, trazendo coerência ao corpo físico. Os antigos soldados usavam a Pedra de Sangue para afastar o mal e para invocar a energia do guerreiro. A Pedra de Sangue está associada a Carneiro e Peixes, os dois Sinais do Zodíaco governados por Marte. Tem uma afinidade com o Elemento Terra.

Cornalina

Esta pedra translúcida cor-de-laranja a vermelho acastanhado estimula a criatividade e a imaginação, ajudando-nos a dar à luz novos projetos. Cornalina tem um efeito poderoso nas emoções, por isso está diretamente relacionado com o Swadhisthana Chakra. Conhecida como uma pedra de ação e avançando na vida, Cornalina ajuda-nos a encontrar soluções quando experimentamos bloqueios emocionais. Tem propriedades do Elemento Fogo, motivando-nos a alcançar o sucesso nos negócios e outros assuntos. Também nos ajuda a processar emoções negativas tais como raiva, ciúme, medo, tristeza, confusão, solidão, enquanto nos protege das energias negativas projetadas por outras pessoas. Cornalina também pode ser usada como ferramenta para nos envolver em expressões criativas tais como arte visual, música, dança ou escrita. Esta pedra está associada a Carneiro, Leão, e Sinais do Zodíaco Virginal. Além disso, tem uma afinidade com Marte e o Sol.

Citrina

Esta pedra transparente amarelo-laranja traz vitalidade, confiança, coragem, felicidade e alegria à própria vida. Uma vez que se relaciona com Hara e os Chakras do Plexo Solar, a Citrina é uma pedra muito energizante, impulsionando Prana, a criatividade, a motivação e a capacidade de resolução de problemas. O citrino funciona bem para o autorrespeito de cada um enquanto promove a expressão da nossa verdade interior. Tem propriedades relacionadas com os Elementos Ar e Fogo. Os seus raios dourados de luz retiram inseguranças decorrentes de uma mentalidade negativa e substituem-nas por positividade. Esta pedra também está relacionada com o Signo Astrológico Gémeo e o Planeta Mercúrio. Tem uma afinidade com o Sol, razão pela qual podemos utilizá-la para energizar todos os Chakras.

Quartzo Transparente

Esta pedra transparente transporta todo o espectro da Luz dentro dela, tornando-a num mestre curandeiro a todos os níveis. Relacionado diretamente com o Elemento Espiritual, o Quartzo Claro pode ser usado para meditação, canalização, trabalho de sonho, cura energética enquanto nos liga aos nossos Eus Superiores. Devido às suas propriedades de limpeza profunda, o Quartzo Claro elimina qualquer energia estagnada e negativa da Aura. Promove a positividade, a clareza mental e emocional, e a concentração. O Quartzo Claro aumenta as capacidades metafísicas e sintoniza-nos com o nosso propósito Espiritual e a nossa Verdadeira Vontade. Uma vez que os seus usos curativos são muito variados, esta pedra funciona em todos os Chakras. No entanto, como é muito vibracional, o Quartzo Claro funciona melhor no Chakra Sahasrara e nos Chakras Transpessoais acima da cabeça. A sua energia também amplifica os aspetos positivos de todos os Sinais Astrológicos. Podemos usar o Quartzo Claro para purificar, limpar, e aumentar a energia de outros Cristais. Uma vez que é facilmente programável com intenção e pensamentos, também pode ser usado como talismã para atrair o que quer que se deseje.

Fluorite

Esta pedra transparente é uma mistura de cores roxa, azul, verde, e transparente. É excelente para neutralizar a energia negativa, desintoxicar a mente, e trazer harmonia à mente, corpo e Alma. O flúor realça a genialidade interior, estabilizando a Aura e aumentando o foco. Associada ao Ajna Chakra, esta pedra fundamenta e integra energias Espirituais, aumentando os poderes psíquicos e a intuição. Uma vez que eleva a consciência para o Plano Espiritual, o Fluorite é uma boa pedra para meditação e sono profundo. As suas propriedades relacionam-se com os Elementos Ar, Água e Espírito, invocados pelas suas cores: a sua energia verde infunde o Elemento Ar, purificando o coração, o azul traz o Elemento Água, acalmando a mente, enquanto a cor púrpura integra as propriedades metafísicas do Elemento Espírito. A energia clara e transparente, a força orientadora da pedra, realinha todos os Chakras e Elementos num todo integrado, permitindo que se funcione mentalmente, emocionalmente e fisicamente na sua capacidade ótima. Além das suas profundas propriedades curativas, o Fluorite é um dos cristais mais impressionantes no mercado, tornando-o uma pedra popular nos lares.

Granate

Esta pedra vermelha rubi transparente a translúcida aumenta a vitalidade, coragem, criatividade, determinação, mudança, e a capacidade de manifestar os seus objetivos. Associado a Marte e ao Elemento Fogo, Granate limpa todos os Chakras enquanto os recarrega. Ativa e reforça o instinto de sobrevivência enquanto invoca amor incondicional, paixão e devoção Espiritual. Fundamenta a sua energia caótica, equilibrando as emoções e criando uma consciência expandida de si próprio e do meio envolvente. É a pedra do despertar Espiritual cuja energia é conhecida por agitar a Kundalini em atividade quando usada lado a lado com práticas Ioga concebidas para despertar esta energia. Granate também tem fortes ligações com a Glândula Pituitária, uma vez que promove a regeneração do corpo ao mesmo tempo que impulsiona o metabolismo, o sistema imunitário, e o desejo sexual. Esta pedra está associada aos Sinais de Carneiro, Escorpião e Capricórnio do Zodíaco.

Aventurina Verde

Esta pedra verde translúcida é conhecida por manifestar prosperidade e riqueza. Ela amplifica as intenções de criar mais abundância na vida. Associada ao Chakra do Coração e ao Planeta Vénus, a Aventurina Verde traz harmonia a todos os aspetos do Ser. Equilibra a energia masculina e feminina, promovendo uma sensação de bem-estar. Também reforça as qualidades de liderança e de decisão, enquanto fomenta a compaixão e a empatia. A Aventurina Verde aumenta a criatividade, enquanto permite ver diferentes alternativas e possibilidades. Estabiliza a mente, acalma as emoções e acalma a irritação e a raiva. Esta pedra protege-nos dos vampiros psíquicos. Uma vez que ajuda na manifestação, a Aventurina Verde tem propriedades poderosas de Elemento Terra.

Hematite

Esta pedra metálica negra a cinza de aço fornece uma energia de aterramento e equilíbrio que ajuda a dissolver as limitações mentais. A hematite utiliza as qualidades magnéticas das nossas energias Yin-Yang para equilibrar os Nadis e trazer estabilidade ao sistema nervoso. Remove as energias caóticas da Aura, enquanto repele os pensamentos negativos de outras pessoas. Também nos dá uma sensação de segurança ao mesmo tempo que aumenta a autoestima, coragem e força de vontade. As vibrações calmantes da Hematite fazem dela a pedra perfeita para pessoas que sofrem de ansiedade, stress, e nervosismo. Esta pedra é conhecida por ajudar a superar compulsões e vícios. O seu efeito relaxante sobre o corpo físico melhora a nossa ligação ao Planeta Terra. O Hematita está relacionado com o Muladhara Chakra e o Elemento Terra com uma afinidade com Marte e o Elemento de Fogo. Porque estimula a concentração, foco e pensamentos originais, a hematita tem propriedades específicas semelhantes aos Sinais de Carneiro e de Aquário Zodíaco.

Cianite

Esta pedra azul profunda alinha instantaneamente todos os Chakras e Corpos Subtis. Associada aos Chakras Causal e Alma Estelar, a Cianite equilibra as nossas energias Yin-Yang enquanto remove bloqueios e restaura o Prana ao corpo. A Cianite traz paz e serenidade; elimina toda a confusão e stress e melhora a comunicação e o intelecto. A Cianite também equilibra o Laríngeo Chakra, uma vez que encoraja a autoexpressão enquanto alinha-nos com a nossa verdade interior. Desperta as nossas faculdades psíquicas, ativando a nossa capacidade inata de comunicar telepaticamente. A cor azul calmante da Cianite abre-nos aos Reinos Espiritual e Divino, permitindo-nos contactar os nossos guias espirituais, seja através da meditação ou de sonhos. A sua energia é de quinta dimensão, tendo ao mesmo tempo certas propriedades semelhantes ao Elemento Ar. A Cianite é um poderoso transmissor e amplificador de energias de alta frequência que nos desperta para o nosso Verdadeiro Eu e para o nosso propósito na vida. Esta pedra nunca requer uma limpeza energética, uma vez que não pode reter vibrações negativas.

Lápis-Lazúli

Esta pedra azul-escura opaca com manchas douradas metálicas abre o Terceiro Olho, melhorando a intuição, o discernimento Espiritual, a orientação interior, e as capacidades psíquicas. Os médiuns usam frequentemente o Lápis Lazúli para contactar Planos Cósmicos mais elevados e melhorar a sua capacidade de canalização. Esta pedra é adequada para melhorar a memória e é frequentemente usada em trabalhos de sonho. O Lápis Lazúli tem propriedades de Elemento de Água que têm um efeito calmante sobre o sistema nervoso, melhorando a concentração e a concentração. A sua utilização é benéfica para o estudo e aprendizagem, uma vez que aumenta a capacidade de digerir conhecimentos e compreender as coisas profundamente. Também se pode utilizá-lo para superar vícios e traumas, uma vez que promove a cura emocional. Ao harmonizar todos os aspetos do Eu, o Lápis-Lazúli ajuda a superar o stress e a ansiedade, facilitando a paz interior e promovendo o sono profundo. O Lápis Lazúli está relacionado com Ajna Chakra e o Planeta Júpiter.

Malaquita

Esta pedra verde-escura opaca com faixas verde-claro e verde-escuro e azul-esverdeado protege-nos contra energias negativas ao mesmo tempo que liberta padrões emocionais pouco saudáveis que impedem as nossas Almas de avançar mais. Associado ao Chakra do Coração e ao Planeta Vénus, o Malaquita realinha a mente com o coração, ajudando-nos a crescer Espiritualmente. Invoca amor, compaixão, e bondade nas nossas vidas, curando traumas passados enquanto elevamos as nossas capacidades empáticas. Malaquita ensina-nos a assumir a responsabilidade pelas nossas ações, pensamentos e sentimentos, ao mesmo tempo que encoraja a tomada de riscos e a mudança. É conhecido por se precaver contra a radiação enquanto se limpa a poluição eletromagnética. A malaquite tem uma componente terrestre e de aterramento; tem uma afiliação com o Signo do Zodíaco de Capricórnio.

Moldavite

Este caroço verde azeitona ou verde baço leva-nos para além dos nossos limites e fronteiras para outras dimensões do mundo. É tecnicamente um Tektite, que é um grupo de copos naturais formados por impactos de meteoritos. Como tal, Moldavite está literalmente fora deste mundo. As suas propriedades energéticas são a Quinta Dimensão; estão relacionadas com os Planos Divinos superiores da consciência, que podemos contactar através de uma transcendência completa. Moldavite permite-nos comunicar com os nossos Eus Superiores, Mestres Ascendidos, e outros Seres altamente vibracionais. Esta pedra é também relatada para nos abrir ao contato Extraterrestre através da consciência. Associado ao Chakra Transpessoal mais elevado, o Portal Estelar, as propriedades metafísicas de Moldavite permitem-nos transcender o Tempo e o Espaço. Como tal, pode ser utilizado para obter conhecimentos relacionados com as nossas vidas passadas e para limpar qualquer bagagem indesejada que levamos para esta encarnação.

A um nível mais temporal, Moldavite ajuda-nos a descobrir emoções que nos mantêm presos em situações infelizes da vida. Permite-nos avançar no sentido de descobrir o propósito da nossa Alma.

Pedra da Lua

Esta pedra branca-leitosa com um brilho luminescente é ótima para impulsionar a energia feminina, aumentando a intuição, as capacidades psíquicas, e equilibrando as nossas emoções. Está relacionada com os dois Chakras Maiores femininos, Swadhisthana e Ajna, enquanto diretamente ligada ao Chakra Causal/Bindu. Com propriedades de Elemento Água, a Pedra da Lua mantém-nos em equilíbrio emocional, permitindo-nos ir com o fluxo da vida sem estarmos demasiado apegados. Invoca passividade, recetividade e reflexão, permitindo-nos perceber o mundo que nos rodeia sem julgamento. A Pedra da Lua é também conhecida por melhorar os padrões de crença negativos, enquanto aumenta as nossas capacidades empáticas. A sua utilização promove um maior sentido de consciência e crescimento Espiritual. A Pedra Lunar está relacionada com o Signo do Zodíaco Caranguejo e o Planeta Lunar; a sua energia é mais potente quando a Lua está a encerar (a aumentar) do que a diminuir (a diminuir). Quando a Lua está cheia, a Pedra Lunar é conhecida por induzir Sonhos Lúcidos. Os povos antigos usavam a Pedra da Lua para ajudar nas questões do sistema reprodutivo feminino.

Jaspe Vermelho

Esta pedra vermelha é excelente para proporcionar proteção e estabilidade à Aura enquanto absorve energia negativa. Pode também neutralizar a radiação e outras formas de poluição eletromagnética e ambiental. A sua vibração a quente vermelha aumenta os nossos níveis de energia, inspirando uma atitude positiva, enquanto imobiliza todas as energias indesejadas. O Jaspe Vermelho proporciona coragem para ser assertivo e resistência mental para completar qualquer tarefa. Tem características de Elemento de Fogo; o Jaspe Vermelho está associado ao Muladhara Chakra e ao Signo do Zodíaco de Carneiro, com uma afinidade com Saturno. Esta pedra sustenta-nos e apoia-nos através de tempos stressantes, trazendo estabilidade emocional e paz de espírito. Ela estimula a nossa imaginação, motivando-nos a pôr as nossas ideias em ação. Uma vez que dispara o nosso sistema energético, o Jaspe Vermelho também regenera e rejuvenesce as nossas paixões e desejo sexual.

Quartzo Rosa

Uma pedra transparente a translúcida de cor rosa que equilibra o Chakra do Coração com a sua energia amorosa e pacífica. Invoca Amor Divino, misericórdia, compaixão, tolerância, e bondade na Aura. A vibração da pedra de cor rosa ativa uma ponte entre os três Chakras Espirituais superiores e os três Chakras Elementais inferiores. A criação desta ponte é crucial para sintetizar o Eu Espiritual com o Eu físico humano. Com propriedades do Elemento Água, o Quartzo Rosa torna um recetivo, ensinando-nos a amar a nós próprios e aos outros através da confiança, perdão, e aceitação. A sua utilização é benéfica em tempos traumáticos, uma vez que acalma as emoções a um nível profundo. É calmante para todo o sistema nervoso, reduzindo o stress e a ansiedade. O Quartzo Rosa é a pedra ideal para ajudar a atrair um parceiro romântico para a sua vida, uma vez que aumenta o nível de amor incondicional no Chakra do Coração. Está relacionado com os Sinais Astrológicos de Balança e Touro e com o Planeta Vénus. O Quartzo Rosa também pode ser usado como auxiliar de sono e curar quaisquer questões relacionadas com o coração físico.

Selenite

Esta pedra reflexiva, branca-leitosa é um poderoso instrumento para nos sintonizar com os Planos Espiritual e Divino da consciência. A sua utilização fornece energia etérea que nos liga ao nosso Corpo de Luz que podemos usar para contactar Seres altamente vibracionais tais como Anjos, Arcanjos, e Mestres Ascendidos nestes Reinos Celestiais. Associada à Deusa Grega da Lua, Selene, esta pedra calmante com propriedades de Elemento Espiritual cura-nos a todos os níveis: físico, emocional, e mental. Atribuído a Sahasrara e ao Chakra da Alma Estelar, pode-se usar Selenita para se ligar ao seu propósito Divino e ancorá-lo à sua consciência inferior. Além disso, podemos usar esta pedra para sintonizar com a nossa sabedoria inata e realinhar a nossa consciência com amor e Luz. A Selenita liga-nos ao ciclo da Lua e aos nossos Anjos da Guarda e Guias Espirituais.

Quartzo Fumado

Esta pedra translúcida de luz castanho-escura mantém as suas energias protetoras enquanto deflecte as vibrações negativas. O Quartzo Fumado é conhecido por criar um círculo protetor à sua volta durante cerimónias e rituais Espirituais. Também o podemos utilizar para desviar frequências eletromagnéticas emitidas pela eletrónica. Com propriedades de Elemento Terra e Ar, o Quartzo Fumegante aterra toda a mente enquanto aumenta a concentração, tornando-o um companheiro perfeito para a meditação. Esta pedra ajuda a eliminar o medo, nervosismo e ansiedade, enquanto nos dá uma sensação de segurança. É conhecida por amplificar a energia masculina e os instintos de sobrevivência. O Quartzo Fumado é frequentemente recomendado para tratar a depressão e o stress emocional, uma vez que expulsa a escuridão ao mesmo tempo que traz energia positiva. O Quartzo Fumado está associado ao Chakra Estrela da Terra e ao Planeta Saturno. Também está relacionado com o signo do Zodíaco Capricórnio.

Sodalite

Esta pedra azul-escura opaca com listras brancas e negras é excelente para melhorar a intuição, psiquismo, expressão criativa, e comunicação. Relacionado com Vishuddhi e Ajna Chakras, Sodalite eleva a consciência para o Plano Espiritual, o que leva a mente superior ao nível físico. Ao elevar a perceção Espiritual, a adivinhação e as práticas meditativas tornam-se intensificadas. Com propriedades relacionadas com os Elementos Ar e Água, a Sodalita é uma boa ajuda ao estudo, pois remove a confusão mental ao mesmo tempo que aumenta a concentração, foco, e a capacidade de recordar informação. Além disso, aumenta a capacidade de raciocínio, a objetividade e o discernimento. Sodalita também estabiliza as emoções, trazendo paz interior, tornando-a uma boa ferramenta para ultrapassar ataques de pânico. Além disso, aumenta a autoestima, a autoaceitação, e a confiança em si próprio. Tem uma afinidade com o Planeta Júpiter e o Signo Zodíaco de Sagitário.

Olho de Tigre

Esta pedra opaca castanha e dourada com faixas mais claras dessas duas cores combina energias solar e terrestre para invocar confiança, coragem, motivação, proteção, e equilíbrio emocional. O Olho de Tigre apoia a integridade, orgulho, segurança e ajuda-nos na realização dos nossos objetivos e sonhos. Está associado ao Swadhisthana Chakra enquanto tem afinidade com Muladhara (Terra) e Manipura (Fogo) Chakras e os Elementos que os governam. Uma vez que a sua energia está diretamente relacionada com o Sol, o Olho de Tigre desperta a imaginação enquanto nos mantém ancorados nas nossas aspirações e perseguições espirituais e materiais. Conecta-nos às nossas Almas, o que nos capacita e nos abre ao nosso potencial máximo. A sua utilização ilumina a nossa visão da vida, trazendo clareza mental e positividade, mesmo quando confrontados com a adversidade. O Olho de Tigre ajuda-nos a dominar as nossas emoções ao mesmo tempo que liberta sentimentos negativos em relação aos outros, tais como o ciúme. Tem uma afinidade com os Sinais de Capricórnio e de Leão Zodíaco.

Turquesa

Esta pedra opaca azul-esverdeada a azul-esverdeada é excelente para a comunicação uma vez que ajuda a articular sentimentos internos ao mesmo tempo que remove blocos para a autoexpressão. Está relacionada com Vishuddhi, o Laríngeo Chakra, onde as energias masculina e feminina se equilibram através do Elemento Espiritual. Turquesa é benéfica para nos ligar à nossa verdade interior, enquanto nos protege das emoções negativas das pessoas. Com propriedades dos Elementos Ar, Água e Fogo, a Turquesa equilibra as mudanças de humor ao mesmo tempo que aumenta a inspiração que nos ajuda mentalmente quando experimentamos bloqueios criativos. Além disso, ajuda a canalizar a sabedoria superior e a expressá-la verbalmente ou através da palavra escrita. Turquesa está relacionada com os Planetas Júpiter e Mercúrio e os Sinais Zodíacos Gêmeos, Virgem e Sagitário. Tem sido uma pedra predominante utilizada na joalharia ao longo dos tempos devido às suas impressionantes propriedades de cor e energia. Os nativos americanos, especialmente, têm-na usado durante milhares de anos para se ligarem às energias cósmicas.

PEDRAS PRECIOSAS DE LIMPEZA

As pedras preciosas tornam-se programadas com energia ao longo do tempo. É a sua natureza fazê-lo, principalmente se tiverem sido manuseadas por outras pessoas ou mesmo por si próprias quando estava num estado de espírito desequilibrado. Portanto, antes de utilizar as Pedras Preciosas para fins de cura, é crucial "limpá-las" de qualquer energia residual. Limpar uma Pedra Gema irá devolvê-la ao seu estado ótimo e neutro, o que é essencial, especialmente quando se faz uma sessão de cura em alguém novo. Mas mesmo que esteja a realizar a cura em si próprio, ajuda a limpar as Pedras Preciosas frequentemente, uma vez que são mais potentes quando as suas energias são repostas.

Discutirei alguns métodos que achei melhores para limpar as pedras preciosas. Tenha em mente que se estiver familiarizado com a forma de limpar a energia das Cartas de Tarot, tal como descrito no *The Magus,* poderá utilizar esses mesmos métodos para limpar as Pedras Preciosas também. A Limpeza da Lua Cheia é especialmente útil uma vez que os raios da Lua são muito eficientes para dissipar as velhas energias das Pedras Preciosas e devolvê-las à sua vibração ideal.

A forma mais rápida, mais popular, e talvez mais eficiente de limpar uma pedra preciosa é colocá-la em água salgada. A água por si só, especialmente de um riacho natural, funciona bem para limpar uma pedra preciosa, mas quando se deita num copo (não metal ou plástico) e se adiciona sal marinho, faz uma limpeza mais poderosa. Certifique-se de utilizar apenas sal marinho uma vez que o sal de mesa contém alumínio e outros produtos químicos.

Certifique-se de que a Pedra Preciosa está totalmente submerso na água e deixe-o lá dentro durante 24 horas para que tenha tempo de reiniciar completamente. Uma pedra preciosa que requer uma limpeza muito mais profunda e profunda pode ser deixada ali por até uma semana. Em seguida, enxaguar as pedras preciosas em água corrente fria para remover qualquer sal restante. Recomenda-se eliminar a água salgada depois, uma vez que esta teria absorvido as energias negativas indesejadas.

Tenha em mente que embora a água salgada seja o método mais ótimo de limpeza de uma pedra preciosa, pode ter um efeito nocivo em algumas pedras preciosas e até alterar a sua aparência e propriedades. Por exemplo, as pedras porosas que contêm metal ou têm água nelas não devem ser deixadas em água salgada. As pedras preciosas que devem ser mantidas longe do sal incluem Opala, Lápis Lazúli, Pirita, e Hematita, para citar algumas.

PROGRAMAÇÃO DAS PEDRAS PRECIOSAS

Para além de serem utilizadas para a cura energética, as pedras preciosas também podem ser programadas com uma intenção específica de manifestar um objetivo. Sabe-se ao longo da história que as pedras preciosas são utilizadas como ferramentas para ajudar a ligar pensamentos conscientes ao corpo. Os pensamentos são poderosos porque dirigem a energia. Quando se usa uma pedra preciosa programada, a sua frequência ajuda a ampliar os pensamentos e intenções, ajudando assim o processo de manifestação.

Embora muitas pessoas usem pedras preciosas para manifestar coisas materiais para elas, tais como uma nova namorada ou um carro, sempre acreditei que focar na vossa transformação Espiritual seria mais propício a longo prazo. Afinal, atrair algo para si próprio que o seu Ego quer, mas que não promove a progressão da sua Alma, irá estagnar o seu progresso na Evolução Espiritual, uma vez que terá de se desfazer dessa coisa para eventualmente seguir em frente. Portanto, se se concentrar antes no Iluminismo e programar Pedras Preciosas para alcançar este objetivo, a sua vida material cairá no lugar no devido tempo.

Pode programar uma pedra preciosa para concentrar a sua energia em algo que deseja alcançar ou alterar dentro de si, ampliando assim a sua intenção. Assim, a Pedra Preciosa torna-se um talismã, um dispositivo gerador de energia (bateria) que acrescenta o combustível necessário à sua força de vontade para atingir o seu objetivo.

Encontre um lugar onde possa estar por sua conta para este exercício. Antes de iniciar o processo de programação de uma pedra preciosa, deve deixar clara a sua intenção ou propósito no que está a tentar alcançar através da sua ajuda. Construa uma frase simples com o seu desejo enraizado dentro dela, enquadrado do ponto de vista afirmativo. Se desejar ajuda para desenvolver uma melhor memória, por exemplo, ou aumentar a sua criatividade ou inspiração, deixe a sua intenção clara na sua frase. Consulte a Tabela 1 no final deste capítulo para as correspondências entre as Pedras Preciosas e as expressões/poderes humanos.

Deve então limpar a Pedra Preciosa e remover quaisquer energias pré-programadas do mesmo. Para o fazer, executar uma das técnicas de limpeza anteriormente mencionadas. Depois, segure o Pedra Gema na sua mão e ligue-se a ela entrando num estado meditativo. Sinta a sua energia a verter no seu Chakra do Coração através das palmas das mãos tornar-se um com ele. Depois de ter feito uma ligação, pode começar a programá-la.

Fale com a pedra em voz alta como falaria a um amigo. Deixe claro com o que precisa de ajuda. Se sentir que a sua energia se torna negativa em relação ao que lhe está a pedir, terá de encontrar outra pedra. A ligação entre si e a pedra deve ser positiva para que isto funcione.

Comece agora a repetir a sua frase, que usará como um Mantra. A sua frase é Mágica, uma vez que a utilizará para manifestar a realidade que deseja. Continue a repetir o Mantra durante alguns minutos e sinta o calor da pedra na sua mão enquanto o carrega. Assim que sentir que carregou suficientemente a pedra com a sua força de vontade, termine o exercício.

Tem agora um dispositivo potente que o ajudará a alcançar o que quer que seja que precise de ajuda. Guarde a pedra em linho branco e carregue-a consigo até que o que lhe pediu se manifeste. Se sentir necessidade de reprogramar a pedra ou de lhe adicionar mais carga, pode sempre segurá-la na mão, fazer uma ligação, e repetir o seu Mantra para a programar melhor.

CURA DOS CHAKRAS COM PEDRAS PRECIOSAS

A seguinte técnica de Cura de Cristal pode ser feita em si mesmo ou em outras pessoas. Ao fazê-lo sobre si próprio, crie um espaço no qual possa relaxar e meditar sem ser perturbado. Se quiser queimar algum incenso para o colocar no estado de espírito certo, então faça-o. Terá de se deitar confortavelmente para este exercício, por isso use uma almofada se assim o desejar. Deve estar num estado de espírito relaxado e meditativo, praticando a atenção.

O controlo da respiração é um dos componentes essenciais para entrar num estado de espírito meditativo, que é um pré-requisito quando se trabalha com todas as modalidades de Cura Espiritual. Para melhores resultados, utilize a técnica de Quatro Respirações (Sama Vritti) que pode encontrar no capítulo "Exercícios Pranayama" na secção de Ioga deste livro. Este exercício de respiração irá acalmar as suas energias interiores e elevar a vibração da sua consciência, abrindo-lhe a possibilidade de receber a cura. Pode utilizá-lo isoladamente durante alguns minutos antes da sessão de cura e durante a sessão de cura para se manter equilibrado.

Se estiver a realizar Cura de Cristal em outra pessoa, pode incluir uma componente de cura prática a este exercício para obter resultados ótimos. No entanto, seria útil se determinasse quais os Chakras que requerem atenção extra antes de iniciar o exercício de Cura de Chakras. Esta informação pode então também ser aplicada se desejar adicionar o uso de Varinhas de Cristal para otimizar a rotação dos Chakras.

Digitalize cada Chakra usando a palma da sua mão não dominante para intuir se está a funcionar bem ou se a sua energia parece estagnada. Os Chakras que funcionam bem têm uma bola de energia com calor constante que emana deles e que pode sentir na sua mão de digitalização à medida que a pressão intensifica o contato mais consciente que faz com ela. No entanto, os Chakras que estão estagnados criarão muito pouca ou nenhuma pressão na sua mão de varrimento.

Método de Cura dos Chakras com Pedras Preciosas (com Elementos Adicionais Opcionais)

Para iniciar o exercício, colocar uma pedra preciosa correspondente em cada um dos sete pontos do Chakra Maior (na parte da frente do corpo) enquanto se deita. (Utilize a Tabela 1 para obter esta informação.) Para Sahasrara, coloque uma Pedra Gema por cima da cabeça. Para Muladhara, pode colocar uma Pedra Gema nos seus genitais ou logo abaixo, na área entre o seu períneo e cóccix. Se estiver a trabalhar com os Chakras Transpessoais, coloque o Cristal da Alma Estelar seis polegadas acima do topo da cabeça enquanto coloca o Cristal de Hara diretamente no topo do umbigo (Figura 65). O Cristal da Estrela da Terra deve ser colocado quinze centímetros abaixo dos pés. Se estiver a fazer este exercício sozinho e estiver a ter um tempo desafiante ao colocar os Cristais no seu corpo, poderá obter assistência de outra pessoa.

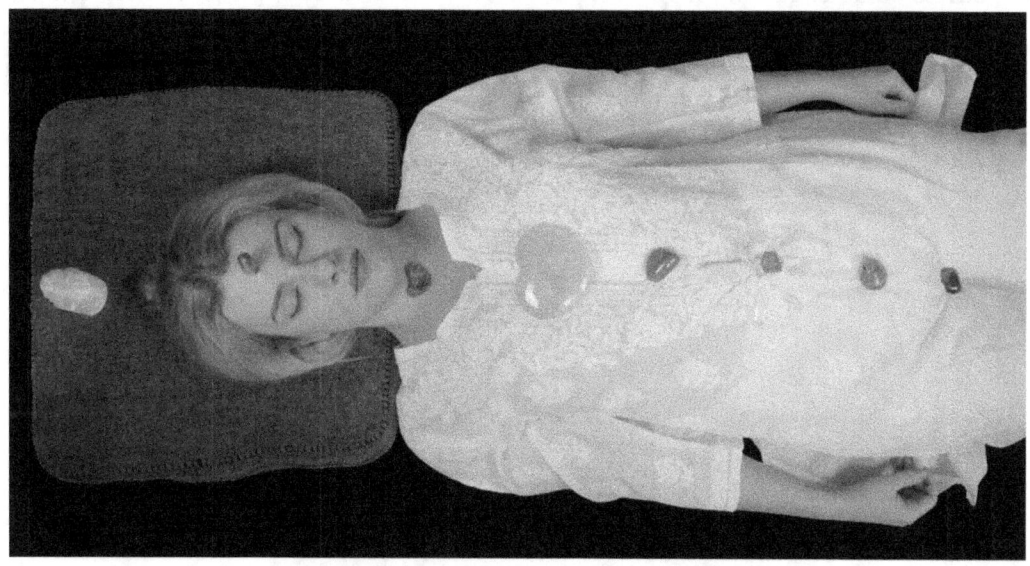

Figura 65: Colocação de Pedras Preciosas nos Chakras

Uma vez colocadas as Pedras Preciosas, feche os olhos e relaxe, acalmando a sua mente durante 10-30 minutos. Quanto mais tempo der a este exercício, mais energia curativa irá obter. É essencial fazer pelo menos 10 minutos para que a energia nas Pedras Preciosas infunda os Chakras de forma eficiente. Este exercício tem um efeito quantificável, o que significa que quanto mais tempo o fizer, mais cura receberá. Para começar, o melhor é começar com menos tempo e depois adicionar mais tempo à medida que repete o exercício. Idealmente, seria melhor se repetisse este exercício diariamente. Deixe que o seu Eu Superior o guie neste processo.

Durante a sessão de cura, pratique tomando consciência de qualquer resposta do seu corpo ao tratamento de cura. A sua atenção pode ser atraída para uma ou mais pedras preciosas, onde podem sentir-se quentes ou frias, pesadas ou leves. Pode sentir formigueiros, ou choques elétricos, geralmente nas áreas onde a Pedra Gema é colocada, mas mesmo noutras áreas do corpo. Basta notá-las e soltá-las. Não se detenha no que está a experimentar. Este exercício deve fazê-lo sentir-se calmo e descontraído, mas também de base. A energia das pedras preciosas irá estimular os seus pensamentos e emoções. Independentemente disso, concentre a sua atenção em manter a sua mente imóvel.

Opção#1-Cartas de Cristal

Uma técnica poderosa para amplificar a cura num Chakras específico (ou Chakras) é adicionar quatro, oito, ou doze Pedras de Cristal de Quartzo Claro à volta de uma Pedra Preciosa para intensificar as suas propriedades curativas. Quanto mais Pedras de Cristal de Quartzo se adicionarem, maior será o efeito. Pode usar esta parte do exercício em si mesmo ou em outras pessoas. Cada Pedaço de Cristal de Quartzo deve estar a apontar para o Pedra Gema central, que irá concentrar a energia no Chakra escolhido de forma mais eficiente, amplificando e intensificando grandemente o poder curativo.

Figura 66: Amplificação de um Cristal com Lascas de Quartzo Transparente

Por exemplo, pode aumentar o poder do Cristal colocado no Chakra do Coração, como um Quartzo Rosa ou Malaquita, uma vez que este é o Chakra do Elemento Ar que harmoniza os três Chakras inferiores de Fogo, Água e Terra enquanto infunde o Elemento Espírito. Usar um Cristal do Coração para este fim pode ser benéfico, especialmente um maior que se torna o foco da sessão de Cura de Cristais. Também pode ser benéfico para ampliar o poder de um Cristal de Hara Chakra (Figura 66), como um Citrino ou uma Pedra Solar. Ao fazê-lo, aumentará a quantidade de Prana no seu corpo, que pode ser utilizado para vários fins, como o de fortalecer a mente ou curar o corpo.

Opção#2-Cura Mãos-na-Mão

Se estiver a realizar Cura de Cristal em outra pessoa, pode usar o tempo enquanto ela está deitada em silêncio para praticar a cura prática nos seus Chakras (Figura 67). Usando os seus Chakras de Palma, pode enviar intencionalmente energia de cura para qualquer Chakra que precise de trabalho ou em todos os Chakras, gastando alguns minutos em cada um deles, se o seu objetivo for equilibrá-los.

Ao fazer a cura prática, é necessário gerar Prana no peito, o que requer que se chame a atenção para o seu centro e que se respire dos pulmões. Canalize agora esta energia através das suas mãos, imaginando a energia de cura a sair dos seus Chakras da Palma da mão e infundindo o Chakra visado. Deve sentir o calor vindo das suas mãos e ocasionais "faíscas" na superfície da palma da mão se o estiver a fazer corretamente.

Figura 67: Envio de Energia de Cura através das Mãos

Opção#3 - Varinhas de Cristal

Um método poderoso para otimizar a rotação dos Chakras é a utilização de Varinhas de Cristal. Esta técnica pode ser utilizada em si próprio ou em outras pessoas. Se estiver a fazer uma sessão de Cura de Cristal noutra pessoa, pode incorporar esta técnica nos Chakras que precisam de atenção extra. Ajuda se já tiver digitalizado cada um dos Chakras antes de iniciar o exercício. Uma vez que terá de mover a Varinha de Cristal de forma circular para otimizar a rotação de um Chakra, terá também de determinar se o Chakra que deseja trabalhar em rotação no sentido dos ponteiros do relógio ou no sentido contrário ao dos ponteiros do relógio. (Utilize o diagrama da Figura 61 para obter esta informação).

Colocar a Varinha de Cristal em frente do Cristal que se encontra sobre o Chakra visado. Certifique-se de que as propriedades da Varinha de Cristal correspondem ao Chakra ou use uma que possa ser usada em todos os Chakras, como uma Varinha de Quartzo Claro. Comece agora a movê-lo no sentido dos ponteiros do relógio ou no sentido anti-horário. Ao trabalhar mais perto do corpo, os seus círculos devem ter um diâmetro menor do que se estiver a trabalhar mais longe, uma vez que cada Chakra se projeta para fora de uma forma semelhante a um cone. Pode também puxar para fora de forma espiralada, traçando o exterior do Chakra que projeta.

Ao fazer contato com a cabeça de flor do Chakra, cria-se um vórtice de energia na Aura cujo movimento otimiza o giro desse Chakra em particular. Para melhores resultados, passe cinco a dez minutos em cada Chakra que necessita de trabalho. A menos que esteja a executar esta técnica em si próprio, pode trabalhar em dois Chakras de cada vez (Figura 68).

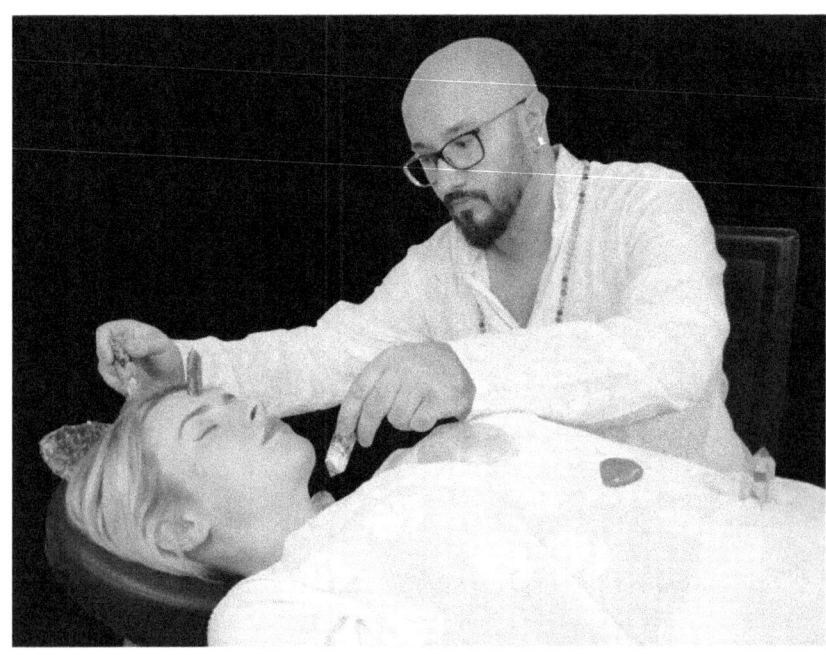

Figura 68: Otimização da Rotação dos Chakras com Varinhas de Cristal

Uma vez concluído o exercício de Cura de Cristal, retire as Pedras Preciosas do seu corpo. Os seus Chakras serão infundidos com nova energia, que poderá sentir fortemente durante o resto do dia. Qualquer energia em excesso irá dissipar-se durante o sono enquanto os seus Chakras retêm alguma da energia para o dia seguinte ou dois. A sua consciência poderá notar imediatamente uma mudança na sua energia, dependendo do seu grau de sensibilidade psíquica. Considerando que está a sintonizar os Sete Chakras Maiores neste exercício, tornar-se-á equilibrado em mente, corpo e Alma. Este efeito é apenas temporário, e é por isso que o aconselho a realizar este exercício frequentemente.

GARFOS DE AFINAÇÃO

Durante milhares de anos, todas as culturas e tradições falaram de um Campo Energético Universal que liga tudo o que existe. *O Kybalion* refere-se a ele como "O Todo" e acrescenta ainda que tudo dentro deste Campo todo-abrangente está em constante vibração e movimento. *A Bíblia Sagrada* refere-se à vibração do Universo como "a Palavra", enquanto no Hinduísmo, soa como o sagrado Mantra "Om". "

Dentro e fora do nosso Sistema Solar, tudo é essencialmente composto por Luz e som. Pitágoras ensinou que todos os Planetas criam uma melodia de som no seu movimento rotativo, uma vibração a que ele se referiu como a "Música das Esferas". "Enquanto a Luz é feita de ondas eletromagnéticas, o som é feito de ondas mecânicas. Uma onda mecânica é uma vibração na Matéria que transfere energia através de um material como um diapasão, que emana padrões perfeitos de som de onda sinusoidal.

O Diapasão foi inventado no início do século XVII, mas foi utilizado nas suas fases iniciais para afinar instrumentos musicais. Contudo, só nos anos 60 é que a ciência dos garfos afinadores foi aplicada ao corpo humano e às suas energias. Como tal, os Garfos de Afinação tornaram-se uma poderosa modalidade utilizada em Terapia de Som.

A terapia do som baseia-se no princípio da ressonância simpática - um objeto vibratório envia impulsos através do ar, fazendo assim com que outros objetos na sua vizinhança vibrem em harmonia com ele. Os garfos de afinação são utilizados principalmente sobre ou em redor do corpo, enviando ondas de som para áreas alvo. Para a cura Chakras, o foco é a frente do corpo onde se encontram os centros de energia Chakras, ou as costas ao longo da coluna vertebral, visando novamente os pontos Chakras. Os centros de energia Chakras são onde se encontram os centros nervosos ao longo da coluna vertebral que enviam impulsos para diferentes órgãos do corpo. Por esta razão, ao energizar os centros Chakras, estamos também a estimular os órgãos e a otimizar a sua saúde.

O nosso sentido da audição que deteta o som está associado ao Elemento do Espírito ou "Aethyr". Por esta razão, o uso de Garfos Afinadores na Cura Sonora tem um impacto imediato na nossa consciência, em oposição ao uso de outras modalidades de cura mencionadas nesta secção que requerem um período de aplicação mais prolongado para sentir os seus efeitos energéticos.

O tempo que uma modalidade de cura requer para ter impacto na consciência depende de qual dos cinco sentidos filtra e do nível do Plano Cósmico do seu Elemento correspondente. Os cristais, por exemplo, uma vez que estão associados ao Elemento

Terra, requerem um período de utilização mais longo durante uma sessão de cura para impactar a consciência do que a Aromaterapia, que está relacionada com os Elementos Água e Ar que são mais elevados na escala. Pelo contrário, a utilização de Tattvas tem um impacto ainda mais imediato na consciência do que os Cristais e a Aromaterapia, uma vez que está associada aos Elementos Fogo e Ar.

Existem muitos garfos e conjuntos de afinação no mercado utilizados para a cura Espiritual. Cada garfo afinador é calibrado para emitir uma frequência sonora particular que se relaciona com o nosso bem-estar físico, mental, emocional e Espiritual. Alguns dos conjuntos de diapasões mais amplamente utilizados incluem o Solfejo Sagrado, ativação do ADN, Sephiroth da Árvore da Vida, e energias Planetárias. Em todos os casos, os conjuntos de diapasões são calibrados para corresponderem às energias particulares que se destinam a produzir. A utilização destes sons específicos altera a nossa vibração interna, permitindo a cura celular profunda.

TIPOS DE GARFO DE AFINAÇÃO E UTILIZAÇÃO

Existem versões ponderadas e não ponderadas de todos os Conjuntos de Garfos de Afinação. Os garfos de afinação ponderados têm um peso redondo no final de cada forquilha. Quanto mais pesado for o Garfo de Afinação, mais forte ou mais pesada é a sua vibração. Os Garfos de Afinação Ponderados têm uma vibração mais robusta e podem ser utilizados à volta do corpo e diretamente sobre ele com a extremidade do garfo, a haste, sentado na vertical. Os garfos de afinação não ponderados não fornecem a mesma frequência que os ponderados e são mais bem utilizados à volta do corpo e das orelhas.

Os conjuntos de diapasões com que nos preocuparemos neste livro relacionam-se diretamente com Chakras Maiores e Transpessoais. O processo de cura do Chakras com os Garfos de Afinação é simples. Tudo o que se tem de fazer é atacar um Garfo de Afinação e colocá-lo na sua área correspondente. Depois, ao ouvir a vibração do Garfo de Afinação até ao seu desaparecimento, o Chakra relacionado fica preso com o seu som, regressando assim ao seu estado ótimo e saudável.

Uma vez que os Garfos de Afinação são uma forma de Terapia de Som, é imperativo ouvir a sua vibração sem ser perturbada, especialmente se estiver a usar Garfos não ponderados. Mas descobri que mesmo que se usem tampões para os ouvidos quando se está na proximidade de Garfos de Afinação vibratórios, a onda sonora induz a Aura e provoca uma mudança interior. A sua intensidade, contudo, é menor do que seria se estivesse também a ouvir a vibração.

Na minha experiência, não há outro método tão poderoso e eficiente para equilibrar os Chakras como o trabalho com os garfos de afinação. E isto porque a Cura Sonora tem um impacto direto no Plano Espiritual, que afeta os Planos abaixo dele. Os exercícios rituais de Magia Cerimonial do *The Magus* são a prática mais eficiente de isolar cada Chakra e trabalhar sobre ele. Ao mesmo tempo, os Garfos de Afinação são ideais para equilibrar todos os Chakras de uma só vez.

Os garfos afinadores de chakra também proporcionam uma vitalidade renovada e uma sensação de bem-estar ao mesmo tempo que acalmam e relaxam o sistema nervoso. O equilíbrio dos Chakras silencia o Ego, uma vez que os impulsos das partes inferiores do Eu são neutralizados. Com Chakras equilibrados, a paz de espírito é obtida. Por sua vez, este estado de espírito equilibrado permite à consciência ligar-se ao Eu Superior, trazendo inspiração, criatividade, e uma vida propositada à própria vida.

A ligação com o Eu Superior permite viver o momento, melhorando as capacidades cognitivas e aumentando a consciência do seu ambiente. Viver no Agora é um processo extasiante que nos permite explorar o nosso potencial mais elevado como seres humanos Espirituais.

CONJUNTOS DE GARFOS DE AFINAÇÃO DE CHAKRAS

Há dois conjuntos de garfos de afinação para os Chakras no mercado, que vou discutir. Ambos os conjuntos trabalham para equilibrar e afinar os Chakras Maiores, embora os efeitos produzidos sejam ligeiramente diferentes. O primeiro é o Conjunto dos Sete Chakras (Figura 69), que inclui frequentemente a Alma Estelar e os Garfos da Estrela da Terra. Este conjunto de Garfos de Afinação foi concebido para contactar os Planos Cósmicos superiores, incluindo a energia Espiritual interna. Através do Princípio Hermético de Correspondência (Como Acima, Assim Abaixo), os Planos inferiores serão afetados, incluindo as emoções e pensamentos. O Conjunto dos Sete Chakras de Afinação é baseado na rotação dos Planetas à volta do Sol.

O Conjunto dos Sete Chakras utiliza fórmulas matemáticas precisas dos ciclos planetários do nosso Sistema Solar, ligando-se aos nossos Eus Multidimensionais Cósmicos. Permite-nos essencialmente ligar-se ao nosso Eu Superior e utilizar os seus poderes. O trabalho com estes Garfos de Afinação equilibra os Chakras e neutraliza o Ego. O resultado imediato é um estado de espírito inspirado e clareza de pensamento. Ser capaz de afinar os Chakras Transpessoais da Alma Estelar e Estrela da Terra permite aterrar todo o sistema Chakras, o que alinha a consciência com a Vontade Superior. Permite estar em harmonia com o Planeta Terra.

O segundo conjunto de garfos de afinação do Chakra chama-se Conjunto de Espectro Harmónico (Figura 70). Esta é uma oitava completa de oito Garfos de Afinação (C,D,E,F,G,A,B,C) derivada da matemática pitagórica, que é essencialmente a escala musical ascendente. Em comparação com o Conjunto dos Sete Chakras, o Conjunto de Espectro Harmónico funciona mais a nível físico, afetando diretamente a função cognitiva. Uma vez que o Plano Físico é mais denso e mais baixo em vibração do que o Plano

Espiritual, o corpo físico é afetado primeiro, o que depois afeta os Planos Cósmicos internos através do Princípio da Correspondência.

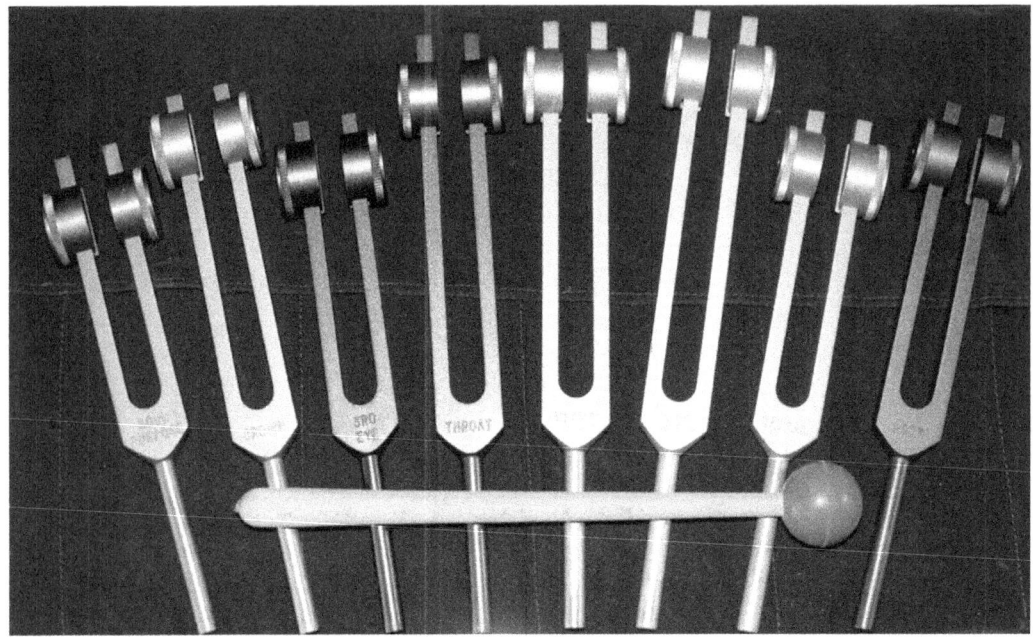

Figura 69: Garfos de Afinação dos Sete Chakras e Alma Estelar

O Conjunto de Espectro Harmónico está mais centrado em torno dos cinco sentidos humanos; os tecidos, os fluidos, os órgãos, os ossos, etc. do corpo físico, são afetados. São as frequências tradicionais do Chakra da tradição hindu com duas notas de C correspondentes ao Chakra da Raiz, D o Chakra Sacral, E o Plexo Solar, F o Chakra do Coração, G o Chakra Laríngeo, A Ajna Chakra, e B a Coroa.

CURA DOS CHAKRAS ATRAVÉS DE GARFOS DE AFINAÇÃO

Pode realizar Terapia de Garfos de Afinação em si próprio se desejar atingir os pontos Chakras na frente do corpo (Figura 72). Para os pontos Chakras ao longo da espinha, necessitará da ajuda de outra pessoa. Tenha em mente que a pessoa que o ajuda também irá receber a cura, uma vez que os Garfos Afinadores funcionam através de ondas sonoras - tudo o que se tem de fazer é ouvir o som que um Garfo Afinador faz ou estar na mesma proximidade, e a vibração irá induzir a sua Aura.

Se estiver a executar Terapia de Garfos de Afinação em si próprio, deve estar sentado confortavelmente numa posição de lótus ou numa cadeira. Assegure-se de que tem alguma privacidade ao executar a Terapia de Garfos de Afinação nos Chakra. Como em todas as práticas e exercícios espirituais, o relaxamento, a concentração e a paz de espírito são de importância primordial. Como tal, deve começar cada sessão executando a Respiração Quadrupla durante alguns minutos com os olhos fechados para acalmar o seu interior e entrar num estado de espírito meditativo. Lembre-se de continuar a usar esta técnica de respiração também durante a sessão de cura para obter os melhores resultados.

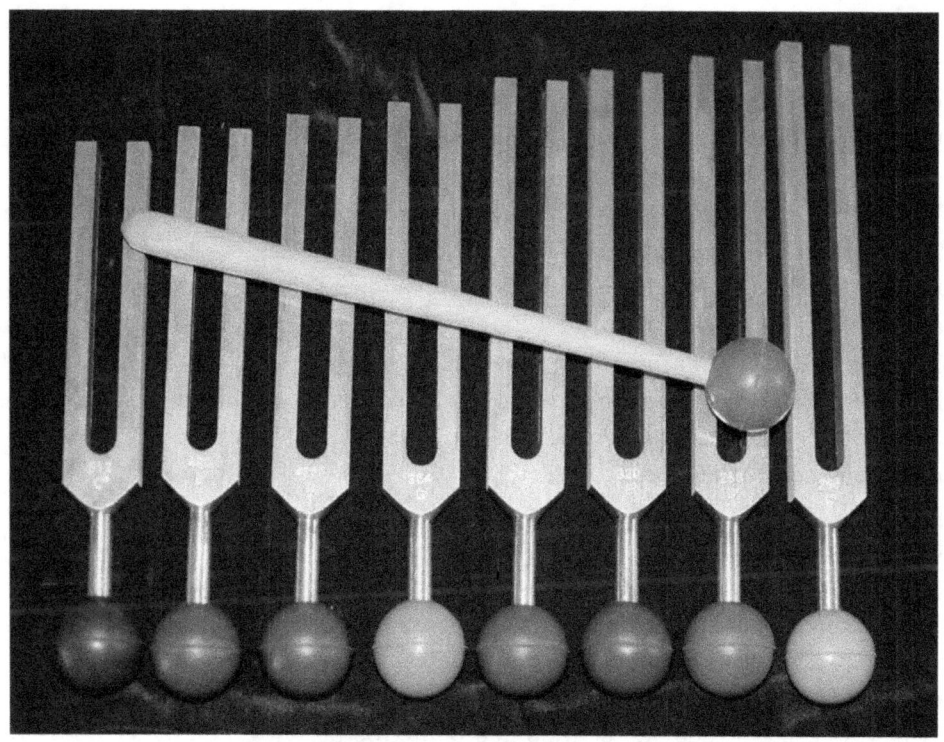

Figura 70: Garfos de Afinação do Espectro Harmónico

A cura do garfo de afinação é mais bem feita com o estômago vazio, pois é aí que o Ego é menos ativo, e a mente mais concentrada. Além disso, ensino os meus alunos a nunca trabalhar com exercícios de invocação ou equilíbrio energético mesmo antes de dormir, uma vez que, em muitos casos, é um desafio induzir o sono depois. No caso da Terapia de Garfos Afinados, descobrirá que a sua vitalidade e energia bruta em geral aumentará após o exercício, o que o tornará incapaz de adormecer durante pelo menos algumas horas. É melhor realizar esta prática de manhã mesmo antes de uma refeição e definir o tom para o dia, estando energeticamente equilibrado.

Método Básico-Cura dos Chakra através de Garfos de Afinação

Comece o exercício no Chakra mais baixo, a Estrela da Terra, se tiver o seu garfo de afinação correspondente. Caso contrário, comece com o Chakra da Raiz, Muladhara, e bata o seu Garfo de Afinação com o macete de borracha que veio com o conjunto. Se não recebesse um macete de borracha, poderia usar um disco de hóquei em vez disso. Muitos praticantes preferem utilizar o disco de hóquei, uma vez que é mais versátil.

Utilizará duas técnicas em cada Chakra neste método de Cura Básica. A primeira técnica envolve a utilização da parte vibratória do Garfo de Afinação, a forquilha, em garfos não ponderados e o peso redondo nos garfos ponderados e a sua colocação a cerca de meia polegada do corpo sobre o Chakra. Outro método que só se pode utilizar com os Garfos de Afinação ponderados é colocá-lo na sua haste (parte final) e colocá-lo na vertical diretamente sobre o Chakra de modo que a vibração induza o corpo. (Certifique-se de não tocar nos dentes do Garfo de Afinação de modo a não perturbar a sua vibração).

O Diapasão deve ser mantido em posição e ouvido durante vinte segundos. Será necessário bater o garfo duas, talvez três vezes, uma vez que o som desaparece após cerca de dez segundos. A Figura 71 mostra o posicionamento do Garfo de Afinação na cura Chakras, seja ela ponderada ou não ponderada.

O garfo Estrela da Terra Tuning deve ser colocado seis polegadas abaixo dos pés ou aos pés se estiver de pé, enquanto a Alma Estelar deve ser colocada seis polegadas acima do topo, centro da cabeça. Para o Chakra da Raiz, deve ser colocado o seu Garfo Afinação sobre ou diretamente abaixo do períneo, enquanto para o Chakra da Coroa, deve ser colocado sobre ou diretamente acima do centro superior da cabeça. A ideia por detrás desta primeira técnica de cura, quer esteja a usar o Garfo de Afinação no corpo ou a uma polegada dele, é permitir que o Garfo vibratório induza o Chakra e o faça vibrar em ressonância com ele.

A segunda técnica é semelhante ao método das Varinhas de Cristal para otimizar a rotação de um Chakra. Com este método, concentrar-se-á apenas nos Sete Chakras Maiores. Dependendo do sexo da sua Alma, determine a direção do movimento da cabeça da sua Alma. (Mais uma vez, use a Figura 61 do capítulo anterior para descobrir quais dos seus Chakras estão a rodar no sentido dos ponteiros do relógio e quais estão a rodar no sentido contrário ao dos ponteiros do relógio). Depois, utilize o garfo de afinação do Chakra da Raiz e desloque-o gradualmente na mesma direção que a rotação correspondente do Chakra. Pode manter o Garfo de Afinação paralelo ao corpo à medida que o faz ou tê-lo num ângulo de 45 graus. À medida que circula os Garfos de Afinação, movimente-os para fora num movimento de tração para os Chakras que se projetam perpendicularmente ao corpo. Em contraste, para os Chakras da Coroa e Raiz que se projetam paralelamente ao corpo, faça circular os Garfos correspondentes para cima e para baixo de forma espiralada. Tenha sempre em atenção o centro de onde emana a energia dos Chakras.

Deverá utilizar ambas as técnicas de cura com os garfos de afinação e trocá-los, passando aproximadamente dois a três minutos a trabalhar em cada Chakra. Tenha em mente que este exercício tem um efeito cumulativo. Quanto mais tempo se gastar em cada

Chakra, mais se estará a afiná-lo. Se quiser gastar mais de três minutos em cada Chakra, a escolha é sua. Esteja atento a ser consistente com todos os Chakras - se passar um certo tempo num Chakra, então passe o mesmo tempo em todos os outros, uma vez que o objetivo deste exercício é afinar os Chakras, mas também equilibrá-los.

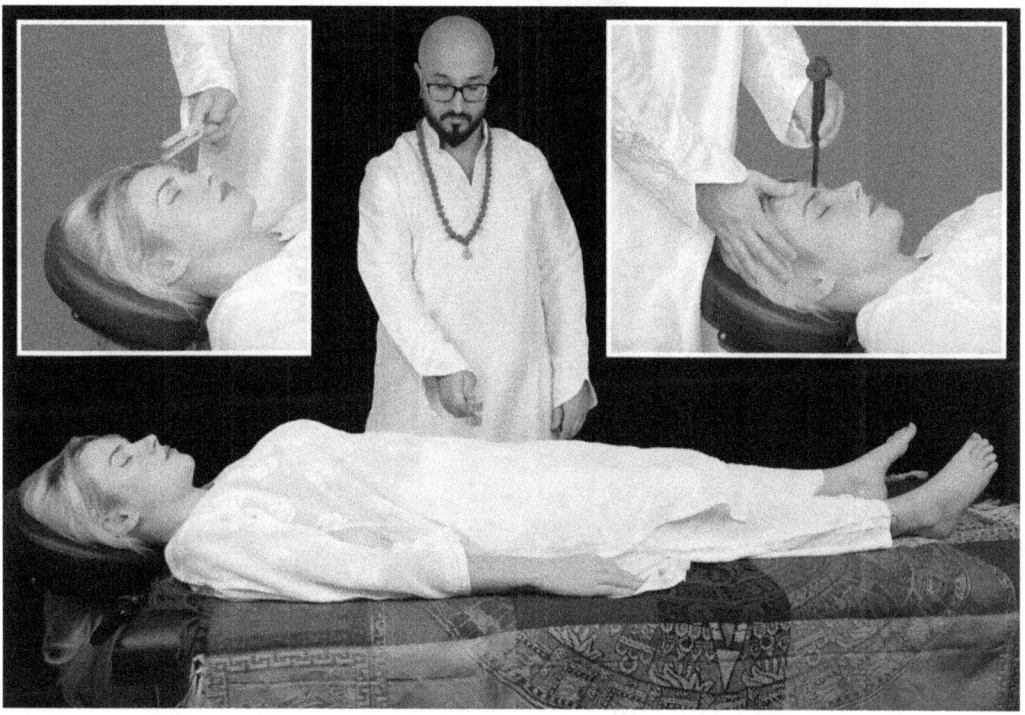

Figura 71: Colocação dos Garfos de Afinação na Cura dos Chakras

A seguir, pegue no garfo de afinação para o Chakra Sacral, Swadhisthana, e siga o mesmo procedimento. Tenha em mente que se o seu Chakra da Raiz estiver a girar no sentido dos ponteiros do relógio, o seu Chakra Sacral gira no sentido contrário ao dos ponteiros do relógio e vice-versa. Portanto, uma vez obtida a direção de rotação do seu Chakra da Raiz, o Chakra acima girará na direção oposta, alternando à medida que vai subindo até chegar ao Sahasrara.

Seja consistente com a variação da sua técnica ao mesmo tempo que se concentra na tarefa em mãos. Permita que todos os pensamentos externos se dissipem e deixe a sua Aura sem se apegar a eles. A chave é manter a mente em silêncio e concentrar-se apenas na energia dentro de si, enquanto afina os seus Chakras. Ao fazê-lo, permitirá que ocorra a melhor cura possível.

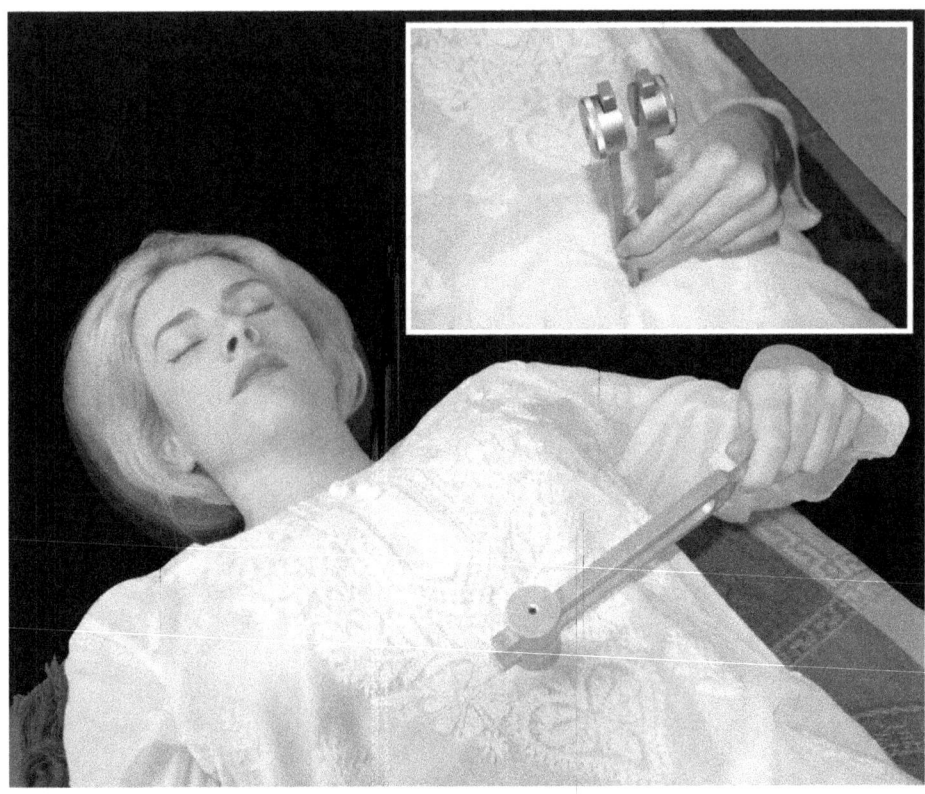

Figura 72: Utilização de Garfos de Afinação em Si

A seguir, pegar no garfo de afinação para o Plexo Solar Chakra, Manipura, e repetir o mesmo procedimento com as duas técnicas acima mencionadas. Depois, faça o mesmo para os outros Chakras. Note que se estiver a trabalhar com os Chakras Estrela da Terra e Alma Estelar, deve começar com a Estrela da Terra e terminar com a Alma Estelar, uma vez que são os dois Chakras mais baixos e mais altos com os quais está a trabalhar. Além disso, ao trabalhar com os Chakras Transpessoais, deverá apenas empregar a primeira técnica de cura, uma vez que estes Chakras emanam do seu centro para fora, em vez de se projetarem horizontal ou verticalmente.

Uma vez terminado o exercício, passe alguns minutos a meditar sobre a sua energia e a permitir que a cura penetre em todos os níveis da sua consciência. Descobrirá que a Cura do Chakra do Garfo de Afinação não só afinará e equilibrará os Chakras, mas também o ligará ao seu Eu Superior. Como resultado, a sua inspiração e criatividade aumentarão, bem como a neutralidade no seu estado emocional. Não há maneira mais eficiente de equilibrar os seus Chakras do que com o uso de Garfos Afinadores.

Método Avançado de Cura dos Chakras com Garfos de Afinação

Um método mais avançado de executar a Cura dos Chakras com Garfos de Afinação é utilizar vários Garfos em simultâneo (Figura 73). A ideia por detrás desta técnica é ligar dois Chakras em sequência. Esta técnica é melhor executada nos Chakras Maiores, embora também se possa fazê-lo para unir a Estrela da Terra com Muladhara e a Alma Estelar com Sahasrara.

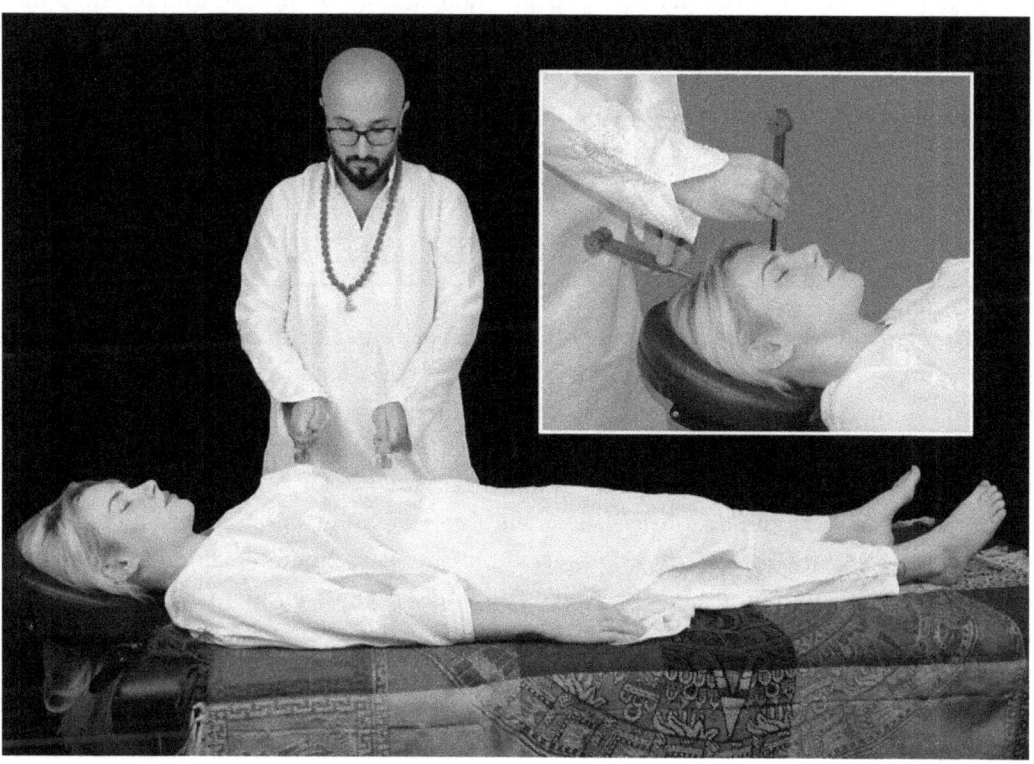

Figura 73: Trabalhar com Dois Garfos de Afinação em Simultâneo

Se estiver a trabalhar apenas nos Chakras Maiores, pegue nos garfos de afinação do Chakra da Raiz e do Chakra Sacral numa mão e bata em cada um deles. Enquanto vibram, coloque um dos Garfos de Afinação na outra mão e posicione cada um acima dos seus respetivos Chakras. Após cerca de cinco segundos, pegue no Garfo Afinação do Chakra Sacral e mova-o para o Chakra da Raiz num movimento de escovagem. Agora volte a subir para a área do Chakra Sacral, novamente em movimento de escovagem. Repita este processo algumas vezes com o Garfo Afinação do Chakra Sacral, subindo e descendo enquanto mantém o Garfo Afinação do Chakra da Raiz no lugar.

A seguir, pegar em ambos os garfos de afinação numa mão e bater em cada um deles com o martelo de borracha ou o disco de hóquei. Repita o mesmo processo; só que desta vez mantenha o Garfo de Afinação do Chakra Sacral no lugar enquanto se move o Garfo de Afinação do Chakra da Raiz para cima e para baixo num movimento de escovagem. Repetir este procedimento algumas vezes, passando aproximadamente três a cinco minutos em cada conjunto de Chakras.

Agora, pouse o garfo de afinação do Chakra da Raiz e pegue o do Plexo Solar. Repita este mesmo procedimento para os Chakras do Plexo Solar e Sacral, passando a mesma quantidade de tempo neste conjunto de Chakras que no primeiro conjunto. Depois, pouse o Garfo de Afinação do Chakra Sacral e pegue no Chakra do Coração um. Repita o mesmo processo. Faça isto para os restantes Chakras, certificando-se de estar a trabalhar de forma consistente com cada par. Quando terminar, passe alguns minutos em silêncio a meditar sobre as energias invocadas, antes de terminar completamente o exercício.

GARFOS AFINADOS DO SAGRADO SOLFEJO

As frequências do Sagrado Solfejo datam de há centenas de anos atrás. Acredita-se que tiveram origem com monges gregorianos que cantavam estas frequências em harmonia durante as missas religiosas para provocar um despertar Espiritual. Estas frequências sonoras constituem uma escala de seis tons onde cada frequência sintoniza diferentes partes do Eu a nível físico, emocional e Espiritual.

Como há seis frequências originais, mais três notas em falta foram adicionadas nos últimos tempos para completar toda a escala. Juntas, as frequências do Sagrado Solfejo curam e equilibram todo o Sistema Chakras. Sete das nove frequências são atribuídas a um dos Sete Chakras Maiores, enquanto os outros dois Garfos de Afinação correspondem aos Chakras Estrela da Terra e Alma Estelar (Figura 75).

Quando utilizados em Terapia de Som, os Garfos Sagrados Solfejo Tuning são mais bem aplicados a 0,5-1 polegadas de distância das orelhas, fazendo assim contato direto com o Plano Etérico, a primeira camada Áurica do corpo relacionada com a Estrela da Terra e os Chakras Muladhara. A Estrela Terrestre tem também uma camada Transpessoal que é como um plano Etérico contendo todo o sistema Chakras enquanto se liga com as energias dos três Chakras Transpessoais mais altos. Assim, ao visarmos a camada Áurica mais baixa, o Plano Etérico, podemos induzir qualquer uma das camadas mais altas do que as contidas dentro deste plano Etérico. Lembre-se, as camadas mais altas interpenetram as mais baixas - "O que está Acima é como o que está Abaixo".

Cada camada áurica dos Chakras Maiores tem cerca de 1 polegada de largura, em relação à camada que vem antes ou depois (Figura 74). (Este número varia dependendo da escola de pensamento.) As quatro camadas áuricas dos Chakras Transpessoais são mais abrangentes do que as dos sete Chakras Maiores. Cada uma tem pelo menos 3-4 polegadas de largura, talvez mais.

Embora o Chakra Causal/Bindu tenha a sua própria camada Áurica, colocada entre o plano Etérico da Estrela da Terra e a Alma Estelar, serve geralmente como o nosso ponto de contato entre os Planos Espiritual e Divino. Depois temos a camada Áurica do Portal Estelar e outros campos subtis que se sobrepõem a ela. No entanto, ao utilizar os Garfos de Sintonia do Solfejo Sagrado, trabalharemos apenas com as primeiras sete camadas áuricas relacionadas com os Planos Físico, Astral, Mental e Espiritual, enquanto utilizamos o Garfo na Alma Estelar para abrir a nossa consciência à alta vibração do Plano Divino.

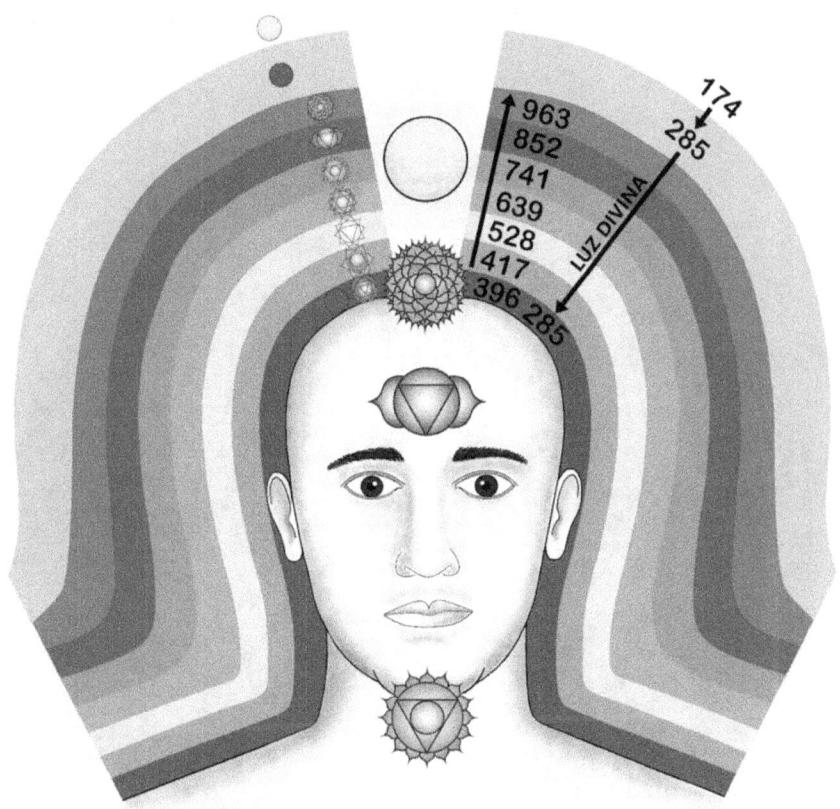

Figura 74: Frequências do Sagrado Solfejo e as Camadas da Aura

Ao utilizar os garfos de Sintonia do Sagrado Solfejo (Figura 76), começa-se com a frequência mais baixa, 174Hz (Alma Estelar), seguida pela frequência de 285Hz (Estrela da Terra). A baixa frequência do Garfo Sintonizador da Alma Estelar não o liga ao Plano Divino ao elevar a vibração da sua consciência a ele. Em vez disso, tranquiliza a sua consciência para que se abra à energia amorosa da Quinta Dimensão, que se projeta para baixo a partir da Alma Estelar. Depois, o Garfo da Estrela da Terra capta esta alta vibração e o solo e ancora-o profundamente na Aura. Depois, começa gradualmente a mover-se para fora através das sete camadas Áuricas em sequência, utilizando as suas frequências correspondentes relacionadas com os Sete Chakras Maiores. Deverá terminar a progressão com a frequência final, 963 Hz, relacionada com o Chakra Sahasrara.

Em comparação com os dois conjuntos que descrevi anteriormente, os Garfos Sagrados Solfejo Tuning têm uma vibração significativamente mais elevada e mais etérea. Abrem a mente para o Plano Divino e permitem que a sua Luz derrame na consciência. Dão-nos um vislumbre da experiência Espiritual ou religiosa de Deus. Abaixo, descreverei cada uma das nove frequências do Sagrado Solfejo e os seus atributos e poderes.

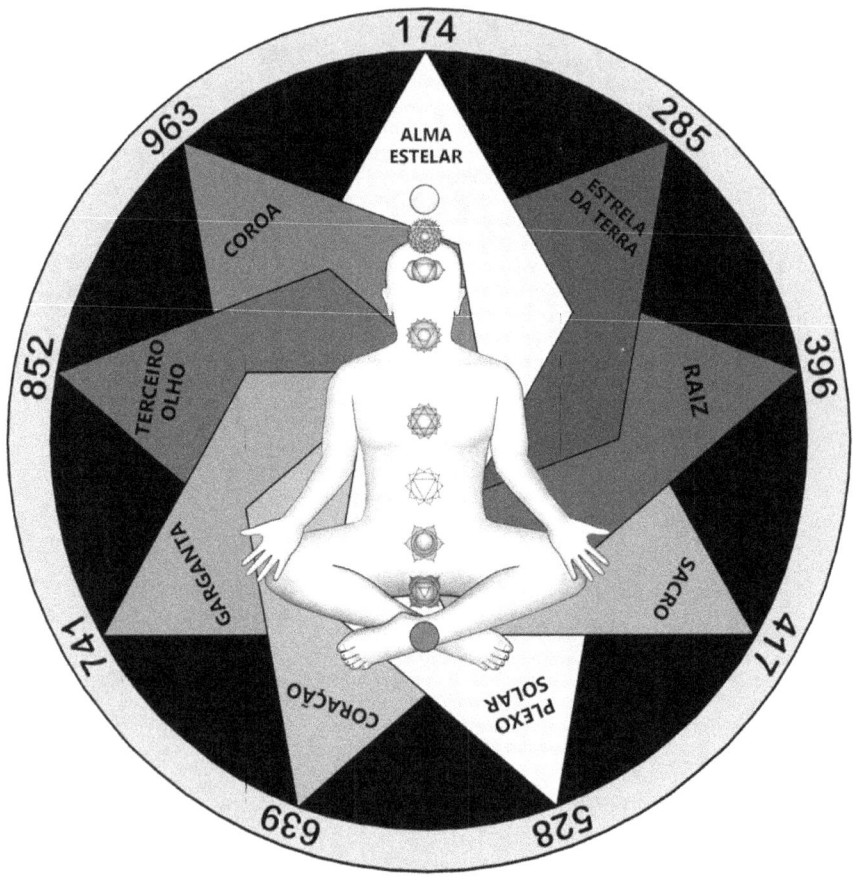

Figura 75: Frequências do Sagrado Solfejo e os Chakras

174 Hz/ Alma Estelar
Sendo a vibração mais baixa na escala do Sagrado Solfejo, a vibração de 174 Hz atua como uma anestesia energética - qualquer dor no corpo físico ou na Aura será difundida por ela. A sua baixa vibração calmante dá aos nossos órgãos uma sensação de segurança

e amor, e devolve-os ao seu estado ótimo. Faz-nos sentir confortados e alimentados pelo aumento da nossa ligação com o Chakra da Alma Estelar.

285 Hz/Estrela da Terra

A frequência de 285 Hz fundamenta a consciência para a Mãe Terra, uma vez que esta tem uma relação íntima com o Chakra Estrela da Terra. Esta frequência específica aborda quaisquer buracos na Aura e desequilíbrios nos Chakras. Ajuda a reparar tecidos danificados, enviando mensagens aos campos de energia correspondentes, dizendo-lhes para reestruturarem o tecido e o devolverem à sua forma original. 285 Hz é a frequência de escolha para muitos curandeiros de energia.

396 Hz/Muladhara

Como está relacionado com Muladhara, o Chakra da Raiz, frequência de 396 Hz é utilizado para realizar os nossos objetivos na vida. A sua energia sintoniza-nos com o Elemento Terra, que a consciência utiliza para manifestar os nossos desejos na realidade. Uma vez que fundamenta as emoções e pensamentos, o Elemento Terra fundamenta também a nossa culpa, medo e trauma. O 396 Hz é uma frequência libertadora que cria um poderoso campo magnético que elimina quaisquer obstáculos à realização.

417Hz/Swadhisthana

Esta frequência particular alivia a tensão e o stress e facilita a mudança positiva e a criatividade. Está associada ao Swadhisthana, o Chakra Sacral, correspondendo ao Elemento Água. Tem um efeito purificador sobre as emoções ao eliminar as influências destrutivas de eventos passados armazenados no subconsciente. 417 Hz reestrutura o ADN para funcionar da melhor forma possível, limpando crenças limitadoras que nos impedem de ser a melhor versão de nós próprios. A nível físico, esta frequência aumenta a mobilidade física, aliviando o aperto nas articulações e músculos à medida que recebemos um influxo da energia do Elemento Água. 417 Hz é um Elemento de Limpeza da Alma que inicia o processo de nos sintonizar com a Luz.

528 Hz/Manipura

Uma vez que está relacionada com o Chakra do Plexo Solar (Manipura) e o Elemento de Fogo, a frequência de 528 Hz está preocupada com a transformação a todos os níveis. Ao otimizar a nossa energia e vitalidade de Vida, esta frequência traz uma maior consciência, clareza de espírito, inspiração e imaginação. Dá-nos a energia bruta para expressões criativas e deixa-nos entusiasmados com as oportunidades da vida. A frequência de 528 Hz tem sido ligada à reparação do ADN e à ligação das vias neurais no cérebro. Abre ainda mais o nosso coração ao poder da Luz e traz-nos experiências espirituais profundas e milagres nas nossas vidas. Esta frequência ajuda a neutralizar a ansiedade e a dor física, ao mesmo tempo que facilita a perda de peso.

639 Hz/Anahata

Esta frequência está relacionada com Anahata, o Chakra do Coração, e o Elemento Ar. Mais conhecida como a frequência do amor e da cura, 639 Hz ajuda-nos a criar relações interpessoais harmoniosas nas nossas vidas, seja com a família, amigos, ou parceiros românticos. A frequência inspira compaixão, criando ligações profundas e profundas com os outros. Aumenta a tolerância, a paciência, a compreensão e a comunicação. Nas relações românticas, a frequência de 639 Hz permitir-nos-á tornarmo-nos vulneráveis, o que melhora a intimidade. A nível mental e emocional, esta frequência é muito curativa, uma vez que nos permite sintonizar com as nossas Almas e afastar-nos do Ego e das suas inibições.

741 Hz/Vishuddhi

Esta frequência trata do empoderamento e de falar a própria verdade. Uma vez que está relacionada com Vishuddhi, o Laríngeo Chakra, a frequência de 741 Hz melhora a comunicação ao facilitar o pensamento claro e a fala, o que aumenta a autoconfiança. Além disso, esta frequência traz consigo um influxo do Elemento Espírito que nos permite sintonizar com a nossa intuição e o nosso Eu Superior. Fazê-lo leva a uma vida mais simples e mais saudável, repleta de novas oportunidades. A nível físico, a frequência de 741 Hz provoca uma mudança na dieta em direção a alimentos com toxinas nocivas. Além disso, esta frequência tem sido conhecida por eliminar quaisquer infeções bacterianas, virais e fúngicas no corpo.

852 Hz/Ajna

Como está relacionado com Ajna Chakra, o Olho da Mente, esta frequência tem a ver com visão interior, intuição, sonhos profundos (muitas vezes lúcidos), consciência, e cortar através de ilusões. Ao trazer um influxo do Elemento Espiritual, a frequência de 852 Hz permite-nos reconectar com o pensamento Espiritual e experiências místicas. Traz ordem às nossas vidas ao estabelecer uma ligação com o Eu Superior, para que este possa comunicar facilmente com a nossa consciência. Como tal, a frequência de 852 Hz dá-nos uma compreensão mais profunda dos mistérios da Criação. Transforma o ADN e eleva a sua vibração, sintonizando-nos assim plenamente com a Luz e as nossas Almas.

963 Hz/Sahasrara

Esta frequência particular corresponde ao Sahasrara, o Chakra da Coroa, e trata da Unicidade. Liga-nos à Consciência Cósmica e à Quinta Dimensão, resultando em experiências diretas dos Planos Espiritual e Divino. Como a frequência de 852 Hz nos deu uma compreensão das verdades interiores relativas à nossa realidade, a frequência de 963 Hz transmite-nos a sabedoria e o conhecimento universal. Através desta frequência, os Mestres Ascensos podem fazer contato com a nossa consciência e ensinar-nos através da Gnose. Também não é raro canalizarmos informação recebida de Planos superiores. A frequência de 963 Hz dá-nos a ligação mais substancial com o nosso Eu Superior, aproximando-nos da Mente do Criador.

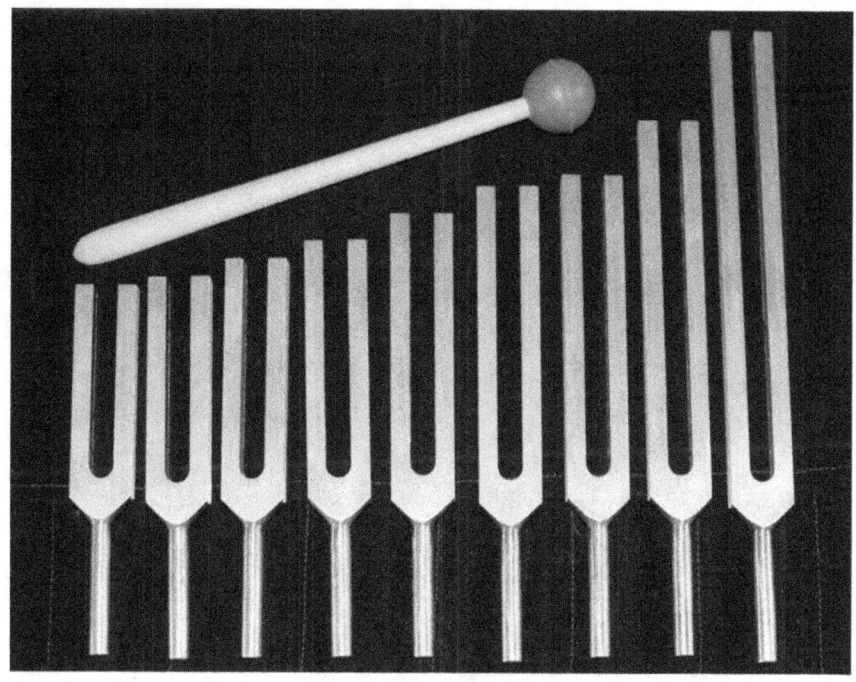

Figura 76: Garfos de Afinação do Sagrado Solfejo

Método de Cura dos Garfos Sagrados Solfejo Tuning

O exercício seguinte deve ser utilizado com os Garfos Sagrados Solfejo Tuning não ponderados, embora se possa utilizar qualquer conjunto de Garfos Tuning não ponderados com uma escala descendente, como o Conjunto de Espectro Harmónico I descrito. A ideia é começar com a frequência mais baixa e avançar para cima na escala até terminar com a frequência mais alta. Este método de cura é simples de completar, uma vez que apenas requer que se oiça as vibrações dos Garfos de Afinação (Figura 77).

Pode realizar este exercício sobre si próprio ou sobre outra pessoa. A pessoa que aceita a cura deve estar sentada ou deitada. Comece por acalmar as suas energias interiores e entrar num estado de espírito meditativo. Este método de cura tem duas sequências diferentes que podem ser realizadas várias vezes no dia, embora não simultaneamente.

Na primeira sequência, deve ouvir cada Solfejo Sagrado uma de cada vez, desde a frequência mais baixa (174Hz) até à mais alta (963Hz). Coloque primeiro o garfo vibrador pelo ouvido esquerdo (0,5-1 polegada de distância) e ouça o seu som sem ser perturbado durante vinte segundos. Terá de bater o garfo pelo menos duas vezes desde que o som se apague ao fim de dez segundos. Depois, coloque o diapasão vibratório ao lado do ouvido direito e ouça vinte segundos antes de passar para o diapasão seguinte em sequência.

Trabalhar através da escala ascendente, repetindo o mesmo processo até terminar com a frequência de 963Hz, completando assim a escala.

Na segunda sequência, ouvem-se dois garfos de afinação simultaneamente, um por cada ouvido, seguindo a sua ordem na escala. Comece com os 174Hz e os 285Hz, colocando um pela orelha esquerda e o outro pela direita. Em seguida, trocar de orelha. A seguir, pegar nos 285Hz e 396Hz e repetir o processo. E assim por diante, até ter terminado com as frequências de 963Hz e 174Hz, completando assim o ciclo. Passe alguns minutos em silêncio após cada sequência, meditando sobre as energias que invocou antes de terminar completamente o exercício.

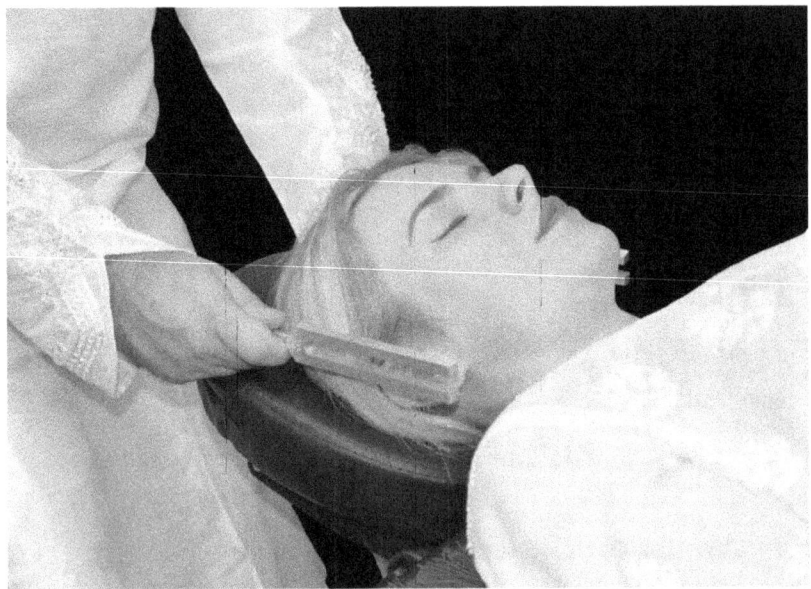

Figura 77: Colocação dos Garfos de Afinação nas Orelhas

***

Não é raro que questões não resolvidas venham à superfície para serem tratadas, como é o caso de qualquer cura energética. Lembre-se, está a afinar os seus Chakras, o que significa que deve curar a energia cármica que eles transportam. Este processo pode ser desagradável para alguns e acolhedor para outros que estão determinados a ultrapassá-lo. Concentre-se em enfrentar os seus problemas, em vez de fugir deles. A cura permanente e duradoura só acontece quando se aceita algo sobre si próprio e se está pronto a fazer uma mudança.

Seria melhor se se tornasse flexível na mudança das suas crenças sobre si próprio e sobre o mundo em que vive. Caso contrário, cada sessão de cura será apenas temporária para si até cair de novo na sua antiga programação. A tua consciência deve alinhar-se com o teu Eu Superior que é da Luz, se desejas realizar e viver o teu verdadeiro potencial Espiritual nesta vida.

TABELA 1: Os Doze Chakras e as Suas Correspondências

Nome do Chakra (Sânscrito & Em Português)	Localização e cor	Elemento, Plano Cósmico	Expressões/ Poderes	Garfo de Afinação Hz- Cosmic/ Musical	Pedras Preciosas
Estrela da Terra, Super Raiz	6 Polegadas Abaixo dos Pés, Preto, Castanho, Magenta	Todos os Elementos, Mapa Etérico/Astral Inferior (Éter)	Fundação Energética, Vidas Passadas, Sensibilização para a Natureza, Registos Akáshicos	68.05, -	Quartzo Fumado, Ónix, Obsidiana Preta, Magnetite
Muladhara, Raiz	Entre Períneo e Cóccix, Vermelho	Elemento Terra, Planeta Astral Inferior (Etérico)	Sobrevivência, Base, Segurança, Fisicalidade, Kundalini (Origem)	194.18, 256.0 & 512.0	Hematita, Turmalina Negra, Jaspe Vermelho, Floco de Neve Obsidiana
Swadhisthana, Sacral	Abdómen Inferior, Laranja	Elemento de Água, Plano Astral Superior (Emocional)	Emoções, Energia do Medo, Mente Subconsciente, Sexualidade, Personalidade (Ego)	210.42, 288.0	Cornalina, Calcite Laranja, Olho de Tigre, Septária
Hara, Umbigo	Umbigo, Âmbar	Todos os Elementos, Avião Astral	Portal Astral, Fonte de Praná, Sustentação, Regeneração	-	Ágata de fogo, Citrina, Pedra do Sol
Manipura, Plexo Solar	Plexo Solar, Amarelo	Elemento Fogo, Plano Mental Superior	Força de vontade, Criatividade, Vitalidade, Motivação, Autoestima, Mente Consciente, Carácter	126.22, 320.0	Âmbar, Citrino Amarelo, Topázio Dourado, Jaspe Amarelo e Opala
Anahata, Coração	Entre Peitos (Centro), Verde	Elemento Ar, Plano Mental Inferior	Pensamentos, Imaginação, Amor, Compaixão, Carinho, Bondade, Cura, Harmonia, Consciência de Grupo	136.10, 341.3	Aventurina Verde, Jade Verde, Malaquite, Quartzo Rosa
Vishuddhi, Garganta	Garganta, Azul	Elemento Espiritual, Plano Espiritual	Comunicação, Inteligência, Autoexpressão, Verdade, Discernimento	141.27, 384.0	Amazonite, Água-Marinha, Ágata de Renda Azul, Topázio Azul, Turquesa, Sodalite, Anidrita
Ajna, Olho da Mente	Entre as Sobrancelhas (Ligeiramente Acima), Índigo	Elemento Espiritual, Plano Espiritual	Clarividência, Intuição, Sentidos Psíquicos, Sonho, Gnose	221.23, 426.7	Lápis Lazúli, Safira, Azurite, Sodalite, Fluorite, Labradorite
Sahasrara, Coroa	Topo da cabeça (Centro), Violeta ou Branco	Elemento Espiritual, Plano Espiritual	Unidade, Deus Eu & Consciência Cósmica (Ligação), Transcendência, Compreensão, Sabedoria	172.06, 480.0	Ametista, Diamante, Quartzo Claro, Quartzo Rutilado, Selenite, Azeztulite
Causal/Bindu	Parte superior e traseira da cabeça (2-3 polegadas para fora), Branco	Todos os Elementos, Plano Espiritual/Divino	União, Ego Morte, Continuidade de Vida, Exploração Cósmica, 4th Dimensão	-	Pedra da Lua, Quartzo Angel Aura, Celestita, Cianite, Herderite
Alma Estelar	15cm Acima da Cabeça, Dourado-Branco	Todos os Elementos, Plano Divino	Eu Solar, Consciência Espiritual, Propósito de Vida, Verdadeira Vontade	272.2,-	Selenite, Cianite, Quartzo Nirvana, Danburite
Portal Estelar	12 polegadas Acima do topo da cabeça, Dourado ou Arco-íris	Todos os Elementos, Plano Divino	Eu Galáctico, Consciência Cósmica & Eu Deus (Fonte), Divindade, Eternidade, 5th Dimensão	-	Moldavite, Calcite de Viga Estelar, Azeztulite, Selenite

AROMATERAPIA

Aromaterapia utiliza extratos naturais de plantas para criar óleos essenciais, incensos, sprays e névoas, que podemos utilizar de forma Espiritual, terapêutica, ritualística, e para fins higiénicos. Esta prática existe há milhares de anos em várias culturas e tradições antigas - registos escritos desde há cerca de 6000 anos mencionam o uso de óleos essenciais.

Na Mesopotâmia Antiga, o berço da civilização, o povo Sumério utilizava óleos essenciais em cerimónias e rituais. Imediatamente depois deles, os antigos egípcios desenvolveram as primeiras máquinas de destilação para extrair óleos de plantas e utilizaram-nos no seu processo de embalsamamento e mumificação. Os egípcios foram também os primeiros a criar perfumes a partir de óleos essenciais, o que ainda hoje fazemos na indústria cosmética.

A vasta gama de fragrâncias de óleo essencial não só tem cheiros agradáveis, como também emite vibrações específicas com propriedades curativas que afetam a nossa consciência quando inaladas através do canal olfativo ou aplicadas diretamente sobre a pele. A medicina Antiga chinesa foi a primeira a utilizar óleos essenciais de forma holística, enquanto os Antigos Gregos utilizavam óleos essenciais topicamente para combater doenças e curar o corpo. Até os Romanos antigos utilizavam óleos essenciais para o seu aroma como parte da higiene pessoal.

Aromaterapia é um excelente método de usar os elementos do mundo natural para curar a mente, corpo e Alma. Os seus benefícios para a saúde incluem aliviar o stress, ansiedade e dor física, melhorar o sono, aumentar a vitalidade, e aumentar os sentimentos de relaxamento, paz e felicidade.

Os óleos essenciais são os extratos de plantas mais utilizados na Aromaterapia, tinturas concentradas feitas de flores, ervas e partes de árvores, como casca, raízes, cascas, e pétalas. As células que dão a uma planta a sua fragrância são consideradas a sua "essência", que se torna um óleo essencial quando extraído de uma planta. Os três principais métodos de extração de óleos essenciais de extratos de plantas são a destilação, a prensagem a frio, e a extração supercrítica de CO_2.

A um nível subtil, os óleos essenciais têm um efeito curativo sobre a Aura e os Sete Chakras. Podem ser utilizados independentemente ou combinados com Cristais, Garfos de Afinação, Mudras, Mantras, e outras ferramentas dadas nesta secção para invocação/manipulação de energia.

UTILIZAÇÃO DE ÓLEOS ESSENCIAIS

Aromaterapia é a cura vibracional baseada em princípios metafísicos e nos benefícios fisiológicos e físicos dos componentes químicos de cada fragrância. Enquanto os Cristais impactam a nossa consciência através do contato físico (toque) e os Garfos de Afinação funcionam através do som, os óleos essenciais funcionam através do nosso sentido de olfato para afetar as nossas energias interiores.

Os três métodos mais populares de utilização de óleos essenciais são a utilização tópica, a difusão e a inalação. A utilização tópica requer a mistura de óleos essenciais com loções ou óleos portadores e a sua aplicação direta sobre a pele. Os óleos essenciais têm poderosos componentes químicos com propriedades antissépticas, antibacterianas e antivirais que são utilizados há séculos para prevenir e tratar doenças quando usados diretamente sobre a pele.

A difusão e a inalação requerem que se use o nariz para respirar o cheiro do óleo essencial para obter um efeito curativo. Ao utilizar óleos essenciais pelas suas propriedades subtis, necessitará de muito menos do que a aplicação tópica. Em geral, quanto menor for a quantidade de óleo que está a ser utilizado, mais potente será o seu efeito subtil.

Na difusão, combinam-se gotas de óleo essencial com água fria numa máquina difusora (Figura 78), libertando gradualmente névoa para o ambiente. Quando difundida, a vasta gama de fragrâncias não só afeta o nosso estado mental e emocional, como também ajuda a remover odores indesejados da atmosfera circundante e a purificá-la de contaminantes nocivos.

A utilização de óleos essenciais é geralmente segura, embora possam ocorrer alguns efeitos secundários, incluindo irritação dos olhos, pele e nariz. Estes são extratos "concentrados" onde é necessária uma enorme quantidade de matéria vegetal para fazer apenas uma gota de óleo essencial, e cada gota contém os componentes químicos condensados de todas as plantas que entraram na mesma. Por conseguinte, a utilização de demasiado óleo essencial pode causar efeitos adversos, tal como a utilização de demasiados medicamentos.

Além disso, algumas fragrâncias podem causar reações alérgicas suaves em pessoas com sensibilidades às plantas. Como tal, a inalação é o método mais utilizado pelos profissionais da cura, o que requer cheirar o óleo essencial diretamente do frasco para obter os efeitos desejados. Dá um controlo completo sobre a quantidade da fragrância que desejam inalar, tornando-o o método de aplicação de óleos essenciais de mais baixo risco durante uma sessão de cura. Por exemplo, se alguém tiver uma reação alérgica com um difusor, poderá ter de deixar o espaço por completo, parando assim ou mesmo tendo de terminar a sessão de cicatrização.

Os óleos essenciais também podem ser usados para preparar um banho aromático como parte de um processo ritual de limpeza. Utilizar apenas seis a oito gotas de um óleo essencial em banhos rituais e combinar com velas em cores correspondentes ao efeito que se está a tentar produzir. Tenha em mente que a intenção é fundamental, por isso escolha cuidadosamente o nosso óleo essencial e pratique com atenção enquanto estiver no banho. Os banhos rituais são uma excelente forma de limpar as suas energias e devem ser realizados frequentemente, especialmente como precursor da meditação, Magia Cerimonial, Ioga, e outras práticas de Cura Espiritual.

Há algumas precauções a ter em conta com a utilização de óleos essenciais. Por exemplo, os óleos essenciais nunca devem ser engolidos. Certos óleos são considerados tóxicos quando ingeridos, o que pode causar danos ao corpo e aos órgãos. Por esta razão, certifique-se de manter todos os seus óleos essenciais fora do alcance das crianças. Em segundo lugar, as mulheres grávidas devem evitar o uso de óleos essenciais, especialmente durante o primeiro trimestre. O mesmo se aplica a crianças com menos de seis anos de idade. E por último, não é recomendado o uso de óleos essenciais em animais, porque estes poderiam ter reações adversas à potência de algumas fragrâncias e até morrer. Por exemplo, a utilização de óleos essenciais em aves pode revelar-se fatal em muitos casos.

Figura 78: Óleos Essenciais e um Difusor

COMO FUNCIONAM OS ÓLEOS ESSENCIAIS

As fragrâncias de óleo essenciais utilizam o ar à nossa volta como meio de transmissão para transportar moléculas para a passagem nasal (Figura 79), desencadeando assim uma resposta emocional. Ao mesmo tempo, as partículas do óleo essencial são entregues aos pulmões a cada respiração onde entram na corrente sanguínea, afetando diretamente o sistema nervoso e outros órgãos. Como tal, a Aromaterapia está diretamente associada com o Elemento Ar. Contudo, uma vez que o nosso olfato está ligado ao nosso Sistema Límbico, que regula as emoções, comportamentos, memórias e memória, a Aromaterapia também tem uma relação com o Elemento Água.

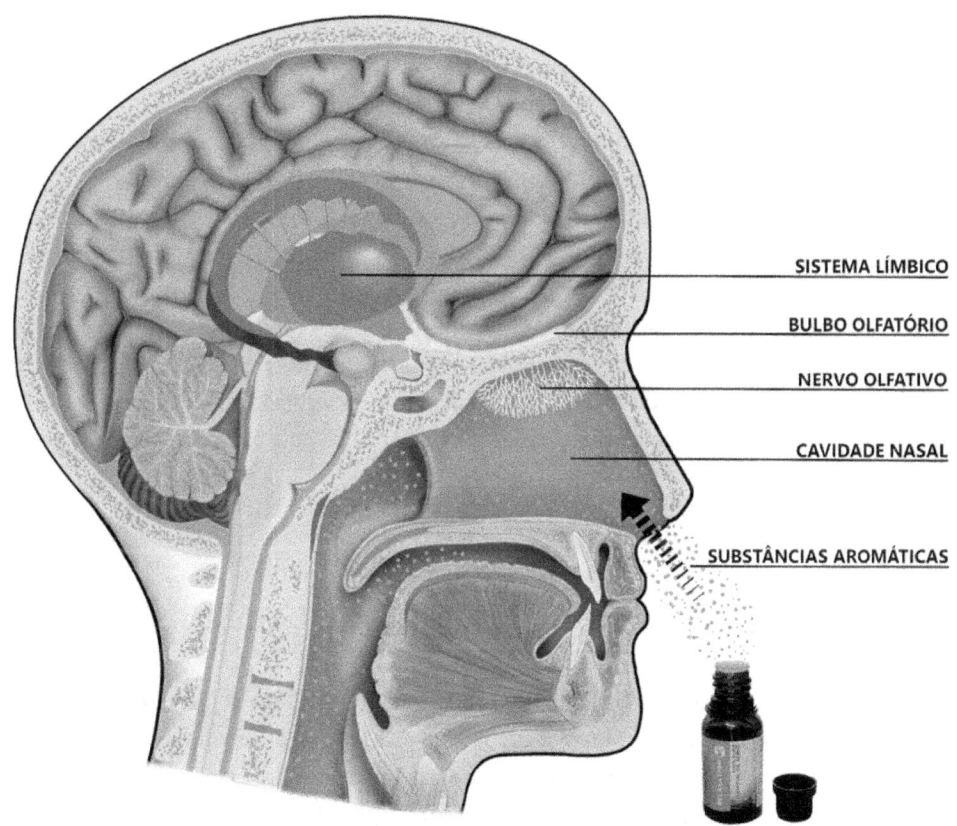

Figura 79: Aromaterapia e o Sistema Límbico

Existe uma relação simbiótica entre os Elementos Água e Ar, demonstrada pelos processos da natureza. Por exemplo, a molécula da água (H_2O) contém uma parte de oxigénio. Esta estreita relação encontra-se também nos nossos processos mentais, uma vez que cada vez que experimentamos um sentimento (Elemento Água), um pensamento (Elemento Ar) o precede.

Na escola de Samkhya (também soletrada Sankhya) de filosofia indiana, o olfato está associado ao Elemento Terra, que se enquadra neste caso, uma vez que as plantas são sólidos orgânicos que provêm da Terra. Contudo, podemos alterar o estado sólido das plantas com a aplicação do calor e transformá-las em formas líquidas para criar tinturas de óleo essenciais. Mas não podemos alterar o estado sólido dos Cristais, razão pela qual as suas energias são mais densas do que as energias das fragrâncias de Aromaterapia.

Os aromas da aromaterapia são conhecidos por ativar velhas memórias e restaurar as nossas emoções ao seu estado pacífico. Muitas fragrâncias são também conhecidas por melhorar o nosso humor geral, uma vez que estimulam o Hipotálamo a enviar mensagens para a Glândula Pituitária para criar produtos químicos cerebrais de bom gosto como a serotonina. Quando estamos calmos e felizes, a mente torna-se tranquila, elevando a vibração da nossa consciência. Por esta razão, queimar incenso ou difundir óleos é benéfico antes de iniciar a meditação, pois limpa o espaço e acalma-nos, permitindo-nos ir mais fundo dentro de nós próprios.

Quando aplicamos óleos essenciais topicamente, enquanto o cheiro entra nos pulmões e nas narinas, ainda mais moléculas são absorvidas diretamente na pele, proporcionando benefícios físicos imediatos. Além disso, podemos utilizar a aplicação tópica de óleos essenciais para curar problemas relacionados com a pele, incluindo a cura de uma erupção cutânea ou de uma ferida menor, a paragem de uma infeção, o aliviar da dor de uma queimadura solar, ou aliviar a comichão das picadas de insetos. Os massagistas gostam de utilizar óleos essenciais diretamente sobre a pele para relaxar os músculos e gerir a dor.

ÓLEOS ESSENCIAIS PARA OS SETE CHAKRAS

Cada Chakra tem propriedades únicas que correspondem a certos óleos essenciais. Portanto, podemos utilizar óleos essenciais no corpo para promover o funcionamento equilibrado do Chakra. O método descrito abaixo pode ser utilizado num Chakra de cada vez para otimizar o seu fluxo energético ou em múltiplos Chakras que necessitem de cura. Também se pode aplicar este método a todos os Sete Chakras ao mesmo tempo para trazer alinhamento a todo o sistema Chakras. No entanto, como os óleos essenciais têm de ser aplicados no corpo onde se encontram os Chakras, não podemos visar os Chakras Transpessoais com este método de aplicação particular.

Ao utilizar óleos essenciais para curar e equilibrar os Chakras, nunca os aplique diretamente sobre a pele sem os diluir primeiro com um óleo veicular. As misturas de óleos essenciais melhoram e maximizam os efeitos terapêuticos e medicinais. Há uma variedade de óleos veiculares que pode utilizar para fazer misturas essenciais para os Chakras, incluindo óleo de jojoba ou óleo de coco fracionado. A proporção a ter em conta é de duas a três gotas de um óleo essencial por cada colher de chá de óleo veicular. As misturas de óleo essencial são mais bem aplicadas com uma garrafa standard de 10ml. Se estiver a usar um tipo diferente de garrafa, pode usar o dedo para aplicar o óleo em vez disso.

Para aplicar uma mistura de óleo essencial, esfregar um pouco na parte frontal ou traseira do corpo onde se encontra o Chakra. Use apenas o suficiente para cobrir uma área de cerca de 1,5"-2" de diâmetro. Uma vez aplicado, pode deixá-lo no seu corpo durante todo o dia para obter o máximo de efeitos terapêuticos. A única forma de parar a influência curativa contínua da(s) mistura(s) essencial(is) é lavá-los do seu corpo com um sabonete forte, embora alguma da mistura se prolongue normalmente na superfície da pele.

Tenha em mente que, uma vez aplicada a mistura de óleo essencial durante mais de uma hora, já terão ocorrido mudanças na sua energia, embora a sua consciência possa precisar de mais tempo para as integrar. Por conseguinte, ajuda a meditar imediatamente após a aplicação para acelerar o processo de integração.

Utilize a Tabela 2 para encontrar o(s) óleo(s) essencial(ais) mais apropriado(s) para usar em cada Chakra. Alguns óleos essenciais têm um efeito energizante num Chakra, enquanto outros têm um efeito calmante. Os óleos de equilíbrio são bons para trazer os Chakras ao equilíbrio, quer sejam pouco ativos ou hiperativos. Quando o Chakra está sub ativo, a vibração emitida pelo óleo essencial escolhido acelerará a rotação do Chakra, devolvendo-o à sua velocidade ótima. Quando está hiperativo, a vibração abrandará a rotação do Chakra e pô-lo-á em equilíbrio.

Utilize um óleo de transporte para fazer uma mistura de óleo essencial para cada Chakra em que deseja trabalhar. A sua intenção é da maior importância, uma vez que é para ser consistente e seguir as correspondências dadas na Tabela 2. Pode fazer uma coleção de misturas de óleo essencial para a cura do Chakra desta forma, que poderá utilizar nas suas futuras sessões de cura.

Também pode fazer misturas únicas de óleos múltiplos, desde que correspondam ao Chakra que está a visar e se está a tentar energizá-lo, acalmá-lo ou equilibrá-lo. Por exemplo, se estiver a fazer uma mistura de 10ml de óleo (duas colheres de chá) para equilibrar um Muladhara Chakra hiperativo, deverá utilizar quatro a seis gotas de óleo essencial de uma combinação de óleos calmantes pertencentes apenas a este Chakra. Experimente misturar as misturas de óleos essenciais utilizando a tabela abaixo para referência.

TABELA 2: Óleos Essenciais Para os Sete Chakras

Nome do Chakra (Sânscrito & Português)	Óleos Energizantes	Óleos Calmantes	Equilíbrio de Óleos	Aplicação no Corpo (Frente / Costas)
Muladhara, Raiz	Canela, Cardamomo, Pimenta Preta, Gengibre, Cipreste	Vetiver, Patchouli, Cedro, Mirra, Manjericão	Sândalo, Incenso, Gerânio	Entre o Períneo e o Cóccix, Fundo dos Pés, ou Ambos
Swadhisthana, Sacral	Laranja, Mandarim, Limão, Bergamota	Pau-Rosa, Ilang-Ilang, Sálvia Sclarea, Néroli	Néroli, Jasmim, Helichrysum, Sândalo, Elemi	Abdómen Inferior (abaixo do umbigo), Costas Inferiores, ou Ambos
Manipura, Plexo Solar	Toranja, Limão, Capim-Limão, Gengibre, Tília, Zimbro	Vetiver, Bergamota, Funcho, Alecrim	Pimenta Preta, Almíscar, Helichrysum	Plexo Solar, Costas Médias, ou Ambos
Anahata, Coração	Palmarosa, Pinheiro, Pau-Rosa, Bergamota	Rosas, Manjerona, Cedro, Eucalipto	Jasmim, Melissa, Sândalo, Gerânio	Entre Peitos (Centro), Costas Superiores, ou ambos
Vishuddhi, Garganta	Hortelã-pimenta, Cipreste, Limão, Hortelã-lima, Sálvia	Camomila Romana, Manjericão, Alecrim, Bergamota	Coentros, Gerânio, Eucalipto	Meio da Garganta, Costas do Pescoço, ou Ambos
Ajna, Olho da Mente	Sálvia sclarea, Pinheiro, Alfazema, Sândalo mirra, Zimbro	Camomila alemã, Manjericão, Patchouli, Cedro, Tomilho	Incenso de Frank, Helichrysum, Jasmim	Entre as Sobrancelhas, Costas da Cabeça, ou Ambos. Também, Meio da Testa (Quinto Olho)
Sahasrara, Coroa	Lavanda, açafrão, Pau Santo	Pau-Rosa, Tomilho, Madeira de Cedro, Néroli, Lótus	Incenso, Mirra, Helichrysum, Sândalo	Topo da cabeça (centro)

O TATTVAS

Tattva, ou Tattwa, é uma palavra sânscrita que significa "princípio, "verdade", ou "realidade". Significa "aquilo", que pode ser ainda mais entendido como a "essência que cria o sentimento de existência". "Nos *Vedas*, Tattvas são fórmulas sagradas ou princípios da realidade que denotam a identidade do Eu individual e de Deus - o Criador. Eles representam o corpo de Deus, que é o próprio Universo, e o nosso próprio corpo que experimenta a natureza através da consciência.

Existem cinco Tattvas primários (Figura 80), representando a essência da natureza que se manifesta como os Cinco Elementos. Os cinco Tattvas são conhecidos como Akasha (Espírito), Vayu (Ar), Tejas (Fogo), Apas (Água), e Prithivi (Terra). Os primeiros quatro Tattvas (Prithivi, Apas, Tejas, Vayu) representam modos ou qualidades da energia solar de Prana em vários graus de vibração. São uma consequência das emanações de Luz e som, que se fundem no Tattva final, ou princípio-Akasha, o Elemento Espírito/Etérico.

Os Tattvas são primordiais e simples na forma; assumem as cinco formas principais dentro da gama da perceção humana - quadrado, lua crescente, triângulo, círculo, e ovo. Os Tattvas são apresentados em cartões com um fundo branco que realça a sua forma e cor. São classificados como "Yantras" - ferramentas para concentração mental e meditação. Os Yantras são diagramas místicos da tradição tântrica e da religião indiana que vêm em muitas formas e configurações geométricas, muitas vezes muito complexas. Para além de os usar como instrumentos de meditação, os hindus usam frequentemente Yantras para adorar as Divindades nos Templos ou em casa. Também os usam como talismãs para proteção ou para trazer boa sorte.

Os Tattvas são talvez os Yantras mais simples que existem. Na simplicidade das suas formas e cores, porém, reside o potencial de fazer uma poderosa ligação com os Cinco Elementos primordiais que existem a um nível Microcósmico. Como tal, podemos obter uma ligação ao nível Macrocósmico - "O que está Acima é como o que está Abaixo". Portanto, ao dominarmos os Elementos dentro de nós próprios, desenvolvemos a capacidade de alterar e mudar a realidade com os nossos pensamentos, tornando-nos mestres manifestantes.

Kundalini Shakti é a forma mais subtil de energia (feminina) e uma parte inseparável da consciência pura (masculina)-representada pelo Senhor Shiva, consorte de Shakti. Embora a energia e a consciência se tenham separado e diversificado para dar origem à

Criação, estão sempre a esforçar-se por se reunirem de novo. Este processo é exemplificado pela energia Kundalini que sobe da base da coluna vertebral até ao topo (Coroa) da cabeça.

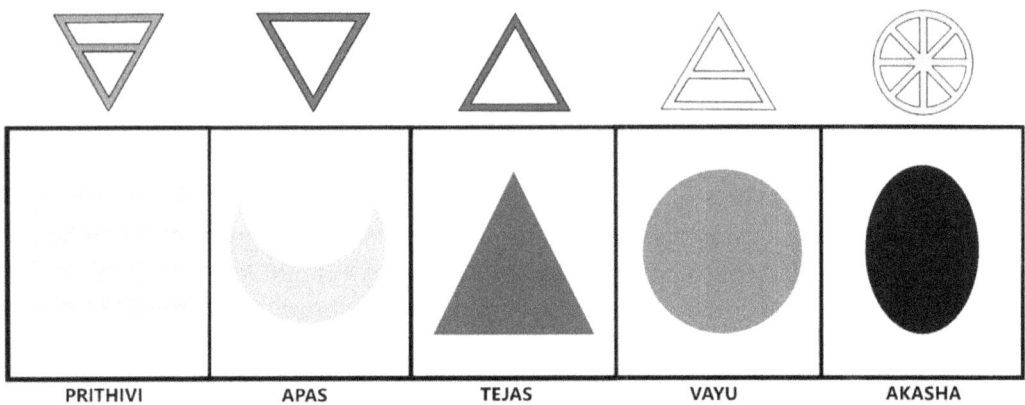

Figura 80: Os Cinco Tattvas Maiores

O objetivo de um despertar Kundalini não é apenas o Iluminismo para o indivíduo em cujo corpo este processo tem lugar, mas para Shakti e Shiva reviverem a unidade cósmica a partir da qual evoluíram. Contudo, à medida que a Kundalini se eleva, o indivíduo experimenta o pleno despertar e infusão da Luz nos Sete Chakras, cujas energias podem ser decompostas nos Cinco Elementos, representados pelos cinco Tattvas primários. Como tal, ao trabalhar com os Tattvas, está a trabalhar na afinação dos seus Chakras e na cura da energia cármica neles contida.

O PROCESSO DE CRIAÇÃO

Durante o processo de Criação, a Luz Branca infinita diminuiu gradualmente a sua vibração, manifestando os Cinco Elementos em fases sucessivas. Cada um dos cinco Tattvas primários representa um dos processos criativos, começando pelo Espírito, seguido pelo Ar, Fogo, Água, e depois a Terra como materialização final da Criação. De acordo com os Mistérios Esotéricos Orientais e Ocidentais sobre este assunto, cada Elemento (Tattva) faz parte de uma série ligada na qual cada Elemento sucessivo (Tattva) é derivado do seu predecessor. Além disso, todos os Tattva devem ser considerados como uma extensão da consciência pura e não como princípios individuais que existem separadamente.

O primeiro Tattva, Akasha (Espírito), é uma amálgama de energia e Matéria que contém uma quantidade infinita de energia potencial no Mar da Consciência. Quando a energia de Akasha começou a vibrar no processo de evolução, criou movimento que manifestou o Tattva Vayu (Ar). As partículas de Vayu têm a máxima liberdade de movimento, uma vez que o Ar é o menos ténue dos Quatro Elementos inferiores. À medida que o processo criativo continuou, o movimento perpétuo de Vayu gerou calor, provocando a emergência do próximo Tattva, Tejas (Fogo).

Uma vez que o movimento da energia do Tejas era inferior a Vayu, permitiu-lhe expelir parte do seu calor irradiante, que arrefeceu para criar o Apas Tattva (Água). Com o Apas, o Espírito, o Ar e as partículas de Fogo ficaram confinadas no espaço apertado, com movimento limitado, mas fluido. No entanto, à medida que a vibração da Criação diminuía ainda mais, o Apas solidificou-se no Tattva Prithivi (Terra), a etapa seguinte e final do processo de Criação. Prithivi é o equivalente da Sephiroth Malkuth na Árvore da Vida, representando o Mundo da Matéria, a realidade física.

É de notar que durante o processo criativo, estados subtis deram origem a estados mais grosseiros, mais densos e com menor vibração do que o estado anterior. Quanto maior for a vibração, maior será o estado de consciência e o Elemento a que corresponde. Tenha também em mente que a causa é uma parte essencial do efeito. A Terra contém os Elementos da Água, Fogo, Ar e Espírito, uma vez que evoluiu a partir deles, enquanto o Espírito não o faz, uma vez que precede todos os Elementos.

Descrevi em *The Magus* que quando se trabalha com a energia de um Elemento, quando se termina o seu processo de Alquimia Espiritual, o próximo Elemento em sequência revela-se diante de si. Portanto, não existe uma linha ténue onde um Elemento termina e o outro começa, mas todos os cinco estão ligados como parte de uma sequência.

Notará que a sequência oriental de emanação dos Elementos é ligeiramente diferente da ocidental - o Elemento Ar vem imediatamente após o Espírito, em vez do Elemento Fogo. De acordo com o sistema Espiritual Oriental, o Elemento Ar é menos denso e mais etéreo que o Fogo, pelo que os Rishis Antigos colocam o Ar antes do Fogo na sequência de manifestação da Criação. Discutirei esta variação entre os sistemas oriental e ocidental em profundidade na seguinte secção de Ioga, especificamente no capítulo "Os Cinco Koshas".

O SISTEMA DOS TRINTA TATTVAS

Cada um dos cinco Tattvas tem cinco Tattvas inferiores que se relacionam com os diferentes aviões dos Tattva principais a que pertencem. Por exemplo, um Tattva de Fogo tem cinco Subelementos: Fogo de Fogo, Espírito de Fogo, Água de Fogo, Ar de Fogo, e Terra de Fogo. Ao trabalhar com os Subelementos do Tattva, temos uma forma mais precisa de sintonizar a energia exata que desejamos.

As principais energias que afetam o nosso Sistema Solar, Planetário, e Zodiacal, podem ser todas decompostas em Subelementos, correspondendo a diferentes partes do Eu.

Relacionam-se com os caminhos de ligação da Árvore da Vida (Cartas de Tarô) e energias que filtram um estado de consciência em outro. Estes estados de consciência são dez em número, representados pelas dez Esferas da Árvore da Vida na Qabalah.

Existem seis principais escolas de pensamento sobre a filosofia Tattva na Índia. O sistema Tattva original foi desenvolvido pelo Sábio Védico Kapila no século VI a.C. como parte da sua filosofia Samkhya, que influenciou fortemente a ciência do Ioga. A filosofia Samkhya utiliza um sistema de vinte e cinco Tattvas, enquanto o Shaivismo reconhece trinta e seis Tattvas. A Ordem Hermética do Amanhecer Dourado utiliza o sistema dos trinta Tattvas, uma vez que esta decomposição particular corresponde aos Elementos e Subelementos encontrados na Árvore da Vida da Qabalah. Este sistema inclui os cinco Tattvas primários e os vinte e cinco Tattvas Elementares inferiores (Figura 81). Considerando que tenho a mais vasta experiência com este sistema em particular, é a que irei aderir neste livro.

Uma vez que trabalhar com Tattvas requer o nosso sentido de visão que percebe cores e formas no ambiente, esta modalidade de cura vibracional está associada com o Elemento de Fogo e o Plano Mental Superior. Assim, permite-nos ir mais fundo dentro de nós próprios do que com outras modalidades de cura apresentadas neste livro. E uma vez que o Fogo depende do Ar para o seu sustento, existe uma componente do Elemento Ar também no trabalho com o Tattvas, correspondendo com o Plano Mental Inferior.

Portanto, o Plano Mental que utiliza a nossa força de vontade e pensamentos é o nosso ponto de contato para alcançar os Planos Cósmico Superior e Inferior, representados pelos Tattvas. Além disso, esta relação simbiótica entre os Elementos do Fogo e do Ar é evidente nos processos da natureza. Por exemplo, o fogo físico, ou chama, requer oxigénio para o seu sustento; sem ele, morre. Da mesma forma, a intenção e a força de vontade não podem ter êxito em qualquer empreendimento sem pensamentos e imaginação.

Como mencionado anteriormente, trabalhar com os Tattvas é semelhante a trabalhar com os Elementos através de exercícios rituais de Magia Cerimonial apresentados no *The Magus*. No entanto, a Magia Cerimonial lida principalmente com invocações, ou chamando em particular energias do Universo exterior para a sua Aura, enquanto trabalhar com os Tattvas constitui como uma evocação, o que significa que acede ou "atrai" um tipo específico de energia dentro de si para introspeção.

Assim, os exercícios rituais de Magia Cerimonial invocam uma quantidade mais significativa de energia Elemental na Aura enquanto os Tattvas apenas trabalham com as nossas energias interiores, naturais.

Contudo, a vantagem do Tattva sobre os exercícios rituais de Magia Cerimonial é que se pode neutralizar os Subelementos sem esforço usando os respetivos cartões Tattva (Yantras). Em contraste, os únicos exercícios rituais em Magia Cerimonial que lhe permitem alcançar o mesmo objetivo são as Chaves de Enoque que são muito avançadas e carregam muita energia Cármica específica dessa egrégora. Deixei notas de aviso em várias páginas de *The Magus* relativas ao trabalho com Magia de Enoque porque requer mais de uma dúzia de meses de preparação com outras invocações Elementares mais básicas. Com os Tattvas Elementares Inferiores, no entanto, é possível saltar diretamente para dentro.

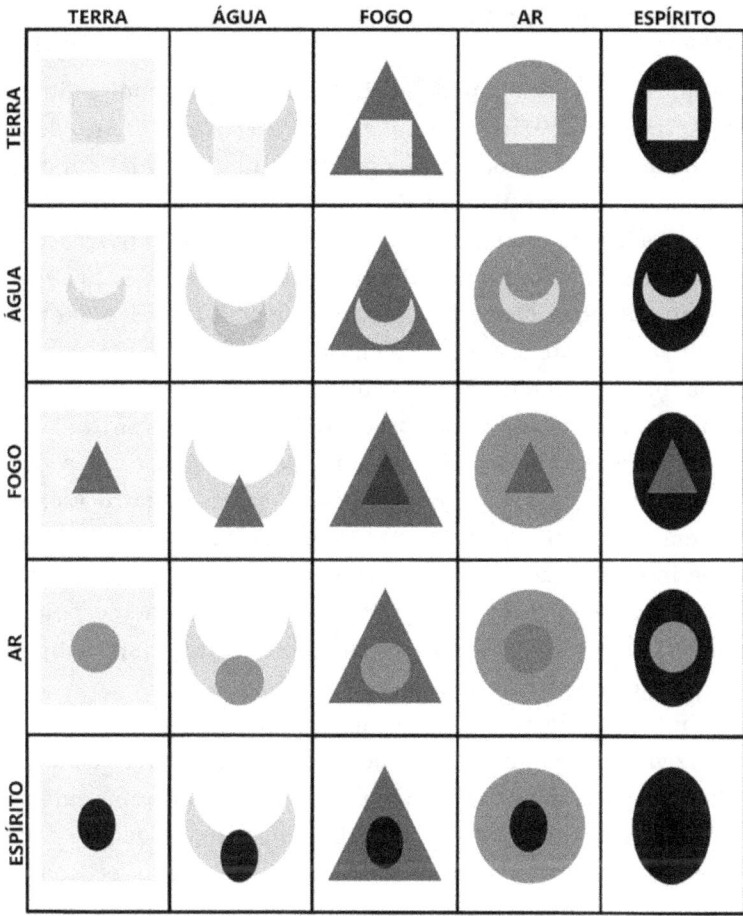

Figura 81: Os Vinte e Cinco Tattvas Elementares Inferiores

OS CINCO TATTVAS MAIORES

Akasha Tattva (Elemento Espiritual)

O primeiro Tattva, Akasha, corresponde com o Elemento Espiritual. O Akasha representa o vazio do espaço, o "Aethyr", simbolizado por um ovo preto ou índigo. Espírito e "Aethyr" são termos permutáveis que significam a mesma coisa - o Akasha. O negro do Akasha reflete a escuridão do vazio, que podemos ver no vasto espaço entre os corpos celestes (Estrelas e Planetas) no Universo. Quando fechamos os olhos, vemos também mentalmente esta mesma escuridão do espaço perante nós, o que implica que o Akasha também está dentro de nós. Embora a escuridão seja a ausência de Luz, ela contém todas as cores do espectro dentro de si mesma. Como tal, ela é infinita em potencial e alcance. Por exemplo, um buraco negro no Universo contém mais massa do que milhões de Estrelas combinadas.

Akasha é equiparado ao princípio da Luz Branca que se estende infinitamente em todas as direções. Os hermetistas referem-se a ele como a Primeira Mente de Deus - o Criador (O Todo). Outro nome é a "Mónada", que significa "singularidade" em grego. A escuridão do espaço é apenas um reflexo da Luz Branca a nível físico, manifestada pela Segunda Mente, que foi gerada (nascida) pela Primeira Mente através do processo de diferenciação. Embora não possamos entrar na Primeira Mente enquanto vivemos, podemos experimentar o seu potencial despertando a Consciência Cósmica dentro de nós (através da Kundalini), que faz a ponte entre a Primeira e a Segunda Mente.

O Universo manifestado, incluindo todas as Galáxias e Estrelas existentes, está contido na Segunda Mente. A matéria é um subproduto da energia Espiritual que é invisível aos sentidos, mas que permeia todas as coisas. Como a essência de tudo, a vibração de Akasha é tão elevada que parece imóvel, ao contrário dos outros Quatro Elementos, que estão constantemente em movimento e podem ser experimentados através dos sentidos físicos. Akasha é matéria indiferenciada, contendo uma quantidade infinita de energia potencial. Por outras palavras, a Matéria e a energia existem no seu estado potencial adormecido dentro do Elemento Espiritual, no próprio coração da Criação. Akasha nunca nasceu, e nunca morrerá. Não pode ser subtraído nem adicionado a ele.

A energia Espiritual da Primeira Mente manifesta-se na Segunda Mente através das Estrelas como Luz visível. No entanto, diz-se que o Espírito viaja mais depressa do que a velocidade da Luz, tendo a maior velocidade conhecida pela humanidade. Isto explicaria porque é que a informação canalizada através da Consciência Cósmica é instantaneamente transmitida em qualquer parte do Universo. E porque é que as pessoas Espiritualmente evoluídas precisam apenas de pensar num objeto ou lugar, e experimentam imediatamente como é ser esse objeto ou estar nesse lugar através do pensamento.

Uma vez que viaja mais depressa que a velocidade da Luz, a energia Espiritual transcende o espaço e o tempo de acordo com a Teoria da Relatividade de Einstein. Como tal, não é raro que pessoas Espiritualmente despertas desenvolvam o sentido de precognição ou presciência, permitindo-lhes ver o futuro através do sentido do sexto (psiquismo). A consciência Espiritual permite um acesso aos Registos Akáshicos.

Na Alquimia Hermética, Akasha é a Quintessência. É totalmente penetrante, uma vez que tudo o que existe evoluiu de Akasha, e para Akasha, tudo acabará por regressar. Akasha relaciona-se com o princípio da vibração sonora. Fornece o meio para o som viajar através do espaço. Akasha é a fonte dos outros Quatro Elementos que evoluíram através do processo de manifestação da Criação.

A energia planetária de Saturno influencia Akasha, exemplificada pelas cores índigo e preto que correspondem a ambas. Na Qabalah, Saturno relaciona-se com a Sephiroth Binah, uma das Supernal que representa o Elemento Espiritual. Binah é a planta astral de tudo o que existe, as formas subtis e etéreas de todas as coisas que são invisíveis aos sentidos físicos, mas que podemos experimentar através do Olho da Mente. A vibração de Akasha só pode ser acedida quando a mente é silenciada, e o Ego é transcendido. Na filosofia Ioga e Hindu, o seu reino de experiência é o Plano de consciência, denominado "Jana Loka", a morada dos mortais libertados que habitam no Reino Celestial.

Akasha é atribuído aos três Chakras de Vishuddhi, Ajna, e Sahasrara (Figura 82). Ao nível do Sahasrara, o Akasha é melhor expresso pelo símbolo Infinito, uma figura oito do seu lado, representando o conceito de Eternidade e sem limites. Ao nível da Ajna, Akasha é mais bem simbolizada pelo símbolo taoista Yin/Yang, representando a dualidade, as forças femininas e masculinas, Ida e Pingala, que se unem no Ajna Chakra. Vishuddhi é o representante tradicional do Akasha Tattva no Tantra e Ioga, no seu nível mais acessível que o liga aos Elementos inferiores e Chakras.

O Bija Mantra de Akasha é "Presunto". "(Mais sobre os Bija Mantras na secção seguinte sobre Ioga.) Experimentar a energia do Akasha Tattva assemelha-se ao efeito das invocações rituais do Elemento Espiritual e da energia de Saturno, embora esta última possa ser mais bem descrita como o aspeto terrestre do Akasha. Os subelementos do Akasha são Espírito do Espírito, Fogo do Espírito, Água do Espírito, Ar do Espírito, e Terra do Espírito.

Vayu Tattva (Elemento Ar)

O texto religioso hindu, *Os Upanishads*, ensina que o primeiro princípio ou Tattva a evoluir de Akasha é Vayu, simbolizado por um círculo azul. "Vayu" vem da mesma palavra raiz sânscrita para "movimento" e é consequentemente atribuído ao Elemento do Ar. Tendo a natureza do vento, Vayu assume uma cor azul do céu límpido.

À medida que o vazio de Akasha foi sendo influenciado pelo movimento durante o processo criativo, foi criada a energia da Luz, manifestando o Vayu Tattva. No entanto, Vayu não é Luz física, mas energia cinética nas suas diversas formas: energia elétrica, química e energia vital (Prana). Como Akasha estava imóvel, Vayu é um movimento que permeia tudo.

Todos os gases no interior da atmosfera terrestre, incluindo o oxigénio, abrangem o Vayu Tattva. Embora invisível a olho nu, Vayu é o primeiro Tattva que pode ser sentido de forma tangível na pele. Como tal, está relacionado com o sentido do tato. A essência de Vayu é expressa através da contração e expansão. No corpo físico, Vayu controla os cinco "ares" vitais chamados Prana Vayus: Prana, Apana, Samana, Udana, Vyana.

Vayu é atribuído a Anahata, o Chakra do Coração. Está relacionado com a mente, pensamentos e imaginação, alimentado pelo processo de respiração - trazendo Prana para o corpo. O movimento constante de Vayu Tattva cria mudanças, causando instabilidade, inconsistência, volatilidade, e volubilidade no indivíduo e no ambiente. Tal é a natureza do Elemento Ar. O seu reino de experiência é o Plano de consciência, denominado "Maha Loka", o lar dos grandes Sábios e Rishis.

O Bija Mantra de Vayu Tattva é "Yam". A sua energia é comparável às invocações rituais do Elemento Ar e invocações do Planeta Mercúrio com aspetos de energia solar. Afinal de contas, Vayu é uma extensão de Prana, cuja fonte é o Sol. Os subelementos de Vayu são Ar do Ar, Espírito do Ar, Fogo do Ar, Água do Ar, e Terra do Ar. O Subelemento Ar do Ar é semelhante à energia do Aquário do Zodíaco, enquanto o Fogo do Ar é semelhante a Balança e a Água do Ar a Gêmeos.

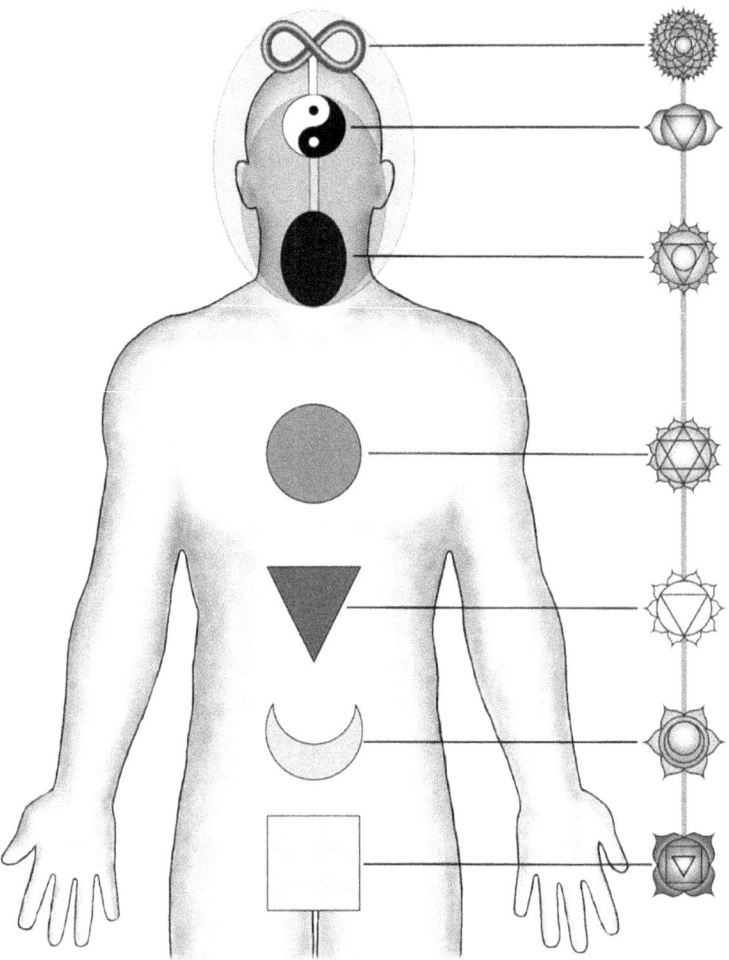

Figura 82: Os Tattvas e os Chakras

Tejas Tattva (Elemento de Fogo)

Tejas, ou Agni (fogo), é o Elemento de Fogo Tattva. Tejas significa "afiado" em Sânscrito; o seu significado traduz-se por "calor" ou "iluminação". O Tejas Tattva é simbolizado por um triângulo vermelho ascendente cuja cor está associada à sua energia arquetípica. No entanto, quando colocado no corpo, o triângulo aponta para baixo em direção ao Elemento

Apas (Água) (Figura 82). O conceito de "Água para cima, Fogo para baixo" explica o fluxo natural de energia do nosso corpo.

Como o Fogo é a fonte de calor e Luz, é o primeiro princípio cuja forma é visível a olho nu. Afinal, é pelo aparecimento da Luz que percebemos as formas no nosso ambiente. Assim, o Tejas é a qualidade que dá definição ou estrutura às diferentes expressões da energia cinética representada por Vayu Tattva, a partir da qual o Tejas evoluiu.

O nascimento da forma está intimamente ligado ao advento do Ego - a antítese da Alma. O Ego nasceu quando reconhecemos algo fora de nós pela primeira vez. À medida que nos aclimatávamos ao mundo material nos nossos primeiros anos, apegámo-nos às formas que víamos no ambiente, o que permitiu que o Ego crescesse, dominando firmemente a consciência. Assim, Samskaras desenvolveu-se ao longo do tempo, um termo Sânscrito que implicava impressões mentais, recordações, e impressões psicológicas. As samskaras são a raiz da energia cármica que nos impede de evoluir Espiritualmente até a ultrapassarmos.

O desenvolvimento do Ego continua na nossa adolescência, formando a nossa personalidade ao longo do tempo. O Ego não para de crescer e expandir-se para o resto da nossa vida aqui na Terra, uma vez que está ligado ao corpo físico e à sua sobrevivência. A única forma de travar o crescimento do Ego é reconhecer e abraçar a realidade Espiritual mais profunda que está subjacente ao corpo físico, que é nulo e, portanto, sem forma. Quando a nossa atenção se concentra na Evolução Espiritual em vez de alimentar o Ego, a Alma finalmente assume o controlo, e nós começamos a construir um carácter que transcende a nossa existência material.

Como mencionado anteriormente, o Ego e a Alma não podem coexistir como condutores da consciência; é preciso assumir sempre o lugar do passageiro. Essa escolha é determinada por nós e a que aspeto do Eu damos a nossa atenção em qualquer momento, uma vez que temos Livre-Arbítrio. Portanto, o Tejas relaciona-se tanto com a Alma como com o Ego. O Elemento Fogo é a força de vontade que utilizamos para expressar o nosso princípio de Livre-Arbítrio em qualquer direção, alimentado pelo Manipura, o Chakra do Plexo Solar. O seu reino de experiência é o Plano de consciência, denominado "Swar Loka," a região entre o Sol e a Estrela Polar, o Céu do Deus Indra Hindu.

Tejas Tattva tem sido frequentemente descrito como uma força devoradora que consome tudo no seu caminho. No entanto, a destruição é um catalisador de transformação, uma vez que nada morre, mas apenas muda o seu estado. Como tal, o Elemento Fogo é crucial para a Evolução Espiritual, uma vez que nos permite refazer as nossas crenças sobre nós próprios e sobre o mundo, permitindo-nos explorar o nosso potencial mais elevado. A destruição do Tejas, portanto, resulta em novas criações propícias ao crescimento da Alma.

Tejas' Bija Mantra é "Ram. "Esta energia do Tattva é comparável a uma invocação ritual do Elemento Fogo e a energia do Planeta Marte com aspetos da energia do Sol. O Tejas é masculino e ativo, pois estimula o impulso e a força de vontade do indivíduo. Os subelementos do Tejas são Fogo do Fogo, Espírito do Fogo, Ar do Fogo, Água do Fogo, e

Terra do Fogo. O Subelemento Fogo do Fogo é semelhante à energia do Zodíaco Carneiro, enquanto o Ar do Fogo é semelhante ao Leão e a Água do Fogo ao Sagitário.

Apas Tattva (Elemento de Água)

O próximo Tattva na sequência de manifestação é Apas, simbolizado pela lua crescente prateada. O Apas é matéria intensamente ativa que emergiu do Elemento Fogo devido à diminuição do movimento e da condensação. Está confinado dentro de um espaço definitivo enquanto em estado de fluidez.

Apas é o Universo físico que ainda se organiza antes de se materializar como o próximo Tattva. Ele representa a ordem que surge do caos. A disposição dos átomos e moléculas no Apas ocupa muito pouco espaço com liberdade de movimento limitada, ao contrário dos Elementos Fogo, Ar e Espírito. Por exemplo, o hidrogénio e o oxigénio comportam-se de forma diferente daquelas mesmas moléculas em vapor.

Apas é feminino e passivo; é atribuído ao Swadhisthana, o Chakra Sacral. Apas relaciona-se com o efeito da Lua sobre as marés do mar e o Elemento de Água dentro de nós. Considerando que o nosso próprio corpo físico é constituído por 60% de água, a importância do Elemento de Água em termos do nosso sistema biológico é óbvia.

Uma vez que Apas é matéria que ainda está a ser criada, ela representa o impulso criativo dentro da nossa psique. Está relacionado com as emoções que são fluidas e mutáveis, como o Elemento Água que as representa. A nossa sexualidade é também expressa emocionalmente como desejo, servindo como um poderoso motivador nas nossas vidas. Os ciclos lunares não só têm uma forte influência sobre as nossas emoções, como também sobre a nossa sexualidade.

O Apas tem a qualidade da contração e o princípio do gosto. O seu Bija Mantra é "Vam. "As experiências dos Apas são semelhantes às invocações rituais do Elemento Água. A sua correspondência planetária é com a Lua e Júpiter e aspetos de Vénus, uma vez que os três planetas estão associados à emoção e sentimentos.

Os subelementos dos Apas são Água da Água, Espírito da Água, Fogo da Água, Ar da Água, e Terra da Água. O Sub-Elemento Água da Água é semelhante à energia do Zodíaco de Peixes, enquanto o Fogo da Água é semelhante ao Câncer e o Ar da Água ao Escorpião. O reino de experiência de Apas é o Plano de consciência denominado "Bhuvar Loka", a área entre a Terra e o Sol e o lar de seres celestes conhecidos como Siddhas.

Prithivi Tattva (Elemento Terra)

O quinto e último Tattva é Prithivi, simbolizado por um quadrado amarelo e relacionado com o Elemento da Terra. O último Elemento que evolui no processo de Criação resulta de uma maior diminuição da vibração que faz com que o Elemento da Água se solidifique e se torne imóvel. Prithivi é o mais denso de todos os Tattvas, pois representa o Mundo concreto da Matéria cujas moléculas são fixadas no lugar. Ele representa as qualidades de solidez, peso e coesão, trazendo estabilidade e permanência a todos os níveis.

Embora o amarelo represente tipicamente o Elemento Ar nos Mistérios Ocidentais, no sistema Tattvic, está associada à Terra. O amarelo relaciona-se com a Luz Amarela do Sol que nos permite perceber o Mundo da Matéria. A correspondência de Prithivi é com a Raiz ou Muladhara Chakra e o sentido do olfato. O seu Bija Mantra é "Lam. "

A energia de Prithivi é semelhante às invocações rituais do Elemento Terra. Os subelementos do Prithivi são Terra da Terra, Espírito da Terra, Fogo da Terra, Água da Terra, e Ar da Terra. O Sub-Elemento de Fogo da energia da Terra é semelhante ao Zodíaco Capricórnio, enquanto a Água da Terra é semelhante à Virgem e o Ar da Terra pode ser comparado ao Touro. O reino da experiência de Prithivi é o Plano de consciência denominado "Bhu Loka", o Mundo Físico da Matéria grosseira.

PERSCUTAR TATTVAS

Os Tattvas são fáceis de utilizar e muito eficazes na sintonização das energias Elementais desejadas. Basta segurar um Tattva na mão e "coçá-lo" olhando, ou olhar profundamente para ele, para desbloquear o seu poder. Perscutar um Tattva é fundamental para desenvolver poderes psíquicos, tais como a clarividência. É um dos métodos mais fáceis, rápidos e eficazes de exercer e melhorar as suas capacidades clarividentes.

O método Tattva Perscutar pode também facilitar uma Experiência Fora-do-Corpo completa uma vez que inclui uma componente de Projeção Astral cuja técnica é semelhante a uma jornada xamânica e um pathworking. Contudo, é preciso ter cuidado ao tentar a Projeção Astral, especialmente se se sofre de ansiedade ou nervosismo. Pode ser um grande abalo para a mente experimentar coisas para além do físico, especialmente a sua primeira vez. Portanto, deve ser suficientemente equilibrado energeticamente antes de tentar a Projeção Astral, o que pode conseguir com o uso das modalidades de Cura Espiritual apresentadas neste livro.

Antes de iniciar este exercício, terá de imprimir os cartões Tattva a cores a partir do meu website em www.nevenpaar.com, seguindo o link "Tattva Cards" na navegação principal. Os cartões no documento PDF são de cinco por seis polegadas, que é o seu tamanho ideal para raspar, com os símbolos de cerca de três a quatro polegadas de altura. Se já possui cartões Tattva, continue a trabalhar com eles, desde que se enquadrem nos parâmetros indicados.

No entanto, os cartões de Tattva mais otimizados devem ser autoconstruídos a partir de cartão. Deve recortar os símbolos separadamente, pintá-los à mão, e colá-los nos cartões para fornecer uma perspetiva tridimensional. A Figura 83 mostra as cartas de Tattva que construí há muitos anos quando estive na Ordem do Amanhecer Dourado.

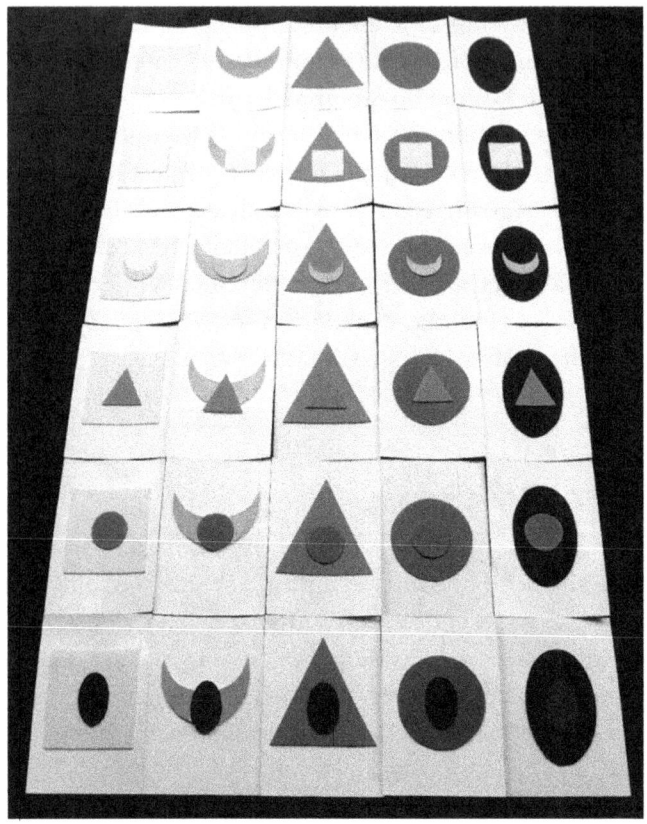

Figura 83: Os Cartões de Tattva do Autor

Existem duas partes do método Tattva Perscutar, tal como apresentado pela Ordem Hermética do Amanhecer Dourado. A primeira parte chama-se "Perscutar na Visão do Espírito", que envolve a sintonia com a energia Elementar e Elementar Inferior dentro da sua Aura, que isola os seus Chakras para que possa trabalhar com eles. A segunda parte é opcional, e é uma continuação da primeira, chamada "Viajar na Visão Espiritual". "Depois de evocar a energia Elemental ou Elementar inferior e amplificá-la na sua Aura, a sua consciência fica imersa na mesma. Esta é uma excelente oportunidade para realizar uma Projeção Astral no seu Plano Cósmico usando uma técnica de visualização que envolve a sua imaginação e força de vontade.

Antes de iniciar o exercício Tattva Perscutar, encontre um espaço tranquilo onde não será perturbado durante o seu desempenho. Uma vez que a prática envolve ir para dentro, é aconselhável queimar algum incenso para limpar o seu espaço de energias negativas e torná-lo sagrado. Se está familiarizado com os exercícios Rituais de Magia Cerimonial do meu primeiro livro, realize o Ritual de Banimento Menor do Pentagrama e o Ritual de Banimento do Hexagrama para banir as influências energéticas adversas e centrar-se a si próprio.

Estes dois exercícios rituais são instrumentais para proteção quando se faz trabalho astral, incluindo a Projeção Astral que abre a consciência para o contato direto com as Inteligências Espirituais dentro dos Planos Cósmicos interiores. Para além dos Elementais básicos, estes podem ser entidades Angélicas ou Demoníacas ou Espíritos que se alojaram nas camadas da sua Aura e dos seus respetivos Chakras em algum momento no passado. São responsáveis por muitos dos nossos estados de espírito e sentimentos, sejam eles positivos e construtivos, como no caso dos Anjos ou negativos e destrutivos, influenciados pelos Demónios.

Os demónios são mais esquivos do que os Anjos uma vez que as pessoas geralmente evitam lidar com eles. Muitas vezes, ficam presos no subconsciente por medo de ter de os enfrentar. Contudo, os demónios permanecerão ligados a si até que os confronte com coragem e aprenda a sua verdadeira natureza, integrando assim plenamente os seus poderes e libertando-os de volta ao Universo. Ao fazê-lo, estás a curar e a otimizar os Chakras enquanto dominas os seus correspondentes Elementos dentro da tua psique. Lembre-se que qualquer Inteligência Espiritual que encontre na sua sessão de Fixar Cristais, se a confrontar com equilíbrio e amor no seu coração, eles estarão ao seu serviço.

Tattva Método Perscrutar-Parte 1 (Perscrutar na Visão do Espírito)

Comece o exercício sentando-se confortavelmente na posição de lótus ou numa cadeira enquanto está de frente para a direção cardinal do Elemento que está a Fixar. (Utilize a Tabela 3 para obter todas as informações relevantes de que necessitará para coçar o Tattvas). Deverá ter uma superfície branca à sua frente, tal como uma parede, ou ecrã, ou algum tipo de fundo, uma vez que terá de transpor a impressão Astral do Tattva para ele como parte do exercício. A superfície branca também assegura a ausência de distrações para a mente quando se concentra no cartão Tattva. Se tiver fotografias ou móveis pendurados perto da sua área de trabalho, retire-os.

Execute a Respiração Quadrupla durante alguns minutos com os olhos fechados para entrar num estado de espírito meditativo, o que é essencial para o sucesso neste trabalho. A seguir, abra os olhos e pegue no Tattva. Segure-o na sua mão à distância do braço para que a imagem esteja ao nível dos olhos. Comece a contemplá-la confortavelmente, piscando o mínimo possível. Assegure-se de que vê o cartão Tattva e o fundo branco à sua frente e nada mais. Não permita que os seus olhos vagueiem. Em vez disso, absorva o Tattva enquanto mantém a sua mente vazia de todos os pensamentos. Permita que a sua imagem preencha a sua consciência enquanto imagina estar encharcado na energia do seu Elemento ou Subelemento associado.

Deve olhar para o Tattva durante vinte segundos a um minuto inicialmente e depois prolongar a sua duração à medida que se torna mais proficiente neste exercício. Assegure-se de não esforçar os olhos em nenhum momento. Após algum tempo, o Tattva começará a "piscar" a partir do símbolo para o qual está a olhar, como se estivesse a ver a sua impressão energética ou a Aura. A experiência ensinar-lhe-á quanto tempo leva para chegar a este ponto.

O passo seguinte é pousar o cartão Tattva e mudar suavemente o seu olhar para a superfície branca e plana à sua frente. Notará a transferência do símbolo para a sua cor "intermitente" ou complementar ao Tattva. Por exemplo, se estiver a riscar Prithivi, a sua cor complementar será violeta. Se estiver a coçar um Tattva Sub Elementar, verá duas cores complementares a cintilar à sua frente.

Agora olhe para o símbolo a piscar diante de si. Se ele começar a desviar-se, volte a colocá-lo em foco à sua frente. Uma vez desaparecido na sua visão física, feche os olhos e concentre-se no que resta da sua impressão mental. Deixe a sua visão física transitar para a visão astral como se a parte de trás das suas pálpebras fosse um ecrã de cinema a reproduzir a imagem de volta para si.

É aconselhável praticar a transferência visual do cartão Tattva para o fundo branco três a quatro vezes, uma vez que esta parte do exercício é mais importante para o próximo passo da Projeção Astral. No entanto, simplesmente ao olhar para o Tattva, está a desbloquear a sua energia associada na sua Aura, que deve sentir imediatamente (se for sensível às energias) como uma essência quantificável. Note-se que quanto mais tempo se olha para o Tattva, mais da sua energia correspondente permeia a Aura.

Tattva Método Perscrutar-Parte 2 (Viajar na Visão do Espírito)

Depois da imagem Astral desaparecer, use a sua imaginação para a trazer de volta ao seu Olho da Mente na cor complementar do Tattva com o qual está a trabalhar. Imagine a imagem a ser ampliada até ao tamanho de uma porta. A seguir, visualize a sua forma Astral e veja-a de pé mesmo antes desta porta. Tome um momento para anotar todos os detalhes do seu Eu Astral, incluindo o seu guarda-roupa, expressões faciais, etc. Se ajudar a sua visualização, imagine-se a usar a mesma roupa que está a usar enquanto faz o exercício. Note que deve estar a olhar para si próprio na terceira pessoa da sua mente para esta parte do exercício como se fosse o realizador e a estrela do filme como um só.

A seguir, precisa de transferir a sua semente de consciência para o seu Eu Astral. Esta parte é complicada e é onde a maioria dos estudantes precisa de praticar. Para o fazer com sucesso, precisa de parar de se ver na terceira pessoa e mudar a sua perspetiva para a primeira pessoa. Imagine toda a sua essência a entrar no seu Eu Astral ao sair do seu corpo físico, que permanece sentado silenciosamente de olhos fechados. Tome agora um momento abrindo os olhos como o seu Eu Astral e observe as suas mãos e pés como se tivesse acabado de acordar dentro de um Sonho Lúcido. A seguir, olhe para a porta à sua frente, o seu portal para outra dimensão. Quando estiver pronto, passe através da porta. Se estiver familiarizado com os exercícios rituais do *The Magus*, pode projetar o seu Eu Astral através da porta com o Sinal do "Enterer" (aquele que cria entradas) enquanto se sela no correspondente Plano Cósmico com o Sinal do Silêncio. Se não estiver familiarizado com estes gestos, basta passar através da porta.

Quando entrar no Plano Cósmico projetado, deixe a sua imaginação ir em piloto automático. Esta parte é crucial para o sucesso com a Projeção Astral, uma vez que tudo até este momento era uma visualização guiada usando a sua força de vontade e imaginação. Agora deve deixar de controlar a experiência para que a sua imaginação tenha a sua impressão a partir da energia Elemental ou Elementar Inferior que amplificou na sua Aura com a técnica do olhar de Tattva. Se feito corretamente, deve obter uma visão do Plano Cósmico.

Observe o cenário à sua volta, anotando todos os pequenos detalhes que possa ver. Use os seus sentidos astrais para captar as vistas, sons, sabores, cheiros e sensações tácteis do Plano Cósmico. Se as coisas parecerem monótonas e unânimes, pode vibrar os Nomes Divinos do Elemento correspondente três ou quatro vezes cada um, de acordo com a Tabela 3. A sequência a seguir é Nome de Deus, Arcanjo, e Anjo. Ao fazê-lo, as coisas devem ser coloridas e movimentadas de forma vívida. Se não o fizer, então poderá precisar de mais prática transferindo a sua consciência para o seu Eu Astral e permitindo-se "deixar ir" o tempo suficiente para experimentar uma visão no Plano Astral. Não desespere se isto não funcionar nas primeiras vezes; a maioria das pessoas precisa de mais prática com a Parte 1 do Método Tattva Perscutar antes de se envolver na Parte 2.

Depois de vibrar os Nomes Divinos apropriados, não é raro ver um guia Espiritual aparecer perante si. Esta entidade é frequentemente um Elemental cujas características representam as qualidades do Elemento que está a visitar. Pode também convocar um guia para o ajudar a explorar o local, o que é recomendado, especialmente se for novo nesta prática.

Observe a aparência da entidade e teste-a, perguntando qual o seu propósito em ajudá-lo, o que o ajudará a determinar se é benevolente ou malevolente. Por vezes pode não ver uma entidade, mas sentir a sua presença, que muitas vezes pode ser mais fiável do que o uso da visão Astral ou de outros sentidos.

Se a entidade parecer malévola, pode usar os Nomes Divinos do Elemento com o qual está a trabalhar para a banir. Também pode desenhar um Pentagrama da Terra banidor (como instruído no *Magus*) para despedir a entidade, a menos que esteja a trabalhar com Prithivi Tattva, o que causará um banimento tanto dos aspetos positivos como negativos da Terra. Se por alguma razão não quiser a assistência de um guia, pode utilizar o Pentagrama banidor do Elemento com o qual está a trabalhar para os mandar embora, o que funciona na maioria dos casos.

Assumindo que o seu guia é um Espírito positivo que o quer ajudar, permita que ele o conduza para que possa explorar o cenário. Faça ao seu guia quaisquer perguntas sobre o que está a ver na sua viagem ou sobre a natureza do Elemento pertencente ao Plano Cósmico que está a explorar. Afinal, este trabalho visa desenvolver conhecimento e domínio sobre os Elementos que fazem parte da sua psique.

Ao explorar Planos Cósmicos Elementares Inferiores, não é raro ser passado para um segundo guia que lhe mostrará um cenário completamente diferente. Neste caso, é necessário testá-los novamente para determinar a qualidade do seu Ser, incluindo a vibração dos Nomes Divinos do Tattva secundário que está a visitar. Ao deixar o primeiro guia para trás, conceda-lhes a cortesia de um adeus, especialmente se o tratarem com respeito.

TABELA 3: Correspondências dos Tattva

Elemento (Português & Sânscrito)	Sentido	Elementos	Nome de Deus (hebraico)	Arcanjo	Anjo
Terra, Prithivi	Norte	Gnomos	Adonai ha-Aretz	Auriel	Phorlakh
Água, Apas	Oeste	Ondinas	Elohim Tzabaoth	Gabriel	Taliahad
Fogo, Tejas	Sul	Salamandras	YHVH Tzabaoth	Michael	Aral
Ar, Vayu	Leste	Silfos	Shaddai El Chai	Raphael	Chassan
Espírito, Akasha	Acima/abaixo, Leste (por defeito)	-	Eheieh	Metatron	Chayoth ha-Qadesh

Se sentir que o ambiente se tornou caótico com a sua presença, pode usar os Nomes Divinos para trazer harmonia e paz ao Plano Cósmico que está a visitar e restaurar a sua constituição original. Lembre-se sempre de ser respeitoso, mas firme com os seus guias e não os deixe sair da linha, uma vez que eles estão lá para o ajudar. Deve sempre manter a compostura e o controlo sobre a situação.

O método de sair do Plano Cósmico e regressar à consciência comum e desperta é a inversão exata do processo inicial. Em primeiro lugar, agradecer ao guia e despedir-se deles. Em seguida, deve voltar a percorrer os seus passos até à porta de onde veio. Uma vez que passe pela porta, a sua viagem estará completa. Se usou o Sinal do Enterer e o Sinal do Silêncio para entrar na porta, então use-o novamente para sair dela.

A seguir, precisa de transferir a sua semente de consciência do seu Eu Astral para o seu Eu físico. Ao fazê-lo, sinta o seu Ser a mudar de uma perspetiva interna para uma perspetiva externa à medida que transfere a sua atenção dos seus sentidos astrais para os seus sentidos físicos. Respire fundo agora enquanto se concentra em ouvir quaisquer sons no seu ambiente. Quando estiver pronto para terminar a sua experiência de Perscutar Tattva, abra lentamente os seus olhos. Se começou este exercício com o Ritual de Banimento Menor do Pentagrama e o Ritual de Banimento do Hexagrama, repita-os para se centrar e banir quaisquer influências indesejadas.

É crucial nunca acabar a experiência simplesmente abrindo os seus olhos físicos enquanto o seu Eu Astral ainda estiver dentro do Plano Cósmico que está a visitar. Nunca deve haver uma fusão de um Plano Elemental com o Plano Físico da consciência, uma vez que fazê-lo pode ser prejudicial para a psique. Os efeitos secundários imediatos sentem-se confusos, desorientados, e espaçados. Os efeitos secundários mais duradouros incluem manifestações caóticas e destrutivas na sua vida, que podem durar semanas, meses, e até anos, até se resolverem. Portanto, leve o seu tempo com este processo de "regresso a casa" e siga todos os passos, mesmo que os faça de uma forma acelerada.

***

Como principiante, comece por praticar com os Tattvas primários de Prithivi, Apas, Tejas, Vayu, e Akasha, por essa ordem. Concentre-se nos quatro primeiros até ganhar alguma experiência antes de se mudar para Akasha Tattva. Realize cada sessão de perscutar com um cartão individual de Tattva uma vez por dia, e não mais. Pode realizar este exercício em qualquer altura, embora as manhãs e as tardes sejam melhores, de preferência com o estômago vazio. Se raspar o Tattva mesmo antes de dormir, antecipe que a operação irá afetar o conteúdo dos seus sonhos.

Após algumas semanas de experiências com Tattvas primários, e uma vez obtidos resultados satisfatórios com a Projeção Astral, pode-se avançar para o Programa de Alquimia Espiritual que concebi para os aspirantes mais ambiciosos deste trabalho. Esta operação avançada de Tattva proporcionará resultados ótimos ao explorar os Elementos, Subelementos, e os seus correspondentes Chakras. Segue a sequência de entrada das camadas da Aura do Astral Inferior (Terra) para o Astral Superior (Água), seguido do Mental Inferior (Ar), para o Mental Superior (Fogo), e finalmente para o Plano Espiritual (Espírito).

Apresento a sequência ocidental dos Elementos emanantes, que coloca o Elemento Fogo após o Elemento Ar, em vez de antes, como o sistema oriental. Na minha experiência, esta sequência de trabalho progressivo com os Planos Cósmicos do mais baixo para o mais alto é mais eficaz na Cura Espiritual e no aumento da vibração da consciência.

Todo o Programa de Alquimia Espiritual com o Tattvas demorará um mês a completar. Depois, poderá repetir o ciclo ou trabalhar com Elementos e Subelementos individuais para dominar essas partes do Eu. Pode também revisitar Planos Cósmicos específicos que achou mais excitantes e reveladores, que lhe chamaram ou que sentiu necessidade de explorar melhor.

Trabalhar com o Tattvas é uma excelente oportunidade para utilizar um Jornal Mágico, um caderno ou um diário para registar as suas experiências. Isto é essencial para melhorar as suas capacidades de escrutínio e de recordação da memória e para lhe dar uma visão sobre símbolos, números e eventos específicos que experimentou durante uma sessão. Ao documentar as suas experiências ao longo do tempo, começará a reconhecer padrões e a derivar significados metafóricos das suas sessões que fazem parte de um quadro mais amplo de quem é e do que precisa de trabalhar para promover a sua Evolução Espiritual.

Em conclusão, lembre-se de ser paciente, determinado, e persistente com este trabalho, especialmente quando começar. É fácil ser dissuadido da componente de Projeção Astral desta prática quando não se está a obter os resultados que se espera. No entanto, tenha em mente que desenvolver a clarividência interior não é tarefa fácil. O Tattva Perscutar é um trabalho árduo e extenuante que muitas vezes leva meses ou mesmo anos a tornar-se proficiente. Mas com perseverança, as suas visões crescerão de imagens vagas, ligeiramente indistinguíveis, a experiências Mágicas vívidas, dinâmicas e poderosas.

Programa de Alquimia Espiritual com os Tattvas

Plano Astral Inferior - Terra/Muladhara:

Dia 1-Terra/Terra Primária

Dia 2-Terra/Terra de Terra

Dia 3 - Terra/Água de Terra

Dia 4-Terra/Ar de Terra

Dia 5-Terra/Fogo de Terra

Dia 6 - Terra/Espírito de Terra

Plano Astral Superior-Água/Swadhisthana:

Dia 7-Água/Água Primária

Dia 8-Água/Terra de Água

Dia 9-Água/Água de Água

Dia 10-Água/Ar de Água

Dia 11-Água/Fogo de Água

Dia 12-Água/Espírito de Água

Plano Mental Inferior-Ar/Anahata:

Dia 13-Ar/Ar Primário

Dia 14-Ar/Terra de Ar

Dia 15-Ar/Água de Ar

Dia 16-Ar/Ar de Ar

Dia 17-Ar/Fogo de Ar

Dia 18-Ar/Espírito de Ar

Plano Mental Superior - Fogo/Manipura:

Dia 19- Fogo/Fogo Primário

Dia 20- Fogo/Terra de Fogo

Dia 21- Fogo/Água de Fogo

Dia 22- Fogo/Ar de Fogo

Dia 23- Fogo/Fogo de Fogo

Dia 24- Fogo/Espírito de Fogo

Plano Espiritual-Espírito/Vishuddhi, Ajna, Sahasrara:

Dia 25-Espírito/Espírito Primário

Dia 26-Espírito/Terra de Espírito

Dia 27-Espírito/Água de Espírito

Dia 28-Espírito/Ar de Espírito

Dia 29-Espírito/Fogo de Espírito

Dia 30-Espírito/Espírito de Espírito

PARTE VI: A CIÊNCIA DO IOGA (COM AIURVEDA)

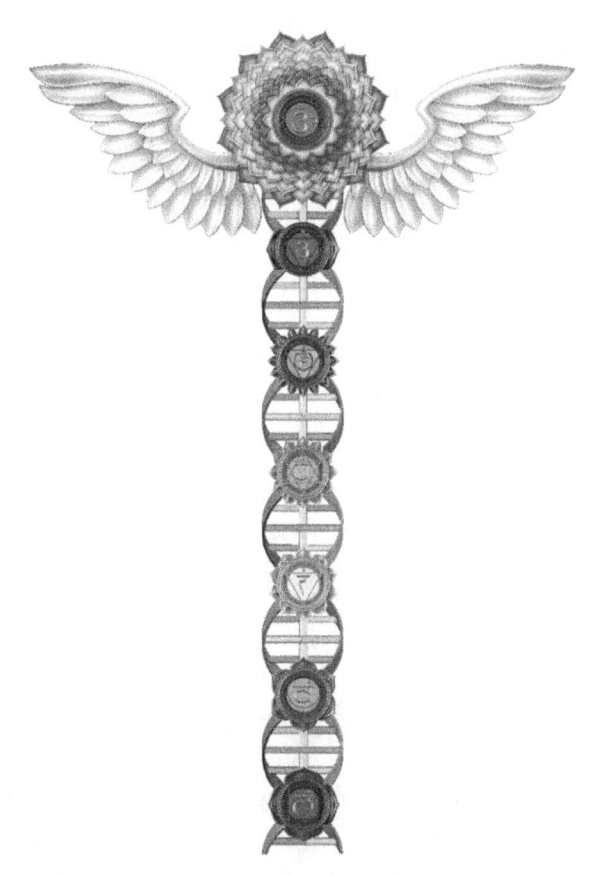

O OBJETIVO DO IOGA

O Ioga é um grupo de práticas, disciplinas e técnicas físicas, mentais e espirituais que teve origem na Índia Antiga há aproximadamente 5000 anos. O Ioga foi mencionado nos antigos textos hindus, *The Rig Veda* e *The Upanishads*, embora o seu desenvolvimento real só tenha ocorrido nos séculos V e VI a.C. *Os Sutras de Ioga de Patanjali*, o texto hindu mais influente sobre Ioga, é datado por volta do século II a.C. No século XX, este texto foi traduzido para inglês, o que suscitou um forte interesse pelo Ioga no mundo ocidental.

Embora a maioria das pessoas no Ocidente acredite que o Ioga é um mero exercício físico que consiste em posturas corporais (Asanas), isto não poderia estar mais longe da verdade. Os asanas são os aspetos físicos do que é uma ciência profunda de desdobrar o potencial Espiritual dos seres humanos. Havia muito pouca prática de Asana como parte do Ioga nos tempos antigos. As suas formas originais eram na sua maioria de natureza transcendental e meditativa. O Ioga costumava ser sobre o acesso a estados de pura consciência e bem-aventurança (Samadhi) e sobre a superação do fardo da realidade material. A prática do asana, que é o núcleo do Hatha Ioga, saiu do Tantra há aproximadamente 1000 anos.

A palavra "ioga" em Sânscrito significa "união", e refere-se à união da consciência individual com a Consciência Cósmica. Para que haja uma união entre os dois, porém, deve ter havido primeiro uma separação. Na realidade, nunca existiu. A separação é uma ilusão que ocorre através da mente com o nascimento e crescimento do Ego. O Ioga visa então transcender o Ego e tornar-se um ser humano autorrealizado. Ao praticar um sistema testado ao longo do tempo de trabalhar com o seu campo energético, um indivíduo pode ultrapassar as limitações da sua mente e alcançar o mais alto do seu potencial Espiritual.

Segundo Patanjali, o Ioga exige a cessação das flutuações da mente, o que resulta na união do observador, observando, e observado. O objetivo último do Ioga é a Iluminação e a integração do Espírito no corpo. Para levar os seus praticantes até lá, o Ioga visa equilibrar o sistema energético e despertar gradualmente a Kundalini na base da coluna vertebral. Uma vez que a Kundalini Shakti sobe a coluna vertebral para encontrar Shiva na Coroa, ocorre um Casamento Divino, expandindo a consciência individual. Quando as duas forças opostas masculina e feminina se tornam uma só, A Alma é libertada do corpo e exaltada sobre o Ego. O indivíduo torna-se um Iogue ou Alma libertada, um Deus-homem. Eles transcendem a dualidade e os Elementos dentro de si mesmos, representados pelos Planos Cósmicos inferiores, e sintonizam a sua consciência com o Plano Espiritual que é Não-Dual.

Porque o Ioga é o nosso método mais antigo de equilibrar o sistema energético e despertar a energia da Kundalini, decidi dedicar um capítulo inteiro à sua ciência. Embora esta secção seja uma mera cartilha sobre Ioga, há muito a ganhar com as práticas aqui apresentadas, e elas fazem parte do sistema Espiritual oriental.

TIPOS DE IOGA

A prática do Ioga é muito diversificada, uma vez que existem muitos ramos diferentes. Todos eles têm como objetivo final conduzir à experiência de união com a divindade. Abaixo estão os principais ramos do Ioga, embora haja muitos mais que não estão aqui listados. Alguns deles são considerados parte dos principais, embora únicos em si mesmos.

Hatha Ioga

O Tantra surgiu por volta dos séculos VI a VIII d.C., e foi o seu desenvolvimento histórico na prática que mais tarde gerou o Hatha Ioga (século XIV). O Hatha Ioga é o tipo que é geralmente praticado na sociedade ocidental. Existem ligeiras variações nas filosofias, práticas e terminologia que permitem que as diferentes escolas de Ioga no Ocidente se adaptem aos praticantes individuais, mas todas elas incluem a prática de Asanas (posturas físicas) e Pranayama (conhecidas como técnicas respiratórias, mas mais precisamente concebidas para a expansão de Prana).

A palavra "Hatha" é traduzida do Sânscrito para significar "Sol e Lua", com "ha" indicando energia solar, enquanto "tha" significa energia lunar. Hatha Ioga significa a harmonia ou equilíbrio entre o Sol e a Lua, Pingala, e Ida Nadis, dois aspetos opostos e complementares do nosso Ser. O objetivo superior do Hatha Ioga é otimizar a saúde, purificando os canais energéticos do corpo e maximizando a função dos Chakras. Tenta harmonizar o corpo físico para que este possa ser transcendido. O Hatha Ioga também dá um controlo sobre os seus estados internos para que ganhem melhor consciência e concentração com o propósito de desenvolver e refinar as práticas meditativas do Ioga, denominadas Dharana e Dhyana. A meditação é um componente crucial em todas as práticas Espirituais, incluindo o Ioga.

Mudras e Bandhas são também classificados como parte da Hatha Ioga. Os mudras são gestos físicos ou posições corporais que induzem mudanças psicológicas e mentais no próprio Ser. Os bandhas são bloqueios de energia física que desempenham a mesma função que os mudras. Os bandhas são utilizados principalmente para perfurar os Três Granthis, ou nós psíquicos, que se encontram ao longo do Sushumna Nadi. O objetivo final do Hatha Ioga é despertar a Kundalini e alcançar Samadhi. Existem muitos métodos e técnicas no Hatha Ioga para alcançar este objetivo. Muitos destes métodos e técnicas são apresentados neste trabalho.

Kundalini Ioga

O sistema de Ioga centrou-se em despertar os centros Chakras para induzir um estado de consciência mais elevado. O Kundalini Ioga envolve movimentos repetitivos do corpo, sincronizados com a respiração, juntamente com cânticos e meditação. Destina-se a manter a mente ocupada, combinando várias práticas Ioga em simultâneo. O objetivo final do Kundalini Ioga é despertar a energia da Kundalini na base da coluna vertebral, que ativa os Chakras Maiores na sua ascensão. A sua disciplina envolve asanas simples, o que permite ao praticante concentrar-se na sua energia e ter uma consciência ótima do seu corpo e mente. O Kundalini Ioga inclui técnicas específicas de Kriya Ioga, Hatha Ioga, Bhakti Ioga, Raja Ioga, e Shakti Ioga.

Karma Ioga

O "Ioga da Ação". Karma Ioga é o sistema de atingir a Consciencialização do Eu através da atividade. Os seus ideais são altruístas, pois envolve o serviço altruísta aos outros como parte do seu Eu maior, sem apego a resultados - o indivíduo visa alinhar a sua força de vontade com a Vontade de Deus. Como tal, todas as suas ações são executadas a partir de um maior sentido de consciência. O Karma Ioga implica estar envolvido no momento presente, o que permite transcender o Ego. Ajuda a tornar a mente mais calma e pacífica, superando as emoções pessoais. Uma vez que o Karma Ioga é mais um modo de vida do que qualquer outra coisa, houve muitos indivíduos notáveis no passado que foram Karma Iogues, mesmo inconscientemente. Jesus Cristo, Krishna, Mahatma Gandhi, Madre Teresa, Rumi, são apenas alguns exemplos.

Mantra Ioga

O "Ioga do Som". "As vibrações do som têm um efeito incrível na mente, corpo e alma, e também podem produzir uma mudança no mundo material. O Mantra Ioga usa o poder do som para induzir diferentes estados de consciência através do processo de repetição de certos sons Universais, que se torna um Mantra. Estes sons Universais devem ser vibrados ou "entoados" com as nossas cordas vocais para um efeito acrescentado. Os Mantras encontram-se em todas as tradições e incluem frequentemente os nomes e poderes de Deuses, Deusas, Espíritos e outras Divindades. A utilização de Mantras invoca/evoca energia para a Aura, o que afeta a consciência. Muitos Mantras visam produzir tranquilidade mental e emocional, aumentando assim a consciência dos processos internos da mente. O próprio nome, "Mantra", significa "transcender a mente que trabalha". "Há três maneiras de cantar Mantras: Bhaikari (entoação audível normal - expressado), Upanshu (entoação audível suave-Whispering), e Manasik (Não audível-silenciosa/mentalmente). O Mantra Ioga é um método poderoso de introspecção, bem como de alinhamento da consciência com as forças Divinas. Através dele, o objetivo último do Ioga (união com a Divindade) pode ser alcançado.

Jnana (Gyana) Ioga

O Ioga ou caminho do questionamento do Eu, também conhecido como o caminho do Conhecimento Intuitivo. Embora muitas pessoas pensem que o Jnana Ioga é o caminho do intelecto, a perceção é predominantemente através da Vijnanamaya Kosha (a mente intuitiva) e não da Manomaya Kosha (o intelecto racional), que é a experiência direta do Divino e desenvolve a Gnose. A Jnana Ioga visa desenvolver a consciência do seu Eu Superior para alcançar um conhecimento iluminador dos mistérios do Universo. Procura discernir entre Maiá (ilusão) e o mundo real do Espírito. Os componentes do Jnana Ioga incluem o estudo de textos sagrados, introspecção, discussões filosóficas, e debates. Os notáveis Jnana Iogues incluem Swami Vivekananda, Sri Yukteswar Giri (o Guru de Yogananda) e Ramana Maharshi, para citar alguns. Alguns dos filósofos gregos, incluindo Sócrates e Platão, foram também Jnana Iogues.

Bhakti Ioga

O Ioga da devoção. O Bhakti Ioga concentra o amor do Divino através de rituais devocionais. Exemplos de práticas envolvidas no Bhakti Ioga são oração, canto, dança, canto, cerimónia e celebrações. As emoções são dadas uma saída em vez de as reprimir ou dissipar em diferentes direções. Ao tornarem-se totalmente absorvidos no seu objeto de devoção, os Bhakti transcendem o seu Ego. À medida que as emoções mais baixas são diminuídas, os problemas mentais desaparecem. Como tal, a concentração e a consciência aumentam, levando à Auto-realização.

Raja Ioga

O Ioga da introspecção através da meditação. O Raja Ioga é o Caminho Real como "raja" significa rei. Abrange a essência de muitos outros caminhos do Ioga, nomeadamente Karma, Bhakti, e Jnana Ioga. O foco do Raja Ioga é a análise interna do funcionamento da mente para a suavizar e ir para além dela. Tenta transcender o Ego e o ambiente exterior do corpo físico e sintonizar com o Eu interior da Alma e do Espírito. É o caminho para o Iluminismo.

Patanjali Ioga

Patanjali Ioga é frequentemente identificado diretamente com Raja Ioga porque é introspectivo. O sistema de Patanjali consiste em oito membros (termo Sânscrito "Ashtanga") ou passos do Ioga (Figura 84), que o indivíduo deve dominar no seu caminho para a Auto-realização. Pense nos oito membros como partes da grande árvore do Ioga onde cada membro (ramo) se liga ao tronco. Cada membro tem folhas que exprimem a sua vida e são as técnicas da ciência do Ioga. Os oito membros ou passos do Ioga estão delineados no *Sutras do Ioga*, que foi compilado pelo Sábio Patanjali. São eles Yamas (contenção do Eu), Niyamas (observação do Eu), Asana (posturas), Pranayama (respiração), Pratyahara (retirada dos sentidos), Dharana (concentração), Dhyana (meditação), e Samadhi (Autoidentificação com a Consciência Cósmica).

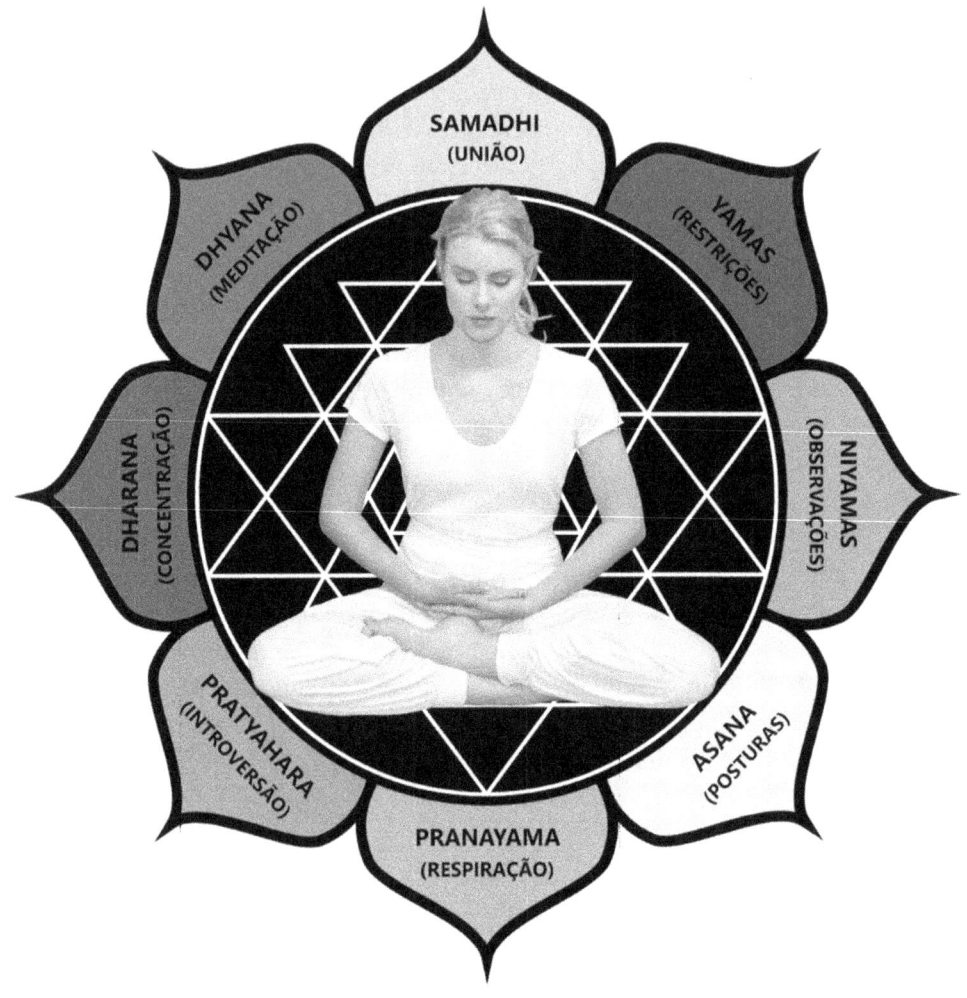

Figura 84: Os Oito Membros do Ioga

Kriya Ioga

A palavra sânscrita "kriya" significa "ação" ou movimento". O Kriya Ioga é a ciência de controlar o Prana no corpo. Um dos seus objetivos é descarbonizar o sangue humano e recarregá-lo com oxigénio, que se destina a rejuvenescer o cérebro e os centros vertebrais. O sistema antigo de Kriya Ioga consiste em muitos níveis de Pranayama, Mantra e Mudra, baseado em técnicas destinadas a acelerar rapidamente a sua Evolução Espiritual e a levar à comunhão com o Eu Superior, Deus Interior. O Kriya Ioga ganhou popularidade no mundo através do livro *Autobiografia de um Iogue de* Paramahamsa Iogananda.

Dhyana Ioga

O Ioga da meditação. Dhyana Ioga envolve principalmente o sétimo membro do Ioga mencionado nos *Sutras de Ioga de Patanjali*. Preocupa-se em acalmar a mente e permitir uma maior concentração e consciência, o que é conseguido através das práticas de Asana, Pranayama, Mantra, e Dharana (concentração). Dhyana Ioga treina-o para manter a sua mente longe das coisas desnecessárias na vida e concentrar-se no que importa. A meditação corta através da ilusão, levando à verdade da realidade, permitindo o autoconhecimento.

***

Em conclusão, muitas outras formas de Ioga são sistemas excelentes em e de si mesmos, mas que se enquadram num dos grupos primários mencionados. Incluem Siddha Ioga, Shiva Ioga, Buddhi Ioga, Sannyasa Ioga, Maha Ioga, e outras. Uma vez que existem muitos estilos ou tipos de Ioga, cada um ligeiramente diferente do outro, a pessoa média tem muitas opções para escolher entre as que melhor se adequam à sua maquilhagem psicológica e física. No entanto, a maioria dos tipos de Ioga inclui os mesmos elementos e práticas, que examinarei em detalhe nesta secção.

OS CINCO KOSHAS

Segundo o Ioga e a Aiurveda, o sistema energético humano é composto por cinco Corpos Subtis ou "bainhas", chamados Koshas (Figura 85), que cobrem e escondem a nossa natureza essencial - o Homem-Atman, o Eu Universal (Alma). Os Koshas são essencialmente as portas de entrada para a Alma. Eles são responsáveis pelas diferentes dimensões e estados vibratórios de consciência que os humanos partilham. Os Koshas relacionam-se com os Cinco Elementos (Tattvas) e os Sete Chakras Maiores, com o Kosha mais alto (Anandamaya) englobando os três Chakras Espirituais. (Note-se que a Figura 85 é um esquema abstrato dos Cinco Koshas, não a sua representação real na Aura.)

Os Koshas são sinónimos dos corpos subtis dos Planos Cósmicos interiores da Tradição Misteriosa Ocidental. No entanto, em vez de sete, existem cinco camadas da Aura no sistema Ioga, que estão interligadas, interagindo constantemente umas com as outras. Os Koshas emanam em sequência, começando pela mais densa, sendo cada camada subsequente mais subtil e mais alta em vibração do que a que lhe foi anterior.

Annamaya Kosha

A primeira camada ou bainha chama-se Annamaya Kosha, e relaciona-se com a mente consciente e o corpo físico. É a Kosha mais grosseira e mais densa e aquela com a qual mais nos identificamos. Construída pelos alimentos que comemos, Annamaya Kosha corresponde ao primeiro Chakra, Muladhara, e ao Elemento Terra (Prithivi Tattva). A prática regular do Asana e uma dieta saudável podem manter o nosso corpo físico em ótimas condições, para que possamos experimentar uma vida livre de doenças.

Pranamaya Kosha

A segunda bainha é Pranamaya Kosha; o corpo energético vital constituído pela energia da Vida. Pranamaya Kosha, como o nome diz, lida com o Prana no corpo; por isso pode ser chamado o nosso Corpo De Prana, que é absorvido através da respiração, alimento, e a Força de Vida Universal que nos rodeia, permeando a nossa Aura. Flui através do intrincado sistema de Nadis no corpo, do qual se diz existirem Setenta e Dois Mil. A Pranamaya Kosha pode ser controlada pela respiração, embora seja mais subtil de uma força do que o ar que respiramos. Está relacionada com o segundo Chakra, Swadhisthana, e o Elemento Água (Apas Tattva). Pranamaya Kosha liga Annamaya e Manomaya Koshas na sua relação tanto com o corpo como com a mente. A prática de Pranayama ajuda a manter a Força da Vida a fluir livremente em Pranamaya Kosha, mantendo o corpo e a mente saudáveis.

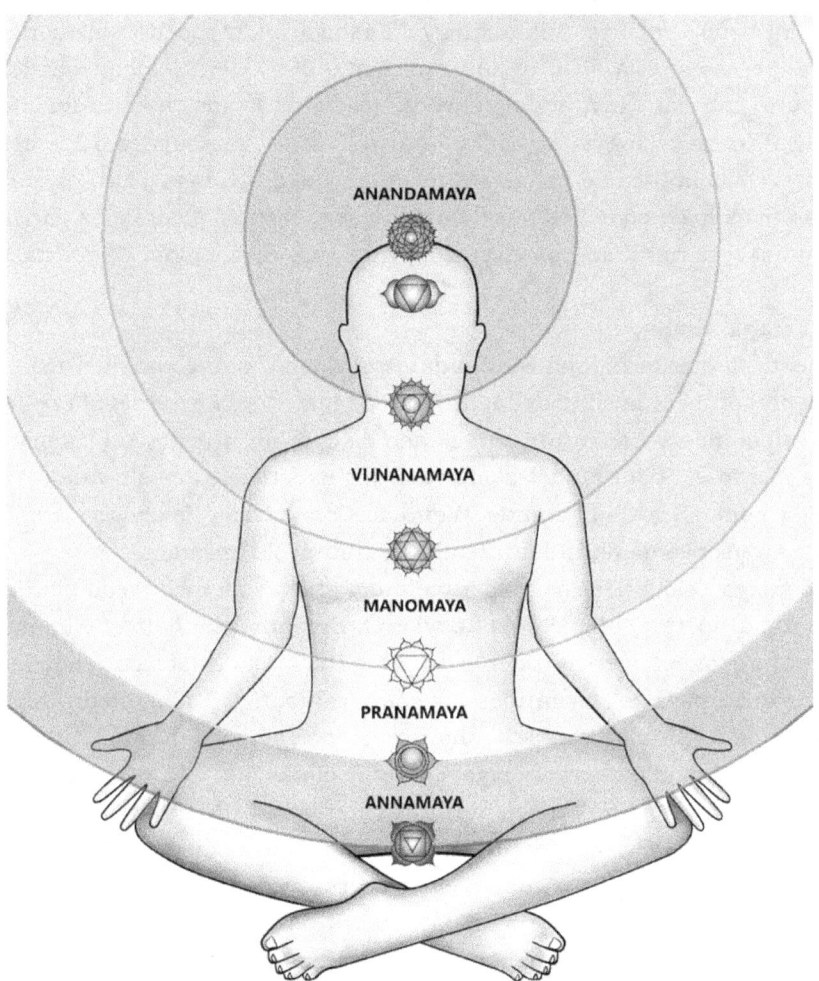

Figura 85: Os Cinco Koshas

Manomaya Kosha

A terceira bainha é Manomaya Kosha, o corpo mental/emocional no sistema Ioga, relacionado com a mente subconsciente. A Manomaya Kosha inclui padrões de pensamento e sentimentos, permeando as bainhas vitais e alimentares. Corresponde ao terceiro Chakra, Manipura, e ao Elemento de Fogo (Tejas Tattva). Tomar consciência dos nossos pensamentos e emoções diários e dissolvê-los através da retirada dos sentidos

(Pratyahara) e da concentração focalizada (Dharana) pode ajudar a manter a nossa mente pura e aliviada pela dor da dualidade.

Vijnanamaya Kosha

A quarta bainha é Vijnanamaya Kosha, e é o corpo psíquico ou mental superior que permite a intuição. No Ioga, Vijnanamaya Kosha é o "corpo de sabedoria" que revela percepções pessoais. Ela liga o subconsciente e a mente inconsciente, dando-nos conhecimento interior, incluindo reações instintivas aos acontecimentos da vida. Vijnanamaya Kosha relaciona-se com o quarto Chakra, Anahata, e o Elemento Ar (Vayu Tattva). Através da prática de Yamas (Autocontenção) e Niyamas (Auto-observação), e com o uso de práticas Ioga, podemos purificar as nossas mentes e corações para nos ligarmos à nossa intuição, permitindo-nos viver uma vida mais feliz e mais Espiritual.

Anandamaya Kosha

Finalmente, a quinta bainha é Anandamaya Kosha, que é considerada como o corpo transcendental ou bem-aventurança, o Corpo de Luz. A sua experiência pode ser descrita como um estado de absorção total em estado de bem-aventurança, alcançado através do silêncio da mente. A doçura e beleza da vida que experimentamos quando a mente ainda é conhecida como Sat-Chit-Ananda (Verdade-Consciência-Felicidade em Sânscrito), a experiência subjectiva da derradeira realidade imutável-Brahman.

Ananadamaya Kosha pode ser experimentada através da meditação diária (Dhyana) ou através de um despertar completo da Kundalini. Embora Anandamaya Kosha nos permita experimentar o estado super consciente de Samadhi, ainda existe a dualidade entre sujeito e objeto. Portanto, para nos tornarmos um com Brahman (O Todo), precisamos de alcançar a camada acima de Ananadamaya Kosha, a camada Divina sem nome.

Em The Upanishads, Anandamaya Kosha é conhecida como o Corpo Causal. Está relacionado com a mente inconsciente, um reservatório de sentimentos, pensamentos, memórias, e impulsos fora da nossa consciência e subconsciência. A mente inconsciente controla muitos dos processos automáticos no corpo que asseguram a nossa sobrevivência física. Anandamaya Kosha corresponde ao Espírito/Elemento (Akasha Tattva) e aos três Chakras mais altos de Vishuddhi, Ajna, e Sahasrara. É o estado de consciência onde o nosso Santo Anjo da Guarda, o nosso Eu Superior, reside.

OS CORPOS SUBTIS NO ORIENTE E NO OCIDENTE

As Cinco Koshas do Sistema Espiritual Oriental do Ioga correspondem aos Corpos Subtis dos Planos Cósmicos Internos do Sistema Esotérico Ocidental: o Físico, Astral, Mental e Espiritual, com o Astral e Mental contendo os aspetos Inferior e Superior. No entanto, uma pequena diferença entre os dois sistemas requer a nossa atenção.

Na ciência e filosofia do Ioga, os Corpos Subtis emanam em relação à sequência dos primeiros cinco Chakras Maiores, começando com Muladhara e terminando com Vishuddhi. Como mencionado, aos três Chakras Espirituais é atribuída uma camada Áurica, para um total de Cinco Koshas. Em contraste, a Tradição Mistério Ocidental, cuja fundação é a Árvore da Vida da Qabalah, segue a sequência de emanação da Luz Divina de Ain Soph Aur (Luz Sem Limites), tal como pertence aos Cinco Elementos. Na Qabalah, a Luz Divina manifesta-se como Espírito, Fogo, Ar, Água, Terra, onde cada um dos Elementos subsequentes é de menor qualidade Espiritual do que o anterior.

Como pode ver, os dois sistemas são quase idênticos no que diz respeito a este assunto, com uma exceção. No Ioga, os elementos Fogo (Manomaya Kosha) e Ar (Vijnanamaya Kosha) são trocados, uma vez que o Manipura Chakra está abaixo de Anahata no sistema Chakras. Na filosofia da Qabalah, o Fogo é o primeiro Elemento que se manifesta a partir do Espírito e é superior em qualidade Espiritual ao Elemento Ar, independentemente do seu posicionamento no sistema Chakras. As Escolas Misteriosas Ocidentais ensinam que a força de vontade (Fogo) é superior ao pensamento (Ar) no processo de manifestação.

Ambos os sistemas Espirituais dão argumentos convincentes sobre este assunto. O sistema ocidental argumenta que a nossa Palavra, que nos liga ao Criador, é movida pela força de vontade. O seu meio de expressão é a mente (pensamentos), mas o seu ímpeto é uma Força projetada a partir da Alma no seu interior. A Alma é um Fogo, e a sua origem é o nosso Sol (Sol).

Os teosofistas, que pertencem à Tradição do Mistério Ocidental, referem-se ao Plano da Alma como o Plano Budista, que posicionam entre os Planos Mental e Espiritual. A ele, atribuem o Elemento Fogo. Os teosofistas foram fortemente influenciados pelo Hermetismo e o seu ramo da Alquimia, este último afetado pelas obras de Platão e Aristóteles. Assim, os teosofistas adotaram o sistema Chakras oriental, mas modificaram-no de acordo com as suas experiências psíquicas dos Planos Subtis. Na sua opinião, a Alquimia Espiritual define claramente o Elemento Fogo como sendo de maior qualidade Espiritual do que o Elemento Ar.

Embora o Ar seja mais subtil que o Fogo, uma vez que é invisível como o Espírito, os hermetistas acreditam que o Elemento Ar vibra entre os Elementos Fogo e Água, uma vez que ambos participam dele e o necessitam para o seu sustento. De acordo com a sua colocação no sistema Chakras, o Elemento Ar emana do Espírito. Ainda assim, o seu posicionamento na expressão da energia subtil na nossa Aura seria entre o Plano Mental Superior (Fogo) e o Plano Astral Superior (Água). Por esta razão, o Elemento Ar é mais utilizado pelo Ego, enquanto a Alma utiliza o Elemento Fogo para se expressar.

O Ego também utiliza o Elemento Fogo, mas filtra através da mente, participando na dualidade. O Elemento Fogo, porém, alcança a Não-dualidade do Espírito, ao reconciliar todos os opostos dentro de si, da mesma forma que a combustão, o Fogo no seu estado físico, consome todas as coisas. Por esta razão, o Fogo é o Elemento de ação, uma vez que ultrapassa a mente e trata estritamente da aplicação da força de vontade.

No entanto, a força de vontade requer imaginação, que no Qabalah está relacionada com o Tiphareth Sephiroth, localizado entre os centros do Coração e do Plexo Solar e correspondente com o Elemento Ar. Vê-se então que, de acordo com a filosofia da Qabalah, tanto as emoções (Água) como a força de vontade (Fogo) requerem Ar (pensamentos) para se manifestarem. Ambos participam dele, e é por isso que no modelo dos Planos Cósmicos, a sua bainha energética ou Corpo Subtil se encontra entre os dois, em vez de estar acima deles.

Outro argumento da filosofia da Qabalah é que, de acordo com o seu modelo dos Quatro Mundos (YHVH), o Elemento Fogo é Atziluth, o mais alto dos mundos. Este mundo relaciona-se com os Arquétipos como o mais alto Plano abaixo do Espírito, enquanto o Elemento Ar é o terceiro Mundo (Yetzirah), relacionando-se com as imagens visuais que as nossas mentes formam. De acordo com os ensinamentos da Qabalah, Atziluth (Fogo) não tem forma, enquanto Yetzirah (Ar) tem forma.

O Elemento Fogo é responsável pelo pensamento abstrato, enquanto o Elemento Ar é responsável pelo pensamento lógico ou racional. Os pensamentos abstratos exibem uma inteligência superior à dos pensamentos lógicos. Por exemplo, o Ego usa a lógica e a razão para se relacionar com o mundo à sua volta, onde o seu principal ímpeto é a sobrevivência e o medo da morte. Por outro lado, a Alma utiliza o pensamento abstrato, bem como aquilo a que chamamos intuição, que é um reconhecimento interno da verdade na realidade. Não sabemos como nem porquê sabemos o que sabemos, mas estamos confiantes de que o sabemos.

O pensamento abstrato e a intuição são motivados pelo amor incondicional, que é uma expressão do Elemento Fogo que atua sobre o Elemento Água. Por esta razão, quando experimentamos o amor nos nossos corações, há um calor que o acompanha. E de acordo com a maioria das religiões e filosofias mundiais, a mais elevada conceção de Deus - o Criador para a humanidade - é o amor incondicional. Assim, o mais alto dos quatro Elementos inferiores, e o mais próximo de Deus, é o Elemento Fogo e não o Elemento Ar.

Embora eu seja, primeiramente, um praticante dos ensinamentos da Qabalah, em segundo Iogue, os meus pensamentos alinham naturalmente com a Tradição do Mistério Ocidental, assim como as minhas crenças. Magia Cerimonial, a prática Espiritual dos Mistérios Ocidentais, tem-me proporcionado experiência direta das energias Elementais durante muitos anos, e tenho testemunhado em primeira mão a precisão do sistema da Qabalah. Do mesmo modo, as minhas experiências com a Magia de Enoque, especialmente a operação Trinta "Aethyrs" que entra sistematicamente nas camadas Aura, deram-me uma visão gnóstica que valida e apoia as reivindicações da Tradição Ocidental sobre os Elementos em termos de progressão Espiritual.

Independentemente disso, devo permanecer respeitoso com o iogue que praticou o sistema Espiritual oriental durante mais de 20 anos, que pode também sentir o mesmo sentimento de certeza quanto à sua validade. A emanação dos Tattvas Orientais, por exemplo, segue a sequência Terra, Água, Fogo, Ar, Espírito. E nas explicações dos Tattvas e como cada um deles se manifestou na existência, é evidente que o Elemento Ar é mais etérico e, portanto, menos denso do que o Elemento Fogo. Ele é invisível aos sentidos, enquanto o Fogo é visível como combustão ou chama. Também não se pode negar a sequência de manifestação dos Chakras, as suas correspondências, e as suas localizações no corpo. Assim, reconheço que podem ser apresentados argumentos para os sistemas ocidentais e orientais relativamente a este assunto.

O Corpo Sutil relacionado com o Elemento Fogo vem antes do Corpo Sutil associado com o Elemento Ar ou depois dele? Podemos debater este tópico "ad nauseam" e não chegaremos a lado nenhum porque tanto o sistema oriental como o ocidental fazem reivindicações válidas dos seus respetivos pontos de vista. Mas como o *Serpent Rising* é a minha criação e só posso falar sobre as coisas que experimentei para ser exato, a sua filosofia relativa à emanação e à sequência dos Planos Cósmicos permanecerá alinhada com o sistema da Qabalah até que eu esteja convencido do contrário.

ASANA

De acordo com os *Ioga Sutras de Patanjali*, o Asana é definido como "aquela posição que é estável e confortável". Em Sânscrito, a palavra "asana" significa "sentado", uma postura sentada, ou assento de meditação. O seu significado mais literal é "postura", quer seja uma postura sentada ou de pé. Por esta razão, os asanas são chamadas "poses de ioga" ou "posturas de ioga" em inglês.

Asana visa desenvolver a capacidade de se sentar ou ficar confortavelmente numa posição durante um período prolongado. O objetivo dos Asanas é influenciar, integrar e harmonizar todos os níveis do Ser, incluindo físico, mental, emocional e Espiritual. Embora possa parecer a princípio de que os Asanas se preocupam principalmente com o corpo físico, têm efeitos profundos a todos os níveis do Ser se se praticar a consciência durante o processo.

O asana é um dos oito membros do Ioga. A um nível subtil, os Asanas são utilizados para abrir canais de energia e centros psíquicos. A sua utilização facilita o fluxo livre de Prana através dos Nadis dos Corpos Subtis, estimulando assim os Chakras e a energia da Kundalini. Como tal, os Asanas ajudam consideravelmente na Evolução Espiritual de um indivíduo. Um dos seus resultados mais imediatos é uma melhoria na flexibilidade e força de cada um e a redução do stress e das condições mentais e emocionais que lhe estão relacionadas.

Ao desenvolver o controlo sobre o corpo, ganha-se também o controlo sobre a mente - como acima, como abaixo. Assim, a prática de Asanas integra e harmoniza o corpo físico e a mente. Liberta tensões ou nós em ambos. As tensões mentais são libertadas ao lidar com elas a nível físico através da manutenção das posturas físicas. A tensão física, como os nós musculares, é também eliminada, restaurando assim a saúde do corpo. Após apenas uma sessão de Ioga Asana, o praticante tem mais vitalidade, vigor e força, enquanto a mente é mais alegre, criativa e inspirada.

A *Hatha Ioga Pradipika* do século XV, o texto central da Hatha Ioga, identifica 84 Asanas que proporcionam tanto benefícios espirituais como físicos. Devido ao seu poder como ferramenta para desenvolver uma maior consciência, a prática do Asana é introduzida primeiro na prática do Hatha Ioga, seguida de Pranayama, e depois de Mudras, etc. Durante a prática de Asana, o indivíduo deve sempre respirar pelo nariz, a menos que lhe sejam dadas instruções específicas para fazer o contrário. A respiração deve ser sempre coordenada com a prática de Asana.

Está provado que a prática de posturas de Ioga (Asanas) aumenta os produtos químicos de sensação no cérebro, tais como serotonina, dopamina e endorfinas. À medida que a hormona do stress cortisol diminui, o relaxamento mental é restaurado, e a consciência e o foco são aumentados. Ao combinar exercício físico e meditação, o metabolismo do corpo torna-se equilibrado. A prática dos Asanas fortalece e tonifica os músculos, resultando não só em sentir-se bem internamente, mas também em ter um ótimo aspeto exterior.

OS TRÊS ASANAS DE MEDITAÇÃO

O objetivo dos Asanas de meditação é permitir que o indivíduo se sente durante um período prolongado sem movimento do corpo ou desconforto. Quando o corpo físico é contornado através da aplicação de um Asana de meditação e de um único ponto da mente, é possível experimentar um estado de consciência mais profundo.

Quando estiver num Asana de meditação, a sua coluna vertebral deve ser direita, o que permitirá a Prana circular de forma mais otimizada através dos Nadis e Chakras. Além disso, uma vez que é fácil perder o controlo sobre os músculos enquanto está em meditação profunda, é melhor se as pernas forem imobilizadas de alguma forma enquanto o tronco faz contato com o solo.

Sukhasana, Siddhasana, e Padmasana (Figura 86) são mais praticadas quando se quer entrar numa meditação profunda. Estas poses são os Asanas sentados, de pernas cruzadas, em que os Deuses Antigos do Oriente são comummente retratados. A mecânica de cada um destes Asanas de meditação será descrita a seguir.

Deitado no que os iogues chamam Shavasana (Figura 94), a Pose "Cadáver", não é recomendado para meditação, uma vez que há uma tendência para adormecer. Sukhasana, Siddhasana e Padmasana satisfazem todos os requisitos da meditação ao mesmo tempo que alertam o indivíduo e se concentram na tarefa em mãos. Estes três Asanas de meditação também permitem que o fundo da coluna vertebral entre em contato com o solo, o que consegue uma fundamentação adequada das energias interiores. Como tal, a tagarelice da mente pode ser superada.

Quando o praticante pode sentar-se num Asana de meditação durante três horas completas sem o corpo a abanar ou a tremer, terá conseguido o domínio sobre ele. Só então poderão praticar as etapas superiores de Pranayama e Dhyana. É imperativo atingir um Asana de meditação constante se se quiser progredir na prática da meditação. A tagarelice do Ego deve ser superada, e a mente acalmada para que o indivíduo possa encontrar a sua felicidade interior.

Conseguir o domínio sobre um Asana de meditação é apenas uma parte do processo de entrar em meditação profunda. A outra parte do processo é ter os olhos fechados e concentrar-se no espaço entre as sobrancelhas, o que ativa o Olho da Mente. O Olho da Mente é a porta ou ponto de entrada para Sahasrara, que representa o estado superior de consciência de cada um. Sahasrara é, de facto, o nosso ponto de contato com a Consciência Cósmica.

Antes de começar com um Asana de meditação, ajuda a fazer alguns alongamentos básicos. Ao fazê-lo, permitirá ao praticante evitar cãibras musculares e dores articulares que podem dissuadir a tarefa em mãos. Além disso, ajuda a evitar meditar com o estômago cheio, uma vez que pode haver demasiada movimentação das energias interiores à medida que os alimentos estão a ser sintetizados.

Figura 86: Os Três Asanas de Meditação

Sukhasana

Esta é a pose padrão de sentar de pernas cruzadas. Chama-se "Pose Fácil" porque todos o podem fazer sem esforço. As costas devem ser direitas e os ombros relaxados. As mãos são colocadas sobre os joelhos, com os dedos indicadores e polegares a tocar em Jnana ou Chin Mudra. (Para saber como executar Jnana e Chin Mudras, ver o capítulo "Mudra: Hasta (Mudras de Mão)"). Ao meditar, os olhos devem estar fechados, e deve concentrar-se no ponto entre as sobrancelhas, que é a localização do Olho da Mente.

Embora esta pose seja considerada a mais fácil dos Asanas de meditação, se não for feita corretamente, pode desenvolver-se uma dor nas costas. É imperativo que os joelhos sejam mantidos perto do chão ou no chão e a coluna vertebral direita. É comum ver os praticantes colocar uma almofada debaixo das nádegas para apoio.

Note-se que é bom começar as suas meditações com Sukhasana mas não fazer disso o seu objetivo final. Em vez disso, seria melhor se progredisse para poder realizar Siddhasana e mesmo Padmasana, pois oferecem mais apoio ao seu corpo e são ideais para meditações a longo prazo.

Siddhasana

Como a posição de pernas cruzadas mais avançada, o Siddhasana é de outra forma chamado de "Pose Cumprida". "No Siddhasana, deve enfiar os pés nas coxas (entre as coxas e os bezerros), de modo que os seus genitais fiquem entre os seus dois calcanhares. Os vossos pés ficarão lado a lado, mantendo assim os joelhos bem afastados. As costas devem ser direitas, e as mãos devem ser colocadas nos joelhos, em Jnana ou Chin Mudra. Esta pose é chamada "Realizada" porque é mais avançada que Sukhasana, e requer que o praticante seja mais flexível para ter as suas ancas abertas.

Siddhasana dirige a energia dos Chakras inferiores para cima através da coluna vertebral, estimulando assim o cérebro e acalmando todo o sistema nervoso. Como o pé inferior é pressionado contra o períneo, o Muladhara Chakra é ativado, permitindo a Mula Bandha. Além disso, a pressão para o osso púbico empurra o ponto de gatilho para o Swadhisthana, ativando automaticamente o Vajroli Mudra. Estas duas fechaduras psíquicas musculares redirecionam os impulsos nervosos sexuais para a coluna vertebral e para o cérebro. Dão ao praticante o controlo sobre as suas hormonas reprodutivas, o que lhe permite praticar a continência sexual ou a abstinência. (Para uma descrição de Mula Bandha e Vajroli Mudra, ver o "Mudra": Bandha (Lock Mudras)" e "Mudra": Capítulos "Adhara (Mudras Perineal)").

Padmasana

A mais avançada postura de meditação de pernas cruzadas sentadas, Padmasana, é geralmente referida como a "Pose de Lotus". "Embora tenha ouvido o termo "Pose de Lotus" frequentemente utilizado nos círculos de meditação, Padmasana é a única pose correta de Lotus, enquanto as duas anteriores são variações menos avançadas da mesma. Em Padmasana, deve sentar-se com os pés em cima das coxas, aconchegados perto das ancas.

É a pose de joelho fechado que só pode ser feita com sucesso quando as ancas estão mais abertas do que os outros dois Asanas de meditação ou posturas. Não se deve tentar Padmasana até que tenha sido desenvolvida suficiente flexibilidade dos joelhos.

Padmasana permite que o corpo seja mantido totalmente estável durante longos períodos de tempo. Uma vez que o corpo esteja firme, a mente pode tornar-se calma. Padmasana dirige o fluxo de Prana de Muladhara para Sahasrara Chakras, intensificando a experiência da meditação. A aplicação de pressão na coluna vertebral inferior através desta postura tem também um efeito relaxante no sistema nervoso. A pressão sanguínea é reduzida, a tensão muscular diminui, e a respiração torna-se lenta e estável.

HATHA IOGA VS. VINYASA IOGA

Hatha Ioga é um termo guarda-chuva para muitas das formas mais comuns de prática de Asana ensinadas no Ocidente. O Hatha Ioga enfatiza a respiração e postura controladas, o que constrói a força central ao mesmo tempo que proporciona os benefícios psicológicos associados à prática de Asanas. No Hatha Ioga, move-se o corpo lenta e deliberadamente de uma postura para a outra, enquanto se concentra na atenção e relaxamento.

Vinyasa é uma abordagem ao Ioga em que se faz uma transição suave de uma pose para a seguinte. Há um fluxo numa sessão de Vinyasa Ioga em que as transições são coordenadas com a sua respiração, dando-lhe a sensação de que a sua respiração se move com o seu corpo. As sessões de Vinyasa de ritmo rápido são fisicamente desafiantes. Proporcionam um treino cardiovascular que o faz suar mais e é mais exigente fisicamente do que as sessões de Hatha Ioga.

Hatha e Vinyasa são dois estilos ou abordagens diferentes da prática de Asana que incorporam as mesmas poses e são benéficas à sua própria maneira. Enquanto a Hatha é uma abordagem mais estática, a Vinyasa é dinâmica. Uma vez que Vinyasa se move a um ritmo mais rápido de uma postura para a outra, requer um controlo respiratório mais significativo do que o Hatha Ioga. Pelo contrário, o Hatha Ioga permite mais alongamento e meditação, uma vez que as poses são mantidas por mais tempo.

Enquanto o Hatha Ioga é melhor para a redução do stress, Vinyasa proporciona um melhor treino de força e treino cardiovascular. Pode aplicar qualquer uma das abordagens à sua prática de Asana para obter resultados diferentes. Contudo, para obter resultados ótimos, seria melhor determinar a sua constituição específica da mente/corpo, ou Dosha, para saber qual o estilo mais adequado para si. As diretrizes para práticas de Ioga, incluindo asanas, e para determinar qual dos Três Doshas é dominante na sua vida são dadas no capítulo sobre Aiurveda, na última parte desta secção.

PREPARAÇÃO PARA A PRÁTICA DE ASANA

Antes de iniciar a sua prática de Asana, reserve um tempo específico no dia para o seu desempenho. Por exemplo, o amanhecer e o anoitecer são tradicionalmente as melhores alturas do dia para praticar Ioga devido à ligação natural do nosso corpo e mente com a energia do Sol. Contudo, se achar impossível praticar nesta altura, então encontre outra altura do dia e seja consistente com ela ao longo da semana, quando estiver a planear as suas sessões de Ioga.

Se decidir praticar Ioga de manhã para que possa preparar o seu corpo e mente para o dia, tenha em mente que os seus músculos e ossos serão mais rígidos do que mais tarde no dia. Portanto, tenha cuidado ao entrar em posturas e não se esforce demasiado. Por outro lado, um treino noturno permite-lhe relaxar após completar as suas obrigações diárias. Além disso, o seu corpo é mais flexível à noite, permitindo-lhe ir mais fundo nas suas posturas com menos resistência.

Encontre um local onde não será perturbado durante o seu treino de Asana. Esta deve ser uma área que tenha uma superfície plana e uniforme. Certifique-se de que tem espaço suficiente para se mover à sua volta, uma vez que muitas poses exigem que estenda os braços e as pernas livremente. É melhor praticar os asanas num ambiente aberto para evitar a distração de objetos próximos.

Se estiver a praticar dentro de casa, como a maioria das pessoas faz, assegure-se de que a sala está bem ventilada e tem uma temperatura ambiente confortável. Tenha em mente que o seu corpo irá geralmente aquecer, por isso assegure-se de que não há corrente de ar, ou a sala está demasiado fria, uma vez que o ar frio afeta os seus músculos e articulações e torna-os mais rígidos. Por esta razão, é comum que as aulas de Ioga sejam realizadas em ambientes quentes, mas nunca em ambientes frios.

O ar fresco acrescenta benefícios adicionais à componente respiratória do desempenho dos Asanas. Afinal, a respiração é uma das chaves para o sucesso da prática de Ioga. Se estiver a queimar incenso ou a difundir óleos essenciais para ajudar a elevar a mente e atingir um estado meditativo, certifique-se de não exagerar de forma a interferir com a qualidade do ar e a sua respiração. Embora os óleos essenciais e o incenso tenham sido parte integrante de muitas aulas de Ioga ao longo dos anos, alguns praticantes evitam-no, uma vez que o cheiro pode ser uma distração.

A mesma regra aplica-se a tocar música durante as suas sessões de Ioga. Música relaxante e calma ao fundo pode ajudá-lo a ficar com o humor certo, mas também pode ser uma distração. Se decidir tocar música, certifique-se de que não é demasiado alto, uma vez que o seu foco deve estar em ir para dentro durante a sua prática.

Como é o caso de todas as práticas de invocação ou manipulação de energia, incluindo as modalidades de Cura Espiritual neste livro, evite praticar Ioga com o estômago cheio. Por outras palavras, dê a si próprio pelo menos uma hora após um lanche ou duas a três horas após uma refeição pesada, antes de iniciar a sua prática de Ioga. Após a sua prática, é aconselhável beber um batido de proteínas ou ter uma refeição completa e bem equilibrada, para que os seus músculos possam começar a reparar-se a si próprios. Também pode beber um batido de substituição de refeição para trazer elementos nutritivos para o seu corpo.

Certifique-se de ter uma garrafa de água à mão para evitar ficar desidratada. É aconselhável evitar beber água durante a prática dos Asana para evitar perder a concentração, mas se tiver sede, pode fazê-lo. Afinal, estar desidratado pode ser mais perturbador do que tomar alguns goles de água. No entanto, é melhor beber água antes e depois da sessão de Ioga.

Deve usar roupa solta, confortável e leve, feita de fibras naturais como o algodão. A sua roupa não deve restringir os seus movimentos. Remova quaisquer joias e ornamentos e tire os seus sapatos e meias, uma vez que o Ioga é praticado com os pés descalços. Por favor, desligue também o seu telefone e coloque-o longe de si para evitar distrações.

Finalmente, obter um tapete de Ioga que forneça acolchoamento e uma superfície antiderrapante para praticar. O seu tapete de Ioga tornar-se-á o seu item ritualístico único que conterá a sua energia, por isso certifique-se de não o partilhar com outros. Arranje uma almofada e mantenha-a à mão se precisar de apoio extra enquanto se dedica à meditação Asanas. Os asanas de meditação são pré-requisitos para a maioria das outras práticas Ioga como Pranayama, Mudra, Mantra e meditação.

Embora as diretrizes de preparação acima mencionadas sejam para a prática de Asana, também se aplicam a outras práticas de Ioga. Para uma sessão completa que produza os melhores resultados espirituais, deverá estruturar a sua prática de Ioga para incluir uma combinação de Asanas, Pranayamas, Mudras, Mantras, e meditação.

DICAS PARA PRATICAR ASANAS

Antes de iniciar a sua prática de Asana, deve fazer um aquecimento básico para preparar o corpo para a atividade física e prevenir o risco de lesões. Comece por enrolar as suas articulações de forma circular durante alguns minutos, no sentido horário e anti-horário, para despertar o seu corpo e fornecer lubrificação natural para uma melhor mobilidade. Pode executar rolos de cabeça, pulso, tornozelo e ombro no chão enquanto se senta no seu tapete. Depois, levantar-se no seu tapete e fazer a transição para os rolos do braço, da perna e da parte inferior das costas.

A seguir, deve fazer alguns alongamentos básicos durante mais alguns minutos para garantir que não puxa um músculo durante o treino. Comece por esticar as costas enquanto se levanta. Depois, ao sentar-se de costas, faça a transição para os alongamentos do ombro, braço, perna e cabeça. Todo o seu aquecimento deve demorar cinco a sete minutos.

Começar e terminar cada prática de Asana, deitado em Shavasana, o Corpo Pose. Por exemplo, pode fazer uma Shavasana mais curta para começar e uma mais longa quando terminar a sua sequência de Asana. Quando começar com os seus Asana, tenha sempre em mente passar de uma postura para a outra com calma e deliberadamente. Ao fazê-lo, coordene a sua respiração de modo a inalar ao mover-se para um Asana e exalar ao sair dele.

Apesar de haver pensamentos mistos sobre este ponto, não há tempo definitivo que um Asana deva ser aplicado. Deve segurá-lo desde que seja confortável e não cause dor ou desconforto. Faça um bom alongamento e trabalhe qualquer parte do corpo que os Asana visem. Como principiante, não se esforce demasiado, mas aumente gradualmente a duração com o tempo. Por exemplo, pode-se começar com intervalos de 20-60 segundos enquanto se pratica uma respiração profunda. O tempo médio para resultados ótimos é de cerca de um a três minutos por Asana.

Para evitar lesões nas costas, praticar um número igual de Asanas que dobram para trás como os que o dobram para trás. Se as suas costas ficarem apertadas, ou se se desenvolver dor nas costas, especialmente na parte inferior das costas, pode assumir o Balasana (Pose da Criança) para obter alívio. Além disso, quando se sentir cansado ou fraco durante a prática de Asana, deite-se em Shavasana ou Balasana por um curto período de tempo para descansar um pouco. Pode então retomar a sua prática.

Lembre-se de executar todos os Asanas lentamente e com controlo. Irá progredir muito mais rapidamente na sua prática de Ioga se levar as coisas devagar enquanto se concentra na respiração e na atenção. Além disso, aprenda a deixar passar qualquer tensão, stress, ou pensamentos negativos. A chave para desbloquear o poder do Ioga na sua vida é ser consistente e determinado na sua prática enquanto demonstra paciência ao não esperar resultados imediatos. Escute o seu corpo e deixe-o guiá-lo, nunca forçando as coisas. Finalmente, divirta-se e desfrute do processo. O ioga trará mais felicidade à sua vida se o deixar.

ASANAS PRINCIPIANTES

Figura 87: Asanas Principiantes (Parte I)

Figura 88: Asanas Principiantes (Parte II)

Figura 89: Asanas Principiantes (Parte III)

ASANAS INTERMÉDIAS

Figura 90: Asanas Intermédias (Parte I)

Figura 91: Asanas Intermédias (Parte II)

ASANAS AVANÇADAS

Figura 92: Asanas Avançadas (Parte I)

Figura 93: Asanas Avançadas (Parte II)

PRANAYAMA

Pranayama é um termo utilizado para várias técnicas respiratórias que funcionam com a Prana no corpo. É composto por duas palavras, "prana" e "ayama". Prana é a energia vital ou Força de Vida que está em constante movimento e que existe em cada coisa animada e inanimada no Universo. Embora esteja intimamente relacionado com o ar que respiramos, Prana é mais subtil do que o mero oxigénio, embora nós, como seres humanos, possamos manipulá-lo através de técnicas de respiração.

"Ayama" significa "extensão" ou "expansão". A palavra "Pranayama" pode então ser dita como implicando a "extensão ou expansão de Prana". A essência ou propósito de Pranayama é utilizar métodos respiratórios para influenciar o fluxo de Prana através dos vários Nadis no Corpo de Luz. medida que o movimento do Prana no Corpo de Luz é aumentado, a função dos Chakras é otimizada.

Tanto o Ioga como o Tantra dizem que a base da existência depende das forças de Shiva (consciência) e Shakti (energia). Em última análise, em vez de duas, existe apenas uma força, uma vez que Shakti é a força ou energia criativa de Shiva. Shakti é também uma referência direta à própria energia Kundalini, que é Prana sublimada. O objetivo final da Hatha Ioga é realizar Shiva ou Consciência Cósmica através da manipulação de Shakti. Elevar a energia Kundalini ao Chakra da Coroa é o objetivo de todos os seres humanos, o que é sinónimo de Shakti e Shiva se tornarem Um num Matrimónio Divino na Coroa.

Pranayama é considerado como um dos oito membros do Ioga. Em Hatha Ioga, Pranayama começa assim que o indivíduo tiver regulado o corpo através da prática de Asana e de uma dieta moderada. Comer é um meio direto de obter o Prana no corpo. Todos os alimentos contêm diferentes vibrações Prana, e a qualidade dos alimentos que comemos tem um efeito imediato no nosso corpo e mente.

A prática de Pranayama funciona principalmente com o corpo energético vital, também conhecido como o Pranamaya Kosha, ao longo do Plano Astral. Afeta diretamente os Cinco Prana Vayus, que, por sua vez, afetam os Nadis e os Chakras. A mente segue a respiração enquanto o corpo segue a mente. Controlando o corpo energético através da respiração, ganhamos controlo sobre a nossa mente e corpos físicos - Como Acima, Assim Abaixo.

Pranayama é benéfico para regular as ondas cerebrais e acalmar a mente e as emoções. Através de Pranayama, podemos ainda assim criar um estado meditativo de consciência que nos dará clareza mental e aumentará a concentração e o foco. É por esta razão que as técnicas respiratórias são um pré-requisito na maioria dos trabalhos rituais.

Prana fornece vitalidade a todos os sistemas que suportam a nossa consciência. Ao aumentar o armazém de Prana no corpo através de métodos respiratórios, a nossa mente é elevada, e podemos alcançar estados de consciência vibratórios mais elevados. Os seus objetivos mais físicos são a ajuda na recuperação de doenças e a manutenção da nossa saúde e bem-estar.

EXERCÍCIOS DE PRANAYAMA

Respiração Natural

A respiração natural é essencialmente a consciência da respiração. É o exercício mais básico de Pranayama que introduz os praticantes nos seus padrões respiratórios e sistema respiratório. Estar consciente do processo de respiração é suficiente para abrandar a frequência respiratória e iniciar um ritmo mais calmo. É relaxante para a mente e irá colocá-la num estado meditativo. A respiração natural pode ser praticada em qualquer altura, independentemente de onde se esteja e do que se esteja a fazer.

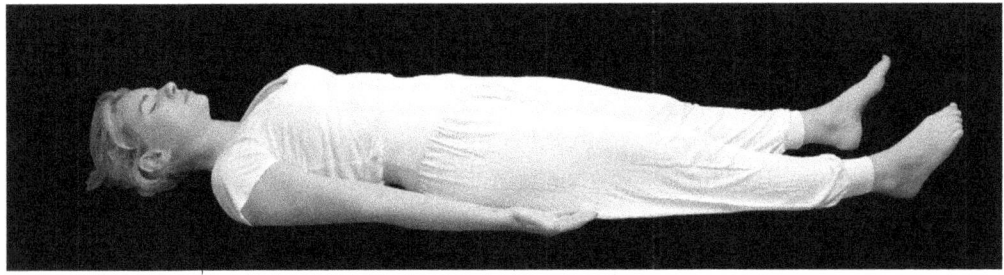

Figura 94: Shavasana

Para começar o exercício, sentar-se num confortável Asana de meditação ou deitar-se em Shavasana (Figura 94). Feche os olhos e deixe o seu corpo relaxar. Vá para dentro da sua mente e tome consciência da sua respiração natural. Sinta a respiração a fluir para dentro e para fora do seu nariz, mantendo a boca fechada o tempo todo. Observe se a respiração é superficial ou profunda, e examine se está a respirar para fora do peito ou do estômago. Repare se há algum som quando respira e tome consciência da sua temperatura à medida que vai entrando e saindo. A respiração deve ser mais fria na inspiração e mais quente na exalação.

Esteja ciente de que os pulmões se expandem e contraem à medida que respira. Repare no efeito que o seu padrão respiratório tem no seu corpo e se está a causar alguma tensão.

Observe o seu ritmo com total desapego. A chave para este exercício é a consciência e a atenção. Não tente controlar a sua respiração de forma alguma, mas desenvolva uma consciência total e absoluta da mesma, indo para dentro. Realize este exercício durante o tempo que desejar. Depois, termine-o, trazendo a sua consciência de volta a todo o seu corpo e abrindo os seus olhos.

Respiração Abdominal/Diafragmática

A respiração abdominal é a forma mais natural e eficiente de respirar. Utilizá-la e torná-la uma parte natural da sua vida diária irá melhorar o seu bem-estar físico e mental. O objetivo da Respiração Abdominal ou Diafragmática é aumentar a utilização do diafragma e diminuir a utilização da caixa torácica.

O diafragma é um músculo esquelético fino localizado na base do peito que separa o abdómen do peito. Durante a inalação, o diafragma move-se para baixo, o que empurra o ar para dentro do abdómen, expandindo-o assim. Durante a exalação, o diafragma move-se para cima à medida que o ar é esvaziado do abdómen, contraindo-o no processo. Os pulmões insuflam e esvaziam naturalmente também na inspiração e expiração.

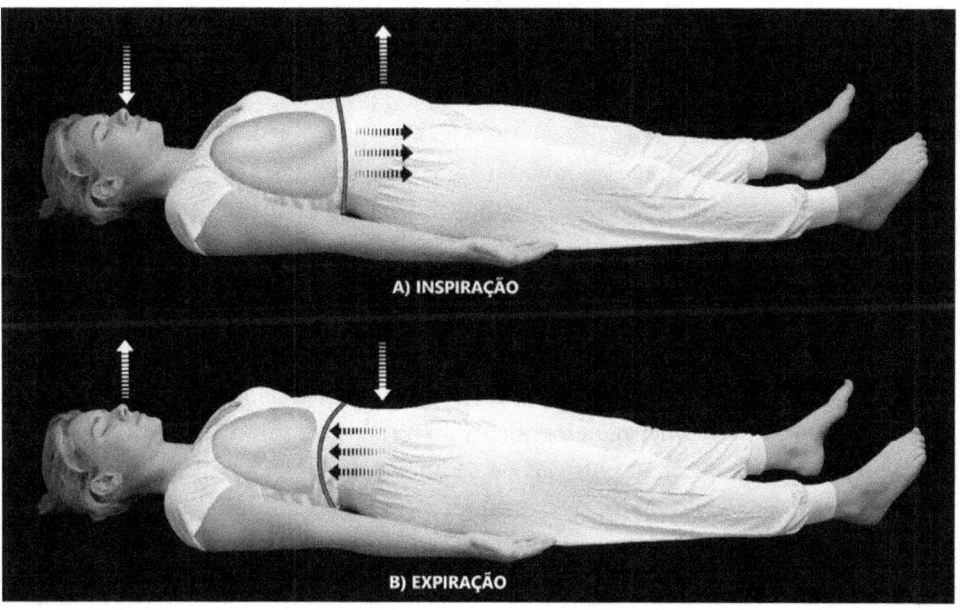

Figura 95: Respiração Abdominal/Diafragmática

Para começar, sentar-se num confortável Asana de meditação ou deitar-se em Shavasana para relaxar o corpo. Feche os olhos e entre num estado calmo e meditativo. Coloque a mão direita sobre o abdómen logo acima do umbigo, enquanto coloca a mão esquerda sobre o centro do peito. Observe a sua respiração natural sem tentar controlá-la de forma alguma. Observe se expirar do peito ou da barriga.

Agora tome o controlo do processo respiratório inalando profundamente pelo nariz e enviando a respiração para o seu abdómen, fazendo-o expandir para fora. Ao expirar pelo nariz, o seu abdómen move-se para baixo até o ar ser esvaziado (Figura 95). Sinta-se como se estivesse a tentar respirar através do umbigo sozinho.

Todo o movimento deve estar na sua mão direita, pois move-se para cima com inalação e para baixo com inalação. A sua mão esquerda deve permanecer inalterada, uma vez que está a tentar não envolver as costelas no processo de respiração. Repita a inalação e a exalação enquanto respira lenta e profundamente. Ao expandir o abdómen, faça-o confortavelmente sem causar qualquer tensão no corpo.

Realize este exercício o tempo que desejar, com um mínimo de alguns minutos. Quando estiver pronto a terminá-lo, traga a sua consciência de volta ao seu corpo físico e abra os seus olhos.

Note-se que a Respiração Diafragmática aumenta a utilização dos lobos inferiores dos pulmões, melhorando a sua eficiência e proporcionando um efeito positivo no coração, estômago, fígado e intestinos. As pessoas que respiram através do diafragma são menos propensas ao stress e à ansiedade e têm uma melhor saúde mental em geral. Como tal, faça todos os esforços para fazer deste tipo de respiração uma parte regular da sua vida.

Respiração Torácica

A respiração torácica emprega os lobos médios dos pulmões, expandindo e contraindo a caixa torácica. Este tipo de respiração gasta mais energia do que a respiração abdominal, mas traz oxigénio mais rapidamente para o corpo. Como tal, é o método de respiração preferido quando se faz exercício físico ou quando se lida com situações stressantes.

Muitas pessoas que são propensas à ansiedade têm feito da respiração torácica uma parte regular da sua vida. No entanto, a respiração desta forma em situações tensas perpetua ainda mais o stress, uma vez que a energia negativa não se neutraliza ou "aterra" ela própria no abdómen. Como mencionado, a respiração abdominal ou diafragmática é o método mais ideal de respiração natural. Se se iniciar a respiração Torácica, é necessário fazer um esforço consciente para voltar à respiração Abdominal logo após, a fim de preservar e conservar a sua energia vital e manter a sua mente equilibrada.

Para começar o exercício, sentar-se num confortável Asana de meditação ou deitar-se em Shavasana. Feche os olhos e entre num estado calmo e descontraído. Coloque a mão direita sobre o abdómen logo acima do umbigo, enquanto coloca a mão esquerda sobre o centro do peito. Tomar consciência do seu padrão natural de respiração sem tentar controlá-lo no início. Repare que mão está a mover-se para cima e para baixo enquanto respira.

Interromper agora a utilização do diafragma e começar a inalar, expandindo lentamente a caixa torácica. Aspirar o ar para os pulmões e senti-los à medida que insuflam e alargam. Expandir o peito o mais possível, confortavelmente. Agora exale lentamente e retire o ar dos pulmões sem causar qualquer tensão no seu corpo. A sua mão esquerda deve mover-se para cima e para baixo neste movimento enquanto a sua mão direita permanece inalterada.

Repetir novamente a inalação expandindo a caixa torácica, tendo o cuidado de não utilizar o diafragma de forma alguma. Controle o processo de respiração, certificando-se de que apenas a sua mão esquerda está em movimento. Continue a respiração torácica durante o tempo que desejar, com um mínimo de alguns minutos. Observe como a respiração desta forma o faz sentir e os pensamentos que entram na sua mente. Quando estiver pronto para terminar o exercício, traga a sua consciência de volta ao seu corpo físico e abra os seus olhos.

Respiração Clavicular

A respiração Clavicular segue a respiração Torácica e pode ser feita em combinação com esta em períodos de stress significativo ou de forte esforço físico. Se alguém está a experimentar vias respiratórias obstrutivas, tais como sob um ataque asmático, tende a respirar desta forma. A Respiração Clavicular permite uma expansão máxima da caixa torácica ao inalar, trazendo o máximo de ar para os pulmões.

A Respiração Clavicular é realizada utilizando os músculos do esterno e pescoço e garganta para puxar as costelas superiores e a clavícula para cima, envolvendo os lobos superiores dos pulmões. Podemos combinar esta técnica de respiração com a Respiração Torácica e Abdominal para formar a Respiração de Ioga.

Deitar-se em Shavasana ou sentar-se num confortável Asana de meditação para iniciar o exercício. O corpo deve ser relaxado, como em todos os exercícios de Pranayama. Feche os olhos e entre num estado meditativo, tornando-se consciente do seu padrão natural de respiração. A seguir, realize a respiração torácica durante alguns minutos. Inspire de novo no peito; só desta vez inspire um pouco mais até sentir uma expansão na porção superior dos pulmões. Notar os ombros e a clavícula a mover-se ligeiramente para cima. Expirar lentamente, relaxando primeiro o pescoço e a parte superior do tórax, seguido de trazer a caixa torácica de volta ao seu estado original, uma vez que o ar expulsa completamente dos pulmões.

Repita este exercício as vezes que quiser, com um mínimo de alguns minutos. Observe os efeitos sobre o corpo deste tipo de técnica respiratória. Quando estiver pronto para completar o exercício, traga a sua consciência de volta ao seu corpo físico e abra os seus olhos.

Respiração Ioga

Respiração Ioga combina as três técnicas respiratórias anteriores para maximizar a ingestão de oxigénio e equilibrar os Elementos no seu interior. É geralmente conhecido como "Respiração em Três Partes" porque envolve o abdómen, peito e região clavicular para máxima inalação e exalação (Figura 96). A Respiração Ioga beneficia grandemente os órgãos vitais e os Chakras que podem ficar apertados ou estagnados com a tensão física e emocional do stress e da ansiedade. Além disso, este exercício revitaliza o corpo, a mente e o sistema energético através de Prana que obtemos do ar que nos rodeia.

A Respiração Ioga alivia a ansiedade, refresca a psique, e ativa o Sistema Nervoso Parassimpático para trazer um estado de consciência mais calmo e equilibrado. Como tal, este exercício deve ser praticado frequentemente, durante pelo menos dez minutos de cada vez, de preferência com o estômago vazio. A respiração Ioga é recomendada antes e durante técnicas mais avançadas de Pranayama e para corrigir maus hábitos respiratórios.

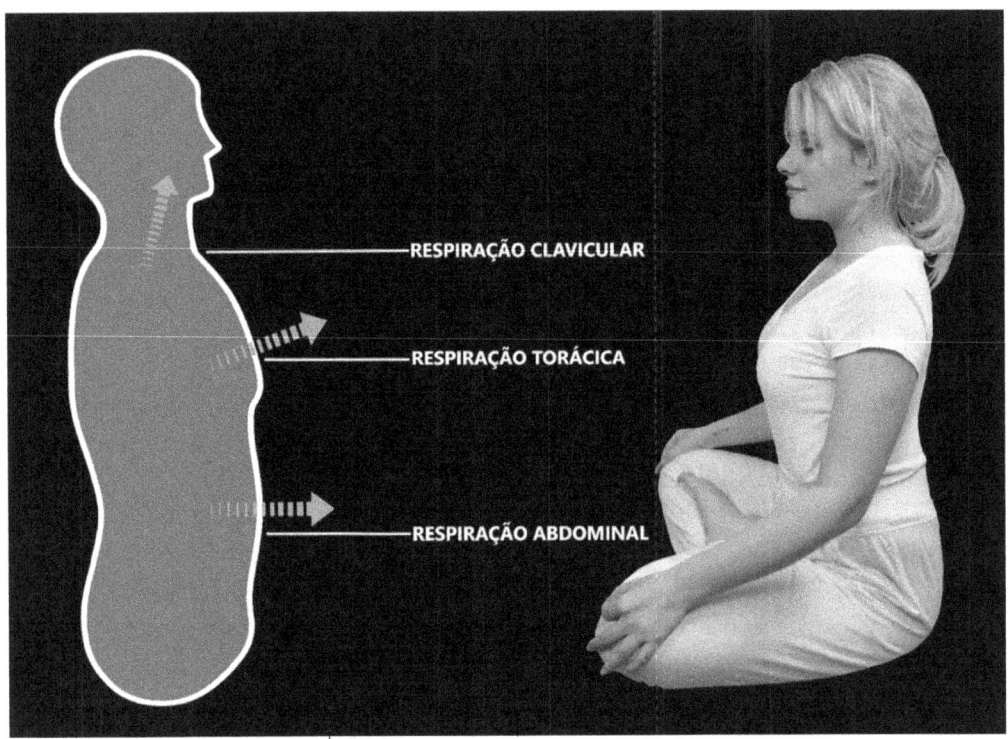

Figura 96: Respiração Ioga (Respiração em Três Partes)

Para começar o exercício, sentar-se num confortável Asana de meditação ou deitar-se em Shavasana. Inspire lenta e profundamente, permitindo que o abdómen se expanda totalmente. Quando a barriga não puder receber mais ar, estenda o peito para fora e para cima a seguir. Após as porções inferior e média dos pulmões terem maximizado a sua entrada de ar, inalar um pouco mais para que os ossos da gola e ombros se movam ligeiramente para cima, enchendo os lóbulos superiores dos pulmões. Haverá alguma tensão nos músculos do pescoço, enquanto o resto do corpo deverá permanecer relaxado.

A sequência deve ser invertida no exalar; os ossos do colarinho e os ombros movem-se primeiro para baixo, libertando o ar do peito superior, seguindo-se a contração das costelas no meio do torso. Finalmente, a respiração é libertada do abdómen inferior à medida que a barriga se contrai e atrai para dentro em direção à coluna vertebral. Uma ronda de respiração Ioga inclui uma inalação e exalação completas.

A inspiração e a expiração devem ser um movimento fluido e contínuo sem pontos de transição, a menos que se pratique respiração rítmica, tal como a Respiração Quádrupla, onde se faz uma pausa na inspiração e na expiração. Em nenhum momento deve o exercício de Respiração Ioga Causar qualquer tensão no corpo.

Após ciclos de respiração Ioga repetidos, notará que a respiração abdominal absorve aproximadamente 70% da respiração. Quanto mais praticar a respiração Ioga, mais ajustará a sua respiração natural para utilizar o abdómen de forma mais construtiva e aliviar o stress. Pratique a técnica da respiração Ioga durante o tempo que desejar; quando estiver pronto para completar o exercício, traga a sua consciência de volta ao seu corpo físico e abra os seus olhos.

Note-se que a exigência principal de todos os exercícios de Pranayama é que a respiração seja confortável e relaxada. Qualquer tensão sobre o corpo traz agitação à mente. Uma vez estabelecida a consciência e o controlo sobre o processo respiratório no método Ioga, a técnica Clavicular é abandonada enquanto se dá ênfase à respiração Abdominal e Torácica. Esta alteração torna o método de respiração Ioga mais natural ao encher o abdómen e pulmões com ar sem causar qualquer tensão no corpo.

Sama Vritti (Respiração Quádrupla)

Sama Vritti (Sânscrito para "respiração igual") é um poderoso exercício de relaxamento que permite aos indivíduos limpar a mente, relaxar o corpo, e melhorar a concentração. Utiliza a mesma proporção de respiração, onde a inalação (Puraka), retenção interna (Antara Khumbaka), exalação (Rechaka), e retenção externa (Bahya Khumbaka) são todas do mesmo comprimento. Sama Vritti promove o equilíbrio mental ao ativar o sistema nervoso Parassimpático, aliviando o stress, e aumentando a consciência.

Também conhecida como a Respiração Quadrupla, Sama Vritti é a técnica de respiração fundacional em *The Magus*, um pré-requisito para a meditação e o trabalho ritual da Magia Cerimonial. Acalma o indivíduo em minutos e desloca a sua consciência para o Estado Alfa, ativando os centros cerebrais superiores. Tem sido a minha principal técnica de respiração há mais de dezasseis anos e uma que ensino a todos os indivíduos despertados pela Kundalini.

A Respiração Quadrupla deve ser realizada com respiração Ioga na inspiração e expiração para a máxima entrada de ar. Se sentir demasiada tensão na região clavicular durante a respiração Ioga, basta focar a respiração Diafragmática e Torácica. Este exercício pode ser realizado em qualquer altura e em qualquer lugar. Não é necessário fechar os olhos durante o exercício, embora ajude se estiver a meditar ou se estiver no meio de uma sessão de cura.

Para começar o exercício, sentar-se num confortável Asana de meditação ou deitar-se em Shavasana. Inspire pelo nariz, contando lentamente até quatro. Encha primeiro o seu abdómen com ar, seguido dos seus pulmões. Ambos devem atingir a sua entrada máxima de ar à medida que se chega à contagem de quatro. Sustenham a respiração agora e contem lentamente até quatro novamente. Em seguida, comece a exalar até à contagem de quatro, permitindo que o seu peito e abdómen relaxem de volta ao seu estado natural. A exalação deve ser sem forçar e uniforme. Segure agora novamente até à contagem de quatro, completando assim o primeiro ciclo respiratório.

Continue o exercício durante o tempo que necessitar, com um mínimo de alguns minutos. Os ciclos respiratórios devem ser contínuos e suaves, sem pausas ou interrupções. Repita o exercício tantas vezes quantas necessitar ao longo do dia. Ajuda a realizar a Respiração Quádrupla antes de encontrar qualquer situação potencialmente desafiante, uma vez que otimiza o seu estado mental e emocional para que possa realizar ao máximo a sua capacidade.

Anulom Vilom (Respiração Alternada de Narinas)

Anulom Vilom, vulgarmente conhecido como Respiração Alternada de Narinas, envolve inalar através de uma narina enquanto exala através da outra narina. A narina esquerda corresponde à Ida Nadi Lunar, enquanto a narina direita se relaciona com a Pingala Nadi Solar. Anulom Vilom purifica a Ida e Pingala Nadis enquanto cria uma sensação de bem-estar e harmonia dentro da mente, corpo e Alma.

A Respiração Alternada de Narinas estimula os Chakras e os grandes centros cerebrais a trabalhar na sua capacidade ótima, equilibrando as energias masculina e feminina. Esta técnica de Pranayama dá vitalidade ao corpo ao mesmo tempo que elimina os bloqueios de Prana e equilibra os dois hemisférios cerebrais. A sua utilização regular estimula o Sushumna Nadi e pode mesmo causar um despertar da Kundalini.

Anulom Vilom é frequentemente recomendado para questões relacionadas com o stress, tais como dores de cabeça ou enxaquecas. Nutre o corpo através do fornecimento extra de oxigénio, beneficiando o cérebro e o sistema respiratório. Purifica também o sangue de quaisquer toxinas, o que ajuda os sistemas cardiovascular e circulatório.

Para começar o exercício, escolha um dos três Asanas de meditação. Mantenha a sua coluna e pescoço direitos enquanto fecha os olhos. Em seguida, com a mão direita, faça o Pranava Mudra chamado Vishnu Mudra, que envolve dobrar os dedos indicador e médio em direção à palma da mão (Figura 97). Enquanto o faz, coloque a outra mão sobre o joelho em Jnana ou Chin Mudra.

Pranava Mudra permite-lhe bloquear uma narina com o polegar ou dedo anelar enquanto inspira através da outra narina e depois alternar enquanto expira. (Ao bloquear com o dedo anelar, o dedo mindinho serve de apoio.) Com este método, pode ir para trás e para a frente enquanto mira uma narina para a inspiração e a outra para a expiração.

Anulom Vilom deve ser usado em combinação com a respiração Ioga na inspiração e expiração. Começar por inalar lentamente até à contagem de quatro através da narina esquerda, mantendo a narina direita fechada. Agora trocar e fechar a narina esquerda enquanto expira para a contagem de quatro através da narina esquerda.

Figura 97: Respiração Alternada de Narinas

Reverta agora o processo e inale até à contagem de quatro pela narina direita, mantendo a narina esquerda fechada. Em seguida, mudar e fechar a narina direita ao exalar pela narina esquerda até à contagem de quatro. A primeira ronda ou ciclo está agora completa.

Lembre-se sempre de começar Anulom Vilom inalando com a narina esquerda, o que acalma o Eu interior, colocando-o num estado meditativo. Mantenha as suas inalações e exalações iguais e em ritmo. Não deve sentir qualquer tensão corporal nem ficar sem fôlego em nenhum momento.

Comece com a contagem de quatro na inspiração e exalação e passe para cinco e seis, até dez. Quanto mais alta for a contagem, mantendo a inalação e a expiração iguais, mais controlo terá sobre a sua respiração. Se tiver dificuldade em contar até quatro, conte até três ou mesmo dois. Descobri que os resultados mais ótimos ocorrem com a contagem a quatro, pelo que a introduzo sempre como linha de base.

Ao inalar e exalar, preste atenção à narina correspondente e repare nas mudanças emocionais interiores à medida que estas ocorrem. Estar atento durante esta técnica de Pranayama permitir-lhe-á retirar dela a maior parte do poder.

Uma variação poderosa e eficaz de Anulom Vilom é Nadi Shodhana, que inclui a retenção interna da respiração (Khumbaka). Pode incorporar o Khumbaka interno para suster a respiração para a mesma contagem que a inalação e exalação. Também pode incluir os Khumbakas internos e externos, onde se prende a respiração após a inalação e a expiração. Pense neste segundo método como Samma Vritti com a adição da técnica de Respiração Alternada de Narinas. Mais uma vez, sugiro começar com a contagem de quatro e passar para cima a partir daí, até dez.

Outra variação de Anulom Vilom é a respiração através de uma narina de cada vez, referida como Respiração Lunar e Respiração Solar. A Respiração Lunar envolve manter a narina direita fechada e respirar para fora da narina esquerda. Uma vez que está associada à Ida Nadi e ao Elemento de Água passivo, pode ser utilizada para arrefecer o corpo, baixar o metabolismo, e acalmar a mente. O Sopro Lunar invoca um estado mental introvertido, tornando a sua prática benéfica antes da contemplação interior, meditação profunda, e sono.

A Respiração Solar envolve manter a narina esquerda fechada enquanto se respira para fora da narina direita. Estar associado ao Pingala Nadi e ao Elemento de Fogo ativo, realizar a Respiração Solar aquece o corpo, eleva o metabolismo, e acelera as atividades corporais. Uma vez que reforça a força de vontade, a Respiração Solar é útil quando se precisa de invocar concentração, determinação e fortaleza. A sua utilização torna o indivíduo extrovertido, o que ajuda no trabalho e nas atividades físicas.

Bhastrika Pranayama (Respiração do Fole)

Bhastrika significa "fole" em Sânscrito, que se refere a um dispositivo semelhante a um saco com pegas que os ferreiros usam para soprar ar para uma fogueira para manter a chama acesa. Da mesma forma, o Bhastrika Pranayama aumenta o fluxo de ar no corpo, alimentando o fogo interior e produzindo calor a níveis físicos e subtis. Esta técnica de Pranayama é conhecida por equilibrar as Três Doshas da Aiurveda.

Bhastrika Pranayama bombeia uma maior quantidade de oxigénio no corpo, o que eleva o batimento cardíaco, aumentando os níveis de energia de cada um. Quando feito regularmente, remove bloqueios do nariz e do peito, incluindo toxinas e impurezas. Bhastrika ajuda com sinusite, bronquite, e outros problemas respiratórios. Uma vez que provoca o fogo gástrico, também melhora o apetite e a digestão. Pode praticar Bhastrika Pranayama com retenção interna da respiração (Khumbaka) para manter o corpo quente em tempo frio e chuvoso.

Para iniciar o exercício Bhastrika Pranayama, sente-se num dos três Asanas de meditação. Feche os olhos e relaxe o corpo, mantendo a cabeça e a coluna vertebral direitas. A seguir, coloque as mãos sobre os joelhos na Jnana ou no Chin Mudra.

Inspirar profundamente e expirar com força através das narinas sem esforço. Depois, inspirar de novo com a mesma força. Na inalação, deve expandir totalmente o abdómen para fora, permitindo a descida do diafragma. Na exalação, o abdómen empurra para dentro, enquanto o diafragma se move para cima. Deve executar os movimentos com exagero e vigor, o que irá causar um forte som nasal.

Uma rodada de Bhastrika Pranayama equivale a dez ciclos. Praticar até cinco rondas para começar enquanto se inspira e se expira lentamente. Faça ao seu próprio ritmo, mantendo sempre igual a força da inalação e da exalação. Se se sentir tonto, abrande-o a um ritmo mais confortável. Quando ganhar alguma proficiência no exercício, aumente gradualmente a velocidade enquanto mantém o ritmo da respiração.

Bhastrika Pranayama reduz o nível de dióxido de carbono no sangue, o que equilibra e fortalece o sistema nervoso, induzindo paz de espírito e tranquilidade energética. É um excelente exercício para preparar um para a meditação.

Uma variação deste exercício é Kapalbhati Pranayama, uma técnica de respiração Ioga que é considerada uma "Kriya", ou prática de purificação interna (Shatkarma). Kapalbhati vem das palavras raiz sânscrita "kapal", que significa "crânio", e "bhati", que significa "brilhar". "Por conseguinte, é chamado "Skull Shining Breath" (Respiração Caveira Brilhante) em inglês. Esta técnica de Pranayama destina-se a limpar todas as partes do crânio e da cabeça através de exalações fortes de ar, melhorando a clareza da mente e a concentração enquanto se aguça o intelecto.

Ao contrário de Bhastrika, Kapalbhati envolve força apenas na exalação, mantendo a inalação um processo natural e passivo. Enquanto Bhastrika envolve o peito e os pulmões, Kapalbhati apenas envolve os músculos abdominais. Kapalbhati Pranayama inverte o processo de respiração normal, que envolve a inalação ativa e a expiração passiva. Esta técnica de Pranayama é conhecida por ter efeitos profundos sobre o sistema nervoso. Muitos iogues também a praticam para desobstruir os Nadis.

Uma vez que Bhastrika é a mais avançada das duas técnicas de Pranayama, é sensato começar com Kapalbhati e a transição para Bhastrika. Ambas têm efeitos semelhantes sobre o corpo e a mente. Também se pode praticar a retenção interna e externa (Khumbaka) com ambos os exercícios para benefícios adicionais.

Ujjayi Pranayama (Respiração Oceânica)

Ujjayi Pranayama é uma respiração suave e sussurrante, frequentemente chamada de Sopro do Oceano, pois assemelha-se ao som das ondas a chegar à costa. O seu outro nome é a Respiração Vitoriosa, pois Ujjayi em Sânscrito significa "aquele que é vitorioso". "A técnica Ujjayi permite-nos tornarmo-nos vitoriosos em Pranayama, ao restringir a respiração para facilitar a sua distribuição para as áreas visadas. Constrói um calor interno reconfortante enquanto acalma a mente e o sistema nervoso. Esta técnica de Pranayama tem um efeito profundamente relaxante a nível psíquico, uma vez que imita a respiração profunda do sono.

Com Ujjayi Pranayama, deve respirar para dentro e para fora do nariz com os lábios fechados enquanto contrai a glote dentro da garganta para produzir um som suave e ressonante. A glote é a parte central da laringe onde se encontram as cordas vocais que se expande com a respiração forçada e se fecha quando se está a falar. A glote deve contrair-se, mas não fechar completamente para que se sinta como se estivesse a respirar de uma palhinha na garganta (Figura 98). Sentirá a respiração na parte de trás da garganta ao inalar e exalar.

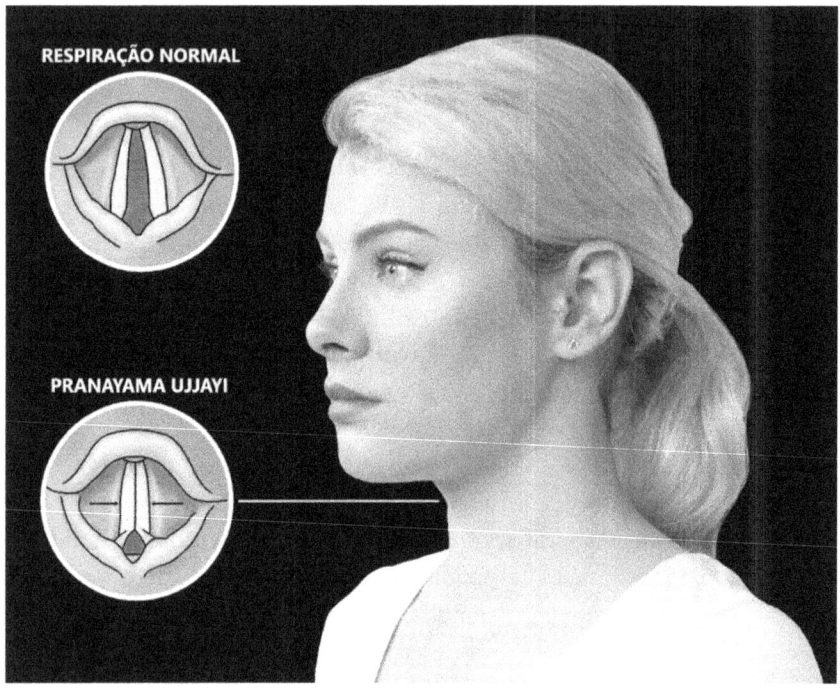

Figura 98: Ujjayi Pranayama (Posição da Glote)

A respiração de Ujjayi Pranayama deve ser lenta, calma e profunda. Deve-se implementar a respiração Ioga na inalação e expirar para uma ingestão máxima de ar. (O diafragma deve controlar a duração e velocidade da respiração.) As inalações e exalações devem ser iguais em duração sem causar qualquer tensão no corpo. Enquanto pratica Ujjayi, concentre-se no som produzido pela respiração na garganta, que só deve ser audível para si.

Comece o exercício com dez a quinze respirações e aumente lentamente até cinco minutos para obter efeitos ótimos. À medida que tiver alguma experiência com Ujjayi Pranayama, poderá integrar Khechari Mudra para obter benefícios adicionais. (Para a técnica do Khechari Mudra, consultar o capítulo "Lalana Chakra e Amrita Néctar" nesta secção). O Khechari Mudra pode ser praticado independentemente ou como parte de Asanas e técnicas avançadas de Pranayama.

Bhramari Pranayama (Respiração Zumbido de Abelha)

Bhramari Pranayama deriva o seu nome da abelha negra indiana chamada Bhramari, uma vez que a exalação deste Pranayama se assemelha ao típico som do zumbido. As vibrações do som de zumbido têm um efeito calmante natural nos nervos e na psique, tornando esta técnica Pranayama excelente para aliviar a tensão mental, o stress, a ansiedade e a raiva. O seu desempenho fortalece a garganta e a caixa de voz e é benéfico para a Glândula Tiroide e para a superação de quaisquer problemas físicos relacionados com a mesma.

Bhramari Pranayama estimula o Sistema Nervoso Parassimpático, induzindo o relaxamento muscular e baixando a pressão sanguínea. Os seus benefícios para a saúde tornam-no vantajoso para atuar antes de dormir, uma vez que ajuda a combater a insónia.

Comece o exercício sentando-se num dos três Asanas de meditação. Manter a coluna vertebral direita e fechar os olhos. Coloque ambas as mãos sobre os joelhos em Jnana ou Chin Mudra enquanto permite que o seu corpo e mente relaxem. Traga a consciência para o centro da testa, onde se encontra o Ajna Chakra. Durante a realização do exercício, esteja atento para manter a sua atenção nesta área. Verá que, com o uso repetido, o Bhramari Pranayama aumenta a sensibilidade psíquica e a consciência das vibrações subtis, o que é útil para a meditação profunda.

Em seguida, levantem os braços enquanto dobram os cotovelos e levam as mãos até aos ouvidos. Use o dedo indicador em cada mão para tapar os furos dos ouvidos ou pressione contra as abas dos ouvidos sem inserir os dedos (Figura 99). Deve bloquear todos os sons exteriores, o que lhe permite concentrar-se inteiramente no seu interior.

Figura 99: Respiração Zumbido de Abelha

Tome agora um momento para ouvir o som do silêncio dentro de si enquanto mantém a sua respiração estável. Antes de iniciar o método de respiração controlada, feche os lábios enquanto mantém os dentes ligeiramente separados, o que permitirá que a vibração do som seja ouvida e sentida mais dentro de si.

Inspirar lenta e profundamente pelo nariz. Na exalação, fazer um som profundo "mmmm", parecido com o som de um zumbido de uma abelha. A sua expiração deve ser mais longa que a inalação com uma vibração contínua, suave, e até sonora. Deve sentir a vibração fortemente dentro da boca e laringe, o que tem um efeito calmante sobre o cérebro. A primeira ronda está agora completa.

Continue o exercício durante o tempo que desejar com um mínimo de alguns minutos enquanto pratica a Respiração Ioga durante todo o exercício para uma ingestão máxima de ar. Observar os efeitos do exercício sobre o corpo e a mente. Quando estiver pronto para terminar Bhramari Pranayama, traga a sua consciência de volta ao seu corpo físico e abra os seus olhos.

Sheetali Pranayama (Respiração Refrescante)

Em Sânscrito, a palavra "Sheetali" traduz-se aproximadamente como "aquilo que tem um efeito calmante ou refrescante". "Sheetali Pranayama ou Respiração Refrescante é uma técnica Pranayama que acalma a mente e o corpo com o desempenho de um poderoso mecanismo de arrefecimento na inalação.

Sheetali Pranayama é especialmente benéfico no Verão quando sentimos um excesso das principais qualidades do Pitta. O tempo quente produz afrontamentos, febres, condições de pele, inflamação, indigestão ácida, tensão arterial elevada, agitação geral devido ao calor, e esforço físico geral, que através da mente-corpo fora de equilíbrio. Sheetali Pranayama ajuda nos efeitos adversos do tempo quente, libertando calor corporal, harmonizando as qualidades de Pitta e deixando o corpo e a mente a sentirem-se calmos, frescos e relaxados.

Para iniciar o exercício Pranayama, sentar-se num dos três Asanas de meditação. Feche os olhos e relaxe todo o corpo, mantendo a coluna vertebral direita. Colocar as mãos sobre os joelhos na Jnana ou no Chin Mudra.

Abra a boca e estenda a língua o mais longe possível, enrolando os seus lados em direção ao centro para formar um tubo. Enrole os lábios para segurar a língua nesta posição (Figura 100). Pratique uma inalação longa, suave e controlada através da língua enrolada. Após a inalação, desenhar a língua enquanto fecha a boca e exalar pelo nariz. A primeira ronda está agora completa.

Figura 100: Sheetali Pranayama

Continue o exercício durante o tempo que quiser com um mínimo de alguns minutos. Observe os seus efeitos no corpo e na mente, prestando especial atenção à língua e à sensação sonora e refrescante da respiração inalada. Lembre-se de praticar a respiração Ioga durante todo o exercício. Quando estiver pronto para terminar Sheetali Pranayama, traga a sua consciência de volta ao seu corpo físico e abra os seus olhos.

O inspirar deve produzir um som de sucção com uma sensação de arrefecimento na língua e no céu da boca. Embora se deva começar com uma proporção igual de inspirações e expirações, à medida que se avança com Sheetali Pranayama, a duração da inalação deve tornar-se gradualmente mais longa para aumentar o efeito de arrefecimento.

A respiração refrescante restaura eficazmente o equilíbrio da temperatura após a prática de Asanas ou outras práticas Ioga que aquecem o corpo. Como tal, deve torná-lo parte da sua prática diária, especialmente durante os meses de Verão.

Sheetkari Pranayama (Hálito Sibilante)

Em Sânscrito, a palavra "Sheetkari" implica uma forma de respiração que produz o som "shee" (sibilar); por isso é frequentemente referida como a Respiração Sibilante. Tal como

Sheetali Pranayama, este exercício é concebido para arrefecer o corpo e a mente. A única diferença entre eles é que em Sheetali, inala-se através de uma língua dobrada, enquanto em Sheetkari, inala-se através de dentes fechados. Tal como no Sheetali Pranayama, Sheetkari é bastante benéfico em tempo quente e para restaurar o equilíbrio da temperatura após o aquecimento do corpo através de exercício físico.

Figura 101: Sheetkari Pranayama

Para começar Sheetkari Pranayama, sente-se num dos três Asanas de meditação e feche os olhos. Mantenha a sua coluna direita, e o seu corpo relaxado enquanto coloca as mãos sobre os joelhos na Jnana ou no Chin Mudra. Mantenha os dentes ligeiramente juntos sem esforço na mandíbula. Os lábios devem ser separados, expondo assim os dentes (Figura 101). Manter a língua contra o palato mole da boca, ou mesmo executar Khechari Mudra.

Inspire lenta e profundamente através dos seus dentes. No final da inalação, feche a boca e expire pelo nariz de uma forma controlada. A primeira ronda está agora completa. Lembre-se de praticar a respiração Ioga durante todo o exercício. A inspiração e a expiração devem ser lentas e relaxadas. Esteja atento à sensação de arrefecimento nos dentes e no interior da boca e ao som de assobio produzido. Realize o exercício o tempo que desejar, com um mínimo de alguns minutos. Quando estiver pronto para terminar

Sheetkari Pranayama, traga a sua consciência de volta ao seu corpo físico e abra os seus olhos.

Esta técnica de Pranayama e a anterior podem ser usadas para controlar a fome ou a sede, uma vez que trazer ar fresco satisfaz o corpo. Ambos os exercícios permitem a Prana fluir mais livremente através do corpo, relaxando os músculos e, consequentemente, as emoções. Ambas as práticas de arrefecimento equilibram o sistema endócrino e purificam o sangue da toxicidade. Finalmente, ambos os exercícios são úteis antes de dormir ou em casos de insónias.

Evite Sheetali e Sheetkari Pranayamas se tiver tensão arterial baixa, asma, doenças respiratórias, ou excesso de muco, como com um resfriado ou gripe. Devido ao efeito de arrefecimento no corpo, evite ambos os exercícios em climas frios ou se estiver a experimentar uma sensibilidade geral ao frio. Com Sheetkari Pranayama, evite se tiver problemas com os dentes ou gengivas.

Moorcha Pranayama (Respiração Desmaiada)

A palavra Moorcha em Sânscrito significa "desmaio" ou "perda de sensibilidade". "O outro nome de Moorcha Pranayama é o Sopro Desmaiado, referindo-se à vertigem que se experimenta ao realizar este exercício. Moorcha Pranayama é uma técnica avançada que deve ser praticada apenas por aqueles indivíduos que desenvolveram domínio sobre os exercícios anteriores de Pranayama. Quando é executado corretamente, o indivíduo pode experimentar períodos intensos e prolongados de felicidade interior que acompanham o estar semiconsciente.

Há dois métodos de praticar Moorcha Pranayama; no primeiro, deve inclinar a cabeça ligeiramente para trás, enquanto no segundo, deve descansar o queixo na base da garganta (Jalandhara Bandha). Em ambos os métodos, deve praticar a retenção interna da respiração (Khumbaka) enquanto olha para o centro entre as sobrancelhas onde se encontra o túnel do Olho da Mente (Shambhavi Mudra). Ao fazê-lo, induz o estado mental vazio enquanto a ligação com o Ajna chakra lhe permite experimentar pensamentos profundos e contemplativos.

Uma das razões pelas quais o indivíduo fica tonto enquanto executa Moorcha Pranayama é a redução do fornecimento de oxigénio ao cérebro durante a retenção prolongada da respiração. Outra razão é a pressão que exercem sobre os vasos sanguíneos do pescoço, que provoca flutuações na pressão no interior do crânio. Finalmente, a artéria carótida é continuamente comprimida, o que induz ainda mais uma sensação de desmaio.

Moorcha Pranayama pode ser realizado em qualquer altura do dia, como é o caso de todos os exercícios de Pranayama. No entanto, é mais eficaz de manhã cedo e à noite quando o Ego é menos ativo. A superação do domínio do Ego sobre a consciência é crucial para facilitar o efeito desejado deste exercício. A sensação de quase desmaio pode ser tão poderosa que o faz sentir-se totalmente fora do seu corpo, como se estivesse a flutuar no espaço.

A superação dos limites do corpo físico permite-nos separar do Ego na consciência e sentir o arrebatamento da consciência Espiritual. Moorcha Pranayama ajuda a aliviar o stress, a ansiedade, a raiva e as neuroses ao mesmo tempo que eleva o nível de Prana no corpo. Este exercício é altamente recomendado para as pessoas que querem despertar a sua energia Kundalini. Permite-lhes compreender a Unidade que as Experiências Fora-do-Corpo podem trazer, ligando-os ao Sahasrara Chakra.

Para começar o exercício, sente-se num dos três Asanas de meditação enquanto mantém a cabeça e a coluna vertebral direitas. Colocar as mãos sobre os joelhos na Jnana ou no Chin Mudra enquanto relaxa o corpo. Algumas pessoas gostam de segurar os joelhos em vez de adotar a Jnana ou Chin Mudras. Fazê-lo permite-lhes pressionar os joelhos enquanto prendem os cotovelos quando encostam a cabeça para trás ou para a frente, dando-lhes melhor apoio durante esta parte crucial do exercício. Pode tentar ambas as opções e ver o que funciona melhor para si.

Figura 102: Moorcha Pranayama (1# Método)

Método#1

Com os olhos abertos, concentre-se no espaço entre as suas sobrancelhas. Inspire profundamente e devagar para acalmar a mente. Realize Khechari Mudra, depois inspire lentamente através de ambas as narinas com Ujjayi Pranayama à medida que dobre suavemente a cabeça para trás (Figura 102). Sustenha agora a respiração o máximo de tempo possível sem esforço, mantendo o centro das sobrancelhas a olhar o tempo todo. Deve sentir ligeiras tonturas ao suster a respiração. Expire lentamente agora enquanto traz a cabeça de volta à sua posição vertical. Feche os olhos e relaxe durante alguns segundos. Permita-se experimentar a leveza e a tranquilidade na mente e no corpo. A primeira ronda está agora completa.

Método#2

Concentre os seus olhos no espaço entre as sobrancelhas enquanto respira profundamente para acalmar o seu interior. Implemente Khechari Mudra, depois inspire lentamente através de ambas as narinas com Ujjayi Pranayama à medida que dobre gradualmente a cabeça para a frente até o queixo tocar a cavidade da garganta (Figura 103). Pausa a respiração durante o máximo de tempo possível sem tensão, enquanto se deixa unir com o Olho da Mente. Mantenha esta posição até começar a sentir uma perda de consciência. Expire lentamente agora enquanto devolve a sua cabeça à sua posição vertical. Feche os olhos e relaxe durante alguns segundos enquanto se deixa experimentar a intensa sensação de inexistência provocada pelo quase desmaio. Isto completa a primeira ronda.

Figura 103: Moorcha Pranayama (2# Método)

Repita o padrão de respiração em qualquer dos métodos tantas vezes quanto se sentir confortável. Ajuda a começar com 5-10 respirações e passar para 15-20 à medida que se familiariza com o exercício. Lembre-se sempre de interromper a prática assim que a sensação de desmaio for sentida. O objetivo é induzir uma sensação de desmaio, e não de perder completamente a consciência.

Como nota final, pode combinar o Método#1 e o Método#2 na mesma prática onde no primeiro fôlego, executa-se um método enquanto no segundo fôlego, executa-se o outro. Contudo, antes de o fazer, por favor, passe algum tempo a familiarizar-se e a sentir-se confortável com ambas as técnicas separadamente.

OS TRÊS GRANTHIS

Granthi é um termo Sânscrito que significa "dúvida" ou "nó", significando mais explicitamente "um nó difícil de desatar". "Este termo é frequentemente utilizado na literatura Ioga, referindo-se a nós psíquicos que bloqueiam o fluxo de Prana no Sushumna Nadi. Na Kundalini Ioga, há Três Granthis que são obstáculos no caminho da Kundalini desperta. Estes Granthis são chamados Brahma, Vishnu, e Rudra (Figura 104).

Os Três Granthis representam níveis de consciência onde o poder dos maias ou a ilusão (no que diz respeito à nossa ignorância da realidade Espiritual e apego ao mundo material) são particularmente fortes. Para que possais despertar todos os Chakras e elevar a Kundalini até à Coroa, deveis transcender estas barreiras. As nossas crenças limitantes, traços de personalidade, desejos e medos resultam de estarmos enredados pelos Granthis.

Os Três Granthis são obstáculos no nosso caminho para o conhecimento superior e para a Evolução Espiritual. Eles obscurecem a verdade da nossa natureza essencial. Contudo, aplicando o conhecimento e as práticas Espirituais, podemos desatar os nós e transcender as suas restrições.

No Ioga, há várias formas de desatar os Granthis. Os Bandhas (fechaduras energéticas) do Hatha Ioga ajudam o fluxo do Prana e também podem ser usados para superar os Três Granthis. (Discutirei Bandhas no capítulo seguinte sobre Mudras.) Os Bandhas bloqueiam o fluxo de energia para uma área específica do corpo, fazendo com que a energia inunde mais fortemente quando o Bandha é libertado. Os Bandhas são ferramentas poderosas que podemos utilizar para elevar a energia Kundalini até ao Sahasrara Chakra, superando os Três Granthis ao longo do caminho.

Brahma Granthi

Comumente referido como o Nó Perineal, Brahma Granthi opera na região entre Muladhara e Swadhisthana Chakras, ao longo do Sushumna Nadi. Este primeiro nó é causado pela ansiedade sobre a sobrevivência, a vontade de procriar, tendências instintivas, falta de fundamentação ou estabilidade, e o medo da morte. Brahma Granthi cria um apego aos prazeres físicos, aos objetos materiais, bem como ao egoísmo do egoísmo. Liga-nos ao poder ludibriado da inércia, inatividade, letargia, e ignorância do "Tamas".

Tamas, que significa "escuridão", é um dos Três Gunas encontrados no núcleo da filosofia e psicologia hindu. Os textos iogues consideram os Três Gunas-Tamas, Rajas, e Sattva, como sendo as qualidades essenciais da natureza. Estão presentes em cada indivíduo, mas variam em grau. Brahma Granthi pode ser transcendido através da Mula Bandha, o "Bloqueio Raiz". Quando Brahma Granthi é trespassado pela Kundalini na sua ascensão, os padrões instintivos da personalidade são ultrapassados, resultando na libertação da Alma dos apegos descritos.

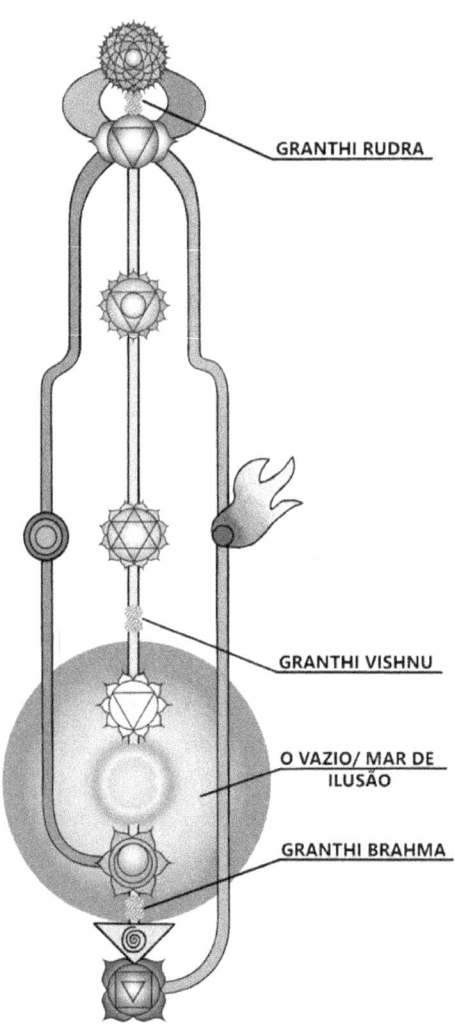

Figura 104: Os Três Granthis

Vishnu Granthi e o Vazio

Embora a sua colocação seja superior à da região do umbigo, Vishnu Granthi é referido como o nó de umbigo. Funciona na área entre Manipura e Anahata Chakras, ao longo do Sushumna Nadi. Este Granthi é causado por se agarrar ao Ego e procurar o poder pessoal. O orgulho, bem como um apego emocional às pessoas e aos resultados, também causa este nó. Vishnu Granthi está ligado ao Rajas - a tendência para a paixão, assertividade e ambição. Todas estas são expressões negativas do Manipura Chakra relacionadas com o uso impróprio da força de vontade. A força de vontade deve servir o Eu Superior em vez do Ego para que Vishnu Granthi seja desvinculado.

Um Vazio envolve o segundo e terceiro Chakra chamado "Mar da Ilusão". "Dentro deste Vazio encontram-se os nossos padrões de comportamento negativos resultantes de influências externas, incluindo os efeitos do karma das forças planetárias e zodiacais. Hara, o Chakra "Umbigo", cria o Vazio e a bola de energia da Vida que gera, que é a nossa porta de entrada no Plano Astral. As forças do Karma afetam-nos através do Plano Astral, que liga o nosso Ego aos Chakras inferiores que rodeiam o centro de Hara. Como tal, o nosso Ego fica enredado no Mar da Ilusão, bloqueando a visão da nossa verdadeira natureza Espiritual.

Vencer o Vishnu Granthi tira a nossa consciência do Vazio e leva-nos ao coração, onde reside o verdadeiro Eu, o Espírito Eterno. Permite-nos experimentar o amor incondicional em Anahata Chakra e nos Chakras espirituais superiores de Vishuddhi e Ajna. Desvincular o Vishnu Granthi faz do indivíduo um Mestre do Eu, e todas as Leis inatas da natureza são despertadas dentro deles. Uma tal pessoa torna-se honesta e verdadeira em todas as suas expressões. O seu carisma aumenta naturalmente, o que faz deles grandes líderes da humanidade.

Para transcender o Vishnu Granthi, é preciso render-se à energia do amor incondicional. A verdadeira discriminação, conhecimento e fé na unidade de todas as coisas no Cosmos permitem elevar a sua consciência às Esferas superiores e transcender as limitações do Ego, bem como o seu desejo de poder. A atuação de Uddiyana Bandha, a "fechadura abdominal", ajuda a desvincular o Vishnu Granthi.

Rudra Granthi

Referido como o Shiva Granthi ("nó de Shiva") ou o "nó de testa", Rudra Granthi funciona na região entre Ajna e Sahasrara Chakras. Este nó é causado pelo apego aos Siddhis (poderes psíquicos), a separação do Eu do resto do mundo, e o pensamento dualista. Rudra Granthi está ligado ao Sattva - a inclinação para a pureza, a salubridade e a virtude. É preciso entregar o seu Ego e transcender a dualidade para desatar este nó. Para o fazer, devem tornar-se virtuosos e puros na mente, corpo e alma, dedicando-se totalmente a Deus - o Criador.

Temos de ver que os Siddhis são apenas uma expressão da nossa ligação com a Mente Universal e não algo a ser ganho para uso pessoal. Quando nos ligamos ao Siddhis, levamo-los ao nível do mundo material. Em vez disso, devemos ser desligados, permitindo que os Siddhis se limitem a expressar através de nós sem tentar controlar o processo. Quando perfuramos o Rudra Granthi, a consciência do ego é deixada para trás, e a verdade da Unicidade é revelada. Jalandhara Bandha, o "Bloqueio Laríngeo", pode ser aplicado para desatar este nó, de modo a podermos transitar para um nível superior de consciência.

***

Uma vez acordada a Kundalini em Muladhara Chakra, e para que ela complete a sua viagem e fure o Sahasrara, todos os Três Granthis devem ser desbloqueados. Se houver um bloqueio ao longo de Sushumna Nadi, é normalmente na área de um dos Três Granthis. Desvinculando-os através da aplicação de força de vontade e pensamentos puros, ou com o uso de fechaduras energéticas (Bandhas), a Kundalini pode ascender ao Sahasrara. Como tal, a consciência individual irá unir-se à Consciência Cósmica à medida que os dois se tornam Um. Esta transformação é permanente, e o indivíduo deixará de estar ligado pelos Granthis durante toda a sua vida aqui na Terra.

MUDRA

Vemos frequentemente representações visuais de Deuses Antigos e Deusas da parte oriental do mundo sentadas em meditação e de mãos dadas em certas posições. Estes gestos de mão são chamados Mudras. São gestos de mão esotéricos que ativam um poder específico dentro de nós através da manipulação da energia. Realizando um Mudra, estamos também a comunicar diretamente com as Divindades e a alinhar-nos com as suas energias ou poderes.

Existem mais de 500 Mudras diferentes. Os mudras são utilizados em muitos sistemas espirituais mas especialmente no Hinduísmo, Jainismo e Budismo. Em Sânscrito, Mudra significa "selo," "marca," ou "gesto". Os Mudras são essencialmente gestos psíquicos, emocionais, devocionais e estéticos que ligam a força do Prana individual com a força Cósmica Universal. A execução de um Mudra altera o estado de espírito, a atitude e a perceção de cada um enquanto aprofunda a consciência e a concentração.

Embora a maioria dos Mudras sejam simples posições ou gestos das mãos, um determinado Mudra pode envolver todo o corpo. Os Mudras Hatha Ioga, por exemplo, utilizam uma combinação de técnicas Ioga, tais como Asana (posições do corpo), Pranayama (técnicas respiratórias), Bandha, e meditações de visualização. Elas envolvem a realização de ações internas que envolvem o pavimento pélvico, garganta, olhos, língua, diafragma, ânus, genitais, abdómen, ou outras partes do corpo.

Os Mudras de Hatha Ioga estão orientados para objetivos Ioga particulares, incluindo afetar o fluxo de Prana para despertar a Kundalini, facilitando a perfuração dos Três Granthis pela Kundalini, ativando diretamente o Bindu, utilizando o Amrita ou o néctar de Ambrosia pingando do Bindu, ou alcançando a transcendência ou o Iluminismo. Exemplos de Mudras Hatha Ioga são os Mudra Khechari, Mudra Shambhavi, Nasikagra Drishti, Vajroli Mudra, Maha Mudra, e Viparita Karani.

Hatha Ioga Pradipika e outros textos Ioga consideram Mudras como um ramo independente do Ioga que só é introduzido depois de alguma proficiência ter sido alcançada em Asana, Pranayama, e Bandha. São práticas superiores que podem levar à otimização dos Chakras, Nadis, e mesmo ao despertar da Kundalini Shakti. Quando realizados através de práticas dedicadas, os Mudras podem conferir poderes psíquicos (Siddhis) ao praticante.

A prática do Mudra destina-se a criar uma ligação direta entre Annamaya Kosha (Corpo Físico), Pranamaya Kosha (Corpo Astral) e Manomaya Kosha (Corpo Mental). Destina-se a assimilar e equilibrar os três primeiros Chakras de Muladhara, Swadhisthana, e Manipura e permitir uma abertura do quarto Chakra, Anahata, e mais além.

Agrupei os diferentes tipos de Mudras na Mão, Cabeça, Postural, Bandhas (fechaduras de energia), e Mudras Perineal. Hasta (Mudras da Mão) são mudras meditativos que redirecionam o Prana emitido pelas mãos de volta ao corpo, gerando um laço energético que se move do cérebro para as mãos e para as costas. O seu desempenho permite-nos ligar com os poderes arquetípicos dentro da nossa mente subconsciente.

Mana (Mudras da Cabeça) são gestos poderosos que utilizam os olhos, ouvidos, nariz, língua e lábios. São significativos na meditação devido ao seu poder de despertar grandes centros cerebrais e os seus correspondentes Chakras, e de aceder a estados de consciência mais elevados.

Kaya (Postural Mudras) são posturas físicas específicas que devem ser executadas com respiração e concentração controladas. A sua utilização permite-nos canalizar o Prana para áreas particulares do corpo e estimular os Chakras.

Bandha (Lock Mudras) combinam Mudra e Bandha para carregar o sistema com Prana e prepará-lo para um despertar Kundalini. Também nos permitem assegurar que a Kundalini perfure os Três Granthis quando acordada. Os Bandhas estão intimamente relacionados com os plexos nervosos e as glândulas endócrinas que se relacionam com os Chakras. Finalmente, o Adhara (Mudras Perineal) redireciona o Prana dos centros inferiores do corpo para o cérebro. Também nos permitem sublimar a nossa energia sexual localizada na zona da virilha e abdómen inferior e utilizá-la para fins de despertar Espiritual.

HASTA (MUDRAS DAS MÃOS)

Hasta (Mudras de Mão) permite-nos dirigir e selar Prana em canais específicos na Aura. Uma vez que a maioria dos grandes Nadis ou começam ou acabam nas mãos ou nos pés, os Hasta (Mudras de Mão) são particularmente eficazes na limpeza destes canais subtis de impurezas e na remoção de obstruções, facilitando um livre fluxo de energia. A sua utilização regular promove a cura física, mental e emocional, promovendo a nossa jornada de Evolução Espiritual.

Como cada dedo se relaciona com um Chakra, influencia-se os Chakras correspondentes, posicionando os dedos de maneiras específicas. O Chakra da Palma também serve de interface entre o Chakra do Coração e os Chakras acima e abaixo dele. Como tal, os Mudras da Mão não só afetam o fluxo do Prana na Aura, mas permitem-nos aproveitar a energia curativa de Anahata e distribuí-la pelos Chakras que necessitam de limpeza.

Como existem cinco dedos e cinco elementos, existe uma correspondência entre eles (Figura 105). Por exemplo, o polegar relaciona-se com o Fogo (Agni), o dedo indicador com o Ar (Vayu), o dedo médio com o Espírito ou Espaço (Akasha), o dedo anelar com a Terra (Prithivi), e o dedo pequeno com a Água (Jal). Os dois Elementos passivos de Água e Terra e os dois Elementos ativos de Fogo e Ar são reconciliados pelo Elemento Espiritual central.

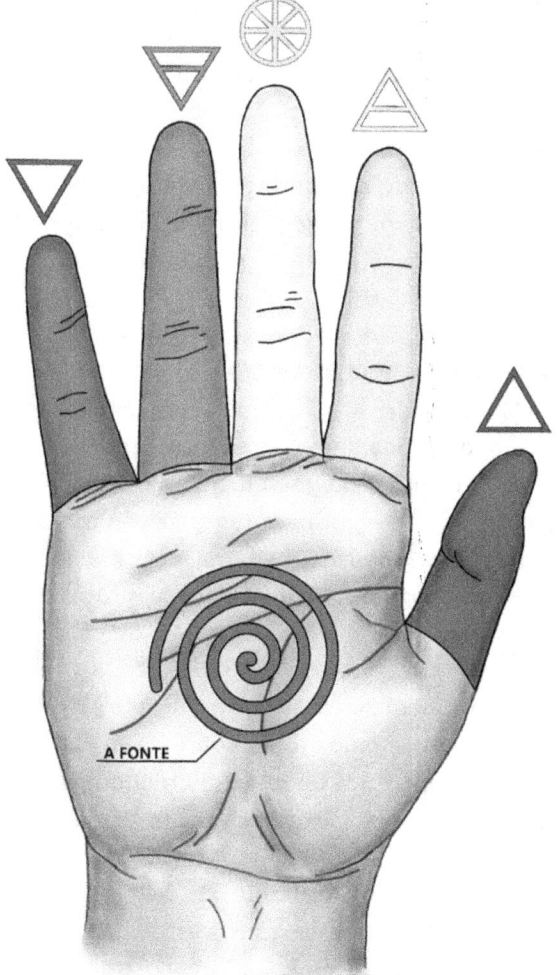

Figura 105: Os Dedos e os Cinco Elementos

Notará que o polegar é mais frequentemente utilizado em Mudras de Mão, que tem mais correntes de Prana que os outros dedos. Em relação ao Chakra Manipura e ao Elemento de Fogo, o polegar dispara e ativa todos os outros Elementos e Chakras. Na Aiurveda, de onde vêm estas correspondências, diz-se que o polegar estimula o Pitta Dosha, a energia responsável pela transformação. Manipura é também a Sede da Alma, e assim, quando o polegar está envolvido num Mudra da Mão, a Alma é a força orientadora que opera a mudança.

Há cinco posições primárias de dedos e mãos a ter em conta ao implementar um Mudra de Mão. A primeira posição envolve juntar o polegar à ponta de um dedo, o que estimula a estabilidade no Elemento associado. A segunda posição envolve tocar a parte de trás de um dedo no prego ou no nó, o que diminui a influência do Elemento associado. Na terceira posição, deve levar o polegar à base do dedo, o que também estimula o Elemento correspondente. Em seguida, dependendo do Mudra que está a ativar, quando a palma da sua mão está virada para fora, abre-se para receber energia. No entanto, quando a palma da mão está virada para baixo, está a aterrar a si próprio.

Porque são simples de executar, os Mudras de Mão podem ser praticados em qualquer altura, seja em casa ou em viagem. Os iogues realizam frequentemente Mudras de Mão como parte da prática de meditação, antes ou depois de outras técnicas como asanas, Pranayamas, ou Bandhas.

Passos para a Realização de Mudras de Mão

Ao fazer Mudras de Mão, certifique-se de que as suas mãos estão limpas. Uma vez que estes são gestos Divinos concebidos para o ligar a poderes superiores, a limpeza é crucial. Pode praticar Mudras de Mão enquanto está de pé, ajoelhado, deitado, ou sentado numa cadeira. No entanto, deve sentar-se num confortável Asana de meditação e manter as costas e a cabeça direitas para obter os melhores resultados. Além disso, as mãos e os braços devem permanecer relaxados durante toda a prática. Os Mudras de mãos são geralmente realizados ao nível do umbigo, do coração, ou colocados nos joelhos enquanto se está num Asana de meditação.

Comece por esfregar suavemente as mãos durante sete a dez segundos para as carregar com Prana. Em seguida, coloque a mão direita sobre o seu Hara Chakra e a mão esquerda sobre a direita. Começará a sentir um fluxo de energia quente gerado em Hara, o centro de Prana do seu corpo. Fique nesta posição durante cerca de um minuto para obter a ligação necessária.

Realizar sempre cada Mudra um de cada vez, atribuindo a quantidade de tempo necessária para cada um deles. Lembre-se que o resultado é cumulativo, portanto, quanto mais tempo fizer um Mudra, maior será o efeito na sua energia. Para gerir questões crónicas, mantenha um Mudra diário durante quarenta e cinco minutos ou três períodos de quinze minutos.

Ao executar um Mudra, não exerça qualquer pressão, mas simplesmente ligue as mãos e os dedos da forma necessária para manipular o fluxo de energia desejado. Além disso, execute cada Mudra com ambas as mãos, uma vez que ao fazê-lo promove a harmonia e o equilíbrio enquanto maximiza o efeito desejado. Finalmente, é ideal praticar Mudras de mãos com o estômago vazio, como é o caso de todas as técnicas de invocação/manipulação de energia.

Jnana Mudra

Jnana Mudra é um dos Mudras de Mão mais utilizados, especialmente durante a prática de meditação. O seu nome deriva do Sânscrito "jnana", que significa "sabedoria" ou "conhecimento". "O conhecimento referido é a sabedoria iluminada que o iogue procura alcançar no caminho do Iogue.

Para executar este Mudra, tocar a ponta do dedo indicador e o polegar juntos, formando assim um círculo, enquanto os três dedos restantes são estendidos e mantidos direitos (Figura 106). Uma variação de Jnana Mudra é colocar o dedo indicador sob a ponta do polegar. A parte da frente da mão deve repousar sobre as coxas ou joelhos, com a palma da mão virada para baixo.

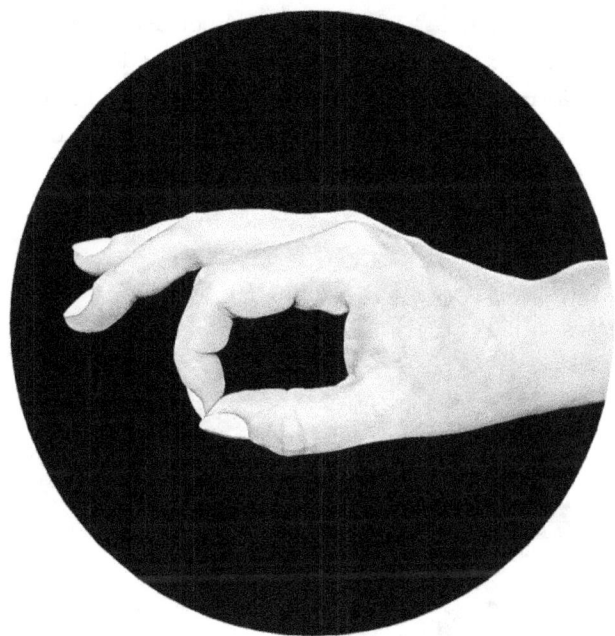

Figura 106: Jnana Mudra

De acordo com Aiurveda, Jnana Mudra equilibra os Elementos de Fogo (Agni polegar) e Ar (dedo Vayu-indicador) dentro do corpo. Como tal, a prática deste Mudra durante a meditação estabiliza a mente ao mesmo tempo que promove a concentração e facilita estados de consciência mais elevados.

Há mais simbolismo na prática de Jnana Mudra através de várias tradições espirituais como o Hinduísmo, Budismo, e Ioga. Acredita-se que o polegar simboliza a Alma Suprema, ou consciência universal (Brahman), enquanto o dedo indicador representa a Alma individual, o Jivatma. Ao ligar o polegar ao dedo indicador, estamos a unir estas duas realidades. Os três dedos restantes, contudo, representam as três qualidades (Gunas) da natureza - Rajas (dedo médio), Sattva (dedo anelar), e Tamas (dedo pequeno). Para que a consciência passe da ignorância ao conhecimento, temos de transcender estes estados.

Ao ligar o dedo indicador ao polegar, produzimos um circuito que redireciona a Prana através do corpo, enviando-a para o cérebro em vez de a libertar para o ambiente. Uma vez que Jnana Mudra aponta para a Terra, o efeito é o aterramento da energia, acalmando a mente enquanto acalma as emoções. Este Mudra é também conhecido por melhorar a memória.

Chin Mudra

Chin significa "consciência" em Sânscrito, e este Mudra é frequentemente referido como o "Mudra psíquico da consciência". "Chin Mudra é conhecido de outra forma como Gyan Mudra. ("Gyan" é Sânscrito para "conhecimento" ou "sabedoria".) O Chin Mudra deve ser executado da mesma forma que Jnana Mudra, com a única diferença de que a palma da mão está virada para cima em vez de para baixo (Figura 107), de modo que a palma da mão possa repousar nas coxas ou joelhos.

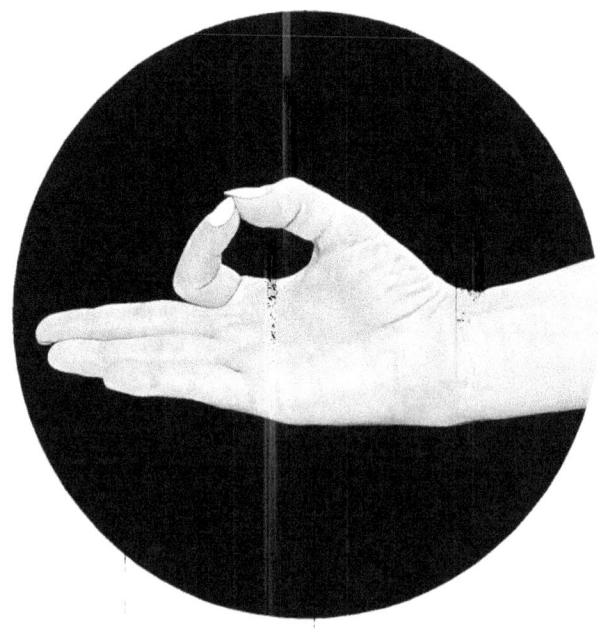

Figura 107: Chin Mudra

Uma vez que são quase idênticos, os elementos simbólicos de Chin Mudra são os mesmos que em Jnana Mudra. Como Chin Mudra aponta para os Céus acima, a posição ascendente da mão abre o peito, tornando o praticante recetivo às energias dos Planos Superiores. Como tal, Chin Mudra reforça a intuição e a criatividade enquanto alivia o stress e a tensão e melhora a concentração. É também útil na superação da insónia.

Tanto Jnana como Chin Mudras facilitam a entrada, um pré-requisito para a meditação profunda e o alcance de estados de consciência mais elevados. Além do seu uso em meditação, Jnana e Chin Mudras podem ser usados para realçar os efeitos do canto do Mantra e outras práticas Ioga como asanas, Pranayamas, e Bandhas.

Como nota final, não é raro os praticantes de Ioga executarem Jnana Mudra, por um lado, enquanto executam Chin Mudra, por outro. Ao fazê-lo, é possível receber energia de uma fonte superior, ao mesmo tempo que se baseia a experiência.

Hridaya Mudra

Hridaya significa "Coração" em Sânscrito, pois este Mudra melhora a vitalidade do coração ao aumentar o fluxo de Prana. Hridaya Mudra é conhecido por ter a capacidade de salvar uma pessoa de um ataque cardíaco, reduzindo instantaneamente a dor no peito e removendo bloqueios dentro das artérias. É também conhecido como "Mrit Sanjeevani", um termo Sânscrito que implica que este Mudra tem o poder de nos arrancar de volta das mandíbulas da morte.

Hridaya Mudra é também chamado Apana Vayu Mudra porque combina dois Mudras- Apana e Vayu. Para assumir o Mudra, dobrar o dedo indicador e pressionar a articulação com o polegar (Vayu Mudra), o que reduz a influência do Elemento Ar, relaxando o corpo e a mente. Depois, deve juntar a ponta do polegar com os dedos médio e anelar (Apana Mudra), ativando assim os Elementos Espírito, Terra, e Fogo (Figura 108).

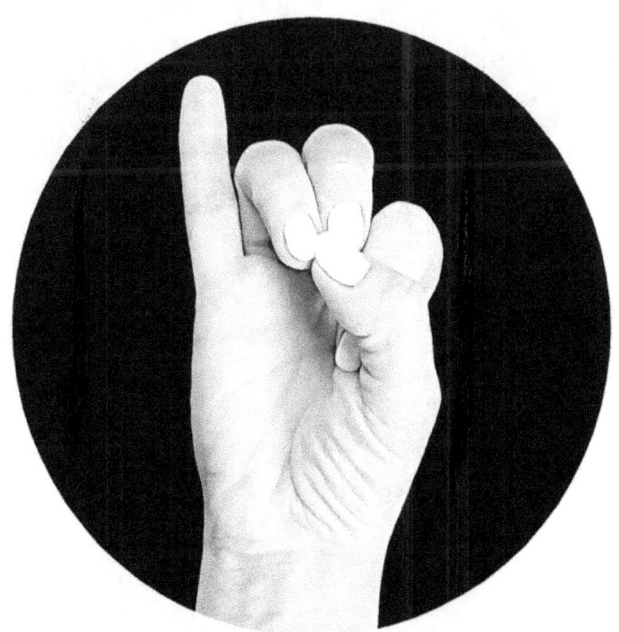

Figura 108: Hridaya Mudra

Como Vayu Mudra cura irregularidades cardíacas, incluindo batimentos cardíacos rápidos e transpiração, Apana Mudra reduz o excesso de gás do estômago enquanto promove a circulação sanguínea para o coração. A acidez e a azia também são aliviadas com o desempenho do Hridaya Mudra.

Uma vez que o coração é o centro das emoções, Hridaya Mudra também ajuda a libertar sentimentos reprimidos que causam stress e ansiedade. Como tal, é benéfico praticar este Mudra durante conflitos e crises emocionais. Outro benefício comum do Hridaya Mudra é a superação de problemas de sono, tais como a insónia. O Hridaya Mudra pode ser feito durante dez a quinze minutos de cada vez ou mais e repetido tantas vezes quantas forem necessárias.

Shunya Mudra

Shunya significa "vazio", "espacialidade", ou "abertura" em Sânscrito; daí o seu outro nome, o "Mudra do Céu". "Este Mudra é concebido para diminuir o Elemento Espírito (Espaço) no corpo (dedo médio) enquanto aumenta a energia do Elemento Fogo (o polegar).

Para assumir Shunya Mudra, dobrar o dedo médio e pressionar a articulação com o polegar. Os três dedos restantes devem permanecer estendidos (Figura 109).

Figura 109: Shunya Mudra

O uso regular de Shunya Mudra durante a meditação desperta a intuição enquanto aumenta a força de vontade e acalma a mente. Além disso, os seus praticantes de longo prazo relatam ter ganho a capacidade de ouvir o som de silêncio de Anahata, o que faz com que se sinta como se estivessem num Planeta diferente, noutra dimensão de espaço-tempo. Assim, a prática regular deste Mudra abre o caminho para a obtenção da felicidade eterna e transcendência.

A nível físico, Shunya Mudra é conhecida por aliviar uma série de problemas de audição e equilíbrio interno, incluindo enjoos de movimento, vertigens, dormência corporal, e distúrbios auditivos. Também é conhecido por curar doenças do coração e da garganta. Pratica este Mudra durante dez a quinze minutos de cada vez, ou mais tempo, se necessário. Repita as vezes que quiser.

Na medicina ayurvédica, Shunya Mudra é benéfica para as pessoas dominantes do Vata Dosha, que é a energia associada ao movimento, incluindo a circulação sanguínea, a respiração, e o sistema nervoso.

Anjali Mudra

Anjali significa "saudação" ou "oferecer" em Sânscrito. Anjali Mudra é geralmente acompanhada pela palavra "Namaste", que forma um tipo de saudação usada frequentemente por pessoas espirituais no mundo ocidental. Este gesto, contudo, teve origem na Índia e faz parte da sua cultura há milhares de anos. Consiste em segurar ambas as palmas das mãos eretas em frente dos seios (Figura 110), muitas vezes acompanhadas por um ligeiro arco.

Em Sânscrito, "Nama" significa "arco" enquanto "as" significa "eu" e "te" significa "tu". Portanto, "Namaste" significa "eu me curvo a ti". " Namaste representa a crença numa centelha divina de consciência dentro de cada um de nós localizada no Chakra do Coração, Anahata. Ao executá-lo, reconhecemo-nos mutuamente como Almas Divinas da mesma fonte - Deus, o Criador.

Anjali Mudra também pode ser oferecida como uma saudação sagrada quando se tenta estabelecer contato com um poder superior. Este poderoso gesto de mão foi adotado como a posição de oração no mundo ocidental durante mais de dois mil anos. O seu desempenho permite-nos estabelecer uma ligação com o nosso Santo Anjo da Guarda. Reunindo as mãos no centro do Chakra do Coração, unifica-se simbólica e energicamente todos os opostos dentro de si, permitindo que a sua consciência se eleve a um Plano Superior.

Anjali Mudra concilia as nossas energias masculina e feminina enquanto une os hemisférios cerebral esquerdo e direito. O resultado é a coerência na mente e no corpo a todos os níveis. Os seus outros benefícios para a saúde incluem: melhorar a concentração, acalmar a mente, promover a atenção, e aliviar o stress.

Figura 110: Anjali Mudra

Yoni Mudra

Yoni significa "ventre", "fonte", ou "recipiente" em Sânscrito, e é uma representação abstrata de Shakti, o poder feminino dinâmico da natureza. Yoni também se refere ao sistema reprodutivo feminino em geral. A execução de Yoni Mudra equilibra as energias opostas, mas complementares no seu corpo, especialmente os dois hemisférios cerebrais.

Para assumir Yoni Mudra, colocar as palmas das mãos juntas ao nível do umbigo. Os dedos e polegares devem estar a direito e a apontar para longe do corpo. Primeiro, virar o meio, anelar e pequenos dedos para dentro de modo que as costas dos dedos se toquem. Em seguida, engatar o meio, o anel e os dedos pequenos, mantendo as pontas dos dedos indicadores e polegares juntas. Finalmente, traz os polegares em direção ao corpo ao apontar os dedos indicadores para o chão, formando assim a forma do útero com os polegares e os dedos indicadores (Figura 111).

Na sua posição final, os cotovelos tendem naturalmente a apontar para o lado, abrindo o peito. Pode fazer Yoni Mudra durante dez a quinze minutos de cada vez para obter o efeito desejado. Repita as vezes que quiser ao longo do dia.

Os dedos indicadores que apontam para baixo estimulam o fluxo de Apana, a energia subtil que limpa o corpo, a mente, e as emoções. Yoni Mudra tem um efeito calmante sobre o sistema nervoso, uma vez que reduz o stress e traz paz e harmonia no seu interior. Além disso, Yoni Mudra sintoniza-nos com o aspeto feminino e intuitivo do nosso Ser. Como um feto no útero, o seu praticante experimenta a felicidade de se tornar passivo mental e emocionalmente.

Figura 111: Yoni Mudra

Bhairava Mudra

Bhairava significa "temível" em Sânscrito, e refere-se à manifestação feroz de Shiva, o Destruidor. Bhairava Mudra é um gesto simbólico e ritualista das mãos que harmoniza o fluxo de energia do corpo durante a meditação ou outras práticas Ioga. Esta prática de Ioga comum dá uma sensação instantânea de tranquilidade, permitindo que as qualidades superiores surjam.

Para executar Bhairava Mudra, colocar a mão direita em cima da esquerda, com as palmas das mãos viradas para cima (Figura 112). Se realizado num Asana meditativo, as mãos devem estar sobre o colo enquanto a coluna vertebral e a cabeça são mantidas direitas. Quando a mão esquerda é colocada em cima da direita, a prática é chamada Bhairavi Mudra, a contraparte feminina (Shakti) de Bhairava.

As duas mãos representam o Ida (mão esquerda) e o Pingala (mão direita) Nadis, os canais de energia feminina e masculina que se unificam quando uma mão é colocada sobre a outra. Dependendo de qual mão está em cima, no entanto, este princípio de género torna-se a qualidade expressiva. Por exemplo, quando a mão esquerda está em cima, o Elemento Água é dominante, ativando o princípio da consciência e da manifestação. Pelo contrário, quando a mão direita está no topo, o Elemento de Fogo domina, invocando força e poder e destruindo o Egoísmo à medida que a Luz Divina absorve na Aura. Assim, diz-se também que este Mudra cura todas as doenças corporais.

Faça Bhairava Mudra durante dez a quinze minutos de cada vez ou mais e repita as vezes que quiser. Dentro dos textos tântricos e iogues, o Mudra Bhairava é considerado o último Mudra de Mão porque o seu desempenho unifica a Alma individual com a consciência universal - o interior e o exterior tornam-se Um.

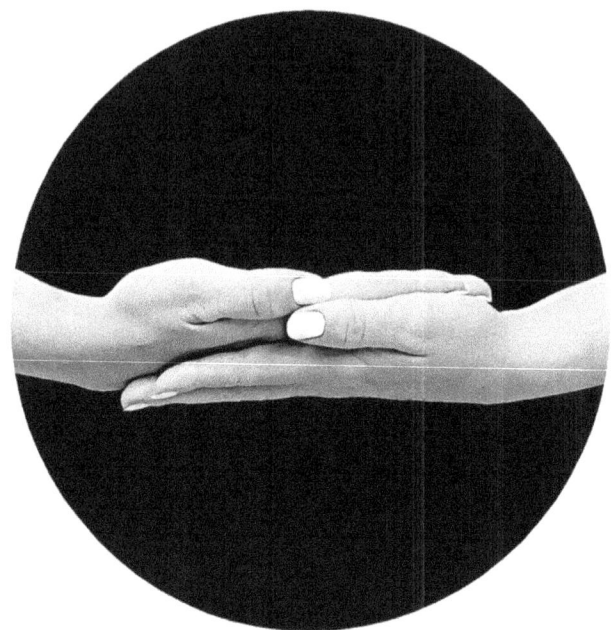

Figura 112: Bhairava Mudra

Lótus Mudra

O Lotus Mudra foi concebido para abrir o Chakra do Coração, Anahata. É um símbolo de pureza e positividade, representando a Luz que emerge da escuridão. Como tal, o Lotus Mudra tem poderosos efeitos curativos a nível mental, emocional e físico. O seu desempenho relaxa e estabiliza a mente ao mesmo tempo que cria uma atitude mais amorosa para com outras pessoas. A nível físico, o Lotus Mudra é conhecido por tratar úlceras e febres.

Para executar o Mudra Lotus, comece por juntar as mãos em frente ao centro do coração em Anjali Mudra. Em seguida, espalhar os dedos indicador, médio e anelar como uma abertura de flor de lótus, mantendo os polegares e dedos pequenos juntos (Figura 113). Permaneça nesta posição agora e sinta os efeitos deste Mudra no seu Chakra do Coração. O Mudra de lótus pode ser realizado com a frequência que desejar, durante um mínimo de dez minutos de cada vez, para sentir os seus efeitos.

Como as raízes de uma flor de lótus permanecem firmemente enraizadas no fundo lamacento de um lago, a sua cabeça de flor está virada para o sol, recebendo os seus raios de cura. Da mesma forma, Lotus Mudra ensina-nos a permanecer ligados às nossas raízes enquanto abrimos os nossos corações à Luz Divina. Ensina-nos a manter os nossos pensamentos puros e a aceitar os outros, mesmo que os nossos sentimentos sejam negativos para eles. Ao fazê-lo, ligamo-nos com a graça e a beleza presentes em nós quando o nosso Chakra do Coração está aberto.

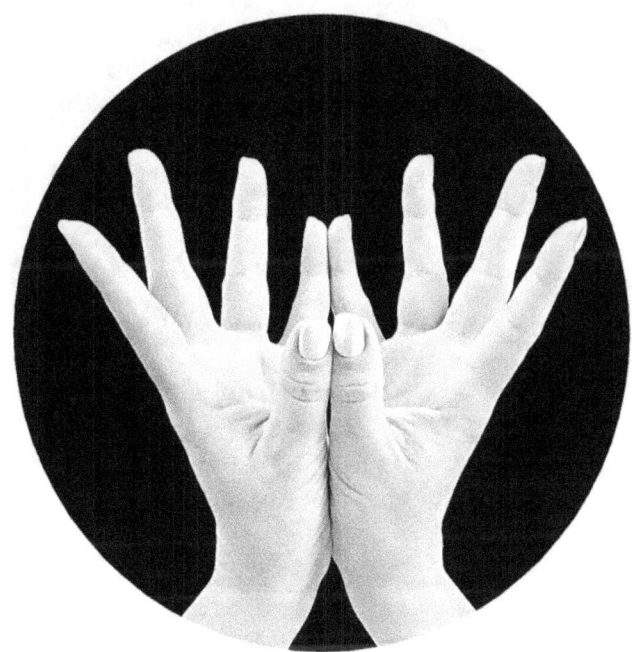

Figura 113: Lotus Mudra

Shiva Linga Mudra

Shiva Linga Mudra é um poderoso gesto de mão representando o Deus Shiva e a Deusa Parvati, a sua consorte. O Lingam é emblemático da energia criativa masculina, o falo, venerado nos templos hindus. É representado simbolicamente pelo polegar erguido da mão direita em Shiva Linga Mudra, enquanto a palma sobre a qual repousa representa a energia feminina, o recetáculo. Como tal, este Mudra denota a integração de Shiva e Shakti (a energia feminina de Shiva). O seu nome em português é o "Mudra Vertical". "

Para assumir Shiva Linga Mudra, coloque a mão esquerda ao nível do abdómen em forma de tigela, mantendo os dedos juntos. A seguir, coloque o punho direito em cima da palma da mão esquerda. Finalmente, estenda o polegar da mão direita para cima (Figura 114). Sinta os efeitos de aterramento deste Mudra na sua Aura.

O foco de Shiva Linga Mudra é Muladhara Chakra, a morada do Lingam. Este Mudra alivia a ansiedade e o stress, acalmando a mente e carregando o corpo com a densa energia da Terra. Não só aborda a fadiga física e mental, energizando o corpo, mas também aumenta a autoconfiança e melhora a intuição. Devido aos seus poderosos efeitos na fundamentação da energia, Shiva Linga Mudra não deve ser feito mais do que duas a três vezes por dia durante dez minutos de cada vez.

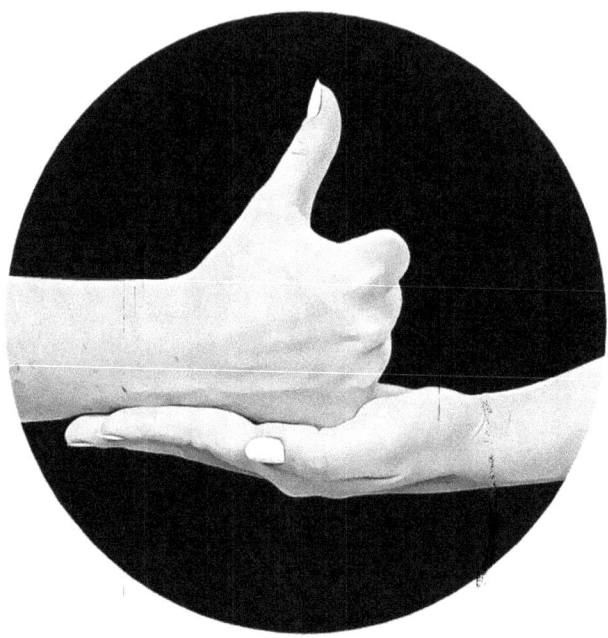

Figura 114: Shiva Linga Mudra

Kundalini Mudra

A Kundalini Mudra desperta a força sexual, estimulando a criatividade e a regeneração. Este Mudra é conhecido por ativar desejos sexuais adormecidos e curar quaisquer problemas com os órgãos reprodutores. A um nível subtil, a execução do Kundalini Mudra unifica os princípios masculino e feminino dentro do Eu, o que facilita o despertar da Kundalini na base da coluna vertebral.

Para executar o Kundalini Mudra, faça um punho solto ao nível do umbigo com ambas as mãos. Em seguida, estenda o dedo indicador da mão esquerda enquanto enrola os quatro dedos da mão direita à sua volta. A ponta do dedo indicador da mão esquerda deve ligar-se ao polegar da mão direita (Figura 115).

O dedo indicador esquerdo representa a Alma e a mente individuais, enquanto os quatro dedos da mão direita simbolizam o mundo exterior. Finalmente, o polegar direito é o poder sagrado da Kundalini. A Kundalini Mudra, como um todo, representa a união do

Eu individual com o Universo. Devido ao seu potente efeito na energia sexual, o Mudra da Kundalini não deve ser praticado mais do que duas a três vezes por dia durante dez minutos de cada vez.

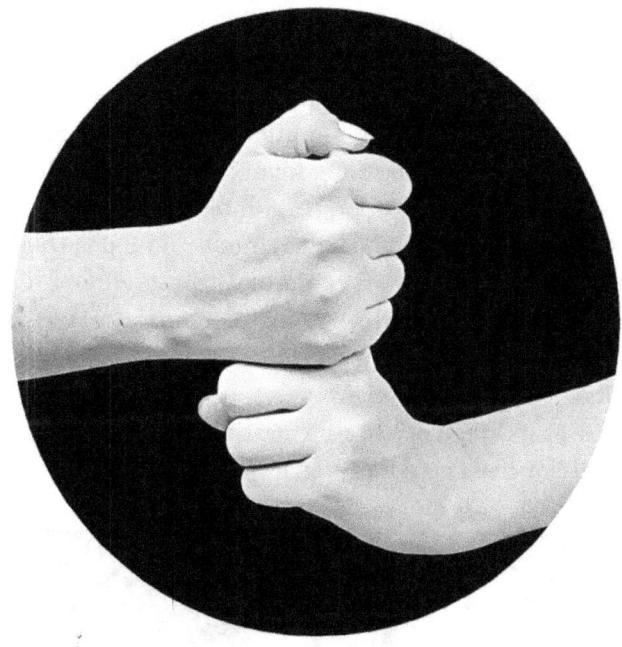

Figura 115: Kundalini Mudra

MANA (MUDRAS DA CABEÇA)

Shambhavi Mudra (Olhar do Centro de Sobrancelhas)
Shambhavi Mudra é uma prática altamente considerada no Ioga e no Tantra devido ao seu poder em acalmar a mente e experimentar estados de consciência mais elevados. É uma técnica poderosa de despertar Ajna Chakra, uma vez que envolve olhar para o centro da sobrancelha onde se encontra o túnel do Olho da Mente. Shambhavi Mudra anula todos os pensamentos positivos e negativos quando aplicado corretamente e provoca um estado de Vazio (Shoonya) ou de carapaça/consciência. O seu outro nome é Bhrumadya Drishti, onde "bhru" significa "centro da sobrancelha" e "drishti" significa "olhar" em Sânscrito.

A palavra "Shambhavi" tem origem no Sânscrito "Shambhu", que é uma referência ao Senhor Shiva como alguém que "nasce da felicidade ou bem-aventurança". "Shambhavi" é o aspeto feminino do Senhor Shiva - a Kundalini Shakti. Shambhavi Mudra não só ativa Ajna Chakra, como também se concentra no centro da sobrancelha, estimulando Ida e

Pingala Nadis a convergir neste ponto, o que afeta diretamente a Kundalini na base da coluna vertebral e pode facilitar uma ascensão.

Shambhavi Mudra é benéfico para superar pensamentos temerosos e negativos, que têm origem na mente subconsciente. O foco no centro da sobrancelha faz com que a atenção seja colocada na frente da cabeça, de onde a mente consciente opera. No Hermetismo, a frente da cabeça representa o aspeto Solar, masculino, enquanto a parte de trás da cabeça representa o aspeto Lunar, feminino. Na Árvore da Vida da Qabalah, o caminho de Qoph (a carta de Tarot da Lua), que significa literalmente "a parte de trás da cabeça", representa a mente subconsciente. Inversamente, o caminho de Resh (A carta de Tarot do Sol) significa "cabeça", referindo-se à frente da cabeça e à mente consciente.

Para iniciar o exercício Shambhavi Mudra, sente-se num dos três Asanas de meditação enquanto relaxa o corpo e mantém a sua coluna vertebral direita. Colocar as mãos sobre os joelhos na Jnana ou no Chin Mudra. Feche os olhos e relaxe todos os músculos do rosto, testa, olhos, e atrás dos olhos enquanto respira lenta e profundamente. Agora abram gradualmente os olhos e olhem à vossa frente num ponto fixo. Para melhores resultados, implemente Khechari Mudra como parte da prática, embora seja recomendado começar sem ele até se familiarizar mais com o exercício.

Figura 116: Shambhavi Mudra

Olhe agora para cima e para dentro enquanto foca os olhos no centro da sobrancelha, mantendo a cabeça e o corpo inteiro imóveis (Figura 116). Se executada corretamente, a curva das sobrancelhas formará uma imagem em forma de V cujo ápice está no centro da sobrancelha. Se não vir a deformação em V, então o seu olhar não é dirigido para cima e para dentro corretamente.

Concentre-se no ponto entre as sobrancelhas sem pestanejar durante alguns segundos. Depois, relaxe os olhos movendo-os para a sua posição original antes de repetir a prática. É crucial manter o olhar durante apenas alguns segundos no início e aumentar gradualmente a duração à medida que se torna mais confortável com este exercício. Nunca deve haver tensão a mais no olhar. Se sentir desconforto nos seus olhos, pode aquecer as mãos esfregando-as juntas e cobrindo os olhos para infundir energia de cura e remover tensão.

À medida que tiver mais experiência com este exercício, a fixação do olhar no centro da sobrancelha virá naturalmente à medida que os músculos que controlam os olhos se tornam mais fortes. Quando realizar o exercício Shambhavi Mudra, pratique estar atento enquanto implementa a Respiração Ioga na inalação e expire para otimizar os efeitos.

Shambhavi Mudra pode ser incorporado como parte da prática de Asana e exercícios de Pranayama como Sama Vritti e Moorcha Pranayama. Quando praticado isoladamente, começar com cinco rondas e gradualmente aumentar para dez ao longo de um período de cinco meses. Note que se tiver quaisquer problemas de saúde com os seus olhos, não deve realizar este exercício.

Também pode praticar Shambhavi Mudra com os olhos fechados uma vez que tenha alguma experiência com ele. A variação de olhos fechados deste exercício é a meditação de olhos da mente do *The Magus*. Discuto a mecânica deste Mudra de Shambhavi interno como parte das Meditações Kundalini do capítulo "Resolução de Problemas do Sistema" deste livro.

Nasikagra Drishti (Fixar a Ponta do Nariz)

Nasikagra Drishti é semelhante a Shambhavi Mudra, exceto que os olhos se concentram na ponta do nariz em vez do centro da sobrancelha. O termo vem das palavras sânscritas "nasagra", que significa "ponta do nariz" e "drishti", que se traduz como "olhar fixamente". "Nasikagra Drishti" é excelente para fortalecer os músculos dos olhos, desenvolver a concentração, e levar o praticante a estados de consciência mais elevados durante a meditação. Este exercício é conhecido por ativar o Muladhara Chakra, que está ligado ao Lóbulo Frontal do cérebro.

Para praticar o olhar na ponta do nariz, segure o seu dedo indicador na vertical ao longo do braço ao nível do nariz. Fixe o seu olhar sobre ele e comece lentamente a movê-lo em direção à ponta do seu nariz, mantendo a cabeça firme. Quando o dedo atingir a ponta do nariz (os olhos ainda devem estar focados nele), largue o dedo e transfira o foco dos olhos para a ponta do nariz. Após alguns segundos a segurar o olhar, feche os olhos e relaxe-os antes de repetir a prática. Não passe mais do que três a cinco minutos por dia neste exercício durante as primeiras duas semanas. Depois de se tornar simples fixar o olhar na ponta do nariz à vontade, está pronto para Nasikagra Drishti.

Para começar Nasikagra Drishti, sente-se num dos três Asanas de meditação enquanto relaxa o corpo e mantém a sua coluna vertebral e cabeça direitas. Colocar as mãos sobre os joelhos na Jnana ou no Chin Mudra. Feche os olhos e relaxe todos os músculos do rosto enquanto respira profundamente e devagar. Abra gradualmente os olhos agora e concentre-os na ponta do nariz (Figura 117). A refração da luz que forma um V deve ser vista logo acima da ponta do nariz, se executada corretamente. Mantenha o olhar ali durante alguns segundos antes de fechar os olhos e repetir. Não passe mais do que cinco a dez minutos por dia neste exercício e aumente a duração após alguns meses.

Pode implementar Khechari Mudra como parte do Nasikagra Drishti, embora seja recomendável começar sem ele durante o primeiro bocadinho. Tenha sempre em mente não colocar demasiada tensão nos seus olhos; se sentir desconforto nos seus olhos, pode aquecer as mãos esfregando-as juntas e cobrindo os olhos para infundir energia de cura. Pratique Nasikagra Drishti com a Respiração Ioga na inalação e expire para otimizar os efeitos. Os indivíduos que têm problemas de saúde com os olhos ou que sofrem de depressão não devem realizar este exercício.

Figura 117: Nasikagra Drishti

Também pode praticar Nasikagra Drishti de olhos fechados. Descobri a meditação com os olhos fechados na ponta do nariz na minha viagem Espiritual e o seu poder para otimizar o circuito da Kundalini, uma vez que este se desmorona. Mais tarde, quando entrei no Ioga, descobri o Nasikagra Drishti e a sua mecânica semelhante. Descobri que ao focar a ponta do nariz, liga-se com o centro psíquico do Olho Subconsciente que se encontra entre os dois olhos físicos, um centímetro fora da cabeça.

Um canal de energia corre ao longo da frente do nariz desde o Olho Subconsciente até à ponta do nariz. A ponta do nariz serve de ponto de libertação para o Olho Subconsciente. Se este centro psíquico ficar bloqueado, há um aumento de energia negativa e medo dentro da mente, geralmente resultante de um canal Ida colapsado. A concentração na ponta do nariz permite abrir ou reabrir este canal se este ficar bloqueado, aliviando pensamentos e emoções perturbadoras e baseadas no medo. Consulte as Meditações Kundalini para mais informações sobre este exercício (Meditação no Meio da Ponte dos Olhos/Nariz).

Shanmukhi Mudra (Fechar os Sete Portões)

Shanmukhi Mudra é feito de dois termos Sânscritos de raiz, "Shan" que significa "seis", e "mukhi" que significa "cara" ou "portão". Como tal, Shanmukhi Mudra refere-se às seis portas da perceção através das quais sentimos o mundo exterior - os dois olhos, dois ouvidos, e o nariz e a boca. Este exercício envolve fechar as seis aberturas da perceção para bloquear os cinco sentidos - visão, som, olfato e tato do corpo.

De acordo com os *Ioga Sutras de Patanjali*, Shanmukhi Mudra é considerado uma prática de Pratyahara (retirada dos sentidos) - a fase preliminar de Dharana (concentração) e Dhyana (meditação). Shanmukhi Mudra é excelente para concentração e introspeção, uma vez que, cortando-nos do mundo exterior, ganhamos uma visão mais profunda do nosso Eu interior. Também acalma a mente e o sistema nervoso e relaxa e rejuvenesce os olhos e os músculos faciais através da energia e calor das mãos e dedos.

Para começar o exercício Shanmukhi Mudra, sente-se num dos três Asanas de meditação enquanto mantém a sua coluna vertebral direita. Colocar as mãos sobre os joelhos no Mudra da Jnana ou do Chin. Feche os olhos e respire fundo para relaxar o seu corpo. Permita-se sentir o seu ambiente antes de se desapegar dele.

Para máximo benefício e para potencialmente despertar a Kundalini na base da coluna vertebral, este exercício deve ser acompanhado pela aplicação de Mula Bandha. Como tal, coloque uma pequena almofada debaixo do seu períneo para aplicar pressão nesta área, ativando assim o Muladhara Chakra.

Levante os braços e cotovelos ao nível dos ombros com as palmas das mãos viradas para si. Um a um, comece a fechar os órgãos dos sentidos com os dedos. Fechar os ouvidos com os polegares, os olhos com os dedos indicadores, as narinas com os dedos médios, e a boca com o anel e os dedos pequenos (Figura 118). Libertar a pressão dos dedos médios (parcialmente) de modo a poder respirar através das narinas. Os restantes órgãos dos sentidos aplicam uma pressão suave para garantir que se mantêm fechados durante o exercício.

Inspirar lenta e profundamente através das narinas parcialmente obstruídas utilizando a técnica de Respiração Ioga. No final da inalação, fechar as narinas com os dedos médios e suster a respiração. Quanto mais tempo conseguir suster confortavelmente a respiração, mais efeitos substanciais irá receber deste exercício. Solte agora a pressão dos dedos médios e exale lentamente através das narinas. Isto completa a primeira ronda.

Comece com cinco minutos de prática e construa até trinta minutos ao longo de três meses. Quando estiver pronto para terminar o exercício, baixe as mãos até aos joelhos, mantendo os olhos fechados. Passe alguns momentos a tomar consciência do seu ambiente antes de abrir os olhos e concluir a prática.

Para efeitos ótimos com Shanmukhi Mudra, concentre-se no espaço entre as sobrancelhas com os olhos fechados para se ligar ao Ajna chakra. Preste atenção à sua respiração à medida que se desprende do mundo exterior. A cada respiração, deve estar a ir mais fundo no seu Eu interior. Ao fazê-lo, repare como isso o faz sentir e as mudanças no seu Chakra do Coração. Não é invulgar ouvir sons diferentes do seu interior, tais como vibrações subtis que emanam do Bindu Chakra.

Figura 118: Shanmukhi Mudra

Pode praticar Shanmukhi Mudra a qualquer hora do dia, embora seja ótimo logo de manhã ou antes de ir dormir. Como em todos os exercícios Ioga que provocam um estado de espírito introvertido, as pessoas que sofrem de depressão não devem praticar o Shanmukhi Mudra.

KAYA (MUDRAS DE POSTURA)

Viparita Karani-Inverted Atitude Psíquica

Viparita Karani vem das palavras sânscritas "viparita", que significa "invertido", ou "invertido", e "karani", que significa "um tipo particular de prática". O objetivo deste Mudra Postural é inverter o fluxo e a perda do Amrita (o néctar de Ambrosia que dá vida e que se segrega do Bindu) através do uso da gravidade. (Pode saber mais sobre o uso e a finalidade do Amrita no capítulo "Lalana Chakra e o Néctar Amrita" nesta secção). O seu outro objetivo é criar uma sublimação de energia de baixo para cima do corpo e equilibrar o seu fluxo de Prana. Porque a atenção deve ser colocada no Manipura e Vishuddhi na inalação e exalação, Viparita Karani serve também para otimizar estes dois Chakras.

Para entrar na pose Viparita Karani, traga as pernas sobre a cabeça enquanto apoia as ancas com as mãos. Deve segurar o tronco o mais próximo possível de um ângulo de 45 graus enquanto as pernas estão direitas para cima (Figura 119). Os seus olhos devem olhar para cima, enquanto os seus dedos dos pés apontam para o céu. Manter os cotovelos perto um do outro, tendo em mente que o queixo não deve ser pressionado contra o peito. Na posição final, o peso do corpo repousa sobre os ombros, pescoço, e cotovelos. Se tiver problemas a entrar nesta pose, pode usar uma parede e almofadas para apoiar as pernas e o tronco. Feche agora os olhos e relaxe todo o seu corpo.

Aplicar Jiva Bandha (língua no céu da boca) ou Khechari Mudra para toda a prática. Depois, inalar lenta e profundamente com Ujjayi Pranayama enquanto coloca a sua consciência no Manipura Chakra. Ao expirar, movam a vossa atenção para o Vishuddhi Chakra. Isto completa a primeira ronda.

Pratique até sete rondas no início, mudando a sua atenção de Manipura na inalação para Vishuddhi na exalação e vice-versa. Se sentir a acumulação de pressão na cabeça ou outro desconforto surgir, termine imediatamente a prática.

Aumentar gradualmente o número de rondas de sete para vinte e um ao longo de três meses. A sua inalação e exalação devem ter a mesma duração durante esta prática. À medida que se vai ficando mais confortável com ela, trabalhe para aumentar a duração, mantendo a mesma proporção.

Figura 119: Viparita Karani

Para terminar a prática, baixar lentamente a coluna vertebral, vértebra por vértebra, mantendo a cabeça no chão. Depois de baixar as nádegas, abaixe as pernas, mantendo-as direitas. Passe agora alguns momentos em Shavasana para permitir que a sua consciência se imobilize. É também aconselhável realizar posteriormente um contraponto de Asana para equilibrar as suas energias.

Viparita Karani é mais bem praticado pela manhã. Incorporar este exercício no final do seu programa de prática diária de Asana e/ou antes da meditação. Note que as pessoas que sofrem de tensão arterial elevada, doenças cardíacas, dores no pescoço ou nas costas, ou excesso de toxinas no corpo não devem realizar o Viparita Karani. Além disso, uma vez que a realização deste exercício por um período prolongado aumenta a taxa metabólica, evite-o durante pelo menos três horas após uma refeição.

Atitude Psíquica Pashinee Mudra-Dobrado

Pashinee Mudra é derivado do termo Sânscrito "pash", que significa "laço". "A palavra "Pashinee" refere-se a ser "amarrado num laço", que esta posição se assemelha a esta. A prática deste Mudra proporciona tranquilidade e equilíbrio ao sistema nervoso e induz o Pratyahara. Estica o pescoço, bem como a coluna vertebral e os músculos das costas.

Para iniciar o exercício Pashinee Mudra, assumir Halasana (Plough Pose) mas separar as pernas cerca de um metro e meio. Dobrar os joelhos e trazer as coxas em direção ao peito até os joelhos estarem no chão. Na posição final, os joelhos devem estar o mais próximo possível dos ombros e das orelhas (Figura 120).

Relaxe o corpo e feche os olhos. Respire devagar e profundamente. Manter esta posição o máximo de conforto possível. Agora, solte suavemente os braços e regresse a Halasana. Baixe as pernas e relaxe em Shavasana por alguns momentos, para permitir que a sua consciência se imobilize.

Tal como com Viparita Karani, é aconselhável realizar um contraponto para equilibrar as suas energias, o que seria um asana de curvatura para trás. Note-se que as pessoas que sofrem de um problema de coluna vertebral ou lesão no pescoço devem evitar este Mudra. Além disso, as mulheres menstruadas ou grávidas devem saltar esta prática.

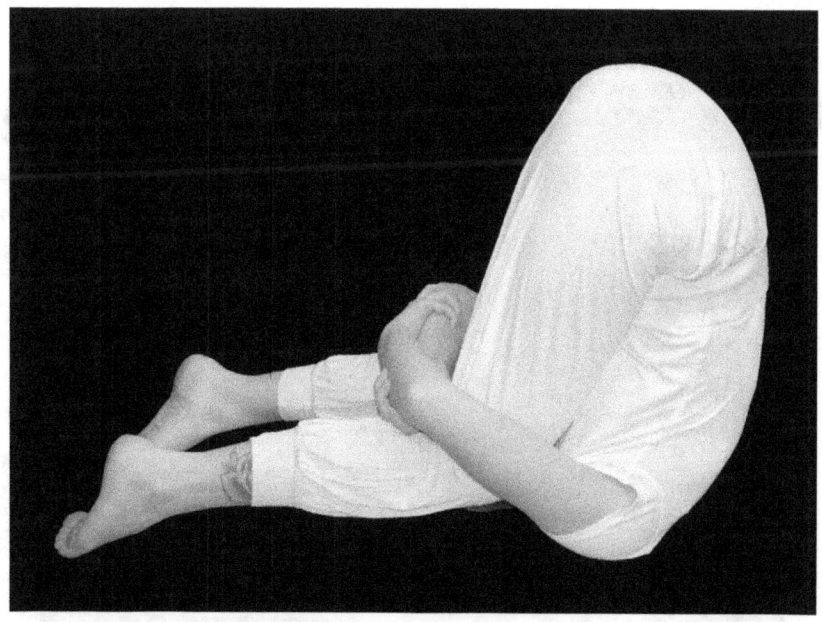

Figura 120: Pashinee Mudra

Tadagi Mudra

Tadagi é derivado do termo Sânscrito "tadaga", que significa "corpo de água" ou "estrutura semelhante a um lago ou lago". Esta técnica Mudra envolve moldar o abdómen numa forma de barril através da respiração abdominal profunda, daí o seu nome. Tadagi Mudra estimula o Manipura e Hara Chakras, elevando o nível de Prana no corpo. Além disso, encoraja a circulação sanguínea para os órgãos abdominais enquanto alivia qualquer tensão mantida a partir do pavimento pélvico.

Sentar-se no chão ou num tapete de ioga com as pernas esticadas e os pés ligeiramente afastados. (As pernas devem permanecer direitas durante todo o exercício.) Para assumir Tadagi Mudra, começar por colocar as mãos nos joelhos, mantendo a cabeça e a coluna vertebral direitas. A seguir, fechar os olhos e relaxar todo o corpo enquanto respira normalmente. Dobre-se agora para a frente e envolva os polegares, o indicador e os dedos médios sobre os dedos grandes dos pés (Figura 121).

Inspire lentamente e encha o seu abdómen com oxigénio, permitindo a sua expansão total. Retenha a respiração durante um período prolongado confortavelmente. Não deve haver qualquer tensão no seu corpo em momento algum durante este exercício. Pode libertar os dedos dos pés entre as respirações para se ajustar e se tornar mais confortável.

Expirar lenta e profundamente, deixando a barriga descontrair enquanto se segura nos dedos dos pés. Uma ronda está agora completa. Repita as rondas cinco a dez vezes. Quando estiver pronto para terminar a prática, solte os dedos dos pés e regresse à posição inicial. Note que as grávidas e as pessoas que sofrem de hérnia ou prolapso devem evitar este exercício.

Figura 121: Tadagi Mudra

Manduki Mudra-Gesto do Sapo

Manduki significa "sapo" em Sânscrito, e imita a postura de um sapo em repouso. O seu outro nome é "Gesto do Sapo", ou "Atitude de Sapo". "Este Mudra estimula o Muladhara Chakra e equilibra o fluxo de Prana no corpo. Acalma a mente, equilibra Ida e Pingala Nadis, e aumenta os níveis de discernimento. Uma vez que envolve um poderoso Asana Ioga, aumenta a força dos quadris, joelhos e tornozelos e torna-os mais flexíveis.

Comece numa posição simples de joelhos, onde ambos os joelhos estão a tocar no chão. Depois, para executar o Manduki Mudra, ajuste as pernas de modo que os dedos dos pés estejam a apontar para fora e as nádegas estejam a descansar no chão (Figura 122). Se esta posição for desconfortável para si, sente-se antes numa almofada, colocando as pernas e os pés na mesma posição.

Figura 122: Manduki Mudra

Deve-se sentir a pressão a ser aplicada ao períneo, desencadeando assim o Muladhara Chakra. A seguir, colocar as mãos sobre os joelhos, quer na Jnana ou no Chin Mudra. Deve segurar a coluna vertebral e a cabeça a direito durante este exercício. Se se vir naturalmente inclinado para a frente a partir desta posição, segure os joelhos e endireite os braços para apoio. Feche agora os olhos e relaxe todo o seu corpo.

Abra os olhos e execute Nasikagra Drishti. Comece por colocar a sua língua no palato (Jiva Bandha) durante um ou dois minutos e depois faça a transição para Khechari Mudra. A sua respiração deve ser lenta e rítmica. Se sentir desconforto nos seus olhos, feche-os durante alguns segundos e depois retome a prática. Pratique Manduki Mudra com a Respiração Ioga na inalação e expire para otimizar os efeitos.

Comece por fazer este exercício durante dois minutos uma vez por dia, de preferência pela manhã. À medida que se vai familiarizando com ele, aumente gradualmente até cinco minutos para obter efeitos ótimos. Os sentidos devem ser atraídos para dentro quando realizados corretamente.

Manduki Mudra é uma versão avançada do Nasikagra Drishti. Como tal, deve ser praticado em luz suave para que a ponta do nariz possa ser vista claramente. Siga as precauções para a prática do Nasikagra Drishti. As pessoas com problemas nos tornozelos, joelhos ou ancas devem ter cuidado ao executar o Manduki Mudra, uma vez que este requer que estas partes do corpo sejam flexíveis.

BANDHA (MUDRAS "FECHADURA")

Mula Bandha (Contração de Períneo)

Mula Bandha é o primeiro de três grandes bloqueios energéticos utilizados nas práticas Ioga para controlar o fluxo de Prana no corpo juntamente com Uddiyana e Jalandhara Bandhas. Cada um dos três Bandhas (fechaduras) sela uma parte específica do corpo, enviando o Prana para dentro e para cima através de Sushumna Nadi. Quando os três Bandhas são utilizados em conjunto, a prática chama-se Maha Bandha, que significa a "Grande Fechadura" (Figura 132). Cada Bandha pode também ser utilizado para desatar um dos Três Granthis (nós psíquicos), que obstruem a energia da Kundalini na sua ascensão para cima.

Mula Bandha significa "Raiz Fechada" em Sânscrito, referindo-se ao processo de aproveitamento de energia em Muladhara (Chakra da Raiz) e enviando-o para cima através de Sushumna. Mula Bandha é a fechadura energética inicial utilizada para agitar a Kundalini em atividade na base da coluna vertebral.

A execução da Mula Bandha envolve a contração de músculos específicos entre o ânus e os órgãos genitais na região do períneo onde se encontra a cabeça da flor de Muladhara. O ponto exato de contração dos machos é entre o ânus e os testículos, enquanto nas fêmeas, é atrás do colo do útero, onde o útero se projeta para a vagina (Figura 123).

Uma vez que é o ponto de junção dos nervos, a área do períneo é onde começa o nosso sistema nervoso. A contratação do períneo com Mula Bandha tem um efeito calmante sobre o sistema nervoso, promovendo a paz de espírito ao mesmo tempo que aumenta a concentração.

A um nível Prana, Mula Bandha redireciona a energia de Apana, o aspeto de Prana dentro do corpo que flui para baixo a partir do umbigo. Inverter a direção do fluxo de Apana juntamente com estimular os três Nadis que começam na região de Muladhara pode ter um efeito poderoso no despertar da Kundalini a partir do seu sono na região do cóccix.

Durante um despertar da Kundalini, Mula Bandha pode ser usada para transcender Brahma Granthi que existe entre Muladhara e Swadhisthana Chakras. Ao fazê-lo, a Alma é libertada de ligações particulares que a ligam ao Mundo da Matéria. Superar Brahma Granthi é essencial para elevar a Kundalini aos Chakras acima de Muladhara.

A nível físico, Mula Bandha fortalece os músculos do pavimento pélvico. Previne a ejaculação precoce nos homens, enquanto para as mulheres acalma a dor da menstruação. Psicologicamente, Mula Bandha ajuda a regular as hormonas e a promover o crescimento e desenvolvimento mental e emocional saudável. Esta técnica intemporal equilibra as hormonas sexuais masculinas e femininas - testosterona e estrogénio. Regula a tiroxina, que ajuda nas atividades metabólicas, bem como a serotonina, a hormona que alivia o humor. Mula Bandha é muito eficaz no tratamento de problemas mentais como mania, histeria, fobias, neuroses, e depressão geral.

Para começar o exercício Mula Bandha, escolha um dos três Asanas de meditação, de preferência Siddhasana, que lhe permite carregar no seu períneo com o calcanhar. Mantenha a sua coluna e pescoço direitos enquanto fecha os olhos e relaxa todo o corpo. Para maior efeito, pode colocar as mãos sobre os joelhos na Jnana ou no Chin Mudra.

Tomar consciência da respiração natural ao focar a sua consciência na região perineal. Na próxima inalação, contraia esta região puxando os músculos do pavimento pélvico para cima, levantando-os em direção à coluna vertebral. Ao expirar, liberte e relaxe os músculos do pavimento pélvico. Respire lenta e profundamente. Continuar a contrair e a relaxar a região perineal/vaginal de forma controlada e ritmada, cronometrando-a com a inspiração e expirar. Fazer este exercício durante alguns minutos como preparação para o passo seguinte.

Em vez de soltar a próxima contração, segure-a firmemente durante alguns minutos, mantendo ao mesmo tempo o relaxamento no resto do corpo. Concentre-se no pavimento pélvico e assegure-se de que contraiu apenas os músculos perineais relacionados com a região de Muladhara e não o ânus ou os esfíncteres urinários. Aguarde alguns segundos. Solte agora a contração, permitindo que os músculos pélvicos relaxem. Repita o exercício durante o tempo que quiser com a contração máxima seguida de relaxamento total dos músculos pélvicos.

A fase final da Mula Bandha envolve a retenção da respiração (Khumbaka). Inspire profundamente enquanto contrai os músculos do períneo. Segure agora a respiração enquanto puder confortavelmente enquanto mantém a contração. Ao exalar, liberte a contração enquanto relaxa toda a região pélvica. Respire normalmente algumas vezes antes de começar a próxima contração, juntamente com a retenção da respiração. Repita o exercício o tempo que desejar. Quando estiver pronto para terminar a prática, abra os olhos.

Mula Bandha pode ser executada com diferentes Asanas, Pranayamas, Mudras, e Bandhas, para efeitos ideais. Quando praticada isoladamente, deve ser executada como um precursor para a meditação.

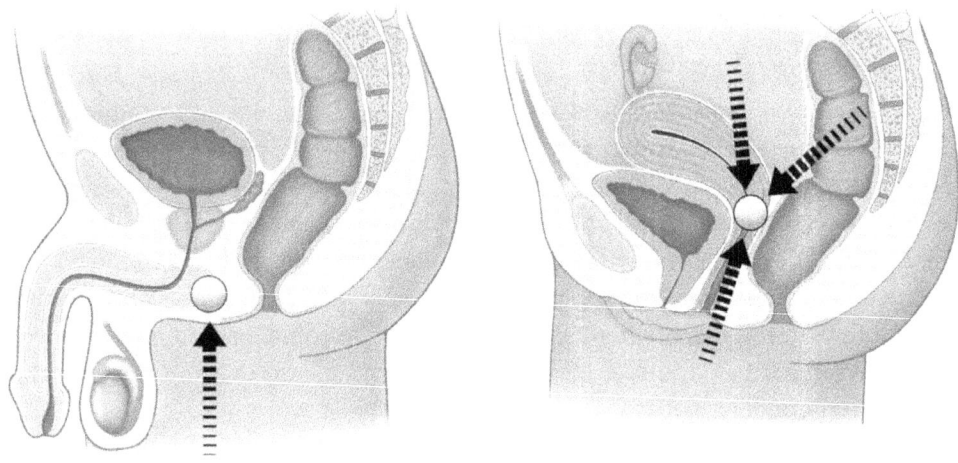

Figura 123: Ponto de Contração Mula Bandha

Uddiyana Bandha (Contração Abdominal)

Uddiyana em Sânscrito significa "Voar para Cima", relacionado com a técnica de travar Prana na região abdominal e direcioná-la para cima através de Sushumna Nadi. Esta "Fechadura Abdominal" envolve a contração e elevação da parede abdominal no interior (para a coluna vertebral) e para cima (para a caixa torácica) ao mesmo tempo. Quando aplicado corretamente, o diafragma sobe em direção ao peito. Tenha em mente que este exercício é realizado apenas com retenção da respiração externa.

A melhor altura para praticar Uddiyana Bandha é de manhã com o estômago vazio e com as entranhas vazias. Este exercício prepara o seu estômago para uma melhor digestão ao longo do dia, uma vez que acende os fogos digestivos enquanto purifica as toxinas do corpo. Massaja e limpa os órgãos abdominais enquanto tonifica os músculos interiores profundos desta zona. Uddiyana Bandha permite uma melhor circulação sanguínea para os órgãos abdominais, criando um vácuo no seu peito. Também equilibra as glândulas suprarrenais, removendo a tensão e aliviando a ansiedade. Muitos iogues notaram que a execução da Uddiyana Bandha interrompe o processo de envelhecimento e faz com que as pessoas mais velhas se sintam novamente jovens.

A um nível energético, a atuação do Uddiyana Bandha carrega o Hara Chakra com Prana enquanto estimula o Manipura Chakra, que influencia fortemente a distribuição de energia por todo o corpo. A pressão de sucção criada pelo Uddiyana Bandha inverte o fluxo de energia de Apana e Prana, unindo-os com Samana. Quando combinado com Mula Bandha e Jalandhara Bandha como parte do Maha Bandha (Grande Fechadura), este exercício pode não só desencadear um despertar da Kundalini, mas pode ajudar a elevar a Kundalini até à Coroa. (Mais sobre isto num capítulo posterior).

Durante um despertar da Kundalini, Uddiyana Bandha pode ser usada para transcender Vishnu Granthi que existe entre Manipura e Anahata Chakras. Superar Vishnu Granthi permite-nos experimentar o amor incondicional no Anahata Chakra que os Chakras espirituais superiores alimentam. Atingir o Chakra do Coração é crucial no processo de despertar da Kundalini, uma vez que despertamos o Guru dentro do nosso Eu Superior.

Pode praticar Uddiyana Bandha nas posições de pé ou sentado. A posição de pé facilita a concentração e o controlo dos músculos abdominais se for principiante. Deseja então progredir para uma posição sentada quando se sente confortável com a mecânica deste exercício.

Para começar Uddiyana Bandha em posição de pé, mantenha a coluna direita e dobre ligeiramente os joelhos, mantendo uma distância de um metro e meio entre eles. Incline-se agora para a frente enquanto coloca as mãos sobre as coxas, ligeiramente acima das rótulas. A coluna vertebral deve estar na horizontal enquanto os braços estão direitos à medida que os dedos apontam para dentro ou para baixo, o que for mais confortável. Deve dobrar ligeiramente os joelhos à medida que suportam o peso da parte superior do corpo (Figura 124).

Relaxe agora enquanto respira lenta e profundamente, entra pelas narinas e sai pela boca. Deve ocorrer uma contração automática da região abdominal enquanto se encontra nesta posição. Dobrar a cabeça para a frente, mas não pressionar o queixo contra o peito, pois isso desencadeia o Jalandhara Bandha.

Respire fundo agora, e ao exalar, endireite os joelhos, que automaticamente contrairão o abdómen para cima e para dentro em direção à coluna vertebral, ativando o Uddiyana Bandha. Quando estiver pronto, inspire profundamente e liberte a Fechadura Abdominal, enquanto relaxa a barriga e o peito. Levante agora a cabeça e o tronco para a posição vertical. Permaneça na posição de pé até a sua respiração voltar ao normal. A primeira ronda está agora completa.

Para começar Uddiyana Bandha em posição sentada, entre em Padmasana ou Siddhasana, onde os joelhos fazem contato com o chão. Relaxe o corpo, mantendo a coluna vertebral direita. Colocar as palmas das mãos planas sobre os joelhos. Respire profundamente enquanto mantém o relaxamento do corpo.

Inspire profundamente agora através das narinas. Ao exalar, incline-se ligeiramente para a frente e pressione os joelhos com as mãos enquanto endireita os cotovelos e levanta os ombros, permitindo uma maior extensão da medula espinal. Em seguida, dobre a cabeça para a frente e pressione o queixo contra o peito, desencadeando o Jalandhara Bandha. Como parte do mesmo movimento, contraia os músculos abdominais para dentro e para cima em direção à coluna vertebral, ativando o Uddiyana Bandha. Segure sem respirar o máximo de conforto e sem esforço.

Figura 124: Bandha Uddiyana em Pé

Quando estiver pronto, inspire profundamente e liberte a Fechadura Abdominal ao dobrar os cotovelos e baixar os ombros. Levante agora a cabeça na exalação, libertando Jalandhara Bandha, e permaneça nesta posição até a sua respiração voltar ao normal. Isto completa a primeira ronda.

Note que é necessário exalar completamente para entrar em Uddiyana Bandha uma vez que a contração abdominal depende de ter o estômago vazio. Ao suster a respiração, esteja atento para não inalar de todo, pois ao fazê-lo pode minimizar os efeitos da Uddiyana Bandha.

Iniciar a prática com três a cinco rondas inicialmente e aumentar gradualmente para dez rondas ao longo de alguns meses. A Uddiyana Bandha é idealmente executada em combinação com diferentes Asanas, Pranayamas, Mudras, e Bandhas. Quando praticado isoladamente, deve ser executado como um precursor da meditação. Note-se que se pode praticar o Uddiyana Bandha em conjunto com Jalandhara Bandha (Figura 125) mas também sem ele. Trabalhar com ambos os métodos para se familiarizar com os efeitos de cada um.

Pessoas que sofrem de tensão arterial elevada, hérnia, úlcera estomacal ou intestinal, doença cardíaca, ou outros problemas abdominais não devem praticar Uddiyana Bandha. Além disso, as mulheres não devem praticar Maha Mudra durante a menstruação ou gravidez.

Figura 125: Uddiyana Bandha Sentado (Com Jalandhara Bandha)

Jalandhara Bandha (Laríngeo Lock)

Em Sânscrito, "Jal" significa "garganta", enquanto Jalan significa "teia" ou "rede" e "dharan" significa "fluxo" ou "fluxo". "Jalandhara Bandha controla e capta energia na garganta através dos nervos e vasos na zona do pescoço. É bastante simples de executar, uma vez que requer que o praticante apenas abaixe o queixo e o descanse no peito, restringindo assim a respiração para descer. Este exercício poderoso estica a medula espinal na zona do pescoço, tendo ao mesmo tempo efeitos poderosos e subtis a um nível interior.

Jalandhara Bandha tem como alvo o Laríngeo Chakra, Vishuddhi, que é o mais baixo dos três Spirit Chakras. Obstruindo o fluxo de Prana para a cabeça através do bloqueio da garganta sobrecargas dos quatro Chakras Elementares Inferiores. Estimula os órgãos superiores do corpo enquanto os outros dois Bandhas, Uddiyana e Mula, têm como alvo a parte inferior do corpo.

Para começar Jalandhara Bandha, sentar-se numa pose meditativa que permita que os joelhos toquem o chão. Também se pode praticar este exercício de pé, como na Pose da Montanha. Enquanto estiver sentado, pode colocar as mãos sobre os joelhos na Jnana ou no Chin Mudra enquanto fecha os olhos e relaxa todo o corpo. Inspire profundamente e prenda a respiração. Dobre agora a cabeça para a frente e pressione firmemente o queixo contra o peito. Endireite os braços e fixe-os na posição, o que levantará os ombros para cima e ligeiramente para a frente. Traga a sua consciência para a garganta e segure-a lá.

Permanecer nesta pose, mantendo a respiração (Khumbaka interno) o máximo de tempo possível, sentindo os efeitos deste exercício. Quando estiver pronto para libertar o fecho energético, dobre os braços, permitindo que os ombros relaxem, seguido de levantar lentamente a cabeça e exalar, tudo num só movimento. Isto completa uma rodada. Respire agora um pouco, permitindo que a sua respiração volte ao normal antes de iniciar a próxima ronda.

Tenha em mente que também pode realizar este exercício, suspendendo a respiração após uma exalação (Khumbaka externo). O procedimento é o mesmo, expecto que se inclina a cabeça para baixo e se prende a respiração após a expiração, em vez da inalação. Não se esqueça de nunca inalar ou exalar até que o fecho do queixo tenha sido libertado e a cabeça esteja erguida. Comece a prática com três a cinco balas e aumente gradualmente para dez balas ao longo de alguns meses.

Note-se que o Jalanadhara Bandha é mais bem praticado de manhã e pode ser adicionado a vários exercícios de Pranayama e Bandhas. Lembre-se de manter a sua coluna vertebral direita; caso contrário, perturbará o fluxo de energias através do canal central da coluna. As pessoas que sofrem de tensão arterial elevada, problemas cardíacos, ou problemas de garganta e pescoço, não devem praticar o Jalandhara Bandha.

Jiva Bandha

Jiva (ou Jivha) Bandha é o quarto Bandha, e uma das ferramentas mais úteis no Ioga, especialmente para os indivíduos despertados pela Kundalini. Pode ser usado sozinho ou como alternativa ao Khechari Mudra durante certos Asanas, Mudras, ou Pranayamas. Jiva significa "Estar com uma Força de Vida ou Alma" em Sânscrito, e assim este Bandha permite que o indivíduo controle o seu Prana. O Prana é indestrutível, e a sua origem é o Sol, tal como a origem da Alma. Prana é mais bem descrito como uma extensão da Energia da Vida da Alma. Jiva Bandha é essencial para fechar o circuito de energia da Kundalini no Corpo de Luz, para que o Prana sublimado possa circular e nutrir os Sete Chakras.

Jiva Bandha envolve colocar a língua no palato superior da boca e ligar a sua ponta à parte inferior dos dentes da frente (Figura 126). Não deve aplicar qualquer pressão, mas apenas segurar a língua nesta posição.

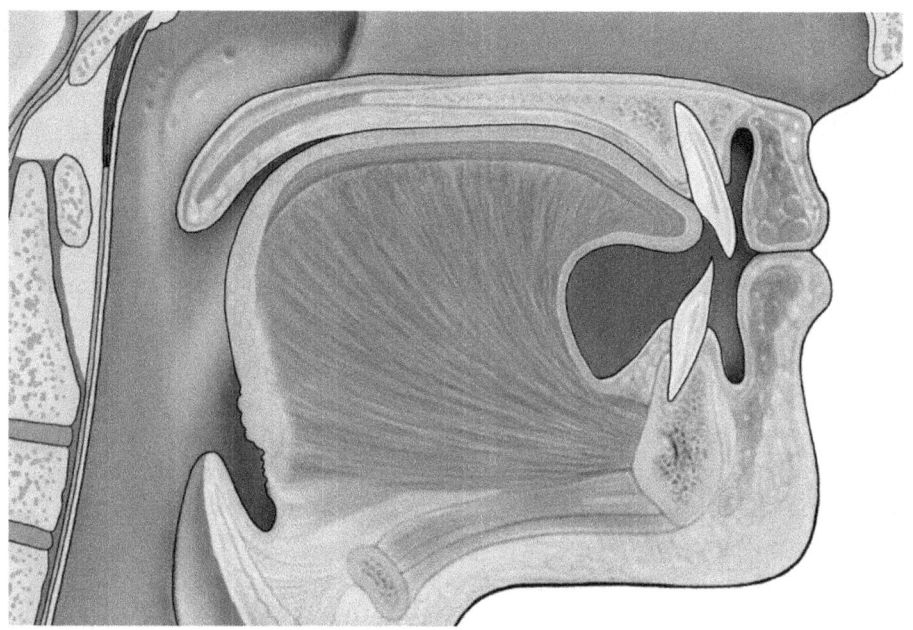

Figura 126: Jiva Bandha

Todos os indivíduos plenamente despertos da Kundalini devem implementar o Jiva Bandha como a posição neutra das suas línguas, uma vez que isso permite que a energia da Kundalini canalize para cima em direção ao Olho da Mente onde Ida e Pingala se unem, abrindo a porta do Sétimo Olho. Como descrito anteriormente, o Bindu é o ponto de entrada do circuito da Kundalini, enquanto o Sétimo Olho é o ponto de saída. Ambos precisam de estar abertos para que o indivíduo desperto da Kundalini experimente o arrebatador reino da Não-dualidade, o Reino Espiritual. Jiva Bandha facilita esta experiência e também pode ser usada para reconstruir o circuito da Kundalini em indivíduos acordados.

A Jiva Bandha pode ser executada com a boca fechada, como acabei de descrever, ou com a boca aberta. Os iogues acreditam que o Prana só pode ser assimilado através dos seios nasais; portanto, ter a boca aberta não é vital para respirar e beneficiar a consciência. No entanto, uma vez que ter a boca aberta enquanto se pratica Jiva Bandha relaxa o maxilar, também é recomendado como prática.

Para os indivíduos despertados pela Kundalini, a atuação de Jiva Bandha com a boca aberta como uma parte regular do dia seria impraticável. Como tal, o Jiva Bandha deveria ser praticado com a boca aberta quando o indivíduo está por conta própria e num espaço seguro. Em ambos os casos, deveria ser praticada a Respiração Ioga com ênfase na Respiração Diafragmática e Torácica. Para benefícios adicionais, praticar Ujjayi Pranayama.

Maha Mudra - O Grande Gesto

Maha significa "grande" em Sânscrito, e é por isso que o nome inglês deste Mudra é o "Grande Selo", "Grande Gesto", ou "Grande Atitude Psíquica". "Maha Mudra é chamado assim porque envolve várias técnicas individuais de Ioga, elevando o potencial energético sexual e facilitando uma transformação alquímica.

Maha Mudra é o primeiro de dez Mudras mencionados na *Hatha Ioga Pradipika*, que se acredita ter o poder de destruir a velhice e a morte. Para além dos seus benefícios como Mudra, é considerado uma Asana mestre porque combina os cinco movimentos direcionais da coluna vertebral: curva para a frente, curva para trás, torção, curva lateral, e extensão axial.

Ao contrário de outros Ioga Mudras, Maha Mudra é um tipo de Bandha Mudra (gesto de bloqueio) uma vez que envolve um ou mais dos três Bandhas. Quando os três Bandhas são aplicados, a parte superior e inferior do tronco são selados para que nenhum Prana possa libertar-se do corpo, aumentando o potencial para despertar a energia da Kundalini na base da coluna vertebral.

Maha Mudra é mais bem feito de manhã com o estômago vazio. Há duas variações notáveis de Maha Mudra. Na primeira variação, exerce-se pressão sobre o períneo com o calcanhar (Mula Bandha) enquanto se executa o Shambhavi Mudra e se pratica a retenção interna da respiração (Khumbaka). Ao fazê-lo, aproveita as energias de Muladhara, Vishuddhi, e Ajna Chakras. Todo o sistema energético está carregado de Prana, o que intensifica a consciência e facilita a meditação.

Uma segunda variação é uma forma avançada chamada Maha Bheda Mudra. ("Bheda" em Sânscrito significa "piercing"). A segunda variação contém os mesmos elementos que a primeira com a adição de Uddiyana e Janadhara Bandhas, que ativa a Kundalini para se elevar através de Sushumna, perfurando os Sete Chakras ao longo do caminho.

Para começar Maha Mudra, sente-se no chão ou no seu tapete de Ioga com as pernas estendidas e a sua coluna vertebral direita. Respire lenta e profundamente. As suas mãos devem ser colocadas no chão ao seu lado. Dobre agora a perna esquerda e exerça pressão sobre o períneo com o calcanhar esquerdo. O joelho esquerdo deve estar a tocar no chão. A perna direita deve permanecer estendida ao longo de toda a prática. Coloque agora ambas as mãos sobre o joelho direito enquanto relaxa todo o seu corpo e implementa o Khechari Mudra.

Dobre-se para a frente agora e segure o dedo grande do pé direito com ambas as mãos. A cabeça deve estar virada para a frente, e a coluna o mais direita possível (Figura 127). Inspire lentamente agora enquanto ativa a Mula Bandha. Inclinar e segurar ligeiramente a cabeça para trás. Execute agora Shambhavi Mudra enquanto prende a respiração durante oito a dez segundos.

Figura 127: Maha Mudra

Enquanto prende a respiração, faça um ciclo de consciência desde o centro da sobrancelha até à garganta, até ao períneo, e de novo para trás. Repita mentalmente "Ajna, Vishuddhi, Muladhara" enquanto mantém a concentração em cada Chakra durante um a dois segundos. Ao exalar, solte Shambhavi Mudra e Mula Bandha enquanto volta a colocar a cabeça na posição vertical. Repita todo o processo, mas com a perna direita dobrada em vez disso. Isto completa uma ronda, o que equivale a duas respirações completas.

A segunda variação envolve a contração da região abdominal após a ativação de Mula Bandha, que inicia a Uddiyana Bandha. A seguir, em vez de dobrar a cabeça para trás, move-a para a frente, iniciando assim o Jalandhara Bandha. Finalmente, Shambhavi Mudra é executada enquanto se prende a respiração durante oito a dez segundos. Repita mentalmente "Vishuddhi, Manipura, Muladhara" enquanto se concentra na garganta, abdómen, e períneo, em sucessão, durante um a dois segundos cada.

Ao exalar, soltar Shambhavi Mudra, seguido de desbloquear o Bandhas pela ordem inversa. Repita o mesmo processo com o pé direito dobrado, completando assim uma ronda completa. Em Maha Bheda Mudra, uma combinação de Asana, Pranayama, Bandha, e Mudra estão todos envolvidos para ótimos resultados Espirituais.

Comece por praticar três rondas com a primeira variação durante algumas semanas até obter alguma experiência com este exercício. Depois pode praticar a segunda variação, mais avançada, com as Três Bandas aplicadas. Após alguns meses, aumente o número de rondas para cinco. Maha Bheda Mudra suplementa Maha Mudra para sobrecarregar todo o sistema mente-corpo.

Só se deve praticar Maha Mudra após uma sessão de Asana e Pranayama e antes de uma sessão de meditação. Completar sempre o processo Maha Mudra praticando-o tanto no lado esquerdo como no direito.

As precauções para Shambhavi Mudra são aplicadas durante este exercício. Os indivíduos que sofrem de tensão arterial elevada, problemas cardíacos, ou glaucoma não devem realizar o Maha Mudra. Como gera muito calor no corpo, é melhor evitar esta prática durante os dias quentes de Verão. Além disso, as mulheres não devem praticar Maha Mudra durante a menstruação ou gravidez. Para Maha Bheda Mudra, as precauções para Uddiyana e Jalandhara Bandhas também estão incluídas.

ADHARA (MUDRAS DO PERÍNEO)

Vajroli Mudra (Masculino) e Sahajoli Mudra (Feminino)

Vajroli Mudra é uma prática avançada de Hatha Ioga que visa preservar o sémen nos homens, permitindo que a energia sexual se sublime e seja utilizada para fins Espirituais. Sahajoli Mudra é a contraparte feminina da mesma prática que produz benefícios semelhantes.

Vajroli deriva da palavra raiz sânscrita "vajra", que é uma arma indestrutível do Deus Indra hindu com as propriedades do relâmpago, nomeadamente o relâmpago. Assim, quando o praticante consegue o controlo da sua força sexual na zona genital, fá-lo subir para os Chakras com o poder dos raios. Por esta razão, Vajroli Mudra é muitas vezes chamado de "Gesto do Relâmpago". "

Vajra é também um Nadi que começa nos órgãos genitais, o que envolve a energia sexual. A ativação do Vajra Nadi com este Mudra permite que a energia sexual suba até ao cérebro, não só aumentando o seu vigor, mas facilitando os estados meditativos. Inversamente, Sahajoli vem da palavra raiz "sahaj", que significa "espontâneo", relacionada com a excitação e controlo da força sexual nas fêmeas.

Vajroli Mudra envolve a contração dos músculos em torno da base do pénis, fortalecendo-os ao longo do tempo. Esta prática permite o controlo do sistema urogenital, incluindo a retenção do orgasmo através da retenção do sémen. Como resultado, Vajroli Mudra é um exercício poderoso que leva à potência sexual mesmo na velhice. Além disso, a sua prática diária previne a ejaculação precoce, uma questão comum nos homens.

Sahajoli é uma prática que envolve a contração da passagem urinária para redirecionar a energia sexual nas fêmeas e também permitir que se mova para cima para os Chakras e para o cérebro. Esta prática proporciona controlo sobre o fluxo menstrual e ajuda a controlar a ovulação.

A um nível subtil, tanto Vajroli como Sahajoli Mudras estimulam o Swadhisthana Chakra, que está envolvido no processo de despertar da Kundalini. Ambos os exercícios tonificam a região urogenital enquanto se ocupam das perturbações urinárias. Além disso, ambas as práticas são terapêuticas para a disfunção sexual.

Para começar Vajroli ou Sahajoli Mudras, sente-se em qualquer Asana de meditação confortável e mantenha a cabeça, e a coluna vertebral direitas. Em seguida, coloque as mãos sobre os joelhos em Jnana ou Mudras da China, feche os olhos, e relaxe todo o corpo. A sua respiração deve ser normal. Coloque agora a sua consciência sobre a uretra (Figura 128). Os machos devem colocar a sua atenção na raiz do seu pénis, não na ponta.

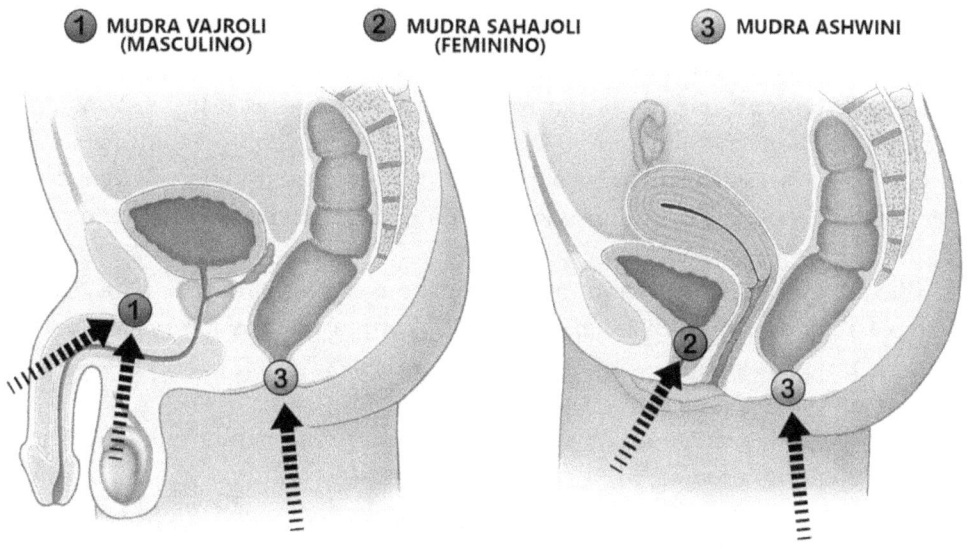

Figura 128: Pontos de Contração dos Mudras Vajroli, Sahajoli, e Ashwini

Inspire profundamente e prenda a respiração enquanto desenha a uretra para cima. Esta ação é semelhante à necessidade de urinar intensamente, mas retendo-a. Ao efetuar esta contração, os testículos nos homens e os lábios nas mulheres devem subir ligeiramente em direção ao umbigo. Certifique-se de que a sua contração se limita apenas à uretra. Segure a contração enquanto for confortável, e depois solte-a à medida que expira a respiração. Isto completa uma ronda. Realizar cinco a dez rondas de Vajroli ou Sahajoli Mudras durante as primeiras semanas. À medida que a sua capacidade de retenção melhora, aumenta gradualmente para vinte rondas dentro de poucos meses.

Para uma versão mais avançada destes dois exercícios, execute Navasana, a Pose do Barco em vez de uma Asana de meditação. Tenha em mente que precisará de um núcleo forte para realizar esta variação. Para começar, comece em Shavasana à medida que respira normalmente e relaxe. Depois, traga as pernas para um ângulo específico do chão e mantenha-as direitas. Agora, levante o peito para formar uma forma em V com o seu corpo, descansando todo o seu peso sobre as suas nádegas. Deve sentir uma pressão imensa sobre os músculos abdominais durante a Pose do Barco. Levante agora as mãos em linha reta à sua frente para se equilibrar.

Da Navasana, siga as mesmas instruções de contrair a uretra e suster a respiração após a inalação, e depois libertar a contração à medida que expira. Se tiver dificuldades com a retenção interna da respiração, poderá respirar normalmente durante esta variação do exercício. Quando terminar o exercício, volte a Shavasana durante alguns minutos para relaxar antes de terminar a prática. Note que as pessoas que sofrem de condições médicas relacionadas com o trato urinário devem consultar um médico antes de iniciar Vajroli ou Sahajoli Mudras.

Ashwini Mudra (Gesto do Cavalo)

Ashwini Mudra é uma prática tântrica utilizada para gerar e transportar Prana para cima através do canal de Sushumna. Esta prática envolve a contração rítmica do esfíncter anal, que gera Prana no chão Pélvico antes de o bombear para cima. É uma prática fácil que estimula a energia Kundalini, que se situa entre o períneo e o cóccix no Muladhara Chakra.

A palavra raiz de Ashwini "Ashwa" é a transliteração do Sânscrito para "cavalo". Este exercício é referido como o "Gesto do Cavalo" porque imita a forma peculiar como os cavalos contraem os seus músculos anais depois de defecarem, puxando assim a energia para cima em vez de permitir que ela flua para baixo.

Ao contrair os músculos anais com Ashwini Mudra, a energia que normalmente flui para baixo e para fora do corpo (Apana Vayu) inverte-se e flui para cima em direção aos órgãos internos, fortalecendo-os no processo. Quando o Apana Vayu enche os órgãos inferiores até à sua plena capacidade, a pressão ocorre na base da coluna vertebral, fazendo Prana fluir através do Sushumna Nadi.

Embora Ashwini Mudra seja semelhante a Mula Bandha, os músculos envolvidos no processo são diferentes. Em Ashwini Mudra, envolvemos uma área maior dos músculos pélvicos, o que o torna um exercício preparatório adequado para Mula Bandha. Enquanto Ashwini Mudra está concentrado em contrair e libertar os músculos anais, redirecionando o fluxo natural de energia e facilitando o seu fluxo para cima, Mula Bandha está concentrado em segurar os músculos para fixar a energia na área pélvica.

Para começar o exercício Ashwini Mudra, sente-se em qualquer asana de meditação confortável. Feche os olhos e relaxe todo o corpo enquanto se torna consciente da sua respiração natural. Coloque agora a sua consciência no ânus (Figura 128) e contraia os seus músculos do esfíncter anal durante alguns segundos, depois relaxe. Respire normalmente enquanto o faz.

Para uma contração máxima, aplicar um pouco mais de pressão dentro do ânus para levantar os músculos do esfíncter para cima. Deve sentir-se como se estivesse a segurar no seu movimento intestinal e depois a soltar. Efetuar a contração dez a vinte vezes de forma suave e ritmada. Após a conclusão do exercício, solte a postura sentada e depois saia da postura lentamente.

Para uma variação mais avançada de Ashwini Mudra, pode praticar a retenção interna da respiração (Khumbaka) durante a fase de contração. Inspire lenta e profundamente, depois contraia os músculos do esfíncter anal durante cinco segundos enquanto prende a respiração. Ao expirar, liberte a contração. Realizar cinco a dez rondas desta variação de Ashwini Mudra durante as primeiras semanas, até vinte rondas no espaço de poucos meses.

Note-se que os praticantes também podem incorporar Pranayama, Bandhas, e outros Mudras com Ashwini Mudra. Por exemplo, pode incluir Jalandhara Bandha e Khechari Mudra juntamente com Diafragmática e Respiração Torácica para efeitos máximos. Fazê-lo terá um maior impacto na Kundalini na base da coluna vertebral e pode facilitar uma subida.

O uso regular de Ashwini Mudra purifica os canais de energia no corpo (Nadis), resultando num estado mental e emocional mais equilibrado. A nível físico, a sua utilização diária supera muitas doenças relacionadas com a parte inferior do abdómen e o cólon. Além disso, dá ao praticante um controlo consciente sobre a sua atividade corporal inconsciente, resultando num maior controlo sobre o sistema nervoso autonómico. Para os homens, o desempenho de Ashwini Mudra ajuda na disfunção eréctil ao mesmo tempo que regula a Glândula da Próstata e resolve quaisquer problemas relacionados com a mesma.

Mulheres grávidas e pessoas com tensão arterial elevada ou doença cardíaca não devem realizar Ashwini Mudra com retenção interna da respiração. Como nota final, tenha em mente não contrair os músculos anais quando os seus intestinos estiverem cheios de fezes ou gases.

OS CINCO PRANA VAYUS

Prana é energia da Luz; uma Força de Vida que interpenetra cada átomo do nosso corpo e do Sistema Solar em que nos encontramos. Prana tem origem no Sol e é diretamente responsável pela nossa vitalidade e bem-estar. Como mencionado, recebemos Prana dos alimentos que comemos, da água que bebemos, e do ar que respiramos - é a energia da Vida que sustenta a nossa mente, corpo, e Alma.

O próprio ato de respirar é um ato de trazer o Prana para o corpo. Cada respiração reabastece a corrente sanguínea com oxigénio e cultiva os fogos do metabolismo celular enquanto livra o corpo de resíduos. O fornecimento de alimentos e oxigénio ao nosso corpo cria a base para cada atividade que desenvolvemos.

No corpo humano, Prana afeta diretamente o Plano Astral, relacionando-se particularmente com Pranamaya Kosha ou o Corpo Astral Superior do Elemento Água. O Prana divide-se em cinco energias inferiores chamadas os Cinco Vayus. Em Sânscrito, Vayu traduz-se por "vento" ou "ar", no que diz respeito ao ato de respirar. Vayu é também o Elemento Ar Tattva e um dos Elementos clássicos do Hinduísmo. O controlo da respiração e os exercícios respiratórios são essenciais em todas as práticas Ioga e de meditação - manipular o Prana no corpo pode ter muitos efeitos, um dos quais é despertar a energia Kundalini na base da coluna vertebral.

Os Cinco Prana Vayus afetam diretamente o Elemento Água no corpo através do Elemento Ar, uma vez que a água requer ar para o animar e lhe dar vida. Esta correspondência também se encontra na natureza uma vez que a molécula H2O (água) contém oxigénio (ar) dentro de si mesma. Da mesma forma, o ato de respirar regula a consciência de um momento para o outro.

Os Cinco Vayus são Prana, Apana, Samana, Udana, e Vyana (Figura 129). Cada Prana Vayu é regulado por um ou vários Chakras, e cada Vayu é responsável por diferentes, mas cruciais funções no corpo. Quando compreendemos o papel de cada Prana Vayu, podemos compreender como Prana serve os nossos corpos. Os Cinco Vayus são as diferentes manifestações e processos de Prana, da mesma forma que os vários membros compõem o corpo humano.

Para ser claro, Prana trabalha tanto através do corpo físico como através do Corpo Leve. Os alimentos e o oxigénio são trazidos através do corpo físico, que é depois decomposto para alimentar os Chakras e alimentar o Corpo de Luz e os seus Corpos Subtis correspondentes (relacionados com os Planos Cósmicos internos). O Corpo de Luz requer estes diferentes mecanismos que processam e colocam Prana em uso. Os Cinco Vayus podem ser comparados a grandes oceanos, onde cada oceano contém milhares de correntes mais pequenas no seu interior.

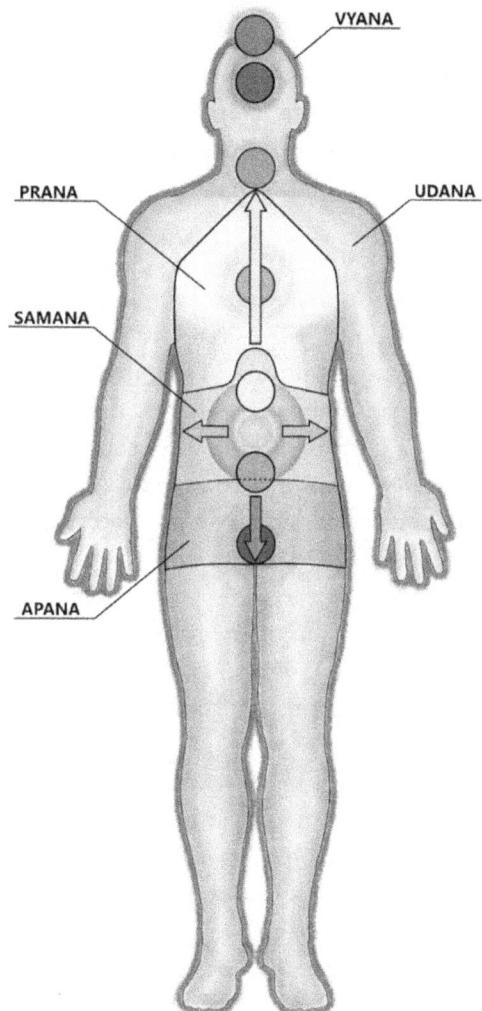

Figura 129: Os Cinco Prana Vayus

Prana Vayu

Operando a partir da área da cabeça/peito como energia de fluxo ascendente, Prana Vayu traduz-se como "ar em movimento para a frente". "É responsável por tudo o que entra no nosso corpo, tais como oxigénio, alimentos e informação sensorial. Como tal, Prana Vayu refere-se a toda a forma como ingerimos energia, a mais importante das quais é a inalação, uma vez que não podemos viver sem oxigénio durante mais de vários minutos.

Prana Vayu está associado ao Anahata Chakra e ao Elemento Ar. Ele regula os nossos pensamentos. É o mais importante dos Cinco Vayus, pelo que o termo geral "Prana" é usado para englobar todos os Cinco Vayus. Prana Vayu é a energia fundamental no corpo que dirige os outros quatro Vayus.

Prana Vayu regula a respiração, imunidade, vitalidade, e o coração. Está relacionado com a inteligência e o poder das funções sensoriais e motoras. Os órgãos que regula são o coração e os pulmões. Embora algumas escolas de pensamento digam que a residência primária de Prana está na zona do peito/coração, outras dizem que se estende também até à cabeça. Sempre que concentramos a nossa atenção em algo, manipulamos o Prana no corpo e envolvemos Ajna Chakra no processo.

Apana Vayu

Operando a partir da base do tronco, Apana Vayu traduz-se como o "ar que se afasta". "Está associado ao Muladhara Chakra e ao Elemento Terra. A Terra é o Elemento final no processo de manifestação, e Apana é o Prana Vayu que representa a eliminação de tudo o que o nosso corpo já não necessita, tais como energia negativa e resíduos corporais, como fezes e urina, sémen e fluido menstrual. Apana representa então a energia descendente, a energia que flui para o exterior e a expiração da respiração.

Como a cabeça contém aberturas adequadas para o fluxo interior do Prana, a base do tronco tem aberturas necessárias para o trabalho de Apana. Apana governa os rins, a bexiga, os intestinos e os sistemas excretores e reprodutivos. Apana também envolve o Swadhisthana Chakra e o Elemento Água relativo à eliminação de líquidos sexuais do corpo (sémen nos homens e fluidos vaginais nas mulheres) e a libertação de energia negativa armazenada na mente subconsciente como emoções nocivas.

Samana Vayu

Operando a partir da região do umbigo, entre Prana e Apana Vayus, Samana Vayu traduz-se como "o ar de equilíbrio". "Como Prana Vayu é a inalação e Apana é a exalação, Samana é o tempo entre a inalação e a exalação. Samana Vayu trata da digestão, absorção, assimilação e manifestação. Está associado com Hara, o Umbigo Chakra, que é alimentado por Manipura e Swadhisthana Chakras (os Elementos Fogo e Água). Samana tem uma ligação primária com o Elemento Fogo, no entanto, uma vez que opera em conjunto com o Agni (o fogo digestivo) e está centrado no estômago e intestino delgado.

Samana permite a discriminação mental entre pensamentos úteis e não úteis. Governa o fígado, estômago, duodeno, baço, e intestino delgado e grosso. Samana (juntamente com Agni) fornece o calor interno para transformar os alimentos que comemos em Prana. Esta energia é então distribuída através do outro Prana Vayus.

Como Prana e Apana são as energias de fluxo ascendente e descendente, Samana é a energia de fluxo horizontal. No entanto, diz-se que as três são originárias de Hara Chakra, que é essencialmente o armazém de Prana no corpo.

Udana Vayu

Operando da garganta, cabeça, braços e pernas, Udana Vayu é uma energia que flui para cima que se traduz como "a que transporta para cima". "Está associado a Vishuddhi e Ajna Chakras e ao Elemento Espiritual. Enquanto o Udana se eleva na inalação, circula na exalação, nutrindo o pescoço, cabeça, sistemas nervosos e endócrinos.

Um fluxo saudável de Udana implica que uma pessoa está a agir a partir de uma fonte superior. Esta energia leva-nos a revitalizar e a transformar a nossa força de vontade e a realizarmo-nos através do Elemento Espiritual. Udana regula o crescimento, a intuição, a memória, e a fala. Regula todos os órgãos sensoriais e de ação, incluindo as mãos e os pés.

Em *The Upanishads*, Prana Vayu é chamado "inspirar", Apana o "expirar", Samana o "hálito médio", e Udana o "hálito para cima". "Udana é essencialmente uma extensão de Samana. Udana conduz a inalação, o que significa que funciona em conjunto com Prana Vayus. Ambos são energias que fluem para cima, e ambos são de qualidades semelhantes, uma vez que o Elemento Ar (Prana) é Espírito (Udana) a um nível mais baixo, mais manifesto. No momento da sua morte, o Udana é a energia que retira a consciência individual do corpo físico.

Vyana Vayu

Operando em todo o corpo como energia de coordenação de todo o Prana Vayus, Vyana Vayu traduz-se como "ar em movimento para fora". " Vyana é a força que distribui o Prana e o faz fluir. Governa o sistema circulatório e o movimento das articulações e músculos. Ao contrário de Samana, que atrai energia para o umbigo, Vyana move a energia para fora até aos limites do corpo, expandindo-se na exalação.

A maioria das escolas de pensamento Ioga dizem que Vyana Vayu está associada ao Sahasrara Chakra e ao Elemento Espiritual porque engloba e regula todos os Prana Vayus da mesma forma que Sahasrara é a fonte de Luz para todos os Chakras abaixo. Contudo, existem outras escolas de pensamento que dizem que Vyana Vayu corresponde ao Chakra Swadhisthana e ao Elemento Água, porque governa a circulação no corpo. No entanto, independentemente da sua origem e centro, Vyana Vayu engloba todo o Prana Vayus e proporciona uma sensação de coesão, integração e expansividade para a consciência individual.

***

Uma das formas mais diretas, mas eficientes de equilibrar os Cinco Prana Vayus é praticar os Mudras de Mão em particular para cada Vayu (Figura 130). Para além de aumentar ou diminuir os Elementos que correspondem a cada Vayu, cada Mudra de Mão tem benefícios adicionais para o complexo mente-corpo. Ver "Passos para a prática dos Mudras de Mão" na página 376 para instruções sobre a sua utilização.

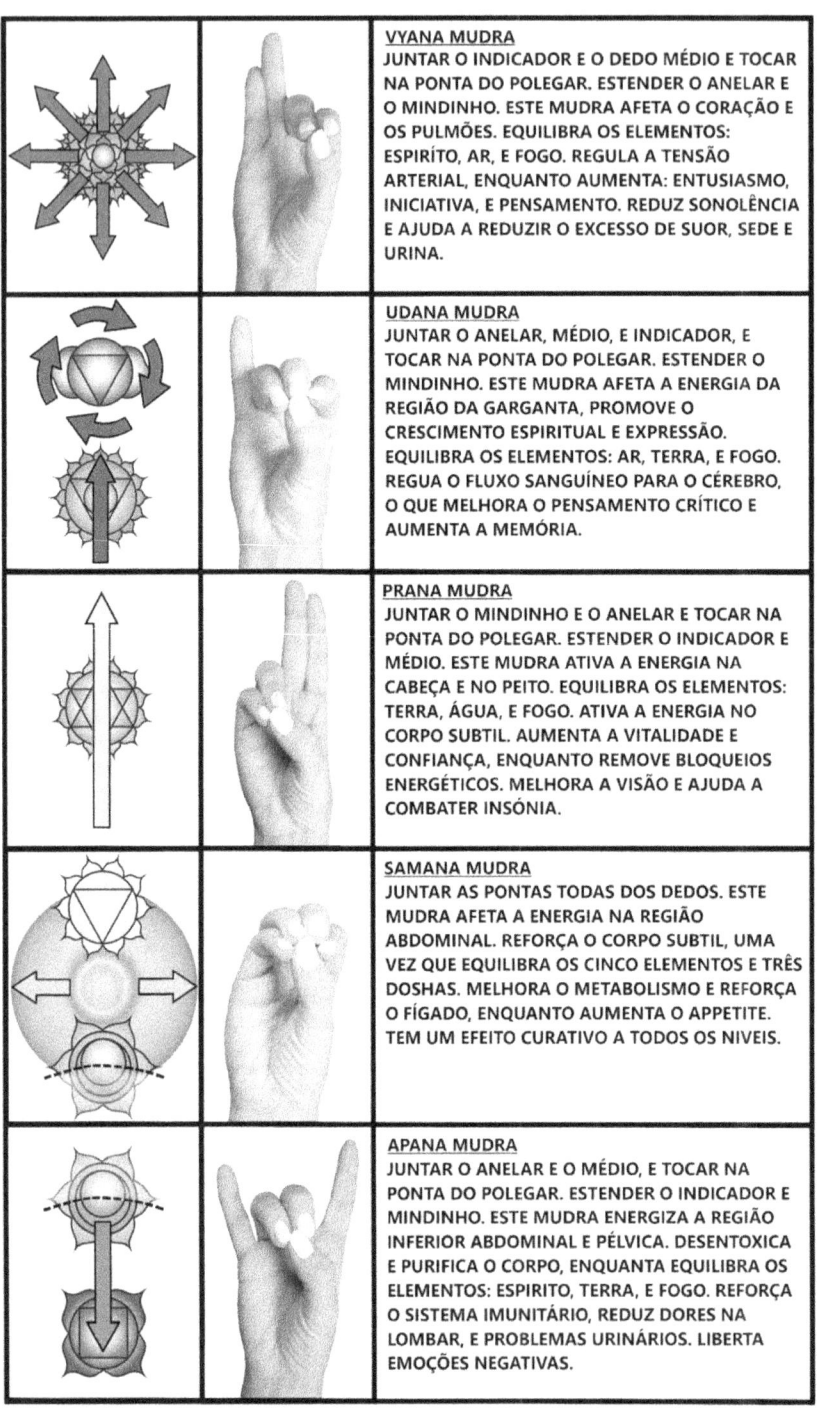

Figura 130: Mudras das Mãos para os Cinco Prana Vayus

PRANA E APANA

As duas energias envolvidas no mecanismo de despertar da Kundalini são Prana e Apana. Estas duas energias movem-se através dos nossos corpos através dos Nadis. Como mencionado, Prana é representado pela inalação, enquanto Apana é representado pela exalação. Prana e Apana nunca se encontram enquanto cada um se move ao longo do seu caminho através dos vários canais de energia.

Ao praticarmos técnicas específicas de Kundalini Ioga, criamos o potencial para que Prana e Apana se encontrem. O ponto em que este encontro mágico de Prana e Apana ocorre é no Hara (Umbigo) Chakra, na região do umbigo. Hara é um ponto de encontro significativo de muitos dos canais de energia do corpo, uma vez que é a nossa fundação energética, o nosso núcleo.

No que diz respeito à elevação da Kundalini, Prana é o "Ar Vital" acima da Hara, enquanto Apana é o "Ar Vital" abaixo dela. Os Setenta e Dois Mil Nadis emanam dos Chakras Maiores e terminam nas mãos e nos pés. A maioria destes Nadis está centrada em torno das regiões do Chakra do Coração e do Hara Chakra. O Prana é transportado para todas as partes do corpo através dos Nadis. Ida, Pingala, e Sushumna são os mais importantes destes canais energéticos, uma vez que transmitem a maior quantidade de Prana.

O canal Ida começa na base da coluna vertebral e termina na narina esquerda. Inversamente, Pingala começa na base da coluna vertebral e termina na narina direita. No entanto, como mencionado, durante o processo de despertar da Kundalini, Ida e Pingala terminam nas Glândulas Pineal e Pituitária. Ida representa o Prana Vayu, enquanto Apana representa o Pingala. A ascensão da Kundalini corresponde à Udana. Samana representa o Sushumna. A força direcional de Samana tem de se transformar para que a Kundalini na base da espinha dorsal desperte. O seu desenvolvimento ou transformação ocorre quando Prana e Apana se encontram em Hara Chakra.

Através da inalação e retenção, o Prana pode ser dirigido para o Hara Chakra, enquanto através da exalação e retenção, o Apana é elaborado para cima desde o Chakra da Raiz até ao Hara. À medida que estas duas energias se encontram em Hara, Samana começa a mudar o seu movimento. Já não se afasta de Hara horizontalmente, mas sim para dentro, o que cria um movimento de agitação exemplificado na Figura 131.

Durante a transformação de Samana, o calor começa a gerar no Umbigo, chamado Tapas. Este calor provoca uma sensação de êxtase, semelhante à excitação sexual eufórica ou sensual; as "borboletas no estômago" que se apaixonam, que neste caso são mais como as águias. Outro exemplo comparável é a sensação que se tem quando se reconhece o Espírito dentro de si e o imenso êxtase que o acompanha. Por esta razão, o tipo de calor gerado em Samana é descrito como calor branco, não calor quente, o que significa que é um tipo de arrebatamento Espiritual.

Este calor intenso cria uma pressão que atua sobre o Sushumna Nadi, ativando-o assim. O processo de ativação energiza o canal Sushumna na coluna vertebral, fazendo-o acender como uma lâmpada, uma vez que recebe a energia elétrica necessária. Estas energias integradas saem então do Chakra do Umbigo e descem para o Chakra da Raiz, estimulando assim a Kundalini em atividade na base da coluna vertebral. Como tal, a Kundalini começa a sua viagem para cima através do tubo oco da medula espinhal, perfurando cada um dos Chakras à medida que sobe até chegar à Coroa.

Simultaneamente, os canais Ida e Pingala elevam-se em lados opostos de Sushumna. Cruzam-se em cada um dos pontos Chakras até se fundirem no Tálamo, que é onde Sushumna também termina. As Glândulas Pineal e Pituitária também são ativadas durante este processo. O próximo destino para os três canais é subir como um fluxo de energia até ao topo da cabeça no Chakra da Coroa, soprando o Lótus de Mil Pétalas.

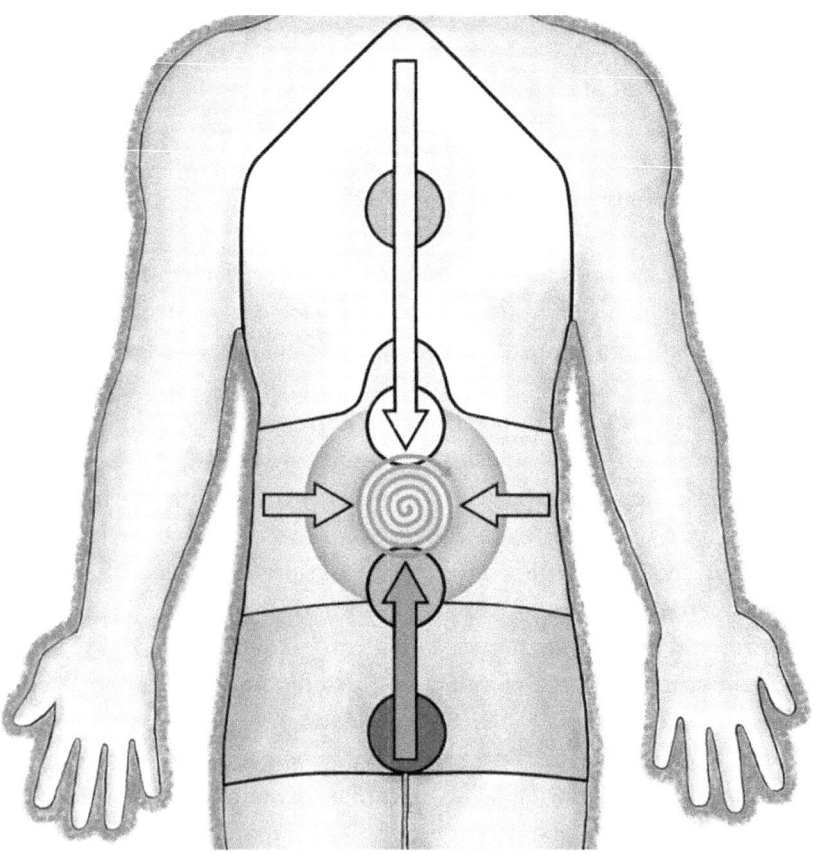

Figura 131: Redirecionando o Fluxo de Prana, Apana, e Samana

DESPERTAR A KUNDALINI

É necessário praticar o controlo adequado da respiração e a direção mental para agitar a Kundalini em atividade e fazê-la subir e ativar os centros superiores de consciência. A aplicação da força de vontade é fundamental para este processo, mas o conhecimento também o é, uma vez que se necessita de uma técnica comprovada que funcione.

Antes de tentar despertar a Kundalini, é crucial limpar os canais energéticos e remover qualquer energia negativa e impurezas nos nervos. Caso contrário, se os canais estiverem bloqueados, o Prana não poderá mover-se através deles, e a Kundalini permanecerá adormecida. As técnicas utilizadas no Ioga e no Tantra funcionam para realizar esta tarefa e despertar a Kundalini.

Os ensinamentos iogues e tântricos dizem que a combinação de exercícios físicos (Kriya/Asana), técnicas respiratórias (Pranayama), fechaduras energéticas (Bandha) e cânticos mantra podem ser usados para fazer com que Prana e Apana se encontrem no Hara Chakra e agitar a Kundalini em atividade. Para elevar a energia da Kundalini através de Sushumna, e Prana (Pingala) e Apana (Ida) ao longo da coluna, pode-se aplicar fechaduras hidráulicas (Bandhas), que requerem a aplicação consciente de pressão em diferentes partes do corpo.

A aplicação de pressão no Muladhara Chakra (Mula Bandha) envia as energias Kundalini e Prana e Apana até ao Swadhisthana Chakra. A seguir, é necessário aplicar um Bandha no diafragma (Uddiyana Bandha), que enviará as três energias para cima até ao Chakra Garganta. A partir daí, a Fechadura do Pescoço (Jalandhara Bandha) leva as energias para o cérebro. A aplicação simultânea das três fechaduras chama-se Maha Bandha (Figura 132).

A Glândula Pineal está ligada à Ida Nadi, enquanto a Glândula Pituitária está ligada à Pingala. À medida que a Kundalini se eleva, a Glândula Pineal começa a transmitir um feixe de radiação e projeta-o em direção à Glândula Pituitária. A hipófise desperta e projeta impulsos ou flashes de luz em direção à Glândula Pineal. Assim que a Kundalini entra no cérebro através de Sushumna, Ida e Pingala cruzam-se uma última vez no Tálamo, onde se fundem como opostos. Este processo desperta o Ajna Chakra, ativando-o inteiramente, o que resulta num casamento místico entre as Glândulas Pineal e Pituitária.

À medida que Ida, Pingala e Sushumna se unificam como um fluxo de energia no centro de Tálamo, o portão do Sahasrara torna-se aberto. A Kundalini pode então elevar-se até ao topo da cabeça e completar a sua viagem. A Alma, que tinha o seu assento na Glândula Pineal, deixa o corpo físico, e ocorre uma expansão permanente da consciência.

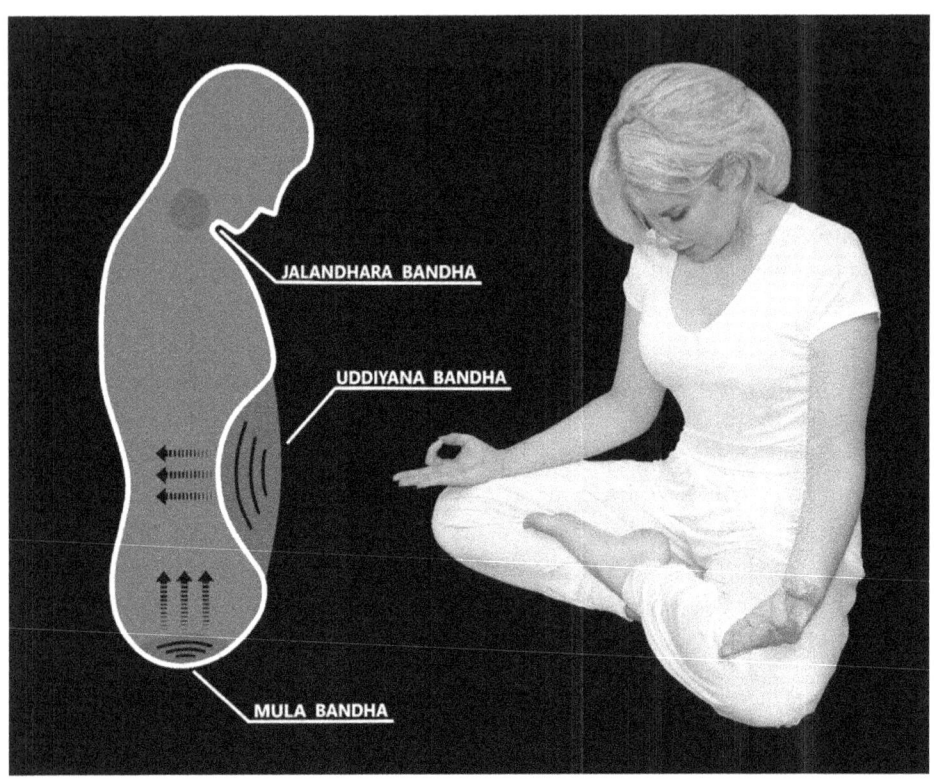

Figura 132: Maha Bandha: Aplicação das Três Bandas

SUSHUMNA E BRAHMARANDHRA

Sushumna é o Nadi central que passa através do tubo oco na coluna vertebral. O seu fluxo começa na base, em Muladhara Chakra, terminando em Sahasrara Chakra na Coroa. Uma vez que entra na cabeça, Sushumna Nadi divide-se em duas correntes (no Tálamo). Um riacho move-se em direção à frente da cabeça, passando pelo Ajna Chakra à medida que o ativa. Continua a mover-se ao longo da frente da cabeça, mesmo dentro do crânio, antes de atingir Brahmanrandhra, o assento da consciência suprema, localizado no centro superior da cabeça.

A segunda corrente move-se em direção à parte de trás da cabeça, ao lado, mas apenas dentro do crânio, antes de chegar a Brahmarandhra. Ambos estes fluxos de energia se encontram em Brahmarandhra, perfurando-o assim, resultando na abertura do Ovo Cósmico, que é o cume diretamente acima dele.

Em Sânscrito, Brahmarandhra significa o "buraco ou abertura de Brahman". Segundo os textos iogues, Brahmarandhra é a abertura do Sushumna Nadi na coroa da cabeça. Brahman refere-se ao Espírito Cósmico em Sânscrito. Ele conota o Princípio Universal mais elevado, a realidade última do Universo.

Quando se eleva a energia Kundalini a Brahmarandhra, experimenta-se um despertar Espiritual do mais alto grau. Brahmanrandhra e o Ovo Cósmico estão ambos relacionados com a energia Cósmica, e o ato de quebrar este centro é o despertar do Eu Espiritual, Divino.

Embora ambos sirvam para libertar a Alma do corpo de acordo com os textos sagrados, não é claro se Brahmarandhra e o Ovo Cósmico são uma e a mesma coisa. Contudo, da minha extensa pesquisa sobre este tópico, juntamente com a minha experiência de despertar Kundalini, concluí que a perfuração do Brahmarandhra com força suficiente inicia o processo de quebrar o Ovo Cósmico. Por outras palavras, trata-se de um processo de um-dois passos.

Outras pistas são-nos dadas pelo Shiva Linga que contém um cilindro em forma de ovo que se diz representar o Brahmanda, cujo significado em Sânscrito é "o Ovo Cósmico". Brahma refere-se ao Cosmos, enquanto "anda" significa "ovo". Brahmanda é um símbolo universal da origem de todo o Cosmos. O Ovo Cósmico é um dos ícones mais proeminentes da mitologia mundial que podemos encontrar em muitas tradições Antigas. Em quase todos os casos, um Ser Divino reside no Ovo Cósmico que se cria a si próprio a partir do nada e depois continua a criar o Universo material.

Na sua subida, quando a Kundalini atinge o topo da cabeça e perfura Brahmarandhra, o Ovo Cósmico parte-se, e a "gema", que é Prana sublime, derrama-se sobre o corpo, resultando na ativação total do Corpo de Luz e dos Setenta e Dois Mil Nadis. Esta experiência é semelhante a herdar "asas" espirituais, que lhe permitem viajar nos Planos Cósmicos interiores através da Merkaba otimizada. Portanto, quebrar o Ovo Cósmico resulta em que um se torne ele próprio um Ser Angélico.

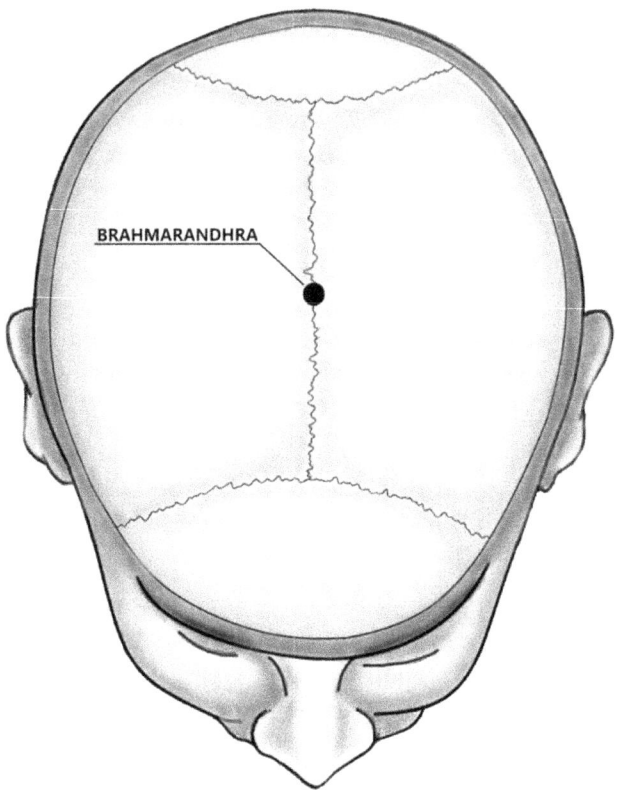

Figura 133: O Brahmarandhra

A localização de Brahmarandhra situa-se entre os dois ossos parietais e occipitais, mais especificamente na área da fontanela anterior (Figura 133). Num bebé, esta parte da cabeça é muito macia. À medida que a criança cresce, o Brahmarandhra fecha-se com o crescimento dos ossos do crânio. Todos os humanos adultos são encarregues de elevar a energia Kundalini até à cabeça e de perfurar Brahmarandhra, se desejarmos alcançar a libertação da morte. Ao penetrarmos o Brahmarandhra através de uma ativação da Kundalini, tornamo-nos um com o Espírito como Seres Eternos de Luz.

De acordo com *The Upanishads*, assim que Sushumna perfura a cabeça e passa pelo Brahmarandhra, o iogue atinge a imortalidade. O Microcosmo e o Macrocosmo tornam-se Um, e o Iogue alcança a iluminação. Antes disso, porém, o Corpo de Luz é totalmente ativado, pois os Setenta e Dois Mil Nadis são infundidos com Prana. Este processo é muito intenso, uma vez que o Corpo de Luz experimenta ser carregado pelo que parece ser uma fonte de energia externa. Descrevo o processo como se estivesse a ser eletrocutado por uma linha de energia de alta tensão, menos a dor física, é claro.

Na minha experiência pessoal, assim que abri os meus olhos físicos durante o processo de ativação da Kundalini, vi as minhas mãos e outras partes do meu corpo como Luz dourada pura como se tivesse sofrido uma transformação biológica. Além disso, a sala em que eu estava apareceu holográfica desde que os objetos à minha volta se tornaram semitransparentes e aparentemente suspensos em pleno ar. E esta não era uma visão momentânea, mas uma que mantive durante mais de cinco segundos com as minhas funções cognitivas totalmente operacionais antes da energia infundida que agora tomou conta do meu corpo me ter atirado de volta para a cama.

Uma vez que Shakti se une a Shiva, a consciência suprema, o Véu de Maiá é trespassado, e pode-se perceber a infinita e viva Mente de Deus. Na verdade, é verdade, a natureza da nossa realidade é o subproduto da união da energia e da consciência.

Enquanto a energia continuava a subir, mesmo depois de Brahmarandhra e do Ovo Cósmico, a minha consciência começou a deixar completamente o meu corpo físico. Sentia-me como se estivesse a ser sugado para fora do meu corpo e a deixar de existir. No ápice desta experiência, eu estava no início da minha união com a Luz Branca. Considerando que Brahmarandhra é o centro da energia e da consciência, algumas pessoas acreditam que se formos além dele, poderemos não ser capazes de regressar ao corpo físico. Esta ideia é puramente teórica, mas existe uma possibilidade, independentemente disso. Por outras palavras, se me tivesse permitido unir-me à Luz Branca durante a minha intensa experiência ascendente Kundalini, talvez não tivesse sido capaz de regressar ao corpo físico. A experiência foi demasiado intensa em todos os níveis, e havia muitas variáveis desconhecidas, especialmente porque eu não tinha conhecimento prévio da Kundalini naquele ponto da minha vida.

Sushumna Nadi tem três camadas ou menos Nadis que o compõem. Uma vez quebrado o Ovo Cósmico, a energia Kundalini de Sushumna Nadi continua a elevar-se ainda até que os Mil-Pétalas do Sahasrara Chakra sejam totalmente abertos. É preciso deixar-se ir e não tentar controlar a energia enquanto esta continua a subir. Cada um dos três Sushumna Nadis ou camadas tem de fazer a sua parte para que isto aconteça. Uma vez completa, a cabeça abre-se como uma flor. A flor simbólica é composta por três camadas, como mostra a Figura 134. Essas três camadas representam o Sahasrara Chakra totalmente desperto. Como tal, o humano torna-se uma antena para as vibrações do exterior.

Sushumna Nadi tem uma camada exterior tradicionalmente considerada uma cor vermelha brilhante, simbólica do Fogo de Kundalini que flui através dela. Uma vez que o

Sushumna Nadi se divide em duas correntes dentro da cabeça, à frente e atrás, ele governa toda a parte do meio da cabeça.

A primeira camada de Sushumna chama-se Vajrini ou Vajra Nadi. Este Nadi começa no Ajna Chakra e termina nas gónadas (testículos nos homens e ovários nas mulheres). A sua cor é o ouro, uma vez que exibe a natureza do Rajas ou atividade. Esta camada é o Nadi do Sol (Surya) que contém energia masculina que funciona fora do Sushumna como o Pingala Nadi e dentro dele como o Vajrini. Acredita-se que o Vajrini pode ser venenoso ou tóxico.

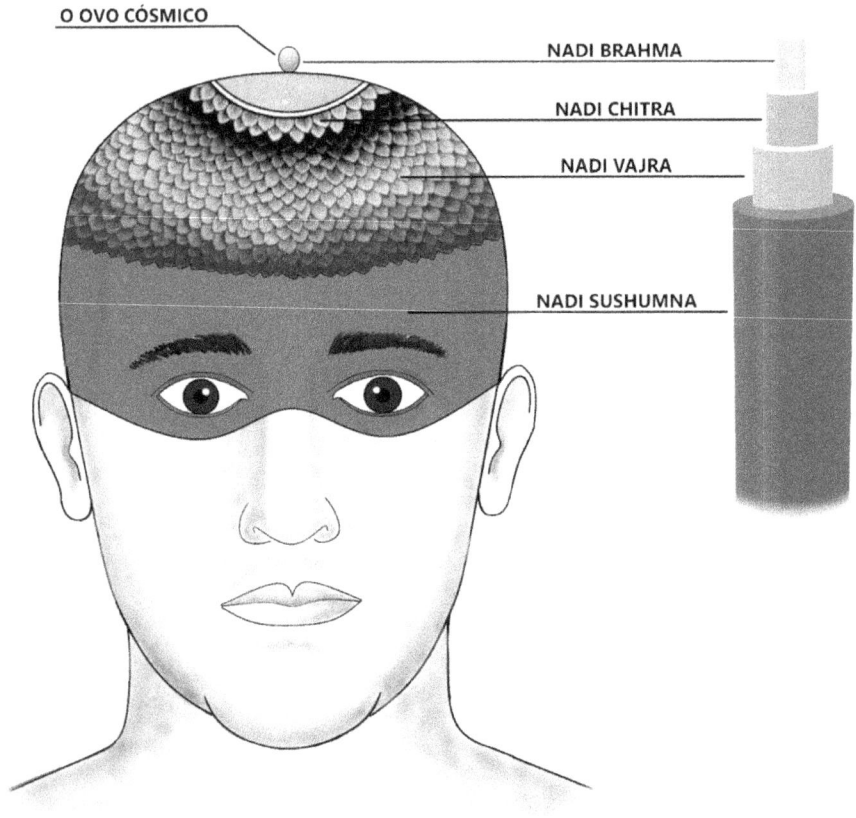

Figura 134: Camadas da Sushumna Nadi e o Ovo Cósmico

A segunda camada é chamada Chitrini ou Chitra Nadi. De cor branco-prateada, este Nadi reflete a natureza da Lua (Chandra). Liga-nos a sonhos e visões e é de primordial importância para pintores ou poetas despertados. Chitrini exibe o carácter de Sattva, que se relaciona com a transcendência. Começa no Bindu Chakra e termina no Svayambhu lingam em Muladhara. O Chitra Nadi liga-se aos caules dos Chakras dentro da medula espinal. Esta Nadi feminina trabalha fora de Sushumna como a Ida Nadi e dentro dela como o Chitrini. Diz-se que a Chitrini termina em Brahmnadvara, a porta ou entrada em Brahma, o Criador. Através da Chitra Nadi, a Kundalini viaja para o seu local de descanso final dentro do Sétimo Olho, também chamado Soma Chakra.

A camada mais interna é a Brahma Nadi, que está diretamente relacionada com Brahmarandhra. Brahma Nadi é o fluxo de pureza e a essência profunda da energia da Kundalini. Quando desperta, energiza os Chakras, infundindo-os com a Luz da Kundalini. Mas para ter um despertar completo, é preciso elevar a Kundalini através de Brahma Nadi e perfurar Brahmarandhra. Qualquer coisa menos do que isso não é um despertar completo, mas sim parcial.

CHAKRA LALANA E NÉCTAR AMRITA

Na tradição do Tantra Ioga, diz-se que o Bindu Chakra é o ponto de manifestação de todo o seu corpo físico, bem como o seu ponto de dissipação. Diz-se que o Bindu mantém a nossa Força de Vida dentro dele, produzindo o néctar Amrita. O Néctar Amrita é produzido através de uma síntese da energia da Luz que se obtém dos alimentos. Em pessoas não Kundalini acordadas, o Amrita goteja desde o Bindu até ao terceiro Chakra, Manipura, onde é utilizado para várias atividades do corpo. Dá vitalidade ao corpo. Com o tempo, a Força de Vida do Bindu começa a dissipar-se, envelhecendo assim o corpo físico. A pele torna-se mais áspera e seca, o cabelo começa a cair, o tecido ósseo e as cartilagens desgastam-se, e a vitalidade geral diminui.

Os iogues dizem que se se pode evitar que o Amrita se queime com o Chakra do Plexo Solar, eles podem desfrutar do seu néctar vitalizante e nutritivo e parar e até inverter o processo de envelhecimento e degeneração do corpo físico. Para o conseguir, os iogues devem estimular um Chakra Menor secreto chamado Lalana. Em *The Upanishads*, diz-se que a Lalana tem 12 pétalas vermelhas brilhantes. Outros textos sagrados, porém, dizem que tem 64 pétalas prateadas-brancas.

Lalana é um Chakra misterioso, mas crítico, especialmente na Kundalini despertou indivíduos. A utilização do poder de Lalana e Vishuddhi permite transformar o Amrita numa substância mais fina, Espiritual, que é utilizada para energizar e alimentar o circuito da Kundalini. A energia da Luz sintetizada obtém-se dos alimentos que eu disse "alimenta" o circuito Kundalini, proporcionando a experiência da transcendência é o néctar Amrita de que se fala nas tradições Ioga. O Amrita torna-se otimizado quando é aproveitado e transformado no que eu descrevo como uma energia Espiritual líquida. Esta substância refrescante acalma a mente e o coração, removendo e lavando quaisquer pensamentos e emoções desequilibradas.

Lalana é uma região lunar circular vermelha, que funciona como reservatório para o néctar Amrita. Como o Amrita cai do Bindu, é armazenado no Lalana Chakra, pronto para ser purificado por Vishuddhi. Se Vishuddhi está inativo, como na maioria dos indivíduos não Kundalini despertados, o Amrita cai para Manipura. Mas se Lalana é de alguma forma estimulada, Vishuddhi torna-se ativo também. O néctar é assim purificado e transformado, tornando-se o "Néctar da Imortalidade". Como mencionado anteriormente, as tradições antigas referiam-se a este néctar como o "Elixir da Vida" e o "Alimento dos Deuses". No Cristianismo, é o "Sangue do Cristo" que concede a Vida Eterna. Uma vez abertos os centros de energia necessários, o néctar Amrita transformado é então redistribuído por todo o Corpo de Luz, permitindo que o indivíduo experimente a verdadeira transcendência.

Lalana Chakra está localizada na parte de trás do palato, mais especificamente, na área onde o topo da medula espinal se encontra com o tronco cerebral. Na secção transversal do cérebro e crânio humano (Figura 135), a sua localização é entre a Medula Oblonga e a base do crânio, ao longo do canal central da medula espinhal. Esta área é onde o nervo Vago e outros nervos cranianos se unem à primeira vértebra cervical (Atlas).

O Lalana Chakra está cerca de dois centímetros acima de Vishuddhi e está intimamente ligado a ele. Lalana, que significa tanto "energia feminina" como "língua", é também chamada Talu Chakra, e está situada diretamente atrás da faringe, na parte de trás da boca. A energia da Kundalini ativa o Lalana Chakra ao entrar no tronco cerebral. Uma vez ativada, a Kundalini prosseguirá então em direção ao Tálamo, onde trabalhará na abertura do Ajna seguinte, seguido pelo Sahasrara.

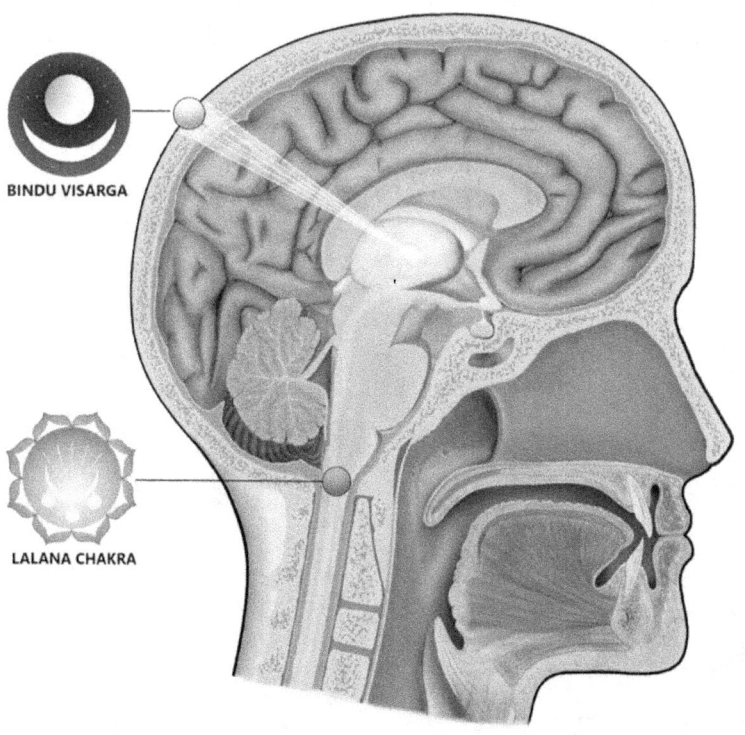

Figura 135: Chakra Lalana (Talu) e o Bindu Visarga

Lalana está também ligada ao Bindu na parte de cima da cabeça. Juntamente com Vishuddhi, estes três Chakras são responsáveis pelo que acontece ao Amrita e se este cai para baixo para Manipura, levando à degradação física, ou se é aproveitado e utilizado para fins Espirituais. Os poderes de Lalana Chakra são mais bem aproveitados quando a Kundalini abre este centro Chakras, mas há outro método que os iogues desenvolveram chamado Khechari Mudra.

KHECHARI MUDRA E AS SUAS VARIAÇÕES

Os iogues descobriram que podem afetar o fluxo de Amrita do seu Bindu com a ajuda da língua. Encaixando o título de "Mana: Mudras da Cabeça", Khechari Mudra é uma técnica poderosa que utiliza a língua para canalizar energia no cérebro. Implica virar a ponta da língua para trás e tentar tocar a úvula ou "língua pequena", o que direciona o fluxo de energia para o Lalana Chakra.

A língua é muito potente em termos de direccionar a energia para o cérebro. No Qi Gong, é essencial colocar a ponta da língua na zona sensível do céu da boca para ligar dois Meridianos de energia muito importantes. A ponta da sua língua é um condutor de energia que estimula tudo aquilo em que toca. No caso de Khechari Mudra, está a tentar direccionar o fluxo de energia para trás no Lalana Chakra para o ativar.

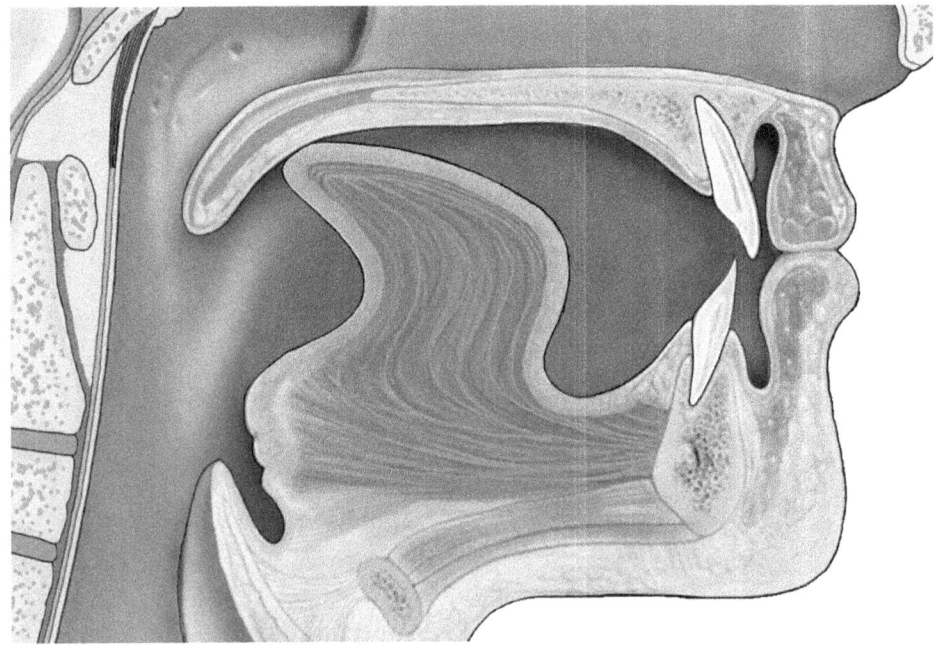

Figura 136: Khechari Mudra Básico

Para realizar o método básico de Khechari Mudra, pode sentar-se em qualquer posição meditativa confortável. Com os olhos fechados, vire os olhos para o centro do Olho da Mente, entre as sobrancelhas. Depois, com a boca fechada, enrole a língua para cima e para trás de modo que a sua superfície inferior toque o palato superior (Figura 136). Estiquem a ponta da língua até ao ponto em que ela irá ao tentar tocar a úvula. Não deve haver tensão a mais na língua, uma vez que se faz isto. Mantenha-a nesta posição agora, desde que seja confortável. Se sentir desconforto, relaxe a língua, devolvendo-a à sua posição neutra durante alguns segundos, depois repita a prática.

Khechari Mudra é realizado como parte de diferentes Asanas, Pranayamas, Mudras, e Bandhas para otimizar os efeitos desses exercícios. Quando utilizado com a pose invertida, Viparita Karani, permite ao praticante reter o Amrita mais facilmente.

O Mudra Avançado de Khechari envolve o corte do fundo do tecido que liga a parte inferior da língua com o fundo da boca. Uma vez terminada, a língua pode ser completamente alongada e colocada dentro da cavidade nasal atrás da úvula (Figura 137). Ao fazê-lo, pressiona-se a faringe, o que estimula a Lalana e evita que o Amrita caia para o Plexo Solar. Assim que a Amrita é capturada com Khechari Mudra, os seus efeitos curativos começam a desdobrar-se. O método avançado de Khechari Mudra é mais bem praticado com a ajuda de um Guru qualificado.

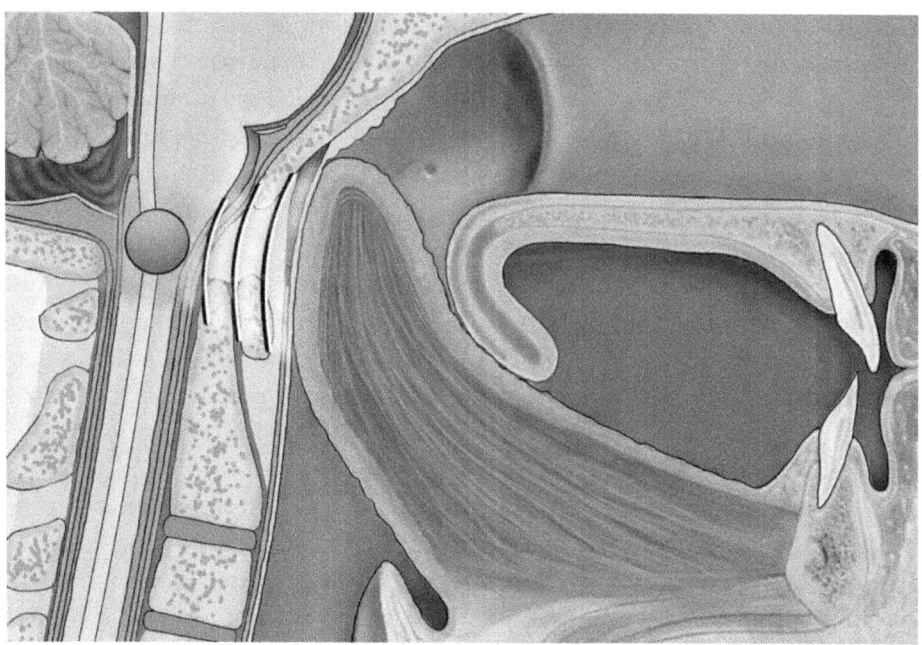

Figura 137: Khechari Mudra Avançado

Quando uma pessoa passa por um despertar completo e permanente da Kundalini, há um fluxo livre de energia da Kundalini para o Tálamo. Daqui a Kundalini flui para Ajna, Sahasrara, e Bindu. Quando o Bindu Chakra se envolve no processo de transformação Espiritual, segrega o Amrita até ao Lalana Chakra, que é depois purificado por Vishuddhi e transformado na sua forma mais refinada. Este néctar é então distribuído pelo Corpo de Luz, nutrindo os Setenta e Dois Mil Nadis e expandindo a consciência. Como resultado, a pessoa acordada começa a ter uma vitalidade acima da média, e o seu processo de envelhecimento abranda drasticamente. Podem passar muito tempo sem comida e água, pois sentem-se nutridas a partir do interior pelo movimento destas novas energias.

O néctar Amrita está diretamente envolvido no processo do Iluminismo. Embora o possamos utilizar através das práticas Ioga acima mencionadas, o seu verdadeiro objetivo é desempenhar um papel na sustentação do circuito Kundalini. O néctar Amrita transformado alimenta o circuito da Kundalini, e depende da energia da Luz que obtém dos alimentos. Proporciona a tranquilidade emocional necessária para suspender o processo de envelhecimento e prolongar a saúde do seu corpo físico. Esta tranquilidade emocional é mais bem descrita como um estado do *Nirvana* que é um dos objetivos procurados do Iogue. O stress é um dos fatores-chave do envelhecimento. Colocando a mente em ponto morto e utilizando o néctar Amrita para alimentar o Corpo de Luz, a longevidade pode ser atingida.

Ao longo dos anos, descobri outra variação do Mudra de Khechari que se tornou uma das práticas dominantes na minha vida. Descobri que curvar a língua para baixo e empurrá-la para trás também exerce pressão sobre o Lalana Chakra, o que ajuda no processo de alimentar o meu circuito Kundalini com o Amrita transformado. Para o fazer corretamente, deve tocar a ponta da língua ao Freio, que é uma dobra de membrana mucosa, neste caso, localizada debaixo da porção central da língua que ajuda a ancorá-la na boca e a estabilizar os seus movimentos.

Tropecei nesta técnica acidentalmente, ou para ser mais preciso; foi o meu Eu Superior que me levou a encontrar esta técnica e a utilizá-la. Nunca me deparei com esta prática na minha pesquisa de várias tradições Espirituais para verificar a sua utilização, por isso o que estou a partilhar convosco é informação única que não encontrarão em nenhum outro lugar.

Comecei a praticar esta técnica há anos, aparentemente do nada, e muitas vezes apanho-me a fazê-lo à frente de outras pessoas, o que por vezes provoca uma reação estranha por parte delas, uma vez que, naturalmente, embrulho os meus lábios quando o faço. A capa frontal do *The Magus* apresenta um eu mais jovem como Hermes, retratado com os lábios com bolsa, enquanto eu estou a executar esta técnica. A minha mulher achou apropriado retratar-me desta forma, uma vez que me vê frequentemente a fazê-lo.

A técnica que descobri permite-me aproveitar a energia da Luz que recebo dos alimentos, que se transforma numa substância Espiritual líquida (Amrita) no meu cérebro e é depois redistribuída ao longo dos muitos Nadis do meu Corpo de Luz. É sempre acompanhada de sentimentos de calor como se eu estivesse a acender um fogo constante no meu peito, como é o caso quando o Lalana Chakra está a ser estimulado. Agora, tenha em mente que a língua está virada para baixo com esta variação, o que muitas vezes me faz questionar o seu uso e em que medida está a beneficiar-me Espiritualmente. Assim, gosto de o equilibrar executando o Mudra Básico de Khechari virando a ponta da língua para trás e tocando no palato superior. Desta forma, obtenho as energias necessárias a fluir para cima para o Telencéfalo, mantendo ao mesmo tempo o Lalana Chakra estimulado.

MANTRA

Mantra é uma palavra sânscrita que significa "um instrumento da mente" ou "um instrumento de pensamento". É um pronunciamento sagrado, um som Divino, sílaba, palavra, ou agrupamento de palavras numa língua sagrada com poder Mágico no mundo invisível. Mantras são "palavras de poder" que se encontram em muitas tradições espirituais diferentes, Antigas e modernas, que servem como instrumentos para invocar ou evocar energia na Aura. Uma vez que "manas" significa "mente" em Sânscrito, o propósito de um Mantra é transcender a mente. Eles incluem, mas não estão limitados aos nomes de Deus, Anjos, Espíritos, e Divindades diferentes de qualquer panteão a que pertença o seu Mantra escolhido.

Já vos apresentei a ciência dos Mantras no meu livro anterior, a maioria dos quais em língua hebraica e são utilizados como parte dos exercícios rituais de Magia Cerimonial. Os Mantras na língua de Enoque são Mantras autónomos que são a recitação fonética de passagens de Enoque. Devido à sacralidade e poder das línguas hebraica e de Enoque, estes Mantras são potentes na mudança da consciência através da invocação/evocação de energia.

Existem 84 pontos meridianos no céu da boca, que a língua estimula ao cantar um Mantra. Estes pontos meridianos, por sua vez, estimulam o Hipotálamo, que atua na Glândula Pineal, fazendo-a pulsar e irradiar. A Glândula Pineal dá então impulsos a todo o sistema endócrino, permitindo a libertação de hormonas que reforçam o nosso sistema imunitário e neurológico, colocando o corpo num estado de coerência. Duas das hormonas libertadas são a serotonina e a dopamina, que criam uma felicidade emocional que eleva a consciência a um nível superior.

Os Mantras que irei apresentar neste livro estão na língua sânscrita, uma das línguas mais antigas do mundo (5000 anos de idade). O Sânscrito é a língua antiga do hinduísmo que era um meio de comunicação e diálogo dos Deuses Celestiais hindus, segundo a lenda. Os antigos hindus referiam-se ao Sânscrito como "Dev Bhasha" ou "Devavani", que significa a "Língua dos Deuses". "

A grandeza da língua sânscrita está na formação e singularidade do seu vocabulário, fonologia, gramática e sintaxe, que permanece intacta na sua pureza até aos dias de hoje. As suas cinquenta letras são compostas por dezasseis vogais e trinta e quatro consoantes.

As letras em Sânscrito nunca foram alteradas ou afinadas ao longo do tempo, tornando-a uma linguagem perfeita para a formação de palavras e pronúncia.

Os Mantras de Sânscrito utilizam sons de sementes que criam a energia vibratória das palavras para as quais traduzem. Ao pronunciar um Mantra Sânscrito, a sua vibração tem um impacto na sua consciência que tem efeitos duradouros na sua mente e corpo. Portanto, compreender o significado de um Mantra Sânscrito é primordial para conhecer o tipo de mudança energética que produzirá.

Os Mantras apresentados nesta secção devem ser vibrados usando as suas cordas vocais num tom projetivo e energizante. Devem ser executados em monótono, C natural, alongando a pronúncia. Se alguma vez ouviu monges tibetanos cantar, é para soar semelhante a isso. Vibrar e "cantar" são palavras permutáveis quando se trata da execução de um Mantra.

O NÚMERO SAGRADO 108

A repetição padrão de um Mantra em muitas tradições Espirituais Orientais é 108 vezes. Este número é a base de toda a Criação, representando o Universo e a nossa existência. Hindus, iogues e budistas acreditam que ao vibrar/cantar um Mantra 108 vezes, alinhamos com a Vontade do Criador e a sua energia criativa. Eles pensam que ao harmonizar a nossa vibração pessoal com a Universal, assumimos o nosso direito de nascimento como Cocriadores, permitindo-nos manifestar qualquer realidade que desejemos.

Há muitas razões pelas quais o número 108 é considerado sagrado, algumas encontradas na ciência e na matemática. Por exemplo, o Sol é 108 vezes o diâmetro da Terra, e a distância da Terra ao Sol é 108 vezes o diâmetro do Sol. Além disso, a distância da Terra à Lua é 108 vezes o diâmetro da Lua.

Em Astrologia, existem doze Constelações Zodiacais e nove Planetas (Sete Planetas Antigos mais Úrano e Neptuno) no nosso Sistema Solar. Portanto, doze multiplicados por nove é igual a 108. Além disso, há vinte e sete mansões lunares que estão divididas em quatro quartos. Quando se multiplicam vinte e sete por quatro, o resultado é novamente 108.

Na religião hindu, existem 108 Upanishads, que são os textos sagrados da sabedoria transmitida pelos rishis antigos. Cada Deidade no Hinduísmo também tem 108 nomes, cujas qualidades ou poderes podemos invocar através dos seus respetivos Mantras.

No alfabeto Sânscrito, uma vez que existem 54 letras e cada letra tem uma qualidade masculina (Shiva) e feminina (Shakti), o número total de variações é igual a 108. Também no sistema Ioga dos Chakras, acredita-se que existem 108 linhas de energia (Nadis) que convergem no Chakra do Coração, o centro de amor e transformação do nosso Corpo de Luz.

Na medicina ayurvédica, diz-se que existem 108 pontos de energia vital no corpo, chamados Marmas. Trabalhar com os Marmas é benéfico para melhorar os nossos estados psicológicos e fisiológicos. Cantando um Mantra 108 vezes, enviamos energia divina para cada ponto de Marma, ativando as suas propriedades curativas.

Os escritos sagrados dos budistas tibetanos também, foram divididos em 108 livros sagrados. Além disso, os budistas acreditam que o caminho para o Nirvana está pavimentado com exatamente 108 tentações. Eles acreditam que 108 impurezas, ou pecados, nos impedem de viver num estado perfeito e pacífico.

Estas são apenas algumas das razões pelas quais o número 108 é sagrado. Há muitas mais, não só entre as religiões orientais e as tradições espirituais, mas também entre as ocidentais. Por exemplo, o número 108 é usado no Islão para se referir a Deus. E assim por diante.

MEDITAÇÃO JAPA

Tradicionalmente, um colar de contas Mala é usado nas tradições do Ioga, Budismo, Hinduísmo, Jainismo, e Sikhismo como parte da prática do Mantra, a que se referem como uma meditação Japa. Um Mala tem 108 contas e uma conta "Guru", que é usada como um marcador para o início e fim de um ciclo. Assim, quer esteja a entoar em voz alta ou a recitar silenciosamente, traçar as contas do Mala com os dedos ajudá-lo-á a seguir o seu Mantra. Utensílios semelhantes têm sido utilizados há gerações, de forma multicultural e através de muitas religiões e tradições espirituais, incluindo as contas do rosário utilizadas pelos cristãos para a oração.

Para realizar uma meditação Japa, é necessário obter um colar de contas Mala para ser utilizado com os Mantras apresentados abaixo. Um Mala não só lhe permitirá completar 108 repetições com facilidade, mas tornar-se-á um poderoso item Espiritual na sua vida que o colocará no estado de espírito certo quando o segurar na mão.

No entanto, pode-se trabalhar com Mantras de meditação sem um Mala, por isso se não se conseguir um por alguma razão, não se deve ser dissuadido de praticar Mantras sem ele. Como mencionado anteriormente, os Mantras vibrantes/cantos têm um efeito cumulativo em termos de energia invocada/evocada, portanto, quer faça 108 pronunciamentos ou 100, por exemplo, o resultado será relativamente insignificante. Tecnicamente, pode mesmo concentrar-se em executar um Mantra durante um determinado período, como em cinco a quinze minutos, e cronometrar em conformidade, de modo a fazer aproximadamente 100 pronunciamentos. Dito isto, acredito no poder da prática tradicional, especialmente uma com milhares de anos de linhagem, por isso, antes de começar a afinar a sua mecânica, é melhor dominar a sua forma original e ir a partir daí.

Idealmente, faça a sua meditação Mantra de manhã cedo, antes de comer. Se desejar repetir o seu Mantra, faça-o à noite, permitindo algum tempo entre as sessões para que a energia invocada/evocada possa trabalhar em si.

Para iniciar a sua prática Japa, escolha o seu Mantra de meditação entre as opções dadas abaixo. Cada meditação Mantra afeta a nossa energia de forma diferente, por isso leia atentamente a sua descrição para que possa aplicar cada uma delas quando necessário. A seguir, encontre um local para se sentar confortavelmente com a sua coluna vertebral direita e os olhos fechados. Um dos Asanas de meditação apresentados até agora é o ideal. Respire fundo agora para se alinhar com a sua intenção.

Segure a sua Mala na mão direita (na Índia, a mão esquerda é considerada impura), drapeada sobre o dedo médio, uma vez que o dedo indicador se estende confortavelmente para fora (Figura 138). Começando pela conta Guru, use o seu polegar para contar cada conta mais pequena enquanto puxa a Mala na sua direção com cada pronunciamento de Mantra. Inspire antes de cada pronunciamento de uma forma calma e rítmica.

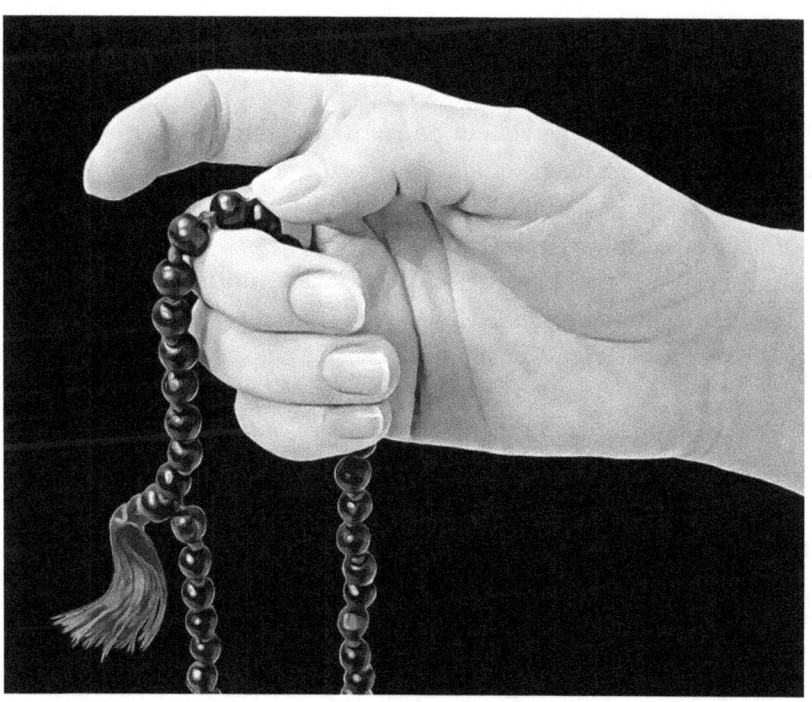

Figura 138: Contagem de Missangas num Colar Mala

Deverá repetir o seu Mantra 108 vezes enquanto percorre as contas Mala, terminando no grânulo Guru onde começou. Se desejar continuar a sua meditação Mantra, inverter a direção e recomeçar o processo em vez de passar por cima do grânulo Guru. Lembre-se de fazer 108 ciclos completos.

A repetição de Mantras de Sânscrito afeta positivamente o seu sistema nervoso, deixando-o calmo e relaxado, o que é um dos efeitos secundários iniciais. Além disso, estes Mantras equilibram as suas energias interiores, o que melhora a concentração e a autoconsciência. No entanto, a repetição regular dos Mantras de Sânscrito funciona a um nível profundo e subconsciente, criando efeitos curativos duradouros na mente, corpo e Alma. Portanto, quando iniciar esta prática, seja paciente e consistente com ela diariamente para obter os resultados desejados ao longo do tempo.

MANTRAS DE MEDITAÇÃO

Om
Pronunciamento: *Aaa-Uuu-Mmm*

"Om" é o Mantra mais universal em Sânscrito. Acredita-se ser o primeiro som ouvido aquando da criação do Cosmos do qual todas as coisas emergem. "Om" significa a essência da realidade última, que é a Consciência Cósmica. Como tal, a maioria dos Mantras em Sânscrito começa ou termina com "Om".

"Om" (pronuncia-se AUM) representa o ciclo de vida, morte, e renascimento. Está também relacionado com a Trindade Hindu (Trimurti) de Brahma, Vishnu, e Shiva. "Aaa" representa criação, "Ooo" significa manutenção ou preservação, e "Mmm" é destruição, com relação à superação do Ego para alcançar a Auto-realização. Finalmente, AUM representa os Três Gunas da natureza e as quatro fases da consciência; a quarta fase representa o silêncio da mente alcançado quando o praticante chega a Samadhi.

Cantar Aaa-Uuu-Mmm (AUM) ajudá-lo-á a desligar-se do seu Ego e a reconectar-se com o Espírito interior, que é todo-criativo e todo-abrangente. Quando pronunciar cada sílaba por completo, sentirá a energia a subir do seu pavimento pélvico até ao coração e, finalmente, a coroa da cabeça. É o caminho da Kundalini, cujo objetivo é libertar a Alma do corpo durante esta vida.

O som "Om" vibra à frequência de vibração de 432 Hz, encontrada em tudo na natureza. Como tal, este som cura a mente e o corpo a nível celular, trazendo-nos em sintonia com o nosso ambiente. Remove toda a tensão e ansiedade, acalmando a mente e harmonizando as nossas energias interiores. Também ajuda a melhorar a concentração ao mesmo tempo que aumenta a criatividade e a energia positiva em geral.

A um nível físico, "Om" melhora a função pulmonar e o sistema digestivo enquanto desintoxica o corpo. Ao pronunciar Aaa-Ooo-Mmm, as três frequências únicas devem fluir naturalmente como um som.

ॐ नमः शिवाय

Om Namah Shivaya
Pronunciamento: *Aummm Nah-Mahhh Shee-Vah-Yahhh*

"Om Namah Shivaya" traduz-se por As saudações ao auspicioso", ou simplesmente, "Eu curvo-me ao Senhor Shiva". "Este Mantra amplamente utilizado atrai a mente para a presença infinita e omnipresente do Senhor Shiva - o princípio da Consciência Cósmica do Universo. É também chamado "Shiva Panchakshara", que significa o "Mantra de Cinco Sílabas", o Mantra essencial no Shaivismo que traz o silêncio à mente.

As cinco sílabas "Namah Shivaya" representam os Cinco Elementos que compõem toda a Criação: O som "Na" representa a Terra, "Ma" é Água, "Shi" significa Fogo, "Va" é Ar, e "Ya" representa o Espírito. O "Om" é excluído por ser o primeiro som do Universo que representa a paz e o amor, o fundamento energético da Consciência Cósmica.

Como Shiva é o Deus supremo da transformação que representa o nosso Eu Superior, este Mantra eleva a nossa consciência ao harmonizar os Cinco Elementos dentro do Eu. Assim, não só traz alegria e felicidade às nossas vidas, mas também nos liga a toda a natureza, nomeadamente à representação física dos Cinco Elementos que Shiva simboliza - a terra, o mar, o ar, e o Sol.

Porque nos liga ao nosso Santo Anjo da Guarda, o nosso Deus-Seu, diz-se que o Om Namah Shivaya Mantra supera os efeitos do Macrocosmo - as Estrelas fixas e os Planetas em órbita que nos afetam subtilmente a um nível energético. Ele constrói energia transcendental no nosso sistema que eleva a consciência, permitindo-nos experimentar os Planos Cósmicos superiores. Como tal, este Mantra liga-nos ao Chakra mais alto, Sahasrara - a fonte de toda a Criação.

Om Mani Padme Hum
Pronunciamento: *Aummm Mah-neee Pahd-mayyyy Hummm*

Este Sânscrito Mantra está associado a Avalokiteshvara (Sânscrito), o Bodhisattva da compaixão. Os Bodhisattvas são Seres Iluminados e compassivos que ajudam os objetivos espirituais dos outros. Os budistas tibetanos referem-se a este mesmo Ser como Chenrezig, enquanto os chineses lhe chamam Quan Yin. A prática regular deste Mantra instila um sentido de amor e bondade para connosco e para com os outros, o que nos liberta do sofrimento emocional da nossa existência mundana.

A tradução deste Mantra seria "Louvor à Joia no Lótus". "A própria joia refere-se à compaixão que purifica a Alma, concedendo-a com a felicidade da Luz Divina. Tal como o lótus não é sujo pela lama em que cresce, os seres humanos podem usar a compaixão para se elevarem acima da opressão do Eu Inferior, o Ego, e alcançar a Iluminação.

"Om Mani Padme Hum" pode ser decomposto em seis sílabas, que representam um caminho gradual e progressivo do mundano para o Espiritual: "Om" é o som primordial do universo que nos traz em harmonia com o Cosmos, "Ma" é a nossa intenção altruísta de desenvolver uma ética e moral que purifica as tendências ciumentas, "Ni" constrói tolerância e paciência, libertando-nos dos nossos desejos inferiores e deixando-nos pacíficos e satisfeitos, "Padme Hum" liberta-nos do preconceito e da ignorância que impedem o caminho do amor e da aceitação, e "Eu" liberta-nos do apego e da possessividade, permitindo-nos cultivar os nossos poderes de concentração. Finalmente, "Heh" liberta-nos da agressão e do ódio, pois representa a unidade de todas as coisas que nos abre a porta à sabedoria e à compreensão.

O Dalai Lama, que os budistas acreditam ser a encarnação atual de Chenrezig, diz que cada um dos ensinamentos de Buda reside dentro deste poderoso Mantra. Para o desbloquear, contudo, é preciso não só entoar, mas também concentrar a sua intenção no significado por detrás de cada uma das seis sílabas.

हरे कृष्ण हरे कृष्ण | कृष्ण कृष्ण हरे हरे | हरे राम राम राम | राम राम राम हरे हरे

Hare Krishna, Hare Krishna, Krishna Krishna, Hare Hare Krishna, Hare Hare Lebre Rama, Lebre Rama, Rama Rama, Lebre Hare
Pronunciamento: *Huh-ray Krish-Naaa, Huh-ray Krish-Naaa, Krish-Naaa Krish-Naaa, Huh-ray Huh-ray Huh-rayyy, Huh-ray Ramaaa, Huh-ray Ramaaa, Rama Ramaaaa, Huh-ray Huh-rayyy*

O Hare Krishna Mantra, também conhecido como o "Maha", ou "Grande" Mantra, é um versículo sagrado em Sânscrito cujo objetivo é reavivar a realização de Deus dentro de si mesmo, conhecido como a consciência de Krishna. Está enraizado na tradição Vaishnava do Hinduísmo e é central para o caminho do Bhakti Ioga. Tem apenas quatro linhas, compostas por nomes de divindades hindus: Hare, Krishna, e Rama. Hare combina a energia de Hari (Lord Vishnu) e Hara (a consorte de Krishna, Shakti), enquanto Krishna e Rama são os nomes dos dois avatares, ou encarnações Divinas, de Lord Vishnu.

O Senhor Krishna tem muitos paralelos com Jesus Cristo, pois acredita-se que ambos são filhos de Deus que foram plenamente humanos e plenamente divinos. Ambos os ensinamentos enfatizavam o amor e a paz, uma vez que a sua missão era restaurar a bondade num mundo moralmente em declínio. Ao tentar alcançar a Consciência de Krishna dentro de nós próprios, referimo-nos à Consciência de Cristo - um estado de consciência em que os indivíduos agem em completa harmonia com o Divino. Este estado de consciência é um precursor, ou preparação (em certo sentido), para alcançar a Consciência Cósmica.

A prática do Maha Mantra ativa a energia Espiritual dentro de si no Chakra do Coração, cujo objetivo é transformar a sua consciência para que possa transcender o seu Ego. O estado subtil de consciência que é alcançado liberta o Eu da ilusão de separação, permitindo que a energia do amor tome conta e harmonize a mente, o corpo e a Alma. Como tal, a consciência de Krishna é alcançada, preparando o caminho para a alegria e a bem-aventurança para entrar permanentemente na sua vida.

ॐ शान शान्तिः शान्तिः शान्तिः

Om Shanti Shanti Shanti Shanti
Pronunciamento: *Aummm Shanteee Shanteee Shanteee*

O Mantra "Om Shanti" é comummente usado em orações, cerimónias e literatura hindu e budista; o seu significado traduz-se em "Om Peace". "Shanti" vem da palavra raiz sânscrita "sham," que significa calma, tranquilidade, prosperidade, e felicidade. É a raiz da palavra "Shalom" em hebraico e "Salam" em árabe, ambas significando também "Paz". "Ao entoar este Mantra, não só encontra um nível profundo de paz dentro de si, como está a enviar ofertas de paz para todo o mundo.

Tradicionalmente, a palavra "Shanti" é cantada três vezes uma vez que invoca a paz e a proteção a três níveis do Eu: consciente, subconsciente, e súper consciente (Deus Interior). O Eu consciente pertence à Terra, enquanto o subconsciente desce ao Submundo (Inferno), e o súper consciente refere-se aos Céus (Estrelas) acima. Estes três podem novamente ser decompostos no corpo, mente e Espírito ou nos Planos Físico, Astral e Espiritual.

"Om Shanti" também pode ser usado como uma forma de saudação em Ioga. Quando dito em voz alta a um colega praticante, é um desejo de que a outra pessoa experimente a paz universal. A tradução inglesa seria "Peace be with you", ou "Namaste" - embora as palavras soem diferentes, o significado é o mesmo. Esteja atento ao pronunciar "Shanti" para pressionar a língua contra os dentes em vez de no palato superior - o som produzido "t" deve soar diferente da versão inglesa do "t".

ॐ नमो गुरु देव् नमो

Ong Namo Guru Dev Namo
Pronunciamento: *Onggg Nah-Moh Guh-Ruh Devvv Nah-Moh*

Este mantra em Sânscrito traduz-se em "Curvo-me à Sabedoria Criativa, Curvo-me ao Divino Mestre interior". Outra tradução é "Curvo-me ao Tudo-Que-É", como um Mantra da Unicidade. O seu outro nome é "Adi Mantra", que é frequentemente usado no Kundalini

Ioga no início da sua prática, especialmente num ambiente de aula. Foi essencial para Iogue Bhajan, o professor Espiritual hindu que trouxe a Kundalini Ioga para o Ocidente. Muitos praticantes acreditam que o Adi Mantra permite sintonizar a frequência de vibração particular da Kundalini Ioga, desbloqueando a sua mais profunda compreensão e propósito.

Cantar este Mantra permite-nos humilhar-nos e ligar-nos ao nosso Eu Superior - o professor interior que canaliza a sabedoria e o conhecimento Universal para nós quando as nossas mentes estão num estado recetivo. Ele eleva a vibração da nossa consciência, permitindo-nos confiar e ouvir a nossa orientação interior. Também nos transmite que somos os nossos maiores professores na vida e que nenhum outro professor é necessário.

O Mantra "Ong Namo Guru Dev Namo" permite-nos explorar o nosso potencial mais elevado como seres humanos Espirituais. A tradução de cada palavra revela o seu poder de transformar a nossa consciência. Para começar, "Ong" significa energia criativa infinita ou sabedoria Divina subtil. O seu pronunciamento é semelhante a dizer "Om", com a vantagem adicional de mover o som na boca da frente para a parte de trás da garganta, o que estimula diferentes partes do cérebro, especialmente as Glândulas Pituitária e Pineal.

"Namo" é equivalente a "Namaha", que significa "as minhas saudações respeitosas", enquanto um Guru é um mestre Espiritual que guia os seus discípulos no seu caminho para a Iluminação. "Dev" é uma versão mais curta do termo "Deva", uma palavra sânscrita para Deus ou Divindade. Como Deva segue Guru no Mantra, implica que o Mestre Espiritual é Divino e Santo. E finalmente, "Namo" no final reafirma humildade e reverência.

Este Mantra refina a energia à nossa volta e dentro de nós, fazendo de nós um recipiente para uma consciência mais elevada. Ao entoá-lo, tem-se a sabedoria e o apoio de gerações de Kundalini Iogues, enquanto se reforça a ligação com o seu Eu Superior, Deus Interior.

ॐ गं गणपतये नमः

Om Gam Ganapataye Namaha
Pronunciamento: *Aummm Gummm Guh-Nuh-Puh-Tuh-Yahhh Nah-Mah-Haaa*

"Om Gam Ganapataye Namaha" é uma oração poderosa e Mantra que elogia o amado Deus hindu aquecido por elefantes, Lord Ganesha. A sua tradução inglesa é "My Salutations to Lord Ganesha". "No hinduísmo, Lorde Ganesha é reconhecido como o que remove obstáculos e mestre do conhecimento. Ele é conhecido por dar boa sorte, prosperidade e sucesso, especialmente ao empreender um novo empreendimento.

Lord Ganesha está associado ao Muladhara Chakra e ao Elemento Terra. Ele é frequentemente invocado para limpar o seu caminho quando se sentem mentalmente presos e precisam de uma mudança de perspetiva. A sua energia fundamenta-nos, ajudando-nos a superar desafios e bloqueios criativos. Lord Ganesha dá-nos poder ao melhorar o nosso foco, concentração, e conhecimento, facilitando a paz interior.

O som "Gam" é um Bija Mantra para Ganesha, enquanto "Ganapataye" é uma referência ao seu outro nome - Ganapati. Diz-se que se se cantar o Senhor Ganesha Mantra 108 vezes por dia, todo o medo e negatividade dos seus corações serão removidos. Isto porque o medo é um subproduto dos Elementos Água e Ar corrompidos, que o Elemento Terra fundamenta quando é trazido para dentro.

ॐ श्री सरस्वत्यै नमः

Om Shri Saraswataya Namaha
Pronunciamento: *Aummm Shree Sah-Rah-Swah-Tah-Yahhh Nah-Mah-Haaa*

O Mantra "Om Shri Saraswataya Namaha" invoca o poder da Deusa Hindu, Saraswati (Figura 139), que está associada à sabedoria, à aprendizagem, e às artes criativas. A tradução portuguesa diz, "Saudações á Deusa Saraswati". " Cantar este Mantra estimula a criatividade ao mesmo tempo que estimula o intelecto. Além disso, inspira-nos a expressarmo-nos através da arte, da música e da literatura. Se alguém cantar este Mantra antes de iniciar um novo esforço criativo, terá boa sorte.

Saraswati é considerada a mãe dos *Vedas*, as antigas escrituras Hindu e Ioga. Muitas pessoas cultas acreditam que cantar regularmente o Mantra de Saraswati pode dar-lhes conhecimento e sabedoria profundos sobre os mistérios da Criação que os libertarão do ciclo de morte e renascimento (Samsara). Referem-se a este processo de emancipação como "Moksha". "

No Mantra "Om Shri Saraswataya Namaha", Shri é um título de reverência frequentemente usado antes do nome de uma pessoa honrada ou de uma Deidade. Saraswati é o consorte do Deus Hindu Brahma, que está à frente do Trimurti. Uma vez que Brahma representa o processo de criação, ele está relacionado com o Elemento Ar e os pensamentos, os quais dão poder e moldam o intelecto. Saraswati é a Shakti de Brahma ou energia feminina criativa. Ela representa o aspeto passivo da mesma energia, canalizada para o Planeta Físico. Como tal, Saraswati simboliza a inspiração que impulsiona as nossas expressões criativas.

Figura 139: A Deusa Saraswati

BIJA MANTRAS E MUDRAS DOS SETE CHAKRAS

Cada um dos Sete Chakras tem uma palavra sagrada ou som associado a ela, chamado Bija, ou "Semente" Mantra. Podemos usar estes Mantras em Terapia de Som para afinar e equilibrar as energias dos Chakras e devolvê-las à sua vibração ótima. Ao corrigir a frequência energética dos Chakras, o seu potencial adormecido é libertado.

Ao sondar os Bija Mantras dos Sete Chakras, ligamo-nos aos seus correspondentes Cinco Elementos. Esta ligação é criada pela posição da língua na boca ao vibrar os Bija Mantras. Os Cinco Elementos são atribuídos aos cinco primeiros Chakras. Ao mesmo tempo, Ajna representa a dualidade das forças masculinas (Pingala) e femininas (Ida) na natureza, Yin e Yang, e Sahasrara representa a totalidade e Unicidade de todos os Chakras. Os Bija Mantras dos Sete Chakras são apresentados abaixo.

LAM - Muladhara, o Chakra da Raiz - Elemento Terra - Primeira Bija Mantra
VAM - Swadhisthana, o Chakra Sacral - Elemento Água - Segunda Bija Mantra
RAM - Manipura, o Chakra do Plexo Solar - Elemento de Fogo - Terceiro Bija Mantra
YAM - Anahata, o Chakra do Coração - Elemento Ar - Quarto Bija Mantra
HAM - Vishuddhi, o Chakra Laríngeo - Elemento Espiritual - Quinta Bija Mantra
SHAM - Ajna, o Chakra do Olho da Mente - Dualidade - Sexta Bija Mantra
OM - Sahasrara, o Chakra da Coroa - Unicidade - Sétima Bija Mantra

No entanto, estes sete não são os únicos Bija Mantras que existem. Cada uma das 50 letras do alfabeto Sânscrito tem o seu próprio Bija Mantra. Consequentemente, as 50 letras de Sânscrito estão relacionadas com os seis primeiros Chakras, cujas pétalas totalizam 50, também encontradas no Lótus das Mil Pétalas do Sahasrara. Segundo as escrituras iogues, quando uma letra em Sânscrito é soada num Mantra, abre a sua pétala correspondente do Chakra a que está associada. Os Mantras de Pétalas dos Chakras são apresentados na Figura 140.

Figura 140: Bija Mantras das Pétalas dos Chakras

Bija Mantras têm sido usados em práticas Ioga e meditação há milhares de anos devido aos seus efeitos espirituais nos nossos estados emocionais e mentais de Ser. Podem ser soados (vibrados silenciosamente ou cantados em voz alta) ou meditados por eles próprios ou anexados no início de Mantras mais longos para aumentar o seu poder energético. Estes Mantras primordiais não têm uma tradução direta como outras partes de um Mantra têm. No entanto, as suas qualidades vibracionais intensas fazem deles um instrumento potente para aceder a níveis mais elevados de consciência.

Quando cantado como parte de um Mantra mais longo, Bija Mantras são geralmente expressivos da energia ou essência fundacional desse Mantra. Por exemplo, OM é a fonte, ou semente, da qual todos os outros sons de um Mantra precedem. Assim, é o Bija Mantra mais superior como o som do Para-Brahman (o Brahman Supremo); as letras do alfabeto Sânscrito são apenas emanações do OM, que é o seu som de raiz.

OM representa o Sahasrara Chakra, a fonte de energia dos outros seis Chakras abaixo dele. Sahasrara é a Luz Branca da qual emanam sucessivamente as sete cores do arco-íris, correspondendo às cores dos Sete Chakras. Note-se que o Sahasrara é tradicionalmente branco ou violeta uma vez que a violeta é a cor vibracional mais alta no ápice do arco-íris.

Os sete Mudras de Mão da Figura 141 são tradicionalmente utilizados para abrir os Sete Chakras Maiores. Ao combinar estes Mudras de Mão com os Bija Mantras dos Sete Chakras, temos uma técnica poderosa para otimizar o fluxo de energia dos Chakras e ajudar a despertar a Kundalini na base da coluna vertebral.

Sete Chakras Mudra/Mantra Prática de Cura

Comece a prática do Chakra Mudra/Mantra lavando as suas mãos. Depois, encontre uma posição confortável sentado, seja num Asana de meditação ou numa cadeira. A seguir, deixe-se acalmar no seu interior praticando o Respiro Quádruplo e silenciando a mente. Uma vez que este exercício tem uma componente de visualização, ajuda a ter os olhos fechados enquanto o executa.

Existem dois métodos para realizar esta prática, ambos devem ser utilizados e intercambiados com frequência. O primeiro método requer que se comece com Muladhara Mudra e se trabalhe para cima através dos Chakras. Esta sequência particular espelha a subida da Kundalini, bem como a escalada da Árvore da Vida, onde se inicia a viagem na Esfera mais baixa ou Chakra e se sobe de consciência até atingir a mais alta.

Enquanto executa o Mudra da Mão de cada Chakra, vibre/cante o seu Bija Mantra num tom vocal energizante e projetivo. Pode passar de um a cinco minutos em cada Mudra antes de prosseguir. Seja consistente no tempo que gasta em cada Mudra. Por exemplo, se decidir passar dois minutos em Muladhara Mudra, então repita este tempo também nos seguintes Mudras de Mão. A chave para qualquer prática Espiritual bem-sucedida é a consistência e o equilíbrio.

Ao executar um Mudra de Mão, e ao vibrar o seu correspondente Bija Mantra, concentre-se na área de Chakras. Ligue-se ao Chakra e imagine a sua cor complementar a ficar cada vez mais brilhante à medida que a energia da Luz o permeia com cada vibração.

A componente visual deste exercício é benéfica na focalização das energias que estão a ser invocadas através dos Mantras.

No segundo método de prática do Chakra Mudra/Mantra, começa-se com o mais alto, o Sahasrara, e trabalha-se em sequência através dos Chakras. Neste método, imagine Sahasrara como Luz Branca pura em vez da cor violeta. Depois de terminar a combinação de Sahasrara Mudra/Mantra, imagine um feixe de Luz saindo dele, e ligando-se ao Ajna Chakra abaixo.

Uma vez terminado o trabalho com Ajna, projete este mesmo feixe de Luz até Visshudhi, e assim por diante. Deverá visualizar um feixe de Luz projetando de um Chakra para o outro até chegar a Muladhara. No final deste exercício, todos os Sete Chakras Maiores serão iluminados, ligados por um eixo ou feixe de Luz.

Quer tenha realizado o primeiro ou o segundo método de prática de Chakra Mudra/Mantra, termine o exercício passando alguns minutos a visualizar os seus Chakras iluminados de dentro da sua Aura nas suas respetivas cores. Veja-os mais brilhantes do que nunca. Se tivesse realizado o segundo método de prática, cada um dos Chakras estaria ligado por um feixe de luz. A prática do Chakra Mudra/Mantra está agora completa. Pode abrir os olhos e recuperar a consciência plenamente desperta.

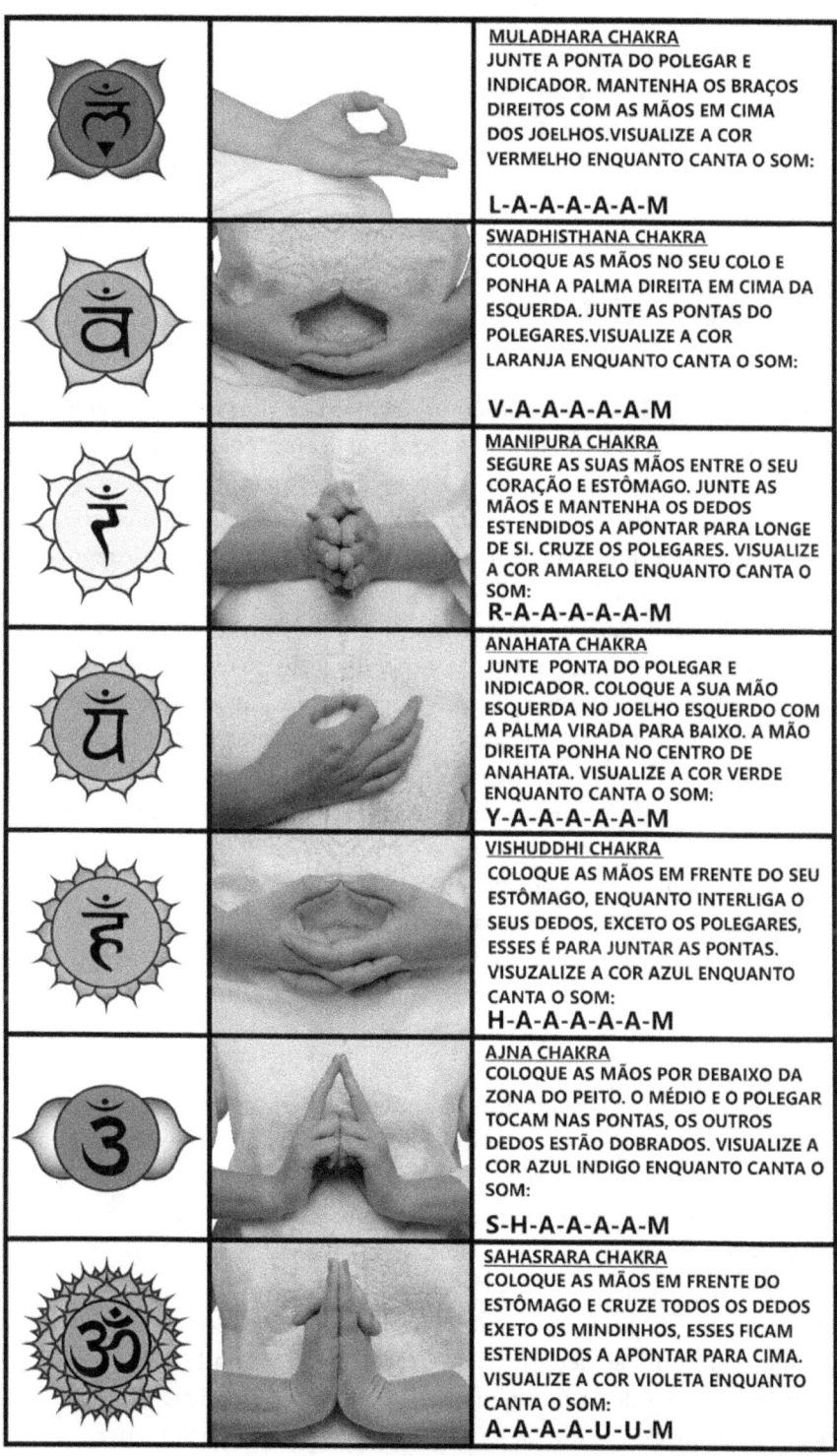

Figura 141: Mudras/Mantras dos Sete Chakras

MEDITAÇÃO (DHYANA)

O estilo de vida rápido e multitarefa dos ocidentais deu origem a condições de saúde mental tais como ansiedade, depressão, e stress crónico. Por esta razão, as práticas holísticas mente-corpo, tais como o Ioga e a meditação atenta, tornaram-se populares no Ocidente como técnicas de redução do stress que acalmam o sistema nervoso e aumentam os níveis de dopamina e serotonina no cérebro. O resultado é um aumento da felicidade e uma mente e corpo saudáveis.

Por definição de dicionário, "meditação" significa envolver-se em contemplação ou reflexão. Envolve estar atento e presente aqui e agora, o que aumenta a consciência ao tocar no reino da consciência pura. É um processo que nos obriga a virar a nossa mente para dentro e a unificarmo-nos com uma realidade superior, substancial e salutar.

A meditação é uma viagem em direção à união do Eu com o Espírito interior. É a busca de uma verdade superior que só a intuição pode compreender, exigindo-nos que superemos a nossa inteligência limitada e as nossas emoções pessoais e estabeleçamos uma ligação permanente com a nossa verdadeira essência.

Passar pela prática meditativa alivia o condicionamento subconsciente que nos impede de ser a melhor versão de nós próprios. A meditação restabelece a mente, o que é útil para as pessoas ultrapassarem maus hábitos e vícios nocivos. Também nos reconectamos com a Alma indo para dentro, o que redireciona a nossa bússola moral se nos tivermos desviado.

A meditação traz clareza mental e acalma as nossas emoções, o que tem um efeito curativo em todos os aspetos das nossas vidas, incluindo as relações pessoais. Liberta tensão interior e ansiedade e recarrega-nos com uma nova fé no Universo e amor por nós próprios e pelos outros. A nível físico, a meditação baixa o ritmo cardíaco, melhora o sistema imunitário e equilibra os Sistemas Nervosos Simpáticos e Parassimpáticos, trazendo coerência ao corpo.

A meditação ajuda as pessoas a alcançar a paz mental e o equilíbrio, o que é necessário para funcionar melhor na sociedade. Esta prática não tem nada a ver com a fuga para um Mundo Interior e o abandono das responsabilidades no domínio material, mas sim com encontrar o nosso núcleo e alcançar uma felicidade genuína e duradoura. Ao fazê-lo, desenvolvemos uma base adequada na vida que torna tudo o que fazemos a partir desse ponto mais fácil.

A meditação é frequentemente o resultado de pessoas que chegam a um beco sem saída na sua busca de felicidade através da satisfação dos desejos do seu Ego. À medida que nos tornamos condicionados a associarmo-nos ao Ego na nossa adolescência, esta crença continua a prevalecer nos nossos primeiros anos de vida adulta até concluirmos que alcançar a felicidade suprema exige que vamos além do Ego para encontrarmos o Espírito dentro de nós. É isto que significa tornar-se Espiritual e discernir entre a ilusão e a realidade, e a meditação é o método mais ideal para alcançar esse objetivo.

PRÁTICA DE IOGA E MEDITAÇÃO

A meditação é o sétimo membro ou passo do Ioga, Dhyana, como delineado no Patanjali's *Ioga Sutras*. A tentativa de retirar os sentidos (Pratyahara) e concentrar a mente (Dharana) são o quinto e sexto passos do Ioga, que conduzem à meditação. Os terceiro e quarto passos (Asanas e Pranayama) ajudam a equilibrar as nossas energias masculinas e femininas e a acalmar a mente, o que leva a ir para dentro, um pré-requisito para a meditação.

Uma vez que aprendemos a meditar, temos uma técnica para contactar o nosso Eu interior, o Espírito, permitindo-nos alcançar o oitavo e último passo do Ioga-Samadhi-Eu-identificação com a Consciência Cósmica. Samadhi implica a libertação, ou Iluminação, onde o sujeito e o objeto se tornaram Um.

Uma vez que a meditação requer concentração mental, o controlo sobre Prana Interior é crucial. Podemos consegui-lo através de posturas mediadoras estabilizadas (Asanas) e regulação da respiração (Pranayama). Pessoas com perturbações mentais ou emocionais, tais como esquizofrenia, psicose, bipolar, PTSD, etc., devem concentrar-se primeiro em Asanas e Pranayama para equilibrar as suas energias, uma vez que é útil para superar as tendências negativas da mente antes de tentar a meditação profunda.

Abrir novas portas da psique quando a mente não é saudável e forte pode ser assustador para muitas pessoas. Afinal de contas, uma grande parte da meditação está a desligar-se das atividades da mente e a separar-se dos nossos pensamentos. É essencial desenvolver a coragem e a fé para enfrentar o desconhecido, o que transmuta o medo em energia positiva que promove a nossa Evolução Espiritual. Por esta razão, práticas de Ioga como asanas, Pranayama, Mudras e Mantras são frequentemente usadas lado a lado com a meditação, uma vez que preparam a mente e o corpo para alcançar estados de consciência mais elevados.

Por exemplo, os Mudras ajudam a manipular as nossas energias interiores, promovendo o bem-estar físico, mental e emocional enquanto os Mantras invocam/evocam a energia transcendental na Aura, elevando a consciência acima do nível do corpo e do

Ego. Assim, os Mantras são primordiais na prática da meditação, especialmente quando um indivíduo necessita de assistência para acalmar a mente e ligar-se a um poder superior.

Devido à sua eficácia, dediquei a maior parte desta secção às técnicas Ioga de Asana, Pranayama, Mudra, e Mantra. O seu domínio destina-se a preparar o corpo, mente e Alma para a meditação, o que leva à unidade com o Espírito - a energia Fonte do Criador.

A regulação do próprio estilo de vida, incluindo a implementação de uma dieta saudável, é parte da preparação da mente para a meditação. O primeiro e segundo passos do Ioga, Yamas (Autocontenção) e Niyamas (Observação Interior), exigem que estejamos conscientes dos nossos pensamentos, emoções e ações, e que os controlemos. Como diz o antigo aforismo grego: "Conhece-te a ti mesmo". Só quando tivermos aprendido as tendências dos nossos Egos, a nossa natureza interior automática, poderemos começar a tentar mudar e geri-lo para nos abrirmos à energia Espiritual.

Em última análise, a meditação leva a tornar-se a encarnação do Amor Divino. O Amor Divino é a essência do Espírito, que sentimos de forma tangível nos nossos corações como uma emoção. Por esta razão, abrir o centro do coração, ou Chakra do Coração, é um dos objetivos da meditação. Quando o Anahata Chakra é preparado através de práticas Ioga aliadas ao desenvolvimento da moral e da ética, um influxo de energia Espiritual vem do Sahasrara Chakra acima, resultando numa permanente transformação da consciência. Quando isso ocorre, o aspirante alcançou o objetivo final do Ioga-união com a Divindade.

TRÊS MÉTODOS DE MEDITAÇÃO

Tal como existem várias disciplinas espirituais para alcançar a Iluminação, há muitas maneiras de meditar. Neste capítulo, mencionarei três métodos primários de meditação que considerei mais úteis, embora existam muitos mais, alguns dos quais discuto noutras secções deste livro. Além disso, a meditação não tem de ser estacionária, uma vez que caminhar também pode ser um exercício meditativo, se praticarmos com atenção. Qualquer atividade que o torna presente aqui e agora e o sintoniza com a energia Espiritual constitui uma forma de meditação.

O primeiro tipo de meditação que encontrei muito poderosa requer concentração num objeto específico fora de si e olhar para ele com os olhos abertos. As escolhas sobre o que meditar são ilimitadas. Ajuda a começar com um objeto simples como uma chama de vela (como dado neste capítulo) e a progredir para um mais elaborado, como uma estátua da Deidade.

Este tipo de meditação visa focar a sua mente sem interrupção e tornar-se um com o objeto, o que tem efeitos espirituais muito positivos. Ao concentrar-se e concentrar-se no objeto, a sua atenção será desviada da sua mente subconsciente e projetada para fora de si, aumentando a sua consciência do seu ambiente.

Esta mediação destina-se não só a estimular o seu Olho da Mente, mas também a despertá-lo plena e permanentemente. Por esta razão, quando se concentra num objeto mais intrincado, como uma estátua de uma Deidade, descobrirá que quanto mais tempo fizer esta prática, o seu sentido Astral despertará para que possa sentir, tocar, cheirar, até mesmo provar a estátua com a sua mente.

O segundo tipo de meditação emprega o uso do som (Mantras) para focalizar a mente. Mantras são palavras, frases ou afirmações particulares, cuja repetição durante a meditação eleva a consciência a estados mais elevados. No Ioga, o ato de repetir um Mantra com o uso de contas Mala é chamado Japa, derivado da palavra sânscrita "jap", que significa "pronunciar em voz baixa, repetir internamente". "

Recitar audivelmente uma oração durante a meditação também constitui um Mantra, que deve soar com propósito e sentimento profundo para efeitos ideais. A intenção e o foco mental são cruciais quando se repete qualquer Mantra, tal como a tonalidade da voz. Por exemplo, cantar envolve ritmo e tom, o que coloca a mente e o corpo num estado de transe quando executado corretamente. Cantos e hinos religiosos são Mantras que nos inspiram e transportam para um estado de consciência alargado, facilitando um despertar Espiritual. Discutirei os Mantras com mais detalhe no próximo capítulo desta secção.

O terceiro tipo de método de meditação envolve a visualização. As meditações de visualização são muito populares e eficazes, enquanto são fáceis de praticar. Para empregar este tipo de meditação, tudo o que tem de fazer é escolher um objeto para meditar e visualizá-lo de olhos fechados. A meditação visual estimula o Olho da Mente, uma vez que envolve a Luz Astral, que é a base de todas as imagens visuais.

Uma poderosa adaptação deste exercício é visualizar uma Deidade, tal como um Deus ou uma Deusa, a partir de um panteão à sua escolha (Figura 142). Não só receberá os efeitos esperados de uma meditação de visualização, como poderá imbuir na sua Aura as características energéticas da Divindade que imaginou.

Para efeitos ideais, é melhor ter o objeto real à mão, tal como a estátua da Deidade escolhida. Pode segurar o objeto para sentir a sua energia ou colocá-lo ao nível dos olhos à sua frente enquanto examina todos os seus intrincados detalhes e toma nota dos mesmos mentalmente. Depois, deve fechar os olhos e imaginar o que acabou de ver, enquanto se concentra e se concentra em segurar essa imagem no Olho da sua Mente sem interrupção.

Ao iniciar a prática da meditação visual, pode concentrar-se num ponto, linha, quadrado ou círculo e depois reproduzir a imagem no Olho da sua Mente através da imaginação. Contudo, concentrar a sua atenção num objeto tridimensional tem efeitos específicos que não pode alcançar com um plano bidimensional, tal como o despertar completo dos seus sentidos astrais.

Para começar a meditar num objeto tridimensional, comece com algo simples como uma peça de fruta, e depois avance para uma forma mais complicada, como uma estátua da Deidade. Além disso, tenha em mente que todas as cores têm vibrações diferentes, e ao visualizar uma cor, invoca a sua energia correspondente na sua Aura a um nível subtil.

Portanto, preste atenção à forma como uma meditação de visualização o faz sentir quando as cores estão envolvidas.

Figura 142: Meditação de Visualização

PASSOS DE MEDITAÇÃO

Ao planear uma meditação, certifique-se de que o faz num local calmo e agradável quando souber que não será perturbado. Muitas pessoas gostam de usar incenso para limpar o seu espaço de energia negativa, tornando-o assim sagrado. O incenso também contém propriedades específicas que elevam a mente e a preparam para a meditação. Certifique-se de queimar o incenso antes de preparar o espaço, e não durante a meditação, pois pode interferir com a respiração e ser uma distração.

Sábio, Incenso e Sândalo são o incenso mais popular devido às suas propriedades curativas e efeitos calmantes. Também são conhecidos por ativarem o Ajna Chakra, que é um pré-requisito para a meditação. No entanto, o meu favorito pessoal é o incenso indiano Nag Champa, que tem um aroma agradável e de alta qualidade vibracional.

As manhãs são normalmente a melhor altura para meditar, especialmente com o estômago vazio. Uma vez que se traga comida para o corpo, espera-se pelo menos quatro a seis horas antes de meditar, uma vez que o corpo estará a trabalhar arduamente para digerir alimentos que se transformam em Prana que alimenta o sistema. A meditação à noite também é aconselhada uma vez que estamos mais relaxados naturalmente - a meditação antes de dormir facilita um estado mental calmo e equilibrado, promovendo um sono saudável.

Se fizer da meditação uma parte da sua prática de Ioga, poderá descobrir que é suficiente atribuir-lhe cinco a dez minutos, o que deve ser feito logo no final. Contudo, ao meditar independentemente da sua prática de Ioga, um período de quinze a vinte minutos é ótimo e produzirá os melhores resultados. Tenha em mente que quanto mais tempo lhe dedicar, melhores serão os seus resultados.

As meditações são geralmente realizadas enquanto se está sentado, embora também se possa meditar em pé, a pé, ou deitado. Embora, os principiantes devam evitar deitar-se enquanto tentam meditar, uma vez que a deriva para o sono é comum com pessoas inexperientes.

Sukhasana, Siddhasana, e Padmasana são as poses meditativas recomendadas que variam dependendo da sua flexibilidade. Ao praticar estes Asanas meditativos, deve colocar as mãos sobre os joelhos na Jnana ou no Chin Mudras.

Sentar-se numa cadeira também funciona e não é menos eficaz na tentativa de meditar. Os principiantes podem achar que é a melhor opção, uma vez que as cadeiras fornecem o apoio necessário para que as costas e a coluna vertebral se concentrem mais no próprio processo de meditação. Também se pode ajoelhar no chão, com ou sem almofada para os joelhos, o que achar mais confortável.

Qualquer que seja a postura que escolher, a chave é que as costas e a coluna vertebral sejam mantidas direitas durante a meditação enquanto mantém as mãos de lado, permitindo a canalização ótima de Prana e dos Chakras. Além disso, quando está de pé, o corpo está mais relaxado e firme, o que aumenta a sua capacidade de se concentrar e ir para dentro.

Depois de escolher a postura de meditação e o seu ponto de concentração, o próximo passo a focar é a respiração. A técnica Pranayama Respiração Ioga é ideal, onde a atenção é colocada na respiração Diafragmática e Torácica, uma vez que a expansão do abdómen maximizará a ingestão de oxigénio, enquanto imobiliza as suas energias interiores. Este tipo de respiração ativa todo o sistema Chakras, incluindo os dois Chakras mais baixos, Muladhara e Swadhisthana. As pessoas que respiram naturalmente apenas através do peito envolvem os Chakras superiores e médios, deixando os cruciais Chakras da Terra e da Água na sua maioria sem uso, resultando num estado mental desequilibrado que dá origem a stress e ansiedade.

A respiração permite-lhe controlar o processo de meditação; portanto, esteja atento à sua inalação e exale o tempo todo. A sua respiração deve ser lenta, profunda, e rítmica. Assegure-se de manter uma compostura relaxada e calma. Se perder o controlo sobre a sua respiração, não entre em pânico; em vez disso, traga-a de volta ao controlo e retome o seu ritmo.

Enquanto medita, descobrirá que os seus pensamentos vagueiam frequentemente. Não fique alarmado; é uma parte natural do processo. De facto, quanto mais se concentrar no objeto escolhido, especialmente com os olhos fechados, o seu Ego fará tudo o que estiver ao seu alcance para sabotar as suas tentativas. Meditar não é acalmar os pensamentos do Ego, mas aprender a não os ouvir, mantendo o foco na tarefa em mãos.

As meditações Mantra são úteis para principiantes, uma vez que lhe permitem redirecionar os seus pensamentos em vez de esvaziar a sua mente, silenciando-os. Quando se encontra distraído pelos seus pensamentos, regresse ao ponto de focalização escolhido ou desvie a sua mente, colocando a sua atenção de novo no seu Mantra. Também pode usar a sua respiração para recuperar o controlo sobre a mente, redirecionando a sua atenção para ela quando a mente vagueia.

No início, pode sentir-se desconfortável enquanto medita. O seu corpo vai contrair-se, cólicas, as suas pernas vão adormecer, ou vai desenvolver impaciência e até agitação. Não se assuste quando isto acontecer, pois é um sinal de que a sua meditação está a funcionar. Descobri que enquanto aprende a meditar, a primeira corcunda a ultrapassar é aprender a relaxar o seu corpo, pois é o Ego que utiliza o corpo para o distrair e dissuadir do seu objetivo. Descobrirá que quanto mais vezes repetir o processo de meditação, mais fácil se tornará.

Quando a sua meditação começar a funcionar, o Ego perderá, por enquanto, o domínio sobre a mente, resultando num elevado estado de consciência. O efeito será uma mente silenciosa e calma com pensamentos puros no fundo, desprovidos de significado pessoal. Quando tiver chegado a este ponto crítico, mantenha-o o máximo de tempo possível. Quanto mais vezes conseguir chegar a este ponto durante a meditação, mais fácil se tornará afinar fora do seu Ego e elevar a vibração da sua consciência. Após algum tempo, poderá desenvolver a capacidade natural de o fazer mesmo sem meditação, o que lhe permitirá contactar instantaneamente o seu Eu Superior para receber a sua orientação e sabedoria.

Finalmente, trabalhe na purificação da sua mente na vida diária. Quanto mais se desenvolve um carácter forte e uma natureza moral e ética, o processo de meditação torna-se mais acessível. Seja persistente e determinado a levar por diante as suas meditações, mesmo que pareça que não está a chegar a lado nenhum. Se desistir demasiado cedo, perderá os incríveis benefícios da meditação, que são intermináveis. À medida que o dia se segue à noite, saiba que alcançará o objetivo das suas meditações se o mantiver regularmente e seguir os passos prescritos.

MEDITAÇÃO CHAMA DA VELA (TRATAKA)

Trataka em Sânscrito significa "olhar" ou "olhar", uma vez que esta prática envolve olhar firmemente para um pequeno objeto como um ponto negro, uma chama de vela, uma estátua de uma Deidade, e um desenho geométrico como uma mandala ou um Yantra. Uma chama constante de uma vela (Figura 143) é um íman natural para os olhos e a mente e é considerada a mais prática e segura. Como tal, é mais amplamente utilizada pelos Iogues.

Trataka é uma técnica de Hatha Ioga que se enquadra na categoria de Shatkarma (Sânscrito para "seis ações"), que são seis grupos de práticas de purificação do corpo através de meios Ioga. O objetivo de Shatkarmas é criar harmonia entre o Ida e Pingala Nadis, criando assim um equilíbrio entre os seus estados mental, emocional e físico. Trataka é a ciência Shatkarma da visão.

Os olhos são as "janelas da Alma", o meio através do qual as nossas mentes comunicam com o ambiente externo. Eles permitem na Luz, iluminando o Eu interior. Trataka é uma técnica que nos permite olhar dentro das nossas mentes e Almas através dos olhos. Uma vez que as nossas mentes se envolvem constantemente com aquilo para que os nossos olhos olham, a consciência uni focalizada de Trataka permite-nos acalmar a mente subconsciente, alimentada pelo Ego. À medida que o Ego entra em neutralidade, os seus padrões de pensamento contínuo abrandam, o que permite que a consciência se eleve e entre em estados de mente mais elevados.

Aquietar a mente e os seus padrões de pensamento é um pré-requisito para a meditação (Dhyana). Ao focar o seu olhar numa chama de vela, está a ativar o Ajna Chakra, que não só tem um efeito calmante na mente como é a porta de entrada para estados de consciência mais elevados. Como tal, com a prática regular do Trataka, as capacidades psíquicas aumentam, tal como a intuição, permitindo níveis mais elevados de compreensão dos mistérios da Criação.

Com Trataka, a mente torna-se purificada e revigorada, aumentando a concentração (Dharana) e erradicando todas as questões associadas com os olhos e a visão. Além disso, o ritmo cardíaco e respiratório e a atividade de outros órgãos abrandam, promovendo o rejuvenescimento através de Prana interior.

Trataka equilibra os Sistemas Nervosos Simpático e Parassimpático, aliviando a tensão nervosa. Além disso, as áreas adormecidas do cérebro são estimuladas com a prática regular de Trataka, enquanto as áreas dominantes de atividade têm a oportunidade de se recarregarem, promovendo um cérebro saudável. Finalmente, a prática regular de Trataka melhora a qualidade do sono ao acalmar a mente enquanto trata a depressão e outras questões mentais e emocionais.

Trataka deve ser praticado no final da sua sequência de Ioga, depois de Asanas, Pranayamas, Mudras, e Bandhas. Quando praticado por si só, é mais bem praticado pela manhã, quando a mente está tranquila, e os olhos estão mais ativos. Também pode ser executado à noite, antes de dormir. Evite Trataka de estômago cheio, como é o caso de todas as práticas Ioga.

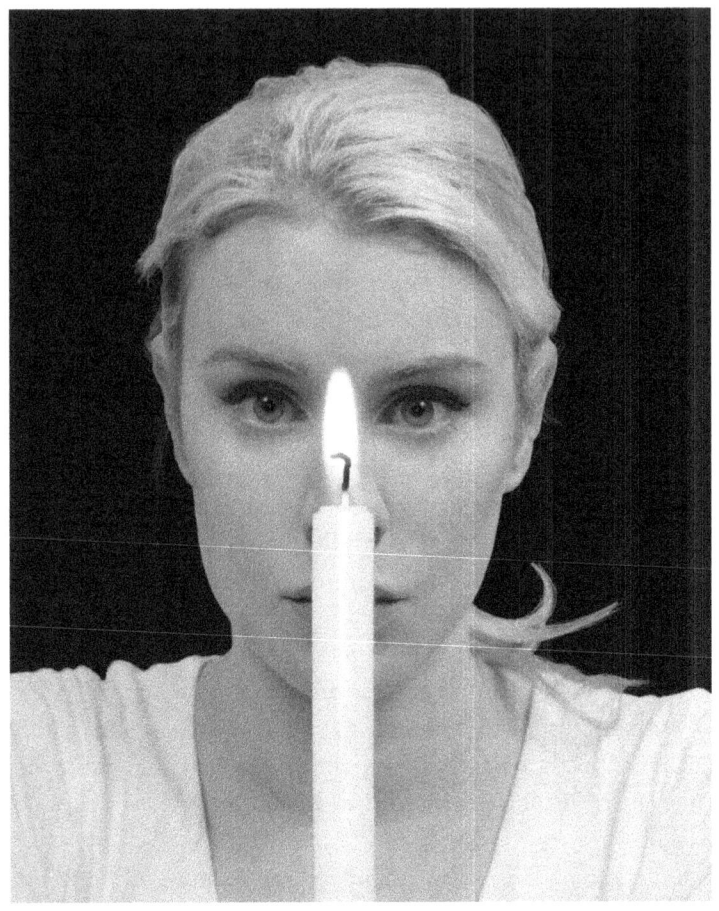

Figura 143: Meditação Chama da Vela (Trataka)

Para iniciar a meditação Trataka, sente-se numa sala escura onde não será perturbado durante a duração do exercício. Em seguida, acenda uma vela e coloque-a sobre uma pequena mesa aproximadamente dois a três pés à sua frente ao nível dos olhos (Figura 144). Certifique-se de que não há correntes de ar nas proximidades que possam afetar o movimento da chama da vela.

Sente-se em qualquer Asana de meditação confortável com as mãos sobre os joelhos em Jnana ou Chin Mudras. A sua coluna vertebral e cabeça devem ser mantidas direitas. Feche agora os olhos enquanto relaxa o seu corpo, especialmente os olhos. Assegure-se de que o corpo é mantido estável durante todo o exercício.

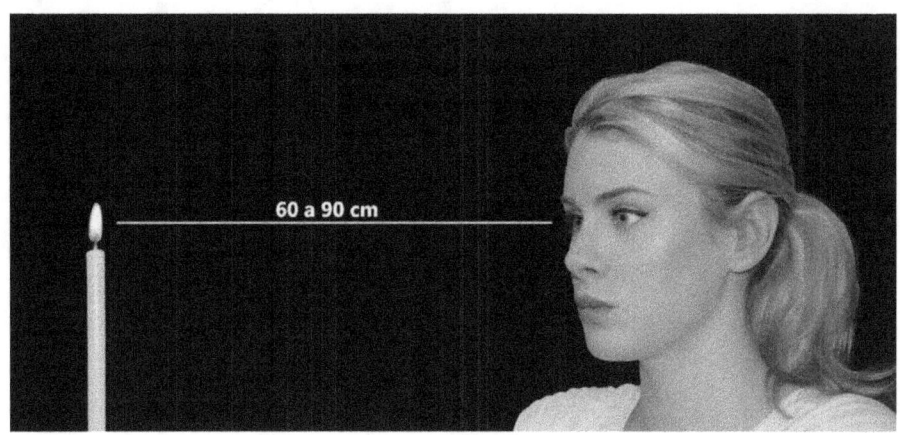

Figura 144: Posicionamento da Vela

Abra agora os olhos e comece a olhar para a chama da vela. O seu ponto ideal de contemplação é a ponta vermelha do pavio. Mantenha o olhar o máximo de tempo possível, evitando piscar ou mover os globos oculares de qualquer forma. Não esforçar os olhos, pois a tensão pode fazê-los cintilar. Parar se os olhos começarem a regar.

Ao tornar-se um com a chama, deverá perder a consciência de todas as sensações corporais. O seu Ser tornar-se-á exteriorizado, afastando-o de toda a distração da mente. Se a mente começar a vaguear e a sua concentração baixar, volte a concentrar-se na chama da vela.

Após um a dois minutos, feche os olhos e olhe para a pós-imagem da chama no espaço à sua frente. Se a pós-imagem começar a mover-se de um lado para o outro ou para cima e para baixo, pode estabilizá-la concentrando-se com mais força. Quando a imagem começa a desvanecer, traga-a de volta através da memória. Quando desaparecer por completo, abra os olhos e comece a olhar novamente para a chama da vela.

Repita este processo três a quatro vezes se for um principiante, não demorando mais de dois minutos no total. Quando estiver pronto para terminar o exercício, esfregue as mãos durante cinco segundos para gerar Prana e depois coloque-as sobre os olhos durante dez segundos para as absorver. Termine sempre a meditação Trataka desta forma, que fornece energia curativa aos seus olhos.

À medida que se vai adquirindo mais experiência com a meditação Trataka, aumente a sua duração até dez minutos. As pessoas com insónia, depressão, ou outras questões mentais e emocionais devem dedicar até vinte minutos a este exercício.

Note-se que as pessoas que sofrem de glaucoma, epilepsia, ou de doenças oculares graves não devem praticar Trataka. Em vez disso, podem substituir o seu ponto de foco por um ponto negro, realizado numa sala bem iluminada. Embora a meditação de um ponto negro produza benefícios semelhantes aos do Trataka, é menos potente uma vez que omite o foco na pós-imagem, que efetivamente abre o Olho da Mente com uso regular.

IOGA E OS CINCO ELEMENTOS

O Ioga ajuda-nos a purificar e equilibrar os Cinco Elementos da Terra, Água, Ar, Fogo, e Espírito (Espaço). Ao fazê-lo, restaura estes Elementos à sua saúde ótima dentro do corpo e desdobra os nossos poderes e capacidades interiores que correspondem a cada Elemento. No entanto, como cada um dos Cinco Elementos é responsável por diferentes estruturas no corpo, podem ocorrer doenças e sofrimento psicológico se qualquer Elemento se tornar impuro ou cair fora de equilíbrio com outro Elemento.

Uma vez que o Elemento Terra ("Bhumi" em Sânscrito) diz respeito a todos os sólidos, corresponde ao corpo físico, nomeadamente ao sistema esquelético e muscular. O Elemento Terra inclui todos os tecidos do corpo, incluindo a pele, os dentes, as unhas, e o cabelo. O corpo físico é o veículo da nossa consciência e da nossa fundação que nos fundamenta no Planeta Terra.

O Elemento Água ("Jala" em Sânscrito) refere-se a todos os fluidos; 60% do nosso corpo físico é constituído por água, que se move através de nós através do nosso sistema circulatório. Também podemos encontrar água no nosso cérebro, coração, pulmões, músculos, rins, e até mesmo ossos. Além disso, o nosso sangue, suor, saliva, urina, sémen, e fluidos vaginais e uterinos também contêm água. A nossa saúde física e mental depende do fluxo de água do nosso corpo, uma vez que o Elemento Água regula a consciência.

O Elemento Fogo relaciona-se com a digestão e o metabolismo e preocupa-se com a fome, a sede, e a nossa necessidade de dormir. O fogo é chamado "Agni" em Sânscrito, o Deus do Fogo no Hinduísmo. Na prática de Asanas, Agni refere-se ao calor e calor interno que é gerado em posturas específicas. O Elemento Fogo diz respeito às nossas Almas, a nossa fonte de Luz que tem o poder de criar e destruir.

O Elemento Ar ("Pavan" em Sânscrito) relaciona-se com o nosso sistema respiratório e preocupa-se em expandir e contrair Prana no corpo. Prana é a energia da Luz, a Força Vital que todos os organismos vivos necessitam para sobreviver. O ar à nossa volta transporta energia Prana; o mero ato de respirar traz Prana para o corpo. A energia Prana é também necessária para alimentar a mente. Por esta razão, o controlo da respiração (Pranayama) é essencial em todas as práticas Ioga, uma vez que um dos objetivos do Ioga é focar a mente e tornar-se Autoconsciente.

Espírito/Espaço Elemento ("Akasha" em Sânscrito) potencia as nossas funções cognitivas internas. É a nossa fonte de amor, verdade, sabedoria, inspiração e fé. Contudo, a energia do Espírito pode tornar-se corrompida pela ausência de razão e pensamento ilógico, o que cria medo. O nosso maior medo relaciona-se com a sobrevivência no Plano Físico, como o nosso medo primordial da morte. Tememos a morte porque não podemos saber com certeza o que acontece quando morremos, uma vez que não temos memórias para além desta vida. Como é Eterno e intemporal, o Espírito dá-nos fé na vida após a morte - a continuação da nossa existência para além da morte. A melhor maneira de experimentar a energia do Espírito é silenciar a mente e ir ao fundo do assunto. A meditação é a melhor maneira de nos sintonizarmos com o Espírito dentro de nós para induzir paz de espírito e felicidade enquanto trazemos inspiração para a nossa vida diária.

ATIVAÇÃO E EQUILÍBRIO DOS ELEMENTOS

Existe uma ordem natural dos Elementos no corpo. Enquanto nos empenhamos em Asana, Pranayama, Mudra, Mantra, e meditação, praticar a consciência dos Elementos no corpo permite-nos canalizar Prana para os seus centros Chakras correspondentes. Ao ativar os nossos poderes Elementais, podemos alcançar o equilíbrio na mente, corpo e Alma.

Os Elementos Terra e Água estão abaixo do umbigo. Sempre que concentramos a nossa atenção na nossa região pélvica, seja através do movimento, meditação, ou técnicas respiratórias, estimulamos estes dois Elementos a entrar em ação.

Asanas estacionárias facilitam a estabilidade, aprofundando a nossa ligação com a Terra. À medida que o nosso corpo físico se imobiliza, estabelecemos a nossa base física, ligando assim com o Elemento Terra. Os nossos músculos tornam-se flexíveis enquanto as articulações se tornam estáveis. O próprio corpo torna-se forte e firme. Os asanas ligam-nos aos nossos pés e tornam-se conscientes da nossa linguagem corporal e dos nossos movimentos. A mente torna-se fundamentada e concentrada. Como os asanas estacionários abrandam o fogo metabólico, arrefecem o corpo e estabilizam a mente.

A transição de um Asana para o seguinte assume uma ação fluida à medida que tentamos mover-nos fluidamente através dos nossos movimentos. A nossa capacidade de segurar um Asana e depois deixá-lo ir permite que as nossas mentes se tornem adaptáveis de um momento para o outro. A graça e a resiliência que acompanham a prática dos Asana permitem-nos ligar-nos ao Elemento Água. A nossa consciência torna-se mais aberta e consciente do nosso ambiente, tirando-nos da mente e sintonizando-nos com o momento presente.

O Elemento Fogo é colocado no meio do tronco, na zona do Plexo Solar. Geralmente, o Elemento de Fogo é ativado através de Asanas dinâmicas que envolvem movimento e fluxo. No entanto, há um ponto de rutura nos Asanas estacionários quando o corpo começa a gerar calor, fazendo o corpo tremer, induzindo o suor. Este ponto de rutura é quando o Ego e a mente querem deixar de segurar o Asana. Invocar a energia e a força de vontade necessárias para continuar irá facilitar um aumento ainda mais significativo da energia dos Elementos de Fogo do corpo, resultando na queima das toxinas dos outros Elementos. De acordo com os Iogues, alguns Asanas aumentam o fogo digestivo a tal ponto que podem remover completamente as doenças do corpo.

O Elemento Ar está no meio do peito e é o nosso principal centro de Prana. Os nossos músculos, articulações, e outros tecidos de suporte expandem-se quando respiramos. Como resultado, a nossa mente abre-se através de diferentes técnicas de Pranayama, enquanto o corpo se torna leve como uma pena.

O simples ato de respirar estimula o Elemento Ar para a ação, embora com uma respiração controlada, possamos concentrar Prana em qualquer área do nosso corpo para facilitar a cura. O controlo da respiração permite ao indivíduo focar Prana interior durante a prática de Asanas. Prana é poderoso na limpeza do corpo de toxinas, uma vez que ativa o Elemento de Fogo purificador. O Elemento Água é estimulado se concentrarmos Prana na nossa área abdominal, tal como através da Respiração Diafragmática.

O Elemento do Espírito, ou Espaço, está na cabeça e é mais acessível através de técnicas de meditação, especialmente as que utilizam o Olho da Mente. Quando executamos as técnicas de Asanas e Pranayama com graça, foco e consciência dos nossos movimentos, pensamentos e emoções, infundimos amor, cuidado e dedicação na nossa prática que ativa o Elemento do Espírito.

A utilização de uma sequência equilibrada de Asanas que incluem movimento e quietude tem enormes benefícios no equilíbrio dos Elementos. Permite-nos regular o Elemento Fogo e harmonizar os Elementos Terra e Ar, que são inimigos naturais - como o corpo lida com o aterramento, a mente lida com os pensamentos. Enquanto um é sólido (Terra), o outro é Etérico (Ar). O equilíbrio entre o corpo e a mente permite a ligação com a Alma, que procura a unidade com o Espírito.

Os asanas tornam o corpo e a mente firmes e fundidos enquanto tornam os membros flexíveis. Os membros flexíveis permitem um movimento mais significativo de Prana através dos Nadis que os atravessam. Quando o Elemento Ar é otimizado no corpo, podemos adicionar o combustível necessário aos Elementos Água e Fogo. Um corpo flexível tem grandes benefícios para o sistema Chakras, o que é uma das razões pelas quais os Asanas são tão atrativos para a população em geral.

***

Uma forma eficiente e simples de equilibrar os Cinco Elementos é com os Mudras de Mão (Figura 145). Para além de aumentar ou diminuir os Elementos, cada Mudra de Mão acrescentou benefícios mente-corpo, como mencionado nas suas descrições. Para executar os Mudras de Mão para os Cinco Elementos, siga as instruções delineadas na página 376.

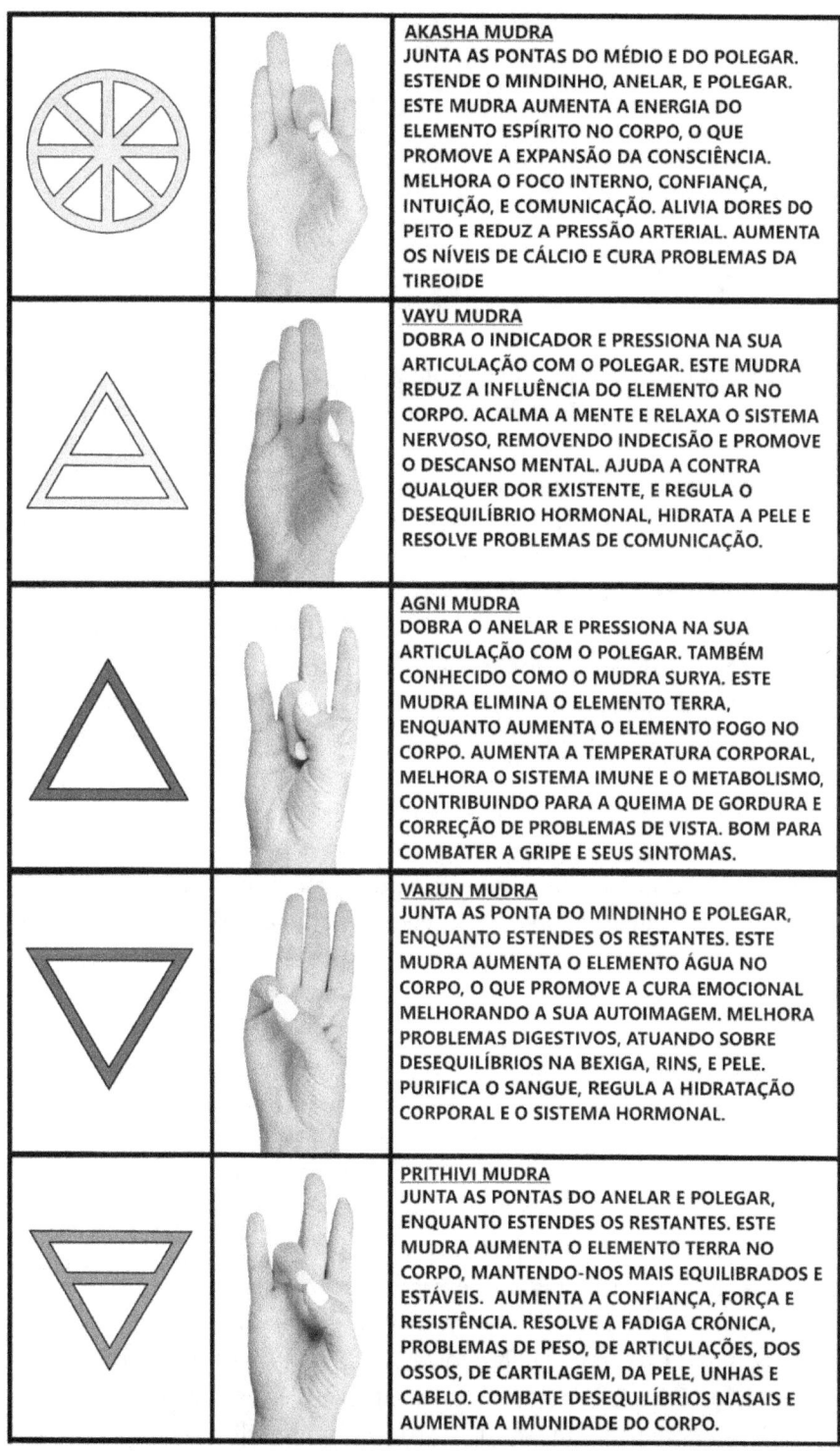

⊛		**AKASHA MUDRA** JUNTA AS PONTAS DO MÉDIO E DO POLEGAR. ESTENDE O MINDINHO, ANELAR, E POLEGAR. ESTE MUDRA AUMENTA A ENERGIA DO ELEMENTO ESPÍRITO NO CORPO, O QUE PROMOVE A EXPANSÃO DA CONSCIÊNCIA. MELHORA O FOCO INTERNO, CONFIANÇA, INTUIÇÃO, E COMUNICAÇÃO. ALIVIA DORES DO PEITO E REDUZ A PRESSÃO ARTERIAL. AUMENTA OS NÍVEIS DE CÁLCIO E CURA PROBLEMAS DA TIREOIDE
△ (com linha)		**VAYU MUDRA** DOBRA O INDICADOR E PRESSIONA NA SUA ARTICULAÇÃO COM O POLEGAR. ESTE MUDRA REDUZ A INFLUÊNCIA DO ELEMENTO AR NO CORPO. ACALMA A MENTE E RELAXA O SISTEMA NERVOSO, REMOVENDO INDECISÃO E PROMOVE O DESCANSO MENTAL. AJUDA A CONTRA QUALQUER DOR EXISTENTE, E REGULA O DESEQUILÍBRIO HORMONAL, HIDRATA A PELE E RESOLVE PROBLEMAS DE COMUNICAÇÃO.
△		**AGNI MUDRA** DOBRA O ANELAR E PRESSIONA NA SUA ARTICULAÇÃO COM O POLEGAR. TAMBÉM CONHECIDO COMO O MUDRA SURYA. ESTE MUDRA ELIMINA O ELEMENTO TERRA, ENQUANTO AUMENTA O ELEMENTO FOGO NO CORPO. AUMENTA A TEMPERATURA CORPORAL, MELHORA O SISTEMA IMUNE E O METABOLISMO, CONTRIBUINDO PARA A QUEIMA DE GORDURA E CORREÇÃO DE PROBLEMAS DE VISTA. BOM PARA COMBATER A GRIPE E SEUS SINTOMAS.
▽		**VARUN MUDRA** JUNTA AS PONTA DO MINDINHO E POLEGAR, ENQUANTO ESTENDES OS RESTANTES. ESTE MUDRA AUMENTA O ELEMENTO ÁGUA NO CORPO, O QUE PROMOVE A CURA EMOCIONAL MELHORANDO A SUA AUTOIMAGEM. MELHORA PROBLEMAS DIGESTIVOS, ATUANDO SOBRE DESEQUILÍBRIOS NA BEXIGA, RINS, E PELE. PURIFICA O SANGUE, REGULA A HIDRATAÇÃO CORPORAL E O SISTEMA HORMONAL.
▽ (com linha)		**PRITHIVI MUDRA** JUNTA AS PONTAS DO ANELAR E POLEGAR, ENQUANTO ESTENDES OS RESTANTES. ESTE MUDRA AUMENTA O ELEMENTO TERRA NO CORPO, MANTENDO-NOS MAIS EQUILIBRADOS E ESTÁVEIS. AUMENTA A CONFIANÇA, FORÇA E RESISTÊNCIA. RESOLVE A FADIGA CRÓNICA, PROBLEMAS DE PESO, DE ARTICULAÇÕES, DOS OSSOS, DE CARTILAGEM, DA PELE, UNHAS E CABELO. COMBATE DESEQUILÍBRIOS NASAIS E AUMENTA A IMUNIDADE DO CORPO.

Figura 145: Mudras das Mãos para os Cinco Elementos

AIURVEDA

A medicina holística da Aiurveda remonta à era de Veda, por volta da mesma altura em que o Ioga foi desenvolvido. Embora aparentemente não relacionados, Ioga e Aiurveda partilham a mesma cultura, filosofia, língua e metodologia e são considerados ciências irmãs pelos hindus. Enquanto as práticas Ioga lidam com a harmonização da nossa mente, corpo e alma, a Aiurveda fornece uma compreensão das nossas constituições físicas e mentais e como a dieta e o estilo de vida afetam o nosso corpo e mente.

A base da Aiurveda é a teoria da "Tridosha" (Sânscrito para os "Três Doshas"), as três forças ou "humores" no corpo - Vata (vento), Pitta (bílis), e Kapha (catarro). Vata governa o movimento no corpo, Pitta governa a digestão e nutrição, e Kapha é a energia que forma a estrutura, massa e fluidos do corpo. Embora os Três Doshas influenciem principalmente o nosso corpo físico, têm também contrapartidas subtis que afetam a mente e os Cinco Koshas: Prana, Tejas, e Ojas. As atividades dos nossos corpos e mentes estão dependentes do bom funcionamento dos Três Doshas. Quando estão desequilibrados, contribuem para os processos da doença.

Os Tridosha são também responsáveis pelas preferências individuais nos alimentos, incluindo sabores e temperaturas. Eles regem a criação, manutenção e destruição do tecido corporal e a eliminação de resíduos de produtos do corpo. São também responsáveis por processos psicológicos, desde as emoções negativas baseadas no medo até às emoções amorosas.

Aiurveda também inclui a ciência das 108 Marmas ou pontos de energia no corpo. Os pontos de Marma são pontos vitais no corpo que são infundidos por Prana e influenciados pela consciência. Há muitos benefícios em trabalhar com pontos de Marma, incluindo, mas não limitados a: eliminação de bloqueios psicológicos e emocionais, melhoria da circulação e fluxo de energia, alívio da dor muscular e rigidez articular, e alívio da tensão e ansiedade.

As essências dos Três Doshas surgem dos Cinco Grandes Elementos, chamados de "Panchamahabhuta" em Aiurveda (Sânscrito). Cada um dos Três Doshas é uma combinação de dois dos Cinco Elementos: Vata é Ar (Vayu) e Espírito (Akasha), Pitta é Fogo (Agni) e Água (Jela), e Kapha é Terra (Prithivi) e Água (Jela), como mostra a Figura 146. Os Três Doshas dependem um do outro para o equilíbrio e a saúde da mente e do corpo. Por exemplo, o princípio do ar acende o fogo corporal enquanto a água o controla, impedindo que os tecidos corporais se queimem. O ar também move a água; sem Vata Dosha, Pitta e Kapha são imóveis.

As pessoas também podem ser Bi-Doshic ou mesmo Tri-Doshic, o que significa que partilham qualidades com dois ou três tipos de Doshic. Assim, há um total de sete tipos de constituições na Aiurveda: Vata, Pitta, Kapha, Vata-Pitta, Pitta-Kapha, Vata-Kapha, e Vata-Pitta-Kapha. A compreensão dos Doshas permite-nos equilibrar as nossas energias interiores e alinhar os nossos Koshas, melhorando a nossa saúde psicológica, mental, e emocional.

No entanto, mesmo estando fadados a viver sob o governo específico de Elementos particulares nesta vida, podemos ainda flutuar nos Doshas quando ocorrem mudanças significativas na nossa psique, ambiente, dieta, clima, etc. Assim, sob certas circunstâncias e condições, um Dosha irá predominar, enquanto noutras situações, outro irá.

O princípio mais importante a ter em mente quando se trabalha com o Doshas é que, tal como os aumentos, enquanto os opostos se equilibram uns aos outros. Portanto, a alimentação, o clima e as situações que têm características semelhantes às do Doshas aumentarão as suas energias, enquanto as que têm características opostas as diminuirão. O mesmo conceito aplica-se a práticas iogues como os Asanas, Pranayamas, e Mudras de Mão, que podem equilibrar um Dosha ou agravá-lo, dependendo da natureza e mecânica do exercício realizado.

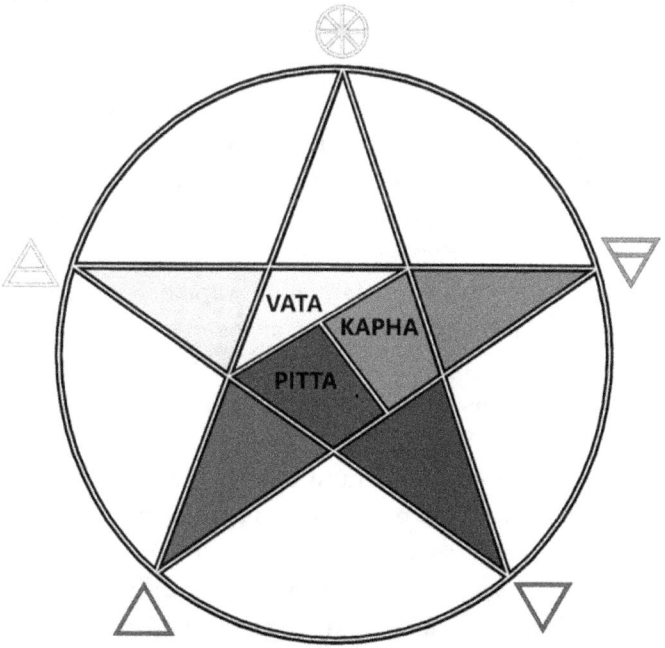

Figura 146: Os Cinco Elementos e os Três Doshas

OS TRÊS DOSHAS

Vata Dosha

Como a energia do movimento na mente e no corpo, a Vata Dosha está associada ao Elemento Ar. O Vata é seco, frio, leve, móvel, ativo, duro, fino, rugoso, errático, mutável e claro. A um nível subtil, Vata relaciona-se com Prana, sendo responsável por todas as funções psíquicas e físicas no corpo. O Prana é transportado no corpo pelos Cinco Prana Vayus, cada um desempenhando um papel específico na harmonização da mente e do corpo. Vata é considerado o mais poderoso dos Três Doshas, uma vez que transporta tanto Pitta como Kapha.

Vata regula todos os processos de movimento no corpo a um nível micro celular e macroscópico. Respirar, piscar das pálpebras, movimentos nos músculos e tecidos, e pulsações cardíacas são todos regidos pela Vata Dosha. Além disso, Vata governa o catabolismo, o processo de decomposição de moléculas grandes em moléculas mais pequenas para serem utilizadas como energia. Processos internos relacionados com o elemento ar, como a imaginação e a criatividade, são influenciados pelo Vata, incluindo emoções como a inspiração e a ansiedade.

Os tipos de Vata são governados pela segunda bainha do "Eu" material, o corpo vital - Pranamaya Kosha. A área de operação de Vata é a parte inferior do tronco que inclui o intestino grosso e a cavidade pélvica (Figura 147). Funciona também através dos ossos, pele, orelhas e coxas. Se o corpo desenvolver um excesso de energia Vata, acumula-se nestas áreas.

O Outono é conhecido como a estação Vata pelo seu clima fresco e fresco. As pessoas com Vata Dosha são normalmente subdesenvolvidas fisicamente. São magras e magras, com articulações proeminentes e veias e tendões musculares visíveis. Os tipos de Vata tendem a ter uma inocência inata e procuram uma vida Espiritual. Gostam de conhecer novas pessoas, fazer atividades criativas, e experimentar novos ambientes.

Os Vatas são altamente ativos mentalmente, rápidos, humorísticos, inteligentes e inovadores. São fortemente influenciados pelos ciclos planetário e lunar, pelo clima, pelas pessoas com quem se rodeiam, e pelos alimentos que comem. Uma vez que tendem a ter uma temperatura corporal mais fria do que a média, os Vatas desfrutam de um clima quente e húmido.

Os Vatas são competentes em multitarefas, embora tenham problemas com compromissos e com a conclusão de projetos. São geralmente infundadas, o que as torna esquecidas, mal-humoradas, stressadas, e têm dificuldade em dormir. Comem frequentemente alimentos pesados para moer e tranquilizar as suas mentes ativas e ingerem estimulantes como café e açúcar para não se queimarem, uma vez que têm baixa resistência física. As vatas são propensas a problemas digestivos e à má circulação sanguínea, tendo naturalmente uma imunidade inferior à média.

De acordo com Aiurveda, uma pessoa que domina o Vata-dominante deve implementar meditação, práticas Ioga, e outras atividades calmantes e equilibradoras na sua agenda diária. Devem manter os seus corpos quentes, evitando o tempo frio e o exercício, incluindo a realização de atividades cardiovasculares. Os Vatas devem passar regularmente tempo na natureza para se imobilizarem e adormecerem antes das 22 horas para garantir uma boa noite de sono. Como todos os tipos de Doshic, uma pessoa que domina o Vata precisa de implementar uma dieta saudável e evitar alimentos que agravem a sua condição. (Consulte a Tabela 5.) Finalmente, os tipos de Vata beneficiariam de beber bebidas quentes frequentemente, evitando estimulantes, tais como café, álcool, chocolate, e outros açúcares.

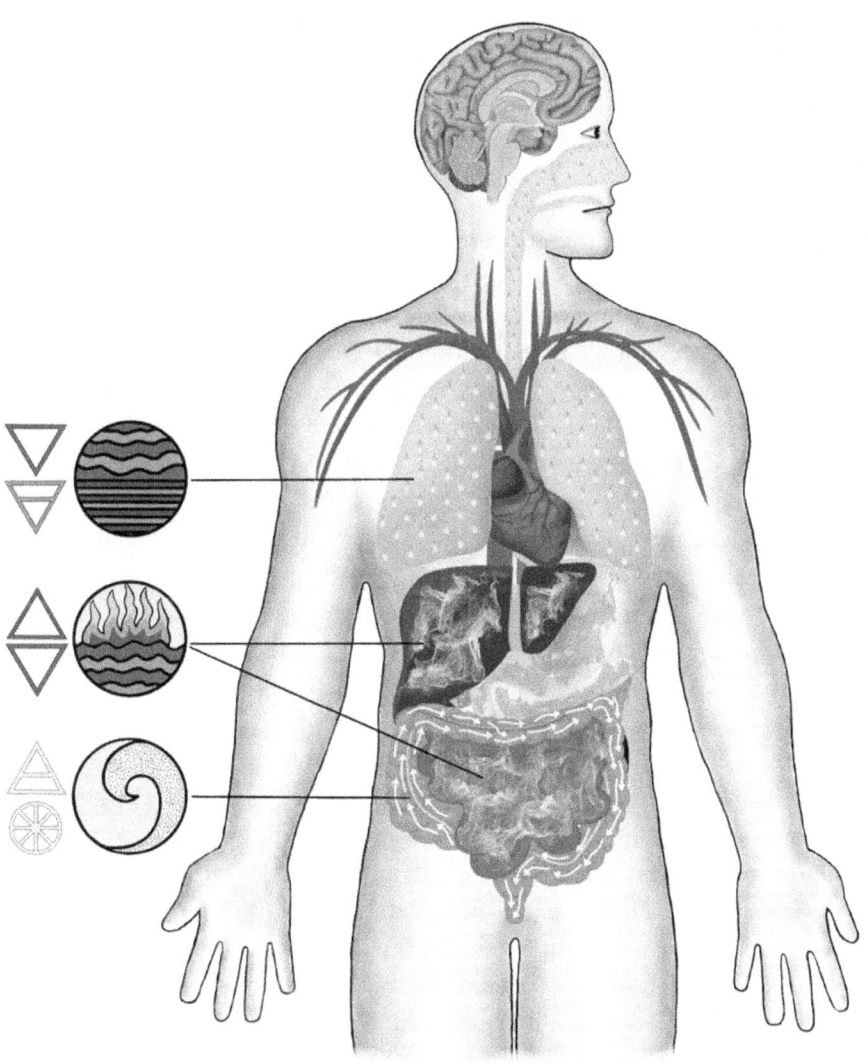

Figura 147: Os Três Doshas e Zonas Corporais

Pitta Dosha

Pitta é a energia da transformação e está, portanto, alinhada com o Elemento Fogo. Pitta é quente, oleoso, leve, móvel, fluido, afiado e com cheiro azedo. Regula a digestão, absorção, e assimilação da nutrição enquanto regula o calor corporal, a coloração da pele, e a perceção visual. A forma subtil de Pitta é Tejas ou Agni, o Fogo da mente responsável pela força de vontade, confiança, inteligência, compreensão, raciocínio, concentração, e autodisciplina.

Pitta relaciona-se com o princípio do metabolismo que trata da conversão de alimentos em energia utilizável que gere funções celulares. O metabolismo é dividido em dois processos - catabolismo e anabolismo, que são governados por Vata e Kapha Doshas.

Os tipos Pitta são governados pela mente-corpo, a terceira bainha do Eu material - Manomaya Kosha. A área de operação de Pitta é a área central do tronco que contém o estômago, fígado, baço, vesícula biliar, duodeno, e pâncreas (Figura 147). A maioria das escolas ayurvédicas também atribui o intestino delgado a Pitta em vez de Vata, uma vez que este funciona em conjunto com o fogo digestivo. Além disso, Pitta trabalha através das glândulas sudoríparas, sangue, gordura, olhos, e pele. Se houver dor em qualquer lugar perto do Plexo Solar em qualquer órgão descrito acima, a energia Pitta pode ser desequilibrada.

O Verão é conhecido como a estação de Pitta devido ao seu clima quente e dias ensolarados. Os tipos de Pitta são normalmente de altura e peso médios, com um corpo tonificado e uma estrutura moderada. Têm boa circulação sanguínea e pele e cabelo saudáveis. Uma vez que as Pittas são dominadas pelo Elemento Fogo, são inerentemente autodeterminadas, motivadas, competitivas, orientadas para objetivos, tenazes, intensas, e irritáveis. As Pittas são atléticas e têm um tempo fácil para se exercitarem. Como líderes naturais propensos à agressão e ao conflito, são frequentemente desafiados por emoções negativas, tais como dúvida, raiva, ódio e ciúme.

Os Pittas têm geralmente sempre fome com metabolismos rápidos e são predispostos a mudanças de humor se não comerem. Muitas vezes ingerem grandes quantidades de alimentos e líquidos e apreciam bebidas frias. As pittas são sensíveis a temperaturas quentes e são suscetíveis a inflamações da pele, acne, dermatite, e eczema. A sua temperatura corporal é superior à média, e as suas mãos e ração são normalmente quentes. As Pittas tendem a trabalhar demasiado, uma vez que são inteligentes e têm um forte desejo de sucesso.

A medicina ayurvédica sugere que os dominantes de Pitta precisam de cultivar a moderação em todas as coisas e não levar a vida demasiado a sério. Precisam de arranjar tempo para atividades divertidas para equilibrar a sua vida profissional, que muitas vezes domina. As Pittas devem evitar o calor extremo enquanto implementam uma dieta saudável. (Tabela 5). Meditação diária, práticas Ioga, e outras atividades espirituais calmantes e equilibradoras são recomendadas para que Pittas tranquilize o seu temperamento irritável.

Kapha Dosha

Como a energia arquetípica da Mãe Terra, Kapha Dosha fornece o material para a existência física, trazendo solidez aos Elementos subtis do corpo. Kapha é frio, húmido, oleoso, pesado, lento, baço, estático, suave, denso e nublado. Está relacionado com a água corporal que confere ao nosso corpo resistência aos Elementos exteriores para manter a longevidade a um nível celular. Kapha fornece humidade da pele, lubrificação das articulações, proteção do cérebro e do sistema nervoso, imunidade a doenças, e cura de feridas.

A forma subtil de Kapha chama-se Ojas, que é Sânscrito para "vigor". Ojas liga a consciência e a Matéria; é a energia vital fluida do Elemento Água que suporta as funções da mente. Ojas é responsável pela retenção da memória. Ele fornece-nos força mental, resistência e poderes de concentração.

Os tipos Kapha são governados pelo corpo alimentar, a primeira camada do Eu material - Annamaya Kosha. A sua área de operação é principalmente os pulmões, embora Kapha esteja também presente nas narinas, garganta, seios nasais, e brônquios (Figura 147). As emoções relacionadas com o Elemento Água, tais como amor, calma e perdão estão associadas a Kapha Dosha e sentimentos negativos como ganância e inveja. Kapha tem uma influência direta nos apegos ao Ego.

A estação de Kapha é a Primavera, quando as coisas são mais férteis, e a vida vegetal começa a crescer novamente. Kapha tem normalmente corpos bem desenvolvidos, com ossos grossos e estruturas corporais fortes. Têm apetites baixos, mas regulares e metabolismos de ação lenta e sistemas digestivos. Tendem a ganhar peso, pelo que precisam de fazer exercício regularmente. A influência dos Elementos passivos da Água e da Terra torna-os emocionalmente e mentalmente estáveis, leais, e compassivos. Raramente ficam perturbados e pensam antes de agir. Como tal, eles viajam pela vida de uma forma lenta e deliberada.

Os tipos Kapha têm uma abordagem sistemática da vida; geralmente gostam de planear as coisas em vez de serem caprichosos como os Vatas. Têm capacidades empáticas poderosas e uma forte energia sexual. Os Kaphas são pacientes, confiantes, calmos, sábios, românticos, e têm sistemas imunitários saudáveis. No entanto, são propensos a problemas respiratórios como alergias e asma e têm um risco mais elevado de doenças cardíacas e acumulação de muco do que outros tipos de Doshic. Além disso, como o Elemento Água predomina, Kaphas retêm bem a informação e são atenciosos em palavras e atos. Eles relacionam-se emocionalmente com o mundo, tornando-os suscetíveis à depressão e à falta de motivação.

Na Aiurveda, uma pessoa Kapha-dominante é aconselhada a concentrar-se em exercício regular e diário, uma dieta saudável (Tabela 5), e a manter uma temperatura corporal quente. Além disso, devem preencher o seu tempo com atividades que os inspirem e motivem enquanto estabelecem uma rotina de sono regular, uma vez que os tipos Kapha são conhecidos por adormecerem em excesso.

TABELA 4: Constituição Aiurvédica (Três Doshas)

Aspeto da Constituição	Tipo de Vata (Ar e Espírito)	Tipo Pitta (Fogo e Água)	Tipo Kapha (Água e Terra)
Altura e Peso	Alto ou Muito Curto, Baixo Peso	Peso Constante, Altura Média	Curto, mas por Vezes Alto, Pesado, Ganho de Peso Facilmente
Moldura	Fino, Magro, Esbelto	Médio, Tonificado	Grande, Baixo e Entroncado, Bem-Construído
Pele	Áspera, Tediosa, Escura, Facilmente Fendida, Seca, Fria	Suave, Firme, Rosada, Oleosa, Quente, Sardenta, Pontos Negros	Suave, Pálida, Leve, Humedecida, Oleosa, Fria, Grossa
Olhos	Afundados, Pequenos, Secos, Castanhos, Sobrancelhas Levantadas	Afiados, Penetrantes, Verdes, Cinzentos, Castanhos-Claros	Grandes, Atraentes, Azuis, Pestanas Espessas, Olhar Suave
Lábios	Lábios Pequenos e Finos, Rachados	Grossos, Médios, Suaves, Vermelhos	Grandes, Lisos, Rosados
Cabelo	Seco, Fino, Escuro, Frisado	Fino, Liso, Oleoso, Liso, Louro ou Vermelho	Grosso, Encaracolado, Ondulado, Escuro ou Claro
Dentes	Muito Pequenos ou Grandes, Irregulares, Saídos, Lacunas	Gengivas de Tamanho Médio, Suaves, Sangrentas	Cheios, Fortes, Brancos, Bem Formados
Unhas	Secas, Ásperas, Frágeis	Finas, Lisas, Avermelhadas	Grande, Macio, Branco, Brilhante
Temperatura Corporal	Menos que o normal; Palmas e Pés Frios	Mais do que o normal; Palmas, Pés e Rosto Quentes	Normal; Palmas e Pés Ligeiramente Frios
Articulações	Visíveis, Rígidas, Inabaláveis, Facilmente Quebráveis	Soltas, Moderadamente Escondidas	Firmes, Fortes, Grandes, Bem-Escondidas
Suor	Normal	Muito Facilmente, Cheiro Forte	Lento Para Começar, mas Profuso
Fezes	Duras, Secas, Duas Vezes por Dia	Suaves, Soltas, 1-2 Vezes/Dia	Bem formadas, Uma vez por Dia
Urinação	Escassa	Excessiva, Amarela	Moderada, Clara
Sistema Imunitário	Baixa, Variável	Moderado, Sensível ao Calor	Bom, Alto
Resistência	Fraca, Facilmente Exausto	Moderado, mas Focalizado	Firme, Alto
Apetite & Sede	Variável, Ingestão Rápida de Alimentos e Bebidas	Alta, Excessiva, Deve Comer Cada 3-4 Horas	Moderado, Constante, Pode Tolerar a Fome e a Sede
Preferência do Paladar	Doce, Ácido, Salgado	Doce, Amargo, Adstringente	Pungente, Amargo, Caustico
Atividade Física	Muito Ativo, Cansa-se Facilmente	Moderado, cansa-se facilmente	Letárgico, Move-se Lentamente, Não Pneu Facilmente

Temperamento/ Emoções	Medroso, Mutável, Adaptável, Incerto	Corajoso, Motivado, Confiante, Irritável	Calmo, Amoroso, Ganancioso, Apegado, Autoconsciente
Sensibilidades	Frio, Secura, Vento	Calor, Luz solar, Fogo	Frio, Humidade
Discurso	Rápido, Frequente, Desfocado, Ponto Perdido Facilmente	Focado, Direto, Bom em Argumentos, Orientado Para os Objetivos	Lento, Assertivo, Suave, Firme, Pouco Falador
Estado mental	Hiperativo, Inquieto	Agressivo, Inteligente	Calmo, Lento, Firme
Personalidade	Criativo, Imaginativo	Inteligente, Voluntarioso, Eficiente	Cuidado, Paciente, Atencioso
Social	Fazer e Mudanças Frequentemente	Os Amigos Estão Relacionados Com o Trabalho	Amizades de Longa Duração
Memória	Baixa, Esquece Facilmente as Coisas	Memória Moderada, Média	Alta, Lembra-se Bem
Horário	Horário Irregular	Longo Dia de Trabalho	Bom em Manter a Rotina
Sonhos	Céus, Ventos, Voar, Saltar, Correr	Fogo, Raio, Violência, Guerra, Vistas Coloridas	Água, Rio, Oceano, Natação no Lago, Vistas Coloridas
Dormir	Esparso, Interrompido, Perturbado, Menos de 6hrs	Variável, Som, 6-8hrs	Excesso, Pesado, Prolongado, 8hrs ou Mais
Finanças	Extravagante gastador, Gasta o Dinheiro Frivolamente	Gastador Médio, Foco em Luxuries	Frugal, Poupa Dinheiro, Só Gasta Quando é Necessário
Total	=	=	=

COMO DETERMINAR O SEU RÁCIO DE DOSHAS

Cada ser humano tem uma proporção única dos Três Doshas, dependendo de qual dos três Elementos Ar, Água e Fogo é dominante em nós. Em Sânscrito, o plano pessoal das energias que nos governam na vida é chamado "Prakriti", que significa "a forma original ou natural de condição de alguma coisa - a sua substância primária". O estado atual dos Três Doshas, após o momento da conceção, é o "Vikruti," que significa "depois da Criação". Refere-se à nossa constituição depois de ter sido exposta e alterada pelo ambiente. O Vikruti define o nosso desequilíbrio Doshic.

Há três maneiras de determinar a sua relação Doshic, duas das quais pode fazer por si próprio utilizando este livro e o acesso à Internet. O outro método é ver um praticante ayurvédico que utilizará a leitura por pulso e língua como ferramentas de diagnóstico. Se desejar o diagnóstico mais preciso, recomendo os três.

O primeiro método é utilizar o gráfico da Tabela 4 e diagnosticar-se a si próprio. Começando no topo da tabela com "Altura & Peso", escolha qual das três descrições dos Doshas melhor o descreve. Depois de o ter selecionado, coloque um sinal de verificação na parte inferior de uma das colunas Vata, Pitta, ou Kapha na última linha onde diz "Total". Depois, continue com o segundo aspeto, "Moldura", e faça o mesmo. E assim por diante, até ter terminado de rever todo o gráfico. Finalmente, somar os totais para cada um dos Três Doshas e colocar um número após o sinal de igual na última fila.

O Dosha com o número mais alto indicará geralmente a sua constituição primária, enquanto o Dosha com o segundo número mais alto indicará o seu segundo Dosha dominante. Se tiver dois Doshas relativamente iguais, será Bi-Doshic ou mesmo Tri-Doshic se tiver uma relação semelhante entre todos os Três Doshas. Se um dos Doshas tiver um número significativamente mais elevado do que os outros dois, como é frequentemente o caso, então esse é o seu Dosha dominante.

O segundo método "faça-o você mesmo" utiliza a Astrologia Veda para determinar a sua relação Doshic, que pode comparar com os seus resultados do gráfico da Tabela 4. Uma vez que a ciência da Aiurveda se alinha com a Astrologia Veda, é necessário obter um Gráfico de Nascimento da Astrologia Veda, que pode encontrar online. Tenha em mente que obterá uma leitura completamente diferente de um Mapa Astral Védico do que uma através da Astrologia Ocidental. No entanto, não deixe que isso o confunda nem o alarme, porque estará a concentrar-se principalmente no Ascendente e nas Casas.

A Astrologia Veda é mais precisa na avaliação das influências energéticas Macrocósmicas associadas à sua época de nascimento, uma vez que está alinhada com as posições reais das Constelações Estelares. Por isso, para que isto seja correto, é preciso a sua hora exata de nascimento. Na Astrologia Ocidental, a sua hora de nascimento é a segunda em importância para o seu dia de nascimento, uma vez que a Astrologia Ocidental dá prioridade ao Signo do Sol. Utilizar a Astrologia Veda para determinar a sua relação Doshic é um método antigo e comprovado, utilizado pelos hindus e outros praticantes de Aiurveda desde o seu início.

Antes de explicar como medir o seu Mapa Astral Védico, precisa de saber como os Doshas se relacionam com os Planetas e Sinais do Zodíaco. Vata Dosha é representada por Gêmeos, Capricórnio, Aquário e Virgem porque estes quatro signos são governados por Mercúrio (Gêmeos e Virgem) e Saturno (Capricórnio e Aquário). Mercúrio e Saturno são planetas Vata, uma vez que correspondem ao Elemento Ar.

Pitta é representada por Carneiro, Leão, e Escorpião, pois estes três Sinais são governados por Marte (Carneiro e Escorpião) e pelo Sol (Leão). Marte e o Sol são planetas Pitta, uma vez que correspondem ao Elemento Fogo. E por último, Kapha é representado por Touro, Câncer, Libra, Sagitário e Peixes, uma vez que estes cinco signos são governados por Vénus (Touro e Libra), Júpiter (Sagitário e Peixes) e a Lua (Câncer). Estes três são planetas Kapha, uma vez que correspondem ao Elemento Água.

Quanto aos dois últimos Navagrahas, a influência energética de Rahu é semelhante à de Saturno, apenas mais subtil. Por conseguinte, está relacionada com a Vata Dosha. Por outro lado, a influência energética de Ketu assemelha-se à de Marte, embora mais subtil, fazendo-a corresponder à de Pitta Dosha.

Vou usar o meu Mapa Astral Védico (Figura 148) como exemplo para lhe mostrar como pode determinar o seu Dosha. Estou a utilizar um Gráfico de Nascimento da Índia do Sul, cuja apresentação é ligeiramente diferente de um da Índia do Norte, embora os resultados sejam os mesmos. Tenha em mente que estou a mostrar-lhe um método básico para o fazer utilizando um Mapa do Nascimento Védico (Mapa Rishi), que fornece informações gerais sobre a localização dos planetas. No entanto, estou a omitir a Carta de Navamsa, que mostra a qualidade ativa e a força dos Planetas.

Um Mapa Astrológico Védico completo inclui geralmente tanto os Gráficos como o Nakshatra (Casas Lunares). Trata-se de uma ciência bastante complexa, mas completa, que requer um estudo sério para ser capaz de interpretar todo um Mapa da Nascença. Por esta razão, também recomendo que consulte um astrólogo védico treinado e habilidoso para o ajudar a ler o seu Mapa da Nascença completo, para que possa obter os melhores resultados.

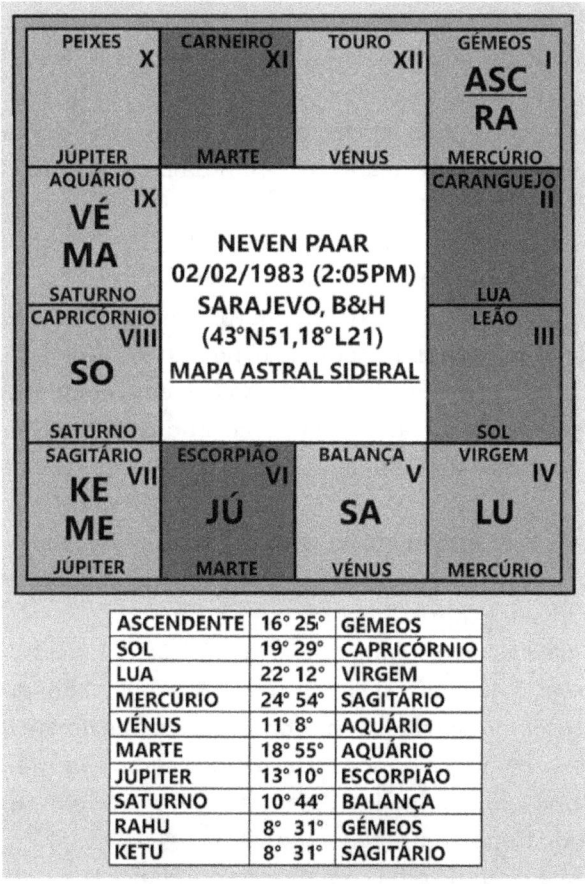

Figura 148: O Mapa Astral Védico do Autor

Uma vez obtida a sua Carta de Nascimento, dê primeiro uma vista de olhos ao seu Ascendente e determine o seu Senhor ou Planeta governante. De acordo com a Astrologia Veda, o seu Ascendente é a influência mais significativa sobre si, uma vez que é o seu corpo. Em Sânscrito, o Ascendente é chamado "Tanur Bhava", que significa "a casa do corpo". "Qualquer que seja o signo do Zodíaco em que o seu Ascendente cai, representa geralmente o seu Dosha dominante.

A seguir, veja o seu Planeta governante Ascendente e em que signo do Zodíaco ele se enquadra. Por exemplo, o meu Ascendente é Gémeos, um Signo Vata cujo Senhor é Mercúrio. Contudo, o meu Mercúrio está em Sagitário, um Signo Kapha governado por Júpiter. Até agora, a minha análise gráfica aponta para uma constituição Vata com uma influência de Kapha.

A seguir, olhe para a sua Primeira Casa, veja que Planeta ou Planetas são aí colocados, e determine o(s) seu(s) Dosha(s). Por exemplo, tenho Rahu na Primeira Casa, um Planeta Vata. Assim, agora temos outro forte indicador de que sou uma personalidade Vata, com alguma influência de Kapha. No entanto, a nossa análise não termina aqui.

Dê agora uma vista de olhos ao seu Sinal Lunar, que representa a sua natureza psicológica, incluindo os seus pensamentos e emoções. Tenha em mente que a Lua tem um impacto mais significativo nas fêmeas do que nos machos devido à ligação entre a sua natureza feminina e a Lua. Como podem ver, a minha Lua está em Virgem, que é um Signo Vata cujo Planeta dominante é Mercúrio.

A seguir, dê uma vista de olhos ao seu Signo Solar, que é indicativo da sua vitalidade essencial e expressão de carácter. Os homens tendem a expressar o seu Sinal Solar mais do que as mulheres, devido à ligação da sua natureza masculina com o Sol. O Meu Signo Solar está em Capricórnio, governado por Saturno, outro Planeta Vata.

Agora precisa de olhar para a sua Carta de Nascimento como um todo para determinar quais os Planetas que são dominantes em geral. Enquanto os Sinais Ascendente, Lua e Sol têm o maior peso na determinação da sua relação Doshic, Rahu e Ketu são considerados menos importantes. Os outros Planetas são todos iguais em importância. Se um determinado Planeta é proeminente, afetará todos os aspectos da vida de uma pessoa, incluindo a sua constituição. Além disso, é necessário prestar atenção específica aos Planetas colocados no seu próprio Planeta.

Na minha Carta de Nascimento, das nove atribuições planetárias mais a Ascendente, tenho um equilíbrio igual de Mercúrio e Saturno (três cada), com dois Júpiter, um Vénus, e um Marte. Portanto, como previsto, a minha Carta de Nascimento tem uma abundância de planetas Vata (seis), com três Kapha e um Pitta. Também, e mais importante, os meus Sinais Ascendente, Lua e Sol são todos Vata. Isto indica que sou uma personalidade Vata com uma influência de Kapha e um toque de Pitta.

Finalmente, dê uma vista de olhos ao Planeta ou Planetas na sua Sexta Casa (saúde e bem-estar) e Oitava Casa (morte e longevidade) para obter alguma visão dos desequilíbrios doshic e do potencial da doença. A Sexta Casa rege todos os aspectos do próprio estilo de vida saudável, tais como dieta, nutrição, exercício e a procura de autopoder. Por exemplo, na minha Carta de Nascimento, tenho Júpiter (Kapha) na minha Sexta Casa, o que indica uma predisposição para o excesso de indulgência, problemas hepáticos, e problemas de circulação sanguínea. E o meu Sol (Pitta) na Oitava Casa sugere aumento de peso e problemas de pressão sanguínea. Isto aponta para o meu desequilíbrio Doshic vindo de influências de Kapha e Pitta.

Então agora, como é que esta informação se compara com a minha carta de nascimentos da Astrologia Ocidental? Bem, uma vez que o meu signo do Sol é um Aquário, o meu signo da Lua é a Libra, e o meu Ascendente é o Câncer, e a Astrologia Ocidental dá prioridade ao signo do Sol, eu sou da constituição do Elemento Ar, com uma influência da Água. Tenha em mente que estou a utilizar as correspondências tradicionais zodiacais com os Quatro Elementos. Assim, os meus resultados correspondem ao meu resultado com a Astrologia Veda. No entanto, isto não quer dizer que coincidirá para todos. E lembre-se, a principal razão pela qual estou a dar prioridade à Astrologia Védica neste caso, apesar de ter estudado Astrologia Ocidental toda a minha vida, é porque é a ciência irmã da Aiurveda. Assim, estamos a seguir a forma tradicional de determinar o seu Dosha.

Quanto à Carta da Constituição Ayurvédica na Tabela 4, metade das minhas marcas de controlo foi para a Vata Dosha enquanto a outra metade foi para Pitta. Embora a minha Carta de Nascimento não reflita uma constituição de Pitta, uma vez que tenho atividade constante de Kundalini no meu Corpo de Luz, o meu corpo físico sente que está em chamas muitas vezes, o que me afeta a nível celular. Assim, agora percebe porque é crucial analisar a sua Carta de Nascimento e a Carta de Constituição Ayurvédica - talvez não obtenha os mesmos resultados.

Lembre-se do que eu disse anteriormente: os Doshas não são fixos. Mesmo que possa estar predisposto a um Dosha ou vários, ainda pode flutuar dependendo das mudanças na sua psicologia, ambiente, clima, etc. A ciência ayurvédica não é permanente e imutável, mas continua a evoluir juntamente consigo. Por conseguinte, aconselho-o a ligar-se ao seu Eu Superior e deixá-lo ser o seu professor e guia para estar atento às mudanças interiores e ajustar-se em conformidade.

DIETA AIURVÉDICA

As três fontes primárias de Prana são o Sol (Elemento Fogo), o vento (Elemento Ar), e a Terra abaixo dos nossos pés (Elementos Água e Terra). O Sol é a nossa principal fonte de energia Prana, que nos energiza através dos seus raios de Luz. O ar à nossa volta também contém o Prana, que absorvemos através dos pulmões e dos Chakras. Também absorvemos a energia Prana da Terra através das nossas Solas dos Pés. A Terra também nos alimenta através dos alimentos que produz, os quais contêm Prana em diferentes graus de vibração. Como tal, o que comemos afeta-nos diretamente em todos os níveis de consciência.

A qualidade da nossa mente, corpo e alma é altamente dependente da essência dos alimentos que trazemos para o corpo. Assim que o alimento é convertido em Prana utilizável pelo sistema digestivo, os milhares de Nadis do Corpo de Luz transportam-no para todas as células do corpo. Aqui está a essência do ditado popular: "Tu és o que tu comes". Como tal, encontrar a dieta adequada pode fazer a diferença entre uma mente saudável, corpo e Alma, ou uma que esteja doente. Embora a doença se possa manifestar fisicamente, também pode ser de natureza mental, emocional e Espiritual.

Na Aiurveda, os nossos processos físicos e psicológicos estão dependentes do bom funcionamento dos Três Doshas. Se ficarem desequilibrados, os processos de doença podem manifestar-se a níveis físicos e subtis. Como tal, a Aiurveda preocupa-se principalmente com as energias dos diferentes alimentos para equilibrar os Doshas. Não está preocupada com as necessidades nutricionais, mas sim que os alimentos estejam em harmonia com a nossa natureza. Por exemplo, os alimentos podem ou melhorar os processos mentais e a paz de espírito ou perturbá-los.

A ingestão de líquidos é também crucial na Aiurveda, uma vez que o que bebemos alimenta a nossa Força de Vida. Por exemplo, água estragada, ou água contaminada, pode perturbar o nosso Prana e desestabilizar as nossas emoções e pensamentos. O mesmo se aplica ao álcool, café, e outros estimulantes. Essencialmente, tudo o que tomamos no nosso corpo afeta-nos a todos os níveis de consciência.

O primeiro passo para ajustar a sua dieta para otimizar o seu sistema energético e o seu corpo físico é encontrar o seu Doshic ratio usando a sua carta de nascimentos Vedic Astrology e a Tabela 4. Para além de comer alimentos que se alinham com a natureza do seu Doshic ratio ou dosha(s) dominante(s), existem outros fatores de ingestão alimentar a considerar. Estes incluem a preparação correta dos alimentos e a combinação certa, a quantidade e frequência adequadas das refeições e a hora correta do dia para comer as suas refeições. Outro fator é a atitude correta da pessoa que prepara a refeição. Por exemplo, se a refeição for feita com amor, ela ressoará com essa frequência, o que terá um efeito curativo quando ingerida. Em contrapartida, os alimentos preparados com uma atitude negativa conterão energia tóxica que pode prejudicar o sistema. E sempre se perguntou porque é que comer a comida da sua mãe ou da sua avó sempre o fez sentir-se tão bem.

Outro ponto essencial é estar num estado mental calmo enquanto se come os alimentos, uma vez que os alimentos ingeridos de forma negativa podem ter efeitos adversos. Pense nos alimentos como combustível enquanto os seus sistemas digestivo e energético são o motor e o seu corpo físico é a principal estrutura de suporte, o corpo do veículo. Portanto, abrigar energia negativa enquanto traz combustível para o sistema pode envenenar o combustível, exacerbando e aumentando a sua negatividade, e mesmo imbuindo-a em células e tecidos do corpo. Como tal, a degeneração e deterioração celular pode ocorrer ao longo do tempo, contribuindo para os processos de doença, incluindo o cancro.

Ajudaria se também estivesse atento às estações do ano e ao clima para poder ajustar a sua dieta em conformidade. Por exemplo, uma dieta anti-Kapha deve ser seguida no Inverno e no início da Primavera, enquanto uma dieta anti-Pitta é mais apropriada para o Verão e o final da Primavera. Finalmente, deve dar prioridade a uma dieta anti-Pitta no Outono.

Os tipos Bi-Doshic que têm um rácio igual de dois Doshas devem modificar a sua dieta por estação. Por exemplo, os tipos Pitta-Kapha devem seguir uma dieta anti-Pitta no Verão e no Outono e uma dieta anti-Kapha no Inverno e na Primavera. Em contrapartida, os tipos de Pitta-Kapha devem implementar uma dieta anti-Vata no Verão e no Outono e uma dieta anti-Kapha no Inverno e na Primavera. Além disso, os tipos de Vata-Pitta devem seguir uma dieta anti-Vata no Outono e no Inverno e uma dieta anti-Pitta na Primavera e no Verão. Finalmente, os tipos Tri-Doshic que partilham qualidades relativamente iguais nos três Doshas devem seguir uma dieta anti-Kapha no Inverno e no início da Primavera, uma dieta anti-Pitta no Verão e no final da Primavera, e uma dieta anti-Vata no Outono.

Dependendo do clima do local onde vive, certas dietas serão mais apropriadas para si, enquanto deverá evitar outras. Por exemplo, as regiões húmidas e frias devem enfatizar uma dieta anti-Kapha, enquanto os climas quentes devem implementar uma dieta anti-Pitta. Inversamente, uma dieta anti-Vata é mais apropriada para climas frios, secos e ventosos.

A tabela 5 representa os alimentos que deve realçar na sua dieta e aqueles de que precisa de se manter afastado. Os alimentos que não estão listados podem ser julgados comparando-os com alimentos relacionados em cada categoria. A regra a seguir é que os alimentos favorecidos reduzem a influência de um Dosha, enquanto os alimentos que devem ser evitados devem ser aumentados. Ao seguir a dieta prescrita, está a tentar equilibrar o(s) seu(s) Dosha(s), impactando positivamente a mente, o corpo e a Alma e impedindo a ocorrência de processos de doença. Por conseguinte, aplique estas dietas juntamente com outras considerações que acabam de ser mencionadas.

TABELA 5: Diretrizes Alimentares Para os Três Doshas

Tipo de Alimento	Vata Dosha		Pitta Dosha		Kapha Dosha	
	Favoreça	Evite	Favoreça	Evite	Favoreça	Evite
Frutos	*A Fruta Mais Doce e Húmida Damasco Abacate Banana Bagas Cereja Tâmara (fresca) Figo (fresco)	*A Fruta Mais Seca Maçã Arando Pera Tâmara (seca) Figo (seco) Dióspiro Romã Passas de uva (secas)	*A Fruta mais Doce Maçãs Abacate Bagas (doces) Tâmara Figo Uva (vermelha e roxa) Lima Manga	*A Fruta Mais Azeda Damasco Banana Bagas (azedas) Cereja (azeda) Arando Toranja Uva (verde) Kiwi Limão	*A Fruta Mais Amarga Maçã Damasco Bagas Cereja Arando Figo (seco) Manga Pêssego	*A Fruta Mais Doce e Azeda Abacate Banana Romã Figo (fresco) Toranja Uva Limão Kiwi

	Toranja Uva Kiwi Limão Lima Manga Melões (doces) Laranja Papaia Pêssego Abacaxi Ameixa Passas (demolhadas) Ameixa seca (demolhada)	Ameixa (seca) Melancia	Melões Laranja (doce) Pera Abacaxi (doce) Ameixa (doce) Romã Ameixa seca Passas de uva Framboesa	Laranja (azeda) Pêssego Papaia Dióspiro Abacaxi (azedo) Ameixa (azeda) Morango	Pera Dióspiro Romã Ameixa seca Passas de uva	Manga Melões Laranja Papaia Abacaxi Ameixa Melancia
Legumes	*Vegetais que Devem ser Cozinhados* Espargo Beterraba Couve (cozinhada) Cenoura Couve-flor Chili Coentro Milho (fresco) Alho Feijão Verde Mostarda Verde Quiabo Azeitona Preta Cebola (cozinhada) Ervilha (cozinhada) Batata-Doce Abóbora Rabanete (cozinhado) Algas Marinhas Espinafre (cozinhado) Rebentos Germinados Nabos Agrião de água Inhame Curgete	*Vegetais Congelados, Crus, ou Secos* Rebentos de Alfalfa Alcachofra Beterrabas verdes Brócolos Rebentos de Mexilhão Couve Couve-flor Aipo Beringela Verdes de Folha Alface Kale Cogumelos Azeitonas (Verde) Cebola (crua) Salsa Ervilha (crua) Pimentos (doces e quentes) Batata (Branca) Rabanete (cru) Espinafre (cru) Tomate	*Vegetais doces e amargas* Alcachofra Espargos Beterrabas (cozinhadas) Brócolo Couve-de-Bruxelas Couve Couve-flor Aipo Coentro Milho (fresco) Pepino Feijão Verde Kale Vegetais de Folha Verde-Escura Alface Cogumelos Quiabo Azeitona (Preta) Cebola (cozinhada) Salsa Ervilha (fresca) Pimentão (verde) Abóbora Batata (branca) Rebentos Curgete	*Vegetais Pungentes* Beterraba (crua) Cenoura Beringela Chili Alho Raiz-forte Mostarda Verde Azeitona (Verde) Cebola (crua) Batata-Doce Rabanete Algas marinhas Espinafre Tomate Nabo Agrião de água Inhame	*Vegetais Muito Pungente & Amargos* Alcachofra Espargo Beterraba Melão amargo Brócolo Couve-de-Bruxelas Couve Cenouras Couve-flor Aipo Coentro Chili Beringela Alho Feijão Verde Kale Vegetais de Folha Verde-Escura Alface Cogumelos Mostarda Verde Cebola Salsa Ervilha Pimento Rabanete Espinafre Rebentos Nabo Agrião de água	*Vegetais Doces e Suculentos* Milho (fresco) Pepino Azeitonas Quiabo Cherovia Batata (doce) Abóbora Algas Marinhas Tomate Inhame Curgete

Grãos	Arroz Basmati Arroz Castanho Couscous Farinha de Trigo Aveia (cozinhada) Quinoa Trigo	Cevada Trigo Sarraceno Milho Crackers Granola Milhete Muesli Aveia (seca) Massa Polenta Centeio Espelta Farelo de trigo	Cevada Arroz Basmati Milho Azul Arroz Castanho (grão longo) Couscous Crackers Granola Aveia (cozinhada) Panquecas Massa Quinoa Espelta Trigo Farelo de trigo	Pão (com fermento) Arroz Castanho (grão curto) Trigo de Fivela Milho Milhete Muesli Aveia (seca) Polenta Centeio	Cevada Trigo Sarraceno Milho Crackers Granola Milhete Muesli Aveia (seca) Polenta Quinoa Centeio Espelta Farelo de trigo	Arroz Basmati Arroz Castanho Pão (com fermento) Couscous Aveia (cozinhada) Massa Trigo Arroz Branco
Alimentos Derivados de Animais	Carne bovina Galinha (branca) Pato Ovos (fritos ou mexidos) Frutos do mar Peru (branco)	Cordeiro Carne de porco Coelho Veado	Galinha (branca) Ovos (brancos) Coelho Peru (branco) Camarão (pequena quantidade) Veado	Carne bovina Pato Ovos (gema) Cordeiro Carne de porco Frutos do mar	Galinha (branca) Ovos (mexidos) Coelho Camarão Peru (branco) Veado	Carne bovina Galinha (escura) Pato Cordeiro Carne de porco Frutos do mar Peru
Lacticínios	Manteiga Leitelho Queijo Queijo Cottage Natas Leite de vaca Ghee Queijo de cabra Leite de cabra Kefir Leite Natas Ácidas Leite de Arroz Iogurte	Leite (em pó) Leite de cabra (em pó) Gelado	Manteiga (sem sal) Queijo (sem sal) Queijo Cottage Natas Leite Ghee Leite de cabra Queijo de cabra (sem sal) Leite de Arroz	Manteiga (salgada) Queijo de leitelho (salgado) Gelado Kefir Natas Ácidas Iogurte	Leitelho Queijo Cottage Ghee Queijo de cabra (sem sal) Leite de cabra Leite de Soja	Manteiga Queijo Leite Creme Gelado Kefir Leite de Arroz Natas Ácidas Iogurte
Leguminosas	Feijão Mungo Tofu Lentilhas Feijão Preto	Feijão Aduki Feijão Frade Grão-de-bico Feijão Fava Feijão Encarnado Feijão Lima Amendoins Feijão Pinto Feijão de Soja Ervilha Seca Tempeh	Feijão Aduki Grão-de-Bico Feijão Encarnado Feijão Lima Feijão Mungo Feijão Pinto Feijão de Soja Ervilhas Secas Tempeh Tofu	Lentilhas Amendoins Feião Guandu Feijão Preto	Feijão Aduki Feijão Frade Feijão Encarnado Feijão Lima Amendoins Feijão Mungo Feijão Pinto Ervilhas Secas Feijão de Soja Tempeh Tofu Feijão Guandu	Grão-de-bico Feijão Preto

Nozes	Amêndoas Castanha do Brasil Cajus Cocos Avelãs Macadâmia Noz-Pecã Pinhão Pistachios Nozes	Nenhum	Cocos	Amêndoas Castanha do Brasil Cajus Avelãs Macadâmia Noz-Pecã Pinhão Pistachios Nozes	Nenhum	Amêndoas Castanha do Brasil Cajus Cocos Avelãs Macadâmia Noz-Pecã Pinhão-manso Pistachios Nozes
Sementes	Chia Linho Doce de Sésamo Abóbora Sésamo Girassol Pasta de Gergelim	Pipocas	Chia Girassol Pasta de Gergelim	Linho Doce de Sésamo Pipocas Abóbora Sésamo	Chia Linho Pipocas Abóbora Girassol	Doce de Sésamo Sésamo Pasta de Gergelim
Especiarias/ Condimentos	Basílico Louro Pimenta Preta Cardamomo Caiena Cravo-da-índia Chutney Pimenta Chili Coentro Cominho Canela Endro Alga Dulse Funcho Alho Gengibre Ketchup Orégãos Maionese Casa da Moeda Mostarda Noz-moscada Paprika Rosmaninho Açafrão Sálvia Sal marinho Molho de Soja Tamarindo Curcuma Vinagre	Raiz-Forte	Cardamomo Coentro Chutney (doce) Cravo-da-índia Cominho Endro Alga Dulse Funcho Alga Kombu Casa da Moeda Rosmaninho Açafrão Tamarindo Curcuma	Basílico Louro Pimenta Preta Caiena Pimenta Chili Canela Chutney (picante) Alho Gengibre Raiz-Forte Alga Kelp Ketchup Mostarda Maionese Noz-moscada Orégãos Paprika Pickles Sálvia Sal marinho (em excesso) Molho de Soja Tamarindo Vinagre	Basílico Louro Pimenta Preta Cardamomo Caiena Coentro Canela Cravo-da-índia Pimenta Chili Chutney (picante) Coentro Cominho Endro Funcho Alho Gengibre Raiz-Forte Casa da Moeda Mostarda Noz-moscada Orégãos Paprika Salsa Rosmaninho Açafrão Sálvia Molho de Soja Curcuma	Chutney (doce) Alga Kelp Ketchup Maionese Sal marinho Tamarindo Vinagre

Adoçantes	Frutose Mel Açúcar de Cana Xarope de Ácer Melaço Açúcar Integral	Açúcar Branco	Frutose Açúcar de Cana Açúcar Ácer Açúcar Integral Açúcar Branco	Mel Melaço	Mel (cru)	Açúcar mascavado Frutose Açúcar de Cana Melaço Xarope Ácer Açúcar Branco
Gordura	Amêndoa Abacate Canola Coco Milho Linhaça Azeitona Cártamo Sésamo	Nenhum	Coco Azeitona Girassol Amêndoa Canola	Milho Linhaça Cártamo Sésamo	Amêndoa Milho Girassol	Abacate Canola Linhaça Azeitona Cártamo Sésamo

PRÁTICAS DE IOGA PARA EQUILIBRAR OS DOSHAS

Uma vez determinada a sua constituição (Prakriti) usando o seu Mapa Astral Védico e a Tabela 4, pode usar este conhecimento para modificar a sua prática Ioga para melhor se adaptar às suas necessidades. Como mencionado, a maioria das pessoas alinha-se com um tipo de Doshic, embora não seja raro ter traços de vários. Independentemente disso, depois de ter trabalhado a sua relação Vata-Pitta-Kapha ou simplesmente o seu Dosha dominante, pode usar essa informação para determinar quais as melhores práticas Ioga para equilibrar a sua mente e o seu corpo.

Os asanas podem ou aumentar ou diminuir o seu Dosha. Alguns têm um efeito de aterramento e calmante, enquanto outros são energizantes. Alguns asanas estimulam o sistema digestivo e aquecem o corpo enquanto outros o arrefecem. O mesmo se aplica a Pranayamas e Mudras de Mão. No entanto, alguns dos exercícios mais básicos de Pranayama, incluindo a Respiração Quadrada (Sama Vritti), podem ser utilizados por todos os tipos de Doshic.

Utilize as seguintes informações como diretrizes gerais para trabalhar com os Asanas, Pranayamas, e Mudras das Mãos deste livro para obter os melhores resultados. (Para vários Asanas Principiantes, Intermediários, e Avançados, consultar as páginas 312-318). Tenha também em mente que as diretrizes abaixo não são fixas e devem ser ajustadas de acordo com as mudanças no tempo, clima, dieta, e psicologia de cada um.

Além disso, nem todos os exercícios Ioga estão incluídos nas diretrizes, o que geralmente significa que todos os tipos de Doshic podem utilizá-lo. Antes de iniciar qualquer prática Ioga, no entanto, certifique-se de ler atentamente a sua descrição e precauções. Permita que o seu Eu Superior o guie neste processo enquanto segue as instruções à medida que estas são dadas.

Mudras de Cabeça, Mudras Postural, Mudras de Fechadura, e Mudras Perineal estão geralmente preocupados com objetivos Espirituais específicos. Estes incluem despertar os Chakras, ativar o Bindu, utilizar o néctar Ambrosia (Amrita) gotejando do Bindu, estimular a Kundalini para a atividade, e assegurar que a Kundalini pique os Três Granthis na sua subida (como no caso do Bandhas). Por conseguinte, todos os tipos de Doshic devem implementar a sua utilização para obterem os seus objetivos particulares. Além disso, os Mantras e técnicas de meditação também têm objetivos específicos que são benéficos para si, independentemente do seu Dosha.

Práticas de Ioga para Vata Dosha

Os tipos de Vata beneficiarão significativamente de uma prática de base, calma e contemplativa de Asana, o que contrariará a sua tendência para se sentirem espaçados e agitados. Por exemplo, o Vrksasana (Pose da Árvore) e o Tadasana (Pose da Montanha) plantam os pés no chão, o que reduz a ansiedade e o nervosismo a que os Vatas são propensos. Virabhadrasana I e Virabhadrasana II (Guerreiro I e II) realizam a mesma coisa enquanto constroem força. O Utkatasana (Pose da Cadeira) é bom para moer o Vata enquanto se constrói calor no corpo.

As sequências de fluxo rápido (Vinyasas) constroem calor no corpo e agravam os tipos de Vata, que são naturalmente propensos à fadiga e ao esgotamento. Em vez disso, os Vatas devem mover-se lenta e deliberadamente utilizando a abordagem Hatha Ioga que prolonga o tempo de poses. Além disso, o Vatas deve abordar as transições entre poses com consciência consciente, em vez de ser apressado, assegurando que a mente se mantém equilibrada e calma. Por exemplo, Virabhadrasana III (Guerreiro III) é um poderoso equilíbrio que força o Vata a concentrar-se num ponto, em vez de estar em todo o lado com os seus pensamentos.

Poses que trabalham nos tipos Vata de equilíbrio do cólon, intestinos, lombares e pélvis, uma vez que trazem energia de volta à base do tronco, a área de operação de Vata. Como os Vata são propensos à obstipação, as torções e as curvas para a frente têm um efeito curativo, uma vez que comprimem a pélvis. Além disso, os abridores de anca e as curvaturas para trás são benéficos para eles. Estes incluem Balasana (Pose de Criança), Bhujangasana (Pose da Cobra), Paschimottanasana (Dobra Sentada para a Frente), Baddha Konasana (Pose do Sapateiro), e Malasana (Pose do Agachamento/Grinalda). Dhanurasana (Pose do Arco) também estende a parte inferior das costas e exerce pressão sobre a pélvis.

Uma vez que os Vatas têm naturalmente ossos mais fracos, ligamentos mais frouxos, acolchoados menos gordurosos, e são suscetíveis à dor, devem evitar alguns dos Asanas mais avançados como a Salamba Sarvangasana (Pose do Suporte de Ombro), Halasana

(Pose do Lavrador), Sirsasana (Pose Invertida Sobre a Cabeça), Vasistha-sana (Prancha lateral), Pincha Mayurasana (Prancha Normal), e Urdhva Danurasana (Pose da Roda).

Devido à sua natureza imprevisível, a Vatas deve fazer com que os Asana pratiquem uma rotina e a executem em determinadas alturas em dias específicos da semana. Além disso, devem implementar uma Shavasana (Pose do Cadáver) mais longa do que o habitual ao iniciar e terminar uma prática devido ao seu efeito de base.

Pranayamas que arrefecem o corpo como Sheetali (Respiração Refrigerante), Sheetkari (Respiração Sibilante), e a Respiração Lunar devem ser evitados. Em vez disso, os Vatas podem implementar Pranayamas que aumentam o calor no corpo, como o Sopro Solar, Kapalbhati (Sopro Caveira Brilhante), e Bhastrika (Respiração de Fole) Pranayama. No entanto, precisam de ter cuidado com estes dois últimos, uma vez que aumentam a energia no corpo, o que pode sobre-estimular a mente. Além disso, os Vatas geralmente sofrem de pensamento excessivo, ansiedade e stress, razão pela qual devem usar Pranayamas específicos para acalmar e pacificar a mente. Estes incluem Anulom Vilom (Método Respiratório Alternativo de Nostril#1), Nadi Shodhana (Método Respiratório Alternativo de Nostril#2), Bhramari (Respiração do Zumbido de Abelha), e Ujjjayi (Respiração Oceânica) técnicas Pranayama.

Finalmente, os Mudras da Mão que aumentam a Vata Dosha são Jnana Mudra, Chin Mudra, e Akasha Mudra. Estes devem ser praticados se se tiver uma deficiência em Vata Dosha. Em contraste, os Mudras de Mão que diminuem a Vata Dosha são o Mudra Vayu e o Mudra Shunya.

Práticas de Ioga para Pitta Dosha

Uma vez que os tipos Pitta tendem a sobreaquecer, devem evitar poses de Ioga que causam transpiração excessiva. Além disso, precisam de cultivar uma atitude calma e descontraída em relação à sua prática de Ioga, em vez de a encararem como um concurso, uma vez que os Pittas são atraídos por posturas fisicamente exigentes.

Os tipos de Pitta beneficiarão de uma prática de Ioga de arrefecimento e abertura do coração, realizada de uma forma não competitiva. A abordagem Hatha Ioga é mais apropriada para Pittas sobre Vinyasa, concentrando-se numa duração mais prolongada das poses e em transições lentas e deliberadas. Poses principiantes como Bitisasana (Pose da Vaca) e Bidalasana (Pose do Gato) são boas para equilibrar Pitta e devem ser praticadas em uníssono. Curvas para a frente e poses de abertura do coração como Ustrasana (Pose do Camelo), Sarvangasana (Pose do Suporte de Ombro), e Urdhva Mukha Svanasana (Pose do Cão a Olhar par Cima) ajudam a reduzir Pitta. Também, Trikonasana (Pose do Triângulo) e Bhujangasana (Pose da Cobra).

A sede de Pitta é o estômago e o intestino delgado, razão pela qual são suscetíveis ao aumento de calor no trato digestivo. Dobras para a frente, torções, e curvas para trás, como Balasana (Pose da Criança), Dhanurasana (Pose do Arco) e Urdhva Dhanurasana (Pose da Roda) ajudam a regular Pitta e a extrair o excesso de bílis. Pelo contrário, curvas laterais como Ardha Matsyendrasana (Pose Sentada da Espinha Torcida) e

Parsvottanasana (Alongamento Lateral Intenso) ajudam a aliviar o excesso de calor dos órgãos internos.

As Pittas devem evitar o Ioga Quente (Bikram e Vinyasa) e praticar num ambiente refrigerado e com ar condicionado. Além disso, devem evitar manter longas poses invertidas que criam muito calor na cabeça. Para poses de pé, as melhores para Pitta abrem as ancas, incluindo Vrksasana (Pose da Árvore), Virabhadrasana I e Virabhadrasana II (Guerreiro I e II), e Ardha Chandrasana (Meia Lua). Outras poses benéficas que abrem as ancas são Baddha Konasana (Pose do Sapateiro), Uthan Pristhasana (Pose do Dragão/Lagarto), e Parivrtta Uthan Prissthasana (Pose Inversa do Dragão/Lagarto).

Pittas deve concentrar-se calmamente na respiração ao entrar em Shavasana (Pose do Cadáver), o que acalmará a mente e os centrará no corpo e no coração. Do mesmo modo, devem evitar o Sirsasana (Pose Invertida Sobre a Cabeça), uma vez que aquece demasiado a cabeça. Para poses invertidas, devem praticar a Salamba Sarvangasana (Pose do Suporte de Ombro) em vez disso.

Uma vez que as Pittas são naturalmente quentes, devem envolver-se em Pranayamas que as possa arrefecer, incluindo Sheetali (Respiração Arrefecedora), Sheetkari (Respiração Sibilante), e a Respiração Lunar. Por outro lado, os Pittas devem evitar os Pranayamas que levantam mais calor no corpo como o Sopro Solar, Kapalbhati (Respiração da Caveira Brilhante), e Bhastrika (Respiração do Fole). Recomenda-se o equilíbrio da mente e o acalmar dos Pranayamas, como os sugeridos para os tipos Vata.

Finalmente, os Mudras de Mão para o excesso de Pitta Dosha são Prana Mudra, Varun Mudra, e Prithivi Mudra. Se tiver uma deficiência em Pitta, execute o Agni Mudra para o aumentar.

Prática de Ioga para Kapha Dosha

Para os tipos Kapha Dosha, aquecer e energizar a prática do Ioga como Vinyasa é ideal, uma vez que precisam de contrariar a sua tendência natural para se sentirem frios, pesados, lentos e sedados, criando calor e movimento no corpo. No entanto, precisam de construir gradualmente a sua capacidade em vez de se empurrarem para posturas avançadas. Embora Kaphas tenham a maior força de todas as Doshas, podem sofrer de letargia e excesso de peso quando estão desequilibrados.

Uma vez que a área de operação de Kapha é o tórax (região pulmonar), asanas concebidas para abrir a cavidade torácica (zona da caixa torácica) evitarão a acumulação de muco. Contudo, a maioria das posturas de pé são revigorantes para Kaphas, principalmente quando mantidas durante um período mais prolongado. Dorsos como Ustrasana (Pose do Camelo), Dhanurasana (Pose do Arco) e Urdhva Dhanurasana (Pose da Roda) aquecem o corpo e desbloqueiam o peito, permitindo uma melhor circulação do Prana. Além disso, Setu Bandha Sarvangasana (Pose do Suporte de Ombro) e Ardha Purvottanasana (Pose da Mesa Invertida) são benéficas. Ao contrário do Pitta, os tipos Kapha podem reter as suas curvas traseiras por mais tempo.

Kaphas deve estar atento a mover-se rapidamente através de sequências de fluxo para evitar ser arrefecido enquanto pratica a consciência. As torções e alongamentos são bons porque desintoxicam e fortalecem o corpo e impulsionam o metabolismo. Estas incluem Trikonasana (Triângulo), Parivrtta Trikonasana (Triângulo Revolvido), Ardha Matsyendrasana (Pose Sentada da Espinha Torcida), e Pravottanasana (Alongamento Lateral Intenso). Posições como Salamba Sarvangasana (Pose do Suporte de Ombro), Adho Mukha Vrksasana (Apoio de mão), e Sirsasana (Apoio de cabeça) são os principais redutores de Kapha devido ao seu tremendo poder para aquecer o corpo. Navasana (Pose do Barco) é excelente para acender e aquecer o núcleo e é recomendado para tipos Kapha.

Kaphas deveria tentar fazer a sua prática de Ioga de manhã cedo, para pôr o seu metabolismo a funcionar e mantê-los energizados e motivados ao longo do dia. A duração do Shavasana (Pose do Cadáver) deve ser mantida um pouco mais curta para os tipos de Kapha. Em vez de praticarem Tadasana (Pose da Montanha) para o aterramento, os Kaphas deveriam realizar Utkatasana (Rosa da Cadeira), Vrksasana (Rosa da Árvore), ou Virabhadrasana I e Virabhadrasana II (Guerreiro I e II) em vez disso, uma vez que são mais exigentes fisicamente.

Os exercícios Pranayama que aquecem o corpo e acalmam a mente devem ser implementados. Estes incluem o Sopro Solar, Kapalbhati (Sopro Caveira Brilhante), Bhastrika (Sopro de Fole) e Ujjjayi (Sopro do Oceano) Pranayamas. Além disso, abrir os pulmões através de uma respiração vigorosa é benéfico. Os Kaphas devem evitar todos os Pranayamas que arrefecem o corpo como Sheetali (Respiração Resfriada), Sheetkari (Respiração Sibilante), e a Respiração Lunar. Em vez disso, podem usar o Pranayamas calmante sugerido para os tipos Vata, se se sentirem mentalmente desequilibrados.

Em conclusão, os Mudras de Mão para Kapha Dosha em excesso são Agni Mudra e Varun Mudra. Prithivi Mudra pode ser usado para aumentar Kapha se se tiver uma deficiência.

Práticas Iogues para os tipos Bi-Doshic e Tri-Doshic

Se o indivíduo constituir dois Doshas dominantes ou três dominantes, é necessário implementar uma prática que seja uma mistura de cada um. Use as diretrizes acima para cada uma das Doshas de que é uma combinação. Uma pessoa pode geralmente dizer qual dosha dominante parece estar desequilibrada. Por exemplo, se alguém for um Vata-Pitta, se se encontrar irritável e zangado e digerir a sua comida demasiado depressa, sabe que deve seguir as diretrizes de Pitta para equilibrar este Dosha. Inversamente, se exibirem demasiada atividade mental e ansiedade geral, devem implementar uma prática de Ioga pacificadora de Vata. Além disso, devem estar atentos às estações do ano e ao tempo. Um tipo Vata-Pitta terá de equilibrar o Vata durante os meses mais frios, o Outono e o Inverno, enquanto na Primavera e no Verão, quando o tempo está mais quente, terão de equilibrar o Pitta.

PODERES PSÍQUICOS SIDDHIS

O tema dos Siddhis, ou poderes e capacidades sobrenaturais, é largamente mal compreendido nos círculos Espirituais e requer esclarecimento. Em Sânscrito, Siddhi significa "cumprimento" ou "realização", implicando os dons recebidos após completar as diferentes fases ou graus de avanço através de práticas Espirituais tais como a mediação e o Ioga. Dado que o objetivo de todas as práticas Espirituais é a Evolução Espiritual, os Siddhis são poderes psíquicos que se revelam à medida que o indivíduo integra a energia Espiritual e eleva a vibração da sua consciência.

No *Ioga Sutras*, Patanjali escreve que os Siddhis são alcançados quando o Iogue alcançou o domínio sobre a sua mente, corpo e Alma e pode sustentar a concentração, meditação, e Samadhi à vontade. O domínio sobre o Eu é parte integrante da jornada para o Iluminismo, incluindo a governação sobre os Elementos. Ao obter o controlo sobre a nossa realidade interior, podemos exercer uma força mental que afeta a realidade exterior - Como Acima, Assim Abaixo.

Embora o Siddhis possa ser alcançado através de práticas Ioga e viver um estilo de vida ascético, uma forma mais acelerada de o alcançar é através de um despertar completo da Kundalini. Já falei sobre os vários dons espirituais que se revelam ao iniciado da Kundalini despertada durante o seu processo de transformação. Alguns destes dons são alcançados inicialmente, enquanto outros são desbloqueados nos anos que se seguem. Independentemente da fase de realização, todos os Siddhis são um subproduto da transformação Espiritual.

À medida que o indivíduo se alinha com a Consciência Cósmica e integra a elevada energia vibracional do Espírito, começa a experimentar a unicidade com toda a existência. Uma vez que o Espírito nos liga a todos, não há separação entre nós e os objetos e pessoas que nos rodeiam - somos todos UM. Assim, a energia Espiritual integrada torna-se o meio através do qual podemos experimentar a perceção extrassensorial.

Otimizando os nossos Chakras Espirituais (Sahasrara, Ajna, e Vishuddhi), podemos sintonizar com a essência da energia Espiritual, cuja vastidão se estende infinitamente em todas as direções. Como tal, as capacidades psíquicas começarão a revelar-se-nos, incluindo a clarividência, a clarividência, a clarividência, a empatia, a telepatia, e outros dons resultantes de uma perceção acrescida da realidade.

O processo de expansão da consciência envolve a otimização dos Chakras através da Luz Branca do Espírito. Recebemos o Espírito através do Sahasrara enquanto Ajna Chakra (Olho da Mente) serve como nosso centro psíquico e Vishuddhi como nosso elo de ligação com os quatro Chakras Elementais abaixo. É a interação de Sahasrara e Ajna Chakra que produz mais, se não todos os Siddhis, uma vez que Sahasrara é o nosso elo de ligação com a Consciência Cósmica. Como se verá na descrição dos Siddhis, muitos dons psíquicos ou poderes que se alcançam resultam da expansão da consciência e da tomada das propriedades da Consciência Cósmica.

Embora os Siddhis sejam dons do Divino, podem também dificultar-nos a nossa viagem Espiritual se nos concentrarmos demasiado na sua realização. Os Siddhis devem ser experimentados, examinados e libertados para permitir que a consciência continue a expandir-se para alturas ainda maiores. Se o Ego se envolver e tentar controlar o processo ou mesmo beneficiar do desenvolvimento do Siddhis, a vibração da consciência da pessoa irá baixar, bloqueando o caminho para um maior avanço. Nesse sentido, os Siddhis são uma "espada de dois gumes" que precisa de ser abordada com uma compreensão adequada e o Ego em xeque.

Como parte dos textos sagrados, o tema do Siddhis e a sua descrição é apresentada de uma forma críptica que é feita propositadamente para confundir e dividir as massas. Por um lado, temos os profanos que apenas procuram estes dons sobrenaturais para satisfazer o desejo de poder do seu Ego. Estas pessoas interpretam os textos sagrados literalmente, batendo à porta dos mistérios cósmicos em vão. Por outro lado, os buscadores sinceros da verdade, puros de coração e dignos destes mistérios Divinos, possuem a chave-mestra para desbloquear os significados escondidos nestes textos sagrados.

Povos antigos velados mistérios universais e verdades em metáforas e alegorias, incluindo símbolos e números que tinham valor arquetípico. O método tradicional de transmissão do conhecimento sagrado era abstrato e subtil, contornando o Ego e comunicando diretamente com o Eu Superior. Os Siddhis são também apresentados de tal forma. Na superfície, parecem ser feitos sobrenaturais incríveis que desafiam as leis da física. Contudo, quando se aplica a chave-mestra, compreende-se que a sua descrição é metafórica para poderes interiores desvendados através da evolução da consciência.

OS OITO SIDDHIS MAIORES

No Tantra, Hatha, e Raja Iogas, há oito Siddhis "clássicos" primários que o iogue alcança no seu caminho para o Iluminismo. São chamados Maha Siddhis (Sânscrito para "grande perfeição" ou "grande realização") ou Ashta Siddhis, que significa "oito Siddhis". "Os Ashta Siddhis são também conhecidos como Brahma Pradana Siddhis (Realizações

Divinas). Como se verá nas seguintes descrições dos oito principais Siddhis, eles resultam diretamente do despertar total da Kundalini e da transformação Espiritual que se segue nos anos vindouros.

Ganesha, também conhecido como Ganapati ou Ganesh, é o filho do Senhor Shiva e da Deusa Parvati. Ele é conhecido como o removedor de obstáculos, razão pela qual é retratado com uma cabeça de elefante. De acordo com a tradição hindu, Ganesha traz bênçãos, prosperidade e sucesso a todos os que o invocam.

Figura 149: Senhor Ganesha e os Ashta Siddhis

Ganesha é a representante de Muladhara Chakra, a morada da Kundalini. Por esta razão, é frequentemente representado com a serpente Vasuki enrolada à volta do pescoço ou da barriga. Contudo, uma representação atípica está com ele sentado, em pé, ou a dançar sobre a serpente Sheshnaag de cinco ou sete graus. Tanto Vasuki como Sheshnaag representam a energia Kundalini - o derradeiro removedor de obstáculos cujo objetivo é maximizar o seu potencial como ser humano Espiritual.

Ganesha é também conhecida como Siddhi Data- o Senhor dos Siddhis (Figura 149). É ele que concede os Ashta Siddhis aos indivíduos elegíveis através do processo de despertar da Kundalini. Na tradição tantra, os Ashta Siddhis são considerados como oito deusas que são consortes de Ganesha e personificações da sua energia criativa (Shakti).

Anima e Mahima Siddhis

Os dois primeiros Siddhis clássicos são opostos polares que discutirei em conjunto para uma melhor compreensão. Anima Siddhi (Sânscrito para "capacidade de se tornar infinitamente pequeno como um átomo") é o poder de se tornar incrivelmente pequeno em tamanho instantaneamente, mesmo até à extensão de um átomo. Por outro lado, Mahima Siddhi (Sânscrito para "capacidade de se tornar enorme") é o poder de se tornar infinitamente grande num instante, mesmo ao tamanho de uma Galáxia ou do próprio Universo.

Estes dois Siddhis surgem da consciência individual que se expande até ao nível Cósmico após um despertar completo da Kundalini, permitindo-lhes expandir ou contrair voluntariamente o seu Ser de modo a poderem tornar-se infinitamente pequenos ou infinitamente grandes. Ambos estes Siddhis são também influenciados pelas elevadas capacidades imaginativas que se desenvolvem durante a transformação da Kundalini. É o acoplamento da imaginação e da consciência expandida que ativa Anima e Mahima Siddhis dentro de nós.

Anima Siddhi requer que o indivíduo imagine algo nas suas cabeças, tal como um átomo. Ao manter a sua visão, o sentido Astral torna-se ativado, permitindo ao indivíduo sentir a essência do Átomo, conhecendo assim o seu propósito e função no Universo.

Inversamente, se o indivíduo visualizar algo grandioso em tamanho, como o nosso Sistema Solar ou mesmo a Via Láctea Galáxia, o seu Ser pode esticar-se ao seu tamanho para sentir a sua essência (Mahima Siddhi). Estas capacidades são possíveis porque a substância fundacional da Consciência Cósmica, o Espírito, é elástica e maleável, permitindo àqueles que atingiram o seu nível assumir a sua forma e flutuar em tamanho até ao grau que desejarem através da imaginação dirigida pela força de vontade.

A segunda interpretação de Anima Siddhi trata do lendário "Manto da Invisibilidade" mencionado em muitas tradições antigas - a capacidade de se tornar energeticamente indetetável para outras pessoas (incluindo animais) à vontade. À medida que o espectro completo dos Planos Cósmicos interiores se torna ativado após um despertar completo da Kundalini, o indivíduo pode elevar a sua consciência voluntariamente para um Plano Superior (Espiritual ou Divino). Ao fazê-lo, permite-lhes neutralizar (ainda) a sua vibração para parecerem invisíveis nos Planos Inferiores (Mental e Astral) em que a pessoa média vibra, tornando a pessoa "pequena como um átomo".

Se seguirmos a mesma lógica, Mahima Siddhi permite que o indivíduo aumente voluntariamente a sua vibração para parecer grande em tamanho para outras pessoas, mesmo que seja como Deus. Lembre-se, tanto Anima como Mahima Siddhis resultam da Evolução Espiritual, cujo propósito é aproximar-nos cada vez mais da Mente de Deus e assumir a sua vibração. Em ambas as interpretações do Anima e do Mahima Siddhis, o pré-requisito do seu desenvolvimento é que o indivíduo domine os Elementos, nomeadamente o Elemento Fogo.

A interpretação mais geral de Anima e Mahima Siddhis é como metáforas do poder Espiritual que o indivíduo alcança quando expande a sua consciência para o Nível Cósmico e atinge a Unicidade. Com Anima Siddhi, pode-se entrar em tudo o que se deseja, como um objeto ou uma pessoa, quando se tornam "do tamanho de um átomo". Em contraste, ao tornar-se infinitamente grande (Mahima Siddhi), o indivíduo pode sentir a essência de todo o Universo, uma vez que estende infinitamente a sua consciência. Vemos em ambos os casos o poder interior que se desperta quando um indivíduo integra a consciência Espiritual e pode sair do seu corpo físico à vontade.

Garima e Laghima Siddhis

O terceiro e quarto Siddhis clássicos são também opostos polares como os dois primeiros. Garima Siddhi (Sânscrito para "capacidade de se tornar muito pesado") é o poder de se tornar infinitamente pesado num instante, usando a sua força de vontade. Pelo contrário, Laghima Siddhi (Sânscrito para "capacidade de se tornar muito leve") é o poder de se tornar infinitamente leve, portanto quase sem peso. Como Anima e Mahima Siddhis tratavam do tamanho, Garima e Laghima tratam do peso, que é a força da gravidade que atua sobre a massa de um objeto.

Ao tornar-se tão pesado como se deseja através de Garima Siddhi, o indivíduo não pode ser movido por ninguém ou por nada - as vibrações de outras pessoas saltam da sua Aura enquanto se mantêm firmes na sua postura. Garima utiliza o poder das virtudes, da moral e de ter uma "vontade de ferro". As pessoas que permitem que a sua Luz Interior as guie conscientemente escolhem a Evolução Espiritual em vez de satisfazerem os desejos do seu Ego e trazerem Karma desnecessário à sua vida. Os valores morais dão às pessoas uma existência intencional e uma força de vontade inabalável. Permitem às pessoas vibrar a uma frequência mais elevada, alinhando-as com os Planos Cósmicos superiores. Estas pessoas justas evitam os efeitos energéticos dos Planos Inferiores, tornando-os inamovíveis emocional e mentalmente, especialmente quando as vibrações de outras pessoas as bombardeiam com as suas vibrações mais baixas.

Para maximizar ao máximo o potencial de Garima Siddhi, o indivíduo precisa de otimizar os seus Chakras Espirituais e sintonizar a sua força de vontade com a sua Verdadeira Vontade que só o seu Eu Superior lhes pode conferir. A vibração da Verdadeira Vontade é tão elevada que se alguém se tornar recetivo a ela e permitir que ela guie a sua consciência, neutralizará as suas próprias vibrações mais baixas e todas as vibrações a serem dirigidas para eles a partir do ambiente. Ao maximizar a sua força de vontade, torna-se um Manifestante Mestre, um Criador auto-sustentável, todo-expressor e consciente da sua realidade interior que é como um Deus-humano para todas as pessoas que não desenvolveram o mesmo poder.

O Laghima Siddhi, por outro lado, faz um quase sem peso, permitindo levitar e até voar. Na superfície, Laghima Siddhi desafia a lei da gravidade e as leis da física. Apela muito aos não iniciados que procuram estes Siddhis para obterem ganhos pessoais e monetários. Ao alcançar a levitação no domínio físico, muitas pessoas desejam beneficiar financeiramente ao exibir este fenómeno às massas.

Como muitas pessoas na minha posição, tenho estado fascinado com a levitação desde que tive o despertar da Kundalini há dezassete anos. Desejei este dom não porque procurasse ganhar com ele financeiramente, mas porque o via como prova tangível da transformação da Kundalini que podia mostrar aos outros para os inspirar a alcançar o mesmo.

Contudo, após anos de extensa investigação, concluí que as lendas da levitação não passam de histórias fantasiosas sem qualquer prova científica verificável. Por outras palavras, um ser humano não pode levantar do chão e desafiar as leis da física usando poderes psíquicos. As supostas levitações que as pessoas têm visto com os seus próprios olhos são meras ilusões das quais existem inúmeros métodos e técnicas.

Em vez disso, o conceito de levitação é um véu para confundir o profano. Revela ao digno inicia os poderes que despertam dentro de si mesmo quando o Corpo de Luz é ativado. O Corpo de Luz, o nosso segundo corpo, é elástico e moldável e não adere às leis da gravidade e da física, uma vez que é sem peso e transparente. Usando o nosso Corpo de Luz, podemos viajar dentro dos Planos Cósmicos interiores e realizar muitos feitos milagrosos, tais como voar, caminhar sobre a água e através de paredes, etc.

O nosso Corpo de Luz é utilizado durante os Sonhos Lúcidos (que acontecem involuntariamente) e a Projeção Astral (que é conscientemente induzida). Ambos os fenómenos são um tipo de Experiências de Viagem Fora do Corpo, da Alma, que discutirei mais tarde em mais pormenor quando me dedicar totalmente ao assunto.

Outro tipo de viagens Fora do Corpo chama-se Visualização Remota, que é a capacidade de "bilocalizar" para uma área remota no nosso Planeta usando o poder da mente. A Visão Remota é a Projeção Astral no Plano Físico que usa o Corpo de Luz para viajar para algum lugar na Terra e ver o que os nossos dois olhos físicos não conseguem ver usando o Terceiro Olho. Na literatura ocultista e Espiritual inicial, a Visão Remota era referida como "Telestesia", que é a perceção de eventos, objetos e pessoas distantes por meios extra-sensoriais. Programas secretos do governo alegadamente utilizavam indivíduos dotados para procurar impressões sobre alvos distantes ou não vistos através da Visão Remota.

Prapti Siddhi

O quinto Siddhi clássico, Prapti (palavra sânscrita que implica "alongamento do corpo" ou "poder de alcançar"), permite ao indivíduo viajar instantaneamente para qualquer lugar com a aplicação da sua força de vontade. Prapti Siddhi segue perfeitamente o Laghima Siddhi como a capacidade do Corpo de Luz de viajar através da consciência, usando o Merkaba.

Como discutido num capítulo anterior, o Corpo de Luz permite-nos viajar entre dimensões dentro dos vários Planos Cósmicos interiores, que é uma expressão da Prapti Siddhi. Contudo, se desejarmos viajar para lugares remotos no Planeta Terra, podemos fazê-lo através do Plano Físico. Na superfície, esta manifestação da Prapti soa muito como a Projeção Astral, mas não é. Embora os dois estejam relacionados, uma vez que ambos utilizam o Corpo de Luz para execução, a Projeção Astral é uma técnica que requer preparação e não é, portanto, instantânea como a Prapti.

Já discuti a otimização da Kundalini ao despertar da imaginação e da força de vontade, mas apenas toquei na capacidade que se desenvolve de experimentar pensamentos em "tempo real". Um despertar Kundalini completo localiza a Luz Interior dentro do cérebro, fazendo a ponte entre as mentes conscientes e subconscientes. À medida que as duas partes da mente se tornam Uma, os hemisférios esquerdo e direito do cérebro são unificados, permitindo um fluxo de consciência puro e ininterrupto. Esta experiência tem um efeito peculiar nos pensamentos que se tornam tão reais como tu e eu para o experienciador.

Demora muito tempo a domar a consciência e a ganhar controlo sobre o seu poder de visualização, o que implica otimizar a força de vontade. Uma vez alcançado, porém, terá a capacidade de viajar conscientemente ("bilocação") para onde quiser e experimentá-lo como real no preciso momento em que o pensa. Se desejar viajar para o Egipto, por exemplo, e ver a Grande Pirâmide, basta visualizá-la, e a sua Alma será projetada para lá instantaneamente através da Merkaba. Ou, se precisar de uma pausa da sua vida quotidiana e quiser passar alguns minutos numa praia no México, pode visualizar estar numa praia e vivê-la como real.

Para tirar o máximo proveito desta experiência, ao visualizar algo, ajuda ter uma fotografia ou imagem de onde se quer ir para formar a visão mais precisa daquele lugar. Deverá então segurar a imagem na sua mente, que irá experimentar como real através dos seus sentidos astrais.

Quero salientar que a Prapti Siddhi só é realizável após o indivíduo ter completado o processo de despertar da Kundalini, localizando assim a Luz Interior dentro do cérebro. Outros componentes necessários para a execução deste Siddhi são a otimização do Ajna Chakra, ativando o Corpo de Luz, e a maximização da rotação do Merkaba, libertando todo o potencial do campo de energia toroidal. (Note-se que o Corpo de Luz e o Merkaba são utilizados para qualquer tipo de viagem fora-do-corpo.) Mais tarde descreverei mais detalhadamente a ciência deste fenómeno à medida que descubro mais sobre as extraordinárias capacidades que se revelam aos indivíduos despertados pela Kundalini.

Prakamya Siddhi

O sexto Siddhi clássico, Pramakya (palavra sânscrita que implica "voluntariedade" ou "liberdade de vontade"), dá-nos o poder de alcançar e experimentar tudo o que desejamos. Este Siddhi permite ao indivíduo materializar tudo o que quiser do nada, aparentemente, e realizar qualquer sonho. Se desejar estar em algum lugar ou mesmo estar com alguém sexualmente, o seu desejo é satisfeito no momento em que tem este pensamento. Prakamya Siddhi caracteriza-se pela realização instantânea dos desejos mais profundos da pessoa através da aplicação da força de vontade.

Este Siddhi pode parecer algo saído de um filme de super-heróis à superfície. A capacidade de manifestar tudo o que desejamos transcende instantaneamente as limitações das leis do Universo e as leis da física. No entanto, se aplicarmos este Siddhi ao mundo do Sonho Lúcido, então começamos a compreender o verdadeiro potencial das nossas experiências através do Corpo de Luz. O mundo do Sonho Lúcido é tão real para a nossa consciência como o Mundo Físico, no que diz respeito à experiência.

Durante os meus dezassete anos de vida com a Kundalini desperta, experimentei este tipo de dons e muito, muito mais. O mundo do Sonho Lúcido cumpriu todos os desejos da minha Alma, que comecei a experimentar rapidamente três a quatro meses após o meu despertar inicial em 2004. Descobri que a Prakamya Siddhi serve não só para satisfazer os desejos da sua Alma, mas também para os extinguir ao longo do tempo.

As minhas experiências de vida ensinaram-me que uma das formas mais eficientes de superar qualquer desejo dentro de si é empenhar-se nela até que a sua energia seja drenada de si. Naturalmente, refiro-me a desejos do Ego temporal que se enquadram no reino da normalidade e não a desejos antinaturais, tais como ferir fisicamente outros Seres vivos. Uma das funções do mundo do Sonho Lúcido é extinguir os desejos dos iniciados despertados da Kundalini, cujo objetivo último é a Evolução Espiritual e a união com a Divindade.

Muitas vezes projetava-me do meu corpo para onde quer que a minha Alma quisesse ir no mundo dos Sonhos Lúcidos. Visitei Estrelas e Galáxias distantes e lugares interdimensionais no nosso Planeta com Seres estranhos que vi pela primeira vez. Muitas vezes, eu "descarregava" informações destes Seres sobre os mistérios da Criação e o futuro da raça humana da mesma forma que o Neo descarregava novas capacidades e habilidades como programas de computador no filme "The Matrix". No espaço de uma hora de sonho, eu poderia descarregar o equivalente a vinte livros de informação de Seres inteligentes no nosso Universo.

Umas poucas vezes, tomei consciência de que estava a descarregar informação fora de mim e podia recordar uma frase ou duas do que estava a receber. Na sua maioria, a informação era críptica, transmitida a mim através de números, símbolos, metáforas e arquétipos em língua inglesa ou em outras línguas da Terra.

Quando eu estava na presença do que parecia ser Extraterrestres, eles falavam-me telepaticamente nas suas línguas, o que, de alguma forma, eu compreendi. Normalmente podia distinguir Extraterrestres de outros Seres como Mestres Ascensos, Anjos, ou outras

Deidades, porque a sua aparência era humanoide, mas claramente não humana, uma vez que algumas características eram diferentes.

Senti-me abençoado e privilegiado por ter feito contato com outros Seres inteligentes no Universo através da consciência. Afinal, não tinha outra forma de obter o conhecimento único que me transmitiam senão através da experiência direta, e a minha sede de conhecimento após o despertar da Kundalini crescia diariamente.

Com o tempo, desenvolvi naturalmente uma técnica de desfocagem do olho da minha mente num sonho lúcido para entrar numa realidade a que chamo "hiperconsciência", um estado para além do domínio da consciência humana. Como resultado, encontrei-me muitas vezes algures no mundo real, apenas uma versão futurista do mesmo lugar com objetos e dispositivos tecnológicos nunca antes vistos. O cenário assemelha-se a uma viagem LSD ou Peiote, embora diferente, uma vez que tem uma componente futurista.

Durante algum tempo, quando projetava para este mundo futurista, ouvia música techno dentro da minha cabeça que correspondia ao que eu via como se estivesse num filme. As minhas mandíbulas apertar-se-iam como um êxtase extático que enchia o meu coração, tentando integrar o meu visual. Esta hiper-realidade ensinou-me sobre Universos paralelos que a nossa consciência pode experimentar através do Corpo de Luz e do mundo do Sonho Lúcido.

Lembro-me de querer passar um mês a esquiar e de ser incapaz de o fazer na vida real devido a restrições de tempo. Nessa mesma noite, encontrei-me numa estância de alta classe no que parecia ser os Alpes. O cenário era tudo o que eu desejava e muito mais. Passei ali o que me pareceu um mês inteiro, em termos do número de experiências, tudo dentro das oito horas de sono que me faltaram. Quando acordei, já não sentia necessidade de ir esquiar, uma vez que esse desejo era satisfeito no meu Sonho Lúcido.

Tenho viajado para outros lugares do mundo da mesma forma. Se de alguma forma me limitasse a viajar na vida real, encontrava-me frequentemente a visitar esse lugar à noite. A principal diferença foi que o tempo foi transcendido no mundo dos Sonhos Lúcidos. Podia passar meses e até anos num lugar no mundo do Sonho Lúcido, o equivalente a oito horas de sono na vida real.

Depois de visitar muitos países e cidades nos meus sonhos, descobri que existem estâncias e pontos quentes no mundo dos sonhos lúcidos para onde outras pessoas viajam se precisarem de umas férias de "poder". Além disso, muitos indivíduos que conheci nas minhas viagens Lucid Dream pareciam ser demasiado únicos para serem uma projeção da minha consciência. Muitas vezes, trocávamos informações pessoais sobre quem somos na vida real, embora eu nunca pudesse verificar alguém no mundo real.

Ao longo dos anos, o meu "centro de comando" ou base de operações tornou-se Nova Iorque e Los Angeles, embora fossem versões diferentes dessas mesmas cidades. Como visitei ambas as cidades na vida real, descobri que a sensação era a mesma no mundo do Lucid Dream, mas pareciam radicalmente diferentes, com arquiteturas e paisagens diferentes.

Quando revisitei uma das cidades num Sonho Lúcido, pareceu-me quase idêntico à última vez que lá estive, num sonho anterior. Tinha até um apartamento que possuía em Nova Iorque e para onde voltaria, e era o mesmo que da última vez que lá estive com objetos onde os deixei. Curiosamente, um fluxo de memórias voltaria da vez anterior em que lá estive num sonho, o que significava que a minha consciência era capaz de ter diferentes experiências de vida em vários lugares simultaneamente como o mundo real.

Sempre que entrava no mundo dos sonhos lúcidos, estava consciente do meu potencial. Era leve como uma pena e podia voar, levitar objetos e projetar a minha consciência numa fração de segundo de um lugar para outro. Podia também manifestar qualquer parceiro com quem quisesse ter relações sexuais, experimentar o que é ser bastante rico e famoso, pilotar um avião ou conduzir uma Ferrari, e muito mais. Quando eu imaginava algo que desejava, geralmente aparecia mesmo à minha frente. O céu é o limite até onde a sua Alma pode experimentar no mundo dos Sonhos Lúcidos, e a realização dos seus desejos é pessoal para si e só para si.

Tenha em mente que não existe um conceito de distância num Sonho Lúcido. Quando pensa numa experiência que deseja ter, está imediatamente no ato de ter essa experiência, num local que a sua Alma escolhe para si. O Corpo de Luz contém os cinco sentidos da visão, audição, tato, olfato e paladar, permitindo uma experiência completamente realista. Podemos estar a experimentar o mundo real também através do Corpo de Luz, apenas através da interface do corpo físico. Nas poucas vezes que experimentei a realidade virtual, senti sensações semelhantes às que experimentei no mundo do Sonho Lúcido.

Uma das principais diferenças entre satisfazer os seus desejos no mundo do Sonho Lúcido e o Mundo da Matéria é que não há tagarelice ou culpa no mundo do Sonho Lúcido, uma vez que se trata de um desejo puro a ser realizado. A tagarelice da mente resulta do Ego, que está diretamente ligado ao corpo físico e ao mundo material. Uma vez que o Sonho Lúcido transcende o reino físico, é nulo do Ego; daí que a mente esteja vazia, permitindo uma experiência da Alma mais ótima.

Vashitva e Ishitva Siddhis

O sétimo e oitavo Siddhis clássico, Vashitva e Ishitva Siddhis misturam-se um no outro, e como tal, discuti-los-ei em conjunto como expressões do mesmo poder. Vashitva Siddhi (palavra sânscrita que implica "poderes de controlo") permite ao indivíduo comandar os seus próprios estados mentais e os de outras pessoas através da força de vontade. O indivíduo pode influenciar inteiramente as ações de qualquer pessoa na Terra com Vashitva Siddhi.

Em contrapartida, Ishitva Siddhi (Sânscrito para "superioridade" e "grandeza") é a capacidade de controlar a natureza, organismos biológicos, pessoas, etc. Este Siddhi em particular dá ao indivíduo o senhorio absoluto sobre toda a Criação e torna-o um Deus-humano aos olhos de outras pessoas. Ishitva Siddhi faz de um deles um Mestre dos Cinco Elementos - um Mago vivo.

De acordo com o Princípio de Vibração *do Kybalion*, todas as coisas vibram a uma determinada frequência. A física quântica corrobora esta afirmação e acrescenta que cada vez que olhamos para algo no mundo exterior, influenciamos o seu estado vibratório. Os antigos hermetistas conhecem o poder da mente há milhares de anos. Afinal, o princípio fundamental do Kybalion é "O Tudo é Mente, o Universo é Mental".

Se o Universo é uma projeção mental que é moldada pela nossa mente, então os nossos pensamentos e emoções são também uma construção mental que podemos alterar. Os hermetistas ensinaram aos seus iniciados que a força de vontade pode ser usada como um garfo de afinação para transmutar as nossas condições mentais e as de outros Seres vivos, alterando mesmo os estados da matéria. Acreditavam que se conseguirmos maximizar o poder da mente, podemos obter a governação sobre outras pessoas, o ambiente, e a realidade em geral.

Vashitva e Ishitva Siddhis são expressões de poderes mentais que podem ser realizados quando o indivíduo eleva a vibração da sua força de vontade e, portanto, a sua consciência. Embora possamos alcançar Vashitva Siddhi através da aplicação das Leis Mentais, a única forma de realizar verdadeiramente Ishitva Siddhi é através da Evolução Espiritual. Tornar-se Iluminado não só maximiza o potencial da força de vontade, otimizando assim Vashitva Siddhi, como também nos permite entregar completamente a nossa vontade à Divindade e alinhar com a sua elevada frequência vibracional. Ao fazê-lo, tornamo-nos garfos de afinação energéticos que induzem tudo à nossa volta com as nossas altas vibrações, alterando os estados mental e emocional de todos os seres vivos e até alterando o estado vibracional dos objetos imateriais no nosso ambiente imediato.

Uma vez que comunicamos constantemente por telepatia, a maximização da nossa força de vontade dá-nos o poder da mente sobre a mente, permitindo-nos dominar completamente outras pessoas. De acordo com o Princípio de Género Mental *do Kybalion*, "O género está em tudo; tudo tem os seus princípios masculinos e femininos; o género manifesta-se em todos os planos. "Este Princípio afirma que cada um de nós tem uma componente masculina e feminina do Eu - o "Eu" e o "Eu".

O "Eu" é a Força masculina, objetiva, consciente e voluntária que projeta a força de vontade. O "Eu" é a parte feminina, subjetiva, subconsciente, involuntária e passiva do Eu que recebe - a imaginação. A vontade, que é o Elemento Fogo da Alma, projeta-se na imaginação, criando assim uma imagem visual, uma expressão do Elemento Água. O Elemento Ar é o pensamento, o meio de expressão da força de vontade e da imaginação.

O "Eu" é como um ventre mental que é impregnado pelo "Eu" para criar uma descendência mental - a imagem visual". O "Eu" projeta-se sempre, enquanto o "Eu" recebe. Estes duplos componentes cognitivos são um dom sagrado que nos foi dado pelo nosso Criador para sermos Cocriadores conscientes da nossa realidade. Contudo, a única forma de manifestar a nossa própria realidade desejada é usar a nossa força de vontade para gerar imagens mentais para guiar as nossas vidas. Se nos tornarmos mentalmente preguiçosos, tornando assim a nossa força de vontade inativa, a nossa existência será guiada pela força de vontade de outras pessoas, quer diretamente, quer através de estímulos ambientais. Tal é a Lei. A componente "Eu" deve ser sempre alimentada por um "Eu", quer seja o nosso ou o de outra pessoa.

As pessoas que estão conscientes destas Leis Mentais podem elevar a vibração da sua vontade de controlar a sua realidade e afetar a componente "Eu" de outras pessoas, fazendo-as assim pensar o que quiserem. Ao influenciarmos os pensamentos de alguém, afetamos invariavelmente o modo como se sentem e as ações que executam. Uma vez que estas Leis Mentais funcionam a um nível subconsciente, a pessoa que está a ser influenciada quase nunca percebe que está a ser mentalmente induzida. Em vez disso, acredita que os pensamentos induzidos são seus quando, na realidade, são sementes plantadas por outra pessoa. Os fenómenos psíquicos de transferência de pensamentos, sugestão e hipnotismo são exemplos de utilização do Princípio de Género para afetar a mente de outras pessoas.

Como discuti longamente no *The Magus*, qualquer realidade a ser partilhada por múltiplas pessoas é controlada pelo indivíduo que vibra a sua força de vontade com a maior frequência. As pessoas que partilham a realidade deste indivíduo olham para elas naturalmente e consideram-nas o seu líder e guia. Estas pessoas evoluídas são carismáticas, personalizáveis e sexualmente atraentes, o que tem menos a ver com a aparência física e mais com o magnetismo pessoal. Normalmente comunicam diretamente com a Alma, contornando assim a personalidade e o Ego. Estas pessoas especiais envolvem e inspiram outras de formas que parecem mágicas para aqueles indivíduos que não compreendem a ciência por detrás das Leis Universais que estão a ser empregadas.

A forma mais eficiente de alcançar Ishitva Siddhi e alcançar o Senhorio sobre a Criação é despertar a Kundalini e elevá-la até à Coroa. Quando um indivíduo altamente evoluído Espiritualmente elevou a vibração da sua consciência ao Plano Espiritual, ele domina naturalmente os Planos abaixo dele que a maioria das pessoas vibra. Também dominam os reinos animal e vegetal que são subdivisões do Plano Físico.

Não é raro ver uma pessoa iluminada andar entre tigres, leões, ursos, crocodilos, cobras venenosas, e outros animais potencialmente mortais. Já todos ouvimos falar deste fenómeno antes, mas a maioria das pessoas não conhece a sua ciência. Ao canalizar a energia Espiritual altamente vibracional, que é Luz e amor, estes indivíduos Espiritualmente evoluídos superaram o seu próprio medo que desencadeia animais perigosos e os faz atacar os humanos. Assim, o indivíduo desperto contorna o mecanismo de sobrevivência do animal e liga-se à sua energia de amor, resultando em ser abraçado em vez de atacado.

Uma pessoa cuja força de vontade está a ressoar à frequência do Espírito domina todos aqueles que não atingiram o mesmo estado de consciência. Estes indivíduos Espiritualmente evoluídos aparecem literalmente como se fossem Deuses incarnados em humanos às pessoas comuns que os "invadem" para se banharem na sua Luz contagiante.

Como nota final, é possível alterar os estados da Matéria com a aplicação da força de vontade e até fazer aparecer e reaparecer a Matéria. *O Kybalion* esclarece que se elevarmos a vibração da Matéria, alteramos a sua frequência e, consequentemente, a sua densidade e até o seu estado. No entanto, uma vez que é necessária muita energia para realizar este feito apenas com a mente, muito poucos Adeptos na história o conseguiram, alguns dos quais se viram figuras centrais das religiões. Todos ouvimos os milagres de Jesus Cristo, onde ele transformou água em vinho e utilizou cinco pães e dois peixes para multiplicar estes itens e alimentar 5000 pessoas.

Um exemplo mais comum e provável de alteração da matéria com o poder da mente é transformar gelo em água, água em vapor, e vice-versa, através do aquecimento e arrefecimento do corpo. Outro exemplo é levitar um objeto leve, como um pedaço de papel ou controlar o movimento da chama de uma vela. Para realizar qualquer um destes feitos mentais, o indivíduo precisa de contactar ou estar perto do objeto para o infundir a sua Prana, cujo fluxo e estado pode controlar com a sua mente.

Talvez no futuro, quando a Humanidade tiver evoluído coletivamente Espiritualmente, teremos exemplos mais notáveis de controlo da Matéria com a nossa mente, uma vez que as Leis Universais operam em todos os Planos Cósmicos e os Planos Superiores dominam sempre os Planos Inferiores. Curiosamente, os Anciãos nunca passaram muito tempo a tentar influenciar a Matéria com as suas mentes. Eles sabiam que o verdadeiro dom destas Leis Mentais era aplicá-las aos seus próprios estados mentais e emocionais para ajudar na sua Evolução Espiritual. Atingir a mente da Divindade era o seu único verdadeiro objetivo, uma vez que ao fazê-lo, a pessoa torna-se parte das Leis Universais, otimizando assim os Ashta Siddhis.

PARTE VII: APÓS O DESPERTAR DA KUNDALINI

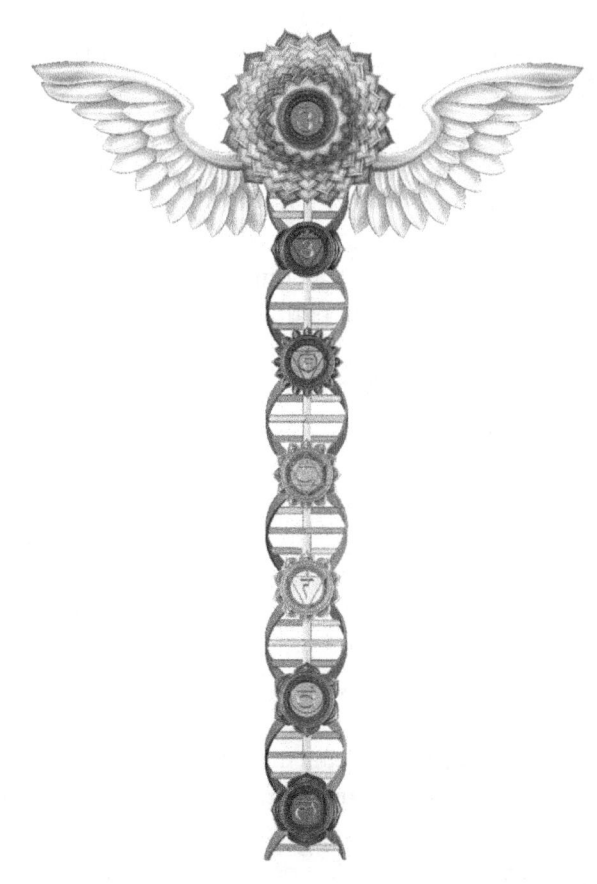

SINTOMAS E FENÓMENOS APÓS O DESPERTAR DA KUNDALINI

A maioria dos indivíduos despertados pela Kundalini estão preocupados com a forma como a transformação se irá desenvolver ao longo do tempo e com a linha temporal geral de quando irão desbloquear determinados dons (Siddhis). Esta é uma das suas principais questões e interesses. Depois de falar com dezenas de indivíduos acordados que completaram o processo elevando a Kundalini até à Coroa, descobri que as manifestações são quase as mesmas para todos e geralmente acontecem sistematicamente. Uma experiência dá origem à seguinte, e desta forma, a energia da Kundalini transforma a mente, o corpo e a Alma ao longo do tempo, desbloqueando muitos dons psíquicos pelo caminho.

Tal como discuti no capítulo introdutório sobre a Kundalini, uma vez que a ativação do Corpo de Luz tenha tido lugar e a energia se torne localizada no cérebro, um despertar permanente teve lugar. Alguns sintomas e fenómenos manifestam-se durante a primeira semana, enquanto outros demoram um pouco mais do que isso. Nesta secção, vou decompor estas experiências uma a uma, em ordem sequencial, na sua maioria, desde as fases iniciais, até aos meses e anos seguintes. Tenha em mente, no entanto, que estou apenas a cobrir despertares completos, e não parciais. Com despertares parciais, as manifestações e presentes são específicos de qualquer Chakra(s) que a Kundalini tenha ativado, variando de um Chakra para o outro.

Em indivíduos totalmente despertos, as duas primeiras manifestações iniciais são a Luz na cabeça e o som vibratório constante ouvido no interior, semelhante a um zumbido baixo. Se a pessoa não tem conhecimento prévio da Kundalini, pode confundir estes últimos fenómenos com o início do zumbido, uma doença física onde se ouve um zumbido constante nos ouvidos. No entanto, notarão que o som se amplifica muito quando se concentram nele, por vezes mantendo-os acordados durante a noite como para mim.

A Luz na cabeça é complicada porque vem em ondas no início e pode até causar pressão na cabeça, causando uma dor de cabeça ou enxaqueca. Assim, pode-se pensar que vários fatores podem estar a causar este fenómeno no início. Após algumas semanas, contudo, tornar-se-á evidente que, uma vez que fecha os olhos, a energia está presente dentro da sua cabeça que flashes de Luz com frequência. Muitas vezes pulsa como um organismo vivo e respirador, especialmente quando se está num estado inspirado. Pode até experimentar flashes de Luz de outras cores, especialmente roxo, embora eu tenha descoberto que a presença da Luz Branca é relativamente consistente. Claro que não é tão brilhante como olhar para o Sol, mas é fraca, mas muito percetível de olhos fechados.

Pode também ver orbes de Luz dentro da sua visão periférica que podem aparecer quando tem uma epifania sobre algo ou está num estado inspirado. São geralmente azuis elétricos e pequenos, mas bastante percetíveis. É geralmente um único globo de Luz, embora possa haver vários. As pessoas têm sugerido que estes orbes podem ser Anjos da Guarda.

À medida que começa a trazer alimentos para o seu corpo, o seu sistema digestivo irá transformá-los em energia Ligeira, alimentando o sistema energético recém-desperto. Uma vez que a Kundalini é amplificada pela Prana da comida e da energia sexual, ela irá gradualmente mudar-vos a todos os níveis, físico, mental, emocional e Espiritual. Alguns dos efeitos mais imediatos são os tremores corporais e uma sensação de formigas a rastejar na sua pele. É importante não entrar em pânico quando isto ocorre, uma vez que é uma parte normal do processo. Isto significa que a energia está a sublimar e a atingir os centros nervosos, literalmente infundindo-os com Luz, alimentando-os.

Também se pode sentir os músculos estúpidos ou espasmos ocasionais que surgem aparentemente do nada, geralmente quando o seu corpo está parado e num estado relaxado. À medida que o seu sistema nervoso se ajusta a esta nova energia presente dentro de si, a sua temperatura pode flutuar, fazendo-o sentir-se quente num momento e frio no seguinte. Recomendo o uso de roupa extra para não se tornar suscetível a apanhar uma constipação ou gripe quando estiver a arrefecer.

O ritmo e a potência dos seus batimentos cardíacos também serão afetados à medida que o seu corpo se ajusta às mudanças no seu sistema energético. O coração pode bater tão depressa por vezes que parece que está prestes a ter um ataque cardíaco, especialmente se não tiver conhecimento deste sintoma comum da Kundalini. Como a mente está a processar emoções do subconsciente, o batimento cardíaco acelerado é geralmente o resultado de uma emoção assustadora presente, que pode aparecer do nada e desaparecer no segundo seguinte. Como resultado, o coração muitas vezes salta uma batida; depois, acelera até se acalmar.

O coração também reagirá quando estiverem presentes emoções intensas, especialmente as que canalizam energia bruta de Fogo. O poder do batimento cardíaco pode por vezes ser tão forte que parece que está a tentar sair do seu peito. O seu ritmo respiratório é diretamente afetado por alterações no seu ritmo cardíaco, resultando frequentemente numa ligeira hiperventilação quando o seu ritmo cardíaco sobe. Uma vez que o seu Sistema Nervoso Simpático se ativa neste caso, recomendo a implementação de uma técnica respiratória calmante para retomar o controlo sobre o seu corpo. Tenha em mente que por muito alarmantes que estas palpitações cardíacas possam parecer, não há nada a temer. A mente agrava a situação criando pânico, por isso tente manter-se calmo, e isso irá passar.

Uma vez que a Kundalini está agora ativa dentro de si permanentemente, pode também sentir pulsações no seu sacro, pois está a bombear a corrente da Kundalini através do seu Corpo de Luz. Se houver bloqueios energéticos, pode haver uma pressão desconfortável no sacro, o que pode causar uma dor ligeira. No entanto, descobri que o sistema da Kundalini compensa os bloqueios energéticos reduzindo a magnitude da Luz que está a canalizar.

Outro fenómeno notável, embora raro, é a interferência através da telecinesia com equipamento elétrico. Por exemplo, no dia a seguir ao despertar da Kundalini, a minha bioeletricidade estava tão elevada que quando concentrei a minha mente numa televisão próxima, causei uma perturbação no fluxo do canal sob comando. Tinha também ouvido falar de casos em que indivíduos rebentavam com a agulha do seu gira-discos quando lhe tocavam ou faziam saltar CDs. O fenómeno entra sempre em contato com um dispositivo elétrico ou utilizando o poder da mente para alterar de alguma forma a sua função, exibindo uma bioeletricidade superior à normal.

Por vezes, a dor está presente em diferentes órgãos, ou existe uma sensação geral de desconforto em áreas onde os órgãos estão presentes. A dor é geralmente suave, embora a mente possa exagerar estes efeitos, como acontece quando experimenta o medo do desconhecido. A dor ou desconforto suave é normal, e significa que a energia está a entrar e a limpar diferentes contrapartidas espirituais dos órgãos e partes do corpo. O mais importante a lembrar é manter a calma, uma vez que todos estes processos ocorrem porque normalmente não duram muito. No entanto, se nos fixarmos neles e os extirparmos das proporções, eles persistirão por mais tempo.

Deixem-me reintegrar o que disse num capítulo anterior - a energia Kundalini funciona a um nível subtil e não físico, embora muitas vezes possa parecer que os efeitos são físicos. Tenha em mente que outra parte de si está a despertar para a sua consciência, o Corpo de Luz. O Corpo de Luz tem contrapartidas subtis para os órgãos físicos, que servem um propósito Espiritual a um nível superior.

Espero que esta explicação esclareça quaisquer mal-entendidos sobre este tópico porque ouço frequentemente as pessoas despertadas pela Kundalini dizerem que a energia está a trabalhar no corpo físico e a moldar e "martelar" os órgãos, o que simplesmente não é verdade. Parece que sim, mas isso é apenas porque agora existe outra parte do Eu desperto, um componente não físico - o Corpo de Luz, que contém os vários Corpos Subtis que correspondem aos Cinco Elementos.

Outro sintoma que ocorre precocemente são as flutuações maciças de vitalidade. Por exemplo, pode estar hiperativo e sentir necessidade de se movimentar ou de fazer exercício, seguido de completo esgotamento de energia e letargia. Estas oscilações de energia resultam dos efeitos da Kundalini sobre a mente. Quando assume o controlo, a Kundalini dá-lhe acesso a uma abundância de energia, seguida de um colapso quando o Ego recupera o seu controlo sobre a mente. Quando se aprende a superar o efeito do Ego sobre a mente, no entanto, é possível explorar a fonte da energia da Kundalini e ter uma vitalidade incrível 24 horas por dia, 7 dias por semana.

À medida que a sua consciência se purifica com o tempo, a sua vibração aumenta, permitindo-lhe localizar dentro do Corpo Espiritual, o aspeto mais elevado do Corpo de Luz. É quase como se estivesse a ocorrer um processo de transplante no seu interior, o que por vezes pode ser preocupante. Como tal, pode requerer algum tempo para se adaptar ao que parece ser uma entidade estrangeira dentro de si.

O Corpo de Luz é o veículo da Alma. O corpo físico, por outro lado, é o veículo do Ego. A Alma usa imaginação e intuição, que são recebidas através do coração. O Ego usa a lógica e a razão, e opera através da mente. O irmão da imaginação é a inspiração que alimenta o Eu Superior, a Alma. A energia da Kundalini inspira porque o seu objetivo é trazer-vos para dentro do Espírito. O Fogo da Kundalini muda de estado ao longo do tempo para trazer uma perceção mística e transcendental da nova realidade em que se encontra - a Quarta Dimensão da Energia ou Vibração.

ANJO DA GUARDA (O EU SUPERIOR)

Todo o ser humano tem um Génio Superior, também conhecido como o Santo Anjo da Guarda, ou Eu Superior. Esta é a parte Espiritual de vós que é de Deus - o Criador. Embora para além da dualidade, o vosso Eu Superior alinha-se com a polaridade da vossa Alma. Como tal, pode referir-se a ele como um ele ou ela, seja qual for o sexo da sua Alma. O propósito principal do despertar da Kundalini é criar uma ligação entre a tua consciência e o teu Santo Anjo da Guarda. Então, tornar-se-á um canal para a sua sabedoria durante toda a sua vida aqui na Terra. E, muito possivelmente, mais além.

O seu Santo Anjo da Guarda reside em Sahasrara Chakra (Figura 150). Sempre que elevas a tua consciência ao seu nível, o teu Eu Superior está presente. Ao conectar-se com ele, a sua consciência sente-se como se tivesse crescido asas, transformando-o numa presença angélica enquanto esta ligação é mantida. Ainda sois vós próprios, mas uma parte superior de vós que ressoa com a vibração da Luz Divina do Criador.

A maioria das pessoas tem momentos ao longo do dia em que se ligam ao seu Santo Anjo da Guarda, geralmente quando se encontram num estado de espírito inspirado ou criativo. Depois há aqueles momentos em que o Santo Anjo da Guarda nos toca brevemente com a sua energia, dando-nos uma visão divina de um assunto sob a forma de uma epifania. Contudo, estes momentos são geralmente de curta duração, uma vez que o Ego começa sempre a questionar a experiência, rompendo a ligação com o Eu Superior. Como resultado, o indivíduo desce do Sahasrara para um Chakra inferior de um dos Quatro Elementos.

Para estabelecer uma ligação permanente com o seu Santo Anjo da Guarda, uma exaltação da consciência deve ter lugar primeiro. Depois, uma vez que a Alma tenha assumido o domínio completo sobre o Ego, o Elemento Espiritual pode descer e transformar-vos inteiramente. Depois deste processo de transfiguração estar completo, estabelecerá contato permanente com o Santo Anjo da Guarda. Poderá ainda operar a partir de qualquer Chakra quando necessitar dos seus poderes de expressão, embora a sua consciência trabalhe principalmente a partir dos três Chakras Espirituais de Vishuddhi, Ajna, e Sahasrara.

Figura 150: Anjo da Guarda (O Eu Superior)

    Muito do conteúdo da Kundalini neste livro não é algo que aprendi com outros livros ou ouvi de outra pessoa, e é por isso que descobrirá que muita desta informação é original. Alguns conhecimentos foram acumulados a partir de livros durante os primeiros anos após o despertar da Kundalini. Uma vez lançada a fundação, e eu alinhado com o Génio Superior, ele assumiu como meu professor e guia interior. Posteriormente, a maior parte dos meus conhecimentos foram-me transmitidos diretamente pelo meu Santo Anjo da

Guarda através da Gnose. No entanto, para alcançar esse auge na minha Evolução Espiritual, onde me posso tornar um canal para algo maior do que eu, tive de passar muitos anos a desenvolver-me como um farol e um canal de Luz.

Cada ser humano pode tornar-se um canal para o seu Eu Superior se se dedicar à sua viagem Espiritual e seguir algum roteiro para alcançar o Iluminismo. Todos nós devemos Ressuscitar no Elemento Espiritual e tornar-nos os nossos próprios salvadores. O trabalho no *The Magus* está orientado para a realização desse objetivo. Uma vez que tenham ganhado contato permanente com o vosso Santo Anjo da Guarda, eles tornar-se-ão o vosso mestre e guia para o resto da vossa vida. Não precisará de mais professores, nem de guias em forma física, pois tornar-se-á o professor e o aluno num só.

O vosso Santo Anjo da Guarda começará a comunicar convosco sempre que houver uma continuação na consciência, e o vosso Ego cala-se. Ensinar-vos-á regularmente sobre os mistérios do Universo e da Criação, à medida que se vai percorrendo a vossa vida quotidiana. Dar-vos-á mais informações sobre tudo o que aprendestes no passado e tudo o que pensais saber agora. O que quer que recebam do mundo exterior será agora filtrado pela sabedoria do vosso Santo Anjo da Guarda.

Poderá continuar a aprender com os livros, embora descubra que obterá mais do seu Santo Anjo da Guarda sobre a vida do que de qualquer texto escrito. Os livros são bons para construir o seu conhecimento sobre assuntos específicos, mas a sua filosofia de vida aprenderá diretamente com o seu Santo Anjo da Guarda.

Uma vez que não pode controlar este processo de comunicação e aprendizagem contínuo, começará a sentir-se como se fosse duas pessoas em uma. Muitas vezes dou por mim a falar com o meu Eu Superior como se duas entidades estivessem a viver dentro de mim. O frio, calmo, recolhido e todo-sábio é o Eu Superior, enquanto o Ego é o que se desorienta e precisa de orientação. E da forma como vejo as coisas, não sou nenhuma delas e ambas ao mesmo tempo.

O meu Ego costumava sentir que a consciência que em tempos governou era desviada por outra coisa, embora hoje em dia tenha aceitado esta dupla realidade do Eu. Ainda tem as suas reações como qualquer Ego, mas o Génio Superior fica de lado, observa como me expresso e controla-me quando saio da linha. Ele é a Testemunha Silenciosa do momento presente perpétuo que vive na Eternidade. Ele está lá para me acalmar quando preciso dele e dar-me os conselhos certos sobre o que fazer ou como me comportar quando estou num dilema. O seu propósito geral é ensinar-me como melhorar o meu carácter e personalidade para me tornar mais Espiritual. Assim, deixo-me nas suas mãos e tento deixá-lo liderar a maior parte do caminho.

O seu Santo Anjo da Guarda é essencialmente egoísta; está constantemente a ensinar-lhe como tornar-se um melhor canal para a sua Luz, mesmo que o Ego tenha de sofrer. No entanto, à medida que aprendes a servir o teu Génio Superior, estás invariavelmente a aprender como servir a Deus - o Criador, o que significa que estás a evoluir Espiritualmente. Como o vosso Génio Superior é o vosso Deus-Seu, o seu ímpeto para a ação vem diretamente da Fonte de toda a Criação.

O que é fascinante na ciência e filosofia da Kundalini é que se trata de um campo novo e crescente cuja fundação e enquadramento ainda não foram estabelecidos. Por conseguinte, cabe a todos os indivíduos despertados pela Kundalini contribuir com o seu conhecimento e experiência para que as gerações vindouras continuem a construir sobre si mesmas. Se eu puder ajudar-vos a entrar em contato com o vosso Santo Anjo da Guarda, então eu fiz o meu trabalho. O resto deixo nas suas mãos. Como tal, peço a todos vós que levem o que aprenderam comigo e continuem a desenvolver ainda mais as minhas teorias e práticas.

Nenhum livro ou corpo de conhecimento sobre a Kundalini tem as respostas definitivas. Há sempre lacunas a serem preenchidas. Como tal, convido todos os indivíduos despertados pela Kundalini a serem corajosos e a saírem das suas zonas de conforto para ajudar a desenvolver mais esta ciência da Kundalini. Somos todos cientistas e laboratórios num só pacote, aprendendo, experimentando, e partilhando as nossas descobertas com o mundo.

ESTADO DE SER APÓS O DESPERTAR

Após um despertar completo da Kundalini, uma vez ativado o Corpo de Luz, pode demorar algum tempo a desenvolvê-lo suficientemente com a ingestão de alimentos. O passo seguinte é permitir que a energia do Espírito penetre na consciência para que se possa alinhar plenamente com o Corpo Espiritual, um aspeto do Corpo de Luz. Para o conseguir, contudo, é preciso primeiro superar a energia cármica nos seus quatro Chakras mais baixos e desenvolver suficientemente os três superiores que são do Elemento Espiritual.

O Corpo Espiritual está a moldar-se à medida que o Corpo de Luz está a ser integrado. A duração deste processo depende de muitos fatores, que são pessoais para todos. É um processo bastante longo, e se eu tivesse de dar um palpite médio, diria de sete a dez anos. Se tiver um método para trabalhar nos Chakras, tal como as Práticas Espirituais neste livro ou os exercícios rituais de Magia Cerimonial, tal como apresentados no *The Magus*, então demorará substancialmente menos tempo. Por outro lado, se permitir que a Kundalini purifique os Chakras com o tempo naturalmente, demorará muito mais tempo.

Vencer o medo é a chave da Ressurreição Espiritual, que inclui a purga e purificação dos Chakras. Foram necessários muitos anos para que a energia negativa se desenvolvesse dentro dos Chakras; invariavelmente, serão necessários muitos anos para a limpeza. Quanto tempo exatamente? Tudo depende de quanto medo se tem no seu sistema.

Conheço pessoas que, após uma dúzia de anos de vida com a Kundalini desperta, ainda estão à mercê do seu medo e ansiedade, o que para mim tem sido um conceito estranho há quase uma década. Muitas vezes tenho pensamentos de medo, como todos nós temos, mas para mim, é uma experiência momentânea que é lavada no reino da Não-Validade do

Bindu Chakra em segundos. Nenhum pensamento ou emoção medrosa pode debilitar-me ou tomar a minha consciência por tempo suficiente para me incomodar demasiado com ela.

Algumas semanas a alguns meses após o despertar inicial da Kundalini, sentirá uma sensação de energia a mover-se dentro do corpo e da cabeça, e poderá sentir que o seu cérebro está "partido". Este estado de espírito resultará em pensamentos dispersos e na total incapacidade de se concentrar em qualquer coisa durante demasiado tempo. Além disso, a maioria das pessoas relatam sentir uma apatia completa por tudo aquilo com que se costumavam preocupar.

Sentimentos de amor pelos outros serão ultrapassados por um entorpecimento emocional que será duradouro e aparentemente permanente. Não haverá continuidade de pensamento, e um sentimento geral de confusão estará presente. Já não se pode recorrer ao Ego para obter respostas, uma vez que ele terá um controlo mínimo sobre si. O Ego percebe que está a morrer lentamente à medida que este Fogo interior é libertado através da Kundalini. Tem de se render imediatamente a este processo em vez de tentar combatê-lo ou racionalizá-lo em demasia.

Medos e ansiedade infundados surgirão em alturas diferentes, sem qualquer outra razão que não seja a de serem libertados do sistema. Pode ser assustador no início, mas quando se compreender que tudo isto faz parte do processo, será muito mais fácil relaxar e permitir o seu desdobramento.

Quando a Kundalini atinge a cabeça, uma ligação a diferentes partes da forma subconsciente e uma ponte é construída entre as mentes consciente e subconsciente. As memórias do passado podem chegar à vanguarda da consciência. Este processo é normal, e não precisa de ser examinado em demasia. Seria melhor se deixássemos estas memórias ir à medida que surgem. Agarrar-se a alguma memória de dor ou medo só a amplificará dentro da mente. Em vez disso, use o poder do amor no Chakra do Coração para purificar e exaltar a memória através das lágrimas, se necessário.

A princípio, porque tudo isto é uma experiência tão nova, será algo desconfortável, e o Ego tentará de todas as formas perceber o que está a acontecer. Ter livros como este à mão é crucial para saber para onde as coisas se dirigem, para que se possa relaxar. Manifestações estranhas, tais como apressamentos de energia, imbecis musculares, e energias de sentimento que se movem dentro de si em padrões semelhantes aos da cobra, são apenas algumas das possíveis experiências que poderá ter.

Haverá pressão em diferentes áreas do corpo, especialmente na cabeça e no coração. Sentirá também aberturas de energia nos pés e nas palmas das mãos ao longo do tempo, trazendo uma sensação de vento fresco e calmo a precipitar-se sobre eles. Esta é a energia do Espírito que lhe entra para provocar a sensação de ausência de peso geral, que se pode manifestar pouco tempo depois.

Lembre-se que embora a energia do Espírito pareça permear o seu corpo no início do seu processo de transformação, a integração real da sua consciência com o Corpo Espiritual só pode ocorrer depois de ter limpado os seus Chakras. E esse processo depende inteiramente da quantidade de energia cármica que tiver armazenado em cada Chakra. Portanto, se é alguém que tem muito pouca energia cármica, como tem trabalhado através dela durante muitas vidas, então pode estar destinado a ter uma transformação fácil e rápida.

Outro ponto crítico é que, uma vez que as mentes conscientes e subconscientes tenham sido ultrapassadas, os seus pensamentos assumirão um grau de realismo como nunca antes. Os seus pensamentos parecer-lhe-ão reais, como se aquilo em que está a pensar estivesse presente mesmo à sua frente, o que contribui para o sentimento geral de medo e ansiedade. Se não tiver controlo completo sobre os seus pensamentos, o que a maioria de nós não tem após o despertar inicial da Kundalini, o medo e a ansiedade são o mecanismo de defesa contra o que quer que venha da mente subconsciente.

Esta "realidade dos pensamentos" ocorre porque o interior e o exterior são agora Um. Não há quebra de consciência, a menos que se opte deliberadamente por ouvir os pensamentos do Ego. Como todos os Chakras estão abertos, os seus poderes estão a fluir para a sua consciência de uma só vez. O seu Chakra Sacral, Swadhisthana, alimenta o subconsciente, enquanto o Chakra do Coração, Anahata, alimenta a mente consciente. O Sol representa a mente consciente, enquanto a Lua representa o subconsciente. Por esta razão, veem-se representações visuais do Sol e da Lua em conjunto dentro de muitos panteões e tradições espirituais, principalmente a Alquimia hermética.

CHAKRAS, CORPOS SUBTIS, E SONHOS

Dentro de algumas semanas após o despertar inicial da Kundalini, os sonhos começam a assumir uma qualidade diferente à medida que as energias interiores se sublimam/transformam mais. Esta mudança percetível é vista no mundo dos sonhos à medida que a Luz Astral se vai acumulando gradualmente dentro de si. No início, os seus sonhos assumirão significados diferentes, destinados a ensinar-lhe uma lição ou a informá-lo sobre algo arquetípico que ocorre no seu subconsciente. No entanto, à medida que progredir através dos Chakras, os seus sonhos serão afetados pela natureza da sua energia. As suas experiências começam nos dois Chakras mais baixos, Muladhara e Swadhisthana, uma vez que estes dois correspondem ao Mundo Astral. Todas as experiências interiores começam no Mundo Astral, através do Corpo Astral, também chamado Corpo Emocional.

Uma vez que uma cena tenha lugar no seu sonho, terá de descobrir o seu significado e o que essa cena está a tentar comunicar-lhe. Diferentes símbolos ocultos, animais de poder e números podem estar presentes como parte de eventos metafóricos que irão impregnar na sua consciência alguma lição de vida que precisa de aprender para avançar na sua jornada de Evolução Espiritual. Estas lições também existem para ajudar a sua Alma a evoluir e a sintonizar a sua mente às mudanças na sua Aura à medida que elas acontecem. À medida que progrides nos três Chakras inferiores, os tipos de acontecimentos que ocorrem nos teus sonhos destinam-se a suscitar em ti uma resposta emocional ou lógica que deves examinar mais tarde. Haverá diferentes presenças exteriores sentidas e vistas nos seus sonhos, incluindo Anjos, Demónios e Divindades, muitas vezes vestidos com roupas do dia-a-dia e apresentando-se como pessoas.

Uma vez que tenha entrado no Chakra do Coração, pode projetar para fora do seu corpo através do Sahasrara, o Chakra da Coroa e experimentar o mundo dos Sonhos Lúcidos. No entanto, é difícil determinar com precisão em que Plano Subtil está a ter lugar um sonho e de que Chakra está a ser projetado. A menos que se esteja num Sonho Lúcido, estes sonhos estão a acontecer subconscientemente onde a sua consciência está tão envolvida na experiência que desconhece que está a sonhar. Portanto, a única forma real de determinar em que Plano Cósmico se encontra é examinar o conteúdo do sonho.

Tenha em mente que, numa dada noite, poderá experimentar múltiplos sonhos em vários Planos Subtis à medida que a sua consciência oscila em velocidade ou frequência de vibração. Por vezes pode ouvir o tom vibracional dentro da sua cabeça mudar à medida que entra em diferentes reinos do Mundo Interior, da mesma forma que a frequência de rádio muda quando muda de um canal de rádio para outro.

Sonhos emocionalmente carregados estão a acontecer nos Elementos Terra e Água, Muladhara e Swadhisthana Chakras. Especialmente Swadhisthana, uma vez que corresponde ao Corpo Astral Superior ou Emocional, embora, como mencionado, o Muladhara Chakra também toca no Plano Astral. Se o conteúdo é mais lógico, onde se tem de descobrir algo nos sonhos como um detetive, então o mais provável é que esteja a ser projetado através do Elemento Fogo, Manipura Chakra. Neste caso, a sua consciência precisa de usar a sua força de vontade e intelecto no seu sonho para descobrir coisas.

A energia da Kundalini está a tentar lançar os alicerces para que se possa iniciar o Sonho Lúcido, também chamado de Viagem Astral. O Sonho Lúcido só ocorre durante o sono, enquanto a Projeção Astral é uma técnica de Viagem Astral que se pode induzir no estado de vigília. É essencialmente a mesma ideia; usa o seu Corpo de Luz respetivo ao Plano Subtil em que está a tentar entrar, para experimentar conscientemente ou inconscientemente esse Plano Cósmico.

Os Corpos Subtis variam em sentir as mesmas sensações que o corpo físico. O Corpo Sutil mais baixo, o Corpo Astral, é mais denso ao nível da realidade da experiência desse Plano, uma vez que está principalmente preocupado com as suas emoções mais baixas. Quando se entra no Plano Mental, no entanto, as coisas começam a sentir-se mais reais. No Plano Espiritual, a realeza da experiência é grandemente aumentada, uma vez que a vibração do Corpo Espiritual é substancialmente mais elevada do que a dos Corpos Subtis dos Planos Inferiores. A experiência dos Planos Divinos é marcada pelo êxtase intenso, que é a natureza desses Planos.

SONHOS LÚCIDOS

Cerca de três a quatro meses após o processo de transformação da Kundalini, começa-se a Lucid Dream. Considerando a admiração e maravilha do mundo do Sonho Lúcido, este é um dos primeiros dons espirituais que se manifestam para o indivíduo despertado pela Kundalini e um grande passo no seu processo de Evolução Espiritual. O Sonho Lúcido resulta da energia da Kundalini a entrar no Chakra do Coração, Anahata, uma vez que este Chakra é o ponto de contato com os Chakras do Elemento Espiritual que se encontram acima dele.

Nos Sonhos Lúcidos, a consciência é completamente libertada do corpo físico e consciente de que está a experimentar um sonho. A consciência pura é a Lei que guia os Sonhos Lúcidos. Esta consciência permite que a consciência individual seja como uma "criança numa loja de doces" e experimente quaisquer aventuras que a sua Alma deseje. É estimulante perceber que se está num sonho e pode fazer o que quiser simplesmente pensando que ele existe. Curiosamente, a primeira coisa que as pessoas parecem querer experimentar no mundo do Sonho Lúcido é voar pelo ar com o poder das suas mentes. Uma vez que o seu Corpo de Luz não tem peso, a gravidade já não é um fator, o que permite este fenómeno.

Sonhar Lucidamente é uma Experiência Fora-do-Corpo completa que é uma grande emoção pela primeira vez. Acontece depois de ter sido acumulada energia Luz/Prana suficiente através da ingestão de alimentos, permitindo-lhe sair do seu corpo físico durante o sono através do Sahasrara, o Chakra da Coroa. Além disso, esta experiência tem um efeito libertador na consciência. Ao entrar nestes Planos Superiores da realidade, não mais o medo ou a dor o atormentam, o que lhe permite relaxar para uma mudança e desfrutar deste dom.

O mundo do Sonho Lúcido está repleto de belos ambientes e cenas, tudo isto resultante da sua imaginação aperfeiçoada aliada à infinita potencialidade da Consciência Cósmica. Ao projetar-se do seu corpo através do Sahasrara Chakra, entra-se no campo da Consciência Cósmica, que é ilimitado. Todos os Sonhos Lúcidos sentem-se como se estivessem totalmente presentes em qualquer lugar mágico em que se projetaram, à medida que a vossa Alma sente cada sensação como se estivesse a acontecer ao corpo físico. Contudo, tudo o que está a acontecer é resultado das capacidades imaginativas de Anahata, alimentada pelo Sahasrara, cuja energia fonte é a Consciência Cósmica.

A Alma usa o Corpo de Luz como veículo de viagem nos Planos Cósmicos interiores, permitindo que a consciência os experimente como reais. O Corpo de Luz é ligado ao corpo físico pelo Cordão de Prata (Figura 151), também conhecido como o "Sutratman" em Sânscrito, composto pelas duas palavras "sutra" (fio) e "Atman" (Eu). O "Sutratman" é essencialmente o fio da vida da Alma. Este cordão metafísico assegura que o nosso Corpo de Luz pode voltar ao corpo depois da viagem Astral. Ao morrer, quando a Alma deixa permanentemente o corpo físico, o Cordão de Prata é cortado.

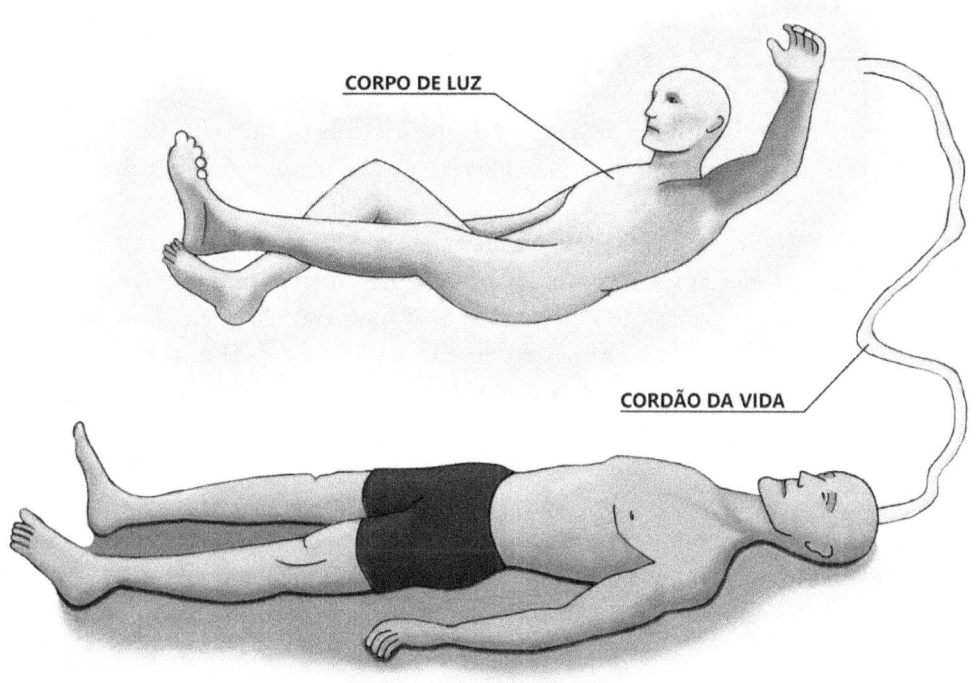

Figura 151: Projeção do Sonho Lúcido

DESENVOLVER E EXPANDIR A LUZ ASTRAL

Ao começar a sonhar Lucid Dream regularmente, pode começar a experimentar ocasionalmente uma paralisia de sonho onde a sua consciência está tão envolvida no seu sonho que não consegue acordar por até uma dúzia de horas ou mais. Este fenómeno ocorre devido à luz astral que se acumula no seu sistema ainda mais ao longo do tempo. No seu auge, a energia da Luz pode ser tão potente que envolve os seus sentidos de tal forma que a mente está a experimentar tudo tão completamente real que não se consegue separar do sonho.

Quando digo a palavra "Astral", não estou relacionado com o Plano Astral dos Chakras da Terra e da Água, mas sim com a forma como este termo é vulgarmente usado nos círculos Espirituais. "Astral" representa os Planos Cósmicos interiores, reinos e mundos que estão para além do Plano Físico, mas que estão inextricavelmente ligados a ele. Assim, quando se tenta descrever esta ciência invisível a outras pessoas, pode-se usar o termo "Astral" para encapsular todos os Planos não-físicos da consciência. E "Luz Astral" refere-se à Luz interior que manifesta estes Planos Cósmicos para a existência.

É crucial compreender que muitos dos diferentes fenómenos e manifestações após o despertar inicial da Kundalini resultam do crescimento e expansão da Luz Astral/Inner ao longo do tempo dentro do sistema energético. À medida que se expande, infunde nos Chakras a energia da Luz, penetrando e atuando sistematicamente através dos vários Corpos Subtis. Uma vez terminada a infusão dos Chakras dos Quatro Elementos, começa a trabalhar nos Chakras Espirituais e no correspondente Corpo Espiritual, injetando-o com energia de Luz. Posteriormente, a Luz Astral da Kundalini transforma-se em energia Espiritual líquida (Amrita), que depois alimenta a Ida e Pingala Nadis, ou canais. Ao fazê-lo, o circuito da Kundalini estará completo e continuará a sustentar-se através da ingestão de alimentos. O Bindu será ativado, servindo como uma válvula que regula todo o sistema Kundalini, resultando num estado metafísico e místico de consciência.

Aproximadamente cinco meses após o meu despertar da Kundalini, enquanto a Luz Astral continuava a acumular-se dentro de mim, ela mudou a minha perceção do Mundo Físico. Transformou o meu sentido físico da visão à medida que a Luz Astral começou a permear todos os objetos à minha volta, resultando num brilho cintilante e prateado transposto em tudo o que eu estava a ver. Tal como discutido anteriormente, esta foi a manifestação mais maravilhosa e que eu continuo a apreciar até aos dias de hoje. Este presente dá-me a ilusão de que o mundo exterior está inteiramente contido dentro da minha cabeça, na minha mente. Quando concentro o meu olhar para fora, há uma sensação estranha como se estivesse a olhar para o interior da minha testa.

Durante o processo de transformação da Kundalini, a construção da Luz Astral começa também a despertar os diferentes centros cerebrais. Começa a canalizar e a fazer circular esta Luz em várias partes da área da cabeça, à medida que o faz. Uma vez a minha visão física transformada e os centros cerebrais abertos, marca o início de uma nova vida para mim - a experiência completa da Quarta dimensão, a Dimensão da Vibração. Cada vez que olhava para o mundo à minha frente, lembrava-me da ilusão do mundo material da Matéria, uma vez que agora podia ver o Mundo da Energia por baixo dele.

Ao transformar a minha visão, ganhei também a capacidade de ver tudo à minha frente de uma perspetiva mais elevada, como se eu estivesse nas nuvens. Só agora, o que eu estava a ver também tinha esta transformação digital e luz a irradiar por detrás de objetos, remodelando completamente o que eu estava a ver. Por vezes podia estar tão absorvido pelo que via que se desmaterializava mesmo à minha frente, e podia vê-lo como energia pura. E se continuasse a minha meditação e ficasse mais absorvido no que via, podia ver tudo à minha frente como se fosse projetado sobre um fundo 2D, como um ecrã de cinema. A única diferença é que a tela de cinema é feita de pura energia de Luz, projetada a partir do Sol. Esta visão atesta a teoria de que estamos a viver no Universo Holográfico.

O UNIVERSO HOLOGRÁFICO

Durante o primeiro ano após o despertar da Kundalini em 2004, tive uma segunda experiência do Universo Holográfico que aprofundou a minha compreensão da natureza da realidade. Esta experiência foi como a primeira que aconteceu durante o meu despertar da Kundalini, embora autoinduzida. Começou como um sonho, comigo sozinho num campo, rodeado por uma cerca de madeira. Para onde quer que me virasse, via esta vedação. Do outro lado da cerca estavam os meus antepassados, todos falando simultaneamente de forma caótica na minha língua nativa, o servo-croata. Depois, do nada, um silêncio completo permeou a atmosfera.

Uma voz apareceu e disse: "Queres saber a verdade das coisas?" Eu respondi com uma afirmação, não verbalmente, mas com curiosidade no meu coração. No segundo em que aceitei esta oferta, o tom vibracional dentro da minha cabeça começou a mudar. Dei comigo a deslizar para dentro da vibração, perdendo a consciência dentro do meu sonho como se estivesse a ser transportado para outra dimensão de espaço/tempo.

Todos os meus sentidos astrais ficaram suspensos à medida que fui avançando cada vez mais dentro de mim. Parecia que estava a passar por um buraco de verme através da minha consciência. Em vez de temer esta experiência, porém, eu tinha fé. Finalmente, emergi do outro lado e abri os meus olhos. Ao olhar à minha volta, vi o mundo holográfico. As paredes e o chão à minha frente eram transparentes, com objetos aparentemente suspensos no espaço. As paredes e os objetos brilhavam com uma aparência quase aveludada. Não olhei para o meu corpo durante este tempo, já que estava tão hipnotizado por esta realidade sem betão. O silêncio completo estava presente em todo o lado. Senti-me como pura consciência, sem limites, a nadar na escuridão do espaço. Contudo, o que era único, e a primeira e única vez que isto aconteceu na minha vida, foi que o habitual tom de vibração dentro da minha cabeça agora soava como um motor Mustang, um som de rosnado baixo.

Embora eu não tivesse a certeza se estava na Terra ou noutro Planeta, os objetos começaram a parecer-me familiares à medida que olhava mais à minha volta. Finalmente, as minhas memórias começaram a voltar, e percebi que em vez de estar num lugar novo, estava sentado na minha cama, no meu quarto onde dormia um minuto antes. Toda esta visão durou cerca de dez segundos, embora em câmara lenta. Assim que as memórias começaram a voltar, o que deu início ao meu questionamento desta experiência extraordinária, a vibração na minha cabeça começou a mudar até voltar à sua frequência habitual. Enquanto isto acontecia, vi o Universo Holográfico transformar-se em matéria concreta perante os meus próprios olhos.

Esta experiência nunca mais se repetiu na minha vida. No entanto, não era necessário. Consegui a resposta que procurava e nunca mais olhei para trás. Aprendi que não só vivemos num Universo Holográfico, mas a vibração da nossa consciência pode conter a chave para as viagens Interdimensionais e possivelmente até mesmo Interplanetárias. Esta teoria é apoiada por um texto antigo chamado *The Emerald Tablets of Thoth the Atlantean*, escrito pelo Sacerdote-Atlante-King Thoth, do qual o Deus Egípcio Thoth é descendente. Ele mencionou que os humanos poderiam viajar pelo Universo alterando a vibração da sua consciência num determinado momento, validando assim a minha reivindicação.

Após a minha segunda experiência direta com a realidade holográfica, fiquei com novas perguntas a serem respondidas. Por exemplo, de onde é que o Holograma é projetado no nosso Universo? Uma teoria é que cada Sistema Solar tem o seu próprio Holograma que é projetado a partir do seu Sol. No entanto, alguns astrofísicos apoiam outra hipótese de que o Holograma é projetado a partir do buraco negro mais próximo.

Como vê, um buraco negro tem mais massa do que todos os Sistemas Solares próximos combinados, o que significa que transporta quantidades enormes de dados num espaço compacto. Estes dados são enviados para fora para formar partes distintas do Universo, e tudo o que se encontra dentro desse espaço tridimensional, que se reflete no Plano bidimensional do buraco negro, como um espelho. Agora, se alguém passasse pelo buraco negro, entraria numa dimensão superior, teoricamente, exemplificada no filme "Interestelar" como a Quinta Dimensão do amor que transcende o espaço e o tempo. Claro que estas teorias são apenas especulações e permanecerão como tal, mas sempre me senti privilegiado por ser uma das poucas pessoas neste Planeta que teve não uma, mas duas experiências diretas com a realidade holográfica.

MAIS PRESENTES A REVELAR

Ter o mundo astral interior sempre aberto para mim estava a fazer com que ele fosse transposto para o que eu via com os meus olhos físicos. Como resultado, comecei a ver coisas que não eram deste mundo, pois esta energia da Luz estava a acumular-se dentro de mim. Vi Seres sombrios nas florestas, presenças Angélicas, e mesmo Demoníacas, os mais comuns dos quais rosnavam e tinham olhos vermelhos. Vi muitos deles nos meus sonhos, enquanto outros estavam presentes no meu ambiente, e pude olhar para eles durante uma fração de segundo antes de desaparecerem da minha vista.

A minha ligação a tudo à minha volta crescia diariamente. Através do Olho da Mente, desenvolvi outro sentido, a capacidade de sentir objetos para os quais estava a olhar intuitivamente. Pude pesar a sua energia com os meus pensamentos e sentir a sua forma astral, o seu plano Espiritual com esta capacidade. Estes fenómenos foram possíveis porque a Kundalini despertou completamente os meus sentidos astrais, e eu podia ver, tocar, provar, cheirar e ouvir dentro dos Planos Cósmicos Internos.

Desde que o olho da minha mente foi exponencialmente expandido, comecei a explorar meditações regulares para ver até onde podia descer a toca do coelho e se conseguia desbloquear mais presentes dentro de mim. Assim, comecei a meditar onde quer que fosse, seja no metro ou no autocarro, na aula, ou no trabalho. Gostava de meditar, concentrando-me nas pessoas e deixando-me absorver na sua energia. Se me concentrasse numa pessoa por tempo suficiente, escorregaria para fora de mim e começaria a ver a sua energia a emanar do seu corpo físico. Olhava diretamente para trás delas, embora fosse uma parte da sua consciência. A experiência geralmente começava com a visão do seu duplo Etérico, que parece uma impressão do seu campo energético saindo a alguns centímetros do seu corpo físico. No entanto, à medida que me aprofundava e continuava a desfocar os meus olhos enquanto via o seu corpo energético, começava a ver todo o espectro das suas cores Áuricas.

No entanto, se permanecesse em meditação durante mais de dez minutos, começava a mudar os estados de consciência e podia ver a pessoa da perspetiva de uma formiga, ou por vezes de um ser maior e ainda maior. A regra geral era que quanto mais tempo me concentrava neles, dando-lhes toda a minha atenção, mais me conseguia coçar no que via e ver campos de energia que normalmente não são detetados pela visão física.

Se alguém estivesse perto de mim e eu me concentrasse no seu rosto em vez do corpo inteiro, poderia ver as suas feições mudarem mesmo diante dos meus olhos. Por vezes transformavam-se em rostos de animais ou tornavam-se muito velhos ou muito jovens enquanto eu me concentrava neles. Outras vezes os seus rostos transformavam-se no que parecia ser Seres Extraterrestres, porque estavam simplesmente fora deste mundo. Estas experiências afirmaram-me que somos todos Seres de Luz de pura consciência que viveram em muitos Planetas diferentes noutros Sistemas Solares e Galáxias, numa cadeia contínua de vidas que nunca acaba.

Nesta altura, como podia sentir o mundo à minha volta, começava a tornar-me uma antena (Figura 152), recebendo vibrações de fora de mim. A Kundalini estava agora a começar a funcionar a partir do Corpo Espiritual. Contudo, embora isto tenha acontecido relativamente depressa na minha vida, não significava que o processo de transformação da Kundalini estivesse completo. Pode começar a funcionar a partir do Corpo Espiritual, mas enquanto as energias latentes precisarem de ser trabalhadas nos Chakras, a energia da Kundalini estagnará, e haverá uma divisão clara na mente, corpo e Alma. Esta dispersão da energia da Kundalini resultará num estado de espírito perplexo e perdido durante muito tempo. A confusão e a incapacidade de concentração ou de tomar decisões são apenas alguns dos efeitos secundários negativos de estar neste estado.

Nunca encontrei ninguém que tenha purificado as negatividades dos Chakras inferiores num curto período após um despertar completo da Kundalini. Na realidade, é possível, mas isto significa que a Alma tem estado a purgar e a limpar os Chakras muito antes do despertar da Kundalini. Para se integrar plenamente neste novo nível de consciência num pequeno período de tempo, teria de se ser uma figura bastante santa que tenha trabalhado no seu Karma a partir desta vida e de vidas anteriores. Caso contrário, ainda haverá muitas manifestações na sua vida mundana onde a Kundalini está a trabalhar nos seus Chakras inferiores. No entanto, tem de haver muitas lições aprendidas nessas áreas antes da Kundalini poder localizar-se completamente no Corpo Espiritual e operar sem bloqueios ou estagnações de energia.

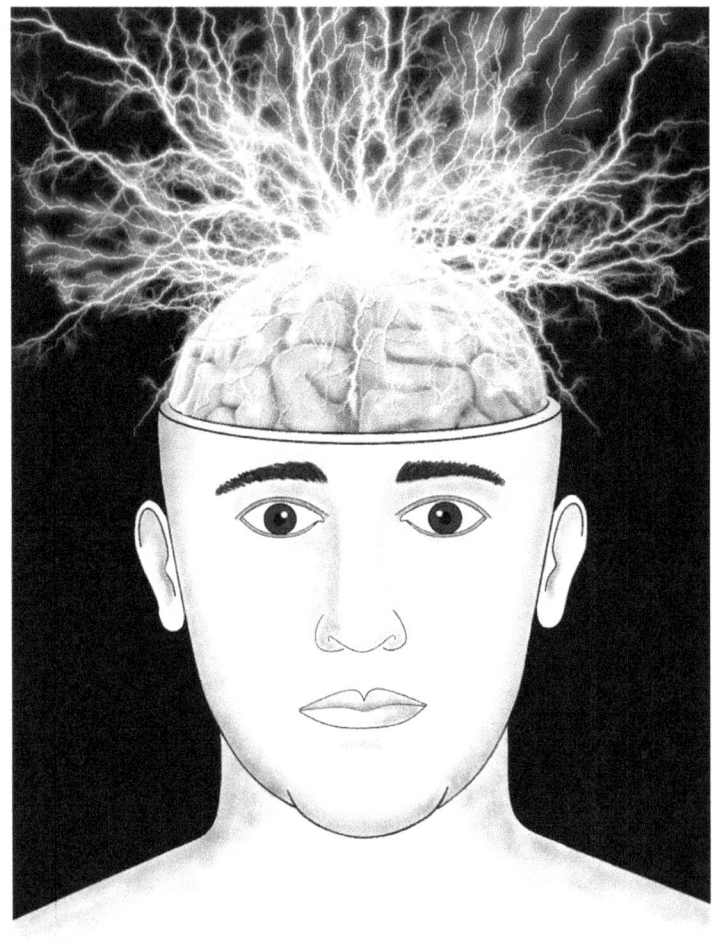

Figura 152: A Antena Cerebral Humana

KRIYAS E EVENTOS SINCRONIZADOS

Alguns indivíduos acordados relatam realizar movimentos espontâneos de Kriyas - Kundalini Ioga e Hatha Ioga. Este fenómeno ocorre a partir da Luz Kundalini animando o corpo físico para realizar estes movimentos enquanto o eu consciente está em piloto automático. Curiosamente, o conhecimento dos Kriyas emerge em algum lugar profundo do subconsciente, uma vez que são geralmente desconhecidos conscientemente para a pessoa que os executa. O corpo executa estes Kriyas durante algum tempo enquanto a Kundalini atua sobre o corpo, energizando-o. A chave por detrás deste fenómeno é o indivíduo estar num estado de inspiração, o que neutraliza o Ego. Quando a Luz Kundalini se dissipa, o Ego volta a tomar conta da consciência, e o Kriyas termina.

Outra manifestação enquanto neste estado de inspiração Kundalini é a escrita automática. O indivíduo pode sentir-se compelido a escrever, mais uma vez aparentemente em piloto automático enquanto a energia Kundalini canaliza através deles. O conteúdo produzido não é muitas vezes reconhecível ao Ego quando examinado posteriormente, levantando a questão de onde ele veio. O indivíduo pode mesmo expressar-se em outras línguas, algumas não desta Terra. Por exemplo, tenho um amigo acordado Kundalini que tem canalizado cartas e símbolos crípticos enquanto neste estado inspirado que se assemelha a alguma língua Antiga morta ou mesmo uma Extraterrestre. Seja o que for que esteja a canalizar, sente-se obrigado a fazê-lo e não tem qualquer controlo consciente sobre o processo.

Muitas mais manifestações ocorrerão à medida que a consciência está a aprender a viver neste novo mundo de energia pura, e o Ego está a afrouxar o seu domínio sobre si. Começará a ter muitas sincronicidades e começará a notar padrões na sua vida diária. Por exemplo, os padrões de números são comuns, o que ocorre frequentemente à medida que se tem alguma vontade interior de olhar para o tempo ou ver algum dispositivo tecnológico que exibe números. Para mim, o número 1111 surgiu muito frequentemente. Outros indivíduos despertados pela Kundalini relatam sincronicidades com o mesmo número.

O objetivo do 1111 é fazer saber que está agora a funcionar a um nível Espiritual diferente e que o despertar teve lugar. Os 1111 Anjos, ou energias Divinas, querem fazer-vos saber que estais a ser guiados e protegidos por forças superiores. Poderá também ver outras cordas ou séries de números, tais como 222 ou 333. Este fenómeno ocorre à medida que a realidade externa e material se interliga com o mundo astral interno - os dois estão a tornar-se Um.

Os seus poderes imaginativos estão a fundir-se na Consciência Cósmica e no seu poder de imaginação que é vasto e sem limites. Já não é uma entidade separada, mas está agora a operar dentro do quadro da Mente Cósmica. A sua mente está gradualmente a tornar-se absorvida pela Consciência Cósmica.

À medida que a sua consciência evolui lentamente, está a aprender a funcionar de acordo com o quadro dos Princípios Universais. Estes Princípios são os Princípios da Criação - os Sete Princípios (Verdades fundamentais) que esboçam as Leis Universais que regem toda a Criação. Estas Leis formam a base do *Kybalion - o* livro hermético oculto escrito no início do século XX que me impactou profundamente pessoalmente e foi um precursor do meu despertar da Kundalini, tal como mencionado na introdução a esta obra. Está a aprender a fazer parte dos Princípios da Criação e a operar conscientemente no seu contexto, uma vez que faz parte das Leis Universais.

A NECESSIDADE DE ALQUIMIA ESPIRITUAL

Haverá mudanças imensas a nível mental e emocional depois de experimentar um despertar completo e sustentado da Kundalini. Para muitas pessoas, pode ocorrer uma inundação de negatividade que se espalha para a consciência, proveniente da Kundalini que abre todos os Chakras à medida que se eleva da sua morada no sacro através do tubo oco da coluna vertebral.

À medida que o medo e a ansiedade permeiam o seu sistema, estas energias negras terão de ser tratadas antes de poder experimentar os aspetos mais positivos do despertar. As emoções negativas são sentidas no Chakra de Água, Swadhisthana, relacionadas com a mente subconsciente. Os pensamentos negativos, contudo, são o resultado de um Chakra de Ar corrompido, Anahata. Tenha em mente que, enquanto não limpar os seus pensamentos e emoções negativas, não pode funcionar apenas através da intuição, que é um dos objetivos do processo de despertar da Kundalini. Em vez disso, sentir-se-á sobrecarregado por estas energias negras à medida que aparentemente correm a sua vida.

Os pensamentos e emoções negativas podem parecer estranhos no início. No entanto, após um exame mais atento, aperceber-se-á de que são os seus. Também se sentirá atraído pelas energias negativas de outras pessoas, uma vez que o mesmo tipo de atração. Muitas vezes, não fará distinção entre os dois, uma vez que estará tão aberto às energias dos outros que eles se sentirão como se fossem as suas próprias energias. E, até certo ponto, são, uma vez que, estando perto dos outros, assumimos a sua energia.

Em termos gerais, a comunicação é 93% telepática para toda a humanidade, que expressamos subconscientemente, principalmente através da nossa linguagem corporal e tonalidade de voz. Após o despertar da Kundalini, no entanto, experimentaremos conscientemente esta forma superior de comunicação, uma vez que teremos controlo sobre as nossas vibrações. E uma vez que todos estamos constantemente a induzir-nos uns aos outros através da vibração dos nossos pensamentos e emoções, quando se ganha o controlo sobre o nosso estado interior, também se pode controlar o estado da mente de outras pessoas. Mas para o conseguir, terá de limpar os seus pensamentos e emoções para que a sua força de vontade possa dominar a sua consciência.

No início da sua viagem de transformação, notará que se tornou um desafio estar perto de algumas pessoas na sua vida. Estas pessoas são frequentemente amigas ou mesmo familiares com quem costumava passar muito tempo antes. Após o despertar, porém, poderá descobrir que estar perto dessas mesmas pessoas o deixará ansioso e stressado. Este fenómeno ocorre devido à negatividade dentro de si, uma vez que os seus próprios Demónios se alimentarão da energia de medo projetada pelos Demónios de outras pessoas.

Pessoas de mente muito negativa, facilmente irritadas ou demasiado pessimistas em relação à vida, tornar-se-ão altamente drenantes. Ao alimentar os seus Demónios com a energia do medo de outras pessoas, eles irão invariavelmente roubar-lhe o seu Prana, a sua Força de Vida. Portanto, aconselho-vos a reformar a vossa vida e a limitar o contato com as pessoas que vos afetam negativamente. Talvez possas voltar a passar tempo com estas pessoas quando evoluíres Espiritualmente para além deste estado negativo. Ainda assim, enquanto está a ultrapassar os seus problemas, é melhor que apenas passe o seu tempo com indivíduos de mente positiva.

Já não é uma pessoa normal, e precisa de se conformar com isto. Quanto mais depressa aceitar que precisa de se ajudar a si próprio, mais rapidamente evoluirá. Se optar por não lidar com este tipo de questões, irá sofrer. É crucial adotar uma atitude de confiança desde o início da sua transformação, porque a superação destes desafios impostos pela energia da Kundalini fará a diferença entre ganhar e perder a batalha dentro de si. Pode inspirar-se na sua nova viagem ou ser tão abatido que se odiará a si próprio, à sua vida, e amaldiçoará Deus por lhe ter colocado este "fardo" da Kundalini. É comum sentir-se assim muitas vezes no início, especialmente se teve um despertar não planeado e espontâneo.

Seria melhor se começasse a desenvolver a mentalidade de um guerreiro Espiritual logo desde o início. Tens de invocar coragem e força para que possas enfrentar os teus Demónios, e se eles tentarem assustar-te, o que eles farão, permanecerás inabalável no teu equilíbrio. Crenças baseadas no medo, pensamento negativo, e memórias traumáticas têm todas de ser libertadas e superadas neste processo.

O seu Ego está a morrer lentamente, e ele sabe disso. Tem de se render à energia da Kundalini e escolher a fé e o amor em vez do medo. O conceito de medo e o seu efeito no seu sistema energético irá desafiá-lo durante muitos anos, mas no final, se permanecer positivo e forte, irá prevalecer. Lembre-se que este processo de transformação é Universal; se perceber que não está sozinho na experiência destes desafios, poderá inspirar-se naqueles que vieram antes de si e superar estas provações e tribulações.

DESAFIOS NA SUA VIDA PESSOAL

Como está a ser remodelado na mente, corpo e alma e recebeu muitas atualizações de consciência, isso significa que está agora a funcionar a um nível diferente do das outras pessoas. Quanto mais depressa conseguir aceitar isto e perceber que no que diz respeito à sua família e amigos, será único e diferente agora, mais depressa poderá aprender a adaptar-se corretamente à sua nova realidade. Esta adaptação vem com uma certa sensação de solidão porque ninguém que conhece compreenderá aquilo por que está a passar. Deixem-me reiterar este ponto crítico. Agora é diferente, e a menos que alguém tenha passado por aquilo por que está a passar, não compreenderá, pura e simplesmente.

Levei muitos anos e muitas tentativas de entendimento da minha família e amigos para perceber que estou sozinho nisto e não vou obter o apoio que preciso das pessoas que conheço. E quanto mais depressa reconhecer que não se deve culpar outras pessoas por não o compreenderem, melhor se irá reintegrar com elas. Afinal, se escolheu permanecer na sociedade e continuar a fazer parte dela, não importa qual seja a sua verdade se os outros não o compreenderem. Precisará de aprender a misturar-se, a "fingir até o fazer".

Não há problema em mentir a este respeito, se por vezes a verdade é complicada de compreender pelos outros, e sabe que não fará diferença se tentar explicar a sua nova realidade. É essencial não desesperar, no entanto. Estamos programados para procurar conselhos de outras pessoas quando estamos numa situação difícil, mas na realidade, temos todas as respostas dentro de nós se soubermos onde procurar. Pode ultrapassar todos os obstáculos e desafios se tiver fé em si próprio, no Universo, e no processo de transformação da Kundalini. Tenha em mente que como esta ciência da Kundalini ainda é relativamente desconhecida do público, a maioria das pessoas atualmente não o compreenderá. Se e quando o conhecimento da Kundalini se tornar parte da corrente dominante, será capaz de obter mais apoio do mundo exterior.

Terá muitas noites sem dormir durante os primeiros anos, após um despertar completo e sustentado da Kundalini. Portanto, o que quer que tenha planeado para a manhã, terá muitas vezes de esperar ou ser adiado. Se não puder ser adiado, terá de aprender a arranjar boas desculpas para não estar 100% depois de uma noite sem dormir. A Kundalini é frequentemente mais ativa durante a noite, especialmente quando se está em sono REM. Aqui é quando a sua consciência está em piloto automático, permitindo que a Kundalini faça o que pretende.

Devido à sua intensidade, não poderá induzir o sono com frequência, especialmente porque todo este processo será relativamente estranho para si. Na maioria das vezes, o medo do que vai acontecer a seguir impede-o de relaxar para que possa adormecer. Quanto mais depressa aceitar estes desafios como uma nova parte da sua vida, melhor será a longo prazo. Quem me dera poder dizer-vos que estes desafios não vos irão confrontar, mas estaria a mentir.

Num despertar espontâneo, é quase certo que temerá o processo até certo ponto, o que irá afetar o seu sono. No meu caso, foi-me diagnosticada insónia um ano após o despertar da Kundalini. Por vezes, obter um diagnóstico profissional ajuda a ter a desculpa adequada para faltar às obrigações da manhã, tais como aulas na escola ou no trabalho. Claro que a minha condição era temporária, e eu sabia disso, mas senti algum conforto em ter uma desculpa válida para os meus sintomas.

Com o tempo, encontrei formas de obter um descanso ideal sem induzir o sono, o que me ajudou muito enquanto lidava com este problema de insónia. Descobri que, se se deitar de costas e observar conscientemente os processos da energia da Kundalini que se move através do seu corpo, pode descansar o seu corpo físico o suficiente para ser menos lento no dia seguinte. Este método ajudou-me a descansar o meu corpo, embora eu não conseguisse encontrar uma solução para descansar a minha mente.

Será quase impossível evitar o esgotamento mental e emocional por não induzir o sono, pelo que terá de aprender a funcionar enquanto estiver nesse estado mental lúcido. Infelizmente, não há escolha na matéria. Digo, no entanto, que se houver vontade, há uma maneira. Se escolher permanecer inspirado, mesmo perante a adversidade, prevalecerá. E se decidir não o fazer, não importa quão extenuante seja o seu desafio, fracassará. Assim, adote uma atitude de vencedor logo desde o início, e beneficiará muito nesta viagem.

O meu primeiro livro contém a prática Espiritual de Magia Cerimonial e os vários exercícios que utilizei na minha viagem para me ajudar a lidar com o estado de espírito negativo inicial provocado pela energia Kundalini despertada. Estes exercícios rituais são apresentados como parte de programas de Alquimia Espiritual, os mesmos a que me submeti há muitos anos atrás quando fui confrontado com estes mesmos desafios. Destinam-se a derramar a energia cármica dos Chakras inferiores para que possa erradicar todo o medo e ansiedade no seu sistema e ascender mais alto na consciência. Descobri que embora as técnicas rituais tenham funcionado para limpar os Chakras, também me permitiram dormir melhor e superar as minhas insónias.

Logo desde o início da minha viagem pela Magia Cerimonial, comecei a sentir-me mais calmo e mais equilibrado ao mesmo tempo que alcançava algum nível de controlo sobre os estados mentais. E este efeito era cumulativo, descobri; à medida que continuava a trabalhar diariamente com esta prática Espiritual, tornei-me mais centrado e alicerçado, o que afetou positivamente o meu sono. Os exercícios rituais de banimento que se fazem logo no início da sua viagem pela Magia Cerimonial ajudam a limpar a Aura de energia desequilibrada, o que permite mais paz de espírito. E quando a mente está em paz, pode adormecer mais facilmente.

Além de me ajudarem a dormir, estas técnicas rituais deram-me um instrumento para combater os muitos desafios mentais e emocionais que estava a enfrentar. Limparam os meus Chakras ao longo do tempo e permitiram-me permanecer inspirado enquanto este processo de transformação da Kundalini se desenrolava. Antes de encontrar a Magia Cerimonial, estava a sentir-me muito desamparado. Uma vez que descobri a Magia

Cerimonial, no entanto, não havia volta a dar. Finalmente, eu tinha a ferramenta que procurava para me desenvolver como Guerreiro Espiritual e ter sucesso nesta viagem.

Pratiquei esta arte sagrada de invocação de energia durante cinco anos, todos os dias. Estes exercícios Mágicos fundamentaram-me, expandiram a minha imaginação e intuição e, mais importante ainda, removeram o medo e a ansiedade da minha Aura. Aumentaram a minha força de vontade e compaixão ao mesmo tempo que fortaleceram o meu intelecto e purificaram as minhas emoções. Fiquei espantado com a forma como estas técnicas rituais funcionavam e como complementavam o que a energia da Kundalini estava a tentar alcançar. Por esta razão, optei por partilhar estas técnicas rituais e mais no meu primeiro livro para dar a outras pessoas na mesma posição em que eu estava nas ferramentas de que necessitam para se ajudarem e avançarem mais na sua jornada Espiritual.

ALINHAMENTO COM O CORPO DE LUZ

Uma vez limpos e afinados os seus quatro Chakras inferiores e dominados os Elementos da Terra, Água, Fogo e Ar, a sua consciência pode elevar e localizar nos três Chakras superiores do Elemento Espiritual, a partir de onde ele irá operar. Esta mudança de consciência indica uma nova experiência de viver no mundo, sem ser perturbada pelo medo e pela ansiedade.

O vosso novo veículo de consciência, o Corpo Espiritual, é o vosso dom e recompensa por todo o trabalho de Alquimia Espiritual que realizaram até este momento. Na maioria dos casos, muitos anos terão de passar antes que a energia cármica nos Chakras inferiores seja superada, especialmente se tiveres um despertar espontâneo da Kundalini. Para mim, foi precisamente sete anos após o meu despertar que alinhei completamente a minha consciência com o Corpo Espiritual. Uma vez isto ocorrido, seguiram-se outras transformações Espirituais.

Uma vez que todas as pétalas do Lótus das Mil Pétalas do Sahasrara estavam finalmente abertas para mim, a totalidade dos meus centros cerebrais primários também foram despertados. As minhas Glândulas Pineal e Pituitária, o Tálamo, e o Hipotálamo foram otimizadas para sincronizar o meu corpo com a consciência expandida, agora em sobre-exploração. Finalmente estabeleci o fluxo correto da energia Espiritual para cima e para baixo novamente através da Coroa.

O passo seguinte no processo de transformação foi a consciência totalmente alinhada com o Corpo Espiritual. Uma vez concluída, ocorreram novos desenvolvimentos no Olho da minha Mente, despertando a capacidade de sair do meu corpo e de me ver na terceira pessoa.

No passado, tive momentos aleatórios em que pude sair do meu corpo, mas estas experiências foram geralmente de curta duração. Não podia sustentar esta Experiência Fora do Corpo, uma vez que o meu Ego era demasiado ativo, mantendo a minha consciência confinada ao meu corpo físico. Agora, podia concentrar-me em qualquer objeto externo, e se me concentrasse nele durante mais de um minuto ou mais, a minha consciência deixava o meu corpo à medida que me tornava Um com ele. O Sahasrara Chakra estava envolvido neste fenómeno, mas também os meus Chakras da Palma e dos Pés. Parecia que a energia do Espírito tinha acabado de ser sugada do meu corpo através da minha cabeça e dos meus membros.

Este novo desenvolvimento no meu Olho da Mente reforçou a minha ligação com o mundo exterior de uma nova forma. Sons diferentes começaram a tomar forma na minha cabeça como imagens animadas. Cada som tinha uma componente visual associada que ia e vinha em ondas, energizada diante de mim por algum poder superior de imaginação.

Um profundo silêncio impregnou a minha mente como se andasse sobre as nuvens com os pés no chão. Algumas destas manifestações começaram a desenvolver-se anos antes, mas não consegui sintonizar-me plenamente com estes poderes superiores porque ainda estava à mercê do meu medo e ansiedade. Tive de limpar todo o medo e ansiedade para dar à energia Kundalini um caminho claro para que estas faculdades superiores despertassem.

Acredito que este processo de desbloquear capacidades particulares é Universal para todos. Existe uma forma sistemática em que a transformação da Kundalini se desdobra ao longo do tempo. Como Deus, o Criador, deu a todos os humanos um padrão corporal físico de cinco estrelas com as mesmas características faciais, creio que também nos foram dados os mesmos componentes energéticos e o mesmo potencial. Jesus Cristo referiu-se a isto quando disse que somos todos iguais e que somos todos Um. Pode levar algum tempo até que a Kundalini desperte os indivíduos a desbloquear as mesmas capacidades que eu, mas eventualmente, todos eles chegarão lá. Todos estão em cronologias diferentes no que diz respeito ao seu processo de Evolução Espiritual, mas o jogo final é o mesmo.

Uma vez alinhada a sua consciência com o Corpo Espiritual, contornará a sua mente, permitindo que o seu Ser participe no Reino Espiritual, o reino da Não-dualidade. Este reino é altamente místico e transcendental, tal como irá experimentar. Por exemplo, o simples ato de ouvir música irá criar arrebatamento no seu coração, ao contrário de tudo o que já sentiu antes. Sentirá que a canção está a tocar só para si, e você é a estrela de um filme épico de Hollywood, que é a sua vida. Mesmo que a sua vida seja comum neste momento, sentirá que se pode tornar qualquer coisa e como está neste estado de inspiração perpétua.

O corpo físico também começará a ficar parcialmente entorpecido às sensações. Este fenómeno resulta da transformação da Kundalini em energia Espiritual fina, que expande o sistema enquanto circula dentro de si. Como resultado, os canais de energia primária de Ida, Pingala e Sushumna tornam-se totalmente abertos e trabalham em sincronia uns com os outros.

O Corpo Espiritual é estabelecido como o principal portador e regulador da consciência, embora possa ainda precisar de fazer mais trabalho nos Corpos Subtis inferiores. Em última análise, a consciência precisa de se elevar inteiramente acima dos Corpos Subtis inferiores, o que requer uma purificação completa da energia cármica presente nessas áreas. Uma vez que isto seja conseguido, o indivíduo irá elevar-se por completo acima da sua Roda do Karma.

Ao passar pelas diferentes transformações na mente, corpo e alma, aconselho-o a confiar no processo em vez de o temer. Embora sejam necessários muitos anos para observar este processo de transformação a decorrer dentro de si, antes de poder finalmente desistir e ter fé de que está em boas mãos, saber antecipadamente que está a salvo é metade da batalha. Em qualquer caso, não tem outra escolha senão render-se a este processo, por isso, quanto mais depressa o conseguir fazer, só se beneficiará a si próprio.

Temer é falhar uma vez que o medo é o combustível do Ego, que ele usa para o prender a si próprio e o impedir de avançar na sua viagem. O Ego quer que tenha medo do processo, pois sabe que pode usar este medo contra si, permitindo-lhe agarrar-se à sua identidade um pouco mais tempo. Ele sabe que para que se transforme plenamente num Ser Espiritual de Luz, terá de ser erradicado, o que tenta evitar a todo o custo. Como mencionado, nunca poderá destruir o Ego enquanto viver no corpo físico, mas pode reduzi-lo a um pequeno fragmento de consciência, um fragmento que está sob o controlo completo do Eu Superior.

Em vez de gastar tempo a preocupar-se e a analisar excessivamente o processo de transformação da Kundalini; em vez disso, deve gastar tempo a pavimentar-se e a aprender a relaxar. A energia da Kundalini quer ajudá-lo a evoluir Espiritualmente, para não o magoar de forma alguma. A dor interna que está a sentir é gerada pelo Ego; para a superar, deve aprender a negar os seus pensamentos. Tens de relaxar e ter fé que estarás bem, pois a Kundalini está a trabalhar através de ti.

Algumas das manifestações de que aqui falo ocorrem nas fases posteriores do processo de transformação da Kundalini. É essencial reconhecer que o processo da Kundalini continua a desenrolar-se para o resto da sua vida após o despertar inicial. Embora os primeiros anos possam ser um desafio enquanto a purificação está a decorrer, uma vez concluída, outros dons e fenómenos podem e continuarão a manifestar-se, uma vez que a viagem está em curso.

ALTERAÇÕES CORPORAIS E DIETA

Uma vez que tenha despertado completamente a Kundalini e a tenha elevado à Coroa, ela permanecerá permanentemente no seu cérebro agora, o que é um momento realmente emocionante. Para o resto da sua vida, a comida e a água que traz para o seu corpo serão os fatores primários que sustentam o sistema energético recentemente expandido, assegurando que tudo está a correr sem problemas.

Os alimentos transformam-se/sublimam-se em Prana/Luz, enquanto a água apoia e modera a consciência. Esta energia da Luz irá aumentar dentro de si e alimentar o circuito Kundalini, que funciona a partir do Bindu Chakra. Embora possa não compreender atualmente como estes componentes se juntam, a seu tempo, quando esta parte do processo se revelar a si.

Irá experimentar flutuações no seu apetite também durante o processo de transformação da Kundalini. Por exemplo, poderá sentir uma necessidade de comer mais durante algum tempo, seguida de uma necessidade de comer menos. Muitos períodos na minha viagem levaram-me a comer muito, por isso comi refeições substanciais várias vezes por dia. Uma vez que senti este desejo natural de comer mais, isso assinalou-me que o meu sistema estava em excesso para sublimar a comida em energia Ligeira. De um modo geral, acolhi esta mudança, embora as pessoas na minha vida se perguntassem porque é que eu engordava rapidamente e não se preocupavam com o quanto eu comia.

Os meus amigos e família sempre acharam estranho que eu flutuasse no peso, pois muitas vezes perdia ou ganhava até dez libras por semana. Costumo mentir sobre esta situação desde quando disse a verdade, muitas pessoas pensavam que eu estava a arranjar desculpas para não me importar com a minha aparência, enquanto outras pensavam que eu estava simplesmente louco. As pessoas que pensavam que eu era louco durante toda a minha vida eram um desafio que eu tinha de superar e encontrar o meu caminho.

Além disso, esteja atento a novos desejos de comer coisas que nunca comeu antes. Por exemplo, pode ser vegetariano ou vegano toda a sua vida e de repente desenvolver um interesse em comer carne. Ou talvez o contrário ocorra, e se tiveres comido carne toda a tua vida, poderás desenvolver o desejo de ser vegetariano ou vegano. Oiça o que o seu corpo lhe está a comunicar a este respeito, uma vez que pode saber algo que conscientemente desconhece.

A carne dá ao seu corpo as proteínas necessárias para reparar os músculos e fazer hormonas e enzimas. A proteína é uma fonte de energia significativa para o corpo que é crucial para o avanço da sua transformação Kundalini. No entanto, por vezes, se o animal foi pré-mortalizado de uma forma horrível, como é o caso de muitos matadouros, a energia do medo do animal moribundo é incorporada na carne, agravando ainda mais o seu já frágil sistema. Mais uma vez, respeite os desejos do seu corpo porque a sua Alma comunica-lhe através do corpo a um nível mais profundo.

Tenha em mente que estes desejos de experimentar coisas novas muitas vezes não duram muito, uma vez que o seu objetivo maior é expandir a sua mente para outras possibilidades na vida. Recomendo vivamente que coma alimentos orgânicos tanto quanto possível, uma vez que estes filtrarão melhor através do seu corpo, uma vez que contêm mais Prana/Luz que o seu corpo precisa para continuar a sua transformação. Acredito que os alimentos geneticamente modificados expõem-no à degradação do ADN, que causa cancro e outras doenças corporais que assolam grande parte do mundo moderno. E quando estiveres a comprar carne, tenta comer carne kosher ou halal onde o animal foi morto respeitosamente, e a carne deve estar livre de energia negativa.

Quando se trata de água, é altura de parar completamente de beber água da torneira, a menos que venha de uma fonte de água limpa, tal como um riacho. A maioria da água da torneira, especialmente nas grandes cidades, contém muitos contaminantes que são prejudiciais para a mente, corpo e alma. Ou comece a beber água engarrafada de qualidade ou, melhor ainda, invista num sistema de filtragem de água que filtra metais nocivos como o flúor, que é conhecido por calcificar a sua Glândula Pineal.

Tenha em mente que como a Kundalini está a trabalhar através de si, especialmente nas fases iniciais, os seus rins estarão a trabalhar horas extraordinárias, tornando-os mais quentes do que o habitual. Os rins trabalham com as glândulas suprarrenais, que também estarão em sobrecarga uma vez que a sua função é produzir e libertar hormonas em resposta ao stress. Como resultado, as glândulas suprarrenais são frequentemente as primeiras a experimentar a exaustão nas fases iniciais. A entrada de água filtrada sem contaminantes no seu corpo irá acalmar os seus rins e as suas suprarrenais e ajudar a ultrapassar esta fase de exaustão da transformação da Kundalini.

DESENVOLVER ALERGIAS

Ao passar por este processo de transformação e ao mudar o seu apetite quase diariamente, poderá também desenvolver novas sensibilidades e alergias alimentares, por isso tenha em mente este fato. Por exemplo, eu nunca tive uma alergia na minha vida.

Mas depois, nove anos após o despertar, desenvolvi uma alergia às amêndoas, bananas e grelos, tudo no espaço de dois anos. E não estou a falar de sensibilidades suaves. Estou a falar de reações alérgicas que sempre me hospitalizaram.

Comi e amei bananas durante toda a minha vida. Era a minha fruta preferida que comia quase diariamente. Na verdade, foi uma das únicas frutas que comi. Então, um dia, do nada, tive uma reação alérgica que me mandou para o hospital. Desde então, se tenho um vestígio de banana em qualquer coisa, reajo imediatamente. Portanto, isto desenvolveu-se ao longo do tempo, e creio que está ligado ao processo de transformação da Kundalini.

Por alguma razão, o organismo rejeita determinadas energias de certos alimentos, resultando numa reação alérgica. Como resultado, o meu rosto inchou com urticária e vergões, e os meus olhos tornaram-se lacrimejantes quando o meu corpo começou a fechar-se. A certa altura, não conseguia respirar e tive de chamar uma ambulância que me deu uma dose elevada de um medicamento anti-histamínico através de uma IV. Os anti-histamínicos regulares de venda livre não funcionam nestes casos, tentei. No mínimo, será necessária uma Epipen (injeção de epinefrina) ou uma visita de emergência ao hospital.

Talvez a reação alérgica aconteça devido a esta correlação entre o despertar da Kundalini e a libertação de histamina no corpo. Este nível mais elevado de histamina é libertado assim que o Corpo Leve é integrado e totalmente desperto, o que dá a sensação de que há uma injeção de novocaína no corpo. Todo o corpo físico se sente parcialmente entorpecido, o que se torna depois uma parte permanente da existência quotidiana. Não sei exatamente porque ocorrem reações alérgicas. Ainda assim, só posso imaginar que a energia da Kundalini não possa integrar qualquer energia libertada pelos alimentos ingeridos, que atuam no corpo físico, fazendo-o entrar em desordem. Seja o que for, estou a mencioná-lo aqui para que se e quando isso lhe acontecer, saiba porquê e o que é e que deve obter ajuda imediatamente.

OS NUTRIENTES ESSENCIAIS PARA A TRANSFORMAÇÃO

Ao passar pelo processo de transformação, reparei que os doces têm um efeito particular sobre a energia da Kundalini. Cada vez que como algo com açúcar, descubro que o meu Ego se amplifica, e os meus pensamentos aceleram e tornam-se incontroláveis, afetando negativamente a minha compostura. Portanto, quando estou a passar por um momento difícil mental e emocionalmente, torna-se um obstáculo à ingestão de doces, por isso tento manter-me o mais afastado possível deles.

A proteína é essencial, uma vez que se está a transformar a partir do interior, portanto coma carne e muito peixe. O seu corpo necessita de zinco enquanto passa por este processo, e o peixe tem muito zinco. A Kundalini funciona como uma bateria. Tem uma corrente positiva e negativa expressa através dos canais Pingala e Ida, as energias masculina e feminina. Eles transportam corrente bioelétrica, que é regulada pela sua energia sexual. Estes canais precisam de um meio para funcionarem; caso contrário, queimam o sistema. Este algo é o fluido do sistema Kundalini, que é regulado pelo zinco.

O seu corpo também precisa de zinco para fazer proteínas e ADN, especialmente quando se submete a uma transfiguração genética como nas fases iniciais da transformação da Kundalini. O zinco também é necessário para o armazenamento de histamina. O corpo produz níveis elevados de histamina quando a sua consciência está a ser localizada no Corpo Espiritual.

O zinco está diretamente relacionado com a sua energia sexual, que discutirei mais tarde. Por conseguinte, trazer o zinco para o corpo é de importância primordial. Uma vez que o seu corpo não armazena zinco em excesso, deve obtê-lo a partir da sua dieta. Recomendo fazê-lo sem suplementos de venda livre, uma vez que não sintetizam o zinco no corpo como os alimentos o fazem. O peixe, assim como as sementes de abóbora, contêm muito zinco. Se começar a utilizar suplementos, cria demasiada desta energia líquida de forma não natural, o que impede a sua capacidade de concentração, desequilibrando assim a sua mente.

A sua componente de força de vontade, que o Pingala Nadi regula, será afogada nesta energia líquida que contém zinco. Em comparação com uma bateria, o ácido da bateria, que é regulado pelo zinco, afogará as cargas opostas da corrente elétrica, e a bateria não funcionará corretamente. Se obtiver o zinco dos alimentos, este sintetiza-se da forma mais ótima, o que poderá sentir. O zinco funciona com a água do sistema para regular a sua consciência. Lembre-se, a Ida Nadi acrescenta o Elemento Água ao seu sistema, que rege as suas emoções.

EXERCÍCIO FÍSICO E DOENÇA

Enquanto passa pela transformação da Kundalini, é aconselhável implementar exercício físico regular na sua vida como Ioga (Asanas), jogging, halterofilismo, desportos competitivos, natação, ciclismo, dança, etc. À medida que o seu ritmo cardíaco aumenta durante o exercício, mais sangue flui para o cérebro, trazendo oxigénio e nutrientes necessários. O exercício também ajuda a libertar proteínas benéficas no cérebro que mantêm os neurónios saudáveis, promovendo o crescimento de novos neurónios. Lembre-se, enquanto a energia Kundalini acordada está a transformar o seu sistema nervoso, o seu cérebro trabalha ao longo do tempo para construir novas vias neurais para acomodar estas mudanças internas. Portanto, o exercício regular agiliza este processo.

A um nível energético, o exercício físico é essencial porque ajuda a sintetizar as mudanças internas, fundamentando-as no Plano Físico para que a sua mente e corpo possam funcionar como uma só unidade. Inversamente, se trabalhar apenas na cura das suas energias interiores enquanto nega o seu corpo, será lento fisicamente, afetando negativamente o seu estado mental.

O exercício físico durante pelo menos uma hora por dia também demonstrou baixar e reduzir a hormona de stress cortisol enquanto liberta dopamina, serotonina, e endorfinas no seu cérebro. Assim, o exercício físico auxilia na limpeza de químicos indesejados no seu cérebro enquanto eleva o seu humor e nível de motivação, o que pode ser altamente benéfico nas fases iniciais após o despertar da Kundalini. E com um aumento dos níveis de serotonina, que se converte em melatonina durante a noite, terá mais facilidade em adormecer. Além disso, os desportos competitivos são uma excelente saída para desabafar e regular o efeito da energia do Fogo na sua mente, especialmente nos homens em que o Elemento Fogo é mais dominante.

Uma Kundalini acordada fortalece o seu sistema imunitário, permitindo-lhe superar doenças mais rapidamente do que a pessoa comum. Contudo, se estiver doente devido ao frio, gripe ou outras doenças comuns, esteja atento para não exagerar com medicamentos de venda livre. Uma vez que a sua sensibilidade psíquica será superior à média após um despertar, mesmo as mais pequenas alterações na química do seu corpo podem ter um efeito poderoso mental e emocionalmente.

Finalmente, se sofrer de dores de cabeça, o que é comum na fase inicial de adaptação à nova energia dentro de si, tome Advil ou Ibuprofeno. Acho que o Advil estimula a Ida Nadi, acalmando a consciência e aliviando a dor de cabeça muito melhor do que o Tylenol, por exemplo. De facto, até hoje, não sou contra tomar um Advil ocasional quando necessário, enquanto tento manter-me afastado de absolutamente todos os outros medicamentos de venda livre.

A NECESSIDADE DE DISCRIÇÃO

Como já deve ter percebido, um despertar da Kundalini é um fenómeno misterioso e elusivo que não faz parte da corrente dominante. Muitas pessoas reconhecem a palavra "Kundalini" da Kundalini Ioga, pensando que se trata de um tipo de Ioga, nada mais. E aqueles que conhecem o seu poder de transformar um humano Espiritualmente estão muitas vezes no escuro sobre algumas das suas manifestações mais fantásticas que indivíduos raros como eu têm tido o privilégio de experimentar. E ao ler sobre estes dons espirituais que se desdobram nas fases posteriores, percebo como deve ser difícil compreender estes conceitos relativamente abstratos, porque é preciso ter estas experiências para me compreender verdadeiramente.

Embora o processo de despertar da Kundalini seja universal, os relatos das pessoas são variados, como já se entende. Nos dias de hoje, a maioria das pessoas teve despertares parciais, limitando-os no âmbito dos efeitos colaterais e dos dons Espirituais. As pessoas que tiveram o pleno despertar, no entanto, são geralmente desafiadas pelas mesmas questões. Mas no mar dos relatos das pessoas, os despertares completos são escassos. Normalmente, quando alguém tem um despertar completo, escreve um livro ou conjunto de livros descrevendo as suas experiências, permitindo a indivíduos avançados como eu verificar onde nos encontramos neste campo limitado, mas crescente da ciência da Kundalini.

A nível coletivo, a sociedade não está à altura da experiência Kundalini, uma vez que não há pessoas suficientes para a incluir como parte do conhecimento geral. Infelizmente, isto significa que o pessoal médico formado para nos ajudar a curar mentalmente, emocionalmente, ou fisicamente, não terá qualquer utilidade para nós quando formos submetidos a uma transformação da Kundalini. Portanto, à medida que prosseguir a sua viagem, a regra de ouro que aprenderá a ser verdade é que, a menos que alguém tenha tido o despertar, e ao nível que você teve, não compreenderá aquilo por que está a passar. Assim, quanto mais depressa conseguir aceitar este fato, mais suave será a sua viagem.

Dito isto, aconselho-o a aprender a guardar para si mesmo a verdade sobre o que está a passar. Sei que isto não é fácil porque para além de precisar de conselhos, por vezes, de outras pessoas com quem normalmente se conta, também se quer que o mundo compreenda aquilo por que se está a passar. Por isso, os meus conselhos parecem, até certo ponto, contraintuitivos, uma vez que estamos todos lá para nos ajudarmos uns aos outros, mas aperceber-se-á de que não há escolha na matéria. A maioria das pessoas na sua situação, incluindo eu próprio, tiveram de aprender isto eventualmente, ou lidam com uma vida inteira de ostracização, sendo chamadas de loucas, tendo relações românticas malsucedidas, perdendo amigos, e até ficando distantes dos membros da família.

Esta é uma viagem solitária na sua maioria, e uma vez que é uma experiência tão rara, poderá encontrar algumas pessoas pessoalmente na cidade ou vila em que se encontra que o compreenderão. Encontrará muitas pessoas nas redes sociais se souber onde procurar, mas não em pessoa.

É preciso aprender a esconder a verdade sobre o que está a passar da sua família, amigos e mesmo estranhos se optar por se misturar e continuar a fazer parte regular da sociedade. Não sou alguém que alguma vez irá incentivar a mentir, sendo um Aquariano determinado a falar sempre a verdade, mas neste caso particular, aprenderá que não tem muita escolha na matéria. Se não seguir o meu conselho e contar às pessoas a sua experiência, em breve experimentará tudo aquilo de que lhe estou a avisar, o que poderá fazê-lo sentir-se geralmente alienado dos outros, resultando em mais solidão e depressão. As pessoas têm medo do que não compreendem, e evitam-no da sua existência se tiverem escolha. E a este respeito, têm uma escolha, e mesmo as melhores pessoas, as mais compassivas, acabarão por julgá-lo porque muito simplesmente não o compreendem. Por favor, não os culpe; aceite este fato.

Além disso, e esta parte é essencial: não tem de se explicar às pessoas. Não é seu dever fazê-lo. Não há nada de vergonhoso na sua realidade, e precisa de se proteger a si próprio e aos outros do que lhe está a acontecer. As pessoas que não passaram pelo que estás a passar agora não te podem ajudar. Colocar a tua vida nas suas mãos será catastrófico para a tua viagem Espiritual, uma vez que essas pessoas te desviarão cada vez mais, sem o saberem. Além disso, uma grande parte do processo de despertar da Kundalini está a tornar-se o vosso professor e guia. Já disse isto antes, e falei a sério: todas as respostas aos vossos problemas estão dentro de vós se fizerem as perguntas certas e tiverem fé em vós próprios. Em vez de recorrer a outra pessoa para encontrar soluções, incluindo alguém como eu com muito conhecimento e experiência, precisa de aprender a entrar em contato com o seu Eu Superior e, em vez disso, recorrer a eles. Ninguém pode compensar o seu Eu Superior; eles são a única inteligência que lhe pode dar sempre os conselhos certos.

Optei por me misturar com outros e continuar a tentar levar uma vida normal enquanto passava pelo processo de transformação da Kundalini. Como tal, tive de aprender a contar mentiras quando outros me perguntavam sobre as questões que eu estava a passar. Não faz mal a ninguém não saber a verdade sobre este assunto, especialmente quando se sabe de antemão que estas pessoas não o podem ajudar. Dizer-lhes a verdade e torná-los céticos acerca da sua sanidade só o prejudicará, uma vez que agora terá de lidar com a questão de os pôr em pratos limpos para além de se ajudar a si próprio.

Muitos sintomas estranhos surgirão na sua vida à medida que for passando pelo processo de transformação da Kundalini. Em quase todos os casos, estes sintomas serão temporários, embora possam durar muitos anos. Noites sem dormir, altos e baixos emocionais, comportamento errático, incapacidade de concentração, flutuação de peso, e desejo sexual excessivo e incontrolável, são apenas alguns exemplos que podem surgir na sua viagem. Se decidir que não quer ser julgado por outras pessoas, deve mascarar estas questões. Dizer aos outros que os seus sintomas resultam de um despertar da Kundalini fará sem dúvida com que as pessoas pensem que está a perder a noção da realidade, fazendo-as perder a fé em si como pessoa. Muitas vezes acreditam que está a tentar inventar uma desculpa que não conseguem compreender para os confundir, típica de alguém no início de uma doença mental.

A sua melhor maneira de navegar em torno das circunstâncias é deitar-se neste assunto. Permita-se fazê-lo uma vez que ninguém aceitará as suas desculpas por não corresponder às expectativas, tais como chegar ao trabalho ou à escola a tempo, estar presente para alguém mental ou emocionalmente, ou cumprir as suas tarefas diárias. A sua situação está fora da norma da sociedade; por conseguinte, é fundamental contar uma mentira para se proteger. Mesmo que não esteja à vontade com a ideia, descobrirá que mentir sobre o que está a acontecer lhe facilitará este processo, e ainda lhe poderão ser concedidas segundas oportunidades para provar o seu valor aos outros. Se não o fizer, continuará a bater numa parede de tijolos com pessoas e situações da sua vida.

A ideia de mentir é pegar em algo demasiado fantástico para acreditar e substituí-lo por algo que uma pessoa comum compreenderia. Para noites sem dormir, pode-se dizer que se tem crises de insónia, razão pela qual não se está a 100% pela manhã. Para altos e baixos emocionais, pode culpabilizar-se por algo que se passa na sua vida. Seja criativo, mas arranje a sua desculpa para algo que uma pessoa comum compreenda e possa simpatizar com ela.

Lembre-se, tem de ser o seu terapeuta e médico e encontrar soluções para os seus problemas. Se quiser partilhar com pessoas que o compreenderão, obter a sua perspetiva, e pedir conselhos, encontre-os antes nas redes sociais. Centenas de grupos e páginas reuniram a Kundalini despertou indivíduos que passaram pelo que está a passar e que o podem ajudar. Muitos deles estão lá por essa razão, e estão entusiasmados por o ajudar da forma que puderem. Conheci alguns indivíduos fantásticos em grupos de redes sociais desta forma.

No entanto, aconselho-o a ter uma atitude crítica quando falar com estranhos nas redes sociais. Alguns afirmam ter tido um despertar da Kundalini, mas na realidade, podem não ter, mesmo que acreditem genuinamente nas suas afirmações. Muitos fenómenos espirituais estão hoje em dia a ser classificados como despertares da Kundalini. E depois há centenas de pessoas que tiveram um despertar parcial e pensam que têm todas as respostas. Estas pessoas são as mais difíceis de detetar e potencialmente as mais nocivas. Portanto, ajuda ter algum nível de discernimento nesta matéria e perguntar sobre as experiências de outras pessoas antes de seguir os seus conselhos, uma vez que não há maneira mais rápida de se desviar do que depositar a sua fé na pessoa errada.

Vejo todo o tipo de conselhos bons e errados em grupos de comunicação social, e poderia passar um dia inteiro a dirigir-me e a esclarecer cada posto. E fiz isto há muitos anos e ajudei mais de duas dúzias de pessoas, dando-lhes os conselhos certos na altura certa e ajudando-as ao longo da sua jornada de despertar. Alguns contactam-me até hoje para me agradecer por estar presente para eles quando precisavam de mim. Através de grupos de comunicação social, percebi que os meus conhecimentos e experiência nesta matéria poderiam ser de grande ajuda, cristalizando o meu propósito de tempo. Assim, passei de escrever artigos e fazer vídeos sobre a Kundalini para eventualmente chegar a um público mais vasto com livros como aquele que se está a ler.

A LOUCURA DA MEDICAÇÃO DE PRESCRIÇÃO

Como está a sofrer o processo de transformação da Kundalini e a sua mente está em desordem, pode frequentemente exibir um comportamento estranho ao qual outras pessoas à sua volta irão reagir. Naturalmente, as pessoas a que me refiro são as mais próximas de si, incluindo familiares, amigos, e colegas. Depois de testemunharem o seu comportamento errático, podem chamar-lhe louco ou maluco, o que o confundirá ainda mais sobre o seu estado. Afinal, estará a sofrer uma tremenda dor emocional e mental, que não compreende e sobre a qual aparentemente não terá qualquer controlo.

Nos seus momentos mais fracos, a sua família ou amigos podem sugerir que consulte um psiquiatra ou terapeuta de algum tipo e fale com eles sobre os seus problemas. Afinal de contas, este pessoal licenciado é formado para ajudar pessoas que estão a passar por sintomas semelhantes.

No entanto, o problema é que estes terapeutas normalmente nunca ouviram falar da Kundalini, quanto mais terem eles próprios tido um despertar. E como pode um médico diagnosticá-lo sobre algo que o campo médico nem sequer reconhece? Não é louco, e não tem razões reais para estar deprimido. Além disso, se todos os seus problemas emocionais e mentais começaram após o despertar da Kundalini, não é claro que a Kundalini é a causa por detrás do efeito e não algo externo?

Independentemente disso, muitos indivíduos acordados seguem esse caminho, e veem um psiquiatra ou terapeuta. Afinal, estamos condicionados a ouvir-nos uns aos outros e a aceitar conselhos sobre questões da vida, especialmente quando estamos desesperados por respostas aos nossos problemas. E, como já compreendem, passar por uma transformação da Kundalini após um despertar pleno e sustentado trará alguns dos desafios mais significativos até agora.

De falar com muitas pessoas na mesma posição que eu tive há muitos anos, ver um psiquiatra dá sempre os mesmos resultados. O psiquiatra ouve os seus problemas, mas como não sabem do que está a falar quando menciona a Kundalini, normalmente fazem a primeira coisa quando se depara com uma pessoa com problemas mentais ou emocionais - prescrevem-lhe medicação.

Para os sintomas que um despertar Kundalini provoca, estes medicamentos ou são antipsicóticos ou antidepressivos. A natureza dos antipsicóticos é bloquear os impulsos neurais que levam a informação do subconsciente à mente consciente. Encerram o que está a acontecer no interior para que possa parecer que se está a sentir melhor na superfície, uma vez que já não se ouvem pensamentos negativos. Por outro lado, os antidepressivos geralmente aumentam os seus níveis de serotonina e dopamina para criar uma sensação fabricada de felicidade e alegria. Infelizmente, ser prescrito por um médico qualquer tipo de medicamento prescrito é a abordagem errada para gerir um despertar da Kundalini.

Embora possa estar a apresentar sintomas semelhantes a depressão crónica, bipolar, ou esquizofrenia, estes estados são temporários e precisam de ser trabalhados pela Alma. Eles resultam do influxo de Luz trazido pela Kundalini, cujo objetivo é erradicar qualquer energia negativa presente nos seus Chakras. Portanto, ultrapassar estes desafios emocionais e mentais é o passo necessário para avançar Espiritualmente.

Tendo acordado a Árvore da Vida inteira, terá acesso a partes do Eu que lhe foram escondidas até ao seu despertar. A Luz Kundalini faz a ponte entre as vossas mentes conscientes e subconscientes permitindo que muitos dos vossos traumas e neuroses surjam.

Se bloquear a atividade subconsciente da consciência, estas questões emocionais e mentais serão deixadas à distância, não processadas. Com o tempo, este conteúdo inconsciente prejudicial acumular-se-á, criando ainda mais problemas psicológicos, que persistirão até que o indivíduo saia da medicação. Se o indivíduo optar por continuar a tomar a medicação, poderá desenvolver uma dependência vitalícia da droga, uma vez que a saída pode revelar-se mais desafiante. Infelizmente, quando começaram a tomar medicação prescrita, inadvertidamente põem em pausa a sua Evolução Espiritual, e esta permanecerá como tal até que deixem de a tomar.

Enquanto estiver sob medicação, a energia Kundalini não pode fazer o que pretende, que é continuar o processo de transformação interior. "Fora de vista, fora de mente" pode difundir temporariamente os problemas, mas não os resolverá. De facto, irá criar ainda mais problemas futuros. Principalmente, a medicação prescrita é concebida para desenvolver uma dependência da própria droga, uma vez que o indivíduo nunca aprende a lidar com os seus problemas naturalmente. Não criam vias neurais que lhes permitam encontrar soluções para os problemas e curar os seus estados negativos; em vez disso, confiam na droga como uma muleta que o faz por eles.

A energia da Kundalini é biológica, e necessita das faculdades humanas para funcionar. Se algum medicamento externo desligar os canais de transmissão de informação, então, irá colocar o processo Kundalini de purificação em espera. Uma vez que o indivíduo saia da droga, a energia da Kundalini será novamente remetida para a atividade. O mesmo processo irá ocorrer, desta vez ainda mais forte e incontrolável.

Tem de compreender que o processo da Kundalini não lhe dará mais desafios do que a sua Alma pode aguentar. A sua Alma é a que escolheu ter esta experiência em primeiro lugar e a que a pôs em movimento. O Ego experimenta dor, medo e ansiedade uma vez que é o Ego que tem de ser transformado neste processo. Em vez de recorrer à medicação prescrita, que é a saída do Ego para que este possa proteger a sua identidade, estará a prestar um serviço à sua Alma para encontrar outra forma de lidar com os seus problemas mentais e emocionais. A sua Evolução Espiritual é a única coisa que importa nesta vida. Nenhum pensamento ou emoção terrível, por mais assustador que possa parecer, irá prejudicá-lo fisicamente.

O processo de despertar da Kundalini precisa de ser abordado com a fortaleza da mente, força e coragem. O medo e a ansiedade são temporários, e se persistir durante o processo, irá inevitavelmente emergir do outro lado como uma pessoa transformada. Pode levar muitos anos, mas o amanhecer segue sempre a noite. Tudo o que se tem de fazer é passar a noite.

CRIATIVIDADE E SAÚDE MENTAL

A realidade Espiritual é uma ciência invisível medida e quantificada pela intuição, emoções, e intelecto. Mas a maior parte do que compreende a realidade Espiritual nunca pode ser provada, razão pela qual temos uma divisão na nossa sociedade entre crentes e não-crentes. Os não-crentes são principalmente pessoas que dependem apenas da ciência, que se baseia na prova. Mas tirar a fé em algo maior do que você e colocar as suas mãos apenas na ciência é apenas roubar a si próprio o sumo, o néctar de saborear a vida Espiritual. Ver é acreditar, mas ao contrário, acreditar é também ver. Se acreditares em algo em que outras pessoas acreditam, então isso irá manifestar-se na tua vida no devido tempo. Tal é a Lei.

Sabemos muito sobre a ciência da realidade tangível, o mundo da Matéria, mas compreendemos muito pouco sobre realidades invisíveis. Assim, em vez de ponderarmos a velha questão de quem ou o que Deus é, concentremo-nos na humanidade e nos dons espirituais que alguns de nós recebemos e que nos fazem parecer como Deus aos olhos de outras pessoas. E a dádiva mais preciosa que o nosso Criador nos deu foi a capacidade de criar. Mas de onde vem a criatividade, e porque é que algumas pessoas têm mais dela à sua disposição do que outras?

Gopi Krishna e outros indivíduos acordados afirmaram que toda a criatividade humana é um subproduto da atividade da Kundalini no corpo, o que implica que a Kundalini de todos está ativa até certo ponto. Isto pode parecer uma afirmação radical para algumas pessoas, mas acredito que isto também seja verdade. Penso também que a Kundalini influencia subliminarmente as pessoas não acordadas. Estas pessoas não estão conscientemente conscientes do seu processo criativo e não podem explorar a fonte da sua criatividade como a lata desperta.

Um dos propósitos do despertar completo da Kundalini é elevar e fazer evoluir a consciência a um grau mais elevado, de modo que se possa sintonizar conscientemente com o funcionamento do seu sistema energético, incluindo o processo criativo, em vez de ser algo que acontece no fundo, afetando apenas o seu subconsciente.

Também esta parte é essencial; a Kundalini não perfurou os Três Granthis na maioria das pessoas não acordadas, o que significa que a sua energia criativa é limitada, tal como os Chakras através dos quais esta energia pode ser expressa. A pessoa comum tem a Kundalini ativa, mas como não superaram Brahma Granthi, só podem expressar a sua energia criativa através do Muladhara Chakra. Como tal, estão ligados ao seu Ego, vendo principalmente prazeres físicos, o que causa apegos e medos insalubres. Uma pessoa nesta posição nunca alcançará o seu potencial criativo ótimo, nem terá um impacto significativo na sociedade. Infelizmente, com o baixo nível de evolução da humanidade nos dias de hoje, a maioria das pessoas encontra-se neste estado.

Os tipos mais voluntariosos e ambiciosos geralmente ultrapassaram este primeiro Granthi e permitiram a expressão da sua energia criativa através dos Swadhisthana e Manipura Chakras. Ainda assim, estão ligados pelo Vishnu Granthi, que se encontra diretamente acima, impedindo a Kundalini de alcançar o Chakra do Coração, Anahata, que despertará a energia amorosa incondicional dentro deles. Portanto, podem usar a sua energia criativa para satisfazer as suas ambições, mas pode faltar-lhes uma visão superior para se destacarem verdadeiramente do resto do povo.

E depois temos os aforradores da nossa sociedade, os prodígios e visionários que trespassaram Vishnu Granthi, permitindo-lhes utilizar ainda mais o seu potencial criativo. A sua Kundalini pode estar a operar a partir dos Chakras superiores, permitindo-lhes realizar façanhas incríveis e aceder a informações e capacidades que outros humanos não possuem. Contudo, mesmo eles são limitados pelo pensamento dualista resultante de um Rudra Granthi desamarrado entre Ajna e Sahasrara Chakras. Como tal, não podemos comparar o seu potencial criativo com alguém que tenha perfurado todos os Três Granthis e tenha despertado completamente a sua Kundalini, libertando um potencial criativo ilimitado.

O génio de cientistas como Newton, Tesla, e Einstein, e filósofos como Pitágoras, Aristóteles, e Platão pode muito bem ser atribuído ao funcionamento da Kundalini nos seus Corpos de Luz. Da mesma forma, o talento de músicos como Mozart, Beethoven, Michael Jackson, e artistas como Michelangelo, da Vinci, e Van Gogh poderia ser o funcionamento da energia da Kundalini a um nível subconsciente. E não esqueçamos as capacidades atléticas, habilidades, e vontade de vencer de atletas como Muhammad Ali e Michael Jordan. Estas pessoas eram tão lendárias que ainda as veneramos como figuras semelhantes a Deus, e os seus contos de grandeza viverão para sempre.

Alguns destes grandes homens e mulheres descrevem ter os meios e métodos de explorar a fonte da sua criatividade, e estavam bem cientes de que estavam a canalizar alguma forma superior de inteligência quando se encontravam nestes estados inspirados. Contudo, não estavam cientes da existência da Kundalini, nem relataram algo parecido a trabalhar através deles. Portanto, tudo o que podemos fazer é especular com base no que vimos nestas pessoas e no trabalho que deixaram para trás.

Estas figuras influentes tinham algo de especial: uma ligação com o Divino que lhes dava conhecimentos, poderes e competências particulares que as pessoas à sua volta não possuíam. Muitas delas estavam tão à frente do seu tempo que mudaram o curso da história humana. Mas nunca saberemos se foi a Kundalini que foi diretamente responsável pela sua grandeza ou se foi algo mais.

KUNDALINI E SAÚDE MENTAL

Se a Kundalini é ativa em todos, em maior ou menor grau, impactando significativamente a psique, não é de admirar que não se tenham feito grandes progressos na saúde mental. A Kundalini não é sequer reconhecida como uma coisa real no campo médico. Para além de desenvolver medicamentos que podem ligar e desligar certas partes do cérebro que recebem impulsos de forças invisíveis no sistema energético, a atual compreensão científica da saúde mental é, na melhor das hipóteses, rudimentar. Para compreender verdadeiramente como funciona a mente, o campo da saúde mental precisa de ter uma base adequada estabelecida na ciência invisível do sistema energético humano para desenvolver curas que tratem mais do que apenas sintomas.

Sempre fiquei fascinado ao observar o funcionamento interior da minha mente enquanto passava pelo processo de despertar da Kundalini. Alguns dias eu teria uma tal elevação emocional, que era frequentemente seguida por uma profunda baixa, tudo numa questão de minutos. Estes altos e baixos emocionais não me aconteceram antes do despertar. As minhas emoções tornaram-se tão carregadas pela energia da Kundalini que se a minha mente estava a trabalhar numa direção positiva e a pensar em pensamentos felizes, essas emoções tornaram-se mais fortes, e eu estava mais satisfeito do que nunca. Se a minha mente estava a pensar numa direção negativa, e eu estava a pensar em pensamentos tristes ou infelizes, então as minhas emoções ficariam tão baixas que eu me sentiria deprimido. E não fazia sentido porque é que a minha depressão era tão intensa quando apenas um minuto antes eu estava incrivelmente feliz, e não havia nenhuma mudança aparente no meu estado a não ser naquilo em que estava a pensar.

Esta incrível mudança entre estados felizes e tristes atribuí ao funcionamento da minha mente e à qualidade dos meus pensamentos. Por esta razão, no início do meu processo de despertar da Kundalini, quando tinha muito pouco controlo sobre a minha mente e sobre o que pensava, estava a ter estes episódios emocionais. Estes episódios podem ser comparados a alguém diagnosticado com doença mental bipolar, embora eu tenha descoberto que era em menor grau do que os episódios que ouvi dizer que algumas pessoas bipolares têm.

O que separa os dois casos é que eu sempre soube a diferença entre o certo e o errado e não agiria de acordo com os meus impulsos emocionais. Ao mesmo tempo, algumas pessoas permitem que este trabalho psicológico interior conduza a sua vida e assuma o controlo da sua mente, corpo e alma. A chave é reconhecer a situação pelo que ela é e não a exagerar. É preciso compreender as emoções como algo tangível, algo que pode ser moldado e mudado com a aplicação da mente. Sabendo esta diferença, deve-se trabalhar para controlar os pensamentos, uma vez que é o cenário "galinha que veio antes do ovo" e não o contrário. Deve ser uma causa em vez de um efeito e moldar e moldar prontamente a sua realidade mental com força de vontade.

O que é uma doença a este respeito, senão uma doença que o faz sentir-se desconfortável e desconfortável? A doença física é geralmente o resultado de algum material estranho que entra no seu corpo físico e causa uma mudança ou deterioração a nível celular. Será que esta ideia de um corpo estranho entrar em si também se aplica à saúde mental, ou é algo dentro de si que causa problemas mentais e emocionais? Para responder corretamente, precisamos de olhar para o que são pensamentos e se estão dentro de nós apenas ou podem ser algo fora de nós, que entra na nossa Aura, para os experimentar.

O Kybalion, que elucida os Sete Princípios da Criação, diz que estamos todos a comunicar telepaticamente e que o nosso "Eu" interior, a componente criativa que gera imagens impressionadas pela nossa componente "Eu", está sempre a funcionar e não pode ser desligado. Portanto, o desafio é usar a sua força de vontade, o seu "Eu", para continuamente dar impressões ao seu componente "Eu". Se ficares mentalmente preguiçoso e não usares a tua força de vontade como Deus - o Criador pretendia que fizesses, então os "Eus" de outras pessoas darão ao teu componente "Eu" as suas impressões. Contudo, e esta é a armadilha: acreditarás que são os teus pensamentos e reagirás como tal.

Estes emissores de pensamentos estão à nossa volta, e alguns deles são pensamentos de outras pessoas, e alguns são entidades espirituais fora do domínio físico, que tomam parte no nosso Mundo Interior e podem ter impacto nas nossas mentes. Estes Seres Angélicos e Demoníacos influenciam os nossos pensamentos, especialmente se não usarmos a nossa força de vontade em toda a sua capacidade. No caso dos Seres Demoníacos, a sua influência pode resultar em posses de corpo inteiro, se os ouvirmos e fizermos a sua vontade.

Estas tomadas de controlo completas da sua mente por forças estrangeiras hostis são de fato muito reais. Inversamente, receber comunicação de Seres Angélicos pode resultar em completo êxtase e êxtase Espiritual. No caso de empatas ou telepatas, elas estão abertas à influência de entidades espirituais mais do que a média humana, pois estão continuamente a receber impulsos vibratórios do mundo exterior. Alguém com uma Kundalini desperta insere-se nesta categoria; é muito desafiante diferenciar entre os seus próprios pensamentos e os pensamentos de alguém ou algo fora de si.

A chave, em qualquer caso, é compreender o Mundo Interior do Plano Mental dos pensamentos como algo que não é particular apenas para si e que ao longo do dia, muitas vibrações do pensamento entrarão na sua Aura a partir do mundo exterior. Somos todos uma parte deste centro, este "mundo do pensamento", e estamos continuamente a induzir o mundo invisível com os nossos pensamentos, afetando outras pessoas subconscientemente. Os pensamentos têm energia; eles têm massa e são quantificáveis. Os pensamentos amorosos e positivos são mais elevados em grau na escala vibratória do que os pensamentos negativos e temerosos. Os pensamentos amorosos e positivos mantêm o Universo em movimento, enquanto os pensamentos negativos e temerosos contribuem para manter a humanidade num nível baixo de evolução Espiritual.

Uma guerra entre os Seres Angélicos e Demoníacos tem sido travada há tanto tempo quanto a humanidade existe. É uma guerra invisível no Plano Astral e nos Planos Mentais, onde os seres humanos servem de condutores a estas forças invisíveis. Atualmente, dado o nosso baixo nível de evolução Espiritual, é seguro dizer que os Seres Demoníacos estão a ganhar a guerra. Contudo, de acordo com as escrituras religiosas de todo o mundo, é o destino da Humanidade, eventualmente, iniciar a Idade Dourada, o que significa que os Seres Angélicos irão ganhar esta guerra para sempre.

Os doentes esquizofrénicos são aquelas pessoas que têm uma recetividade superior à média ao mundo invisível, mas o que os separa dos videntes (que são telepatas, empáticos, ou ambos) é que as pessoas com esquizofrenia não conseguem distinguir entre os seus pensamentos e os pensamentos que estão fora deles. Em muitos casos, estão sob o controlo de entidades demoníacas que estabeleceram uma base na sua Aura, alimentando-se da sua energia de medo.

Entidades demoníacas, que são Seres inteligentes, cuja fonte é desconhecida, procuram pessoas de mente fraca, das quais se possam alimentar. Assim que encontrarem uma pessoa suscetível à sua influência, tomarão as suas mentes e corpos, o que com o tempo extingue a Luz das suas Almas, de modo a tornarem-se veículos para estas forças demoníacas, nada mais. Tornam-se cascas ou conchas dos seus antigos "eus". Embora a Alma nunca possa ser verdadeiramente extinta, uma vez que a separação acontece na mente, ela torna-se quase estranha ao indivíduo que perdeu a sua ligação com ela. Ainda está lá para ser novamente explorada, mas é necessário muito esforço mental e trabalho Espiritual para recuperar essa ligação.

REFORÇAR A FORÇA DE VONTADE

Nos primeiros anos após o despertar da Kundalini, a minha força de vontade foi frequentemente testada no que diz respeito ao meu processo de tomada de decisão. Sempre que me convencia de uma ideia, podia, em segundos, ser persuadido de que o oposto era verdade. Durante muito tempo, foi um desafio tomar decisões porque estava consciente de que estava a negar a validade da sua contraparte, seguindo qualquer linha de ação. Eu sabia e compreendi que qualquer ideia podia ser uma boa ideia, dada prova suficiente na direção dessa ideia. Mas para a maioria das ideias, há também provas suficientes de que a sua oposição também é correta.

Este processo continuou durante muitos anos até eu ter alcançado uma ligação mais forte à minha força de vontade. Para o conseguir, porém, foi necessário um imenso trabalho e esforço mental da minha parte. Ao ganhar uma ligação correta com a minha força de vontade, alinhei-me também com a minha Alma de forma sem precedentes. Trabalhar com o Elemento Fogo e o Chakra Manipura através de exercícios rituais de Magia Cerimonial ajudou-me a conseguir isto.

Se não tiver uma ligação firme à sua força de vontade, que é a expressão da sua Alma, então cairá vítima da dualidade da mente e dos impulsos do Ego. Tenho visto repetidas vezes na Kundalini indivíduos despertados, e este é um dos desafios mais significativos que enfrentam.

O despertar ativa todos os Chakras para que todos eles funcionem simultaneamente. À medida que as mentes conscientes e subconscientes se tornam interligadas, o resultado é um elevado nível de carga emocional, uma vez que a atividade no Plano Mental é amplificada. Por esta razão, muitos indivíduos acordados da Kundalini são tão emocionalmente sensíveis e mutáveis com a sua tomada de decisão. Uma vez que a sua recetividade às vibrações externas aumenta, precisam de aprender a diferenciar os seus pensamentos dos que entram na sua Aura do ambiente. Uma das formas de mitigar esta ocorrência é ligar-se à Alma e fortalecer a força de vontade, permitindo o discernimento e a discrição.

Uma vez que se aprende a tomar uma decisão, o outro desafio é comprometer-se com ela e dar-lhe seguimento. Fazê-lo transforma-o numa pessoa em quem se pode confiar e não alguém que permita que as suas emoções mutáveis liderem o caminho. Construir a sua Alma desenvolvendo virtudes e superando vícios fará de si uma pessoa de honra que os outros respeitarão.

Embora existam várias práticas de Alquimia Espiritual que pode utilizar para otimizar as suas funções interiores, muitas das quais estão incluídas neste livro, a Magia Cerimonial foi para mim a resposta. Os seus exercícios rituais permitiram-me estimular a minha intuição, força de vontade, memória, imaginação, emoções, lógica e razão, etc. Ao invocar os Elementos através da Magia, pude otimizar as minhas funções interiores através da sintonia dos Chakras. Estes componentes internos do Eu são fracos em primeiro lugar devido à energia Cármica armazenada nos Chakras pertencentes a cada função. Por exemplo, se a sua intuição for fraca, então poderá precisar de trabalhar no Ajna Chakra. Inversamente, se a sua força de vontade é fraca, também o é o Manipura Chakra, uma vez que o Elemento Fogo é responsável pela sua expressão. E assim por diante.

KUNDALINI E CRIATIVIDADE

Existe uma correlação definitiva entre ser feliz e inspirado e exibir elevadas capacidades criativas. Quando se experimenta emoções positivas, o impulso interior para criar torna-se amplificado. Manifesta-se como um anseio interior, uma paixão ou desejo de criar algo belo. Esta relação entre criatividade e inspiração é simbiótica. Não se pode ser criativo sem ser inspirado, e para se inspirar, é preciso ser criativo para encontrar uma nova e excitante forma de olhar para a vida.

Se ficar preso à sua velha maneira de pensar, relacionada com o Ego em vez da Alma e do Espírito, tanto a sua inspiração como a sua criatividade irão sofrer. É necessário que haja uma renovação constante da vossa realidade mental e emocional, que pode ser alcançada quando viverem o momento presente, o Agora. À medida que retiras energia deste campo infinito de potencialidade, o teu estado de Ser será inspirado, abrindo as tuas capacidades criativas.

A minha criatividade expandiu-se infinitamente no sétimo ano após o despertar da Kundalini em 2004. Experimentei uma abertura completa das pétalas de lótus do Sahasrara Chakra, o que me permitiu entrar no Agora e funcionar por intuição. Notei uma forte correlação entre a superação da dualidade da minha mente, o fortalecimento da minha força de vontade, e o aumento das minhas capacidades criativas. Uma vez obtida uma ligação permanente com a minha Alma, fiquei perpetuamente inspirado, superando o meu medo e ansiedade e explorando a minha fonte criativa. Neste estado de inspiração incrivelmente elevado, senti a necessidade, um anseio, de expressar de alguma forma esta nova criatividade. Como tal, a minha jornada de expressão criativa através de múltiplos meios começou.

A minha primeira expressão foi através da arte visual, uma vez que era algo em que eu era bom durante toda a minha vida. Descobri que este estado de alta inspiração apenas fluía pelas minhas mãos enquanto pintava, e estava a desenvolver técnicas que aparentemente retirava do "Aethyrs". Comecei a pintar no estilo abstrato e canalizava cores, formas e imagens que vibravam e dançavam no meu Olho da Mente à medida que este processo se desenrolava. Percebi que a verdadeira fonte de criatividade é a Alma, mas ela é canalizada através do Ajna Chakra via Sahasrara.

Quando eu estava a expressar criatividade desta forma melhorada, todos os meus componentes superiores estavam ligados e funcionando simultaneamente. Recebi prontamente impulsos do Eu Superior e do Chakra da Coroa, que combinados com os Fogos da minha Alma para canalizar através do Olho da Mente. O processo criativo parecia tomar conta da minha mente e do meu corpo como se eu estivesse possuído. Descobri que enquanto estivesse neste estado, o tempo voaria de uma forma sem precedentes, pois muitas horas passariam num piscar de olhos.

O que notei é que a minha criatividade interior foi capaz de reconhecer e replicar a beleza. Aqui está a chave, creio eu, porque quando estou num estado inspirado, que é agora um estado permanente de Ser para mim, vejo a beleza à minha volta e reconheço-a em tudo. A energia do amor incondicional, que é a base da inspiração, criatividade e beleza, transpõe tudo o que vejo com os meus olhos. Portanto, se me engajar num ato criativo, posso canalizar algo belo usando o meu corpo como um veículo.

A beleza tem uma forma que acredito que pode ser quantificada. É bem equilibrada e harmoniosa. É colorida se quiser ser experimentada como alegria. Tem textura e frequentemente uma mistura de Arquétipos que transmitem ideias vitais para a Alma. Podemos expressar emoções através de belas obras, e naturalmente, todas as expressões criativas são destinadas a movê-lo emocionalmente de alguma forma.

Se a beleza quer ser vista como triste, pode haver falta de cor e formas mais serenas usadas para a expressar. Se quer ser vista como melancólica, são usadas cores respetivas a este sentimento, tais como tons de azul. Este processo de canalizar a beleza não é limitado apenas pelas artes visuais, mas pode ser visto em todo o lado. Por exemplo, podemos expressar a tristeza através da canção e da melodia. Esta correlação implica que as cores, assim como as notas musicais, expressam estados de consciência. É responsável pelo sentimento por detrás da música, bem como da arte visual e da escultura.

Todas as cores que encontramos na natureza provêm do espectro visível da Luz. O espectro visível é a parte do campo eletromagnético que é visível aos olhos humanos. A radiação eletromagnética nesta faixa de comprimento de onda é chamada Luz visível ou simplesmente, Luz. Este fato implica que todas as notas musicais na escala da música também se relacionam com a energia da Luz. Agora pode ver porque é que o seu potencial criativo se expande infinitamente assim que desperta a Kundalini e recebe um influxo de Luz para a sua Aura.

Experimentei durante muitos anos expressões criativas e dei por mim a ser capaz de canalizar novas com facilidade. Explorei o canto e a música e exprimi a minha criatividade através da palavra escrita em poesia e escrita inspirada. No entanto, aprendi a importância de equilibrar a criatividade com a lógica e a razão. Não se pode simplesmente criar ao acaso, mas tem de ter uma estrutura, uma base intelectual de alguma forma. Aprendi que a beleza tem forma e função, e é este casamento entre os dois que precisa de ser seguido ao criar; caso contrário, as vossas expressões criativas falharão a marca.

SAHASRARA E O DOMÍNIO DA MENTE

Para um alinhamento máximo com a força de vontade e o Elemento de Fogo da Alma após um despertar completo da Kundalini, o Lótus de Mil Pétalas do Sahasrara precisa de ser totalmente aberto. No entanto, no cenário em que é uma abertura parcial do Sahasrara, como resultado de não permitir que a Kundalini complete a sua missão após a subida inicial, pode resultar em bloqueios de energia na cabeça. Neste caso, Ida e Pingala Nadis continuarão a ser influenciados pela energia cármica nos Chakras abaixo de Vishuddhi, o Chakra Garganta, em vez de serem libertados e a fluir livremente no Corpo de Luz como é o caso quando o Lótus se desdobra por completo.

Quando Rudra Granthi é perfurada, a Kundalini tem de se erguer com toda a força para o Sahasrara, permitindo que a parte superior do canal de Sushumna que liga o meio do cérebro à Coroa se alargue e transmita energia suficiente para abrir as pétalas do Sahasrara. A cabeça da flor do Sahasrara é fechada em pessoas não acordadas; quando a Kundalini sobe, começa a abrir-se da mesma forma que assistir a um lapso de tempo de uma flor em flor. Cada pétala abre-se para receber a Luz vinda dos Chakras da Alma Estelar e do Portal Estelar acima (Figura 153). Se algumas das pétalas do Sahasrara permanecerem fechadas, a Coroa não será totalmente ativada, resultando em bloqueios acumulados na área da cabeça ao longo do tempo.

Assim que a Kundalini se ergue de Muladhara, procura sair do corpo através da Coroa, resultando em que as Pétalas do Sahasrara se desdobram como uma flor, prontas para receber a Luz. Sahasrara é chamado "Lótus de Mil Pétalas" porque teoricamente existem mil Pétalas, cada uma delas ligada a inúmeros Nadis menores ou canais de energia que transportam Prana de diferentes áreas do Corpo de Luz que terminam na área da cabeça. Existem centenas, potencialmente até milhares, destas terminações nervosas no cérebro. Cada uma delas é como o ramo de uma árvore que transporta Prana para dentro, através e à volta do cérebro. Ao abrir completamente a Coroa, permite que muitos destes Nadis alcancem para fora até à superfície da parte superior da cabeça. Muitas vezes parece que há insetos a rastejar no seu couro cabeludo ou zapping de energia ou torções, à medida que estes Nadis do cérebro são infundidos de Luz.

Conforme discutido, uma vez despertados os seis Chakras primários abaixo da Coroa, diferentes partes do cérebro desbloqueiam, tal como os Chakras Menores na cabeça que correspondem aos Chakras primários. Todo o sistema de energia psíquica serve para canalizar a energia da Luz através do seu Corpo de Luz, o que permite que a sua consciência experimente a transcendência enquanto encarna o corpo físico. Uma vez o Lótus da Coroa totalmente aberto, a Alma sai do corpo, permitindo que a consciência atinja o Eu Transpessoal nos Chakras acima da Coroa.

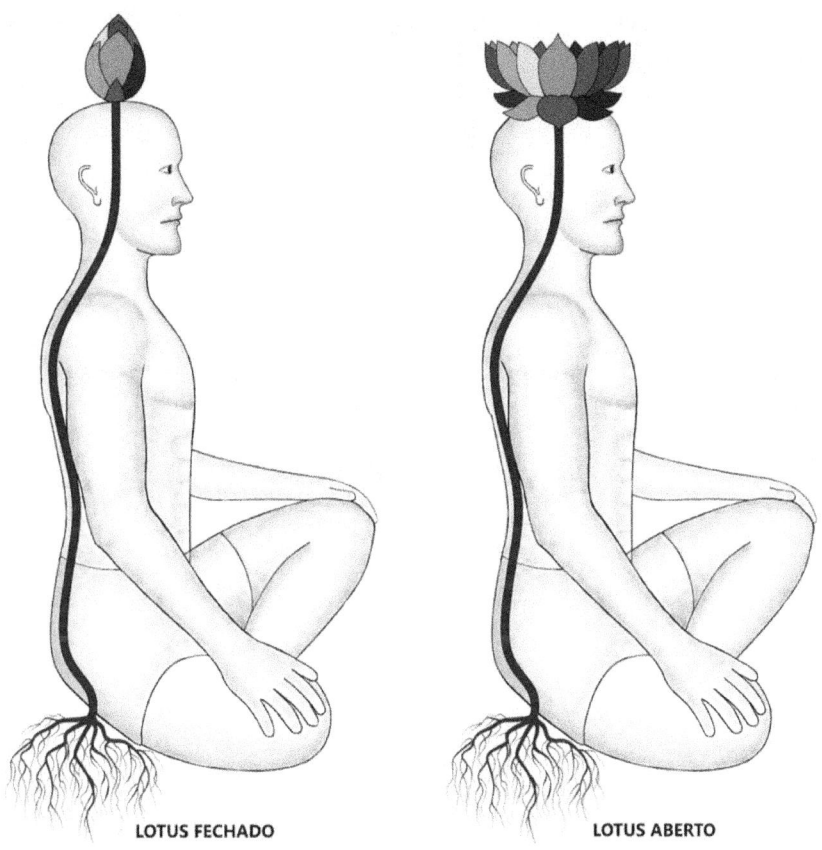

LOTUS FECHADO　　　　LOTUS ABERTO

Figura 153: Lotus do Chakra Sahasrara

Os Nadis menores servem como recetores psíquicos alimentados pela Luz no interior do corpo, que é construída através da ingestão de alimentos. Esta Luz no corpo funciona com a Luz trazida do Sahasrara Chakra. Como mencionado anteriormente, o Corpo de Luz é como uma árvore cujas raízes estão no solo enquanto o tronco serve como tronco da árvore. O tronco transporta os Chakras primários enquanto os membros do corpo servem como ramos principais da árvore. Estes ramos transportam a energia da Luz através dos seus Setenta e Dois Mil Nadis, que se estendem até à superfície da pele, embora a um nível subtil. O Lótus das Mil Pétalas liberta a consciência individual do corpo, ligando-o à Consciência Cósmica no Sahasrara.

Sahasrara está no topo, no centro da cabeça e atua como um portal através do qual a Luz Branca é trazida para o sistema energético. Esta Luz é filtrada através dos Chakras abaixo. Contudo, se algumas das pétalas de lótus permanecerem por abrir devido a bloqueios nos Chakras primários e Nadis, o fluxo da Kundalini torna-se obstruído, resultando em problemas mentais e emocionais (Figura 154). Portanto, a Kundalini precisa de um fluxo desobstruído de Muladhara, através do Sahasrara, e mais além até aos Chakras Transpessoais acima.

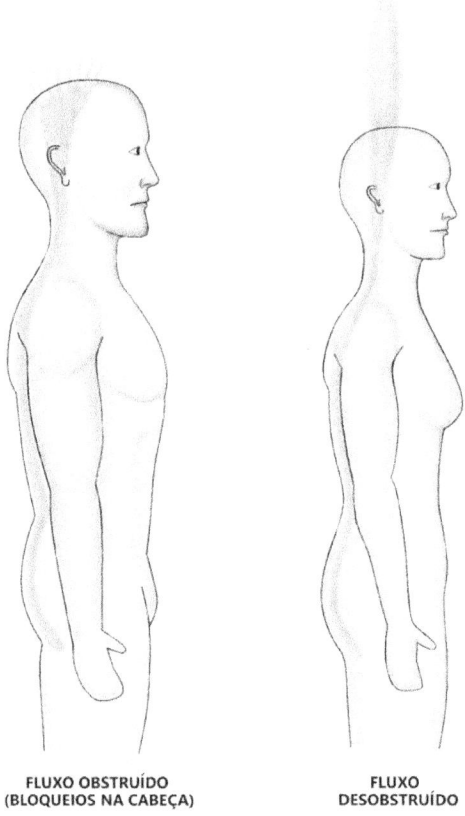

Figura 154: Fluxo da Kundalini através de Sushumna

É possível aliviar questões psicológicas com o uso de práticas espirituais, como a Magia Cerimonial, que limpa e remove bloqueios nos Chakras e Nadis. A razão pela qual a Magia Cerimonial é a prática Espiritual mais potente com que me deparei é que lhe permite invocar com maior eficácia as energias de cada um dos Cinco Elementos para afinar os Chakras correspondentes. Por sua vez, os Nadis que se ligam aos Chakras são purificados, incluindo Ida, Pingala, e Sushumna, cujo fluxo é otimizado. Se qualquer bloqueio no Kundalini inicial que se elevasse dificultasse o alcance e abertura total da energia do Lótus Sahasrara, eliminar-se-iam também estes bloqueios. Uma vez fora do sistema, a Kundalini subirá naturalmente de novo para terminar o trabalho, unificando Shiva e Shakti no Crown Chakra, Sahasrara.

INTROVERTIDO VS. EXTROVERTIDO

Se algumas das pétalas de lótus estiverem fechadas, é sinal de que a energia está a estagnar e a mover-se de forma imprópria na cabeça. Esta questão pode causar pressão na cabeça e até dores de cabeça. Demasiada Luz na cabeça faz com que uma pessoa se inverta, concentrando-se nos seus pensamentos interiores, especialmente na parte de trás da cabeça de onde a mente subconsciente opera. Lembre-se, o seu estado mental depende de onde focaliza a sua atenção nos muitos níveis ou camadas de consciência.

Os introvertidos usam a lógica e a razão através do Plano Mental Inferior, quando são cerebrais ou do Plano Astral, quando experimentam as emoções. Os Introvertidos são afetados pela Luz da Lua, o que dá muitas ilusões. Esta Luz Lunar é a fonte da dualidade, uma vez que é apenas um reflexo da Luz do Sol, que é uma singularidade.

Os extrovertidos usam a Luz do Sol e são orientados para a ação, ao contrário dos introvertidos que são mais conhecidos pelo seu pensamento e sentimento. Os extrovertidos não passam muito tempo nas suas cabeças; em vez disso, operam a partir dos seus corações, o que é mais instintivo. Eles expressam-se através da comunicação verbal, permitindo que as suas ações liderem o caminho. A maioria dos extrovertidos retira a sua energia do seu ambiente e das pessoas que os rodeiam. Como tal, eles gostam de grandes multidões e de ser o centro das atenções.

Inversamente, os introvertidos gostam de estar sozinhos ou com uns poucos amigos em quem confiam. Tiram a sua energia de dentro de si próprios, pelo que os seus pensamentos e emoções são tão cruciais para eles. São metódicos na sua abordagem da vida e não usam palavras como âncoras, como os extrovertidos usam, mas expressam-se através da sua linguagem corporal.

Na superfície, pode parecer que os extrovertidos estão mais confiantes, mas nem sempre é esse o caso. Porque os introvertidos usam mais a sua mente, são mais cuidadosos no seu processo de tomada de decisão, tirando conclusões mais lógicas que proporcionam resultados frutuosos. Os extrovertidos geralmente contornam a mente e tomam decisões com o seu instinto. Se a sua intuição os guia, as suas escolhas podem ser benéficas, enquanto quando os seus instintos os conduzem, eles sofrem frequentemente. Quando a força de vontade é dominante, os extrovertidos operam a partir do Plano Mental

Superior, enquanto quando canalizam a sua intuição, são influenciados pelo Plano Espiritual. Os extrovertidos são geralmente conduzidos pela sua Alma, enquanto os introvertidos são mais propensos a serem conduzidos pelos seus Egos.

O despertar da Kundalini destina-se a torná-lo mais extrovertido, embora flutuará invariavelmente entre ambos os estados ao longo da sua viagem Espiritual. Por exemplo, passarás mais tempo a ser um introvertido nas fases iniciais, quando o Ego estiver mais ativo, enquanto nas fases posteriores, quando te sintonizares plenamente com a tua Alma e o teu Eu Superior, tornar-te-ás um extrovertido. Isto porque o caminho Espiritual começa sempre na mente, mas termina no coração.

A sua alternância entre estados introvertidos e extrovertidos durante o seu processo de despertar da Kundalini depende dos Elementos com que está a trabalhar naturalmente através do fogo da Kundalini ou através de técnicas de invocação ritual. O Elemento Água relaciona-se com as suas emoções, que podem ser voluntárias ou involuntárias, como as emoções instintivas - como tal, o trabalho com este Elemento irá torná-lo introvertido. O Elemento Fogo relaciona-se com a sua força de vontade que move o seu corpo para agir, tornando-o assim um extrovertido. O Elemento Fogo é expressivo de Arquétipos e verdade, sendo temperado pela Luz do Sol. Pelo contrário, o Elemento Água demonstra a dualidade da mente, atuada pela Luz Lunar.

O Elemento Ar (pensamentos) vibra entre eles, alimentando-os a ambos e dando-lhes o seu dinamismo. Os pensamentos podem ser conscientes, movendo a força de vontade, ou subconscientes, agindo sobre os sentimentos. E finalmente, o Elemento Terra, relacionado com a atividade física e o estar no momento presente, faz de nós um extrovertido. A densidade do Elemento Terra impede demasiados pensamentos ou sentimentos, o que só nos deixa com ação. O Elemento Terra está diretamente relacionado com a Alma e sendo conduzido pelos seus impulsos interiores, quer sejam intuição ou instintos.

EMOÇÕES VS. RAZÃO

Uma poderosa dicotomia que se apresenta no indivíduo plenamente desperto da Kundalini é a constante batalha entre as emoções e o intelecto, expressando-se através da lógica e da razão. As emoções (sentimentos) são o resultado dos nossos condicionamentos passados, bem como dos nossos desejos interiores. Alguns sentimentos são instintivos e involuntários, enquanto outros temos controlo sobre eles.

A lógica é o estudo sistemático dos argumentos, enquanto a razão aplica a lógica para compreender ou julgar algo. Estes dois componentes internos são dois lados da mesma moeda. Representam a parte de nós que pode perceber a verdade da matéria e fazer juízos sobre as nossas decisões. A razão pode prever resultados; atua como um supercomputador que lê a realidade que nos rodeia. Depois dá-nos cálculos informados que nos permitem realizar a ação mais otimizada possível, o que nos dará os melhores resultados.

As emoções são impulsos que nos impelem a agir neste momento. São influenciadas ou pelo amor próprio ou pelo amor incondicional por toda a humanidade. Quando controladas pelo amor-próprio, as emoções não se preocupam com resultados, mas sim com sentir-se bem e obter o que o Ego quer quando o quer. As emoções estão assim ligadas aos desejos pessoais. Quando influenciada pelo amor incondicional, a Alma é exaltada, e o foco é a construção de virtudes e o prazer de ser uma boa pessoa.

As emoções mais baixas são expressas através do Elemento Água ao longo do Plano Astral da realidade. Contudo, as emoções mais elevadas sobem tão alto como o Plano Espiritual. A lógica e a razão são sempre influenciadas pelo Elemento Fogo atuando sobre o Elemento Ar, ao longo do Plano Mental. Ele não pode projetar-se mais alto do que o Plano Mental.

O Ego e a Alma podem assumir tanto as emoções como a razão. No entanto, a Alma opera sempre através da energia do amor incondicional, atuado pelo Espírito e pelos Elementos de Fogo. A Alma compreende que somos Eternos e a nossa centelha continuará para além da morte física, pelo que procura a unidade e o reconhecimento da unidade com outros seres humanos. Não atua por amor próprio; apenas o Ego atua, uma vez que o Ego vive fora da mente onde reconhece a dualidade do Ego e de outros Eus. Ele guarda e protege o corpo, temendo a sua eventual morte. Esta energia do medo é o que move grande parte das emoções que o Ego influencia.

Por vezes as nossas emoções podem dizer-nos algo tão firmemente, que vai inteiramente contra o que a nossa razão nos diz, e vice-versa. Este processo prosseguirá durante muitos anos na Kundalini despertou indivíduos. No entanto, nos pontos mais altos do despertar da Kundalini, ultrapassaremos as emoções pessoais, mais baixas, e a nossa razão e lógica alinhar-se-á com a Alma e o Eu Superior, o Espírito. É impossível ter sucesso na vida apenas seguindo os seus sentimentos, uma vez que estes podem ser tão voláteis, e agir sobre eles produz frequentemente resultados muito negativos. As emoções que são uma expressão de algum desejo interior não têm, na sua maioria, uma base lógica. Ao agirmos sobre elas, muitas vezes entramos em problemas.

Mas apesar de gostarmos de fazer o que é bom, como é o nosso impulso natural, através do processo de despertar da Kundalini, aprendemos a refrear as emoções mais baixas, uma vez que o nosso Ego está em vias de morrer. Como resultado, pode olhar em frente e realizar ações que se alinham com as emoções mais elevadas que se projetam através da lente do amor incondicional. Muitas vezes descobrirá que estas emoções superiores também estão alinhadas com a parte lógica de si, e este equilíbrio entre as duas produzirá os resultados mais favoráveis na sua vida.

O equilíbrio entre as emoções superiores e a razão é, de facto, a base adequada necessária para viver uma vida feliz e bem-sucedida. Com o tempo, construirá o seu carácter e um grau de fortaleza, que foi insondável no início da sua viagem de despertar da Kundalini. Aprenderá a viver com ênfase na conduta e ação adequadas, vindas de um lugar de moral e ética. Este modo de viver é a expressão natural do Fogo da Kundalini e o sentimento da Glória de Deus, que permeia o seu Chakra do Coração, Anahata.

KUNDALINI E TRANSFORMAÇÃO ALIMENTAR

Gopi Krishna tornou-se conhecida no final dos anos 60 como uma das principais autoridades no fenómeno do despertar da Kundalini no mundo ocidental. Embora o livro de Arthur Avalon *The Serpent Power*, publicado em 1919, tenha sido o primeiro livro a introduzir o conceito da Kundalini no Ocidente, Gopi escreveu uma série de livros inteiramente focados na Kundalini, que foram traduzidos para o inglês para o mundo ocidental. Isto aconteceu por volta da mesma altura em que Iogue Bhajan introduziu a sua marca de Kundalini Ioga nos Estados Unidos. Entre o trabalho destes dois homens, o mundo inteiro ficou familiarizado com a palavra "Kundalini".

Gopi escreveu muitos livros sobre a Kundalini durante os próximos vinte anos. Embora a sua obra fosse mais filosófica, Iogue Bhajan ensinou os métodos práticos através do Ioga para ativar esta energia elusiva e misteriosa dentro dos seus estudantes. No entanto, a ciência da Kundalini não avançou muito para além do trabalho destes dois homens. A única figura notável que apareceu e teve uma contribuição significativa neste campo foi Swami Satyananda Saraswati, que escreveu muitos livros sobre Tantra e Ioga e elucidou as práticas para seguir os seus caminhos ao mesmo tempo que forneceu os meios e métodos de como despertar a sua Kundalini. O trabalho de Swami Satyananda influenciou significativamente a minha contribuição para o Tantra e o Ioga neste livro. E eu seria negligente se não mencionasse o extenso trabalho de David Frawley sobre Ioga e Aiurveda, que tem sido de enorme utilidade para o mundo ocidental e para mim pessoalmente.

Já falei sobre o despertar inicial da Kundalini de Gopi e o seu perigo depois de ter tido uma subida incompleta. Esta situação atormentou-o até ele encontrar uma solução. O seu desespero resultou de o canal Ida permanecer adormecido enquanto Sushumna e Pingala se ativavam quando a sua Kundalini despertava. Manifestou-se como uma ansiedade debilitante que tornou a vida impossível para Gopi, desejando alguns dias que ele estivesse morto. No entanto, esta situação requer uma análise mais aprofundada, uma vez que é uma ocorrência comum que pode acontecer a qualquer pessoa. Por exemplo, tenho lidado com o mesmo problema, embora num contexto diferente e tenho encontrado soluções para o resolver. Ter uma imagem mais clara da mecânica do que aconteceu a Gopi permitir-lhe-á utilizar as minhas soluções para resolver este problema, se também lhe acontecer a si.

Após o despertar da Kundalini de Gopi, desde o arrefecimento, passivo, a energia da Água não estava presente, a energia quente, ativa, de Fogo de Pingala estava a trabalhar horas extraordinárias. No entanto, esta situação só veio agravar a sua situação. O canal Ida ativa o Sistema Nervoso Parassimpático, que acalma o corpo e a mente. Em contraste, o canal Pingala inicia o Sistema Nervoso Simpático, colocando o corpo e a mente em modo de "luta ou voo". Imagine ter o sistema SNS ligado permanentemente e ser incapaz de o desligar. Consequentemente, já estive nesta situação exata, por isso sei como isso é e como repará-lo. A única diferença é que eu já tinha as ferramentas para o ultrapassar na altura em que me aconteceu, o que Gopi não tinha.

Se isto lhe acontecer, e pode acontecer mesmo durante as fases posteriores da transformação da Kundalini, cada momento da sua vida torna-se um estado de crise. A pior parte, descobri, é trazer comida para o corpo, o que cria o fogo mais agonizante que parece estar a queimar-vos vivos por dentro. Perdi dez quilos na primeira semana quando lidei com esta situação, e Gopi também mencionou a rápida perda de peso. Como vê, o canal Pingala quente e intenso precisa de ser equilibrado pela energia de arrefecimento da Ida; caso contrário, o sistema entra em desordem, afetando negativamente a mente. Cada pedaço de comida que ingerimos manifesta-se como stress debilitante e ansiedade, que exerce e esgota as suas glândulas suprarrenais. Este estado de espírito pode ter um impacto na sua vida, sentindo que é uma situação de vida ou de morte com a qual ninguém à sua volta o pode ajudar. Imagine o desespero por que passa e o estado de emergência enquanto é o único que pode ajudar a si próprio. Eu já lá estive.

Quando ingere alimentos, começa a transformar-se em energia Prana, que alimenta o canal Pingala e o pontapeia em alta velocidade, uma vez que a grande quantidade de Prana não está a ser distribuída uniformemente através de ambos os Nadis primários. Gopi sabia pelos ensinamentos tântricos e iogues que muito provavelmente não despertava Ida, pelo que sabia no que se concentrar para tentar ajudar-se a si próprio. Ele sabia que apenas Ida continha o poder de refrigeração de que precisava para equilibrar o seu sistema energético. E eu, bem, a minha ajuda foi Gopi, que passou pela mesma coisa e escreveu sobre isso nos seus livros que eu tinha lido até esse momento.

Gopi fez todos os esforços para ativar a Ida através da meditação. A meditação que utilizou foi a visualização de uma flor de lótus no seu Olho da Mente. Ao manter a sua imagem ao longo do tempo, o canal Ida finalmente ativou-se na base da sua coluna vertebral e subiu até ao seu cérebro. Ele sentiu a sua energia refrescante e calmante, que equilibrou o seu sistema energético. A sua mente tornou-se agora bem regulada. Encontrou consolo no consumo alimentar e até começou a comer em excesso, concentrando-se principalmente nas laranjas, provavelmente para reabastecer as suas glândulas suprarrenais desgastadas.

Os pensamentos visuais, que são imagens na mente, são o efeito do canal Ida, não do canal Pingala. Portanto, não é uma coincidência que Gopi Krishna tenha ativado Ida forçando-se a formar uma imagem visual no seu Olho da Mente e a manter essa imagem com uma concentração poderosa.

É essencial compreender que, para que uma ativação e subida da Kundalini seja bem-sucedida, os três canais de Ida, Pingala, e Sushumna devem subir ao cérebro simultaneamente. Para criar um sistema psíquico bem equilibrado e completar o circuito da Kundalini no recém desenvolvido Corpo de Luz, Ida e Pingala devem elevar-se para o centro da cabeça no Tálamo e soprar Ajna Chakra aberto. Depois, continuam a mover-se em direção ao ponto entre as sobrancelhas, o centro do Olho da Mente. Se acordou os canais Ida e Pingala, mas eles ficaram bloqueados, ou um ou ambos têm um curto-circuito no futuro, pode corrigir novamente o fluxo destes Nadis, concentrando-se no Terceiro Olho.

Se Ida e Pingala caírem abaixo do Sétimo Chakra Ocular ou do ponto Bindu na parte de trás da cabeça, o circuito Kundalini deixará de funcionar. Para o reiniciar, é preciso meditar no Olho da Mente e manter uma imagem usando a sua imaginação e força de vontade. Esta prática irá reestimular Ida e Pingala e reabrir o Sétimo Olho e o Bindu Chakra. Como tal, os Nadis irão realinhar e voltar a ligar todo o circuito da Kundalini em Corpo de Luz. Outra meditação que pode funcionar se houver bloqueios no Bindu é manter a atenção a um centímetro de distância do ponto Bindu até a energia ser realinhada e fluir corretamente. Da mesma forma, ao focar a um centímetro de distância do sétimo Chakra Ocular, também se pode alinhar esse ponto.

Vou entrar nestes exercícios e meditações mais detalhadamente no capítulo intitulado "Resolução de problemas da Kundalini", no verso do livro. Estas meditações são primordiais para estabilizar o seu sistema Kundalini. Eu próprio descobri todas estas meditações nos últimos dezassete anos, e como tal, irá vê-las pela primeira vez neste livro. Se houvesse despertar Kundalini em massa e o mundo inteiro precisasse de orientação e rapidamente, as minhas meditações seriam a resposta a muitas questões relacionadas com a energia que as pessoas poderiam experimentar. Então, como pensei neles?

Quando sofria de problemas com o circuito Kundalini, deitava-me na minha cama durante horas, dias, até semanas, à procura de diferentes pontos de "gatilho" de energia na área da cabeça para meditar que pudessem remover bloqueios de energia e realinhar os Nadis. Por vezes é mesmo necessária uma reativação do Ajna ou do Sahasrara Chakra, embora seja impossível para estes centros fechar uma vez que a energia da Kundalini os tenha despertado completamente. Durante este processo de descoberta, eu estava determinado a encontrar soluções a todo o custo que me permitissem prevalecer. "Se há vontade, há um caminho", sempre disse, e "qualquer problema tem solução", mesmo que seja um problema de natureza energética. Nunca aceitei falhas a este respeito para que, através do meu processo de descoberta, encontrasse soluções que um dia pudesse partilhar com o mundo como estou agora.

As minhas descobertas foram experimentadas e testadas muitas vezes na minha vida quando os problemas do sistema Kundalini me desafiaram. E todas elas funcionaram. Compreender que a Kundalini é muito delicada, mas também muito volátil. Muitas coisas que fazemos como seres humanos e que são prontamente aceites como norma na sociedade podem e irão provocar um curto-circuito no sistema Kundalini. Por exemplo, como nos tratamos uns aos outros como pessoas, momentos traumáticos, e mesmo o uso de drogas e álcool podem ser muito prejudiciais ao seu sistema Kundalini. Uma vez terminado este livro, terá as chaves para ultrapassar quaisquer problemas com o sistema Kundalini e não ficará à sua mercê quando este funcionar mal.

SUBLIMAÇÃO/TRANSFORMAÇÃO DE ALIMENTOS

O processo de sublimação/transformação de alimentos produz muitas experiências diferentes com o passar do tempo. Por exemplo, após ativar o Corpo de Luz no despertar inicial da Kundalini, sentir-se-á uma sensação de inércia e letargia durante algum tempo depois, uma vez que o corpo utiliza todo o Prana que obtém dos alimentos para construir o circuito da Kundalini. Como resultado, poderá sentir-se sem inspiração e sem motivação para realizar as suas tarefas diárias. Pode também querer isolar-se de outras pessoas e ficar sozinho. Tenha em mente que estas manifestações bastante desconfortáveis não são permanentes. À medida que evolui, elas irão passar.

Após o despertar inicial, é muito provável que se encontre numa mentalidade negativa mental e emocionalmente enquanto nutre o seu Corpo de Luz através da ingestão de alimentos. Os seus níveis de dopamina e serotonina cairão, uma vez que o corpo está em excesso para sintetizar os alimentos em Prana. São necessários alguns meses para que a energia se estabilize e para que sinta novamente algum sentido de propósito de vida. Durante este processo de transformação, a sua motivação e impulso, bem como a sua força de vontade, entrarão em modo de hibernação. Terá de fazer uma pausa e tirar algum tempo do que quer que planeie trabalhar e realizar durante este período. No entanto, posso garantir que ressurgirá desta experiência mais forte e mais revigorada do que nunca.

Durante as partes iniciais do processo de construção, o Fogo de Kundalini é sublimado em Energia Espiritual ou de Luz. No início, está num estado de potencial como calor latente. No entanto, à medida que traz alimentos para o sistema, alimenta o fogo e fá-lo crescer. À medida que cresce, intensifica-se, o que começa a parecer que se está a queimar a partir do interior. Finalmente, no ponto de pico da intensidade do calor, à medida que o coração acelera e a ansiedade está no auge, o fogo começa a sublimar-se e torna-se energia Espiritual.

O mais importante a compreender deste processo é que o Fogo de Kundalini estará num estado contínuo de transformação e transmutação. Ele muda de forma à medida que se continua a comer e a beber água para regular e arrefecer os seus efeitos. Muitas vezes, eu correria para a cozinha para obter um copo de água para refrescar. Os meus pais observavam-me incrédulos, tentando descobrir se o seu filho se tinha transformado num viciado em drogas, porque o meu comportamento era alarmante. Noutras ocasiões, precisaria de um copo de leite se o calor fosse demasiado intenso e o meu corpo não tivesse nutrientes. Portanto, sugiro que esteja preparado com esse copo de água ou leite sempre que precisar e tenha uma boa desculpa para o seu estranho comportamento, se não viver sozinho.

Este processo é muito intenso durante algumas semanas a alguns meses, no máximo. Posteriormente, estabiliza-se e torna-se mais suave. A parte inicial do despertar é genuinamente a mais desafiante, uma vez que o fogo dentro de si sente que o queima vivo, e devido à sua intensidade, o seu stress e ansiedade atravessam o telhado. Parte do medo que sentimos é que o Ego está a tentar perceber o que está a acontecer, mas não consegue, uma vez que normalmente funciona prevendo as coisas com base no que já viu, e nunca tinha visto algo assim antes.

Este fogo sublimado da Kundalini, que só posso descrever como um arrefecimento, o Espírito Mercurial, destina-se a alimentar o circuito da Kundalini. Enquanto a Kundalini começa como um incêndio em fúria, lembre-se que este estado é apenas uma das suas formas temporárias. Saber isto antes do tempo pode poupar-lhe muitas dores de coração, por isso não se esqueça do que eu disse. Com o tempo, e com a ingestão de alimentos, o Fogo da Kundalini transforma-se numa energia Espiritual pacífica, etérea e líquida que o acalma e lava a negatividade que o sistema encontrou anteriormente.

Ser paciente, uma vez que este processo ocorre dentro de si, é metade da batalha. Lembre-se, nada permanece estático enquanto a Kundalini o está a transformar; a metamorfose é um processo de constante mudança. Por isso, é preciso aprender a acolher as mudanças interiores em vez de as combater. Por esta razão, muitos indivíduos acordados defendem a rendição à energia da Kundalini a todo o custo. Agora já se pode ver porque é mais fácil dizer do que fazer. No entanto, no final, verá que não tem escolha.

Embora o fogo em fúria possa ser muito desconfortável nas suas fases de pico, tornar-se-á inevitavelmente uma energia Espiritual refrescante. A escolha de ser um participante ativo ou passivo no processo depende totalmente de si. Não posso dizer-vos quanto tempo demorará a transformar-se, uma vez que o tempo varia de pessoa para pessoa, mas aconselho comer alimentos nutritivos e ser calmo, paciente, e relaxado tanto quanto possível.

Invocar pensamentos negativos e dúvidas apenas estimulará o medo no sistema, o que provocará um efeito adverso. Estar calmo enquanto o fogo furioso da Kundalini atua libertará serotonina e oxitocina, permitindo que a sublimação em energia Espiritual fina ocorra. A dopamina e a adrenalina dificultam este processo; o corpo deve ativar o Sistema Nervoso Parassimpático em vez do Simpático.

Ajuda a colocar a língua sobre a paleta da boca enquanto este processo está a ocorrer. Este ato ligará o Ida e o Pingala Nadis e tornará mais fácil manter a mente calma e sublimar a energia. À medida que o fogo em fúria se transforma em Espírito, novas bolsas de energia se abrem na zona central do abdómen e no seu lado direito. Aqui é onde esta nova energia do Espírito parece começar a sua ascensão ao longo dos canais Ida e Pingala na parte da frente do corpo. Estas bolsas de energia, localizadas em frente dos rins, criam a sensação de Unidade, Eternidade, e absorção completa pelo Espírito.

PENSAMENTOS EM "TEMPO REAL"

Após um despertar completo e sustentado da Kundalini, a energia da Luz estará continuamente presente no interior do cérebro. Uma vez que a Luz serve para fazer a ponte entre as mentes conscientes e subconscientes, ela tem um efeito particular nos seus pensamentos. Enquanto neste estado invulgar de Ser, os vossos pensamentos começarão a parecer-vos muito reais. Como se tudo aquilo em que pensa estivesse presente ali consigo na vida real. Este fenómeno é, em parte, o resultado do Kundalini piercing Anahata, o Chakra do Coração, na sua ascensão, despertando o aspeto de Observador Silencioso do Eu.

Esta parte do Eu, combinada com a ténue Luz dentro da sua cabeça, dar-lhe-á a sensação de que todos os pensamentos na sua mente são reais e não meras ideias. Como você pensa, a parte do Observador Silencioso do Eu observa este processo no Chakra do Coração como um espectador inocente. Mas, inversamente, uma vez que esta parte do Eu é despertada, também o é a sua vontade oposta à Verdade. É o gerador de toda a realidade, o Eu Superior ou Deus-Seu.

Experimentar os seus pensamentos como reais é, de facto, o catalisador por detrás do medo e ansiedade que se apresenta logo após um despertar completo e permanente da Kundalini. Como os pensamentos profundos e subconscientes se unem aos pensamentos conscientes, tudo interior aparece mais real do que nunca. Pode ser uma experiência aterradora e confusa no início, como foi para mim e para muitos outros que passaram pela mesma coisa. Torna-se difícil dizer a diferença entre os seus pensamentos conscientes e os medos projetados a partir do seu subconsciente.

Esta nova "realidade" do pensamento é a fonte dos sentimentos eufóricos de felicidade do pensamento inspirado, incluindo a intensa depressão resultante de pensamentos ou ideias negativas, baseadas no medo. Tanto as forças angélicas como demoníacas podem agora permear a sua mente, e o desafio agora é ser capaz de distinguir entre as duas. Os emissores de pensamentos adversos podem ser os seus esqueletos escondidos no armário, pensamentos a serem projetados a partir da mente de outras pessoas ou mesmo entidades externas que vivem nos Planos Astral e Mental.

Depois de despertar a Kundalini, o seu próximo passo no processo de evolução Espiritual é dominar estes dois Planos, especialmente o Plano Mental, uma vez que aquilo em que pensa determinará a qualidade da sua realidade. Na Filosofia do Pensamento Novo, isto é exposto pela Lei da Atração, que afirma que traz experiências positivas ou negativas para a sua vida ao concentrar-se em pensamentos positivos ou negativos. *O Kybalion* apoia esta teoria, uma vez que a Lei da Atração se baseia no Princípio Fundamental Hermético da Criação, que afirma que "O Tudo é Mente, o Universo é Mental". Isto implica que os seus pensamentos são diretamente responsáveis pela sua experiência de vida, uma vez que a diferença entre o Mundo da Matéria e a sua própria realidade Mental é apenas uma questão de grau. Portanto, a Matéria não é tão real e concreta como a percebemos ser, mas é o Pensamento de Deus, que trabalha com os seus pensamentos para manifestar a sua realidade. Portanto, somos Cocriadores com o nosso Criador através da mente, através dos pensamentos.

O Princípio Hermético de Correspondência, "O que está Acima é como o que está Abaixo," diz-nos que os Planos superiores afetam os inferiores, explicando porque é que o Plano Mental afeta o Plano Físico. Este axioma é também considerado como a base da prática de Magia. Aleister Crowley definiu Magia como "a ciência e a arte de provocar a mudança em conformidade com a Vontade". Embora os nossos pensamentos determinem a realidade, precisamos de entrar em contato e sintonizar-nos com a força de vontade que alimenta os nossos pensamentos. O processo de manifestação na realidade física tem na sua origem o impulso da Verdadeira Vontade do Plano Espiritual, que se torna um pensamento no Plano Mental, desencadeando uma resposta emocional no Plano Astral ou Emocional, e finalmente manifestando-se no Plano Físico da Matéria.

Por esta razão, trabalhar com os Elementos e purificar cada Chakra é de suma importância na viagem Espiritual. A mente subconsciente já não é algo profundo e escondido dentro do Eu; ela torna-se algo ali mesmo à sua frente a cada momento acordado do dia, cuja função pode observar. A razão para isto é porque Ajna Chakra está agora desperta e a funcionar na sua capacidade ótima após receber um influxo de energia de Luz através da Kundalini desperta. O Olho da Mente é a "ferramenta" que utilizamos para a introspeção e para ver o funcionamento da mente subconsciente.

Lembre-se, a energia cármica (no sentido de se referir à energia negativa armazenada dentro dos Chakras) resulta de um ponto de vista oposto, crença ou memória que, no caso de Chakras individuais, se relaciona com uma parte particular do Eu. O antigo Eu, o Ego, é o que precisamos de purificar e consagrar para que o novo Eu Superior possa tomar o seu lugar. O Eu utiliza diferentes poderes ativados pelas energias nos Chakras, uma vez que elas são a fonte desses poderes. No ponto inicial do despertar, o Eu terá mais referência ao Ego do que nunca, mas à medida que purificamos o nosso conceito do Ego, estamos a desprender o Ego.

Torna-se necessário limpar o subconsciente porque, como já foi dito, é preciso primeiro dominar os seus Demónios, os aspetos negativos da sua psique, antes de poder residir nos Chakras superiores e ser um com o Elemento Espiritual. Alinhando a tua consciência com os três Chakras superiores de Vishuddhi, Ajna, e Sahasrara, estás a alinhar-te com a Verdadeira Vontade e com o Eu Superior.

Porque não pode desligar este processo, uma vez que foi desencadeado pela Kundalini despertada, ter as ferramentas para purificar os Chakras e dominar os Elementos tornar-se-á mais relevante para si do que qualquer outra coisa neste momento da sua vida. Caso contrário, ficará à mercê das forças psíquicas dentro dos Planos Cósmicos. Por conseguinte, deves desenvolver-te como um guerreiro Espiritual neste momento em que a tua mente, corpo e Alma estão a ser remodelados diariamente pela energia Kundalini recentemente despertada.

EMPATIA E TELEPATIA

Quando o circuito Kundalini está aberto, e a energia do Espírito circula no Corpo de Luz, a sua consciência ganha a capacidade de deixar o corpo físico à vontade. À medida que se canaliza para fora do corpo físico através do Chakra da Coroa, experimenta-se a energia do Espírito penetrando tudo o que percebe com os seus olhos físicos no mundo material. Esta experiência aumenta a perceção da realidade em tempo real; só agora pode sentir e encarnar a energia de cada objeto no seu ambiente. Através do seu Chakra do Coração, começa a sentir a essência do que quer que coloque a sua atenção à medida que a sua energia Espiritual se transpõe para aquilo para que olha ou ouve.

Ao ver um filme violento, por exemplo, pode sentir e experimentar a energia de um ato violento ao transpor o seu corpo para o corpo da pessoa que está a ver. Este processo ocorre de forma automática e instantânea, sem esforço consciente. Tudo o que é necessário para que este fenómeno aconteça é dar ao filme a sua atenção indivisível. É uma experiência bastante mágica no início e um dos maiores dons da Kundalini. Começa a desenvolver-se quando a energia Espiritual suficiente foi sublimada através do fogo da Kundalini e da ingestão de alimentos. Pode acontecer até ao final do primeiro ano de despertar, talvez até mais cedo.

Esta transformação e manifestação permitem-lhe sintonizar com os sentimentos das outras pessoas ao concentrar a sua atenção nelas. Este processo é como se cresce em empatia. Entramos literalmente no corpo deles com o nosso Espírito e podemos sentir o que eles sentem. Se não lhes dás atenção olhando para eles, tudo o que tens de fazer é ouvi-los enquanto falam, e sintonizas a sua energia através do som. Esta manifestação ocorre através da vossa ligação com o som. É uma forma de telepatia que lê a mente das pessoas e a qualidade dos seus pensamentos.

A empatia é ler os sentimentos das pessoas e a energia emocional dos seus corações. É necessária energia Espiritual suficiente para derramar no seu recém-desenvolvido Corpo de Luz através da transformação/sublimação dos alimentos para criar ambas as manifestações. É como uma onda que é criada, e a vossa atenção é a prancha de surf. Com a vossa atenção, podem agora surfar a onda, concentrando-se em coisas externas de vós.

Ajudaria se aprendesse a separar-se de quaisquer emoções ou pensamentos que esteja a experimentar, compreendendo que não é projetado de dentro mas de fora. O Ego pode ficar confuso, pensando que é do Ego que estas emoções ou pensamentos são projetados, o que pode causar medo e ansiedade. Uma vez ultrapassado o seu Ego e podendo separar-se do que está a experienciar, pode fazê-lo sem qualquer negativismo. Contudo, isto só poderá ocorrer nas fases posteriores da transformação da Kundalini, quando o Ego for purgado e o medo e a ansiedade tiverem diminuído a sua carga energética ou tiverem abandonado completamente o sistema.

Quando se começa a experimentar este fenómeno, pode não ser claro distinguir quem se é e quem são as outras pessoas. É um dos maiores desafios nos primeiros anos do despertar, uma vez que tantas emoções e pensamentos correrão pela sua mente e coração que será balançado para trás e para a frente como um barco em águas tempestuosas do oceano. A chave é estabilizar o seu interior e aprender a navegar nas águas turbulentas. Desta forma, estará a aprender a ganhar controlo sobre a sua vida, talvez pela primeira vez. O aforismo grego "Conheça-se a si mesmo" é essencial para implementar nesta fase da sua vida. Precisará de se apoderar dos seus pensamentos e emoções, compreendendo as suas projeções energéticas e as de outras pessoas.

Uma nota importante tanto sobre a telepatia como sobre a empatia - se desenvolver uma ligação mais forte com o seu Corpo Espiritual, estes dons psíquicos tornar-se-ão permanentes, o que significa que já não os pode desligar. Não se pode decidir que é demasiado para suportar e que simplesmente já não se quer tomar parte nele. Por vezes pode ser bastante avassalador, uma vez que ao mesmo tempo se está a lidar com a sua ansiedade e medo, ao mesmo tempo que se está a enfrentar os outros".

Ajudaria se tivesse introspeção neste momento. Deve reservar algum tempo para si próprio se não estiver habituado a fazer isso, porque vai precisar dele. Se foi uma borboleta social toda a sua vida, já não pode estar perto de outras pessoas o tempo todo. Está na altura de mudar estes hábitos e de levar tempo também para si próprio. O tempo sozinho é a única forma de uma introspeção adequada, porque alguns destes pensamentos e sentimentos de outras pessoas ficarão consigo durante dias, semanas mesmo. É preciso aprender a deixá-los ir e não fazer deles uma parte do que é.

Com o passar do tempo, uma vez que consiga diferenciar entre os dois e tenha limpado e purificado o seu Ego, poderá passar mais tempo com os outros e menos tempo sozinho. Além disso, poderá sintonizar com a energia do amor dos outros, que agora alimenta a sua energia. Não de uma forma que seja um vampiro psíquico que rouba a energia de outras pessoas, mas de uma forma que aceite o amor e o devolva para que possa manter uma troca de energia amorosa abnegada com as pessoas com quem interage. A energia do amor é alimento para a Alma para todos nós, e é por isso que precisamos uns dos outros. Para aprender a canalizar o amor puro sem apego, terá primeiro de superar a sua negatividade.

ÉTICA E MORAIS

Uma vez que a Kundalini está ativa, vem uma mudança significativa na consciência, e nota-se que o seu conceito de ética e moral através de um comportamento e conduta adequados está a desenvolver-se. Por outras palavras, começa-se a agir com princípios morais em todas as situações da vida, naturalmente. A unidade do Eu e do resto do mundo cresce, levando-o a sentir-se ligado a todas as coisas de um ponto de vista moral. Vem o respeito absoluto para com a humanidade, à medida que este processo de despertar da Kundalini está a ocorrer.

Com o tempo, a Kundalini começa a erradicar as memórias pessoais do passado, exaltando assim o Eu Superior sobre o Ego. Este processo permite viver no Agora, o momento presente, da melhor forma possível. Pode ser um estado muito confuso no início porque, como explicado, o Ego funciona referindo-se às memórias sobre si mesmo. Como a memória é fugaz, no entanto, o Ego começa a cair através do processo de purga da Kundalini, uma vez que já não se pode associar a eventos passados. Como tal, o Espírito e a Alma tornam-se exaltados. Naturalmente, começará a desenvolver um elevado ponto de vista ético uma vez que, no momento presente, percebe que a forma correta de se comportar é com respeito e honra para com todos os seres vivos.

Esta atualização moral é um desenvolvimento natural para qualquer pessoa submetida ao despertar da Kundalini. É um dom. Todas as pessoas com a Kundalini desperta são humanitários e dão abnegadamente de uma forma ou de outra. Aparentemente estão em piloto automático na maioria dos casos, depois de se terem rendido à energia da Kundalini. Uma rendição completa deve ocorrer para alcançar este estado, e esta rendição é inevitável para todos os que passam pelo processo de transformação.

Não importa o quanto o Ego se agarra, ele acaba por saber que vai levar um banco de trás para a Alma e o Espírito. Eventualmente, o seu porão é reduzido. Um sólido fundamento ético e moral é o direito de nascimento de todas as pessoas despertadas pela Kundalini. O nosso destino global como seres humanos é amarmo-nos e respeitarmo-nos uns aos outros, em vez de tirarmos proveito. Uma vez que se tenha desenvolvido eticamente, reconhecerá que somos todos irmãos e irmãs uma vez que estará mais próximo da Mente do Criador do que nunca.

A ética e a moral estão ligadas à acumulação incondicional de energia amorosa no Chakra do Coração. Começas a sentir o mundo inteiro no teu coração como Uma essência

(Figura 155), juntamente com o desejo de canalizar esta nova energia amorosa para os outros. E à medida que projeta energia de amor para outras pessoas, o seu carácter começa a construir virtudes cuja base são a ética e a moral.

Figura 155: O Chakra do Coração e Unicidade

Começa-se a sentir um sentimento de honra, uma vez que somos todos irmãos e irmãs nascidos do mesmo Criador. Quando se está no momento presente, no Agora, pode-se sintonizar com aquela parte de si que é Eterno - o Santo Anjo da Guarda. O teu Génio Superior começa a ensinar-te e a guiar-te na tua jornada Espiritual. Ensinam-te a ser um ser humano melhor a cada dia da tua vida. O Santo Anjo da Guarda ensina-te sobre o Universo e transmite-te conhecimento e sabedoria diariamente. É todo-sábio e todo-bom e tem a mais alta bússola moral porque faz parte de Deus, o Criador.

Ser gentil para com os outros torna fácil separar as pessoas boas das más ou sem uma bússola moral. No entanto, acho que, na sua maioria, as pessoas são boas, e quando as tratamos com amor, elas retribuem. Ao honrá-las e respeitá-las, canaliza-se amor para elas que se sente como um raio de luz que dispara do peito. Quando este feixe de energia de Luz entra na Aura de outro ser humano, eles absorvem-na e enviam-na de volta para si através do seu Chakra do Coração. Este circuito de energia de amor perpétuo só se corta quando um de vós começa a pensar com o seu Ego, perguntando o que é que ele tem para eles. Se as pessoas do mundo não tivessem Egos maciços, estaríamos naturalmente a trocar amor desta forma, erradicando o mal à escala global.

Descobri também que aprender a agir através de uma lente ética me fez amar e respeitar-me mais. Ao reconhecer a bondade dentro de si e optar por partilhá-la com os outros, aprende invariavelmente a amar a si próprio. Afinal de contas, as outras pessoas são apenas reflexos, espelhos de nós próprios. Todos nós somos o Criador, e o Criador é Um. É crucial aprender a amarmo-nos a nós próprios porque, ao fazê-lo, superamos as nossas inseguranças. Um método de aprender a amarmo-nos a nós próprios é estarmos confortáveis no Agora, o que supera as nossas inseguranças.

Na maioria dos casos, algum fator externo desencadeia-os, fazendo-o entrar dentro da sua mente. Uma vez introvertido, e dentro de si mesmo, perde o contato com o Agora e o reino do puro potencial onde tudo é possível. Ao permanecer no Agora, no entanto, torna-se extrovertido, e enquanto permanecer presente, não entrará em si próprio onde pode aceder às suas inseguranças.

O despertar da Kundalini destina-se a torná-lo num Ser de Luz, e como tal, esta atualização permite-lhe viver a sua vida ao máximo, talvez pela primeira vez. Para tirar o máximo partido da vida, é preciso estar num estado em que se possa reconhecer a oportunidade em tudo o que se está a experimentar para aproveitar essa oportunidade de experimentar algo novo e crescer Espiritualmente. A moral e a ética andam de mãos dadas com o estar no Agora. Pelo contrário, estar no Agora relaciona-se com o conceito falado por Jesus Cristo - a Glória de Deus.

A Glória de Deus diz respeito à sintonia da sua consciência com o reino da Eternidade - o Reino dos Céus. Podeis alcançar este reino através do Agora, mas deveis render-vos completamente através da fé para entrar nele. Só a vossa intuição pode contactar o Reino Eterno, pois requer que o vosso Ego seja silenciado para o experimentar. A Glória de Deus é um arrebatamento emocional que vem da experiência da Unidade com todas as coisas. É o Reino do puro potencial e da Não-dualidade. Pode parecer rebuscado pensar que se pode ressonar com este conceito, mas acreditem em mim; é alcançável. Um dos propósitos da transformação da Kundalini é levar-vos eventualmente para o Reino dos Céus. Note-se que embora a experiência da Glória de Deus seja geralmente momentânea para a pessoa comum, indivíduos despertos da Kundalini altamente evoluídos podem permanecer nesse estado indefinidamente.

É essencial compreender que estes conceitos e ideias acima mencionados estão ligados. Uma dá origem à outra, que depois desperta outra coisa. Estas são expressões naturais de se tornar um Ser de Luz através do despertar da Kundalini. É verdadeiramente uma atualização e uma nova forma de viver neste Planeta. Outros podem nunca saber o que estás a experimentar, mas verão as mudanças que estás a sofrer através das tuas ações.

A chave é permanecer inspirado durante este processo de transformação. Deve-se evitar permitir que a negatividade ocasional dentro da mente o faça cair e o faça perder a esperança. Em vez disso, veja-a como algo temporário que irá superar com o tempo. Todo o processo de transformação da Kundalini desenrola-se à medida que os anos passam. Uma experiência leva à seguinte, uma vez que tudo em si está em constante mudança e evolução. Leva muitos anos até que possa realmente colher os benefícios de ser transformado num Ser de Luz, mas tudo fará sentido quando o fizer.

PARTE VIII: KUNDALINI E SONHOS LÚCIDOS

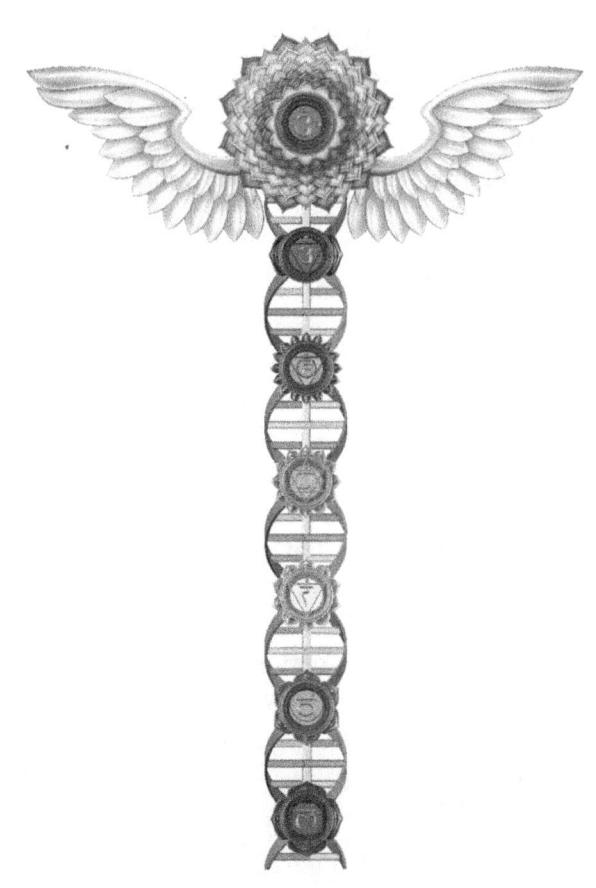

O MUNDO DOS SONHOS LÚCIDOS

Sonhar Lucidamente nos Mundos Interiores é um tema crítico de conversa dentro dos círculos da Kundalini. Os despertares da Kundalini garantem a experiência do Sonho Lúcido, que tem lugar nos Planos Cósmicos do Interior. O Sonho Lúcido é uma forma de Experiência Fora do Corpo (EFC) que ocorre durante o sono enquanto a sua consciência está no Estado Alfa. O Estado Alfa é um estado de sonho onde o corpo está em repouso, mas a consciência ainda está acordada. É um estado entre a consciência acordada normal e o sono.

Este estado é mais comummente desencadeado quando se acorda brevemente de manhã cedo por volta das seis ou sete e depois se volta a dormir depois de já ter dormido pelo menos cinco horas, para que o seu corpo físico esteja descansado. Mas quando está a sofrer uma acumulação intensa de Luz Astral, tal como logo após o despertar inicial da Kundalini, se tiver ativado completamente o seu Corpo de Luz, vai encontrar-se a sonhar lúcido quase todas as noites. Esta experiência ocorre porque há um excedente de energia de Luz presente, o que afunila a sua consciência do Sahasrara Chakra, através do Bindu, para ter esta experiência.

Também se pode induzir a viagem Astral enquanto se está acordado, mas é mais desafiante de conseguir, uma vez que se tem de transcender o corpo físico de alguma forma. Por esta razão, é normalmente melhor explorar o Sonho Lúcido durante o sono quando se está num estado alfa e o corpo físico já está descansado.

Uma pessoa acordada da Kundalini irá experimentar uma miríade de Sonhos Lúcidos, quase de noite, após um permanente despertar. Este fenómeno pode prolongar-se por muitos anos. Durante um Sonho Lúcido, o circuito da Kundalini está ativo, e o corpo é alimentado por luz astral/energia Espiritual através da sublimação/transformação alimentar. Os termos Luz Astral, Espírito, Prana e energia Kundalini são todos intercambiáveis. A diferença é o seu estado, que depende do nível de evolução Espiritual em que se encontra, embora todos eles provenham da mesma substância. Na essência, a energia da Kundalini é energia da Luz, que se transmuta em diferentes estados durante o processo de transformação da Kundalini.

Uma vez construída uma quantidade suficiente de energia de Luz e em estado Alfa, a sua consciência abandona o corpo físico através do Chakra da Coroa, e entra num dos Planos Cósmicos. Como mencionado até agora, estes Planos existem numa dimensão à parte da Terceira Dimensão do Espaço e do Tempo. Agora, suponhamos que a experiência é uma Experiência Fora do Corpo, e abrigamo-nos fora do Chakra da Coroa. Nesse caso, é muito provável que entre num dos Chakras Espirituais ou Chakras Transpessoais acima da Coroa e "surfe" o seu correspondente Plano. Uma vez que estes Planos estão para além do Espaço e do Tempo, a sua consciência pode experimentar uma vida inteira de acontecimentos numa hora. Por vezes, acordará como se tivesse passado fisicamente por estas experiências e ver-se-á mentalmente drenado.

Como discutido, cada um de nós tem um corpo-duplo feito de Luz; uma substância elástica chamada Corpo de Luz. Sonhar Lucidamente é um tipo de "projeção astral", um termo cunhado por teosofistas no século XIX. Embora os Sonhos Lúcidos aconteçam quase involuntariamente, a Projeção Astral é uma experiência totalmente induzida de forma consciente - uma projeção da Alma num dos Planos Astral/Inner. No caso do Sonho Lúcido, esta projeção ocorre espontaneamente à medida que o Corpo de Luz abandona o corpo físico durante o estado de sono Alfa. Apenas abandona o corpo físico, fazendo-o acordar noutro lugar, nalguma terra estranha e normalmente nunca vista.

Num Sonho Lúcido, não há quebra de consciência. O seu subconsciente e consciente está agora a trabalhar em uníssono, pelo que o conteúdo dos seus sonhos muda para incluir coisas em que muitas vezes pensa conscientemente. A sua imaginação é perpetuamente ativa num Sonho Lúcido, uma vez que é o experimentador e a experiência de um sonho. Muito frequentemente, é projetado num sítio onde nunca esteve antes com conteúdos que conscientemente nunca pensou. É mais comum, porém, que quando se tem um Sonho Lúcido, se veja elementos familiares à consciência, para que não seja um choque demasiado grande para o Eu, uma vez que se está a passar por esta experiência.

Por esta razão, Sonhar Lucidamente envolve as suas capacidades imaginativas, embora infinitamente expandidas. Num Sonho Lúcido, o seu Eu Superior, a sua Alma, é o condutor da experiência. Ele escolhe sempre para onde ir e o que experimentar. No entanto, não pode escolher conscientemente a sua experiência como numa projeção Astral. Uma vez que estamos ligados tanto ao nosso Ego como à nossa Alma no nosso estado de vigília, a experiência do Sonho Lúcido parecerá em grande medida estranha à consciência. O Ego está inteiramente inativo num Sonho Lúcido, uma vez que pertence ao corpo físico, que é transcendido.

DESPERTAR NUM SONHO

O mais fantástico sobre os Sonhos Lúcidos é que a consciência experimenta uma realidade fora do físico uma vez, embora se sinta autêntica. O primeiro passo de cada Sonho Lúcido é a sua consciência tornar-se consciente de que está a sonhar. Acontece instantaneamente à medida que a consciência percebe que o cenário é "diferente" do Mundo Físico, mas a sua experiência é muito semelhante.

Um método popular de realizar o seu sonho é treinar-se para olhar para as suas mãos assim que se encontra num sonho. Não há formas fixas nos sonhos, e tudo parece fluido e elástico como se se estivesse a mover tão suavemente. Portanto, os dedos das suas mãos seriam de todas as formas e tamanhos, por isso, quando olha para eles, pode vê-los mover-se para cima e para baixo cada vez mais suavemente. Este reconhecimento sinaliza ao cérebro que está num sonho, despertando assim a sua consciência por completo.

Há normalmente uma sensação de excitação quando isto acontece, uma vez que uma parte de si percebe que é agora um criador consciente da sua realidade, e pode experimentar tudo o que desejar com a ajuda da sua imaginação. Uma vez que o seu Ego é transcendido, a Alma assume a experiência, e você encontra-se num estado em que está a criar a sua realidade e a experimentar simultaneamente. Tem pleno acesso à sua força de vontade e pode controlar o conteúdo do seu sonho. Não pode controlar o cenário, mas a sua Alma pode escolher para onde quer ir e pode usar o seu Corpo de Luz como um veículo para lá chegar.

A sua experiência será semelhante à forma como experimenta a realidade física, o Mundo da Matéria. No entanto, a principal diferença é que está limitado pelo Tempo e Espaço no Mundo Físico. Por exemplo, não pode estar em Paris apenas pensando nisso, mas tem a opção de entrar num avião e voar até lá. Toda a experiência, no entanto, levará algum tempo a completar até que possa chegar a Paris. Num Sonho Lúcido, pode pensar num lugar onde queira estar, e estará lá num instante. Não há quebra de consciência a partir do momento em que se pensa onde se quer estar e em que se é projetado no momento em que se tem este pensamento - tudo isto é uma experiência fluida.

A Alma tem pleno conhecimento de todos os lugares para onde se pode aventurar neste nosso vasto Universo, que são tão Infinitos como Deus - o Criador. Assim, num Sonho Lúcido, a sua Alma projetar-se-á automaticamente em algum lugar para que possa experimentar o seu ambiente. Contudo, na manhã seguinte, quando acordar da sua experiência, o seu Ego não será capaz de descobrir como e porquê foi para lá ou o que foi. Afinal, o Ego está limitado ao que viu, e só experimentou coisas da Terra. Tudo o que o Ego saberá é que a experiência foi incrível, e você sentir-se-á grato por ela.

DESENVOLVER HABILIDADES NOS SEUS SONHOS

Uma vez projetado num Sonho Lúcido, terá o controlo total sobre o seu Corpo de Luz onde quer que o seu cenário tenha lugar. Nem o espaço, nem o tempo, nem a gravidade podem limitar este segundo veículo de consciência. No entanto, uma vez que não está vinculado pela gravidade, um dos primeiros dons a desenvolver é voar pelo ar como o Super-Homem (Figura 156). Esta capacidade é a mais divertida e geralmente a primeira a manifestar-se para todos. Voar num Sonho Lúcido é a única forma de experimentar verdadeiramente o voo sem o uso de máquinas, o que é, no mínimo, estimulante.

A consciência logo se vê capaz de realizar outras façanhas que seriam impossíveis de alcançar na realidade física. Por exemplo, uma vez que o Corpo de Luz não tem peso e não está ligado à matéria e à gravidade, e uma vez que tudo no plano astral é Holográfico sem qualquer forma fixa, desenvolverá a capacidade de caminhar ou voar através de objetos. Outra habilidade que emerge é a Telecinesia Astral - a capacidade de levitar objetos no Plano Astral Interior e movê-los com o poder da mente.

Figura 156: Voar como o Super-Homem num Sonho Lúcido

Para realizar telecinesia e mover objetos no Mundo Físico com a mente, é preciso primeiro aprender a usar esta habilidade no Mundo Astral, uma vez que os dois trabalham sobre os mesmos princípios. Tenho visto imagens de vídeo documentadas de pessoas que afirmam ter poderes psíquicos onde movem objetos de luz no vácuo, embora minimamente. No entanto, deslocar coisas mais pesadas do que um pequeno pedaço de papel, digamos, exigiria uma imensa quantidade de energia mental, o que é uma proeza aparentemente impossível e algo que nunca documentamos. No entanto, acredito que isso pode ser feito, utilizando os mesmos princípios mentais e a mesma mente sobre a matéria. No entanto, a pessoa que o fizesse teria de ser uma pessoa tão evoluída Espiritualmente que pareceria como Deus para os outros e não meramente psíquica. Jesus Cristo realizando milagres na *Bíblia Sagrada* é um exemplo de como teria de ser evoluído para afetar o estado da Matéria com a sua mente.

Outros dons que se desenvolvem no mundo Lucid Dream é a capacidade de ler a mente das pessoas, fazer-se tão grande ou pequeno quanto quiser, e geralmente satisfazer qualquer desejo que tenha na sua vida diária acordada, tal como dormir com uma pessoa da sua escolha. O mundo do Sonho Lúcido é um País das Maravilhas para a Alma e satisfatório em todos os níveis de existência. Além disso, não carrega as consequências cármicas de satisfazer os desejos da sua Alma, sejam eles quais forem.

Depois de ter tido estas experiências de Sonho Lúcido durante muitos anos na minha vida, fiquei com muitas dúvidas relativamente ao desenvolvimento do Siddhis, as capacidades sobrenaturais mencionadas nas escrituras hindus. Contudo, os Siddhis não são exclusivos dos textos sagrados hindus, uma vez que os poderes psíquicos são exibidos em todos os livros religiosos, independentemente da sua cultura ou tradição, o que nos deixa com a seguinte situação difícil: talvez os Profetas, Santos, Iogues, e outras figuras sagradas destes livros falassem sobre o mundo do Sonho Lúcido quando mencionaram a capacidade da humanidade em obter estes poderes extraordinários.

Podemos nunca saber a resposta a isto, mas na minha experiência, há mais provas de que o que estou a propor é exato do que estes poderes serem algo que podemos alcançar fisicamente. Por exemplo, cada reivindicação de levitação foi desmascarada, do Oriente para o Ocidente, e o que pensamos serem demonstrações de poderes psíquicos acaba sempre por ser algum tipo de ilusão ou truque mágico.

Portanto, não pode ser uma coincidência que, ao continuar a Lucid Dream nos meus primeiros anos após o despertar de uma Kundalini, estivesse lentamente a desenvolver cada uma destas capacidades psíquicas de que as escrituras falam. Contudo, por muito que tentasse exibir estes poderes na realidade física, eles permaneciam exclusivos dos meus sonhos, embora a minha Alma os experimentasse como reais.

ENERGIA CÁRMICA EM ESTADOS DE SONHO

Enquanto estiver no estado de Lucid Dream, pode também tentar conscientemente encontrar soluções para problemas que possa estar a enfrentar na sua vida. Esta experiência só acontecerá quando tiver acedido ao Plano Espiritual. O seu objetivo é ajudá-lo a dominar este Plano, acedendo à energia cármica particular a um dos três Chakras Espirituais correspondentes. Os Planos Divinos estão sem Karma e, como tal, são pura alegria. Tenha em mente que é a sua Alma, não o seu Ego, que está a ser treinado aqui; por isso, parecerá automático que está a projetar-se em qualquer Chakra que precise de trabalho.

Pode nem sempre ter a capacidade de voar no seu sonho, mas ainda será capaz de controlar o seu conteúdo em grande medida e estar consciente de que está a sonhar. Cada experiência é fundamentalmente diferente num Sonho Lúcido. Depois de ter começado a ter estas experiências, a sua consciência torna-se treinada para despertar no sonho.

Na sua maioria, a pesada energia cármica nos Planos Cósmicos inferiores mantém a consciência adormecida e inconsciente de que está a sonhar. Por conseguinte, precisa de ter alguns momentos em que não está mental e emocionalmente envolvida para realizar um sonho que leva a Alma a assumir o seu conteúdo.

Embora muito do que irá experimentar seja a sua imaginação em hiperatividade, alguns dos lugares que irá visitar no mundo do Sonho Lúcido são reais e não um subproduto da sua imaginação melhorada. Suponha que a sua consciência não acorda enquanto está no sonho, que é o primeiro passo para o sonho se tornar um Sonho Lúcido. Nesse caso, tudo continuará em piloto automático, e continuará a ter uma experiência de sonho regular.

BINAH E O PLANO ASTRAL

O mundo dos sonhos lúcidos é muito diferente do mundo físico, mas semelhante na forma como a consciência o experimenta. Os Anciãos acreditavam que cada cidade ou lugar na Terra tem uma dupla Astral que pode ser visitada durante o sono enquanto se sonha com o Sonho Lúcido. Para onde se vai depende de onde a Alma o quer levar e não é algo que se possa controlar conscientemente através da lente do Ego.

Esta realidade astral-dupla anda de mãos dadas com os ensinamentos da Qabalah, que afirmam que Malkuth, a Terra, tem um plano Holográfico, que se encontra noutra dimensão da realidade. Esta dimensão ocupa o mesmo espaço e tempo, embora se encontre num estado vibratório diferente. Na Qabalah, essa realidade é representada pela Sephiroth Binah. Binah está associado ao Espírito Santo do Cristianismo, o Elemento Espiritual, despertado através da Kundalini. É o fundamento de tudo o que é.

Um despertar completo da Kundalini é um despertar do Corpo de Luz para que possamos ler intuitivamente a energia de Binah enquanto vivemos uma existência física. Este conceito vai de mãos dadas com o que temos vindo a examinar até agora e todos os diferentes componentes que compõem a totalidade da experiência do despertar da Kundalini.

Desde que o despertar da Kundalini liberta a Alma do corpo físico, ela transforma o Eu em todos os níveis através do influxo de energia da Luz na Aura. A energia da Luz filtra em cada um dos Sete Chakras, uma vez que cada Chakra é uma das cores do arco-íris, como parte do espectro da Luz Branca.

Como cada Chakra é expressivo de um Plano Cósmico, o despertar da Kundalini permite que o indivíduo exista em todos os Planos de existência simultaneamente. A sua Árvore da Vida torna-se totalmente aberta, e cada um dos seus respetivos Sephiroth (estado de consciência) totalmente acessível. A consciência individual expande-se, resultando na unificação com a Consciência Cósmica acima.

Uma vez que Binah é um dos Sephiroth Supernos da Árvore da Vida, pertence ao Elemento Espiritual. Binah é também a Esfera da fé e a faculdade mental da intuição. À medida que os indivíduos acordados se tornam Seres de Luz, eles ligam-se com a energia da Luz Solar do Sol, que é expressiva da verdade de todas as coisas. A Luz Solar transmite Arquétipos, juntamente com a Luz Lunar da Lua, que reflete pensamentos. Desta forma, a intuição pode perceber para além dos sentidos físicos através do sexto sentido do Ajna Chakra.

A Alma deixa o corpo físico durante o sono e entra num dos Planos Cósmicos externos ao Eu, embora refletido na Aura. Por outras palavras, a ideia de distância não pertence à viagem da Alma nos Planos Cósmicos, uma vez que pode ser projetada para onde quer que queira ir num instante. A Aura é o Microcosmo do Macrocosmo, o que significa que tudo no Universo exterior também está dentro da Aura. Através deste Princípio ou Lei, a Alma pode Viajar no Plano Astral durante os estados de sonho, especialmente os Sonhos Lúcidos.

Após um completo despertar e transformação da Kundalini, uma vez que o indivíduo se sintoniza com o funcionamento dos Chakras superiores, a mente torna-se contornada, e as ilusões desaparecem. O indivíduo começa a funcionar plenamente com base na intuição enquanto o Chakra Lunar, Ajna, lê a energia arquetípica do Chakra Solar, Sahasrara, permitindo viver na verdade e na Luz.

À medida que ganhamos uma relação íntima com Binah, podemos compreender a irrealidade do Mundo Físico a um nível profundo, o que nos permite transcender o Mundo da Matéria e ver a vida como algo que não deve ser levado demasiado a sério. Percebemos que as nossas Almas são centelhas de consciência do Sol que viverão para além desta vida. Esta compreensão traz muita alegria, felicidade e inspiração às nossas vidas, permitindo-nos alcançar todo o nosso potencial e manifestar os nossos sonhos e objetivos na vida.

PARALISIA DO SONO

O Sonho Lúcido pode ser uma experiência tão poderosa onde a força dos seus sonhos o envolve de tal forma que se submete à "paralisia" do sono, o que significa que a consciência está tão envolvida na realidade do Sonho Lúcido que não quer sair dela. A paralisia do sono pode prolongar-se por mais de uma dúzia de horas de cada vez. No entanto, pode experimentar uma vida inteira de alegria e felicidade para além do Tempo e do Espaço no mundo do Sonho Lúcido, dentro desse mesmo espaço de tempo.

A paralisia do sono pode ser um problema se tiver coisas para fazer pela manhã no dia seguinte. Terá de aprender a lidar com isto porque, se o estiver a experimentar, não será fácil sair de lá até acordar naturalmente. Tive este problema, especialmente durante os primeiros dois a três anos após o despertar. Algumas noites eu dormiria até dezasseis horas, completamente incapaz de me levantar até que a experiência terminasse. A paralisia do sono é mais comum nos primeiros anos do despertar da Kundalini do que nos anos posteriores, à medida que a sua consciência se vai ajustando aos Mundos Internos que se abrem dentro de si para explorar.

Uma vez que tente acordar da paralisia do sono enquanto está num Sonho Lúcido, estará a colocar uma tensão incrível no seu cérebro, uma vez que os ciclos do seu cérebro ainda estarão a ressoar com esta realidade interior. Além disso, a atividade do cérebro é aumentada durante a paralisia do sono, uma vez que o cérebro tem a impressão de que o que está a experimentar é real.

Enquanto estiver a sofrer paralisia do sono, terá superado o seu corpo físico, uma vez que um Sonho Lúcido é uma Experiência Fora-do-Corpo. Durante este tempo, o seu corpo físico vai sentir-se entorpecido na sua consciência, e o seu Olho da Mente vai estar a sofrer uma hiperatividade extrema. O Sonho Lúcido é vivenciado inteiramente através do Olho da Mente, à medida que se abaixa através dele e sai da Coroa para os Planos Cósmicos superiores. À medida que a sua consciência se adapta à realidade do Sonho Lúcido ao longo do tempo, aprenderá a diferenciar entre a realidade Interior e a realidade Exterior. Como tal, será capaz de entrar e sair destes dois estados sob comando. Esta capacidade de aprendizagem desenvolver-se-á com a experiência.

Nunca ouvi falar de paralisia do sono que seja prejudicial para si ou para a sua saúde. Tal como mencionado, o principal desafio é acordar dela quando se lhe exige que o faça. Se se deparar com o Sonho Lúcido quase de noite, poderá deparar-se com este problema, por isso esteja preparado quando ele acontecer. Ajudará se tiver desculpas preparadas, se não puder fazer os seus planos matinais. Dizer simplesmente "Não consigo acordar" não o vai cortar no mundo moderno.

Tenha também em mente que enquanto estiver a sofrer uma paralisia do sono, parecerá possuído por outras pessoas que o veem enquanto está neste estado, por isso tenha cuidado com quem tem acesso ao seu quarto enquanto dorme. Recomendo-lhe que diga a quem quer que viva com você sobre este assunto, para que o deixem em paz se o encontrarem neste estado.

Lembro-me muitas vezes de tentar acordar da paralisia do sono, e quando me obrigava a abrir os olhos e a sentar-me, a realidade interior agarrava-se a mim e empurrava-me de volta para baixo na cama. Não ajuda quando se trata dum Sonho Lúcido, pois o nosso corpo físico se senta tão pesado como se fosse feito de chumbo. Pode por vezes sentir-se como se as realidades Exterior e Interior estivessem a lutar pela supremacia sobre a consciência. No entanto, à medida que a sua consciência se torna mais consciente destes diferentes Mundos Internos e os experimenta, será capaz de se deslocar para dentro e para fora de outras realidades sob comando.

Não é perigoso estar em paralisia do sono. Além de estar espaçoso e cansado depois, nunca experimentei quaisquer outros efeitos secundários, nem ouvi falar de quaisquer outros indivíduos acordados pela Kundalini. O cansaço vem de todas as suas funções internas estarem envolvidas num Sonho Lúcido, o que coloca mais tensão no seu corpo físico em vez de o descansar.

Acrescentarei também que poderá estar a divertir-se tanto nesta realidade do Sonho Lúcido que talvez não queira sair dela, independentemente do que precise de fazer no dia seguinte. Tenha também presente que o seu corpo pode aquecer mais do que o habitual durante este tempo, resultando numa transpiração profusa. A paralisia do sono contínua permite que a energia da Kundalini o transforme a partir do interior, pelo que há uma maior atividade da Kundalini enquanto se encontra neste estado.

COMO INDUZIR UM SONHO LÚCIDO

Durante os dois primeiros anos do despertar, eu costumava Sonhar Lucidamente quase de noite. Contudo, no segundo ano após o despertar da Kundalini, envolvi-me com o Amanhecer Dourado, onde comecei o processo de Alquimia Espiritual dos Cinco Elementos através do Magico Cerimonial, alterando a forma como sonho. Enquanto trabalhava em cada um dos quatro Chakras inferiores, de baixo para cima, as energias Elementais colocavam-me muitas vezes num estado sem sonhos.

Este processo suspendeu o Sonho Lúcido durante este período, uma vez que eu permitiria que energias externas penetrassem na minha Aura e se apoderassem da minha consciência, o que diminuía o poder da minha Kundalini. Como descrevi na introdução, precisava de o fazer para que pudesse aprender a funcionar melhor na minha vida acordada, uma vez que o meu Eu mental e emocional estava em completa desordem. Depois de afinar os meus Chakras e de ter evoluído suficientemente Espiritualmente, deixei de trabalhar com a Magia Cerimonial, que removeu estas energias estrangeiras da minha Aura. Como tal, a minha Kundalini tornou-se mais potente do que nunca, e a Luz Astral começou a acumular-se através da ingestão de alimentos, permitindo-me recomeçar o Sonho Lúcido de uma forma mais equilibrada.

Ao longo dos anos, descobri os métodos mais ótimos para me fazer sair do meu corpo durante o sono e entrar num Sonho Lúcido. Por exemplo, descobri que se estiver deitado de costas, com as palmas das mãos estendidas, isto irá induzir a experiência de um Sonho Lúcido. Se estou do meu lado, o corpo está a descansar, e a consciência não pode deixá-lo, uma vez que está demasiado enraizado na fisicalidade. No entanto, se eu quisesse induzir conscientemente um Sonho Lúcido, acionaria o alarme durante seis a sete da manhã, o que daria ao meu corpo físico tempo suficiente para descansar (cinco horas pelo menos) se eu fosse para a cama entre a meia-noite e uma da manhã. Depois, antes de voltar a dormir, por vezes dizia a mim próprio para acordar no sonho, que achei que funcionava. Outras vezes não precisava de enganar a minha mente de forma alguma, mas a acumulação de Luz Astral era tão intensa que me puxou para um Sonho Lúcido.

É essencial deixar-se sair do corpo físico e entrar num Sonho Lúcido sem lutar conscientemente contra esta experiência. Se induzir medo ou ansiedade ao tentar alcançá-lo, muito provavelmente falhará. Tenha também em mente que o corpo físico precisa de estar completamente descansado para o conseguir. Se o corpo físico ainda estiver cansado, a consciência não pode abobadar para fora dele. E se o corpo estiver descansado, mas o cérebro não estiver, poderá não entrar num Sonho Lúcido, mas poderá mesmo entrar num sono profundo. O cérebro precisa de ser descansado para que possa ressoar com ondas cerebrais Alfa necessárias para induzir esta experiência.

Durante alguns anos após o despertar inicial da Kundalini, o meu corpo foi de tal forma construído com a energia da Luz que eu escorregaria para um Sonho Lúcido quando me deitava. Enquanto me deitava de costas com as palmas das mãos estendidas, sentia-me a sair do meu corpo enquanto ainda estava consciente. Enquanto os meus olhos estavam fechados, eles rolavam naturalmente para cima, tentando olhar para a parte de trás da minha cabeça. Ao fazê-lo afinava a minha consciência com o olho da minha mente, permitindo-me abobadar através do seu portal em forma de donut. A consciência tem de passar pelo portal do Olho da Mente para sair do Sahasrara, o Chakra da Coroa, por completo. O Bindu Chakra também desempenha um papel nesta experiência, e precisa de ser desobstruído e desbloqueado para o conseguir.

EXPERIENCIAS FORA DO MUNDO EM SONHOS LÚCIDOS

Quando estava a experimentar Chakras acima da Coroa, visitei terras vastas e majestosas, nunca vistas e experimentei um arrebatamento emocional que é o material das lendas. A minha consciência sem limites abobadou-me através do Tempo e do Espaço até aos confins da nossa Galáxia, onde pude expandir o meu Ser ao tamanho de um Sistema Solar e para além dele e testemunhar eventos cósmicos semelhantes a supernovas. Outras vezes fui transportado para diferentes Planetas dentro e fora do nosso Sistema Solar para comunicar com os Seres que aí vivem (Figura 157) e experimentar os seus ambientes. Nunca esquecerei o sentimento transcendental que estas experiências fora do mundo provocaram. É como se a minha Alma tocasse o infinito e pudesse ir para onde quisesse. E a melhor parte é que eu estava plenamente consciente enquanto isso acontecia.

A beleza e o misticismo das terras estrangeiras que visitei são sem precedentes, afirmando que deixei o nosso Planeta através da consciência. Apenas poder alcançar e experimentar a energia destes outros mundos tem sido um verdadeiro presente do despertar da Kundalini. Confirmou algo que sempre soube, mesmo sem provas definitivas: não estamos sozinhos no Universo.

Figura 157: Encontros Imediatos do Quinto Grau

O que achei mais interessante sobre estas visitas planetárias é que todas elas tinham atmosferas que podiam albergar vida, com plantas, animais, e humanoides que lá viviam. Digo humanoides porque a maioria dos Seres inteligentes não humanos que contactei nos últimos dezassete anos pareciam-se, na sua maioria, connosco. Eram frequentemente mais altos ou tinham olhos maiores ou pele mais justa. Alguns tinham orelhas pontiagudas ou cabeças com formas diferentes, enquanto outros tinham membros mais longos e outras variações das nossas partes do corpo. Até encontrei Seres de Luz puros no nosso Planeta que se apresentavam a mim como Deuses. Nas minhas muitas experiências, alguns Seres falavam comigo em diferentes línguas, que de alguma forma eu podia compreender, enquanto outros me comunicavam diretamente telepaticamente.

Numa das minhas mais recentes experiências fora do mundo do Sonho Lúcido, visitei um Planeta onde plantas, animais e humanoides viviam em completa harmonia uns com os outros, partilhando os recursos do seu Planeta. A vida vegetal foi incorporada como parte da infraestrutura deste mundo, e os animais vagueavam pelas ruas interagindo com os humanoides. A experiência começou com a minha consciência projetando-se na sua atmosfera, voando, e olhando de cima para baixo no terreno. Embora eu consiga contornar o Cosmos sozinho com intenção, a minha consciência precisa de um veículo para se deslocar durante os Sonhos Lúcidos, que é o Corpo de Luz ativado pela Kundalini.

Uma vez descido, não podia caminhar cinquenta passos sem encontrar um corpo de água, que estava integrado com a vegetação e os edifícios como parte de um todo. Toda a cena parecia um parque temático futurista com animais a passear por todo o lado. A maioria dos seus animais eram quadrúpedes, de tamanho comparável ao dos humanoides.

Quando eu não prestava atenção aos animais, eles normalmente ignoravam-me de volta. Ao mesmo tempo, se eu me assustasse ao ver a aparência invulgar de um animal, o meu receio faria com que ele ficasse na defensiva e por vezes até tentasse atacar-me. O animal correspondia em grande parte à minha energia, o que explica porque é que tantos animais do nosso Planeta estão em inimizade com os humanos, uma vez que geralmente não os tratamos com amor e respeito.

Descobri que cada experiência fora do mundo é diferente. Por vezes as plantas e os animais eram muito maiores em tamanho do que os da Terra, enquanto outras vezes eram mais pequenos. As formas, texturas e cores das plantas eram sempre impressionantes e invulgarmente diferentes. Os animais também apresentavam características e características estranhas.

Os filmes de Hollywood fazem um excelente trabalho de representação de como seriam outros mundos se conseguíssemos chegar lá fisicamente. Contudo, a maioria das pessoas desconhece que não precisamos de foguetes para ir para o espaço exterior e experimentar a vida extraterrestre; podemos conseguir isto através da consciência. Através do Corpo de Luz e do mundo do Sonho Lúcido, podemos percorrer vastas distâncias do espaço numa fração de segundo e regressar com experiências que mudam a nossa visão de nós próprios e do nosso lugar no Universo.

Quanta vida inteligente existe exatamente no Universo? Tudo o que é preciso fazer é seguir a lógica. Se a Terra é o único Planeta que pode albergar vida no nosso Sistema Solar, e existem biliões de outros Sistemas Solares só na Via Láctea Galáxia, então imagine o potencial. E não se esqueça que a Via Láctea Galáxia é apenas um dos milhares de milhões de Galáxias no Universo. O número é astronómico, ilimitado, e até infinito. E como todos nós partilhamos a nossa existência neste belo e vasto Cosmos, os nossos caminhos podem frequentemente cruzar-se enquanto percorremos estas outras dimensões. Quando nos tocamos e transmitimos energia uns aos outros, seja intencional ou não, é sempre uma experiência muito feliz e bela.

Como nota final, quero mencionar que nunca senti qualquer hostilidade de outros Seres fora do mundo, uma vez que me comunicavam constantemente com puro amor. E eu sempre retribuí e partilhei com eles como o faria com um membro da família. Por vezes, estas comunicações ocorriam em profundos estados de sonho como parte de um fluxo contínuo de consciência. No entanto, ao tomar conscientemente consciência da experiência e ao ligar o meu Ego, o contato terminava muitas vezes abruptamente. Por conseguinte, tentei manter o meu Ego em neutro sem ficar demasiado excitado quando estes contatos aconteciam para prolongar a experiência o máximo de tempo possível.

Estas experiências não só tocaram a minha Alma e deixaram um impacto duradouro sobre mim para o resto da minha vida, como muitas vezes me afastava com incrível conhecimento e compreensão sobre a natureza do Cosmos, a humanidade, e o propósito da vida em geral. Além disso, fez-me perceber que todos os seres vivos no Universo, não importa de que planeta ou galáxia são, têm um objetivo primário na vida que perseguem a todo o custo: A Evolução Espiritual.

PARTE IX: KUNDALINI-AMOR, SEXUALIDADE, E FORÇA DE VONTADE

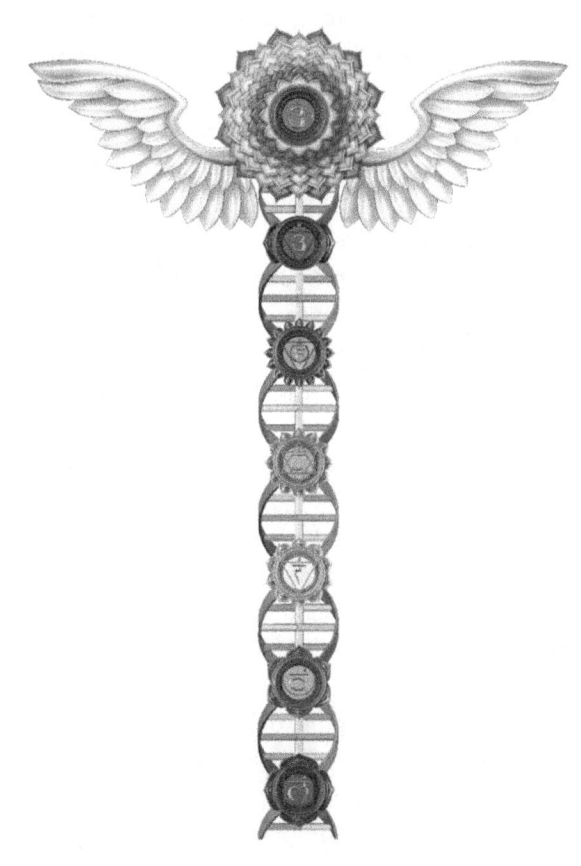

AMOR E RELAÇÕES

Um despertar Kundalini é o primeiro passo de uma completa transformação na sua mente, corpo e Alma. Como esta experiência evoluirá para uma mudança tão radical de quem já foi, um dos seus principais desafios será integrar-se na sociedade e tentar misturar-se com os outros. Embora seja agora uma pessoa diferente, para as pessoas que o conheceram durante toda a sua vida, continuará a ser o mesmo, independentemente do que partilhar com eles.

Curiosamente, uma vez que alguém o tenha conhecido, especialmente um membro da família ou um amigo próximo, torna-se quase impossível mudar de opinião a seu respeito. A única forma de começarem a vê-lo de forma diferente é quando virem uma mudança no seu comportamento durante um período mais longo. Uma das formas distintas em que o seu comportamento será alterado está nas suas expressões de amor para com outras pessoas. Como tal, este tópico requer uma análise aprofundada.

Em primeiro lugar, o amor tem muitas expressões e é o fundamento de muitas coisas. É a fonte de inspiração, criatividade, fé, alegria, romance, e outras coisas positivas na vida. É também a fonte da unidade entre as pessoas e a energia que nos une. Faz-nos rir e chorar juntos. Também nos inspira a abraçarmo-nos uns aos outros e a procriar. Os laços que criámos ao longo do tempo com outros, que herdámos ou construímos ao longo do tempo. As relações herdadas são com membros da família, enquanto as amizades são algo que ganhamos durante as nossas vidas. Também criámos laços com parceiros românticos e podemos ter escolhido um parceiro com quem construir uma família e passar o resto das nossas vidas.

A compreensão da fonte e do combustível da energia da Kundalini permitir-nos-á compreender melhor o amor. Em essência, a energia da Kundalini é parte da Prana sublimada e parte da energia sexual sublimada. Esta energia da Vida dá-nos vitalidade e afeta o nosso ser interior a todos os níveis. O despertar da Kundalini resulta em expansões do Coração, ou o aumento da energia do Amor, no âmago do seu ser. Uma expansão do Coração é a expansão natural do seu Chakra do Coração à medida que integra a energia do Amor na sua mente, corpo e Alma. O seu Chakra do Coração expande-se, o que lhe dará a sensação de uma libertação completa nos Planos Astral (Emocional) e Mental.

À medida que a energia do amor se acumula no seu Chakra do Coração, Anahata, deixará de se sentir à mercê de pensamentos negativos, uma vez que perderão a capacidade de o impactar como costumavam fazer. Esta libertação também será sentida nas suas emoções à medida que a energia do amor penetra no seu coração, purificando e lavando as suas emoções negativas. Lembre-se sempre que a energia do amor purifica e limpa todos os pensamentos e emoções. É o conciliador e purificador universal de toda a energia negativa, independentemente do Plano Cósmico que possa estar a manifestar.

Quando o seu Chakra do Coração estiver cheio de energia de amor, esta energia irá filtrar para o seu coração físico. Agora, transportará a energia do amor consigo em todos os níveis do Ser. Com tanto amor presente, o seu coração será mais poderoso do que nunca, o que lhe dará um batimento cardíaco visivelmente mais forte e, muitas vezes, um ritmo cardíaco elevado. A energia do Amor é sinónimo de energia da Luz, uma vez que a Luz é a essência do Amor. E a energia da Kundalini é Luz Astral, ou energia sexual sublimada, que é o amor. Lembre-se sempre que não se pode ter a Kundalini sem amor e Luz, e vice-versa. Em essência, todos os três termos significam a mesma coisa.

AS QUATRO FORMAS DE AMOR

De acordo com os Antigos Gregos, existem quatro formas diferentes de amor: Eros, Philia, Storge, e Agape. Eros é um amor erótico, apaixonado, romântico, que envolve atração sexual. O amor romântico é geralmente expresso entre pessoas do sexo oposto da Alma, uma vez que cada ser humano ou é uma expressão de Shiva ou Shakti (Figura 158). Assim, o amor romântico transcende a expressão do género no Plano Físico. A expressão sexual envolve o corpo físico porque está associada à sensação e prazer de atos físicos como o beijo e a relação sexual.

A segunda forma de amor, Filia, é o amor de amigos e iguais. Filia é o amor de amigos de curto e longo prazo, alguns dos quais remontam à nossa infância. Os amigos são escolhidos livremente e geralmente partilham valores, interesses e atividades comuns. Os amigos refletem quem somos; vimo-nos nos nossos amigos e a quem escolhemos para dar o nosso tempo. Filia é o amor que se expressa através da mente. Uma vez que envolve a abertura aos amigos e a troca das nossas crenças e imperfeições, Filia pode ser muito benéfica para o nosso crescimento em muitas áreas da vida.

A terceira forma de amor, Storge, é o amor dos pais pelos filhos e vice-versa. No entanto, Storge vai além da família imediata para incluir todos os membros da família na sua árvore genealógica que partilham o mesmo ADN. Storge é essencialmente os laços que herdámos nesta vida através do acaso. A diferença entre Filia e Storge é que somos obrigados a expressar amor à família e mostrar gratidão, enquanto amigos podemos escolher e escolher. O catalisador por detrás do Storge são as nossas memórias desde que os membros da família fazem parte de nós desde o nascimento.

E finalmente, a quarta forma de amor, Ágape, é o amor incondicional e a empatia por toda a humanidade. Este amor por outras pessoas, independentemente das circunstâncias, é chamado amor desinteressado. Ágape é o maior dos quatro tipos de amor; é o amor Universal que livremente partilhamos com todos os seres humanos. A fonte de Ágape é o nosso amor a Deus e um reconhecimento de que somos todos irmãos e irmãs do mesmo Criador.

O ágape é expresso através do Espírito. Como mencionado, o objetivo de um despertar Kundalini completo é sofrer uma transformação Espiritual completa para se tornar uma encarnação permanente de Ágape. Uma vez que já discuti Ágape em grande medida, quero concentrar-me em como uma transformação da Kundalini afeta as nossas outras expressões de amor, nomeadamente o amor romântico, o amor dos amigos e o amor familiar.

Figura 158: Shiva e Shakti num Abraço Amoroso

AMOR ROMÂNTICO

Após o despertar da Kundalini, a energia do amor manifestar-se-á naturalmente na sua vida e filtrar-se-á nas suas relações com outros humanos. Em termos de amor romântico, encontrará todas as barreiras que se afastam na sua capacidade de atrair amantes. Além disso, descobrirá que à medida que progredir na sua transformação da Kundalini e se sintonizar cada vez mais com a energia do amor, o seu carisma irá aumentar.

Tornar-se-á quase irresistível para o sexo oposto. Isto acontece porque ao sintonizarmos o nosso centro, apercebemo-nos de que não é o que fazemos, mas como o fazemos que nos torna atraentes para o mundo exterior. A nossa energia de base atrai outros, não as palavras que dizemos. Através deste processo, tornamo-nos genuínos e operamos com um propósito magnético que as pessoas à nossa volta podem detetar energeticamente.

A personalidade é algo que o Ego utiliza para se relacionar com o mundo exterior. No caso do amor romântico, ela impede a comunicação a partir do coração. O sexo oposto pode sentir se comunicar com o seu Ego ou com a sua Alma. Se tentar usar o Ego para atrair um companheiro, o Ego da outra pessoa reage, o que a coloca imediatamente na defensiva, e nenhuma energia amorosa é criada ou canalizada.

Para que uma ligação genuína seja construída, tem de haver um circuito de energia amorosa bidirecional formado entre ambas as pessoas. Este circuito começa com a comunicação a partir do Chakra do Coração, Anahata, que é depois retribuído naturalmente. A compreensão deste conceito irá lançar luz sobre o porquê de encontrar a coisa certa a dizer para atrair uma fêmea não funcionar para a maioria dos machos. Este efeito ocorre porque não se trata do que é dito; trata-se da energia que está subjacente às coisas ditas. As fêmeas são mais emocionais do que os machos, e, portanto, os machos só conseguem atrair as fêmeas quando atingem o seu nível emocional para que as suas intenções sejam compreendidas. Se as intenções forem impuras, a fêmea detetará isto e tornar-se-á defensiva.

A maioria das intenções do Ego têm consequências cármicas negativas, uma vez que o Ego está sempre a ponderar: "O que é que eu ganho com isso? Assim, existe um fator de controlo ou manipulação com o Ego para conseguir o que quer, como ter relações sexuais com alguém só porque tem bom aspeto. Por outro lado, as intenções projetadas a partir da Alma são geralmente puras. Por exemplo, a Alma tornar-se-á atraída por alguém num sentido romântico e quer conhecê-la, e então as relações sexuais ocorrerão naturalmente sem ser a primeira coisa na mente da pessoa. Por esta razão, ouvirá tanto os homens como as mulheres dizerem que têm uma "ligação", implicando que as suas Almas estão em comunicação e não os Egos.

Duas Almas do sexo oposto que partilham a energia do amor podem criar uma "faísca" energética, ativando o amor romântico entre elas. No entanto, para que esta faísca ocorra, outros fatores têm também de ser implementados, tais como a química e a compatibilidade. Esta reação energética resulta numa reação química no corpo, ativando neurotransmissores sensíveis (dopamina e norepinefrina) que geram sentimentos amorosos românticos.

Como seres humanos, o nosso principal desejo é amar e ser amado. Pessoas que não têm riqueza e não alcançaram nenhum dos objetivos que a sociedade lhes impõe e que, em vez disso, passaram as suas vidas a amar de coração, atrairão de volta o amor e estarão em posição de encontrar a verdadeira felicidade. Depois há pessoas que obtiveram altos níveis de riqueza e sucesso, mas que são terríveis em atrair amantes porque vêm do lugar do Ego e não do amor. Esta energia funciona contra eles na atração de um companheiro. Perguntam-se porque não conseguem fazer com que isso aconteça, enquanto a pessoa pobre e menos abastada tem dez vezes mais sucesso nesta área. O segredo está em canalizar a energia do amor, nada mais.

Quando se trata de romance, se estiver sintonizado com o amor no seu coração, irá emitir uma energia que irá atrair outros para si. Esta fórmula funciona tanto para os homens como para as mulheres. Este sentimento, quando genuíno, gera magnetismo puro de uma forma mágica. O seu carisma aumenta dez vezes, tal como a sua capacidade de se ligar a cada ser humano, seja ele uma criança ou uma pessoa mais velha. Quando fala, alcança diretamente a Alma de outro ser humano, e a barreira da personalidade é completamente quebrada. Lembre-se que o Ego usa a personalidade como seu ponto de referência, enquanto a Alma usa o personagem. Por conseguinte, deve contornar o Ego quando atrai um companheiro.

Ao falar a partir da Alma, cria-se imediatamente uma relação e uma ligação com todos os seres humanos, e com potenciais companheiros, forma-se uma atração, independentemente da sua aparência física. A atração sexual não é sobre a aparência; é sobre a ligação energética entre duas pessoas. Esta ligação é o que as pessoas querem dizer com "boas vibrações", que todos nós procuramos ao conhecer novas pessoas.

AMOR DE AMIGOS

No caso de amizades com outras pessoas, encontrar-te-ás facilmente ligado aos outros, uma vez construída a energia do amor no teu Chakra do Coração. Tornar-se-á um confidente e melhor amigo de muitas pessoas na sua vida. Ao cortar através da lente da personalidade, poderá comunicar diretamente com as Almas de outras pessoas, e elas sentem isso no seu âmago. Ao sentir a sua energia de amor, uma pessoa sentirá que pode confiar em si, o que criará um laço mais forte entre si. Devido a este sentimento, os amigos quererão naturalmente responder com uma quantidade igual de energia de amor ou mais.

Desenvolvemos um apego uns aos outros através de amizades que nos dá sentimentos de calma, segurança, conforto social, e união emocional. A ligação é associada no cérebro com os peptídeos neurais oxitocina e vasopressina; enquanto os homens experimentam mais um aumento dos níveis de vasopressina, as mulheres experimentam um aumento da oxitocina. Encontramos estas substâncias químicas também envolvidas em expressões de amor familiar e amor romântico entre parceiros a longo prazo.

Um despertar Kundalini faz-te deixar de levar a vida tão a sério, uma vez que te dás conta de que a tua essência pertence à Eternidade e que a tua Alma viverá da morte física do passado. Além disso, ao reconhecer a irrealidade do mundo material, mais energia amorosa encherá o teu coração, o que aumentará a tua capacidade de humor. As pessoas espirituais são muito leves, e a sua aptidão para brincar e comédia é muito mais elevada do que a pessoa comum.

O humor acrescenta diversão a uma conversa, e é um escape fantástico para dizer o que está na sua mente sem ser julgado e escrutinado por outros. Cria e mantém laços entre as pessoas, uma vez que cria emoções positivas irresistíveis. O humor tira a vantagem da seriedade da vida porque tudo é impermanente no seu âmago, exceto a substância Espiritual que está subjacente a todas as coisas. Como tal, a comédia põe-nos em contato com o Espírito, quebrando as construções intelectuais da mente. O humor é abstrato; está para além da lógica. Rimo-nos de algo porque é tão ilógico que não podemos envolver a nossa mente em torno dele, por isso rimo-nos para quebrar a tensão. Lembre-se, a mente é linear, enquanto o coração não é. Por esta razão, o humor é a linguagem da Alma.

Passar tempo com amigos é uma atividade alegre que envolve muitas boas gargalhadas na maioria dos casos. Afinal de contas, queremos passar tempo com certas pessoas porque nos sentimos bem à sua volta. Elas fazem-nos sorrir e rir e trazem-nos discernimento e sabedoria para as nossas vidas. Neste sentido, será uma mais-valia para os amigos e alguém que eles querem manter sempre perto deles.

A Lei do Amor afirma que, ao dar ou enviar amor, receberá o triplo do amor. Esta Lei é um mistério antigo de que muitos Adeptos da Luz estão cientes. O amor faz realmente o mundo girar. Ele mantém as coisas em movimento, em progresso e em evolução. Assim, naturalmente, enquanto aprende a canalizar a energia do amor para outras pessoas, a sua base de amigos expande-se exponencialmente.

Tenho acumulado muitos, muitos amigos ao longo da minha viagem e continuo a fazê-lo. E tudo isto vem-me muito naturalmente à mente, uma vez que falo diretamente com a Alma de uma pessoa. As pessoas reconhecem as minhas boas intenções no instante em que abro a boca, o que desmantela as suas defesas. Até hoje, todos à minha volta se perguntam como posso falar com um estranho como os conheço toda a minha vida. A resposta é muito simples - estou a ser eu próprio. E ao ser eu mesmo, o meu verdadeiro Eu, atrai as pessoas para mim.

Todos querem unir-se e ligar-se; está ao nível mais profundo do nosso Ser. Como tal, dê as boas-vindas a novos amigos na sua vida e invista a sua energia com eles. Aproveite a oportunidade de ser você mesmo quando conhecer alguém novo e tenha fé no processo. Poderá ficar surpreendido com o resultado. Reconhecemo-nos nas outras pessoas porque somos todos Deus no nosso núcleo mais profundo. E, como continuas a ser tu próprio com estranhos, desenvolverás a capacidade de fazer novos amigos, que é uma habilidade que podes usar para o resto da tua vida.

A Kundalini quer naturalmente que estejamos no momento, no Agora, uma vez que nos permite canalizar energia amorosa e ser extrovertidos. Se fosse uma pessoa mais introvertida antes do despertar da Kundalini, iria experimentar esta mudança à medida que o tempo passa. Quando somos extrovertidos, procuramos criar laços com outras pessoas e canalizar e partilhar a energia do amor. Por outro lado, quando somos introvertidos, vivemos dentro das nossas mentes.

Uma vez que a mente é expressiva do subconsciente, é uma área onde o medo se manifesta. Como tal, as pessoas introvertidas ficam frequentemente ansiosas com a ideia de interagir com os outros e de fazer novos amigos. O conceito de ligação com os outros exige que partilhem sobre si próprios e sejam extrovertidos, o que pode ser um desafio quando se está dentro de si a praticar o amor-próprio. Utilizando apenas a si próprio como fonte de energia do seu amor, isola-se de outras pessoas que o podem ajudar a recarregar. Ser introvertido não o ajudará a fazer novos amigos, embora isso não afete as amizades que fez antes de se tornar introvertido.

A Kundalini é criativa, energia amorosa que procura sempre expressar-se de alguma forma. A comédia é uma expressão artística, uma vez que exige que se pense de forma abstrata para fazer piadas e divertir-se com outras pessoas. Seja bem-vindo à comédia na sua vida e deixe que ela se torne uma parte de si. Seja um farol de amor para si e para os outros. Permita que a experiência de canalizar o amor para os amigos o ajude a aprender mais sobre si próprio e sobre o Universo do qual faz parte.

AMOR FAMILIAR

À medida que a Kundalini se sublima cada vez mais através da ingestão de alimentos e água, a energia do Amor acumula-se no seu coração e no circuito da Kundalini. Durante este tempo, os laços familiares renovam-se, e desenvolve-se um laço mais forte com todos os membros da família, especialmente com os seus pais e irmãos. A sua família é especial, especialmente a sua família imediata que tem estado consigo durante a maior parte da sua vida. Apercebe-se disto ao passar pela jornada de transformação da Kundalini, especialmente nos últimos anos, resultando num ponto de vista ético em relação à sua família.

Para mim, após doze anos de vida com a Kundalini acordada, desenvolveu-se um forte desejo de me ligar aos meus pais e tentar compreendê-los a partir de uma perspetiva diferente. Não de uma forma em que se trate sempre de mim e das minhas necessidades e de como eles são irritantes com as suas reclamações como a maioria dos pais são. Mas de uma forma em que olho para além da minha reação defensiva instintiva a eles e reconheço o sacrifício contínuo que eles fazem pela minha irmã e por mim. O nível de amor que eles devem ter por nós para nos colocarem sempre em primeiro lugar, mesmo quando estamos a ser maus.

De facto, o amor que um pai tem por uma criança é algo especial. E aprender a apreciar o amor dos seus pais desenvolve um sentido de honra para com eles, um dever de lhes retribuir com a mesma paciência e amor, mesmo que isso lhe leve toda a sua vida. E se já teve problemas com os seus pais no passado e sente que não recebeu a atenção que merecia, agora é o momento de resolver esses problemas e voltar a ligar-se a eles.

Ao tornar-se a mudança que deseja ver no mundo, as pessoas irão naturalmente mudar para se adaptarem ao novo você. Mas é preciso esforço da sua parte para fazer essa mudança, incluindo não culpar os outros por coisas que não são como você quer que sejam. Cabe-lhe a si assumir a responsabilidade por cada relação na sua vida e perceber que pode fazer a mudança.

É fácil sair de amizades, e as relações românticas que pode encontrar já não funcionam, mas as relações com os membros da sua família são para toda a vida. Eles são dados por Deus e não podem ser fugidos nesta vida, mesmo que queira fugir deles. Mesmo nas piores situações e cenários, é preciso perdoar os seus pais em vez de lhes dar guarida negativista, mesmo quando se sente merecido. Tem de compreender a quantidade de efeito Cármico que eles têm na sua vida que não será neutralizado até que se encarregue da situação e aplique amor incondicional perdoando as suas transgressões para consigo. O perdão irá percorrer um longo caminho a este respeito; permitir-lhe-á restabelecer a ligação energética entre si, necessária para o seu contínuo desenvolvimento Espiritual.

E se tiver irmãos, é tempo de se ligar a eles mais do que nunca. Se eles te enganaram, então perdoa-lhes e aceita o seu amor de volta na tua vida. Tenho sido abençoado por ter tido a relação mais fantástica com os meus pais e irmã. Por isto, estou muito grato. Mas reconheço que nem todos têm sido abençoados de tal forma e que muitas pessoas têm relações desafiantes com os seus familiares. De qualquer modo, é preciso perdoar qualquer erro que lhe tenha sido feito, por mais difícil que isso possa ser. O seu objetivo, a sua missão, é continuar a crescer Espiritualmente.

Curar a sua relação com os seus pais é muito importante porque os nossos pais influenciaram-nos mais, por vezes inadvertidamente, através do ADN e do condicionamento. Por exemplo, a expressão da sua energia masculina e a forma como canaliza essa energia, especialmente para amigos masculinos na sua vida, reflete a sua relação com o seu pai. Em contrapartida, a forma como exprime a sua energia feminina, relacionada com a forma como canaliza essa energia para as mulheres na sua vida, reflete a sua relação com a sua mãe.

E em termos de amor romântico, estará a atrair pessoas que o ajudarão a superar a energia cármica entre si e os seus pais. Se for um homem, então será atraído por mulheres que o recordarão da sua mãe e do Karma que precisa de ser superado entre vocês os dois. Se for uma mulher, então vice-versa. Este Princípio Universal manifesta-se subconscientemente, quer queiram quer não. O seu objetivo é ajudar-nos a aprender a amarmo-nos mutuamente e a promover a nossa Evolução Espiritual.

Não nos confundamos com a aplicação deste Princípio Universal, uma vez que ele se prende com as teorias imorais e perversas de Sigmund Freud. Referido como o Complexo de Édipo, Freud concluiu, através de investigação deficiente, que todos os jovens rapazes e raparigas têm desejos incestuosos pelos seus pais do sexo oposto e veem os pais do mesmo sexo como rivais. O erro de Freud no julgamento residiu na transposição da sua infância perturbada e da relação invulgar e estranha com os seus pais, especialmente com a sua mãe, para o seu trabalho de psicologia.

Nos tempos modernos, o Complexo de Édipo não é reconhecido como uma coisa real no campo da psicologia, uma vez que não tem base na realidade. No entanto, Freud deve ter percebido que atraímos parceiros que nos lembram os nossos pais, mas errou no julgamento ao aplicar este princípio Universal. As suas conclusões foram afetadas pela sua própria experiência de vida e por questões não resolvidas no seu subconsciente, o que deve ter sido desencadeado quando se apercebeu de que este Princípio Universal existe.

A atração entre os sexos ocorre subconscientemente e relaciona-se com um comportamento que reconhecemos noutra pessoa que nos faz lembrar os nossos pais. Na sua essência, esta atração desenvolve-se para que possamos curar mentalmente e emocionalmente. Afinal de contas, os nossos pais foram o primeiro arquétipo masculino e feminino que identificámos nas nossas vidas. Crescemos sob os seus cuidados e sob as diretrizes que eles estabeleceram para nós. Como resultado, a nossa Alma e o nosso Ego evoluíram, tentando apaziguar os nossos pais ao mesmo tempo que tentavam libertar-se deles e tornar-se independentes.

Dependendo da polaridade das nossas Almas, aprendemos a imitar ou o comportamento do nosso pai ou da nossa mãe e a integrá-lo como o nosso. E ao aceitarmos o seu amor, aprendemos a amar também os outros. Esta expressão de amor é então mais influenciada pela nossa relação com os nossos pais. Contudo, compreendemos que este Princípio Universal da atração só se aplica aos Planos Mental e Emocional. A atração física é algo completamente diferente.

Dependendo da qualidade da sua relação com os seus pais, isso irá afetar a qualidade das suas relações românticas. Notará que quando a sua relação com os seus pais muda para melhor à medida que aprende a comunicar com eles Alma a Alma, isto irá curar essas partes do Eu, permitindo-lhe atrair pessoas diferentes na sua vida para fins românticos.

No caso de pais abusivos, é mais comum ser atraído por parceiros abusivos, uma vez que está programado para se relacionar com o sexo oposto através de abuso mental e emocional. No entanto, ao superar e perdoar este abuso dos seus pais, irá invariavelmente atrair pessoas na sua vida que o tratam bem e aprenderão a manter-se afastados de pessoas abusivas. Esta é a expressão mais comum na nossa sociedade deste Princípio Universal, pois todos nós conhecemos pessoas que foram maltratadas pelos seus pais e que, em troca, atraem parceiros românticos abusivos.

KUNDALINI E ENERGIA SEXUAL

É essencial agora falar sobre o papel da energia sexual no processo de despertar da Kundalini. A energia da Kundalini é alimentada pela energia sexual canalizada para dentro através da coluna vertebral e para dentro do cérebro. Digo energia porque uma vez despertada a Kundalini, a acumulação de energia sexual juntamente com Prana da ingestão alimentar causa a expansão da consciência ao longo do tempo.

A energia sexual também pode ser um impulso ou catalisador por detrás do despertar da Kundalini. É a sublimação desta energia sexual através da prática sexual tântrica ou uma forma de meditação, que a leva a ir para dentro para ativar a Kundalini na base da coluna vertebral. Sem esta ativação, a Kundalini encontra-se adormecida como potencial energético latente no Chakra da Raiz, Muladhara.

O que é exatamente a energia sexual? A energia sexual é energia criativa dentro do Eu alimentada por Muladhara e Swadhisthana Chakras. Ela alimenta e sustenta as nossas mentes, sendo ao mesmo tempo uma fonte significativa de inspiração. Enquanto os nossos desejos carnais vêm de Muladhara, o Chakra da Terra, o Swadhisthana, o Chakra da Água, é responsável pela emoção tangível do desejo sexual.

Quando concentramos a nossa energia sexual numa pessoa por quem somos atraídos, criamos um desejo poderoso de estar com essa pessoa. O desejo sexual é sentido no Swadhisthana Chakra como uma emoção eufórica semelhante a borboletas ou formigueiros no abdómen. Esta energia é então projetada da nossa zona abdominal para o nosso cérebro através do sistema nervoso.

A energia sexual diz respeito ao Apana Vayu uma vez que envolve o funcionamento de Muladhara e Swadhisthana Chakras e a expulsão de líquidos sexuais do corpo (sémen nos machos e fluido vaginal nas fêmeas). Em contraste, Prana é gerada por Samana Vayu (o fogo digestivo) e Hara Chakra, o armazém do corpo de Prana.

A energia sexual também alimenta a nossa imaginação quando a canalizamos para o Chakra do Coração, Anahata, estimulando assim as nossas mentes e pensamentos. A energia sexual também afeta o nosso centro de Alma, o Chakra do Plexo Solar, Manipura. Ele acende o Fogo de Manipura enquanto energiza a nossa força de vontade. Torna-se energia dinâmica que alimenta o nosso impulso, motivação, e determinação no Plano Mental.

Quando a energia sexual é projetada no Chakra da Raiz, Muladhara, ela torna-se o nosso ímpeto para a ação no Plano Físico. Por conseguinte, a energia sexual é utilizada por todos os nossos Chakras. Embora Prana seja considerada uma força cega, a energia sexual é inteligente. No entanto, ambas as energias são necessárias para alimentar os nossos Chakras e dar-lhes vida.

Enquanto Prana é a energia da Vida ou da Luz, a energia sexual é a energia da criação. Por vezes é difícil discernir entre a energia sexual e Prana, e muitos professores espirituais confundem os dois e até dizem que são a mesma coisa. No entanto, ao examinar o meu sistema energético ao longo dos anos, descobri que são dois tipos de energia distintos que trabalham um com o outro e que requerem um ao outro o cumprimento das suas funções.

Além disso, é vital distinguir entre a energia da Kundalini e a energia sexual. Juntamente com o Prana, a energia sexual alimenta a energia da Kundalini uma vez despertada. No entanto, a energia da Kundalini tem os seus próprios componentes relacionados com a expansão da consciência e das expressões do Eu.

Uma vez ativada a Kundalini, a energia sexual torna-se essencial uma vez que anima a Kundalini, permitindo-lhe explorar as suas novas capacidades. Por exemplo, não se pode usar a criatividade e imaginação melhoradas ao seu potencial mais elevado se faltar a energia sexual necessária para as explorar. A energia sexual é uma força mais subtil do que o mero Prana, pois permite-nos aceder a qualquer parte de nós próprios quando focalizamos as nossas mentes.

Existe uma correlação direta entre a estimulação sexual e a atividade da Kundalini, que reside no Chakra da Terra. À medida que se fica sexualmente excitado, cria-se uma carga elétrica estática que pode desencadear a energia da Kundalini da mesma forma que se liga a bateria de um carro. Portanto, a acumulação de excitação sexual através de práticas tântricas e a sua virada para dentro poderia resultar num poderoso despertar da Kundalini.

Porque existe uma correlação entre a excitação sexual e o despertar da Kundalini? A resposta pode residir no propósito da nossa vida aqui na Terra, que é um campo de ensaio para as Almas. Por exemplo, Deus, o Criador, criou os seres humanos e deu-nos o livre arbítrio para escolher como queremos expressar a nossa energia sexual: procurar gratificar o Ego desejando ter sexo como forma de prazer físico ou usar essa mesma energia e atraí-lo para dentro através de práticas tântricas para despertar a nossa energia latente da Kundalini. No caso de um clímax físico ou orgasmo, expulsamos esta energia de nós e libertamo-la de volta para o Universo. Quando atraímos esta energia para dentro através do cérebro através do sistema nervoso, procuramos transformar Espiritualmente. Cada momento do dia é um teste ao nosso livre arbítrio e se queremos exaltar a nossa Alma ou Ego que procuram fazer coisas radicalmente diferentes com esta energia Divina.

A maioria das pessoas desconhece por completo que existe outra razão para ter energia sexual dentro delas, uma vez que estão tão concentradas em utilizá-la apenas para o prazer. A população mundial é mais impulsionada pelo impulso sexual e pelo desejo de sexo do que qualquer outra coisa na vida. Se as pessoas soubessem apenas outra forma de usar este dom, poderiam transformar completamente a forma como percebemos a energia sexual. Creio que este é um dos papéis essenciais que os indivíduos despertados pela Kundalini desempenham no mundo neste momento: não só para serem emissários da energia da Kundalini, mas também para iluminar as pessoas sobre o poder e potencial da sua sexualidade.

DESPERTAR SEXUAL E ESTAR "HORNY"

A energia sexual masculina está relacionada com o Elemento Fogo da Terra. Ela é fortemente impulsionada pelo Plano Físico, que atua no Plano Astral do Elemento Água. O Fogo da Terra transforma-se na emoção da excitação sexual através do Swadhisthana Chakra.

Enquanto os machos são mais motivados pelo seu Chakra da Terra relativamente à excitação sexual, as fêmeas são mais influenciadas pelo Chakra da Água. Isto explica porque é que a excitação sexual nos machos é fortemente influenciada pela aparência física de uma fêmea, enquanto uma fêmea está mais excitada pela forma como um macho a faz sentir.

A energia sexual masculina é como um fogo que se acende rapidamente, queima intensamente e se extingue rapidamente. Inversamente, a energia sexual feminina é como a água: lenta a aquecer, mas uma vez que ferve, continua a ferver durante muito tempo. A energia do Fogo de um macho é responsável pelo aquecimento da energia da Água de uma fêmea. Portanto, os machos gastam o seu tempo e energia a trabalhar nas suas qualidades Alfa para atrair as fêmeas. Por outro lado, as fêmeas gastam muito tempo e energia a melhorar a sua aparência física para serem mais atraentes para os machos.

Enquanto os homens têm geralmente libidos mais fortes, as mulheres têm um maior alcance e intensidade de excitação. Um homem pode ter uma ereção aparentemente sem estimulação e sentir-se sexualmente excitado ou "horny". "Em contraste, é raro que uma mulher sinta o mesmo sem ser estimulada primeiro. Parte da razão é que o corpo de um macho é movido pela testosterona, que é de ação mais rápida do que a hormona sexual feminina, o estrogénio.

A simbologia oculta e o significado da palavra "horny" dão-nos mais informações sobre como funciona a excitação sexual e a sua finalidade. A tesão sugere chifres de animais, símbolo da natureza animalista da humanidade. Afinal, partilhamos um desejo de relações sexuais e de procriação com todos os animais terrestres. Contudo, os chifres estão também associados ao Diabo e aos seus lacaios demoníacos no cristianismo e noutras tradições religiosas e esotéricas. Na verdade, "Hornie" é um termo escocês do século XVIII para o Diabo.

Quando um macho fica excitado sexualmente, um Fogo começa a arder nos seus lombos o que incendeia todo o seu Ser (Figura 159). Este Fogo é projetado a partir do seu

Chakra Terrestre, Muladhara, associado ao Plano Físico e ao Mundo da Matéria. Consequentemente, no Tarot, a Carta do Diabo é referida como o "Senhor das Portas da Matéria". "Isto porque o Diabo representa o Mundo Físico, a antítese do Mundo Espiritual de Deus. Para além da simbologia, Capricórnio, o Bode da Montanha (uma besta com chifres), um Sinal de Fogo do Zodíaco da Terra, está associado à Carta do Diabo no Tarot.

No Tarot hermético, a Carta de Tarot do Diabo apresenta uma besta gigante com chifres cuja cabeça tem a forma de um Pentagrama invertido, sugerindo a ligação entre o Eu Inferior, o Ego, e o Diabo. O Diabo tem grandes asas de morcego e o corpo inferior de um animal com um fogo a arder nos seus lombos (em algumas representações). Ele tem na mão esquerda uma tocha que aponta para baixo, em direção à Terra, e tem uma mão apontando para cima, em direção aos Céus ("O que está Acima é como o que está Abaixo"). Ele está em cima de um altar ao qual estão acorrentados dois homens e mulheres nus, humanos, com chifres. Estão ligados ao Diabo por causa da sua luxúria um pelo outro.

Figura 159: Excitação Sexual em Homens

A luxúria é definida como o desejo avassalador de ter relações sexuais com alguém com o propósito de prazer físico. A luxúria é a antítese do amor; é considerada um dos sete pecados mortais devido à sua expressão frequentemente desequilibrada. O Diabo e os seus lacaios são responsáveis por obrigar a humanidade a envolver-se nos sete pecados mortais. Não é de admirar que a palavra "Diabo" se aplique a alguém que seja pecador, incluindo envolver-se em muita atividade sexual com múltiplos parceiros.

Portanto, como o Sahasrara Chakra nos sintoniza com o nosso Santo Anjo da Guarda, o nosso Deus-Seu, o Chakra da Terra liga-nos ao seu oposto - o Diabo. Ambos são personificações do Eu, com as quais nos podemos ligar através da mente. Contudo, o Diabo não é totalmente mau, mas é uma expressão da nossa natureza animal que devemos respeitar e manter sob controlo. Consequentemente, o Chakra da Terra é a nossa porta para o Reino do Diabo, o Reino Demoníaco a que chamamos Inferno. Não é por acaso que o Inferno ou o Submundo (Submundo) é representado como um poço ardente nas profundezas da crosta terrestre.

Uma das razões pelas quais o cristianismo e outras religiões vilipendiaram o sexo é o seu poder de transformação. Uma e outra vez, a abstinência tem mostrado o seu potencial em envenenar a mente e produzir expressões doentias e pervertidas que estão fora de sincronia com a natureza e Deus. Inversamente, o envolvimento na atividade sexual de uma forma equilibrada, respeitosa e amorosa pode levar a um despertar Espiritual. Assim, em vez de demonizar o sexo e criar uma aversão às relações sexuais como forma de nos aproximarmos de Deus, precisamos de procurar compreendê-lo para podermos explorar o seu tremendo poder.

RELAÇÕES SEXUAIS

Uma vez que tenha tido um despertar completo da Kundalini, compreenderá o verdadeiro propósito das relações sexuais e o seu significado simbólico como unificando as energias masculina e feminina. Esta unificação acontece ao nível do Plano Mental, o que nos permite transcender a dualidade da mente para que possamos alcançar o Plano Espiritual.

À nascença, fomos colocados neste mundo de dualidade e foi-nos dado um corpo masculino ou feminino. Como seres humanos, procuramos naturalmente equilibrar as nossas energias sexuais. Uma das formas de o fazermos é através das relações sexuais. Desejamos estar com uma pessoa que complemente a nossa sexualidade para encontrar unidade a nível Espiritual. As relações sexuais são um tipo de ritual que envolve a integração de dois corpos físicos. Quando o pénis entra na vagina durante este processo, os dois corpos tornam-se literalmente um só.

Entre duas pessoas de sexo oposto, ambas submetidas ao despertar da Kundalini, as relações sexuais podem ser uma experiência verdadeiramente mágica. A energia da Kundalini entre eles cria uma espécie de bateria, expandindo assim a sua potência para o dobro. Esta expansão da energia da Kundalini resulta numa maior consciência e em experiências transcendentais mais profundas. Permite também que os parceiros se sintonizem com os seus respetivos corpos espirituais a um grau impossível de alcançar por si próprios.

A energia de um parceiro alimenta a energia do outro parceiro. Uma vez que a Árvore da Vida de cada parceiro é ativada, também o são as energias que compõem a totalidade da sua consciência. Quando dois parceiros acordados da Kundalini se ligam sexualmente, cada um deles é alimentado ao nível mais profundo do seu ser pela energia um do outro, curando-os simultaneamente. A energia de um parceiro empurra para fora a negatividade do outro apenas por estar na sua presença, à medida que as suas Auras se misturam. Nem sequer precisam de ser tocantes para que isto ocorra. Têm simplesmente de estar na mesma proximidade um do outro para estarem na mesma frequência ou comprimento de onda.

Para os indivíduos despertados pela Kundalini, o verdadeiro ato sexual torna-se tântrico. Como resultado, ambos os parceiros podem experimentar orgasmos internos devido à energia sexual ser desencadeada a um nível mais profundo pela Kundalini um do outro. Ao longo da minha viagem Kundalini, tive o privilégio de estar com algumas mulheres acordadas pela Kundalini, e a ligação sexual que partilhámos foi inacreditável. Assim que nos aproximámos, ela manifestou-se como um elevado estado de consciência, amplificando a nossa energia sexual a tal ponto que eu me encontrava frequentemente a tremer só de estar perto delas.

A relação sexual é um ritual de unificação, um tipo de ligação ou sublimação dos sexos no Plano Físico que induz os mesmos efeitos no Plano Astral e no Plano Mental. O seu objetivo é transcender os Planos Cósmicos inferiores para que a vibração da consciência possa elevar e entrar no Plano Espiritual. Como tal, a cura ocorre em todos os níveis, mente, corpo e Alma.

RETER A SUA ENERGIA SEXUAL

Outra questão crítica em relação à sexualidade que me é frequentemente colocada é se é sensato ejacular enquanto o processo Kundalini ocorre. Por exemplo, quando pode ser correto ejacular e quando se deve salvar a sua semente? Tenha em mente que os machos normalmente fazem esta pergunta, embora o mesmo princípio se aplique às fêmeas.

A Kundalini utiliza a sua energia sexual e o Prana dos alimentos para alimentar o circuito energético da Kundalini. Descobri que nos pontos de pico deste processo de sublimação/transformação, é essencial salvar a vossa semente evitando completamente o sexo e a masturbação. Apenas um orgasmo pode roubar-lhe a vitalidade por até 24 horas ou mais. Isto dificulta significativamente o processo de transformação, permitindo ao Ego ter uma base mais forte na consciência, fazendo com que o medo e a ansiedade se amplifiquem dentro de si.

A energia sexual cresce em poder com o tempo, e quanto mais tempo se poupa a semente, mais se está a transformar a Kundalini por dentro. No seu pico mais alto, quando se sente mais pungente e excitado sexualmente, a energia sexual está a trabalhar com Prana para mudar a qualidade e o estado da energia da Kundalini dentro de si. Este processo é a transmutação, ou transformação do fogo cru da Kundalini numa energia Espiritual mais delicada, que assume o controlo, alimentando o sistema.

Agora, não estou a dizer para ser celibatário como um monge ou padre e nunca mais me masturbar ou ter sexo. Isto seria insalubre e contraproducente para o seu crescimento, uma vez que deve cuidar do corpo físico e das suas necessidades, bem como da sua Espiritualidade. Em vez disso, estou a dizer para se abster da libertação sexual durante o primeiro período após o despertar inicial da Kundalini e depois reintegrar o sexo e a masturbação de novo na sua vida de forma equilibrada. Lembre-se que uma vida bem-sucedida tem a ver com equilíbrio, não negligenciando uma coisa por outra.

No entanto, uma vez acordada a Kundalini, é sensato, durante alguns meses, impedir por completo a ejaculação. Esta regra aplica-se tanto a homens como a mulheres. A energia sexual é vital; se ejacular, sentir-se-á sem vida e drenado, precisando de reconstruir de alguma forma a sua energia sexual.

Descobri que o corpo necessita de Zinco enquanto reconstrói a energia sexual dentro de si após uma libertação. Portanto, sugiro que, em vez de esperar que o seu corpo o reconstrua naturalmente, tome um suplemento de Zinco ou coma alguns peixes ou sementes de abóbora que contenham grandes quantidades de Zinco. O zinco é essencial porque é o ácido da bateria, enquanto a Kundalini atua como a corrente elétrica AC/DC. Sem Zinco, a bateria não funciona na sua capacidade ótima e necessita de recarregar.

Depois de ter despertado a Kundalini, dependendo de onde estiver no seu processo de transformação, desenvolverá a capacidade de encarnar outras pessoas e sentir a sua energia, incluindo as pessoas que vê na televisão e no cinema. Este "dom" poderá em breve sentir-se como uma maldição quando o aplicar à pornografia, uma vez que lhe permitirá sentir o que está a ver como se lhe estivesse a acontecer. Não há necessidade de um conjunto de realidade virtual depois de acordar a Kundalini. Por muito divertido e excitante que isto possa ser no início, no entanto, não se permita desenvolver um vício pornográfico e retroceder no seu processo de Evolução Espiritual.

É necessário regular a masturbação e não se envolver nela mais do que uma ou duas vezes por semana e apenas antes de dormir, para que o seu corpo possa reconstruir a energia sexual pela manhã. Uma vez que este processo irá continuar para o resto da sua vida, precisa de tratar a sua energia sexual com respeito. Já não funciona como uma pessoa não acordada que se pode masturbar e ejacular várias vezes ao longo do dia e não é afetada. Sentir-se-á despojado da sua vitalidade cada vez que ejacular, por isso esteja atento a isto.

Descobri que a masturbação pode ser uma grande ajuda quando não se pode induzir o sono de outra forma, uma vez que permite que se descanse e se apague como uma lâmpada quando se drena a energia sexual. A energia sexual pode fazer com que a mente fique turva e até induzir raiva e agressão, especialmente nos homens, que podem mantê-la acordada durante a noite. Mas mais uma vez, tente não se masturbar mais do que algumas vezes por semana e só após o processo inicial de sublimação/transformação da Kundalini estar completo. Como saberão que está completo? Sentirá um novo tipo de energia a trabalhar dentro de si que substitui o Fogo Kundalini em bruto. Esta energia tem um efeito transcendental à medida que cresce e expande cada vez mais a consciência à medida que o tempo avança.

Como nota final sobre este tópico, uma vez que ter relações amorosas e sexuais com um parceiro pode ser benéfico para o seu crescimento Espiritual, não sugiro que corte totalmente o sexo em qualquer altura sem consultar primeiro o seu parceiro. Se se abster insensivelmente de ter relações sexuais com o seu parceiro sem se explicar, eles poderão sentir que algo está errado com eles, o que comprometerá a integridade da sua relação. Isto é insensato, especialmente se tiver uma boa química com essa pessoa e vir um futuro com ela.

Em vez disso, comunique as suas necessidades com o seu parceiro e talvez faça um compromisso de ter sexo uma vez por semana ou de poucas em poucas semanas durante algum tempo, e depois aumente a frequência quando tiver ultrapassado o ponto em que sublimou a energia da Kundalini. Entornar a sua semente com um ente querido pode ser drenar no corpo, mas pode ser benéfico para a sua Alquimia Espiritual, uma vez que há uma troca de energia positiva e curativa a um nível subtil.

Contudo, a ejaculação através da masturbação é uma drenagem absoluta da sua essência sexual para o "Aethyr", sem nada em troca. As pessoas que desenvolvem vícios pornográficos abrem-se a entidades demoníacas que se ligam à sua Aura para se poderem alimentar da sua energia sexual libertada.

Um Íncubo é um Demónio na forma masculina que se alimenta da energia sexual das fêmeas. Inversamente, um Súcubo é um Demónio na forma feminina que se alimenta da energia sexual dos machos. Íncubos e Súcubos são conhecidos por seduzir pessoas em sonhos e ter relações sexuais com elas para que possam roubar-lhes a sua essência sexual, tornando-as clímax. São também personificados na mente por atores de cinema adultos quando veem pornografia.

As pessoas que alimentam estes demónios têm muitas vezes dificuldade em libertar-se deles e em parar os seus vícios pornográficos. A pornografia é livre por uma razão; é um vazio cujo objetivo é roubar a essência sexual das pessoas e tirar-lhes o seu potencial para se transformarem Espiritualmente. Há uma razão política para isto, que está para além do âmbito deste trabalho, mas menciono-a aqui para que estejam cientes disso e não caiam na sua armadilha.

ANSEIOS SEXUAIS

Como a Kundalini pode ser despertada pela energia sexual virada para dentro, isso significa que podemos expandir a sua capacidade, o que afeta invariavelmente os nossos impulsos sexuais. Por exemplo, quando a Kundalini está no seu auge de transformação nas fases iniciais após o despertar, pode sentir-se como um animal em cio. Como resultado, pode exibir desejos sexuais como nunca tinha experimentado antes. Uma vez concluído o período inicial da sublimação da energia sexual, no entanto, sentirá uma libertação desta intensa excitação sexual à medida que a sua libido se torna equilibrada.

Contudo, uma vez que o processo de sublimação da energia sexual está em curso, e uma vez que poderá sofrer curtos-circuitos onde terá de reconstruir os seus canais de energia, os seus impulsos sexuais podem flutuar significativamente para o resto da sua vida. Muitas vezes vêm em ondas, em que a sua energia sexual se liga muito fortemente durante um curto período, trazendo consigo um impulso intenso para uma libertação, seguido de um período prolongado quando está em equilíbrio.

No entanto, ao olhar para o decurso de toda a sua vida após o despertar da Kundalini, a sua energia sexual será relativamente equilibrada. Estas flutuações de que estou a falar ocorrem durante cerca de 20-30% desse tempo. Nunca se esqueça que a Kundalini é uma energia inteligente que nunca nos dá mais do que podemos aguentar.

Quando recomendei que não se masturbasse ou fizesse sexo mais do que algumas vezes por semana, referi-me a esta necessidade que pode desenvolver-se para uma libertação sexual. Não vale a pena torturar-se, mesmo quando é benéfico salvar a sua semente. Fazê-lo causará estragos na sua mente e será contraproducente para o seu crescimento.

Portanto, se precisar de uma libertação, faça-o uma ou duas vezes por semana, mas apenas à noite, antes de dormir, se se masturbar. Habitue-se a não ser aleatório com as suas libertações sexuais. Tem de adotar uma abordagem científica às mudanças interiores que acontecem no seu corpo, que é o seu laboratório. Assuma o controlo deste processo, em vez de deixar que o processo o controle.

Quando a sua energia sexual estiver a ser gerada, irá senti-la acumulada no seu abdómen no Swadhisthana Chakra. Por vezes, pode vir a ser tão forte que o torna hiperventilado. Naturalmente, este período é quando precisa de se permitir ter uma atividade sexual equilibrada na sua vida. No entanto, por mais poderosos que estes impulsos sexuais possam ser, é preciso ser nivelado e não o tomar como um sinal para se tornar ninfomaníaco e ser frívolo com as suas atividades sexuais.

Será um incrível obstáculo ao seu caminho Espiritual se não tiver cuidado com quem se envolve em atividades sexuais. Para além de se expor a doenças sexualmente transmissíveis, estará a colocar-se numa posição em que assume as energias das pessoas, boas e más, ao ter relações sexuais com elas.

Em vez disso, aconselho-o a encontrar um parceiro consistente, alguém com quem tenha uma boa química, mesmo que seja apenas física no início. Seja transparente quanto às suas intenções, e não conduza as pessoas. Se se colocar numa posição em que possa acumular um mau karma de estar com alguém quando tudo o que precisa é de uma libertação sexual, é melhor masturbar-se para tirar a vantagem.

Recomendo ter sexo sobre masturbação, uma vez que o sexo troca energia vital enquanto a masturbação não o faz. Notará uma diferença na forma como se sente após uma libertação com qualquer uma das atividades. A masturbação deixá-lo-á altamente drenado após um orgasmo, enquanto as relações sexuais podem fazê-lo sentir-se realizado depois, com o parceiro certo. Precisará de algum tempo para reconstruir a sua energia sexual em qualquer dos eventos. A masturbação sentirá que necessita de muito mais tempo para reconstruir depois.

Mencionei que precisa de poupar a sua semente tanto quanto possível após o despertar da Kundalini, mas tenha em mente que me referi principalmente ao período de janela quando está a construir os seus canais de energia através da energia sexual e do Prana. Reconheço que ter uma vida sexual saudável e uma libertação sexual através da masturbação é tão natural como os nossos corpos orgânicos. Afinal, a vossa energia sexual pode vir tão forte que vos faz sentir possuídos se não fizerem algo a esse respeito. Contudo, como acontece com todas as coisas na vida, ser consciente e controlar as suas ações é a chave para o sucesso. Oiça o que o seu corpo lhe está a comunicar e liberte alguma pressão quando necessário. O equilíbrio na mente, corpo e Alma é o verdadeiro caminho do iniciado da Luz.

Pode também ter um período na sua vida em que terá um impulso sexual significativamente menor, e os seus desejos de sexo podem parecer inexistentes. Não fique alarmado se isto acontecer; é uma parte normal do processo. Portanto, ajuste-se a este período em conformidade. Normalmente não dura muito tempo. No entanto, assinala um período de introspeção e acumulação de energia através da ingestão de alimentos, quando tal acontece. Não se sinta culpado se não conseguir satisfazer o seu parceiro como antes, mas deixe-o saber o que está a acontecer e faça o que puder para que ele compreenda. Se não o fizerem e optarem por fazê-lo sentir-se culpado por isso, terá de repensar a sua relação com eles.

ATRAÇÃO SEXUAL

Todas as pessoas querem ser vistas como atraentes para os outros para terem uma abundância de amor e relações. No entanto, a maioria das pessoas não se apercebe que tem controlo total sobre este processo. Existem Leis que regem o processo de atração, especialmente a atração sexual, e as pessoas que conhecem estas Leis conscientemente podem despertar a atração nos outros com a aplicação da sua força de vontade.

Por exemplo, uma pessoa acordada pela Kundalini, após muitos anos de transformação pessoal, torna-se muito atraente para outras pessoas. Isto porque as suas mudanças na mente, corpo e alma alteram a forma como pensam e o seu comportamento, tornando-os naturalmente atrativos para todos os que encontram. Como resultado, estas pessoas têm mais facilidade em encontrar um parceiro romântico ou sexual e em encontrar novos amigos nas suas vidas.

Muitas pessoas acordadas ignoram estas mudanças pessoais e atribuem esta nova atração ao destino ou ao acaso. Na realidade, existe uma ciência invisível por detrás dela. As Leis relativas à atração sexual entre os seres humanos correspondem às Leis Universais que governam toda a Criação. A Criação é, num certo sentido, perfeita, e a energia da atração é uma das formas que procura permanecer como tal.

Então o que é a atração sexual? A melhor forma de explicar a atração sexual é dizer que é a forma da natureza de melhorar o nosso património genético. Por outras palavras, a atração sexual é como a natureza assegura que os humanos mais evoluídos irão procriar e continuar a existência da nossa raça.

A natureza está continuamente em processo de evolução, e os humanos que estão em conformidade com esta Lei e são mestres das suas realidades são os que ativaram o seu potencial de ADN latente para se tornarem as melhores versões de si próprios. Como resultado, estas pessoas tornaram-se atraentes para os outros, o que lhes permite ter mais facilidade em encontrar um companheiro e procriar.

Ainda que a atração sexual seja uma expressão natural, aprender os traços destas pessoas evoluídas que exercem o domínio nas suas vidas permite-lhe "fingir até o conseguir". "Por outras palavras, não tem de começar por ser uma pessoa sexualmente atraente, mas pode aprender os traços comportamentais deste tipo de pessoas e usar estes traços na sua própria vida para ser atraente para os outros.

Compreender que a atração se aplica tanto a homens como a mulheres. Pode atrair um parceiro romântico ou sexual, mas também novos amigos, uma vez que todos os humanos gravitam naturalmente para pessoas atraentes. Reconhecemos algo de especial nas pessoas atraentes e queremos estar perto delas. Na realidade, o que percebemos nestas pessoas é uma versão melhor de nós próprios.

OS DOIS PRIMEIROS MINUTOS DO ENCONTRO

Pessoas atraentes são carismáticas, livres, e desinibidas de todas as formas que todos nós queremos ser. São líderes em vez de seguidores e exigem atenção em todos os momentos, mesmo quando estão em silêncio. Nunca têm medo de falar o que pensam e são corajosos e assertivos. São fortes de vontade e calmos, mesmo perante a adversidade.

As pessoas atraentes são frequentemente divertidas e divertidas, mas também descontraídas, calmas e recolhidas. Têm certas crenças sobre si próprias, que defendem a todo o momento. Estas pessoas fazem tudo com seriedade e de todo o coração. São apaixonados e vivem a vida ao máximo, sem arrependimentos. Tiram o que querem e não arranjam desculpas para as suas ações.

Mesmo que não esteja a exibir algumas das qualidades acima mencionadas, não desespere. A natureza permite-nos refazer-nos a cada momento no tempo, e pode usar as suas Leis para começar a tornar-se uma pessoa atraente. A chave é concentrar a sua energia em tornar-se atraente para novas pessoas que encontra desde os dois primeiros minutos de encontro com uma nova pessoa. Isto significa que se demonstrar certas qualidades durante esses dois primeiros minutos, terá despertado a atração na outra pessoa.

A atração funciona de duas maneiras. Se uma nova pessoa que conhece for do sexo oposto (dependendo da polaridade da sua Alma), ela sentirá atração sexual por si. Se forem do mesmo sexo, vão querer ser seus amigos. Em ambos os casos, se despertar a sua atração, terá o poder de fazer dessa pessoa uma parte da sua vida de alguma forma.

A maioria das pessoas não se apercebe que quem pensamos que somos só é real para nós e para as pessoas que nos conhecem. Por outras palavras, os estranhos não fazem ideia de quem nós somos. Assim, as primeiras impressões são cruciais. A atração tem muito a ver com a imagem de quem pensamos que somos e como podemos manipular essa imagem para nos apresentarmos a alguém novo que conhecemos. Depois de ter criado uma perceção de si próprio nesses dois primeiros minutos, a outra pessoa sentirá ou não atração por si.

O fator essencial a compreender é que temos o poder de moldar a nossa imagem de nós próprios através da nossa força de vontade. Lembre-se, todos nós temos livre-arbítrio, e a forma como exerce o seu livre-arbítrio tem impacto no nível de atração que cria nas outras pessoas.

A PSICOLOGIA DA ATRAÇÃO

Quando quiser sair como atraente, compreenda que não se trata do que diz a uma pessoa, mas de como o diz. Não são as palavras, mas a linguagem corporal e a tonalidade vocal que contam. No entanto, para ir ainda mais fundo, é a energia interior com que se fala a uma pessoa que causará ou não atração.

O seu comportamento deve ser sempre frio, e a sua tonalidade vocal deve ser energética e cativante, expressando poder e dominância. Estes são os traços comportamentais de uma personalidade Alfa. Os povos Alfa são mestres das suas realidades. São líderes natos que levam o que querem. Ser um Alfa é um estado de espírito que exemplifica a fortaleza e a quietude nas emoções. Os Alfas não são movidos por coisas externas, a menos que optem por ser. A sua realidade nunca é comprometida porque simplesmente não o permitem. Eles dirigem o espetáculo, e outros seguem-no.

Alfas só fala para ser ouvido por outros. Eles não procuram aprovação, nem falam para ouvir o som da sua voz. Portanto, quando fala com alguém a quem deseja ser atraente, tenha em mente que o que está a dizer é cativante. Deve haver poder na sua tonalidade de voz e intenção presentes; caso contrário, aborrecerá a outra pessoa. Por exemplo, se alguém bocejar enquanto está a falar, falhou. Diga o que disser, deve estar a falar diretamente com a Alma da outra pessoa.

É preciso aprender a quebrar a barreira das personalidades de outras pessoas e dos seus Egos. Para o conseguir, deve olhar a outra pessoa nos olhos o tempo todo enquanto fala com confiança. O seu poder de propósito deve ser tão forte que é hipnotizante e hipnotizante para os outros. O sexo oposto deve perder-se a si próprio na sua energia.

A Kundalini altamente evoluída desperta pessoas vindas de um lugar mais elevado quando falam com os outros. Uma vez que a sua consciência opera a partir do Plano Espiritual, elas estão alinhadas com a sua Verdadeira Vontade, o que aumenta o seu poder pessoal. Como tal, eles são comunicadores poderosos que falam com propósito e intenção. As pessoas gravitam naturalmente na sua direção, pois a sua energia é inspiradora e edificante para estar por perto.

Para se tornar uma pessoa naturalmente atraente, é preciso construir-se para ser alguém de sólidos valores, ética e moral. Tem de se amar a si próprio e amar a vida em geral. Se se ama a si próprio e se está satisfeito e satisfeito com a sua vida quando está com uma pessoa do sexo oposto, nunca virá de um lugar de necessidade, mas de desejo. Pense nisto por um segundo. Quando precisa de algo, isso significa que lhe falta algo dentro de si. Esta ideia já é pouco atrativa, colocando a outra pessoa na defensiva.

Um método poderoso para acender e manter a atração sexual é ser convencido e engraçado. A piça é definida como "ser arrojadamente ou impetuosamente autoconfiante". Ser convencido em volta dos outros coloca-o imediatamente num pedestal alto, uma vez que se sairá como alguém de alto valor. Contudo, ser arrogante pode parecer muito arrogante, o que é pouco atrativo, pelo que ajuda a adicionar uma dose adequada de humor. O humor é fantástico porque pode dizer o que lhe vai na mente sem ser julgado e escrutinado no processo.

Curiosamente, o uso da lógica e da razão para construir a atração falha na maioria das vezes. Tenha em mente que a atração não é, de forma alguma, lógica. A lógica é, de facto, a antítese à atração. Ser brincalhão, falar em metáfora, e ser indireto em todas as circunstâncias, é uma forma muito mais poderosa de provocar a atração. A conversa deve ser divertida; caso contrário, não se criará qualquer atração.

Depois de ter despertado a atração, a chave por detrás da manutenção dessa atração é projetar continuamente que é fresco, engraçado e confiante. Esse tempo passado a falar consigo é um presente para a outra pessoa, porque é uma pessoa de alto valor. Aceita o que quer porque pode, o que subconscientemente deixa a outra pessoa saber que é uma pessoa influente que manifesta a sua realidade. Por isso, não só querem estar consigo, como também querem ser você.

A IMPORTÂNCIA DAS CRENÇAS INTERNAS

É preciso ter crenças interiores elevadas e firmes sobre si mesmo, o que significa que o trabalho interior é essencial para atrair o sexo oposto. Claro que ajuda a ter boa aparência, estar em boa forma, estar limpo, barbeado, bem vestido, e cheirar agradável. No entanto, mesmo estas coisas vêm muito em segundo lugar para se ter confiança e acreditar em si próprio. A rutura que aprendi com os gurus nos meus 20 e poucos anos é que a aparência é 30% de atração, e o trabalho interior de que estou a falar aqui são os outros 70%.

Somos nós que devemos dar valor a nós próprios. Se não nos amarmos a nós próprios e nos virmos a faltar, projetaremos as nossas inseguranças sobre outras pessoas, e elas perceber-nos-ão como tal. Se acreditarmos que somos excecionais e únicos, então subconscientemente, outras pessoas também acreditarão e passarão todo o tempo à nossa volta a tentar perceber porque somos tão grandes. Este mistério será muito atrativo para eles.

Na realidade, a atração é sobre o poder pessoal. Se tentas cortejar uma pessoa e te estás a desviar do teu caminho por ela, a suplicar-te, estás a comunicar que não és uma pessoa de alto valor, o teu tempo não é importante, e que tens baixo poder pessoal. Se está disposto a dar a um estranho o seu poder pessoal voluntariamente apenas porque ele é fisicamente atraente, então está a comunicar-lhe que é uma pessoa de baixo valor, tão simples como isso. Como tal, está a preparar-se imediatamente para o fracasso. Talvez, por algum golpe de sorte, eles queiram namorar consigo, mas só estarão consigo para se aproveitarem de si de alguma forma, pois comunicou-lhes desde o início que não se respeita a si próprio.

Subconscientemente, as pessoas não têm respeito por indivíduos que não se respeitam a si próprios. O respeito é algo ganho, não dado. O amor é dado sempre e igualmente, mas o respeito é conquistado. Assim, é preciso aprender a amar e a respeitar-se a si próprio. Se sente que não se ama a si próprio tanto quanto deveria, então examine por que razão isso acontece. Se tem traumas passados que precisam de cura, então concentre a sua atenção na superação desses traumas em vez de encontrar um companheiro. Tem de estar num bom lugar antes de ter uma relação amorosa saudável com alguém. E isso começa com o amor a si próprio.

As pessoas que se amam têm algum tipo de propósito nas suas vidas. O seu propósito é muitas vezes a coisa mais importante para elas. Se não tem um verdadeiro propósito na sua vida neste momento, sugiro que passe mais tempo a tentar encontrá-lo ou descobri-lo. Explore novas atividades criativas e aprenda coisas novas sobre si próprio. Não tenha medo de mudar as coisas na sua vida e explorar novos caminhos. Saia da sua zona de conforto e faça as coisas que sempre quis fazer. Encontrar o seu propósito pode dar-lhe alegria e felicidade eterna. Fá-lo-á amar a si próprio e à sua vida, o que é muito atrativo para outras pessoas. Também te fará conhecer melhor a ti próprio para dominares as partes do Eu que precisam de trabalho.

É único em todos os sentidos e é um achado raro. Se ainda não descobriu isto sobre si próprio, então está na altura de o fazer. O tempo passado consigo é especial, e as outras pessoas devem ter tanta sorte que você escolhe dar-lhes o seu tempo. Se se ama a si próprio, então ficará indiferente ao resultado de conhecer alguém novo. Encontrar um parceiro romântico ou um novo amigo será um bónus na sua vida, em vez de uma necessidade. A indiferença pelo resultado de conhecer alguém novo criará uma espécie de vazio energético que a outra pessoa se sentirá compelida a preencher. Ao fazê-lo, só irá aumentar o seu nível de atração.

Se tiver uma vida aborrecida e quiser conhecer um parceiro romântico, terá um momento desafiante. Ser a vida inteira de alguém traz muita pressão para atuar e fazer essa pessoa sempre feliz. Eventualmente, a maioria das pessoas desiste e afasta-se de uma relação como essa. Terá de se concentrar primeiro em estar em paz consigo próprio e em amar a si próprio, porque se não se amar a si próprio, terá dificuldade em encontrar alguém para o amar e preencher esse vazio dentro de si.

Para ser um Alfa, deve acreditar nestes Princípios nos cantos mais profundos da sua Alma, em vez de os ver como táticas ou como uma forma de manipulação. Se o vir assim, então inevitavelmente, o sexo oposto detetará o seu comportamento como uma forma de manipulação, que é pouco atrativa. Afinal, as pessoas odeiam quando alguém tenta manipulá-los. Em vez disso, gostam de transparência, mesmo que seja algo tão direto como "gostaria de dormir contigo".

Se deseja trabalhar sobre si próprio, mas não tem o método de abordagem, então o meu primeiro livro pode ajudá-lo a esse respeito. *O Magus* foi concebido para o ajudar a atingir o seu potencial máximo como ser humano Espiritual, tornando-o muito atraente para outras pessoas. Tens de aprender a tua Verdadeira Vontade na vida e ligar-te ao teu Eu Superior. Se a tua vibração de consciência for elevada, os teus pensamentos e emoções serão afetados, afetando assim o teu comportamento com os outros. Tornar-se o mestre da tua realidade dar-te-á abundância na tua vida, incluindo todas as relações românticas e amizades que desejas.

A Kundalini despertou pessoas que alcançaram um elevado nível de consciência e que se libertaram deste Mundo da Matéria. A sua capacidade de se divertirem é muito superior à daquelas pessoas que levam a vida demasiado a sério. Todos nós queremos alegria e divertimento nas nossas vidas. Portanto, quanto mais se puder ver o encontro com novas pessoas como uma atividade divertida, mais sucesso se terá.

A ideia de se divertir com o sexo oposto e de jogar este jogo de atração cintilante é uma manifestação de canalização da sua energia amorosa. Quando se procura atrair alguém em vez de o manipular, as suas ações não terão consequências cármicas, desde que não tenham um parceiro romântico. Em vez disso, criará um bom Karma para si próprio quando puder criar uma conversa divertida que alguém que conheça quererá participar de bom grado. Ao fazê-lo, irá enriquecer a sua vida, uma vez que ao criar atração e mantê-la, estará a saltar energia de amor para trás e para a frente com a outra pessoa e a construí-la. Como tal, encher a tua vida com mais energia de amor levar-te-á mais adiante na tua jornada Espiritual.

TORNAR-SE UM GUERREIRO ESPIRITUAL

Uma vez que a viagem Espiritual traz muitas descargas cármicas, é preciso evoluir para um guerreiro Espiritual. É preciso aprender a ser duro e enfrentar desafios de frente em vez de fugir deles. Se não o fizeres, serás despedaçado pelos Cinco Elementos do teu Ser. As partes de ti próprio que precisas de conquistar irão ultrapassar-te em vez disso.

Como aprendeste até agora, a Evolução Espiritual não é só diversão e jogos; há alturas em que serás muito desconfortável na tua própria pele. O conceito de se tornar um guerreiro Espiritual é de tal importância, especialmente quando se está a passar por um processo de transformação da Kundalini. Lembre-se, a metamorfose requer algo antigo para morrer para que o novo tome o seu lugar. A forma como te comportas durante períodos dolorosos fará toda a diferença na tua vida.

A Noite Negra da Alma não é uma única noite de angústia mental e emocional, mas pode acontecer muitas vezes na sua vida e durar semanas, ou mesmo meses. A transformação exige que seja forte perante a adversidade. Embora a nossa sociedade enfatize frequentemente que o Iluminismo é uma experiência agradável, não são muitas as pessoas que falam sobre os aspetos negativos de alcançar esse objetivo e os desafios ao longo do caminho.

O despertar da Kundalini é um despertar para a Dimensão da Vibração. Isto significa que já não se pode esconder das energias e participar apenas nas positivas, descartando as negativas, como faz a maioria das pessoas. Em vez disso, torna-se uma parte, as positivas e as negativas, no que diz respeito aos seus efeitos nos seus pensamentos e emoções.

A maioria das pessoas não acordadas pode optar por não lidar com questões mentais e emocionais à medida que vão surgindo. Podem optar por ignorar a negatividade e fechá-la no subconsciente, que é como um cofre com todas as "coisas" mentais com que decidiu não lidar, como memórias traumáticas que se opta por ignorar. Mas com um despertar completo da Kundalini, esse cofre abre-se permanentemente como a Caixa de Pandora. Tudo o que sempre foi um problema na sua vida, incluindo as emoções e pensamentos reprimidos e reprimidos, precisa de ser tratado e superado.

Por exemplo, as memórias traumáticas que alteraram o seu funcionamento no mundo tomaram a forma de demónios pessoais, que agora estão embutidos nos seus Chakras como energia cármica que precisa de ser neutralizada. Uma vez que cada Chakra é sinónimo de um dos Cinco Elementos, era a isto que me referia quando disse que é preciso superar os Elementos em vez de permitir que eles o dominem. A energia elementar tem de ser limpa, purificada e dominada para que a vibração da sua consciência possa ascender livremente a uma frequência mais elevada, sem ser perturbada por energias mais baixas.

LIDAR COM ENERGIAS POSITIVAS E NEGATIVAS

Como seres humanos, abraçamos naturalmente a energia positiva. Parece que não nos fartamos dela. Aceitamo-la, experimentamo-la, desfrutamo-la, e procuramos mais. E assim, estruturámos as nossas vidas de tal forma que podemos receber energia positiva, evitando ao mesmo tempo a energia negativa.

A energia positiva surge em muitas formas. Amor, alegria e felicidade são apenas alguns, mas há muitos mais como excitação e paz interior. Inversamente, a energia negativa vem sob a forma de conflito. Quase sempre inclui nervosismo, ansiedade, e outras expressões de energia do medo.

O medo é um elemento essencial da vida, e é preciso aprender a usá-lo, não ser usado por ele. Estamos programados para fugir de situações de medo tanto quanto possível, uma vez que o nosso corpo está em alerta, sinalizando que estamos em perigo. No entanto, ao fugir do medo, está a roubar a si próprio a sua oportunidade de crescimento. Por outro lado, se abraçar o medo, pode aprender algo novo sobre si próprio que o levará mais longe na sua jornada de Evolução Espiritual.

Como um iniciado desperto da Kundalini, em breve aprenderá que tem duas escolhas na vida. Uma, pode ficar como parte da sociedade e aprender a viver com a negatividade e os desafios que a vida diária pode trazer, ou duas, pode deixar a sua comunidade por completo. Nesta última situação, desfazer-se-ia dos seus bens materiais e laços de relacionamento com as pessoas da sua vida e partiria para viver num Templo ou Ashram algures, dedicando inteiramente a sua vida ao crescimento Espiritual.

Contudo, na maioria dos casos, as pessoas optam por permanecer na sociedade e fazer parte do jogo da vida. Se o fizerem, como eu fiz e inúmeras outras pessoas que vieram antes de mim, terão de evoluir para um guerreiro Espiritual, para que possam lidar com o medo e a ansiedade que a energia negativa traz. Tens de aprender a vestir a tua armadura Espiritual e a pegar no teu escudo metafórico e na tua espada (Figura 160) para te defenderes enquanto aprendes a atacar. Precisará de ambos para vencer a luta.

O teu escudo é o amor incondicional no teu coração (Elemento de Água) que pode assumir qualquer coisa, enquanto a tua espada é a tua força de vontade (Elemento de Fogo) que corta através de todas as ilusões para chegar à verdade. A tua força de vontade não tem medo da adversidade; ela acolhe-a, sabendo que é uma oportunidade de crescimento. Tenha em mente que, embora seja mais desafiante fazê-la funcionar como parte da sociedade regular do que fugir dela e evoluir isoladamente, é muito mais gratificante.

No seu estado passivo, a Kundalini trabalha através do Elemento de Água, expresso através do feminino, Ida Nadi. A nossa consciência recebe energias do mundo exterior, que são sentidas através do Olho da Mente e experimentadas como emoções. Como um Kundalini despertou o indivíduo, estar simplesmente perto de outras pessoas traz negatividade, uma vez que ao ser um empático, sente-se intuitivamente a escuridão das Almas das pessoas. Mas se trabalhar para se tornar um guerreiro Espiritual, abraçará o desafio de se adaptar e fazer com que funcione na sociedade moderna.

Figura 160: Tornar-se um Guerreiro Espiritual

Na maioria dos casos, o que nos incomoda nas outras pessoas é o que carregamos em nós próprios. Assim, ao transformar-se num guerreiro Espiritual e ao ultrapassar essas coisas, descobrirá que deixará de ver essas coisas nos outros, pelo menos não de uma forma em que não possa estar perto deles. Assim, desta forma, a negatividade das outras pessoas pode ser uma mais-valia para si e um catalisador para o crescimento.

CONSTRUINDO A SUA FORÇA DE VONTADE

Deve construir a sua força de vontade utilizando o aspeto Fogo da energia Kundalini, que é canalizada através do Pingala Nadi. Claro que ajuda se já é alguém que lida com pessoas e situações difíceis com um certo grau de facilidade. Contudo, quando se pode sentir a negatividade das pessoas em tempo real, é uma situação muito mais desafiante que tem a sua própria curva de aprendizagem, especialmente no ponto inicial da sua jornada de transformação, quando as suas emoções têm precedência. Em qualquer caso, todos os iniciados devem começar a sua jornada para se tornarem Guerreiros Espirituais, aprendendo a neutralizar a energia negativa que os acontecimentos da vida e as pessoas que os rodeiam podem trazer.

A força de vontade é como um músculo, e é preciso tratá-lo como tal. Se exercitar este músculo diariamente, ele torna-se mais forte e mais poderoso. A base da sua força de vontade cresce com o tempo, e torna-se mais difícil sair do curso através da negatividade experimentada através de influência externa. O fogo (força de vontade) domina sempre sobre a água (emoções), uma vez aplicada corretamente. Este conceito é crucial para compreender. A energia é uma força cega, tal como a emoção. A energia é passiva e é experienciada dentro da Aura como um sentimento. Pode manipular este sentimento com a aplicação correta da força de vontade.

No início, vai ver-se movido pelas suas emoções como um passageiro de um barco no mar. Mas com a prática diária, superará a sua ansiedade e medo e será capaz de usar os seus Demónios construtivamente em vez de permitir que eles o governem. Isto não é fácil de dominar dentro do Eu e é talvez o maior desafio para qualquer iniciado desperto da Kundalini. Mas pode ser alcançado. E deve ser alcançado se quisermos maximizar o nosso potencial Espiritual.

Tem agora um poder incrível dentro de si, mas deve aprender a domá-lo e a usá-lo produtivamente na sua vida. Tens de superar os teus medos e demónios conquistando o teu Eu Inferior, o Ego. Só então poderás ser Ressuscitado Espiritualmente e alinhar a tua consciência com o teu Eu Superior.

PARA MUDAR O SEU HUMOR, MUDE O SEU ESTADO

Como aplica a sua mente e que tipo e qualidade de pensamentos que escolhe para o ouvir determinará o seu sucesso neste empreendimento. As suas emoções negativas irão ultrapassá-lo ou irá neutralizá-lo; estas são as suas duas escolhas. Portanto, se está a experimentar um estado emocional negativo, é crucial tratá-lo como energia cega que pode ser subjugada com a aplicação da sua força de vontade. Para o conseguir, aplique o Princípio de Género Mental *do Kybalion* e concentre-se no polo oposto da emoção que está a tentar mudar dentro de si. Isto permitir-lhe-á alterar a sua vibração e transformá-la de um polo negativo num polo positivo.

Este método chama-se "Transmutação Mental", e é uma técnica muito poderosa de assumir o controlo da sua realidade e de não ser um escravo das suas emoções. Utilizei este Princípio durante toda a minha vida, e tem sido uma das principais chaves do meu sucesso com o domínio mental. A forma como funciona é simples: se estás a sentir medo, concentra-te na coragem; se estás cheio de ódio e queres induzir o amor, então concentra-te antes nele. E assim por diante, com diferentes expressões de emoções opostas.

Aprenda a falar positivamente consigo próprio em vez de ser autodestrutivo. Não diga que não pode fazer algo; em vez disso, diga a si próprio que pode. Nunca se deixe abater e admitir a derrota. Em vez disso, mude a sua mente para se concentrar nos aspetos positivos de uma situação, como vê-la como uma lição de aprendizagem que o ajudará a crescer como pessoa. Não se detenha nas suas emoções negativas ou estado de espírito, mas seja proativo e concentrado voluntariamente no cultivo do seu oposto. Ajuda a recordar um exemplo na sua vida quando sentiu aquela emoção positiva que está a tentar induzir em si próprio. À medida que guarda a sua memória na sua mente, ela começará a afetar o sentimento negativo e começará a transformá-lo num sentimento positivo. Para mudar o seu estado de espírito, tem de mudar o seu estado. Nunca se esqueça disto. O fracasso é uma escolha.

Outro método para superar emoções negativas é mudar a sua mente para um estado ativo, envolvendo-se numa atividade inspiradora. Lembre-se, para ser inspirado, deve estar em Espírito. Um ato de inspiração envolve estar em sintonia com a energia do Espírito, o que afeta positivamente a sua consciência. Para se inspirar, pode também envolver-se em atividade física, transformando a emoção negativa através do aumento do Elemento Fogo dentro do corpo.

Outro método de estar no Espírito é sintonizar diretamente na mente, contornando o corpo, e envolver-se em alguma atividade criativa que envolverá o Elemento Fogo bem como a imaginação (Elemento Ar), deslocando lentamente a energia do negativo para o positivo. Criar é sintonizar-se com a positividade em si mesmo, uma vez que é preciso energia amorosa para criar. Algumas atividades físicas essenciais na construção da força de vontade são caminhar, correr, fazer Ioga (Asanas), praticar desporto, ou dançar. As atividades criativas incluem pintura, canto, e escrita.

A construção da força de vontade não é uma tarefa fácil, e são necessários muitos anos para superar o medo e a ansiedade após o despertar da Kundalini. Mas se te aplicares e deres passos de bebé diariamente para realizar esta tarefa, desenvolver-te-ás como um verdadeiro Guerreiro Espiritual que pode lidar com todas as situações da vida de uma forma relaxada e calma. Ao trabalhar para este objetivo, a energia amorosa que carregas no teu coração irá expandir-se até te superar e levar-te a ultrapassar por completo. O amor é a chave para este processo; o amor de si próprio e o amor de outras pessoas.

O PODER DO AMOR

O amor transmuta/transforma qualquer emoção ou pensamento carregado negativamente numa emoção ou pensamento positivo. Criar e usar a sua imaginação é também um ato de amor. A energia do amor alimenta o seu processo criativo que é necessário para ver formas alternativas de perceber o conteúdo da sua mente. Os pensamentos e emoções positivas só podem ser induzidos pelo amor. Ao aplicar a energia do amor a uma emoção ou pensamento negativo, baseado no medo, está-se a mudar a sua forma e substância. O amor age como a força de fusão entre duas ideias opostas, neutralizando e removendo completamente o medo, a força motriz por detrás de todos os pensamentos negativos.

No Chakra da Coroa, este processo é voluntário e contínuo. Assim, a Coroa é considerada a última palavra em consciência e vazio do Ego. O medo existe apenas a nível mental, onde ocorre a dualidade. Pode ser comparado à Falsa Evidência Aparecendo Real (FEAR). Por outras palavras, o medo resulta de uma falta de compreensão ou de uma interpretação imprópria dos acontecimentos.

A única forma de interpretar um evento é através do amor. A falta de amor cria medo, o que produz Karma uma vez que o Karma existe como uma salvaguarda para o Plano Espiritual. O Karma é o resultado de memórias de acontecimentos mal interpretados devido à falta de compreensão, criando divisões entre o Eu e o resto do mundo. Esta divisão gera medo. No entanto, se se tirar o medo, fica-se com a unidade, o que gera fé. Através da fé, encontrarás o amor, que é o último grito da compreensão humana.

Ao aprender a operar através do amor incondicional, você Espiritualiza o Chakra do Coração, o que permite à sua consciência elevar-se ao Plano Espiritual para experimentar os três Chakras mais altos de Vishuddhi, Ajna, e Sahasrara. Este estado cria um arrebatamento no coração, manifestando o Reino do Céu de que Jesus Cristo falou. Quando alcançado, senta-se à direita de Deus e é um Rei ou Rainha no Céu, metaforicamente falando.

Esta é a interpretação esotérica dos ensinamentos de Jesus Cristo. Não é coincidência que ele tenha sido sempre representado simbolicamente com um coração ardente e uma auréola à volta da sua cabeça. Jesus completou o processo de despertar da Kundalini e veio para contar a outros, embora transmitisse os seus ensinamentos em parábolas crípticas para que só os dignos pudessem compreender. Jesus soube nunca lançar "pérolas diante dos porcos", que era o método tradicional de transmitir ensinamentos espirituais e esotéricos nos velhos tempos. Como diz *The Kybalion*, "os lábios da sabedoria estão fechados, exceto para os ouvidos da compreensão".

Neste Universo, todas as coisas evoluem e resolvem de volta à sua origem. Uma vez que o nosso Universo foi criado pelo amor e tudo é um aspeto do mesmo, o amor é também o fator unificador em todas as coisas e o seu produto final. Ao manter uma atitude amorosa no seu coração, está a silenciar outras partes da sua mente que criam o caos e o desequilíbrio. O amor silencia o Ego e centra-o para que esteja em contato com a sua Alma e o seu Eu Superior. Devido ao seu poder de transformação, o amor é simbolicamente retratado como fogo, uma vez que o Elemento Fogo consagra e purifica todas as coisas, trazendo-as de volta ao seu estado original, puro.

Da mesma forma, devido ao seu poder Universal, todas as coisas se curvam ao amor. Isso significa que, uma vez aplicado o amor a qualquer ação, outras pessoas responderão em espécie. O amor exige respeito. Fala a verdade, e obriga os outros a fazer o mesmo. O amor é a Lei do Universo, especialmente quando é conscientemente aplicado. Como tal, o amor precisa de estar sob o governo da vontade.

Não haveria necessidade de governos e policiamento se todas as pessoas despertassem a sua energia Kundalini. Ativaria as virtudes superiores das pessoas, e uma vez que o amor seria a força guia por detrás de todas as suas ações, os problemas entre as pessoas deixariam de existir. A luta e a divisão acabariam, e o mundo equilibrar-se-ia a si próprio. Não é de admirar que todas as pessoas espirituais digam que a manifestação mais elevada de Deus no nosso Plano de existência é o amor.

Pense nos muitos casos no passado em que um famoso poeta, músico ou artista teve o seu coração "partido". Nos seus sentimentos feridos, voltaram-se para a expressão através da atividade criativa em que eram mestres. E, ao fazê-lo, curaram-se a si próprios. O amor é o derradeiro curador de toda a dor e sofrimento. E o Fogo é o Elemento transformador absoluto utilizado para transformar a energia negativa do medo e da ansiedade em puro amor.

O AMOR E O PRINCÍPIO DA POLARIDADE

Para compreender como funciona psicologicamente a energia, é preciso compreender o conceito de sala escura e o que acontece quando se permite a Luz no seu interior. Pode passar uma Eternidade concentrando-se na escuridão e tentando expulsá-la da sala, ou pode simplesmente abrir uma janela para trazer a Luz para dentro.

A ideia por detrás desta metáfora é concentrar-se no oposto daquilo que está a tentar ultrapassar dentro de si. Para o fazer, deve usar o Princípio Hermético de Polaridade, que está presente em todas as coisas. Ele afirma que tudo na natureza é duplo e tem dois polos ou extremos que são diferentes em grau, mas feitos da mesma substância. Este Princípio implica que todas as verdades são meias-verdades e que todos os paradoxos podem ser reconciliados.

Verá que a energia do amor, numa das suas várias formas, é o oposto de qualquer pensamento ou ideia negativa que alguma vez encontrará na vida. Por exemplo, se alguém mentir, ter-se-á voltado para o Ódio de si mesmo, e se aplicarem o amor a esta equação, falarão a verdade. Falar a verdade é amar a si próprio e aos outros. A verdade é um aspeto do amor. Se alguém estiver zangado e violento, deve usar um aspeto do amor e aplicar a temperança, o que lhe dará humildade e, por sua vez, superará a sua raiva. Se alguém for ganancioso, terá de usar a energia do amor e aplicá-la para se tornar caridoso e dar aos outros como fazem a si próprios.

A noção dos sete pecados mortais de luxúria, gula, ganância, preguiça, ira, inveja e orgulho estão na base da maioria dos pensamentos negativos, emoções e crenças. A aplicação da energia do amor transforma estes estados negativos em positivos, que são castidade, temperança, caridade, diligência, paciência, bondade e humildade.

O medo é o oposto do amor, e os sete pecados mortais são baseados em diferentes aspetos ou manifestações de medo. Na maioria dos casos, é a energia do medo que é motivada pelo instinto de sobrevivência através do qual a pessoa se desassocia do resto do mundo e individualiza-se e isola-se psicologicamente. O conceito aqui é tomar conta de si próprio, mas no caso dos sete pecados mortais, este conceito fá-lo sem o devido respeito pelas outras pessoas.

Colocar-se perante outras pessoas e com desrespeito por elas cria uma falta de igualdade e equilíbrio. Fazê-lo é um ato de amor-próprio, em vez de amor universal que nos liberta. Operando a partir do amor-próprio, agimos a partir do Ego. Operar a partir do Ego isola-o do resto do mundo e tira-lhe o canal do amor, que é necessário para ser verdadeiramente feliz, alegre e contente consigo mesmo e com a sua vida.

O EGO E O EU SUPERIOR

É um desafio distinguir entre o Ego e o Eu Superior, especialmente se estiver em conflito com alguém e o calor do momento. Gosto sempre de me fazer as seguintes perguntas antes de responder a uma disputa: "Como é que o que estou prestes a dizer ou a fazer afeta o quadro geral? Positiva ou negativamente? Irá ajudar ou prejudicar a situação?" Por outras palavras, "Será que a situação vai ser resolvida, ou complicar-se ainda mais? Se o que estou prestes a dizer ou a fazer apenas me ajuda a prejudicar os outros, o que muitas vezes é uma resposta instintiva, vem do Ego. Por outro lado, se afeta positivamente uma situação e potencialmente a resolve, mesmo que prejudique o meu orgulho, então é do Eu Superior, e eu deveria prosseguir com ela.

O Universo torna a fórmula muito simples. Se as nossas ações ou declarações na vida provocarem uma mudança positiva na vida das outras pessoas, ativará o princípio do amor, e alcançaremos a unidade. As ações desinteressadas são mais favoráveis à nossa Evolução Espiritual, uma vez que criam Karma positivo ao mesmo tempo que induzem à felicidade. No entanto, as ações egoístas dirigidas apenas para atender às vossas necessidades e desejos, com desrespeito pelas outras pessoas, ligam a energia cármica negativa à vossa Aura e ligam ainda mais o Ego à vossa consciência. Ser egoísta em palavras ou ações produz sempre frutos tóxicos que tornam maior a ilusão do Ego. Lembrem-se, o maior golpe que o Ego puxou está a fazer-vos acreditar que são vocês. Por isso, não caia nessa armadilha.

Quanto mais ajudar os outros, e quanto menos se concentrar em si próprio, mais amor e unidade sentirá com todas as coisas. No entanto, fazê-lo não só é confuso para o Ego, como é contraintuitivo. Como tal, o Ego tentará sempre balançar-te na direção oposta. Mas se prosseguir com uma ação ou declaração que desencadeia o princípio do amor, mesmo que comprometa o Ego, alinhar-se-á com o seu Eu Superior para que possa experimentar a felicidade. Em muitos casos, porém, terá de acreditar antes de o ver porque o Ego é infiel por natureza, e é por isso que não consegue ver o quadro geral.

Para dar verdadeira prioridade à sua Evolução Espiritual, deve começar a assumir plena responsabilidade pelas suas ações, incluindo conflitos na sua vida. Pare de culpar os outros, mas compreenda que é preciso "dois para dançar o tango". Ser o primeiro a pedir desculpa não o torna fraco, mas mostra que está a assumir a responsabilidade pela sua parte no conflito. Subconscientemente, isto permite à outra pessoa saber que precisa de fazer o mesmo.

Pelo contrário, se continuar na defensiva, eles retribuirão o favor, e nada será resolvido. O conflito continuará a escalar, mantendo a sua energia amorosa com essa pessoa cortada e até mesmo comprometendo a sua relação. As pessoas tendem a espelhar o comportamento uma da outra, especialmente durante o conflito. Portanto, tenham cuidado com as vossas ações e declarações porque aquilo que colocam, voltam a receber.

Ao desenvolver-se num Guerreiro Espiritual, um emissário de Deus, o Criador, trabalha para expandir a sua capacidade de amar incondicionalmente. Primeiro, tens de aprender a amar e respeitar-te a ti próprio, o teu Eu Superior, e depois aplicar essa mesma quantidade de amor a outras pessoas. Consequentemente, ao mostrar amor a outras pessoas, você mostra amor ao seu Eu Superior, e vice-versa. Deve remodelar o seu carácter e personalidade, desenvolvendo uma ética e moral que procure a unidade em vez da divisão. Ao fazer isto, afastar-se-á do seu Ego, permitindo uma completa transfiguração da mente, corpo e Alma que pode trazer felicidade eterna à sua vida.

SER UM COCRIADOR DA SUA REALIDADE

Muitas pessoas experimentam desafios tremendos a nível mental e emocional após um despertar da Kundalini. Após o influxo da energia da Luz e a sintonização com a Dimensão da Vibração, já não se pode fechar-se no mundo exterior, mas a sua consciência está aberta a ela 24 horas por dia, 7 dias por semana. Quando isto acontece, o indivíduo pode perceber a energia da Kundalini como algo estranho que não faz parte deles, mas controla a sua vida. Por exemplo, muitos indivíduos acordados dizem que se sentem possuídos por esta energia e que uma rendição completa a ela é a resposta correta. Contudo, a energia da Kundalini é passiva, uma vez que é a energia feminina da Deusa Shakti. Esta energia da Vida requer que sejamos participantes ativos no processo da Criação, uma vez que todas as energias passivas precisam de um catalisador para as pôr em movimento.

O coração é o princípio motivador, o primeiro impulso que recebe o seu ímpeto da força de vontade, o Fogo da Alma. Se a força de vontade é continuamente utilizada, energiza o coração, movendo a mente, e o corpo segue-o. Após um despertar completo da Kundalini, o sistema de energia otimizado funciona como uma força cega até que a força de vontade a controle. Uma vez que a força de vontade é masculina, atua sobre a energia feminina da Kundalini, animando-a e fazendo-a mover-se na direção desejada.

De facto, a Kundalini é energia feminina, representando a criatividade, a imaginação e todas as partes do Eu, representando a corrente negativa e passiva de energia. Sobre esta nota, compreender que as correntes de energia negativa e positiva não têm nada a ver com o bem ou com o mal, mas sim com projetos de projeção e receção de energia-masculina, enquanto a energia feminina recebe. Uma vez que o despertar de uma Kundalini é um processo completo de transformação, envolve não só o aspeto feminino do Eu, mas também o masculino. Desafia-o a usar a sua nova energia masculina expandida usando a sua força de vontade, o que lhe permite estar sempre à frente da sua realidade.

É crucial para si controlar ativamente o funcionamento da mente que, por sua vez, influenciará e controlará o corpo. O precursor de toda a ação é o pensamento, enquanto o progenitor do pensamento é a força de vontade. A força de vontade está no âmago de todas as coisas. Assim, ser cocriador com o Criador é o desafio substancial da transformação da Kundalini, um desafio que é necessário começar a superar diariamente.

Estamos no Planeta Terra para manifestar qualquer realidade que desejemos, e é um dom do nosso Criador ter esta capacidade. Contudo, se não usarmos esta capacidade em todo o nosso potencial, iremos sofrer emocional e mentalmente. E mais ainda, se não usarmos a nossa força de vontade para controlar a nossa realidade, seremos invariavelmente influenciados por outros que farão o nosso pensamento por nós. Por conseguinte, não há outra forma de viver que não seja assumir plena responsabilidade pela sua própria vida.

Além disso, se o corpo não for movido pela mente, cairá presa ao funcionamento do Ego, que é uma inteligência à parte da Alma e do Espírito que aparentemente funciona em automático. O Ego está ligado à sobrevivência do corpo físico, operando através do elemento passivo da Água. Se a sua força de vontade não estiver ativa, estará constantemente sob o controlo do corpo e do Ego. A força de vontade é um músculo que requer treino, que pode ser um desafio para trabalhar, mas recompensador para além das medidas. A energia cega da Kundalini não deve animar o corpo sem que a força de vontade esteja presente e em uso, pois isso implica que fatores externos são o seu catalisador. Em vez disso, a força de vontade deveria controlar a energia da Kundalini, que depois impacta a mente, pondo o corpo em movimento.

A mente sobre a matéria é uma falsa afirmação. É o coração sobre a mente, impactando a Matéria. O coração vem em primeiro lugar, uma vez que a força de vontade opera através dele. A mente é apenas um meio cego entre o corpo e o coração. Se não receber impressões da força de vontade, acolherá ideias da vontade de outros, e deixará de haver controlo da energia da Kundalini. Em vez disso, a mente será a que terá o controlo. As pessoas enganam-se nesta parte. Por vezes agem como se a Kundalini fosse algo externo ao Eu que precisa de ser escutado e seguido, esquecendo o propósito geral do despertar da Kundalini.

A Kundalini é um despertar do Eu Espiritual, do coração e da força de vontade do Verdadeiro Eu, que agora pode verter para o corpo e controlá-lo através da mente. Antes que isto possa ser alcançado, porém, muito trabalho tem de ser feito no interior. É preciso treinar-se para combater a negatividade do mundo exterior e ultrapassá-la. O mundo exterior, incluindo as pessoas e o ambiente, cria constantemente uma negatividade que se projeta na sua Aura, afetando negativamente o seu campo energético.

O desafio mais significativo do despertar da Kundalini no passado é aprender diariamente a viver com a energia. É preciso compreender os meandros de viver com esta energia e controlá-la em vez de ser controlada por ela. O Princípio do Género Mental *do Kybalion* entra em jogo quando se passa por uma transformação da Kundalini que afirma que os componentes femininos e masculinos do Universo também estão presentes dentro da mente. Se não usar a sua força de vontade, as suas energias serão impulsionadas por fatores externos como a força de vontade de outras pessoas. Este Princípio ou Lei do Universo não pode ser superado ou destruído. Em vez disso, precisa de ser respeitado e aplicado. O livre arbítrio é um dom e um que requer a nossa maior atenção. Afinal de contas, "Com grande poder vem grande responsabilidade". E se se quiser exercer um grande poder e ser um catalisador de mudança, é necessário um trabalho interior árduo para o sucesso.

MANIFESTAR O SEU DESTINO

Para manifestar a vida que sempre sonhou para si próprio, não terá outra escolha senão alinhar-se com a sua força de vontade e aprender a usá-la. Mas, por outro lado, a preguiça e a incapacidade de implementar a sua força de vontade resultará em estagnação ou devolução em todos os casos. Além disso, transformará a sua vida num caos, onde se tornará a Lua dos Sóis de outras pessoas, em vez de ser o seu próprio Sol, o centro do seu Sistema Solar. Por outras palavras, outras pessoas estarão encarregues da tua realidade, uma vez que a tua atenção estará em agradar-lhes e não a ti próprio.

Tem de compreender que precisa de se amar a si próprio primeiro antes de poder amar saudavelmente os outros. E mostrar a si próprio o amor significa que deve tomar as suas próprias decisões na vida e guiar o seu caminho. Deve depositar toda a sua confiança e fé em si próprio e saber que é um presente para este mundo. És único, mesmo que tenhas de acreditar cegamente nisto antes de o veres manifestar-se. Outras pessoas podem dar-te conselhos que deves pesar com pensamento crítico e discernimento, mas cada decisão que tomas tem de ser tua.

Um dos grandes mistérios da vida é que estamos destinados a ser Cocriadores com o nosso Criador. Não estamos destinados a ser meros reflexos das realidades de outras pessoas. Com Deus no coração, podemos viver os nossos sonhos, e ao fazê-lo, ajudaremos a evolução coletiva da humanidade. Os seres humanos são intrinsecamente bons, mas a crença em si próprios é de primordial importância se quisermos superar o nosso Ego e alinhar-nos com o nosso Eu Superior. Como vê, a maioria das pessoas não procura o sentido da vida, mas sente a excitação crua de estar vivo. Todos queremos viver no momento e saborear os frutos do Espírito Eterno, que é o nosso direito inato.

Para começar a manifestar o seu destino, deve abandonar todas as crenças limitantes que lhe permitiram contentar-se com uma vida medíocre. Não é o seu condicionamento passado, e em cada momento de vigília, tem o poder da sua vontade de se refazer inteiramente. Tem livre-arbítrio, mas tem de aprender a exercê-lo e a usá-lo produtivamente. Depois, pode ser o herói da sua própria história, se assim o desejar. É muita responsabilidade, mas como Voltaire disse: "Com grande poder, vem uma grande responsabilidade".

Ao aprender a não temer a mudança, pode satisfazer os desejos da sua Alma e ser feliz. Contudo, primeiro, deve abraçar o seu direito dado por Deus para ser um Cocriador da sua vida. Pessoas preguiçosas e desmotivadas sentam-se ociosas e deixam a vida passar, abrigando alguma falsa crença sobre o que é o destino. Perderam a sua força de vontade e estão sob o pretexto de que tudo o que está destinado a acontecer irá acontecer. Mas na realidade, se não se fizer algo acontecer, isso não acontecerá. É tão simples quanto isso.

Se espera e reza continuamente para ganhar a lotaria, mas não comprou sequer um bilhete de lotaria, como espera ganhar? Muitas pessoas com quem me deparei têm este ponto de vista. Querem acreditar que é apenas uma questão de tempo até que o Universo as recompense pelas suas "dificuldades", mas não estão a fazer absolutamente nada para serem o catalisador da mudança nas suas vidas. Acreditam que a sua posição e condições na sua vida resultam de fatores externos e que tudo está "destinado a ser". Estas pessoas assumem zero responsabilidade pela sua realidade e agem como vítimas de tudo o que a vida lhes faz. Encontraram consolo neste processo de vitimização, e em vez de se libertarem dele e assumirem o controlo, culpam os outros e o próprio Universo de não estarem felizes com as suas vidas.

O ponto de vista acima é errôneo no seu cerne. Compreender que o Universo é um recipiente de energia cega que requer a utilização do nosso Livre-Arbítrio para decretar a mudança. Sem usar a sua força de vontade, as coisas permanecerão como estão, permitindo que o Ego tenha total controlo sobre a sua vida. E o Ego quer dar prazer ao corpo em qualquer momento; não tem qualquer preocupação com o futuro. Lembre-se sempre que o Universo quer dar-lhe o que deseja. Se escolher ser preguiçoso, o Universo dar-lhe-á as ramificações dessa ação. No entanto, se assumir a responsabilidade pela sua vida e fizer mudanças, o Universo recompensá-lo-á.

Espere que o Universo complete quaisquer pensamentos e desejos que projete para o Mundo Astral, por isso tenha cuidado com o que pensa e deseja. Este Princípio Universal que forma a Lei da Atração precisa de ser usado com precisão e grande responsabilidade. Sofrerá se o utilizar de forma aleatória, uma vez que nada se manifesta por acaso. Tudo o que se manifesta na sua vida é o resultado de magnetizar o Mundo Astral com os seus pensamentos. Pediu para estar onde está na vida, consciente ou subconscientemente. Enquanto não se aperceber disso, não irá progredir mais. Se deixar que outras pessoas façam o seu pensamento por si, elas tomam o controlo da sua realidade enquanto você é simplesmente um passageiro na sua viagem, o que é doloroso para o seu Criador. Deus quer que sejas um vencedor na vida, não um perdedor a quem as coisas simplesmente acontecem sem o seu controlo consciente.

Ninguém, incluindo os seus pais e entes queridos, lhe pode dizer como deve viver a sua vida. Só você pode decidir isso por si próprio. E é da sua responsabilidade permitir-se descobrir isso. Pode alcançar quaisquer objetivos e sonhos se aplicar a energia certa para os manifestar enquanto é determinado, persistente e teimoso para os tornar realidade. Se deixar ouvir os outros dizer-lhe o que deve fazer, então falhou a si próprio e ao seu Criador.

O caminho do iniciado da Kundalini é o caminho de um guerreiro Espiritual. O avanço Espiritual requer a participação ativa do Eu com o Universo, o que implica desempenhar o papel de Cocriador nesta realidade. Este caminho Espiritual não se trata de se tornar apenas um Rei ou Rainha do Céu. Requer que se torne primeiro um Rei ou Rainha do Inferno. Por outras palavras, é preciso aprender a lidar com a negatividade e dominá-la.

Tens de dominar todas as partes do Eu que te impedem de ser a melhor versão de ti próprio. Tens de invocar coragem e enfrentar os teus medos e vencê-los enquanto aprendes a ouvir a voz na tua cabeça que te inspira a viver na Luz e na verdade.

Os indivíduos totalmente despertados pela Kundalini em contato com o mundo da energia estão constantemente a receber influências energéticas positivas e negativas, tanto a nível externo como interno. Estão totalmente abertos às forças da Luz, mas também das Trevas. Viver com uma Kundalini desperta é muito mais desafiante do que viver sem uma, porque requer que abrace esta nova realidade e faça uso dos seus novos poderes. Exige que usem o vosso Princípio do Livre-Arbítrio a um nível mais elevado do que antes. Deve motivar-se e procurar respostas dentro de si, em vez de olhar para o exterior em busca de respostas. Deve ser o seu próprio Salvador, em vez de esperar que alguma Divindade desça dos Céus para o salvar.

Como um despertar Kundalini é uma ativação total do Chakra do Coração, é essencial notar que o coração se torna a força guia na sua vida. O coração é o oposto do Ego. O Ego procura satisfazer o corpo físico enquanto o coração é expressivo da Alma e do Espírito. Portanto, aprender a viver renovado a partir do centro do coração e usar a sua força de vontade em todos os momentos é um dos maiores desafios de todos, exceto aquele que produz os frutos mais incríveis se for dominado.

TRABALHO E VIDA ESCOLAR

Um dos desafios significativos do processo de despertar e transformação da Kundalini é a sua realização no trabalho ou na escola. Estou a visar aqui o trabalho e a escola, uma vez que estou a falar das nove a cinco obrigações que estabelecemos para manter um estilo de vida saudável. É preciso dinheiro para sobreviver na sociedade moderna; portanto, suponho que terá tido algum trabalho diário que o sustenta financeiramente. Por outro lado, se é jovem e está apenas a começar a sua vida, então talvez ainda não esteja a trabalhar a tempo inteiro, e está na escola, como eu estava quando tive o primeiro despertar da Kundalini. Ou talvez estejas a fazer malabarismos tanto no trabalho como na escola, e foste agraciado com o despertar da Kundalini, seja espontâneo ou induzido conscientemente.

Seja qual for o caso, se tiver optado por ser duro no trabalho e (ou) permanecer na escola, a vida irá ao seu encontro com desafios particulares ao longo do caminho. Já falei brevemente sobre isto, mas sinto a necessidade de entrar em mais pormenores sobre este tema. Em primeiro lugar, terá experiências noturnas quando a energia da Kundalini for muito ativa, e não poderá induzir o sono a ser totalmente descansado pela manhã. Esta situação é algo a que terá de se ajustar desde cedo. Não se pode alterá-la, mas só se pode adaptar a ela.

O meu conselho é de aprender a relaxar o mais possível. Encontre uma posição de sono que funcione melhor para si. Se estiver a dormir de lado, então é provável que entre num sono mais profundo do que se se deitar de costas. Se estiver deitado de costas, o seu corpo está num estado meditativo, e na maioria das vezes, isto resultará numa Experiência Fora do Corpo e num Sonho Lúcido. Os Sonhos Lúcidos são divertidos e emocionantes, mas não lhe darão o sono profundo de que necessita para que o foco seja o mais descansado possível de manhã, para que possa assumir as suas nove a cinco horas. Lembre-se, os Sonhos Lúcidos ocorrem no estado alfa quando a consciência não está totalmente adormecida nem totalmente acordada. É frequentemente acompanhado por sono REM, que significa "Movimento Rápido dos Olhos". Em REM, os seus olhos rolam para a parte de trás da sua cabeça enquanto dorme. Não é perigoso estar em modo REM, mas pode ser taxador e extenuante para o seu corpo físico.

Enquanto estiver no trabalho ou na escola, pode não se sentir o mais equilibrado emocional ou mentalmente alguns dias, o que pode resultar em ter um "episódio" em frente de colegas de trabalho ou pares. É melhor entrar numa mentalidade diferente enquanto se está no trabalho ou na escola, se quiser permanecer incógnito para os outros. Reserve as suas emoções para quando estiver sozinho ou tiver um membro da família ou um amigo especial em quem possa confiar.

Ter um episódio emocional diante de pessoas em quem não se pode confiar vai pôr em risco o seu trabalho. Lembro-me de muitos casos em que tive de permanecer calmo diante do meu chefe ou professor na escola para preservar o meu trabalho ou a integridade escolar. É um desafio lidar com figuras de autoridade enquanto se submete a uma transformação da Kundalini, uma vez que elas não compreenderão o que estás a passar, mas o seu trabalho é manter-te na linha. Como mencionei anteriormente, ajuda ter em mãos desculpas aceitáveis, e muitas vezes não terá outra escolha senão mentir sobre a sua situação para que possa obter um passe.

Sentir-se alienado devido à condição em que se encontra tornará a sua vida muito mais complicada do que se disser uma mentira. Ajuda a fazer amigos no trabalho ou na escola, uma vez que por vezes precisará deles para lhe dar cobertura. Tente sempre esforçar-se mais com estas pessoas, pois elas serão de grande utilidade em certas situações. Lembro-me de ter amigos próximos na escola que me inscreviam nas aulas da manhã quando não conseguia chegar a tempo devido à impossibilidade de dormir na noite anterior. Esta situação aconteceu-me muitas vezes. Aconteceu também que se eu me sentisse em baixo e mal-humorado, os meus colegas de trabalho cobrir-me-iam com desculpas para o meu chefe, cuja função é sempre avaliar o desempenho profissional dos seus empregados.

Lembre-se, a maioria das pessoas não compreenderá o que está a passar, mas os amigos e a família podem aceitar que por vezes precisa de ajuda com aquilo que acredita que lhe está a acontecer. As pessoas que o amam mostrarão compreensão e oferecerão assistência mesmo que possam não compreender totalmente a sua situação. Portanto, não escreva as pessoas na sua vida inteiramente só porque elas não se podem relacionar com a sua situação. Um verdadeiro amigo não o julga, mas mostra-lhe amor quando precisa dele. Lidando com uma transformação da Kundalini, verá quem são os seus verdadeiros amigos.

INSPIRAÇÃO E MÚSICA

As pessoas pedem-me frequentemente para lhes dizer como um despertar Kundalini melhora a sua vida quotidiana. Embora este seja um mecanismo evolutivo que o pode abrigar noutro estado de realidade, o efeito prático da mudança é que o torna inspirado. Estar inspirado implica que se está no Espírito e não no Ego. Funciona num estado de realidade mais elevado quando tudo parece possível. Ao ligar-se à energia inefável, Eterna e ilimitada do Espírito, pode explorar o verdadeiro potencial da vida.

O Domínio Espiritual é um lugar de puro poder e infinitas possibilidades. Só se pode aceder a ele através do Agora, o momento presente. Um despertar da Kundalini desencadeia este estado dentro de si. Uma vez o circuito da Kundalini aberto e otimizado, nutrindo-se a si próprio com cada pedaço de alimento, ativa um processo contínuo de inspiração.

Claro, oscilará entre o Ego e o Espírito ao dar prioridade às tarefas na sua vida, uma vez que ainda tem de lidar com os seus aspetos mundanos. No entanto, será acompanhado por este movimento perpétuo de energia Kundalini dentro de si que é a fonte de inspiração ilimitada. Cria um sentimento de maravilha e inocência, o mesmo que se veria numa criança que ainda não desenvolveu um Ego. É belo e deslumbrante cada momento de cada dia, especialmente depois de se atingir o ponto da evolução em que se pode ver Luz em todas as coisas, como descrevi anteriormente.

Como vê, a Kundalini é o nosso caminho de volta à Fonte de toda a Criação. Quando atingimos este estado de consciência, as atividades da vida tornam-se sem esforço. A dor e ansiedade da vida humana, incluindo o sofrimento mental e emocional, é substituída pela inspiração, realização, paz interior e felicidade duradoura. A alegria que se experimenta no seu coração e o arrebatamento que lhe vem com ela não tem limites. De facto, para viver plenamente como seres humanos espirituais e tirar o máximo proveito da vida, precisamos de ser inspirados. E um despertar da Kundalini dá-nos isto.

Muitas vezes na minha vida, encontrei-me em estados tão extasiantes que precisei de apertar os meus dentes para fundamentar a sensação de que a energia da Kundalini corria através de mim. Muitas vezes experimentei os estados de inspiração mais intensos simplesmente por ouvir música. O seu gosto pela música determina o tipo de emoção que irá experimentar, uma vez que toda a música procura criar algum sentimento em si. O meu tipo de música preferido e aquele que acho a minha energia Kundalini mais amplificada é a música épica do cinema. Isto inclui música de filmes de compositores como Hans Zimmer, que fez a banda sonora da Trilogia do Cavaleiro das Trevas, O Último

Samurai, Gladiador, A Rocha, A Barreira Invisível, Rei Artur, Duna, Homem de Ferro, A Origem, Interestelar, e muitos mais.

Filmes inspiradores que levam a sua mente e o seu coração numa viagem emocional geralmente lidam com temas de consciência superior. Temas de honra, lealdade, respeito e maravilha mística estão entre os meus favoritos, uma vez que exploram as partes mais profundas da minha Alma que a transformação da Kundalini despertou. Estes temas e música épica de cinema inspiram-me e mantêm-me em estados muito elevados ao longo do dia, permitindo-me escrever, desenhar, e de outra forma explorar a minha criatividade expandida.

Ouço música todos os dias, por vezes durante horas a fio. Fazê-lo coloca-me num estado de espírito inspirador onde parece que o que estou a ouvir é a banda sonora de qualquer tarefa que estou a fazer. Por exemplo, conduzir e ouvir música épica de cinema parece que qualquer canção que estou a tocar faz parte da banda sonora da minha vida. Descobri que a música é a fonte de inspiração mais significativa na minha viagem pela Kundalini, e estou tão grato por fazer parte de uma sociedade com tantos músicos e compositores surpreendentes presentes.

PARTE X: CONTROLO DE DANOS DA KUNDALINI

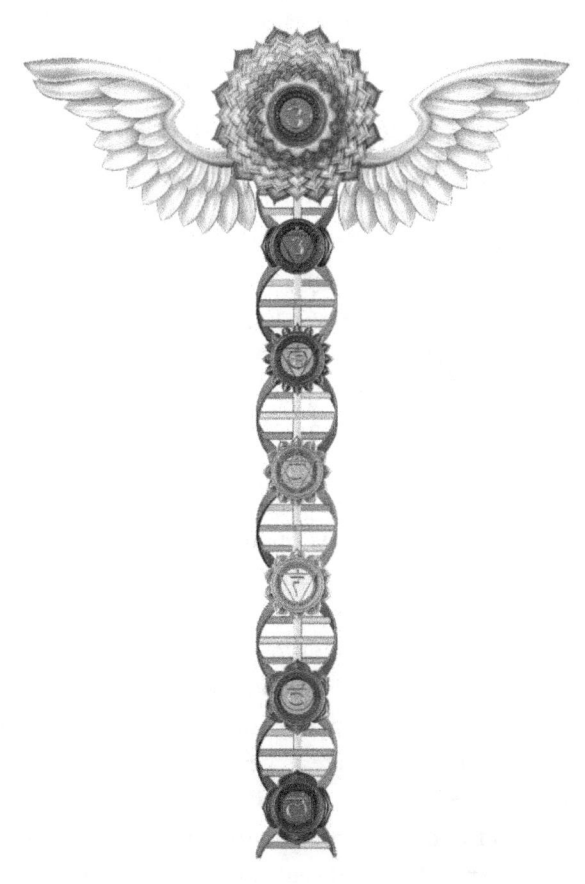

KUNDALINI E CURTOS-CIRCUITOS

Ao passar pelo processo de despertar da Kundalini e ao integrar a energia dentro de si, é provável que se depare com algumas armadilhas que podem acontecer como resultado do curto-circuito Ida ou Pingala. Ao falar com muitos outros indivíduos despertados pela Kundalini através das redes sociais e pessoalmente, descobri que estes "curto-circuitos" são uma questão comum. Contudo, a maioria das pessoas desconhece que podem voltar a ligar os canais Ida e Pingala para criar novamente um fluxo de energia adequado na cabeça. Chamo a este processo "Reinício do Manual Kundalini". Pode reiniciar o sistema manualmente com exercícios de meditação que descobri em vez de apenas esperar que o Universo o ajude.

Sushumna nunca pode curto-circuitar uma vez que o seu fluxo de energia é através do tubo oco da coluna vertebral, e está ligado ao centro do cérebro, à área do Terceiro Ventrículo que contém o Tálamo, Hipotálamo, e as Glândulas Pineal e Pituitária. Quando Sushumna atinge o centro do cérebro, a sua energia espalha-se para fora como tentáculos para as partes externas do cérebro e para a cabeça. Mas Ida e Pingala, como são canais auxiliares ou Nadis, regulam a mente, o corpo e a Alma e são afetados por pensamentos e emoções. Para ser exato, Ida governa as emoções, enquanto Pingala controla a força de vontade. Ida é expressivo do Elemento Água, enquanto Pingala é expressivo do Elemento Fogo. É comum que provoquem um curto-circuito se a qualidade dos pensamentos e sentimentos no seu interior se tornar intensamente corrompida.

Ao longo dos anos, encontrei-me nesta situação muitas vezes. A ansiedade prepotente sobre o futuro, a mente assustada, a incapacidade de pensar claramente, ou a obsessão com acontecimentos passados são pensamentos ou emoções típicas que podem dificultar substancialmente o sistema Kundalini. Eles vão contra o Espírito e retiram um do Agora, o momento presente, fechando completamente a sua fonte de inspiração, a Coroa.

Os curto-circuitos da Kundalini ocorrem geralmente devido a um pensamento ou emoção baseada no medo que ultrapassa a mente durante um período prolongado. Exemplos comuns incluem o fim de uma relação romântica amorosa, falecimento de entes queridos, pressão intensa no trabalho ou na escola, etc. Os acontecimentos menos comuns incluem ser violado, raptado, testemunhar um assassinato, ou outras situações traumáticas em que a sua vida está em perigo. Em todos estes exemplos de potenciais eventos da vida, alguns menos maus ou horripilantes do que outros, o fio condutor comum está a desencadear stress e ansiedade que ultrapassa a mente, o corpo e a Alma.

Quando ocorrem eventos como este, o seu corpo está em modo "luta ou voo" com o Sistema Nervoso Simpático em pleno funcionamento. O Ego agarra-se a pensamentos negativos com toda a sua força, tentando trabalhá-los internamente. Como tal, a sua consciência é retirada do Elemento Espiritual e dos Chakras superiores, fazendo-o perder a ligação com o fator transcendência. Dependendo da duração do stress e da ansiedade, o Ego pode rapidamente ultrapassar o Eu Superior durante este tempo, colocando ou Ida, Pingala ou ambos os canais em perigo. Se de alguma forma conseguir sair deste estado a tempo, pode evitar um curto-circuito, mas tudo isto depende daquilo em que focaliza a sua atenção durante o pouco tempo seguinte.

O mais comum é um curto-circuito em Ida, o canal feminino, que ocorre devido ao fato de as emoções serem ultrapassadas com a energia do medo. O Ida é passivo, tal como os sentimentos. Recordemos que se os três canais funcionarem corretamente, a energia do Espírito é libertada dentro do Eu, permeando o Corpo de Luz e resultando num arrebatamento Nirvânico. Enquanto neste estado, não se pensa em termos de passado ou futuro. Em vez disso, eles existem no Agora, trazendo consigo a transcendência mística que mencionei.

Quando se é tomado por algo emocionalmente desafiante no momento presente que traz consigo um elevado grau de energia de medo, é imediatamente retirado deste estado transcendental. Se a emoção negativa for suficientemente poderosa, pode fazer cair o canal Ida. Isto significaria que perderá o contato com a transcendência das emoções, tornando o seu estado natural negativamente carregado. Como tal, a sua capacidade de experimentar o medo será tremendamente aumentada.

Lembre-se do que já disse muitas vezes: o estado mais elevado da consciência despertada pela Kundalini é aquele em que a dualidade é transcendida, incluindo a experiência do medo. Um indivíduo plenamente desperto da Kundalini destina-se a superar completamente o medo. No entanto, a menos que viva num Templo ou Ashram algures e esteja longe da imprevisibilidade e do caos da sociedade moderna, encontrará invariavelmente eventos da vida que o levarão de volta ao medo. A forma de lidar com estes eventos depende se irá preservar a integridade do sistema Kundalini ou se as coisas irão cair fora de equilíbrio.

Uma vez que Pingala está relacionado com a forma como exprime a sua força de vontade, também pode colapsar devido à inatividade e não seguir a sua Verdadeira Vontade. Se isto acontecer, deixará de receber um influxo do Elemento Fogo. Pode ter transcendência nas suas emoções, mas faltar-lhe-á a inspiração. O impulso necessário de energia masculina que necessita para se esforçar na vida desaparecerá por enquanto. Ficará estagnado na viagem da sua vida e não realizará grande coisa.

Por outro lado, não há nenhum objetivo demasiado alto e nenhuma tarefa demasiado difícil quando Pingala está plenamente ativo. Pingala é menos suscetível de curto-circuitar, desde que se siga o seu caminho Espiritual e se aja consistentemente com a sua força de vontade. Ida e Pingala devem equilibrar-se um ao outro quando funcionam corretamente. A transcendência nas emoções, aliada à inspiração contínua, deve fazê-lo sentir-se como um Semideus que pode realizar tudo aquilo a que se propõe. Cada momento acordado é um arrebatamento, e você é a causa e o efeito, a pergunta e a resposta em um - o Alfa e o Ómega. O Espírito está continuamente a alimentar a sua Alma, e o seu Eu Superior comunica diretamente consigo.

Um exemplo típico de como Pingala pode provocar um curto-circuito numa situação insalubre ou tóxica, tal como uma relação romântica ou parental dependente em que outras pessoas fazem o seu pensamento por si. Qualquer coisa que afete o seu livre-arbítrio e o seu direito dado por Deus de tomar as suas próprias decisões na vida afeta a forma como o canal Pingala funciona. Por conseguinte, é de importância crucial gerar continuamente a sua própria realidade através do uso da sua força de vontade. Dito isto, normalmente leva algum tempo até que Pingala seja posto em perigo. Está mais relacionado com as suas crenças na vida, tal como a natureza do Elemento Fogo. As emoções são instantâneas, pelo que Ida está mais frequentemente em perigo.

Sushumna não pode nunca curto-circuitar, uma vez que fazê-lo seria deixar cair completamente a energia da Kundalini e não ter nenhuma função, e nunca ouvi falar de tal acontecer. Creio que uma vez aberta, está aberta para a vida e o tubo oco da coluna vertebral transporta esta energia desde o cóccix, a espinha dorsal, até ao centro do cérebro. Talvez a única forma possível de deixar de funcionar seja com alguma lesão grave da medula espinal. Ainda assim, nunca ouvi falar de tal acontecer a ninguém, por isso estou apenas a especular.

Uma vez que o canal de Sushumna liberta energia Kundalini no cérebro, que depois se espalha para fora, a parte central de ligação desde o centro do cérebro até ao topo da cabeça, mesmo acima dele, é o canal primário ou corrente de Sushumna. É o mais espesso em termos das vertentes da Kundalini que se juntam para criar este canal. Os fios de Kundalini são comparados ao esparguete, embora ainda mais fino. São os Nadis que se espalham para fora dos centros energéticos, os Chakras, e os três Nadis primários que terminam na cabeça. Desta forma, estes filamentos de energia Kundalini chegam à superfície da cabeça, tronco, e membros. Parecem ramos de árvores que transportam a energia da Kundalini através do Corpo de Luz no seu interior.

Há mais cordões de Kundalini na cabeça do que em qualquer outra parte do corpo. Afinal de contas, a cabeça e o cérebro são o "centro de comando", a sede que regula todos os processos da mente. O coração, porém, governa as operações da Alma. Mas o coração expressa-se através da mente. Portanto, a mente é o meio de expressão da Alma e do Espírito. Como mencionado, o Chakra do Coração, Anahata, é outro centro de energia crítica no corpo onde a maioria destes Nadis convergem e se ramificam para fora. Assim, agora pode ver porque é que o Axioma hermético de "Tudo é Mente, o Universo é Mental" é a espinha dorsal de toda a filosofia hermética. As nossas mentes são os elos de ligação entre o Espírito e a Matéria. E a mente expressa-se através do cérebro, que é o Sistema Nervoso Central do corpo, juntamente com a coluna vertebral.

O canal Sushumna nunca pode curto-circuitar, mas a ligação desde o cérebro até ao topo da cabeça pode. Não acontece tão frequentemente como o curto-circuito Ida e Pingala, mas pode e acontece. Acontece normalmente se Ida, bem como Pingala, entrarem em colapso ao mesmo tempo. Também pode ocorrer se a sua força de vontade se concentrar demasiado no pensamento interno. Coloca a sua atenção no seu subconsciente ao fazê-lo, puxando a energia para a parte de trás da cabeça em vez de para cima.

Temos o objetivo de concentrar as nossas energias na frente da cabeça, no Ajna Chakra, correspondendo ao nosso estado natural de vigília. E ao concentrarmo-nos no Terceiro Olho, criamos uma ligação com o Sahasrara acima. Portanto, a obsessão e os pensamentos obsessivos podem ser muito prejudiciais ao fluxo de energia dentro do cérebro e podem criar bloqueios. O alinhamento adequado ao centro superior da cabeça é necessário para atingir o estado de transcendência, uma vez que a Coroa representa a Unidade. Qualquer pensamento desequilibrado ou uso impróprio da força de vontade compromete todo o sistema Kundalini uma vez que o seu propósito é mantê-lo no presente, o Agora, num constante sentimento de inspiração.

KUNDALINI E DROGAS RECREATIVAS

O uso e abuso de substâncias é um tópico essencial dentro dos círculos da Kundalini que é frequentemente negligenciado por causa do seu fator tabu. Independentemente disso, este tópico precisa de ser trazido à Luz porque muitos indivíduos recorrem a drogas recreativas, incluindo o álcool, em algum momento da sua viagem para os ajudar a lidar com as questões mentais e emocionais que se seguem a um despertar Espiritual. Eu fui uma dessas pessoas há muitos anos, por isso este tópico é-me caro devido às minhas próprias experiências e ao meu desejo de as partilhar com outros de uma forma informativa.

Depois de ter sido predisposta para um estilo de vida selvagem e socialmente ativo, passei pelo cerne da minha transformação Kundalini em meados dos meus 20 anos. Sendo alguém que sempre acreditou em viver a vida ao máximo e sem arrependimentos, experimentei com drogas recreativas e álcool mesmo antes de acordar a Kundalini. No entanto, eu era mais um utilizador de aperfeiçoamento, que usava substâncias para me ligar à realidade Espiritual, em vez de alguém que o fazia para adormecer a dor emocional de eventos indesejáveis na vida.

Contudo, após o despertar, comecei a usar canábis para ajudar a aliviar o tremendo medo e ansiedade que permanentemente se tornou uma parte de mim. E assim, experimentei com diferentes variedades de canábis durante os doze anos seguintes da minha vida. Através da experiência, veio a sabedoria e o conhecimento da ciência das drogas recreativas e do álcool, de modo que quando virei as costas a ambos mais tarde na minha vida, soube exatamente porque o fazia - sabia o que estava a perder e o que estava a ganhar no processo.

Acredito na total transparência sobre este tópico para que possa compreender as repercussões reais do uso e abuso de substâncias. Afinal de contas, a Kundalini despertou indivíduos numa sociedade norte-americana que vivem um estilo de vida muito diferente dos indivíduos despertados na Índia ou noutras partes do mundo. Todos nós queremos "encaixar" e ser "fixes" e aceites pelos nossos pares. E aqueles que não têm uma viagem muito mais dura do que aqueles que têm.

Ao falar a muitos Kundalini despertou as pessoas sobre as redes sociais e pessoalmente, concluí que a maioria experimentou drogas e álcool em algum momento das suas vidas e que se trata de um tema comum. Por conseguinte, ignorar completamente este tema é irrealista e deixa-o aberto ao perigo. Em vez disso, a compreensão da ciência por detrás das drogas recreativas e do álcool quando aplicada ao sistema Kundalini permitir-lhe-á tomar uma decisão consciente sobre o seu uso na sua jornada de despertar. Saberá também o que fazer quando tiver ido demasiado longe na sua utilização e tiver colocado em risco a integridade do sistema Kundalini.

CANÁBIS E AS SUAS PROPRIEDADES

A canábis é a droga recreativa mais popular a nível mundial e sempre foi. Consequentemente, os indivíduos despertados pela Kundalini são propensos a experimentá-la e até a torná-la uma parte da sua viagem Espiritual. A maioria de vós sabe o que a Canábis faz e os seus efeitos, mas muitos desconhecem a vasta ciência por detrás dela e as suas intrincadas propriedades.

A canábis, também conhecida como marijuana ou "erva daninha", é uma droga psicoativa destinada a uso medicinal e recreativo. É utilizada pelos seus efeitos mentais e físicos, proporcionando resultados tais como uma mudança na perceção, aumento da disposição, e o entorpecimento do corpo físico. A planta de canábis é cultivada naturalmente na Terra. O seu uso tornou-se tão difundido que muitos países, incluindo o Canadá, legalizaram o seu uso.

A Canábis contém todos os Cinco Elementos dentro dela, e ativa todos os Sete Chakras. A própria folha da planta de Canábis é simbólica, pois tem sete pontos ou partes que a compõem. Sete é um número significativo no esoterismo e tradições religiosas. Em primeiro lugar, temos as sete cores do arco-íris (relacionadas com os Sete Chakras) e os correspondentes Sete Planetas Antigos (Figura 161). Em seguida, temos os sete dias da semana (correspondentes aos Sete Planetas Antigos), sete notas-chave na escala musical, sete continentes, sete mares, sete buracos que levam ao corpo humano, sete pecados capitais (mortais), sete virtudes capitais, sete Princípios Herméticos da Criação, sete Selos do Apocalipse na *Bíblia Sagrada*, Sete Arcanjos, sete níveis de consciência no budismo, sete portas do sonho no xamanismo, e os sete Céus do Islão, Judaísmo, e Hinduísmo. Estas associações aludem a sete sendo um número muito Espiritual, coincidindo com o fato da marijuana ser uma droga altamente Espiritual.

A canábis é utilizada em medicina para curar a mente, o corpo e a alma. Entorpece a dor física dos doentes com cancro e afeta o estado emocional das pessoas diagnosticadas com problemas mentais e emocionais. Por exemplo, as pessoas diagnosticadas com depressão clínica recorrem à canábis devido aos seus efeitos eufóricos. Foi provado em estudos clínicos que a canábis regenera células e as renovas. Quando aplicada corretamente e nas doses adequadas, a canábis pode ser benéfica para si a nível celular.

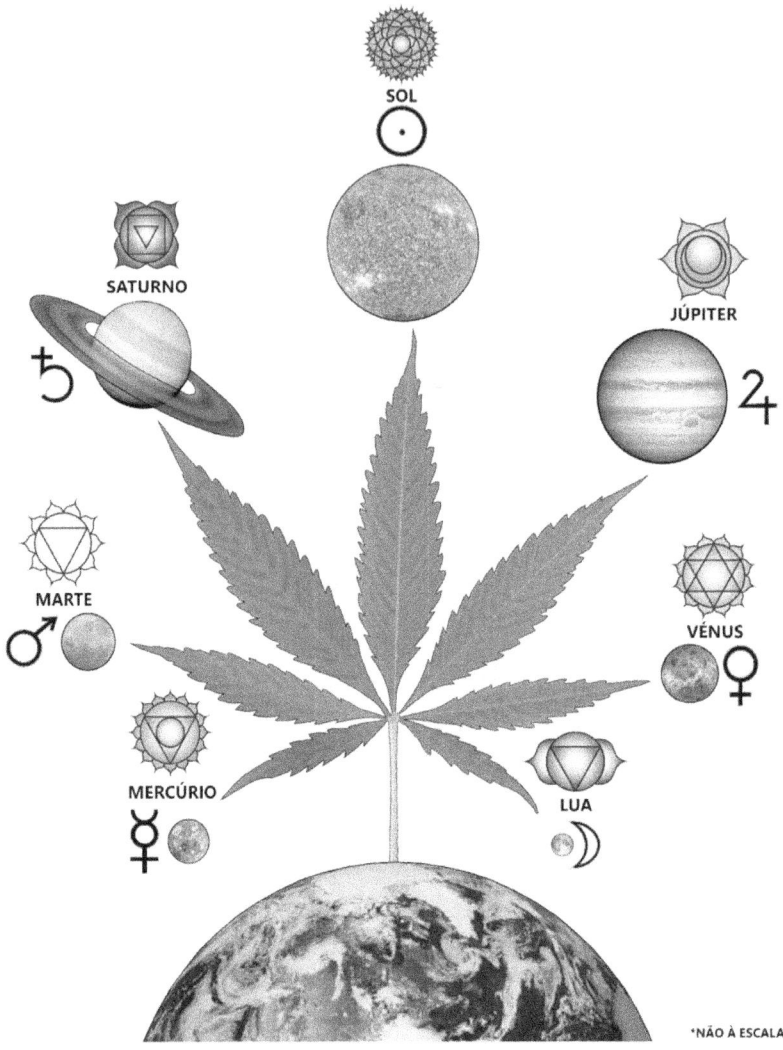

Figura 161: Folha de Canábis e as suas Mágicas Correspondências

Algumas religiões, tais como os Rastafarianos, utilizam-no mesmo regularmente como parte da sua prática religiosa. Algumas seitas também a utilizam como parte de técnicas particulares de meditação dentro da sua tradição ou grupos. A maior parte do mundo percebe o poder da canábis para se ligar ao Espírito e curar a mente, corpo e Alma. Para além do álcool, as pessoas geralmente recorrem à canábis para ter um vislumbre da transcendência da forma mais segura possível.

A canábis faz-nos sentir felizes e eufóricos. Coloca-o em contato com o momento presente, o Agora, que eleva a sua consciência para além das negatividades do conteúdo da mente. Ao contrário do álcool e da maioria das outras drogas recreativas no Planeta, nunca ninguém tomou uma overdose de canábis. Claro que se deve agir de forma responsável, tal como não operar veículos motorizados quando sob a sua influência.

KUNDALINI E USO DE CANÁBIS

Fumar canábis na sua viagem de transformação da Kundalini pode ter efeitos positivos. No entanto, deve abordar a sua aplicação como um médico e utilizar a informação desta secção como uma orientação para o tratamento. Como mencionado, certos tipos e variedades de canábis funcionam bem para aliviar alguns dos potenciais efeitos adversos na mente e no corpo após um despertar completo da Kundalini. Estes incluem ansiedade, stress, nevoeiro cerebral, humor, depressão, insónia, bloqueios criativos, incapacidade de concentração, etc.

A canábis pode dar-lhe alívio temporário destes sintomas, o que pode ser bastante bem-vindo quando se encontra numa situação desesperada, como muitos o são. No entanto, deve saber desde o início que fumar canábis é um meio para atingir um fim e não o fim em si mesmo. Se considerar cada sessão de fumo como uma experiência de aprendizagem, como um cientista da mente, pode aprender a reproduzir a maioria dos seus efeitos ao longo do tempo sem o seu uso.

A canábis foi o meu método de aliviar o stress na casa dos 20 anos e a única droga recreativa que achei benéfica na minha viagem Espiritual. Acabei por deixar de fumar por completo, e descreverei os efeitos positivos, uma vez que são muitos. Ainda assim, quando estava a lidar com o medo e a ansiedade ou a explorar estados místicos ou transcendentais exacerbados, usei canábis. Por esta razão, concentrar-me-ei mais na canábis do que noutras drogas recreativas nesta secção e dar-vos-ei a ciência fundamental por detrás dela, tal como a aprendi ao longo dos anos. Os meus conhecimentos e experiência nesta área podem ajudar muitos que estão abertos a experimentar e usar canábis mas carecem de orientação.

A canábis pode ser muito benéfica ajudando a limpar bloqueios ou movimentos indevidos da energia da Kundalini no sistema. Ela move a Kundalini dentro do Corpo Leve e acelera o seu fluxo através dos canais internos. Uma vez acelerada, encontra-se num estado Fora do Corpo com toda uma gama de experiências Espirituais. Estas experiências incluem inspiração e criatividade acrescidas, Gnosis (Conhecimento), e visões místicas.

Uma vez abobadado do seu corpo, permanecerá lá enquanto a canábis atua sobre a Kundalini. Este processo leva um mínimo de meia hora e pode durar até três, ou mesmo quatro horas. Além disso, uma vez que Prana se mova mais rapidamente através do sistema Kundalini, ela empurra para fora quaisquer pensamentos ou emoções negativas ou baseadas no medo, por enquanto. Por esta razão, a canábis é frequentemente prescrita medicamente a pessoas com ansiedade ou depressão crónica. E uma vez que os indivíduos acordados pela Kundalini são propensos a problemas mentais e emocionais decorrentes do medo e da ansiedade, a canábis pode ser bastante benéfica para o ajudar a ultrapassar esses estados.

Como tal, acredito que a canábis pode ter um papel positivo na vossa viagem Espiritual. Pode servir como um poderoso catalisador que pode desencadear um despertar completo da Kundalini ou ajudá-lo no processo de transformação se já estiver desperto. Porque é fácil de obter e usar, é vantajoso para indivíduos que se sentem presos na sua viagem Espiritual e não têm a quem recorrer para obter apoio emocional ou mental ou precisam daquele empurrão ou empurrão extra para voltar a pô-los nos eixos. Afinal de contas, enquanto nesses estados "altos", o Ego torna-se silencioso, permitindo-nos contactar o nosso Eu Superior e pedir orientação.

Contudo, há armadilhas para fumar canábis que precisam de ser discutidas e exploradas. Por exemplo, não se deve fumar canábis com demasiada frequência porque isso coloca a Kundalini em excesso, o que pode ter efeitos nocivos. Por outras palavras, não se deve usar apenas canábis para ajudar a superar o seu estado emocional negativo, mas sim encontrar uma prática Espiritual poderosa como a Magia Cerimonial, Ioga, ou qualquer uma das modalidades espirituais deste livro e depois usar canábis como uma especiaria. A canábis é apenas uma fixação temporária ou um meio para explorar estados de consciência mais elevados. Dito isto, nunca ouvi falar de alguém que vivesse com uma Kundalini desperta que fumava canábis algumas vezes por mês e que se prejudicava Espiritualmente.

Uma vez que a canábis acelera o sistema Kundalini, esta pode ser boa ou má. É uma coisa boa porque empurrar para fora os bloqueios de energia mental e emocional assegura que a Ida e a Pingala funcionam corretamente. No entanto, pode ser prejudicial quando não há Prana suficiente no sistema Kundalini em que a canábis possa atuar. Se começar a mover-se demasiado depressa, pode danificar o sistema energético global. Por esta razão, disse que é crucial não fumar canábis todos os dias. Em vez disso, dê a si próprio tempo entre os dias para reconstruir o seu sistema energético com a ingestão de alimentos. Caso contrário, podem ocorrer bloqueios ou um curto-circuito total.

A canábis é uma droga que funciona principalmente sobre as emoções; por isso, o canal feminino da Ida está em perigo quando se fuma canábis ou se a ingere sob forma comestível. O Pingala faz curto-circuitos menos frequentemente do que o Ida, e é frequentemente o resultado de um processo gradual de não usar o seu princípio masculino, a sua força de vontade, durante algum tempo. Se usar canábis ao acaso, corre-se mesmo o risco de curto-circuitar a energia Kundalini no centro do cérebro, onde os três Nadis se encontram antes de subir ao Sahasrara. Esta situação só pode acontecer se se usar demasiado canábis e fumar todos os dias, especialmente se fumar estirpes que não são conducentes ao sistema Kundalini, como muitas Índicas.

A reconstrução do canal desde o centro do cérebro até ao topo da cabeça é um procedimento moroso que pode frequentemente ser alcançado com um tipo de meditação que apresento a seguir a este capítulo. Mas se esta meditação não funcionar, poderá ser necessária mais Prana para reconstruir o canal recebido através da ingestão de alimentos e da conservação da sua energia sexual. Fazendo-o pode restaurar as vertentes da Kundalini no cérebro, e com o uso da meditação apresentada, pode realinhar a Kundalini e trazê-la de volta ao Sahasrara.

A maioria dos indivíduos despertados pela Kundalini que conheci na minha viagem têm experiência com canábis. Muitos deles usam-na ocasionalmente e acham-na benéfica nas suas viagens espirituais. Para ser claro, não estou a propagar o uso da canábis, mas também não posso negar os seus efeitos positivos. Tendo isso em mente, a canábis não é para todos, por isso, pise cuidadosamente se escolher experimentar com ela, uma vez que os seus efeitos variam de pessoa para pessoa. No entanto, há um elevado nível de consistência em relação a tipos e estirpes particulares que irei discutir.

A canábis é volátil. Esta é a sua natureza. Se fumar o que quer que lhe seja oferecido nos círculos sociais, pode meter-se em problemas. É comum antecipar uma experiência positiva com a erva de rua, mas em vez disso obter uma negativa. Em vez de relaxares a tua mente como esperas, pode tornar-te paranoico e agitado.

Uma boa base de conhecimentos sobre estirpes de canábis permitir-lhe-á obter uma alta "controlada". Permitir-lhe-á controlar o processo elevado e saber o que se espera. Cepas diferentes têm efeitos mentais, emocionais, e físicos diferentes. Se for psiquicamente demasiado sensível para o seu uso, no entanto, não importará que variedade fume; poderá ainda ficar paranoico e ansioso cada vez que a usar. Na minha experiência, é mais comum as mulheres ficarem paranoicas quando usam marijuana do que os homens. Independentemente disso, tudo depende da sua composição psicológica.

Compreenda que é impossível ter naturalmente a energia Kundalini a expandir o seu sistema energético se estiver a fumar canábis diariamente. A canábis precisa do Prana da comida que come, e ele saboreia-o cada vez que o usa. Portanto, se fumar diariamente, não haverá Prana suficiente no seu sistema para que a canábis atue. Como indivíduo despertado pela Kundalini, não se deve abusar de nenhuma droga. As pessoas não acordadas podem escapar ao abuso da canábis, enquanto uma pessoa acordada não pode.

Suponhamos que está há muitos anos na sua transformação Kundalini e que superou o medo e a ansiedade iniciais. Nesse caso, talvez seja sensato omitir completamente o uso da canábis na sua viagem Espiritual. Ao inseri-la na equação, irá extrair o Prana do seu sistema energético, afetando negativamente o seu objetivo de alcançar naturalmente estados de consciência transcendentais. Além disso, pagará por cada experiência transcendental positiva ao usar canábis, uma vez que terá de reconstruir o sistema energético (Prana) no dia seguinte. E se o utilizar em excesso, o que é comum, e gastar Prana mais do que recebe, estará a recuar significativamente na sua viagem Espiritual.

TIPOS E ESTIRPES DE CANÁBIS

É fundamental exercer moderação e usar a canábis com sabedoria e respeito para evitar danificar o seu sistema energético. Nunca é demais afirmar isto. Em vez de apenas desencorajar totalmente o seu uso, o que seria irrealista tendo em conta a popularidade da planta e o seu poder Espiritual, posso oferecer alguma visão sobre os diferentes tipos e variedades de canábis e advertir contra o uso de outros.

No passado, a canábis era algo que crescia como uma planta no exterior, que era cortada, seca, e depois fumada para produzir uma "moca". Esta moca era sempre quase a mesma, uma vez que a canábis mantém características específicas no exterior e perde e ganha outras propriedades quando cultivada no interior. Este tipo de canábis é chamada Cess. É natural, cultivada ao ar livre, e amplamente utilizada nas ilhas das Caraíbas, sendo depois importada para a América do Norte.

Cess é a forma como a maioria das pessoas com mais de quarenta anos conhecem a canábis, uma vez que foi a isto que estiveram expostas enquanto cresciam. Nos últimos dez anos, no entanto, o campo do estudo da canábis evoluiu dez vezes, e diferentes tipos de canábis têm inundado o mercado. A principal razão pela qual a canábis evoluiu como planta é o seu uso no campo médico. À medida que a canábis foi sendo aceite como medicina alternativa, desenvolveram-se certas estirpes, que discutirei em pormenor. Descobri que algumas destas estirpes são muito benéficas para o processo de despertar da Kundalini e algumas inúteis e mesmo prejudiciais.

Os dois principais tipos de canábis que evoluíram depois da era Cess são Sativas e Índicas. As Sativas têm um elevado teor de Tetra-hidrocanabinol (THC) e menos Canabidiol (CBD), enquanto as Índicas têm menos THC e mais CBD. A CBD é o que dá ao corpo uma sensação de relaxamento. É o material que faz o corpo sentir-se "elevado". Quanto maior for o conteúdo de CBD, mais significativos são os efeitos de sedação no corpo físico.

As Índicas são frequentemente prescritas a doentes com cancro e a pessoas com esclerose múltipla, artrite, e epilepsia. A razão pela qual as Índicas são adequadas a estas pessoas é devido às suas propriedades anestésicas e analgésicas. A maioria dos pacientes com doenças que criam dor física são prescritos Índicas por ser um agente anestésico para o corpo. Muitos destes pacientes também têm frequentemente problemas de alimentação, e sabe-se que as Índicas aumentam mais o apetite do que as Sativas. O efeito típico de muitas Índicas é o "cadeado do sofá", o que significa que tranquiliza tanto o seu corpo e mente que se vê impossibilitado de se levantar do sofá.

Os doentes com cancro também recebem frequentemente óleo de CDB devido ao nível elevado e concentrado de CDB, fornecido sob a forma de gotas líquidas. Quando a canábis é ingerida, é administrada mais rapidamente no corpo e é normalmente muito mais potente. Com o óleo de CDB, tem controlo total sobre a quantidade de CDB que quer trazer para o corpo, uma vez que os efeitos são cumulativos com a quantidade de gotas que toma.

As sativas são mais do tipo cabeça ou mente alta, uma vez que o THC é psicoativo, o que significa que afeta profundamente a própria psicologia. As Sativas ajudam a aliviar problemas mentais e emocionais, uma vez que este tipo de canábis aumenta a criatividade ao mesmo tempo que induz euforia e acalma a mente. As Sativas são frequentemente prescritas a pessoas que sofrem de problemas mentais e emocionais, incluindo ansiedade crónica, depressão, neuroses e outros problemas em que a mente é ultrapassada pela negatividade enquanto o corpo físico permanece inalterado. As Sativas funcionam bem para o relaxar, mas deixam-no relativamente conhecedor e funcional. Por outro lado, a maioria das Índicas, na minha experiência, parecem desligar todas as funções cognitivas.

Os híbridos são uma mistura de Índicas e Sativas. Tenho considerado o uso de alguns Híbridos bastante benéfico, mas normalmente têm muito menos CDB e mais THC, que é a natureza das Sativas.

Em termos da viagem de transformação da Kundalini, a canábis pode ser muito benéfica no tratamento de crises de ansiedade, medo, e da negatividade emocional e mental geral que um despertar completo da Kundalini traz consigo na maioria dos casos. Além disso, se estiver com dificuldades no apetite devido a ser ultrapassado pelo medo, fumar canábis produz geralmente os "munchies", o que significa que desejará e acolherá a comida depois de a fumar. A canábis é também adequada para insónia, com a qual tive um problema durante alguns anos após o seu despertar. Embora as Índicas sejam frequentemente prescritas para insónia pelos médicos, dormi sempre como um bebé após uma sessão de fumo Sativas.

Em termos da minha experiência pessoal com canábis, apenas usei Sativas e aprendi a manter-me afastado das Índicas no início da minha viagem. As Sativas sempre relaxaram a minha mente enquanto me levavam a uma agradável "viagem" mental. Eliminaram todo o medo e ansiedade, neutralizando o meu Ego. Quando estava sob a influência das Sativas, fui capaz de refrescar tudo de forma positiva, devido ao sentimento elevado de euforia mental que estava a sentir. Estava também mais em contato com o momento, o Agora, e muito inspirado. Sempre senti que o meu Eu Superior estava em grande parte no comando quando eu estava sob a influência de Sativas. Outros indivíduos despertados pela Kundalini relataram todos os mesmos efeitos. Todos nós usávamos geralmente Sativas e não encontrávamos muita utilização nas Índicas. Isto porque a Kundalini é uma energia subtil que afeta a própria psicologia em vez do corpo físico.

Estão disponíveis no mercado muitos tipos diferentes de estirpes, com efeitos variados na mente, corpo e Alma. Algumas Sativas são melhores para inspiração e elevação, enquanto outras dão sensação de "aterrar", mas nítida. No entanto, outras ajudam a desenvolver a imaginação e o pensamento. Quando a mente está calma, tal como a natureza do que se sabe que a canábis induz, entra naturalmente num estado mais elevado e entra na Mente Cósmica.

As estirpes de Sativa de que gostei incluem Jean Guy (um dos meus favoritos), Diesel, Sour Diesel, Ultra Sourado, Cheese, Nukim, Jack Harer, Grapefruit, Strawberry, Champagne, Great White Shark, Candy Jack, G-13, Green Crack, Blue Dream, Maui

Wowie, Chocolope, Romulan, Pina Colada, White Castel, Zeus, G-13 Haze, New Balance, e Moby Dick. Tenha em mente que esta lista é atual até 2016, que foi quando deixei de usar canábis. Desde então, tenho a certeza de que foram desenvolvidas novas estirpes de Sativa que são úteis, mas não estão nesta lista.

Descobri que nunca tive realmente uma experiência negativa com nenhum Sativa desde que me tornaram produtivo e criativo em vez de letárgico. Por outro lado, as Índicas punham-me completamente na inércia e desligavam-me a mente. Este estado de espírito pode parecer apelativo para alguns de vós, mas compreendam que ao desligar a mente, a inspiração também se desliga. Assim, a melhor maneira de compreender as Sativas e as Índicas é dizer que as Sativas inspiram enquanto as Índicas adormecem.

Algumas Índicas são agradáveis, no entanto, são elas que o "desligam" um pouco, mas ainda assim o mantêm relativamente inspirado. Estas Índicas são geralmente da variedade Kush e Pink, tais como Purple Kush, Pink Kush, Kandy Cush, Cali Cush, Lemon Kush, Bubba Pink, Chemo, e OG Kush. O Trainwreck é também outra grande Indica que achei muito inspiradora. Todas estas estirpes de Índica têm um elevado conteúdo de CBD, mas também um nível adequado de THC. Acalmaram-me enquanto removiam toda a ansiedade e medo do meu sistema.

A minha variedade favorita de canábis é uma híbrida chamada Blueberry, uma variedade "anestesiante", mas ainda assim expansiva e inspiradora. Outras híbridas que encontrei que funcionam para mim são Rockstar, White Widow, Pineapple Express, Girl Guide Cookies, Blueberry Durban, Hiroshima, Grape Ape, Chemdawg, AK-47, Tangerine Dream, Alien Cookies, White Russian, Lemon Haze, Jack Haze, e Purple Haze.

MÉTODOS DE UTILIZAÇÃO DA CANÁBIS

Há quatro formas de fumar canábis. Pode-se enrolar um charro, usar um cachimbo, usar um bongo, ou vaporizar a canábis. Sempre fumei charros, e a razão é que era a forma mais eficiente de obter os efeitos desejados das Sativas. Os cachimbos e os bongos concentravam demasiado a variedade de canábis, o que perderia os efeitos subtis que eu procurava. Usar um cachimbo ou um bongo dar-me-ia pressão a mais na cabeça e demasiado "zumbido corporal" que eu desejava. Ambos os métodos suspendiam até certo ponto as minhas faculdades cognitivas em vez de as expandir, em contrário aos charros de Sativa.

Além disso, em vez de limpar bloqueios, muitas vezes criava outros se usasse um cachimbo ou um bongo. Só tive efeitos positivos ao usar um bongo de gelo, que criou a euforia desejada ao filtrar o fumo através de cubos de gelo.

Na vaporização a canábis é aquecida sem a queimar realmente. O dispositivo vaporizador utiliza o calor para libertar os ingredientes ativos sob a forma de um vapor que se inala. O fumo não é criado com este método, uma vez que a combustão não ocorre.

O vaporizador é mais seguro e menos prejudicial para a saúde do que fumar canábis. Não contém quaisquer toxinas nocivas do fumo, tais como alcatrão, amoníaco e agentes cancerígenos encontrados no fumo de canábis.

Achei o vaporizar interessante porque era a forma mais limpa de ficar pedrado, mas não estimulava muito a minha energia Kundalini. Fiquei pedrado, mas normalmente não durava muito, e depois cansava-me tremendamente. Além disso, precisava de comer mais comida com o vaporizar, uma vez que se extraía mais Prana do meu sistema do que fumar Sativas. Por conseguinte, não era um grande fã do vaporizar em geral.

CONCENTRADOS DE CANÁBIS E COMESTÍVEIS

Para vos dar a visão mais abrangente da canábis, tenho de abordar os concentrados e os comestíveis. Os concentrados são extratos derivados da canábis que contêm quantidades concentradas do composto psicoativo Tetra-hidrocanabinol (THC) e um sortido de outros canabinoides e terpenos. Abordarei apenas os dois concentrados mais populares: o Haxixe e o "Shatter" (extração de BHO).

O haxixe é a forma mais antiga de concentrado conhecida pelo homem, e embora a sua utilização não seja tão generalizada na América do Norte, países como o Líbano e a Índia ainda produzem haxixe no mercado negro para exportação. O Shatter é um tipo de concentrado que se acredita ser o mais puro e potente tipo de produto de canábis. Contém entre 60-80% de THC, em comparação com a canábis fumadora que contém em média 10-25% de THC. Tanto o Haxixe como o Shatter destinam-se a ser fumados, e não ingeridos.

A principal razão pela qual as pessoas usam concentrados em vez de fumar canábis é porque são mais eficientes na produção da moca desejada, uma vez que são mais potentes. Além disso, proporcionam um alívio mais rápido de problemas mentais, emocionais e físicos.

Em termos da minha própria experiência com concentrados, encontrei Haxixe para me dar efeitos semelhantes aos de fumar estirpes de Índica de canábis. Digo semelhante, mas não o mesmo. O zumbido corporal ou o corpo elevado é o efeito coletivo, embora o Haxixe seja mais potente do que as estirpes de Índica e tenha mais propriedades alucinógenas. Vi-me sem funcionalidade mental sob a sua influência. Na maioria dos casos, as minhas faculdades cognitivas seriam totalmente desligadas, enquanto, com Índicas, eu ainda poderia funcionar até certo ponto. Quanto à atividade da Kundalini, não achei o Haxixe útil na remoção de bloqueios no sistema, como fiz com o fumo das Sativas.

O Shatter, por outro lado, é um animal totalmente diferente. Fumar Shatter, popularmente conhecido como fazer "dabs", é um procedimento incómodo. Exige a utilização de um dispositivo único para fumar chamado "equipamento petrolífero" e um isqueiro maçarico. A plataforma petrolífera é semelhante a um bongo, apenas criado especificamente para fumar Shatter. Achei bastante inconveniente fumar Shatter por causa das ferramentas especializadas necessárias. Juntas e até cachimbos podem ser fumados em quase qualquer lugar, enquanto os bongos e os Shatter são principalmente fumados dentro de casa. A vaporização pode ser feita ao ar livre em dispositivos de vaporizadores compactos ou em interiores, em dispositivos mais elaborados.

Encontrei o Shatter para me dar a mais proeminente alta que alguma vez tive de produtos do tipo canábis. Encontrei o seu impacto semelhante aos efeitos que obtive das Sativas, só que muito mais considerável. Fiquei muito pedrado, muito rapidamente. Foi inspirador, sim, mas devido à alta concentração de THC, desgastar-me-ia muito rapidamente. Primeiro, estimulou a minha Kundalini em atividade, mas depois, como fiquei pedrado durante um período prolongado, desligou-a por completo. Uma vez isto aconteceu, não importava onde eu estava; precisava de fechar os olhos e descansar. Fui queimado muito rapidamente com o uso de Shatter, e por causa disso, não podia fazer dabs mais do que algumas vezes por mês.

Isto leva-me a um ponto importante: a necessidade de dormir depois de fumar canábis ou concentrados. Descobri que, para além das Sativas, estava sempre exausto após o esgotamento da altura e precisava de dormir imediatamente na maioria dos casos. O Vaporiza e fumar Shatter foi o que me deixou mais cansado e queimado. Na maioria dos casos, não fiquei funcional depois. Daí o porquê de ter ficado pelos charros de Sativas.

Outro produto popular da canábis são os comestíveis. Estes são alimentos e bebidas infusíveis de canábis. Quando se come canabinoides ativados, o THC metabolizado torna-se ainda mais psicoativo do que nunca, uma vez que é absorvido através do sistema digestivo e não da corrente sanguínea. Como resultado, a alta produção tem uma sensação totalmente diferente da de fumar canábis.

Os comestíveis mais populares e amplamente utilizados são brownies de canábis e bolachas. Todos os comestíveis são feitos incorporando óleos e manteigas de canábis, o que significa que praticamente qualquer receita alimentar pode incluir canábis. A parte mais desafiante dos comestíveis é a dosagem adequada. Uma vez que os efeitos demoram tempo a ser introduzidos, por vezes até duas horas, é fácil tomar o processo como garantido e ingerir mais do que é necessário, o que pode e leva a uma experiência desagradável. Testemunhei pessoalmente que as pessoas têm enormes quebras psicóticas devido a uma overdose com comestíveis. Devido à tendência das pessoas para tomarem demasiados comestíveis, uma vez que demora algum tempo a fazer efeito, fico estupefato que a sua utilização seja legal. É altamente irresponsável que os governos incluam os comestíveis como parte de produtos legais de canábis sem informar as pessoas sobre a dosagem adequada e potenciais efeitos secundários quando não são seguidos.

Os comestíveis estimulam a energia Kundalini para a atividade, e uma dose menor pode empurrar para fora quaisquer bloqueios mentais ou emocionais. Por outro lado, se tomar em demasia, toda a experiência pode ser tão intensa que se sentirá como se estivesse a tomar LSD, cogumelos, ou outra droga altamente psicoativa.

SUBSTÂNCIAS CONTROLADAS E CURTOS-CIRCUITOS

Quando se trata de álcool, não sinto a necessidade de descrever o que faz e como funciona, pois, penso que é do conhecimento geral. Em vez disso, mencionarei o efeito direto do álcool no sistema Kundalini para aqueles de vós que o tornaram parte da vossa vida. O álcool pode e cria bloqueios energéticos quando é utilizado em excesso. Pode provocar curto-circuitos Ida e Pingala, mas isto é mais raro do que quando comparado com as drogas recreativas. No entanto, quantidades copiosas de álcool, que funcionam para afetar o seu estado de espírito e alterá-lo num grau elevado, podem prejudicar o seu sistema Kundalini.

A regra geral é que qualquer droga ou substância recreativa que afeta e altera o estado de espírito pode prejudicar a pessoa despertada pela Kundalini. O café em quantidades significativas também pode ser prejudicial. Nunca experimentei um curto-circuito devido a beber café, mas também nunca bebi mais do que três chávenas de café num dia. Acredito que a regra geral de qualquer substância que afeta os pensamentos e as emoções pode e irá causar um curto-circuito se for usada em excesso.

As drogas duras e ilegais como a cocaína, ecstasy, MDMA, cogumelos, LSD, e outras podem provocar um curto-circuito Ida ou Pingala, ou ambos. A cocaína trabalha para amplificar a força de vontade principalmente, o que depois coloca Pingala em perigo. O uso excessivo de cocaína pode definitivamente causar um curto-circuito. Por outro lado, o Ecstasy e o MDMA trabalham sobre emoções e sentimentos, o que coloca a Ida em perigo.

Enquanto a cocaína aumenta os níveis de dopamina, o ecstasy e o MDMA aumentam os níveis de serotonina. A incrível alta será seguida por uma baixa emocional potencialmente devastadora quando os seus níveis de dopamina ou serotonina estiverem esgotados. Por esta razão, os viciados em cocaína têm geralmente problemas de raiva, enquanto os utilizadores regulares de ecstasy ou MDMA sofrem de depressão - os seus sistemas nervosos estão completamente desequilibrados.

Os cogumelos e o LSD são drogas psicoativas poderosas com elevadas propriedades alucinógenas que afetam a Ida e a Pingala. Afinal, a alucinação afeta tanto a força de vontade como as emoções ao mesmo tempo. O mesmo se aplica ao abuso do álcool, o que põe em risco a Ida e a Pingala. Uma vez que é cultivado na Terra, o mesmo que a canábis, os cogumelos são a forma mais segura para se experimentar estados alterados de consciência. No entanto, é preciso estar preparado para esta experiência mental e emocionalmente, uma vez que ela dura muitas horas.

O canábis, como mencionado, coloca a Ida em perigo. Ainda hoje, com as variadas e poderosas variedades de canábis disponíveis que têm impacto tanto na força de vontade como nas emoções, pode afetar tanto a Ida como a Pingala. Por exemplo, posso imaginar que fumar demasiado de uma estirpe Indica pode ser prejudicial à integridade da força de vontade de cada um, uma vez que este tipo de marijuana desliga quase totalmente a influência do Elemento Fogo. Pelo contrário, fumar estirpes de Sativa de canábis, que afetam o estado emocional, o Elemento Água, pode e põe em risco o canal Ida quando se faz em excesso.

Não concordo com as pessoas que dizem que a canábis é uma droga de entrada para drogas duras e ilegais como as que mencionei e as injetáveis como a heroína. A canábis é, quando muito, uma porta de entrada para a mente. Se tiver uma propensão para experimentar drogas e experimentar com elas, fá-lo-á sem necessariamente experimentar primeiro a canábis. Como declaração final sobre este tópico, gostaria de salientar que o uso de qualquer destas drogas recreativas que não seja a canábis, que também é usada como droga medicinal, tem um valor terapêutico zero.

***

Espero que a minha experiência com canábis e produtos relacionados com canábis tenha sido perspicaz, como pretendido. Contudo, compreenda que a canábis não é para todos. Portanto, façam os vossos próprios juízos e procedam à vossa discrição com base nas informações que receberam. Independentemente disso, o tabu na sociedade precisa de ser removido relativamente ao uso de canábis, especialmente para o bem dos iniciados despertados pela Kundalini, porque a maioria das pessoas despertadas com que me deparei tiraram experiências positivas do seu uso.

Tenha também em mente que as estirpes atuais são muito mais poderosas do que as do passado e devem ser abordadas com cautela. É melhor começar sempre com uma dose pequena e aumentar em conformidade, para que se possa familiarizar com os efeitos de uma determinada estirpe. Ouça o seu corpo e mente e aborde a canábis como um cientista para que possa descobrir que estirpes funcionam bem para si.

A utilização de canábis num ambiente meditativo e ritualístico terá efeitos muito diferentes do que fumá-la de forma recreativa com amigos ou em festas. Aconselho sempre a usar canábis com a intenção e o trabalho Espiritual adequados em mente. Como indivíduo despertado pela Kundalini, as Sativas foram uma bênção na minha vida quando estava num momento de necessidade. Se não existissem, provavelmente não teria fumado os outros tipos de canábis de todo.

No entanto, é fácil desenvolver uma dependência da canábis se fumar regularmente. Qualquer coisa pode começar como uma coisa positiva e depois tornar-se negativa se o fizer em demasia. Dei por mim nesta situação durante cerca de um ano e meio, mesmo antes de ter decidido deixar completamente de fumar em 2016.

Depois de deixar o que se tornou o meu vício na altura, experimentei tremendas mudanças positivas na mente, no corpo e na Alma que vale a pena mencionar. Em primeiro lugar, a minha vontade e ambição aumentaram dez vezes. Independentemente de algumas pessoas dizerem o contrário, fumar canábis afeta a produtividade na sua vida. Muita coisa. Pode não o ver se estiver preso dentro da moldura como eu estava, mas ele vê. Afeta também o seu desejo de se destacar da multidão e procurar a grandeza.

A canábis faz-nos contentar com a vida, e quando estamos demasiado confortáveis, deixamos de procurar a mudança e de tentar melhorar a nós próprios e a nossa vida. Quando estás elevado, elevas-te acima das tuas emoções, mas porque não as processas naturalmente, roubas-te a ti próprio de aprender com elas e de avançar em diferentes áreas da tua vida. Afinal, uma das razões pelas quais temos sentimentos tão poderosos é porque estamos destinados a aprender com eles e a crescer psicologicamente.

A canábis neutraliza o medo, o que é bom quando se está desesperado, mas lembre-se, o medo existe para nos tornar fortes. Ao tornarmo-nos dependentes de qualquer substância para nos ajudar a lidar com a energia do medo, impedimo-nos de evoluir mais naturalmente. Sim, a vida é mais difícil sem as drogas e o álcool para nos ajudar a tirar a vantagem. Mas quanto mais desafiante é algo, a recompensa é muito mais doce.

Se introduzir drogas e álcool na equação, impede-se de desenvolver as âncoras mentais necessárias que ajudam quando se lida com tempos difíceis. Como seres humanos, exigimos que a resistência da vida se torne forte e aprendamos a lidar com situações difíceis na vida. Precisamos do medo como um bloco de construção para podermos desenvolver coragem.

Tenha em mente agora que estou a falar com pessoas que desenvolveram uma dependência da canábis. Se fumarmos algumas vezes por mês, não vejo como pode ter quaisquer efeitos secundários realmente adversos. Tenha apenas em mente que está a lidar com algo que se pode tornar viciante se não praticar moderação.

PARTE XI: MEDITAÇÕES KUNDALINI

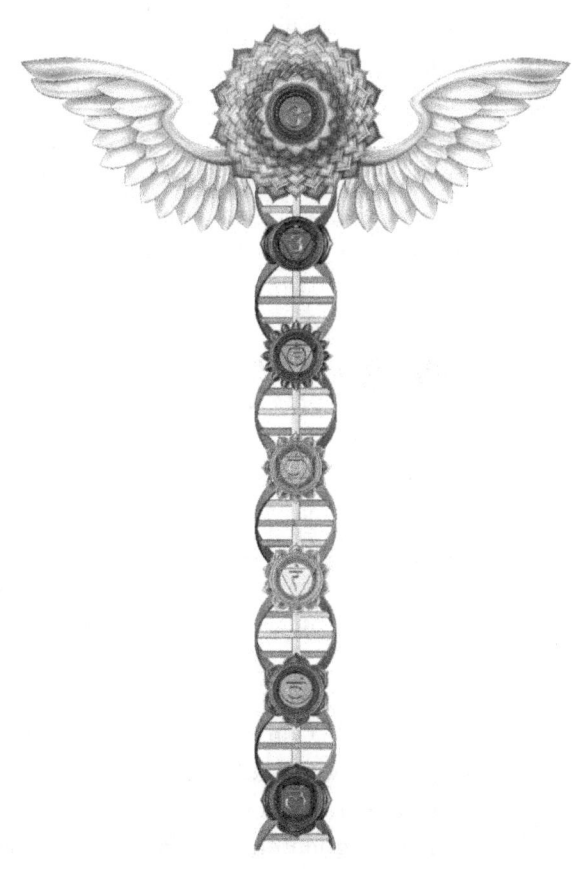

RESOLUÇÃO DE PROBLEMAS DO SISTEMA

Tendo passado por muitas situações desafiantes durante o meu despertar Kundalini, fui forçado a resolver os meus problemas e a descobrir formas de me ajudar a mim próprio. A maioria das pessoas passará por experiências adversas que chocam o sistema Kundalini e depois lidam com as ramificações sem métodos viáveis de se ajudarem a si próprias. A maioria das pessoas acordadas que experimentam um curto-circuito da Kundalini trabalham na reconstrução da energia através da ingestão de alimentos, o que pode levar pelo menos alguns meses ou mais. No entanto, encontrei formas de reconectar os canais através de diferentes meditações em apenas meia hora, no máximo, por vezes até em poucos minutos. Discutirei estas meditações abaixo, dando-vos uma orientação adequada sobre a aplicação de cada uma para várias situações.

1. Língua no Telhado da Boca (Jiva Bandha)

Coloque a ponta da sua língua no monte carnudo mesmo atrás dos seus dentes superiores. O meio da sua língua deve trancar com a parte recuada no céu da boca. Este exercício poderoso chamado Jiva Bandha nos ensinamentos Ioga é essencial para os indivíduos despertados pela Kundalini, uma vez que completa o circuito da Kundalini, permitindo que a energia se mova para cima. Primeiro entra na parte frontal do túnel do Olho da Mente, ligeiramente entre as sobrancelhas, e depois passa progressivamente através do Quarto, Quinto, Sexto, e finalmente, Sétimo Olho, que é um dos pontos de saída da Kundalini que completa o seu circuito.

A realização deste exercício direciona o seu foco para os dois Chakras espirituais mais elevados, Ajna e Sahasrara, em vez dos Chakras inferiores. Permitirá que o seu Eu Superior assuma a consciência através da intuição recebida do Ajna Chakra, superando o ímpeto do Eu Inferior, o Ego. Faça deste exercício uma parte regular do seu dia. Tente ter a sua língua no céu da boca o mais frequentemente possível para permitir que a energia se canalize para cima no córtex frontal do seu cérebro. Esta área é onde Ida e Pingala convergem no centro do Olho da Mente, mesmo acima do meio das suas sobrancelhas, mesmo dentro da cabeça.

Este exercício particular é também utilizado para reconstruir o sistema Kundalini uma vez que se tenha experimentado um curto-circuito. Lembre-se, a menos que Ida e Pingala convirjam em Ajna Chakra, o circuito da Kundalini permanecerá aberto, o que causará problemas mentais e (ou) emocionais. Colocar a língua no céu da boca com continuidade e diligência permitirá que Ida e Pingala se reconvertam em Ajna e se movam naturalmente para cima para o Sétimo Centro Ocular como um fluxo de energia. Como tal, o circuito Kundalini fechará, o que lhe permitirá experimentar o reino extático da Não-dualidade, o Reino Espiritual, através do Bindu Chakra no topo, na parte de trás da cabeça.

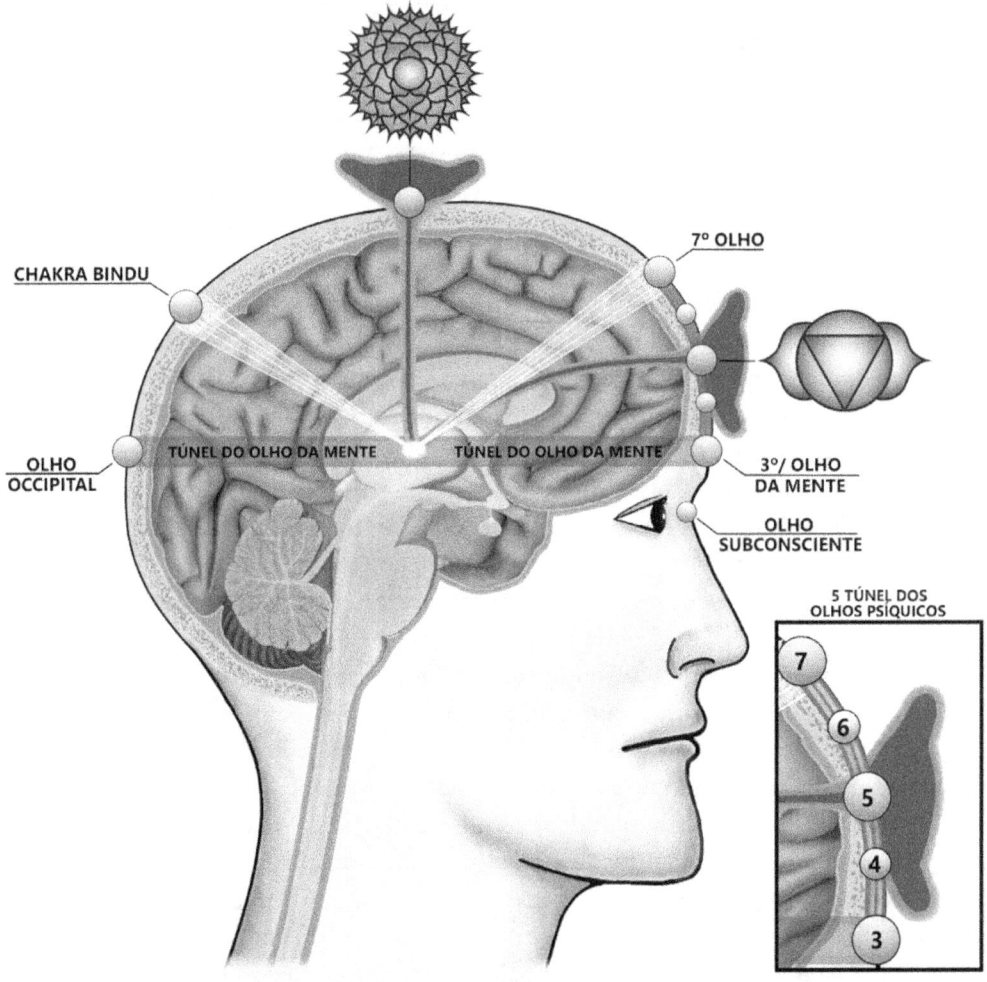

Figura 162: Os Principais Centros de Energia da Cabeça

2. Meditação Oftalmológica da Mente

A primeira e mais crítica meditação é sobre o Olho da Mente, o portal energético de Ajna Chakra, um centro de consciência que é uma janela para os Reinos Cósmicos. A entrada frontal deste portal situa-se entre as sobrancelhas, mesmo acima do nível dos olhos, na sua testa. No entanto, a localização do seu ponto de meditação está a um centímetro da superfície da pele, dentro da cabeça. (Use a Figura 162 como referência para localizar os Centros de Energia da Cabeça Principal, enquanto a Figura 163 se refere aos pontos reais de meditação relacionados com esses centros).

Pode olhar para cima neste ponto com os olhos fechados, projetando ligeiramente os olhos para cima. Ida e Pingala convergem neste ponto, o que é necessário para completar o circuito Kundalini. Se ficarem aquém desta convergência de Ida e Pingala, o circuito não estará totalmente ativo dentro do Corpo de Luz.

Concentrar a sua atenção neste ponto durante a meditação estimula a Glândula Pineal, que tem uma ligação íntima com a Alma. Sentirá uma atração magnética em direção ao Olho da Mente, se se concentrar corretamente nele. A atenção deve ser sempre colocada no Olho da Mente, que, quando devidamente aplicado, estimula o Bindu na parte de trás da cabeça, afetando o fluxo de energia no circuito da Kundalini e fazendo-o funil para fora do Bindu.

Para realizar esta meditação corretamente, deite-se de costas com as mãos estendidas e coloque suavemente a sua atenção sobre o Olho da Mente. Pode controlar a sua respiração com a Respiração Quádrupla, o que também ajudará a permitir-lhe atingir um estado meditativo. A atenção precisa de ser mantida no Olho da Mente, mesmo enquanto quaisquer pensamentos ou imagens atravessam a sua mente. Se mantiver a sua atenção neste ponto com sucesso durante aproximadamente dois a três minutos, por vezes menos, nova convergência ocorrerá, e o sistema energético reativar-se-á.

Agora, durante o dia, terá clareza de espírito e pensamentos, incluindo o equilíbrio nas suas emoções. Pode não sentir que fez uma grande diferença no início, mas quando ingerir alguma comida e dormir bem, sentirá uma sensação de renovação e começará a gerar inspiração novamente. Sem esta convergência de Ida e Pingala, é impossível criar um impulso e permanecer inspirado por qualquer período significativo.

3. Meditação do Sétimo Olho

O Sétimo Olho está localizado onde a sua linha do cabelo se encontra com a sua testa, no centro. Este ponto de localização está aproximadamente um centímetro fora da sua cabeça, mesmo acima desse ponto. A energia da Kundalini precisa de sair deste ponto, uma vez que o Sétimo Olho é a contraparte do ponto Bindu na parte de trás superior da cabeça. Eles trabalham em conjunto para fazer circular a energia da Kundalini por todo o corpo.

Se o circuito Kundalini estiver estagnado ou inativo, esta é uma das meditações que pode fazer para o pôr a funcionar de novo. Se houver um bloqueio neste ponto ou o circuito da Kundalini tiver deixado de funcionar, é necessário reabrir este canal e levá-lo a canalizar corretamente a energia. Se este ponto não estiver ativo, não notará qualquer componente visual associado aos seus processos de pensamento e que a sua inspiração é baixa. Os seus poderes imaginativos serão afetados, e perderá a sua ligação ao Agora, o momento presente, fazendo-o introvertido e cair na presa do Ego.

O centro do Terceiro Olho é o ponto de acesso para a energia se deslocar para o Sétimo Olho e para o Bindu na parte de trás da cabeça. Por isso, recomendo fazer primeiro a meditação do Olho da Mente para ajudar a mover a energia para cima, para os centros mais altos da cabeça. Depois, concentrando-me no Sétimo Olho, completarei o passo final de mover a energia para fora da cabeça para completar o circuito.

Para esta meditação, deite-se de costas com as palmas das mãos estendidas e concentre a energia no centro do Sétimo Olho. Realize o Respiração Quádrupla para acalmar a sua mente. Se mantiver a sua atenção no Sétimo Olho durante dois a três minutos ininterruptos, a energia da Kundalini subirá e passará por este ponto. Como tal, o Bindu será reativado, permitindo que o circuito da Kundalini flua corretamente no Corpo de Luz.

Para o resto do dia, recomendo passar o resto do dia em solidão. Na minha experiência, uma vez feita a meditação do Sétimo Olho, a minha energia fica bastante afetada para o dia, o que me afasta quando interajo com outros. Este exercício retira Prana do sistema, fazendo-o sair sem vida, desequilibrado, e emocionalmente em baixo quando falo com outras pessoas. Após uma boa noite de sono, porém, o circuito deve regenerar-se com energia Prana e tornar-se otimizado, levando-o de volta aos 100%.

Além disso, a ingestão de alimentos é essencial para alimentar o sistema de volta após esta meditação. Poderá necessitar de um ou dois dias de ingestão alimentar para regenerar totalmente as suas energias interiores, uma vez que trabalhar com o Sétimo Olho e Bindu coloca mais tensão no circuito Kundalini do que apenas trabalhar com o Olho da Mente. Estes dois pontos são os pontos de saída da energia da Kundalini; assim, trabalhar com eles pode afetar muito o seu estado psicológico.

4. Meditação Occipital dos Olhos

Esta meditação é para iniciados mais avançados porque é necessário ter construído a energia do Espírito dentro do seu sistema (que só ocorre quando o circuito Kundalini está ativo durante algum tempo) para que comece a transformar-se da energia do Fogo num líquido refrigerante, a energia do Espírito. Esta energia do Espírito far-vos-á sentir como se fossem feitos de Mercúrio líquido, o que provoca uma sensação de arrefecimento no vosso Corpo de Luz e de completa transcendência na consciência.

Este Espírito líquido derrama naturalmente na parte de trás da cabeça. Algumas pessoas relataram mesmo uma sensação de que ele cai para a parte de trás da garganta. Na minha opinião, estas alegações são mal-entendidos que se relacionam com a perceção. Como discuti num capítulo anterior, é fácil confundir algo que acontece no Corpo de Luz com algo que acontece no corpo físico após um despertar da Kundalini. Afinal, ambos são experimentados como reais à consciência, e como o Corpo de Luz é uma coisa nova, a consciência precisa de algum tempo para aprender a diferenciar entre os dois. Esta é a minha opinião, pelo menos, mas que estou disposto a debater com qualquer pessoa, tendo testemunhado este fenómeno durante mais de dezassete anos.

O Olho Occipital está localizado diretamente oposto ao Olho da Mente. Portanto, deve concentrar-se num ponto de meditação um centímetro no interior da cabeça para puxar a energia para a parte de trás da cabeça. Contudo, se verificar que isto não está a funcionar para si, pode focar um centímetro no exterior da cabeça na mesma área. Uma vez que está a tentar puxar a energia para trás na sua cabeça, poderá precisar de trabalhar com ambos os pontos de meditação, uma vez que a energia pode ficar presa lá e necessitará de alguma criatividade da sua parte para empurrar e criar um fluxo adequado.

Para ajudar nesta meditação, gosto de imaginar o meu Eu Astral parado um pé fora de mim, olhando diretamente para a parte de trás da minha cabeça. Mantendo esta visão ou mantendo a minha atenção num dos dois pontos de meditação do Olho Occipital, ocorrerá um alinhamento onde a energia do Espírito líquido é puxada para trás da cabeça, o que empurra para fora quaisquer estagnações ou bloqueios de energia, otimizando o fluxo do circuito da Kundalini.

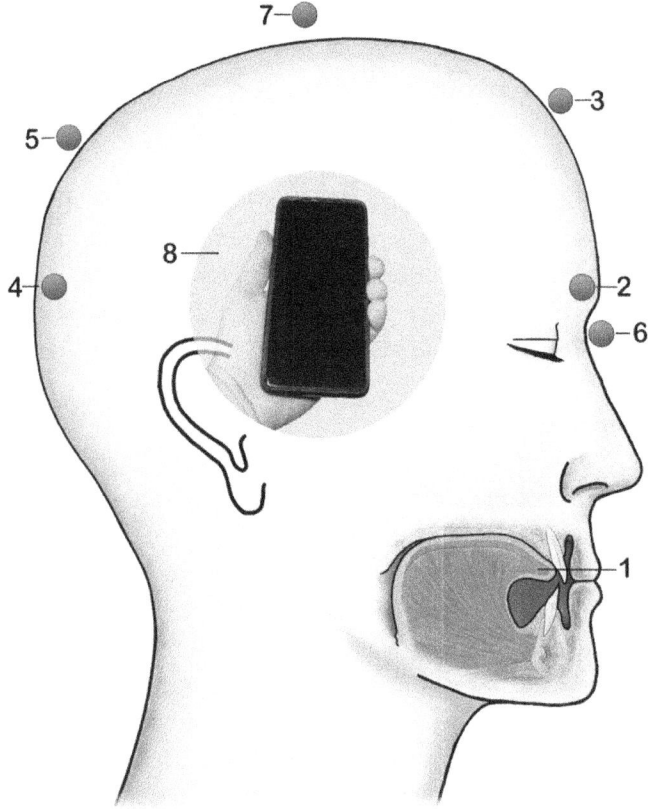

Figura 163: As Meditações Kundalini

5. Meditação Bindu Chakra

O Bindu Chakra é essencial porque é o ponto de saída que completa o circuito Kundalini. Quando permitimos que a Kundalini flua para fora deste ponto, a consciência experimenta a unicidade com todas as coisas, um estado de meditação perpétua e transcendência pura. Isto porque o Bindu é a porta de entrada para o Chakra Causal, onde a dualidade encontra a Não-dualidade. Portanto, meditar sobre este ponto é vital para manter a integridade do circuito da Kundalini. Tem de haver um constante e subtil puxar da energia para fora, para a parte superior da cabeça.

Um fluxo adequado de energia nesta altura faz com que se veja a si próprio na terceira pessoa. Cria uma sensação de que a sua consciência está elevada acima do seu corpo físico, onde pode ver o seu rosto a partir de uma perspetiva de terceira pessoa. Desta forma, percebe continuamente o seu Eu físico, as suas expressões faciais e a energia que coloca no Universo, juntamente com os seus pensamentos interiores, em simultâneo. Este estado de Ser indica um elevado estado de evolução Espiritual com a energia da Kundalini.

O ponto Bindu está na parte de cima da cabeça, diretamente oposto ao Sétimo Olho. O seu ponto de meditação está um centímetro fora da cabeça, tal como o Sétimo Olho. Esta meditação é mais comum do que o Sétimo Olho e irá aliviar mais problemas, mental e emocionalmente. Quando há demasiada energia estagnada na cabeça, o Ego utilizará esta situação para a sua agenda, introduzindo pensamentos negativos que criam medo para se apropriar da consciência. Isto fará com que a Kundalini desça do Bindu Chakra. Não tem de haver um curto-circuito de qualquer canal para que isto ocorra; pode acontecer devido ao aumento do stress ou ao acolhimento de pensamentos negativos durante um período prolongado.

Para realizar esta meditação, deite-se de costas com as mãos estendidas enquanto se concentra no ponto de meditação do Bindu Chakra, que está um centímetro fora do topo, na parte de trás da cabeça. Execute o Sopro Quádruplo para acalmar a mente e entrar num estado meditativo. A concentração neste ponto afeta o Bindu e o Chakra Causal, que está intimamente ligado ao Bindu.

A chave para estas meditações de cabeça é concentrar a sua atenção num ponto particular dentro ou fora da cabeça durante dois a três minutos com concentração total. Gosto de me imaginar a bater continuamente no ponto de meditação com o meu dedo indicador. Tenha em mente que estou a falar de imaginar o meu dedo Astral a fazer isto com o poder da minha mente. Desta forma, incorporo imaginação e força de vontade, utilizando assim ambos os canais Ida e Pingala. Ao fazê-lo, estimula a energia e empurra-a para fora, completando assim o circuito. Esta meditação também pode ser realizada sentado, enquanto as outras meditações mencionadas até agora funcionam melhor deitado, na minha experiência.

6. Meditação Oftalmológica Subconsciente

O Olho Subconsciente permite a todos os indivíduos plenamente despertos da Kundalini verem o conteúdo na sua mente subconsciente para ganharem mestria sobre os seus pensamentos e realidade. Este centro psíquico situa-se no ponto em que o meio dos olhos encontra a ponte do nariz. Contudo, suponha-se que há um aumento de energia negativa e de pensamentos temerosos dentro da mente. Nesse caso, este ponto de libertação fica bloqueado, e o indivíduo não pode ver o conteúdo subconsciente.

A Ida pode entrar em colapso simultaneamente, ou é a Ida em colapso que muitas vezes provoca o encerramento deste centro psíquico. Lembre-se, todo o stress, ansiedade, e pensamentos negativos e temerosos colocam a Ida em perigo quando focalizada durante demasiado tempo. Se Ida colapsar, ou se acontecer por si só, este ponto terá de ser reaberto antes de poder funcionar bem novamente. O local em que precisa de se concentrar é logo acima da ponte do nariz, um centímetro fora da cabeça.

Quando se respira, este centro psíquico respira consigo. A energia psíquica está a ser introduzida no Olho Subconsciente, o que lhe permite ter pensamentos e emoções saudáveis. Cada respiração acordada deve renovar a sua mente quando estes centros psíquicos funcionam corretamente. Se alguma energia nesta altura estagnar, terá uma mente pouco saudável e cheia de medo. Terá dificuldade em olhar para o futuro e agarrar-se-á ao passado, pensando continuamente no passado de forma obsessiva.

Pensamentos ou emoções obsessivas causam frequentemente este centro psíquico a ficar bloqueado, uma vez que ao pensar obsessivamente em algo, está a concentrar demasiado a sua atenção na parte de trás da sua cabeça, o que pode retirar energia dos Cinco Olhos Psíquicos e do Olho Subconsciente, fazendo com que alguns deles fiquem bloqueados. Lembre-se, a localização real da mente subconsciente é na parte de trás da cabeça, enquanto o Olho Subconsciente é uma janela ou portal que nos permite ver o seu conteúdo.

Esta meditação deve ser realizada deitado com as palmas das mãos estendidas. Ajudaria se utilizasse a Respiração Quádrupla para se manter no estado de espírito correto enquanto realiza esta meditação. A atenção deve ser mantida no ponto descrito durante pelo menos dois a três minutos, sem interrupções. Se tiver sucesso, haverá uma sensação de arrefecimento na ponte do nariz, e sentirá a pressão à medida que a energia sair dela para a atmosfera à sua frente. Sentirá uma libertação imediata de pensamentos passados e uma capacidade de pensar e ficar entusiasmado com o futuro.

7. Meditação Sahasrara Chakra

O Sahasrara Chakra é o Chakra mais crítico no contexto de um despertar da Kundalini, uma vez que é a nossa ligação com a Fonte Espiritual, a Luz Branca. Sahasrara é o mais elevado do corpo no topo, no centro da cabeça, e a sua função regula O circuito Completo da Kundalini quando aberta e ativa. Por conseguinte, é sempre necessário que haja um fluxo de energia para dentro dele; caso contrário, o circuito da Kundalini deixará de funcionar. No raro caso de a energia da Kundalini descer do Sahasrara, esta simples meditação pode elevá-la de novo para cima, fazendo com que o fluxo central de energia através do Sushumna volte a funcionar corretamente. Lembre-se, Ida, Pingala, e Sushumna unem-se em Ajna como um fluxo de energia que sobe para o Sahasrara.

Portanto, se este fluxo de energia descer abaixo do Sahasrara, esta é a meditação que precisa de utilizar para o trazer de volta para cima.

Para realizar esta meditação, deite-se deitado de costas com as palmas das mãos estendidas. Primeiro, utilize o Bafo Quádruplo para se colocar em estado meditativo. Em seguida, feche os olhos físicos e enrole-os para trás, tentando olhar para cima no topo da cabeça, aproximadamente dois centímetros acima do centro do seu crânio. Embora Sahasrara esteja no topo, no centro da cabeça, descobri que focar dois centímetros acima dela em vez de um, ou diretamente sobre ela, facilita um impulso necessário para que o canal de energia da Kundalini se eleve para Sahasrara.

Prestem atenção a este ponto durante dois a três minutos, sem interrupções. Se for bem-sucedido, sentirá um fluxo de energia mover-se através do seu cérebro, alcançando Sahasrara. Se isto não funcionar e sentir uma queda definitiva do Sahasrara, então terá de reconstruir os fios da Kundalini na sua cabeça através da ingestão de alimentos, transformando os alimentos em energia Ligeira ou Prana. Poderá precisar de algumas semanas a um mês. Poderá realizar esta meditação de poucos em poucos dias enquanto reconstrói o seu Corpo de Combustível de Luz, para cuidar desta situação.

8. Manter uma Imagem na Meditação da Mente

Outra meditação fundamental que pode ajudar a aliviar problemas mentais e emocionais é imaginar um objeto simples na sua mente e manter a sua imagem visual com total concentração. Ajuda se a coisa que está a imaginar é algo que tem frequentemente na mão, como o seu telemóvel, para que possa imaginar o seu aspeto e sensação na mão, usando os seus sentidos astrais e o poder da sua mente.

Esta meditação é útil se houver um bloqueio no Bindu Chakra e quando nenhuma outra meditação de pontos de cabeça funcionar. É uma meditação poderosa porque incorpora tanto os canais Ida como Pingala durante o seu desempenho. Quando faz qualquer atividade mental que requeira a sua força de vontade, está a usar o seu canal Pingala. Inversamente, quando usa a sua imaginação e está a pensar numa imagem na sua mente, está a usar o seu canal Ida. Ao manter uma imagem na sua mente durante um período prolongado, está a reabrir e a realinhar tanto Ida como Pingala e a permitir-lhes canalizar o Bindu Chakra, como é natural que façam em indivíduos totalmente despertados pelo Kundalini.

Notará que se realizar esta meditação, a componente visual de segurar a imagem na sua mente irá melhorar e tornar-se mais definida. Poderá até sentir movimentos de energia no seu corpo, ao longo da frente do seu tronco, de ambos os lados, onde se encontram os canais Ida e Pingala. Pode também sentir traços de energia a mover-se através da frente do seu rosto.

Por exemplo, um alinhamento pode ocorrer num canal de energia que se move centralmente através do seu queixo até ao seu lábio inferior. Pode também sentir energia a mover-se dentro do seu cérebro, uma vez que os fios da Kundalini estão a ser infundidos com o Espírito líquido. Se sentir algum destes movimentos, é um bom sinal de que a sua meditação está a funcionar e Ida e Pingala estão a alinhar-se. Quando a sua meditação for bem-sucedida, deve finalmente sentir pressão na parte superior da nuca à medida que o seu Bindu Chakra é infundido, sinalizando que o circuito da Kundalini se reativou completamente.

9. Tornar-se um com uma Meditação de Objeto

Outra meditação poderosa para otimizar os canais Ida e Pingala e realinhar o circuito Kundalini é focar um objeto à sua frente durante um período prolongado. Esta meditação visa sair fora de si e tornar-se um com o objeto, sentindo a sua essência. Tornas-te exteriorizado quando o fazes, permitindo aos Nadis realinharem-se e assumirem o seu fluxo natural. É geralmente o conteúdo da nossa mente e o mau uso da nossa força de vontade que bloqueia ou estagna o fluxo dos Nadis.

A chave é manter uma mente vazia e um foco intenso em qualquer objeto em que se esteja a meditar. Sinta a sua textura e use os seus sentidos astrais sobre ele. Limpe a sua mente, e não ouça os pensamentos do seu Ego enquanto ele tenta dissuadi-lo da tarefa em mãos.

Pode também meditar sobre um ponto fixo à sua escolha ou uma imagem. No entanto, acho que meditar num objeto tridimensional funciona melhor uma vez que pode usar todos os seus sentidos astrais sobre ele, permitindo que a sua mente se mantenha ocupada, o que induz o silêncio. Utilizar os sentidos astrais na meditação é uma boa distração para a mente, uma vez que esta não pode concentrar-se nisso e pensar em simultâneo.

Absorver-se inteiramente no objeto ou ponto fixo, ou imagem, sem perder o foco. Pode pestanejar, embora os seus olhos devam regar ligeiramente quando feito corretamente, sinalizando uma concentração poderosa. Ao realizar esta meditação, esteja atento ao ponto Bindu na parte superior da nuca. Após cerca de cinco a dez minutos deste exercício, deverá sentir o seu Nadis realinhar-se à medida que o seu ponto Bindu se torna infundido de energia. Isto é um sinal de que o circuito Kundalini se tornou otimizado.

10. Meditando sobre o Chakra Estrela da Terra

Uma vez que o Chakra Estrela da Terra fornece as correntes feminina e masculina para os Ida e Pingala Nadis, se houver falta de fluxo de energia através de qualquer um deles, poderá ser necessário meditar sobre a sua fonte para os alimentar de novo. Pode fazê-lo colocando a sua atenção na sola dos pés e mantendo-a lá, sem interrupções, enquanto se concentra na Estrela da Terra seis polegadas abaixo dos pés.

Lembre-se, o canal Pingala passa pela perna direita e pelo calcanhar, enquanto o canal Ida passa pela esquerda. Ambos se ligam com o Chakra Estrela da Terra. Assim, se fizesse a sua meditação corretamente, sentiria um alinhamento energético na parte inferior do calcanhar correspondente ao Muladhara Chakra, assinalando que Ida ou Pingala reativaram. Ao mesmo tempo, a meditação sobre a Estrela da Terra proporciona a base mais adequada necessária para manter os outros Chakras e Corpos Subtis em equilíbrio.

Portanto, pratique esta meditação frequentemente, mesmo que não tenha problemas com os canais Ida ou Pingala.

***

Uma nota final sobre curto-circuitos da Kundalini e as meditações apresentadas neste capítulo. Primeiro, compreender que os curto-circuitos, em geral, não são perigosos num sentido físico mas sim psicológico. Por conseguinte, fazer estas meditações não pode prejudicá-lo, mas pode beneficiá-lo significativamente Espiritualmente e permitir-lhe controlar a sua experiência real em vez de ficar à mercê da energia da Kundalini.

No entanto, embora estas meditações tenham funcionado para mim em quase todos os casos, não posso garantir que funcionarão sempre para si. Tendo-as desenvolvido, obtive uma ligação intuitiva com cada meditação onde, após o diagnóstico do problema, posso implementar a correta com uma precisão de 90%. Isto não posso transmitir-lhe, mas espero que possa aprender a fazer o mesmo com prática e experiência.

Creio que o manual dos nossos sistemas Kundalini é o mesmo e que o Criador não faria o meu sistema Kundalini diferente do seu porque somos todos feitos dos mesmos componentes físicos, emocionais, mentais e espirituais. Por conseguinte, acredito que as questões da Kundalini são universais, o que significa que estas meditações devem funcionar também para si.

Para finalizar, espero que, ao utilizar estas meditações, procure formas de as fazer avançar e encontrar as suas próprias descobertas. Devemos coletivamente manter a Ciência da Kundalini em contínua evolução e alcançar novas alturas, de modo que aqueles que vierem depois de nós, se baseiem nos nossos erros e descobertas. Ao fazê-lo, não estamos apenas a desenvolver-nos, mas também a Ciência da Kundalini como um campo de estudo.

PARTE XII: ACONSELHAMENTO KUNDALINI

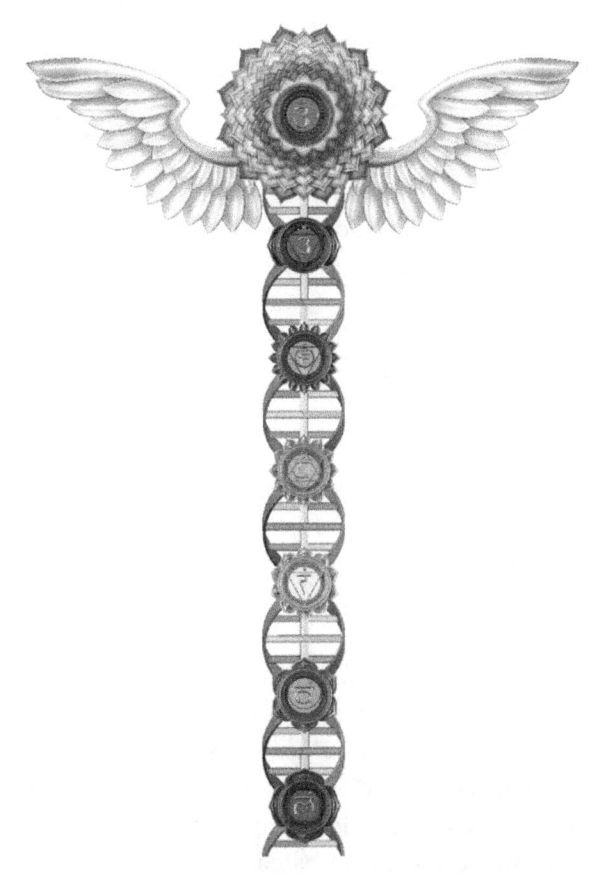

DICAS GERAIS

Ao longo dos últimos dezassete anos, muitas pessoas da Kundalini despertaram o meu contato através das redes sociais, pedindo-me conselhos sobre o que esperar e como lidar com potenciais questões que surgem no seu processo de transformação. Descobri que muitas das suas perguntas e preocupações eram as mesmas, e os seus inquéritos partilhavam um fio condutor comum, uma vez que o processo de transformação é universal. Este capítulo discutirá estes pontos em comum e partilhará algumas dicas gerais para aqueles de entre vós que se encontram no meio de uma transformação Kundalini.

A Kundalini não é uma manifestação física, embora muitas vezes se sinta como se fosse. Como o Corpo de Luz se está a aperfeiçoar ao longo do tempo, a consciência oscila entre o corpo físico e o Corpo de Luz, tentando dar sentido às coisas. Antes do despertar, a consciência costumava funcionar apenas a partir do corpo físico. Por conseguinte, as diferentes manifestações da Kundalini podem sentir-se físicas no início, mas não o são.

As pessoas dizem-me frequentemente que sentem pressão em diferentes partes do seu corpo, geralmente na sua área da cabeça ou do coração, e perguntam-me porque é que isto está a acontecer. Querem saber quando irá parar e se estas questões irão evoluir para doenças corporais. Compreendem que a Kundalini está a trabalhar através de uma área com centros psíquicos que precisa de despertar para localizar a energia aí existente. Por vezes, isto exige que se pressione contra bloqueios energéticos formados ao longo do tempo por pensamentos e crenças negativas sobre si próprio e sobre a vida em geral. Embora pareça uma pressão física, manifesta-se no Plano Astral. No entanto, como a mente é o elo de ligação, interpreta mal esta informação. Afinal, a mente nunca experimentou nada parecido com isto antes, e fica facilmente confusa nesta situação. Assim, não é invulgar que a pessoa que experimenta estas sensações comece a sentir medo e ansiedade por pensar que algo de prejudicial está a acontecer ao seu corpo físico.

Os Chakras e os nervos que os rodeiam precisam de ser completamente infundidos com a Luz da Kundalini para permitir a sua circulação sem obstáculos no Corpo de Luz. Devido à acumulação de energia cármica nos Chakras ao longo da vida de alguém, estas áreas podem ficar bloqueadas. A Kundalini precisa de aplicar pressão nesta área através de calor suave e constante para erradicar e remover estes bloqueios.

A Kundalini é energia crua de fogo que se transforma em Espírito líquido através da sublimação do Prana através da ingestão de alimentos, juntamente com a transmutação da energia sexual. Esta energia Espiritual pode perfurar qualquer bloqueio, mas primeiro precisa de ser convertida na sua forma subtil pelo Fogo da Kundalini. Ao observar este processo no meu próprio Corpo de Luz, descobri que esta transformação acontece na área onde a Kundalini está a desobstruir bloqueios.

As áreas mais comuns para bloqueios a serem desobstruídos são a cabeça e o coração. As pessoas sentirão pressão na cabeça durante meses, talvez até anos, enquanto a Kundalini se está a transformar neste fino Espírito líquido e a abrir os centros cerebrais. E como se aprendeu até agora, há muitos centros cerebrais críticos a serem abertos, como o Tálamo, Hipotálamo, e as Glândulas Pituitária e Pineal. O cérebro é o centro que contém estes importantes centros de energia. Os Chakras e os Nadis estão ligados ao cérebro através do sistema nervoso. O cérebro é a placa-mãe; é necessário criar uma cablagem adequada no Corpo de Luz para que este funcione mais eficientemente. Caso contrário, o circuito da Kundalini não funcionará corretamente.

Anahata, o Chakra do Coração, é outra área crítica onde o Fogo Kundalini deve trabalhar através de obstáculos energéticos para criar a cablagem necessária. Depois do Hara Chakra, Anahata é a segunda maior convergência de Nadis no corpo. Do seu lado esquerdo está o canal Ida que precisa de se abrir corretamente para otimizar o seu fluxo energético. Do lado direito está o canal Pingala. Ambos requerem um fluxo suficiente desta energia do Espírito trabalhando através deles para não sentirem uma pressão estranha, o que cria pensamentos temerosos e preocupantes.

Após o despertar da energia da Kundalini, as palpitações no coração físico são frequentes à medida que níveis elevados de adrenalina, dopamina e serotonina são libertados no corpo, causando um ritmo cardíaco acelerado. O salto ocasional dos batimentos cardíacos também acontece, o que descobri ser causado por memórias baseadas no medo que emergem do subconsciente para serem experienciadas de novo a fim de remover a sua carga emocional.

Estas situações não são motivo de preocupação uma vez que são universais na sua expressão e continuarão a manifestar-se nos próximos anos, especialmente nas fases iniciais. Com diferentes hormonas a serem bombeadas para o coração, experimenta-se uma incrível sensação de euforia elevada. A pressa da energia no coração é extasiante e impossível de descrever a alguém que não a tenha experimentado. As adrenais podem esgotar-se ao longo deste processo, que pode ser reabastecido com Vitamina C.

A energia da Kundalini pode também encontrar bloqueios noutras áreas do corpo, geralmente no tronco. A energia pode funcionar através de diferentes órgãos, e pode sentir-se como se um órgão estivesse em perigo. No entanto, nunca encontrei este caso, nem nunca ouvi falar de alguém que tenha falhas reais de órgãos nesta situação. Portanto, mais uma vez, pode parecer-lhe físico, mas não terá um impacto negativo no órgão. No entanto, é de notar que pode haver efeitos psicossomáticos se estiver demasiado concentrado em pensar que a pressão é física. Por outras palavras, pode desenvolver dor física, mas apenas porque está tão concentrado na ideia de que ela se manifesta. No entanto, não se manifesta de uma forma que o possa prejudicar.

Em geral, o meu conselho é sempre o mesmo, e este conselho aplica-se a todas as coisas relativas ao despertar em qualquer fase - se sentir medo, passe por ele. Por favor, não se concentre no medo, pois é o medo que o afeta negativamente e não a própria Kundalini. O medo cria ansiedade, o que funciona contra a Kundalini. Combate o processo da Kundalini tal como ele está a ocorrer dentro de si. Os corpos subtis físicos, emocionais e mentais precisam de ser relaxados e em paz para que a Kundalini faça o seu trabalho. Se houver ansiedade presente em qualquer área, ela impedirá o fluxo da Kundalini num dos seus muitos estados diferentes. Estes bloqueios só parecerão tornar-se mais fortes e agravar-se se se invocar a ansiedade. Em vez disso, é necessário praticar o relaxamento da mente, do corpo e da Alma, mesmo quando a experiência pode parecer intensa.

Quando a Kundalini estiver totalmente desperta e a trabalhar através de si, é melhor parar de meditar por um pouco. Neste momento, tudo o que faz é concentrar a energia dentro da cabeça, que já não é necessária. Se já despertou a Kundalini, já alcançou o objetivo de toda a meditação de qualquer maneira. Portanto, passar tanto tempo longe dos seus pensamentos e mais tempo na natureza ou com as pessoas irá beneficiar-lhe. Quando digo pessoas, refiro-me a pessoas de mente positiva, não a pessoas negativas. Relaxar em todas as partes do Eu e concentrar-se em trazer comida nutritiva será tudo o que lhe é exigido.

Não desesperar se estiver a ter dificuldades em dormir, como acontecerá frequentemente durante os primeiros anos após o despertar. Não há qualquer utilidade em tentar induzir o sono a todo o custo, apenas para ficar frustrado quando isso não acontece. Em vez disso, vá e faça algo produtivo para trabalhar com a energia que o impede de dormir. Realizar atividades criativas ajudará a transformar a energia e a pô-lo em contato com a imaginação e a força de vontade, o que o ajudará a inspirá-lo e ajudá-lo a alcançar um estado calmo, induzindo o sono naturalmente. Lembre-se sempre, a criatividade também utiliza a energia do amor, pelo que qualquer atividade que seja criativa é produtiva, uma vez que utiliza o amor. Esta regra aplica-se à medida que se está a passar pelo despertar em qualquer momento da sua vida. Estamos sempre a tentar alinhar com o amor tanto quanto possível, à medida que passamos por isto.

Tive insónias durante anos após o meu despertar e oscilaria entre sonhos lúcidos intensos e a completa falta de sono e a incapacidade de induzir sonhos. Com o tempo, aprendi a não me preocupar ou stressar quando isto acontece, embora isto possa ser difícil de fazer se tiver algo importante no dia seguinte que necessite de estar bem descansado. É preciso aprender a ir com ele e não o combater. Não há escolha. Assim que aceitar isto, estará melhor. Viver o estilo de vida regular das nove às cinco pode ser um desafio, mas é um desafio que precisa de aceitar e trabalhar. Quanto mais se luta contra isso, mais se está a dificultar o processo de transformação da Kundalini.

Se não conseguir induzir o sono durante a noite, o corpo está a sinalizar-lhe que não precisa de descanso. Talvez a mente precise, e você pode descansar a mente simplesmente relaxando de costas enquanto está acordado. Por vezes ajuda a tomar um comprimido de melatonina mesmo antes de dormir, que pode encontrar na sua drogaria local. Mas se não conseguir induzir o sono, significa apenas que há demasiada atividade no Corpo de Luz, e precisa de aceitar isto. Estará um pouco mais lúcido no dia seguinte, mas deverá ser capaz de lidar com tudo o que precisa. Não ser capaz de dormir significa que a Kundalini está em excesso, transformando a sua mente, corpo e alma a um nível profundo. Ponha-se em modo piloto automático tanto quanto possível e deixe-o fazer o que precisa de fazer.

Um aspeto da transformação da Kundalini é que a quantidade de sono necessária para funcionar a 100% no dia seguinte é substancialmente inferior à de uma pessoa sem Kundalini ativa. Seis horas de sono devem ser suficientes na maioria dos dias que encontrei. Um total de oito horas de sono é ideal, enquanto qualquer coisa mais do que oito é excessiva e não necessária. No entanto, nas fases iniciais, poderá precisar de mais de oito horas de sono, especialmente se a sua Kundalini for muito ativa durante a noite.

Com o passar dos anos, descobri que mais de oito horas de sono me deixaram menos concentrado e preguiçoso no dia seguinte. Opticamente, entre seis a oito horas de sono provou ser o melhor para mim. Tive também muitas noites sem dormir quando a Kundalini era muito ativa. Mas ultrapassei isto relaxando a minha mente durante a noite, o que me permitiu ainda funcionar a 95% no dia seguinte com a minha habitual nitidez e concentração laser. Contudo, isto foi depois de pelo menos cinco anos do processo de transformação da Kundalini e uma vez afinei a minha consciência com o Eu Superior. Se se encontrar mais alinhado com o seu Ego, vai precisar de mais sono.

PERGUNTAS COMUNS

Depois de ter assumido o papel de professor e guia da Kundalini durante muitos anos, respondi a inúmeras perguntas de muitos iniciados diferentes da Kundalini sobre o seu processo de despertar e transformação. Compilei os inquéritos mais comuns sobre uma série de Q e As a partir das nossas correspondências.

Tive um despertar espontâneo da Kundalini há quase um ano. Agora, o tumulto emocional e o medo com que me vejo confrontado são insuportáveis. Perdi o meu emprego, as minhas relações desmoronaram-se, e estou pronto a desistir. Já não tenho mais energia para continuar a avançar. Que palavras de sabedoria tem para mim?

Não desesperes, meu amigo. Muitas pessoas têm estado no seu lugar, e muitas mais estarão no futuro. Por muito más que as coisas possam parecer agora, lembre-se sempre que o amanhecer segue sempre a noite. O sucesso não é determinado pela rapidez com que se cai, mas sim pela rapidez com que se levanta e tenta novamente. Terá de desenvolver resistência a estes desafios que se lhe deparam, e encontrará as soluções que procura. Não se deixe aleijar pelo medo, mas, em vez disso, enfrente os seus medos, e ganhará coragem. Todas as pessoas bem-sucedidas brilham quando não têm mais nada, quando toda a sua energia se vai, e o seu tanque está vazio. Usam estes momentos para provar quem são, encontrando energia do seu interior para vencerem os seus medos e encontrarem sucesso.

Lembre-se, FEAR é Falsa Evidência Aparecendo Real; ele vive no reino da dualidade. O Verdadeiro Eu, porém, está no reino da Não-dualidade. É um Fogo que ninguém a não ser você mesmo pode apagar. E o tempo está a passar para todos nós. Por conseguinte, todos devemos olhar para os desafios da vida e vê-los como provas da nossa força de vontade. Temos de ter fé em nós próprios e no Universo e enfrentar estes desafios com determinação e persistência para sermos bem-sucedidos.

Encontre o seu consolo na companhia de indivíduos que pensam da mesma maneira e que passam pelo mesmo processo de despertar da Kundalini e faça deles irmãos e irmãs. Não estás sozinho nisto. Estamos todos destinados a transformar-nos em Seres de Luz.

Não é um processo fácil, no entanto. Quanto mais dura for a viagem, mais doce é a recompensa. Muitos caminhos conduzem ao mesmo objetivo. Se um não funcionar, tente outro. Nunca desista e desista de si mesmo, porque se estiver disposto a desistir, o Divino não tem lugar para si no Reino dos Céus.

Sempre que a minha energia Kundalini se torna muito ativa, fico incrivelmente paranoico, ansioso e receoso. Pergunto-me se devo consultar um terapeuta, embora não tenha a certeza se eles compreenderão o que estou a passar. Mas, antes de o fazer, que mais posso fazer para superar estas emoções difíceis?

A paranoia e a ansiedade que está a sentir são típicas do que está a passar. A sua condição, porém, não é uma condição que possa ser descrita como clínica. É melhor guardar a experiência para si próprio para evitar a deceção de não ser compreendido pelo pessoal médico. Mais importante ainda, para se proteger de ser submetido a medicação prescrita que irá dificultar substancialmente o seu processo de transformação. Passe tempo fora, ligue-se à natureza, e faça coisas externas a si em vez de pensar demais no que está a passar. O Ego não gosta de estar a passar por um processo de morte, por isso quer assustá-lo e fazer com que se sinta negativo a este respeito.

Mais importante ainda, pense positivamente em toda a experiência. Está entre a elite no mundo, e foi escolhido por qualquer razão. Francamente, anos a viver num mau estado mental, como é o caso de muitos iniciados da Kundalini recentemente acordados, valem bem as joias preciosas que o esperam no futuro. Além disso, a sua mentalidade é apenas uma faceta de quem realmente é. Lembre-se disso e seja corajoso. O foco no medo impedi-lo-á de viver com coragem. Em vez disso, seja corajoso, e o medo desaparecerá.

Há momentos em que sinto como se o meu Ego estivesse finalmente fora do caminho, mas depois volta com uma vingança, trazendo grande medo e dor emocional. Muitas vezes, sinto como se estivesse a morrer uma morte lenta e dolorosa. Porque é que isto não pode acabar com isto? O que é que me está a acontecer?

A dor e o prazer são ambos aspetos da mesma coisa. Estão ligados à forma como se lê a realidade à sua volta através da mente. Ao fazer a ponte entre o consciente e o subconsciente, a velocidade do pêndulo que oscila entre o prazer e a dor aumenta exponencialmente, dando origem a muitas questões mentais. A diferença é que com uma pessoa ativada pela Kundalini, este processo é apenas temporário e serve para erradicar memórias negativas, atuando como um muro entre o mundo de puro potencial e os limites criados pela mente na sua busca pela sobrevivência.

O Eu que sobreviveu até agora é o Ego. O Ego está a morrer! Ele não quer morrer, como qualquer outra força inteligente neste Universo. Assim, a eterna testemunha do Agora, o seu verdadeiro Eu, fica de lado enquanto o Ego sente a dor sabendo que na sua morte está a verdadeira vida. Lembrem-se, levou muitos anos para que o Ego se desenvolvesse. Como cada ação tem uma reação igual e oposta, saibam que levará muitos anos para que ele também morra. É uma parte normal do processo de transformação, tal como a dor que o acompanha.

Uma vez que os sofrimentos do Ego são limpos, a consciência é livre de experimentar a pura emoção do Vazio, que é um arrebatamento nirvânico. Por isso, leve o seu tempo, não se apresse, e depois de algum tempo, a mente assentará, e você tornar-se-á quem é suposto ser - um Ser de Luz!

Nos últimos meses, tenho sido atormentado com dores de cabeça debilitantes que por vezes duram toda a noite e até mesmo até ao dia seguinte. Também sinto dores misteriosas que vêm e vão em diferentes áreas do meu corpo, principalmente o tronco. O que se pode fazer? Será isto uma parte normal do processo da Kundalini?

Se tiver dores de cabeça como resultado de uma Kundalini acordada, notará que se der um passo atrás, as suas dores de cabeça não são causadas pela Kundalini mas sim pela forma como a mente está a interpretar o que está a acontecer. Isto porque a Kundalini opera dentro do Plano Astral, mas podemos senti-la como se estivesse no nosso corpo físico. Funciona através de uma dimensão diferente da dimensão material de que o corpo físico faz parte.

Mantenha sempre o relaxamento, beba muita água, e as dores de cabeça desaparecerão. Evite situações stressantes e quando ocorrer uma dor de cabeça, tente descobrir a sua causa e depois evite criar essa mesma causa na próxima vez ou estar perto dela.

As dores físicas são atribuídas à energia negativa e às memórias cármicas armazenadas no corpo físico e nos órgãos. Portanto, quando a Kundalini tem, a nível Astral (porque só opera no Plano Astral), permeado as áreas que contêm as contrapartes espirituais dos componentes físicos do corpo, haverá sentimentos de dor física, uma vez que é purificada através da negatividade nessas contrapartes espirituais.

Este processo é normal e irá diminuir com o tempo. Experimente uma dieta diferente, Ioga, ou técnicas de base para aliviar a dor. Lembre-se, ao concentrar a sua atenção na dor, torna-a mais forte. Assim, volte a sua atenção para outro lado, e a Kundalini irá deslocar-se para onde está a sua consciência. Uma mente destemida não tem barreiras no processo da Kundalini!

Tenho tido visões diferentes envolvendo gatos. Por vezes são grandes, e outras vezes são pequenos. Têm sido prateados, pretos, amarelos e laranjas-avermelhadas. Contudo, a visão mais proeminente foi a de um gato com a cauda partida. Tenho dificuldade em dar-lhe algum sentido. Estará algo partido dentro de mim?

Interpretar visões como esta do ponto de vista da mente. Se a mente está relaxada e a apreciar estas imagens, são experiências fugazes, e não importam. No entanto, se a mente se entrelaça com estes símbolos e tenta interpretar tudo o que acontece, cria-se um labirinto para si própria que é difícil de sair sem ligar o medo ao resultado.

Visões em sonhos são geralmente o resultado daquilo com que a mente está preocupada no estado de vigília. Uma vez que acabou de ter o despertar e está a experimentar diariamente muita atividade da Kundalini, estas visões nos seus sonhos estão a tentar dar-lhe a conhecer algo sobre isso.

Os gatos, independentemente da sua cor, são símbolos da Kundalini. Nas tradições ancestrais, os gatos representavam o aspeto Grande Feminino da Divindade. Estes sonhos estão a fazer-nos saber que estamos a viver a atividade da Kundalini. A cauda partida pode significar um bloqueio energético, mas depois, mais uma vez, pode não significar. Pode significar que a mente interpretou um crepitar de energia dentro de si.

Não se deixem apanhar em todas estas interpretações de sonho. O resultado final do despertar de uma Kundalini é um desprendimento total do emaranhamento da mente. É preciso contornar a mente para estar no Agora, o momento presente, e retirar energia do campo da pura potencialidade. Um dia, estas coisas não significarão absolutamente nada para si do ponto de vista do panorama geral.

Depois do meu despertar inicial da Kundalini, lembro-me de ver muitas visões místicas com todo o tipo de símbolos. Agora desapareceram, mas o mesmo acontece com a maioria dos pensamentos visuais e involuntários. Sinto as coisas intuitivamente, uma vez que a minha consciência se elevou acima do medo. Lembro-me disto quando se trata do despertar, "Todas as coisas se dissolvem e resolvem em todas as outras coisas". O que se vê agora, nem sequer se lembrará daqui a anos.

Sinto-me frágil, vulnerável e o meu estado emocional está constantemente a subir e a descer. Tenho ansiedade e paranoia, e preciso de ajuda. Não sei se os médicos me podem ajudar em algo relacionado com a Kundalini, mas não sei a quem mais recorrer. O que devo fazer?

Nenhum profissional da saúde mental o pode ajudar com problemas mentais e emocionais que se lhe deparem a partir de uma Kundalini desperta. Estarão ansiosos por tratá-lo clinicamente, o que não deseja. Fui ver um psiquiatra que aparentemente "conhecia" a Kundalini num determinado momento. Durante a visita, soube que ela não sabia nada uma vez que só se pode saber verdadeiramente sobre a Kundalini se eles tiverem alguma experiência pessoal. Foi um desperdício do meu tempo e dinheiro, e acima de tudo, resultou em desilusão. A falsa esperança pode ter efeitos muito adversos neste processo, uma vez que pode fazê-lo desistir ainda mais depressa do que normalmente se estaria inclinado a fazer.

Se estiver num estado frágil, seja o seu próprio médico e o seu Salvador pessoal. Com a Kundalini, por favor não ponha a sua fé nas mãos de outras pessoas, a menos que essas pessoas tenham tido o despertar delas próprias. Se precisar de conforto, ouça algumas conversas de Autoajuda. Um despertar da Kundalini também despertará o guru dentro de si, o Eu Superior. Agora é o momento de aprender a confiar em si próprio e a ser o seu próprio guia e professor.

Questões mentais, ansiedade e paranoia são comuns para as pessoas na sua situação. Todos nós já passámos por isso. Encontre algo que o acalme e o faça feliz, o que lhe dá uma saída para a agitação mental. Encontre um passatempo que ocupa o seu corpo, mente e Alma. Escreva, pinte, vá passear, faça algo inspirador. Se te concentrares na negatividade, receberás negatividade em troca. Ajudará se não se concentrar nas questões mentais por serem temporárias.

Se consultar um profissional médico sobre isto, poderá sentir-se pior depois, uma vez que eles atirarão palavras como ansiedade crónica, bipolar, e esquizofrénica. Os sintomas exibidos por uma Kundalini ativa podem ser semelhantes, mas isso não significa que tenha a doença em si. Ao contrário das pessoas não acordadas diagnosticadas com estas doenças, passamos por estes desafios e emergimos do outro lado, mais fortes e mais refinados. É apenas uma questão de tempo e paciência.

Uma coisa que sempre aprendi foi a seguir a minha própria batida de tambor. Ouçam a voz que está dentro, e não deixem que outros vos digam o que está a acontecer. Você guia a sua narrativa. Desconsidere o que os outros dizem sobre o que está a passar. Conhece a verdade no seu íntimo, por isso comece a ouvir. Está bem! É apenas o Ego que vos assusta, pois sabe que está a perder o seu poder sobre a consciência. O vosso Verdadeiro Eu vive em silêncio, um lugar de ausência de pensamento!

Sinto uma pressão imensa desde a minha testa até ao topo da minha cabeça, e os meus pensamentos são incontroláveis. Sinto-me como se estivesse a enlouquecer, como se o meu cérebro estivesse partido. O que posso fazer para encontrar o equilíbrio?

Se tem uma acumulação de energia no Sahasrara e Ajna Chakras, precisa de se imobilizar. Se estiver a pensar demais e sentir-se em contato com a ansiedade e o medo, fundamentar as suas energias ajudá-lo-á. A imobilização irá silenciar a sua mente, permitindo que o medo desapareça. Por experiência própria, se tiver muita energia na sua cabeça, tornar-se-á introvertido e repensará. Assim, tente concentrar-se no aspeto emocional do Eu entrando em contato com os seus sentimentos, e a energia irá equilibrar-se a si própria.

Ajuda a concentrar-se nos seus Chakras dos Pés e especialmente no seu abdómen. Ao concentrar-se no seu abdómen, neutraliza o Elemento Ar (pensamentos) e liga-se ao Elemento Água (emoções). Ao fazê-lo, colocá-lo-á em contato com os seus sentimentos e trará a energia da sua cabeça para baixo. Ao enviar a energia para a sua barriga, criará um Fogo confortável e constante nessa área através da respiração e meditação. Pratique meditação silenciosa, e deverá ser capaz de sentir a energia em diferentes lugares para além da sua cabeça. A meditação é necessária para trazer a energia para baixo no abdómen e voltar a ligar o circuito da Kundalini.

Tenho tentado racionalizar e intelectualizar o meu processo, o que não me levou a lado nenhum. Compreendo que está na altura de ir além da mente e dos meus pensamentos, mas não sei como nem por onde começar. Pode oferecer alguma perspetiva?

Em vez de se concentrar nos seus pensamentos, silenciar a mente para sair de si próprio através da meditação e da respiração controlada. Veja-se na terceira pessoa enquanto observa o seu corpo físico e gestos faciais, e torne-se a Testemunha Silenciosa no Agora, o momento presente. Ao pisar fora de si próprio, contorna o Ego para se ligar ao Eu Verdadeiro, o Santo Anjo da Guarda, através do qual pode experimentar a Glória de Deus e inúmeras outras riquezas Espirituais.

Para o ajudar a chegar lá, medite no seu Olho da Mente, concentrando-se no centro da sobrancelha. Depois, com os olhos abertos, veja o mundo exterior e interior simultaneamente. Nesta altura, verá a si próprio como outras pessoas o veem a si próprio. Pode alcançar esta experiência através da prática. Vai lentamente mudar a sua perceção de estar enredado na ilusão do Ego e de cair presa para temer tornar-se externo e objetivo e participar no Reino de Deus da Luz que nos dá amor, verdade e sabedoria.

Isto é o que se entende quando Adeptos e Sábios mencionam que alcançaram a Unidade de todas as coisas. Lembre-se, você é apenas uma imagem de pensamento na Mente de Deus. Este Mundo da Matéria que os nossos sentidos partilham é apenas o Eterno Sonho de Deus, e o nosso poder de pensar e sonhar permite-nos ser Cocriador com o nosso Criador. Que aqueles que têm ouvidos ouçam esta grande verdade Universal.

Desde que a minha Kundalini despertou, é a única coisa de que quero falar com os outros. Quero que os outros saibam e experimentem o que eu tenho. Mas sempre que me abri a alguém sobre as minhas experiências, ou não me compreenderam ou fizeram-me sentir como se eu estivesse louco. Devo apenas guardar esta experiência para mim a partir de agora?

Em termos de quem diz ter tido um despertar Kundalini, direi para partilhar com 10% das pessoas na sua vida e não partilhar com os outros 90%. Partilhar por si só tem expectativas de ser compreendido. O fato é que nem sequer 10% compreenderão, mas pelo menos acreditarão em si através da compaixão e da fé que lhes está a dizer a verdade. Por isso, se quiser salvar-se de muita desilusão, recomendo-lhe que guarde a experiência para si na maioria dos casos.

Se alguém menciona a Kundalini e a conhece, partilhe a sua experiência com eles. Mesmo assim, a menos que a pessoa tenha tido um despertar, terá opiniões variadas sobre o tema e será incapaz de seguir tudo o que está a dizer.

Relacionamo-nos uns com os outros através da experiência do passado e do terreno comum como seres humanos. Mas, infelizmente, sobre o tema da Kundalini, a maioria das pessoas não se pode ligar. E se quiser evitar a negatividade e a ignorância dos outros, sente-se satisfeito consigo próprio e com a sua própria experiência e lidera pelo exemplo, em vez de lhes dizer que está em formação para ser o exemplo.

Quando a Kundalini tiver terminado o seu trabalho consigo, por muitos anos que leve, não terá de dizer nada; outros saberão que você é único e especial. Podem não compreender tudo o que lhes diz, uma vez que uma pessoa tem muitas vezes de ver algo para acreditar, mas quando se tornar a fonte da Luz e indicar o caminho, as pessoas ficarão intrigadas e inspiradas por si. Então, elas seguir-se-ão. Afinal, as pessoas são atraídas por aqueles que permitem que a sua Luz interior brilhe, porque subconscientemente lhes dão permissão para serem eles próprios e fazer o mesmo.

As minhas experiências com a Kundalini têm sido como estar no Céu por vezes, ao passo que outras vezes, no Inferno. Contudo, fui ensinado a temer o Inferno e a ansiar pelo Céu na vida após a morte, com a minha educação religiosa. Mas agora, tendo tido estas experiências na minha vida diária, sinto que tudo isto não faz sentido. Embora tenha tido experiências incrivelmente belas, o meu niilismo impede-me de querer partilhá-las com outros. Estou perdido e confuso. Alguma perceção?

Um ser humano é um ser duplo que participa tanto do Céu como do Inferno. Uma vez que temos livre-arbítrio, a forma como o exercitamos alinha a nossa consciência com qualquer um deles. A Kundalini é uma energia que liga o Céu e o Inferno para que a humanidade possa participar de ambos no nosso estado frágil. Focando o aspeto do Inferno, tornamo-nos participantes nele. Pelo contrário, quando nos concentramos no Céu, o Inferno dissolve-se em nada à medida que a nossa consciência se eleva.

O inferno é produzido pela Luz Lunar, que reflete a Luz do Sol; por conseguinte, é ilusório. No entanto, o Céu é a própria Luz do Sol. É imortal, inefável, e infinito. Fala a verdade e vive em retidão. Por outro lado, o Inferno existe apenas como um fragmento da imaginação. Não é a imaginação na totalidade, uma vez que pertence ao Céu, mas um mero reflexo do mesmo. O medo é apenas um reflexo da Luz do Sol, mas não é a Luz em si e por si mesma. Só quando os seres humanos escolhem estar no Inferno é que participam dele, de acordo com a quantidade de energia de medo que os liga a ele.

Ao partilhar teorias, experiências e explicações com outros, estamos em busca de conhecimento. O conhecimento é poder, ou mais importante, o poder da verdade, que é uma antítese ao medo e ao Inferno. A Verdade é Luz e amor. É o Céu. Os seres que falam a verdade de acordo com o seu nível de evolução são os Seres de Luz. A partilha através da bondade amorosa torna-os participantes do Céu que é o seu direito inato.

O niilismo é criado por teorias sem fundamento de que a vida não tem sentido porque se afastou da Luz através do pessimismo e do egoísmo. Assim que os frutos do Céu escapam a uma pessoa, muitos voltam-se para o desespero enquanto tentam dar sentido às coisas, enquanto escolhem permanecer na ignorância da verdade e assumir a responsabilidade pelos seus pensamentos e ações.

O niilismo exige que se olhe bem para si próprio com o coração e a mente abertos e que se refreie o seu orgulho o tempo suficiente para ver que uma mudança é necessária para voltar ao bom caminho. Requer que assumamos a responsabilidade pela nossa realidade para que possamos continuar a crescer e a evoluir Espiritualmente. O Niilismo é frequentemente um passo na viagem quando a escuridão se torna mais forte do que a Luz. No entanto, nunca deverá ser um destino final.

Estamos todos aqui para aprender uns com os outros. Há sempre presente a dualidade do Céu e do Inferno, uma vez que ambos existem como conceitos relativos. No entanto, apenas um deles é Eterno e Infinito, e esse é a verdade superior entre os dois. A focalização no Inferno mantém uma dentro da bainha do Corpo Mental, onde esta dualidade é aparente.

A aprendizagem dos Princípios da Luz e do amor, incluindo o amor-próprio, permitir-lhe-á reconhecer a verdade da Unidade de todas as coisas e induzir ao silêncio da mente. Através do silêncio, pode retirar-se das garras do Corpo Mental para que a sua consciência possa entrar no Corpo Espiritual. Uma vez que o Corpo Espiritual participa dos Arquétipos, ser-lhe-á permitido reconhecer a verdade sem dualidade, que é que todos nós somos centelhas da única fonte de Luz, o Sol. O amor é o que nos une; a verdade mantém-nos em movimento, enquanto a justiça nos traz a glória eterna. A Sabedoria alimenta a Alma, e qualquer patranha intelectual torna-se como folhas ao vento.

Continuo a ter sonhos de dragões gigantes. Por vezes aparecem como cobras nos seus movimentos, e assobiam e atacam-me. Eles são tão poderosos que eu nem sequer riposto. Haverá algum significado para isto?

Os dragões são o símbolo da Kundalini na tradição chinesa. Como a Kundalini está em movimento enquanto dorme, duas coisas são aparentes que estão a afetar a sua imaginação: a primeira é o som da energia que flui dentro de si como um zumbido suave ou um som sibilante ouvido dentro do seu corpo. A segunda é o símbolo desta energia do inconsciente coletivo, como uma cobra ou um dragão, projetado na sua imaginação.

O Dragão a atacar-vos é uma coisa boa, pois significa que a Kundalini está em excesso, infundindo o vosso Corpo de Luz com frequentes e intensos solavancos de energia. Significa também que o vosso Ego está a ser trabalhado, o que é um sinal de transformação. Ir com a visão no seu sonho e não a combater significa que o seu Ego aceita o processo de transformação da Kundalini. Seja neutro como isto está a acontecer e aceite as imagens, independentemente de quão assustadoras elas possam parecer em retrospetiva. Induza coragem para continuar a render-se a este processo, e emergirá do outro lado como um Ser Espiritual mais refinado.

Não é invulgar ver também diferentes elementos simbólicos nos seus sonhos, uma vez que a Kundalini está a trabalhar através dos seus Chakras. Por exemplo, ao trabalhar na otimização do seu Chakra de Água, Swadhisthana, poderá ver diferentes corpos de água, como oceanos, mares, e lagos presentes. Inversamente, quando o Manipura está a ser alvo, um influxo do Elemento Fogo estará presente, colorindo os seus sonhos com cenas de fogo e chamas. Portanto, o que sonha é simbólico das mudanças energéticas que acontecem dentro da sua Aura e do seu impacto na sua imaginação.

O que posso fazer para despertar a minha Kundalini? Existe algum método que eu possa utilizar para facilitar esta experiência?

Embora não exista um método seguro para despertar a Kundalini, o envolvimento em práticas Ioga como as apresentadas neste livro pode preparar a mente, o corpo e a Alma para que o despertar da Kundalini ocorra. O mesmo se aplica à prática de Magia Cerimonial e seguindo um regime como os Programas de Alquimia Espiritual apresentados no *The Magus*. Além disso, o uso de modalidades de Cura Espiritual como Cristais, Garfos de Afinação, Aromaterapia, e Tattvas trabalham na limpeza e afinação dos Chakras, o que pode causar um despertar da Kundalini. Por isso, é que, dar prioridade à sua Evolução Espiritual e ser proativo, implementando uma prática Espiritual regular na sua vida, é a única coisa que pode fazer para se aproximar deste objetivo.

Um despertar da Kundalini acontece geralmente de forma inesperada, pelo que não se pode saber quando irá acontecer, mas pode-se controlar o que se faz para que isso aconteça. Uma vez que é uma experiência tão monumental, a Alma deve estar pronta para ela, o que geralmente requer preparação ao longo de muitas vidas. Seria impossível para mim determinar exatamente onde se encontra na progressão da sua Alma; só o seu Eu Superior sabe disso. Mas ao concentrar-se em ser uma boa pessoa com uma moral e valores fortes, garante que está no caminho certo. Pratique a bondade amorosa consigo próprio e com os outros e seja sempre honesto. Uma vez que caminhe na Luz, permite que a Luz se infunda na sua consciência e desperte a Kundalini. Um despertar da Kundalini é apenas o próximo passo para a sua Alma evoluir e o mais importante, uma vez que a liberta do corpo, completando a sua missão aqui na Terra.

EPILOGUE

No início, era a Luz Branca. Tudo-em-um-um. Infinita. Sem princípio nem fim. A Mente do Todo. Pura Consciência Espiritual. Depois, esta Primeira Mente, que é energia e Força, criou a Segunda Mente para gerar Formas. O Todo, sendo Um, dividiu-se em Dois, já que toda a Criação requer a separação ou divisão da sua substância original. O Todo não podia experimentar o seu poder e potencial até criar um oposto polar. Assim, a Luz Branca gerou a escuridão do espaço.

A Luz Branca também criou Estrelas, cujos agrupamentos formaram Constelações e Galáxias que compõem todo o Universo. Agora, o Todo pode manifestar mundos e seres vivos diferentes - as Almas que contêm as características do Todo. As Almas contêm a Luz, uma vez que são da Luz. Contudo, também contêm a escuridão, uma vez que participam do Universo - o Mundo da Matéria flutuando na escuridão do espaço.

Todas as formas e seres vivos existentes são feitos da matéria de pensamento do Todo. Não são inseparáveis do Todo, mas fazem parte dele, só que estão no ato da experiência do Todo, embutidos no Tempo e no Espaço. A experiência e o experimentador são Um; contudo, a sua separação é apenas uma ilusão. Enquanto a matéria está num extremo do espectro, como a manifestação mais densa do Todo, o efeito, a causa é a Luz Branca que vibra tão alto que é invisível aos sentidos, mas que interpenetra toda a existência.

A principal função das Estrelas é gerar Luz para a escuridão do espaço. A íris do Sol é um portal para o outro lado da realidade, a Luz Branca da Primeira Mente. As Estrelas nasceram todos os seres vivos no Universo, uma vez que cada ser orgânico tem Alma e consciência. E a Alma nada mais é do que uma centelha de Luz do seu respetivo Sol. Os Antigos chamavam ao Sol "Sol", que é a origem da palavra Alma como a essência de um ser vivo.

Os Sóis do Universo atraíram planetas próximos para criar Sistemas Solares. Existem milhares de milhões de Sistemas Solares com triliões de Planetas no Universo. Os Sóis fizeram ambientes habitáveis em certos Planetas que os orbitavam para que pudessem cultivar Almas. No entanto, apenas alguns Planetas foram escolhidos para esta tarefa.

No nosso Sistema Solar, o único Planeta que pode abrigar vida é a Terra. O nosso Sol, então, através da sua Luz, criou toda a vida na Terra. Ele alimenta-o com o seu calor e Prana. Portanto, o objetivo final de todas as Estrelas do Universo é abrigar Almas. Uma Alma nunca nasceu, e nunca morrerá. Uma vez que a Alma tenha aprendido as lições do

Sistema Solar em que encarnou, transfere a sua centelha de um Sol para outro no momento da morte física, continuando a sua viagem evolutiva através do Universo.

À medida que a Alma humana se implanta no corpo físico à nascença, ela fica presa a ele. A Alma continua a reencarnar no Planeta Terra até a sua evolução atingir massa crítica, resultando na sua libertação do corpo numa determinada vida. As lições deste Sistema Solar relacionam-se com a ativação total dos Sete Chakras, o que só pode ser alcançado despertando a Kundalini e elevando-a até à Coroa. Quando o sistema de energia humana se tornar otimizado, a Alma já não precisará de reencarnar no Planeta Terra, mas a sua próxima vida será num novo Planeta, num Sistema Solar diferente algures no Universo.

O nosso objetivo final no Planeta Terra é despertar completamente a Kundalini e libertar a Alma do corpo. Ao fazê-lo, tornamo-nos o Sol do nosso Sistema Solar, ativando plenamente os poderes superiores da Luz dentro de nós. Estes poderes superiores são expressos através dos Planetas que orbitam o Sol, correspondendo com os Sete Chakras no seu estado totalmente ativado. Assim, como podem ver, um despertar completo da Kundalini permite-nos experimentar a totalidade do nosso potencial energético aqui na Terra, na presente encarnação.

Uma vez elevada a Kundalini à Coroa, unimos a nossa consciência com a Consciência Cósmica da Luz Branca e a Primeira Mente. Começamos então a participar no Infinito que se estende até aos confins do Universo, desbloqueando dons psíquicos que nos permitem transcender o Tempo e o Espaço. Podemos ver, sentir, ouvir, tocar, cheirar e provar coisas à distância, uma vez que o Mundo Tridimensional já não limita a nossa consciência. Em vez disso, elevamo-nos à Quarta Dimensão, a Dimensão da Vibração, ou energia.

Um dos dons essenciais de um despertar Kundalini completo é ativar o Corpo de Luz e otimizar o próprio campo de energia toroidal - o Merkaba. Esta estrutura geométrica torna-se o veículo de consciência da Alma que permite viagens Interdimensionais e Interplanetárias. A Alma pode deixar o corpo à vontade através do Corpo de Luz e do Merkaba. Pode agora viajar através do nosso Sol para outros Sóis no Universo porque o indivíduo é agora Um com a Primeira Mente. Esta é a origem da Projeção Astral que é a projeção consciente da Alma em diferentes reinos e Planos de consciência. No entanto, quando esta experiência acontece durante o sono, inconscientemente, é chamada de Sonho Lúcido.

Embora o despertar completo da Kundalini e a ativação do Corpo de Luz seja um acontecimento único, o processo de transformação Espiritual que se segue pode levar algumas dezenas de anos ou mais. Temos de ultrapassar o Karma individual antes de atingir a fronteira final da consciência humana, a Quinta Dimensão do Amor e da Luz. Nunca esquecer, para se tornarem vasos puros e dignos da Luz, os Chakras devem ser otimizados e sintonizados na perfeição.

Tendo isso em mente, espero ter-vos dado as chaves deste livro para realizar esta tarefa. Quer já tenha despertado a Kundalini ou ainda esteja no processo de aprendizagem e preparação para esta experiência, conhece agora todos os elementos e facetas do processo de despertar da Kundalini e da transfiguração Espiritual que se segue. Portanto, use a *Serpente Ascendente* como um manual para as diferentes práticas Espirituais aqui apresentadas, e continue a trabalhar nos seus Chakras, preparando a sua Alma para a Ascensão.

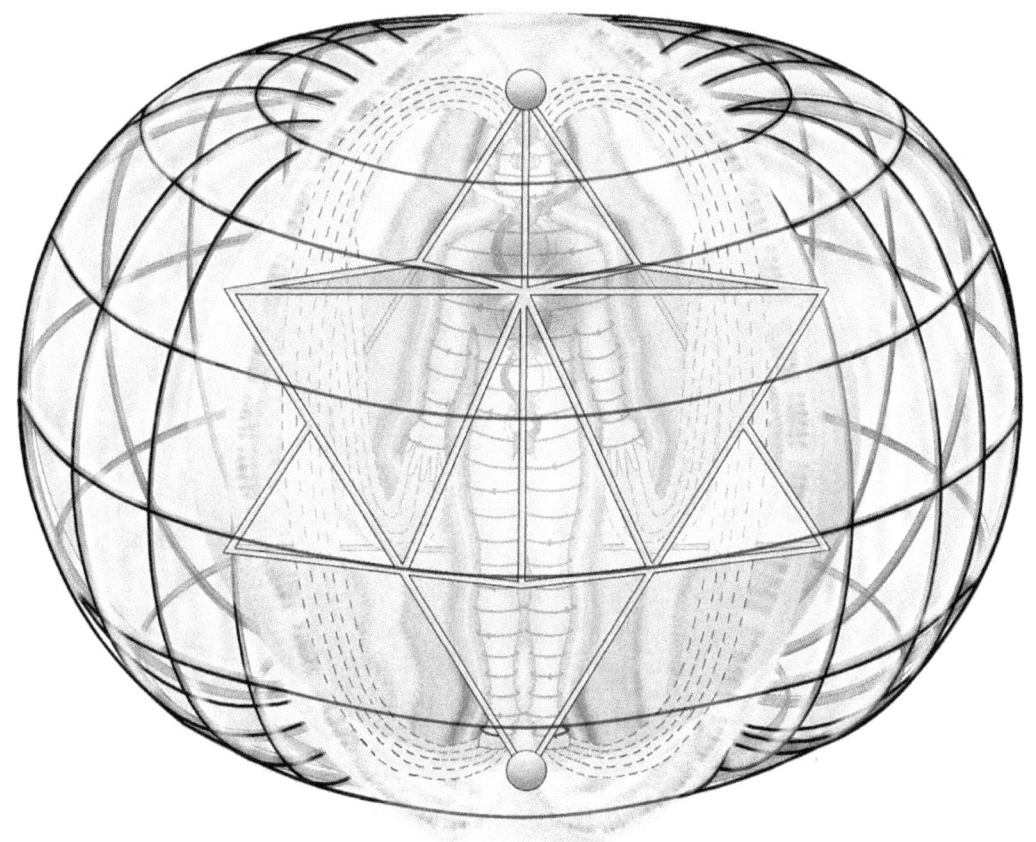

Figura 164: Otimização do Potencial Energético Humano

Para concluir, foi um prazer partilhar tudo o que aprendi na minha jornada de dezassete anos de vida com a Kundalini desperta. A *Serpent Rising: The Kundalini Compendium* tem sido uma incrível viagem de descoberta também para mim, ligando os pontos e construindo sobre o quadro da evolução da ciência Kundalini. O meu último conselho para si é levar a sério tudo o que lê neste livro e ficar entusiasmado com o seu futuro. A Kundalini é o vosso presente do Criador; não a desperdicem perdendo tempo com distrações que já não vos servem. Em vez disso, concentra a tua energia no cumprimento da tua derradeira missão neste Planeta, e não te vês do outro lado.

APÊNDICE

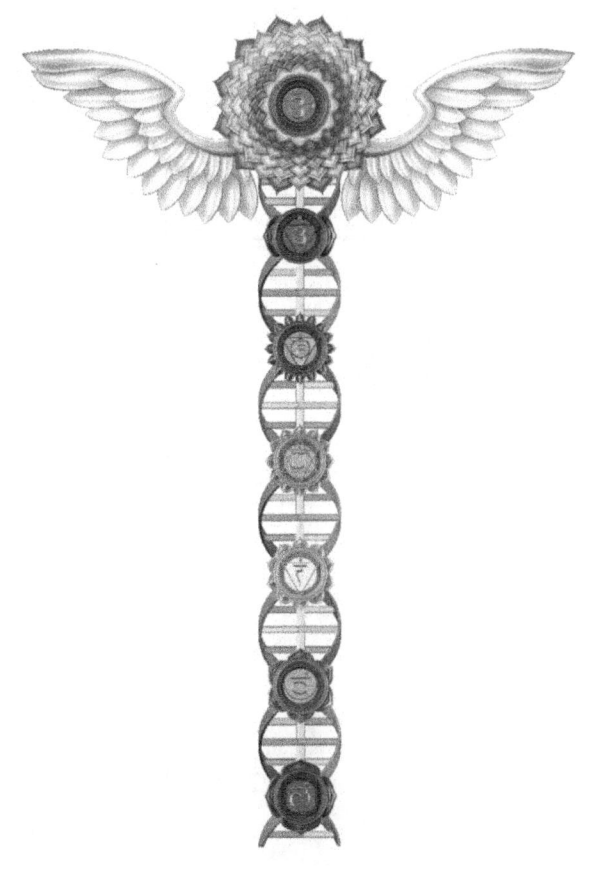

QUADROS COMPLEMENTARES

TABELA 6: Os Sete Planetas Antigos e as Suas Correspondências

Planetas	Afinidade Elemental	Expressões/Poderes	Pedras preciosas	Forquilha de afinação Hz	Óleos Essenciais (Lista Avançada)
Saturno	Terra; Sente-se como Terra do Ar	Karma, Verdade, Sabedoria, Estrutura, Disciplina, Intuição	Azeviche, Diamantes, Quartzo Fumado	295.7	Mirra, Patchouli, Cassia, Cipreste, Almíscar, Mimosa
Júpiter	Água; Sente-se como Água do Fogo	Misericórdia, Abundância, Amor Incondicional, Moral, Ética	Safira, Lápis Lazúli, Turquesa, Água-Marinha	367.16	Anis, Cravinho, Hissopo, Noz-moscada, Sálvia Sclarea, Dente-de-leão, Cedro, Salsaparrilha, Cominho, Bissabol
Marte	Fogo; Sente-se como Terra do Fogo	Ambição, Condução, Renovação, Ação, Sobrevivência, Competição, Paixão, Força de vontade	Rubi, Granate, Ágata Vermelha, Pedra de Sangue, Coral Vermelho	289.44	Gengibre, Manjericão, Pimenta Preta, Hortelã-pimenta, Tabaco, Sangue de Dragão, Absinto, Pinho
Sol (Sol)	Ar; Sente-se como Ar do Fogo	Autoidentidade, Cura, Vitalidade, Coragem, Criatividade, Inspiração, Imaginação	Âmbar, Olho de Tigre, Topázio de Ouro, Goldstone, Cornalina, Zirconite, Pedra do Sol	252.44	Camomila, Zimbro, Incenso, Calêndula, Alecrim, Canela, Açafrão, Cedro, Laranja, Lima
Vénus	Fogo; Sente-se como Água da Terra	Desejo, Expressões Criativas, Amor Romântico, Amizade, Sensualidade	Esmeralda, Jade, Aventurina, Malaquite, Quartzo Rosa, Ágata Verde, Peridoto	442.46	Rosa, Sândalo Vermelho, Ilang-Ilang, Cardamomo, Gerânio, Lilás, Vetiver, Hortelã, Violeta, Vagem de Baunilha, Plumeria, Valeriana
Mercúrio	Água; Sente-se como Água do Ar	Lógica, Razão, Comunicação, Intelecto, Aprendizagem	Safira Laranja, Espinela Laranja, Turmalina, Topázio Imperial, Citrina, Opala de Fogo, Amazonite	282.54	Alfazema, Capim Limão, Verbena Limão, Sândalo Amarelo, Laranja, Maça, Hortelã-pimenta, Bergamota Laranja

Lua (Luna)	Ar; Sente-se como a Terra da Água	Sentimentos, Emoções, Ilusões, Capricho, Fertilidade, Clarividência	Pedra da Lua, Pérola, Berilo	420.88	Jasmim, Cânfora, Eucalipto, Sândalo Branco, Salgueiro, Limão, Mirra, Lírio
Terra	Terra	Estabilidade, Base, Praticidade	Turmalina Negra, Obsidiana, Hematita	272.2	Cipreste, Artemísia, Oleandro, Patchouli, Verbena, Vetiver

TABELA 7: Os Doze Signos do Zodíaco e as Suas Correspondências

Zodíaco	Planeta governante, Subelemento	Expressões/Poderes	Pedras preciosas	Forquilha de afinação Hz	Óleos Essenciais (Lista Básica)
Carneiro	Marte (Fogo), Fogo de Fogo	Energia Criativa, Dinamismo, Iniciativa, Entusiasmo, Competição, Coragem, Dinamismo, Confiança	Heliotrópio, Cornalina, Diamante, Granate, Jaspe Vermelha, Rubi	144.72	Pimenta Preta, Alecrim, Gengibre, Manjericão, Hortelã-pimenta, Mandarina, Laranja
Touro	Vénus (Terra), Ar da Terra	Paciência, Sensualidade, Persistência, Determinação, Sensibilidade, Praticidade, Convencionalidade	Âmbar, Quartzo Rosa, Coral de Sangue, Topázio dourado, Esmeralda, Safira, Turquesa	221.23	Ilang-Ilang, Rose Vetiver, Gerânio, Sândalo, Melissa, Manjericão
Gêmeos	Mercúrio (Ar), Água do Ar	Intelecto, Aprendizagem, Comunicação, Análise do Humor, Adaptabilidade, Versatilidade, Não-conformismo	Água-Marinha, Ágata, Crisoprásio, Pérola, Pedra da Lua, Citrina, Safira Branca	141.27	Bergamota, Funcho, Lavanda, Camomila, Hortelã-pimenta
Caranguejo	Lua (Água), Fogo de Água	Tenacidade, Sensibilidade, Emocionalidade, Intuição, Simpatia, Instinto Protetor, Empatia	Pedra da Lua, Rubi, Esmeralda, Pérola	210.42	Funcho, Zimbro, Alfazema, Jasmim, Sálvia Sclarea, Eucalipto
Leão	Sol (Fogo), Ar de Fogo	Carisma, Ambição, Criatividade, Autoridade, Vitalidade, Generosidade, Carinho	Âmbar, Turmalina, Cornalina, Rubi, Sardonyx, Ónix, Topázio Dourado	126.22	Alecrim, incenso, mirra, limão, lima, canela
Virgem	Mercúrio (Terra), Água da Terra	Discriminação, Análise, Fiabilidade, Diligência, Praticidade, Adaptabilidade,	Safira Azul, Jaspe Rosa, Cornalina, Jade, Ágata de Musgo, Turquesa, Zirconite	141.27	Melissa, Murta-Comum, Patchouli, Sândalo, Alfazema

		Independência, Ensinamentos			
Balança	Vénus (Ar), Fogo do Ar	Harmonia, Justiça, Autoexpressão, Diplomacia, Romance, Sensualidade, Sociabilidade, Astúcia	Lápis Lazúli, Opala, Diamante, Esmeralda, Quartzo Rosa, Peridoto	221.23	Gerânio, Funcho, Árvore de Chá, Rosa, Cardamomo, Melissa
Escorpião	Marte (Água), Ar de Água	Regeneração, Sexualidade, Transformação, Justiça, Paixão, Lealdade, Poder, Independência, Magnetismo	Água-marinha, Obsidiana Preta, Granate, Ágata, Topázio, Berilo, Lágrimas de Apache, Coral	140,25 (Plutão)	Patchouli, Rose, Gerânio, Gengibre, Jasmim, Sálvia Sclarea
Sagitário	Júpiter (Fogo), Água de Fogo	Otimismo, Amor à Liberdade, Alegria, Honestidade, Filosofia, Caridade, Inspiração, Exploração	Turquesa, Topázio, Safira, Ametista, Rubi	183.58	Sálvia Sclarea, Cravinho, Hissopo, Bergamota, Cedro, Eucalipto, Cardamomo
Capricórnio	Saturno (Terra), Fogo da Terra	Organização, Conscientização, Pragmatismo, Ambição, Conservadorismo, Disciplina	Rubi, Ónix Preta, Quartzo Fumado, Granate, Ágata	147.85	Mirra, Vetiver, Eucalipto, Gerânio, Sândalo
Aquário	Saturno (Ar), Ar do Ar	Intuição, Criatividade, Espiritualidade, Independência, Inovação, Originalidade, Meditação, Humanitário	Granada, Sugilite, Ametista, Safira Azul, Ágata Musgo, Opala	207.36 (Úrano)	Flor de Laranjeira, Mirra, Sândalo, Folha de Violeta, Alfazema, Limão
Peixes	Júpiter (Água), Água de Água	Emoções profundas, Intuição, Imaginação, Compaixão, Compaixão, Empatia, Ética, Simpatia, Humor	Ametista, Jade, Água-Marinha, Cristal de Rocha, Heliotrópio, Diamante, Safira	211,44 (Neptuno)	Bergamota, Cravinho, Gerânio, Mirra, Cipreste, Árvore de Chá, Sálvia Sclarea

GLOSSÁRIO DE TERMOS SELECCIONADOS

Nota: Segue-se uma seleção de termos que ou não estão definidos no corpo original do texto ou requerem definição adicional. Utilize esta secção para ajudar a aprofundar os seus conhecimentos sobre os temas em questão. Uma vez que este livro trata geralmente da Espiritualidade Oriental, a maioria dos termos aqui apresentados são provenientes dos Mistérios Ocidentais.

Adam Kadmon: Um conceito abstrato referente ao Yechidah, o Kether Sephiroth que se filtra no Chiah (Chokmah) e Lesser Neschamah (Binah) para formar a Grande Neschamah, o Verdadeiro Eu e parte de nós que pertence às Supernas. No *Zohar*, Adam Kadmon é o "Homem Celestial", o grande corpo Espiritual orgânico em que cada ser humano é considerado uma única célula, talvez menos. Em termos dos Quatro Mundos do Qabalah, Adam Kadmon representa o Primeiro Mundo dos Arquétipos, Atziluth, o Mundo do Fogo Primal. Assim, Adam Kadmon refere-se essencialmente à Luz Divina, o Superego Freudiano, ou o Eu Superior dos Supernos.

Ain Soph Aur: Os Três Véus da Existência Negativa. Este termo é utilizado na Qabalah para descrever a Fonte da Criação. No sentido literal, Ain traduz-se como "Nada", enquanto Ain Soph é "Infinito". E finalmente, Ain Soph Aur é "Luz Sem Limites ou Eterna". Assim, na Qabalah, o termo Ain Soph Aur é frequentemente usado em referência à Luz Branca Infinita.

Aleister Crowley: Um ocultista britânico, poeta, romancista, e Magos Cerimoniais, que foi um dos membros originais da Ordem Hermética do Amanhecer Dourado. Depois de deixar a Ordem, Crowley fundou a religião de Thelema no início do século 20th, identificando-se como o profeta do Século de Hórus, que coincidiu com esse período no tempo. Crowley referiu-se publicamente a si próprio como a "Grande Besta 666", ao procurar desafiar os tabus da sociedade de Isabel II do Reino Unido, restritiva e cristã em que viveu, razão pela qual adquiriu uma má reputação ao longo dos anos. No entanto, a sua contribuição para o mundo ocultista é indispensável, e abriu muitas portas para os futuros buscadores em todo o lado.

Estado Alfa: De outra forma chamado "Estado Hipnagógico" ou "Estado de Trance". O Estado Alfa da atividade cerebral ocorre entre o estar acordado com atividade mental (Estado Beta) e o sono (Estado Teta). Este estado é alcançado quando as ondas cerebrais abrandam entre 8 e 12 Hz, o que é comum quando se sonha de dia ou sonha (à noite). Podemos induzir conscientemente o Estado Alfa através da meditação, hipnose, ou o uso de modalidades de cura Espiritual. Estar neste estado aumentará a recordação e intuição da sua memória, reduzindo ao mesmo tempo a ansiedade. As pessoas que podem operar a partir do Estado Alfa durante a consciência desperta comum podem controlar a sua realidade, uma vez que a sua ligação com o seu Eu Superior é maior. Portanto, podem usar as Leis Universais conscientemente e com intenção.

Anjos: Remetentes de pensamentos positivos que existem dentro e fora do campo energético de alguém, a Aura. Os Anjos são entidades objetivas ou Inteligências que existem fora do Eu e que se contraem dentro da Aura quando escolhemos por livre-arbítrio ouvi-los e fazer a sua vontade. Os Anjos alimentam-se da energia do amor, tal como os seus homólogos, os Demónios, alimentam-se da energia do medo. Os Anjos são subservientes a Deus - o Criador. A energia angélica é a fonte das virtudes humanas, como a energia demoníaca é a fonte dos vícios humanos.

Arquétipos: Elementos estruturais primordiais da psique humana. Os arquétipos são modelos originais, após os quais outras coisas semelhantes são modeladas. Eles são universais, o que significa que todos os seres humanos participam neles. Os arquétipos dão-nos a base mental sobre a qual podemos construir as nossas realidades. Encontram-se no mundo mais elevado, Atziluth, o Mundo do Fogo Primal na Qabalah.

Binah: A terceira Sephiroth sobre a Árvore da Vida, no topo do Pilar da Severidade. Binah é a Grande Mãe e o Mar da Consciência que contém todas as Formas existentes. Ela representa o aspeto feminino do Eu, a expressão mais elevada do Elemento Água. Através de Binah, a energia do Espírito impregna ideias nas nossas mentes. Assim, ela representa o estado de consciência que governa as faculdades interiores como a intuição e a clarividência. Binah corresponde a Ajna Chakra, o nosso centro psíquico que nos proporciona empatia e telepatia. Binah é o aspeto recetivo e passivo do Eu, a Compreensão (título de Binah) que pode compreender a sabedoria de Chokmah. A sua cor é negra, correspondendo com o Planeta Saturno na Árvore da Vida; o Planeta da Fé, do Karma, e do Tempo, todos os aspetos de Binah.

Magia Cerimonial: Sinónimo de "Ritual Mágico do Faroeste". Uma série de ritos envolvendo a encantação (vibração) de nomes divinos do poder, geralmente combinados com traçados simbólicos de símbolos geométricos, como o Pentagrama ou Hexagrama, dentro do círculo Mágico do praticante. O objetivo da Magia Cerimonial, tal como com outras práticas de Cura Espiritual, é a sintonia dos Chakras para a Evolução Espiritual. Popularizado pela Ordem Hermética do Amanhecer Dourado, a Magia Cerimonial forma um ramo do Hermetismo. O objetivo final da utilização da Magia Cerimonial é alcançar o Iluminismo.

Chesed: A quarta Sephiroth sobre a Árvore da Vida, situada abaixo de Chesed, no Pilar da Misericórdia. Representa um estado de consciência que governa as faculdades interiores ou expressões como amor incondicional, compaixão, e memória. Por este motivo, o título de Chesed é "Misericórdia". Chesed permite-nos construir a moral e a ética à medida que cultiva a sabedoria. Chesed tem uma afinidade com o Elemento Água, e corresponde ao Planeta Júpiter. Chesed é o Chakra Sacral Espiritualizado, Swadhisthana, devido à sua ligação com os Supernos através do Caminho de Tarô do Hierofante na Árvore da Vida.

Chokmah: A segunda Sephiroth sobre a Árvore da Vida, no topo do Pilar da Misericórdia. Como energia Espiritual ativa, Chokmah representa o estado de consciência onde podemos descobrir a nossa Verdadeira Vontade. É a energia do Grande Pai e o aspeto masculino do Eu, a expressão mais elevada do Elemento Fogo. Assim, é a Sephiroth através da qual o nosso Eu Superior, ou Santo Anjo da Guarda, nos comunica através da Sabedoria (título de Chokmah). A cor do Chokmah é o cinzento. O Zodíaco é a manifestação física de Chokmah uma vez que as Estrelas servem para canalizar a Luz Branca não manifestada de Kether. O Chokmah funciona através do Chakra do Olho da Mente, juntamente com Binah.

Noite Negra da Alma, a: Um período de desolação que um indivíduo atravessa quando evolui rapidamente Espiritualmente. Toda a sensação de consolo é removida durante este tempo, criando um tipo de crise existencial. Antes de se transformar Espiritualmente, o indivíduo deve enfrentar o lado negro em pleno e abraçar o tumulto mental e emocional. Não é raro que o indivíduo se isole das outras pessoas durante este tempo e derrame muitas lágrimas à medida que expulsa velhas emoções. Contudo, após este período tumultuoso estar completo, as garras do Eu inferior terão diminuído, alinhando mais a consciência com a vibração do Eu Superior. A Noite Negra da Alma é uma fase necessária de sofrimento no caminho para a Iluminação que não é um processo único, mas que geralmente se encontra muitas vezes na jornada da Evolução Espiritual.

Daath: Como a décima primeira Sephiroth escondida na Árvore da Vida, Daath é o "Grande Abismo", ou o "Abismo" que divide as Supernas de toda a Criação manifestada. Corresponde, na perfeição, ao "Laríngeo Chakra", Vishuddhi, que separa o Espírito dos Quatro Elementos inferiores. Através de Daath, entramos no Inferno ou no Submundo, o polo oposto na mente que deu origem ao Ego, a parte negativa do Eu. Como tal, Daath representa a "morte" do Ego que é necessária para que a nossa consciência se eleve aos Supernos. Daath é conhecida como a "Esfera do Conhecimento" uma vez que o conhecimento nos permite transcender os nossos corpos e sintonizar a nossa consciência com os Reinos Superiores.

Divindade, a: Um Ser sobrenatural de origem divina. Esta palavra é frequentemente usada em religiões politeístas em vez de Deus ou Deusa. Nas tradições antigas, uma Deidade é um Ser com maiores poderes do que os dos humanos comuns, mas que interage com eles, na maioria das vezes para os iluminar de alguma forma e promover a sua evolução. As religiões monoteístas têm apenas uma Deidade, que aceitam como Deus - o Criador, enquanto as religiões politeístas aceitam Divindades múltiplas.

Magia de Enoque: A joia da coroa da Ordem Hermética do sistema de Magia do Amanhecer Dourado. Esta prática da Ordem Interior só deve ser empreendida quando a Alquimia Espiritual com os Elementos tiver sido concluída. Em *The Magus*, Magia de Enoque refere-se ao "Programa de Alquimia Espiritual III", que implementa o uso das Dezanove Chaves ou Chamadas de Enoque que pertencem aos Cinco Elementos. A Magia de Enoque é um sistema completo de Magia que se distingue de outros exercícios rituais de Magia Cerimonial em *The Magus*, mas também faz parte do todo.

Maçonaria: Maçonaria, ou maçonaria, refere-se à mais antiga organização fraternal do mundo. Ao contrário da crença popular inspirada pelas teorias da conspiração, o verdadeiro propósito de ser Maçonaria é melhorar a sua natureza moral e construir o seu carácter através de um curso de auto-desenvolvimento. Os três graus de Maçonaria na Loja Azul são Aprendiz Entrante, Companheiro e Mestre Maçon, em que o iniciado entra cerimoniosamente. Depois, o iniciado é ensinado o significado dos símbolos relativos à sua cerimónia de graduação, que é o método tradicional de transmissão dos ensinamentos sagrados.

Geburah: A quinta Sephiroth sobre a Árvore da Vida situada abaixo de Binah, no Pilar da Severidade. Título "Severidade" ou "Justiça", Geburah corresponde ao Elemento Fogo e à força de vontade individual que nos dá motivação, determinação e dinamismo. Como fonte da nossa competitividade, Geburah pode também tornar-nos agressivos e zangados quando desequilibrados pelo seu oposto, Chesed. Geburah é o Chakra do Plexo Solar Espiritualizado, Manipura, devido à sua ligação com os Supernos através do Caminho do Tarô da Carruagem na Árvore da Vida.

Amanhecer Dourado, a: Escola Antiga de Mistérios do Faroeste que ensina aos seus alunos a Qabalah, Hermetismo, Tarot, Astrologia, Geomancia, Mistérios Egípcios e Cristãos, e Magia Cerimonial (incluindo Magia de Enoque). Existem muitas Ordens do Amanhecer Dourado a nível mundial, a maioria das quais ensina o mesmo material do curso. O material do curso do Amanhecer Dourado foi tornado público por Israel Regardie em "The Golden Dawn", publicado pela primeira vez em 1937. A Ordem do Amanhecer Dourado original foi chamada a Ordem Hermética do Amanhecer Dourado, estabelecida em 1888 por um grupo de Maçons Livres, sendo os mais notáveis Samuel Liddell MacGregor Mathers. Atualmente, a maior parte da Ordem Hermética do Amanhecer Dourado é chamada por variações com esse mesmo nome.

Hod: A oitava Sephiroth da Árvore da Vida, no fundo do Pilar da Severidade, cujo título é "Esplendor". "O estado de consciência de Hod diz respeito às faculdades interiores da inteligência, particularmente a lógica e a razão. Esta Esfera tem uma afinidade com o Elemento Água, embora o Elemento Fogo também esteja envolvido na sua função, tal como o Elemento Ar. Como tal, Hod expressa-se através dos três Chakras do Swadhisthana, Manipura, e Anahata. Corresponde ao Planeta Mercúrio e é a cor laranja. Hod representa uma forma menor da energia de Chesed, mediada através de Tiphareth. O Ego usa frequentemente o Hod para deduzir a realidade e tomar decisões futuras. No sistema do Amanhecer Dourado, Hod corresponde com o grau "Practicus" (prático).

Letras Hebraicas, o: Vinte e duas Cartas que fazem parte da filosofia da Qabalah, mas que se destacam como o seu próprio sistema Espiritual. Cada letra é um símbolo e um número com muitas ideias associadas a ela. Estas ideias dão origem a certos Arquétipos que ressoam com a energia dos Arcanos Maiores do Tarô. As três Cartas primárias correspondem aos três Elementos do Ar, Água e Fogo, enquanto as sete Cartas duplas (secundárias) correspondem aos Sete Planetas Antigos. Finalmente, as doze Cartas Simples (terciárias) correspondem com os Doze Zodíacos.

Hermes Trismegisto: Uma figura histórica que viveu durante as dinastias mais antigas do Egipto. Conhecido como o "Escriba dos Deuses", ou o "Mestre dos Mestres", Hermes foi o fundador do Hermetismo e é considerado o pai da sabedoria oculta. Todos os ensinamentos fundamentais em todas as seitas esotéricas e religiosas podem ser rastreados até Hermes. A sua sabedoria e conhecimento sobre os mistérios do Universo e da vida foram tão grandes que os egípcios o deificaram como um dos seus Deuses, chamando-lhe Toth - o Deus da Sabedoria. Os gregos também o reverenciaram e fizeram dele um dos seus doze deuses olímpicos, também o chamando Hermes. Enquanto os romanos sincronizavam a sua religião com a grega, referiam-se a Hermes como Mercúrio. Hermes foi considerado o maior Professor do Mundo, e alguns Adeptos que vieram depois dele, incluindo Jesus Cristo, são considerados por muitos estudiosos como sendo a sua reencarnação. Acredita-se que o Espírito de Hermes encarna aproximadamente a cada 2000 anos como o Professor Mundial para iluminar o mundo nas áreas Espiritual, religiosa, filosófica e psicológica, introduzindo uma linguagem moderna para ensinar sobre o Espírito e Deus, conciliando todos os pontos de vista divergentes.

Hermetismo: Uma tradição filosófica, religiosa e esotérica baseada principalmente nos ensinamentos de Hermes Trismegisto, que inclui Astrologia, Alquimia, e os Princípios da Criação, tal como descritos no *Kybalion*. Os aspetos filosóficos do Hermetismo estão contidos na "Hermética", composta pelo *Corpus Hermeticum* (também conhecido como *O Divino Pymander*) e *A Tábua Esmeralda de Hermes*, a chave da Alquimia. O Hermetismo é uma ciência invisível que engloba as energias do nosso Sistema Solar relativas aos seres humanos. Os escritos herméticos influenciaram grandemente a tradição esotérica ocidental, nomeadamente a Ordem do Amanhecer Dourado.

Kether: A primeira e mais alta Sephiroth da Árvore da Vida, no topo do Pilar do Meio. Está relacionada com o Princípio da Luz Branca (Ain Soph Aur) uma vez que atua como um canal da mesma para os Chakras inferiores. A sua cor é branca, representando a Luz que contém as sete cores do arco-íris - os Chakras Maiores. Kether corresponde ao Sahasrara Chakra e partilha o mesmo título - a Coroa. Representa o estado transcendental de consciência que está para além da dualidade da mente. Kether é também a nossa porta de entrada para os Chakras Transpessoais acima da Coroa. Como Espírito Divino, Kether é a expressão máxima do Elemento Ar. Representa a Mónada, a singularidade, e a mais alta conceção da Divindade.

Reino dos Céus, o: Sinónimo do Reino de Deus. O Reino dos Céus é um dos elementos essenciais dos ensinamentos de Jesus Cristo que se refere ao cumprimento da vontade de Deus na Terra. É um estado de espírito semelhante à Consciência de Cristo, onde houve uma descida do Espírito à Matéria, e eles são agora Um. Nos ensinamentos cristãos, é preciso ressuscitar, metaforicamente falando, para se entrar no Reino dos Céus. Como o destino de cada ser humano, este elevado estado de consciência superior pode ser alcançado quando a energia Kundalini sobe até à Coroa, ativando totalmente o Corpo de Luz e otimizando o seu campo de energia toroidal (Merkaba). Após a transformação Espiritual, o indivíduo terá a sua cabeça no Céu e os seus pés sobre a Terra, como um Deus-humano.

Major Arcana, o: Vinte e dois Trunfos das Cartas de Tarot. Corresponde com os Vinte e Dois Caminhos da Árvore da Vida e as Vinte e Duas Cartas Hebraicas. Os Arcanos Maiores representam as energias arquetípicas em trânsito entre os dez Sephiroth sobre a Árvore da Vida. Correspondem aos três principais Elementos do Ar, Fogo, Água, os Doze Zodíacos, e os Sete Planetas Antigos, compreendendo a totalidade do nosso Sistema Solar.

Malkuth: A décima e mais baixa Sephiroth na Árvore da Vida, cujo título é "o Reino". "Como tal, Malkuth relaciona-se com Gaia, o Planeta Terra, e o Mundo Físico da Matéria. Corresponde ao Muladhara Chakra e tem uma afinidade com o Elemento Terra. As cores de Malkuth são citrino, oliveira, carepa e preto, representando os três Elementos do Ar, Água e Fogo de uma forma mais densa. No sistema do Amanhecer Dourado, Malkuth corresponde com o grau Zelator (pessoa Zelosa).

Mercúrio (Princípio Alquímico): Dentro do processo alquímico, o Mercúrio é a substância transformadora. O seu papel é o de trazer equilíbrio e harmonia entre os outros dois Princípios Alquímicos - o Golfo e o Sal. O mercúrio é a força vital, a energia Espiritual. Na primeira fase, quando é oposto ao enxofre, assume o Princípio fluídico e feminino da consciência como a Grande Mãe - o Elemento Água. Na segunda fase, uma vez extraído e devolvido o Enxofre, torna-se conhecido como Mercúrio Filosófico, ou o Fogo Secreto - o Elemento Espiritual. O Mercúrio Filosófico é a substância que dá origem à Pedra Filosofal, o objetivo do Alquimista.

Pilar do Meio, o: De outra forma chamado o Pilar do Equilíbrio ou Pilar da Suavidade na Árvore da Vida. É o autoequilíbrio enquanto traz equilíbrio aos outros dois pilares - o Pilar da Misericórdia e o Pilar da Severidade. O Pilar do Meio traz a unidade às muitas forças dualistas e contendoras da vida. Compreende o Sephiroth Kether, Daath, Tiphareth, Yesod, e Malkuth. Este termo também diz respeito ao exercício ritual do Pilar do Meio (do *The Magus*), que é uma invocação da Luz destinada a equilibrar a psique e a ajudar na Evolução Espiritual. O Pilar do Meio representa o Elemento Ar e é de cor cinzenta. Corresponde ao Sushumna Nadi no sistema Kundalini.

Netzach: Sétima Sephiroth sobre a Árvore da Vida ao longo do Pilar da Misericórdia. Intitulado "Vitória", Netzach representa um estado de consciência que lida com as emoções, particularmente o desejo e o amor romântico. Netzach tem uma afinidade com o Elemento Fogo, embora o Elemento Água esteja envolvido na sua expressão e o Elemento

Ar. Ele expressa-se através dos três Chakras do Swadhisthana, Manipura, e Anahata, o mesmo que Hod. Netzach, Hod e Yesod, o Triângulo Astral, são as três Esferas de acesso mais comumente utilizadas por uma pessoa comum. Netzach corresponde com o Planeta Vénus, e a sua cor é o verde. No sistema do Amanhecer DouradoGolden, Netzach corresponde com o grau Philosophus (Filósofo).

Nirvana: Um termo oriental normalmente associado ao jainismo e ao budismo. Representa um estado transcendental de Ser em que não há sofrimento nem desejo, uma vez que o Eu experimenta a Unidade com o resto do mundo. Nas religiões indianas, o Nirvana é sinónimo de Moksha ou Mukti, a libertação do ciclo de renascimento, no que diz respeito à Lei do Karma. Nirvana significa o alinhamento da consciência individual com a Consciência Cósmica como o objetivo final de todas as tradições espirituais, religiões e práticas. Um precursor para alcançar o Nirvana é despertar a Kundalini para a Coroa e alcançar a ativação total do Corpo de Luz. O Nirvana implica que se tenha alcançado o Iluminismo. É comparável com os outros dois termos orientais, Satori e Samadhi.

Pedra Filosofal, a: Uma substância alquímica lendária capaz de transformar metais de base (como o mercúrio) em ouro ou prata. Enviado ao profano que apenas desejava lucro financeiro, este termo tem um significado oculto relacionado com o objetivo mais procurado da Alquimia - a transformação Espiritual. Portanto, quando se ouve dizer que alguém encontrou a Pedra Filosofal, significa que completou a Grande Obra (Alquimia Espiritual) e que se tornou Iluminado.

Pilar da Misericórdia, o: O Pilar direito sobre a Árvore da Vida, constituído pelo Sephiroth Chokmah, Chesed, e Netzach. O Pilar da Misericórdia é o Pilar masculino, ativo, e positivo, de resto chamado Pilar da Força. Ele representa o Elemento Água e é de cor branca. No sistema Kundalini, o Pilar da Misericórdia corresponde com o Pingala Nadi.

Pilar da Severidade, o: O Pilar esquerdo da Árvore da Vida que compreende o Sephiroth Binah, Geburah, e Hod. É o Pilar feminino, passivo, e negativo, também chamado de Pilar da Forma. Representa o Elemento do Fogo e é de cor negra. No sistema Kundalini, o Pilar da Severidade representa a Ida Nadi.

Matéria-Prima: De resto chamada de "Primeira Matéria", é a substância primitiva considerada como o material original do Universo conhecido. Sinónimo do Espírito como a primeira substância e a Fonte de tudo o que existe. Na Alquimia, a Matéria-Prima é o material de partida necessário para a criação da Pedra Filosofal. É o "Anima Mundi" - a Alma Mundial, a única força vital no Universo.

Sal: O corpo físico que fundamenta e fixa os outros dois Princípios Alquímicos, Mercúrio e Enxofre. Representa a cristalização e o endurecimento dos três Princípios em conjunto. O sal é o veículo de manifestação física e a Terceira Dimensão do Tempo e do Espaço expressa através do Elemento Terra. O Sal, Mercúrio e Enxofre formam a Trindade na Alquimia.

Magia Sexual: Qualquer tipo de atividade sexual utilizada num ambiente cerimonial ou ritualístico com clara intenção subjacente. A ideia por detrás da Magia Sexual é que a energia sexual é uma força potente que pode ser aproveitada para magnetizar o Domínio

Astral e atrair o que quer que se deseje ou para chamar em Deidades de vários panteões. Uma forma de ritual Magia Sexual é usar a excitação sexual ou o orgasmo para visualizar algo que se está a tentar alcançar ou obter. Como tal, Magia Sexual é como uma bateria para a sua força de vontade quando realizada com o coração e a mente abertos. Contudo, se a Magia Sexual for praticada com uma mente impura, apenas atrairá entidades inferiores para se alimentarem da energia sexual que está a ser invocada. Estas entidades mais baixas podem então ligar-se a si e continuar a alimentar-se da sua energia sexual até serem liberadas.

Alquimia Espiritual: Da mesma forma que a Alquimia trata de transformar metais de base em ouro, a Alquimia Espiritual trata de transformar a energia do praticante e de os iluminar (infundindo-os com Luz). Isto pode ser conseguido através de modalidades e práticas de Cura Espiritual, incluindo Ioga e Magia Cerimonial. A Alquimia Espiritual requer o trabalho com os Cinco Elementos, que correspondem aos Sete Chakras. O objetivo da Evolução Espiritual é a Iluminação, uma vez que a consciência individual é exaltada e unida à Consciência Cósmica. Através deste processo, o indivíduo estabelece uma ligação com o Eu Superior ou o Santo Anjo da Guarda, o seu Deus-Seu. O Elemento Espiritual deve ser integrado na Aura, que marca a conclusão da Grande Obra e a restauração do Jardim do Éden.

Enxofre: É a Alma presente em todos os seres vivos do Universo. Vem do Sol como a Luz de Deus e é o Princípio masculino, o Grande Pai - o Elemento de Fogo. Todo o processo de transmutação alquímica depende do Princípio do Enxofre e da sua correta aplicação. O Enxofre é o Princípio vibrante, ácido, ativo e dinâmico. Serve para estabilizar o Mercúrio, do qual é extraído e para o qual regressa.

Tarot, o: Uma arte sagrada utilizada principalmente em Adivinhação. O Tarot é composto por setenta e oito cartas de jogo, divididas em quatro naipes de catorze cartas cada, mais Vinte e Dois Trunfos (Arcanos Maiores). As cartas de Tarot apresentam imagens incríveis contendo sabedoria esotérica e intemporal. Têm uma ligação inextricável com a Qabalah e a Árvore da Vida, e servem como a chave para as ciências ocultas e um roteiro dos diferentes componentes da psique humana. Assim, o Tarot é um sistema completo e intrincado utilizado para descrever as forças invisíveis que influenciam o Universo.

Trinta "Aethyrs": Círculos concêntricos que se interpenetram e se sobrepõem, compreendendo assim as camadas de Aura. Os "Aethyrs" são os componentes espirituais dos Planos Cósmicos no Sistema de Enoque. Cada um dos Trinta "Aethyrs" transporta uma corrente sexual masculina e/ou feminina que pode ser invocada utilizando a Décima Nona Chave de Enoque. Os Trinta "Aethyrs" trabalham diretamente com os Ida e Pingala Nadis no sistema Kundalini.

Tiphareth: A sexta Sephiroth sobre a Árvore da Vida ao longo do Pilar do Meio, cujo título é "Harmonia" e "Beleza". "Representa um estado de consciência das faculdades interiores que lidam com a imaginação e o processamento dos pensamentos e das emoções. Como Sephiroth central na Árvore da Vida, Tiphareth preocupa-se em processar as energias de todos os Sephiroth, expecto Malkuth. Dentro do conhecimento oculto,

Tiphareth é conhecido como a Esfera do Renascimento Espiritual e Cristo ou Consciência de Krishna, onde o Espírito e a Matéria se unem como um só. Tiphareth tem uma afinidade com o Elemento Ar, embora, uma vez que corresponde ao Sol, também tenha aspetos de Fogo. Assim, a colocação de Tifaré está algures entre Anahata e Manipura Chakras, através da qual se expressa. A cor do Tiphareth é amarelo-ouro. No sistema do Amanhecer Dourado, Tiphareth corresponde ao Adeptus Minor (adepto menor), o Primeiro Grau da Segunda Ordem.

Yesod: A nona Sephiroth sobre a Árvore da Vida ao longo do Pilar do Meio, cujo título é "Fundação", relativa ao projeto Astral de todas as coisas existentes. Yesod representa o Plano Astral, o ponto de contato para os Planos Cósmicos Internos. Representa um estado de consciência das faculdades interiores que lidam com o Ego e os seus pensamentos e impulsos. A sexualidade e os medos da mente subconsciente são também expressos através do Yesod. A sua colocação é algures entre Swadhisthana e Manipura Chakras, através da qual trabalha. Yesod tem uma afinidade com o Elemento Ar, com aspetos do Elemento Água. A sua cor é violeta-púrpura, e corresponde com o Planeta Lunar. No sistema do Amanhecer Dourado, Yesod representa o grau Theoricus.

BIBLIOGRAFIA

Nota: Segue-se uma lista de livros da minha biblioteca pessoal que serviram como recursos e inspiração por detrás da presente obra. Foram feitos todos os esforços para localizar todos os titulares de direitos de autor de qualquer material incluído nesta edição, sejam empresas ou indivíduos. Qualquer omissão é involuntária, e terei todo o prazer em corrigir quaisquer erros em futuras versões deste livro.

KUNDALINI

Arundale, G.S. (1997). *Kundalini: Uma Experiência Oculta.* Adyar, Madras, Índia: A Editora Theosophical

Bynum, Bruce Edward (2012). *Dark Light Consciousness.* Rochester, Vermont: Tradições interiores

Dixon, Jana (2008). *Biologia da Kundalini: Explorando o Fogo da Vida.* Editora Lulu Online

Goswami, Shyam Sundar (1999). *Layaioga: O Guia Definitivo dos Chakras e Kundalini.* Rochester, Vermont: Tradições Internas

Khalsa, Gurmukh Kaur, com Ken Wilber, Swami Radha, Gopi Krishna, e John White (2009). *Kundalini Rising: Explorando a Energia do Despertar.* Boulder, Colorado: Sounds True, Inc.

Krishna, Gopi (1993). *Viver com Kundalini: A Autobiografia de Gopi Krishna.* Boston, Massachusetts: Shambhala Publications Inc., Shambhala Publications Inc.

Krishna, Gopi (1988). *Kundalini para a Nova Era: Escritos Seleccionados de Gopi Krishna.* Editado por Gene Kiefer. Nova Iorque, Nova Iorque: Livros de Bantam

Krishna, Gopi (1997). *Kundalini: A Energia Evolutiva no Homem.* Boston, Massachusetts: Shambhala Publications Inc. (Shambhala Publications Inc.)

Krishna, Gopi (1975). *O Despertar da Kundalini.* Nova Iorque, Nova Iorque: E. P. Dutton

Krishna, Gopi (1972). *A Base Biológica da Religião e da Genialidade.* Nova Iorque, Nova Iorque: Harper & Row Publishers

Mahajan, Iogue (1997). *A Ascensão.* Deli, Índia: Motilal Banarsidass Publishers

Melchizedek, Drunvalo (2008). *Serpente de Luz: Para além de 2012.* São Francisco, Califórnia: Weiser Books

Mumford, Jonn (2014). *Um livro de trabalho do Chakra & Kundalini*. Woodbury, Minnesota: Publicações Llewellyn

Paulson, Genevieve Lewis (2003). *Kundalini e os Chakras*. St. Paul, Minnesota: Llewellyn Publicações

Perring, Michael "Omdevaji" (2015). *O que na Terra é Kundalini?-Book III*. Varanasi, Índia: Publicação de Peregrinos

Semple, J. J. (2007). *Decifrando a Flor de Ouro: Um segredo de cada vez*. Bayside, Califórnia: Livros sobre a Força da Vida

Swami, Om (2016). *Kundalini: Uma História Não Contada*. Mumbai, Índia: Casa editora Jaico

Weor, Samael Aun (2020). *A vontade de Cristo: Kundalini, Tarot, and the Christification of the Human Soul*. www.gnosticteachings.org: Glorian Publishing

Weor, Samael Aun (2018). *O Livro Amarelo: A Mãe Divina, Kundalini, e os Poderes Espirituais*. www.gnosticteachings.org: Glorian Publishing

Branco, John (1990). *Kundalini: Evolução e Iluminismo*. St. Paul, Minnesota: Casa de Paragon

CURA ENERGÉTICA E CHAKRAS

Bernoth, Bettina (2012). *Luzes Áuricas: A luz é o remédio do nosso futuro*. Plataforma Editora Independente CreateSpace

Bettina, Bernoth (1995). *Auras mágicas*. Plataforma CreateSpace Editora Independente

Burger, Bruce (1998). *Anatomia Esotérica: O Corpo como Consciência*. Berkeley, Califórnia: Livros do Atlântico Norte

Butler, W.E. (1987). *Como Ler a Aura, Prática da Psicometria, Telepatia e Clarividência*. Rochester, Vermont: Livros de Destino

Chia, Mantak (2008). *Luz Curativa do Tao: Práticas Fundacionais para Despertar a Energia de Chi*. Rochester, Vermont: Livros de Destino

Chia, Mantak (2009). *A Alquimia da Energia Sexual: A ligação ao Universo a partir do interior*. Rochester, Vermont: Livros de Destino

Dale, Cyndi (2018). *O Livro Completo de Chakras: A Sua Fonte Definitiva de Conhecimento do Centro de Energia para a Saúde, Felicidade, e Evolução Espiritual*. Woodbury, Minnesota: Publicações de Llewellyn

Dale, Cyndi (2009). *O corpo subtil: Uma Enciclopédia da Sua Anatomia Energética*. Boulder, Colorado: Sounds True, Inc.

Dale, Cyndi (2013). *O Manual de Prática Corporal Subtil: Um Guia Abrangente de Cura Energética*. Boulder, Colorado: Sounds True, Inc.

Gerber, Richard, M.D. (2001). *Medicina Vibracional: O Manual 1# de Terapias de Energia Subtil*. Rochester, Vermont: Urso & Companhia

Grey, Alex (2012). *Rede do Ser*. Com Alyson Grey. Rochester, Vermont: Inner Traditions International

Grey, Alex (1990). *Espelhos Sagrados: A Arte Visionária de Alex Grey*. Rochester, Vermont: Inner Traditions International

Judith, Anodea (2006). *Rodas da Vida: Um Guia do Utilizador do Sistema Chakra*. Woodbury, Minnesota: Publicações Llewellyn

Leadbeater, C.W. (1987). *Os Chakras*. Wheaton, Illinois: The The Theosophical Publishing House

Lockhart, Maureen (2010). *The Subtle Energy Body: The Complete Guide*. Rochester, Vermont: Tradições Interiores

Ostrom, Joseph (2000). *Auras: O que eles são e como lê-los*. Hammersmith, Londres: Thorsons

Zink, Robert (2014). *Magical Energy Healing (Cura por Energia Mágica): O Método de Cura de Ruach*. Rachel Haas co-autora. Portland, Oregon: Law of Attraction Solutions, LLC.

ANATOMIA DO CÉREBRO E DO CORPO

Carter, Rita (2019). *O Livro do Cérebro Humano*. Nova Iorque, Nova Iorque: DK Publicação

Childre, Doc e Martin, Howard (2000). *The Heartmath Solution*. Nova Iorque, Nova Iorque: HarperCollins Publishers

McCraty, Rollin (2015). *Science of the Heart: Exploring the Role of the Heart in Human Performance (Volume 2)*. Boulder Creek, Califórnia: Instituto do Coração e Matemática

Power, Katrina (2020) *How to Hack Your Vagus Nerve*. Publicado independentemente

Splittgerber, Ryan (2019). *Snell's Clinical Neuroanatomy: Eight Edition*. Filadélfia, Pennsylvania: Wolters Kluwer

Wineski, Lawrenece E. (2019). *Snell's Clinical Anatomy, por regiões: Décima Edição*. Filadélfia, Pennsylvania: Wolters Kluwer

IOGA E TANTRA

Ashley-Farrand, Thomas (1999). *Mantras de Cura: Usando Afirmações Sonoras para o Poder Pessoal, Criatividade e Cura*. Nova Iorque, Nova Iorque: Ballantine Wellspring

Aun Weor, Samael (2012). *Kundalini Ioga: Desbloqueia o Poder Espiritual Divino Dentro de Ti*. Glorian Publishing

Avalon, Arthur (1974). *O Poder da Serpente*. Nova Iorque, Nova Iorque: Dover Publications, Inc.

Bhajan, Iogue (2013). *Kriya: Conjuntos de Ioga, Meditações & Kriyas Clássicos*. Santa Cruz, Califórnia: Kundalini Research Instititute

Buddhananda, Swami (2012). *Moola Bandha: A Chave Mestra*. Munger, Bihar, Índia: Ioga Publications Trust

Feuerstein, Georg (1998). *Tantra: O Caminho do êxtase*. Boulder, Colorado: Shambhala Publications, Inc., Shambhala Publications, Inc.

Frawley, Dr. David (2010). *Mantra Ioga e Som Primal: Segredos de Sementes (Bija) Mantras*. Twin Lakes, Wisconsin: Lotus Press

Frawley, David (2004). *Ioga e o Fogo Sagrado: Auto-Realização e Transformação Planetária*. Twin Lakes, Wisconsin: Lotus Press

Hulse, David Allen (2004). *The Eastern Mysteries: The Key of it All, Book I*. St. Paul, Minnesota: Publicações de Llewellyn

Japananda Das, Srila (2019). *Yantra: Poder e Magia*. Publicado independentemente

Kaminoff, Leslie e Matthews, Amy (2012). *Anatomia do Ioga*. Champaign, Illinois: Human Kinetics

Maehle, Gregor (2012). *Pranayama: O Sopro do Ioga*. Innaloo City, Austrália: Publicações Kaivalya

Prasad, Rama (2015). *As Forças Mais Finas da Natureza e a sua Influência sobre a Vida e o Destino do Homem*. Plataforma Editora Independente CreateSpace

Saraswati, Swami Satyananda (2013). *Asana Pranayama Mudra Bandha*. Munger, Bihar, Índia: Iogue Publications Trust

Saraswati, Swami Satyananda (2013). *Um Curso Sistemático nas Técnicas Tântricas Antigas de Ioga e Kriya*. Munger, Bihar, Índia: Fundo de Publicações de Ioga

Saraswati, Swami Satyananda (2012). *Hatha Ioga Pradipika*. Munger, Bihar, Índia: Iogue Publications Trust

Saraswati, Swami Satyananda (2007). *Kundalini Tantra*. Munger, Bihar, Índia: Ioga Publications Trust

Saraswati, Swami Satyananda (2012). *Meditações dos Tantras*. Munger, Bihar, Índia: Ioga Publications Trust

Saraswati, Swami Satyadharma (2019). *Ioga Kundali Upanishad: Teoria e Práticas para o Despertar da Kundalini*. Publicado independentemente, Estados Unidos

Satyasangananda, Swami (2013). *Tattwa Shuddhi*. Munger, Bihar, Índia: Iogue Publications Trust

Swami, Om (2017). *The Ancient Science of Mantras: A Sabedoria dos Sábios*. Amazon.com: Publicação da Lótus Negra

Vivekananda, Swami (2019). *Raja Ioga: Conquistando a Natureza Interna*. Kolkata, Índia: Ashrama Advaita

Weor, Samael Aun (2018). *Ritos Sagrados para o Rejuvenescimento: Como Técnica Simples e Poderosa de Cura e Força Espiritual*. www.gnosticteachings.org: Glorian Publishing

Woodroffe, Sir John (2018). *Introdução ao Tantra Sastra*. T. Nagar, Madras, Índia: Ganesh & Company

Iogananda, Paramahamsa (2019). *Autobiografia de um Iogue*. Los Angeles, Califórnia: Auto-realização de uma bolsa de estudo

Iogananda, Paramahamsa (2019). *A Segunda Vinda de Cristo: A Ressurreição de Cristo dentro de Ti*. Volumes I-II. Los Angeles, Califórnia: A Auto-Realização da Irmandade

AIURVEDA

Lad, Vasant (2019). *Aiurveda: A Ciência da Auto-Cura.* Twin Lakes, Wisconsin: Lotus Press

Frawley, Dr. David, (2003). *Aiurveda e Marma Therapy: Pontos de Energia na Cura Ioga Healing.* Co-Autores: Dr. Subhash Ranade e Dr. Avinash Lele. Twin Lakes, Wisconsin: Lotus Press

Frawley, Dr. David, e Lad, Vasant (2008). *O Ioga das Ervas.* Twin Lakes, Wisconsin: Lotus Press

O Instituto Ayurvédico. *Diretrizes alimentares para tipos constitucionais básicos* (PDF)

Frawley, Dr. David (1999). *Ioga & Aiurveda: Auto-cura e Auto-Realização.* Twin Lakes, Wisconsin: Lotus Press

Frawley, Dr. David e Summerfield Kozak, Sandra (2012). *Ioga para o seu tipo: Uma Abordagem Ayurvédica à Sua Prática de Asana.* Twin Lakes, Wisconsin: Lotus Press

Frawley, Dr. David (2013). *Cura Ayurvédica: Um Guia Abrangente.* Twin Lakes, Wisconsin: Lotus Press

Frawley, Dr. David, e Ranada, Dr. Sabhash (2012). *Aiurveda: Medicina da Natureza.* Twin Lakes, Wisconsin: Lotus Press

ASTROLOGIA VÉDICA

Frawley, Dr. David (2005). *Astrologia Ayurvédica: Self-Healing Through the Stars (Auto Cura Através das Estrelas).* Twin Lakes, Wisconsin: Lotus Press

Frawley, Dr. David (2000). *Astrologia dos Videntes. Um Guia para a Astrologia Védica/Hindu.* Twin Lakes, Wisconsin: Lotus Press

Sutton, Komilla (2014). *Os Nakshatras: As Estrelas para além do Zodíaco.* Bournemouth, Inglaterra: The Wessex Astrologer Ltd.

Kurczak, Ryan, e Fish, Richard (2012). *The Art and Science of Vedic Astrology.* Plataforma Editora Independente CreateSpace

MUDRAS MÃOS

Menen, Rajendar (2013). *O Poder Curativo dos Mudras: O Ioga nas Suas Mãos.* Nova Deli, Índia: V&S Publishers

Saradananda, Swami (2015). *Mudras para a Vida Moderna: Impulsione a Sua Saúde, Reenergize a Sua Vida, Melhore o Seu Ioga e Aprofunde a Sua Meditação.* Londres, Grã-Bretanha: Watkins

Hirschi, Gertrud (2016). *Mudras: Ioga nas Suas Mãos.* Newburyport, Massachusetts: Weiser Books

Le Page, Joseph e Lilian (2014). *Mudras para Cura e Transformação.* Ft. Lauderdale, Florida: Terapia Integrativa de Ioga

Carroll, Cain e Revital (2013). *Mudras da Índia: Um Guia Completo dos Gestos de Mão do Ioga e da Dança Indiana.* Filadélfia, Pennsylvania: Dragão Cantor

Advait (2015). *Mudras: 25 Técnicas Supremas para a Auto-Cura.* Plataforma CreateSpace Editora Independente

PEDRAS PRECIOSAS E GARFOS DE AFINAÇÃO

McGeough, Marion (2013). *Cura de Cristais e o Campo de Energia Humana.* Plataforma CreateSpace Editora Independente

Lembo, Margaret Ann (2017). *O Guia Essencial para Cristais, Minerais e Pedras.* Woodbury, Minnesota: Publicações Llewellyn

Permutt, Philip (2016). *O Curandeiro de Cristal: Prescrições de Cristal que Mudarão a Sua Vida Para Sempre.* Londres, Inglaterra: Cico Books

McKusick, Dia da Eileen (2014). *Afinação do Campo Biológico Humano: Cura com a Terapia Vibracional do Som.* Rochester, Vermont: Imprensa de Artes de Cura

Hall, Judy (2003). *A Bíblia de Cristal: Um Guia Definitivo de Cristais.* Iola, Wisconsin: Publicações Krause.

Hall, Judy (2009). *A Bíblia de Cristal 2.* Iola, Wisconsin: Publicações Krause.

Beaulieu, John (2010). *Human Tuning: Cura de som com garfos de afinação.* High Falls, Nova Iorque: BioSonic Enterprises

AROMATERAPIA

Lembo, Margaret Ann (2016). *O Guia Essencial de Aromaterapia e Cura Vibracional.* Woodbury, Minnesota: Llewellyn em todo o mundo

Cunningham, Scott (2020). *Enciclopédia de Ervas Mágicas.* Woodbury, Minnesota: Llewellyn em todo o mundo

Kennedy, Anne (2018) *Aromaterapia para principiantes: O Guia Completo para Começar com Óleos Essenciais.* Berkeley, Califórnia: Althea Press

Wormwood, Valerie Ann (2016). *O Livro Completo de Óleos Essenciais e Aromaterapia.* Novato, Califórnia: Biblioteca do Novo Mundo

Davis, Patricia (2000). *Subtil Aromaterapia.* Essex, Reino Unido: Açafrão Walden

Covington, Candice (2017). *Óleos Essenciais na Prática Espiritual: Trabalhando com os Chakras, Arquétipos Divinos, e os Cinco Grandes Elementos.* Rochester, Vermont: Imprensa de Artes de Cura

GEOMETRIA SAGRADA

Melchizedek, Drunvalo (1990). *O Antigo Segredo da Flor da Vida: Volume 1.* Flagstaff, Arizona: Editora de Tecnologia da Luz

Melchizedek, Drunvalo (2000). *O Antigo Segredo da Flor da Vida: Volume 2.* Flagstaff, Arizona: Light Technology Publishing

MISTÉRIOS OCIDENTAIS

Agrippa, Henry Cornelius (1992). *Três Livros de Filosofia Oculta.* St. Paul, Minnesota: Publicações de Llewellyn

Anónimo (2005) *A Tábua Esmeralda de Hermes*. Com Múltiplas Traduções. Whitefish, Montana: Editora Kessinger

Copenhaver, Brian P. (2000) *Hermetica: O Corpus Hermeticum grego e o Asclepius latino numa Nova Tradução Inglesa, com Notas e Introdução*. Nova Iorque, Nova Iorque: Imprensa da Universidade de Cambridge

Doreal, M. (Desconhecido). *As Tábuas Esmeraldas de Thoth the Antlantean*. Nashville, Tennessee: Livros de Origem

Everard, John (2019). *O Divino Pymander*. Whithorn, Escócia: Anodos Books

Mumford, John Dr. (1997). *Tattwas mágicos: Um sistema completo para o auto-desenvolvimento*. St. Paul, Minnesota: Publicações Llewellyn

Paar, Neven (2019). *The Magus: Kundalini and the Golden Dawn*. Toronto, Ontário: Publicação de Sapatos Alados

Regardie, Israel (1971). *O Amanhecer Dourado*. St. Paul, Minnesota: Publicações de Llewellyn

Três Iniciados (1940). *O Kybalion: Filosofia hermética*. Chicago, Illinois: Sociedade Editora Iogue

Desconhecido (2003). *Ordem Esotérica do Amanhecer Dourado: Theoricus 2=9 Grade Manual*. Acrescentado por G.H. Frater P.D.R. Los Angeles, Califórnia: H.O.M.S.I.

Woolfolk, Joanna Martine (2006). *O Único Livro de Astrologia de que Alguma Vez Precisará*. Lanham, Maryland: Taylor Trade Publishing

TEXTOS RELIGIOSOS

Ashlag, Rav Yehuda (2007). *O Zohar*. Comentário de Rav Michael Laitman, PhD. Toronto, Ontário: Laitman Kabbalah Publishers

EasWaran Aknath (2007). *O Dhammapada*. Tomales, Califórnia: Imprensa Nilgiri

EasWaran Aknath (2007). *Os Upanishads*. Tomales, Califórnia: Imprensa Nilgiri

Griffith, Ralph T.H. e Keith, Arthur Berriedale (2017). *Os Vedas: The Samhitas of the Rig, Yajur (Branco e Negro), Sama, e Atharva Vedas*. Plataforma Editora Independente CreateSpace

Moisés (1967). *A Torá: Os Cinco Livros de Moisés (também conhecidos como o Antigo Testamento)*. Filadélfia, Pennsylvania: A Sociedade de Publicações Judaicas da América

Muhammad (2006). *O Alcorão*. Traduzido com Notas por N.J. Dawood. Londres, Inglaterra: Livros dos Pinguins

Saraswati, Swami Satyananda (1997). *Bhagavad Gita*. Napa, Califórnia: Devi Mandir Publications e Motilal Banarsidass Publishers Private Limited

Stiles, Mukunda (2002). *Ioga Sutras de Patanjali*. São Francisco, Califórnia: Weiser Books

Vários (2002). *A Bíblia Sagrada: Versão Rei James* (Inclui o Antigo e o Novo Testamento). Grand Rapids, Michigan: Zondervan, Michigan:

RECURSOS EM LINHA

3 Mantras de Sânscrito para Impulsionar a sua Prática de Meditação - Página de referência para Mantras (www.iogueapproved.com/om/3-sanskrit-mantras-boost-meditation-practice/)

7 Mantras para Criar a Vida que Deseja - Página de referência para Mantras (www.chopra.com/articles/7-mantras-for-creating-the-life-you-want)

7Pranayama-Breath of Life - Página de referência para a filosofia e práticas Ioga (www.7pranayama.com)

71 Ioga Mudras: Obtenha Benefícios Surpreendentes em 29 Dias, Apoiado pela Ciência - Referência
página para Ioga Mudras (www.fitsri.com/ioga-mudras)

9 Poderosos Mantras em Sânscrito e Gurmukhi - Página de referência para Mantras (www.chopra.com/articles/9-powerful-mantras-in-sanskrit-and-gurmukhi)

Anatomia da Aura - Página de referência para a Aura e as suas partes (www.auraology.net/anatomy-of-the-aura)

Uma Introdução ao Nervo Vago & a Ligação à Kundalini - Página de referência para a ligação entre o Nervo Vago e a Kundalini (www.basmati.com/2017/05/02/intro-vagus-nerve-connection-kundalini)

Astrologia Aromaterapia-Blendas para o seu signo - Página de referência para Aromaterapia (www.baseformula.com/blog/astrological-aromatherapy)

Astrologia e Aiurveda - Página de referência para Astrologia e Aiurveda (www.astrobix.com/astrosight/208-astrology-and-Aiurveda.html)

Astrologia e os Chakras: Two Sides of the Same Coin - Página de referência para Astrologia e os Chakras (www.innerself.com/content/personal/intuition-awareness/astrology/4410-astrology-a-the-chakras.html)

Guia de cores da Aura - Página de referência para a Aura e suas partes (www.auraaura.co/aura-colors)

AuraFit: Mobile Biofeedback System - Página oficial para a tecnologia de leitura Aura inventada por Bettina Bernoth Ph.D. (www.aurafitsystem.org/)

Formas da Aura - Página de referência para problemas energéticos na Aura (www.the-auras-expert.com/aura-shapes.html)

Aiurveda e Asana: Poses de Ioga para a Sua Saúde - Página de referência de Ioga para os Doshas (www.iogajournal.com/lifestyle/health/Aiurveda-and-asana/)

Melhor Aiurveda: Tabela do tipo de constituição do corpo - Página de referência para Aiurveda
(www.bestAiurveda.ca/pages/body-constitution-type-chart)

Bija Mantra - Página de referência para Bija Mantras (www.hinduscriptures.com/vedic-culture/bija-mantra/24330/)

Encantos da Luz: Energia, Cura e Amor - Página de referência para Cristais (www.charmsoflight.com/gemstone-crystal-healing-properties)

Descartes and the Pineal Gland - Página de referência para o Pineal Gland e a sua pesquisa histórica (https://plato.stanford.edu/entries/pineal-gland/)

Desenhar uma Rotina de Ioga para o seu Dosha - Página de referência para Ioga e os Doshas (www.chopra.com/articles/designing-a-ioga-routine-for-your-dosha)

Encyclopedia Britannica - Página de referência para todos os ramos do conhecimento (www.britannica.com)

Esotéricos Outros Mundos: Tattva Vision - Página de referência para trabalhar com Tattvas (www.esotericotherworlds.blogspot.com/2013/06/tattva-vision.html)

Ethan Lazzerini-Crystal Healing Blog, Guias & Dicas - Página de referência para Cristais (www.ethanlazzerini.com/crystal-shapes-meanings/)

Vidya-Meditação Freedom no Chakra Petal Bijas - Página de referência para Chakra Petal Bijas (www.shrifreedom.org/ioga/chakra-petal-sounds/)

Greek Medicine.Net - Página de referência para o cérebro e o sistema nervoso (www.greekmedicine.net/physiology/Brain_and_Nervous_System.html)

Hatha ou Vinyasa Ioga: Qual é o mais adequado para si? - Página de referência para Hatha e Vinyasa Iogas (www.healthline.com/health/exercise-fitness/hatha-vs-vinyasa)

Como equilibrar a sua energia vital e chakras com óleos essenciais - Página de referência para Chakras e Óleos Essenciais (www.motherhoodcommunity.com/chakra-essential-oils/)

Como é que o Exercício Afeta o Cérebro? - Página de referência para os efeitos do exercício no seu cérebro (www.dana.org/article/how-does-exercise-affect-the-brain/)

Institute for Consciousness Research - Página de referência para a investigação da Kundalini e do potencial energético humano (www.icrcanada.org)

Introdução à Aiurveda: Compreender as Três Doshas - Página de referência para a Aiurveda (www.iogajournal.com/lifestyle/health/Aiurveda/intro-Aiurveda/)

Chakras Masculino e Feminino - Página de referência para o género em Chakras (www.rootshunt.com/maleandfemalechakras.htm)

Mantras Natural Chakra Healing-Seed para cada Chakra - Página de referência para Bija Mantras (www.naturalchakrahealing.com/chakra-seed-mantras.html)

Correlatos Neurais de Experiências Espirituais Personalizadas - Página de referência para a ligação entre a anatomia cerebral e as experiências espirituais (www.academic.oup.com/cercor/article/29/6/2331/5017785)

Relação entre Chakras no Corpo Humano, Planetas e Astrologia Médica - Página de referência para a associação entre Chakras, Planetas e Glândulas Endócrinas (www.anilsripathi.wordpress.com/relationship-between-human-body-chakras-planetsmedical-astrology/)

Rochas com Sass - Página de referência para Cristais e suas formas

(www.rockswithsass.com/blog/2020/4/13/crystal-shapes-their-meaning-and-uses)

Science of the Heart - Página de referência para o Instituto HeartMath e a sua investigação (www.heartmath.org/research/science-of-the-heart/energetic-communication)

Perscutar in the Spirit Vision. Parte I: Tattva Vision - Página de referência para trabalhar com Tattvas (www.fraterooe.livejournal.com/4366.html)

Seis Problemas Típicos de Energia e Como Curá-los - Página de referência para problemas energéticos na Aura (www.nataliemarquis.com/six-typical-energy-problems-and-how-to-heal-them/)

SlimIogue: Um Guia Ilustrado Passo a Passo para 90 Posturas de Ioga Adelgaçantes - PDF de referência para a prática de Ioga (www.mymission.lamission.edu/userdata/ruyssc/docs/Stretch-An-Ullustrated-Step-By-Step-Guide-To-Ioga-Postures.pdf)

Aiurveda Espiritual: Os nossos Cinco Corpos Subtis e Três Essências Subtis - Página de referência para a Aiurveda (www.maharishi.co.uk/blog/spiritual-Aiurveda-our-five-subtle-bodies-and-three-subtle-essences/)

Tattwas e Antahkarana Instruções - Página de referência para os Tattwas (www.manas-vidya.blogspot.com/2011/09/practice-antahkarana.html)

Os Chakras e as Energias de Género-Masculino/Feminino - Página de referência para o género nos Chakras (www.naturalchakrahealing.com/chakras-and-gender-masculine-feminine-energy.html)

The Crystal Compendium EBook - Página de referência para Cristais (www.crystalgemstones.net/crystalcompendium.php)

A Desvinculação do Sistema Ativador Reticular (RAS) - Página de referência para o papel do Sistema Ativador Reticular no Despertar Espiritual (www.spiritrisingioga.org/kundalini-info/the-disengagement-of-the-reticular-ativating-system)

The Kundalini Consortium (www.kundaliniconsortium.org)- Página de referência para a investigação e potencial energético humano da Kundalini

Astrologia Védica & os Chakras - Página de referência para a associação entre Chakras e Planetas (www.alchemicalbody.wordpress.com/2013/06/01/vedic-astrology-the-chakras/)

Medicina Vibracional de Energia - Página de referência para os Chakras (www.energyandvibration.com/chakras.htm)

O que são Bija Mantras - Página de referência para Bija Mantras (www.satyaloka.net/what-are-bija-mantras/)

O que são os Doshas Aiurveda? Vata, Kapha, e Pitta Explained - Página de referência para a Aiurveda (www.healthline.com/nutrition/vata-dosha-pitta-dosha-kapha-dosha)

Quais são os benefícios do Ioga & Meditação - Página de referência para Ioga e meditação (www.powerioga.com/blog/benefits-and-differences-ioga-meditation/)

O que é a Aromaterapia? - Página de referência para Aromaterapia (www.webmd.com/balance/stress-management/aromatherapy-overview)

O que é Meditação de Ioga? - Página de referência para meditação (www.sivanandaiogafarm.org/what-is-ioga-meditation/)

O que saber sobre o lobo frontal do seu cérebro - Página de referência para a anatomia cerebral (www.healthline.com/health/frontal-lobe)

Ioga Para Equilibrar os Doshas - Página de referência para Ioga para os Doshas (www.ekhartioga.com/articles/wellbeing/ioga-for-balancing-the-doshas)

Jornal de Ioga: Um Guia de Meditação para Principiantes - Página de referência para meditação (www.iogajournal.com/meditation/how-to-meditate/let-s-meditate/)

Iogapedia - Página de referência para a filosofia e práticas Ioga (www.iogapedia.com)

Iogapoint-India - Página de referência para a filosofia e práticas Ioga (www.iogapoint.com/index.htm)

Wikipedia-A Enciclopédia Livre - Página de referência para todos os ramos do conhecimento (www.wikipedia.org)

RECURSOS DE IMAGENS

Figura 2: Os Três Nadis Pós-Kundalini Despertar - *A Ascensão* de Iogue Mahajan. (Página 6.)

Figura 5: O circuito Completo da Kundalini - *Tantra da Kundalini* de Swami Satyananda Saraswati. (Página 288.)

Figura 6: O Cérebro Cheio de Luz - Fundação Christopher & Dana Reeve *Como Funciona a Medula Espinal* (Página Online).

Figura 10: O Pentagrama - Os *Três Livros de Filosofia Oculta de* Henry Cornelius Agrippa. (Página 180.)

Figura 15: Ida e Pingala Nadis e Ajna Chakra - *Kundalini* de Genevieve Lewis Paulson *e os Chakras.* (Página 184.)

Figura 16: O Campo Eletromagnético da Terra - Peter Reid's *The Earth's Magnetic Field* (Imagem Online)

Figura 20: Anatomia da Aura - *Manuscrito de* Bettina Bernoth *sobre o Treino AuraFit* (Página 11.)

Figura 22: O Campo Toroidal Kundalini - A *Anatomia Esotérica* de Bruce Burger*: O Corpo como Consciência.* (Página 54.)

Figura 23: Os Sete Chakras e Plexos Nervosos - Anodea Judith's *Wheels of Life: Um Guia do Utilizador do Sistema de Chakras.* (Página 12.)

Figura 24: Expansão Cerebral e Correspondências Chakras - Swami Satyananda Saraswati's *Kundalini Tantra.* (Página 35.)

Figura 26: Os Chakras da Cabeça Menor (Coroa) - *Kundalini* de Genevieve Lewis Paulson *e os Chakras.* (Página 150.)

Figura 31: Localização dos Olhos Psíquicos - Genevieve Lewis Paulson's *Kundalini e os Chakras*. (Página 140.)

Figura 37: Orientação de Tetraedros em Machos e Fêmeas - Drunvalo Melchizedek's *The Ancient Secret of the Flower of Life (O Antigo Segredo da Flor da Vida): Volume 1*. (Página 49.)

Figura 42: O Sistema Límbico - Paul Wissmann's *Basic Ganglia and Limbic System* (Imagem Online)

Figura 51: Conus Medullaris e Filum Terminale - Cyndi Dale's *The Complete Book of Chakras: A Sua Fonte Definitiva de Conhecimento do Centro de Energia para a Saúde, Felicidade, e Evolução Espiritual*. (Página 78.)

Figura 57: O Campo Eletromagnético do Coração - Doc Childre e Howard Martin's *The Heartmath Solution*. (Página 34.)

Figura 59: The Heart Chakra Center- Anodea Judith's *Wheels of Life: Um Guia do Utilizador do Sistema de Chakras*. (Página 197.)

Figura 123: Ponto de Contração Mula Bandha - Swami Satyananda Saraswati's *Asana Pranayama Mudra Bandha*. (Página 476.)

Figura 128: Vajroli, Sahajoli, e Ashwini Mudras Contraction Points - Swami Buddhananda's *Moola Bandha: A Chave Mestra*. (Página 81.)

Figura 134: Sushumna Nadi Layers and the Cosmic Egg - Cyndi Dale's *The Subtle Body: Uma Enciclopédia da Sua Anatomia Energética*. (Página 276.)

Figura 147: As Três Doshas e Zonas Corporais - *A Aiurveda* de Vasant Lad: *A Ciência da Self-Healing*. (Página 27.)

Figura 151: Projeção do Sonho Lúcido - Artigo online do Veenu Sandal *'Walk-Ins' e Matters of the Soul* (Online Article.)

Figura 153: Sahasrara Chakra Lotus - *Tantra Kundalini de* Swami Satyananda Saraswati. (Página 307.)

Figura 154: Kundalini Flow through Sushumna - *Kundalini* de Genevieve Lewis Paulson *e os Chakras*. (Página 16.)

www.ingramcontent.com/pod-product-compliance
Lightning Source LLC
Chambersburg PA
CBHW080931300426
44115CB00017B/2780